KUBE / STÖRZER / TIMM (Hrsg.)

Kriminalistik
Handbuch für Praxis und Wissenschaft
Band 1

Kriminalistik

Handbuch für Praxis und Wissenschaft
Band 1

herausgegeben von

Prof. Dr. iur. Edwin Kube
Abteilungspräsident, Bundeskriminalamt

Hans Udo Störzer
Regierungsdirektor, Bundeskriminalamt

Klaus Jürgen Timm
Direktor des Hessischen Landeskriminalamtes

RICHARD BOORBERG VERLAG
STUTTGART · MÜNCHEN · HANNOVER · BERLIN · WEIMAR

Die Deutsche Bibliothek – CIP-Einheitsaufnahme

Kriminalistik : Handbuch für Praxis und Wissenschaft / hrsg. von Edwin Kube ...
– Stuttgart ; München ; Hannover ; Berlin ; Weimar : Boorberg.
NE: Kube, Edwin [Hrsg.]
Bd. 1 (1992)
  ISBN 3-415-01506-8

Satz, Repros und Druck: Badendruck GmbH, Karlsruhe
Verarbeitung: Riethmüller & Co. GmbH, Stuttgart
© Richard Boorberg Verlag GmbH & Co, Stuttgart · München · Hannover · Berlin · Weimar 1992

Vorwort

Manches, was für den Untersuchungsrichter und Wissenschaftler *Hans Groß*, dem Begründer der systematischen Kriminalistik, um die Jahrhundertwende ein Zukunftstraum war, ist heute Wissen von gestern. Kriminalistik unterliegt einem ständigen, sich gerade in den technischen Bereichen sogar beschleunigenden Wandel. Es gibt inzwischen niemanden mehr, der alle angewandten kriminalistischen Methoden kennen oder gar beherrschen würde.

Diese Dynamisierung des Wissenszuwachses wird von Praxis und Wissenschaft getragen. Es ist daher naheliegend, daß in dem zweibändigen Handbuch Praktiker und Wissenschaftler gleichermaßen zu Worte kommen.

Das Werk vermittelt einen breit gefächerten und aktuellen Überblick über die kriminalistische Praxis und stellt zudem neue strategische, taktische und technische Ansätze bei der Aufklärung und Verhütung von Straftaten dar. Die Publikation wendet sich dementsprechend insbesondere an Praktiker aus Polizei und Strafjustiz, an die Sicherheitsorgane der Wirtschaft sowie an Lehrende und sonstige Wissenschaftler, die sich mit Fragen der Kriminalitätsbekämpfung befassen. Denn gemeinsames Ziel aller Genannten sollte sein, auf der Basis kriminalistischer Sachkenntnis zur Wahrheitsfindung im Strafverfahren beizutragen, aber auch an der Verhütung von Kriminalität mitzuwirken.

Auch wenn – trotz des beachtlichen Umfangs der Publikation – nicht alle Facetten kriminalistischer Arbeit dargestellt werden konnten, haben die Herausgeber alle wesentlichen Tätigkeitsfelder durch Beiträge besonders kompetenter Praktiker und Wissenschaftler darstellen lassen. Die Zusammenarbeit mit den Autoren war problemlos und von Kooperationsbereitschaft geprägt. Dennoch konnte – wenn auch wegen hoher Arbeitsbelastung verständlich – nicht immer die zunächst gesetzte Abgabefrist für die Manuskripte eingehalten werden. Die Herausgeber bedanken sich insoweit vor allem bei den Mitwirkenden, die trotz ihrer exakten Terminbeachtung Verständnis und Geduld für die Verzögerung bei der Drucklegung aufgebracht haben. Unser besonderer Dank gilt Herrn Inspekteur des Bundesgrenzschutzes a. D. Karl Heinz Amft für die hilfreiche Mitwirkung bei der Herausgabe des Werkes. Schließlich sei nicht vergessen, daß die Zusammenarbeit mit dem Verlag bei der Herstellung des Handbuches reibungslos erfolgte.

Wiesbaden, im Mai 1992

Edwin Kube   Hans Udo Störzer   Klaus Jürgen Timm

Autoren

AHLF, ERNST-HEINRICH, Dr. iur., Leitender Regierungsdirektor
  Leiter der Kriminalistisch-kriminologischen Forschungsgruppe des Bundeskriminalamtes
BALZERT, ALOIS, Kriminalrat
  Dezernatsleiter „Datenverarbeitung" im Landeskriminalamt Sachsen-Anhalt
BENDER, ROLF, Vorsitzender Richter am OLG Stuttgart a. D.
  Honorarprofessor an der Universität Tübingen
BRISACH, CARL-ERNST, Kriminaloberrat
  Referent in der Gruppe „Fahndung" des Bundeskriminalamtes
BÜCHLER, HEINZ, Dr. rer. pol., Wissenschaftlicher Angestellter
  Referent in der Kriminalistisch-kriminologischen Forschungsgruppe des Bundeskriminalamtes
DEMMELMEYER, HELMUT, Dr. rer. nat., Wissenschaftlicher Oberrat
  Referent in der Fachgruppe „Biologie" des Bundeskriminalamtes
FINKEL, ROLAND, Kriminaldirektor
  Leiter der Kriminalpolizeidirektion Schleswig-Holstein West
GUBA, SIEGLINDE, Kriminalhauptkommissarin
  Dozentin an der Hessischen Polizeischule
HECKER, MANFRED, R., Dipl.-Psychologe, Leitender Wissenschaftlicher Direktor
  Leiter der Fachgruppe „Schrift, Sprache, Stimme" des Bundeskriminalamtes
HEINZ, WOLFGANG, Dr. iur., Universitätsprofessor
  Lehrstuhl für Strafrecht mit Nebengebieten der Universität Konstanz
HEUSER, HANS GERHARD, Dr. phil. nat., Wissenschaftlicher Oberrat
  Referent in der Fachgruppe „Urkunden" des Bundeskriminalamtes
JANSEN, HANS-PETER, Kriminaldirektor
  Leiter der Kriminalpolizeidirektion Schleswig-Holstein Nord
KATTERWE, HORST, Dr. rer. nat., Dipl.-Physiker, Wissenschaftlicher Direktor
  Referent in der Fachgruppe „Schußwaffen, Werkstofftechnik" des Bundeskriminalamtes
KISSLING, EKKEHARD, Dr. rer. nat., Wissenschaftlicher Direktor
  Leiter der Fachgruppe „Biologie" des Bundeskriminalamtes
KNUTH, KLAUS, Dr. rer. nat., Leitender Chemiedirektor
  Leiter der Abteilung „Kriminalwissenschaft und -technik" des Hessischen Landeskriminalamtes
KOCH, KARL-FRIEDRICH, Erster Kriminalhauptkommissar
  Mitarbeiter in der Kriminalistisch-kriminologischen Forschungsgruppe des Bundeskriminalamtes
KÖCK, ROBERT, † Dr. iur., Sektionschef i. R.
  zuletzt Leiter des Kriminalpolizeilichen Dienstes und Landeszentralbüros Interpol im Bundesministerium für Inneres der Republik Österreich
KÖHLER, FRITZ, Dr. rer. nat., Wissenschaftlicher Oberrat
  Referent in der Fachgruppe „Urkunden" des Bundeskriminalamtes

KÖHLER, PETER, Kriminaloberrat
Referatsleiter in der Gruppe „Tatortdienst" des Bundeskriminalamtes
KOLLISCHON, HANS, Leitender Kriminaldirektor
Leiter der Kriminalpolizei bei der Landespolizeidirektion Stuttgart II
KRÜGER, RALF, Dr. iur.
Präsident des Landeskriminalamtes Baden-Württemberg a. D.
KUBE, EDWIN, Dr. iur., Abteilungspräsident
Leiter des Kriminalistischen Instituts des Bundeskriminalamtes, Honorarprofessor an der Universität Gießen
KUBICA, JOHANN, Dr. rer. oec., Leitender Kriminaldirektor
Leiter der Stabsgruppe „Koordinierung Inland, Geheimschutz" des Bundeskriminalamtes
KÜNZEL, HERMANN J., Dr. phil. habil., MA, Wissenschaftlicher Oberrat
Referent in der Fachgruppe „Schrift, Sprache, Stimme" des Bundeskriminalamtes, Privatdozent an der Universität Marburg
LANGE, HANS-JOACHIM
Bayerischer Verband für die Sicherheit in der Wirtschaft e.V.
LICHTENBERG, WOLFGANG, Dr. rer. nat., Dipl.-Physiker, Wissenschaftlicher Direktor
Leiter der Abteilung „Kriminaltechnik" des Landeskriminalamtes Sachsen-Anhalt
LOTZ, HEINRICH, Erster Kriminalhauptkommissar
Leiter des Hauptsachgebietes „Umweltkriminalität" des Hessischen Landeskriminalamtes
MÄTZLER, ARMIN, Leitender Kriminaldirektor a. D.
ehem. Leiter der Abteilung Kriminalpolizei beim Polizeipräsidenten in Köln
MELLENTHIN, KLAUS, Kriminaldirektor
Leiter der Abteilung „Rauschgift, Waffen, Falschgeld" des Landeskriminalamtes Baden-Württemberg
MÖBIUS, GERALD, Assessor iur., Kriminaloberrat
Referent im Generalsekretariat der IKPO-Interpol
MÖRBEL, RICHARD KARL, Kriminaldirektor
Referatsleiter in der Gruppe „Organisation, Haushalt, Innerer Dienst" des Bundeskriminalamtes
NACK, ARMIN, Richter am Bundesgerichtshof
OCHOTT, GERHARD, Kriminaldirektor a. D.
zuletzt Leiter des Dezernats „Daktyloskopischer Erkennungsdienst" des Bayerischen Landeskriminalamtes
PAUL, BERND, Kriminalrat
Leiter des Hauptsachgebietes „Zentraler Benutzerservice" des Hessischen Landeskriminalamtes
PERRET, KLAUS-ULRICH, Dr. phil., Dipl.-Mathematiker, Wissenschaftlicher Oberrat
Referent in der Gruppe „Technische Forschung, Entwicklung und Erprobung" des Bundeskriminalamtes

PETER, JÜRGEN, Kriminaldirektor
  Referatsleiter in der Gruppe „Fahndung" des Bundeskriminalamtes
SAUER, DIETRICH, Kriminaloberrat
  Stellvertretender Leiter der Abteilung „Organisation und Einsatz" des Hessischen Landeskriminalamtes
SCHMIDT-NOTHEN, RAINER, Leitender Kriminaldirektor
  Leiter der Gruppe „Allgemeine Angelegenheiten, Logistik" der Abteilung „Rauschgift-Bekämpfung" des Bundeskriminalamtes
SCHREIBER, MANFRED, Dr. iur., Ministerialdirektor a. D.
  Honorarprofessor an der Universität München
SCHWARZFISCHER, FRIEDRICH, Dr. med., Dr. rer. nat., Universitätsprofessor
  Institut für Anthropologie und Humangenetik der Universität München
SEEMANN, SIEGFRIED, Dipl.-Verwaltungswirt, Kriminalhauptkommissar
  Ausbildungsbereichsleiter im Landeskriminalamt Niedersachsen
SIELAFF, WOLFGANG, Leitender Kriminaldirektor
  Leiter des Landeskriminalamtes Hamburg
SIEMON, WILHELM, Betriebswirt (VWA)
  Leitende Fachkraft für Arbeitssicherheit bei der Triumph-Adler AG, Nürnberg
STEINKE, WOLFGANG, Dr. iur., Abteilungspräsident
  Leiter des Kriminaltechnischen Instituts des Bundeskriminalamtes
STÖRZER, HANS UDO, Regierungsdirektor
  Leiter des Präsidialbüros und Datenschutzbeauftragter des Bundeskriminalamtes, Lehrbeauftragter an der Fachhochschule des Bundes für öffentliche Verwaltung, Abteilung Kriminalpolizei
STÜMPER, ALFRED, Dr. iur., Landespolizeipräsident a. D.
  zuletzt Leiter der Abteilung III – Landespolizeipräsidium – des Innenministeriums Baden-Württemberg
TIMM, KLAUS JÜRGEN, Direktor des Hessischen Landeskriminalamtes
THOMANN, EUGEN, Lic. iur., Oberstleutnant
  Stabschef der Kantonspolizei Zürich
WARTEMANN, FRANK, Kriminaldirektor
  Dozent an der Fachhochschule für Polizei Baden-Württemberg
WERNER, LOUIS FERDINAND, Dr. phil., Leitender Wissenschaftlicher Direktor
  Leiter der Fachgruppe „Urkunden" des Bundeskriminalamtes
ZEIGER, JÜRGEN, Abteilungspräsident
  Leiter der Abteilung „Personenerkennung" des Bundeskriminalamtes
ZEINER, WOLFGANG, Dr. iur., Ministerialrat
  Abteilungsleiter im Bundesministerium für Inneres der Republik Österreich
ZIERCKE, JÖRG, Leitender Kriminaldirektor
  Referent für Grundsatzfragen der Polizei und stellvertretender Leiter der Abteilung „öffentliche Sicherheit" des Innenministeriums Schleswig-Holstein

Inhalt

Abkürzungen XII

Band 1

1. Theoretische Kriminalistik 1
   EDWIN KUBE / MANFRED SCHREIBER
2. Organisation der Strafverfolgungsorgane in der Bundesrepublik Deutschland 19
   HEINZ BÜCHLER
3. Organisation der Strafverfolgungsorgane in Österreich 51
   ROBERT KÖCK / WOLFGANG ZEINER
4. Organisation der Strafverfolgungsorgane in der Schweiz 63
   EUGEN THOMANN
5. Kriminalistische Diagnose, Prognose und Strategie auf Makro- und Mikroebene (Methodendarstellung) 81
   WOLFGANG HEINZ / KARL-FRIEDRICH KOCH
6. Kriminalistische Handlungslehre 167
   CARL-ERNST BRISACH
7. Strafprozessuale Zwangsmaßnahmen 199
   RALF KRÜGER
8. Taktische Aspekte bei der Anwendung strafprozessualer Zwangsmaßnahmen 279
   DIETRICH SAUER
9. Polizeiliche Information und Kommunikation 311
   KLAUS JÜRGEN TIMM
10. Verbrechensvorbeugung, insbesondere die operative Straftatenverhütung 365
    ALFRED STÜMPER
11. Die Aufdeckung von Straftaten 413
    HANS UDO STÖRZER
12. Aufklärung von Straftaten als strategische Aufgabe 459
    JÖRG ZIERCKE / HANS-PETER JANSEN / ROLAND FINKEL
13. Vernehmung 551
    ROLF BENDER / FRANK WARTEMANN
14. Tatortarbeit 639
    SIEGFRIED SEEMANN
15. Spurenlehre 669
    RICHARD KARL MÖRBEL
16. Identifizierung durch Vergleich von Körpermerkmalen, insbesondere anhand von Lichtbildern 735
    FRIEDRICH SCHWARZFISCHER
17. Identifizierung durch Daktyloskopie 763
    GERHARD OCHOTT

Inhalt

18. Handschriften 795
    MANFRED R. HECKER
19. Die Erkennung von Personen anhand ihrer Stimme 817
    HERMANN J. KÜNZEL
20. Forensischer linguistischer Textvergleich 843
    ALOIS BALZERT

Stichwortverzeichnis 875

Band 2 (in Vorbereitung; nachfolgend aufgeführte Beiträge sind vorgesehen)

21. Kriminaltechnik: Entwicklung, Stand und Perspektiven – ein Überblick
    WOLFGANG STEINKE
22. Serologie
    EKKEHARD KISSLING
23. Schußspurenuntersuchungen
    WOLFGANG LICHTENBERG
24. Sprengstoffe und Sprengvorrichtungen
    KLAUS KNUTH
25. Forensische Werkstofftechnik
    HORST KATTERWE
26. Bodenkunde/Mikrobiologie
    HELMUT DEMMELMEYER
27. Urkunden und Maschinenschriften
    LOUIS FERDINAND WERNER / HANS GERHARD HEUSER / FRITZ KÖHLER
28. Beweislehre
    ARMIN NACK
29. Fahndung
    JÜRGEN ZEIGER
30. Observation
    JÜRGEN PETER
31. Internationale polizeiliche Zusammenarbeit
    RAINER SCHMIDT-NOTHEN
32. Internationale Rechtshilfe
    GERALD MÖBIUS
33. Internationale polizeiliche Zusammenarbeit innerhalb der EG-Länder am Beispiel von TREVI
    MANFRED SCHREIBER
34. Tötungsdelikte
    ARMIN MÄTZLER
35. Brand- und Sprengdelikte
    PETER KÖHLER
36. Massenkriminalität
    HANS KOLLISCHON

37. Rauschgiftdelikte
    KLAUS MELLENTHIN
38. Sittlichkeitsdelikte
    SIEGLINDE GUBA
39. Umweltdelikte
    HEINRICH LOTZ
40. Betrug/Wirtschaftskriminalität
    JOHANN KUBICA
41. Organisierte Kriminalität
    WOLFGANG SIELAFF
42. Geiselnahme/Entführung
    BERND PAUL
43. Verhütung und Aufklärung von Straftaten in Unternehmen
    WILHELM SIEMON / HANS-JOACHIM LANGE
44. Kriminalistische Besonderheiten in Österreich
    ROBERT KÖCK / WOLFGANG ZEINER
45. Kriminalistische Besonderheiten in der Schweiz
    EUGEN THOMANN
46. Datenschutz und polizeiliche Informationsverarbeitung
    ERNST-HEINRICH AHLF / HANS UDO STÖRZER
47. Entwicklungstendenzen in der Kriminalistik
    EDWIN KUBE / KLAUS JÜRGEN TIMM

Abkürzungen

a. A.	anderer Ansicht
AF IS	Automatisches Fingerabdruck-Identifizierungssystem
AG Kripo	Arbeitsgemeinschaft der Leiter der Landeskriminalämter mit dem Bundeskriminalamt
AK II	Arbeitskreis II – Öffentliche Sicherheit und Ordnung
Anm.	Anmerkung
ANVS oder AMSS	Automatisches Nachrichtenvermittlungssystem
AO	Abgabenordnung
APC	Arbeitsplatzcomputer
APIS	Arbeitsdatei Innere Sicherheit
APLF	Arbeitsdatei PIOS Landfriedensbruch
APLV	Arbeitsdatei PIOS Landesverrat
APOK	Arbeitsdatei PIOS Organisierte Kriminalität
APRG	Arbeitsdatei PIOS Rauschgift
ARD	Allgemeine Rundfunkanstalten Deutschlands
Art.	Artikel
AsylVfG	Asylverfahrensgesetz
Aufl.	Auflage
AuslG	Ausländergesetz
AVV	Automatisierte Vorgangsverwaltung
AZR	Ausländerzentralregister
BayObLG	Bayer. Oberstes Landesgericht
Bd.	Band
BDSG	Bundesdatenschutzgesetz
BfV	Bundesamt für Verfassungsschutz
BGB	Bürgerliches Gesetzbuch
BGBl. I	Bundesgesetzblatt Teil I
BGH	Bundesgerichtshof
BGHSt	Amtl. Sammlung der Entscheidungen des Bundesgerichtshofs in Strafsachen
BGS	Bundesgrenzschutz
BGSG	Bundesgrenzschutzgesetz
BKA	Bundeskriminalamt
BKAG	Gesetz über die Einrichtung eines Bundeskriminalpolizeiamtes
BLKA	Bayerisches Landeskriminalamt
BLS	(daktyloskopisches) Bund-Länder-(Klassifizier-)System
BMI	Bundesminister des Innern
BND	Bundesnachrichtendienst
BPolBG	Bundespolizeibeamtengesetz
BRD	Bundesrepublik Deutschland
BT-Drs.	Bundestags-Drucksache
Btm	Betäubungsmittel
BtMG	Betäubungsmittelgesetz
BVerfG	Bundesverfassungsgericht
BVerfGE	Amtl. Sammlung der Entscheidungen des Bundesverfassungsgerichts
BW	Baden-Württemberg
BZRG	Bundeszentralregistergesetz
bzw.	beziehungsweise
CATI	Computer Assisted Telephone Interviewing

Abkürzungen

CID	Criminal Investigation Division
COD	Computergestütztes Dokumentationssystem für Literatur und administrative Daten
DB	Deutsche Bundesbahn
Die Polizei	Die Polizei (Zeitschrift)
DÖV	Die Öffentliche Verwaltung (Zeitschrift)
ED	Erkennungsdienst
Eds.	Editors
EDV	Elektronische Datenverarbeitung
EGGVG	Einführungsgesetz zum Gerichtsverfassungsgesetz
EINDOK	Einsatz-, Dokumentations- und Führungshilfen
ELIAS	Einsatzleit-, Informations- und Auskunftssystem
ELVIS	Elektronisches Verwaltungssystem
EMA	Einwohnermeldeamt
FABl	Fingerabdruckblätter
FAG	Fernmeldeanlagengesetz
FAZ	Frankfurter Allgemeine Zeitung
FBI	Federal Bureau of Investigation
FDR	Falldatei Rauschgift
ff.	fortfolgende
FGG	Gesetz über die Angelegenheiten der freiwilligen Gerichtsbarkeit
FIR	Internationales Fahndungssystem
FISH	Forensisches Informationssystem Handschriften
FR	Frankfurter Rundschau
GABl. (BW)	Gemeinsames Amtsblatt des Landes Baden-Württemberg
GDIS	Generaldirektion für Innere Sicherheit
GG	Grundgesetz für die Bundesrepublik Deutschland
GMI	Gerichtlich-medizinisches Institut der Universität
GüKG	Güterkraftverkehrsgesetz
GVG	Gerichtsverfassungsgesetz
HBl	Handflächenabdruckblätter
HELP	Hamburger Einsatzleitsystem Polizei
HEPOLIS	Hessisches polizeiliches Informationssystem
Hess. PolOrgVO	Verordnung über die Organisation und Zuständigkeit der hess. Vollzugspolizei
HIDOK	Hinweisdokumentationssystem
HLKA	Hess. Landeskriminalamt
Hrsg.	Herausgeber
IKPO	Internationale kriminalpolizeiliche Organisation – INTERPOL
IMK	Ständige Konferenz der Innenminister/Senatoren
INPOL	Informationssystem der Polizei
ISA	Informationssystem Anzeigen
ISDN	Integrated services digital network
ISVB	Informationssystem für Verbrechensbekämpfung
IT	Informationstechnik
i.V.	in Verbindung
JWG	Gesetz für Jugendwohlfahrt
JZ	Juristenzeitung (Zeitschrift)
KAN	Kriminalaktennachweis
KAY	Kriminalaktenindex
KBA	Kraftfahrzeugbundesamt
Kfz	Kraftfahrzeug

XIII

Abkürzungen

KPMD	Kriminalpolizeilicher Meldedienst
KpS	Richtlinien über Kriminalpolizeiliche Sammlungen
KPVP	Kriminalpolizeiliches Vorbeugungsprogramm
Kriminalistik	Die Kriminalistik (zitiert nach Band und Seite)
KUG	Kunsturheberrechtsgesetz
KVK	Kommission Vorbeugende Kriminalistik
KWKG	Kriegswaffenkontrollgesetz
LDSG	Landesdatenschutzgesetz
LF	Leitfaden
LG	Landgericht
Lkw	Lastkraftwagen
MAD	Militärischer Abschirmdienst
MDH	Maunz/Dürig/Herzog/Scholz, Kommentar zum Grundgesetz
MDR	Monatszeitschrift für Deutsches Recht (zitiert nach Band und Seite)
MeldeG	Meldegesetz
MIKOS	Mobiles Informations- und Kommunikationssystem
MiStra	Mitteilungen in Strafsachen
MOD	Modus operandi-Datei
MP	Militärpolizei
m.w.N.	mit weiteren Nachweisen
NJW	Neue Juristische Wochenschrift (Zeitschrift)
NPA	Neues Polizeiarchiv (Zeitschrift)
NStZ	Neue Zeitschrift für Strafrecht (Zeitschrift)
NVS	Nachrichtenvermittlungssysteme
NW	Nordrhein-Westfalen
ÖPNV	Öffentlicher Personennahverkehr
OK	Organisierte Kriminalität
OLG	Oberlandesgericht
OSI	Office for Special Investigations
OWIG	Gesetz über Ordnungswidrigkeiten
PAD	Personenauskunftsdatei
PaßG	Gesetz über das Paßwesen
PAusweisG	Gesetz über Personalausweise
PC	Personal Computer
PDV	Polizeidienstvorschrift
PED	Polizeiliche Erkenntnisdatei (Schleswig-Holstein)
PFA	Polizeiführungsakademie
PFV	Personenfeststellungsverfahren
PIKAS	Polizeiliches Informations-, Kommunikations- und Auswertungssystem
PIOS	Arbeitsdatei Personen, Institutionen, Objekte, Sachen
PKS	Polizeiliche Kriminalstatistik
Pkw	Personenkraftwagen
PL	Projektleitung (d. KPVP)
PODIAS	Polizeiliches dialoggeführtes Auswertungssystem
POLARIKOS	Polizeiliche Aufgaben-, Recherche- und unterstützendes System
POLAS	Polizeiliches Auskunftssystem
PolG	Polizeigesetz
POLIS	Polizeiliches Informationssystem
PostG	Gesetz über das Postwesen

Abkürzungen

PSD	Personenschutzdatei
RCMP	Royal Canadian Mounted Police
Rdnr.	Randnummer
RIPOL	Recherche informaisé policière
RiStBV	Richtlinien für das Strafverfahren und das Bußgeldverfahren
RNZ	Rhein-Neckar-Zeitung
SGB	Sozialgesetzbuch
SIS	Schengener Informationssystem
SOG Nds.	Gesetz über die öffentliche Sicherheit und Ordnung Niedersachsen
Sp.	Spalte
SPUDOK	Hinweis-, Spurendokumentation in Ermittlungsverfahren
SSD	Straftaten-/Straftäter-Datei
StGB	Strafgesetzbuch
StPO	Strafprozeßordnung
StV	Strafverteidiger
StVG	Straßenverkehrsgesetz
StVO	Straßenverkehrsordnung
StVollzG	Strafvollzugsgesetz
TESCH	Datei terroristischer extremistischer Schriften
TEXTOR	Linguistische Textanalyse
TKS	Telekommunikationssystem
u. a.	unter anderem
UALEx	Unterausschuß Leitender Exekutivbeamter
USBV	Unkonventionelle Spreng- und Brandvorrichtung
VersG	Versammlungsgesetz
VGH	Verwaltungsgerichtshof
vgl.	vergleiche
VGO	Vollzugsgeschäftsordnung
VwGO	Verwaltungsgerichtsordnung
WaffG	Waffengesetz
WAZ	Westdeutsche Allgemeine Zeitung
WE-Meldungen	Meldungen über wichtige Ereignisse
WK	Wiesbadener Kurier
WT	Wiesbadener Tagblatt
z. B.	zum Beispiel
ZDF	Zweites Deutsches Fernsehen
ZEBI	Computergestützte Einsatzleitung Bearbeitung Information
ZEVIS	Zentrales Verkehrsinformationssystem
ZollG	Zollgesetz
ZPI	Zentraler Personenindex
ZPO	Zivilprozeßordnung
ZRP	Zeitschrift für Rechtspolitik (Beilage zu NJW) (Zeitschrift)

1
Theoretische Kriminalistik

Edwin Kube und Manfred Schreiber

INHALTSÜBERSICHT

	Rdnr.		Rdnr.
Vorbemerkung		III. Wissenschaftssystematische Einordnung	7
A. Begriff, Untergliederung und wissenschaftssystematische Einordnung		B. Zur Methodik der praktischen Kriminalistik	10
I. Begriff	1	C. Zur Theorie einer Kriminalistik und Methodologie	13
II. Untergliederung	3		

Vorbemerkung

Der nachfolgende Beitrag stellt eine theoretische Abhandlung zur Kriminalistik dar und wendet sich in erster Linie an Wissenschaftler. Er bezweckt, den aktuellen wissenschaftstheoretischen Diskussionsstand und die bestehenden Defizite aufzuzeigen sowie weiterführende Entwicklungen anzuregen.

A. Begriff, Untergliederung und wissenschaftssystematische Einordnung

I. Begriff

1 **Kriminalistik** ist das (je Teilgebiet derzeit mehr oder weniger systematische) Wissen über die Methoden und Mittel der Verhütung, Aufdeckung und Aufklärung von Straftaten einschließlich der Fahndung nach Personen und Sachen[1]. Einige Autoren betonen bei der Definition (ähnlich wie hier) die Methoden der Verbrechensbekämpfung. So umschreibt z. B. *Wieczorek*[2] Kriminalistik als „Lehre von den Mitteln und Methoden der (vorbeugenden und) strafverfolgenden Verbrechensbekämpfung". Andere – wie *Groß/Geerds*[3] – bezeichnen Kriminalistik allgemeiner als „Lehre von der

---

1 Der Begriff ist „unsicher" bzw. „unscharf": *Groß/Geerds* 1977 S. 1 und *Pfister* 1978 S. 345.
2 1980 S. 11.
3 1977 S. 5; ähnlich *Bauer* 1983 S. 118 mit einer zusätzlichen Aufgliederung in kriminalistische Aufgabengebiete.

unmittelbaren, repressiven und präventiven Bekämpfung der Kriminalität durch die Strafverfolgungsorgane und ihre Helfer in der Lebenswirklichkeit".

2 Begrifflich läßt sich zwischen **praktischer, wissenschaftlicher** und **theoretischer Kriminalistik** unterscheiden. Während die im Alltag entwickelten und angewandten Methoden und Mittel der Straftatenbekämpfung die praktische Kriminalistik ausmachen, stellt die wissenschaftliche Kriminalistik (im Sinne einer Fundierung und Weiterentwicklung des „Fachmannverstandes") das Insgesamt der Aussagen dar, die nach Regeln einer angebbaren Logik aufgrund von Forschung abgeleitet sind[4]. In der polizeilichen Praxis wird auch der Bereich der Alltagsarbeit als wissenschaftliche Kriminalistik bezeichnet, bei dem im Rahmen der Fallarbeit wissenschaftliche Methoden angewandt werden. Theoretische Kriminalistik ist der Bestandteil der wissenschaftlichen Kriminalistik, der sich mit Gegenstand, Theorie und Methoden der Kriminalistik befaßt. Dabei ergibt sich auch die Frage, ob Kriminalistik als (selbständige) Wissenschaft anzusehen ist.

Bei idealtypischer Betrachtung kann sich der Gegenstand der Kriminalistik sowohl auf die einzelne Straftat oder den einzelnen Täter (**Mikroebene**) als auch auf die Kriminalität als Phänomen in der Gesellschaft oder auf Täterkategorien (**Makroebene**) beziehen.

Während repressive und präventive Bekämpfung einzelner Straftaten vorrangig die Kriminaltaktik und Kriminaltechnik fordern, stellt sich die Eindämmung der Kriminalität auf der Makroebene primär als eine kriminalstrategische Aufgabe dar[5].

II. Untergliederung

Nach herkömmlicher Übung wird die Kriminalistik in Kriminaltaktik und Kriminaltechnik[6] unterteilt.

3 Unter **Kriminaltaktik**[7] subsumiert man üblicherweise die Lehre von den für die konkrete Fallarbeit anzuwendenden Methoden, die im Rahmen der rechtlichen Randbedingungen die zweckmäßige Aufgabenerledigung gewährleisten; zuweilen wird der Begriff Kriminaltaktik im Hinblick auf die ursprüngliche semantische Bedeutung des Wortes Taktik im militärischen Bereich auf Situationen beschränkt, in denen „widerstrebende Parteien" agieren (z. B. Vernehmung eines nicht kooperativen Beschuldigten); manchmal nehmen Autoren[8] eine Differenzierung in allgemeine und spezielle Kriminaltaktik vor.

4 Der **Kriminaltechnik** obliegt es dagegen, „im Rahmen der Verbrechensaufklärung mit naturwissenschaftlichen Methoden und unter Ausnutzung

---

[4] *Patzelt* 1986 S. 81 f.
[5] *Schäfer* 1973 S. 43 f.
[6] *Pfister* 1978 S. 394. *Rosenow* (1984 S. 246) erachtet diese Unterscheidung für Systematisierungszwecke als wenig geeignet.
[7] Vgl. *Bauer* 1983 S. 118; *Brack/Thomas* 1983 S. 11; *Groß/Geerds* 1977 S. 9/10; *Pfister* 1978 S. 394 f.; *Schurich* 1985 S. 25 f.; *Zbinden* 1954 S. 173.
[8] Etwa *Rehberg* 1966 S. 23 f.

moderner technischer Hilfsmittel sachliche Beweise und Spuren zu untersuchen und auszuwerten"[9]. Gerade durch die Entwicklung neuer Methoden (z. B. des sog. genetischen Fingerabdrucks), den Einsatz von Prozeßrechnern (z. B. im Rahmen der Bildverarbeitung) oder der Nutzbarmachung bestimmter Technologien (z. B. der Lasertechnik für die Sichtbarmachung latenter Fingerspuren) hat die Kriminaltechnik in der jüngsten Vergangenheit an Bedeutung zugenommen. In der Zukunft bieten vor allem DV-Expertensysteme und künstliche Intelligenz (etwa bei der systematisierten Ausschöpfung polizeilicher Informationssysteme oder als Entscheidungshilfe bei der Tatortarbeit) Möglichkeiten der Innovation. Da auch in der Vergangenheit die naturwissenschaftlich-technische Dimension der Kriminalistik zu qualitativen Entwicklungssprüngen führte, wurde sie oft als der eigentliche wissenschaftliche Teil der Verbrechensbekämpfung angesehen[10].

Inzwischen hat der Begriff **Kriminalstrategie**[11] als dritte Säule der Kriminalistik weitgehend Anerkennung gefunden. Unter Kriminalstrategie versteht man das rationale Zusammenwirken der polizeilichen Kräfte zur Verwirklichung der Ziele der Kriminalpolitik, also die Ausrichtung der Gesamtorganisation auf die Bekämpfung der Kriminalität. Innerhalb der Kriminalstrategie kann man je nach dem Planungsinhalt zwischen theoretischer und operativer Strategie unterscheiden. Bezogen auf die Zielorientierung der Konzeptionen läßt sich insbesondere zwischen (vorwiegend) täter-, opfer-, dritt-, raum- und deliktsbezogenen Strategien differenzieren. Kennzeichnend für Kriminalstrategien ist die starke Verzahnung von Repression mit Prävention. Gerade im Rahmen der systematischen operativen Bekämpfung der organisierten Kriminalität wird die Grenzziehung zwischen Repression und Prävention, aber auch zwischen Kriminalstrategie und -taktik nahezu unmöglich.

Als zusätzlicher Gliederungspunkt kommt der Begriff der **Kriminallogistik**[12] in Betracht. Diese umfaßt das Methodenwissen zur dienstleistungs- und ausstattungsmäßigen Versorgung der Polizei für die präventive und repressive Kriminalitätsbekämpfung.

Daneben machen manche Kriminalisten geltend, als eigenes Teilgebiet sollte eine kriminalistische Informationslehre[13], eine phänomenologisch orientierte Verbrechenstechnik[14], die Organisation der Verbrechensbekämpfung[15], die Kriminaldienstkunde[16] oder eine kriminalistische Psychologie[17] ausgewiesen werden. Bei der Krise des Kriminalpolizeilichen Meldedienstes – vgl. etwa die Probleme bei der Entwicklung einer elektronisch vernetzten Falldatei für Straftaten von länderübergreifender Bedeutung –

---

9 *Kriminalistik-Lexikon* 1986 S. 145. Weitergehend *Pfister* 1978 S. 394.
10 Vgl. auch *Holyst* 1982 S. 5 und *Schurich* 1985 S. 27.
11 *Schäfer* 1973 S. 43 f., S. 66 f. und *Pfister* 1978 S. 395.
12 Dazu *Lohse* 1973, S. 133 ff.
13 *Pfister* 1978 S. 395.
14 *Groß/Geerds* 1977 S. 26.
15 *Groß/Geerds* 1977 S. 29.
16 *Pfister* 1978 S. 394; *Wieczorek* 1980 S. 11.
17 *Rehberg* 1966 S. 21. In diesem Zusammenhang s. auch *Wegener* 1986 S. 33 f.

müßten gerade Verbrechenstechnik und Informationslehre näher in das Blickfeld der Kriminalistik gerückt werden. Dies könnte nicht zuletzt durch die Bildung eines eigenen kriminalistischen Teilgebiets Verbrechenstechnik, die moderne Informationstechnologien einschließt, bewirkt werden. Noch weitgehend vernachlässigte Ansätze – etwa die Nutzung des sog. Täterwissens – ermöglichen zudem die systematische Anreicherung bisheriger Informationsquellen. Phänomenologische Wirklichkeiten (beispielsweise neue modi operandi oder neue Tatgelegenheitsstrukturen) sollten so im Interesse einer wirksamen präventiven und repressiven Straftatenbekämpfung möglichst umfassend und ohne Zeitverzug aufgehellt werden können.

Andere Kriminalisten schließlich verwerfen völlig den üblichen Systematisierungskatalog und schlagen ein **neues Gesamtsystem** vor. So regt *Rosenow*[18] an, Kriminalistik zu gliedern in einen Allgemeinen Teil mit der Untergliederung Theoretische Kriminalistik und Kriminalistische Methodologie sowie in den Besonderen Teil mit den Unterpunkten Anwendung der Erkenntnisse aus dem Allgemeinen Teil für die Aufklärung, Aufdeckung und Verhütung des Einzeldelikts.

III. Wissenschaftssystematische Einordnung

7   Der Kriminalistik wird von manchen der Rang einer eigenständigen Wissenschaftsdisziplin (im Rahmen der Kriminalwissenschaften) zuerkannt[19]. Andere sprechen ihr den Wissenschaftscharakter insgesamt ab[20]. Unter Berücksichtigung der historischen Entwicklung und wissenschaftstheoretischer Überlegungen[21] erscheint es überzeugend, die **Kriminalistik** als **Bestandteil** der **Kriminologie** und der **Rechtsmedizin** anzusehen. Allerdings klammert der überwiegende Teil der deutschsprachigen Kriminologen (ebenso wie die anglo-amerikanische und die sozialistische Kriminologie) die Kriminalistik aus dem (unmittelbaren) Erkenntnisinteresse aus[22]. Sieht man als Wesensmerkmale einer Wissenschaft die systematisierte Gesamtheit theoretischer Aussagen über Sachverhalte und Gesetzmäßigkeiten eines bestimmten Forschungsgegenstandes und die dazugehörigen Methoden i. S. theoretisch begründeter Arbeitsvorschriften an, muß derzeit die Qualifikation der Kriminalistik als selbständige Wissenschaft verneint werden[23].

---

18 *Rosenow* 1984 S. 263. Vgl. etwa auch das Konzept von *Hołyst* 1982 S. 5 ff., der neben den „Untersuchungsmethoden" insbesondere die „kriminellen Methoden" und die „Vorbeugung" als wichtige Zweige der Kriminalistik betont (S. 24).
19 So *Geerds* 1980 S. 10.
20 Etwa *Vermander* 1984 S. 25 ff.
21 Vgl. *Mergen* 1983 S. 19 ff.
22 Im einzelnen *Hołyst* 1982 S. 8 ff. und *Mergen* 1983 S. 27 ff. m.w.N. *Göppinger* (1980 S. 11 ff.) beispielsweise begründet dies mit dem selbständigen Gegenstand und Aufgabenbereich der Kriminalistik. Dennoch ist es nach *Göppinger* (S. 13) „fraglos legitim, wenn der eine oder andere Kriminologe die Kriminalistik zur Kriminologie zählt".
23 Dazu aus der Sicht der Sozialistischen Kriminalistik *Gelbhaar/Otto* 1986 S. 38 ff. und dies. 1988 S. 133ff. jeweils m.w.H. Während sich die westliche Kriminalistik weitgehend auf die Optimierung von Methoden beschränkt, fundiert die sozialistische Kriminalistik die Disziplin auf der Leninschen Widerspiegelungstheorie; dazu *Koldin* 1983 S. 8 ff. und *Pfister* 1978 S. 391 f.

Unbeschadet der wissenschaftssystematischen Fragestellung sollte es zweifelsfrei sein, daß zumindest **Teilbereiche** der Kriminalistik in der polizeilichen und forensischen Praxis originär **wissenschaftlich** betrieben und weiterentwickelt werden. Dazu zählen beispielsweise die kriminaltechnischen Aufgabengebiete der Biologie, Chemie und Physik oder die Aussagepsychologie bei Glaubwürdigkeitsproblemen im Strafprozeß. Insoweit wird nicht nur fremdes Fachwissen für die Straftatenbekämpfung unmittelbar nutzbar gemacht. Nötig ist vielmehr, außerhalb der Kriminalistik angewandte Methoden auf die Belange dieser Disziplin zu transformieren[24]. 8

Die Fragestellung nach dem **Wissenschaftscharakter** und der **wissenschaftlichen Einordnung** der Kriminalistik spielt in der **Praxis** keine nennenswerte Rolle. Die herkömmlichen kriminalistischen Methoden (z. B. der Daktyloskopie) sind forensisch anerkannt. Die Disziplin Kriminalistik findet sich als Lehrfach ausschließlich in den Curricula der Polizei[25]. An Universitäten wird das Fach – ausgenommen im Rahmen der Rechtsmedizin – fast völlig vernachlässigt[26]. Damit besteht kein äußerer Anlaß, die Kriminalistik wissenschaftstheoretisch zu thematisieren, zumal sie eine „höchst praxisbezogene" Arbeitsmethodik darstellt[27]. 9

B. Zur Methodik der praktischen Kriminalistik

Kriminalistische Methodenvermittlung, insbesondere auf dem Gebiet der Kriminaltaktik, beschränkt sich teilweise auf die Weitergabe gemachter Erfahrungen i. S. von **Rezeptwissen**. Damit kommt Kriminalistik in manchen Bereichen nicht über den Standard des **Kunsthandwerks** hinaus[28]. Denn professionelle, i. S. von wissenschaftlich abgesicherten Handlungsweisen sind dadurch charakterisiert, daß bei ihnen nicht nur das Wie sondern auch das Warum beantwortet werden kann. So scheiterten auch zum Teil kostenaufwendige Neuerungen – wie die in den 70er Jahren angestrebte Straftaten-/Straftäterdatei nach einer bundesweiten Teilerprobung –, weil die theoretischen und methodischen Grundlagen – hier zum Kriminalpolizeilichen Meldedienst und zur Implementation organisatorischer Änderungen – nicht abgesichert bzw. nicht entwickelt waren. 10

Kriminalistische Methodik ist ein zur Planung und Realisierung kriminalistischer Maßnahmen sowie zur Ergebnisbewertung entwickeltes **Aussagensystem**[29]. Die kriminalistischen Methoden gehen dabei schon im repressiven Bereich über die rein strafprozessuale Beweisführung hinaus. Verwiesen sei etwa auf die Verdachtschöpfung, die Untersuchungsplanung, die Hypothesenbildung während der Fallbearbeitung, die Organisa- 11

---

24 So auch *Hołyst* 1982 S. 5, *Koldin* 1983 S. 8 und *Schurich* 1985 S. 32.
25 Dazu *Steinke* 1984 S. 297 ff.
26 Vgl. *Störzer* 1984 S. 325 ff.
27 *Hołyst* 1982 S. 7.
28 Zu Entwicklung und Sachstand der Kriminalistik in der Bundesrepublik Deutschland *Teufel* 1983 S. 123 ff. und *Burghard* 1983 S. 177 ff. Zur historischen Entwicklung *Kube* 1964 S. 5 ff.
29 Dazu und zum folgenden aus der Sicht der Sozialistischen Kriminalistik *Schurich* 1985 S. 29.

tion der Zusammenarbeit mit Experten oder der Bevölkerung und die phasenmäßig sich wiederholende Bewertungsfunktion des Kriminalisten mit Rückkoppelung auf die von ihm anzuwendenden Problemlösungsstrategien.

Die Methodik der Kriminalistik reicht über die quantitativen und qualitativen Verfahren der empirischen Sozialforschung und auch über die allgemeinen naturwissenschaftlichen Verfahren hinaus[30]. Hingewiesen sei etwa auf die Relevanz der „Gestalterfahrung komplexer Art", die kombinatorischen Denkweisen, induktive Lernverfahren und die auf Erfahrung beruhende Intuition im Einzelfall[31] oder auf die Entwicklung kriminaltechnisch relevanter Algorithmen im Rahmen wissenschaftlicher Datenverarbeitung[32].

Der Kriminalist zieht insbesondere aus gesammelter oder vermittelter Erfahrung und aus gewonnenen Teilinformationen zum in Frage stehenden Sachverhalt Schlüsse und leitet daraus Aussagen (etwa i. S. von Hypothesen) ab. Mittels kreativer Phantasie steuert er dieses Verfahren so, daß es u. U. gelingt, bislang getrennte Informationsmengen in logisch richtigen Deduktionsketten zu verbinden und Ansätze zu weiterer Informationserhebung zu entwickeln. Diese **deduktive „Gestaltausarbeitung"** wechselt in der Alltagsarbeit phasenweise und sich zum Teil überlagernd mit **induktiver „Gestalterkennung"** ab. Beim induktiven Vorgehen wird – etwa angeregt durch Analogiebildung – kraft eines kreativen Akts in einer Menge von Informationen eine „Gestalt" entdeckt, die jene Menge an Informationen zum logischen, weitere Erkenntnisse erbringenden Zusammenhang zu ordnen erlaubt.

Gedanklich davon zu unterscheiden sind die Forschungsmethoden, die die wissenschaftliche Kriminalistik zur Erweiterung des kriminalistischen Wissens und damit vor allem der kriminalistischen Methodik anwendet (z. B. strukturelle Hermeneutik zur Analyse polizeilicher Verhaltensmuster). Dennoch wird auch hier gerade bei der Theorieerarbeitung in vergleichbarer Weise induktives und deduktives Vorgehen praktiziert.

12 Bisher ist es – auch im Ausland[33] – nicht gelungen, eine je konsistente **kriminalistische Verhütungs-, Aufdeckungs-** und **Aufklärungsmethodik** zu erarbeiten oder gar eine die Methodiken integrativ einbeziehende kriminalistische **Handlungslehre** zu entwickeln. Wie komplex sich ein solches Unterfangen darstellt, folgt bezüglich der Entwicklung der erwähnten Methodiken schon daraus, daß dazu u. a. eine umfassende Gefahrenerkennungs- und Verdachtsgewinnungslehre[34], eine systematische Strategie zur Aufhellung des strukturellen Dunkelfeldes[35] oder eine detaillierte Spuren-

---

30 Vgl. auch *Kiefl* 1988 S. 76 ff.
31 Dazu *Hołyst* 1982 S. 6, *Kerner* 1984 S. 22, *Koldin* 1983 S. 6 f und *Patzelt* 1986 S. 212 ff.
32 Vgl. beispielsweise *Brinkmann* 1991 S. 275 ff.
33 Etwa zu Zielen und Sachstand der finanziell hervorragend ausgestatteten kriminalistisch-kriminologischen Forschung in den USA vgl. *Hough* 1987 S. 70 ff., *Kelling* 1983 S. 69 ff. sowie *Trasler* 1984 S. 43 ff.
34 Hierzu *Schreiber* 1980 S. 388 und *Ziercke* 1988 S. 93 ff.
35 *Stümper* 1983 S. 222 ff.

vermeidungs- und Spurenbeseitigungslehre (bei theoretischer Trennung dieser sekundären Handlungsebene von der primären Ebene i. S. der Tathandlung)[36] erforderlich wären. Gerade für die Kriminalstrategie fehlt es an den für die Aufgabenstellung ausgereiften spezifischen Methoden, etwa zur Kriminalitätsprognose[37] oder zur Evaluierung von Konzepten[38].

C. Zur Theorie einer Kriminalistik und Methodologie

Kriminalistik kann sich bei der beeindruckenden Vielfalt einzelner Erkenntnismethoden im Interesse einer organischen Weiterentwicklung nicht damit begnügen, sich als bloße Anwendungstechnik im weiteren Sinn zu verstehen und vorrangig pragmatisches Handlungswissen zu vermitteln[39]. Zwar steht in der kriminalistischen Literatur eine Vielzahl mehr oder weniger wissenschaftlich abgesicherter Einzeltheorien zur Verfügung. Es mangelt aber an einem **einheitlichen System** von **Gesetzen** und **Theorien**, und insgesamt an einer den empirischen Belangen umfassend entsprechenden **Methodologie**. Denn „Begriff, Inhalt, Gesetzmäßigkeiten und Methoden der Kriminalistik sind bis heute keineswegs systematisch erforscht"[40].

Kerner[41] schlägt eine „Arbeitsgliederung zu einer systematischen **Ableitung** des Themas ‚**Theorie der Kriminalistik**'" vor, allerdings ohne diese Gliederung zu begründen. Sie stellt sich wie folgt dar:

1. Abgrenzung des Begriffs der „Kriminalistik"
2. Abgrenzung des Begriffs der „Theorie"
3. Notwendigkeit und Grenzen einer Theorie der Kriminalistik allgemein
3.1 Zur Wahrheit des Gemeinspruchs „Am praktischsten ist immer noch eine gute Theorie"
3.2 Alltagserfahrungen, Alltagstheorien, Praxiszwänge: Nutzen und Nachteil sog. naiver Verhaltenstheorien
3.3 Regelgeleitetes Handeln, kriminalistischer „Spürsinn" und „Kommissar Zufall"
3.4 Korrekturleistungen und Strukturierungsleistungen wissenschaftlich angeleiteter Theorienbildung: Besser-Wissen gegenüber Genauer-Wissen gegenüber Gesichert-Wissen
4. Bezugsrahmen einer Theorie der Kriminalistik
4.1 Teilgebiet einer umfassenden Theorie der Polizei (Polizeiwissenschaft)
4.2 Teilgebiet einer umfassenden Theorie von Gesellschaft, Staat und Herrschaft (einschl. Legitimationslehren)

---
36 *Oevermann* (in Druck).
37 Vgl. etwa *Dörmann/Beck* 1984 S. 37 ff.
38 *Schneider* 1986 S. 166 ff.
39 Vgl. *Pfister* 1978 S. 390; dieses Defizit macht sich nicht zuletzt bei der Ausbildung der Polizeibeamten nachteilig bemerkbar: *Jäger* 1978 S. 341.
40 *Pfister* 1978 S. 390.
41 1984 S. 11 ff.

4.3 Verbindungen zum Recht (vor allem Strafrecht, Strafprozeßrecht, Polizeirecht, Ordnungsrecht)
4.4 Verbindungen zur Kriminologie (auch Viktimologie) und den weiteren Wissenschaften vom Menschen und der Gesellschaft
4.5 Verbindungen zur Ethologie und weiteren biologischen Disziplinen
4.6 Verbindungen zu Kommunikationstheorien
4.7 Verbindungen zu Naturwissenschaften und Technik
4.8 Systemtheoretische und kybernetische Aspekte kriminalistischen Handelns

5. Ebenen einer Theorie der Kriminalistik
5.1 Kriminalstrategie, Kriminaltaktik, Kriminaltechnik
5.2 „Kriminalitätssteuerung" im Makrobereich (Kriminalität als Gesamterscheinung)
5.3 „Kriminalitätssteuerung" bei Massenphänomenen
5.4 „Kriminalitätssteuerung" im Mikrobereich: Verbrechensvorbeugung und -verhinderung einschließlich Theorie der Streife
5.5 Entdeckung und Aufklärung von Verbrechen
   5.5.1 Dunkelfeldprobleme
   5.5.2 Spurenkunde, Sachbeweis, Modus operandi (Kriminalpolizeilicher Meldedienst)
   5.5.3 Beobachtung, Fahndung, Rasterfahndung
   5.5.4 Befragung und Vernehmung, Zeugenbetreuung
   5.5.5 Sonstiges
5.6 Beweisführung, insbesondere für die Überzeugung des Gerichts
   5.6.1 Kriminalistisches Denken vom (endgültigen) Beweisverfahren her
   5.6.2 Rekonstruktion von Wirklichkeit und Konstruktion von „Taten" im Sinne von StPO und StGB
   5.6.3 Gefahren der typischen Vernachlässigung des „Subjektiven"
   5.6.4 Zulässige und unzulässige Beweisgewinnung und Beweisführung
   5.6.5 Polizeibeamte als Sachverständige und Zeugen vor Gericht

6. Synthese.

Vor dem Hintergrund eines solchen anspruchsvollen Konzepts wird deutlich, wie defizitär die **Methodologie** der Kriminalistik derzeit ist. Bei der Methodologie geht es darum, wie Wissenschaft betrieben werden soll. Sie befaßt sich mit deren allgemeiner Theorie; diese schließt das System der theoretischen Konzeptionen, der Kategorien und Klassifikationen, Methoden und Relationen, Begriffe und Definitionen sowie die Grenzziehung beim Forschungsgegenstand ein. Es handelt sich hierbei also um ein komplexes theoretisches System und nicht nur um die Forschungsmethoden. Allerdings ist jede Theorie gleichzeitig in gewisser Weise Erkenntnismethode, da sie der Forschung Ziele und Wege weist[42].

Die Strukturierung *Kerners* zeigt einerseits, wie weit derzeit die wissenschaftliche Kriminalistik von der Entwicklung einer **eigenständigen allgemeinen Theorie** noch entfernt ist. Weder ist der Bezugsrahmen der kriminalistischen Methodologie – gerade im Hinblick auf Kybernetik, Systemtheorie, aber auch Entscheidungstheorie – aufgearbeitet, noch sind überhaupt die Grenzen einer Theorie der Kriminalistik konturiert und systematisch inhaltlich abgesteckt. Andererseits läßt *Kerner* auch Teilprobleme einer allgemeinen Theorie unerwähnt, die zukünftig als wesentlich für die Straftaten-/Kriminalitätsbekämpfung betrachtet werden dürften. Dazu zählen Fragestellungen, die von der qualitativen Veränderung kriminalistischer Methodik durch neue Kriminalitätsphänomene (etwa das organisierte Verbrechen) bis zum Problem reichen, welche lerntheoretischen Interdependenzen zwischen technologischen Innovationsschüben und Tatbegehungsformen bzw. kriminalistischen Arbeitsmethoden bestehen.

Ziel und Gegenstand der Kriminalistik lassen sich im Kernbereich aus methodologischer Sicht charakterisieren als die systematische Erarbeitung von Gesetzmäßigkeiten und Theorien zur **Entstehung** von **Informationen** über drohende oder begangene Delikte sowie die dabei involvierten potentiellen oder tatsächlichen Tatbeteiligten **und** als Entwicklung der auf diesen Erkenntnissen basierenden **Methoden** und **Mitteln** zur rationalen **Verhütung, Aufdeckung** und **Aufklärung** dieser Straftaten. M. a. W.: Potentielle oder tatsächliche Straftäter „codieren" (etwa auch durch Spurenvernichtung) Informationen, die auf theoretisch abgesicherter Basis zu analysieren und mit kriminalistischen Methoden und Mitteln optimal zu entschlüsseln sind. Theoretisch ist daher an sich ein zweistufiges Erkenntnissystem zur umfassenden und validen Ausschöpfung der Informationsquellen erforderlich.

Unbeschadet eines kriminalistischen Wissenschaftsbetriebs wird erst eine **Theorie** der Kriminalistik die **Praxis** in die Lage versetzen, mehr zu leisten, als bloße Oberflächenbefunde zu Alltagsproblemen zu erstellen und durch kritische Analysen einzelne Faktoren für Schwachstellen aufzuzeigen und punktuelle Verbesserungsvorschläge zu spezifischen Arbeitsweisen zu entwickeln. Dann wird es ihr auch gelingen, Grundmuster im Sinne organisationsinterner Rationalitäten – etwa das des rollenorientierten Handelns (z. B. Verhalten bei der Eigensicherung von Polizeibeamten im Hinblick auf organisationsstrukturelle Erwartungen) oder der sog. Systemrationalität (z. B. mittels hermeneutischer Methoden vorgenommene Analysen zur Perseveranz und zum Kriminalpolizeilichen Meldedienst) – systematisch aufzuspüren und gleichsam in Wirkungsnetzen abbildend zu verdeutlichen.

---

42 Vgl. in diesem Zusammenhang *Belkin* 1976 S. 50 f. und *Lamnek* 1984 insbes. S. 46 ff. Einen engeren Begriff der Methodologie verwendet *Koldin* 1983 S. 11.

18 **Systemexterne Wirklichkeit** und **organisationsinterne Rationalität** müssen optimal, d. h. auf der Basis einer umfassenden Theorie strukturiert und partiell gesetzmäßig erfaßt werden; dadurch kann der Erkenntnisstand systematisch weiterentwickelt werden. Eine solche Strategie könnte dazu beitragen, daß eine der komplexen Praxis gerecht werdende Informationsbasis zu einer realisierbaren **objektiven Rationalität** beim Entscheidungsverhalten von Strafverfolgungsorganen und (polizeilichen) Präventionsinstanzen führen wird[43].

Es sollen also für die formellen Instanzen der Verbrechenskontrolle vorrangig rationale Handlungsmuster entwickelt werden, deren Informationswert allerdings trotz einer Theorie der Kriminalistik stets suboptimal sein wird. Denn solches Wissen, das – außerhalb der Kriminaltechnik – jeweils zum Teil auf idealtypischen Annahmen der staatlichen Entscheidungsinstanzen und ihrer Umwelt basiert, führt nicht zu exakten Handlungsgesetzen sondern zu **Quasi-Gesetzen,** also bestätigten Wahrscheinlichkeitsaussagen, deren Kennzeichen es ist, daß sie durch „menschliche Unberechenbarkeit" im Einzelfall nicht gelten müssen[44].

19 Kriminalistische Forschungsergebnisse werden nicht selten für den Praktiker unbefriedigend sein. Soweit wissenschaftliche Erkenntnisse und praktische Erfahrungen diffus und unzureichend sind, kann **sozialwissenschaftliche Forschung** versuchen, durch präzisere Formulierung von Hypothesen, durch bessere Verfahren bei der Prüfung von Hypothesen oder schon durch die Beschaffung informationshaltigeren Datenmaterials praxisrelevanten Wissenszuwachs zu erlangen. Solche Prozesse eines Informationszugewinns sind theoretisch so lange fortzusetzen, bis entweder ein eindeutiges und klares Prüfergebnis vorliegt oder die Grenzen verfügbarer Forschungsmöglichkeiten erreicht sind.

Grundsätzlich gilt jedoch für jede Optimierung des Erkenntnisprozesses: Forschungsergebnisse gelten nicht „an sich". Bestätigte oder widerlegte Hypothesen sind vor dem Hintergrund ihres Aussageinhalts und bestimmter Kriterien (z. B. Definitionspräzision und Ausprägungsgrad der Variablen oder Irrtumswahrscheinlichkeit im Rahmen der Datenauswertung) zu interpretieren. Kriminalistische (i. S. von sozialwissenschaftlicher) Forschung wird daher nur selten zu Erkenntnissen gelangen, die wie naturwissenschaftliche Gesetze das soziale Leben und das menschliche Handeln durchwirken. Solche Forschung wird eher **Problemwissen** (das u. U. Alltagstheorien in Frage stellt) oder **Gestaltungs-** und **Handlungshilfen** statt deterministischer Handlungsanweisungen vermitteln können[45].

20 An einem Trivialbeispiel soll dies verdeutlicht werden: Es wäre eine unrealistische Einschätzung von wissenschaftlicher Forschung präzise **Handlungsanweisungen** zu erwarten, welche die richtige taktische Vorgehensweise der Polizei bei einer aktuellen Massenschlägerei in einer Gaststätte ist. Die Situationen können so vielgestaltig sein, daß unterschiedliche Vorgehensweisen – vom Stürmen der Örtlichkeit bis zum Einsickern

---

43 Dazu im Rahmen der Verwaltungswissenschaft *König* 1970 S. 290.
44 Vgl. *Schreyögg/Steinmann* 1980 Sp. 2401 f. und *Westmeyer* 1984 S. 95.
45 Vgl. zu obigem *Patzelt* 1986 S. 162 ff.

in den Pulk – „richtig" sein können. Vermittelt werden kann der Praxis ein auf Forschungserkenntnissen und mehr oder weniger umfassenden Plausibilitätsüberlegungen beruhender „Handlungssinn" für die eigene Vorgehensweise. Nicht prognostiziert werden können dagegen grundsätzlich Kausalzusammenhänge in der (späteren) konkreten Situation. Denn die Voraussage von Kausalverläufen setzt voraus, daß die für die kausale Erklärung erforderlichen Theorien sowie die Randbedingungen bekannt sind und zusammengeführt werden.

Die Vielfalt der Randbedingungen und Schwierigkeiten ihrer exakten Feststellung sowie die Probleme des Findens bzw. Entwickelns und Anwendens der den Lebenssachverhalt erklärenden Theorien widersprechen prinzipiell einer einfachen „Wenn-dann-Betrachtung" komplexer sozialer Entscheidungssituationen. Dies gilt nicht zuletzt deshalb, weil die einschlägigen Theorien (etwa die Kriminalitätstheorien) grundsätzlich sog. **Theorien mittlerer Reichweite** sind. Sie enthalten keinen „totalen" Erkenntniswert, sondern Wahrscheinlichkeitsaussagen. Solche Theorien bewähren sich (oder auch nicht) durch Praktikabilität und oft als „bloße" Entscheidungshilfe in der Praxis. Auch hier zeigt sich, daß die praktische Kriminalistik einerseits nicht zuviel von der wissenschaftlichen Kriminalistik erwarten kann und daß diese andererseits wegen der Vielfalt und Komplexibilität der Entscheidungssituationen nicht ohne Erkenntnispluralismus auskommen wird.

Kerner kommt in einer zusammenfassenden **Bewertung** einer **Theorie** der Kriminalistik zu folgendem Schluß:[46] „In einem entwickelten Stadium, das wir noch nicht haben, würde die Kunst der Wissenschaft Kriminalistik darin bestehen, auf der Basis eines theoriebezogenen Hypothesensystems, das wir so bisher auch noch nicht haben, Organisationsstrukturen zu entwickeln, die der sozialen Tatsache Kriminalität adaptiert sind. Dieses Hypothesensystem hätte integriert einzubeziehen die Realitäten der Straftatenentstehung einerseits, die Realitäten der Straftatenverschleierung andererseits, das viel zu wenig integriert gesehen wird mit Blick auf prophylaktische und präventive Daueranwendung in Staat und Gesellschaft. Über diese Organisationsstrukturen hinaus wären Handlungsanleitungen für die Fallaufklärung zu entwerfen, die der individuellen Tatsache Verbrechen gerecht werden. Schließlich wären Prüfverfahren zu institutionalisieren, die Alltagserfahrung und Intuition rational kontrollierbar und erst dadurch (begrenzt) intersubjektiv vermittelbar machen würden."

Kerner führt dann weiter aus, daß Wissen, „das man zunächst einmal als Alltagswissen hat, systematisch zu kritisieren und auf seine Haltbarkeit hin zu testen (ist). Dieser Test geschieht über die Entwicklung von Prüfverfahren, und deren wiederholte und immer noch einmal wiederholte Anwendung auf den Fall, so lange, bis sich in je bestimmten Bereichen bestimmte Erkenntnisse immer gleichmäßig bestätigen (oder eben nicht, wonach eine Korrektur einzuleiten wäre). Diese gesicherten Erkenntnisse wären dann in die entwickelte Systematik einzubauen und schließlich auf

---

46 *Kerner* 1984 S. 23 f.

ihre theoretische Ableitung hin zu kontrollieren. Diesen Zustand haben wir in der Kriminalistik weitgehend noch nicht erreicht. Wenn er erreicht würde, wäre dann auch nicht daran zu zweifeln, daß der Gegenstand Wissenschaftliche Kriminalistik als eigenständige Sache existiert".

22 Derzeit ist daher davon auszugehen[47], daß eine wissenschaftliche Kriminalistik in erster Linie als **Clearingstelle** das tradierte kriminalistische Wissen zu sammeln, zu analysieren, zu gruppieren, auf das Vorhandensein der ihm innewohnenden Gesetze und Regeln zu untersuchen hat und unter Berücksichtigung kriminologischer Theorien und sonstiger Erkenntnisse von Fachwissenschaften (z. B. der Psychologie oder einzelner Disziplinen der Naturwissenschaften) dieses Wissen prüfen, transferieren und ergänzen muß. Die Ergebnisse sind grundsätzlich in lehr- und lernbarer Form aufzubereiten. Mittelfristig sollte eine wissenschaftliche Kriminalistik vorrangig die Gesetzmäßigkeiten und Theorien über die Entstehung, das Profil und die Veränderung von Informationen zu Tat und Täter aufhellen und testen. Die unmittelbaren kriminalistischen Arbeitsweisen werden in der Praxis laufend neuen Entwicklungen angepaßt und zu verbessern versucht. Wissenschaft muß solche Erkenntnisse zusammenfassen und vor dem Hintergrund der erwähnten „Ausgangsinformationen" zu Tat und Täter bewerten. Darüber hinaus hat eine solche Kriminalistik langfristig lageangepaßte Leitsätze und Arbeitsschwerpunkte sowie neuartige Methoden und Mittel zur Aufgabenbewältigung zu entwickeln und zu bewerten.

23 Anders gewendet: Die wissenschaftliche Kriminalistik muß **komplexe Aussagensysteme** mit Optimierungstendenz zur Kriminalitäts-/Verbrechensbekämpfung der staatlichen Kontrollinstanzen erarbeiten. Dies geschieht durch die Entwicklung umfassender Methodiken zur Verhütung, Aufdeckung und Aufklärung von Straftaten/Kriminalität, und zwar auf der Grundlage vor allem einer Gefahrenerkennungs-, einer Verdachts- und einer Spurenentstehungs-/Spurenvermeidungs-/Spurenbeseitigungslehre.

Dabei können die Aussagensysteme in vorwiegend terminologische, deskriptiv-analytische, normative bzw. empirisch-kognitive und praxeologische gegliedert werden[48]. Für jede Aussage und jedes Aussagensystem gilt, daß ihr Informationsgehalt durch logisch konsistente Bezugnahme auf andere Aussagen und Aussagengefüge i. S. von Theorien steigt. Aussagensysteme werden dabei verhaltensbezogene Ansätze (Arbeitsweisen von Polizeibeamten), technologische Ansätze (Kriminal-/Operativ-/Informationstechnik) sowie systemorientierte Ansätze (System Polizei einschließlich Polizei-Umwelt) enthalten. Gerade verhaltensbezogene Ansätze könnten zu einer kriminalistischen **Handlungslehre** führen, die insbesondere die Kriminaltaktik in einen „handlungstheoretischen" Gesamtzusammenhang stellen würde[49].

---

[47] Vgl. *Schäfer* 1976 S. 345 ff. sowie *Rosenow* 1984 S. 246, 263.
[48] Vgl. insoweit zu entsprechenden Aussagensystemen in der Organisationstheorie *Grochla* 1973 S. 20 ff.; s. auch *Dolde* 1985 S. 480 ff. und *Suikow* 1973 S. 5 ff.
[49] Ansatzweise realisiert von *Oevermann* (in Druck).

Bevorzugt man einen **hermeneutischen Ansatz** für die Entwicklung einer **kriminalistischen Handlungslehre**, so läßt sich mit *Oevermann*[50] feststellen, daß im Mittelpunkt einer solchen Lehre die Begründung und Explikation der fallverstehenden Komponenten im Rahmen der Ermittlungstätigkeit stehen müßten. Schon die professionelle Wahrnehmung des Tatortes schließe mit ein, die spezifische Sinngestalt des Tatablaufs in ihrer strukturierten Prägnanz zu erkennen, also „Spurentexte" zu entschlüsseln. Dabei sei systematisch zwischen Tat- und Tarnhandlung zu unterscheiden. Eine bloß sorgfältig vorgenommene additive Detailsammlung werde einer sinnaufhellenden gestaltprägnanten Tathergangsrekonstruktion nicht gerecht. Die gedankliche Ausschöpfung des „Spurentextes" finde ihren Niederschlag in einer idealtypisch die hermeneutische Arbeitsweise voll zum Ausdruck bringende „Vertextung", vor allem bei der erforderlichen sprachlichen Niederlegung kriminalistischer Denkprozesse (z. B. im Tatortbefundbericht). Angedeutet ist damit, daß eine empirisch fundierte, anspruchsvolle Handlungslehre die dysfunktionalen organisationsstrukturellen Randbedingungen ebenso einzubeziehen hat wie Methodenverbesserungen und Fragen der Vermittelbarkeit des Aussagensystems in der kriminalistischen Aus- und Fortbildung. 24

In einer **Hierarchie** der **„Arbeitslogik"**[51] kriminalistischen Handelns reichen die Ebenen der Aussagensysteme von der Reaktion auf die angezeigte Einzeltat mit bekanntem Tatverdächtigen bei bekanntem Aufenthaltsort und eindeutiger Beweislage, über Fallgestaltungen, bei denen diese Struktur variiert (z. B. Unbekanntsachen), über die Aufdeckung krimineller Strukturen (z. B. mittels des Instrumentes Polizeiliche Beobachtung) bis zur Gefahrenabwehr im Einzelfall; hinzu kommen schließlich die Veränderung von Elementen der Tatgelegenheitsstruktur zum Nachteil potentieller Täter und die Entwicklung polizeiübergreifender (delikts-, täter-, opfer-, dritt- und raumbezogener) Kriminalstrategien. Einzelne Deliktsgruppen zeichnen sich schon bei dem Problem der Verdachtschöpfung (beispielsweise manche Wirtschaftsdelikte), andere etwa bei der Beweisführung und „Hintergrundaufhellung" (z. B. Organisiertes Verbrechen) durch besondere Erschwernisse aus. Scheinbar so einfache Routinehandlungen wie die Aufgabenerledigung bei angezeigten Einzeltaten mit bekanntem jugendlichen Tatverdächtigen und bekanntem Aufenthaltsort werden z. T. zu Recht modifiziert (vgl. etwa das von der Polizei in Schleswig-Holstein praktizierte Modell zu Diversion und Täter-Opfer-Ausgleich[52]). 25

Notwendig ist, daß sich insgesamt die erwähnten Aussagensysteme der verschiedenen Ebenen und Dimensionen an Informationsmustern mit Gestaltprägnanz orientieren, zu praxisnahen Theorien und Gesetzmäßigkeiten kriminalistischer Arbeit gelangen sowie darauf aufbauend die kriminalistischen Arbeitsmethoden systembezogen weiterentwickeln helfen. Mit *Kerner*[53] ist davon auszugehen, „daß es ein wesentliches Anliegen der 26

---

50 *Oevermann*, passim.
51 *Kerner* 1984 S. 12 f.
52 Dazu *Kube* 1987 S. 129 ff.
53 *Kerner* 1984 S. 20.

theoretisch vermittelten praktischen Kriminalistik sein müßte, in allen ihren Einsatzbereichen die jeweiligen Erkenntnisbedingungen sowie die zur Verfügung stehenden Methoden mit ihren Varianten und Fehlergrenzen systematisch aufzubereiten. Etwas anders ausgedrückt: Erst eine systematische Theorie des Meßfehlers erlaubt die Bestimmung der Reichweite kriminalistischer Wahrheitsfindung". Einzelne Ansätze zu einer solchen Theorie des **Meßfehlers** gibt es bekanntlich im Bereich der Kriminaltechnik, wo Bewertungen kriminaltechnischer Untersuchungsverfahren und -ergebnisse durch die Wahrscheinlichkeitsrechnung vorgenommen werden (können)[54].

27 Gerade von einer wissenschaftlich erstarkten Kriminalistik, die ihre Methodologie systematisch optimiert, wäre die notwendige **Initiierungs- und Integrationsfunktion** bezüglich einschlägiger **Bezugswissenschaften** zu erwarten. So mangelt es beispielsweise offensichtlich daran, die Erkenntnisse der Aussagepsychologie, die sich derzeit in einer vierten Entwicklungsphase, nämlich der Behebung des bestehenden Theoriedefizits[55] befindet, auch für die Vernehmungspraxis der Ermittlungsbehörden nutzbar zu machen bzw. über die Glaubhaftigkeitsbeurteilung hinausgehende Vernehmungsprobleme durch die Rechtspsychologie aufarbeiten zu lassen.

28 Spezielle kriminalistische Aussagen (etwa zur Vernehmungstaktik) könnten auf diese Weise eher in allgemeinere Aussagen (etwa der Aussagepsychologie) eingefügt werden. Diese allgemeinen Aussagen wiederum würden als Einzelgefüge von Aussagen spezielle Theorien darstellen, die sich als Teiltheorien u. U. zu allgemeineren Theorien (etwa i. S. einer kriminalistischen Handlungslehre) verknüpfen ließen.

M.a.W.: Um einzelne gegenstandsbezogene Theorien könnte nach Feststellung ihrer konkreten kontextabhängigen Behauptungen und ihrer logischen Konsistenz sozusagen ein „Gürtel" gezogen werden; die Verdichtung der Informationen ließe die praxisrelevanten Theoriekerne und die daraus ableitbaren Theoreme (i. S. einer zusammenfassenden Verknüpfung der hierarchisch unter ihnen stehenden Aussagensysteme) sowie die Gesetzmäßigkeiten kriminalistischer, insbesondere kriminaltechnischer Arbeit erkennbar werden. Der Kriminalistik als Wissenschaft käme dabei die Funktion zu, diese Integrationsaufgabe wahrzunehmen und dabei neue Fragestellungen zu initiieren, diese z. T. selbst zu beantworten, zumindest für eine Synthese der vorhandenen einschlägigen Erkenntnisse Sorge zu tragen. Eine Voraussetzung dafür ist jedoch, daß Kriminalistik i. S. eines Selbstfindungsprozesses eine **wissenschaftliche Identität** erlangt, für die gerade Überlegungen zu theoretischen Aspekten dieser Disziplin von ausschlaggebender Bedeutung sind[56].

---

54 *Deinet* 1984 S. 201 ff. und *Ortmann* 1985 S. 307 f.
55 Vgl. *Steller* 1988 S. 23 ff.
56 Ebenso im Ergebnis *Pfister* 1978 S. 395.

SCHRIFTTUM

Bauer, G.: Kriminalistik. In: Sieverts, Schneider 1983, S. 118–151

Belkin R.-S.: Die Leninsche Abbildtheorie und die Prinzipien des Aufbaus methodologischer Grundlagen in den juristischen Wissenschaften. In: Kriminalistik und forensische Wissenschaften 23 (1976), S. 43–58

Brack, J. und *N. Thomas:* Kriminaltaktik. Grundriß kriminaltaktischer Erkenntnisse und Prüfungsaufgaben mit Lösungen. Stuttgart, München, Hannover 1983 (Kriminalistik und Kriminologie. Bd. 4)

Brinkmann, K. D.: Digital Image Processing. In: Kube, Störzer, Clarke 1991, S. 275–286

Burghard, W.: Entwicklungsstand und Tendenzen der praktischen Kriminalistik in der Bundesrepublik Deutschland. In: Kube, Störzer und Brugger 1983, S. 177–200

Burghard, W., H. W. Hamacher, H. Herold, M. Schreiber, A. Stümper und *A. Vorbeck* (Hrsg.): Kriminalistik-Lexikon. 2. Aufl. Heidelberg 1986

Deinet, W.: Die Bewertung kriminaltechnischer Untersuchungsverfahren und -ergebnisse durch die Wahrscheinlichkeitsrechnung. In: Kube, Störzer und Brugger 1984, S. 201–217

Dörmann, U. und *H.-W. Beck:* Kriminalitätsanalyse und Prognose. Möglichkeiten und Grenzen. In: Kube, Störzer und Brugger 1984, S. 37–76

Dolde, G.: Theorie und Erklärung. In: Kaiser, Kerner, Sack und Schellhoss 1985, S. 180–189

Geerds, F.: Kriminalistik. Lübeck 1980

Gelbhaar, R. und *F. Otto:* Zu einigen theoretischen Aspekten der Kriminalistik in der BRD. In: Kriminalistik und forensische Wissenschaften 61/62 (1986), S. 34–43

dies.: Allgemeine Theorie, Forschungsorientierung und Klassencharakter der Kriminalistik in der BRD. In: Kriminalistik und forensische Wissenschaften 69 (1988), S. 133–138

Göppinger, H.: Kriminologie. 4 Aufl. München 1980

Grochla, E.: Erkenntnisstand und Entwicklungstendenzen in der Organisationstheorie. In: Grochla, E. (Hrsg.), Unternehmungsorganisation. Reinbek 1973, S. 20 ff.

ders.: (Hrsg.): Handwörterbuch der Organisation. 2. Aufl. Stuttgart 1980 (Enzyklopädie der Betriebswirtschaftslehre. Bd. 2).

Groß, H. und *F. Geerds:* Handbuch der Kriminalistik. 10. Aufl. Bd. 1. Berlin 1977

Hołyst, B.: Das System der Kriminalistik (Modellentwurf). In: Kriminalistik und forensische Wissenschaften 48 (1982), S. 5–24

Hough, M.: Thinking about Effectiveness. In: The British Journal of Criminology 27 (1987), S. 70–79

Jäger, J.: Systematik des Lehrfachs Kriminalistik. In: Kriminalistik 31 (1978), S. 341–344

Kaiser, G., H.-J. Kerner, F. Sack und *H. Schellhoss* (Hrsg.): Kleines Kriminologisches Wörterbuch. 2. Aufl. Heidelberg 1985 (Uni-Taschenbücher Bd. 1274)

Kelling, G. L.: Empirical Research and Police Reform. An American View of International Research. In: Kube, Störzer und Brugger 1983, S. 69–95

Kerner, H.-J.: Theoretische Grundlagen der Kriminalistik. In: Kube, Störzer und Brugger 1984, S. 9–24

Kiefl, W.: Gemeinsam Licht ins Dunkel bringen. Was Sozialwissenschaft bei der Erforschung von Delinquenz, Kriminalisierung und Viktimisierung leisten kann. In: Kriminalistik 42 (1988), S. 76 und 93–98

König, K.: Erkenntnisinteressen der Verwaltungswissenschaft. Berlin 1970 (Schriftenreihe der Hochschule Speyer. Bd. 46)

Koldin, V.-J.: Aktuelle theoretische Fragen der sowjetischen Kriminalistik. In: Kriminalistik und forensische Wissenschaften 51/52 (1983), S. 5–25

Kube, E.: Beweisverfahren und Kriminalistik in Deutschland. Hamburg 1964 (Kriminologische Schriftenreihe Bd. 13)

ders.: Systematische Kriminalprävention. Ein strategisches Konzept mit praktischen Beispielen, 2. Aufl. Wiesbaden 1987 (BKA-Forschungsreihe Sonderbd.)

Kube, E., H. U. Störzer und *G. Brugger* (Hrsg.): Wissenschaftliche Kriminalistik. Grundlagen und Perspektiven. Teilband 1: Systematik und Bestandsaufnahme. Wiesbaden 1983; Teilband 2: Theorie, Lehre und Weiterentwicklung. Wiesbaden 1984 (BKA-Forschungsreihe. Bde. 16/1 und 16/2)

Kube, E., H. U. Störzer und *R. V. Clarke* (Eds.): Police Research in the Federal Republic of Germany. 15 Years Research within the „Bundeskriminalamt". Berlin, Heidelberg, New York 1991

Kury, H. (Hrsg.): Methodologische Probleme in der kriminologischen Forschungspraxis. Köln, Berlin, Bonn, München 1984 (Interdisziplinäre Beiträge zur Kriminologischen Forschung. Bd. 5)

Lamnek, S.: Die Bedeutung der Theorien für die empirische Forschung in der Kriminologie. In: Kury 1984, S. 27–93

Lohse, A.: Kriminalstrategie und Polizeilogistik. In: Schäfer 1973, S. 133–145

Mergen, A.: Die Kriminalistik im Wissenschaftssystem der Kriminologie. In: Kube, Störzer und Brugger 1983, S. 19–35

Oevermann, U.: Allgemeiner kriminalpolizeilicher Meldedienst. Wiesbaden (Sonderband der BKA-Forschungsreihe) (in Druck)

Ortmann, R.: Methoden der Kriminologie. In: Kaiser, Kerner, Sack und Schellhoss 1985, S. 299–314

Patzelt, W. J.: Sozialwissenschaftliche Forschungslogik. Einführung. München, Wien 1986

Pfister, W.: Begriff, Inhalt und Bedeutung der Kriminalistik im System der Kriminalwissenschaften. In: Kriminalistik 32 (1978, S. 344–349, 390–395

Rehberg, H.: Zur Standortbestimmung der Kriminalistik in der Gegenwart. In: Veldenz 1966, S. 17–26

Rosenow, E.: Vorschlag für ein Gesamtsystem „Kriminalistik". In: Kriminalistik 38 (1984), S. 246 und 263

Schäfer, H. (Hrsg.): Kriminalstrategie und Kriminaltaktik. Hamburg 1973 (Grundlagen der Kriminalistik. Bd. 11)

ders.: Einführung in die Grundzüge der Kriminalstrategie. In: Schäfer 1973 S. 37–70

ders.: Die Voraussetzungen einer rationalen Kriminalstrategie. In: Kriminalistik 29 (1976) S. 345–350

Schneider, H.: Evaluierung von Präventionsstrategien. In: Archiv für Kriminologie 178 (1986), S. 166–176

Schreiber, M.: Gedanken über Möglichkeiten unkonventioneller Prävention. In: Schwind, Berckhauer und Steinhilper 1980, S. 379–393

Schreyögg, G. und *H. Steinmann:* Wissenschaftstheorie. In: Grochla 1980, Sp. 2394–2402

Schurich, F.-R.: Zur Entwicklung einer kriminalistischen Methodik. In: Kriminalistik und forensische Wissenschaften 57/58 (1985) S. 25–33

Schwind, H.-D., F. Berckhauer und *G. Steinhilper* (Hrsg.): Präventive Kriminalpolitik. Beiträge zur ressortübergreifenden Kriminalprävention aus Forschung, Praxis und Politik. Heidelberg 1980 (Kriminologische Forschungen. Bd. 1)

Sieverts, R. und *H. J. Schneider* (Hrsg.): Handwörterbuch der Kriminologie. 2. Aufl. Bd. 5, Lieferung 1. Berlin, New York 1983

Steinke, W.: Kriminalistische Ausbildung bei der Polizei. In: Kube, Störzer und Brugger 1984, S. 297–323

Steller, M.: Die vierte Phase der Aussagepsychologie. In: Forensia 9 (1988), S. 23–28

Störzer, H. U.: Kriminologisch-kriminalistische Ausbildung an der Universität. Eine phänomenologische Bestandsaufnahme. In: Kube, Störzer und Brugger 1984, S. 325–412

Stümper, A.: Das strukturelle Dunkelfeld. In: Kriminalistik 37 (1983) S. 222–226

Suikow, G. G.: Die kriminalistische Lehre von der Begehungsweise einer Straftat. In: Kriminalistik und forensische Wissenschaften 11 (1973), S. 5–20

Teufel, M.: Entwicklung der kriminalistischen Methoden im 20. Jahrhundert. In.: Kube, Störzer und Brugger 1983, S. 123–175

Trasler, G.: Crime and criminal justice research in the United States. In: Home Office Research and Planning Unit Research Bulletin No. 18 (1984), S. 43–45

Veldenz, K. (Hrsg.): Die Kriminologie in der Praxis, Hamburg 1966 (Kriminologische Schriftenreihe. Bd. 22)

Vermander, E.: Zur Notwendigkeit einer wissenschaftlichen Kriminalistik aus der Sicht des Praktikers. In: Kube, Störzer und Brugger 1984, S. 25–36

Wegener, H.: Der psychologische Sachverständige – Aufgaben, Methoden und Probleme. In: Forensia 7 (1986), S. 33–45

Westmeyer, H.: Einige wissenschaftstheoretische Aspekte sozialwissenschaftlicher Forschung und ihre Bedeutung für die Praxis. In: Kury 1984, S. 95–128

Wieczorek, E.: Kriminalistik. Kurzlehrbuch zur Verbrechensbekämpfung. 6. Aufl. Stuttgart, München, Hannover 1984

Zbinden, K.: Kriminalistik (Strafuntersuchungs-Kunde). Ein Studienbuch. München, Berlin 1954

Ziercke, J.: Straßenkriminalität. Untersuchung zur Problematik der Verdachtsgewinnung beim ersten Zugriff. der kriminalist 20 (1988), S. 93–98

2
Organisation der Strafverfolgungsorgane (Polizei und Staatsanwaltschaft) in der Bundesrepublik Deutschland

Heinz Büchler

INHALTSÜBERSICHT

	Rdnr.
A. Die Rahmenbedingungen	1
B. Die Polizeiorganisation in der Bundesrepublik Deutschland	
I. Historische Entwicklung	4
II. Strafverfolgung als polizeilicher Auftrag	7
III. Organisation der Polizeien des Bundes und der Länder	
1. Organisationsmodell	11
2. Polizeibehörden auf Bundesebene unter besonderer Berücksichtigung des Bundeskriminalamtes	
a) Polizeibehörden auf Bundesebene	15
b) Das Bundeskriminalamt	18
aa) Überblick	
bb) Aufgaben	
– Servicefunktionen	23
– Koordinationsaufgaben	25
– Ermittlungsaufgaben	26
– Aufgaben der Gefahrenabwehr	39
– Spezialgesetzlich zugewiesene Aufgaben	41
– Schaubild	42
cc) Organisationsstruktur	43
3. Die Polizeiorganisation der Länder	
a) Entwicklung nach 1945	45
b) Überblick	46
c) Hessen als Beispiel	53
C. Die Staatsanwaltschaft als Institution der Kriminalitätskontrolle	70

A. Die Rahmenbedingungen

Strafverfolgung ist in der Bundesrepublik Deutschland eine gemeinsame Aufgabe der **Staatsanwaltschaft** und der **Polizei**. Der Schwerpunkt der Tätigkeit der Staatsanwaltschaft im Ermittlungsverfahren liegt in der rechtlichen Beurteilung des Sachverhaltes. Sie ist Herrin des Ermittlungsverfahrens und besitzt das **Anklagemonopol**. Ziel der polizeilichen Strafverfolgung ist es, Tat und Täter durch Ermittlungen bekannt zu machen, d. h. der Justiz anklage- und aburteilungsfähig vorzustellen[1]. 1

Daraus ist bereits eine **Arbeitsteilung** zwischen Polizei und Staatsanwaltschaft begründbar. Zwar ist die Staatsanwaltschaft „Herrin des 2

---

1 Vgl. *Neumann* 1980 S. 14 f.

Ermittlungsverfahrens", jedoch werden die wenigsten Ermittlungsverfahren von der Staatsanwaltschaft eingeleitet. De facto hat sich im Bereich der Strafverfolgung in der „Produktionstiefe" eine Arbeitsteilung dergestalt herausgebildet, daß die Polizei die Ermittlungsgeschäfte beginnt und durchführt und die Staatsanwaltschaft nach Abschluß der Ermittlungen über die Erhebung der Anklage entscheidet und entsprechend verfährt. Davon unberührt besteht die gesetzliche Regelung, wonach die Staatsanwaltschaft Ermittlungen entweder selbst durchführen oder durch Beamte der Polizei vornehmen lassen kann.[2] Der hohe Grad der Spezialisierung, den die deutsche Kriminalpolizei in der Bekämpfung des Verbrechens erreicht hat, läßt sie in vielen Bereichen de facto über das **Aufklärungsmonopol** verfügen.[3]

3 Neben diesen staatlichen Organen befassen sich zwar auch eine Reihe **privater Sicherheitsinstitutionen** mit der Bekämpfung von Kriminalität. Sie spielen insbesondere bei der Straftatenverhütung eine Rolle.

Ziel der folgenden Ausführungen ist es, die Organisation der staatlichen Strafverfolgungsorgane unter besonderer Berücksichtigung der polizeilichen Strukturen darzustellen.

B. Die Polizeiorganisation in der Bundesrepublik Deutschland

1. Historische Entwicklung

4 Der **Polizeibegriff** wird in der Literatur weitgehend funktional interpretiert.[4] Das heutige Polizeirecht knüpft an den Polizeibegriff an, der in der zweiten Hälfte des vorigen Jahrhunderts entwickelt wurde. Er beschreibt als Polizei die Funktion der öffentlichen Verwaltung, Gefahren für die öffentliche Sicherheit abzuwehren und bereits eingetretene Störungen zu beseitigen.[5]

5 Im deutschen Rechtsraum des **15. bis 17. Jahrhunderts** bezeichnete der Begriff „Polizei" einen Zustand guter Ordnung des Gemeinwesens. „Polizei" oder „gute Polizei" bestand, wenn das menschliche Zusammenleben im Gemeinwesen wohl geordnet war. Eine erhebliche Einengung des Polizeibegriffs brachte die Epoche des **Absolutismus**. Der Begriff wurde auf die innere Staatsverwaltung beschränkt und bedeutete ein Hoheitsrecht des absoluten Herrschers, kraft dessen er durch seine Beamten mit verbindlichen Anordnungen, die mit Zwangs-, insbesondere mit Strafgewalt ausgestattet waren, das gesamte soziale Leben seiner Untertanen reglementieren konnte.[6]

---

2 Vgl. *Hessendienst der Staatskanzlei* 1988 S. 541.
3 Vgl. *Neumann* 1980 S. 14 f.
4 Vgl. *Scupin* 1970 S. 1 ff.
5 Vgl. *Kiefer* 1982 S. 83 ff.
6 Vgl. *Kiefer* 1982 S. 84.

Im **liberalen** Rechtsstaat des 19. Jahrhunderts wurde die Aufgabe der Polizei, die sich bis dahin auf alle gesellschaftlichen Bereiche erstreckt hatte, auf das Gebiet der Gefahrenabwehr beschränkt. Im Unterschied zu heute traf dies aber sämtliche Zweige der Verwaltungstätigkeit, sowohl die Ordnungsverwaltung als auch die Vollzugspolizei.[7]

Die **Entpolizeilichung der Verwaltungspolizei** hatte zur Folge, daß der Zuständigkeitsbereich der Polizeibehörden aufgespalten wurde. Polizei im eigentlichen Wortsinn war im wesentlichen nur noch die Vollzugspolizei. Alle übrigen Aufgaben der Gefahrenabwehr, die mit administrativen Mitteln erledigt werden konnten, wurden anderen Behörden übertragen. Die bis dahin so genannte „Verwaltungspolizei" wurde allmählich als „Ordnungsverwaltung" bezeichnet. Allerdings faßte diese Unterscheidung nicht einheitlich in allen Bundesländern Fuß. Baden-Württemberg, Bremen, Rheinland-Pfalz und das Saarland haben die einheitliche Polizeiverwaltung beibehalten und unterscheiden innerhalb der Polizeiverwaltung zwischen dem Polizeivollzugsdienst und den Polizeibehörden.[8]

Die **Integration der** Schutz- und Kriminal**polizei in** die Behörden **der allgemeinen Landesverwaltung** (Regierungspräsident, Bezirksregierung, Landrat, Oberkreisdirektor) ist in den einzelnen Ländern folglich unterschiedlich gestaltet. Es lassen sich das Einheitssystem, das Trennsystem und das gemischte System unterscheiden.[9]

II. Strafverfolgung als polizeilicher Auftrag

Der **Sicherheitsauftrag der Polizei** umfaßt den gesamten Bereich der Verbrechensbekämpfung, also die Verbrechensverhütung und die Strafverfolgung; er wird traditionell von beiden Sparten, nämlich der Schutz- und Kriminalpolizei, wahrgenommen.

Die **Schutzpolizei** bearbeitet in der Mehrzahl der Länder die kleine bis mittlere Kriminalität selbständig. Des weiteren besteht ihre Aufgabe insbesondere in der **Gefahrenabwehr,** soweit eine Störung der öffentlichen Sicherheit oder Ordnung unaufschiebbar zu beseitigen oder von der Allgemeinheit oder dem einzelnen eine unmittelbar bevorstehende Gefahr abzuwehren ist. Zum anderen zählt zu ihrem Aufgabengebiet die Überwachung, Kontrolle, Regelung und Sicherung des Straßenverkehrs sowie die Bearbeitung von Ordnungswidrigkeiten.[10]

Die **Kriminalpolizei** soll im Grundsatz in den Strafsachen ermitteln, in denen ihre besonderen Kenntnisse und Möglichkeiten von überwiegender Bedeutung sind. Das entspricht einer weitgehenden Spezialisierung der Aufgaben auf Staatsschutzdelikte, Rauschgiftdelikte, Falschgelddelikte, Sittlichkeitsdelikte mit schwerwiegenden Folgen, Brandstiftung, Explosionen, Sprengstoffdelikte, Raub und Erpressung, Wirtschaftsstraftaten, ille-

---

7 Vgl. *Riegel* 1981 S. 27.
8 Vgl. *Scholler/Broß* 1978 S. 26.
9 Vgl. *Rasch* 1980 S. 52.
10 Vgl. *Bleicher* 1975 S. 361 f.

galen Waffenhandel, schwere Fälle des Diebstahls und Glücksspiel. Dabei wird die Kriminalpolizei von der Schutzpolizei im ersten Angriff und bei Fahndungen unterstützt.[11]

10 Hauptaufgabe der Kriminalpolizei ist also die Bearbeitung der schweren Kriminalität. In **Hessen** erfolgt eine Festlegung der Aufgaben, die von der Schutzpolizei im Rahmen der Verbrechensbekämpfung abgedeckt werden sollen, in § 5 HessPolOrgVO. In § 8 Abs. 1 HessPolOrgVO werden der Kriminalpolizei die Aufgaben übertragen, die nicht der Schutzpolizei oder Wasserschutzpolizei zugewiesen sind. Weiter heißt es dort wörtlich: „Im übrigen ist die Kriminalpolizei zuständig, wenn

1. zur Erforschung von Straftaten die besonderen kriminalpolizeilichen Fachkenntnisse oder Einsatzmittel erforderlich sind,
2. Straftaten banden-, gewerbs-, gewohnheits- oder serienmäßig sowie aus sexuellen Motiven begangen worden sind,
3. begründete Hinweise oder tatsächliche Umstände dafür sprechen, daß eine Straftat oder Ordnungswidrigkeit aus politischen Motiven begangen worden ist."

Des weiteren gehört die hier außer Betracht stehende vorbeugende Verbrechensbekämpfung zur originären Aufgabe der Kriminalpolizei.

III. Organisation der Polizeien des Bundes und der Länder

1. Organisationsmodell

11 Das **Organisationsmodell** der Polizei ist sowohl auf Landesebene als auch auf Bundesebene nach Regionen gegliedert. Es orientiert sich dabei an den Grenzen der Länder, Regierungsbezirke und Polizeipräsidien bzw. -direktionen. In wenigen Bundesländern ist jedoch die Trennung von Schutzpolizei und Kriminalpolizei in die jeweiligen Bereichssparten organisatorisch stärker ausgeprägt als die Regionenbildung. Die Zentralisation nach Regionen bedingt im Rahmen der realisierten eindimensionalen Organisationsmodelle gleichzeitig eine Dezentralisation nach Deliktsbereichen (Objekten) und Funktionen.

Um den Zentrifugalkräften der Organisation entgegenzuwirken, muß bei Vorliegen einer mehrpoligen Aufgabenverteilung die Aufgabenerfüllung der dezentralen Einheiten durch Bildung von zentralen polizeilichen Einrichtungen, die das Segmentierungsmuster der Polizeiorganisation traversal überlagern, harmonisiert werden.[12] Diese zentralen kriminalpolizeilichen Einrichtungen nehmen des weiteren eine Reihe von Serviceaufgaben wahr, die in der Regel einpolig verteilt sind.[13]

---

11 Vgl. *Ständige Konferenz der Innenminister/-senatoren des Bundes und der Länder* 1974 S. 8.
12 Vgl. *Bleicher* 1981 S. 45.
13 Vgl. *Bleicher* 1981 S. 47.

Weder Zentralisation noch Dezentralisation werden praktisch ausschließlich zu verwirklichen sein; insofern gibt eine Aussage über Zentralisation oder Dezentralisation immer nur eine Tendenz organisatorischen Handelns an.[14]

Im Falle der hier vorliegenden horizontalen Zentralisation von Aufgaben ist die Gestaltung der Ausstattung mit **Weisungsrechten** zentraler kriminalpolizeilicher Einrichtungen (Bundeskriminalamt/Landeskriminalamt) ein besonderes Problem.[15] **12**

Für das **Hessische Landeskriminalamt** wird in § 18 HessPolOrgVO bestimmt, daß es die zentrale Dienststelle des Landes für kriminalpolizeiliche Aufgaben ist: „Es führt die Fachaufsicht über die Kriminalpolizei und hat fachliche Weisungs- und Koordinierungsbefugnisse für die strafverfolgende Tätigkeit." **13**

Daraus ergeben sich Nebenweisungswege; das Hessische Landeskriminalamt wird allgemein für strafverfolgende Aufgaben mit Leitungsrechten ausgestattet, es wird zur Instanz. Im Ergebnis führt diese Konstellation zu einem Mehrliniensystem der Leitung.[16]

Das **Bundeskriminalamt** wurde demgegenüber nur in einem sehr engen Bereich mit Weisungsrechten für die Zusammenarbeit ausgestattet (§ 5 Abs. 5 Satz 1 BKAG). Ansonsten gestaltet sich de facto ihr Verhältnis zu anderen Dienststellen über bestehende Arbeitsbeziehungen (Näheres unten Rdnr. 22).[17] Eine übereinstimmende Auslegung der Weisungsbefugnisse des Bundeskriminalamtes ist bis heute nicht erzielt worden. Meinungsunterschiede gibt es in Einzelfragen zwischen den Ländern und dem Bund, und Divergenzen bestehen nicht zuletzt zwischen den Beauftragten für Datenschutz und dem Bundeskriminalamt als betroffener Behörde.[18] **14**

2. Polizeibehörden auf Bundesebene unter besonderer Berücksichtigung des Bundeskriminalamtes

a) Polizeibehörden auf Bundesebene

Zur **Vollzugspolizei auf Bundesebene**[19] zählen alle Bundesbehörden, bei denen Polizeivollzugsbeamte i. S. des § 1 Bundespolizeibeamtengesetz (BPolBG) tätig sind. Gemäß dieser Vorschrift werden als Polizeivollzugsbeamte des Bundes lediglich die mit polizeilichen Aufgaben betrauten und zur Anwendung unmittelbaren Zwanges befugten Beamten bezeichnet. Zu ihnen gehören: **15**

— die Beamten der Hausinspektion des Bundestages,
— die Beamten im Bundesgrenzschutz,
— die Beamten des Bundeskriminalamtes und eingeschränkt

---

14 Vgl. *Bleicher* 1969 Sp. 1802 f.
15 Vgl. *Bleicher* 1981 S. 45.
17 Vgl. *Bleicher* 1981 S. 52.
18 Vgl. *Kubica/Leineweber* 1984 S. 2069 f.
19 Vgl. *Riegel* 1981 S. 43 f.

- der Inspekteur der Bereitschaftspolizeien sowie
- die Bundesbahnpolizei.

16 Daneben existieren eine Reihe von Bundesbehörden mit zum Teil vollzugspolizeilichen Aufgaben, die als **Polizeibehörden des Bundes** eingestuft werden. Es sind dies insbesondere:
- die Bundesfinanzbehörden,
- der Zollgrenz- und Zollfahndungsdienst,
- die Wasser- und Schiffahrtsverwaltung des Bundes,
- die Bundesanstalt für Güterfernverkehr und
- die Sitzungspolizei der Bundesgerichte.

b) Das Bundeskriminalamt

aa) Überblick

18 § 1 Abs. 1 BKAG lautet: „Der Bund errichtet ein Bundeskriminalamt zur Zusammenarbeit des Bundes und der Länder in der Kriminalpolizei. Seine Aufgabe ist die Bekämpfung des Straftäters, soweit er sich international oder über das Gebiet eines Landes hinaus betätigt oder voraussichtlich betätigen wird."

§ 1 Abs. 1 BKAG enthält eine Aufforderung an den Bund, ein Bundeskriminalamt zu errichten, und beschreibt dessen Aufgaben generell, indem dem BKA die Koordination zwischen dem Bund und den Ländern sowie die Bekämpfung des international oder länderübergreifend tätigen Straftäters übertragen wird.

19 Die §§ 2 bis 10 präzisieren einerseits die Aufgaben und Kompetenzen des BKA sowie andererseits die entsprechenden Pflichten der zuständigen Landesbehörden. Grundsätzlich kann beim BKA zwischen den Aufgaben, die sich aufgrund seiner Funktion als zentrale Einrichtung der Verbrechensbekämpfung ergeben, und jenen, die auf den originären Ermittlungszuständigkeiten beruhen, unterschieden werden.

20 Das Schwergewicht der Tätigkeit des Bundeskriminalamtes liegt in der **Unterstützung der kriminalpolizeilichen Arbeit der Länder** durch die Bereitstellung entsprechender Serviceleistungen, die mit Hilfe von Spezialisten und Spezialeinrichtungen erbracht werden. Dies ist Bestandteil der vom BKA als zentrale kriminalpolizeiliche Einrichtung zu erbringenden Leistungen.[20]

21 Solche Leistungen setzen zu einem erheblichen Teil auch die Wahrnehmung von **Harmonisationsfunktionen** voraus. So besteht z. B. für die Bereitstellung von Auskünften im Rahmen von Personenfeststellungsverfahren die Notwendigkeit, eine bundesweite Sammlung und Auswertung erkennungsdienstlicher Unterlagen vorzunehmen. Insoweit ist mit der Wahrnehmung einzelner Aufgaben die Erfüllung mehrerer Grundfunktionen zentraler kriminalpolizeilicher Einrichtungen verbunden.

---

20 Vgl. *Ständige Konferenz der Innenminister/-senatoren des Bundes und der Länder* 1974 S. 9.

Anders als ein großer Teil der Landeskriminalämter (bedingt durch unseren föderalistischen Staatsaufbau) verfügt das BKA im Rahmen der Wahrnehmung seiner Koordinationsaufgaben, mit einer geringfügigen Ausnahme (§ 5 Abs. 5 Satz 1 BKAG; s. oben Rdnr. 14), nicht über **Weisungsbefugnisse**. Eine Abstimmung der Aufgaben wird über Arbeitsbeziehungen herbeigeführt, die in Gesetzen, Dienstanweisungen und Vereinbarungen geregelt werden. Für die Vereinbarungen sind insbesondere die bestehenden systemorientierten Koordinationsorgane (Bund-Länder-Gremien) wie die Ständige Konferenz der Innenminister/-senatoren der Länder (IMK), der AK II, die AG Kripo und weitere nachgeordnete Fachkommissionen und Arbeitsgruppen von Bedeutung.[21]

bb) Aufgaben
Servicefunktionen
§ 2 BKAG enthält eine enumerative Aufzählung der vom BKA zu erbringenden **Serviceleistungen**. Demnach sind
— einschlägige Nachrichten und Unterlagen zu sammeln und auszuwerten,
— die Strafverfolgungsbehörden des Bundes und der Länder unverzüglich über sie betreffende Nachrichten und Zusammenhänge zu unterrichten,
— erkennungsdienstliche Einrichtungen mit dem Ziel, entsprechende Serviceleistungen für die Länder bereitzustellen, zu unterhalten,
— die erforderlichen Einrichtungen für alle Bereiche kriminaltechnischer Untersuchungen zu unterhalten und die Zusammenarbeit der Polizei auf diesen Gebieten zu koordinieren,
— die Entwicklung der Kriminalität zu beobachten und daraus kriminalpolizeiliche Analysen und Statistiken zu erstellen,
— Forschung zur Entwicklung polizeilicher Methoden und Arbeitsweisen der Verbrechensbekämpfung zu betreiben,
— die Länder in der Vorbeugungsarbeit zu unterstützen,
— Fortbildungsveranstaltungen auf kriminalpolizeilichen Spezialgebieten durchzuführen und
— erkennungsdienstliche und kriminaltechnische Gutachten für Strafverfahren auf Anforderungen von Polizeidienststellen, Staatsanwaltschaften und Gerichten zu erstatten.

Eine der unter datenschutzrechtlichen Gesichtspunkten umstrittensten Funktionen, die das BKA zu erfüllen hat, ist die Sammlung und Auswertung personen- und sachbezogener Unterlagen für die polizeiliche Verbrechensbekämpfung.[22] Mit Hilfe von Datenverarbeitungsanlagen wurde das BKA zur **Informations- und Kommunikationszentrale für die gesamte Polizei** ausgebaut. Um dieser Funktion gerecht zu werden, muß das BKA seitens der Länder über alle Tatsachen auf dem Gebiet der Verbrechensbekämpfung informiert werden.[23]

---
21 Vgl. *Kubica/Leineweber* 1984 S. 2069 ff.
22 Vgl. *Riegel* 1983 S. 656 f.
23 Vgl. BT-Drucks. 7/178 vom 14. 2. 1973 S. 8.

Koordinationsaufgaben

25 Daneben sind eine Reihe von **Koordinationsaufgaben** wahrzunehmen. Insbesondere ist dem BKA in seiner Eigenschaft als nationales Zentralbüro der IKPO[24] der Dienstverkehr zwischen deutschen und ausländischen Polizei- und Justizstellen vorbehalten, soweit es die Bekämpfung international gemeiner Verbrecher betrifft. Es handelt sich dabei zumeist um die Weiterleitung und Übermittlung von Ersuchen und Auskünften in beide Richtungen. Eine Würdigung dieser Aufgabe kann nur aus der Kenntnis einer großen Zahl internationaler und nationaler Abkommen und Gesetze vorgenommen werden.[25]

Ermittlungsaufgaben

26 Des weiteren hat das BKA zentrale **Ermittlungsaufgaben** wahrzunehmen. Dabei ist zu differenzieren zwischen Ermittlungshandlungen, die das BKA in seiner Eigenschaft als zentrale kriminalpolizeiliche Einrichtung wahrzunehmen hat – bei denen aus organisatorischer Sicht also die Wahrnehmung von Harmonisationsfunktionen vorliegt –, und solchen, die dem BKA originär obliegen.

27 Das BKA kann – durch Ersuchen einer zuständigen Landesbehörde bei Vorliegen schwerwiegender Gründe – durch Anordnung des Bundesministers des Innern oder durch Ersuchen oder Beauftragung des Generalbundesanwalts mit Strafverfolgungsaufgaben betraut werden.[26] Für die **Aufgabenübertragung** durch ein Land und den Bundesminister des Innern gilt keine deliktsbezogene Einengung, was neben der Wahrnehmung der deliktsbezogenen Informationssammlungs- und -auswertungsaufgabe zur Einrichtung flächendeckender Deliktsbereiche führte.

28 Im Falle des Ersuchens eines **Landes** wurde dem BKA eine Entscheidungsmöglichkeit eingeräumt, ob es ermitteln will oder nicht; eine Verpflichtung zur Übernahme besteht nur in den Fällen, in denen ein Land seiner Pflicht zur Strafverfolgung nicht mehr in geeigneter Weise nachkommen kann.[27]

29 Besonders delikat ist die Ermächtigung des **BMI,** dem BKA Fälle aus schwerwiegenden Gründen zuzuweisen. Im Extremfall könnte dies zu einer Umkehrung der im Grundgesetz verankerten Polizeihoheit der Länder führen. Allerdings muß der Bundesminister schwerwiegende Gründe für die Zuweisung an das BKA anführen können[28].

Im übrigen zeigt die bisherige Praxis, daß eher das BKA aus seiner Sachkenntnis heraus einen Fall dem Minister zur Anordnung vorschlägt, als daß der Minister eigenständig anordnet.

---

24 § 1 Abs. 2 BKAG.
25 Vgl. *Schaefer* 1977 S. 17 ff.
26 § 5 Abs. 3 BKAG.
27 Vgl. *Hessel* 1979 S. 50.; A. A. *Riegel* 1985 S. 47 (Anm. 3 zu § 5).
28 Vgl. *Hessel* 1979 S. 50 f.; *Riegel* 1985 S. 47 (Anm. 3 zu § 5).

Dem **Generalbundesanwalt** obliegen im Rahmen seiner originären 30
Zuständigkeiten Fälle des Friedens-, Hoch- und Landesverrates, der
Gefährdung der äußeren Sicherheit sowie Anschläge gegen Organe und
Vertreter ausländischer Staaten, Nötigung von Verfassungsorganen, Bildung terroristischer Vereinigungen und Völkermord. Eine Zuweisung der
Ermittlungen kann der Generalbundesanwalt im Rahmen seiner originären Zuständigkeiten vornehmen[29].

Dem BKA wurden in der Vergangenheit Fälle unterschiedlichen 31
Gewichts und unterschiedlicher räumlicher Ausdehnung zugewiesen, was
den Charakter seiner Funktionen als **unterstützend** unterstreicht und der
Vorstellung einer Superbehörde entgegentritt. Wenn dies den Ermittlungen dienlich ist oder eine zuständige Landesbehörde darum ersucht, kann
das BKA ferner Bedienstete zur Unterstützung in die Länder entsenden[30].

Ein anderer Weg zur Lösung überregionaler Ermittlungsaufgaben wird in 32
§ 7 BKAG eingeschlagen. Demnach kann das **BKA,** soweit eine Straftat den
Bereich mehrerer Länder berührt oder ein Zusammenhang mit einer Straftat in einem anderen Land besteht, im Einvernehmen mit einem Generalstaatsanwalt und der obersten Landesbehörde eines Landes **diesem Land
die Ermittlungen zuweisen.** Die Landesbehörde erlangt mit der Zuweisung
alleinige sachliche Zuständigkeit.

Hier stellt sich das Problem, nach welchem **Kriterium** das Land ausge- 33
sucht wird, dem die Ermittlungen übertragen werden. Im sog. Mandatssystem werden im allgemeinen die gemeinsam zu lösenden Aufgaben dem
Bereich zugeordnet, der am meisten Gebrauch von diesen Aktivitäten
macht (most use criterion)[31]. Auf die vorliegende Problemstellung umgesetzt, bedeutet dies, daß dem Land die Ermittlungen zuzuweisen sind,
welches am stärksten von den zugrundeliegenden Straftaten betroffen ist;
das führt zu der Frage, wie nun dies festzulegen ist. Daneben bietet es sich
an, das Land auszuwählen, das von seiner Ausstattung, seiner Kapazität
und seinem Know-how den Anforderungen konkret zu führender Ermittlungen am ehesten entspricht. Zeichnen sich überhaupt keine örtlichen
Schwerpunkte ab, könnte auch das Bundeskriminalamt mit den notwendigen Ermittlungen betraut werden[32].

Die Aufgaben, in denen das BKA **originäre Zuständigkeiten** besitzt, wur- 34
den in § 5 Abs. 2 enumerativ bestimmt. Dort heißt es:

„Das Bundeskriminalamt nimmt die polizeilichen Aufgaben auf dem
Gebiet der Strafverfolgung (§§ 161, 163 der StPO) selbst wahr,
1. in Fällen des international organisierten ungesetzlichen Handels mit
   Waffen, Munition, Sprengstoffen oder Betäubungsmitteln und der international organisierten Herstellung oder Verbreitung von Falschgeld, die
   eine Sachaufklärung im Ausland erfordern, sowie damit im Zusammenhang begangener Straftaten; in Fällen minderer Bedeutung kann die

---
29 Vgl. *Hessel* 1979 S. 51.
30 § 6 Abs. 1 BKAG.
31 Vgl. *Bleicher* 1980 S. 38.
32 Vgl. *Gemmer* 1973 S. 161.

Staatsanwaltschaft im Benehmen mit dem Bundeskriminalamt die Ermittlungen einer anderen sonst zuständigen Polizeibehörde übertragen;

2. in Fällen von Straftaten, die sich gegen das Leben (§§ 211, 212 StGB) oder die Freiheit (§§ 234, 234a, 239, 239b StGB) des Bundespräsidenten, von Mitgliedern der Bundesregierung, des Bundestages und des Bundesverfassungsgerichts oder der Gäste der Verfassungsorgane des Bundes aus anderen Staaten oder der Leiter und Mitglieder der bei der Bundesrepublik Deutschland beglaubigten diplomatischen Vertretungen richten, wenn anzunehmen ist, daß der Täter aus politischen Motiven gehandelt hat und die Tat bundes- oder außenpolitische Belange berührt. Die Wahrnehmung der Aufgaben nach Satz 1 Nr. 2 bedarf der Zustimmung des Bundesministers des Innern; bei Gefahr im Verzuge kann das Bundeskriminalamt vor Erteilung der Zustimmung tätig werden."

35 Probleme entstehen im Rahmen des § 5 Abs. 2 Nr. 1 BKAG vor allem hinsichtlich der **frühzeitigen Erkennbarkeit,** ob einzelne Kriterien erfüllt sind und somit die Zuständigkeit des BKA bejaht werden muß. Einengend gilt, daß das BKA nur in den Fällen originär ermittelt, in denen eine Sachaufklärung im Ausland erforderlich ist. Damit wird vermieden, daß das BKA bei jedem grenzüberschreitenden Fall im Waffenhandel, Rauschgiftwesen oder Falschgeldbereich die Ermittlungen zu führen hat.[33]

36 Bei den in § 5 Abs. 2 Nr. 1 BKAG genannten Straftaten handelt es sich fast ausschließlich um **organisierte Delikte,** bei denen eine Aufklärung erst durch umfangreiche Auswertungen des Meldedienstes sowie Observationen etc. und Sachaufklärung im Ausland möglich ist. Die hohe Bedeutung, die in diesem Zusammenhang dem deliktsorientierten Meldedienst zukommt, erklärt auch die bereits oben (Rdnr. 27) angedeutete organisatorische Zusammenfassung von Ermittlung und Auswertung.

37 Davon unberührt bleiben die Möglichkeiten der zuständigen Landesbehörde, das BKA um die **Übernahme des Falles** zu ersuchen, des Bundesministers des Innern, die Übernahme aus schwerwiegenden Gründen anzuordnen, oder des Generalbundesanwaltes, einen entsprechenden Auftrag zu erteilen (s. oben Rdnr. 27-30). Führt eine Landesbehörde im Rahmen ihrer Zuständigkeit die Ermittlungen in international verflochtenen Fällen eigenständig, so kann das BKA hinsichtlich seiner wahrzunehmenden **Service- und Harmonisationsaufgaben** (vgl. insbesondere §§ 2 und 10 BKAG) in die Erfüllung der Aufgabe eingebunden werden.

38 Weitere originäre Zuständigkeiten des BKA bestehen nach § 5 Abs. 2 Nr. 2 BKAG bei Straftaten gegen das **Leben und die Freiheit von** (Mitgliedern von) **Verfassungsorganen.** Delikte, die sich gegen Mitglieder des Bundesrates richten, sind in diese Regelung jedoch nicht einbezogen worden, da nicht beabsichtigt ist, den Ländern eigene Ermittlungen nach Anschlägen auf deren Bundesratsmitglieder zu verwehren. Daneben ist das BKA zuständig bei entsprechenden Straftaten gegen **Gäste der Verfassungsorgane** und gegen in der Bundesrepublik akkreditierte **Diplomaten.** Die Zuständigkeit des BKA ist zusätzlich an drei Voraussetzungen geknüpft:

---
33 Vgl. *Hessel* 1979 S. 47 f.

- es muß angenommen werden können, daß der Täter politisch motiviert war,
- es müssen Anhaltspunkte dafür bestehen, daß die Straftat bundes- oder außenpolitische Belange berührt, und
- es muß – außer bei Gefahr im Verzug – die Zustimmung des Bundesministers des Innern vorliegen.

Aufgaben der Gefahrenabwehr

Nach § 5 Abs. 1 BKAG ist die vorbeugende Verbrechensbekämpfung, soweit gesetzlich nichts anderes bestimmt ist, Sache der Länder. Eine Ausnahme enthält § 9 BKAG, der die einzige originäre präventivpolizeiliche Aufgabenstellung des BKA aufweist. Unbeschadet der Rechte des Bundestagspräsidenten und der Zuständigkeit des Bundesgrenzschutzes sowie der Länder-Polizeien ist dem BKA der erforderliche unmittelbare persönliche **Schutz** der Mitglieder der Verfassungsorgane des Bundes sowie in besonderen Fällen der Gäste dieser Verfassungsorgane aus anderen Staaten und der innere Schutz der Dienst- und Wohnsitze sowie der jeweiligen Aufenthaltsräume des Bundespräsidenten, der Mitglieder der Bundesregierung und in besonderen Fällen ihrer Gäste aus anderen Staaten übertragen worden.[34]

§ 9 BKA stellt eine **präventivpolizeiliche Ergänzung** zu den in § 5 Abs. 2 Nr. 2 genannten repressiven Aufgaben des BKA dar. Seitens der Bundesregierung wurde darauf hingewiesen, daß es wesentliche Aufgabe des Bundes sei, für den Schutz ausländischer Staatsbesucher sowie der eigenen höchsten Organwalter selbst zu sorgen.[35]

Spezialgesetzlich zugewiesene Aufgaben

Neben den Aufgaben nach BKAG obliegen dem BKA noch einige **spezialgesetzlich zugwiesene Aufgaben.** Hierunter fällt die Erteilung von Unbedenklichkeitsbescheinigungen nach § 33d Abs. 2 GewO, die Zulassung von Ausnahmen nach § 37 Abs. 3 WaffG, die Erfüllung von Aufgaben nach der 1. WaffVO und die Erstattung von Meldungen nach dem Betäubungsmittelgesetz.[36]

Diese Aufgaben sind verwaltungspolizeilicher Art und gegenüber den Aufgaben im Rahmen der Verbrechensbekämpfung untergeordnet.

Abb. 1 (siehe Seite 30) gibt einen strukturierten **Überblick** über die vom BKA wahrzunehmenden Aufgaben.

---

34 Vgl. dazu *Zachert* 1984 S. 2.
35 Vgl. BT-Drucks. 7/178 vom 14. 2. 1973.
36 Vgl. *Riegel* 1982 S. 726.

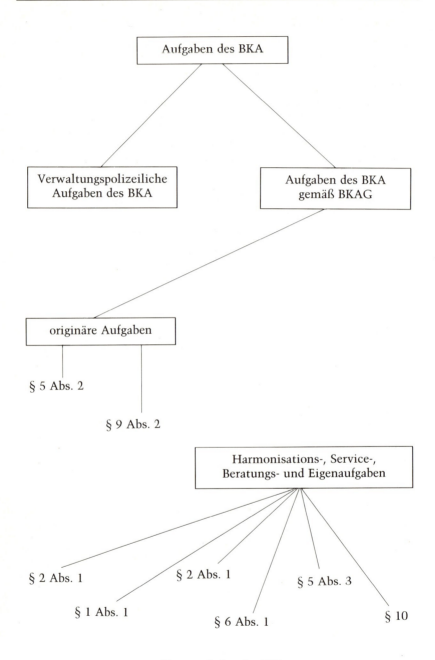

Abb. 1: Aufgaben des BKA

cc) Organisationsstruktur

Die **Organisationsstruktur** des Bundeskriminalamtes wird zum einen abgeleitet aus der Wahrnehmung zentraler Funktionen im Rahmen der Verbrechensbekämpfung und ergibt sich zum anderen aus den originär wahrzunehmenden Aufgaben.

Die derzeitige Organisation des BKA zeigt das in Abb. 2 (siehe Seite 32) dargestellte Organigramm. Auf der obersten Gliederungsebene ist das Amt zur Zeit in 12 Abteilungen gegliedert. Die strategische Bedeutung der Prozeßharmonisation und der Deliktsbereichsharmonisation, sowohl im Hinblick auf die im Rahmen einer zentralen kriminalpolizeilichen Einrichtung zu leistenden als auch hinsichtlich der originär zu erfüllenden Aufgaben, erfordert die Berücksichtigung der beiden Zentralisationskriterien Verrichtung und Objekt auf oberster Ebene, was in der bestehenden Mischform zum Ausdruck kommt.

Hierarchisch ist das BKA in sechs **Führungsebenen** eingeteilt:

– Präsident
– Vizepräsident
– Hauptabteilungsleiter (nicht durchgängig)
– Abteilungsleiter
– Gruppenleiter
– Referatsleiter.

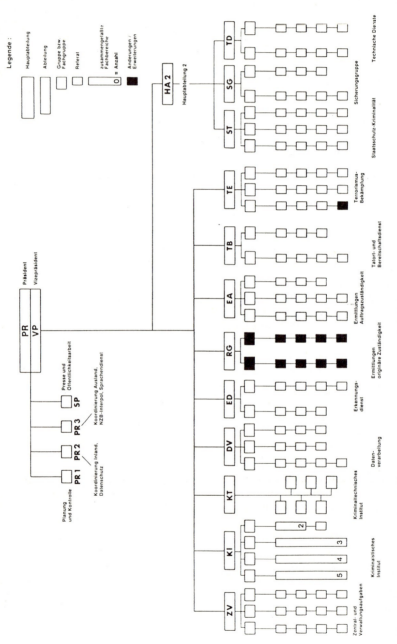

Abb. 2: Organisationsentwicklung des Bundeskriminalamtes 1990

3. Die Polizeiorganisation der Länder

a) Entwicklung nach 1945

Nach der Aufteilung Deutschlands in Besatzungszonen (1945) wurden zunächst die polizeilichen Aufgaben von der Militärpolizei der jeweiligen Besatzungsmacht wahrgenommen. Bei der sich anschließenden **Reorganisation der Polizei** legten die Besatzungsmächte eigene Modelle zugrunde, so daß in dem Gebiet der heutigen Bundesrepublik Deutschland die verschiedenartigsten Organisationsmodelle zu finden waren.

In den Ländern Bayern, Berlin, Hamburg, Hessen, Niedersachsen, Nordrhein-Westfalen und Schleswig-Holstein wurde der Bereich Gefahrenabwehr in Polizei und Ordnungsverwaltung aufgeteilt. In den anderen Bundesländern fand keine „Entpolizeilichung" statt, so daß dort auch nicht zwischen Polizei und Ordnungsverwaltung unterschieden wird (s. oben Rdnr. 6).

b) Überblick

Die **Vollzugspolizeien der Länder** sind heute wieder staatliche Polizeien. „Ausnahmen" hiervon machen Bremen und Bayern. In Bremen nehmen die Gemeinden Bremen und Bremerhaven die Aufgaben der Schutz- und Kriminalpolizei im Auftrage des Landes wahr. Da jedoch § 56 Abs. 1 brPG die Polizei ausdrücklich als Angelegenheit des Landes deklariert, kann man auch hier von einer echten Ausnahme nicht sprechen. Die Tatsache, daß in Bayern die Gemeinden als Ortspolizeibehörden für den Gemeindebereich eigene Vollzugsbeamte bestellen und mit der Wahrnehmung von polizeilichen Vollzugsaufgaben betrauen können, ändert ebenfalls nichts am Prinzip der staatlichen Polizei[37].

Zu den Vollzugspolizeien der Länder zählen
- die Kriminalpolizei,
- die Schutzpolizei,
- die Bereitschaftspolizei und
- die Wasserschutzpolizei.

Schutz- und Kriminalpolizei sind gemeinsam Träger der Verbrechensbekämpfung. In der Praxis wird angestrebt, die Polizei nicht allein vom Auftrag her, sondern auch organisatorisch zu integrieren. Die Kompetenzabgrenzung zwischen der Schutz- und Kriminalpolizei konnte und kann auch in Zukunft nur als zweckmäßige Arbeitsteilung verstanden werden, die in den einzelnen Ländern organisatorisch unterschiedlich gestaltet (Flächenstaat/Stadtstaat), jedoch im Prinzip identisch ist.

Als Teil des Auftrages der Verbrechensbekämpfung ist auch die Strafverfolgung eine gemeinsame Aufgabe von Schutz- und Kriminalpolizei. Davon geht auch die Strafprozeßordnung aus; wer im einzelnen die Ermittlungen führt ist eine Zweckmäßigkeitsfrage[38]. So hat man z. B. in Berlin

---
37 Vgl. *Riegel* 1981 S. 64 f.
38 Vgl. *Ständige Konferenz der Innenminister/-senatoren des Bundes und der Länder* 1974 S. 7.

und Hamburg die Schutz- und Kriminalpolizei auf unterer Ebene unter eine Führung gestellt. Ziel dieser **Integration** war die Schaffung schlagkräftiger Einheiten, die im eigenen Zuständigkeitsbereich als Einheit reagieren, was auch bedeutet, daß im Bereich der Verbrechensbekämpfung ohne langwierige Verhandlungen und dienstwegbedingte Komplikationen Kräfte der Schutzpolizei miteingesetzt werden können[39].

Das Integrationsprinzip gilt auch für die obere Integrationsebene (Landespolizeipräsidium/Regierungspräsidium),[40] wobei die Dienststellenbezeichnungen zwar je nach Art des Landes (Flächenstaat/Stadtstaat) variieren, aber im Grunde die gleichen Ebenen und Funktionen gemeint sind.[41]

49 Diese Integrationsgrundsätze sind im **Sicherheitsprogramm** der Bundesrepublik Deutschland vom Februar 1974 wie folgt festgelegt:
„Es sind leistungsfähige Organisationseinheiten zu schaffen. Dazu sind
- Schutzpolizei und Kriminalpolizei schon auf unterer Ebene organisatorisch unter eine Führung zu stellen (untere Integrationsebene),
- größere Zuständigkeitsbereiche und dadurch personalstärkere Dienststellen zu bilden,
- grundsätzlich Grenzen der Gebietskörperschaften zu berücksichtigen; aus besonderen polizeilichen Gründen kann davon abgewichen werden,
- kommunale Polizeien aufzulösen."[42]

50 Als **einheitliche Organisationsgrößen** wurden vorgesehen:
- Die Polizeidirektion/das Polizeipräsidium auf der unteren Integrationsebene (vgl. hierzu auch Berlin und Hamburg, wo jeweils ein Polizeipräsident als oberstes Führungsorgan der Polizei fungiert); wesentliche Merkmale sind:
- ein gemeinsamer Leiter für Schutz- und Kriminalpolizei,
- eine zentrale Führungsdienststelle.

Die Größe des Dienstbereiches beträgt in Städten ca. 300 000 Einwohner und im ländlichen Bereich ca. 30 km Aktionsradius.
- Das Landespolizeipräsidium/Regierungspräsidum auf der oberen Integrationsebene; folgende Merkmale wurden festgelegt:
- - Der Dienstbereich umfaßt mehrere Polzeidirektionen/Polizeipräsidien.
- - Für die Kriminalpolizei können auf oberer Integrationsebene gewisse Funktionen (KTU-Stellen, Wirtschaftskriminalität, Einsatzkommission) zentralisiert werden, um eine größere Effektivität zu erreichen.

---

39 Vgl. Boettcher 1975 S. 390 f.
40 Vgl. *Ständige Konferenz der Innenminister/-senatoren des Bundes und der Länder* 1974 S. 15.
41 Vgl. Boettcher 1975 S. 391.
42 *Ständige Konferenz der Innenminister/-senatoren des Bundes und der Länder* 1974 S. 15.

– Für den Bereich der Autobahnen sind eigene Verkehrspolizeidienststellen mit angemessener Personalstärke und Ausrüstung einzurichten.[43]

Wie bereits angesprochen, gestaltet sich die Organisation der Polizeien innerhalb der einzelnen **Bundesländer** verschieden. Die wesentlichsten **Unterscheidungsmerkmale** sind,
– die Intensität der Integration in die allgemeine Verwaltung,
– die Kompetenzausstattung der Landeskriminalämter,
– die Bezeichnung der Dienststellen sowie
– die Durchführung des im allgemeinen Rahmen festliegenden Ausbildungsgangs.[44]

Als **Grenzen** einer der Verbrechensbekämpfung gerechter werdenden **organisatorischen Gestaltung** werden insbesondere der bestehende Föderalismus, die flächenmäßige Deckungsgleichheit mit der allgemeinen Verwaltung sowie die Einbindung in diese und die politische Führungsspitze angesehen.

c) *Hessen als Beispiel*

Am **Beispiel Hessens** soll die Organisation der Vollzugspolizei im einzelnen dargestellt werden.

In Abb. 3 (siehe Seite 36) ist das **Organigramm** der **Vollzugspolizei** in Hessen wiedergegeben. Dem Minister des Innern sind demnach die Polizeischule, das Wasserschutz-Polizeiamt, das Landeskriminalamt, die Fernmeldeleitstelle der Polizei, das Wirtschaftsverwaltungsamt und die Direktion der Bereitschaftspolizei als obere Landesbehörden sowie die drei Regierungspräsidien in Darmstadt, Gießen und Kassel (als Mittelinstanzen) direkt zugeordnet.

Abb. 4 (siehe Seite 37) zeigt den **Rahmenorganisationsplan** der **Polizeipräsidenten** in Darmstadt, Gießen, Kassel, Offenbach am Main und Wiesbaden. Auf der oberen Führungsebene dieser (unteren) Integrationsebene werden die Bereiche Schutzpolizei, Präsidialabteilung und Kriminalpolizei zusammengefaßt. „Bewußt wird die Einheit von Schutz- und Kriminalpolizei betont, da nur im Zusammenwirken beider Dienstzweige der erwartete Beitrag der Polizei zur Inneren Sicherheit geleistet werden kann."[45]

Beim zugrundeliegenden Partialmodell ist hinsichtlich der **Innenstrukturierung** die Einteilung in Inspektionen (Partial-) modellbestimmend. Die Kriminal-Abteilung z. B. besteht aus drei Inspektionen, welche wiederum in Kommissariate untergliedert sind. Während die Kommissariate der ersten und zweiten Inspektion nach Deliktsbereichen ausgerichtet sind, sind die Kommissariate der dritten Inspektion nach Funktionen zentralisiert. Den Inspektionen können Kriminalstationen nachgeordnet sein.

---

43 *Ständige Konferenz der Innenminister/-senatoren des Bundes und der Länder* 1974 S. 15.
44 Vgl. *Stümper* 1975 S. 368.
45 *Ständige Konferenz der Innenminister/-senatoren des Bundes und der Länder* 1974 S. 8.

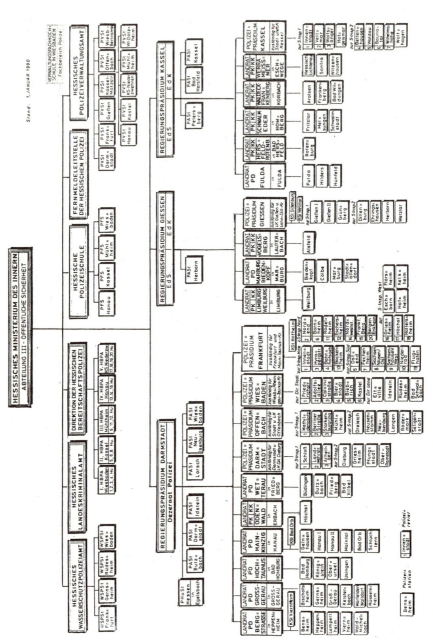

Abb. 3: Organisation der hessischen Polizei

Organisation der Strafverfolgungsorgane in Deutschland zu 55 **2**

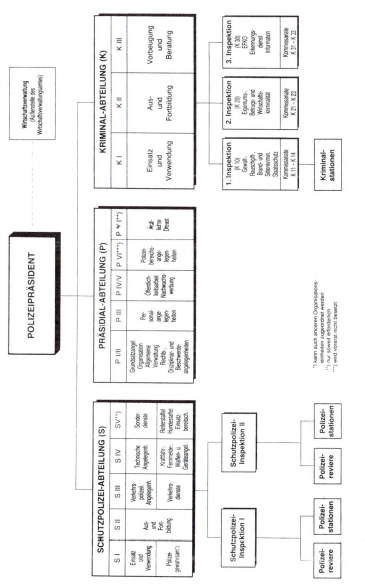

Entnommen aus: Der Hessische Minister des Innern 1980, nach S. 44
Abb. 4: Rahmenorganisationsplan der Polizeipräsidenten in Darmstadt, Gießen, Kassel, Offenbach am Main und Wiesbaden

57 In der Kriminalabteilung des Polizeipräsidiums Darmstadt wurden beispielsweise folgende **Kommissariate** gebildet: Tötungs- u. Gewaltdelikte sowie Vermißte sind dem Kommissariat 11, Sitten- und Amtsdelikte K 12, Rauschgiftdelikte K 13 und Staatsschutzaufgaben K 14 zugeordnet. Diese Deliktsbereiche sind in der ersten Inspektion integriert. Kommissariate der zweiten Inspektion sind K 21 (einfacher Diebstahl), K 22 (Diebstahl unter erschwerten Umständen) und K 23 (Betrugs- und Wirtschaftskriminalität sowie Fälschungsdelikte). Neben diesen beiden deliktsorientierten Inspektionen steht die dritte Inspektion mit dem Kriminaldauerdienst (K 31), dem die Fahndungsgruppe (K 311) angeschlossen ist, dem Erkennungsdienst (K 32) sowie dem Informationssystem (DV) und der Aktenhaltung (K 33). Die Kommissariate der dritten Inspektion werden deliktsübergreifend tätig; in ihnen werden wesentliche Funktionen kriminalpolizeilicher Tätigkeit, wie Erkennungsdienst, EDV und Fahndungsgruppe, harmonisiert und den Delikten gleichwertig zur Seite gestellt.

58 Ferner sind dem Leiter der Kriminalabteilung **Stabsstellen** für Einsatz und Verwendung (K I), Aus- und Fortbildung (K II) sowie Vorbeugung, Beratung und Lehrmittelsammlung (K III) unterstellt.

59 Abb. 5 (siehe Seite 39) zeigt den **Organisationsplan** der **Kriminalabteilung** bei der Behörde des Polizeipräsidenten in Darmstadt.

60 Die Gliederung nach Deliktsbereichen (z. B. Diebstahl, Staatsschutz) ist zwar, wie in der Anzahl der diesbezüglichen Inspektionen und Kommissariate zum Ausdruck kommt, dominant, muß jedoch durch Einbeziehung bedeutender Funktionen, wie Erkennungsdienst, die allen Deliktsbereichen zur Verfügung stehen, zu einer leistungsfähigen Gesamtorganisation ergänzt werden; diese Funktionen lassen sich kaum dezentral den einzelnen Deliktsbereichen zuordnen. De facto kann man also von einer **Mischgliederung** sprechen, bei der neben wesentlichen Deliktsbereichen zentrale Funktionen, die traversierende, sektoralzielübergreifende Aufgaben wahrnehmen, berücksichtigt sind.

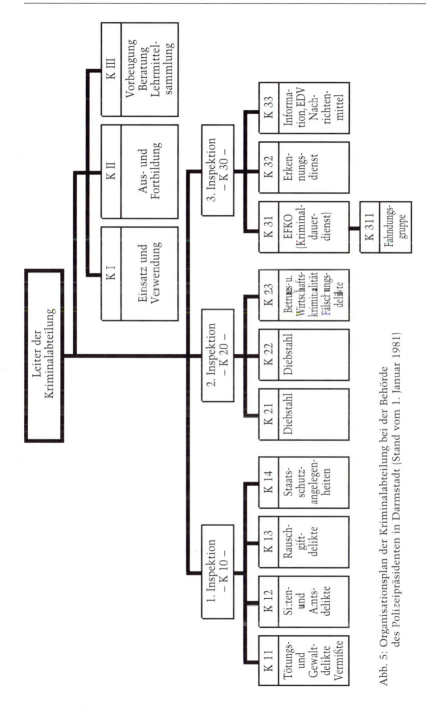

Abb. 5: Organisationsplan der Kriminalabteilung bei der Behörde des Polizeipräsidenten in Darmstadt (Stand vom 1. Januar 1981)

61 Hinzu kommt gelegentlich die Einrichtung von **Sonderkommissionen**, die bei umfangreichen – und in der Regel auch mehrere Deliktsbereiche berührenden – Fällen auf eine zeitlich bestimmte Dauer gebildet werden. Diese Sonderkommissionen oder auch Arbeitsgruppen rekrutieren sich aus den einzelnen Kommissariaten.

62 Ständig steigende Fallzahlen und die kontinuierlich fallende Aufklärungsquote haben in Hessen Überlegungen zur **Neugestaltung** der Organisation beschleunigt. Beabsichtigt ist die Dezentralisation der Bekämpfung der kleineren und mittleren Kriminalität (insb. Diebstahl, Diebstahl unter erschwerenden Umständen) auf Revierebene. Diese Dezentralisation hat zur Folge, daß auch Sachbearbeiter von K in die Dienststellen vor Ort umgesetzt werden[46].

63 Aufgrund dieser Überlegungen ist die Aufbau- und Ablauforganisation bei einigen Präsidien und Direktionen zunäcbt für die Dauer von 2 Jahren geändert worden (Pilotprojekte). Damit wird zugleich der Integrationsgedanke der Schutz- und Kriminalpolizei noch stärker betont (Abb. 6 u. 7, siehe Seiten 41 und 42).

---

46 Vgl. *Frerichs* 1989 S. 3 f.

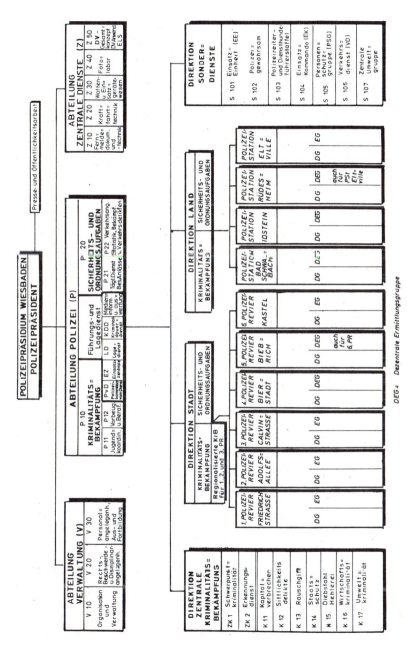

Abb. 6: Rahmenorganisationsplan für das Pilotprojekt des Polizeipräsidiums Wiesbaden

2 zu 63 Organisation der Strafverfolgungsorgane in Deutschland

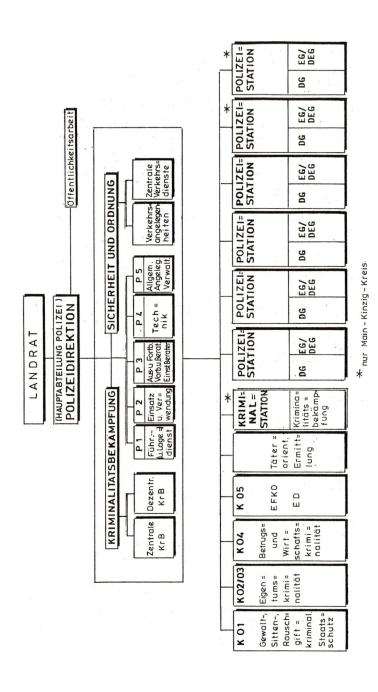

Abb. 7: Rahmenorganisationsplan für die Polizeidirektionen der Landräte des Hochtaunuskreises und des Main-Kinzig-Kreises

Die vielfältigen Erscheinungsformen der Kriminalität in der heutigen Zeit und damit auch die vielfältigen Bereiche des kriminalpolizeilichen Aufgabenspektrums erfordern von den Aufgabenträgern in den Kernbereichen ein umfassendes, tiefgreifendes, aber auch ressortbezogenes Wissen, das nur von ausschließlich in diesen Sparten eingesetzten Kräften gewonnen werden kann.

In diesem Kontext gilt es, Spezialisierungsaspekte näher zu betrachten. **Spezialisierung** heißt, daß sich eine Stelle ausschließlich mit der wiederholten Erfüllung ganz bestimmter, vergleichsweise eng umrissener Aufgaben oder Funktionen befaßt. Die Spezialisierung einer Stelle oder Abteilung ist immer relativ zu sehen und wird zum Ausdruck der Gliederungstiefe des Aufbaus der Institution.[47] 64

Die Ausprägung von **Spezialdienststellen** ist auf allen Ebenen des kriminalpolizeilichen Organisationssystems vertreten. Werden die Aufgaben einpolig verteilt, so werden durch horizontale Zentralisation Einheiten gebildet, denen aufgabenmäßig keine anderen Stellen in der Organisation entsprechen. Für kriminalpolizeiliche Aufgaben ist dies beispielsweise in Form der Einrichtung einer zentralen Verbindungsstelle mit dem Ausland beim Bundeskriminalamt (Nationales Zentralburo der IKPO; s. Rdnr. 25) der Fall. Insbesondere in den Bereichen der Organisierten Kriminalität, Wirtschaftskriminalität und Rauschgiftkriminalität wurden und werden Methoden entwickelt, denen mit den herkömmlichen Bekämpfungsstrategien nur beschränkt begegnet werden kann und bei denen in verstärktem Maße Spezialisierung und Zentralisierung als Teilstrategien eingesetzt werden. 65

Während bei der Spezialisierung der analytische Gliederungscharakter der Aufgabe im Vordergrund steht, betont die **Zentralisation** ihre synthetische Kombinationsmöglichkeit. Vorteile zentraler Systeme werden insbesondere in den klaren Weisungsbefugnissen und einer der Mobilität der Täter entsprechenden länder- und staatenübergreifenden gleichen Behandlung von Sicherheitsproblemen gesehen. Andererseits sind zentrale Systeme im allgemeinen wenig flexibel und reagieren nur langsam auf Umsystemänderungen. Der lange Instanzenweg ist ein weiterer Nachteil. 66

Die Nachteile zentraler Systeme sind sogleich Vorteile **dezentraler Systeme.** Deshalb sind in der Praxis häufig Mischgliederungen anzutreffen. Allerdings können Bereichs-(Regionen-)Egoismen den Blick aufs wesentliche versperren, so daß unter Umständen nur suboptimale Lösungen produziert werden.[48] 67

Relevante **Umsysteme** polizeilicher Verbrechensbekämpfung sind insbesondere der soziologische Bedingungsrahmen, die rechtlichen Constraints, die wirtschaftlichen, technologischen und politischen Umweltbedingungen. Die zunehmende Komplexität und Dynamik dieser Umsysteme machen die Anpassungszeit an neue Entwicklungen zum kritischen strate- 68

---

47 Vgl. *Bleicher* 1969 Sp. 2411.
48 Vgl. *Bleicher* 1981 S. 45.

gischen Faktor. Der beobachtbare **Wertewandel** in Gesellschaft und Wirtschaft verlangt veränderte Einstellungen zu Führung und Mitarbeit in der Polizei. Vor dem Hintergrund steigender Komplexität und Dynamik der Lebensverhältnisse vollzieht sich derzeit eine Art „Paradigmawechsel" in Betrachtung und Gestaltung sozialer Systeme, der tiefgreifend an tradierten Vorstellungen des Lenkens und Gestaltens der Polizei rüttelt.[49]

69   Die richtige Organisationsstruktur entscheidet bei dem heutigen raschen technologischen Wandel mit über den **Erfolg** bei der Verbrechensbekämpfung. Hinsichtlich **zukunftsgerichteter Organisationsstrukturen** bestehen viele Ideen, nur relativ wenige sind aber praktisch umsetzbar. Mangelnde Kreativität und Innovationsfähigkeit gehen nicht selten einher mit unzureichenden Organisationsmodellen.[50] Die klassisch gewordenen Konzepte funktionaler und divisionaler Organisationsstrukturen stoßen immer deutlicher an Grenzen der Effizienz.

C. Die Staatsanwaltschaft als Institution der Kriminalitätskontrolle

70   Die **Staatsanwaltschaft** ist ein weisungsgebundenes und dem Gericht gleichgeordnetes Organ der Strafrechtspflege. Ihre Aufgabe ist es, wegen aller verfolgbaren Straftaten einzuschreiten, sofern zureichende tatsächliche Anhaltspunkte vorliegen. Dabei hat sie sowohl die belastenden als auch die entlastenden Tatsachen zu ermitteln.[51] Sie besitzt das Anklagemonopol und entscheidet nach Abschluß der Ermittlungen darüber, ob Anklage erhoben oder das Verfahren eingestellt wird. Sie fungiert als Ankläger in der Hauptverhandlung und ist zugleich Strafvollstreckungssowie z. B. in Hessen Gnadenbehörde. Sie kann sich bei ihrer Aufgabenerfüllung verschiedener anderer Behörden als Hilfsorgane bedienen.[52]

71   Die Staatsanwaltschaft trägt somit die alleinige **Verantwortung für das Ermittlungsverfahren.** Die Polizei ist verpflichtet, dem Ersuchen oder Auftrag der Staatsanwaltschaft nachzukommen. Das Ermittlungsverfahren kann nur durch die Staatsanwaltschaft abgeschlossen werden.[53]

72   Allerdings läßt der hohe Grad der Spezialisierung, den die deutsche Kriminalpolizei in der Bekämpfung des Verbrechens erreicht hat, sie de facto über das **Aufklärungsmonopol** verfügen (s. oben Rdnr. 2)[54].

Der Schwerpunkt der staatsanwaltschaftlichen Tätigkeit im Ermittlungsverfahren liegt in der rechtlichen Beurteilung des Sachverhaltes. Das Verhältnis zwischen Polizei und Staatsanwaltschaft führt im Bereich der Strafverfolgung bei gemeinsamer Zielsetzung, jedoch ungelöster Abstimmung ihrer Aufgabenbereiche zu Reibungsverlusten und Frustrationen auf beiden Seiten. Beide Institutionen bemühen sich seit längerer Zeit durch

---

49 Vgl. *Bleicher* 1986 b S. 97 f.
50 Vgl. *Bleicher* 1986 a S. 757 ff.
51 Hessendienst der Staatskanzlei 1988 S. 541 (Stichw. „Staatsanwaltschaft").
52 *Burghard u. a.* 1986 S. 210 (Stichw. „Staatsanwaltschaft").
53 Vgl. *Neumann* 1980 S. 14 f.
54 Vgl. *Neumann* 1980 S. 14 f.

Neuordnungen ihrer Aufgabenbereiche und Neudefinition ihres Berufskonzeptes um ein neues Selbstverständnis. Die Polizei strebt eine von der Staatsanwaltschaft unbeeinflußte Ermittlungstätigkeit an, diese wehrt sich hiergegen, trachtet ihrerseits nach größerer Unabhängigkeit von den Justizverwaltungen und strebt eher einen richterähnlichen Status an[55].

Die Staatsanwaltschaft hat das Feld der Ermittlungen weitgehend der Polizei überlassen. Ausnahmen hiervon sind insbesondere die Wirtschaftskriminalität und auch der Terrorismus, für die die **Staatsanwaltschaft eigene,** schlagkräftige **Abteilungen** aufgebaut hat. Bei einigen wenigen Staatsanwaltschaften gibt es Schwerpunktdienststellen für organisierte Kriminalität; auch die Bundesanwaltschaft entwickelt mittlerweile auf diesem Gebiet Ansätze zu eigenständigen Ermittlungen.

Als Argument für die rechtliche Selbständigkeit der Polizei wird in der Literatur u. a. die umfassende Pflicht der Polizei, die innere Sicherheit und Ordnung durch Abwehr von Gefahren und durch Unterbinden und Beseitigung von Störungen aufrechtzuerhalten, angeführt. Dabei ist die Polizei mit einheitlichen Lebensvorgängen befaßt, die nahtlos von der Prävention in die Repression übergehen. Noch während des Ermittlungsverfahrens sind im Rahmen der Güterabwägung immer wieder Aspekte der Gefahrenabwehr sowie der Verbrechensvorbeugung zu berücksichtigen. Deshalb ist die **faktische Untrennbarkeit von Aufgaben des Polizei- und Strafverfahrensrechts** der Grund dafür, daß die Einbindung der polizeilichen Ermittlungsbeamten in die Justiz zu keinem befriedigenden Ergebnis geführt hat[56].

In die Diskussion um die Stellung von Polizei und Staatsanwaltschaft im Ermittlungsverfahren ist eine Reihe von **Änderungsvorschlägen** eingebracht worden. Zum einen soll die Staatsanwaltschaft alleinige Herrin des Vorverfahrens werden, so wie es dem Gesetzgeber des 19. Jahrhunderts vorschwebte. Ein anderer Vorschlag geht dahin, das Gesetz den gegenwärtigen Realitäten anzupassen und die Kriminalpolizei neben Strafgericht und Staatsanwaltschaft zu einer weiteren Säule der Strafrechtspflege zu machen. Schließlich zielt eine Reihe von Vorschlägen auf die Zusammenfassung von Staatsanwaltschaft und Polizei[57].

Eine Auseinandersetzung mit diesen Vorschlägen würde allerdings den Rahmen dieses Beitrags weit überschreiten.

Die Institution Staatsanwaltschaft ist mit Ausnahme der Bundesanwaltschaft **Landessache.** Staatsanwaltschaften bestehen am Sitz der Oberlandesgerichte („Generalstaatsanwalt[schaft]") und der Landgerichte („Staatsanwaltschaft" bzw. „Staatsanwaltschaft bei dem/beim Landgericht"). Die Anzahl der Staatsanwaltschaften in den Bundesländern ist unterschiedlich. Die Größe des Bundeslandes und die jeweilige Aufgabenbelastung können global als Richtschnur für deren Einrichtung herangezogen werden.

---
55 Vgl. *Sessar* 1977 S. 25.
56 Vgl. *Gallus* 1977 S. 57 f.
57 Vgl. *Groß/Geerds* 1978 S. 469.

77 Nachstehende Tabelle gibt einen **Überblick** über die Art und Anzahl der in den Ländern vorhandenen Staatsanwaltschaften.

Land	Generalstaats-anwaltschaften	Staatsanwalt-schaften
Baden-Württemberg	2	17
Bayern	3	22
Berlin	1	1
Bremen	1	9
Hamburg	1	1
Hessen	1	9
Niedersachsen	3	11
Nordrhein-Westfalen	3	19
Rheinland-Pfalz	2	8
Saarland	1	1
Schleswig-Holstein	1	4

Auch beim Bund besteht eine Staatsanwaltschaft, und zwar „Der Generalbundesanwalt beim Bundesgerichtshof".

78 Zwar finden sich in einigen Ländern **Schwerpunktstaatsanwaltschaften** (s. oben Rdnr. 73). Generell herrscht aber die **sog. Buchstabenorganisation** vor, wobei die Zuordnung der Bearbeitung eines Falles vom Namen des Straftäters abhängig ist.

79 Daneben sind Bestrebungen vorhanden, **räumliche Zuständigkeiten** der Polizei zu berücksichtigen.

80 Für besondere Sachgebiete wurden ähnlich wie bei der Polizei wegen der dafür erforderlichen besonderen Kenntnisse **Deliktszuständigkeiten** geschaffen. Darunter fallen nach §§ 9, 10 OrgStA[58]

1. Arbeitsschutzsachen,
2. Brandstiftungs- und Sprengstoffsachen,
3. Lebensmittel- einschl. Weinstrafsachen,
4. Münzstrafsachen,
5. politische und Pressestrafsachen,
6. Betäubungsmittelstrafsachen,
7. Schiffahrtsstrafsachen,
8. Steuer-, Zoll- und Devisenstrafsachen,
9. Verfahren wegen militärischer Straftaten,
10. Verfahren wegen Verherrlichung von Gewalt oder Aufstachelung zum Rassenhaß,
11. Verfahren wegen Verbreitung pornographischer oder jugendgefährdender Schriften

---

58 Bundeseinheitliche Geltung; s. z. B. für Hessen JMBl. Nr. 4/1988.

12. Verkehrsstrafsachen,
13. Wettbewerbs-, Wirtschafts- und Konkursstrafsachen,
14. Umweltschutzsachen,
15. Zivilsachen und
16. Jugendstrafsachen.

Reibungsverluste mit der Polizei entstehen insbesondere aufgrund nicht ausreichend ermittelter Sachverhalte. Mehr Qualität statt Quantität wird hier gefordert. Eine stärkere Anpassung der Organisation der StA an die Organisation der Polizei ist erstrebenswert, würde jedoch bei der StA eine stärkere Spezialisierung voraussetzen und damit mehr Personal erfordern.

SCHRIFTTUM

Bleicher, K.: Zentralisation und Dezentralisation. In: Grochla, E. (Hrsg.): Handwörterbuch der Organisation. Stuttgart 1969 Sp. 1801–1816.

ders.: Reorganisation der Polizei – ein Beitrag zur Erhöhung der Inneren Sicherheit. In: ZO Zeitschrift für Organisation 44 (1975), S. 361–366.

ders.: Formen und Modelle der Organisation. Neuwied 1980. (Sonderdruck aus: Peter Lindemann und Kurt Nagel [Hrsg.]: Organisation. Loseblattausg.).

ders.: Organisation – Formen und Modelle. Wiesbaden 1981.

ders.: Unternehmenskultur und strategische Unternehmensführung. In: Hahn, D. und B. Taylor (Hrsg.): Strategische Unternehmensplanung – Stand und Entwicklungstendenzen. 4. Aufl. Heidelberg, Wien 1986 (Zit.: 1986 a).

ders.: Strukturen und Kulturen der Organisation im Umbruch: Herausforderung für den Organisator. In: ZFO Zeitschrift Führung und Organisation 55 (1986), S. 97–108 (Zit.: 1986 b).

Boettcher, O.: Probleme der Integration von Schutz- und Kriminalpolizei. In: ZO Zeitschrift für Organisation 44 (1975), S. 389–396.

Burghard, W., H. W. Hamacher, H. Herold, M. Schreiber, A. Stümper und *A. Vorbeck* (Hrsg.): Kriminalistik Lexikon. 2. Aufl. Heidelberg 1986 (Grundlagen. Bd. 20).

Frerichs, P.: Das Interview. Die hpr sprach mit Peter Frerichs, Polizeivizepräsident in Frankfurt, über die Neuorganisation der Hessischen Polizei. In: hessische polizeirundschau 16 (1989), Heft 1, S. 3–5.

Gallus, H.: Neue Kompetenzabgrenzung zwischen Polizei und Staatsanwaltschaft? In: Bundeskriminalamt (Hrsg.): Polizei und Justiz. Arbeitstagung des Bundeskriminalamtes Wiesbaden vom 12. bis 15. Oktober 1976. Wiesbaden 1977 (BKA-Vortragsreihe. Bd. 23), S. 57–58.

Gemmer, K. H.: Abgrenzung der Ermittlungstätigkeiten zwischen Bund und Ländern. In: Grundlagen der Kriminalistik 11 (1973), S. 147–168.

Groß, H. und *F. Geerds:* Handbuch der Kriminalistik. 10. Aufl. Berlin 1978.

Hessel, H.-J.: Gesetz über die Einrichtung eines Bundeskriminalpolizeiamtes (BKA-Gesetz). Kommentar. Wiesbaden 1979.

Hessendienst der Staatskanzlei (Hrsg.): Hessen-ABC. Ein Nachschlagewerk zur Hessischen Landespolitik. Wiesbaden 1988.

Der Hessische Minister des Innern, Referat für Öffentlichkeitsarbeit (Hrsg.): Polizei in Hessen. Wiesbaden 1980.

Kiefer, B.: Ordnungsverwaltung. In: Deutsches Institut für Fernstudien an der Universität Tübingen (Hrsg.): Funkkolleg Recht. Studienbegleitbrief 4. Weinheim, Basel 1982, S. 77–109.

Kubica, J. und *H. Leineweber:* Grundfragen zu den Zentralstellenaufgaben des Bundeskriminalamtes. In: Neue Juristische Wochenschrift 37 (1984), S. 2068–2072.

Neumann, G.: Die Zusammenarbeit der Kriminalpolizei mit Auskunfteien und Detekteien. Lübeck 1980 (Forschungsreihe Kriminalwissenschaften. Bd. 5).

Rasch, E.: Polizei und Polizeiorganisation. 2. Aufl. Stuttgart, München, Hannover 1980.

Riegel, R.: Polizei- und Ordnungsrecht in der Bundesrepublik Deutschland. Heidelberg, Hamburg 1981.

ders.: Stellung und Aufgaben des Bundeskriminalamtes: Überblick und Probleme. In: Deutsches Verwaltungsblatt 97 (1982), S. 720–727.

ders.: Grundfragen zu den Zentralstellenaufgaben des Bundeskriminalamtes. In: Neue Juristische Wochenschrift 36 (1983), S. 656–661.

ders.: Bundespolizeirecht: Bundeskriminalamtsgesetz, Bundesgrenzschutzgesetz, Gesetz über den unmittelbaren Zwang. München 1985 (Beck'sche Kurz-Kommentare. Bd. 42).

Schäfer, K.: Internationale Verbrechensbekämpfung. Wiesbaden 1977 (BKA-Schriftenreihe. Bd. 44).

Scholler, H. und S. Broß: Grundzüge des Polizei- und Ordnungsrechts in der Bundesrepublik Deutschland. 2. Aufl. Heidelberg, Karlsruhe 1978.

Scupin, H. H.: Die Entwicklung des Polizeibegriffs und seine Verwendung in den neuen deutschen Polizeigesetzen. Jur. Diss. Marburg 1970.

Sessar, K.: Ergebnisse einer wissenschaftlichen Untersuchung zum Thema Polizei/Staatsanwaltschaft. In: Bundeskriminalamt (Hrsg.): Polizei und Justiz Arbeitstagung des Bundeskriminalamtes Wiesbaden vom 12. bis 15. Oktober 1976. Wiesbaden 1977 (BKA-Vortragsreihe. Bd. 23), S. 25–30.

Ständige Konferenz der Innenminister/-senatoren des Bundes und der Länder: Programm für die Innere Sicherheit in der Bundesrepublik Deutschland. Bonn 1974.

Stümper, A.: Die Organisation der Polizei in der Bundesrepublik Deutschland – Probleme und Entwicklungstendenzen. In: ZO Zeitschrift für Organisation 44 (1975), S. 367–374.

Zachert, H.-L.: GdP spricht mit Abteilungsleitern im BKA. In: Deutsche Polizei 1984, Heft 1, Landesteil Bezirksgruppe Bundeskriminalamt, S. 2–4.

3
Organisation der Strafverfolgungsorgane in Österreich

Robert Köck und Wolfgang Zeiner

INHALTSÜBERSICHT

	Rdnr.		Rdnr.
A. Sicherheitsbehörden		4. Bezirksverwaltungsbehörden	25
I. Allgemeines		5. Zusammenfassung	27
1. Historische Entwicklung	2	III. Organisation der Exekutivkörper	28
2. Begriffsbestimmung Sicherheitspolizei – Verwaltungspolizei	6	1. Bundessicherheitswache	29
		2. Kriminalbeamtenkorps	31
3. Sicherheitspolizei im funktionellen und organisatorischen Sinn	11	3. Bundesgendarmerie	32
II. Organisation der Sicherheitsbehörden		IV. Zusammenhang zwischen Sicherheitsbehörden und Exekutivkörper	36
1. Generaldirektion für die öffentliche Sicherheit	12	**B. Behörden der Gerichtsbarkeit**	
		I. Allgemeines	37
2. Sicherheitsdirektionen	18	II. Instanzenzug in Strafsachen	39
3. Bundespolizeidirektionen	19	III. Staatsanwaltschaften	45

A. Sicherheitsbehörden

I. Allgemeines

Bei den **Strafverfolgungsorganen** in Österreich ist zwischen den Sicherheitsbehörden einerseits und den Behörden der Strafjustiz andererseits zu unterscheiden. In dieser Darstellung soll das Hauptgewicht auf den Sicherheitsbehörden, welche meist synonym mit der „Polizei" gesetzt werden, liegen.   1

1. Historische Entwicklung

Die Entwicklung der polizeilichen Tätigkeiten steht im engen Zusammenhang mit dem Wandel der Herrschaftsformen und der Entwicklung der Staatsaufgaben. Auszugehen ist vom **„ius politiae"** des Landesherrn im **Absolutismus,** welches zur Festigung der Macht des Landesfürsten diente. Demgemäß umfaßte die Polizeigewalt nebst der Gefahrenabwehr auch die Sorge um das Wohlergehen der Untertanen. Dieser weite Polizeibegriff hielt sich bis zum Beginn des 19. Jahrhunderts; „Polizey" umfaßte die gesamte staatliche Verwaltung. Eine Einschränkung hinsichtlich des Gegenstandes oder der Mittel bestand nicht.   2

3   Der aufkommende **Liberalismus** brachte die Idee auf, daß der Staat überhaupt nur dazu berufen sei, für Rechtsschutz und **Sicherheit** zu sorgen, und nur für diese Zwecke dürfe auch Befehls- und Zwangsgewalt eingesetzt werden. Damit wandelte sich naturgemäß der Polizeibegriff, der seinen umfassenden Rechtsanspruch einbüßte. Hierdurch kam es zur Einschränkung des Gegenstandes der Polizei; die Mittel blieben aber nach wie vor unbeschränkt.

4   Im 19. Jahrhundert kam immer stärker der Gedanke des **Rechtsstaates** auf, der gegen die Ideen des Spätabsolutismus gerichtet war. Der Grundgedanke war nunmehr nicht nur, den Gegenstand der Polizei einzuengen, sondern auch die Herausarbeitung des **Legalitätsprinzips,** wodurch auch die polizeiliche Tätigkeit eine Funktion der rechtsstaatlichen Verwaltung bilden sollte. Inhaltlich sollte die Polizei auf die Abwehr von Gefahren für Freiheit, Sicherheit und Eigentum beschränkt werden. Die Verwirklichung, die nicht ohne Schwierigkeiten durchgesetzt werden konnte, prägte einen Polizeibegriff, der auch heute noch seine Gültigkeit hat.

5   Somit kann unter **Polizei** jene hoheitliche Verwaltungstätigkeit verstanden werden, die speziell der präventiven oder repressiven Abwehr von Gefahren für Freiheit, Sicherheit und Eigentum dient.

Die Polizei des absoluten Staates entwickelte sich zu einer gesetzlich geregelten Staatsfunktion. Die Rechtsordnung bestimmte, wann und wie die Polizei tätig werden kann. Daneben entstand eine Verwaltung, die ebenfalls mit Zwangsnormen ausgestattet ist und weite Gebiete des modernen Rechtslebens umfaßt.

2. Begriffsbestimmung Sicherheitspolizei – Verwaltungspolizei

6   Zunächst soll auf zwei Begriffe eingegangen werden, die in der theoretischen Auseinandersetzung mit der Polizei eine Rolle spielen, und zwar „Sicherheitspolizei" und „Verwaltungspolizei". Nach der Judikatur des Verfassungsgerichtshofes gehören zur **Sicherheitspolizei** „jene – prohibitiven – Maßnahmen, die der Abwehr und der Unterdrückung der allgemeinen Gefahren für das Leben, die Gesundheit, Sicherheit, öffentliche Ruhe und Ordnung im Inneren dienen, wobei eine Gefahr dann eine allgemeine ist, wenn sie keiner bestimmten Verwaltungsmaterie außer der Sicherheitspolizei zugeordnet werden kann, wenn sie nicht nur innerhalb einer bestimmten Verwaltungsmaterie auftritt, was nicht ausschließt, daß im einzelnen Fall die Abwehr aus einem Anlaß erforderlich werden kann, der einer bestimmten Verwaltungsmaterie zuzuzählen ist"[1]. Somit ist „alle Polizei, die nicht Verwaltungspolizei ist, Sicherheitspolizei"[2]. Der Sicherheitspolizei in diesem Sinne entspricht also der historisch hergeleitete Polizeibegriff.

7   Innerhalb der Sicherheitspolizei wird zwischen allgemeiner und örtlicher Sicherheitspolizei unterschieden. Unter **örtlicher Sicherheitspolizei**

---
1 VfSlg 8155/1977.
2 VfSlg 3201/1957, 3650/1959.

versteht das Bundesverfassungsgesetz jenen Teil der Sicherheitspolizei, „der im ausschließlichen oder überwiegenden Interesse der in der **Gemeinde** verkörperten örtlichen Gemeinschaft gelegen und geeignet ist, durch die Gemeinschaft innerhalb ihrer örtlichen Grenzen besorgt zu werden"[3].

In die Zuständigkeit der örtlichen Sicherheitspolizei gehören aufgrund der Bundesverfassung Tatbestände wie:
Wahrung des öffentlichen Anstandes
Lärmerregung
Bettelei

In den Aufgabenbereich der **allgemeinen Sicherheitspolizei,** welche nach dem österreichischen Bundesverfassungsgesetz **Bundessache** in Gesetzgebung und Vollziehung ist, fallen:
Verhinderung und Aufklärung gerichtlich strafbarer Handlungen,
Maßnahmen der Vorsorge und der Abwehr im Interesse der Staatssicherheit,
Sorge für Ordnung und Sicherheit im allgemeinen,
einige Verwaltungsübertretungen wie z. B. Ordnungsstörung.

Im Unterschied zur allgemeinen Sicherheitspolizei, die zur Abwehr „allgemeiner" Gefahren eingerichtet ist, dient die sog. **Verwaltungspolizei** zur Abwehr besonderer, für bestimmte Verwaltungsbereiche typischer Gefahren.

Zur sog. Verwaltungspolizei zählen beispielsweise:
Fremdenpolizei,
Kraftfahrpolizei,
Schiffahrtspolizei,
Gesundheitspolizei,
Straßenpolizei.

Von Interesse ist der Begriff Verwaltungspolizei auch vom Standpunkt der bundesstaatlichen Kompetenzverteilung, weil, wie schon gesagt, die allgemeine Sicherheitspolizei in Gesetzgebung und Vollziehung Bundessache ist, während für die Verwaltungspolizei der Grundsatz der **„Annexmaterie"** gilt, wonach jeweils dem, der für die Regelung der Materie zuständig ist, auch die Zuständigkeit für die zugehörige Verwaltungspolizei zukommt. Da nach der österreichischen Bundesverfassung das Baurecht Landessache ist[4], ist auch die Baupolizei dem Land zugewiesen, im Falle der Gewerbepolizei steht diese dem Bund zu, weil das Gewerberecht Bundessache ist.

Vereinzelt hat auch der Bundesverfassungsgesetzgeber im Bereich der Verwaltungspolizei eigene Zuständigkeitsregeln geschaffen, wie z. B. bei der Fremdenpolizei, die in Gesetzgebung und Vollziehung Bundessache ist[5].

---
3 Art. 15 Abs. 2 B-VG.
4 Art. 15 B-VG.
5 Art. 10 Abs. 1 Z. 7 B-VG.

3. Sicherheitspolizei im funktionellen und organisatorischen Sinn

11 Für das weitere Verständnis ist darauf zu verweisen, daß Österrcich nach der Bundesverfassung ein **Bundesstaat** ist, der aus neun Bundesländern besteht. Die Normsetzung erfolgt gemäß den Kompetenzartikeln entweder durch den Bund (gesetzgebendes Organ: Parlament) oder durch das Bundesland (gesetzgebendes Organ: Landtag).

12 Der Begriff „Polizei" kann im funktionellen und organisatorischen Sinn verwendet werden. Der **Funktionsbegriff der Polizei** läßt sich aus der oben dargestellten (Rdnr. 6–10) Unterscheidung zwischen Sicherheitspolizei (Aufrechterhaltung der öffentlichen Ruhe, Ordnung und Sicherheit ohne Bezug auf ein bestimmtes Verwaltungsgut) und Verwaltungspolizei (Abwehr von Gefahren, bezogen auf einzelne Verwaltungsmaterien) ableiten, da beide Begriffe zusammen den Funktionsbegriff „Polizei" umfassen.

13 In diesem Zusammenhang sind auch die Begriffe „**Sicherheitsverwaltung**" oder „**öffentliches Sicherheitswesen**" von Bedeutung, welche die allgemeine Sicherheitspolizei und folgende verwaltungspolizeiliche Agenden umfassen:

Paßwesen,

Meldewesen,

Fremdenpolizei,

Waffen-, Munition-, Sprengmittelwesen,

Schießwesen,

Pressepolizei,

Vereins- und Versammlungsangelegenheiten.

14 Die Sicherheitsverwaltung im obigen Sinn wird von den „**Sicherheitsbehörden**" vollzogen.

Entsprechend dem bundesstaatlichen Aufbau Österreichs kann die Zuweisung der funktionellen Polizeitätigkeit durch ein Bundesgesetz oder Landesgesetz erfolgen.

15 Der **Organisationsbegriff „Polizei"** kommt dann zum Tragen, wenn mit der Vollziehung polizeilicher Aufgaben ein eigener dafür geschaffener Apparat betraut wird. Werden polizeiliche Aufgaben von anderen Verwaltungsbehörden erledigt oder miterledigt, ist eine eigene Organisationsform nicht sinnvoll und daher auch nicht vorgesehen.

Gemäß dem bundesstaatlichen Aufbau Österreichs unterscheidet man zwischen Bundesbehörden, Landesbehörden und Gemeindebehörden. Für den Polizeibereich bedeutet dies, daß Polizeiaufgaben im funktionellen Sinne einer der drei Behördenarten übertragen werden können.

16 Beschränkt man auf die hier interessierende Funktion der allgemeinen Sicherheitspolizei und darüber hinaus auf die „Sicherheitsverwaltung", welche durch die Sicherheitsbehörden vollzogen werden, kann man feststellen, daß in diesem Bereich ein eigener **Behördenapparat zur Vollziehung der Sicherheitsverwaltung** in Form der Sicherheitsbehörden geschaffen wurde.

II. Organisation der Sicherheitsbehörden

Die Organisation der Sicherheitsbehörden i.e.S. stellt sich wie folgt dar.

1. Generaldirektion für die öffentliche Sicherheit

Erstmals im Jahre 1850 wurde die oberste Leitung der „Polizei" dem damaligen Ministerium des Inneren übertragen. Im Kompetenzbereich des Innenressorts, dessen genaue Behördenbezeichnung im Laufe der Zeit mehrmals wechselte, verblieb die oberste Polizeileitung mit jeweils kurzfristigen Unterbrechungen bis zum heutigen Tage.

Derzeit ist die Generaldirektion für die öffentliche Sicherheit als Sektion im Bundesministerium für Inneres eingerichtet und gliedert sich wie folgt:

Gruppe II/A (Bundespolizei)
Gruppe II/B (Gendarmeriezentralkommando)
Gruppe II/C (Staatspolizeilicher Dienst)
Gruppe II/D (Kriminalpolizeilicher Dienst – INTERPOL)
Gruppe II/E (Administrativpolizeilicher Dienst – [Verwaltungspolizei])
Gruppe II/F (Verkehrspolizei und Schulung)

Die einzelnen Gruppen bestehen aus Abteilungen. Der Sektionsleiter führt die Bezeichnung „Generaldirektor für die öffentliche Sicherheit".

2. Sicherheitsdirektionen

In Unterordnung unter die Generaldirektion für die öffentliche Sicherheit ist in jedem der neun Bundesländer eine Sicherheitsdirektion eingerichtet.

Die Sicherheitsdirektion ist organisatorisch eine **Bundesbehörde**, welche unter der Leitung eines Sicherheitsdirektors steht; sie ist also monokratisch organisiert. Funktionell stellt die Sicherheitsdirektion eine Sicherheitsbehörde dar, welcher die Aufgaben der allgemeinen Sicherheitspolizei und folgende Agenden zugewiesen sind:

Paßwesen,
Meldewesen,
Fremdenpolizei,
Waffen-, Munition-, Sprengmittelwesen,
Schießwesen,
Pressepolizei,
Vereins- und Versammlungsangelegenheiten.

Die Sicherheitsdirektionen wurden erstmals im Jahre 1934 geschaffen und am Ende des Zweiten Weltkrieges wieder errichtet.

Die Sicherheitsdirektionen umfassen nebst einer Präsidialabteilung die Abteilungen:

Staatspolizeiliche Abteilung,
Kriminalpolizeiliche Abteilung,
Administrativpolizeiliche Abteilung.

3. Bundespolizeidirektionen

19 Die **Anfänge** der staatlichen „Polizeibehörden" lassen sich bis in die Mitte des 18. Jahrhunderts zurückführen. Die Ereignisse des Revolutionsjahres 1848 erheischten eine Neuorganisation der Polizeibehörden. Demgemäß entstanden in Städten, wo dies aufgrund der Aufgabenstellung notwendig war, Polizeidirektionen.

20 Nach der geltenden österreichischen Bundesverfassung sind Bundespolizeibehörden durch eine Verordnung der Bundesregierung zu errichten[6]. Demgemäß besitzt nunmehr jede Landeshauptstadt (mit Ausnahme von Bregenz/Vorarlberg) eine **Bundespolizeidirektion**. Darüber hinaus gibt es noch in sechs weiteren größeren Städten Bundespolizeidirektionen.

21 Eine Besonderheit stellt die **Bundeshauptstadt Wien** dar, weil Wien gleichzeitig auch ein Bundesland bildet. Aufgrund dieser Tatsache ist die Bundespolizeidirektion Wien zugleich auch die Sicherheitsdirektion. Im Bereich der Bundespolizeidirektion Wien bestehen aufgrund der Größe des Stadtgebietes für jeden der 23 Gemeindebezirke innerbehördliche Ausgliederungen, welche die Bezeichnung „Bezirkspolizeikommissariate" führen.

22 Die interne Gliederung der Bundespolizeidirektionen (außer Wien) zeigt folgende Organisationseinheiten:
Präsidialabteilung,
Staatspolizeiliche Abteilung,
Kriminalpolizeiliche Abteilung,
Verwaltungspolizeiliche Abteilung.

23 Die **Bundespolizeidirektion Wien** ist infolge ihrer Größe und Aufgabenstellung etwas anders gegliedert. Nebst den Organisationseinheiten, die auch bei anderen Bundespolizeidirektionen bestehen, weist die Kriminalpolizeiliche Abteilung noch folgende Unterteilungen auf:
Sicherheitsbüro (zuständig für besonders bedeutsame Kriminalfälle),
Wirtschaftspolizei (zuständig für Wirtschaftsdelikte),
Büro für Erkennungsdienst, Kriminaltechnik und Fahndung,
Strafregisteramt,
Polizeiabteilung bei der Staatsanwaltschaft Wien und Expositur beim Jugendgerichtshof Wien,
Jugendpolizei.

24 Die **Aufgabenstellung** der Bundespolizeidirektionen geht jedoch über die Vollziehung der „Sicherheitsverwaltung" (allgemeine Sicherheitspolizei und bestimmte Materien der Verwaltungspolizei wie z. B. Fremdenpolizei, [s. oben Rdnr. 13]) weit hinaus, da den Bundespolizeidirektionen noch andere Verwaltungsbereiche des Bundes und der Länder zugeordnet sind, z. B. nach folgenden gesetzlichen Vorschriften:
Straßenverkehrsordnung,
Kraftfahrgesetz,

---

[6] § 15 Beh-ÜG.

Pornographiegesetz,
Prostitutionsvorschriften.

4. Bezirksverwaltungsbehörden

Überall dort, wo keine Bundespolizeidirektionen eingerichtet sind, erfolgt die Wahrnehmung der sicherheitspolizeilichen Aufgaben durch die Bezirksverwaltungsbehörden. Die Bezirksverwaltungsbehörden werden von den sog. Bezirkshauptmannschaften gebildet. In zwei Gemeinden wird diese Funktion allerdings durch Gemeindeorgane besorgt, und zwar in den sog. Städten mit eigenem Statut, in denen keine Bundespolizeidirektionen eingerichtet sind. Die Bezirksverwaltungsbehörden haben neben der Führung der sicherheitsbehördlichen Aufgaben noch eine Fülle von anderen Agenden, welche ihnen durch Bundesgesetze oder Landesgesetze übertragen sind (z. B. Vollziehung des Gewerberechtes).

Die Besonderheit besteht darin, daß es sich bei den Bezirksverwaltungsbehörden organisatorisch um **Landesbehörden** handelt, welche in Vollziehung der Sicherheitsverwaltung für den Bund tätig werden; es handelt sich daher in diesem Falle um sog. **mittelbare Bundesverwaltung**.

5. Zusammenfassung

Der **Aufbau der Sicherheitsverwaltung** in Österreich läßt sich wie folgt in einem Organigramm darstellen:

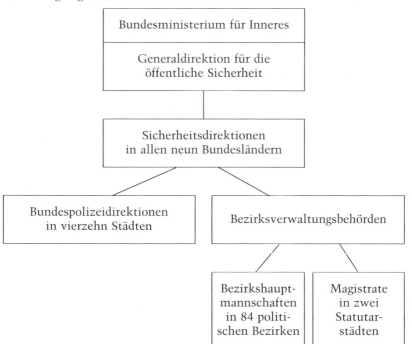

III. Organisation der Exekutivkörper

28 Die mit Hoheitsgewalt betrauten Verwaltungsbehörden benötigen **Exekutivorgane,** welche zur Durchsetzung der Befehls- und Zwangsbefugnisse der Verwaltungsbehörde berufen sind.

Die österreichische Bundesverfassung spricht in diesem Zusammenhang von sog. **Wachkörpern**[7], das sind bewaffnete, uniformierte oder sonst nach militärischem Muster gestaltete Formationen, denen Aufgaben polizeilichen Charakters übertragen sind. Die Wachkörper zur Vollziehung der Sicherheitsverwaltung sind die Bundessicherheitswache, das Kriminalbeamtenkorps und die Bundesgendarmerie.

1. Bundessicherheitswache

29 Die österreichische **Bundessicherheitswache** hat sich aus einer zivilen Sicherheitswache entwickelt, die in den Jahren nach der Revolution 1848 anstelle einer vorher vorhandenen Militärpolizeiwache eingerichtet worden ist.

Die Bundessicherheitswache ist ein Wachkörper, der den Bundespolizeidirektionen zur Besorgung ihrer Exekutivaufgaben beigegeben und in sachlicher und organisatorischer Hinsicht unterstellt ist. Das Sicherheitswachekorps untersteht bei den Bundespolizeidirektionen (außer Wien) dem Leiter des Zentralinspektorates, in Wien dem Leiter des Generalinspektorates der Sicherheitswache. Die Sicherheitswachebeamten besorgen in erster Linie den Rayonsdienst, Bewachungs- und Patrouillendienste, Eskortierungen und Beaufsichtigungen von Arrestanten usw. Die Dienstversehung erfolgt entweder bei einer auswärtigen Dienststelle, den sog. „Wachzimmern", oder bei einer Zentraldienststelle.

30 Die **Aufgaben** der Bundessicherheitswache sind weitgehend identisch mit jener der Bundespolizeidirektion (s. Rdnr. 24). Die Sicherheitswache umfaßt etwa 10 000 Wachbeamte, davon 200 leitende (mittlere Führungskräfte) und 2 500 dienstführende Wachebeamte (untere Führungskräfte).

Zur Bewältigung der Aufgaben bestehen weitere Sonderabteilungen (z. B. Alarmabteilung, Verkehrsabteilung) und je nach Bedarf auch Motorboot- und Diensthundestationen. Der Wirkungsbereich erstreckt sich auf 1 520 qkm und ca. 2,6 Millionen Einwohner.

2. Kriminalbeamtenkorps

31 Nach dem Revolutionsjahr 1848 wurde offiziell bestimmt, daß den Polizeibehörden eine nichtuniformierte Zivilwache beizugeben ist. Daraus hat sich das heutige **Kriminalbeamtenkorps** entwickelt. Die Organe des Kriminalbeamtenkorps versehen ihren Dienst in Zivilkleidung, sind Waffenträger und haben sich mit Dienstausweis und Kokarde zu legitimieren. Sie sind den Bundespolizeidirektionen insbesonders für die Besorgung von Informations-, Erhebungs-, Überwachungs- und Ausforschungsdiensten beigegeben.

---

7 Art. 102 Abs. 5 B-VG; Art. II § 5 V-ÜG 1929.

Das Kriminalbeamtenkorps umfaßt ca. 2 300 Kriminalbeamte, nämlich 200 leitende Beamte und 2 100 untere Führungskräfte und ausführende Organe.

3. Bundesgendarmerie

Die Bundesgendarmerie ist ein uniformierter, bewaffneter und nach militärischem Muster organisierter Wachkörper zur Aufrechterhaltung der öffentlichen Ordnung, Ruhe und Sicherheit. **32**

Durch Bundesgesetze oder Landesgesetze können der Bundesgendarmerie auch andere Exekutivaufgaben übertragen werden.

Organisatorisch ist die Bundesgendarmerie eine Einrichtung des Bundes. **33** Die innere Leitung obliegt dem **Gendarmeriezentralkommando,** das sich bei der Generaldirektion für die öffentliche Sicherheit befindet. Dem Gendarmeriezentralkommando sind die **Landesgendarmeriekommanden** untergeordnet, die in allen Bundesländern (außer Wien) für den Bereich der einzelnen Sicherheitsdirektionen (ausgenommen den Wirkungsbereich der Bundespolizeidirektionen) eingerichtet sind. Den Landesgendarmeriekommanden wiederum sind die **Bezirksgendarmeriekommanden** nachgeordnet, die ihren Sitz in den einzelnen Verwaltungsbezirken haben. Den einzelnen Bezirksgendarmeriekommanden unterstehen Gendarmerieposten. Zur Führung des öffentlichen Sicherheitsdienstes ist das Landesgendarmeriekommando mit seinen Abteilungen der Sicherheitsdirektion, das Bezirksgendarmeriekommando samt den zugehörigen Gendarmerieposten der jeweiligen Bezirksverwaltungsbehörde zugeordnet.

Die im Jahre 1849 in Österreich vorgenommene **Umgestaltung der staat-** **34** **lichen Verwaltung** war Anlaß, für die Aufstellung eines für das gesamte Staatsgebiet einheitlichen Exekutivkörpers Sorge zu tragen.

Da es in dieser Zeit seit der Napoleonischen Besetzung in der Lombardei und in Südtirol eine „Gendarmerie" gab, wurde diese im gesamten damaligen Kaiserreich eingeführt. Die Gendarmerie war ursprünglich ein Bestandteil des Heeres. Ab 1860 erfolgte eine Zweiteilung der Zuständigkeit, wobei die dienstlichen und ökonomischen Angelegenheiten dem Innenministerium zugewiesen wurden. 1867 hat die Gendarmerie überhaupt den Heeresverband verlassen.

Naturgemäß erfolgte im Laufe der Entwicklung auch eine Spezialisie- **35** rung der Bundesgendarmerie. In diesem Zusammenhang ist von Bedeutung, daß im Rahmen der Landesgendarmeriekommanden sog. **„Kriminalabteilungen"** eingerichtet sind, welche für die Bearbeitung wichtiger Kriminalfälle zuständig sind.

Der Bundesgendarmerie gehören etwa 11 500 Beamte an, davon 250 leitende (mittlere und obere Führungskräfte) und 5 500 dienstführende Gendarmeriebeamte (untere, teilweise mittlere Führungskräfte).

Der Wirkungsbereich der Bundesgendarmerie erstreckt sich auf 32 334 qkm und ca. 5 Millionen Einwohner.

IV. Zusammenhang zwischen Sicherheitsbehörden und Exekutivkörper

36 Der Zusammenhang zwischen Sicherheitsbehörden und Exekutivkörper ergibt sich aus folgendem Organigramm:

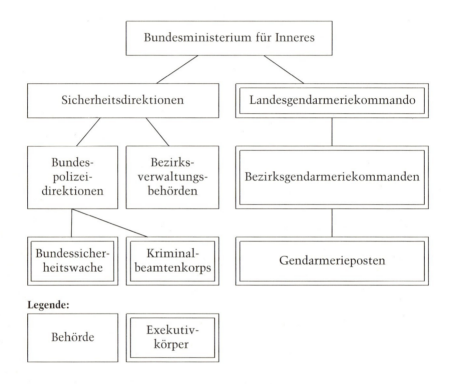

B. Behörden der Gerichtsbarkeit

I. Allgemeines

37 Bei einer Darstellung der Behörden der Gerichtsbarkeit in Österreich erscheint es sinnvoll, zuerst die verfassungsrechtlichen Grundlagen für die Gerichtsbarkeit zu behandeln sowie eine **Abgrenzung zwischen Justiz und Verwaltung** zu treffen.

Die Aufgaben der Staatsgewalt nach der österreichischen Bundesverfassung lassen sich in **Gesetzgebung** und **Vollziehung** unterscheiden.[8] Die

---
[8] Vgl. die Hauptstücke, in die das B-VG eingeteilt ist.

Vollziehung ihrerseits teilt sich in Gerichtsbarkeit und **Verwaltung.** Dabei versteht man unter Gerichtsbarkeit jenen Teil staatlicher Vollziehung, der durch unabhängige, unabsetzbare und unversetzbare Organe ausgeübt wird. In Österreich ist die Gerichtsbarkeit Bundessache, es gibt daher keine Gerichtsbarkeit der Bundesländer und Gemeinden. Im Gegensatz dazu ist die Verwaltung jener Teil staatlicher Rechtsvollziehung, der durch weisungsberechtigte und weisungsgebundene Organe ausgeübt wird. Die strenge Trennung der Verwaltung von der Justiz ist ein in der österreichischen Verfassung verankertes Grundprinzip der Rechtsordnung.

Schon in der österreichischen Bundesverfassung findet sich der Grundsatz der **Mitwirkung des Volkes** an der Gerichtsbarkeit, insbesondere als Geschworene und Schöffen in Strafsachen.[9] Für das Gerichtsverfahren selbst stellt die Bundesverfassung drei wesentliche Prinzipien auf: die **Mündlichkeit, Öffentlichkeit** und den **Anklageprozeß** für das Strafverfahren.[10]

38

II. Instanzenzug in Strafsachen

Zur Gerichtsbarkeit in Strafsachen sind die **ordentlichen Gerichte** berufen, die in vier Stufen aufgebaut sind:
a) Bezirksgerichte
b) Gerichtshöfe erster Instanz (in den Landeshauptstädten Landesgerichte, sonst Kreisgerichte)
c) Gerichtshöfe zweiter Instanz (Oberlandesgerichte)
d) Oberster Gerichtshof in Wien.

39

Der österreichische Strafprozeß kennt grundsätzlich einen zweistufigen **Instanzenzug,** wobei man unter Instanzenzug den Rechtsgang von den Gerichten niedrigerer Instanz zu denen höherer Instanz im Fall der Einbringung eines Rechtsmittels durch eine Prozeßpartei versteht.

40

Gegen ein Urteil eines Bezirksgerichtes in Strafsachen kann man an den Gerichtshof erster Instanz, also an das Landes- oder Kreisgericht, Berufung wegen Nichtigkeit, Schuld und Strafe erheben, wobei dieses Gericht dann endgültig die Strafsache entscheidet. Gegen ein Urteil eines Einzelrichters beim Landes- oder Kreisgericht kann man Berufung wegen Nichtigkeit, Schuld und Strafe, die sog. volle Berufung an das jeweils zuständige Oberlandesgericht erheben, welches ebenfalls endgültig über die Strafsache entscheidet.

Bei einem Urteil der Geschworenen- und Schöffengerichte muß man unterscheiden: wenn man nur wegen der Strafhöhe oder der Strafart beruft, geht das Rechtsmittel an das zuständige Oberlandesgericht, erhebt man jedoch Nichtigkeitsbeschwerde, so entscheidet der Oberste Gerichtshof endgültig.

---
9 Art. 91 B-VG.
10 Art. 90 B-VG.

41 Die **Bezirksgerichte** urteilen über Vergehen, die mit keiner sechs Monate übersteigenden Freiheitsstrafe bedroht und die nicht den Geschworenengerichten zur Aburteilung zugewiesen sind. Sie entscheiden immer durch Einzelrichter.

42 Die **Landes- oder Kreisgerichte** entscheiden

a) als **Untersuchungsgericht** im Verfahren wegen Verbrechen und Vergehen, die nicht den Bezirksgerichten zur Aburteilung zugewiesen sind, durch Einzelrichter;

b) als **Geschworenengericht** in einer Versammlung von drei Richtern und acht Geschworenen zur Aburteilung der sog. politischen Delikte und aller Verbrechen, die mit lebenslanger Freiheitsstrafe oder mit einer zeitlichen Freiheitsstrafe, deren Untergrenze nicht weniger als fünf Jahre und deren Obergrenze mehr als zehn Jahre beträgt, bedroht sind. Dabei entscheiden die Geschworenen allein über die Schuld des Angeklagten; zusammen mit den drei Berufsrichtern setzen sie das Strafausmaß fest;

c) als **Schöffengericht** in einem Senat von zwei Berufsrichtern und zwei Schöffen zur Aburteilung jener Straftaten, die mit einer Freiheitsstrafe von mehr als fünf Jahren bedroht sind, oder bei taxativ aufgezählten strafbaren Handlungen wie z. B. räuberischer Diebstahl oder Nötigung zum Beischlaf. Die Schöffen entscheiden sowohl die Schuldfrage als auch die Straffrage mit den Berufsrichtern gemeinsam;

d) durch **Einzelrichter** zur Aburteilung aller übrigen Straftaten, soweit sie nicht vor das Bezirksgericht gehören;

e) als **Berufungsgericht** zur Entscheidung über Rechtsmittel gegen bezirksgerichtliche Urteile in einem Senat von drei Richtern endgültig.

43 Die Gerichtshöfe zweiter Instanz (**Oberlandesgerichte**) entscheiden unter anderem über Rechtsmittel gegen die Urteile der Landes- oder Kreisgerichte und üben außerdem die Aufsicht über die Strafgerichte ihres Sprengels aus.

44 Der **Oberste Gerichtshof** entscheidet grundsätzlich in einer Versammlung von fünf Richtern. In Strafsachen ist er unter anderem zuständig für Rechtsmittel gegen Urteile der Geschworenen- und Schöffengerichte.

III. Staatsanwaltschaften

45 Aufgrund des in der Verfassung vorhandenen Grundsatzes des Anklageprozesses sind bei den Gerichten Staatsanwaltschaften errichtet, welchen die Anklageerhebung (außer in Privatanklagedelikten) vorbehalten sind.

Bei den Bezirksgerichten wird der sog. Bezirksanwalt tätig, während bei den Landes- oder Kreisgerichten eine Staatsanwaltschaft besteht. Bei den Oberlandesgerichten sind die Oberstaatsanwaltschaften eingerichtet, während dem Obersten Gerichtshof die sog. Generalprokuratur zugeordnet ist.

Im Unterschied zu den Gerichten sind die Staatsanwaltschaften Verwaltungsbehörden und somit nicht unabhängig, sondern weisungsgebunden oder zumindest „weisungsbindbar".

4
Organisation der Strafverfolgungsorgane in der Schweiz

Eugen Thomann

INHALTSÜBERSICHT

	Rdnr.		Rdnr.
A. Grundzüge		D. Polizei des Bundes	35
I. Föderalistischer Staatsaufbau und interkantonale Zusammenarbeit	1	I. Bundesanwaltschaft	36
II. Weitgespannte Aufgabe	10	II. Bundesamt für Polizeiwesen	45
III. Personelle Mangelwirtschaft	13	III. Grenzwachtkorps	47
B. Rechtsgrundlagen polizeilichen Handelns	20	E. Polizei der Kantone	48
C. Strafverfolgungsorgane	27	F. Polizei der Gemeinden	64

A. Grundzüge

I. Föderalistischer Staatsaufbau und interkantonale Zusammenarbeit

Die Schweiz zählt rund 6,4 Millionen Einwohner und umfaßt 26 Gliedstaaten, Kantone oder Halbkantone geheißen, welche die gleiche Selbständigkeit genießen. Als sich der lose Staatenbund 1848 zum **Bundesstaat** zusammenfügte, hielten die Kantone an ihrer Staatlichkeit fest. Art. 3 der geltenden Bundesverfassung von 1874 verbürgt ihre „Souveränität" und den Grundsatz, daß dem Bund nur die ihm von der Bundesverfassung übertragenen Befugnisse zukommen; nicht genannte oder neue Staatsaufgaben wachsen daher zumindest vorerst den Kantonen zu. 1

Von einer umfassenden **Polizeihoheit des Bundes** ist nicht die Rede. Zum Schutz der inneren Ordnung hat der Bund nur einzugreifen, wenn ein Kanton die Eidgenossenschaft um Hilfe bittet oder seine Handlungsfähigkeit verliert (Art. 16 der Bundesverfassung). Die Vorschrift kommt verhältnismäßig häufig, jedenfalls alle paar Jahre, zum Zuge, wenn einzelne Ereignisse – etwa sehr große Demonstrationen – kleine oder mittlere Kantone überfordern. Abgesehen von derartigen Notfällen und einem noch nie eingetretenen Notstand, der die innere Sicherheit des Bundes aufs Spiel setzt, schufen einzelne gesetzliche Vorschriften verschiedene Polizeibehörden des Bundes, die überwiegend Rechtsetzungs-, Verwaltungs- und 2

4 2–5   Organisation der Strafverfolgungsorgane in der Schweiz

Koordinationsaufgaben erfüllen. Einzig der Polizeidienst der Bundesanwaltschaft, die Bundespolizei, wirkt auf einzelnen Sachgebieten als Vollzugspolizei. Ihr wichtigstes Aufgabenfeld pflegt man als „Staatsschutz" zu bezeichnen, welcher der Wahrung der inneren und äußeren Sicherheit der Eidgenossenschaft dient (so. Art. 1 des Bundesratsbeschlusses betreffend den Polizeidienst der Bundesanwaltschaft vom 29. April 1958).

3   Das Schweigen der Bundesverfassung bewahrt den Kantonen die Befugnis, sich ihr **Polizeirecht** selber zu setzen. Während sie in der Polizeiorganisation weitgehende Freiheit genießen, lediglich einzelne Kompetenzen des Bundes zu achten haben, greifen die Europäische Menschenrechtskommission und aus der Bundesverfassung abgeleitete Grundrechtsgarantien immer tiefer in das Verfahren ein. So erkannte das Bundesgericht 1987, das Rechtsgleichheitsgebot des Art. 4 der Bundesverfassung – „Alle Schweizer sind vor dem Gesetze gleich" – sichere jedem Bürger zu, selbst außerhalb eines anhängigen Verfahrens, aufgrund eines schutzwürdigen Interesses, die sich mit ihm selber befassenden Polizeiakten einzusehen, außer es überwögen private oder öffentliche Geheimhaltungsbedürfnisse[1].

4   Als eine Revision der Bundesverfassung 1898 in Art. 64 die Gesetzgebung im Gebiete des Strafrechtes dem Bund übertrug, schuf sie die Grundlage für das 1942 in Kraft getretene Schweizerische Strafgesetzbuch. In Abs. 2 bestätigt dieser Art. 64 der Bundesverfassung den Kantonen ausdrücklich die Befugnis, die Organisation der Gerichte und das **gerichtliche Verfahren** zu regeln. Die Schweiz kennt daher zwar zwei eidgenössische Strafprozeßordnungen, das Bundesgesetz über die Bundesstrafrechtspflege vom 15. Juni 1934 und das Militärstrafgesetz vom 13. Juni 1927, doch gelten die beiden Erlasse nur für die Tätigkeit der zivilen und militärischen Strafverfolgungsbehörden des Bundes. Daneben bestehen 26 kantonale Strafprozeßordnungen. Selbstverständlich setzen die Europäische Menschenrechtskonvention und die Bundesverfassung auch ihnen Schranken, sogar in Organisationsfragen; das Bundesgericht schwenkte ohne Verzug ein auf die vom Europäischen Gerichtshof 1984 im Fall De Cubber eingeschlagene Linie verschärfter Funktionstrennung und fand etwa 1988 auf zwei staatsrechtliche Beschwerden hin – die Einrichtung gleicht in verschiedener Hinsicht der Verfassungsbeschwerde – es gehe nicht an, daß ein kantonaler Richter erst ein Strafmandat erlasse, danach auf Einsprache hin die gleiche Übertretungsstrafsache selbst untersuche und beurteile, sowie ebensowenig, daß ein kantonaler Oberrichter einerseits in Zulassungsverfahren und andererseits im Hauptverfahren dieselbe Anklage inhaltlich prüfe[2].

5   Die weitreichende **polizeiliche Selbständigkeit der Kantone** eröffnet einerseits die Möglichkeit, die der Struktur sowie den vielfältigen kulturellen, geschichtlichen und örtlichen Gegebenheiten am ehesten entspre-

---
1 Urteil der I. öffentlichrechtlichen Abteilung des Bundesgerichtes vom 28. Januar 1987, BGE 113 Ia 1.
2 Urteil des EGMR vom 26. Oktober 1984, EuGRZ 1985 Seite 407; Urteil der I. öffentlichrechtlichen Abteilung des Bundesgerichtes vom 22. Juni 1988, BGE 114 Ia 143, EuGRZ 1988 Seite 489, sowie Urteil der I. öffentlichrechtlichen Abteilung des Bundesgerichtes vom 16. März 1988, BGE 114 Ia 139.

chende Lösung zu finden. Sie gestattet ferner eine rasche Anpassung, wenn der Wandel der Verhältnisse eine solche erheischt oder – etwa auf technischem Gebiet – gestattet. Auf der anderen Seite droht sie gelegentlich einzelne, mehrere oder alle Kantone zu überfordern, die zwischen 13 000 (Appenzell-Innerrhoden) und 1 133 000 Einwohner (Zürich) zählen.

In dieser föderalistischen und kleinräumigen Polizeilandschaft tut die **freiwillige Zusammenarbeit** über die Kantonsgrenzen hinweg dringend not. Dieser Erkenntnis verdankt die Schweiz eine Reihe von ständigen Koordinationsorganen, beschickt von den Kantonen und teilweise vom Bund. Die wichtigsten sind: 6

- Die **Konferenz der kantonalen Justiz- und Polizeidirektoren**, also der kantonalen **Sicherheitsminister.**
- Die **Konferenz der kantonalen Polizeikommandanten** der Schweiz sowie die **Konferenz der städtischen Polizeichefs,** die sich einzeln oder gemeinsam eine Reihe von ständigen Kommissionen und zeitweiligen Arbeitsgruppen geben.
- Das **Schweizerische Polizei-Institut,** eine Stiftung mit Sitz in Neuenburg, welche gesamtschweizerisch ein reichhaltiges Ausbildungsangebot (hauptsächlich zur Weiterbildung) bereithält und dafür Kursleiter und Lehrkräfte aus den verschiedensten Polizeikorps verpflichtet.
- **Regionale Konferenzen** der Polizeikommandanten mehrerer Kantone, deren eine, die **Ostschweizerische Polizeikommandanten-Konferenz,** sogar das Sicherheitskorps des Fürstentums Liechtenstein einbezieht.

Diese freiwillige Zusammenarbeit sorgt für eine auf den ersten Blick überraschende **Einheitlichkeit** der Aus- und Weiterbildung, der Ausrüstung, aber selbst der Einsatztaktik. In einzelnen geographischen Gebieten und auf bestimmten Sachgebieten reicht diese Zusammenarbeit noch weiter. Die Kantone französischer Zunge stimmten beispielsweise ihre Informatiksysteme aufeinander ab. Die ostschweizerischen und die zentralschweizerischen Kantone haben kraft zweier Konkordate – das sind unter den Kantonen unter Billigung des Bundes abgeschlossene Staatsverträge mit Gesetzeskraft – die Organisation der Ordnungsdienstformation vereinheitlicht und zusammengefügt, so daß sie jeweils als geschlossene Kompanien auftreten. 7

Vor diesem vielgestaltigen Hintergrund fällt es häufig schwer, Aussagen zu wagen, welche uneingeschränkt auf die ganze schweizerische Polizei zutreffen, zumal für die **Darstellung der Organisation** vorwiegend **Beispiele** herhalten müssen. 8

Nur bruchstückweise ordnet das **Schweizerische Strafgesetzbuch** die gerichtspolizeiliche **Zusammenarbeit.** Rechtshilfe ist jedem anderen Kanton und dem Bund unentgeltlich zu leisten (Art. 352 und 354), wobei übermäßige Formalitäten verpönt sind (Art. 353). In dringenden Fällen muß jeder Kanton sogar die normalerweise von seiner Zustimmung abhängige Amtshandlung eines anderen auf seinem Gebiete dulden (Art. 357), und das gilt insbesondere im Falle der Nacheile, wenn ein Beschuldigter oder Verurteilter vor der Polizei über eine Kantonsgrenze flieht (Art. 356). 9

II. Weitgespannte Aufgabe

10 Die **Polizei als Staatsaufgabe** wird in der Schweiz sehr umfassend begriffen. Als Beispiel diene § 1 der Verordnung zum Gesetz betreffend das Kantonspolizeikorps des Kantons Zürich vom 8. Mai 1974:

„Die Kantonspolizei ist Kriminal-, Sicherheits- und Verkehrspolizei. Sie unterstützt die Behörden in der Durchsetzung der Rechtsordnung und gewährt Amts- und Rechtshilfe. ... Sie wehrt Gefahren ab und leistet Hilfe ..."

11 Zu den **eigenständigen Aufgaben,** welche die Gesetzgeber der Polizei ausschließlich zuweisen, zählen der Schutz der Polizeigüter und die Gerichtspolizei, wo sich polizeiliche Befugnisse und die Zuständigkeit der Untersuchungsbehörde indessen häufig überlappen. Uneingeschränkt der Polizei des Bundes und der Kantone obliegt der Staatsschutz; er verhütet und ahndet Straftaten, welche die Sicherheit des Bundes und der Kantone gefährden, sei es durch Ausspähen politischer, militärischer oder wirtschaftlicher Geheimnisse, sei es durch Vorbereiten eines gewaltsamen Umsturzes. Die meisten Kantone bürden der Polizei zusätzlich auf, das Bewältigen von Katastrophen vorzubereiten und nach dem Ereignis in ersten Angriff zu nehmen. Da sie als einziges staatliches Organ rund um die Uhr Führungs- und Übermittlungsmittel bereithält, taugt sie am ehesten dazu, die Kräfte des von der Katastrophe betroffenen Gemeinwesens zusammenzufassen.

12 In reichem Maße hat die Polizei andere staatliche Stellen auf dem Wege der **Amtshilfe** in deren Aufgaben zu unterstützen. Das tritt meistens ein, wenn Zwangsmaßnahmen nötig werden, um die Amtshandlung gegen Widerstand durchzusetzen oder gegen Störung zu schützen. Aufgrund besonderer Ermächtigungsnormen nimmt die ersuchende Amtsstelle die Polizei in Anspruch zum Herbeischaffen von Parteien und Beweismitteln, zum Sicherstellen von Vermögenswerten und zur Ersatzvornahme.

III. Personelle Mangelwirtschaft

13 Sämtliche Polizeiformationen der Schweiz entbehren im Gegensatz zu den Nachbarländern jeglicher **Reserve.** Die Polizeidichte, die Zahl der Einwohner eines Gebietes, denen ein einziger sicherheitspolizeilich voll ausgebildeter Polizeibeamter dient, schwankt von Kanton zu Kanton beträchtlich. Günstig schneidet der Kanton Zürich ab mit 381, während sich etwa der Kanton St. Gallen mit 697, der Kanton Appenzell-Innerrhoden mit 803 und der Kanton Aargau gar mit 1 007 begnügen müssen. Da die Aufgabe keine Abstriche duldet, zeitigt das eine Reihe von Folgen:

14 Sehr viele Polizeibeamte müssen außer der angestammten alltäglichen Obliegenheit eine **Nebenfunktion** erfüllen. Das gilt insbesondere für den „unfriedlichen Ordnungsdienst", wofür kein schweizerisches Polizeikorps spezialisierte Verbände erübrigt. Alle voll ausgebildeten Polizeibeamten haben, wo weder Alter noch Spezialfunktion eine Ausnahme begründen, im Bedarfsfalle für Ordnungsdiensteinsätze anzutreten, so daß solche

unweigerlich die für das Bewältigen des Alltags vorhandenen Kräfte spürbar schwächen. Dennoch steht bei einem gleich großen Demonstrationsereignis von ähnlicher Gewaltbereitschaft einem schweizerischen Polizeiführer nur ein Bruchteil jener Kräfte zur Verfügung, worüber etwa sein deutscher Kollege gebietet. Darum sind schweizerische Ordnungsdienstverbände angewiesen auf Beweglichkeit und Abstandsmittel wie Tränengas[3] und Gummischrot[4], welche Beamte und Störer voneinander fernhalten und weniger Verletzungen heraufbeschwören als die unmittelbare Auseinandersetzung mittels Pflastersteinen, Brennstoff-Flaschen sowie Metallkugeln einerseits und Schlagstock andererseits.

Selbst die für den harten Zugriff unentbehrlichen Spezialisten, „Grenadiere" oder „Antiterror-Einheiten" geheißen, bewältigen Ausbildung und Einsatz neben einer Alltagsfunktion. Das gilt durchweg für die Diensthundeführer und mancherorts selbst für die Seepolizei (Wasserschutzpolizei).

15 Die Knappheit der Mittel bedingt auch im Alltag, daß die Einsatzleitung organisatorisch und technisch ausgeklügelt unterstützt wird, damit sie nicht nur die vonrd, damit sie nicht nur die vorhandenen Mittel optimal ausschöpft, sondern **für verschiedene Aufgaben** im Bedarfsfall auf **die gleichen Kräfte** zurückgreift. Beispielsweise haben Angehörige der Verkehrspolizei, wie sie die meisten Flächenkantone kennen, neben verkehrs- und sicherheitspolizeilichen Aufgaben dank ihrer hohen Bereitschaft auch den „ersten Angriff" bei größeren kriminalpolizeilichen Ereignissen wie Brandfällen oder Gewaltverbrechen zu führen. Das bedingt häufig den Einstz des mittleren oder höheren Kaders vor Ort, wo es improvisiert zusammengezogene Kräfte zu führen gilt. Selbstverständlich fördert, ja erzwingt das den ausgedehnten Einsatz technischer Mittel, zumal der Informatik.

16 Die immerwährende und systembedingte Personalknappheit schafft ferner einen ständigen **Rationalisierungsdruck.** Die Selbständigkeit der Kantone gestattet jedem, eigene Lösungen zu erarbeiten. Das ermöglicht vielfach einen anspornenden und erkenntnisträchtigen Wettbewerb, beschwört indessen auch die Gefahr von Doppelspurigkeiten herauf. Die bereits erwähnten interkantonalen Koordinationsebenen (Rdnr. 5) bürgen dafür, daß nicht 26, sondern nur ein paar wenige Lösungsansätze verfolgt werden.

17 Großereignisse wie umfangreiche Manifestationen, gerichtet etwa gegen ein Kernkraftwerk, überfordern sehr rasch die Polizeikräfte des betroffenen Kantons. Das galt in der jüngeren Vergangenenheit schon zweimal für den Kanton Solothurn, dem an Kantons- und Gemeindepolizei insgesamt heute rund 360 Polizeibeamte zur Verfügung stehen (Stand: 1990). Wo die

---

3 Chloracetophenon (CN) oder Chlorbenzylidenmalonsäuredinitril (CS oder CB), eingesetzt aus der Spraydose, aus mobilen oder stationären Wasserwerfern, mittels Wurfkörpern oder Gasgranaten. Gasgranaten werden wie Gummischrot verfeuert, allerdings nicht im Direktschuß.
4 Gummischrot wird als Packung verwendet, bestehend aus 35 einzelnen prismenförmigen Körpern zu je 10 Gramm. Diese Packung feuert man aus einem modifizierten Karabiner mit aufgeschweißtem Schießbecher ab und zwar auf Distanzen bis zu 30 m, ohne auf Köpfe zu zielen. Die Distanz von 20 m darf nur bei Notwehr oder Notwehrhilfe unterschritten werden.

Mittel eines Kantons nicht reichen, kommt die **Eidgenossenschaft** in die Pflicht. Sie gebietet allerdings – da die Bundespolizei schon zahlenmäßig für solche Aufgaben nicht ins Gewicht fällt – über keine eigenen Polizeikräfte, außer sie griffe auf die Armee zurück, welche gerade für das Bewältigen von Demonstrationsereignissen weder ausgebildet noch ausgerüstet ist. Daher bleibt dem Bund nichts anderes übrig, als die Hilfe anderer Kantone zu vermitteln. Art. 16 der Bundesverfassung verpflichtet die vom betroffenen Kanton unter sofortiger Anzeige an den Bundesrat zu Hilfe gemahnten Stände, die geforderte Unterstützung nach Möglichkeit zu gewähren. Dank der Solidarität der Kantone bewährte sich dieses schwache und lückenhafte Instrumentarium bisher mehrfach.

18   Zöge allerdings jemals eine Krise herauf oder würde Europa wieder von kriegerischen Ereignissen geschüttelt, so wäre sehr rasch damit zu rechnen, daß verdeckte äußere Eingriffe und innere Unrast die zivilen Sicherheitskräfte überfordern. Dann bliebe als letztes Mittel lediglich die **schweizerische Milizarmee**. Sie umfaßt allerdings nur sehr bescheidene Polizeiverbände, großteils erst noch zu speisen durch Einberufung ziviler Polizeibeamter; andere Truppen wären für Bewachungs- und Überwachungsaufgaben den überforderten Zivilbehörden zur Verfügung zu stellen[5].

19   Darüber hinaus bietet das Bundesgesetz über den Zivilschutz und die darauf fußende Verordnung den Kantonen an, im Krisen- oder Kriegsfall **Zivilschutzdienstpflichtige** zur Verstärkung der zivilen Polizei abzugeben.

B. Rechtsgrundlagen polizeilichen Handelns

20   Sehr lange hielt man für unnötig, die von einer allgemeinen Überzeugung getragene und auch mit dem modernen Staat offensichtlich untrennbar verbundene Staatsaufgabe Polizei durch Gesetze zu regeln. In gewohnheitsrechtlicher Tradition bildete sich die ungeschriebene **polizeiliche Generalklausel** heraus, etwa in folgendem Wortlaut zu fassen:

Wenn ein Polizeigut konkret und aktuell gefährdet ist, kann und soll die Behörde zur Abwehr der Gefahr und zum Schutze des Polizeigutes die notwendigen und verhältnismäßigen Vorkehren treffen.

„Polizeigut" meint sowohl die öffentliche Ordnung, Sicherheit und Sittlichkeit als auch die wichtigen Werte des einzelnen, sein Leben, seine Gesundheit und seine Freiheit.

21   Dieses Institut des Gewohnheitsrechtes wurzelt in einer Formel des **Allgemeinen Preußischen Landrechtes von 1794,** wo es in Teil 2, Titel 17, § 10 heißt:

„*Die nötigen Anstalten zur Erhaltung der öffentlichen Ruhe, Sicherheit und Ordnung, und zur Abwendung der dem Publico, oder einzelnen Mitgliedern desselben bevorstehenden Gefahr zu treffen, ist das Amt der Polizei.*"

---

5 Verordnung über den Truppeneinsatz für den Ordnungsdienst vom 17. Januar 1979.

Da sie so vieles zu schützen hat, strotzt die polizeiliche Generalklausel 22
von **Einschränkungen**; die Polizei darf
- nicht auf Vorrat, sondern erst angesichts tatsächlicher Gefahr handeln,
- nur das unbedingt Nötige tun,
- einzig vorkehren, was zum angestrebten Zweck taugt,
- beim Eingriff in die Rechte des Bürgers das Maß nicht verlieren, also nicht weiter gehen, als sich im Verhältnis zwischen Eingriff und angestrebtem Zweck rechtfertigt.

Die Kantone und die eine eigene Polizei unterhaltenden Gemeinden 23
haben diesen schmalen, von einer reichhaltigen höchstrichterlichen Praxis vorgezeichneten Grat des polizeilichen Handelns vielfach in **Verordnungen** und **Reglementen** näher umschrieben. Das reicht nach neuerer Rechtslehre nicht, der sich das Bundesgericht annähert; sie fordert Polizeigesetze als Grundlage sämtlicher polizeilicher Eingriffe in Rechte des Bürgers, soweit nicht andere Gesetze einspringen, und läßt die polizeiliche Generalklausel nurmehr gelten für echte und unvorhersehbare Notfälle. Die kantonalen Gesetzgeber halten nur zum Teil Schritt mit dieser Steigerung des aus der Gesetzmäßigkeit staatlichen Handelns abgeleiteten Standards. Abgesehen von der Schwierigkeit, auf diesen Gebieten tragfähige politische Kompromisse zu finden, wirkt hier die direkte Demokratie verzögernd; in vielen Kantonen müssen sämtliche Gesetze eine Urnenabstimmung bestehen, und in allen anderen kann ein kleiner Teil der Stimmbürgerschaft das auf dem Wege der Unterschriftensammlung (Referendum) erzwingen.

Verhältnismäßig langsam mehren sich die kantonalen **Polizeigesetze**, 24
welche die Polizeiaufgaben umschreiben. So führt das Gesetz vom 17. November 1975 über die Kantonspolizei des Kantons Waadt in seinem ersten Artikel unter dem Titel des „Allgemeinen Auftrags" aus:

Der Kantonspolizei obliegt als allgemeiner Auftrag, im Rahmen des Gesetzes die Aufrechterhaltung der öffentlichen Sicherheit und der öffentlichen Ordnung zu gewährleisten.

Sie übt die Gerichtspolizei aus.

Sie koordiniert auf kantonaler Ebene die Organisation und den Einsatz der Hilfskräfte im Katastrophenfall . . .[6].

Soweit solche Gesetze fehlen, genießt die polizeiliche Generalklausel 25
wohl oder übel weiterhin als **ungeschriebenes Gesetz** Verfassungsrang und zwar selbst in dem Sinne, daß sie den kantonalen Verordnungsgeber zum Regeln von Grundrechtseingriffen ermächtigt.

In vielen Teilbereichen ordnen formelle Gesetze seit langem das polizei- 26
liche Handeln umfassender. So regeln die **Strafprozeßordnungen** traditio-

---

6 Loi du 17 novembre 1975 sur la police cantonale:
   Article premier. La police cantonale a pour mission générale d'assurer, dans les limites de la loi, le maintien de la sécurité et de l'ordre publics. Elle exerce la police judiciaire. Elle coordonne sur le plan cantonal l'organisation et l'intervention des secours en cas de catastrophe. La police cantonale agit sur l'ensemble du territoire cantonal. Les attributions des autorités communales en matière de police sont réservées.

nell die im Laufe des Strafverfahrens zulässigen Zwangsmaßnahmen abschließend. Allerdings riß auch hier das inzwischen vom Schweizerischen Bundesgericht ebenfalls anerkannte informationelle Selbstbestimmungsrecht neue Lücken auf, weil das bisherige Strafprozeßrecht den behördlichen Umgang mit Daten bis hin zur erkennungsdienstlichen Behandlung – im Kanton Zürich etwa zwar seit 1960 formell geregelt, aber bloß auf Verordnungsstufe – nicht als Eingriff in Grundrechte des Bürgers auffaßten.

C. Strafverfolgungsorgane

27 Seit die Schweiz im 19. Jahrhundert nach französischem Vorbild die Staatsanwaltschaft als Strafverfolgungsbehörde schuf, neigt das schweizerische Strafverfahren überwiegend dem **Aktenprozeß** zu. Ehe die Staatsanwaltschaft Anklage erhebt, werden sehr eingehend die Umstände der Tat, aber selbst die persönlichen Hintergründe des Beschuldigten und dessen Verantwortung ausgeleuchtet. Falls angeklagt wird, liegen die so entstandenen Akten regelmäßig dem urteilenden Richter vor, abgesehen von den Kantonen, wo ein Geschworenengericht über eine kleine Anzahl der schwersten Anklagen urteilt; der Einbezug von Laien in den Urteilskörper, die nur für eine Session und wenige Fälle zum Zuge kommen, zwingt dazu, die gesamte Beweisaufnahme neu aufzurollen, statt weitgehend auf die Untersuchungsakten abzustellen.

28 Der Aktenprozeß erklärt die starke Stellung des **Untersuchungsrichters,** der je nach Kanton auch „Verhörrichter", „Untersuchungsbeamter", „Juge d'instruction", „Bezirksanwalt" oder „Bezirksammann" heißt. In der Vielfalt der Bezeichnungen spiegeln sich die beträchtlichen organisatorischen Unterschiede.

29 Nur wenige Strafprozeßordnungen trennen die **Anklagebehörde** streng vom Untersuchungsorgan, welches dann häufig nicht der Regierung, sondern dem Gericht untersteht. Im Kanton Basel-Stadt werden die Beamten der gerichtlichen Polizei für die Dauer dieser Verwendung aus der Kantonspolizei herausgenommen und in die Staatsanwaltschaft eingegliedert, so daß die Kriminalpolizei mit der Untersuchungsbehörde und der Anklagebehörde verschmilzt. Eine andere Ausnahme bildet der Kanton Genf, wo auch die Polizeioffiziere untersuchungsrichterliche Aufgaben erfüllen. Allgemein herrscht vor, daß die Untersuchungsbehörde der Aufsicht der Staatsanwaltschaft untersteht und der (nicht mit der Polizei zu verwechselnde) Untersuchungsbeamte selber geringfügige Straftaten mit Strafbefehl ahndet und in leichten wie in mittleren Fällen selber die Anklage erhebt und vertritt.

30 Überall stieg namentlich in den letzten Jahrzehnten das Gewicht des von der **Kriminalpolizei** geleisteten Ermittlungsbeitrages. Verschiedentlich wuchs die Kriminalpolizei in der Wirklichkeit weit hinaus über die Rolle, welche ihr vorab ältere Strafprozeßordnungen zubilligen, wie die aus dem Jahre 1919 stammende des Kantons Zürich, welche der gerichtspolizeilichen Ermittlung gerade zwei Paragraphen widmet:

"§ 22

Die Organe der Kantons- und Gemeindepolizei haben nach Anleitung der gesetzlichen Vorschriften und gemäß den Weisungen ihrer Vorgesetzten die strafbaren Handlungen zu erforschen, die Beweise dafür zu sammeln und der zuständigen Untersuchungsbehörde über die Ergebnisse ihrer Tätigkeit Bericht zu erstatten.

§ 23

Der Kriminalpolizei liegt im besonderen die Aufgabe ob, bei Vergehen die ersten Erhebungen zu machen, die Spuren festzustellen und zu sichern und alle Maßregeln zu treffen, die ohne Gefahr nicht verschoben werden können. Über die Organisation und die Ausübung der Kriminalpolizei erläßt der Regierungsrat eine Verordnung. Er kann auch Vorschriften über die Ausbildung der kriminalpolizeilichen und Untersuchungsorgane aufstellen.

Durch Vereinbarungen zwischen dem Regierungsrat und den Gemeinden kann die Ausübung der Kriminalpolizei auf dem Gebiet der Städte Zürich und Winterthur und ihrer Vororte einheitlich geordnet werden. Diese Vereinbarungen bedürfen der Genehmigung des Kantonsrates."

31 Wortkarg handeln selbst jüngere Gesetzgeber die **Aufgaben** der Kriminalpolizei ab. Als Beispiel sei die Strafprozeßordnung des Kantons Appenzell-Ausserrhoden vom 30. April 1978 herausgegriffen. Sie beschreibt in Art. 6 die Kriminalpolizei als Teil der Strafverfolgungsbehörden:

„Die Kantonspolizei übt die Aufgaben der Kriminalpolizei aus.

Sie führt die ersten Ermittlungen durch, in wichtigen Strafsachen in Zusammenarbeit mit dem Verhöramt."

Das gleiche Gesetz beschreibt in Art. 142 lakonisch die „Aufgabe" dieser Kriminalpolizei:

„Die Kantonspolizei erforscht die Straftaten; sie sammelt für die Tat sowie die Täterschaft wichtige Beweismittel und Spuren und ist für deren Sicherstellung besorgt.

Sie trifft die ihr nach dem Gesetz zustehenden unaufschiebbaren Maßnahmen und verhört den Beschuldigten und Personen, welche Auskunft geben können."

32 Auf alle Fälle ist damit eine enge **Zusammenarbeit zwischen Untersuchungsbehörden und Polizei** vorgezeichnet. Der Rechtsprechung gelten zumindest für den Kanton Zürich die Ermittlungstätigkeit der Polizei als unselbständig und das zürcherische Untersuchungsverfahren als „eingliedrig"[7].

33 An den **Tatort** von Kapitalverbrechen und anderen Straftaten, welche aufwendige Maßnahmen zur Sicherung der Beweise erheischen, ordnet die **Polizei** nach Möglichkeit einen Offizier ab, der die polizeilichen Maßnahmen vor Ort koordiniert, allenfalls sogar unterstützt von einem kleinen

---

7 Urteil der I. Strafkammer des Zürcher Obergerichts vom 28. September 1982, Blätter für zürcherische Rechtsprechung 81 NT 136.

improvisierten Stab. Dabei handelt es sich nicht notwendigerweise um einen Fachoffizier der Kriminalpolizei; die Pikettliste erfaßt entweder sämtliche Offiziere oder greift wenigstens über die Kriminalpolizei hinaus[8].

34 In vielen Kantonen erscheint der **Untersuchungsrichter** selber am **Tatort,** um die Beweissicherung und die Fahndung zu beaufsichtigen. Dann liegt die Leitung der Strafuntersuchung von Anfang an in seinen Händen[9]. Die Polizei führt die Beweisaufnahme und die Fahndung nach seinen Weisungen durch, erfüllt indessen selbständig allfällige sicherheits- oder verkehrspolizeiliche Aufgaben wie Absperrung, Umleitung und Freigabe von Schnellstraßenverkehr, gewaltsame Interventionen zum Schutz von Geiseln.

D. Polizei des Bundes

35 Polizeiaufgaben erfüllt die Eidgenossenschaft hauptsächlich mit zwei Bundesämtern, der Bundesanwaltschaft und dem Bundesamt für Polizeiwesen, beide eingegliedert dem **Eidgenössischen Justiz- und Polizeidepartement,** einem der sieben Ministerien der Eidgenossenschaft. Ein anderes der elf Bundesämter dieses Departements, das Bundesamt für Ausländerfragen, koordiniert die Fremdenpolizei. Wesentliche polizeiliche Teilaufgaben obliegen schließlich dem Grenzwachtkorps, welches als bewaffneter Teil der Zollverwaltung zum Eidgenössischen Finanzdepartement zählt.

I. Bundesanwaltschaft

36 Der Bundesanwalt und seine Vertreter wirken als **öffentliche Ankläger der Eidgenossenschaft,** soweit die zivile Bundesgerichtsbarkeit reicht. Unter die Leitung des Bundesanwaltes stellt Art. 17 des Bundesgesetzes über den Bundesstrafprozeß auch die gerichtliche Polizei des Bundes.

---

[8] Vgl. für den Kanton Aargau: *Winzenried,* Der Doppelmord von Koblenz. In: Kriminalistik 36 (1982). S. 533–538.
[9] Die an die Bezirksanwaltschaften gerichteten Weisungen der Staatsanwaltschaft des Kantons Zürich führen dazu aus:
35.3 Brandtourgeschäfte:
Als Brandtourgeschäfte gelten Untersuchungen, bei denen eine sofortige Tatbestandsaufnahme erfolgt und der Bezirksanwalt von Anfang an orientiert wird, um die Leitung des Verfahrens zu übernehmen. Alle diese Geschäfte sind beschleunigt zu behandeln. Zu den Brandtourgeschäften gehören namentlich:
a) Kapitalverbrechen wie Tötungsdelikte und schwerere Raubüberfälle;
b) außergewöhnliche Todesfälle;
c) Selbstmordversuch mit schweren Verletzungen;
d) Brandfälle und Explosionen;
e) Verkehrsunfälle mit ernsthaften Körperverletzungen;
f) Schwere Betriebsunfälle, insbesondere Eisenbahnunfälle und Bauunfälle;
g) Sprengstoffdelikte;
h) schwere Fälle von Umweltverschmutzung im Wasser oder in der Luft;
i) Strahlengefährdung;
k) Geiselnahme.
Der Brandtour-Bezirksanwalt ist grundsätzlich gehalten, an den Tatort auszurücken und die Leitung des Verfahrens zu übernehmen.

Organisation der Strafverfolgungsorgane in der Schweiz 37–42 **4**

Die **Bundesgerichtsbarkeit** umschreiben der Art. 340 des Strafgesetzbuches und verschiedene Nebenstrafgesetze des Bundes. Daher unterstehen ihr hauptsächlich der verbotene Nachrichtendienst (Spionage), die Sprengstoffdelikte, die Falschmünzerei sowie strafbare Handlungen, die sich gegen die Luftfahrt, gegen Einrichtungen, Amtsträger, Verfahren und Urkunden des Bundes richten. **37**

Die zivile eidgenössische Gerichtspolizei versieht der Bundesanwalt mit einem kleinen Polizeidienst, der **Bundespolizei.** In deren Tätigkeit sind drei Schwerpunkte auszumachen, die Spionageabwehr, die gegen den politischen Extremismus, soweit er die Sicherheit gefährdet, gerichteten polizeilichen Maßnahmen und die Bekämfung des Terrorismus[10]. **38**

Im **Außendienst** der Bundespolizei beschäftigt die Eidgenossenschaft eine kleine Anzahl von Beamten. Sie hält damit keinen Vergleich mit einer ausländischen Staats- oder Bundespolizei aus. Der bereits zitierte Art. 17 des Bundesgesetzes über den Bundesstrafprozeß zählt indessen zu der unter der Leitung des **Bundesanwaltes** tätigen Gerichtspolizei ausdrücklich die Staatsanwälte und Polizeibeamten der Kantone. Sie alle können zeit- und fallweise im Dienste des Bundes wirken. Manche kantonalen und die beiden größten städtischen Polizeikorps haben Abteilungen ausgeschieden, die auf Dauer den Bund in der gerichtlichen und der politischen Polizei unterstützen und an Kopfzahl den Außendienst der Bundesanwaltschaft teilweise überrunden. So kommt ein enger Verbund zwischen der eidgenössischen und der kantonalen Polizei zustande, immer ausgerichtet auf die polizeilichen Obliegenheiten des Bundes. Darin befaßt sich die Bundespolizei einerseits mit dem Sammeln und Auswerten von Informationen sowie mit der Koordination von Ermittlungsverfahren; nur in besonders wichtigen Verfahren schaltet sie sich mit eigener „Frontarbeit" ein. **39**

Der **Innendienst** der Bundespolizei besorgt für ihre Bedürfnisse die Informationsverwaltung. Er handhabt ferner die politische Fremdenpolizei. Er bearbeitet die an den Bundesrat zu richtenden Anträge für die Ausweisung von Ausländern, soweit das zum Schutze der inneren und äußeren Sicherheit der Eidgenossenschaft als erforderlich gilt. Er begutachtet unter dem gleichen Gesichtswinkel Gesuche um Einbürgerung oder Wiedereinbürgerung. **40**

Das gleich der Bundespolizei der Bundesanwaltschaft untergeordnete **Zentralpolizeibüro** hält die Verbindung zur „Interpol" (IKPO). Daneben unterstützt es dreifach die Polizei durch Informationsverwaltung: **41**

Der **Erkennungsdienst** verwaltet für die gesamte schweizerische Polizei das erkennungsdienstliche Material (Fingerabdruckblätter, Einzelfingerab- **42**

---

10 Der Bundesratsbeschluß betreffend den Polizeidienst der Bundesanwaltschaft vom 29. April 1958 lautet in Art. 1:
Der Polizeidienst der Bundesanwaltschaft (Bundespolizei) besorgt den Fahndungs- und Informationsdienst im Interesse der Wahrung der inneren und äußeren Sicherheit der Eidgenossenschaft. Dieser Dienst umfaßt:
1. die Beobachtung und Verhütung von Handlungen, die geeignet sind, die innere und äußere Sicherheit der Eidgenossenschaft zu gefährden (politische Polizei),
2. die gerichtspolizeilichen Ermittlungen bei der Verfolgung der strafbaren Handlungen gegen die innere oder äußere Sicherheit der Eidgenossenschaft (gerichtliche Polizei).

drücke, Handflächenabdrücke und Personenfotos). Gespeist wird seine Registratur von allen Kriminalpolizeidienststellen mit dem Ergebnis der erkennungsdienstlichen Behandlung Verdächtiger und Festgenommener, sowie dem an Tatorten gesicherten daktyloskopischen Spurenmaterial. Das elektronische System AFIS übernimmt sämtliche notwendigen Grobvergleiche, wie sie für die Fahndung verwendet werden, aber erst durch ein Gutachten im Bedarfsfalle Beweiskraft erlangen.

43   Die Aufgaben des **Zentralstrafregisters** und der angeschlossenen **Gefangenenkartei** brauchen in diesem Rahmen nicht näher erläutert zu werden.

44   Der **Zentralstellendienst** sammelt, bewertet und verbreitet Nachrichten, die dem polizeilichen Vorgehen gegen die vier von ihm betreuten Sparten des Frauen- und Kinderhandels, der Drogendelikte, der Falschmünzerei und des illegalen Kriegsmaterialverkehrs dienen. Die Tätigkeit der Zentralstellen kommt unmittelbar der gesamten Kriminalpolizei zugute und berührt nicht die bereits skizzierten Zuständigkeitsgrenzen.

II. Bundesamt für Polizeiwesen

45   Diese zweite Polizeibehörde des Bundes tritt für die Vollzugspolizei zweifach in Erscheinung; sie betreut den internationalen **Rechtshilfeverkehr**, eingeschlossen die Auslieferungsverfahren, und baut ein gesamtschweizerisches Fahndungssystem auf.

46   Dieses **Fahndungssystem RIPOL** — abgekürzt aus der französischen Bezeichnung „Recherche informatisée policière" — bietet bereits allen Kantonen sowie den Grenzkontrollstellen den Zugriff auf eine Datenbank an, welche sämtliche zur Fahndung ausgeschriebenen Personen und Fahrzeuge verzeichnet. In wenigen Jahren sollen die Sachfahndungen Aufnahme finden und das System außer der „passiven" Fahndung, welche im Einzelfalle der Rückfrage erlaubt, auch das „aktive" Verbreiten wichtiger Fahndungsmeldungen auf elektronischem Wege bewerkstelligen, wozu heute noch der herkömmliche Fernschreibverkehr dient.

III. Grenzwachtkorps

47   Die sechs schweizerischen Zollkreise unterhalten je ein **Grenzwachtkorps.** Die knapp 2000 militärisch organisierten Grenzwachtbeamten kontrollieren von 236 Grenzwachtposten aus den grenzüberschreitenden Verkehr auf den Zollstraßen sowie das Zwischengelände zu Lande und auf den Grenzseen.

Im Bahn- und Luftverkehr treten die Polizeikorps der Grenzkantone und der Flughafenhalter an ihre Stelle.

E.   Polizei der Kantone

48   Auf den Kantonen ruht das Schwergewicht der polizeilichen Arbeit. Ohne Ausnahme unterhalten sie ein **kantonales Polizeikorps.** Von Bundesrechts wegen steht ihnen frei, wie weit sie Polizeiaufgaben den Städten und

Gemeinden delegieren. Umfassend hat das nur für die Städte Zürich und Bern stattgefunden, welche beide auch Kriminalpolizei und Staatsschutz betreiben.

Auf den ersten Blick ähnelt ein kantonales Polizeikorps einem **militärischen** Verband. Überwiegend ordnet man die Angehörigen in Gradstufen – häufig von „Polizeisoldat" bis „Oberst" – ein, welche die militärische Herkunft der Organisation verraten. An die Armee erinnern die Vorschriften über das Gelübde oder den Diensteid und strenge Disziplinarregeln. Darin erschöpft sich der Vergleich.

Die sehr weit reichende Gestaltungsfreiheit der Kantone verbietet, ein einheitliches Bild zu erwarten. Tatsächlich scheinen sie, nicht zuletzt bestimmt von der eigenen geschichtlichen Tradition, ganz verschiedene Wege eingeschlagen zu haben. Trotzdem zeichnen sich viele **Gemeinsamkeiten** ab. Der Mangel an Kräften erzwingt eine gewisse Zentralisierung innerhalb der Kantone. Deshalb überwiegt die Einteilung in Kriminal-, Sicherheits- und Verkehrspolizei überall einer auch denkbaren territorialen Gliederung. Aus dem gleichen Grunde behält das Polizeikommando die Mittel der Infrastruktur weitgehend in seiner Hand. Selbst Polizeikorps, die von der Größe her Regimentern gleichen, bilden auf der dem Bataillon entsprechenden Stufe kaum Stäbe oder Stabsformationen. Überall findet man ein Nebeneinander von über das ganze Einsatzgebiet verteilten Generalisten und zusammengezogenen Spezialisten.

Der französische Einfluß klingt an im Aufbau der **westschweizerischen Korps,** der Sûreté und Gendarmerie sehr klar auseinanderhält, so daß die beiden fast selbständige Verbände darstellen, häufig nur von einem dünnen Organisationsdach überspannt (Abbildung 1). Die Sûreté kann man der Kriminal- oder Gerichtspolizei gleichsetzen, die Gendarmerie der Sicherheits- oder Schutzpolizei.

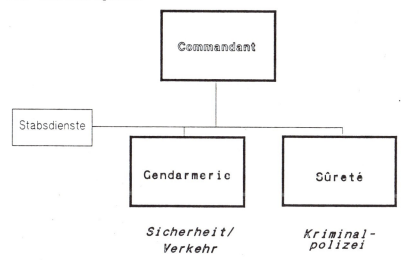

Abb. 1: Aufbau der Kantonspolizei in der Suisse Romande (Prinzip)

52 Entsprechend der stark **unterschiedlichen** Größe der Einsatzgebiete und ihrer Bevölkerungszahl spannt sich der Bogen vom Kanton Appenzell-Innerrhoden, der mit 16 Mitarbeitern das gesamte Aufgabenfeld abdeckt, bis zum Kanton Zürich, dessen Kantonspolizei 1728 Polizeibeamte zählt, 1393 voll ausgebildete Korpsangehörige sowie 150 Flughafen-Sicherheitspolizisten und 185 ebenfalls für den Dienst im Flughafen Zürich-Kloten spezialisierte Grenzpolizisten (Stand: 1. Mai 1990).

53 Zum Beispiel sei die **Aufbauorganisation der Kantonspolizei Zürich** herausgegriffen (Abbildung 2):

54 Als größtes von sechs Ämtern untersteht sie dem **Direktor der Polizei,** einem der sieben Mitglieder der Kantonsregierung. Der **Polizeikommandant** gebietet im Range eines Obersten über einen starken Zentralbereich und fünf Linien-Hauptabteilungen sowie den mit Staatsschutzaufgaben befaßten Nachrichtendienst.

55 Die **Kriminalpolizei** betreut mit den Fachdezernaten ihrer beiden Spezialabteilungen die aufwendigsten und gewichtigsten Ermittlungsverfahren, mit der Kriminal-Außenabteilung die Schwerpunktsfahndungen sowie das Gebiet der Stadt Zürich. Die Kriminal-Innenabteilung unterstützt mit ihrer Infrastruktur alle Ermittlungen auch der städtischen Kriminalpolizei, und die Kriminaltechnische Abteilung betreut drei Bereiche des Sachbeweises, den Erkennungsdienst, die Kriminalfotografie sowie mit dem Urkundenlabor alle Arten von Schrift- und Urkundenbeweis. Hier begegnet man einer für die kleinräumige Schweiz charakteristischen Arbeitsteilung; im Kanton Zürich nehmen sich der Wissenschaftliche Dienst der Stadtpolizei Zürich eines großen Teils der Spuren (namentlich der Mikro-, der Schußwaffen- und Sprengstoffspuren) sowie das Gerichtlich-Medizinische Institut der Universität Zürich (GMI) der Leichenuntersuchungen sowie aller Spuren an, die vom menschlichen Körper stammen (mit Ausnahme der Fingerabdrücke).

56 Die **Sicherheitspolizei** leistet mit der Einsatzzentrale, dem Bereitschaftsdienst und dem Polizeigefängnis wichtige Beiträge an den Gesamtbetrieb. Ihre Sicherheitsabteilung bildet die Träger von Nebenfunktionen aus, einen Großteil aller Mitarbeiter im Ordnungsdienst sowie kleinere Gruppen als Polizeigrenadiere, Präzisionsschützen und Hundeführer.

57 Die **Verkehrspolizei** deckt mit fünf Stützpunkten, zusammengefaßt in zwei Verkehrsabteilungen, das ganze Kantonsgebiet ab. Mit dem Verkehrszug Zürich und dem Technischen Verkehrszug unterstützt sie im Wechsel die anderen Züge, um wenigstens zeitlich und örtlich beschränkt jene Polizeipräsenz aufzubauen, die der moderne Straßenverkehr eigentlich erfordert. Ein wichtiger Platz gebührt dabei den technischen Kontrollmitteln (mobile und stationäre Radaranlagen zur Ermittlung der Geschwindigkeit sowie stationäre Anlagen zur Überwachung der Disziplin im Bereich von Lichtsignalen, alle stets gekoppelt mit einer von vorne oder von hinten wirksamen Kamera). Wie für Flächenkantone charakteristisch, nimmt die Verkehrspolizei sicherheitspolizeiliche Aufgaben aller Art wahr; sie begegnet vor allem uniformiert dem Bürger. Dank ihre Bereitschaft und Beweglichkeit kommt sie auch als erste zum Zuge, wenn eine schwere Straftat

Organisation der Strafverfolgungsorgane in der Schweiz zu 53 4

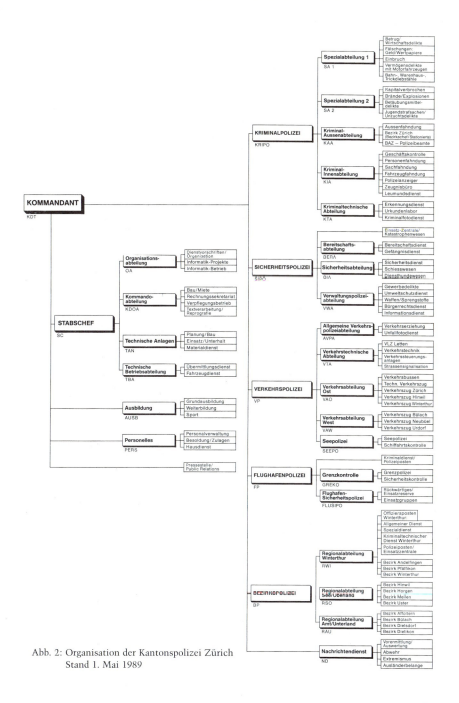

Abb. 2: Organisation der Kantonspolizei Zürich
Stand 1. Mai 1989

gemeldet wird und sich sofortiges Eingreifen zur Hilfe oder mit sichernden Maßnahmen aufdrängt. Einen Teil der Einsatzleitfunktion nimmt die Verkehrspolizei selber wahr mit der in der verkehrstechnischen Abteilung untergebrachten Verkehrsleitzentrale („VLZ Letten").

58 Viele kantonale Polizeikräfte bindet der Flughafen Zürich-Kloten. Neben dem Kriminaldienst und dem sicherheitspolizeilich tätigen Polizeiposten dienen die **Grenzkontrolle** der Sicherheit des Luftverkehrs und die **Flughafen-Sicherheitspolizei** jener der Anlage.

59 Die **Bezirkspolizei** erfüllt die verschiedenartigsten Polizeiaufgaben, wobei man ein deutliches Schwergewicht bei kriminalpolizeilichen Ermittlungen ausmacht. Mehr als 80 Dienststellen verteilen sich, abgesehen von der Stadt Zürich, über das ganze Kantonsgebiet. Die größte, der Offiziersposten Winterthur, faßt in der zweitgrößten Stadt des Kantons für die regionalen Bedürfnisse ein kleines Abbild des Gesamtbetriebes zusammen.

60 Die **deutschschweizerischen Kantone** vermeiden scharf zu trennen zwischen der Kriminalpolizei und sicherheits- oder schutzpolizeilichen Formationen. Das schlägt sich auch in der Laufbahn nieder. Wer sich um Aufnahme in ein kantonales Polizeikorps bewirbt, hat sich über ein Alter von wenigstens 20 und höchstens 30 Jahren, über einen Berufsabschluß und – als Mann – über Militärdiensttauglichkeit auszuweisen. Die Grundausbildung währt gesamthaft oder in wenigen Blöcken zwischen 10 und 15 Monate. Wechsel von einem Polizeikorps ins andere haben beträchtliche Schwierigkeiten zu überwinden und genießen Seltenheitswert.

61 Vom Grundsatz, daß der Polizeiberuf einen Zweitberuf darstelle, weichen nur wenige Korps ab. Die **Kantone Genf und Wallis** ziehen einen Teil ihrer Mitarbeiter in einer dreijährigen Verwaltungslehre heran, die das zuständige Bundesamt für Industrie, Gewerbe und Arbeit bisher allerdings nicht anerkennt.

62 Das nach militärischem Vorbild in Offiziersgrade eingeteilte **obere Kader** – die Kantonspolizei Zürich umfaßt bei insgesamt knapp 2000 Mitarbeitern 34 Offiziere (Stand: 1. Mai 1990) – hat das Polizeihandwerk überwiegend von der Pike auf gelernt. Soweit es die Aufgaben erfordern, ergänzt man es durch die Wahl von Inhabern eines Universitäts- oder Technikumsabschlusses, zu deren Rüstzeug ein Offiziersbrevet der Schweizer Armee gehört.

63 **Weibliche Polizeibeamte** haben mittlerweile in den meisten Korps Einzug gehalten. Sie genießen grundsätzlich die gleiche Ausbildung wie ihre männlichen Kameraden, finden indessen wenig Verwendung für sicherheits- und verkehrspolizeiliche Aufgaben.

F. Polizei der Gemeinden

64 Da die Kantone frei sind, wie weit sie den Gemeinden Polizeiaufgaben zuweisen, haben umfassende **Delegationen** nur für die Städte Zürich und Bern stattgefunden, die beide auch Kriminalpolizei und Staatsschutz betreiben. Bevölkerungsstärkere Städte von Flächenkantonen unterhalten

in der Regel eine Gemeindepolizei, deren Aufgabe mit der Größe wächst. Sie widmet sich zunächst der Kontrolle des ruhenden und des rollenden Verkehrs, ferner der Verwaltungspolizei, die dem Vollzug der zum Schutze der Gesundheit, der Umwelt, des Marktbetriebes, des Gastgewerbes – um nur die wichtigsten Beispiele zu nennen – erlassenen Vorschriften dient. Bereits eine gewisse Größe erheischt die umfassende Verantwortung für die Verkehrspolizei, erst recht, wenn sie die Beweissicherung beim Verkehrsunfall einschließt. Die größten kommunalen Polizeikorps entlasten die kantonalen Dienste ferner von sicherheitspolitischen Obliegenheiten.

Darin zeichnet sich bereits das große Gewicht der **Sicherheitspolizei** ab, wie sie es in städtischen Polizeikorps (und in jenen der Stadtstaaten Basel und Genf) genießt. Greift man als Beispiel die Stadtpolizei Winterthur heraus (Abbildung 3), so findet man rund 120 von 162 Mitarbeitern in der Sicherheitspolizei vereint, großenteils in den sechs rund um die Uhr tätigen Dienstgruppen (Stand: 1. Januar 1989). Die Sicherheitspolizei erfüllt in zweiter Linie auch verkehrspolizeiliche Aufgaben; insofern kehrt sich das bei der Kantonspolizei beobachtete Verhältnis um. Namhafte interne Dienste erfordern die Verwaltungsaufgaben, welche größeren Korps zuwachsen; sie erteilen Bewilligungen etwa auf dem Gebiete der Gewerbe- und Wirtschaftspolizei und bereiten Verfügungen über Verkehrsanordnungen (Signale und Markierungen) vor. Der Grad ihrer Selbständigkeit schwankt, in gewissen Fällen selbst innerhalb des Kantons; so erlassen nur die beiden größten Städte des Kantons Zürich selbständig verkehrsrechtliche Anordnungen.

Obwohl die Gemeinden, mit den beiden erwähnten Ausnahmen von Zürich und Bern, keine Kriminalpolizei unterhalten, leisten sie einen wichtigen Beitrag an die **Fahndung**. Auch sonst bildet die enge Zusammenarbeit mit der Kantonspolizei die Regel, bis zu gemischten Einsätzen.

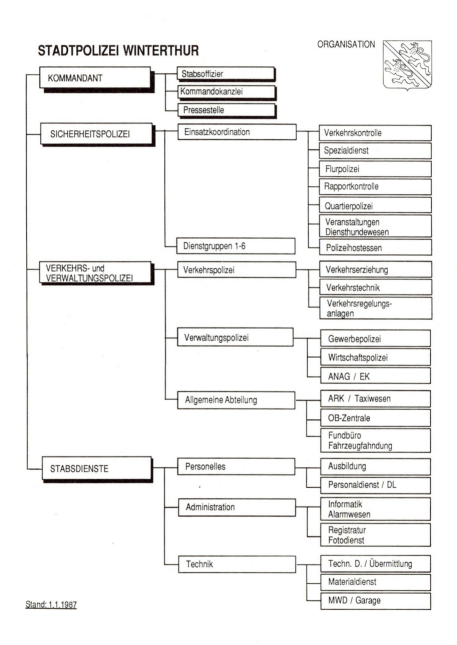

Abb. 3: Organisation der Stadtpolizei Winterthur

5

Kriminalistische Diagnose, Prognose und Strategie auf Makro- und Mikroebene (Methodendarstellung)

Wolfgang Heinz und Karl-Friedrich Koch[*]

INHALTSÜBERSICHT

	Rdnr.		Rdnr.
A. Einführung		1. 2. Begriffe und Arten von Kriminal- und von Kriminalitätsprognosen	75
I. Planung der Verbrechensbekämpfung	1		
II. Diagnose, Prognose und Strategie als Elemente kriminalistischer Tätigkeit	3	1. 3. Schwerpunkte bisheriger kriminologisch-prognostischer Arbeiten im Überblick	81
III. Mikro- und Makroebene	6	II. Zusammenhänge zwischen Prognose und Planung	
B. Kriminalistische Diagnose und ihre Methoden	8	1. 1. Unmittelbare Zusammenhänge von Prognose und Planung	84
I. Diagnostisches Interesse und Methoden des Sachbearbeiters		1. 2. Mittelbare Zusammenhänge von Prognose und Planung	86
1. Erkenntnisinteressen	9	1. 3. Notwendigkeit von Prognosen = Möglichkeit, Prognosen mit hoher Vorhersagegüte erstellen zu können?	87
2. Unterstützung durch Erkenntnisse aus Forschung und Praxis	12		
II. Kriminalistische Diagnose auf Dienststellenebene	13	III. Kriminalitätsprognosen – Erwartungen der Praxis	
1. Lagebeurteilung auf Dienststellenebene	14	1. 1. Allgemeine Erwartungen	88
2. Der Kriminalitätslagebericht	19	1. 2. Bisherige Kriminalitätsprognosen in der Bundesrepublik Deutschland als Beispiele für den Orientierungs- und Legitimierungsbedarf der Praxis	91
3. Die kriminologische Regionalanalyse	22		
III. Aufbauschema Kriminologische Regionalanalyse	26		
IV. Methodische Ansätze für kriminalistische Diagnose, die sich aus dem Aufbauschema ergeben	27	1. 3. Mit Kriminalitätsprognosen verbundene Erwartungen, insbesondere aus Sicht der Polizei	92
V. Kriminalistische Diagnose im Makrobereich	61	IV. Logik der Prognose im Verständnis der analytischen Wissenschaftstheorie	
VI. Erstellung von Kriminalitätslagebildern	70	1. 1. Deduktiv-nomologische Prognose	96
C. Kriminalitätsprognose		1. 2. Probleme der Prognose im sozialen Bereich	
I. Kriminal- und Kriminalitätsprognosen – Begriffe und Arten		a) Unmöglichkeit sicherer Prognosen	97
1. 1. Begriff der Prognose	73	b) Möglichkeit von Wahrscheinlichkeitsaussagen	98

---

[*] *Wolfgang Heinz* ist für den Teil C, *Karl-Friedrich Koch* für die Teile A, B und D verantwortlich.

	Rdnr.
3. Begründete Erwartungen als rationale Prognose	99
V. Bisherige Verfahren und Techniken zur Erstellung von Kriminalitätsprognosen	100
VI. Güte- und Erfolgsbeurteilung von Prognosen	
1. Erfolgskriterien	107
2. Gütekriterien	
a) Informationsgehalt, Eintreffenswahrscheinlichkeit und Begründungsbasis	110
b) Prognosefolgen	111
VII. Güte von Kriminalitätsprognosen – Exemplifikation anhand der Begründungsbasis	
1. Stand des Wissens auf den für Kriminalitätsprognosen relevanten Forschungsfeldern	112
2. Prognoseskeptizismus als Folge des gegenwärtigen Standes empirisch gesicherten Wissens?	137
VIII. Beiträge der Kriminologie zur Verbesserung der Modellbildung	
1. Beiträge aus der kriminalstatistischen Forschung, insb. zum Kriminalitätsindex	138
2. Beiträge aus den Forschungen zur Individualprognose	139
3. Beiträge aus der kriminologischen Instanzenforschung	142
IX. Planung – ein Handeln unter den Bedingungen des „aufgeklärten Nichtwissens"	
1. „Aufgeklärtes Nichtwissen" als Grundlage der Planung	144
2. Folgerungen aus der Einsicht in einen Zwang zum Handeln unter den Bedingungen des „aufgeklärten Nichtwissens"	
a) Kein Verzicht auf explizit formulierte Prognosen	145

	Rdnr.
b) Einsicht in die Grenzen des Erkennbaren und Offenhalten für Kurskorrekturen	146
c) Kontrolle von Nebenfolgen	149
3. „Aufgeklärtes Nichtwissen" – Folgerungen für gegenwärtige und zukünftige Forschung	
a) Erarbeitung und Anwendung von Kriterien für die Gütebeurteilung von Prognosen	150
b) Verbesserung der Begründungsbasis für Prognosen	151
D. Kriminalistische Strategie	152
I. Grundsätzliches zur Kriminalstrategie	
1. Determinanten kriminalistischer Strategien	153
2. Kriminalistische Strategie und Wissenschaft	158
3. Polizeiliche Strategien als Reaktion auf Täterstrategien	164
II. Strategiebegriffe und Entscheidungsebenen	
1. Strategiebegriffe	
a) Theoretische (planende) Strategie	169
b) Deliktsstrategien	177
c) Fachstrategien	184
d) Regionalstrategien	189
e) Ermittlungsstrategien	191
f) Operative Kriminalstrategie	192
2. Zuordnung von Funktionsträgern zu Entscheidungsebenen	194
III. Komponenten kriminalistischer Strategien	
1. Zielsetzung	197
2. Strategie-Gremien	203
3. Einflußfaktoren auf die Entwicklung kriminalistischer Strategien	209
IV. Von der Strategie als Reaktion zur Übernahme der Handlungsinitiative	226

A. Einführung

I. Planung der Verbrechensbekämpfung

Zum erfolgversprechenden Einsatz von Maßnahmen, die zum Schutz des einzelnen Bürgers, der Gesellschaft, der Einrichtungen des Staates und der demokratischen Grundordnung auf die Verhütung und Bekämpfung der Kriminalität gerichtet sind, ist heute auf allen polizeilichen Ebenen eine umfassende **Planung**[1] erforderlich. Grundsätzlich zielt sie darauf ab, das notwendige kriminalistische, technische und rechtliche Praxiswissen sowie die für die Aufgabenbewältigung notwendigen personellen, sachlichen und finanziellen Mittel zum richtigen Zeitpunkt am richtigen Ort zur Verfügung zu stellen.

Sachgerechte Planung im Bereich der Kriminalitätsbekämpfung setzt hinreichend zuverlässiges **Wissen** über Umfang, Struktur, Erscheinungsformen und Entwicklung der Kriminalität voraus. Ziele der Verbrechensbekämpfung müssen definiert werden. Wahrgenommene Kriminalitätsphänomene sind in ihrer Bedeutung zu gewichten. Prioritäten müssen gesetzt, Entscheidungen über Fragen der Organisation und über den Einsatz verfügbarer Ressourcen getroffen werden. Auf der Basis von in Forschung und Praxis gewonnenen Erkenntnissen lassen sich dann Strategien für die polizeiliche Arbeit insgesamt, insbesondere aber für Repression und Prävention entwickeln. Rationale und systematische Planung ist nur denkbar, wenn vorhandene Informationen auf ein Ziel ausgerichtet oder für bestimmte Zwecke speziell beschafft werden. Planungen verschiedener Planungsträger müssen miteinander koordiniert werden.

II. Diagnose, Prognose und Strategie als Elemente kriminalistischer Tätigkeit

Ein wesentliches Erfordernis ist zunächst die **Diagnose** (griech.: Erkennung) der situativen Gegebenheiten, hier verstanden als das Erkennen und Feststellen sowie die zusammenfassende Beschreibung und Beurteilung der Erscheinungen aus dem Bereich der Kriminalität. Sie ist die Ausgangsbasis für polizeiliche Aktionen bzw. Reaktionen.

Zugleich bildet die Diagnose auch eine Grundlage für die **Prognose**[2] (griech.: Vorauswissen). Diese ist hier zu verstehen als begründete Wahrscheinlichkeitsaussage über die künftige Entwicklung der Kriminalität insgesamt oder einzelner ihrer Erscheinungsformen. Hier gilt es, wesentliche Merkmale herauszuarbeiten, die einen Einfluß sowohl auf die quantitative wie auch auf die qualitative Entwicklung ausüben können[3].

Die Auswertung und die Bewertung der beiden Komponenten Diagnose und Prognose führen dazu, einerseits Ziele der Verbrechensbekämpfung zu

---

1 Planung ist hier zu verstehen als ein in die Zukunft gerichtetes systematisches Denken, Suchen und Aufbereiten von Informationen und Festlegen von Maßnahmen, ausgehend vom gegenwärtigen Erkenntnisstand. Vgl. hierzu insbesondere *Kube* 1986.
2 *Teufel* 1983.
3 *Braun* 1982; *Burghard* 1983.

formulieren, sie ständig zu überprüfen und erforderlichenfalls zu variieren oder durch neue zu ersetzen, andererseits und mehr praxisbezogen **Strategien** (griech.: Heerführung, Feldherrnkunst) für die Verbrechensbekämpfung und nach ihren Vorgaben taktische Vorgehensweisen zu entwickeln. Strategie als von der Praxis handhabbarer Begriff soll hier beschrieben werden als Planung und Koordination der auf ein gemeinsames Ziel gerichteten operativen und taktischen Maßnahmen bei der präventiven und repressiven Verbrechensbekämpfung auf der Grundlage von Analysen und Prognosen.

III. Mikro- und Makroebene

6   Kriminalistische Diagnose, Prognose und Strategieentwicklung finden auf unterschiedlichen Ebenen statt. Zur **Mikroebene** soll hier die des Sachbearbeiters in einer Dienststelle, aber auch die der örtlichen Dienststelle selbst gezählt werden. Auf der Mikroebene werden die drei Elemente kriminalistischer Arbeit ständig benutzt, die Erfüllung der Tagesaufgaben zu planen, zu koordinieren, zu kanalisieren, die personellen und materiellen Ressourcen optimal einzusetzen, dazu Schwerpunkte zu bilden, um eben mit den vorhandenen Mitteln einen maximalen Effekt zu erzielen. Die Informationsbasis bilden die Kenntnisse der einzelnen Sachbearbeiter, das Wissen um Umfang und Erscheinungsformen der Kriminalität im Zuständigkeitsbereich und die Erkenntnisse, die von außerhalb der Polizei in diese hinein übernommen werden.

7   Die **Makroebene** erstreckt sich demzufolge auf den überörtlichen Bereich, wo polizeiliche Arbeit für größere räumliche Einheiten wie z. B. einen Regierungsbezirk, ein Bundesland oder für das Bundesgebiet insgesamt zu leisten, zu planen oder zu koordinieren ist. Diagnose, Prognose und Strategie basieren auf dieser Ebene letztlich auf den gleichen Quellen wie in der Mikroebene. Auch hier müssen, um zu den notwendigen und geeigneten Entscheidungen und Maßnahmen zu gelangen, alle erreichbaren Erkenntnisquellen – auch die aus der Mikroebene – zusammengeführt, gesichtet, geordnet, aus- und bewertet und in Lagebildern zusammengefaßt werden. Ergebnisse aus der Analyse dieser Lagebilder sind in geeigneter Form an die Mikroebene zu vermitteln.

B. Kriminalistische Diagnose und ihre Methoden

8   Die Methodendarstellung soll einen generellen Überblick über die Möglichkeiten und Erkenntnisinteressen bilden. Die einzelnen Ebenen, auf denen Kriminalitätserscheinungen analysiert werden, machen sich grundsätzlich die gleichen **Methoden** nutzbar. Unterschiedlich ist jeweils der Umfang, in dem ein Komplex untersucht und diagnostiziert wird, und der Grad der „wissenschaftlichen Exaktheit", mit der methodisch vorgegangen wird. Umfang und Exaktheit richten sich nach dem Ergebnis, das jeweils angestrebt wird. Dabei war es von jeher wesentliches Merkmal des Kriminalisten, phantasievoll und kreativ denkend an die Problemlösung

heranzugehen. Er soll in dieser Freiheit nicht eingeschränkt, sondern dazu angeregt werden, phantasievoll und kreativ und zusätzlich systematisch und methodisch vorzugehen. Insoweit haben Überlegungen, die sich mit Methoden befassen, gedanken- und handlungsleitende Funktionen.

I. Diagnostisches Interesse und Methoden des Sachbearbeiters

1. Erkenntnisinteressen

Erkenntnisinteressen des (kriminal-)polizeilichen Sachbearbeiters bestehen in erster Linie für die Bearbeitung seiner Ermittlungsvorgänge. Grundkenntnisse für seine Tätigkeit auf diesem Sektor werden ihm im Rahmen der **Ausbildung** vermittelt.

Die Leistungsfähigkeit wird mit der Zahl der erfolgreich erledigten Vorgänge zunehmen, wenn zu dem theoretischen Wissen praktisch erlernte Kenntnisse hinzukommen, die sich zum kriminalistischen **Erfahrungswissen** summieren. Die Fortschritte, die die Täterseite bei der Begehung von Straftaten erzielt hat, und das Spektrum der Verhaltensweisen, die heute strafrechtlich sanktioniert sind – zu denken ist hier insbesondere an Straftaten auf dem Wirtschaftssektor, im Bereich der Computer- und Umweltkriminalität, aber auch an qualifizierte Begehensweisen wie bei der Organisierten Kriminalität –, lassen die Praxis allein als Lehrmeisterin nicht mehr genügen[4]. Das Erfahrungswissen des Kriminalisten muß solide theoretisch untermauert werden. Nur so können Kunstfehler bei der kriminalistischen Arbeit vermieden werden.

Die bis jetzt schon vorhandenen umfangreichen **Erkenntnisse der kriminalistisch-kriminologischen Forschung,** die auf dem Wege über Aus- und Fortbildung und Selbststudium vermittelt werden müssen, können helfen bei

— der Arbeit am Tatort: erster Angriff mit Spurensuche, -sicherung und -auswertung; Rekonstruktion des Tathergangs anhand des Spurenkontextes;
— der Beschreibung (Vertextung) der Sachverhalte;
— der Unterordnung unter rechtliche Tatbestandsmerkmale;
— der Anwendung der Grundgesetze kriminalistischen Denkens (Logik, Hypothesenbildung, Deduktion usw.);
— der Entwicklung psychologischen Gespürs und der Verdachtschöpfung und -verdichtung;
— der Täterermittlung: hier der soziologischen, psychologischen und typologischen Erfassung und Einordnung des Täters; der Ausleuchtung der Motivkomponenten;
— der Taktik und Psychologie der Vernehmung von Tätern, Opfern, Zeugen;
— der aktenmäßigen Bearbeitung von Vorgängen;
— der Zusammenführung von gleichartigen Taten, die eventuell demselben Täter zuzurechnen sind;

---
4 *Herren* 1976 S. 7.

- dem Informationsaustausch mit anderen Polizeibehörden und Sachbearbeitern; dazu gehört u. a. auch die Gruppenbildung bearbeiteter Fälle und die Erfassung in einem Lagebericht;
- der büromäßigen Aufarbeitung des Vorgangs bis zur Abgabe an die Staatsanwaltschaft;
- der Vertretung von Sachverhalten als Zeuge oder Sachverständiger vor Gericht;
- der Umsetzung von Erkenntnissen aus Verfahren in Ansätze und Maßnahmen zur Straftatenvorbeugung.

So stellt der polizeiliche Sachbearbeiter für jeden Fall erneut diagnostische Überlegungen an. Je ausgeprägter seine methodischen Kenntnisse sind, desto erfolgreicher im Sinne der Aufklärung des Sachverhalts wird er sein.

2. Unterstützung durch Erkenntnisse aus Forschung und Praxis

Die Bemühungen der **kriminalistisch-kriminologischen Forschung** zur Vermittlung von Kenntnissen und kriminalistischen Fertigkeiten sind vielfältig und seien hier nur beispielhaft vorgestellt.

In seinem Forschungsprojekt zum Kriminalpolizeilichen Meldedienst untersucht *Oevermann*[5] polizeiliches Denken und Handeln von der ersten Ermittlungsphase am Tatort an (Auslegung des Spurentextes, Fallverstehen) über die Probleme, die sich aus der sprachlichen Umsetzung (Vertextung) ergeben, bis hin zur Überführung der sprachlichen/schriftlichen Sachverhaltsschilderung in den per EDV zu verarbeitenden Datensatz und die Informationsverluste, die sich auf diesem Weg ergeben. Tatortbesichtigung und Tathergangsuntersuchung sind Gegenstand der Untersuchung von *Schmitz*[6]. *Steffen*[7] analysiert die polizeiliche Ermittlungstätigkeit im Hinblick auf das spätere Strafverfahren. Mit der Vernehmung des Tatverdächtigen befaßt sich die Arbeit von *Banscherus*[8]. *Bialek*[9] interessiert sich für Fragen der Aussagebereitschaft und wertet polizeiliche Ermittlungsverfahren nach dem Aussageverhalten von Beschuldigten aus. *Pachmann*[10] erweitert diese Thematik und fordert die Auswertung von Vernehmungen im Hinblick auf die Entwicklung von Präventionsansätzen. Mit der Rekonstruktion und Beschreibung des Tathergangs in der Vernehmung von Zeugen befaßt sich *Schmitz*[11]. Im Rahmen ihrer Ausbildung an der Polizei-Führungsakademie untersuchen verschiedene Projektgruppen die Wirksamkeit polizeilicher Maßnahmen im täglichen Dienst[12]. Die Problematik des Auftretens vor Gericht ist Gegenstand der Untersuchungen von *Kube/Leineweber* und *Knuf*[13].

---
5 *Oevermann* (s. *Brisach* in diesem Band, S. 167 ff.).
6 *Schmitz* 1977.
7 *Steffen* 1976.
8 *Banscherus* 1977.
9 *Bialek* 1983.
10 *Pachmann* 1984.
11 *Schmitz* 1978.
12 Projektstudium der Polizei-Führungsakademie im Jahre 1985.
13 *Kube/Leineweber* 1977; *Knuf* 1982.

II. Kriminalistische Diagnose auf Dienststellenebene

Die **diagnostischen Bemühungen** des Sachbearbeiters sind ausgerichtet auf die Klärung von Straftaten, die Ermittlung des Täters und – je nach Tätigkeitsbereich – auf das Erkennen von Ansätzen für die Straftatenvorbeugung und -verhütung. Ferner ist er daran interessiert festzustellen, wie seine Tätigkeit im Rahmen des Gesamtsystems gesehen und bewertet werden kann.

1. Lagebeurteilung auf Dienststellenebene

Die Beschreibung und Beurteilung der Kriminalitätserscheinungen auf der **Dienststellenebene** muß anderen Ansprüchen gerecht werden. Die Polizei bemüht sich, durch aktives, systematisches und planmäßiges Handeln die Kriminalität zu bekämpfen. Als eine der wesentlichen Grundlagen rationeller und effektiver Verbrechensbekämpfung gilt ein gut funktionierendes, aufgabenorientiertes Informationssystem zur Beobachtung und Beurteilung der Kriminalitätsentwicklung. Maßgebliche Voraussetzung für eine wirksame Kriminalitätsbekämpfung, insbesondere in Bereichen, die durch gezielten polizeilichen Kräfteeinsatz beeinflußbar sind, ist die schnelle und vollständige Erfassung, Auswertung und Steuerung der wesentlichen Daten über den örtlichen, zeitlichen und zahlenmäßigen Anfall von Delikten, Tatverdächtigen und Sachverhalten.

Die zusammenfassende Beschreibung der Kriminalitätserscheinungen als Grundlage für darauf aufbauende Entscheidungen erfolgt in der Regel im **Kriminalitätslagebild,** der Ausgangsbasis und dem wichtigsten Instrument kriminalistischer Diagnose.

Als **Kriminalitätslage** ist der Zustand der Kriminalität bzw. einzelner Kriminalitätsbereiche in einem bestimmten Raum zu einem bestimmten Zeitpunkt einschließlich der Entwicklungstendenzen zu verstehen. Das Kriminalitätslagebild läßt sich beschreiben als Übersicht, die sich auf Grundlagenmaterial und ausgewertete Informationen stützt und anhand derer sich die Möglichkeiten für (Führungs-)Entscheidungen/Entschließungen abwägen lassen.

Es geht also um die Darstellung der wahrgenommenen Kriminalitätslage in einer für Zwecke der präventiven und repressiven Verbrechensbekämpfung umsetzbaren Form einschließlich sinnvoller Methoden der Visualisierung und der Präsentation, z. B. auch gegenüber der Öffentlichkeit.

Um die Lage zu beurteilen und sich daraufhin zu entscheiden, muß sich jeder Entscheidungsträger aller ihm rechtmäßig zugänglichen Informationsquellen bedienen. Dabei darf er sich nicht nur passiv auf die Annahme von **Informationen** beschränken, sondern muß permanent und aktiv um Informationen bemüht sein. Entscheidungen werden in erster Linie als Informationsproblem beschrieben. Anzustreben ist u. a. die Koordination der Sammlung von Informationen in einem allgemeinen, auf Dauer eingerichteten Kommunikationssystem.

18   Die je nach Betrachtungsebene mehr oder weniger komplexe Darstellung des Ergebnisses einer Analyse des Kriminalitätslagebildes im Hinblick auf Art, Umfang und Tendenz bestimmter Erscheinungsformen der Kriminalität ist der **Kriminalitätslagebericht**.

2. Der Kriminalitätslagebericht

19   Beim Bundeskriminalamt wird zur Zeit ein Projekt zur Erstellung **überregionaler Kriminalitätslagebilder**[14] durchgeführt. Dabei war im ersten Projektabschnitt die Frage zu klären, welche Informationsbedürfnisse zu befriedigen sind und welche Datenbasis dafür bereitzustellen ist. Als Ergebnis einer schriftlichen Befragung von Experten verschiedener Polizeibehörden werden folgende Ansprüche gestellt:

– Information der Öffentlichkeit über registrierte Kriminalitätsentwicklung und -struktur; Information über polizeiliche Aktivitäten;
– Information der politischen Führung im Behördenbereich über das Kriminalitätsgeschehen, insbesondere über die Entwicklung relevanter Kriminalitätsbereiche, die Auswirkungen auf die Politik haben können, über Brennpunktfeststellungen und wichtige Ereignisse, über neue Erscheinungsformen der Kriminalität und sonstige sicherheitsrelevante Ereignisse;
– Information der Dienststellenleiter und Sachbearbeiter. Sie dient der Erlangung übersichtlicher Vergleichsdaten zur Kriminalitätsentwicklung, der Information über Kriminalitätsschwerpunkte und der zentralen Erlangung von Auswertungsergebnissen. Ferner zeigt sie Hintergründe für Entwicklungen auf durch Analyse und Kombination bekannter Daten. Dazu werden relativ einfache kriminologische Untersuchungen durchgeführt, wobei für den eigenen Bereich auch Daten und Analysen aus dem nichtpolizeilichen Bereich einfließen.

Die Situation kann insgesamt, aber auch speziell nur für den eigenen Bereich dargestellt werden (Grundinformation). Dabei werden Trends aufgezeigt und kurzfristige Prognosen erstellt. Erkennen spezieller Bedürfnisse personeller und materieller Art – Entscheidungshilfe für organisatorische und andere Planungen. Erkennen der Dienststellenbelastung.

Schnelle und umfassende Information über Taten und Täter. Hinweise auf gefährdete Objekte, verdächtige Personen und Erkennen von Tat-Täter-Zusammenhängen. Intensivierung der Personen- und Sachfahndung.

Vermittlung von Hintergrundinformationen. Umsetzung von Erkenntnissen und Lageeinschätzungen anderer Dienststellen und Einrichtungen (BKA; LKÄ; Berichte, Fachliteratur, Presse usw.). Anregung zu Untersuchungen und Ausarbeitung längerfristiger Konzeptionen. Erkennen von Schwerpunkten und Schwachstellen für Maßnahmen der Aus- und Fortbildung.

---
14 *Koch* 1988.

Einsatztaktische Empfehlungen mit Alternativenauswahl. Hinweise zur präventiven und repressiven Verbrechensbekämpfung, für (eher kurzfristige) strategische, taktische, personelle, materielle Maßnahmen und Planungen, einheitlich für Schutz- und Kriminalpolizei.
Ziel- und Erfolgskontrolle.
Motivation der Mitarbeiter (Hintergrundwissen; Sensibilisierung für bestimmte Problembereiche). Nennung erfolgreicher Dienststellen und Beamter.
– Information angegliederter und angrenzender Dienststellen, auch solcher des nichtpolizeilichen Bereichs, sobald sich Ansatzpunkte für Handlungsbedürfnisse dieser Behörden ergeben.

Lageberichte werden für die Gesamtkriminalität, einzelne Deliktsbereiche oder für Einzeldelikte erstellt. Sie können sich auch an thematischen Schwerpunkten orientieren. So werden z. B. Berichte zur Jugendkriminalität, zur Kriminalität von Ausländern oder zu politisch motivierten Straftaten angefertigt. Weiter können Lageberichte sich auf einzelne Dienststellen und Organisationseinheiten erstrecken, auf regionale Teilbereiche (z. B. Stadtteile) oder überregionale Raumstrukturen (z. B. Lage in einem Bundesland). Sie unterscheiden sich weiter in der zeitlichen Dimension vom Tagesbericht bis zum Jahresbericht; ggf. werden mehrere Jahre miteinander verglichen. **20**

Ein Lagebericht bedarf angesichts der Vielfalt in Zielsetzung und Adressatenkreis keiner ausgesprochenen Formalisierung. Inhalt, Umfang und Aufbau müssen sich nach dem Zweck richten, für den er erstellt wird. So haben sich im Laufe der Zeit bei den Dienststellen **vielfältige** zweckmäßige **Formen** von Lageberichten herausgebildet. Zum Zwecke der besseren Auswertbarkeit sollte aber für die Erstellung überregionaler Lagebilder ein Aufbaurahmen berücksichtigt werden. **21**

3. Die Kriminologische Regionalanalyse
Als Instrument zur Schaffung einer umfassenden Informationsgrundlage für Lagebeurteilungen im regionalen Bereich wird die **Kriminologische Regionalanalyse** betrachtet, die sich methodisch an den Grundsätzen der Kriminalgeographie orientiert. Sie wird verstanden als eine von stabsähnlichen Einrichtungen zu erstellende, fortzuschreibende kriminalistisch-kriminologische Dokumentation mit zeitlich und räumlich eingegrenzter Aussagekraft über den Einsatzort, die Kriminalität, ihren Entstehungszusammenhang, ihre Bekämpfung (Strafverfolgung und Verbrechensverhütung) und ihre Prognose[15]. Inhaltliche Vorstellungen und Gedanken zur Durchführung sind anläßlich von Seminaren der Polizei-Führungsakademie immer wieder vorgestellt worden. **22**

Beispiele für umfassende Untersuchungen finden sich im „Kriminalitätsatlas Bochum"[16], in der Untersuchung zur Kriminalität in Neumünster[17] und in der Untersuchung zu Strukturen der Kriminalität in Solin- **23**

---
15 *Jäger* 1976.
16 *Schwind/Ahlborn/Weiß* 1978.
17 Enquete-Kommission 1983.

gen[18]. Ein Beispiel für die praxisgerechte Untersuchung eines Delikts im regionalen Bereich findet sich bei *Götzfried*[19], der die Verhütung und Verfolgung von Sachbeschädigung im mittelstädtischen und ländlichen Bereich beschreibt.

24 Die Kriminologische Regionalanalyse bietet aufgrund der bisher gesammelten Erfahrungen in der praktischen Anwendung die Möglichkeit, die **Datenbasis** für die Darstellung der örtlichen Kriminalitätslage zu verbessern und – darauf aufbauend – Prognosen über die Kriminalitätsentwicklung allgemein und für spezielle Delikte und Deliktsbereiche zu erarbeiten. Ein wesentlicher Vorteil liegt aber darin, daß sich anhand der Erkenntnisse zur Kriminalitätslage besser als bisher Maßnahmen der Repression und vor allem der Prävention planen lassen. Aufgrund der Analyseergebnisse läßt sich weiterhin die Kooperation mit anderen Behörden und Institutionen bei Präventionsarbeit und Krisenintervention forcieren.

25 Wenn eine derartige tiefgehende **Analyse auf örtlicher Ebene** mit dem dort doch relativ besten Kontakt zum Kriminalitätsgeschehen nicht durchgeführt wird, dann lassen sich ursächliche Faktoren für die Kriminalitätsentwicklung oder Einflüsse repressiver und präventiver Maßnahmen auf einer höheren Aggregatebene kaum noch nachweisen.

Aus dem nachfolgend vorgestellten Aufbauschema für die Kriminologische Regionalanalyse lassen sich eine Reihe von Anhaltspunkten und **Ansätzen für diagnostische Komponenten und Methoden** ableiten.

26 III. Aufbauschema Kriminologische Regionalanalyse

I. Untersuchungsregion

I.1	Regionale Gliederung
I.2	Bebauung/Nutzung
I.2.1	Gebietsfunktion
I.2.2	Verkehrsstruktur
I.3	Organisationen, Einrichtungen, Objekte mit sicherheitsrelevantem bzw. Kriminalitätsbezug
I.4	Sozio-ökonomische Faktoren
I.4.1	Soziale Einrichtungen und Faktoren
I.4.2.	Bildungssituation
I.4.3.	Wirtschaftliche Lage
I.4.3.1	Lage/Funktion
I.4.3.2	Arbeitslosigkeit
I.5	Andere Behörden
I.5.1	Örtlich ansässige Behörden
I.5.2	Überörtliche Behörden

---

18 *Plate/Schwinges/Weiß* 1985.
19 *Götzfried* 1983.

I.6	Bevölkerung
I.6.1	Einwohnerzahlen
I.6.2	Bevölkerungsdichte
I.6.3	Bevölkerungsstruktur
I.6.4	Ethnische Zusammensetzung
I.6.5	Bevölkerungsentwicklung
I.7	Spezielle Indikatoren

II. Kriminalität

II.1	Registrierte Kriminalität
II.1.1	Fallerfassung, -registrierung
II.1.2	Umfang der registrierten Kriminalität
II.1.2.1	Eingangsstatistik
II.1.2.2	Ausgangsstatistik
II.1.2.3	Einflüsse auf die Kriminalitätsentwicklung und den -umfang
II.1.3	Beschreibung der Kriminalität
II.1.3.1	Gesamtkriminalität
II.1.3.2	Kriminalitätsstruktur
II.1.3.3	Kriminalitätsquotienten
II.1.3.4	Einzeldelikte/-deliktsbereiche
II.1.4	Räumliche und zeitliche Verteilung der Erscheinungsformen der Kriminalität
II.1.4.1	Räumliche Verteilung der Straftaten
II.1.4.2	Zeitliche Verteilung der Straftaten
II.1.5	Tatmittel/Schaden
II.1.5.1	Tatmittel
II.1.5.2	Schadensangaben
II.2	Tatverdächtige
II.2.1	Gesamtzahlen
II.2.2	Aufgliederung deutscher Tatverdächtiger
II.2.3	Aufgliederung nichtdeutscher Tatverdächtiger
II.2.4	Bemerkenswerte Anteile von Tatverdächtigen aus Problemgruppen
II.2.5	Örtliche Herkunft der Tatverdächtigen
II.2.6	Wiederholungstäter
II.2.7	Tätergemeinschaften
II.2.8	Tatverdächtigenermittlung
II.3	Opfer
II.4	Ergebnisse spezieller Analysen und Untersuchungen

III. Kriminalitätskontrolle

III.1	Zielsystem
III.2	Polizei
III.2.1	Organisatorische Struktur allgemein
III.2.2	Strafverfolgung und Verbrechensverhütung
III.2.2.1	Personalsituation
III.2.2.2	Technische Situation
III.2.2.3	Prävention
III.2.3.	Informations- und Kommunikationssysteme
III.3	Zusammenarbeit mit anderen Behörden und Organisationen (mit Sicherheitsaufgaben)
III.3.1	Zusammenarbeit mit Instanzen der formellen und informellen sozialen Kontrolle
III.3.2	Andere Einrichtungen
III.4	Medien (in erster Linie regionale)
III.5	Öffentlichkeitsarbeit

IV. Methodische Ansätze für kriminalistische Diagnose, die sich aus dem Aufbauschema ergeben

27 Der Vergleich **regionaler Gegebenheiten** mit anderen Bereichen unter dem Gesichtspunkt der strukturellen Vergleichbarkeit führt zur Erkenntnis, welche spezifisch örtlichen Ansatzpunkte zur Kriminalitätsbekämpfung gegeben sind[20]. Aus der Gliederung lassen sich „natürliche" Kriminalitätsgrenzen erkennen. Nach dem Empfinden zusammengehörende Kriminalitätsräume stimmen selten mit den Grenzen der polizeilichen Dienstbezirke und politischen Gemeinden überein[21]. Einflüsse baulicher, sozialer, ökonomischer und anderer auch außerpolizeilicher Faktoren auf die Kriminalität lassen sich überprüfen. So haben Untersuchungen über die Herkunft von tatverdächtigen jungen Ausländern[22] den Einfluß der Wohnsituation beschrieben. Vorschläge zur Kriminalitätsverringerung mit städtebaulichen Mitteln resultieren aus einer Untersuchung in Solingen[23]. Ermöglicht werden gegenseitige Absprachen über Zuständigkeiten, Unterstützung, organisatorische Fragen und die Entwicklung gemeinsamer Strategien.

28 Bei der Darstellung der **Gebietsfunktion**, die einen Überblick u. a. über die Tatgelegenheitsstrukturen vermitteln soll, weiter über Einflüsse auf Strukturunterschiede, Verdrängungs- und Verlagerungstendenzen in Kriminalitätsbereichen Auskunft gibt, können bereits vorhandene Systeme zur Situationsbeschreibung verwendet werden. So berichtet z. B. eine Zeitungsnotiz[24] vom Einsatz der Datenverarbeitung in der Stadtverwaltung.

---

20 *Hellmer* 1974 S. 162, 163.
21 *Burghard/Hamacher* 1988 S. 20, 21.
22 *Veröffentlichungen der FHSVR Berlin.*
23 *Oberstadtdirektor Solingen* 1984.
24 FAZ Nr. 88 v. 15. 4. 1988 S. 45.

Hier bietet sich eine Zusammenarbeit zur Erstellung thematischer Karten an. Gleiches gilt für die Ermittlung der Verkehrsstruktur, die Ansatzpunkte für Überwachung und Kontrolle sowie Fahndungsmaßnahmen aus der Untersuchung von Täterfluchtmöglichkeiten erkennen läßt.

Die Untersuchung der **Arbeitsweise von Tätern** führt zu Erkenntnissen für den Einsatz (Streife, Observation, Objektschutz) der Polizei zur Sicherung gefährdeter Objekte bzw. anläßlich einmaliger oder wiederkehrender Ereignisse mit besonderem Planungsbedarf. Hinweise ergeben sich auch für die kriminalpolizeiliche Beratung zur Förderung des Eigenschutzes Betroffener. 29

Die Beobachtung der **wirtschaftlichen Lage** eines Gebietes läßt nicht nur Zusammenhänge zwischen Arbeitslosigkeit und Kriminalität erkennen. Die Entwicklung von Wirtschaftsbereichen zieht erfahrungsgemäß die Entstehung neuer Deliktsformen nach sich, z. B. Umweltkriminalität. Zum grundsätzlichen Erkennen von Entwicklungen und zur Antizipation möglicher Folgen für die Kriminalitätsentwicklung eignen sich polizeiliche Frühwarnsysteme[25], die im Abschnitt zur Strategie näher beschrieben werden (s. unten Rdnr. 230–237). 30

Eine **Aufzählung anderer Behörden** und ihrer Zuständigkeiten ermöglicht Modelle behördenübergreifender Kriminalitätsprävention. Dabei können Planungsüberschneidungen vermieden werden, falls sich z. B. Gefahrenabwehrkompetenzen überlagern. Gleichzeitig eröffnet sich die Möglichkeit der Erschließung zusätzlicher Informations-/Datenquellen. 31

Die **Bevölkerung** eines Gebietes ist Initiator und Adressat polizeilicher Maßnahmen. Ihre Struktur bestimmt mit das Aufgabenspektrum der Instanzen der formellen Sozialkontrolle. Der Umfang der registrierten Kriminalität hängt weitgehend vom Integrationsniveau der Bevölkerung ab. Die statistische Erfassung der Bevölkerungsstruktur ermöglicht die Einschätzung von Störer-, Täter- und Opferpotentialen. Gleichzeitig bildet sie die Grundlage für die Berechnung von Kriminalitätsquotienten (z. B. der Kriminalitätsbelastungszahlen). Die ethnische Zusammensetzung ist ein Indikator für die Stärke des Problemfeldes Ausländer als Straftäter. Es ergeben sich Fragen zum Einsatz von Dolmetschern, von Ausländern im Polizeidienst und zur Aus- und Fortbildung von Beamten, die vorzugsweise mit Ausländern in Kontakt kommen. 32

Wanderungsbewegungen der Bevölkerung gehen einher mit Änderungen des polizeilichen Aufgabenspektrums im betroffenen Bereich. Ein besonderes Problem stellen Ein- und Auspendler dar. Entsprechende Untersuchungen lassen Zusammenhänge mit Kriminalitätserscheinungen an Ein- und Ausströmlinien erkennen[26]. Die Analyse erfolgt mit Hilfe der elektronischen Datenverarbeitung. 33

---

25 *Klausmann* 1983 schildert betriebliche Frühwarnsysteme. Die Vorstellungen lassen sich für den polizeilichen Bereich ansatzweise übernehmen. Grundsätzlich auch *Dörmann/Beck* 1984 S. 64.
26 *Fink* 1969.

34 Die **registrierte Kriminalität** wird in der Polizeilichen Kriminalstatistik erfaßt. Einflüsse der Fallerfassungs- und -registrierungsunterschiede ergeben sich aus der Analyse der Richtlinien für die Statistik.

35 Unterschiede im Straftatenaufkommen in verglichenen Bereichen können auch auf **unterschiedliche Ermittlungsansätze** zurückzuführen sein. Diese lassen sich durch Befragung der ermittelnden Beamten oder aus der Organisationsstruktur beschreiben. So hat z. B. eine Expertenbefragung (von polizeilichen Sachbearbeitern aus speziellen Dienststellen) zum Thema Organisierte Kriminalität[27] wesentliche Unterschiede zwischen delikts- und täterorientierter Ermittlungstätigkeit auf diesem Sektor deutlich werden lassen. Einflüsse auf Kriminalitätsentwicklung und -umfang ergeben sich auch aus anderen Gegebenheiten: So können vorübergehend eingerichtete Ermittlungseinheiten, Sonderkommissionen und speziell ausgebildete Beamte zu einer feststellbaren Entwicklung der Fallzahlen bei Kontrolldelikten geführt haben.

36 Aus geographischen Vergleichen ergeben sich weiterhin Ansatzpunkte über verzerrende **Einflüsse** bestimmter **regionaler Bereiche:** in Hessen bildet z. B. Frankfurt einen Schwerpunkt mit Einfluß auf die Kriminalitätsentwicklung im ganzen Bundesland, in Nordrhein-Westfalen die Rhein-Ruhr-Schiene. Aussagen zur Kriminalitätsentwicklung müssen immer auch auf solche Verzerrungsfaktoren hinweisen.

37 Die Auswertung von Medienberichten kann zudem aufzeigen, ob z. B. die Bevölkerung hinsichtlich eines speziellen Delikts(bereichs) besonders sensibilisiert ist und daher mit erhöhtem **Anzeigenaufkommen** zu rechnen ist. Auch das veränderte Anzeigeverhalten von Institutionen wie z. B. der Post – Stichwort Telefonzellenvandalismus –, Änderungen von Versicherungsbedingungen, Kontrollverhalten von Inspektoren der Verkehrsbetriebe usw. können zu erheblichen Veränderungen von Deliktsumfang und -spektrum geführt haben.

38 Hierher gehören zudem Untersuchungen über die **Belastung von Polizeibeamten** durch Tätigkeiten, die nicht zur Kriminalitätsbekämpfung (Straftatenreduzierung oder -aufklärung) direkt zu rechnen sind, wie Demonstrationen.

39 Die Beobachtung der Veränderung von **Kriminalitätsquotienten** weist auf Verschiebungen, Verdrängungen, Zu- und Abwanderung bestimmter Kriminalitätsformen hin. Auch werden Schwerpunktbildungen erkennbar. Zu neuerdings vorgeschlagenen Methoden, die die Tatgelegenheit in die Betrachtung einschließen, gehört die Berechnung einer gelegenheitsspezifischen Kriminalitätsziffer[28], die zu eindeutigeren Aussagen über die Kriminalitätshäufigkeit beitragen soll.

40 Eine vorbeugende und repressive Verbrechensbekämpfung ist ohne analysierende Untersuchung einzelner registrierter Delikte bzw. Deliktsbereiche nicht denkbar. Das gilt für Bundes- und Landesebene wie auch im lokalen Bereich. Die Notwendigkeit spezieller Analysen ergibt sich immer

---

27 *Rebscher/Vahlenkamp* 1988.
28 *Heiland* 1987 a u. b.

dann, wenn „normale" Durchschnittswerte, die als Schwellenwerte aus der Auswertung der Polizeilichen Kriminalstatistik zu errechnen sind, über-, aber auch unterschritten werden. Es sind dafür die Ursachen zu ermitteln, und es ist ggf. die Bekämpfung besonders zu intensivieren[29].
Deliktsanalysen sollen die Frage klären, wie diese Deliktsart mit einem Minimum an Aufwand und einem Optimum an Aussicht auf Erfolg bekämpft werden kann[30]. Als Ergebnis sind so auch Hinweise für eine zweckmäßige Aufbau- und Ablauforganisation zu erwarten. In diesem Zusammenhang ist zu untersuchen, welche Kriminalität welche andere nach sich zieht bzw. bedingt; Einbruchsdiebstahl geht meist mit Hehlerei einher, Rauschgiftkriminalität mit Wohnungseinbrüchen oder Diebstählen aus Kraftfahrzeugen.

Für die **Lagedarstellung von Einzeldelikten** bietet sich auf Makro- und Mikroebene grundsätzlich das für die Kriminologische Regionalanalyse vorgestellte Aufbauschema an, wobei die Strukturdaten immer als Rahmen anzusehen sind. Soweit möglich und erkennbar, sollte jeweils geklärt werden, wo bei den sogenannten „harten Daten" die Grenzen ihrer Verläßlichkeit liegen. Gerade hier spielen künftig noch zu entwickelnde Indikatoren eine bedeutende Rolle. Somit scheint ein Problem nicht im Defizit an Informationen, sondern in der anwenderbezogenen Zusammenfassung zu liegen[31]. 41

Datenquellen für mikrostrukturelle Untersuchungen sind neben den Straftätern und Opfern u. a. die (Ermittlungs-)Akten sowie die mit der Aufklärung des Verbrechens betrauten Personen (Ermittlungsbeamte). Die in diesem Zusammenhang gewonnenen Erkenntnisse über Straftäter, Tatbegehung und Opfer lassen auch Bemühungen der typologischen Zuordnung zu. Verschiedene (aufgeklärte und unaufgeklärte) Fälle können dahingehend untersucht werden, welche Typen der Begehungsweise, der Situation und der Täterpersönlichkeit sich sinnvollerweise unterscheiden lassen. Darüber hinaus sollte geklärt werden, wie diese Typen (Untergruppen) von Straftaten üblicherweise in die Dateien der EDV aufgenommen werden, so daß Konsequenzen der Art der Kategorisierung für die polizeiliche Arbeit studiert werden können. Durch die detaillierte Auswertung von Einzelfällen nach den Merkmalen Tatausführung/Täter/Situation/Opfer können relevante Variablen, die in (massen-)statistischen Untersuchungen noch nicht berücksichtigt wurden bzw. dort nicht berücksichtigt werden könnten, in den Blick kommen. Daneben kann eine solche Untersuchung auch zur Hypothesenbildung (Heuristik) über (weitere) Entstehungsbedingungen dieses Delikts beitragen[32]. 42

Als **Auswertungsmethoden** sind bisher in erster Linie Analysen von polizeilichen Ermittlungsakten oder Justizakten[33] und von Anzeigeformularen 43

---
29 Ein Beispiel für die Errechnung der Schwellenwerte findet sich in *Law Enforcement Assistance Administration* 1979 S. 97–105.
30 *Hochscherff* 1969 S. 282.
31 *Jäger* 1980 S. 309.
32 *Dutz* 1984 S. 3 ff.
33 Zur Kritik der Aktenanalyse in der kriminologischen Forschung *Karstedt-Henke* 1982.

angewandt worden. Hierzu einige Beispiele, wobei Untersuchungen von Handakten, Schlußberichten und Karteikarten ebenfalls berücksichtigt werden.

Hochscherff untersuchte die Einbruchsdiebstahlskriminalität (Geschäftseinbrüche, Büro- und Lagereinbrüche sowie Wohnungseinbrüche) im Hinblick auf Tatortfaktoren, Arbeitsweise der Täter und die Tatzeit[34]. *Gerhold*[35] erstellte eine Analyse der Raub- und Einbruchsdelikte einer Großstadt. Bereits hier zeigte sich, daß eine manuelle Auswertung wegen der Datenfülle kaum Vergleiche zuläßt. Der Einsatz der EDV erscheint unverzichtbar. Die Polizei in Hamburg führte eine ganze Reihe von Untersuchungen zu einzelnen Deliktsbereichen durch. Ziel war stets die Darstellung der kriminologischen Erkenntnisse, die sich aus Akten- und Statistikuntersuchungen ergaben, und die Gewinnung von Ansatzpunkten für Ermittlung und Prävention. *Kierstein*[36] beschreibt die Durchführung von Deliktsanalysen und ihre Anwendung am Beispiel von Raubüberfällen, Wohnungseinbrüchen sowie Geschäfts- und Schaufenstereinbrüchen. Er kommt dabei jedoch zu nur eingeschränkt aussagefähigen Resultaten, da Anzeigeformulare und nicht Ermittlungsergebnisse ausgewertet wurden. Auf der Basis von Alltagstheorien und Erfahrungswissen wurde von der Kriminalistisch-kriminologischen Forschungsgruppe des Bundeskriminalamtes ein Fragenkatalog zum Wohnungseinbruch erstellt. Dieser wurde von kriminalpolizeilichen Sachbearbeitern bzw. Kommissariatsleitern zum Fall ausgefüllt. Die Anworten sind in einer Pilotstudie zusammengeführt worden[37]. *Roll* und *Hauck*[38] nahmen in Berlin eine Anzeigenanalyse zum Einbruch in Kraftfahrzeuge vor. In diesem Falle erfolgte die Analyse durch Mitarbeiter einer Kriminalpolizeilichen Beratungsstelle. Andere Möglichkeiten werden darin gesehen, Polizeischüler im Rahmen ihrer Ausbildung an die angewandte praxisbezogene Kriminologie heranzuführen, ebenso Studierende an der Polizei-Führungsakademie im Rahmen von Projektstudien. Als Möglichkeit bietet sich weiterhin der Einsatz besonders geeigneter ABM-Kräfte an. *Dutz*[39] schlägt wieder eine andere Vorgehensweise vor: Die Analyse wird getrennt von einem Wissenschaftler und einem Praktiker, ggf. zusätzlich von einem Juristen, durchgeführt. Die Ergebnisse werden bis zum Konsens verglichen und diskutiert. So werden die verschiedenen Aspekte aus Wissenschaft, Praxis und Justiz berücksichtigt und eine gemeinsame Basis entwickelt. *Dutz* führt diese Vorgehensweise am Beispiel der Untersuchung zur Typologie des Straßenraubes vor.

44 Die **räumliche Verteilung der Straftaten** wird heute mit Hilfe der elektronischen Datenverarbeitung dargestellt, für die sich verschiedene anwendungs- und praxisbezogene Programme in der Entwicklung befinden[40]. So soll eine Anpassung des Polizeieinsatzes an Kriminalitätsbrenn-

---

34 *Hochscherff* 1969.
35 *Gerhold* 1971.
36 *Kierstein* 1968.
37 Kriminalistisch-kriminologische Forschungsgruppe des BKA 1982.
38 *Roll/Hauck* 1986.
39 *Dutz* 1984.
40 *Kühne* 1988.

punkte erreicht werden. Auch für die Auswertung der **Tatzeit** wird die EDV herangezogen. Hier ergibt sich jedoch der grundlegende Nachteil, daß bereits bei der Anzeigenaufnahme die Tatzeit oft nicht genau eingrenzbar ist[41].

Auch die Analyse der **Tatverdächtigenzahlen** erfolgt auf der Basis der Polizeilichen Kriminalstatistik. Hinzu kommt gegebenenfalls eine Einschätzung des Sachbearbeiters zum Täterpotential in seinem örtlichen und sachlichen Zuständigkeitsbereich. Spezielle Auswertungen ergeben Erkenntnisse zur Tätermobilität[42], die aus den Tatverdächtigendaten der EDV-Dateien gewonne werden, und zu Mehrfach- und Intensivtätern, die in kriminalpolizeilicher Hinsicht von besonderem Interesse sind.

Spezielle **Mehrfach- und Intensivtäterprogramme** des Landeskriminalamtes Nordrhein-Westfalen z. B. gestatten den Überblick über Tatverdächtige, die mehr als 100 Straftaten begangen haben. Weiter ermittelbar ist die Anzahl der von den Tatverdächtigen begangenen Delikte sowie Angaben darüber, wie oft Tatverdächtige im Jahr in Erscheinung getreten sind[43]. Das Landeskriminalamt Baden-Würtemberg[44] hat in einer Stichtagsuntersuchung den gesamten Datenbestand jugendlicher Tatverdächtiger (unter 21 Jahren) analysiert, um folgende Fragen zu klären: Wie hoch ist der Anteil der Einmaltäter im Verhältnis zu den Mehrfachtätern? Wie verteilt sich die Deliktshäufigkeit in den einzelnen Gruppen der Mehrfachtäter? Lassen sich hinsichtlich der Straftatenhäufigkeit Unterschiede zwischen Deutschen und Ausländern feststellen? Sind bezüglich der Deliktshäufigkeit regionale Unterschiede je nach Struktur erkennbar?

Eine andere Fragestellung macht bewertende Zusatzinformationen zur bisherigen Darstellung und Aufteilung in der Polizeilichen Kriminalstatistik erforderlich: die **Tätergemeinschaften.** Hier helfen meist nur Expertenbefragungen (ermittelnde Polizeibeamte) weiter. Als Beispiel sei auf die gerade veröffentlichten Studien zur Organisierten Kriminalität hingewiesen, die das Bundeskriminalamt durchgeführt hat[45]. Aufschlüsse sind auch aus der Analyse von Anzeigeformularen zu erwarten.

Opferaspekte, die in erster Linie zur Entwicklung präventiver Strategien von Nutzen sind, lassen sich ebenfalls mit Hilfe der EDV ermitteln[46]. Basisdaten ergeben sich aus der Polizeilichen Kriminalstatistik. Dazu gehört auch die Untersuchung tatmotivierender und tatauslösender Faktoren und der Täter-Opfer-Beziehung.

In die Kriminologische Regionalanalyse sollen neben den erwähnten Untersuchungsergebnissen auch Aspekte einfließen, die sich aus **speziellen Analysen** und Auswertungen ergeben.

---

41 *Schweiger* 1984.
42 *Walliser* 1984.
43 *Landeskriminalamt Nordrhein-Westfalen* 1987 S. 49–53.
44 *Landeskriminalamt Baden-Württemberg* 1985 S. 97–103.
45 *Rebscher/Vahlenkamp* 1988.
46 *Becker* 1973.

50 Die Erfassung ermittlungs- und einsatzrelevanter Erkenntnisse aus dem Aufgabenbereich des Sachbearbeiters ermöglicht eine differenzierte Darstellung aller polizeilich erfaßbaren Aspekte der Kriminalitätslage einschließlich des Hintergrund- und Erfahrungswissens. Welche Erkenntnisse hier gewonnen werden können, haben Studien, die auf **Expertenbefragungen** basieren, in jüngster Zeit erneut verdeutlicht[47]. Hierzu gehören Untersuchungen zur Organisierten Kriminalität, zur Wirksamkeit vollzugspolizeilicher Maßnahmen, zur Umweltkriminalität. Ein weiterer Expertenkreis erschließt sich, wenn Täter befragt werden können. Täterbefragungen dienen der Entwicklung von Verdachtsstrategien, der Ermittlung, Fahndung und Observation; es werden Tatsachen bekannt über die Vorgehensweise (Tatablauf, Rekonstruktion) und täterleitende Faktoren. Daraus sind präventive Maßnahmen abzuleiten und Erkenntnisse für Aus- und Fortbildung in der Polizei zu gewinnen[48]. Täterbefragungen und -äußerungen sind gelegentlich auch der Presse zu entnehmen[49].

51 Im kleineren Rahmen kaum durchführbar, aber von großem Erkenntnisinteresse ist die **Dunkelfeldforschung.** Dabei kommen weniger Experiment oder teilnehmende Beobachtung in Frage als vielmehr die Befragung (unmittelbar persönlich, schriftlich, telefonisch) von Opfern, gelegentlich auch von Tätern oder Informanten[50]. Aus den Ergebnissen lassen sich Bedrohungspotentiale eruieren, plausible Angaben zu Kriminalitätstrends entnehmen und Präventionsstrategien entwickeln. Praktikabel erscheint neben der Beauftragung von wissenschaftlichen Instituten die Befragung von Teilen der Bevölkerung durch Meinungsforschungsinstitute[51].

52 Wichtig im Zusammenhang mit dem Bereich Kriminalitätskontrolle ist die Festlegung von **Zielen polizeilicher Tätigkeiten.** Bisher haben nur wenige Untersuchungen zu diesem Bereich Stellung genommen. Dabei steuern Ziele Planung und Entscheidung, auch wird ohne Zielvorgaben die Erstellung von z. B. Lagebildern lediglich als Anhäufung bedruckten Papiers angesehen. Wesentlich erscheint die Aufstellung einer Zielhierarchie für verschiedene Ebenen, die Kontrolle der Zielerreichung und die Beschreibung von Beeinflussungsfaktoren auf dem Weg zur Zielerreichung oder auch die Akzeptanz von Zielen durch die Betroffenen[52].

53 Organisatorische Fragen und solche zum Aufgabenspektrum bzw. zur Zuständigkeitsregelung lassen sich mit Hilfe von **Organisationsuntersuchungen** und Aufgabenanalysen klären[53]. Die Problemanalyse vor Ort erstreckt sich dabei auf mündliche Befragungen, den Besuch von Lagebesprechungen und die Gesprächsführung mit Dienststellen, die mittelbar

---

47 So z. B. *Rebscher/Vahlenkamp* 1988; *Servay/Rehm* 1986; *Wittkämper/Wulff-Nienhüser* 1987.
48 *Pachmann* 1984; *Schwind/Steinhilper* 1984.
49 So z. B. Der Spiegel Nr. 34/1985 S. 58, 59 zu Wohnungseinbruch; der kriminalist 1985 S. 135–139 (anonymer Bericht eines Tageswohnungseinbrechers).
50 *Dörmann* 1985, 1988; *Schwind* 1981.
51 *Dörmann* 1988.
52 *Bronner* 1985; *Steffen* 1985.
53 *Landespolizeidirektion Hamburg,* Arbeitsgruppe „Verbesserung des Lagebildes VB der PD/LPD" 1986.

oder unmittelbar betroffen sind und Bedarf angemeldet haben, der organisatorisch in den Griff zu bekommen ist. Wichtige Aspekte ergeben sich dabei nicht zuletzt aus Kosten-Nutzen-Analysen, die im Bereich der Polizei bisher aber wenig praxisrelevant geworden sind[54].

Zur Planung der polizeilichen Rahmenbedingungen[55] der Verbrechensbekämpfung ist auch die **Polizeistärkeberechnung** – Bestimmung der erforderlichen Kräfte – ein wesentlicher Faktor. Verschiedene Ansätze sind bereits beschrieben worden, mit deren Hilfe eine Stärkefestsetzung versucht werden kann[56]. Der Einfluß der Polizeistärke und -dichte ist in letzter Zeit wiederholt untersucht worden, vor allem im Zusammenhang mit der Bevölkerungsentwicklung und der sich daraus ergebenden zunehmenden Kontrolldichte gegenüber Jugendlichen und Kindern[57].

Die Fragen der **kriminalistischen Ausbildung** betrachtet *Steinke*[58]. Sie gewinnen an Bedeutung angesichts der Tatsache, daß ein zunehmend höherer Grad an Professionalität erforderlich ist, um auch in Spezialbereichen mit der Entwicklung auf der Täterseite mithalten zu können. Hier stellt sich in besonderem Maße die Frage nach der Übertragbarkeit und Umsetzbarkeit wissenschaftlicher Erkenntnisse in die Praxis. Hierzu wird nachfolgend Stellung genommen.

Eine der vornehmsten Aufgaben der Polizei ist die **Straftatenvorbeugung**. Möglichkeiten der Praxis, auch in Bereichen mit höherem Grad an Komplexität, beschreiben Untersuchungen zu einzelnen Deliktsbereichen, so z. B. *Aprill* und *Poerting* für die Betrugs- und Wirtschaftskriminalität[59], *Kube/Schuster* für den Vandalismus[60] und *Kube* für ein weiteres Spektrum von Straftaten[61]. Ein Kernproblem der Präventionsbemühungen der Polizei besteht darin, daß die Wirksamkeit der durchgeführten Maßnahmen nur ansatzweise evaluiert werden kann. Jedoch lassen sich Daten ermitteln, die zumindest helfen, die Ungewißheit zu reduzieren[62]. Betont wird immer die Bedeutung einer umfassenden Kriminalitätsanalyse auch für die Tätigkeit im Bereich präventiver Planung und Durchführung[63].

Die Untersuchung der bestehenden oder zu planenden **Informations- und Kommunikationssysteme** nimmt in der Lagedarstellung breiten Raum ein. Einsatzplanung ist raumbezogen. Daher sollten alle aus der Sicht der Polizei erforderlichen Informationen zur Lagebeurteilung auf diese geographischen Einheiten bezogen werden können. Es sollte zudem größtmögliche Aktualität gegeben sein. Dies ist nur mit Hilfe der EDV möglich[64].

---

54 *Klingemann* 1978; *Pfaff/Kistler* 1982.
55 *Kube* 1986.
56 *Augschun* 1969; *Rosenow* 1969.
57 *Pfeiffer* 1987.
58 *Steinke* 1983.
59 *Aprill/Poerting* 1979.
60 *Kube/Schuster* 1985.
61 *Kube* 1987 a.
62 *Kerner* 1980; *Schneider* 1986.
63 *Steinhilper* 1977.
64 *Kühne* 1988 S. 63.

58 Ziel der **DV-Unterstützung** ist es in erster Linie, ausreichende und sachgerechte Informationen zur Bewältigung von Entscheidungsprozessen und Aussagen zur Kriminalitätsentwicklung und zur aktuellen Kriminalitätslage, bezogen auf Delikt, Ort und Zeit, zu gewinnen. Welche Führungsinformationen darüber hinaus Einfluß auf Entscheidungen ausüben (Informationen, die sich ebenfalls aus der DV gewinnen lassen), ist bisher nicht ausreichend untersucht worden.

Nur mit Hilfe der DV ist es möglich, größere Datenmengen, die bei der Erstellung des Lagebildes zu verarbeiten sind, zu bewältigen und in der angestrebten Form zu verknüpfen und auszuwerten. Auch wird z. B. ein großer Zeitaufwand dazu benötigt, immer wieder Zahlen in Sekundärstatistiken und -tabellen zusammenzufassen. Bisher bieten sich folgende Möglichkeiten der EDV-Nutzung an:
- INPOL und landeseigene Systeme und Anwendungen, in erster Linie für statistische Zwecke;
- Einsatzleitrechner, die Regionalanalysen polizeilichen Aufgabenanfalls ermöglichen und auch in gewissem Umfang zur Lagedarstellung Verwendung finden können;
- spezielle EDV-Einrichtungen (z. B. PC für Sonderanwendungen). Hier bieten sich auf die spezifischen Anforderungen an die Erstellung von Lagebildern zugeschnittene Einsatzmöglichkeiten.

59 Probleme ergeben sich, wo in der Praxis deren Bedürfnisse zu wenig bestimmt sind: Es müssen konkrete, realisierbare Ziele von den Anwendern und DV-Planern gemeinsam erarbeitet und formuliert werden[65]. Grenzen in den Recherchemöglichkeiten ergeben sich oft aus der mangelnden Eingabequalität der Daten. Die wiederum beeinträchtigt die Akzeptanz beim Benutzer. Nachfolgend seien einige **EDV-Anwendungs- und -Einsatzbeispiele** aus der Praxis genannt:
- Erstellung von Kriminalitätslagebildern/Kriminalitätsatlas[66]; PC-Einsatz zur Lagedarstellung im Bereich Diebstahl aus Gaststätten[67];
- Bekämpfung der Diebstähle aus Wohnungen[68]; PC-Einsatz zur Ermittlungsunterstützung bei Diebstahl aus Kfz[69];
- Mobilität der Straftäter[70];
- regionaler Meldedienst[71];
- Modelle zur Aufbereitung statistischer Daten für die EDV-unterstützte Planung im Rahmen der Stabsarbeit auf Dauer[72]; Verbesserung und Beschleunigung von Informationsflüssen im Stab und zwischen Stab und Linie[73]; technische Möglichkeiten zum Einsatz des Führungsleit-

---

[65] *Wiesel* 1986.
[66] *Albert/Stock* 1986; *Kühne* 1988.
[67] *Albrechts* 1986.
[68] *Wasser* 1986.
[69] *Albrechts/Strack* 1987.
[70] *Walliser* 1984.
[71] *Möller* 1985.
[72] *Polizei-Führungsakademie* 1986 a.
[73] *Ernst* 1985.

rechners im Stab[74]; Einsatzleitrechner und Organisation, Führung, Einsatz[75]; Simulationsmodelle als Entscheidungshilfe[76];
- Möglichkeiten der Prävention und Einsatzführung; Ereignisauswertung[77]; Einsatz-/Einsatzmittelübersichten[78];
- viktimologische und präventive Aspekte der PKS[79].

Die **Auswertung von Medien** und die darauf gründende **Öffentlichkeitsarbeit,** die vor allem Einfluß ausüben soll auf das Sicherheitsgefühl in der Bevölkerung und die Kriminalitätseinschätzung sowie die Einschätzung der polizeilichen Arbeit in der Öffentlichkeit, beziehen sich auf die Feststellung, daß ein Zusammenhang zwischen genereller Wertschätzung des Rechtssystems und der Polizei einerseits und andererseits der Anzeigebereitschaft und der Erfolgserwartung besteht. Einfluß wird hier ausgeübt auf das Rechtsbewußtsein der Bevölkerung und auf die Wertestruktur. Praxisrelevanz gewinnt die Untersuchung, wenn z. B. die Bereitschaft, an Öffentlichkeitsfahndungen teilzunehmen, geprüft werden muß. Die Einflüsse auf kriminalstrategische Planungen beschreibt *Dölling*[80]. Klarheit bringen hier Befragungen der Bevölkerung selbst und – wie angedeutet – Medienauswertungen. Eine wichtige Quelle für Erkenntnisse könnte zudem der Kontaktbereichsbeamte sein, der innerhalb der Polizei die größte Nähe zur Öffentlichkeit besitzt.

V. Kriminalistische Diagnose im Makrobereich

Von übergeordneter Bedeutung ist der **Vergleich von unterschiedlichen Regionen,** um Veränderungen in der Kriminalitätsentwicklung, bedingt durch regionale Einflüsse, durch andersartige polizeiliche Maßnahmen oder andere Wirkungsfaktoren erkennen zu können. Lagebilder, die auf einer höheren Ebene erstellt werden, können Aufschluß darüber gewähren, ob es sich bei abweichenden Entwicklungen um regionale Trends oder solche von landes- oder bundesweiter Bedeutung handelt.

Kriminologische Regionalanalysen aus verschiedenen örtlichen Bereichen, vorzugsweise aus für bestimmte Raumtypen repräsentativen **Bereichen struktureller Vergleichbarkeit,** können auf verschiedenen Ebenen (Regierungsbezirk; Land/Ländergruppe; Bund) im überregionalen Kriminalitätslagebild zusammengeführt werden[81].

Während die Erstellung eines Kriminalitätslagebildes auf der Mikroebene zuallererst an den Erfordernissen der alltäglichen praktischen Aufgabenbewältigung orientiert ist, sind **Kriminalitätslagebilder auf der Makroebene** zuerst und vorzugsweise auf andere Interessen ausgerichtet.

---

74 *Lehmann* 1980.
75 *Stumpf* 1981.
76 *Kubatzky/Tettweiler* 1981.
77 *Baar/Schmetzer* 1980.
78 *Werth* 1986.
79 *Becker* 1972.
80 *Dölling* 1986.
81 S. Fn. 14.

64 Ein Gesamtlagebild entsteht durch eine kontinuierlich fortgeschriebene **Bestandsaufnahme** aller sicherheitsrelevanten bzw. kriminalitätsrelevanten Daten und Erscheinungen, die wertend miteinander verknüpft werden müssen. Es beschreibt Aspekte der Kriminalität mit den sie beeinflussenden gesellschaftlichen, wirtschaftlichen, technischen, rechtlichen u. a. Rahmenbedingungen und Entwicklungen. Es soll zu weitgehend übereinstimmender **Lageeinschätzung** bei den Polizeiverantwortlichen führen und damit landes- bzw. bundesweit in Form und Intensität überwiegend gleichartige Reaktionen auf polizeiliche Lagen bewirken.

65 Das überregionale Lagebild dient weiterhin der Feststellung und Einschätzung von **Einflußfaktoren** auf die quantitative, aber auch die qualitative Kriminalitätsentwicklung, dazu u. a. auch der Beurteilung der Aussagekraft von Statistiken. Darüber hinaus hilft es bei der Feststellung und Beurteilung von **Trends** (regionale/überregionale Bedeutung kann erkannt werden), der Suche nach Indikatoren für Richtung und Ausprägung der Trends und der Analyse möglicher Folgen für polizeiliche und außerpolizeiliche Aufgabenstellungen.

66 Überregionale Kriminalitätslagebilder sind notwendig zur **Präsentation für die politischen Entscheidungsträger.** Damit werden u. a. folgende Zwecke verfolgt:
– Erkennen sich wandelnder Aufgabenstellungen für die Polizei;
– Beurteilung langfristig wirkender kriminalpolitischer Entscheidungen;
– Beschleunigung kriminalpolitischer Reaktionen;
– Einschätzung der Wirkung bzw. Gültigkeit von gesetzlichen Regelungen;
– Vorbereitung bzw. Änderung von Gesetzen;
– Beurteilung der Entwicklung des Rechtsbewußtseins;
– Bildung von Schwerpunkten für politische Aktivitäten (Festlegung von Aktionsprogrammen);
– Ermittlung von Bereichen, in denen eine verstärkte auch internationale Zusammenarbeit anzustreben ist;
– internationaler Vergleich der Rechts- und Kriminalitätsentwicklung;
– Bereitstellung von Haushaltsmitteln.

67 Ein weiteres Interesse besteht an Lagebildern zur zentralen Festlegung von **Aus- und Fortbildung**szielen und -inhalten und zur Feststellung und Koordination von **Forschungs-** und Entwicklungsbedürfnissen.

68 Überregionale Kriminalitätslagebilder sind darüber hinaus Grundlage für **Kriminalitätsprognosen** (im Sinne von Kollektivprognosen [s. unten Rdnr. 76, 78]). Es lassen sich Wahrscheinlichkeitsurteile abgeben über die Entwicklung (praktikablerweise) einzelner Kriminalitätsbereiche, die sich auf Erfahrungen und Bewertungen von Experten und weniger auf mathematische Modelle stützen, die erfahrungsgemäß allenfalls für sehr kurzfristige Prognosen geeignet sind. Dabei soll versucht werden, Fehlerquellen der jeweiligen Registrierungsmethoden besser zu erkennen und bei der Interpretation von Fakten mit zu berücksichtigen. Der Prognose kann in mehreren Bereichen Bedeutung zukommen:

- Vorausschau neuer Formen der Kriminalität und von Veränderungen in der Begehensweise von Delikten (dies führt zu mittelfristigen polizeilichen Planungen).
- Vorausschau von insbesondere qualitativen und quantitativen Strukturveränderungen der (registrierten) Kriminalität (hier findet sich die Basis für langfristige polizeiliche Planungen).
- Vorausschau von Opfersituationen und Opferverhalten (Entwicklung opferbezogener Präventionsprogramme).
- Vorausschau der Verhaltenssteuerung und möglicher Ausweichreaktionen Betroffener bei gezielten (kriminal-)politischen Strukturveränderungen.

Daten aus überregionalen Kriminalitätslagebildern können in ein **polizeiliches Frühwarnsystem** einfließen, in dem besonders geeignete Beamte Trends der Kriminalität und kriminalitätsrelevanter gesellschaftlicher Entwicklungen beobachten und analysieren, um rechtzeitig polizeibezogene Aufgabenentwicklungen diagnostizieren zu können. Im Abschnitt zur Strategie wird ein polizeiliches Frühwarnsystem näher beschrieben (s. unten Rdnr. 230–237).

VI. Erstellung von Kriminalitätslagebildern

Auf der Mikroebene, explizit der Sachbearbeiterebene, ist jeder Sachbearbeiter für die **Informationsbeschaffung und Auswertung** ihn betreffender Sachverhalte selbst verantwortlich. Es erscheint jedoch grundsätzlich zweckmäßig, auch bereits hier Unterstützungsfunktionen zu institutionalisieren, die gezielt (Vor-)Auswahl von Informationen treffen. Zur Verarbeitung der aktuellen Kriminalitäts- und sonstigen Sicherheitsdaten ist ein für Schutz- und Kriminalpolizei gemeinsamer Lagedienst zweckmäßig[82].
Als Haupttätigkeiten einer Lagediensstelle gelten
- (aktive) Informationsgewinnung/Datenbeschaffung;
- Auswertung, Bewertung, Analyse, Prognose;
- Zusammenarbeit mit anderen Fachbereichen bei der Maßnahmenplanung und Aus- und Fortbildungsplanung;
- Kontaktaufnahme und -unterhaltung sowie Zusammenarbeit mit anderen (für die Lage relevanten) Behörden, Institutionen und Einrichtungen;
- Schriftverkehr; Erfüllung der Berichtspflichten;
- Öffentlichkeitsarbeit (ggf. in Zusammenarbeit mit der Pressestelle); dazu Entwurf entsprechender Darstellungsformen (Text, Grafiken usw.).

Die Forderung nach optimaler Informationserhebung und -aufarbeitung läßt es sinnvoll erscheinen, auch in kleineren Dienststellen zumindest eine Person für den **Aufgabenbereich „Lage"** von anderen Aufgaben freizustellen. Die Anfertigung umfassender Kriminalitätslagebilder erfordert einen nicht unerheblichen Personal- und Zeitaufwand. Zunächst muß z. B.

---

82 *Schmid* 1986 S. 36. *Wenzky* 1969 S. 234 dazu: Die zentrale Polizeiführung eines Landes bedarf u. a. eines „Kriminalitätsinformationszentrums".

bei der Kriminologischen Regionalanalyse der Rahmen erarbeitet werden. Es ist insbesondere an die Beschaffung und Zusammenstellung der Strukturdaten zu denken. Diese liegen oft nicht gleich in der gewünschten Form vor und müssen entsprechend aufbereitet werden. Steht dieses Gerüst erst einmal, sind nur wenige variable Daten in ihrer Entwicklung zu überwachen und zu aktualisieren. Der Schwerpunkt liegt dann, wie auch bisher schon, in der Beobachtung der Kriminalitätsdaten. Dabei sind zusätzliche Anstrengungen darauf zu verwenden, sie zu analysieren, zu bewerten und mit anderen Daten in Verbindung zu bringen.

72 Hochqualifiziertes Personal wird ggf. auch für die **Umsetzung der Lageerkenntnisse** als Ausfluß aller diagnostischen Tätigkeiten in strategische, taktische und organisatorische Planungen benötigt. Optimal erscheint hier die Einrichtung von Planungsstäben insbesondere im Makrobereich.

C. Kriminalitätsprognose

I. Kriminal- und Kriminalitätsprognosen – Begriffe und Arten

1. Begriff der Prognose

73 Prognosen sind Voraussagen über künftige Zustände oder Ereignisse. Unter **wissenschaftlichen Prognosen** werden zumeist nur solche Voraussagen verstanden, die aufgrund bestimmter (deterministischer oder indeterministischer) Gesetzesannahmen und relativ zu bestimmten Anfangs- und Randbedingungen gemacht werden (**bedingte Prognosen**). Im Hinblick auf wissenschaftstheoretische Probleme[83] wird freilich auch die „**begründete Erwartung**" nicht selten als wissenschaftliche Prognose anerkannt. Voraussagen ohne gesetzmäßige Fundierung/theoretische Basis bzw. ohne begründete Erfahrungstatsachen (bedingungslose Vorhersagen) werden mit den Begriffen **Prophetien, Projektionen, Extrapolationen** usw. belegt[84].

74 Entsprechend dem mit der Erstellung einer Prognose verbundenen pragmatischen Erkenntnisinteresse kann unterschieden werden zwischen Prognosen, die für Zwecke wissenschaftlicher Forschung im Interesse der Überprüfung einer Hypothese (**Test-Prognose**) aufgestellt werden, und solchen Prognosen, denen ein Interesse an Wissen über Zukünftiges (**Bedarfsforschung, technologische Prognose**) zugrunde liegt.

---

83 Vgl. unten bei Rdnr. 99.
84 Ein einheitlicher Sprachgebrauch besteht jedoch nicht. So soll z. B. eine Prognose nur dann vorliegen, wenn die Hypothesen bzw. Gesetze überprüft sind; für die Projektion kennzeichnend soll demgegenüber sein, daß sie sich mit ad-hoc-Hypothesen, Trend- oder Regressionsfunktionen behelfe (vgl. *Bohnen/Schneider* 1979 S. 4). Dieser Begriffsbestimmung zufolge würden in den Sozialwissenschaften in der Regel keine Prognosen, sondern allenfalls Projektionen erstellt.

2. Begriffe und Arten von Kriminal- und von Kriminalitätsprognosen

Im Bereich der kriminologischen Erkenntnisgegenstände „Verbrecher", „Verbrechen", „Verbrechenskontrolle" und „Opfer" lassen sich Prognosen vor allem unterscheiden nach ihrem Objektbereich bzw. **Prognosegegenstand** (Taten, Täter, Opfer), nach dem **Prognosebereich** (Total-, Partialprognose), nach dem **Grad der Aggregation** (Gesamtheit, einzelne Gruppen oder Individuen), nach der **Beeinflußbarkeit des Objektbereichs (aktionsunabhängige** [Lage-]Prognose oder **aktionsabhängige** [Wirkungs-, instrumentelle, operationale, technologische] **Prognose**) und nach ihrer **zeitlichen Reichweite** (kurz-, mittel- oder langfristige Prognose).

Bei kriminologischen Prognosen handelt es sich um Voraussagen, die sich entweder beziehen auf das künftige Legalverhalten von Individuen (**Individualprognose**) bzw. von Gruppen (**Kollektivprognose**) oder aber auf die von künftigen Straftaten betroffenen Opfer (**viktimologische Prognose**).

Die **Prognose auf Mikroebene** (Individualprognose) kann entweder eine Voraussage über das künftige Legalverhalten eines einzelnen (bestimmten) Straftäters (**Kriminalprognose**) sein oder aber eine Aussage über die für eine bestimmte Person bestehende Wahrscheinlichkeit, Opfer einer Straftat zu werden (viktimologische Individualprognose oder **individuelle Opferprognose**).

Die **Prognose auf Makroebene** (Kollektivprognose) kann sich entweder auf Aggregate von Personen beziehen, seien es potentielle Täter- (z. B. Jugendliche, Frauen oder Männer, Deutsche oder Nichtdeutsche) oder Opfergruppen. Sie kann sich aber auch auf Tatenmengen beziehen und damit eine Voraussage beinhalten über die künftige Kriminalität (insgesamt oder einzelner Kriminalitätsformen, z. B. Verkehrs- oder Wirtschaftskriminalität). In beiden Fällen – wie auch in Mischformen (z. B. künftige Gewalt- oder Eigentumskriminalität Jugendlicher) – wird von **Kriminalitätsprognosen** gesprochen.

Von Voraussagen, wie sich unter verschiedenen Annahmen über die zugrundeliegenden Einflußgrößen die Kriminalität künftig entwickeln wird (**Entwicklungsprognose**), sei es in der Gesamtbevölkerung, sei es in einzelnen Bevölkerungsgruppen, wird die sog. **Zielprognose** unterschieden. Sie enthält eine Voraussage darüber, wie die Entwicklung bestimmter Einflußgrößen verändert werden müßte, wenn am Ende der Referenzperiode eine bestimmte Kriminalitätshäufigkeit – evtl. bestimmter Erscheinungsformen – nicht überschritten werden soll.

Sowohl bei der Entwicklungs- als auch bei der Zielprognose handelt es sich um sog. **aktionsunabhängige Prognosen**. Als **aktionsabhängige Prognosen** werden solche Voraussagen bezeichnet, die sich mit den Wirkungen bestimmter Maßnahmen der Gesetzgebung, der Rechtsprechung oder der Justizverwaltung im Bereich der Strafrechtspflege befassen (z. B. Effektivität der Entkriminalisierung des Verkehrsstrafrechts, Kriminalisierung des Drogengebrauchs, Bekämpfung von organisierter Kriminalität) (**kriminalpolitische Prognose**).

3. Schwerpunkte bisheriger kriminologisch-prognostischer Arbeiten im Überblick

81 Kriminal- und kriminalitätsprognostische Bemühungen beschränkten sich bis vor kurzem noch auf Kriminalprognosen in Form von **Individualprognosen**[85]. Denn mit dem Wandel des tatvergeltenden Strafrechts zu einem instrumentalen System strafrechtlicher Sozialkontrolle und mit der Einbeziehung des Zweckgedankens wurden Individualprognosen zu „einem zentralen Problem des Strafrechts"[86]. Ausdrücklich gefordert wurden vom Gesetzgeber (vgl. §§ 56, 57 StGB) vor allem **Urteils-** und **Entlassungsprognosen.**

82 Erst in jüngster Zeit ist die Einsicht in die Notwendigkeit kriminologischer **Kollektivprognosen** gewachsen, namentlich von Kriminalitätsprognosen[87], und zwar vor allem im Zusammenhang mit den Bemühungen um eine „**rationale Kriminalpolitik**"[88]. Denn wer zukunftsorientiert handelt, insbesondere wer plant, handelt immer auf der Grundlage von Prognosen, auch wenn diese nicht explizit formuliert werden.

83 Hinsichtlich des Objektbereiches von Kriminalitätsprognosen beschränkte man sich sowohl in der ausländischen als auch in der inländischen Forschung bei Kollektivprognosen bislang auf sog. **tat- und/oder täterbezogene Kriminalitätsprognosen. Viktimologische Kollektivprognosen** stehen, soweit ersichtlich, noch aus.

In der deutschen Forschung wurden überdies lediglich sog. **aktions*un*abhängige Kriminalitätsprognosen** (Lageprognosen) aufzustellen versucht, bei denen es um die Voraussage von zu erwartenden künftigen Zuständen geht. Der große Bereich der sog. **aktionsabhängigen** (Wirkungsprognosen, instrumentellen, operationalen, technologischen) kriminalpolitischen **Prognosen,** in denen die Wirkungen bestimmter Eingriffe von Handlungssubjekten (Gesetzgeber, Rechtsprechung, Strafverfolgungsorgane) auf die Anfangsbedingungen beschrieben werden, blieb dagegen noch ausgespart.

II. Zusammenhänge zwischen Prognose und Planung

1. Unmittelbare Zusammenhänge von Prognose und Planung

84 Prognosen sind Voraussetzung jeder rationalen, folgenbezogenen Entscheidungsstrategie, die dazu dient, sich auf die Zukunft einzustellen bzw. sie zu gestalten, indem versucht wird, erwünschte Folgen herbeizuführen, unerwünschte Folgen zu vermeiden bzw. zu hemmen oder Anpassungen vorzunehmen. Prognosen sind die „**informatorische Fundierung von Planung**"[89]. Einer derartigen Fundierung bedürfen in einem weiteren Sinne „folgende **Planungselemente:**

---

[85] Vgl. *Eisenberg* 1985 S. 158; *Göppinger* 1980 S. 331; *Kaiser* 1988 S. 874 ff.; *Schneider* 1987 S. 308, 312; *Schwind* 1986 a S. 49 ff.
[86] *Frisch* 1983 S. 1.
[87] *Kube* 1976; *Kube* 1983; *Kube* 1984 mit jeweils weiteren Nachweisen.
[88] Vgl. *Schwind* 1985; *Schwind* 1986 a S. 114 f.; *Schwind* 1986 b.
[89] *Reiß* 1989 Sp. 1634.

- **Ziele:** Welche Zustände werden angestrebt werden?
- **Instrumente** (Aktionsparameter): Welche Handlungsmöglichkeiten werden zur Verfügung stehen?
- **Bedingungen** (Datenparameter): Von welchen unbeeinflußbaren Sachverhalten wird auszugehen sein?
- **Wirkungen** (Reaktionsparameter): Welche Wirkungen, also Reaktionen, Nebenwirkungen usw. werden sich ergeben?"[90].

Diese **unmittelbaren Zusammenhänge zwischen Prognose und Planung** bestehen selbst dann, wenn die Planung dazu dient, die Prognose zu „falsifizieren", indem versucht wird, durch geeignete Maßnahmen einen prognostizierten Zustand nicht eintreten zu lassen.

Die Einsicht in die Notwendigkeit von Planung hat dazu geführt, daß auf immer mehr **Politikfeldern** Prognosen erstellt wurden. An die Seite der traditionellen Prognosen im Bereich von Bevölkerungs- und Wirtschaftsentwicklung traten solche im Schul- und Ausbildungswesen, im Gesundheits- und Justizwesen, hinsichtlich des Wahlverhaltens usw. Kriminalitätsprognosen, von denen sich namentlich die Polizei erhofft, künftig „agieren statt reagieren" zu können, stecken, im Vergleich mit diesen traditionellen prognostischen Bemühungen, noch in den „Kinderschuhen".

2. Mittelbare Zusammenhänge von Prognose und Planung

Zwischen Prognose und Planung können aber auch **mittelbare Zusammenhänge** bestehen. So kann die zur Korrektur von Planung durchgeführte Kontrolle auch für die Weiterentwicklung und Verbesserung von künftig zu erstellenden Prognosen genützt werden[91].

Prognosen sind nicht nur Grundlage für Planung, sondern sie sollen auch dazu dienen, frühzeitig Probleme zu erkennen (**Frühwarnsystem**). Auch insoweit handelt es sich um einen mittelbaren Zusammenhang.

3. Notwendigkeit von Prognosen = Möglichkeit, Prognosen mit hoher Vorhersagegüte erstellen zu können?

Aus der Notwendigkeit, Prognosen für Zwecke der Planung erstellen zu müssen, folgt aber noch nicht die Möglichkeit, Prognosen mit hoher Vorhersagegüte erstellen zu können. Dies gilt auch und gerade für Kriminalitätsprognosen, wo mehr über die mit Kriminalitätsprognosen verbundenen Erwartungen als über die Möglichkeit reflektiert wird, Kriminalitätsprognosen mit hoher Vorhersagegüte und Treffgenauigkeit erstellen zu können. Daß (zumindest derzeit noch) eine tiefe Kluft zwischen dem Wünschbaren und dem Machbaren besteht, wurde und wird zumeist nicht zur Kenntnis genommen. Im folgenden sollen deshalb zunächst die Erwartungen und sodann die Voraussetzungen skizziert werden, die gegeben sein müssen, um Kriminalitätsprognosen erstellen zu können, die sowohl Vorhersagegüte als auch Treffgenauigkeit aufweisen.

---

90 *Reiß* 1989 Sp. 1631 f.; vgl. auch *Schmidt* 1970 S. 9 ff.
91 Vgl. hierzu *Härter* 1985.

III. Kriminalitätsprognosen – Erwartungen der Praxis

1. Allgemeine Erwartungen

88 Mit Kriminalitätsprognosen werden z. T. sehr hohe **Erwartungen** verbunden. Diese richten sich zum einen darauf, über künftige Entwicklungen in ihren **quantitativen und qualitativen Dimensionen** informiert zu werden. Erwartet wird zum anderen aber auch die Bestimmung der **Zeitpunkte bzw. -räume,** zu denen oder innerhalb deren diese Entwicklungen voraussichtlich eintreten werden.

89 Im Gefolge der Diskussion um die – angesichts unseres gegenwärtigen Wissens beschränkte – Möglichkeit wissenschaftlicher Kriminalitätsprognosen sind freilich auch bescheidenere Erwartungen formuliert worden. So wird etwa betont, Kriminalitätsprognosen dienen in Form von „**pragmatischen Planungsprognosen**" lediglich einer „Vorausplanung mit dem Ziel der Rationalisierung der Personal- und Sachmittelverteilung"[92] in dem Sinne, daß gefragt wird, was die Konsequenzen des Eintretens oder des Nichteintretens der Prognosen sind. Prognosen hätten, so wird von anderen Autoren ausgeführt, die Aufgabe, auf politischen Entscheidungsbedarf aufmerksam zu machen, der bei unveränderter Entwicklung eines sozialen Systems bestehe[93].

90 Welche Erwartungen auch immer mit Kriminalitätsprognosen verknüpft werden, sie sollen allemal dazu dienen, den **Orientierungsbedarf** der Praxis nach einer möglichst effektiven und optimalen Verwendung staatlicher Mittel und nach Möglichkeiten zur präventiven und repressiven Verbrechensbekämpfung zu decken. Zum anderen soll aber auch dem **Legitimierungsbedarf** Rechnung getragen werden, d. h. dem Problem der Begründbarkeit und Begründetheit staatlicher Maßnahmen im Bereich strafrechtlicher Sozialkontrolle. Derartige Bedürfnisse werden vor allem gesehen:
– Erstens für den **Strafgesetzgeber,** der die Gefahren für Rechtsgüter abschätzen und die Geeignetheit, Wirksamkeit und Erforderlichkeit des Einsatzes strafrechtlicher Mittel beurteilen muß,
– zweitens für die **Strafverfolgungsorgane,** die Prognosen für ein „strategisch-planerisches Vorgehen bei Prävention und Strafverfolgung"[94] benötigen, um durch Ausbildung, Personal- und Einsatzplanung, Entwicklung von Strategien der Verbrechensverhütung und -bekämpfung usw. rechtzeitig auf krisenhafte Veränderungen reagieren zu können,
– drittens für die **Justizverwaltungen,** die Prognosen benötigen, um den Geschäftsanfall, den Haftplatzbedarf usw. abschätzen zu können.

2. Bisherige Kriminalitätsprognosen in der Bundesrepublik Deutschland als Beispiele für den Orientierungs- und den Legitimierungsbedarf der Praxis

91 Überlegungen zum Orientierungs- und Legitimierungsbedarf lagen den in den letzten Jahren in der Bundesrepublik Deutschland erstellten Krimina-

---
92 *Kerner* 1985 S. 206.
93 *Berckhauer* 1988 S. 90 f.
94 *Kube* 1984 S. 2.

litätsprognosen zugrunde. Dies gilt für die „**Prognose von Straftatenzahlen**"[95], die „**Prognose der Verurteiltenzahlen in Nordrhein-Westfalen**[96], die „**Prognose zum Geschäftsanfall bei Polizei, Staatsanwaltschaften und Strafgerichten**"[97] in Niedersachsen, die „**Prognose der registrierten Kriminalität für Niedersachsen bis zum Jahr 2000**"[98], die „**Prognose der Sanktionsentwicklung in Niedersachsen bis zum Jahr 2000**"[99], die „**Prognose der Belegung im niedersächsischen Strafvollzug bis zum Jahr 2000**"[100], die Prognosen über „**Bevölkerungsentwicklung und Haftplatzbedarf in Baden-Württemberg**"[101], ferner für die Aussagen über „**Tendenzen der künftigen Kriminalitätsentwicklung**"[102], des weiteren für die „**superlangfristige Vorausschätzung politisch-administrativer Folgen der künftigen Bevölkerungsentwicklung für das Politikfeld öffentliche Sicherheit bis 2030**"[103] sowie schließlich für die vom Prognose-Gremium „**Entwicklung der Kriminalität**" beim Bundeskriminalamt erstellte „**Prognose der Entwicklung der Jugendkriminalität**"[104].

3. Mit Kriminalitätsprognosen verbundene Erwartungen, insbesondere aus Sicht der Polizei

Im Unterschied zu einigen anderen Bereichen, in denen Gremien mit prognostischen Aufgaben bereits institutionalisiert und organisiert sind, fehlten bis vor kurzem noch entsprechende Gremien für den Bereich der Kriminalitätsprognose. Hier hat das Bundeskriminalamt Vorreiterfunktion übernommen mit der 1982 erfolgten Einrichtung eines Gremiums von Sachverständigen (**„Prognose-Gremium" beim BKA**) „zur periodischen kurz- bis mittelfristigen Prognose künftiger Entwicklungen der Kriminalität ..., zur Erleichterung der Entscheidungsfindung bei den kriminalpolitisch verantwortlichen Instanzen und zur Urteilsbildung in der Öffentlichkeit ... Das Prognose-Gremium (soll) Kriminalitätslagebilder entwickeln und bewerten, methodisch abgesicherte Prognosen über zukünftige Entwicklungen erstellen und lageangepaßte zukunftsorientierte Strategien und Taktiken für die Verbrechensbekämpfung entwickeln, insbesondere für den Bereich der Prävention"[105]. Dieses Gremium ist inzwischen zwar aufgelöst worden; die Prognoseforschung wird aber vom Bundeskriminalamt weitergeführt. Sie ist in der Kriminalistisch-kriminologischen Forschungsgruppe des Bundeskriminalamtes dem Fachbereich „Kriminalitätserfassung und -analyse" übertragen worden[106].

---

95 Vgl. *Eichinger* 1985; *Eichinger* 1986.
96 Vgl. *Kaefer/Kähmer/Schellhoss* 1976.
97 Vgl. *Berckhauer/Hasenpusch* 1984 S. 85 ff.
98 *Berckhauer* 1986 S. 97 f.
99 *Berckhauer* 1986 S. 99 ff.
100 *Hasenpusch* 1988 S. 93 ff.
101 Dieses Thema hatte der Ständige Ausschuß des Landtags von Baden-Württemberg zum Gegenstand einer Anhörung auf seiner 23. Sitzung gemacht, die am 20. 6. 1986 stattfand. Vgl. das veröffentlichte Gutachten von *Schumann* 1986.
102 Vgl. *Bundesminister des Innern* 1984 S. 103 ff.
103 Vgl. *Becker* 1981; *Becker* 1985; *Becker/Tekles* 1983; *Tekles* 1986.
104 Vgl. *Projektgruppe Prognose-Gremium* 1984.
105 Vgl. *Bundeskriminalamt* (Hrsg.): Kriminalistisches Institut. Wiesbaden 1984, KI/PVST – Verbindungsstelle zum Prognosegremium S. 1.
106 Vgl. *Störzer* 1985 S. IV.

93 An die Arbeit dieses Gremiums wurden hohe Erwartungen geknüpft. Das Prognose-Gremium sollte nämlich „dazu beitragen, daß auf dem Gebiet der inneren Sicherheit ein ‚strategisches Frühwarnsystem' entsteht, das auf die rechtzeitige Erforschung krisenhaft oder bedenklich sich entwickelnder Sicherheitslagen und Kriminalitätsfelder sowie auf deren möglichst frühzeitige Ankündigung abzielt. Stichworte dazu sind: **Früherkennung und Frühwarnung.** Das Ziel besteht darin, planerisch bedeutsame Informationen zu gewinnen und (evtl. mit globalen Handlungshinweisen) bekanntzugeben, so daß weitgehend ein strategisches Agieren anstelle kurzfristigen Reagierens möglich wird"[107].

94 Der Prognose sollte vor allem in folgenden fünf Bereichen besondere Bedeutung zukommen:

„– Bei **kurzfristigen polizeilichen Planungen** (z. B. Streifeneinsatz) als Vorausschau örtlicher und zeitlicher Kriminalitätsmassierungen.

– Bei **mittelfristigen polizeilichen Planungen** (z. B. deliktsbezogenen Bekämpfungsstrategien) als Vorausschau neuer Formen der Kriminalität und von Veränderungen in der Begehungsweise von Delikten.

– Bei **langfristigen polizeilichen Planungen** (z. B. Personalbedarfsplanung) als Vorausschau insbesondere von quantitativen und auch qualitativen Strukturveränderungen der registrierten Kriminalität.

– Bei **opferbezogenen Präventionsprogrammen** (z. B. Aufklärungsaktionen wie dem Kriminalpolizeilichen Vorbeugungsprogramm) als Vorausschau der Entwicklung von Opfersituationen und Opferverhalten.

– Bei gezielten **kriminalpolitischen Strukturveränderungen** (z. B. Kriminalisierung sozialschädlicher Verhaltensweisen im Rahmen des Wirtschaftslebens) als Vorausschau der Verhaltenssteuerung und möglicher Ausweichreaktionen Betroffener"[108].

95 Diese an das „Prognose-Gremium" gestellten Ansprüche und Erwartungen gehen in mehrfacher Hinsicht über die bislang üblichen Zielsetzungen von Kriminalitätsprognosen hinaus. Die **zusätzlichen Erwartungen aus polizeilicher Sicht** lassen sich an folgenden Punkten festmachen:

(1) Es sollen nicht nur Beobachtungswerte in der Vergangenheit, mit welchen Verfahren auch immer, in die Zukunft „verlängert" werden, sondern es soll insbesondere auch im Sinne von „Früherkennung und Frühwarnung"[109] die „Veränderung sicherheitsrelevanter Faktoren" prognostiziert werden. Deshalb sollen z. B. „gesellschaftliche Veränderungen, Gesetzesvorhaben und Strafverfolgungsmaßnahmen"[110] berücksichtigt werden, um unter anderem „unkonventionelle Entwicklungen"[111] erkennen und darstellen zu können.

---

107 *Kube* 1984 S. 11.
108 *Kube* 1983 S. 117 ff.
109 *Kube* 1984 S. 11.
110 *Bundeskriminalamt* (Hrsg.): Kriminalistisches Institut. Wiesbaden 1984, KI/PVST – Verbindungsstelle zum Prognosegremium S. 2.
111 *Bundeskriminalamt* (Hrsg.): Kriminalistisches Institut. Wiesbaden 1984, KI/PVST – Verbindungsstelle zum Prognosegremium S. 3.

(2) Methodisch soll nicht, was Trendextrapolationen auszeichnet, Systemstabilität unterstellt werden. Vielmehr sollen Entwicklung und Veränderung kriminalitätsbegünstigender und kriminalitätshemmender Einflüsse berücksichtigt werden. Das Prognose-Gremium soll dementsprechend „unter Einbeziehung verfügbarer polizeilicher Quellen ... die vorhandenen Informationen analysieren, auswerten und miteinander verknüpfen und zu Erkenntnissen aus außerpolizeilichen Quellen (z. B. Bevölkerungsentwicklung, soziale Struktur, gesellschaftliche Tendenzen) in Beziehung setzen"[112].

(3) Es sollen nicht nur aktionsunabhängige, sondern auch aktionsabhängige, d. h. technologische Prognosen erstellt werden. Aufgabe soll es nämlich sein, „lageangepaßte zukunftsorientierte Strategien und Taktiken für die Verbrechensbekämpfung (zu) entwickeln"[113]. Diese „rechtzeitige Erarbeitung von Entscheidungsnotwendigkeiten und Entscheidungsmöglichkeiten"[114] setzt ihrerseits Kenntnis der relevanten Faktoren voraus, durch die die Anfangsbedingungen verändert werden können.

Um diese Erwartungen auch nur annähernd einzulösen, bedarf es offenkundig Prognosen, die methodischen Mindest-Standards genügen.

IV. Logik der Prognose im Verständnis der analytischen Wissenschaftstheorie

1. Deduktiv-nomologische Prognose

Im Verständnis einer **analytischen Wissenschaftstheorie**[115] gelten als **(Wissenschaftliche) Prognosen** solche Voraussagen, die aufgrund bestimmter Gesetzesannahmen (allgemeine Hypothesen, Theorien)[116] und relativ zu bestimmten Anfangsbedingungen gemacht werden[117]. Eine wissenschaftliche Voraussage ist stets Schlußsatz eines Voraussagearguments. In den Sozialwissenschaften werden, soweit sie einem analytischen Wissenschaftsverständnis verpflichtet sind, – überwiegend noch – (aktionsunabhängige)[118] Prognosen und Erklärungen als strukturell identisch angese-

---

112 *Bundeskriminalamt* (Hrsg.): Kriminalistisches Institut. Wiesbaden 1984, KI/PVST – Verbindungsstelle zum Prognosegremium S. 1.
113 *Bundeskriminalamt* (Hrsg.): Kriminalistisches Institut. Wiesbaden 1984, KI/PVST – Verbindungsstelle zum Prognosegremium S. 1.
114 *Kube* 1983.
115 Die umfangreiche wissenschaftstheoretische Diskussion kann hier nicht vertieft werden, insbesondere kann nicht auf andere wissenschaftstheoretische Ansätze eingegangen werden, die teilweise zu anderen Ergebnissen führen.
116 Die synonyme Verwendung der Begriffe „Gesetz", „Hypothese", „Theorie" ist dadurch gerechtfertigt, daß eine Unterscheidung nach dem „Wahrheitsgehalt" im Sinne von Verifizierung unmöglich ist (Vgl. *Albert* 1973 S. 74; *Atteslander* 1975 S. 20; *Opp* 1976 S. 73). Sie sollen sich – unter anderem – darin unterscheiden, daß sie sich mehr oder minder gut bewährt haben, daß es sich um miteinander verbundene Aussagesysteme handelt (Theorien) usw.
117 Vgl. *Hegselmann* 1978 S. 457 f.; *Lenk* 1972 S. 24; *Spieß* 1985 S. 254.
118 Zur wissenschaftstheoretischen Diskussion bei technologischen Prognosen vgl. *Brocke* 1978.

hen. Sowohl bei Prognosen als auch bei Erklärungen wird danach ein Satz, der ein Ereignis beschreibt (**Explanandum**), abgeleitet aus (mindestens) einer allgemeinen Gesetzesaussage und aus Sätzen, welche die zugehörigen Anfangsbedingungen darstellen (**Explanans**). Der Unterschied zwischen Prognose und Erklärung wird darin gesehen, daß jeweils verschiedene „Bestandteile" gesucht und vorgegeben sind[119]. Zugrunde gelegt wird hierbei das – nach Vorarbeiten von *Popper*[120] – von *Hempel* und *Oppenheim*[121] entwickelte Modell einer deduktiv-nomologischen Erklärung, die dadurch gekennzeichnet ist, daß das Explanandum eine logische Deduktion aus dem Explanans ist[122]. Schematisch stellt sich dieses sog. „H-O-Modell" wie folgt dar:

$C_1, C_2, \ldots, C_k$
    Feststellung von Anfangsbedingungen

$L_1, L_2, \ldots, L_n$ Explanans
    Allgemeine Gesetze

E   Beschreibung des zu erklärenden   Explanandum
          empirischen Phänomens

Eine (deduktiv-nomologische) Prognose liegt danach dann vor, wenn nicht das Explanandum „gegeben" ist und das Explanans gesucht wird, sondern wenn das Explanans gegeben ist und der ein künftiges Ereignis beschreibende Satz (Explanandum bzw. – bei Prognose – das Prädikandum) daraus hergeleitet wird[123]. Der Unterschied liegt in der pragmatischen Zeitrelation zwischen dem Ereignis und dem Zeitpunkt der Ableitung des Explanandums.

2. Probleme der Prognose im sozialen Bereich

a) Unmöglichkeit sicherer Prognosen

97 Sichere Prognosen singulärer Ereignisse sind nicht möglich, da die **Mindestvoraussetzungen für sichere Prognosen** nicht vorliegen:

(1a)   „Das betrachtete Geschehen läuft nach deterministischen (kausalen Sukzessions-)Gesetzen ab und nur nach diesen.

(1b)   Diese Gesetze sind dem Prognostiker vollständig bekannt.

(2a)   Die das Objektsystem beschreibenden singulären Daten sind beobachtbar und den fraglichen Gesetzmäßigkeiten kompatibel zuordenbar.

---

[119] Vgl. *Albert* 1973 S. 80 f.; *Atteslander* 1975 S. 20 ff., 52 ff.; *Friedrichs* 1983 S. 46; *Opp* 1976 S. 165; *Spieß* 1985 S. 254; *Stegmüller* 1983 S. 122 f.
[120] Vgl. insbesondere *Popper* 1971; *Popper* 1973.
[121] Vgl. *Hempel* 1965; *Hempel/Oppenheim* 1948.
[122] Vgl. zusammenfassend *Stegmüller* 1983 S. 120 ff.
[123] *Lenk* 1972 S. 30.

(2b) Die singulären Daten sind dem Prognostiker bekannt, und er ordnet sie den Gesetzmäßigkeiten richtig zu."[124]

Diese Mindestvoraussetzungen liegen einerseits weder hinsichtlich der Theorie (1) noch der Daten (2), andererseits weder hinsichtlich des Prognosegegenstandes (a) noch hinsichtlich der Erkenntnissituation des Prognostikers (b) vor. Sichere Prognosen singulärer Ereignisse sind deshalb nicht erstellbar.

b) Möglichkeit von Wahrscheinlichkeitsaussagen

Schon wegen der nicht bekannten deterministischen Gesetze, Theorien bzw. Hypothesen können Prognosen, und zwar Individual- wie Kollektivprognosen, nur **Wahrscheinlichkeitsaussagen** sein. In den Sozialwissenschaften sind deterministische Gesetze äußerst selten, in der weit überwiegenden Zahl handelt es sich um probabilistische (statistische) Aussagen. Aus einer statistischen Aussage und den dazu gehörenden Anfangsbedingungen ist aber ein Explanandum nicht logisch ableitbar, denn es könnte zu den Ausnahmen gehören. Das Explanans kann auf das Explanandum nur einen mehr oder weniger hohen Grad der induktiven Bestätigung oder induktiven Wahrscheinlichkeit übertragen (induktiv-statistische Prognose). Die Frage ist, ob und inwieweit es möglich ist, Prognosen im Sinne von Wahrscheinlichkeitsaussagen mit hoher **Vorhersagegüte** zu erstellen.

3. Begründete Erwartungen als rationale Prognosen

Die These, wonach Erklärung und Prognose logisch strukturell identisch sind, wird noch diskutiert[125], insbesondere die Frage, ob rationale Prognosen mehr Fälle umfassen als rationale Erklärungen. Im Hinblick darauf, daß auch Gesetze niemals „wahr" im Sinne von endgültig verifiziert sein können und die Anfangsbedingungen bei der Prognose sich auch auf die Zukunft beziehen, erscheint die Annahme der Symmetrie von Erklärung und Prognose zweifelhaft[126]. Deshalb wird vertreten: „Wissenschaftliche Erklärungen müssen stets Ursachen (Realgründe, Seinsgründe) angeben, für wissenschaftliche Voraussagen hingegen genügen Erkenntnis- oder Vernunftgründe."[127] Erst infolge der Verwendbarkeit von Überzeugungsgründen für rationale Voraussageargumente können zahlreiche sozialwissenschaftliche Prognosen überhaupt als rational anerkannt werden[128]. Denn sie stützen sich, statt auf Real- oder Seinsgründe, zumeist auf Trends oder ähnliche empirische Regelmäßigkeiten. Da freilich derartige Extrapolationen auf – zumindest impliziten – Annahmen über den Prognosegegenstand, dessen Prozesse und Abgrenzungen beruhen (Konstanzannahmen usw.), bedürfen sie, um hinreichende Voraussetzung einer rationalen

---

124 *Fulda/Härter/Lenk* 1988.
125 Vgl. *Küttner* 1979; *Küttner* 1989; *Laumann* 1980 S. 122 ff; *Lenk* 1972 S. 36 ff., 54 ff., 93 f.; *Opp* 1976 S. 165; *Schmidt* 1970 S. 83 ff.; *Stegmüller* 1983 S. 217 ff.
126 Vgl. *Wild* 1970.
127 *Stegmüller* 1983 S. 236.
128 Vgl. *Lenk* 1972 S. 93. Ausführlich hierzu *Knapp* 1978 S. 15, 21, der zwischen „erklärenden Prognosen" und „begründeten Erwartungen" unterscheidet.

Prognose zu sein, auch inhaltlicher Rechtfertigung, zumindest durch Plausibilitätserwägungen. Die entscheidende Frage ist deshalb, anhand welcher **begründeten Erfahrungstatsachen** die Wahrscheinlichkeit der Prognosen begründet werden kann. „Die entscheidende Fragestellung und insofern das zentrale Problem der Prognostik ist dabei, ... ob die Erfahrungsbasis, die zu ihrer empirisch-induktiven Begründung vorgelegt wird, nach objektiven wissenschaftlichen Kriterien und Ansprüchen als hinreichend betrachtet werden kann."[129]

V. Bisherige Verfahren und Techniken zur Erstellung von Kriminalitätsprognosen

100   Ein Überblick über die bisherigen Prognoseverfahren zeigt freilich, daß selbst diesen eingeschränkten wissenschaftstheoretischen Anforderungen an die Begründungsbasis von Prognosen bei der Entwicklung von Kriminalitätsprognosen bislang nicht oder nur in geringem Maße entsprochen worden ist. Sämtliche dieser Prognosemethoden enthalten lediglich implizite Theorien, in denen zwar Inhaltliches behauptet, deren empirische Berechtigung aber in keiner Weise geprüft ist. Bei Extrapolation etwa wird eine Eigengesetzlichkeit, bei Korrelationsanalysen werden quasi-kausale Abhängigkeiten unterstellt. Selbst dort, wo Prädiktoren verwendet wurden, handelt es sich um eine selektive, auf einige wenige Merkmale beschränkte Auswahl, die theoretisch zumeist nicht begründet wurde. Stillschweigend angenommen werden vor allem Systemstabilität, systemimmanente Konstanz und das Gleichbleiben sonstiger Bedingungen.

101   Hinsichtlich der **Prognoseverfahren** bzw. **-techniken**[130] wurden sowohl quantitative als auch qualitative Techniken eingesetzt. Vor allem vier Ansätze[131] wurden in der Vergangenheit bei der Entwicklung von Kriminalitätsprognosen verwendet:

(1) **Zeitreihenverlängerung** ohne bzw. unter Einbeziehung der Bevölkerungsentwicklung:

102   Ein Beispiel für eine Zeitreihenverlängerung unter Berücksichtigung der Bevölkerungsentwicklung ist beispielsweise der Versuch, „Tendenzen der künftigen Kriminalitätsentwicklung"[132] zu bestimmen. Die „Arbeitsgruppe Bevölkerungsfragen" beim Bundesministerium des

---
129 *Wild* 1970 S. 575.
130 Vgl. den Überblick bei *Emde* 1989 Sp. 1646 ff.
131 Die Unterscheidung folgt, mit Ausnahme des Szenario-Ansatzes, der von *Hasenpusch* 1985 S. 227 ff., vorgenommenen Differenzierung. Vgl. auch die „Übersicht über Methoden der Trend-Extrapolation" von *Hasenpusch* (in: Berckhauer 1986 S. 92 f.), in der unterschieden werden: A: einfache Zeitreihenverlängerung (1. Mittelwerts- oder Wachstums-Fortschreibung; 2. Regressionsanalysen; 3. Box-Jenkins-Verfahren, B: Zeitreihenverlängerungen mit demographischen Daten (1. Trend-Anpassung; 2. Regressionsanalysen und Box-Jenkins-Verfahren), C: Inhaltliche Regressionsmodelle (1. einfache Regressionsgleichungen; 2. simultane Regressionsgleichungen), D: Computergestützte Simulationsmodelle. Vgl. auch *Hasenpusch* 1988 S. 93 f. Vgl. ferner *Schwind* 1986a S. 108 ff.; *Schwind* 1986b S. 90 ff.
132 *Bundesminister des Innern* 1984 S. 103 ff.

Innern versuchte unter anderem, die Auswirkungen der bis zum Jahr 2000 vorausgeschätzten Bevölkerungsentwicklung auf die „Innere Sicherheit" zu bestimmen. Angesichts der Komplexität der die Kriminalitätsentwicklung bestimmenden Faktoren und der selbst für die Vergangenheit noch nicht gelungenen Isolierung und statistischen Meßbarkeit kriminogener Einflüsse hielt die Arbeitsgruppe allenfalls Tendenzaussagen für zulässig und möglich, die sich abstützen auf den Zusammenhang zwischen der Altersstruktur der Bevölkerung und der Kriminalitätsbelastung.

Ein weiteres Beispiel für eine Zeitreihenverlängerung unter Berücksichtigung der Bevölkerungsentwicklung ist die „Prognose der Verurteiltenzahlen in Nordrhein-Westfalen"[133]. Hier wurden eine Trendextrapolation der Verurteiltenziffern vorgenommen und auf der Grundlage der Bevölkerungsvorausschätzung die so gewonnenen Verurteiltenziffern in absolute Verurteiltenzahlen umgerechnet.

Methodisch gehen diese Ansätze von der Annahme aus, daß die die Entwicklung der polizeilich registrierten Kriminalität bzw. der Verurteiltenzahlen bestimmenden Faktoren auch im Vorhersagezeitraum konstant bleiben und keine sonstigen Faktoren wirksam werden.

(2) Quantitative Ansätze zur Modellbildung:
In quantitativen Ansätzen der Modellbildung werden nicht nur demographische Daten berücksichtigt, sondern noch weitere Faktoren einbezogen, von denen angenommen wird, daß sie Einfluß auf die Entstehung von Kriminalität haben. In einer vom US-amerikanischen National Institute of Law Enforcement and Criminal Justice 1978 zum Zweck der Personalplanung für die Strafrechtspflege vorgelegten Studie wurden als unabhängige Variablen „der Anteil der 15- bis 24jährigen an der Bevölkerung, der Anteil der Bewohner großstädtischer Ballungsräume an der Gesamtbevölkerung, das Pro-Kopf-Einkommen und die Arbeitslosenquote gewählt. Von diesen Faktoren wurde angenommen, daß sie in einem direkten Zusammenhang mit der Kriminalitätsentwicklung stehen. Außerdem wurden die Quoten der Festnahmen und Inhaftierungen je 100 (schwerer) Straftaten benutzt, von denen eine dämpfende Wirkung auf die Zahl der Straftaten erwartet wurde"[134]. In einer von *Fox* ebenfalls 1978 in den USA vorgelegten Prognose dienten als unabhängige Variablen „der Anteil der Farbigen im Alter von 14 bis 27 Jahren an der Bevölkerung, der Logarithmus des Verbraucherpreis-Indexes, die Ausgaben für die Polizei, die Polizeistärke und die Aufklärungsraten für Eigentums- und Gewaltdelikte"[135]. Eine ebenfalls diesem Ansatz verpflichtete Prognose legte 1979 *Hasenpusch* für Kanada vor. Hier waren unabhängige Variablen „die Gesamtbevölkerungszahl, der Anteil der großstädtischen Bevölkerung und die Zahl der Pkw je 1000 Einwohner, ... die Aufklärungsrate und die Zahl der Polizeibeam-

---
133 *Kaefer/Kähmer/Schellhoss* 1976 S. 216 ff.
134 Vgl. *Hasenpusch* 1985 S. 234.
135 Vgl. *Hasenpusch* 1985 S. 234.

ten je 100 Einwohner"[136]. Ähnliche Studien liegen vor aus Frankreich und aus Japan[137], aus Großbritannien und Skandinavien[138].

(3) Qualitative Ansätze zur Modellbildung:

104 Bei diesen Ansätzen wird versucht, „bekannte oder vermutete gesellschaftliche **Trends** in ihrer Entwicklung auf die Kriminalität einzuschätzen und aus dieser Einschätzung eine Vorhersage abzuleiten"[139], und zwar ohne lange Zeitreihen zugrunde zu legen und statistische Berechnungen vorzunehmen. *Hasenpusch*[140] nennt hierfür die Arbeiten von Wilkins, der aus näher dargelegten Annahmen z. B. eine „Zunahme von Betrugsdelikten, die Entwicklungen der Computertechnik und des weitgehend automatisierten Kreditwesens ausnutzen", abgeleitet hatte. Weitere diesem Ansatz verpflichtete Arbeiten stammen z. B. von *Coates* und von der Kanadischen Bundespolizei RCMP. Hierzu rechnet schließlich auch das Offender Prediction System von *Hann*.

(4) Szenario-Ansatz:

105 Hier wird versucht, die quantitativen Ansätze zur Modellbildung anhand qualitativer Elemente zu ergänzen und zu korrigieren. Dieser Ansatz wurde z. B. in einer vom Prognose-Gremium des Bundeskriminalamtes in Auftrag gegebenen Untersuchung von *Loll* zur Entwicklung der „Kriminalität jugendlicher Ausländer der zweiten und dritten Generation" zugrunde gelegt. *Loll* verwendete eine Kombination von quantitativen (mathematisch-statistischen) und mehr qualitativen Elementen. Unter Einbeziehung von ausländischen Erfahrungen mit der zweiten Einwanderergeneration wählte *Loll* eine Reihe von Prädiktoren aus, und zwar – neben der Bevölkerungsentwicklung – die Aufenthaltsdauer, den Schulerfolg, den sozio-ökonomischen Status, die Arbeitslosenquote und die Konzentration von Ausländern in kriminalitätsbelasteten, statustiefen Gebieten[141].

106 Eine Verbesserung von Prognosen wird gelegentlich von Entwicklung und Anwendung fortgeschrittener mathematisch-statistischer Verfahren erwartet. Wie die Ausführungen zu den methodischen Anforderungen gezeigt haben, sind diese Erwartungen nicht begründet. Denn **mathematisch-statistische Verfahren** ersetzen die erforderlichen theoretischen Modelle bzw. die Erfahrungstatsachen nicht. Eine Verfeinerung dieser Verfahren kann nicht zu besser angepaßten Prognosemodellen führen, weil das Problem nicht in einem Mangel an geeigneten mathematischen Verfahren begründet ist.

---

136 Vgl. *Hasenpusch* 1985 S. 236.
137 Vgl. die Nachweise bei *Hasenpusch* 1985 S. 238.
138 Vgl. m.w.N. *Council of Europe* 1969; *Council of Europe* 1973.
139 Vgl. *Hasenpusch* 1985 S. 238.
140 Vgl. *Hasenpusch* 1985 S. 239.
141 Vgl. *Projektgruppe Prognose-Gremium* 1984 S. 26 ff.

VI. Güte- und Erfolgsbeurteilung von Prognosen

1. Erfolgskriterien

Im Zeitpunkt ihrer Aufstellung und Verwendung ist der Wahrheitswert von Prognosen grundsätzlich nicht entscheidbar. Prognosen lassen sich erst im nachhinein als richtig oder falsch feststellen. Zum Standard-Repertoire dieser ex post vorgenommenen Erfolgskontrolle von Prognosen gehört die Gegenüberstellung „prognostizierter" und im nachhinein festgestellter Ist-Werte. Wie in praktisch allen anderen Bereichen, in denen Prognosen erstellt und nach diesem eindimensionalen Erfolgskriterium der **Treffgenauigkeit** überprüft worden sind[142], ist auch für die bisherigen Kriminalitätsprognosen festzustellen, daß die Treffgenauigkeit relativ gering ist[143].

Generell gilt, daß die „Wissenschaftlichkeit" der Prognose noch keine Garantie des Erfolges ist. Umgekehrt gilt, daß auch aus falschen Prämissen – zufällig – richtige Ergebnisse abgeleitet werden können. Die mangelnde Treffgenauigkeit wissenschaftlicher Prognosen kann in der mangelhaften Kenntnis der zugrunde liegenden Gesetze oder in unzulänglichen Annahmen über Anfangs- und Randbedingungen liegen, er kann aber auch in reflexiven Wirkungen der Prognose seinen Grund haben. Die herkömmlichen Verfahren der Prognoseerfolgskontrolle sind also ergänzungsbedürftig durch eine systematische **Fehlerursachenanalyse**.

Neben diesen erkenntnistheoretischen Gründen spricht aber auch ein rein pragmatischer Grund für die Einführung von Kriterien, nach denen zwischen „guten" und „schlechten" Prognosen abgegrenzt werden kann: Die Notwendigkeit der Beurteilung ergibt sich zum Zeitpunkt der Nutzung von Prognosen. Notwendig ist also eine (ex ante) **„Güte"-Beurteilung**.

2. Gütekriterien

a) Informationsgehalt, Eintreffenswahrscheinlichkeit und Begründungsbasis

Wie *Härter*[144] in seiner Analyse von Gütekriterien, also Kriterien, mittels derer ex ante die „Vertrauenswürdigkeit" von Prognosen beurteilt werden kann, gezeigt hat, kann ein Gütekriterium abgeleitet werden aus dem Spannungsfeld von **Informationsgehalt, Eintreffenswahrscheinlichkeit und Begründungsbasis**. Generell gilt, daß der Informationsnutzen einer Prognose um so höher ist, je höher ihr empirischer Informationsgehalt ist. Der Informationsgehalt einer Prognose steigt, je allgemeiner, präziser und weniger bedingt sie ist. Freilich wächst damit gleichzeitig auch das Risiko, daß diese Prognose an der Wirklichkeit scheitert. Das Optimum zwischen diesen beiden konfligierenden Zielen („Informationsgehalt" versus „Ein-

---

142 Vgl. nur die Nachweise bei *Härter* 1985; *Schmidt* 1970 S. 1 ff.
143 Vgl. zu den deutschen Untersuchungen die Nachweise bei *Heinz* 1985 b S. 35 ff.; zu den ausländischen Untersuchungen *Hasenpusch* 1985 S. 227 ff.
144 *Härter* 1985.

treffenswahrscheinlichkeit") ist nur durch Berücksichtigung der Begründungsbasis zu erreichen. Die „Vertrauenswürdigkeit" einer Prognose wächst mit der Qualität der zur Begründung herangezogenen Aussagen. Die Qualität der Begründung steigt, wie *Härter* im Anschluß an *Wild*[145] ausführt, „mit wachsender Anzahl der stützenden Argumente, deren zunehmender Aktualität, abnehmender Prognosereichweite, steigendem Informationsgehalt, zunehmender Varietät der Beobachtungsbedingungen und zunehmender theoretischer Begründung der Prognose-Voraussetzungen"[146]. Daraus lassen sich, *Wild* folgend, einige Empfehlungen ableiten: „(1) Informationsgehalt (Allgemeinheit, Präzision, Bedingtheit) soviel wie zur Problemlösung nötig, Sicherheit so groß wie (dann noch) möglich. Für die Beeinflussung des Sicherheitsgrades über die empirische Begründung sollte (2) gelten: Beschaffung vorrangig jener Evidenzen, die im Verhältnis zum Beschaffungsaufwand das relativ größte Begründungsgewicht liefern. Und (3): Auswahl jener Prognose, die bei gleichem Informationsgehalt am besten begründet ist."[147]

b) Prognosefolgen

111 Prognosen dienen in der Regel der Entscheidungsvorbereitung und -absicherung. Da immer mit Fehlprognosen zu rechnen ist, führte *Härter* als weiteres Gütekriterium das Spannungsfeld „Voraussetzungen versus Folgen" ein[148]. Eines der Teilkriterien, das namentlich für Kriminalitätsprognosen relevant ist, bildet die Beurteilung der sozialen Folgen und der anfallenden Kosten möglicher Fehlprognosen, insbesondere im Hinblick auf eine mögliche Asymmetrie der Folgen. Vorzugswürdig erscheint unter diesem Gesichtspunkt jene Prognose, die im Falle einer Fehleinschätzung möglichst wenig Schaden bzw. möglichst geringe Kosten verursacht. Mit diesem Kriterium wird beispielsweise weiterverwiesen auf die in der kriminalpolitischen Diskussion strittige Frage, ob sich der Kriminalpolitiker an der „pessimistischen Variante möglicher Zukunftsaussichten"[149] orientieren soll.

VII. Güte von Kriminalitätsprognosen – Exemplifikation anhand der Begründungsbasis

1. Stand des Wissens auf den für Kriminalitätsprognosen relevanten Forschungsfeldern

112 Aufgrund des derzeit verfügbaren kriminologischen Wissens können hochgesteckte Erwartungen hinsichtlich der **Vorhersagegüte von Kriminalitätsprognosen** nicht erfüllt werden. Dies beruht sowohl auf **Theoriedefiziten** bzw. auf Mängeln in der Kenntnis von Erfahrungstatsachen (vgl. unten Rdnr. 113–132) als auch auf der vielfach **unzureichenden Datenbasis** (vgl.

---

145 *Wild* 1974 S. 135.
146 *Härter* 1985 S. 73.
147 *Wild* 1974 S. 139.
148 *Härter* 1985 S. 75 ff.
149 *Schwind* 1986 a S. 115.

unten Rdnr. 133–135). Dies soll am Beispiel der Erfahrungs- und Datenbasis verdeutlicht werden, die für prognostische Aussagen hinsichtlich der Entwicklung bekanntgewordener Straftaten[150] erforderlich ist.

(1) Kriminalitätsprognosen setzen hinreichend präzise, überprüfte und bewährte **Kriminalitäts- bzw. Devianztheorien** bzw. die Kenntnis entsprechender Erfahrungstatsachen über die Entstehung von Kriminalität voraus. Weder die früheren globalen Verbrechenstheorien noch die gegenwärtigen Devianztheorien mittlerer Reichweite genügen jedoch diesen Voraussetzungen. Wissenschaftlich kaum lösbar ist das weitere Problem, zwischen verschiedenen Devianztheorien zu wählen bzw. mehrere dieser Theorien miteinander zu verknüpfen. **113**

– Für die weit überwiegende Mehrzahl der Devianztheorien gilt, daß sie weder logisch geschlossen noch genügend präzise formuliert sind. Zwar ist der Grad der Geschlossenheit und der Ausformulierung sowohl zwischen Theoriegruppen als auch zwischen den Erklärungsmodellen innerhalb solcher Theoriegruppen unterschiedlich groß, insgesamt aber dürfte der **Vorwurf mangelnder Geschlossenheit und Präzision** berechtigt sein. Ferner sind wegen der nicht immer eindeutigen und vielfach nur schwer zu operationalisierenden Begriffe zumeist mehrere Aussagen möglich. Häufig ist deshalb zweifelhaft, ob empirische Tests wirklich die zentralen Aussagen der Theorie einer strengen Prüfung unterzogen haben. Die Bestätigungssituation ist infolgedessen insgesamt unklar und widersprüchlich[151]. Schließlich ist die prognostische Verwendbarkeit der Theorien wegen des in der Regel hohen Allgemeinheitsgrades und Abstraktionsniveaus eingeschränkt. **114**

– Die „bescheidene bzw. geringe Bewährung ... in der empirischen Forschung"[152] ergibt sich ferner daraus, daß die Theorien zumeist keine oder **keine** hinreichend präzise **Begrenzung ihrer Reichweite** enthalten. Für soziologische Devianztheorien z. B. gilt: „... sie werden häufig so formuliert oder verstanden, daß sie Devianz ... in ihrer Gesamtheit, mit all ihren spezifischen Aspekten und Varianten erklären sollen, und zwar jede Theorie für sich alleine. Daß daraus ein Scheitern der Theorien, ja der Empirie folgt, liegt angesichts der Konstruktionsprinzipien dieser Theorien auf der Hand."[153] **115**

– Die meisten der gegenwärtigen Devianztheorien wurden in den dreißiger bis sechziger Jahren in den USA entwickelt im Hinblick vor allem auf die **Bandendelinquenz Jugendlicher**. „Ihre etwaige Aussagekraft ist daher weitgehend auf die Bereiche der Gruppendelinquenz und klassischen Kriminalität beschränkt. Kriminalität Erwachsener, Verhalten von allein handelnden Tätern sowie Erscheinungen der Erpressungs-, **116**

---

150 Für eine Prognose der Tatverdächtigenentwicklung bedürfte es über die genannten Theorien hinaus z. B. noch einer Theorie der polizeilichen Aufklärungsarbeit, für eine Prognose der Verurteilten noch einer Theorie der „differentiellen Entkriminalisierung".
151 Vgl. *Albrecht* 1982 S. 178 ff.; *Amelang* 1986 S. 152 ff.; *Heinz* 1975 S. 22 f.; *Heinz* 1983 S. 27; *Kaiser* 1988 S. 197 f., S. 206; *Lamnek* 1979 S. 272 ff.; *Lösel* 1985 S. 229; *Springer* 1973.
152 *Albrecht* 1982 S. 180.
153 *Albrecht* 1982 S. 180.

Verkehrs-, Umwelt- und Wirtschaftskriminalität sind bislang ‚theoretisch' nur selten entdeckt, geschweige aussagekräftig erklärt."[154]

117 — Die meisten, wenn nicht gar alle Devianztheorien tragen ferner gesicherten kriminologischen Erkenntnissen nicht Rechnung, wonach Kriminalität zum einen **ubiquitär** ist, jedenfalls im Bagatellbereich bei männlichen Jugendlichen[155], zum anderen aber im Regelfall im Lebenslängsschnitt eines Jugendlichen ein nur wenig oft **(Episode)** oder ein überwiegend nur in einem zeitlich begrenzten Lebensabschnitt gehäuft auftretendes Ereignis **(passageres Phänomen)**, das im Rahmen des altersmäßigen Reifungsprozesses überwiegend von selbst abklingt[156]. Devianztheorien erklären also, nimmt man sie ernst, für manche Bereiche zu viel, für andere zu wenig Kriminalität[157].

118 — Gegenwärtige Devianztheorien mittlerer Reichweite genügen ferner deshalb nicht, weil sie überwiegend „Kriminalität ... als Ergebnis eines bestimmten ‚einmaligen' Vorganges" sehen, „die weiteren Folgen ... als ‚Symptom' oder als ‚Stigmatisierung' zwar genannt, von der Untersuchung aber ausgeschlossen"[158] werden. Hinreichend präzise **Verlaufsmodelle** sind aber **nicht vorhanden**[159].

119 — Gegenwärtige Devianztheorien, seien sie biologischer, psychologischer oder soziologischer Art, geben, obwohl zumeist probabilistisch gemeint, die **Auftretenswahrscheinlichkeit** von abweichendem Verhalten **nicht** an.

120 — Das weitere Problem, das für eine Kriminalitätsprognose zu lösen ist, nämlich zwischen diesen Theorien zu wählen bzw. mehrere Theorien miteinander zu verknüpfen, ist wissenschaftlich derzeit kaum lösbar. Denn es fehlt an der hierzu erforderlichen Voraussetzung, an der vergleichenden Analyse der Theorien. Die Wissenschaft hat sich bislang der „aufwendigen Feinarbeit", den „Kern relativ gesicherten Wissens herauszuschälen"[160], nicht unterzogen. Der von Vertretern der Praxis nicht selten empfohlene Ausweg, einerseits Ursachenforschung als zu schwierig oder aussichtslos aufgeben, andererseits gleichwohl Indikatoren der Kriminalität und ihrer Entwicklung aufzeigen zu wollen[161], ist ein Widerspruch in sich und führt mit Sicherheit in die Irre.

121 (2) Von Kriminalitätsprognostikern werden jedoch nicht nur allgemeine Aussagen über Art und Ausmaß künftiger Kriminalität erwartet, sondern – zumindest gelegentlich – auch Aussagen über neue Formen und unkonventionelle Entwicklungen der Kriminalität. Dies setzt freilich nicht nur eine adäquate Devianztheorie, sondern auch eine **Theorie des sozialen und**

---

154 *Kaiser* 1988 S. 198.
155 Vgl. *Kaiser* 1988 S. 360; *Sessar* 1984.
156 Vgl. zuletzt *Heinz* 1989 S. 23 ff.
157 Vgl. *Heinz* 1975b S. 19.
158 *Quensel* 1970 S. 375.
159 Vgl. dazu das von *Quensel* (1970) im Anschluß an *Wilkins* (1964) entworfene Modell (vgl. auch *Quensel* 1972).
160 *Albrecht* 1982 S. 180 Fn. 42.
161 Vgl. z. B. *Schäfer* 1976 S. 17.

technischen Wandels voraus. Bislang gibt es aber keine derartige Theorie, die hinreichend präzise wäre. Daß es nicht gelungen ist, die Mehrzahl auch nur der technischen Neuerungen zu prognostizieren, überrascht deshalb nicht[162]. Freilich wäre schon viel gewonnen, wenn in einer „Kriminalitätsfolgenabschätzung" die bereits jetzt erkennbaren technischen Entwicklungen nach ihren künftigen kriminellen Mißbrauchsmöglichkeiten eingeschätzt werden würden, so daß entsprechend reagiert werden könnte.

(3) Die Bewertung eines Verhaltens als „kriminell" beruht auf einem Unwerturteil der Gesellschaft, d. h. Kriminalität ist auf den jeweiligen strafrechtlichen Normenbestand der betreffenden Gesellschaft zu beziehen[163]. Prozesse der **Entkriminalisierung** und der **Neukriminalisierung** verändern diesen Normenbestand, vor allem – aber nicht ausschließlich – im Randbereich. Die Strafrechtsreformen in den letzten zwei Jahrzehnten belegen dies. Einerseits wurde das Staatsschutzstrafrecht liberalisiert, das Sexualstrafrecht und die Bestimmungen über den Schwangerschaftsabbruch wurden reformiert. Andererseits wurde das Kriminalisierungsfeld erweitert, um Entwicklungen der technischen, ökonomischen und sonstigen gesellschaftlichen Verhältnisse gerecht zu werden, wie z. B. durch das neu gefaßte Wirtschafts- und das Umweltstrafrecht. Eine für Prognosezwecke brauchbare **Kriminalisierungstheorie** ist nicht in Sicht.

(4) Kriminalität besteht nicht unabhängig von Sozialkontrolle. Kriminalität wird vielmehr in einem Prozeß der Sinngebung durch Opfer, Täter und Zeuge „hergestellt". Die „Konstituierung" von Kriminalität ist deshalb u. a. auch eine Frage der **„Intersubjektivität der Tatbestandsdefinition"**[164]. „Im alten Zürich (waren) ‚rund zwei Drittel aller mit dem Tode bestraften Jugendlichen ... Sodomiten und Bestiarier', hingegen nur ein Fünftel Diebe. Im kaiserlichen Deutschland hingegen konnte man zeitweise Anzeigehäufungen bei Beleidigung und Körperverletzung beobachten. Allein im Attentatsjahr 1878 vermehrte sich die Zahl der Majestätsbeleidigungsprozesse um mehr als das Dreizehnfache. Nachdem in den fünfziger Jahren die Unzucht mit Kindern als ‚das Delikt unserer Zeit' galt, stellt man in der Gegenwart wiederum eine Blickschärfung für die Gewalt in der Familie, den Drogengebrauch, aber auch für Umwelt- und Wirtschaftskriminalität fest."[165] Theoretisch ist dieser Problemkreis freilich ebenso wenig geklärt wie der auf diesem Gebiet stattfindende kulturelle Wandel des Rechtsbewußtseins.

(5) Kriminalitätsprognosen über künftige registrierte Kriminalität setzen eine **Theorie der Anzeigebereitschaft** einschließlich des Wandels des

---

162 Ein anschauliches Beispiel für die Konsequenzen fehlender Voraussicht hinsichtlich technischer Änderungen bildet die bei Kube zitierte, vor mehr als hundert Jahren erstellte Prognose, wegen der ständigen Zunahme von Pferdedroschken werde Paris zu unserer Zeit im Pferdedung erstickt sein (vgl. *Kube* 1984 S. 14).
163 *Kaiser* 1988 S. 302 ff.
164 Dieses Problem wird vielfach unter dem Gesichtspunkt der „Blickschärfung" behandelt (vgl. *Kaiser* 1988 S. 347).
165 *Kaiser* 1988 S. 347.

Anzeigeverhaltens und der Rückkoppelungsmechanismen zwischen Kriminalität und Anzeigeverhalten [166] voraus. Eine derartige Theorie ist erst in Grundzügen sichtbar.

125 – Das Ob der formellen Reaktion ist – jedenfalls bei klassischer Eigentums- und Vermögenskriminalität – nahezu ausschließlich von der **Anzeigebereitschaft Privater** abhängig[167]. Von den Eigentums- und Vermögensdelikten, die rund drei Viertel aller in der Polizeilichen Kriminalstatistik erfaßten Fälle ausmachen, gelangen rund 95 % erst durch eine Strafanzeige zur Kenntnis der Polizei[168]. Die erste und strategisch bedeutsamste Auswahlentscheidung im Prozeß selektiver Strafverfolgung wird durch den Anzeigeerstatter getroffen, d. h., die Instanzen werden überwiegend nach fremdbestimmten Kriterien tätig. Nur ein Teil der überhaupt als Straftaten bewerteten Delikte wird angezeigt. Die Anzeigebereitschaft variiert erheblich, und zwar vor allem entsprechend Art und Schwere des Delikts[169]. Von den in Opferuntersuchungen zugrunde gelegten Eigentums- und Vermögensdelikten dürfte insgesamt weniger als die Hälfte angezeigt werden. Nach den neuesten Befunden deutscher Opferuntersuchungen dürfte sogar nur rund ein Viertel der den Opfern bekanntgewordenen Diebstahlsdelikte auch angezeigt worden sein[170]. Die das Anzeigeverhalten der Bevölkerung bestimmenden Faktoren sind erst für einen Teil der Deliktsarten, insbesondere innerhalb der Eigentums- und Vermögenskriminalität, empirisch untersucht[171].

126 – Zwischen Kriminalitätsentwicklung und Anzeigebereitschaft dürften **Rückkoppelungsmechanismen** wirksam sein, deren Richtung und Auswirkung derzeit ebenfalls noch nicht bestimmt bzw. abgeschätzt werden können. So kann das Nachlassen der informellen Kontrolle die Beteiligung an Straftaten eher ermöglicht haben, der nunmehr durch Verschärfung der formellen Sozialkontrolle gegengesteuert wird[172]. Änderungen in der Beurteilung der Schutzwürdigkeit eines Rechtsgutes können sowohl zu einem Rückgang der Verletzungen führen als auch zu einer Erhöhung der Anzeigebereitschaft[173]. Nimmt die Aufklärungsquote ab, können die Anzeigebereitschaft zurückgehen, die Erwartungssicherheit des Straftäters steigen, die Dunkelziffer sich vergrößern, das Vertrauen der Bevölkerung sinken usw.[174].

127 (6) Kriminalität ist aber auch insofern von Sozialkontrolle abhängig, als **Kriminalisierungs- und Strafverfolgungsstrategien** das Geschehen im Objektsbereich beeinflussen und zum Wandel, insbesondere zur Entste-

---

166 Zu einem möglichen Modell vgl. *Schneider* 1975 S. 3 f.
167 Vgl. *Heinz* 1985 a S. 28.
168 Vgl. *Heinz* 1985 a S. 28.
169 Vgl. die Nachweise bei *Heinz* 1985 a S. 29.
170 Vgl. *Schwind* 1988 S. 30.
171 Vgl. *Pudel* 1978; *Reuband* 1981; *Schwind/Ahlborn/Eger/Jany/Pudel/Weiß* 1975 S. 195 ff.; *Stephan* 1976 S. 191 ff.
172 Vgl. *Kaiser* 1988 S. 515; *Schwind* 1983 S. 183, 198.
173 Vgl. *Heinz* 1972 S. 90.
174 Vgl. *Bauer* 1976 S. 121; *Schneider* 1975 S. 3; *Schwind* 1980 S. 12 f.; *Schwind* 1981 S. 244 f.

hung neuer Formen von Kriminalität beitragen können[175]. Aufgrund des gegenwärtigen Wissens können nur unzulängliche theoretische Modelle gebildet werden, in denen die Änderungen der Handlungsstrategien im Gefolge von Änderungen im Objektbereich berücksichtigt werden können.

(7) Durch die Prognose selbst werden neue Anfangsbedingungen gesetzt. Eine vollständige Prognose müßte deshalb auch diese **reflexiven** (self-fulfilling prophecy; suicidal, self-frustrating, self-stultifying prophecy) **Prognoseeffekte** berücksichtigen, was gegenwärtig mangels entsprechenden Wissens nur eingeschränkt möglich ist. **128**

– Die in jedem prognostischen Argument steckenden induktiven Voraussetzungen über die Anfangsbedingungen zwischen dem gegenwärtigen und dem künftigen Zeitpunkt – überwiegend die Annahme der Konstanz der äußeren Bedingungen – stimmen deshalb nicht, weil durch die Prognose selbst **neue Anfangsbedingungen** gesetzt werden. Veröffentlichte oder sonst verbreitete Prognosen können in ihrem Objektbereich Veränderungen bewirken, insbesondere positive oder negative reflexive Prognoseeffekte hervorrufen. **129**

– Den Extremfall **positiver Reflexivität** bildet die sich „selbsterfüllende" Prognose (self-fulfilling prophecy)[176], bei der eine an sich falsche Prognose infolge ihrer Eigendynamik „wahr" wird. Den Extremfall **negativer Reflexivität** bildet die sich „selbstzerstörende" Prognose (suicidal, self-frustrating, self-stultifying prophecy), bei der eine an sich wahre Prognose infolge ihrer Eigendynamik „falsch" wird. Eine vollständige Prognose muß deshalb auch die selbstzentrierende Eigendynamik [177] berücksichtigen[178]. **130**

– Spätestens seit *Morgensterns*[179] grundlegender Arbeit Ende der zwanziger Jahre ist umstritten, ob in Bereichen, die menschlicher Beeinflussung unterliegen, längerfristige und globale Prognosen nicht prinzipiell unmöglich sind[180]. Gegenüber diesem Prognoseskeptizismus wurde ein- **131**

---

175 Vgl. hierzu das bei *Dörmann* 1984 S. 44 erwähnte Beispiel der den Apothekern durch die Apothekenbetriebsordnung auferlegten besonderen Schutzmaßnahmen für vorhandene Betäubungsmittelbestände. In der Folge sank die Zahl der Apothekeneinbrüche zur Erlangung von BTM beträchtlich, dagegen kam es vermehrt zu Rezeptdiebstählen und -fälschungen. Als daraufhin eine neue BTM-Verschreibungsverordnung in Kraft trat, ging auch diese Deliktsform deutlich zurück. Als Folge vermutet wurde ein Anstieg im Bereich von Schmuggel und Handel von Betäubungsmitteln.
176 *Merton* 1980. Daß der Anstieg der Kriminalitätsraten in den 60er Jahren in den USA mit auf solchen Prozessen beruhte, die durch Prognosen des FBI ausgelöst wurden, wurde von der US National Commission on the Causes and Prevention of Violence vermutet (vgl. *Doleschal* 1979 S. 83 f.).
177 Die selbsterfüllende Eigendynamik kann außer Betracht bleiben, weil sie den Fall der sich „falschen" Prognose trifft.
178 Vgl. *Honolka* 1976 S. 88 ff.
179 *Morgenstern* 1928, insbesondere S. 92 ff.
180 Von dieser inhaltlichen Problematik ist die methodologische Seite zu trennen. Denn einerseits kann die Eigendynamik zu einer Schein-Bewährung oder Schein-Widerlegung der betreffenden Theorie führen (vgl. *Albert* 1973 S. 82). Andererseits werden hierdurch höhere Anforderungen an die Prognose gestellt: Neben den eigentlich zu prognostizierenden Variablen müssen auch die eigendynamischen Prozesse in der Voraussage berücksichtigt werden.

gewandt, gerade reflexive Prozesse könnten gezielt als **Mittel zur Gestaltung** sozialen Geschehens eingesetzt werden[181]. Neuere Forschungen zielen inzwischen darauf ab, Bedingungen anzugeben, bei deren Erfülltsein trotz eigendynamischer Prozesse zutreffende (ökonomische) Prognosen erstell- und publizierbar sind[182].

132 — Für den zur Verbesserung und Überprüfung des Prognosemodells und der Prognosemethoden erforderlichen Vergleich zwischen tatsächlicher und prognostizierter Entwicklung stellt u. a. die Möglichkeit eigendynamischer Effekte eine erhebliche Einschränkung dar. Denn die **ex post-Beurteilung** als Prüfkriterium für die Treffsicherheit der Prognose „setzt voraus, daß reflexive Wirkungen fehlen, die prognoseinduzierten Folgen vernachlässigbar bzw. symmetrisch sind, die Prognose deterministisch fundiert ist, die Möglichkeit eines ‚zufälligen' Erfolges entfällt, die Prognose nicht von konditionaler Form ist"[183]. Für die Praxis, die sich ex ante zwischen konkurrierender Prognosen entscheiden muß, sind freilich Maßstäbe für eine **ex ante-Beurteilung** erforderlich. Hierfür bietet aber weder die „Wissenschaftlichkeit" eine Erfolgsgarantie, noch ist die enge Annäherung an die Wirklichkeit in früheren Versuchen eine Versicherung für die Zukunft[184].

133 (8) **Kriminalstatistiken,** die üblicherweise die Datenbasis für Kriminalitätsprognosen sind, spiegeln nicht die „Kriminalitätswirklichkeit" wider; sie sind vielmehr Indikatoren sozialer Kontrolle. Aber selbst die „Wirklichkeit der registrierten Kriminalität" spiegeln sie nur unvollständig, verzerrt und nicht hinreichend differenziert wider[185]. Hierunter leidet ihre prognostische Brauchbarkeit.

134 (9) Zuverlässigkeit und Aussagekraft der in den sonstigen **Sozialstatistiken** nachgewiesenen Daten sind ebenfalls begrenzt. „Stichproben haben gezeigt, daß die Meldevorschriften vielfach nicht beachtet werden. Darüber hinaus ergeben sich große Lücken besonders bei der ausländischen Bevölkerung. Die Fortschreibung der Bevölkerungszählungen ist mit erheblichen Fehlern behaftet. Außerdem wurden Geburtenentwicklung und Wanderungsbewegungen oft falsch vorausgeschätzt."[186] Die Prognose der künftigen Bevölkerungsentwicklung ist wegen zahlreicher Unsicherheitsfaktoren, und zwar nicht nur hinsichtlich des generativen Verhaltens, überaus unsicher.

135 (10) Schwierigkeiten bzw. unterschiedliche Verzerrungsfaktoren bestehen schließlich sowohl hinsichtlich des **Anfangszeitpunktes** als auch hinsichtlich des **Vorhersagezeitraums der Kriminalitätsprognose.** Bei einer aktuellen Prognose, bei der nur eine geringe zeitliche Distanz zwischen dem Zeitpunkt der Erstellung der Prognose und deren Anfangszeitpunkt besteht, liegt die Schwierigkeit insbesondere in der Verfügbarkeit aktueller

---
181 Vgl. *Weichhardt* 1982 S. 31.
182 Vgl. die Zusammenfassung bei *Weichhardt* 1982 S. 19 ff. m.w.N.
183 *Fulda/Härter/Lenk* 1989 Sp. 1642.
184 Vgl. zusammenfassend *Gerfin* 1964 S. 6 f.
185 Vgl. hierzu *Dörmann* 1984.
186 *Dörmann* 1984 S. 56.

statistischer Informationen, die für die Prognoseerstellung benötigt werden. Je länger dagegen der Vorhersagezeitraum der Prognose ist, desto größer ist die Gefahr der Verzerrung bis hin zur Falsifikation, die insbesondere von sozialem und technischem Wandel sowie von der Eigendynamik der Prognose selbst ausgeht.

2. Prognoseskeptizismus als Folge des gegenwärtigen Standes empirisch gesicherten Wissens?

Aufgrund des gegenwärtigen Standes unseres (nicht nur: kriminologischen) Wissens ist demnach **grundsätzliche Skepsis gegenüber der Möglichkeit angezeigt, Kriminalitätsprognosen mit hinreichender Vorhersagegüte erstellen zu können.** Es ist weder möglich, hochaggregierte Kriminalitätsprognosen mit hoher Vorhersagegüte zu erstellen, noch ist es möglich, Kriminalitätsprognosen in einer so starken Disaggregation zu erstellen, daß die Ergebnisse als brauchbare und unentbehrliche Grundlage für kriminalpolitische Entscheidungen betrachtet werden können. Selbst mit den besten Kriminalitätsprognosen bewegt man sich derzeit „noch weitgehend auf einem informierten Plausibilitätsniveau"[187]. 136

Diese **Prognoseskepsis** bedarf freilich der **Relativierung.** Denn das derzeitige kriminologische Wissen reicht zwar nicht aus, um Kriminalitätsprognosen mit hoher Vorhersagegüte zu erstellen. Gleichwohl ist aber genügend kriminologisches Wissen vorhanden, um 137

– mehr als nur Blindschätzungen vornehmen und das bisher erreichte prognostische Niveau verbessern,
– die dennoch bestehende, begrenzte Vorhersagegüte unserer Prognosen erkennen und
– Gefahren prognostisch angeleiteten Handelns abschätzen zu können.

VIII. Beiträge der Kriminologie zur Verbesserung der Modellbildung

1. Beiträge aus der kriminalstatistischen Forschung, insbesondere zum Kriminalitätsindex

Die für Kriminalitätsprognosen mit hinreichender Vorhersagegüte bestehenden Grenzen dürften deliktsspezifisch unterschiedlich, in Teilbereichen sogar nahezu vernachlässigbar sein. So bleibt z. B. der „Kernbestand" strafrechtlich bewehrter Normen verhältnismäßig unverändert, d. h. ist weitgehend politikunempfindlich. Ebenso dürfte die Mehrzahl dieser Normen sich durch ein hohes Maß an Intersubjektivität der Tatbestandsdefinitionen auszeichnen. Ihnen gegenüber dürfte eine relativ hohe und konstante Anzeigebereitschaft bestehen. Schließlich dürften sich die Handlungsstrategien der Strafverfolgungsinstanzen in diesem Bereich nur geringfügig verändern. Die **Vorhersagegüte für Kriminalitätsprognosen** dürfte deshalb **deliktsspezifisch unterschiedlich hoch/gering** sein. Hier – 138

---

187 *Kaiser* 1988 S. 404.

wie bei der gleichgelagerten Diskussion um einen **Kriminalitätsindex**[188] – wird es freilich noch der weiteren Forschung bedürfen, um diesen „Kernbestand" näher präzisieren zu können.

2. Beiträge aus den Forschungen zur Individualprognose

139 Bei der Erarbeitung von Kriminalitätsprognosen sollten Fehler vermieden werden, die bei den Forschungen zur Individualprognose sichtbar geworden sind. Der Gedanke, ein Informationssystem in Form eines **Früherkennungs- und Frühwarnsystems** zu schaffen, hat seinen Vorläufer in den traditionellen Prognosetafeln und -modellen, wie sie insbesondere seit den 50er Jahren in reicher Zahl entwickelt worden sind[189]. Würden diese Prognosemodelle heute angewendet, dann wäre die Mehrzahl der Verurteilten, die gegenwärtig mit einer zur Bewährung ausgesetzten Freiheitsstrafe bestraft werden, für eine Strafaussetzung ungeeignet, da in hohem Maße ein Rückfall prognostiziert werden würde. Tatsächlich wird aber, bei geänderter Rechtslage, zunehmend auch bei wiederholt Verurteilten eine Freiheitsstrafe zur Bewährung ausgesetzt. Erwartungswidrig stieg die Widerrufsrate nicht, sie sank vielmehr, und zwar relativ am stärksten bei den prognostisch vermeintlich ungünstigsten Gruppen[190].

140 Daraus folgt, daß Rückfallraten, wie allgemein Kriminalitäts- und Verurteiltenraten, nicht nur von vermeintlich feststehenden Persönlichkeits- und Sozialmerkmalen abhängen, sondern in starkem Maße auch von den rechtlichen Rahmenbedingungen und von den Strategien der Strafverfolgungsorgane selbst. Daraus folgt weiter, daß diese Prognosen häufig nur die **Kontrollstile der Instanzen der Strafverfolgung** reproduzieren und bei deren Änderung ihre Gültigkeit verloren haben. Dieser Gefahr sind auch Kriminalitätsprognosen ausgesetzt, die diesen Zirkel dadurch begründen und in Gang halten können, daß sie, einmal handlungsleitend und -begründend geworden, sehr leicht zur self-fulfilling prophecy werden können.

141 Die **Mängel** der bisherigen Forschung **bei Individualprognosen** liegen demnach, vom fehlenden Bezug zu sozialwissenschaftlichen Theorien abgesehen, unter anderem in einer
– Überschätzung der Bedeutung von Persönlichkeits- und Sozialmerkmalen;
– Unterschätzung der Bedeutung des Entscheidungshandelns der Kontrollinstanzen;
– Unterschätzung der negativen Eigendynamik von Problemdefinitionen;
– Unterschätzung der negativen Nebeneffekte formeller Sozialkontrolle.

---

188 Vgl. *Kaiser* 1988 S. 355.
189 Bei diesen Prognosetafeln handelt es sich um verkappte Kollektivprognosen, in denen die bei bestimmten Fallgruppen in der Vergangenheit beobachteten Rückfallraten auf künftige Populationen verallgemeinert werden (vgl. *Spieß* 1985 S. 256).
190 Vgl. *Spieß* 1984.

3. Beiträge aus der kriminologischen Instanzenforschung

Die Einsicht, daß Kriminalität nicht ohne soziale Kontrolle besteht, hat in der Kriminologie teilweise zur Abkehr von der Suche nach Tätermerkmalen und zur Untersuchung der Interaktion zwischen Täter und Strafverfolgungsinstanzen sowie der Handlungs- und Entscheidungsmuster der Instanzen geführt. Befunde der **Instanzenforschung** sind aber nicht nur in Kriminalitätsprognosen zu berücksichtigen, sondern verdeutlichen auch deren Grenzen und Gefahren. Die Instanzenforschung hat nämlich unter anderem ergeben, daß

- Sachverhalte im Objektbereich, wie Anzeige- und Sanktionierungsrisiko, sowie registrierte Tatverdächtigenmerkmale nicht invariat sind, sondern in hohem Maße von den Handlungsstrategien im Bereich informeller und formeller Sozialkontrolle abhängen;
- Prognosen und Gefährlichkeitseinschätzungen die Sensibilität der Öffentlichkeit beeinflussen und damit die Grenze zwischen informeller und formeller Sozialkontrolle verändern können;
- Kriminalisierungs- und Strafverfolgungsstrategien das Geschehen im Objektbereich dramatisch beeinflussen und die Entstehung neuer Formen der Kriminalität begünstigen können.

Daraus folgt, daß diejenigen Prognosemodelle, die lediglich solche Prädiktoren berücksichtigen, die den Verhaltensbereich von potentiellen Tätern betreffen, unzutreffend sein müssen.[191] Erforderlich sind statt dessen **komplexe theoretische Modelle,** in denen sowohl die Änderungen der Handlungsstrategien im Gefolge von Änderungen im Objektbereich als auch reflexive Prognoseeffekte berücksichtigt werden. Aber weder der eine noch der andere Prozeß ist wissenschaftlich so weit erforscht, daß ein auch nur einigermaßen vollständiges und die komplexen Zusammenhänge berücksichtigendes Modell aufgestellt werden könnte. Infolgedessen wird dort Konstanz unterstellt, wo Variabilität zu erwarten ist.

IX. Planung – ein Handeln unter den Bedingungen des „aufgeklärten Nichtwissens"

1. „Aufgeklärtes Nichtwissen" als Grundlage der Planung

„Wer vorgibt, die Zukunft zu kennen, lügt, selbst wenn er zufällig die Wahrheit sagt."[192] Gleichwohl gehört es zu einem grundlegenden Bedürfnis des Menschen, einen Blick in die Zukunft werfen zu wollen. Der rationale Umgang mit Prognosen setzt jedoch die Einsicht in die Begrenztheit unserer derzeitigen prognostischen Fähigkeiten voraus, d. h., die Berücksichtigung dessen, daß unser zukunftsorientiertes Handeln ein Handeln unter den Bedingungen des **„aufgeklärten Nichtwissens"** ist. Dies bedeutet: **Wir wissen,**

---

191 Diese dem Täterbereich verhafteten Modelle herrschen freilich noch vor, wie beispielhaft die Kriminalitätsprognose von Loll zeigt (vgl. *Projektgruppe Prognose-Gremium* 1984 S. 25 ff.).
192 Arabisches Sprichwort, zitiert nach *Büchler* 1984 S. 108.

(1) daß zwar unsere **prognostischen Fähigkeiten begrenzt** sind, daß wir aber dennoch dem Zwang zum Handeln unterliegen;
(2) daß deshalb die im Hinblick auf die mutmaßliche künftige Entwicklung ergriffenen Maßnahmen mit großer Wahrscheinlichkeit nicht völlig gegenstandsadäquat sein werden und wegen anderer **Entwicklungsverläufe laufend korrigiert** werden müssen;
(3) daß unsere Handlungen **Nebenfolgen** haben werden, die wir ebenfalls nur zum Teil voraussagen können.

2. Folgerungen aus der Einsicht in einen Zwang zum Handeln unter den Bedingungen des „aufgeklärten Nichtwissens"

a) Kein Verzicht auf explizit formulierte Prognosen

145 Prognoseskeptizismus kann und soll nicht dazu führen, auf die Erstellung von Kriminalitätsprognosen (scheinbar) zu verzichten. Denn einen Verzicht auf Prognosen gibt es nicht, allenfalls einen Verzicht auf explizit formulierte Prognosen und damit auf die Angabe der zugrunde gelegten Erfahrungstatsachen. Der Verzicht auf explizit formulierte Prognosen wäre insofern ein Rückfall in Irrationalität, weil dies einem Verzicht auf Transparenz gleichkäme und weder Kritik noch „Güte-", geschweige deren „Erfolgsbeurteilung" möglich wären. Eine Fehlerursachen-Analyse wäre von vornherein ausgeschlossen, Lernen aus Erfahrung folglich unmöglich.

b) Einsicht in die Grenzen des Erkennbaren und Offenhalten für Kurskorrekturen

146 Prognoseskeptizismus sollte jedoch zu einer bescheideneren und vorsichtigeren Verwendung von Prognosen Anlaß geben. Es geht darum, die Grenzen des Erkennbaren und Voraussagbaren herauszuarbeiten und Lehren für das Handeln unter den Bedingungen „aufgeklärten Nichtwissens" zu entwickeln. Kriminalitätsprognosen sind nicht nur erwünscht, Kriminalitätsprognosen werden auch laufend getroffen. Die **Grenzen solcher Prognosen** sollten aber ebenso bewußt bleiben wie die Gefahren eines Handelns im Vertrauen auf die Treffsicherheit dieser Prognosen. Daraus leitet sich die Forderung her, daß bei sämtlichen Planungsentscheidungen nicht nur die Prognosen, die die Grundlage der Planung bilden, laufend kontrolliert werden, sondern auch die Möglichkeit von Kurskorrekturen in weitestgehendem Maße bestehen sollte.

147 Die **mangelnde Treffsicherheit** von Kriminalitätsprognosen gilt es als Gefahr zu erkennen. Es besteht die Gefahr, daß im Vertrauen auf die Verläßlichkeit selektiv Kriminalitätsentwicklungen beobachtet und Maßnahmen (Aufgabenausweitung, Ressourcenvermehrung) getroffen werden. Dies kann zu einer (scheinbaren) Bestätigung durch eine self-fulfilling prophecy führen, weil Kriminalitätsraten in hohem Maße von den rechtlichen Rahmenbedingungen und den Strategien strafrechtlicher Sozialkontrolle abhängen. Spätestens seit dem von *Pfeiffer* aufgezeigten „Lüchow-Dannenberg-Syndrom"[193] und der eindrucksvollen Analyse von *Ammer*[194] zur „Kriminalität in Landau" ist dies überdeutlich.

---
193 *Pfeiffer* 1987 S. 33 ff.
194 *Ammer* 1990.

Ferner besteht die Gefahr, daß durch die **selektive „Blickschärfung"** im Gefolge von Kriminalitätsprognosen unerwartete oder neue Entwicklungen nicht rechtzeitig genug erkannt werden, so daß die Reaktion hierauf zu schwach und/oder zu spät erfolgt. Deshalb bedarf es der konstanten und kritischen Überprüfung, ob sich die Entwicklung in den erwarteten Bahnen hält. Damit muß die Bereitschaft zur ständigen „Kurskorrektur" einhergehen.

148

c) *Kontrolle von Nebenfolgen*
Nicht nur die direkten Folgen kriminalpolitischen Handelns sollten laufend geprüft werden, ebenso wichtig sind die prognostische Berücksichtigung und die **laufende Kontrolle der unerwünschten und/oder unbeabsichtigten Nebenfolgen.**

149

Als „Hauptaufgabe der theoretischen Sozialwissenschaften" hat *Popper*[195] „die Feststellung unbeabsichtigter sozialer Rückwirkungen absichtgeleiteter menschlicher Handlungen" bezeichnet. Die praktische Rolle der Sozialwissenschaften bestehe darin, „uns beim Verständnis auch der weiter liegenden Folgen möglicher Handlungen und damit bei der klügeren Wahl unserer Handlungen zu helfen".

Im Bereich der Normsetzung etwa gehört es zu den festen Erfahrungen, daß „Überkriminalisierung" die präventive Kraft des Strafrechts beeinträchtigt[196]. Im Bereich der Normanwendung liefert die unter dem Stichwort der „Sekundärabweichung"[197] bekannt gewordene Problemsicht des labeling approach ein weiteres Beispiel. Im Bereich der Kontrollstrategien sei auf die Beispiele der erwartbaren Verlagerungseffekte und des Ausweichverhaltens hingewiesen. Geiselnahmen, um Geld zu erpressen, waren mit eine Folge besser gesicherter Banken und Sparkassen; Rezeptdiebstähle und -fälschungen waren mit eine Folge besser gesicherter Betäubungsmittel in Apotheken.

3. „Aufgeklärtes Nichtwissen" – Folgerungen für gegenwärtige und zukünftige Forschung

a) *Erarbeitung und Anwendung von Kriterien für die Gütebeurteilung von Prognosen*
Auf absehbare Zeit wird Planung unter den Bedingungen des „aufgeklärten Nichtwissens" erfolgen müssen. Vorrang wird deshalb die **Erarbeitung von Kriterien** haben müssen, mit denen ex ante die „Güte" von Prognosen beurteilt werden kann.

150

b) *Verbesserung der Begründungsbasis für Prognosen*
Für Gegenwart und Zukunft sind aus dem (relativen) Prognoseskeptizismus zwei Folgerungen hinsichtlich der derzeit noch mangelhaften Begründungsbasis von Kriminalitätsprognosen zu ziehen:

151

---
195 *Popper* 1980 S. 120.
196 *Kaiser* 1988 S. 326.
197 Vgl. vor allem *Lemert* 1967 S. 40 ff.

– Sämtliche erreichbaren, für die jeweilige Prognoseaufgabe wesentlichen **Informationen über Hypothesen und Anfangsbedingungen** sind auszuwerten.
– Die Arbeiten zur **Erhöhung des Grades an Verläßlichkeit von Kriminalitätsprognosen** sollten fortgesetzt werden. Dies erfordert vor allem, die Theoriebildung zu den kriminologischen Erkenntnisgegenständen „Verbrechen", „Verbrecher", „Verbrechenskontrolle" und „Opfer" zu verbessern. Unerläßlich ist ferner eine systematische Fehlerursachen-Analyse.

Erkenntnisfortschritt vollzieht sich nicht durch Begründung des „Wahren", sondern nur durch Elimination des „Falschen". Nur durch Erstellen und Überprüfen von Prognosen lernen wir, **bessere Prognosen** zu machen. Insofern war der Ansatz, durch ein **Prognose-Gremium** eine Basis zu schaffen, auf der polizeiliches Erfahrungswissen und praxisorientierte Forschung in einer sich gegenseitig ergänzenden Weise zusammenwirken konnten und sollten[198], ein prinzipiell richtiger Ansatz, der weitergeführt werden sollte.

D. Kriminalistische Strategie

152 Wie bereits einleitend ausgeführt wurde, beruht die Entwicklung kriminalistischer Strategien weitgehend auf der kriminalistischen Diagnose (hier hauptsächlich der umfassenden Lageanalyse) und der kriminalistischen Prognose. Die in den entsprechenden Abschnitten beschriebenen **Methoden** finden demzufolge auch im Bereich der Strategie Anwendung und werden daher im einzelnen hier nicht erneut vorgestellt.

Aufgeführt werden sollen dagegen einige **grundsätzliche Erwägungen** zur Entwicklung kriminalistischer Strategien und Methoden, die bisher nur kurz angesprochen oder noch nicht erwähnt worden sind.

I. Grundsätzliches zur Kriminalstrategie

1. Determinanten kriminalistischer Strategien

153 Vor dem Hintergrund einer Entwicklung, die bestimmt wird von dem ständigen Konflikt zwischen zunehmender **Komplexität der polizeilichen Aufgabenfelder** auf allen Ebenen und einer relativen Verengung des möglichen Handlungsspielraumes, kommt strategischen Überlegungen eine besondere Bedeutung zu. Der Forderung nach mehr Effizienz der Verbrechensbekämpfung kann nur entsprochen werden, wenn taktische Überlegungen in ein strategisches Gesamtkonzept eingebunden werden. Im Hinblick darauf, daß diese Überlegungen nicht neu sind, wird immer wieder beklagt, daß kriminalstrategische Planung bisher nur einen defizitären Ausbaustand erreicht hat[199].

---

198 Vgl. *Beck* 1985.
199 *Kube* 1986 S. 233.

Die **einschlägigen Gesetze** determinieren das Handeln der Instanzen der strafrechtlichen Sozialkontrolle nicht vollständig. Soweit Spielräume verbleiben, können Polizei und Justiz Konzepte der Verbrechensbekämpfung auf Bundes- oder Landesebene, im regionalen oder kommunalen Bereich entwickeln. Kriminalstrategien umfassen alle fallübergreifenden polizeilichen Konzepte der Verbrechenskämpfung, für Gesamtkriminalität oder Teilbereiche der Delinquenz. Sachgerechte Planung setzt hinreichend zuverlässiges Wissen über Struktur, Umfang und Entwicklung der Kriminalität voraus[200]. Grundlagen hierzu sind in den Abschnitten Diagnose und Prognose beschrieben worden. 154

Durch das **Legalitätsprinzip** ist die Polizei verpflichtet, im Rahmen der Strafverfolgung alle Bereiche der Kriminalität wirksam zu bekämpfen. Dennoch entwickeln sich Schwerpunkte der Strafverfolgung. Massenkriminalität mit Bagatellcharakter wird oftmals nur noch verwaltet[201]. 155

Schwerpunkte der genannten Art ergeben sich durch Zielkonflikte zwischen Repression und Prävention, durch knappe Ressourcen oder aufgrund einer weitgehenden Effizienzorientierung: Es werden Maßnahmen im polizeilichen Aufgabenspektrum bevorzugt, die greifbare Erfolgsnachweise garantieren und mit denen Erwartungen von Politik, Öffentlichkeit und Führung erfüllt werden können. **Selektivität** wird aber auch begünstigt durch polizeiliche Handlungsgrenzen: Der gesetzlich fixierte Aktionsradius führt zu einer Art „rechtlicher Programmierung" der Verbrechensbekämpfungsanstrengungen. 156

Der zur Verfügung stehende **Entscheidungsspielraum** im Rahmen der Strategie ist größer als bei der taktischen Planung. Auch hat die Strategie in größeren Zeiträumen zu rechnen. Sie muß Erfahrungen, Trends und Tendenzen in ihre Überlegungen mit einbeziehen. Strategische Entscheidungen sind selten unter Zeitdruck zu treffen[202]. 157

2. Kriminalistische Strategie und Wissenschaft

Kriminalstrategische Planungsvorgänge müssen sich am aktuellen Stand **wissenschaftlicher Erkenntnisse** orientieren. Dabei müssen auch solche außerpolizeilicher, auch privater Instanzen mit einbezogen werden[203]. Bisher sind in erster Linie Forschungserkenntnisse gefragt, die sich für Handlungsanleitungen im Polizeialltag eignen. Komplexe Lebenssachverhalte lassen sich aber weder komplett erfassen noch theoretisch abschließend erklären. Staatliche (Re-)Aktionsmuster sind dementsprechend nicht ohne weiteres optimierbar[204]. 158

Wissenschaft macht oft nur bewußt, was man eigentlich schon immer tat und für richtig hielt. Sie führt aber in jedem Fall zu einer Steigerung des 159

---
200 *Dölling* 1986.
201 *Kube* 1981.
202 *Böse* 1977.
203 *Kube* 1986 S. 228.
204 *Kube* 1986 S. 232.

Wissens, zu planvolleren Strategien und überlegten Maßnahmen und zu einer größeren **Verhaltenssicherheit** bei der Umsetzung[205].

160   Eine der wichtigsten Ursachen für das **geringe Interesse,** das Hochschul-Kriminologie und Polizeipraxis an **Polizeiforschung** haben, liegt in der geringen Neigung beider Seiten zu pragmatisch-empirischen, praxisbezogenen Analysen des polizeilichen Tätigkeitsfeldes mit dem Ziel seiner Verbesserung: Während die Hochschul-Kriminologie bei solchen Untersuchungen ihre Forschungsfreiheit durch „Praxisunterwerfung" bedroht sieht, geht die Polizei von der Gültigkeit ihres „praktischen Erfahrungswissens" und seiner Überlegenheit gegenüber wissenschaftlichen Erkenntnissen aus[206].

161   Das feed-back aus der kriminalistischen Praxis muß auf institutionalisiertem Wege ebenso in die Forschung einfließen wie umgekehrt Forschungsergebnisse in die Praxis. Zu einem **„Gesamtsystem Kriminalistik"** gehört die Beobachtung der Erkenntnisse anderer Wissenschaften und die Prüfung auf kriminalistische Nutzung[207]. Ergebnisse praxisbezogener Forschung sind daher als Planungs- und Entscheidungsgrundlagen in das im Abschnitt Diagnose vorgestellte Schema für eine Kriminologische Regionalanalyse aufzunehmen und bei der Entwicklung von Strategien zu berücksichtigen. Werden zusätzliche Daten und Informationen speziell für strategische Fragestellungen benötigt, sind sie aktiv und gezielt zu beschaffen.

162   Für viele Fragestellungen empfiehlt sich heute die Zusammensetzung eines **Planungsgremiums** aus Wissenschaftlern der relevanten Disziplinen und Polizeipraktikern[208]. Diese Zusammensetzung bietet die Gewähr dafür, daß polizeipraktische und wissenschaftliche Gesichtspunkte und Erkenntnisse gleichermaßen berücksichtigt werden. Damit wäre ein wichtiger Schritt zur Verwirklichung der oft vorgetragenen Forderung nach interdisziplinärer Zusammenarbeit sowie Kooperation zwischen Wissenschaft und Praxis getan.

163   Praxishandeln steht immer im natürlichen Spannungsverhältnis zwischen der theoretischen Lösung und der realistischen Verwertungschance[209]. Sinnvoll erscheint daher die Konzentration auf die Erreichung bestimmter **Nahziele,** wobei in Kauf genommen werden muß, daß mangels ausreichender wissenschaftlicher Absicherung ein Rest an Ungewißheit über die Wirksamkeit oder auch Angemessenheit einer Maßnahme besteht. Eine zweckmäßige Schrittfolge wäre das Heraussuchen konkreter Praxisfelder, die Untersuchung auf Schwachstellen und das Entwickeln von Konzeptionen zur Verbesserung auf neuen Wegen[210].

---

205 *Klink/Kordus* 1986 S. 37.
206 *Störzer* 1983 S. 81/82, 83, 84; *Steffen* 1984. In bezug auf Kriminalpolitik *Rupprecht* 1985.
207 *Rosenow* 1984.
208 Hierzu z. B. *Eyrich* 1983.
209 *Matussek* 1978 S. 538.
210 *Matussek* 1978 S. 538.

3. Polizeiliche Strategien als Reaktion auf Täterstrategien

164 Die Analyse des **Täterhandelns** ist Grundlage für entsprechend angepaßte Reaktionen der Strafverfolgungsorgane. Dies gilt für die Polizei direkt, aber in Folge auch für die Kriminalpolitik.

165 Beklagt wird, daß die **polizeiliche Reaktion** häufig nicht schnell genug auf das Täterverhalten abgestimmt werden kann. Die polizeiliche Kompetenz wird aber durch kriminalpolitische Grundsatzentscheidungen weitgehend von außen gesteuert. Diese Entscheidungen fallen ihrerseits erst nach einem langwierigen demokratischen Willensbildungsprozeß, der auch die Fortentwicklung des Rechts und politische Zieldefinitionen z. B. von Sicherheitsprogrammen einbezieht. Da derartige Prozesse oft sehr lange dauern und erst relativ spät Praxisrelevanz erlangen, darf es der Polizei nicht angelastet werden, wenn sie der Entwicklung grundsätzlich hinterherhinkt[211]. Will man diese Abhängigkeit zugunsten der Polizei ändern, muß der Komponente „Prognose" mehr Bedeutung zugemessen werden als bisher. Nur aufgrund profunder Prognosen werden Politik und Polizei in die Lage versetzt, nicht nur auf Täterhandeln reagieren zu müssen, sondern sich rechtzeitig und durch aktives Planen und Handeln auf zukünftige Entwicklungen einzustellen.

166 Aktuelle **Schwerpunkte,** in denen auf Täterstrategien stärker als bisher reagiert werden muß, sind der Bereich der **Organisierten Kriminalität,** hier insbesondere auch der international organisierte Rauschgifthandel, und der Bereich der **„Massendelikte",** die zum Teil starke Steigerungsraten aufweisen. Besonders unter dem Effizienzaspekt scheinen hier eine vereinfachte Verfahrensabwicklung seitens der Polizei und eine stärkere Aktivierung der Öffentlichkeit in die richtige Richtung zu weisen. Repressive und präventive Maßnahmen müssen enger als bisher miteinander verzahnt werden: Eine ausgeklügelte Medienarbeit soll die Unterstützung der Ermittlungsarbeit durch die Bevölkerung fördern, (kriminal-)polizeiliche Beratung – zu der Interessenten auf die Polizei zugehen, die Polizei aber auch zu stärkerem Zugehen auf die potentiell betroffenen Mitglieder der Gesellschaft aufgefordert ist – den Selbstschutz der Bürger stärken.

167 Die im Abschnitt zur Diagnose vorgestellten Methoden der Übernahme von **Täterwissen** und der **Analyse von Tatbegehungsmerkmalen** (s. oben Rdnr. 50) können somit auch dazu dienen, entsprechende Strategien zur Repression und zur Verhinderung von Straftaten zu entwickeln.

168 Die Vielfalt staatlicher Aufgaben läßt die **Haushaltsmittel** für mögliche, der Täterstrategie angepaßte Weiterentwicklungen polizeilichen Instrumentariums zwangsläufig begrenzt erscheinen. Die Grenze hängt ab von der sich aus der Lageentwicklung abzeichnenden Gefahr für die Innere Sicherheit. Polizeiliche Effizienz kann nicht durch vermehrten Personal- und Materialeinsatz unbegrenzt gesteigert werden. Jede Gesellschaft hat ihr unvermeidbares Gefahrenpotential, darunter eben auch ein bestimmtes Maß an Kriminalität[212].

---

211 *Schreiber* 1980, S. 462.
212 *Schreiber* 1980, auch *Dölling* 1988 b.

II. Strategiebegriffe und Entscheidungsebenen

1. Strategiebegriffe

a) Theoretische (planende) Strategie

169 Aufgabe der theoretischen oder **planenden Strategie** ist die Entwicklung von Bekämpfungskonzeptionen für das Phänomen Kriminalität. Ihre typischen Mittel sind Analyse und Prognose; deren Methoden sind bereits Gegenstand ausführlicher Betrachtung geworden. Zur Lösung kriminalstrategischer Probleme ist angesichts der komplexen und komplizierten Zusammenhänge eine geregelte und organisierte Teamarbeit notwendig[213]. Für die Bearbeitung von Grundsatzproblemen hat sich der Einsatz von Stäben bewährt[214]. Auch andere Organisationsformen wie Fachkommissionen oder -ausschüsse, Arbeits-, Planungs- und Projektgruppen, zu denen ggf. externe Berater hinzugezogen werden können, betreiben Informationsgewinnung, -auswertung und -weitergabe. Hier werden Deliktsstrategien für kriminologisch abgrenzbare Kriminalitätsbereiche, Fachstrategien für begrenzte Teilaufgaben der Verbrechensbekämpfung oder Regionalstrategien für geographisch eingrenzbare Kriminalitätsphänomene geplant und entwickelt. Diese Gremien können auch die Koordination der Umsetzung der Vorschläge und die Beratung von Entscheidungsträgern übernehmen. Gearbeitet wird mit Problemlösungstechniken – Ideenfindungstechniken, Planungs- und Entscheidungstechniken, Durchführungstechniken – zur Analyse des Kriminalitätsgeschehens, zur Analyse der vorhandenen Bekämpfungsansätze und -instrumente und zur Entwicklung innovativer, alternativer Lösungsansätze.

170 **Ideenfindungs- und Problemlösungstechniken:** Der innovative Prozeß umfaßt die Problemerkennung und die Problemlösung. Aus der Praxis ist bekannt, daß Probleme unterschiedlich gelöst und bewältigt werden können. Wir kennen ein „blindes Probieren" bis hin zu einem systematischen, analytischen Vorgehen. Unsystematisches Suchen hat bisher den größten Anteil der herkömmlichen Problemlösungen ausgemacht. Die Frage ist, ob es nicht wirkungsvollere Mittel gibt, um die Sucharbeit nach Lösungen entscheidend zu reduzieren. Solche Mittel gibt es in Form von Heuristiken, d. h. methodischen Anleitungen, Neues zu finden, und Innovationstechniken. Diese Mittel, Methoden und Techniken bleiben aber nur Faustregeln, wenn sie nicht systematisch und planmäßig angewendet werden. Erst wenn sich die Aufmerksamkeit auf die Erfordernisse des angestrebten Ziels und auf die spezifischen Merkmale und Forderungen dessen, was erreicht werden soll, konzentriert, kann ein Lösungsweg allmählich Schritt für Schritt entwickelt werden. Für die schrittweise Analyse ist darum die Einstellung auf ein planmäßiges, zielgerichtetes Suchen unbedingte Voraussetzung.

171 Auch **polizeiliche Entscheidungen** – die nicht Routineentscheidungen oder Spontanentscheidungen unter Zeitdruck sind – können als Problem-

---

[213] *Klink/Kordus* 1986 S. 52.
[214] Hierzu z. B. *Windisch* 1980. Zur Gruppenarbeit allgemein *Delhees* 1983; *Grunwald/Redel* 1986; *Kern* 1976.

Methodendarstellung

lösungsprozesse verstanden werden. In einer ersten Phase sind Problemdefinition und -analyse vorzunehmen. Dazu gehört die Feststellung des Ist-Zustandes. Es folgt die Analyse der Gründe für eine eventuelle Mängelsituation. Zukünftige Entwicklungen auf dieser Basis sind zu prognostizieren. Der gegenwärtigen und zu erwartenden Situation ist ein Soll-Zustand gegenüberzustellen. Bei der Entwicklung des Soll-Zustandes kann von zwei Verfahren ausgegangen werden: Der Soll-Zustand wird erarbeitet, indem man die Mängel des Ist-Zustandes gedanklich beseitigt und sich eine konkrete Zielvorstellung setzt. Die andere Möglichkeit besteht darin, einen Ideal-Zustand zu entwerfen und diesen mit dem Ist-Zustand zu vergleichen. Unter dem Gesichtspunkt der Realisierbarkeit ist dann ein dem Idealzustand möglichst weit angenäherter Soll-Zustand zu konzipieren. In einer weiteren Phase werden dann Lösungsvorschläge gesammelt. Das Planungsgremium versucht, die möglichen Alternativen festzustellen. Dabei kann man sich der Ideenfindungstechniken bedienen.

Solche **Techniken kreativen Denkens** sind planende Verfahren zur Produktion neuer Ideenkombinationen. Sie simulieren den kreativen Prozeß, um damit die planlose und zufällige Ideenproduktion durch ein systematisches Vorgehen zu verbessern. Problemverdichtung, Problementfernung und die Übertragung von Lösungsansätzen auf das Problem kann man mit Hilfe aller Problemlösungstechniken nachvollziehen. Dabei ist stets zu bedenken, daß die Wirksamkeit der eingesetzten Methoden weitgehend vom jeweiligen Problem abhängt.

Die in Frage kommenden Methoden basieren im wesentlichen auf **vier Denkprinzipien:** der Abstraktion (um eine eindeutige und systematische Problemspezifizierung zu erreichen), der Zerkleinerung (um eine systematische Strukturierung und Hypothesenbildung zu ermöglichen), der Anknüpfung bzw. Assoziation (um in der Phase der Ideenfindung möglichst viele verwertbare Ideen zu produzieren) und der Analogie (um im Sinne des definierten kreativen Prozesses eine schöpferische Konfrontation zu erreichen). Weiter kann unterschieden werden zwischen intuitiv-phantasieanregenden und analytisch-logischen Methoden.

Als **Techniken**[215] kommen **für die Entwicklung kriminalistischer Strategien** auf allen Planungs- und Entscheidungsebenen in Betracht
– Brainstorming und seine zahlreichen Varianten (für Gruppen und Einzelpersonen)
– Methode 6-3-5
– Synektik
– Delphi-Methode
– Morphologie
– Metaplantechnik[216].

---

215 Ausführlich hierzu z. B. *Burghard* 1980, *Mattern* 1981. Zu organisationsstrukturellen Voraussetzungen z. B. *Hummel* 1981, *Kube/Aprill* 1980, *Kube/Wiesel* 1975.
216 Hierzu beispielsweise *Nick/Bokranz* 1979.

175 Als **Planungs- und Entscheidungstechniken**[217] kommen für Maßnahmen der Verbrechensbekämpfung weiterhin in Frage
- Methoden der Informationsbeschaffung, z. B. Statistik
- Lagebeurteilung
- Black-Box-Verfahren
- Simulationsverfahren; Scenario-Verfahren
- Prognoseverfahren
- Entscheidungsmatrix, -baum
- Operations Research
- Aufgabenanalyse und -synthese.

176 Kriminalistische Strategien **zielen** einerseits auf die Bekämpfung des Gesamtphänomens Kriminalität. Dabei ist eine Eingrenzung in deliktischer, regionaler oder fachspezifischer Hinsicht denkbar und möglich. Andererseits kommt – unter dem Gesichtspunkt des praktisch Realisierbaren – auch die Entwicklung kriminalistischer Ansätze bis hin zur Einzelfallbewältigung im Mikrobereich in Betracht: Fallbearbeitungsstrategien (Ermittlungsstrategien; Bearbeitungsstrategien).

b) Deliktsstrategien

177 **Deliktsstrategien** orientieren sich an kriminologisch abgrenzbaren Kriminalitätsbereichen. Ursache für das Erfordernis der Strategieentwicklung ist das Entstehen neuer oder die Verstärkung vorhandener Kriminalitätsphänomene, aber auch das Vorliegen neuer kriminologischer Erkenntnisse oder von Ergebnissen aus Deliktsanalysen. Als Anhaltspunkt für die Entwicklung von Deliktsstrategien sei auf das Aufbauschema für eine kriminalstrategische Konzeption bei *Klink/Kordus* hingewiesen[218].

178 Deliktstrategien beinhalten folgende **Komponenten:**
- Festlegung des strategischen Ziels, z. B. Zerstörung krimineller Strukturen im Bereich der Organisierten Kriminalität.
- Analyse des Ist-Zustandes. Einbezogen werden müssen hierbei auch politische Vorgaben, gesellschaftliche Erwartungen, Entstehungsbedingungen, Täter- und Opferstruktur, generelle und spezielle Indikatoren (s. hierzu unter IV., Rdnr. 227). Bedingungen der Kriminalitätskontrolle müssen ebenso berücksichtigt werden wie Bekämpfungsdefizite.
- Erarbeitung von Lösungen und Umsetzungsmöglichkeiten. Dabei ist an die Rückkoppelung zu denken: Auswirkungen auf die Kriminalpolitik, auf Einstellungen in der Öffentlichkeit, auf andere Kriminalitätsbereiche.

Ein Beispiel für den Bereich der Organisierten Kriminalität findet sich bei *Klink/Kordus*[219].

---

[217] Grundlegend *Burghard* 1980; *Mattern* 1982.
[218] *Klink/Kordus* 1986 S. 51.
[219] *Klink/Kordus* 1986 S. 214–232.

Kube[220] weist für den Bereich der Umweltkriminalität auf die Suche und Einführung von **Bio-Indikatoren** hin. Diese begründen einen systematisierbaren Anfangsverdacht für bestimmte Delikte gegen die Umwelt. Spezifische biologische Zustände von Pflanzen oder Tieren in der Nähe gefahrengeneigter industrieller und gewerblicher Anlagen ermöglichen Rückschlüsse auf Schadstoffe und potentielle Verursacher. 179

Neben Erkenntnissen aus dem polizeilichen Bereich sind also grundsätzlich auch Entwicklungen in anderen gesellschaftlichen Bereichen zu beobachten, hinsichtlich ihrer Nutzanwendung zu überprüfen und für die Planung operationalisierbar zu machen. Hierzu gehört auch die **technische Entwicklung**. Die Polizei wartet zu häufig noch auf Neuerungen aus der Industrie, deren Produkte dann den polizeilichen Erfordernissen angepaßt werden müssen. Gefordert ist eine Konzeption, mit der Anforderungen an Ausrüstung und Bewaffnung präzise formuliert werden. Der Industrie sind dann Vorgaben vorzulegen, um die notwendigen Produkte zu entwickeln; auch hier empfiehlt sich eine enge beiderseitige Zusammenarbeit schon bei der Forschungsplanung[221]. Schritte in diese Richtung sind die Einrichtung der Gruppe „Technische Forschung, Entwicklung und Erprobung" – namentlich mit ihrer Organisationseinheit für Einsatz- und Sicherungstechnik – im Bundeskriminalamt und der Forschungs- und Entwicklungsstelle Polizeitechnik an der Polizei-Führungsakademie. 180

Die Einführung von technischen Neuerungen aus diesen Bereichen, aber z. B. auch aus dem Feld der elektronischen Datenverarbeitung muß **rechtliche Fragen** und solche der **Akzeptanz** berücksichtigen, wie das Beispiel der Rasterfahndung und deren Auswirkungen auf das Datenschutzrecht und die öffentliche Meinung darlegt. 181

Zu bedenken sind aber auch **Kooperationsmöglichkeiten** zur Unterstützung der Verbrechensbekämpfung, insbesondere aber zur Prävention und zur Schadensminimierung im Problemfall. So ist hier an das Beispiel der Kooperation zwischen Polizei und sozialen Diensten zu denken: *M. Steinhilper*[222] beschreibt ein solches Beispiel mit dem „Programm Polizei-Sozialarbeit (PPS)" in Hannover. 182

Deliktsstrategien können einerseits von **überregionalen Planungsgremien** entwickelt werden, andererseits aber auch, abgestimmt auf die situativen Verhältnisse vor Ort, auf der **Inspektionsebene** der Dienststellen. 183

c) Fachstrategien

Fachstrategien umfassen Bekämpfungskonzeptionen für fachlich begrenzte Teilbereiche, z. B. die Entwicklung von Informationssystemen, Präventionsmodellen oder speziellen Bekämpfungsinstrumenten. Fachstrategien haben den gesellschaftlichen Wandel, veränderte Rechtsgrundlagen und subtilere Täterstrategien zu beobachten und zu berücksichtigen[223]. 184

---
220 *Kube* 1986 S. 249.
221 *Schreiber* 1980 S. 464.
222 *M. Steinhilper* 1982.
223 *Klink/Kordus* 1986 S. 38.

185 Beispielsweise stellt sich kriminalistisches Untersuchungsgeschehen als Prozeß der **Informationsgewinnung und -verarbeitung** dar. Es ist der Informationsbedarf festzustellen, sowohl qualitativ (Zuverlässigkeit der Daten) als auch quantitativ (Datenerfordernisse des Sachbearbeiters/Führungsinformationen).

186 **EDV-gestützte Informationssysteme** sind entweder von überregionaler Bedeutung (KAN-Kriminalaktennachweis; Falldatei für Straftaten von bundesweiter Bedeutung; Aktenerschließungssystem PIOS für verschiedene Anwendungen usw.) oder regional begrenzt. Für Fachstrategieentwürfe sind hier Untersuchungen zu Akzeptanz, Bedienerfreundlichkeit, Sicherheitsansprüchen, personellen Anforderungen, Datenschutzaspekten und Kosten-Nutzen-Überlegungen anzustellen.

187 Auch die Bildung von **Fachkommissariaten für täterbezogene Bekämpfung** z. B. im Bereich der Schwerstkriminellen und der Organisierten Kriminalität kann hier angesprochen werden; Ziel ist die optimale Nachrichtensammlung über diesen Täterkreis, um Strafverfolgungsmaßnahmen wirkungsvoller zu gestalten.

188 Ein anderer Punkt ist die Entwicklung von **Präventionsstrategien.** Hierzu ist anzumerken, daß komplex angelegte, allseits abgestimmte Präventionskonzepte noch fehlen, insbesondere für Massen- oder „Bagatell"-kriminalität. Hier muß die Rechtspolitik, neben anderen Faktoren, verstärkt mit einbezogen werden. Präventionskonzepte sind auch hinsichtlich ihrer Auswirkungen auf andere Kriminalitätsbereiche (Deliktsverdrängung, -verlagerung) zu überprüfen.

d) Regionalstrategien

189 **Regionalstrategien** haben geographisch eingrenzbare Kriminalitätsphänomene zum Gegenstand. Sie beruhen auf soziologisch-kriminologischen Strukturanalysen und polizeilichen Erkenntnissen. Voraussetzung ist oft das Erkennen räumlicher Brennpunkte, die einer Schwerpunktbildung durch präventive und/oder repressive Maßnahmen zugänglich sind. Regionalstrategien kommen insbesondere dann in Betracht, wenn ein bestimmter Bereich mit unterschiedlichen Delikten überproportional belastet ist[224]. Grundlegende strategische Überlegungen und die Entwicklung regionaler kriminalistischer Strategien finden deshalb auf der Dienststellenebene, vornehmlich der Inspektionsebene statt.

190 Denkbar und nutzbringend sind auch **Kombinationen verschiedener Strategietypen**, z. B. regionale Deliktsstrategien.

e) Ermittlungsstrategien

191 Sie eignen sich für bestimmte, meist komplexere Verfahren, werden vom Sachbearbeiter aber – meist unbewußt – praktisch in jedem Ermittlungsverfahren fallbezogen neu entwickelt. Ziel ist die Aufklärung des Falls, das Erreichen hoher Aufklärungsquoten, ökonomisches Vorgehen (Zeitfragen, Ressourcenfragen usw.). Zunächst wird eine Abstraktion des Erfahrungs-

---

224 *Klink/Kordus* 1986 S. 38.

wissens vorgenommen und eine gewisse Systematik ins eigene Vorgehen gebracht, wobei Vorbilder reproduziert werden können. Mit Intuition (Kreativität/Innovationsbestrebungen) wird aus den taktisch und rechtlich möglichen Maßnahmen eine **Ermittlungsstrategie** geknüpft. Lösungswege werden gesucht, Alternativen entwickelt. Hierzu werden Informationssammlungen angelegt (z. B. Karteien), Bezüge zu regionalen Gegebenheiten hergestellt, Methoden aus anderen Deliktsbereichen ggf. für den eigenen Bereich übernommen, Fahndungshilfsmittel angewendet und auch die Kriminaltechnik einbezogen. In die Überlegungen können gerade in komplexeren Verfahren auch andere Stellen, z. B. die Staatsanwaltschaft, einbezogen werden.

f) Operative Kriminalstrategie

Die **operative Kriminalstrategie** umfaßt die Überlegungen zum unmittelbaren praktischen Einsatz und zur sachgemäßen Verwendung technischer Mittel in größerem Rahmen und über die Arbeit am einzelnen Fall hinaus. Sie stellt sich oft als Reaktion auf Täterstrategien dar. Damit liegt das Schwergewicht bei der Kriminalitätsbekämpfung insgesamt, während Einzelaktionen im Rahmen der konkreten Arbeit am Fall in den Bereich der Kriminaltaktik gehören. Operative Kriminalstrategie stellt die Umsetzung der Ergebnisse der Planung in konzertierte und koordinierte Maßnahmen sicher[225]. Sie bezieht in ihre Überlegungen auch die Zusammenarbeit mit anderen Instanzen der sozialen Kontrolle ein und berücksichtigt darüber hinaus Bedürfnisse und Einstellungen der Bürger mit dem Ziel, die Öffentlichkeit für Sicherheitsprobleme zu sensibilisieren und zur Mitarbeit an geeigneten Maßnahmen der Verbrechensbekämpfung zu aktivieren.

Hier finden **Durchführungstechniken** Anwendung, z. B. die Flußdiagrammtechnik oder die Netzplantechnik. Diese Techniken sind auch bei der Vorplanung und Durchführung umfangreicher Ermittlungsverfahren besonders geeignet. Beispiele beschreiben *Klink/Kordus*[226].

Planungsgremien sind auf der Ebene des Polizeipräsidenten **anzusiedeln**; falls möglich, ist auf bestehende Stäbe zurückzugreifen oder sind solche zu institutionalisieren. Zu empfehlen sind aber auch übergeordnete, überregional tätige Planungsstellen, die der operativen Ebene kriminalstrategische Konzeptionen vorgeben können. Die operative Ebene ist dann nur für die Umsetzung zuständig. Der planenden Ebene müssen in diesem Falle alle Erkenntnisse aus der Durchführung zur weiteren Berücksichtigung zugänglich gemacht werden[227].

2. Zuordnung von Funktionsträgern zu Entscheidungsebenen

Wiedergegeben wird hier sinngemäß die Einteilung, wie sie *Klink/Kordus* vorgenommen haben[228].

---
225 *Klink/Kordus* 1986 S. 38.
226 *Klink/Kordus* 1986 S. 57–62.
227 *Klink/Kordus* 1986 S. 39.
228 *Klink/Kordus* 1986 S. 40, 41.

194 Die **kriminalpolitische Ebene** bilden demzufolge die Innenminister und -senatoren der Bundesländer und des Bundes sowie die Mitglieder des Arbeitskreises II – öffentliche Sicherheit und Ordnung – (AK II) der Ständigen Konferenz der Innenminister/-senatoren (IMK). Im AK II werden gesamtpolizeiliche Richtlinien, Polizeidienstvorschriften und Vorlagen an die IMK erarbeitet, dazu Grundsatzfragen und Gesetzesvorschläge.

195 Die **kriminalstrategische Ebene** beginnt bei den Mitgliedern des AK II, der damit eine Verzahnungsfunktion aufweist. Planend werden tätig die Mitglieder der Arbeitsgemeinschaft der Leiter der Landeskriminalämter mit dem Bundeskriminalamt (AG Kripo), die kriminalpolizeiliche Richtlinien und Vorlagen für den AK II erarbeiten, und die Polizeipräsidenten (planend, aber auch operativ). Hinzu kommen die Leiter der Schutz- und der Kriminalpolizei und auf vergleichbarer Ebene die Abteilungsleiter des Bundeskriminalamtes (Schwerpunkt operativ, aber auch planend). Kriminalstrategische Überlegungen stellen auch Gruppenleiter/Referatsleiter, Dezernatsleiter und Inspektionsleiter an (operativ; Übergang zur kriminaltaktischen Ebene). Im Rahmen der Stabsarbeit können Beamte aller Ebenen in Arbeitsgruppen an der Erarbeitung und Umsetzung kriminalstrategischer Konzeptionen mitwirken.

196 Zur **kriminaltaktischen Ebene** werden Sachgebietsleiter, Kommissariatsleiter (leitend) und Sachbearbeiter (ausführend) gerechnet. In diesem Bereich findet aber auch kriminalistisch-strategische Arbeit statt: hier werden Ermittlungsstrategien für die Bearbeitung einzelner Fälle ausgearbeitet.

III. Komponenten kriminalistischer Strategien

1. Zielsetzung

197 Ausgangspunkt kriminalstrategischen Vorgehens sind **kriminalpolitische Vorgaben,** die sich aus der Erkenntnis gesellschaftlicher Forderungen ergeben und sich stützen auf die Beurteilung der Sicherheits-(Kriminalitäts-)Lage. Wechsel- und Rückwirkungen der eigenen Zielsetzung mit der anderer gesellschaftlicher Bereiche müssen laufend planerisch bedacht werden.

198 Zur **Zielplanung** sind innovative Konzepte der Verbrechensbekämpfung zu entwickeln als Alternativen zu herkömmlichen Reaktionsmustern. Hierzu empfiehlt sich die Nutzung der bereits beschriebenen Kreativitätstechniken (Rdnr. 170, 172–175). Dabei sollte nicht allein auf Erkenntnisse aufgebaut werden, die aus dem eigenen Bereich stammen. Hilfreich erweist sich oft ein Blick über Staatsgrenzen oder in den Unternehmensbereich[229].

199 Das **immanente Ziel** ist es, Verbrechen auf ein erträgliches Maß zu reduzieren und Rechtsverstöße zu sanktionieren. Dieses Ziel ergibt sich aus den Polizeigesetzen und aus der Strafprozeßordnung. Für die Praxis erweisen sich diese Ziele jedoch als zu unbestimmt und zu pauschal, um sie mit strategischen Planungen ausfüllen zu können. Mittelbar beeinflussen sie

---

[229] *Kube* 1986 S. 246. Grundsätzlich zur Zielbildung auch *Bronner* 1985; *Steffen* 1983.

jedoch das Lebensgefühl, die Einstellungen und die Werthaltung der Bevölkerung.

Oberziele können z. B. die Repression und die Prävention insgesamt umfassen. Das Organisationsziel „Repression" ist als Konditionalprogramm (wenn-dann-Muster) formuliert. Es ergibt sich eine Verpflichtung zum Einschreiten im Falle von Gesetzesübertretungen. Weder Auslösefaktoren für das konkrete Handeln der Polizei noch die Wahl der Mittel stehen zur Disposition. Das Organisationsziel „Prävention" ist als Zweckprogramm formuliert. Es räumt der Polizei weitgehende Konkretisierungsspielräume ein, sie kann sich für bestimmte Maßnahmen entscheiden und sie inhaltlich ausgestalten oder nicht. Die Existenz von zwei Organisationszielen kann dazu führen, daß die intensive Verfolgung des einen Ziels sich zuungunsten des anderen auswirkt. Prävention ist als Organisationsziel nur vage formuliert und kann deswegen leichter unterdrückt werden als das Ziel Repression mit seinen eindeutigen Handlungsanweisungen[230]. 200

Von derartigen Oberzielen lassen sich **Teil- und Feinziele** bilden. Sie müssen klar und inhaltlich bestimmt sein, damit sie von den operativen Kräften angesteuert werden können. Die Detailliertheit der Ziele muß von oben nach unten zunehmen, d. h. die Bestimmtheit nach Inhalt, Ausmaß und räumlich-zeitlichem Bezug. Das Ausmaß der Konkretisierung hängt somit von der jeweiligen strategischen oder taktischen Ebene ab[231]. Unmittelbar damit zusammen hängt die Schwerpunktbildung, bei der man sich auf das Machbare beschränken muß, angesichts der Begrenztheit staatlicher Ressourcen auch auf das ökonomisch Machbare. Ohne Ressourcen laufen selbst die effektivsten Strategien ins Leere[232]. Folge kann die Beschränkung auf reine Vorgangsverwaltung und aktenmäßige Bearbeitung sein, polizeiliche (repressive) Aktionen finden ggf. nicht mehr statt. Auswahlkriterien sind hier die Schwere der Straftat, der Schaden, der Deliktsumfang und die Deliktsentwicklung, das Sicherheitsgefühl der Bevölkerung, die Präventabilität und die Beeinflussungsmöglichkeiten mit vertretbarem Aufwand. Dunkelfeldforschung und Bevölkerungsbefragungen (Beurteilung der Kriminalitätsentwicklung, Schwereeinschätzung einzelner Delikte, Bedrohtheitsgefühl, Einschätzung der Polizeiarbeit) führen hier weiter. 201

Zur Feststellung des **Zielerfüllungsgrades** sind die angestrebten Ziele mit den erreichten Wirkungen zu vergleichen und zueinander in Beziehung zu setzen. Zur Effizienzfrage ist zu bedenken, daß eine wirksame Maßnahme ineffizient sein kann, wenn sie mit unverhältnismäßig hohem Aufwand oder mit unerträglichen Nebenwirkungen erkauft wurde. 202

2. Strategie-Gremien

Die **Umsetzung** kriminalpolitischer Vorgaben – z. B. in strategische Planungen – erfolgt durch ein System von der Innenminister-Konferenz (IMK) 203

---
230 *Floercke* 1983.
231 *Klink/Kordus* 1986 S. 141.
232 *Klink/Kordus* 1986 S. 34.

nachgeordneten Arbeitskreisen, Arbeitsgemeinschaften, Ständigen Kommissionen und zeitlich begrenzten Fachkommissionen. So soll eine wirksame polizeiliche Zusammenarbeit auf nationaler Ebene erreicht werden. Mit diesen Thematiken befassen sich auch interministerielle Arbeitskreise, z. B. der Interministerielle Arbeitskreis „Präventive Kriminalpolitik" in Niedersachsen.

204   Auf örtlicher Ebene sind permanente **Kriminalstäbe** einzurichten, welche als „Denkerstäbe" ohne Linienfunktion den strategisch Verantwortlichen (Polizeipräsident, Leiter Schutz- und Leiter Kriminalpolizei) entsprechende Grundlagen an die Hand geben können, wie sie als Voraussetzung für rationale Entscheidungen gefordert werden[233]. Stabsarbeit ist ein geeignetes und notwendiges Führungsinstrument bei der Bewältigung immer komplexer werdender Aufgaben. Es sind eine Vielzahl von Informationen zu analysieren, zu strukturieren und gezielt zu steuern, in ein Lagebild umzusetzen und Einsatz- und Ermittlungsstrategien zu entwickeln. Analytisches und prognostisches Denken gehört zum Methodenarsenal der theoretischen Kriminalstrategie und zum Handwerkszeug des Stabskriminalisten. Ausbildung und Einführung kleiner „Denkereinheiten", bestehend aus besonders ausgebildeten und erfahrenen Stabskriminalisten, sollten favorisiert werden[234].

205   Für **Arbeitsteams und -gruppen** hat sich aus der praktischen Arbeit ergeben, daß Erfolge nur zu erzielen sind, wenn sich die mit Sonderaufgaben beauftragten Beamten teamgerecht engagiert und motiviert verhalten. Bei der Teambildung ist auf Freiwilligkeit abzustellen, auf Berufserfahrung der Beamten und auf ihren Einsatz gemäß ihren Fähigkeiten. Arbeitsgruppen mit strategisch relevanten Aufgabenstellungen können auch aus Polizeischülern oder Teilnehmern an Fortbildungsveranstaltungen gebildet werden. Beispiele sind die Projektgruppenarbeit an der Polizei-Führungsakademie oder die Arbeitsgruppentätigkeit anläßlich von PFA-Seminaren. Hier werden Einzelaspektuntersuchungen durchgeführt, z. B. Konzeptionen zur Erreichung von Bürgernähe entwickelt, oder Grundmuster für Präventionskonzepte erarbeitet[235].

206   Arbeit, die in kriminalistische Strategien einfließen kann, wird darüber hinaus auch von **Kommissionen polizeilicher Berufsvertretungen** geleistet, so z. B. zur Bekämpfung der Wirtschaftskriminalität[236] und der Straßenkriminalität[237].

207   Zur Entwicklung komplexer Programme mit Planungsmethoden ergibt sich die Notwendigkeit **ressortübergreifender Planung** mit Planungsteams. Beispiele sind hier die Kommission, die in Berlin ein Konzept zur Verhütung und Bekämpfung der Kriminalität erarbeitet hat (eingesetzt vom

---

233 *Schäfer* 1988. Zu Stäben allgemein *Burghard* 1980.
234 *Schäfer* 1976 S. 349.
235 Die Polizei 72 (1981), S. XII.
236 *Bund Deutscher Kriminalbeamter* 1984.
237 *Bund Deutscher Kriminalbeamter* 1986.

Regierenden Bürgermeister), und die Enquete-Kommission in Neumünster zur Untersuchung der Ursachen der dortigen Kriminalität.

Im Zusammenhang mit Kriminalität stehende Sorgen der Bürger müssen bei der Planung der Verbrechensbekämpfung berücksichtigt werden. Eine institutionelle Absicherung würde sich aus der Einrichtung sogenannter „Räte für Verbrechensvorbeugung" ergeben[238].

3. Einflußfaktoren auf die Entwicklung kriminalistischer Strategien

Erfolgversprechende Kriminalitätseindämmung durch die Polizei bedarf neben der Kenntnis ihrer eigenen Möglichkeiten auch der Kenntnis **gesellschaftlicher Zusammenhänge und Rahmenbedingungen**[239]. So wirkt sich z. B. die Einschätzung der Bedeutung von Kriminalitätsbereichen auf die Bildung von Verfolgungsschwerpunkten aus. Dies wiederum hat Auswirkungen auf die Einstellungen und das Sozialverhalten der Bürger. In diesem Zusammenhang macht sich das bisherige Fehlen von z. B. „Sozialschädlichkeitsanalysen"[240] nachteilig bemerkbar.

Die Polizei kann in nur geringem Maße auf das **soziale Umfeld** einwirken und kann auch soziale Strukturen nicht ändern. Sie ist aber z. B. in der Lage, polizeiorganisatorische Strukturen mit Hilfe der Kriminalgeographie an soziale Strukturen anzupassen. Im Rahmen ihres ständigen Kontaktes mit Lebenssachverhalten werden der Polizei gefahrenanzeigende Symptome offenkundig. Sie kann andere gesellschaftliche Entscheidungsträger auf diese Indikatoren hinweisen und Anregungen mit dem Ziel der Entwicklung von Gesamtkonzeptionen vorbringen. Eine Zusammenarbeit erstreckt sich dabei auf die Bevölkerung zur Förderung der Unterstützung bei der Verbrechensbekämpfung und auf die Stärkung des Selbstschutzgedankens sowie hier auch auf die Zusammenarbeit mit der Industrie mit dem Ziel der Entwicklung von Sicherungstechniken.

Die Entwicklung kriminalistischer Strategien muß natürliche **Handlungsgrenzen** berücksichtigen, z. B. Empfindungen der Öffentlichkeit. So dient zwar beispielsweise die Polizeipräsenz als Maßnahme zur Stärkung des Sicherheitsgefühls; andererseits ist aber die Möglichkeit nicht auszuschließen, daß diese Maßnahme als Indikator einer gewissen Polizeistaatlichkeit verstanden wird. Oder: einerseits ist der Einsatz von Polizeikräften zum Objektschutz sinnvoll und notwendig; andererseits wird diese Taktik von potentiellen Störern, aber auch von sonst friedlichen Demonstranten als Provokation aufgefaßt.

Gesetzlich vorgegebene Bedingungen machen bei der Strategieplanung eine Abstimmung mit der Staatsanwaltschaft nötig. So ist die Polizei bei der Strafverfolgung an das **Legalitätsprinzip** gebunden. Im Bereich der Gefahrenabwehr herrscht dagegen weitgehend das **Opportunitätsprinzip** vor. Die Strafprozeßordnung sieht keine Orientierung der polizeilichen Tätigkeit an Aufwand-Nutzen-Erwägungen vor; es ist allerdings auch

---

238 *Dölling* 1986; *Weinberger* 1977.
239 *Dölling* 1988 b S. 360.
240 *Dölling* 1988 b S. 360.

keine gesetzliche Verpflichtung zur gleichmäßig intensiven Verfolgung aller Straftaten erkennbar. Zu beachten sind aber die Grundsätze der Verfahrensökonomie und Beschleunigung. Demzufolge werden Überlegungen zur Abstufung der Ermittlungsintensität z. B. nach der Schwere des Delikts oder der Aufklärungswahrscheinlichkeit vorgenommen werden müssen. Bei all diesen Überlegungen ist an den **Grundsatz der Verhältnismäßigkeit** zu denken.

213   Das Setzen von **Prioritäten** bei der Straftatenbekämpfung kann zu einem statistischen Rückgang anderer, vorzugsweise der „Kontrolldelikte" führen. Das Nachlassen der Bearbeitungsintensität in anderen Kriminalitätsbereichen hat geringere Aufklärungsquoten zur Folge, ein Faktor, der immer noch bei Effektivitäts- und Effizienzfragen eine große Rolle spielt. Auswirkungen ergeben sich für die Beurteilung des Gefahrengrades des Deliktes und die Rechtsguteinschätzung. Die subjektive Gefahrenbeurteilung durch die Bevölkerung beeinflußt das Sicherheitsgefühl und hat Auswirkungen auf das Rechtsempfinden zur Folge. Daraus können sich langfristig ggf. höhere Straftatenzahlen in anderen Kriminalitätsbereichen ergeben. Damit stellt sich automatisch die Frage nach (zusätzlichen) Präventionsmöglichkeiten.

214   Gegenstand und Ausgangspunkt kriminalstrategischer Überlegungen ist weiterhin der **Zentralisierungsgrad** der polizeilichen Organisation. Dezentralisation ergibt Bürgernähe. Die Beamten verfügen über bessere Milieukenntnis. Eine kontinuierliche Informationsgewinnung wird möglich. Informationstechnisch und in kommunikativer Hinsicht ergeben sich kurze Wege. Die Zusammenarbeit und gegenseitige Unterstützung von Schutz- und Kriminalpolizei sind meist problemlos. Ein hoher Zentralisationsgrad begünstigt u. a. die ständige Verfügbarkeit schlagkräftiger Einheiten und effektiver Dauerdienste. Die Bildung von Stäben wird sinnvoll, damit ergibt sich die Möglichkeit einer kontinuierlichen und ausführlichen Lagefeststellung und -beurteilung mit der Folge flexibleren Reagierens auf Brennpunktveränderungen. Die Dezentralisierung von Dienststellen und eine verstärkte Öffentlichkeitsarbeit führen zu mehr Anzeigen. Zusammen mit der Erhöhung der Effizienz polizeilicher Arbeit wird das Vertrauen der Bevölkerung in die Polizei verbessert. Langfristig ergeben sich Aussichten für eine Erhöhung der Aufklärungsziffer, damit eine Risikoerhöhung für potentielle Täter und eine Abschreckungswirkung. Andererseits werden erfahrungsgemäß vor allem mehr Bagatelldelikte angezeigt. Damit kann ebensogut eine Umkehr des oben Gesagten eintreten: die Aufklärungsquote wird niedriger, da Straftaten nurmehr verwaltet werden können, in Folge davon sinkt die Kooperationsbereitschaft, da die Effektivität als zu gering eingeschätzt wird[241].

215   Hinsichtlich der **Aufbauorganisation**[242] muß sich polizeiliche Organisationsplanung an kriminalgeographischen Gegebenheiten orientieren. Zu

---

241 *Kube* 1986 S. 252.
242 Grundsätzlich und zusammenfassend zu Organisationsfragen z. B. *Berndt* 1982; zu Organisationsuntersuchungen z. B. *BMI* 1978.

berücksichtigen sind örtliche und zeitliche Kriminalitätsdichtewerte, Tätermobilität, Täterwohnsitzdichte, flächenbezogene Polizeidichte, Kräftezumessung für einzelne Organisationseinheiten usw.

216 Was die **räumliche Abgrenzung** betrifft, muß sich die Organisation den Aktionsreichweiten der Täter anpassen. Polizeistandorte sind daher in kriminalgeographischen Aktionsmittelpunkten vorzusehen.

217 Die **Zuständigkeitsaufteilung Schutz- und Kriminalpolizei**[243] ist von Land zu Land unterschiedlich. Erfahrungen sollten hier ausgetauscht und andere Modelle ggf. im eigenen Zuständigkeitsbereich getestet werden.

218 Gegenstand für und Einflußfaktor auf Überlegungen zu kriminalistischen Strategien ist auch der Grad der **Spezialisierung.** Kriminalitätsbekämpfung ist grundsätzlich Aufgabe aller Polizeidienststellen und -beamten. Die Einrichtung spezieller Dienststellen erfordert zusätzliche Anstrengungen. Organisation, Kosten, Informationsprobleme, spezialisiertes Personal (Aus- und Fortbildungsfragen), materielle Ausstattung, Zusammenarbeit und Erfahrungsaustausch, lange Zeit für einzelne Ermittlungsvorgänge (Strichdenken!), besondere Einsatzformen (z. B. Abschottung auch innerhalb der eigenen Dienststelle) sind Faktoren, die hier ins Gewicht fallen.

219 **Einsatzformen** erfordern ebenfalls angepaßte Strategien. Zu unterscheiden sind das **Sachbearbeitermodell** und das **Ermittlungsgruppenmodell** als Team aus mehreren Sachbearbeitern. Kommissionen (Sonderkommissionen) können für besondere Lagen und Probleme sowie kriminalstrategische Anforderungen eingerichtet werden, ebenso zur Aufklärung herausragender Straftaten(komplexe).

220 Ein weiterer zu berücksichtigender Umstand ist, z. B. im Hinblick auf die Entwicklung von **Verdachtschöpfungsstrategien,** das Verhalten von Polizei und Anzeigenerstatter. Es hängt ab von der Sichtbarkeit und Durchschaubarkeit des Delikts. Dies hat auch Einfluß auf das eigeninitiative Tätigwerden der Polizei. Die Sachbearbeiter orientieren sich dabei zusätzlich an Durchermittlungs- und Aufklärungsmöglichkeiten. Verdachtschöpfungs- und -verdichtungsstrategien müssen auch für schwerer durchzuführende Ermittlungsverfahren, etwa auf dem Sektor der Organisierten Kriminalität, der Wirtschaftskriminalität usw., entwickelt werden, also für Bereiche, in denen Straftaten schwerer zu erkennen sind, weniger angezeigt und daher weniger verfolgt werden.

221 So ist schließlich auch die **Aufklärungsintensität** abhängig von der Schwere des Delikts. Erwartungen der Öffentlichkeit müssen hier berücksichtigt werden. Aufklärungschancen richten sich darüber hinaus nach Schwierigkeiten bei der Ermittlung (z. B. im Ausland), nach der Arbeitsbelastung und der Motivation der Mitarbeiter.

222 Für die **Polizeistärke und -dichte gilt:** Die Kräfteverteilung auf verschiedene Dienststellen erfolgt nach der Einwohnerzahl der Polizeibezirke,

---

243 *Hertlein* 1983; *Steffen* 1976; *Wettschereck* 1983.

nach der Bevölkerungsdichte, der Fläche, der Wirtschaftsstruktur, der Kriminalitätshäufigkeit, nach besonderen Einrichtungen z. B. mit erhöhtem Schutzbedarf und nach zusätzlich zugewiesenen Spezialaufgaben (z. B. Schwerpunktdienststellen, MEK's)[244]. Weiterhin ist die unterschiedliche Aufgabenstruktur in Stadt und Land zu berücksichtigen, darüber hinaus auch die Aufgaben- und Kräfteverteilung zwischen Schutz- und Kriminalpolizei zur Verbrechensbekämpfung. Möglichkeiten bieten sich auch in der Konzentration der vorhandenen Kräfte auf bestimmte Straftäter (indem z. B. Ranglisten von Straftätern aufgestellt werden; diese können dann mit besonderen Maßnahmen überzogen werden) oder im Einsatz spezieller „Reserven", z. B. der Bereitschaftspolizei zur Erhöhung der Polizeipräsenz und damit insbesondere zur Verbesserung präventiver Bemühungen und zur Verbrechensbekämpfung.

223 Nicht zu vergessen sind die Einschätzung der **Tatgelegenheitsstrukturen** und die daraus resultierenden Möglichkeiten zur **Prävention.** Schwierigkeiten ergeben sich hier hinsichtlich der Effektivität bei der Zusammenfassung und Koordination der Präventionsbemühungen. Daher wird die Einrichtung „Kriminalpräventiver Räte" auf unterschiedlichen regionalen Ebenen gefordert, in denen Polizei und andere gesellschaftliche Organisationen, Einrichtungen und Institutionen vertreten sein müssen.

224 Von zunehmendem Interesse ist daher auch der Bereich der **Öffentlichkeitsarbeit,** da Verbrechensbekämpfung nicht allein als polizeiliche, sondern als gesamtgesellschaftliche Aufgabe zu verstehen ist. Eine weitgehende Aufklärung über Erscheinungen der Kriminalität sowie Möglichkeiten und Grenzen polizeilicher Kriminalitätsbekämpfungsbemühungen und der Appell um Mithilfe der Bevölkerung sind notwendig. Andererseits darf nicht vergessen werden, daß man die Furcht vor dem Verbrechen verschärfen könnte, indem man die Aufmerksamkeit der Öffentlichkeit auf diese Phänomene lenkt.

225 Ein noch weitgehend unerforschter Bereich ist derjenige der **Kosten der Kriminalität.** Zu berücksichtigen sind hier Schäden, die durch Straftaten entstehen, wie Personen- und Sachschäden, Folgeschäden, volkswirtschaftliche Schäden und Bekämpfungskosten wie Polizeikosten, Vorbeugungskosten, Verwaltungskosten und Justizkosten. Bei Ansätzen zur Kosten-Nutzen-Relation sind derartige Kostenüberlegungen aber anzustellen.

IV. Von der Strategie als Reaktion zur Übernahme der Handlungsinitiative

226 Es wurde bereits festgestellt, daß die Entwicklung kriminalistischer Strategien derzeit weitgehend als Reaktion auf Täterstrategien anzusehen ist. Es erscheint jedoch grundsätzlich wünschenswert, **polizeiliches Agieren** und die Übernahme der Initiative auf dem Gebiet der Verbrechensbekämpfung an die Stelle der Reaktion treten zu lassen. Gefordert ist damit eine ver-

---

244 *Kube* 1978.

stärkt antizipatorische Denkweise auch im Bereich der Verantwortlichen und Entscheidungsträger für die Strafverfolgungsorgane. Denkansätze ergeben sich aus Überlegungen, die im Bereich der Wirtschaft und der Verwaltung, möglicherweise auch des Militärs, bereits seit längerer Zeit Eingang gefunden haben. Es lassen sich z. B. Modelle entwickeln, die auf der Beobachtung von Indikatoren und Prädiktoren aufbauen.

Wegen der Schwierigkeit, Ursachen für ein abweichendes Verhalten des Menschen zu suchen, zu finden und zu katalogisieren, erscheint es sinnvoller, **Indikatoren** aufzuzeigen, welche bereits eingetretene Zustände markieren oder bevorstehende Entwicklungen kennzeichnen, Entwicklungstendenzen signalisieren und Rückschlüsse auf mittel- und kurzfristig bevorstehende Ereignisse ankündigen[245]. Dabei sollen Indikatoren auch aus dem nichtpolizeilichen Bereich hinzugezogen werden: Indikatoren für latente Zustände in der Gesellschaft und anderweitig kaum bemerkbare Entwicklungen, die in (un-)mittelbarem Zusammenhang mit Kriminalität stehen. Indikatoren müssen statistisch untermauert – operationalisiert – werden können, um sie planerisch berücksichtigen zu können. Falls sich dies als machbar und sinnvoll erweist, sollte aus Gründen der Praktikabilität und Übersichtlichkeit eine größere Menge möglicher Daten auf wenige grundlegende Faktoren (Leitindikatoren) reduziert werden. Die gefundenen Indikatoren dienen neben der Beobachtung der Kriminalitätsentwicklung der Aufstellung von Arbeitshypothesen, dem Aufbau einer zweckdienlichen Logistik und Fragen der Standardisierung von Maßnahmen durch Entwurf von Denkschemata, Checklisten und Operationsrastern[246].

Bei **Prädiktoren** handelt es sich um Merkmale, die einen Einfluß auf die qualitative und quantitative Kriminalitätsentwicklung ausüben können, somit in erster Linie auch um ursächliche Faktoren. Ein Prädiktor ist umso aussagekräftiger, je größer sein Einfluß als Entstehungsbedingung für die Delinquenz ist. Prädiktoren dienen dem Namen nach hauptsächlich prognostischen und antizipatorischen Zwecken. Auch Indikatoren können hier als Prädiktor Verwendung finden.

Eine ausschließliche Orientierung an vergangenheitsbezogenen Daten, z. B. solchen der Polizeilichen Kriminalstatistik, eröffnet nur geringe Möglichkeiten, sich antizipativ auf Entwicklungen, z. B. eine mögliche Krise vorzubereiten. Erst der Vergleich des Ist-Standes mit Vergangenheitsdaten und daraus resultierende **Abweichungs- und Ursachenanalysen** führen zu einer strategisch-planerisch nutzbaren Vorausschätzung. Aus der Ursachen- und Abweichungsanalyse sich ergebende Indikatoren lassen Schlüsse auf Gefährdungen und Risiken zu. Dabei erscheint es besonders wirkungsvoll, mit einem Katalog mehrerer unabhängiger oder in einem Bündel verzahnter Indikatoren je Kriminalitätsbereich zu arbeiten. Hier interessieren in erster Linie meßbare Größen, bei denen eine zeitverschobene Korrelation zwischen ihrer eigenen Veränderung und der Änderung einer anderen Erscheinung mit letztlich bedrohender Auswirkung vorliegt.

---

245 *Schäfer* 1976.
246 *Schäfer* 1985.

Beispiele: Umweltkriminalität. Vergleich mit der Produktion bestimmter Stoffe und der normalerweise dabei anfallenden Menge an Abfallstoffen mit der tatsächlichen Entwicklung ihrer Entsorgung als Indikator für möglicherweise zunehmende Straftaten gegen die Umwelt. Einschätzung der Kriminalitätslage durch die Bevölkerung als Indikator für kriminalpolitische und kriminalstrategische Problemlagen. Anhaltspunkte auch aus Äußerungen von Experten, die in besonderem Maße über Informationen verfügen, die für die Kriminalitätsbekämpfung relevant sind[247]. Damit könnten z. B. auch Erfolge und Effizienz von Präventionsbemühungen gemessen werden.

230 Das Indikatorensystem ermöglicht es prinzipiell, längerfristig wirksam werdende Aspekte zu erfassen, etwa im Hinblick auf strukturelle, sozialpolitische oder demographische Trends. Die Anwendung erscheint insbesondere sinnvoll zur Analyse einzelner Delikte, deren Bekämpfung schwerpunktmäßig betrieben werden soll. **Früherkennung und Frühwarnung** sind als Prinzip weitgehend bekannt. In vielen Bereichen im Polizeialltag läuft dieser Prozeß bisher vielfach nur sporadisch/zufällig und vor allem auch eher unbewußt ab. Es wurde bisher nicht als notwendig erachtet, eine systematische und insbesondere rechtzeitige antizipatorische Vorgehensweise zu entwickeln. Der rein zufällige Empfang von Informationen führt oft dazu, daß allein daraufhin individuelle Schlüsse gezogen und ggf. übereilte Entscheidungen ohne systematische Entscheidungsvorbereitung gefällt werden. Am effektivsten erscheint daher eine dauerhafte und systematisierte, zielorientierte und ganzheitliche, geordnete Ausgestaltung der Teilprozesse Früherkennung bzw. frühzeitige Problemwahrnehmung, Frühanalyse und -bewertung des erkannten Phänomens, Auslösen von Frühsignalen (Warnung bzw. Alarm bei Risiken und Gefahren, Hinweise und Anregungen bei erkannten Chancen), Strategieentwicklung und Planung, Verabschiedung sowie Durchführung von Maßnahmen[248]. Erst dann kann von einem Frühwarnsystem oder Früherkennungssystem gesprochen werden, das nicht nur Risiken, sondern auch Chancen umfaßt.

231 Folgende **Arten von Frühwarnsystemen** sind beispielhaft beschrieben worden:

Vergangenheitsorientierte Frühwarnsysteme (z. B. Orientierung an der Polizeilichen Kriminalstatistik, Hochrechnung der Zeitreihen). Es besteht keine Möglichkeit, sich antizipatorisch auf eine potentielle Krise oder präventiv auf den Eintritt einer bisher latenten Krise vorzubereiten, vielmehr bleibt nur die Bewältigung einer bereits akut vorhandenen Krisensituation unter meist schwierigen Bedingungen. Plan-/Ist-Vergleich mit dazugehörigen Abweichungs- und Ursachenanalysen (als permanenter Regelungsvorgang – Planung, Realisation, Kontrolle – im kybernetischen Sinne zu verstehen) führt zu aktualisierter Vorausschätzung, weiter zu Vergleichen von ursprünglicher und aktualisierter Planung.

---

247 *Dölling* 1986 S. 50, 51.
248 *Klausmann* 1983.

Frühwarnsysteme auf Indikatorenbasis. Ausgangspunkt ist die Überlegung, daß Gefährdungen/Risiken, die zwar im Verborgenen bereits vorhanden, aber noch nicht sichtbar eingetreten sind, sich vielfach aber schon in Form durchaus wahrnehmbarer Veränderungen an anderen Erscheinungen ankündigen (Frühwarnindikatoren). Auf der Grundlage einer individuellen Bestimmung relevanter interner und externer Beobachtungsfelder ist für jeden interessierenden Bereich mindestens ein spezifischer Frühwarnindikator zu entwickeln. Als brauchbare Indikatoren interessieren in erster Linie meßbare Größen, bei denen eine zeitverschobene Korrelation zwischen ihrer eigenen Veränderung und der Änderung der interessierenden Erscheinung vorliegt. Entwicklungsstufen eines polizeilichen Frühwarnsystems auf Indikatorbasis sind prinzipiell: Zieldefinition; Ermittlung von Beobachtungsbereichen zur Erkennung von Gefährdungen und Chancen; Definition bzw. Bestimmung von Frühwarnindikatoren je Beobachtungsbereich; Suche nach und Auswahl von geeigneten Indikatoren; Feststellung von Sollwerten und Toleranzen je Indikator; Vorgabe eines einzuhaltenden Meßfeldes (dabei orientieren sich die Grenzwerte an den Wirkungen von Ereigniseintritten und Zielen); Festlegung von Aufgaben zu bildender Informationsverarbeitungsstellen (hierzu gehören Aufnahme und Überprüfung von Warnsignalen, Verarbeitungsprozesse und Weiterleitung von Frühwarninformationen); Ausgestaltung der internen und externen Informationskanäle (dabei ist der Einsatz der elektronischen Datenverarbeitung unerläßlich)[249]. Dieses System ermöglicht es prinzipiell, längerfristig wirksam werdende Aspekte einzufangen (etwa im Hinblick auf strukturelle, technologische, sozialpolitische, demographische u. a. Trends).

Frühwarnsysteme für längerfristige strategische Planung. Durch diese Systeme erfolgt eine Schwerpunktverlagerung vom kurzfristigen Reagieren zum strategischen Agieren. Hier geht man von einem gezielten Einrichten auf den Empfang schwacher Signale aus. Erfaßt wird die plötzliche Häufung gleichartiger Ereignisse, die in irgendeiner Form für das System (Polizei) relevant sind oder werden können; dazu werden Meinungen, Verlautbarungen, Stellungnahmen von Schlüsselpersonen, -institutionen oder -organisationen, die sich mit polizeirelevanten Themen befassen, eingefangen. Die Effizienz eines derartigen ausschließlich strategischen Frühwarnsystems hängt von der Phantasie, dem Können und der Erfahrung jener Kräfte und Führungskräfte ab, die z. B. im Sinne der vorgenannten Anforderungen verstärkt auf strategische „Überraschungen" in ihrem jeweiligen Aufgaben- und Verantwortungsbereich zu achten haben. Ziel ist es, eine hohe Problemsensibilisierung zu entwickeln und auch bei Empfang schlecht definierter Informationen schon antizipativ über strategische Handlungsalternativen nachzudenken.

Beste Chancen liegen in einer systematischen **Koppelung** ausgewählter Elemente des Frühwarnsystems auf Indikatorbasis und des Frühwarnsystems für längerfristige strategische Planungen.

---

249 *Wildemann/Hoffmann* 1983.

235 Die Entwicklung von Frühwarnsystemen bzw. Erstellung von Rahmenkonzeptionen und die praktische Umsetzung sollte von einem **Team** vorgenommen werden. Dabei ist auf Heterogenität der Zusammensetzung zu achten. Ideenvielfalt ist der Schlüssel zum Erfolg[250]. Nur so lassen sich Grundlagen für lageangepaßte zukunftsorientierte Strategien und Taktiken der Verbrechensbekämpfung schaffen, damit weitgehend ein strategisches Agieren an die Stelle kurzfristigen Re-Agierens treten kann.

---

250 *Wildemann/Hoffmann* 1983 S. 26.

SCHRIFTTUM

(Soweit Publikationen wegen Einstufung als „NfD" oder „VS-NfD" nur einem eingeschränkten Benutzerkreis zugänglich sind, sind sie durch * gekennzeichnet)

Ahlf, Ernst-Heinrich: Polizeiliche Kriminalakten (KpS). Wiesbaden 1988 (BKA-Forschungsreihe. Sonderbd.).

Albert, Hans: Probleme der Wissenschaftslehre in der Sozialforschung: In: René König (Hrsg.): Handbuch der empirischen Sozialforschung. Bd. 1. 3. Aufl., Stuttgart 1973, S. 57–102.

Albert, Karl-Werner und *Stephan Stock:* Bericht über das 21. Colloquium der Südwestdeutschen Kriminologischen Institute. In: Monatsschrift für Kriminologie und Strafrechtsreform 69 (1986), S. 164–171.

Albrecht, Günter: Muß angewandte Soziologie konforme Soziologie sein? Zum Verhältnis von Theorie und angewandter Soziologie im Bereich des abweichenden Verhaltens und der sozialen Kontrolle. In: Soziale Welt 1982, Sonderbd. 1, S. 161–204.

*Albrechts, Hans-Jürgen: Vorstellungen und Möglichkeiten der Visualisierung eines polizeilichen Lagebildes. In: Polizei-Führungsakademie (Hrsg.): Planung der Verbrechensbekämpfung. 1. Kriminalitätslagebilder. Seminar vom 3. bis 7. November 1986 bei der Polizei-Führungsakademie. Schlußbericht. Münster 1986, S. 193–231.

Albrechts, Hans-Jürgen und *Hans-Jürgen Strack:* Einsatz eines Personal-Computers zur Ermittlungsunterstützung – am Beispiel des Diebstahls aus Kfz. In: Die Polizei 78 (1987), S. 370–377.

Alles, Wolfgang, Wolfgang Thomas und *Friedhelm Weisgerber:* Von vielen kleinen zu einem großen. Das Kriminalitätslagebild/Anforderungen und Schwachstellen. In: Kriminalistik 40 (1986), S. 45–49.

Amelang, Manfred: Sozial abweichendes Verhalten. Entstehung, Verbreitung, Verhinderung. Berlin usw. 1986.

Ammer, Andreas: Kriminalität in Landau. Analyse und (Re)Konstruktion des Kriminalitätsbildes einer Kleinstadt mit hoher Kriminalitätsbelastung. Holzkirchen/Obb. 1990 (Materialien aus der empirischen Forschung).

Aprill, Rainer und *Peter Poerting:* Kriminalpolizeiliche Beratung als Instrument zur Prävention der Betrugs- und Wirtschaftskriminalität. Wiesbaden 1979 (BKA-Forschungsreihe. Sonderbd.).

Atteslander, Peter: Methoden der empirischen Sozialforschung. 4. Aufl., Berlin 1975.

Augschun, Günther: Möglichkeiten für die Festsetzung der Polizeistärken nach einheitlichen Maßstäben. In: Die Polizei 60 (1969), S. 1–6.

Baar, Dietfried und *Friedrich Schmetzer:* Möglichkeiten der Prävention und Einsatzführung auf der Grundlage aktueller Ereignisauswertung mittels elektronischer Datenverarbeitung. In: Die Polizei 71 (1980), S. 42–45.

Banscherus, Jürgen: Polizeiliche Vernehmung: Formen, Verhalten, Protokollierung. Wiesbaden 1977 (BKA-Forschungsreihe. Bd. 7).

Beck, Hans-Werner: Die Verbindungsstelle zum Prognose-Gremium als Nahtstelle zwischen Wissenschaft und Praxis. In: Bundeskriminalamt (Hrsg.): Zweites Symposium Wissenschaftliche Kriminalistik – „Kriminalitätsprognose" und „Zusammenarbeit von Wissenschaft und Praxis" –. Referate und Diskussionsbeiträge am 2. und 3. Oktober 1984 im Bundeskriminalamt. Wiesbaden 1985 (BKA-Forschungsreihe. Sonderbd.), S. 217–224.

Becker, Bernd: Mögliche politisch-administrative Folgen der künftigen Bevölkerungsentwicklung. In: Die Verwaltung 14 (1981), S. 409–443.

ders.: Superlangfristige Vorausschätzung politisch-administrativer Folgen der künftigen Bevölkerungsentwicklung für das Politikfeld öffentliche Sicherheit bis 2030. In: Die Verwaltung 18 (1985), S. 65–83.

Becker, Bernd und *Herbert Tekles:* Forschungsbericht über das Projekt: Superlangfristige Vorausschätzung politisch-administrativer Folgen der künftigen Bevölkerungsentwicklung für das Politikfeld öffentliche Sicherheit bis 2030/2040. I. Teil: Analyse der Folgen für die Sektoren Rechtsschutz und Öffentliche Sicherheit. Arbeitsheft Nr. 8. München 1983.

Becker, Pirmin: Victimologische und präventive Aspekte in der Polizeilichen Kriminalstatistik. In: Polizei-Führungsakademie (Hrsg.): Die Kriminalstatistik als Führungsmittel. Seminar vom 2. bis 6. Oktober 1972 im Polizei-Institut Hiltrup. Schlußbericht. Hiltrup 1972, S. 97–141.

Beeckmann, Hartmut: Graphische Informationsverarbeitung in der Kommunalverwaltung. In: Online 1987, H. 8, S. 54–58.

*Behder, Uwe: Täterfluchtverhalten nach Raubüberfällen auf Geldinstitute. Eine Analyse für den Polizeipraktiker. Wiesbaden 1983 (BKA-Forschungsreihe. Sonderbd.).

Berckhauer, Friedhelm: Bevölkerungsentwicklung und Justiz. Fortschreibung justizstatistischer und demographischer Trends als brauchbare Planungsgrundlage für Bewährungshilfe und Strafvollzug? In: Niedersächsischer Minister der Justiz (Hrsg.): Rechtstatsächliche Untersuchungen aus Niedersachsen zu Strafvollzug und Bewährungshilfe. Überbelegung, Rückfall, Prognose, Vollzugslockerungen. Hannover 1986, S. 87–129.

ders.: Prognose – ein Gestaltungsmittel auch in der Justiz? In: Bewährungshilfe 34 (1987), S. 418–432.

ders.: Prognostische Aussagen in der Strafjustiz. In: Jörg-Martin Jehle (Hrsg.): Der Kriminologische Dienst in der Bundesrepublik Deutschland. Wiesbaden 1988 (Berichte, Materialien, Arbeitspapiere aus der Kriminologischen Zentralstelle. H. 1), S. 89–91.

Berckhauer, Friedhelm und *Burkhard Hasenpusch:* Die Bewährungshilfestatistik: Vom Beschreiben zum Gestalten. Statistische Daten als Planungsmittel in der Bewährungshilfe. In: Gernot Steinhilper (Hrsg.): Soziale Dienste in der Strafrechtspflege. Praxisberichte und Untersuchungen aus Niedersachsen. Heidelberg 1984 (Kriminologische Forschung. Bd. 3), S. 79–194.

Berndt, Günter: Grundlagen der Aufbau- und Ablauforganisation. In: Schriftenreihe der Polizei-Führungsakademie 1982, S. 64–94.-

Bialek, Hans-Dieter: Die Aussagebereitschaft der Tatverdächtigen bei der Polizei. In: Die Polizei 74 (1983), S. 343–351.

Böse, Dieter: Strategie und Taktik. Grundsatzgedanken über Inhalte und polizeilichen Stellenwert. In: Die Polizei 68 (1977), S. 123–124.

Bohnen, Ulrich und *Hans-K. Schneider:* Erfolgskontrolle ausgewählter Energieprognosen der Vergangenheit (1960–1973). München 1979.

*Braun, Günther E.: Wissenschaftliche Methoden der Analyse und Prognose für Sicherheitsbereiche. In: Polizei-Führungsakademie (Hrsg.): Konzeptionen und Systeme polizeilicher Lagebilder Innere Sicherheit. Seminar vom 4. bis 8. Oktober 1982 bei der Polizei-Führungsakademie. Schlußbericht. Münster 1982, S. 269–303.

Brocke, Burkhard: Technologische Prognosen. Elemente einer Methodologie der angewandten Sozialwissenschaften. Freiburg, München 1978.

Bronner, Rolf: Strukturierungsmethoden der Entscheidungsfindung. Instrumente der Rationalität. In: Schriftenreihe der Polizei-Führungsakademie 1975, Heft 5, S. 15–28.

ders.: Probleme bei der Zielbildung, Planung und Entscheidung – Thesen und empirische Befunde zum menschlichen Verhalten in komplexen Situationen –. In: Polizei-Führungsakademie (Hrsg.): Führung in der Polizei. Seminar vom 15. bis 19. April 1985 bei der Polizei-Führungsakademie. Schlußbericht. Münster 1985, S. 15–40.

Büchler, Heinz: Zur Bedeutung von Organisation und Planung für die polizeiliche Verbrechensbekämpfung. In: Edwin Kube, Hans Udo Störzer und Siegfried Brugger (Hrsg.): Wissenschaftliche Kriminalistik. Grundlagen und Perspektiven. Teilbd. 2. Wiesbaden 1984 (BKA-Forschungsreihe. Bd. 16/2), S. 108–123.

Bund Deutscher Kriminalbeamter (Hrsg.): Bekämpfung der Wirtschaftskriminalität. Vorschläge für eine wirksame kriminalistische Ermittlungsarbeit. Berlin 1984.

ders.: Konzeption zur Bekämpfung der Straßenkriminalität. Berlin 1986.

Bundeskriminalamt (Hrsg.): Polizeiliche Datenverarbeitung. Arbeitstagung des Bundeskriminalamtes Wiesbaden vom 2. bis 5. November 1982. Wiesbaden 1983 (BKA-Vortragsreihe Bd. 28).

ders.: Kriminalistisches Institut KI/PVSt – Verbindungsstelle zum Prognosegremium. Wiesbaden 1984.

ders.: Zweites Symposium: Wissenschaftliche Kriminalistik – „Kriminalitätsprognosen" und „Zusammenarbeit von Wissenschaft und Praxis" –. Referate und Diskussionsbeiträge am 2. und 3. Oktober 1984 im Bundeskriminalamt. Wiesbaden 1985 (BKA-Forschungsreihe. Sonderbd.).

ders.: Symposium: Nutzung der Sicht des Täters und des Täterwissens für die Verbrechensbekämpfung. Referate und Diskussionsbeiträge am 26. und 27. November 1985 im Bundeskriminalamt. Wiesbaden 1986 (BKA-Forschungsreihe. Sonderbd.).

ders.: Kriminalitätsbekämpfung als gesamtgesellschaftliche Aufgabe. Arbeitstagung des Bundeskriminalamtes Wiesbaden vom 23.–26. November 1987. Wiesbaden 1988 (BKA-Vortragsreihe. Bd. 33).

Bundesminister des Innern (Hrsg.): Handbuch für Organisationsuntersuchungen in der Bundesverwaltung. Bonn 1978.

ders.: Bericht über die Bevölkerungsentwicklung in der Bundesrepublik Deutschland. 2. Teil: Auswirkungen auf die verschiedenen Bereiche von Staat und Gesellschaft. BT-Drucks. 10/863 vom 5. 1. 1984.

Burghard, Waldemar: Der Entscheidungsprozeß in kriminalpolizeilichen Führungssystemen. Eine Studie über die Führung mit Stäben. Heidelberg 1980 (Kriminalistik Fachbücherei).

ders.: Entwicklungsstand und Tendenzen der praktischen Kriminalistik in der Bundesrepublik Deutschland. In: Edwin Kube, Hans Udo Störzer und Siegfried Brugger (Hrsg.): Wissenschaftliche Kriminalistik. Grundlagen und Perspektiven. Teilband 1. Wiesbaden 1983 (BKA-Forschungsreihe. Bd. 16/1), S. 177–204.

Burghard, Waldemar und *Hans-Werner Hamacher* (Hrsg.): Lehr- und Studienbriefe Kriminalistik. Nr. 8: Straßenkriminalität und Kriminalgeographie. Hilden 1988.

Council of Europe (ed.): Collected studies in criminological research. Bd. 4. Strasbourg 1969.

Council of Europe – European Committee on Crime Problems (ed.): Methods of forecasting trends in criminality. Draft resolution and explanatory report. Strasbourg 1973.

Dalley, A.F.: Geographic based reference files. A utility for police. In: Royal Canadian Mounted Police Gazette 47 (1985), No. 7/8, p. 1–10.

Delhees, Karl H.: Personelle und gruppendynamische Voraussetzungen der Teamarbeit. In: Zeitschrift für Organisation 52 (1983), S. 370–373.

Dölling, Dieter: Kriminalitätseinschätzung und Sicherheitsgefühl der Bevölkerung als Einflußfaktoren auf kriminalpolitische und kriminalstrategische Planung. In: Schriftenreihe der Polizei-Führungsakademie (1986), S. 38–57.

ders.: Effizienzsteigerung durch Beurteilung der Aufklärungswahrscheinlichkeit? In: Bundeskriminalamt (Hrsg.): Symposium: Der polizeiliche Erfolg. Referate und Diskussionsbeiträge am 15. und 16. Oktober 1986 im Bundeskriminalamt. Wiesbaden 1988 a (Sonderband der BKA-Forschungsreihe), S. 113–135.

ders.: Jeder, wie er's verdient. Kriminalitätsentwicklung als Indikator gesellschaftlicher Zustände. In: Kriminalistik 42 (1988 b), S. 350–361.

**Dörmann, Uwe:* Statistik, Dunkelfeldforschung und andere Methoden der Sozialforschung als Mittel zur Messung und Bewertung von Kriminalität (einschließlich internationaler Vergleichsmöglichkeiten). In: Polizei-Führungsakademie (Hrsg.): „Planung der Verbrechensbekämpfung". 1. Kriminalitätslagebilder. Seminar vom 4. bis 8. März 1985 bei der Polizei-Führungsakademie. Schlußbericht. Münster 1985, S. 133–151.

ders.: Dunkelfeldforschung im Dunkeln. Zum Problem der statistikbegleitenden Dunkelfeldforschung: Eine vergleichende Betrachtung. In: Kriminalistik 42 (1988), S. 403–405.

Dörmann, Uwe, und *Hans-Werner Beck:* Kriminalitätsanalyse und -prognose. Möglichkeiten und Grenzen. In: Edwin Kube, Hans Udo Störzer und Siegfried Brugger (Hrsg.): Wissenschaftliche Kriminalistik. Grundlagen und Perspektiven. Teilband 2. Wiesbaden 1984 (BKA-Forschungsreihe. Bd. 16/2), S. 37–76.

Doleschal, Eugene: Soziales Kräftegleichgewicht und Kriminalität. In: Kriminologisches Journal 11 (1979), S. 81–101.

Dutz, Karlheinz: Voruntersuchung zur Typologie des Straßenraubes – Schlußbericht –. (Studie für das BKA). Erlangen 1984 (unveröffentlicht).

ders.: Folgeuntersuchung zur Typologie des Straßenraubes – Ergebnisbericht –. (Studie für das BKA). Erlangen 1985 (unveröffentlicht).

Eichinger, Marlis: Prognosemethoden zur Schätzung von Straftatenzahlen. In: Die Polizei 1985, S. 243–246.

dies.: Prognose von Straftatenzahlen. In: Kriminalistik 19 (1986), S. 372–377.

Eisenberg, Ulrich: Kriminologie. 2. Aufl. Köln usw. 1985.

Enquete-Kommission zur Untersuchung der Ursachen der Kriminalität in Neumünster: Kriminalität in Neumünster. Bericht. Neumünster 1983.

Ernst, Wolfgang: Nutzung der EDV als Kommunikationsmittel für die Stabsarbeit zur Verbesserung und Beschleunigung von Informationsflüssen im Stab und zwischen Stab und Linie. In: Die Polizei 75 (1984), S. B 42–B 46.

ders.: Führung und Einsatz einer Polizeidirektion unter Einbeziehung elektronischer Informationssysteme. In: Die Polizei 76 (1985), S. B 14–B 20.

Eyrich, Hans-Jürgen: Umsetzung kriminalistisch-kriminologischer Forschungsergebnisse in die Polizeipraxis. Grundsätze zur Intensivierung der Kooperation zwischen Forschung und Praxis. In: Edwin Kube, Hans Udo Störzer, Siegfried Brugger (Hrsg.): Wissenschaftliche Kriminalistik. Grundlagen und Perspektiven. Teilband 1. Wiesbaden 1983 a (BKA-Forschungsreihe. Bd. 16/1), S. 253–295.

ders.: Wissenschaftliche Kriminalistik in der Diskussion. In: Deutsche Polizei 1983 b, Heft 9, S. 17–22.

Fink, Georg: Einbruchstatorte vornehmlich an Einfallstraßen? In: Kriminalistik 23 (1969), S. 358–360.

Floerecke, Peter: Kriminalprävention durch Polizei. In: Kriminologisches Journal 15 (1983), S. 167–183.

Frehsee, Detlev: Strukturbedingungen urbaner Kriminalität. Eine Kriminalgeographie der Stadt Kiel unter besonderer Berücksichtigung der Jugendkriminalität. Göttingen 1978. (Kriminologische Studien. Bd. 28).

ders.: Die kulturelle Struktur städtischer Delinquenzgebiete – ein Beitrag zur Kriminalökologie. In: Monatsschrift für Kriminologie und Strafrechtsreform 62 (1979 a), S. 280–289.

ders.: Kriminalgeographie – ein Ansatz zu einem natürlichen Verständnis des gesellschaftlichen Phänomens ‚Kriminalität'. In: Kriminalistik 33 (1979 b), S. 321–327.

Friedrichs, Jürgen: Methoden empirischer Sozialforschung. 11. Aufl. Opladen 1983.

Frisch, Wolfgang: Prognoseentscheidungen im Strafrecht. Zur normativen Relevanz empirischen Wissens und zur Entscheidung bei Nichtwissen. Heidelberg, Hamburg 1983.

Fulda, Ekkehard, Manfred Härter und *Hans Lenk:* Prognoseprobleme. In: Norbert Szyperski (Hrsg.): Handwörterbuch der Planung. Stuttgart 1989, Sp. 1637–1645.

Gerfin, Harald: Langfristige Wirtschaftsprognose. Tübingen, Zürich 1964.

Gerhold, Werner: Analyse der Raub- und Einbruchsdelikte einer Großstadt. In: Kriminalistik 25 (1971), S. 344–348.

Göppinger, Hans: Kriminologie. 4. Aufl. München 1980.

Götzfried, Johann: Sachbeschädigung – Verhütung und Verfolgung im mittelstädtischen und ländlichen Bereich. In: Die Polizei 74 (1983), S. 154–161.

Grunwald, Wolfgang und *Wolfgang Redel:* Teamarbeit und Konflikthandhabung. Formen, Wirkungen, Gestaltungsmaßnahmen. In: Zeitschrift für Organisation 55 (1986), S. 305–312.

Härter, Manfred: Güte- und Erfolgsbeurteilung zukunftsbezogener Aussagen. Exemplarisch untersucht an Energie„prognosen" für den Bereich der Europäischen Gemeinschaft. Frankfurt a.M., Bern, New York 1985.

Hasenpusch, Burghard: Der interministerielle Arbeitskreis „Präventive Kriminalpolitik". Schritte zur ressortübergreifenden Verbrechensbekämpfung in Niedersachsen. In: Hans-Dieter Schwind und Gernot Steinhilper (Hrsg.): Modelle zur Kriminalitätsvorbeugung und Resozialisierung. Heidelberg 1982 (Kriminologische Forschung. Bd. 2), S. 35–44.

ders.: Kriminalitätsprognose. Beispiele aus Kanada, USA und Großbritannien. In: Bundeskriminalamt (Hrsg.): Zweites Symposium: Wissenschaftliche Kriminalistik – „Kriminalitätsprognose" und „Zusammenarbeit von Wissenschaft und Praxis" –. Referate und Diskussionsbeiträge am 2. und 3. Oktober 1984 im Bundeskriminalamt. Wiesbaden 1985 (BKA-Forschungsreihe. Sonderbd.), S. 225–243.

ders.: Methodik prognostischer Aussagen am Beispiel der Entwicklung der Belegung des Strafvollzugs. In: Jörg-Martin Jehle (Hrsg.): Der Kriminologische Dienst in der Bundesrepublik Deutschland. Wiesbaden 1988 (Berichte, Materialien, Arbeitspapiere aus der Kriminologischen Zentralstelle. H. 1), S. 93–102.

Hegselmann, R.: Prognose. In: Edmund Braun und Hans Radermacher (Hrsg.): Wissenschaftstheoretisches Lexikon, Graz, Wien, Köln 1978, Sp. 457–459.

Heiland, Hans-Günther: Gelegenheitsstrukturen und Massenkriminalität. In: Monatsschrift für Kriminologie und Strafrechtsreform 70 (1987 a), S. 277–290.

ders.: Gelegenheit macht nicht nur Diebe. Ein Vorschlag zur Verbesserung des Informationswertes der PKS: Gelegenheitsspezifische Kriminalitätsziffern. In: Kriminalistik 41 (1987 b), S. 573–577.

Heinz, Wolfgang: Bestimmungsgründe der Anzeigebereitschaft des Opfers. Ein kriminologischer Beitrag zum Problem der differentiellen Wahrscheinlichkeit straf rechtlicher Sanktionierung. Jur. Diss. Freiburg 1972.

ders.: Kriminalitätstheorien. In: Heike Jung (Hrsg): Fälle zum Wahlfach Kriminologie, Jugendstrafrecht, Strafvollzug. 1. Aufl. München 1975, S. 16–51.

ders.: Kriminalstatistiken – Indikatoren der Kriminalität und ihrer Entwicklung? In: Bundeskriminalamt (Hrsg.): Polizei und Justiz. Arbeitstagung des Bundeskriminalamtes Wiesbaden vom 12. bis 15. Oktober 1976. Wiesbaden 1977 (BKA-Vortragsreihe. Bd. 23), S. 93–110.

ders.: Anzeigeverhalten der Bevölkerung: In Günther Kaiser, Hans-Jürgen Kerner, Fritz Sack und Hartmut Schellhoss (Hrsg.): Kleines Kriminologisches Wörterbuch. 2. Aufl. Heidelberg 1985 a, S. 27–32.

ders.: Was kann die Kriminologie zur Kriminalitätsprognose beitragen? In: Bundeskriminalamt (Hrsg): Zweites Symposium: Wissenschaftliche Kriminalistik – „Kriminalitätsprognose" und „Zusammenarbeit von Wissenschaft und Praxis" –. Referate und Diskussionsbeiträge am 2. und 3. Oktober 1984 im Bundeskriminalamt. Wiesbaden 1985 b (BKA-Forschungsreihe. Sonderbd.), S. 31–118.

ders.: Jugendliche Wiederholungstäter und Jugendstrafrechtspraxis. Das jugendstrafrechtliche Konzept der „schädlichen Neigungen" im Spiegel empirischer Befunde. In: Wolfgang Heinz (Hrsg): INFO 1/1989 der Landesgruppe Baden-Württemberg in der DVJJ. Konstanz 1989, S. 7–62.

Helldörfer, Heinrich: Nürnberg – Kriminalgeographie einer Großstadt – ein Überblick. In: Akademie für Raumforschung und Landesplanung (Hrsg.): Forschungs- und Sitzungsberichte. Bd. 97. Hannover 1974, S. 151–169.

Hellmer, Joachim: Kriminalitätsatlas der Bundesrepublik Deutschland und West-Berlins. – Ein Beitrag zur Kriminalgeographie. Wiesbaden 1972 (BKA-Schriftenreihe. Bd. 39).

ders.: Kriminalgeographie und Verbrechensbekämpfung. In: Der Kriminalist 6 (1974), S. 99–103, 160–164.

ders.: Beiträge zur Kriminalgeographie. Berlin 1981 (Kriminologische Forschungen. Bd. 12).

Hempel, Carl G.: Aspects of scientific explanation and other essays in the philosophy of science. New York, London 1965.

Hempel, Carl G., und *Paul Oppenheim:* Studies in the logic of explanation. In: Philosophy of science 15 (1948), p. 135–175.

Herold, Horst: Kriminalgeographie. Ermittlung und Untersuchung der Beziehungen zwischen Raum und Kriminalität. In: Herbert Schäfer (Hrsg.): Grundlagen der Kriminalistik. Bd. 4. Kriminalistische Akzente. Hamburg 1968, S. 201–244.

ders.: Kriminalgeographie. Ermittlung und Untersuchung der Beziehungen zwischen Raum und Kriminalität. In: Die Polizei 60 (1969), S. 81–87.

ders.: Die Bedeutung der Kriminalgeographie für die polizeiliche Praxis. In: Kriminalistik 31 (1977), S. 289–296.

Herren, Rüdiger: Die praktische Bedeutung der Kriminologie für die Kriminalistik. In: Archiv für Kriminologie 157 (1976), S. 4–8.

Herriger, Norbert: Stadtstruktur und ortsbezogene Devianztheorien. Zur Analyse der normativen Ökologie administrativer Akteure. In: Kriminologisches Journal 17 (1985), S. 186–202.

Herrmannstädter, Peter: Konzeption zur Erreichung von Bürgernähe. In: Schriftenreihe der Polizei-Führungsakademie (1986), S. 102–126.

Hertlein, Heinz: Verbesserung der Verbrechensbekämpfung auf der unteren Integrationsebene. In: Die Kriminalpolizei 1 (1983), Heft 1, S. 15–23.

Hochscherff, Franz: Eine Analyse der Einbruchdiebstahlskriminalität. In: Die Polizei 60 (1969), S. 278–282.

Honolka, Harro: Die Eigendynamik sozialwissenschaftlicher Aussagen. Zur Theorie der self-fulfilling prophecy. Frankfurt/M., New York 1976.

Hummel, Heinz: Organisation und Kreativität. Organisationsstrukturelle Voraussetzungen einer erfolgreichen Ideengenerierung. In: Zeitschrift für Organisation 50 (1981), S. 438–446.

Jäger, Joachim: Kriminalitätslageberichte. In: Kriminalistik 30 (1976), S. 355–356.

ders.: Die kriminologische Regionalanalyse. In: Schriftenreihe der Polizei-Führungsakademie (1976), Heft 4, S. 63–69.

ders.: Kriminologie und Kriminalitätskontrolle – Grundriß einer anwendungsorientierten Kriminologie. Lübeck 1981 (Polizeipraxis. Bd. 9).

ders.: Kriminologie der Einzeldelikte. In: Schriftenreihe der Polizei-Führungsakademie (1988), S. 307–314.

Kaefer, Karl Bruno, Herbert Kähmer und *Hartmut Schellhoss:* Prognose der Verurteiltenzahlen in Nordrhein-Westfalen. In: Bewährungshilfe 23 (1976), S. 216–224.

Kaiser, Günther: Kriminologie. Ein Lehrbuch. 2. Aufl. Heidelberg 1988.

Karstedt-Henke, Susanne: Aktenanalyse. Ein Beitrag zur Methodenkritik der Instanzenforschung. In: Günter Albrecht und Manfred Brusten (Hrsg.): Soziale Probleme und soziale Kontrolle: neue empirische Forschungen, Bestandsaufnahmen, kritische Analysen. Opladen 1982 (Beiträge zur Sozialwissenschaftlichen Forschung. Bd. 29), S. 195–208.

Kern, Uwe: Zur Bildung und zum Einsatz von Gruppen in der Unternehmung. In: Zeitschrift für Organisation 45 (1976), S. 157–161.

Kerner, Hans-Jürgen: Was erwartet die kriminologische Wissenschaft von einer aussagekräftigen Kriminalstatistik? In: Schriftenreihe der Polizei-Führungsakademie (1978), Heft 1, S. 55–69.

ders.: Präventionsmaßnahmen und Kriminalstatistik. In: Hans-Dieter Schwind, Friedhelm Berckhauer und Gernot Steinhilper (Hrsg.): Präventive Kriminalpolitik. Heidelberg 1980 (Kriminologische Forschung. Bd. 1), S. 103–125.

ders.: Wissenschaftliche Prognose – ein Widerspruch in sich? In: Bundeskriminalamt (Hrsg.): Zweites Symposium: Wissenschaftliche Kriminalistik – „Kriminalitätsprognose" und „Zusammenarbeit von Wissenschaft und Praxis" –. Referate und Diskussionsbeiträge am 2. und 3. Oktober 1984 im Bundeskriminalamt. Wiesbaden 1985 (BKA-Forschungsreihe. Sonderbd. 1), S. 197–210.

Kiefl, Walter: Gemeinsam Licht ins Dunkel bringen. Was die Sozialwissenschaft bei der Erforschung von Delinquenz, Kriminalisierung und Viktimisierung leisten kann. In: Kriminalistik 42 (1988), S. 76–98.

Kierstein, Guenter: Deliktsanalysen und ihre Nutzanwendung. In: Die Polizei 59 (1968), S. 367–369.

Klausmann, Walter: Betriebliche Frühwarnsysteme im Wandel. In: Zeitschrift für Organisation 52 (1983), S. 39–45.

Klingemann, Harald: Anwendung und Konsequenzen der Kosten-Nutzen-Analyse in der Kriminalpolitik. In: Monatsschrift für Kriminologie und Strafrechtsreform 61 (1978), S. 238–252.

Klink, Manfred und *Siegfried Kordus:* Kriminalstrategie. Grundlagen polizeilicher Verbrechensbekämpfung. Stuttgart, München, Hannover 1986.

Knapp, Hans Georg: Logik der Prognose. Semantische Grundlegung technologischer und sozialwissenschaftlicher Vorhersagen. Freiburg, München 1978.

Knuf, Joachim: Polizeibeamte als Zeugen vor Gericht. Wiesbaden 1982 (BKA-Forschungsreihe, Sonderbd.).

Koch, Karl-Friedrich: Überregionale Kriminalitätslagebilder. Wiesbaden 1988 (Berichte des Kriminalistischen Instituts).

Kriminalistisch-kriminologische Forschungsgruppe des BKA: Einbrüche in Wohnungen – Eine Pilotstudie. 2. Aufl. Wiesbaden 1982 (Berichte des Kriminalistischen Instituts).

Krüger, Horst: Kriminalkartographie mit dem Computer – Auswertung raumbezogener Daten der Kriminalstatistik in Schleswig-Holstein. In: Öffentliche Verwaltung und Datenverarbeitung 4 (1974), S. 216–223.

Kubatzky, Ulrich, und *Wilfried Tettweiler:* Dialogfähige Simulationsmodelle als Entscheidungshilfe praktischen Planungshandelns. In: Öffentliche Verwaltung und Datenverarbeitung 11 (1981), Heft 11, S. 9–13.

Kube, Edwin: Was geschieht auf dem Gebiet der Kriminalitätsprognose? Zugleich ein Bericht über die IKPO-Interpol-Tagung zur Kriminalitätsprognose. In: Kriminalistik 30 (1976), S. 350–355.

ders.: Städtebau, Architektur und Kriminalität. In: Deutsche Polizei (1978 a), Heft 10, S. 17–23.
ders. Die Polizeiliche Kriminalstatistik als Planungsinstrument. In: Schriftenreihe der Polizei-Führungsakademie (1978 b), S. 89–108.
ders.: Der Einfluß der Polizeipraxis auf die Kriminalpolitik. In: Die Polizei 72 (1981), S. 72–77.
ders.: Untersuchung über Möglichkeiten und Grenzen der Vorhersage von Entwicklungen der allgemeinen Kriminalität. In: Schriftenreihe der Polizei-Führungsakademie 1983, S. 116–127.
ders.: Kriminalitätsprognose. Überlegungen zu Notwendigkeit, Möglichkeiten und Grenzen. In: Monatsschrift für Kriminologie und Strafrechtsreform 67 (1984), S. 1–15.
**ders.:* Planung der Verbrechensbekämpfung auf der Grundlage wissenschaftlicher Erkenntnisse – Stand und Perspektiven. In: Polizei-Führungsakademie (Hrsg.): Planung der Verbrechensbekämpfung. 4. Kriminalitätskontrolle und Öffentlichkeit. Seminar vom 3. bis 7. Februar 1986 bei der Polizei-Führungsakademie. Schlußbericht. Münster 1986, S. 227–258.
ders.: Systematische Kriminalprävention. Ein strategisches Konzept mit praktischen Beispielen. 2. Aufl. Wiesbaden 1987 (BKA-Forschungsreihe. Sonderbd.).
ders.: Planung der Verbrechensbekämpfung auf der Grundlage wissenschaftlicher Erkenntnisse – Stand und Perspektiven. In: Die Polizei 77 (1987 b), S. 77–82.
Kube, Edwin und *Rainer April* (Hrsg.): Planung der Verbrechensbekämpfung. Heidelberg 1980 (Kriminalistik, Wissenschaft und Praxis, Bd. 7).
Kube, Edwin und *Heinz Leineweber:* Polizeibeamte als Zeugen und Sachverständige. Wiesbaden 1977 (BKA-Schriftenreihe, Bd. 45).
Kube, Edwin und *Leo Schuster:* Vandalismus. Erkenntnisstand und Bekämpfungsansätze. 3. Aufl. Wiesbaden 1985 (Berichte des Kriminalistischen Instituts).
Kube, Edwin, und *Georg Wiesel:* Planungs- und Entscheidungstechniken für die polizeiliche Aufgabenerfüllung. In: Die Polizei 66 (1975), S. 401–407.
**Kühne, Hans-Heiner:* EDV-gesteuerte Kriminalgeographie – dargestellt am Beispiel eines Forschungsprojektes in Trier. In: Polizei-Führungsakademie (Hrsg.): Planung der Verbrechensbekämpfung. 1. Kriminalitätslagebilder. Seminar vom 3. bis 7. November 1986 bei der Polizei-Führungsakademie. Schlußbericht. Münster 1986, S. 89–107.
ders.: Steckkarten ade! Lagebeurteilung mit Hilfe der Elektronik. Rechnergesteuerte Kriminalgeographie: Ein Experiment in Trier. In: Kriminalistik 42 (1988), S. 62–69.
Küttner, Michael: Gesetzesüberprüfung und Strukturgleichheitsthese. In: Hans Albert und Kurt H. Stapf (Hrsg.): Theorie und Erfahrung. Beiträge zur Grundlagenproblematik der Sozialwissenschaften. Stuttgart 1979, S. 83–94.
ders.: Prognose, Voraussage. In: Helmut Seiffert und Gerard Radnitzky (Hrsg.): Handlexikon zur Wissenschaftstheorie. München 1989, S. 275–280.
Lamnek, Siegfried: Kriminalitätstheorien – kritisch. Anomie und Labeling im Vergleich. München, 1977.
Landeskriminalamt Baden-Württemberg (Hrsg.): Jugendkriminalität und Jugendgefährdung in Baden-Württemberg. Jahresbericht 1984. Stuttgart 1985.
Landeskriminalamt Nordrhein-Westfalen. (Hrsg.): Polizeiliche Kriminalstatistik 1987 (Düsseldorf 1988).
Langer, Peter: Kriminalität als Indikator sozialgeographischer Raumstrukturen, dargestellt am Beispiel der Straßenkriminalität in München. Neuwied 1983 (Wirtschafts- und Sozialwissenschaften. Bd. 6).
Laumann, Hans: Ansätze zu einer Methodologie der Prognostik. Diss. Mannheim 1980.

Law Enforcement Assistance Administration (LEAA), U.S. Department of Justice (ed.): Crime Analysis System Support. Descriptive Report of Manual and Automated Crime Analysis Functions. Washington 1979.
Lehmann, Gerd: Technische Möglichkeiten zum Einsatz des Führungsleitrechners im Stab. In: Die Polizei 71 (1980), S. 11–15.
ders.: Ein Jahr computerunterstützte Einsatzleitung – Erfahrungen/Zukunftsperspektiven. In: Die Polizei 72 (1981), S. 336–339.
Lemert, Edwin M.: Human deviance, social problems, and social control. Englewood Cliffs, N.J. 1967.
Lenk, Hans: Erklärung – Prognose – Planung. Skizzen zu Brennpunktproblemen der Wissenschaftstheorie. Freiburg 1972.
Lösel, Friedrich: Kriminalitätstheorien, psychologische. In: Günther Kaiser, Hans-Jürgen Kerner, Fritz Sack und Hartmut Schellhoss (Hrsg.): Kleines Kriminologisches Wörterbuch. 2. Aufl. Heidelberg 1985, S. 219–229.
Mattern, Karl-Heinz (Hrsg.): Planungsmethoden in Verwaltung und Wirtschaft. Regensburg 1982.
Matussek, Hans: Verbrechensverhütung. Kritische Gesamtschau der gegenwärtigen kriminologischen Ansätze und kriminalistischen Strategien (II). In: Kriminalistik 32 (1978) S. 537–541.
Merton, Robert K.: Die Eigendynamik gesellschaftlicher Voraussagen. In: Ernst Topitsch (Hrsg.): Logik der Sozialwissenschaften. 10. Aufl. Königstein/Ts. 1980, S. 144–161.
Möller, Peter: Der regionale Meldedienst – dargestellt am Beispiel des Bremer Informationssystems Anzeige ISA. In: Die Polizei 76 (1985), S. 120–122.
Morgenstern, Oskar: Wirtschaftsprognose. Eine Untersuchung ihrer Voraussetzungen und Möglichkeiten. Wien 1928.
Nick, Franz R. und *Rainer Bokranz:* Problembewältigung in der Gruppe durch schriftliches Diskutieren. Eine Planungs- und Präsentationstechnik. In: Verwaltung und Fortbildung 7 (1979), S. 122–133.
Oberstadtdirektor Solingen (Hrsg.): Städtebau und Kriminalität in Solingen. Vorschläge zur Verringerung von Diebstählen, Sachbeschädigungen und Körperverletzungen mit städtebaulichen Mitteln. Solingen 1984.
Oemler, Hartmut: Taktische Dimensionen moderner Leitstellen. Nutzanwendungsmöglichkeiten im täglichen Dienst und bei besonderen Anlässen. In: Die Polizei 75 (1984), S. B 37–B 41.
Opp, Karl-Dieter: Zur Erklärung delinquenten Verhaltens von Kindern und Jugendlichen. München 1968 (Forschungsbericht 03-1968 des Deutschen Jugendinstituts).
ders.: Methodologie der Sozialwissenschaften. Einführung in Probleme ihrer Theoriebildung. 2. Aufl. Reinbek b. Hamburg 1976.
Pachmann, Christoph W.: Wenn die Polizei vom Straftäter nicht lernen will ... von wem sonst? In: Kriminalistik 38 (1984), S. 341–346.
Pfaff, Martin und *Ernst Kistler:* Kosten/Nutzen-Aspekte der Inneren Sicherheit – aus wissenschaftlicher Sicht. In: Bundeskriminalamt (Hrsg.): Bestandsaufnahme und Perspektiven der Verbrechensbekämpfung. Arbeitstagung des Bundeskriminalamtes Wiesbaden vom 9. bis 12. November 1981. Wiesbaden 1982 (BKA Vortragsreihe. Bd. 27), S. 167–182.
Pfeiffer, Christian: Weniger Jugendliche – mehr Kriminalisierung? In: Recht und Politik 23 (1987), S. 223–230.
ders.: Und wenn es künftig weniger werden? Die Herausforderung der geburtenschwachen Jahrgänge. In: Deutsche Vereinigung für Jugendgerichte und Jugendgerichtshilfen (Hrsg.): Und wenn es künftig weniger werden? München 1987 (Schriftenreihe der DVJJ. H. 17), S. 9–52.

5 Schrifttum

Plate, Monika, Ulrich Schwinges und *Rüdiger Weiss:* Strukturen der Kriminalität in Solingen. Eine Untersuchung zu Zusammenhängen zwischen baulichen und sozialen Merkmalen und dem Kriminalitätsaufkommen. Wiesbaden 1985 (BKA-Forschungsreihe. Sonderbd.).

Polizei-Führungsakademie (Hrsg.): Kriminalitätsanalyse und Prognose als Voraussetzung für die kriminalpolizeiliche Planung. Seminar vom 10. bis 14. Mai 1976 bei der Polizei-Führungsakademie, Schlußbericht. Münster 1976a.

ders. (Hrsg.): Die kriminologische Regionalanalyse – ein kriminalgeographischer Ansatz für die Beurteilung der Sicherheitslage –. Seminar vom 6. bis 10. Dezember 1976 bei der Polizei-Führungsakademie. Schlußbericht. Münster 1976b.

ders. (Hrsg.): Konzeptionen und Systeme polizeilicher Lagebilder Innere Sicherheit. Seminar vom 4. bis 8. Oktober 1982 bei der Polizei-Führungsakademie. Schlußbericht. Münster 1983.

ders. (Hrsg.): Regionalanalyse polizeilichen Aufgabenanfalls – Modelle, Methoden und Kriterien der Erfassung –. Fächerübergreifendes Projektstudium der Anwärter des höheren Polizeivollzugsdienstes im 2. Studienjahr 1985/1986. Münster 1986a.

ders. (Hrsg.): Polizeiliches Lagebild Innere Sicherheit – Bestandsaufnahme und Perspektiven –. Seminar vom 2. bis 5. Juni 1981 bei der Polizei-Führungsakademie. Schlußbericht. Münster 1981.

ders. (Hrsg.): Polizeiliches Lagebild Innere Sicherheit – Bestandsaufnahme und Perspektiven –. Arbeitstagung vom 21. bis 23. Januar 1986 bei der Polizei-Führungsakademie. Schlußbericht. Münster 1986b.

ders. (Hrsg.): Polizeiliches Lagebild Innere Sicherheit. Arbeitstagung vom 10. bis 13. Februar 1987 bei der Polizei-Führungsakademie. Schlußbericht. Münster 1987a.

ders. (Hrsg.): „Planung der Verbrechensbekämpfung". 1. Kriminalitätslagebilder. Seminar vom 4. bis 8. März 1985 bei der Polizei-Führungsakademie. Schlußbericht. Münster 1985a.

ders. (Hrsg.): „Planung der Verbrechensbekämpfung". 1. Kriminalitätslagebilder. Seminar vom 3. bis 7. November 1986 bei der Polizei-Führungsakademie. Schlußbericht. Münster 1986c.

ders. (Hrsg.): „Planung der Verbrechensbekämpfung". 2. Organisation der Verbrechensbekämpfung. Seminar vom 22. bis 26. April 1985 bei der Polizei-Führungsakademie. Schlußbericht. Münster 1985b.

ders. (Hrsg.): „Planung der Verbrechensbekämpfung". 2. Organisation der Verbrechensbekämpfung. Seminar vom 8. bis 12. Dezember 1986 bei der Polizei-Führungsakademie. Schlußbericht. Münster 1986d.

ders. (Hrsg.): „Planung der Verbrechensbekämpfung". 3. Informations- und Kommunikationssysteme in der Verbrechensbekämpfung. Seminar vom 21. bis 25. Oktober 1985 bei der Polizei-Führungsakademie. Schlußbericht. Münster 1985c.

ders. (Hrsg.): „Planung der Verbrechensbekämpfung". 3. Informations- und Kommunikationssysteme in der Verbrechensbekämpfung. Seminar vom 23. bis 27. Februar 1987 bei der Polizei-Führungsakademie. Schlußbericht. Münster 1987b.

ders. (Hrsg.): „Planung der Verbrechensbekämpfung". 4. Kriminalitätskontrolle und Öffentlichkeit. Seminar vom 3. bis 7. Februar 1986 bei der Polizei-Führungsakademie. Schlußbericht. Münster 1986e.

ders. (Hrsg.): „Planung der Verbrechensbekämpfung". 4. Kriminalitätskontrolle und Öffentlichkeit. Seminar vom 30. März bis 3. April 1987 bei der Polizei-Führungsakademie. Schlußbericht. Münster 1987c.

ders. (Hrsg.): DV-Arbeitsplatzsysteme in der Kriminalitätsbekämpfung. Seminar vom 1. bis 3. Juni 1987 bei der Polizei-Führungsakademie. Schlußbericht. Münster 1987d.

Popper, Karl R.: Logik der Forschung. 4. Aufl. Tübingen 1971.

ders.: Objektive Erkenntnis. Ein evolutionärer Entwurf. Hamburg 1973.

ders.: Prognose und Prophetie in der Sozialwissenschaft. In: Ernst Topitsch (Hrsg.): Logik der Sozialwissenschaften. 10. Aufl. Königstein/Ts. 1980, S. 113–125.

Projektgruppe Prognose-Gremium beim Bundeskriminalamt „Entwicklung der Kriminalität": Jugenddelinquenz bei Deutschen und Ausländern. Betrachtungen zu Stand und Entwicklung unter besonderer Berücksichtigung der Gewaltkriminalität. Wiesbaden 1984. (Forschungsberichte zur Kriminalitätsentwicklung.)

Pudel, Volker: Motivanalyse des Anzeigeverhaltens. In: Hans-Dieter Schwind, Wilfried Ahlborn und Rüdiger Weiß (Hrsg.): Empirische Kriminalgeographie. Bestandsaufnahme und Weiterführung am Beispiel von Bochum („Kriminalitätsatlas Bochum"). Wiesbaden 1978 (BKA-Forschungsreihe. Bd. 8), S. 205–210.

Quensel, Stephan: Soziale Fehlanpassung und Stigmatisierung – Ein Test zum Messen der delinquenten Entwicklung. In: Jahrbuch für Rechtssoziologie und Rechtstheorie 3 (1972), S. 447–490.

ders.: Wie wird man kriminell? Verlaufsmodell einer fehlgeschlagenen Interaktion zwischen Delinquenten und Sanktionsinstanz. In: Kritische Justiz 3 (1970), S. 375–382.

Rase, W. D. und *H. Schäfer:* Computerunterstützte Herstellung thematischer Karten. In: Öffentliche Verwaltung und Datenverarbeitung 4 (1974), S. 224–239.

Rebscher, Erich und *Werner Vahlenkamp:* Organisierte Kriminalität in der Bundesrepublik Deutschland. Bestandsaufnahme, Entwicklungstendenzen und Bekämpfung aus der Sicht der Praxis. Wiesbaden 1988 (BKA-Forschungsreihe. Sonderbd.).

Redeker, Roland: Kriminalgeographie – Ziele, Methoden und Anwendung. Kriminologische und kriminalistische Aspekte. Jur. Diss. Freiburg i. Br. 1981.

Reuband, Karl-Heinz: Determinanten der Anzeigebereitschaft unter Opfern von Eigentumskriminalität. In: Monatsschrift für Kriminologie und Strafrechtsreform 64 (1981), S. 213–223.

Richter, Günter: Kriminalität und Siedlungsstrukturen. Eine empirische Studie – dargestellt am Beispiel der Stadt Nürnberg –. WiSo-Dipl.Arb. Nürnberg-Erlangen 1980.

Rolinski, Klaus: Wohnhausarchitektur und Kriminalität. Wiesbaden 1980 (BKA-Forschungsreihe. Bd. 13).

Roll, Winfried und *Hans-Ulrich Hauck:* Einbruchsdiebstahl aus Kraftfahrzeugen, das unerforschte Massendelikt der Großstadt. In: Die Neue Polizei 40 (1986), S. 61–65.

Rosenow, Ernst: Zur Ermittlung des Personalbedarfs. In: Die Polizei 60 (1969), S. 117–180.

ders.: Vorschlag für ein Gesamtsystem „Kriminalistik". In: Kriminalistik 38 (1984), S. 246, 263.

Rother, Hermann: Die Anwendung der Netzplantechnik in der Kriminalpolizei. In: Schriftenreihe der Polizei-Führungsakademie 1975, Heft 2, S. 25–38.

Rupprecht, Reinhard: Kriminalstruktur. Theoretische Probleme und praktische Beispiele. In: Kriminalistik 28 (1974), S. 481–489.

ders.: Kriminalitätsprognose als Voraussetzung rationaler Kriminalpolitik? In: Bundeskriminalamt (Hrsg.): Zweites Symposium: Wissenschaftliche Kriminalistik – „Kriminalitätsprognose" und „Zusammenarbeit von Wissenschaft und Praxis" –. Referate und Diskussionsbeiträge am 2. und 3. Oktober 1984 im Bundeskriminalamt. Wiesbaden 1985 (BKA-Forschungsreihe. Sonderbd.), S. 7–17.

Schäfer, Herbert: Die Voraussetzungen einer rationalen Kriminalstrategie. In: Polizei-Führungsakademie (Hrsg.): Kriminalitätsanalyse und Prognose als Voraussetzung für die kriminalpolizeiliche Planung. Seminar vom 10. bis 14. Mai 1976 bei der Polizei-Führungsakademie. Schlußbericht. Münster 1976, S. 7–33 sowie Kriminalistik 30 (1976), S. 345–350.

ders.: Grenzen der Prävention. In: Kriminalistik 38 (1984), S. 164–168.

ders.: Systematisierung und Methodik der theoretischen und operativen Kriminalstrategie unter Berücksichtigung der Prävention. In: Polizei-Führungsakademie (Hrsg.): „Planung der Verbrechensbekämpfung". 2. Organisation der Verbrechensbekämpfung. Seminar vom 22. bis 26. April 1985 bei der Polizei-Führungsakademie. Schlußbericht. Münster 1985, S. 33–80.

ders.: Kriminalstrategie. Problembeschreibungen und Lösungsansätze. In: Die Neue Polizei 42 (1988), S. 263–273.

Schmid, Rainer: Hessische Polizeiorganisation – Realitäten und Erfordernisse. In: Hessische Polizeirundschau 1986, Heft 2, S. 35–37.

Schmidt, Ulrich: Zum Prognoseproblem in der Wirtschaftswissenschaft. Eine Untersuchung auf wissenschaftstheoretischer Grundlage. Berlin 1970.

Schmitz, H. Walter: Tatortbesichtigung und Tathergang. Untersuchungen zum Erschließen, Beschreiben und Melden des modus operandi. Wiesbaden 1977 (BKA-Forschungsreihe. Bd. 6).

ders.: Tatgeschehen, Zeugen und Polizei. Zur Rekonstruktion und Beschreibung des Tathergangs in polizeilichen Zeugenvernehmungen. Wiesbaden 1978 (BKA-Forschungsreihe. Bd. 9).

Schneider, Hans: Evaluierung von Präventionsstrategien. In: Archiv für Kriminologie 178 (1986), S. 166–176.

Schneider, Hans Joachim: Viktimologie. Wissenschaft vom Verbrechensopfer. Tübingen 1975.

ders.: Kriminologie. Berlin, New York 1987.

Schreiber, Manfred: Anpassung und Weiterentwicklung polizeilicher Methoden. In: Kriminalistik 34 (1980), S. 462–468.

Schroller, Gerhard: Planung und Erfolgskontrolle. Grundlagen der Bewertung und Steigerung polizeilicher Effizienz. Stuttgart, München, Hannover 1986.

Schumann, Karl F.: Bevölkerungsentwicklung und Haftplatzbedarf. In: Kriminologisches Journal 18 (1986), S. 290–304.

Schuster, Leopold: Die Ringalarmfahndung. Wiesbaden 1984 (BKA-Forschungsreihe. Sonderbd.).

Schweiger, Michael: Tatzeituntersuchung zum Wohnungseinbruch. In: Kriminalistik 38 (1984), S. 274–276.

Schwind, Hans-Dieter: Kriminalgeographie. In: Rudolf Sieverts und Hans Joachim Schneider (Hrsg.): Handwörterbuch der Kriminologie. Bd. 4. Berlin 1979, S. 169–181.

ders.: Zur kriminalpolitischen Lage in der Bundesrepublik Deutschland. In: Hans-Dieter Schwind, Friedhelm Berckhauer und Gernot Steinhilper (Hrsg.): Präventive Kriminalpolitik. Beiträge zur ressortübergreifenden Kriminalprävention aus Forschung, Praxis und Politik. Heidelberg 1980 (Kriminologische Forschung. Bd. 1), S. 3–26.

ders.: Dunkelfeldforschung. In: Hans Joachim Schneider (Hrsg.): Die Psychologie des 20. Jahrhunderts. Bd. XIV, Auswirkungen auf die Kriminologie. Zürich 1981, S. 223–247.

ders.: Kriminalgeographie. In: Hans Joachim Schneider (Hrsg.): Die Psychologie des 20. Jahrhunderts. Bd. XIV. Auswirkungen auf die Kriminologie. Zürich 1981 (b), S. 248–261.

ders.: Die Göttinger und die Bochumer Dunkelfeldforschung. In: Günther Kaiser, Helmut Kury und Klaus Sessar (Hrsg.): Deutsche Forschungen zur Kriminalitätsentstehung und Kriminalitätskontrolle. German Research on Crime and Crime Control. Köln usw. 1983 (Interdisziplinäre Beiträge zur kriminologischen Forschung. Bd. 6/1), S. 169–198.

ders.: „Rationale" Kriminalpolitik als Zukunftsaufgabe. In: Hans Dieter Schwind (Hrsg.): Festschrift für Günter Blau zum 70. Geburtstag am 18. Dezember 1985. Berlin usw. 1985, S. 573–597.

ders.: Kriminologie in der Praxis. Polizei, Justiz, Kriminalpolitik. Heidelberg 1986a.
ders.: Unsichere Grundlagen der Kriminalpolitik. In: Hans Joachim Hirsch, Günther Kaiser und Helmut Marquardt (Hrsg.): Gedächtnisschrift für Hilde Kaufmann. Berlin, New York 1986 b, S. 87–99.
ders.: Kriminologie. Eine praxisorientierte Einführung mit Beispielen. 2. Aufl., Heidelberg 1988.
Schwind, Hans-Dieter, Wilfried Ahlborn und *Rüdiger Weiß:* Empirische Kriminalgeographie, Bestandsaufnahme und Weiterführung am Beispiel von Bochum („Kriminalitätsatlas Bochum"). Wiesbaden 1978 (BKA-Forschungsreihe. Bd. 8).
Schwind, Hans-Dieter, Wilfried Ahlborn, Hans Jürgen Eger, Ulrich Jany, Volker Pudel und *Rüdiger Weiß:* Dunkelfeldforschung in Göttingen 1973/74. Eine Opferbefragung zur Aufhellung des Dunkelfeldes und zur Erforschung der Bestimmungsgründe für die Unterlassung von Strafanzeigen. Wiesbaden 1975 (BKA-Forschungsreihe. Bd. 2)
Schwind, Hans-Dieter und *Gernot Steinhilper:* Kann Täterwissen zur Kriminalitätsvorbeugung genutzt werden? Bericht über eine englische Untersuchung und Vorüberlegung zu einer „Kriminaltopographie aus Tätersicht". In: Kriminalistik 38 (1984), S. 317–319.
Sengespeik, Jürgen: Eine technische Revolution in der Kölner Einsatzleitzentrale: CEBI. In: Die Polizei 72 (1981), S. 340–343.
Servay, Wolfgang und *Jürgen Rehm:* Bankraub aus der Sicht der Täter. Wiesbaden 1986 (BKA-Forschungsreihe. Bd. 19).
Sessar, Klaus: Jugendstrafrechtliche Konsequenzen aus jugendkriminologischer Forschung: Zur Trias von Ubiquität, Nichtregistrierung und Spontanbewährung im Bereich der Jugendkriminalität. In: Michael Walter und Gerd Koop (Hrsg.): Die Einstellung des Strafverfahrens im Jugendrecht. Chancen und Risiken eines neuen kriminalpolitischen Weges sowie Erfahrungen und Anregungen aus der Praxis. Vechta 1984 (Schriftenreihe des Vereins für Kriminalpädagogische Praxis. H. 5), S. 26–50.
Spieß, Gerhard: Die Entwicklung von Strafaussetzung und Bewährungshilfe. In: Bewährungshilfe 31 (1984), S. 250–258.
ders.: Kriminalprognose. In Günther Kaiser, Hans-Jürgen Kerner, Fritz Sack und Hartmut Schellhoss (Hrsg.): Kleines Kriminologisches Wörterbuch. 2. Aufl. Heidelberg 1985, S. 253–260.
Springer, Werner: Kriminalitätstheorien und ihr Realitätsgehalt. Stuttgart 1973 (Kriminalität und ihre Verwalter. Nr. 2).
Stegmüller, Wolfgang: Probleme und Resultate der Wissenschaftstheorie und Analytischen Philosophie. Bd. 1, 2. Aufl. Berlin, Heidelberg, New York 1983.
Steffen, Wiebke: Analyse polizeilicher Ermittlungstätigkeit aus der Sicht des späteren Strafverfahrens. Wiesbaden 1976 (BKA-Forschungsreihe. Bd. 4).
dies.: Zielsetzung und Erfolgsmessung praktischer Kriminalistik. In: Edwin Kube, Hans Udo Störzer und Siegfried Brugger (Hrsg.): Wissenschaftliche Kriminalistik. Grundlagen und Perspektiven. Teilband 1. Wiesbaden 1983 (BKA-Forschungsreihe. Bd. 16/1), S. 255–280.
dies.: Rückzug in die Schneckenhäuser. Kriminologische Forschung und polizeiliche Praxis in der Bundesrepublik Deutschland. In: Kriminalistik 38 (1984), S. 70–76.
*dies.: Zielsetzung und Erfolgsmessung in der Kriminalitätskontrolle. In: Polizei-Führungsakademie (Hrsg.): Planung der Verbrechensbekämpfung. 2. Organisation der Verbrechensbekämpfung. Seminar vom 22. bis 26. April 1985 bei der Polizei-Führungsakademie. Schlußbericht. Münster 1985, S. 323–345.
Stein-Hilbers, Marlene: Statistik und Kriminalität. In: Rudolf Sieberts und Hans Joachim Schneider (Hrsg.): Handwörterbuch der Kriminologie. Bd. 3. Berlin 1975, S. 199–225.

Steinhilper, Gernot: Kriminalitätsanalyse als Voraussetzung für Verbrechensvorbeugung. In: Bundeskriminalamt (Hrsg.): Straftatenklassifizierung und -gewichtung. Internationales Symposium im Bundeskriminalamt (Referate). 16.–18. Februar 1977. Wiesbaden 1977. (BKA-Forschungsreihe. Sonderbd.), S. 126–138.

Steinhilper, Monica: Das „Präventionsprogramm Polizei/Sozialarbeiter" (PPS). In: Hans-Dieter Schwind und Gernot Steinhilper (Hrsg.): Modelle zur Kriminalitätsvorbeugung und Resozialisierung. Heidelberg 1982 (Kriminologische Forschung. Bd. 2), S. 45–111.

Steinke, Wolfgang: Kriminalistische Ausbildung bei der Polizei. In: Edwin Kube, Hans Udo Störzer und Siegfried Brugger (Hrsg.): Wissenschaftliche Kriminalistik. Grundlagen und Perspektiven. Teilband 1. Wiesbaden 1983 (BKA-Forschungsreihe. Bd. 16/1), S. 297–323.

Stephan, Egon: Die Stuttgarter Opferbefragung. Eine kriminologisch-viktimologische Analyse zur Erforschung des Dunkelfeldes unter besonderer Berücksichtigung der Einstellung der Bevölkerung zur Kriminalität. Wiesbaden 1976 (BKA-Forschungsreihe. Bd. 3).

Störzer, Hans Udo: „Staatskriminologie" – Subjektive Notizen –. In: Hans-Jürgen Kerner, Hans Göppinger und Franz Streng (Hrsg.): Kriminologie – Psychiatrie – Strafrecht. Festschrift für Heinz Leferenz zum 75. Geburtstag. Heidelberg 1983, S. 69–90.

ders.: Vorbemerkung. In: Bundeskriminalamt (Hrsg.): Zweites Symposium: Wissenschaftliche Kriminalistik – „Kriminalitätsprognose" und „Zusammenarbeit von Wissenschaft und Praxis" –. Referate und Diskussionsbeiträge am 2. und 3. Oktober 1984 im Bundeskriminalamt. Wiesbaden 1985 (BKA-Forschungsreihe. Sonderbd.), S. III–IV.

Stroh, Dieter: Mit dem Rechner gegen Räuber. Wiesbadens Polizei setzt ein Rechercheprogramm für Ermittlungen ein. In: Kriminalistik 41 (1987), S. 361–364.

Stümper, Alfred: Die Bedeutung der Entwicklung von Lagebildern für die Planung der polizeilichen Aufgabenerfüllung zur Aufrechterhaltung der inneren Sicherheit auf der obersten polizeilichen Führungsebene. In: Schriftenreihe der Polizei-Führungsakademie 1983, S. 172–182.

Stumpf, Siegfried: Auswirkungen des Einsatzleitrechnersystems auf Organisation, Führung und Einsatz bei der Landespolizeidirektion Stuttgart II. In: Die Polizei 72 (1981), S. 348–350.

Tekles, Herbert: Bevölkerungsentwicklung und Personalbedarf in der öffentlichen Verwaltung. Baden-Baden 1986.

Teufel, Manfred: Entwicklung der kriminalistischen Methoden im 20. Jahrhundert. In: Edwin Kube, Hans Udo Störzer und Siegfried Brugger (Hrsg.): Wissenschaftliche Kriminalistik. Grundlagen und Perspektiven. Teilband 1. Wiesbaden 1983 (BKA-Forschungsreihe. Bd. 16/1), S. 123–175.

Walliser, Fritz: Die Mobilität der Straftäter. Analysen der Personenauskunftsdatei (PAD) des Landes Baden-Württemberg. In: Die Kriminalpolizei 2 (1984), S. 7–27.

Wasser, Herbert: Derzeitige EDV-Nutzungsmöglichkeiten zur Bekämpfung der Diebstähle aus Wohnungen. In: Die Polizei 77 (1986), S. 337–343.

Weichhardt, Reiner: Zur Beurteilung von Konjunkturprognosen. Eine empirische Untersuchung der Fehleranfälligkeit von Konjunkturprognosen am Beispiel der Vorausschätzungen der Wirtschaftsforschungsinstitute und des Sachverständigenrates zur Begutachtung der gesamtwirtschaftlichen Entwicklung. Tübingen 1982.

Weinberger, Rolf: Deutscher Rat für Verbrechensverhütung – Projekt einer bundesdeutschen Einrichtung. In: Die Polizei 68 (1977), S. 388–392.

Wenger, Heinz: Moderne Informations- und Kommunikationstechnik für die Polizei, dargestellt am Beispiel des Landes Bayern. In: Die Polizei 76 (1985), S. B 8–B 13.

Wenzky, Oskar: Kriminalanalytik und Einsatzmöglichkeiten. In: Die Polizei 60 (1969), S. 233–236, 334–340.

Werbik, Hans: „Heuristische Verfahren in Zusammenhang mit Prognose-Konzepten". (Gutachten für das BKA). Erlangen 1984 (unveröffentlicht).

Werth, Christian: Das Einsatzleitprojekt HELP der Polizei der Freien und Hansestadt Hamburg. In: Die Polizei 77 (1986), S. 344–348.

Wiesel, Georg: Zusammenarbeit von DV-Fachkräften und Anwendern bei der Planung und Nutzung DV-gestützter Informationssysteme. In: Die Polizei 77(1986), S. 331–336.

Wild, Jürgen: Grundlagen der Unternehmungsplanung. Reinbek b. Hamburg 1974.

Wildemann, Horst und *Heinz-Peter Hoffmann:* Frühwarnsysteme. In: Erich Potthoff (Hrsg.): RKW-Handbuch Führungstechnik und Organisation. Bd. 3. Berlin 1978 ff. (Loseblattausgabe; 12. Ergänzungslieferung 1983, Kennzahl 5642).

Wildenhein, Gerd: Kriminalitätsanalysen. Grundlage einer gezielten Kriminalitätsbekämpfung. In: Der Kriminalist 11 (1979), S. 512–518.

Wilkins, Leslie T.: Social deviance. Social policy, action, and research. London 1964.

Windisch, Horst: Zusammenarbeit des Polizeiführers mit dem Führungsstab bei der Problemlösung. In: Polizei-Führungsakademie (Hrsg.): Polizeiführer und Führungsstab. Seminar vom 11. bis 15. Februar 1980 bei der Polizei-Führungsakademie. Schlußbericht. Münster 1980, S. 33–45.

Wittkämper, Gerhard W. und *Marianne Wulff-Nienhüser:* Umweltkriminalität – heute und morgen. Wiesbaden 1987 (BKA-Forschungsreihe. Bd. 20).

6
Kriminalistische Handlungslehre

Carl-Ernst Brisach

INHALTSÜBERSICHT

	Rdnr.
A. Einführung	
I. Kriminalistische Tätigkeit	1
II. Klärende Zusammenfassung bisheriger Definitionen und Beschreibungen kriminalistischen Handelns und Andeutung eines alternativen Modells	2
B. Methodologie	
I. Die Methode der objektiven Hermeneutik	8
II. Die Strukturlogik kriminalistischen Handelns	12
III. Straftaten und ihre Begehungsart als Reproduktion von Persönlichkeitsstrukturen	
1. Exkurs: Wiederholungsphänomen und Täterentdeckung	14
2. Die Fallstrukturen	21
3. Die Textförmigkeit von Straftaten	
a) Der „Spurentext" der Straftat	25
b) Der „Grad der Vernunft" der Straftat	29
4. Die zwei Ebenen einer Strafhandlung	32
a) Die Ebene der strategischen Zielerreichung	33
b) Die Ebene der strategischen Tarnung	37
IV. Zusammenfassung	39
C. Methode	
I. Erste Ansätze zur Definition einer Methodik kriminalistischen Handelns (Grundelemente)	

	Rdnr.
1. Die zwei Phasen des Ermittlungshandelns	40
2. Der Grundsatz der Sequenzanalyse	45
3. Der Grundsatz der Erkennung des Sinnzusammenhangs von Spurenelementen	52
4. Der Grundsatz der Sinndeutung der Spurenelemente	60
5. Der Grundsatz der Hypothesenbildung	68
a) Trennung von Strafhandlung und Tarnhandlung	72
b) Hypothesenbildung auf der Ebene der Primärhandlung	75
c) Hypothesenbildung auf der Ebene der Tarnhandlung	76
d) Bestimmung der Täterinformiertheit	77
e) Vermutungen zur Milieuspezifik	78
f) Rekonstruktion der Motivation der/des Täter(s)	82
6. Herausarbeitung scheinbarer Nebensächlichkeiten der Tatbegehung	87
7. Der Grundsatz der Kontextunabhängigkeit	91
a) Sprache und Vertextung	92
b) Explizitheit	94
c) Gestaltfehlerlosigkeit	95
8. Zusammenfassung	97
D. Schluß	98

A. Einführung

I. Kriminalistische Tätigkeit

1 Das immer wiederkehrende **zentrale Handlungsproblem** des Kriminalisten besteht darin, den unbekannten Straftäter bekannt zu machen und/oder dem Verdächtigen die Begehung einer Strafe nachzuweisen. Dieses Handlungsproblem ist vielschichtig, im wesentlichen jedoch durch zwei Phänomene gekennzeichnet: Zum einen stellt sich der Ablauf der Tathandlung nur lückenhaft in Form von Spuren und Erinnerungsdaten dar. Zum anderen wird die Suche nach dem vermeintlichen Täter dadurch erschwert, daß die gesuchte Person alles in ihrer Macht Stehende aufbietet, um unerkannt zu bleiben.

II. Klärende Zusammenfassung bisheriger Definitionen und Beschreibungen kriminalistischen Handelns und Andeutung eines alternativen Modells

2 Die bisher zum Themenbereich „Kriminalistische Handlungslehre" veröffentlichte **Literatur** bemüht sich, das Vorgehen bei der Lösung von Kriminalfällen möglichst umfassend darzustellen. Gleichsam als Beschreibung des „A bis Z kriminalistischen Handelns" wird dabei das schrittweise Vorgehen vom Verdacht bis zum Beweis erläutert[1]. Es geht in der herkömmlichen Literatur vornehmlich um die Beantwortung der Frage, wie man die Informationsquellen über in der Vergangenheit Geschehenes findet und nützt. Die beschriebene „Methodik" beinhaltet eher die Elemente des „kriminalistischen Arbeitens" als die des „Kriminalistischen Denkens". Sie ist generell die dienstkundlich umfassende Beschreibung bürokratischer Verwaltungsarbeit bei der Kriminalpolizei.

3 Von dieser akribischen, aber bloß aneinanderreihenden Detailsammlung zum Thema kriminalistischer Ermittlungsarbeit unterscheidet sich stark das, was der Kriminalist in der täglichen **Praxis** sozusagen nebenbei gedanklich und intuitiv durchführt und was die Aufnahme kriminalistischer Ermittlungen erst ermöglicht.

4 Das Anliegen **dieser Arbeit** ist es, einen Versuch zu unternehmen, in ersten Ansätzen für diese **„Kunstlehre des kriminalistischen Denkens"** ein wissenschaftstheoretisches Modell zur Anwendung zu bringen, das Erklärungsmöglichkeiten für das intuitive Denken des Kriminalbeamten liefert und das zugleich eine Möglichkeit zur theoretischen Vermittlung dieses bisher intuitiv vollzogenen Prozesses darstellt.

5 Zwar lernt der junge Kriminalist in der Praxis vom älteren Beamten „on the job" über gesunden Menschenverstand und einschlägige Milieu- und Berufserfahrung das **intuitive Lösen** von Kriminalfällen. Diese Basis wird jedoch in einer sich immer schneller wandelnden und differenzierenden

---

1 Vgl. dazu *Walder* 1975 S. V (Vorwort).

Gesellschaft zunehmend unzuverlässiger. Zudem scheint die praxisfundierte Möglichkeit der Vermittlung von kriminalistischem Denken angesichts der erweiterten Spezialisierung und Arbeitsteilung in der Polizeiarbeit mehr und mehr zurückzugehen.

Darüber hinaus verliert das intuitive kriminalistische Vorgehen im Zeitalter des „objektiven Sachbeweises" in dem Maße an Reputation, in dem es, ohne wissenschaftliche Grundlagen betrieben, als rein subjektivistisch abqualifiziert wird.

Die Lösung der schwierigen theoretischen Konstruktionsprobleme im Zusammenhang mit der Erstellung eines Modells für eine kriminalistische Handlungslehre, die nicht nur die theoretische Vermittlung des dienstkundlichen Teils zuläßt, scheint mit Hilfe der **wissenschaftlichen Methode** der objektiven Hermeneutik möglich. Im Zentrum der kriminalistischen Handlungslehre soll die kriminalistische Fallinterpretation stehen, die sich hermeneutisch betrachtet als nicht standardisierbare intelligente Denkleistung darstellt[2]. 6

Inhaltlich bedingt unterscheiden sich demgemäß die **Lehrprämissen** dieses Teils der kriminalistischen Handlungslehre von der bisher geübten Praxis der Vermittlung abstrakten, standardisierten, von vornherein prüfungstechnisch aufbereiteten Buchwissens. Ein wesentlicher Bestandteil dieser Handlungslehre läßt sich in der Ausbildung des Kriminalisten letztendlich nur in der Form intensiver exemplarischer Analysen realistischer Ermittlungsfälle vermitteln. 7

B. Methodologie

I. Die Methode der objektiven Hermeneutik

Die oben (Rdnr. 6) als eine mögliche Grundlage für eine wissenschaftlich fundierte kriminalistische Handlungslehre genannte **Methode der objektiven Hermeneutik** soll nun erläutert werden. 8

Die Methode beruht auf den Grundlagen der strukturalistischen Soziologie, die das Entstehen und die Abläufe menschlicher Gemeinschaft mit Mitteln des Strukturalismus zu analysieren versucht. Der **Strukturalismus** stellt eine sprachwissenschaftliche Richtung dar, bei der die Sprache als ein geschlossenes Zeichensystem verstanden und die Struktur dieses Systems erfaßt werden soll, indem die wechselseitigen Beziehungen der Teile zueinander erforscht werden, wobei die Bedeutung zunächst nicht beachtet wird. 9

Demgemäß stellt die objektive Hermeneutik ein wissenschaftliches **Verfahren der Auslegung und Erklärung von Texten** dar, in dem es nicht auf eine Erklärung der einem Text zugrundeliegenden Bewußtseinsinformationen und des Ausdruckswillens des Verfassers ankommt – also 10

---
2 *Oevermann* 1988 S. 16.

gleichsam nicht die obligatorische Frage: Was will uns der Autor damit sagen? beantwortet werden soll –, sondern vielmehr versucht wird, die **objektive Sinnstruktur,** die durch den Text begründet wurde, zu erkennen. Die objektive Hermeneutik geht davon aus, daß diese Sinnstruktur nach angebbaren Regeln erzeugt wurde und sich unter Benutzung derselben Regeln von unterschiedlichen Personen nachvollziehbar und nachprüfbar nachbilden läßt[3].

11   Der Denkvorgang, mit dessen Hilfe diese Gesetzlichkeit des gegliederten Aufbaus (Strukturierungsgesetzlichkeit) in ihrer Allgemeinheit zur Geltung gebracht werden kann, ist das **Prinzip der Strukturgeneralisierung.** Die Operation der Strukturgeneralisierung, die von *Oevermann* ausführlich dargestellt wurde[4], ermöglicht, über die fortlaufende systematische Untersuchung eines Sachverhalts und aller ihn bestimmenden Komponenten seine Strukturierungsgesetzlichkeit zu bestimmen.

Da diese Strukturanalyse Handlungsabläufe und soziale Abläufe mit Hilfe ihrer objektiv verborgenen Sinnstruktur erklären will, stellt sie die für soziale Realität wesentliche Textförmigkeit in den Mittelpunkt[5]. Genau wie die geisteswissenschaftliche Hermeneutik benutzt die objektive Hermeneutik als Datenbasis daher Texte.

Oevermann geht davon aus, daß das, was der Wissenschaftstheoretiker *Ch. S. Pierce* als abduktives („abhebendes") Schließen bezeichnet, welches die eigentliche logische Form des Bildens von Erfahrung darstelle, mit dem gedanklichen Entwurf der Strukturgeneralisierung in der objektiven Hermeneutik materiell gefüllt und dargestellt werden kann. Die Strukturgeneralisierung stellt so auch für die Intuition des Alltagsbewußtseins die elementare Art und Weise dar, wie Erfahrung gebildet und Wirklichkeit erfaßt wird[6].

II. Die Strukturlogik kriminalistischen Handelns

12   Auf das konkrete Problem einer kriminalistischen Handlungslehre bezogen ergibt sich folgender Ansatzpunkt:

Vor dem Hintergrund der Aussagen zur Strukturgeneralisierung erscheint kriminalistisches Handeln geradezu als **Prototyp** objektiv hermeneutischen und strukturgeneralistischen Handelns.

Im ersten Kapitel war bereits auf die elementare Struktureigenschaft kriminalistischen Handelns hingewiesen worden, die darin besteht, trotz sehr lückenhafter Informationen Protokolle und Spuren den Unbekannten

---

3   *Oevermann/Schuster/Simm* 1985 S. 187.
4   *Oevermann* 1981 S. 1 ff.
5   „Für die objektive Hermeneutik existiert im Unterschied zu allen anderen Methodologien in den Sozialwissenschaften soziale Wirklichkeit grundsätzlich nicht außerhalb von Texten, und Texte sind für sie nicht mehr und nicht weniger äußere Verweisungen auf eine soziale Realität außerhalb ihrer selbst, sondern sie konstituieren überhaupt erst aufgrund ihrer durch Regeln systematisch generierten Bedeutungs- und Sinnstrukturiertheit soziale Wirklichkeit" (*Oevermann/Schuster/Simm* 1985 S. 188).
6   *Oevermann/Schuster/Simm* 1985 S. 189.

bekannt zu machen. Der Kriminalist kann aber einen Fall nur dann lösen, wenn er die lückenhaften Daten eines noch unaufgeklärten Falles nicht nur auf die naheliegenden, wahrscheinlichsten Lesarten, die sich aus der subsumtionslogischen Anwendung allgemeiner Annahmen ergeben, von vornherein ausdeutet und beschränkt. Er muß vielmehr versuchen, möglichst umfassend und besonders auch die unwahrscheinlichen Lesarten des Falles deutlich auszulegen, um so die Lückenhaftigkeit durch eine möglichst reichhaltige Strukturhypothese aufzufüllen. Die Ermittlungsdaten, deren Erhebung aus dieser Strukturhypothese motiviert ist, dienen dann dazu, ein möglichst hohes Maß an Verifikation oder Falsifikation zu erreichen, indem die einzelnen Bestandteile der Strukturhypothese durch die Ermittlungen gestützt oder widerlegt werden können.

Diese Art des Denkens, das *Oevermann* analog zu dem Wissenschaftstheoretiker *Pierce* **abduktives Schließen** nennt und von dem er glaubt, es mit der Methode der Strukturgeneralisierung instrumentalisieren zu können, soll im Mittelpunkt der folgenden Überlegungen zu einer wissenschaftlich fundierten kriminalistischen Handlungslehre stehen. Denn wenn der Kriminalist solchermaßen abduktiv schließt und auf dieses Verhalten spezialisiert ist, dann besteht zwischen der objektiv hermeneutischen Operation der extensiven Textauslegung, der Strukturgeneralisierung und der Strukturlogik kriminalistischen Handelns ein „geradezu natürliches Passungsverhältnis"[7].

III. Straftaten und ihre Begehungsart als Reproduktion von Persönlichkeitsstrukturen

1. Exkurs: Wiederholungsphänomen und Täterentdeckung

Zwischen 1874 und 1876 erschien in der „Zeitschrift für bildende Kunst" eine Reihe von Aufsätzen über italienische Malerei. Die Aufsätze stellten eine neue **Methode zur Identifizierung von Malern** antiker Bilder vor. Ihr Autor war der Italiener *Giovanni Morelli*. Seine Methode bestand darin, sich nicht – wie es sonst üblich war – auf die besonders auffälligen und daher leicht kopierbaren Merkmale der Bilder zu stützen. Statt dessen schlug *Morelli* vor, mehr die Details zu untersuchen, denen der Künstler weniger Aufmerksamkeit schenkt und die weniger von der Schule, der er angehört, beeinflußt sind: Ohrläppchen, Fingernägel, die Form von Fingern, Händen und Füßen. Auf diese Weise entdeckte *Morelli* die für unterschiedlichste Künstler typischen Formen dieser künstlerischen Nebensächlichkeiten.

Trotz verblüffender Ergebnisse und unbestreitbarer Erfolge wurde *Morellis* Methode heftig kritisiert. Sie wurde in der Folgezeit als mechanisch und grob positivistisch abgetan und geriet in Mißkredit. (Freilich schloß das nicht aus, daß viele Kunsthistoriker, die nun abfällig von ihr sprachen, sie weiterhin stillschweigend benutzten.)

---

7 *Oevermann/Schuster/Simm* 1985 S. 190.

15 Das neuerliche Interesse an den Arbeiten *Morellis* ist ein Verdienst von *Edgar Wind:* er sah in ihnen ein typisches Beispiel für eine neue Rezeptionsweise von Kunstwerken – die eher am *Detail* als an dem Werk als Ganzem Gefallen findet. *Wind* schreibt: „*Morellis* Bücher heben sich von denen anderer Kunstschriftsteller deutlich ab: sie sind übersät mit Abbildungen von Fingern und Ohren, sorgfältigen Darstellungen jener charakteristischen Kleinigkeiten, in denen ein Künstler sich verrät wie ein Verbrecher durch seine Fingerabdrücke. Und (...) jede Gemäldesammlung, die *Morelli* studierte, (ähnelte) unter der Hand einer Spitzbubengalerie"[8].

16 Diese Feststellung, die bereits mehrfach von anderen Autoren weiterentwickelt wurde, zeigt auf, daß der **Kunstsachverständige dem Detektiv vergleichbar** ist: er entdeckt den Täter mittels Spuren, die dem Außenstehenden unsichtbar bleiben. Wir werden bald sehen, was diese Parallelität alles impliziert. Zunächst jedoch gilt es eine wertvolle Intuition von *Edgar Wind* wiederaufzunehmen: „Einigen Gegnern von *Morelli* schien es unbegreiflich, daß die Persönlichkeit dort zu finden sei, wo sie am schwächsten eingesetzt ist"[9].

17 In diesem Punkt jedoch würde die **moderne Psychologie** *Morelli* beipflichten: unsere unwillkürlichen kleinen Gesten verraten mehr von unserem Charakter als irgendwelche wohleinstudierte Posen.

An die Stelle des allgemeinen Ausdruckes „moderne Psychologie" können wir ohne weiteres den Namen *Freud* setzen. Tatsächlich weisen einige Ausführungen in dessen Essay „Der Moses des Michelangelo" (1914) *Morelli* einen besonderen Platz in der Entwicklungsgeschichte der Psychoanalyse zu. *Freud* selbst weist darauf hin, was ihm die Aufsätze *Morellis* bedeuten: die Entwicklung einer Methode der Interpretation, die sich auf Wertloses stützt, auf Nebensächlichkeiten, die jedoch für aufschlußreich gehalten werden.

18 Im Rahmen der psychoanalytischen Forschungen *Freuds* zum **Wiederholungszwang** fällt auf, daß *Freud* ähnlich wie *Morelli* – der das Innerste der künstlerischen Individualität in den Elementen sah, die sich der Kontrolle durch das Bewußtsein entziehen – behauptet, daß die dem menschlichen Verhalten innewohnenden Wiederholungsphänomene, die der bewußten Kontrolle des Individuums entzogen sind, indizierten, daß Handlungen des Individuums u. a. auch von einer allgemeinen, hinter dem Bildungsprozeß des Subjektes stehenden „Strukturierungsgesetzlichkeit" bestimmt sind und diese wieder hervorbringen.

19 Wir sehen, daß sich zwischen der Methode *Morellis* und *Freuds* eine Analogie abzeichnet, die auch auf das **kriminalistische Denken** ausgeweitet werden kann: In allen drei Bereichen erlauben unendlich feine „Spuren", eine tiefere, sonst nicht erreichbare Wirklichkeit einzufangen.

Symptome oder malerische Details sind hierbei die Ansatzpunkte für *Freud* und *Morelli*. Für den Kriminalisten gilt entsprechend: Was am Tat-

---

8 *Wind* 1979 S. 45 f.
9 *Wind* 1979 S. 45.

ort wahrgenommen, in der aktuellen Situation einer Zeugenaussage herausgehört und aus weiteren Spurenanalysen oder anderen kriminalpolizeilichen Ermittlungsergebnissen geschlossen wird, ist vor allem eine Funktion der Strukturierungsleistung des weitgehend intuitiv schließenden Kriminalisten. Für den erfahrenen Beamten sind ganz unscheinbare Randerscheinungen, die der Laie übersehen würde, höchst aufschlußreiche und ermittlungsrelevante Tatbegleitumstände. Er wird sie um so eher wahrnehmen, je treffsicherer seine erste, die weiteren Ermittlungen maßgeblich bestimmende Wahrnehmung des **Spurentextes** sich einstellt und je eher eine ursprünglich falsche Interpretation durch Gegenüberstellung von alternativen Möglichkeiten eines Tatablaufes in Frage gestellt werden kann.

Zugleich stellen wir fest, daß *Freud* bei seinen Ausführungen zum Wiederholungsphänomen faktisch das hermeneutische Modell der Strukturierungsgesetzlichkeiten einführt, das wir bereits im Rahmen der Darstellung der objektiven Hermeneutik als zentral für kriminalistisches Denken kennengelernt haben.

Wie auch immer die Psychoanalyse die schwierigen theoretischen Konstruktionsprobleme im Zusammenhang mit dem Wiederholungszwang löst, für die kriminalistische Handlungslehre erscheint entscheidend, daß **Wiederholungsphänomene,** die der bewußten Kontrolle des Subjekts systematisch entzogen sind, sich unabhängig von äußeren Ähnlichkeiten oder Verschiedenheiten von Handlungen im nachhinein **nachweisen** lassen.

Wir wollen uns diese Erfahrungstatsache bei dem Versuch der Konstitution einer kriminalistischen Handlungslehre mit Hilfe der objektiven Hermeneutik zunutze machen.

2. Die Fallstrukturen

Anlage und Umwelt bedingen die Besonderheiten des einzelnen Menschen, die sich ihrerseits in jeder individuellen Handlung sichtbar wiedererzeugen. Diese Struktur[10] des Handelns bildet sich aufgrund einer individuellen Strukturierungsgesetzlichkeit. Wir sprechen von einer **individuellen Fallstruktur.**

Jede konkrete Handlung eines Menschen ist also eine Wiedergabe seiner individuellen Fallstruktur. In keiner Situation handelt das Individuum jedoch unabhängig von seiner sozialen Umwelt. Unabhängig von der bereits vollzogenen Prägung des einzelnen, finden wir im konkreten Fall gleichzeitig eine Vielzahl anderer handelnder Personen (aus Familie,

---

10 „Der hier verwendete Strukturbegriff ist so bestimmt, daß von einer Struktur in der sozialen Wirklichkeit sinnvoll erst dann die Rede sein kann, wenn wir mindestens eine vollständige Phase ihrer Reproduktion rekonstruiert haben und damit über eine erste Formulierung ihrer Strukturgesetzlichkeit verfügen. Strukturen in diesem Sinne stellen immer schon konkrete Resultate von konkreten historischen Bildungsprozessen dar. Des weiteren ist wichtig, daß die Unterscheidung zwischen Struktur und Prozeß sich verflüchtigt, weil Strukturen immer nur im Prozeß ihrer Reproduktion greifbar werden und in Erscheinung treten" *(Oevermann/ Schuster/Simm* 1985 S. 188).

Freundeskreis, schichtspezifischem Milieu oder Berufsgruppe des konkret Handelnden), d. h. eine Vielzahl anderer Fallstrukturen. Wir nennen diese die **supra-personalen Fallstrukturen.**

Da der Kriminalist immer den einzelnen Täter auffinden muß und nicht den supra-personalen Typus oder ein supra-personales Milieu, zu dem der Täter gehört, ist die kriminalistische Betrachtung geneigt, die Einbettung in supra-personale Fallstrukturen zu übergehen und möglichst direkt auf eine Einzelperson zu schließen. Der scheinbare Umweg über die Erschließung der supra-personalen Fallstrukturen, die eine Strafhandlung prägen, könnte jedoch in der Praxis durchaus ergiebig sein und würde in letzter Konsequenz ebenso zur Tätertypidentifizierung führen.

23   Fallstrukturen erleben natürlich eine ständige Entwicklung und Veränderung. Trotz dieser Tatsache wäre es falsch, von der Möglichkeit vollkommen neuartiger Handlungen einer Person auszugehen. Konkrete Handlungen schließen immer an ebenfalls handelnd erzeugte Erfahrungen der vorher liegenden Handlungsphase an und enthalten insofern immer schon Bekanntes und damit sie Identifizierendes.

Diese Betrachtung führt in der objektiven Hermeneutik im Zusammenhang mit dem Strukturbegriff zur Unterscheidung zwischen der **Reproduktion** und der **Transformation** einer jeweils gegebenen Fallstruktur. Transformation einer Fallstruktur bezeichnet die Prozesse der kontinuierlichen Entwicklung und Veränderung, Reproduktion die Prozesse der Sicherung und Aufrechterhaltung entwickelter Strukturmuster. Transformation sowie Reproduktion sind jedoch von der gleichen Strukturierungsgesetzlichkeit gekennzeichnet. Die so gebildeten Besonderheiten im Handeln treten zurück, wenn die Person stark rollenorientiert oder formalisiert handelt. Aber sie sind dennoch immer beteiligt und färben auch das nach unpersönlichen Regeln vorgeschriebene Handeln ein.

24   Die konkrete Handlung des einzelnen Menschen ist jedoch nicht nur abhängig von seiner und den supra-personellen Fallstrukturen, sondern auch von der Unterschiedlichkeit des **sachlichen Handlungsproblems,** das sich konkret stellt.

Bezüglich der Beibehaltung bestimmter Handlungsmuster bei veränderter sachlicher Handlungsproblematik ist festzustellen, daß die **Individuierung** von Personen dabei entscheidend ist. Wenn die Individuierung nicht gelungen ist, der Bildungsprozeß gestört war und die Problemlösungsfähigkeit intellektuell abnimmt, neigen Personen eher dazu, eingeschliffene Handlungsmuster beizuhalten.

Demgegenüber weist eine relativ gelungene Individuierung auf einen hohen Grad an Anpassungsfähigkeit bezüglich der Problemstellung hin, die es ermöglicht, sich ohne Angst vor Mißerfolg entsprechend kreativ und angemessen bei der Problemlösung zu verhalten.

Methodisch folgt aus diesen Argumenten, daß die Fallstruktur eines psychisch beschädigten Menschen wegen dessen Unfähigkeit, sich wechselnden Bedingungen anzupassen und Probleme sachlich angemessen zu lösen, einfacher und schneller auf dem Wege der Fallrekonstruktion bestimmbar ist, als die von größerer Flexibilität geprägte Handlungsweise des gelungen individuierten Menschen. Insoweit trifft die fallkonkretisierende Hermeneutik in der kriminalistischen Praxis auf günstigere Anwendungsvoraussetzungen als bei konkreten Handlungen im Normalitätsbereich des Alltagslebens.

3. Die Textförmigkeit von Straftaten

a) Der „Spurentext" der Straftat

Legt man die Auffassung der objektiven Hermeneutik zugrunde, wonach soziale Wirklichkeit grundsätzlich nur in Form von Texten existiert, dann sind die außerhalb der bewußten Kontrolle des Menschen liegenden Verhaltensphänomene rekonstruierbar, wenn man den über sie niedergeschriebenen Text liest. 25

Dies setzt voraus, daß der Kriminalist das, was er aufgrund von Befunden am Tatort, von Zeugenaussagen und von Laboruntersuchungen als „Spurentext"[11] vorfindet, konsequent **protokolliert**.

Dieses Protokoll der Strafhandlung, das sich in Form einer Ermittlungsakte darstellen läßt, muß sodann **hermeneutisch rekonstruiert**, d. h. auf die verborgene **Sinnstruktur** hin ausgelegt werden. Dann kann die Täterpersönlichkeit aus dem „Spurentext" der Straftat herausgelesen werden. 26

Mit der Kenntnis über die Reproduktion von Fallstrukturen hat der Kriminalist unter Einbeziehung des Wissens über die Strukturtransformation die Möglichkeit, von der erkannten sinnlogischen Anordnung der Elemente (Sinnstruktur) der Straftat auf die sie motivierenden **Fallstrukturen zu schließen**. 27

Die Rekonstruktionsverfahren der objektiven Hermeneutik sind jedoch nicht nur auf die Entschlüsselung der außerhalb der bewußten Kontrolle des Menschen liegenden Verhaltensphänomene und der daraus resultierenden Bedeutungsstrukturen oder Lesarten des Handlungstextes beschränkt. Vielmehr lassen sich auch die **objektiven Bedeutungsstrukturen** erkennen, aufgrund deren die dem Handeln innewohnende Reproduktion der Fallstruktur überhaupt erst zur Durchführung kommen kann. Mit Hilfe dieser Erkenntnis läßt sich der lückenhafte Spurentext zusätzlich auffüllen. Hierbei spielt die Feststellung des „Grades der Vernunft" eine besondere Rolle. 28

b) Der „Grad der Vernunft" der Straftat

Der **„Grad der Vernunft"** des dem Handlungsproblem angepaßten **Handelns** ist abhängig von der Individuierung des Täters. Es gilt also für den Kriminalisten, aus dem Spurentext herauszulesen, in welchem Umfang der Täter vernünftig gehandelt hat, um daraus den Grad seiner Individuierung zu bestimmen. Je niedriger der Grad der Individuierung, desto leichter fällt der Rückschluß aus der rekonstruierten Fallstruktur auf die Tätertyppersönlichkeit. 29

---

11 „Spurentext" im hermeneutischen Sinne meint die im Zusammenhang mit der Beschreibung des Tatherganges erstellten Texte. Dies ist ein Tatablaufprotokoll, das entweder auf der Basis der Ergebnisse polizeilicher Ermittlungen oder von am Tatort anschaulich vorliegenden Spuren verfaßt wurde.

30　Diese Prämisse bedingt natürlich ihrerseits die Annahme der **Vernünftigkeit der Gesetze,** die einzuhalten sind. Für die übergroße Mehrzahl der kriminellen Handlungen wird man die Vernünftigkeit der hierbei gebrochenen Rechtsnormen bejahen können. Entsprechend kann ausgeschlossen werden, daß die Täter ihre Handlungen als vernünftig rechtfertigen können. Es liegt dann eine zu unterstellende Lockerung des verinnerlichten Gewissens und des Rechtsbewußtseins vor, die ihrerseits auf verschiedenen sozialisatorisch bedingten Beschränkungen der psychosozialen Einpassungsfähigkeit und Persönlichkeitsentwicklung beruht.

31　Welche unter den vielfältigen Möglichkeiten und Bedingungen auch ursächlich für eine Motivierung zur Rechtsverletzung war, immer wird eine nicht zufällige erklärungsbedürftige Abweichung vom „vernünftigen" Handeln vorliegen, die sich für die konkrete Situation der Straftatbegehung geistig (re)konstruieren läßt.

Die Abweichung in Form der Rechtsverletzung ist nie allein durch äußere situative Bedingungen bestimmt, sondern immer von der Lebensgeschichte des handelnden Menschen her motiviert, die prinzipiell rekonstruierbar ist und die auch das zukünftige Handeln des einzelnen beim Rechtsbruch bestimmen wird. In dieser Fassung macht es Sinn, vom „Spurentext" des Tathergangs als dem **Erkennungs- und Identifizierungssymbol des Täters** zu sprechen, das es zu entziffern gilt[12].

4. Die zwei Ebenen einer Strafhandlung

32　Für die einzelfallrekonstruktive Einstellung der Ermittlungstätigkeit auf Ermittlungsdaten als „Spurentext", die als „Symptomtexte" des zu entdeckenden Täters zu entziffern sind, ist es wichtig, die **zwei Ebenen einer Straftat** zu unterscheiden. Sie laufen in der Handlungslogik der Straftat gleichzeitig ab. Es sind dies die Ebenen der **strategischen Zielerreichung** und der **strategischen Tarnung.** Jeder Spurentext ist auf diese beiden Ebenen hin zu betrachten.

a) Die Ebene der strategischen Zielerreichung

33　Alle Straftaten stellen zunächst mehr oder weniger durchdachte **Strategien zur** rechtsverletzenden **Zielerreichung** dar. Entweder ist das Ziel selbst schon eine Rechtsverletzung, oder aber die eingesetzten Mittel zur Erreichung eines an sich zulässigen Zieles verletzen Rechtsnormen. Die darin erkennbaren Abweichungen vom normalen vernünftigen Handeln können zwischen bewußt in Kauf genommenem Verlassen der Rechtsgemeinschaft bis zu expressiver, affektgeladener Selbstdarstellung reichen. Wo die Rechtsverletzung zwischen diesen beiden Extremen auch immer anzusiedeln ist, in jedem Fall steht sie in einem systematischen Zusammenhang zur Lebensgeschichte und zum aktuellen Milieu des Täters.

34　Für die Rekonstruktion des Spurentextes wird es immer aufschlußreich sein, im Tathergang nach Spuren für das auf der zielorientierten Ebene zum Ausdruck kommende **Unrechtsbewußtsein** des Täters zu suchen,

---

12 *Oevermann/Schuster/Simm* 1985 S. 200, 201.

weil es sich bei mehrfacher Rechtsgutverletzung als gleichbleibendes Merkmal erweisen wird[13] und damit einen Baustein zur einzelfallorientierten Tätertypbestimmung liefern kann.

Als weiterer Baustein zur Tätertypbestimmung auf der zielorientierten Ebene kann die Erkenntnis genutzt werden, daß Straftaten sich nach der ihnen **innewohnenden Rationalität des Verhältnisses von Risiko und Gewinnchance** erheblich unterscheiden und dadurch Unterschiede in der Persönlichkeitsstruktur des Täters erkannt werden können. Gerade diese Unterschiede sind es, die bei der Konstruktion der Bedeutungsstruktur eines „Spurentextes" am ehesten entdeckt werden können und die entsprechend die Ermittlungen von vornherein zu lenken vermögen. 35

Die Möglichkeiten zur Tätertypbestimmung auf der Ebene der strategischen Zielerreichung mit Hilfe der Rekonstruktion des Unrechtsbewußtseins und des Grades der der Straftat innewohnenden Rationalität des Verhältnisses von Risiko und Gewinnchance sollten jedoch **nicht** als Basis für eine abstrakte, systematisch erfaßte **Tätertypologie** mißverstanden werden. 36

„Die für die Praxis wichtigen theoretischen Gesichtspunkte der Nachbildung und Zusammenordnung lassen sich besser aus einer aus Berufserfahrungen verdichteten einzelfallrekonstruktiven Methode der konkreten Textbearbeitung gewinnen als in einer zu totem Lehrstoff geronnenen, vokabelmäßig anzueignenden theoretischen Typologie."[14]

b) Die Ebene der strategischen Tarnung

Der auf der primären, zielorientierten Ebene ermittelte Grad des Unrechtsbewußtseins entscheidet darüber, in welchem Umfang der Täter auf der sekundären Ebene der Straftat für eine **strategische Tarnung** Vorsorge treffen wird. Logischerweise werden die Straftaten, die mit fehlendem Unrechtsbewußtsein durchgeführt wurden, zeitgleich mit der Durchführung keine strategischen Anstalten zur Tarnung aufweisen, sondern allenfalls später, wenn bei wiedererlangter Selbstkontrolle das sich einstellende Unrechtsbewußtsein die Strategie nachträglicher Tarnung auslöst. Diese Täter haben sozusagen bereits vor der Tatbegehung ihr Rechtsbewußtsein ausgeschaltet, sich somit zuvor selbst getarnt, so daß die Tat subjektiv keinerlei strategischer Tarnhandlung mehr bedurfte. 37

Daraus ergibt sich, daß die auf der sekundären Ebene einer strafbaren Handlung liegende Tarnung sowohl Bedeutung für die auf der primären Ebene liegende Straftat als ziel- und bedürfnisorientiertem Prozeß hat, als auch Auskunft über deren Urheber geben kann. Es ist also für eine rekonstruktiv vorgehende Ermittlungsarbeit wichtig, sich an der Frage zu orientieren, wie die Durchführung der Tarnhandlung während der ziel- und bedürfnisorientierten Tathandlung gestaltet wurde und in welchem Verhältnis sie zur primären Ziel- und Bedürfnisorientierung systematisch steht. Die Berücksichtigung dieser Fragen wird für die Rekonstruierbarkeit des Tätertyps eine wichtige, ja die entscheidende Hilfe liefern.

---

13 *Oevermann/Schuster/Simm* 1985 S. 203.
14 *Oevermann/Schuster/Simm* 1985 S. 202.

38 Die Tarnhandlung erscheint besonders deswegen interessant, weil sie für sich genommen sowie auch in ihrem Passungsverhältnis zur primären Zielhandlung im „Spurentext" einer Straftat das **Eindringen von „Wiederholungstendenzen"**, anders gesagt, von der sich reproduzierenden Strukturierungsgesetzlichkeit des Täters, ermöglicht.

Zum besseren Verständnis sei hierbei nochmals auf *Morellis* Methode zur Bestimmung der Autorenschaft alter Bilder hingewiesen, bei der der Kunstsachverständige gerade über die Kleinigkeiten der Vertarnung und der dabei auftretenden Wiederholungen den wahren Autor bestimmen kann.

Wie auch immer die Durchführung der sekundären Tarnhandlung strukturiert sein mag, ob der Täter im Affekt handelnd weitgehend auf eine strategische Tarnung verzichtete oder ob ihm an gelungener Täuschung der Ermittlungsarbeit sehr gelegen war, ihre ausführliche Rekonstruktion wird in jedem Falle die wertvollsten Hilfen in der Ermittlungstätigkeit liefern.

IV. Zusammenfassung

39 Die struktural hermeneutische Begründung einer kriminalistischen Handlungslehre der rekonstruktiven Ermittlungspraxis geht grundsätzlich von der Strafhandlung als gültiger Abdruckgestalt der Täterpersönlichkeit und deren Milieu aus. Sie nimmt daher, methodisch entsprechend, als erstes die Rekonstruktion der versteckten Sinnstruktur der Strafhandlung in Angriff, in der sich die Fallstruktur des Täters reproduziert. Über die Konstruktion der reproduzierbaren Strukturierungsgesetzlichkeit einer Handlung wird sodann der Rückschluß von der latenten Sinnstruktur eines Spurentextes über die daraus reproduzierte Fallstruktur des Täters auf den Tätertypus der Einzelstraftat vorgenommen.

Wir haben so einen **theoretisch-methodologischen Bezugsrahmen** für die Begründung einer einzelfallspezifischen rekonstruktiven Ermittlungsarbeit zur Hand.

C. Methode

I. Erste Ansätze zur Definition einer Methodik kriminalistischen Handelns (Grundelemente)

1. Die zwei Phasen des Ermittlungshandelns

40 Die Berücksichtigung der hermeneutischen Komponente der Rekonstruktion des objektiven Sinns von Taten und Tatabläufen führt zur Unterscheidung von **zwei** wesentlichen strukturlogisch entgegengesetzten **Phasen** des kriminalpolizeilichen Ermittlungshandelns[15].

---

15 *Oevermann* 1988 S. 5.

In der **ersten Phase** muß der Kriminalist die vorliegenden Daten (Aussagen, Spuren, Erkenntnisse etc.) interpretieren. Er beutet den Spurentext auf eine möglichst große Zahl miteinander konkurrierender Lesarten aus. Dabei muß er jedoch darauf achten, daß alle Lesarten mit dem Spurentext vereinbar sind. Wichtig ist zudem, daß naheliegende Vermutungen zunächst zurückgestellt werden, bis alle kontrastierenden Möglichkeiten ausgeschöpft sind.

In der **zweiten Phase** des Ermittlungshandelns muß der Kriminalist dann die vorliegenden Ermittlungsdaten mit der Hypothese eines konkret Verdächtigten optimal zur Deckung bringen, d. h. einen dringend Verdächtigen überführen. Hier denkt er damit genau entgegengesetzt wie in Phase 1, in der er den Spurentext umfassend auf eine möglichst große Zahl von Motivierungshypothesen interpretiert und entsprechend eine möglichst große Zahl von Verdächtigungen auslöst.

Die Phase 1 stellt die eigentliche hermeneutische Phase des Ermittlungshandelns dar. Sie wird um so bedeutsamer, je weniger konkret Täterhinweise tatsächlich vorliegen. Denn erst über die hier betriebene Hypothesenbildung wird die Erstellung eines Ermittlungskonzeptes und der Eintritt in die **Phase 2** möglich, die in der herkömmlichen kriminalistischen Literatur weitgehend sinnvoll **strukturiert** ist. Gerade die kriminalistische Arbeit in der bedeutenden **Phase 1** wird jedoch **intuitiv** betrieben und bedarf dringend einer methodischen Strukturierung. Der Mangel einer methodischen Strukturierung und die Erfolgszwänge sowie der administrative Druck führen in der kriminalistischen Praxis immer häufiger dazu, daß kriminalpolizeiliche Denkvorgänge vorschnell in die **Phase 2** umschlagen. 41

Die beiden sich strukturlogisch widersprechenden Phasen in ein **ausgewogenes Verhältnis** zu bringen, ist das Hauptanliegen dieses Beitrags. Dies scheint nur dann erreichbar, wenn die standardisierten Ablaufmuster der derzeitigen Ermittlungsarbeit durch das in der Berufserfahrung geschulte (hermeneutische) Fallverstehen des den ganzen Fall überblickenden Ermittlungsbeamten ersetzt werden und somit die Arbeit der Phase 1, also die ursprünglich kriminalistische Arbeit der Ermittlung des unbekannten Täters, in der Kriminalpolizei wieder vermehrt stattfinden kann. 42

Die folgenden **Grundsätze** (Prinzipien) sind in diesem Sinne als Leitlinien eines theoretischen Bezugsrahmens für die Phase 1 des kriminalistischen Ermittlungshandelns zu verstehen. Es ist wichtig, daß sie durch die kriminalpolizeiliche Praxis als Vergleichsmodell genutzt werden. Dabei können sie ihre Bewährung nur dann erfahren, wenn ihre Grundstrukturen denen der intuitiven kriminalistischen Denkleistung entsprechen. 43

Für die Phase 1 der Ermittlungen gilt handlungstheoretisch, daß der Kriminalbeamte in der Lage sein muß, **kriminalistisch** zu **schließen**. Diese Fähigkeit ist ganz wesentlich davon abhängig, ob er 44

– den in sich lückenhaften und unvollständigen Spurentext einer Straftat als Ausdruck einer in sich sinnlogisch zusammenhängenden Handlung sieht (objektiv hermeneutische Auslegung),

- auf der Ebene des anschaulich gegebenen Spurentextes die einzelnen Spurenelemente als Protokoll eines Handlungsablaufes in eine Konfiguration bringt (Explikation des Spurentextes) und
- Schlußfolgerungen daraus über Absichten, Fähigkeiten, Tatvorbereitung und Tatdurchführung des Täters zieht und auf dieser Basis Motive und Eigenschaften des Täters beschreiben kann (psychologische Auslegung).

Alle drei Bedingungen wirken dabei im Verlaufe kriminalistischen Denkens ineinander und lassen sich handlungstheoretisch nicht trennen.

2. Der Grundsatz der Sequenzanalyse

45   Das Prinzip der Sequenzanalyse steht im Zentrum der Methode der objektiven Hermeneutik. Ohne die Sequenzanalyse läßt sich der sinnlogische Zusammenhang zwischen den Elementen des Spurentextes nicht herstellen[16]. Für die kriminalistische Handlungslehre ergibt sich als Ziel, die chronologische Verkettung zwischen den Elementen des Tatablaufes zu rekonstruieren, also den **Ablaufcharakter der Tat** darzustellen. Dabei ist der rein zeitliche Ablauf von untergeordneter Bedeutung. Vielmehr geht es um die sinnlogische Aneinanderreihung der Elemente, mit anderen Worten um die Beantwortung der Fragen: Was hat sich woraus ergeben? Was wurde wovon vorausgesetzt?

46   Das Prinzip der Sequenzanalyse wohnt sozialem Handeln selbst inne, weil dieses „wesentlich sequentiell strukturiert" ist[17]. Ihre Regeln entwerfen somit einen **Spielraum** von Möglichkeiten der Verkettung von Handlungselementen zu einer sinnlogischen Folge, wie sie auch in der Realität der Straftat vorliegt, wobei die Frage nach dem „Grad der Vernunft" hier grundsätzlich keine Rolle spielt.

47   Die Stellen des Handlungsablaufes, an denen sich durch Regeln sinnlogische Handlungsmöglichkeiten eröffnen, nennt man **Sequenzstellen.** Die eine Straftat begehende Person oder Gruppe muß jeweils an diesen Sequenzstellen eine **Entscheidung** darüber treffen, welche ihr gebotenen Anschlußmöglichkeiten sie wählt. Die Entscheidung darüber wird überwiegend unbewußt getroffen und ist beeinflußt von Gewohnheiten, gelernten Routinen und übernommenen Normen.

Im Falle einer handelnden Person ist die getroffene Auswahl jedoch typisch und charakteristisch. Sie läßt Rückschlüsse auf Milieu, die kollektive Situation oder aber auf persönliche Besonderheiten zu, die im Variationsspielraum der Situationstypik bzw. des milieuspezifischen Musters erzeugt wurden.

48   Bei der **kriminalistischen Sachverhaltsschilderung** ist das sequenzanalytische Vorgehen besonders bedeutend, weil bei Handlungen im Rahmen einer Straftat immer mehr oder weniger ein Unrechtsbewußtsein vorliegt, das eine die Entdeckung und damit eine mögliche Bestrafung vermeidende **Tarnhandlung** bewirkt. „Das gehört zum Minimum der immanenten

---

16 *Oevermann* 1988 S. 43.
17 *Oevermann* 1988 S. 43.

Rationalität einer Straftat."[18] Daher ist eine Straftat immer viel weniger eine Spontanhandlung als die normkonforme Handlung. Bei entsprechender Beachtung ihrer „Sequenzialität" ergeben sich somit zusätzliche Ermittlungsansätze durch die erkannten Dispositionen des Straftäters.

Die so bestimmte **Abfolge der Handlungen** innerhalb der Begehung einer Straftat beginnt bereits bei der Entscheidung zur Alternative zwischen gesetzlichem und sozial anerkanntem oder ungesetzlichem, negativ sanktioniertem Handeln, in der stets der 2. Möglichkeit nachgegeben wird. Danach folgen in der Tatbegehung einzelne Schritte der Vorbereitung zur möglichst günstigen Durchführung der Tat (Primärhandlung), an deren Ende Schritte zur möglichst effizienten Tarnung (Sekundärhandlung) liegen. Gleichzeitig findet eine mehr oder weniger gelungene Anpassung an die äußeren Bedingungen der Tatbegehung statt. 49

Natürlich enthält der sich dem Kriminalisten offenbarende Spurentext nicht all diese Schritte oder Elemente der Tat. Durch gezielte Ermittlungen (z. B. Vernehmungen, Spurenauswertung etc.) muß der **Spurentext** schrittweise **ergänzt** werden. Dabei müssen die Ergebnisse der Ermittlungen eingebettet werden in den Handlungszusammenhang der vermuteten Tatbegehung, in dem der ermittelte Gegenstand oder Umstand wahrscheinlich eine besondere Funktion hatte. 50

So konstruiert der Kriminalist aus dem zunächst lückenhaften Spurentext den **kompletten Ablauf** der Tat. Dies gelingt ihm aber nur, wenn er die vorliegenden Elemente nicht bloß in einen naturwissenschaftlich kausalen, sondern vor allem in einen sinnlogischen Zusammenhang bringt, indem er die sequentielle Anordnung der Elemente und ihrer Bedeutungsaspekte zuallererst vornimmt. Nochmals sei betont, daß primär dabei nicht die zeitliche Abfolge interessiert, sondern das, was woraus zwingend folgte und was dann anderes zwingend voraussetzte. 51

Diesen Gedankenprozeß, den der Kriminalist am Beginn der Ermittlungen durchführt, muß er seiner sprachlichen Sachverhaltsschilderung zugrunde legen und in einem weiteren Schritt vertexten.

3. Der Grundsatz der Erkennung des Sinnzusammenhangs von Spurenelementen

In der Methodologie der kriminalistischen Handlungslehre wurde bereits darauf verwiesen, daß deren Erfahrungen interdisziplinär in den Sozial-, Kultur- und Geisteswissenschaften gründen (vgl. oben Rdnr. 9). 52

Wenn kriminalistisches Handeln also als sinnhaftes Handeln dem Gegenstandsbereich der sinnstrukturierten Welt zuzurechnen ist, dann sind **Spuren** kriminalistisch nur dann relevant, wenn sie als Bedeutungsträger bzw. als **sinnhafte Folge** eines Handelns interpretiert werden können.

Daraus folgt, daß auch von ihrer Beschaffenheit her dingliche, nichtsoziale Spurenelemente, also **Sachbeweise,** als Bedeutungsträger erst inter- 53

---

18 *Oevermann* 1988 S. 45.

pretiert werden müssen und daß diese Interpretation nur dann möglich ist, wenn vorher eine Konstruktion des Tatablaufs vorgenommen und dieser als sinnhaftes Handeln begriffen wurde. D. h., auch der mit rein naturwissenschaftlichen Methoden gesicherte Sachbeweis muß kriminalistisch als Element eines Spurentextes gesehen werden.

54 Der **praktisch arbeitende Kriminalist** folgt diesem methodologischen Grundsatz **intuitiv**, denn schon seine kriminalistisch-praktische Untersuchungsfrage hat das Modell der Straftat als sinnhafte Handlung zur Prämisse, sonst könnte er sie gar nicht stellen. Aus der Anordnung, Beschaffenheit und Lage der vorliegenden dinglichen und nichtdinglichen Spuren einer Straftat sowie aus ihrem Zusammenhang mit einem bestimmten Tatort oder Tatobjekt[19] und den Bedingungen der Tatzeit zieht er Schlüsse darüber, ob eine Straftat vorgelegen hat, wie sie abgelaufen sein mag, welche Absichten der Täter hatte, welche Kenntnisse er vom Tatort oder Tatobjekt und den zeitlichen und örtlichen Bedingungen der Tatausführung gehabt hat, wie planvoll er vorgegangen ist usw.

55 Der Kriminalist muß dabei in der Regel höchst **spekulativ** verfahren, er muß verschiedene, zunächst ungesicherte Annahmen machen und Vermutungen anstellen (dazu mehr unter 5. – Rdnr. 68–85 –), um überhaupt den „harten Fakten" des Tatorts oder des Ermittlungsstandes bzgl. des Tatobjektes eine Aussagekraft abzugewinnen, denn für sich alleine besagen sie gar nichts. Erst mit Bezug auf die vermuteten Handlungszusammenhänge ergeben sie einen Sinn. Der erfahrene Kriminalist kombiniert aus den Spuren, die im Sinne der Methodologie der kriminalistischen Handlungslehre das fragmentarische Protokoll eines Handelns darstellen, **hypothetische Entwürfe des Ablaufes.** Er vergleicht dazu diese Entwürfe kritisch und prüft sie im Hinblick auf ihr sinnlogisches Passungsverhältnis mit den tatsächlich vorgefundenen Spuren oder anderen feststehenden Ergebnissen der kriminalistischen Ermittlungsarbeit.

56 So grenzt er immer mehr Möglichkeiten aus und formuliert seine **täterspezifische Suchhypothese.** All das geschieht bei den kriminalpolizeilichen Ermittlungen auf komplexe Weise und intuitiv. Ist der Kriminalist nicht in die Methodologie einer kriminalistischen Handlungslehre eingeführt, wird er von seinen intuitiven Schlußfolgerungen in der späteren Sachverhaltsschilderung zugunsten der Aussagen über den „objektiven, naturwissenschaftlich gesicherten Sachbeweis" nur noch wenig oder gar nichts übriglassen. Er wird sich also bei seiner Versprachlichung des Spurentextes auf die Auflistung der vermeintlich allein „harten Fakten" dinglicher Spuren beschränken.

57 Zwar werden diese „harten Fakten" u. U. kriminalistisch in einen bestimmten Zusammenhang gestellt, der durch Strukturhypothesen der

---

19 Bei Delikten, bei denen der Handlungsort ohne Tatbedeutung bleibt, ist verständlicherweise das Tatobjekt in der Betrachtung von vorrangiger Bedeutung. Dabei sind mit Tatobjekt hier keine dinglichen Objekte gemeint, sondern vielmehr abstrakte Angriffsziele wie z. B. die Rechtsordnung (siehe z. B. Verstoß gegen BtMG). In diesem Sinne werden Tatort und Tatobjekt im folgenden als synonym betrachtet.

oben beschriebenen Art motiviert ist, allerdings wird dieser Zusammenhang dann nicht weiter erklärt oder ausgeführt. Der ursprünglich schon bei Beginn der kriminalpolizeilichen Ermittlungen leitende sinnlogische Zusammenhang wird bei der Abfassung und Versprachlichung von Berichten deshalb nicht deutlich herausgestellt, weil die falsche Einschätzung vorherrscht, es handele sich hierbei um bloße subjektive, beliebige, von der Persönlichkeit und dem Wissensstand des Beamten abhängige Meinungen. Die vereinfachte Gegenüberstellung der mit naturwissenschaftlichen Methoden zu sichernden Spuren als „harte Fakten" mit dem Sinn der Straftat als „bloßer subjektiver Seite" ist die Folge.

Genau aber mit dieser **„subjektiven Seite"** beginnt intuitiv jede Tatortarbeit oder Analyse eines Ermittlungstextes und wird somit zur Leitfunktion bei der Erhebung des „objektiven Befundes". Dabei gelingt dem Kriminalisten in schwieriger gelagerten Ermittlungsfällen die Täterermittlung nur, wenn er vom Spurentext her weiß, wonach er zu suchen hat, d. h., wenn er den Tätertyp und seine Motive kennt. Dies aber geht nicht im unvermittelten Schluß von den Spurenelementen her, also bloß subjektiv. Eine solche Einschätzung wäre nur dann gerechtfertigt, wenn der Kriminalist ohne methodologisch begründete Ableitung aus dem Spurentext Intentionen und Dispositionen des Täters vermuten würde. Genau dies jedoch schließt eine kriminalistische Handlungslehre aus, nach der solche Schlüsse methodisch durchgeführt werden können, indem zunächst die objektive Sinnstruktur des Spurentextes ausgelegt wird.

Das schließt die **Explikation aller Tathergangsmöglichkeiten** ein, die mit dem vorgefundenen Spurentext identisch sind. Erst wenn dieser Prozeß – bisher intuitiv, zumeist im Kopf des Kriminalisten vorgenommen – versprachlicht vorliegt, kann eine nicht zufällig strukturierte Suchhypothese für das weitere Vorgehen aufgestellt werden.

Wird dieses Element der kriminalistischen Arbeit nicht versprachlicht und expliziert, geht die einzige Möglichkeit zur methodisch gesicherten Herleitung von Vermutungen über Absichten, Dispositionen und Eigenschaften des Täters verloren (dazu mehr unter 7. – Rdnr. 91–96). Die Explikationen über die objektive Sinnstruktur des Handelns, das im Spurentext faktisch protokolliert liegt, wird dann unmöglich.

Wenn das Protokoll der Straftat mehrere Möglichkeiten unverifizierbar offenläßt, dann müssen alle Möglichkeiten expliziert werden.

4. Der Grundsatz der Sinndeutung der Spurenelemente

Die hinreichende **Deutung** eines kriminalistischen Sachverhaltes ist dann gegeben, wenn **auf drei Ebenen** ein sinnlogischer Zusammenhang tatsächlich zur Geltung gebracht wurde:[20]

a) Die anschaulichen Spurenelemente müssen als Protokoll eines Handlungsablaufes in eine **Konfiguration** gebracht werden, so daß deutlich wird,

---

20 *Oevermann* 1988 S. 38 ff.

- welche Veränderungen durch die Handlung des Straftäters/der Straftäter eingetreten sind,
- welcher schrittweisen Reihenfolge des Täter Handelns die hinterlassenen Spurenelemente zuzuordnen sind,
- welche von den konkreten Bedingungen her vorliegenden Möglichkeiten (Tatortmerkmale, Handlungsmöglichkeiten) zur Tatbegehung nicht genutzt worden sind,
- welche der unter den drei vorigen Spiegelstrichen angewendeten Spurenelemente primär der Tarnhandlung dienten.

62 b) Die latente Sinnstruktur des Handlungsablaufes muß dargestellt werden, indem die **Sinnstruktur** des Spurentextes **interpretiert** und **expliziert** wird, so daß die äußerlich nicht erkennbaren und nicht meßbaren sinnlogischen, nach allgemeinen Regeln der Sinnerzeugung generierten und rekonstruierbaren Zusammenhänge deutlich werden. Dabei ist insbesondere auf die jeder Strafhandlung innewohnende Tarnhandlung einzugehen, der ja das objektive Eingeständnis des Unrechtscharakters der Tat zu entnehmen ist.

63 c) Es müssen **Schlußfolgerungen** über Absichten, Fähigkeiten, Tatvorbereitung und Informiertheit des Täters erfolgen, die sich aus der Ebene b) zwingend erschließen lassen. Dazu gehört vor allem auch eine Einschätzung der *internen* Rationalität des Tatablaufs und des angezeigten Kosten-Nutzen-Kalküls zwischen Risiko und Ertrag der Straftat.

64 Grundsätzlich muß auf allen drei Ebenen zwischen der ungesetzlichen **Primärhandlung** und der **sekundären Tarnhandlung** getrennt werden (dazu mehr unter 5. – Rdnr. 72–74).

65 Die so vorgenommene Explikation und Auslegung des Spurentextes muß schriftlich **fixiert** werden und kann darüber hinaus durch visuellbildliche, akustische oder anderweitige sinnlich zugängliche Übermittlungsträger **angereichert** werden.

66 Die sprachliche Fassung des Spurentextes kann also immer auch von erläuternden **Skizzen** und **Fotos** begleitet sein, wenn sich z. B. die komplexe örtliche Konfiguration und die sich hieraus ergebende Sinndeutung effizienter durch solche Mittel als durch die sprachliche Explikation übermitteln läßt.

Aber auch solche visuellen außersprachlichen, anschaulichen Protokolle geben nicht unvermittelt den anschaulichen Spurentext am Tatort wieder, weil bereits bei ihrer Erzeugung immer auch schon eine sinngebende strukturierende, akzentuierende Sichtweise des Betrachters wirkt, die als solche nicht erkennbar ist und auf die nur in Form einer sprachlichen Schilderung hingewiesen werden kann.

67 Bei der **sprachlichen Schilderung** muß natürlich zwischen dem Spurentext als Protokoll und seiner Sinnauslegung scharf unterschieden werden. Der Spurentext stellt gewissermaßen die Datenebene dar, während die Sinnauslegung als deren Auswertung zu betrachten ist.

Zwar ist die rein sprachliche Umsetzung unter dem Blickwinkel der Gestaltungsfehlerhaftigkeit nachteilig, aber von unschlagbarem Vorteil, wenn es um die überprüfbare Verdeutlichung der schon bei der Wahrnehmung mitwirkenden Bedeutungsinterpretation des Spurentextes geht. Deshalb ist es eher von Vorteil, auch die Interpretationen, Hypothesen und selbst die spekulativen und ungesicherten Vermutungen des Ermittlungsbeamten möglichst deutlich schriftlich niederlegen zu lassen, statt sie als vermeintlich bloß subjektive Einschätzung zu unterdrücken.

Die sprachliche Abfassung von Spurentextberichten (Tatortbefund-, aber auch Ermittlungsberichten) bringt wegen der notwendigen sprachlich-begrifflichen Transformation des Wissens auch einen Vorteil für den Ermittlungsbeamten selbst, weil sie wie selbstverständlich zur Ausarbeitung einer expliziten Interpretation, d. h. einer Explikation der latenten Sinnstruktur zwingt und damit mögliche Ermittlungsansätze klarer herausstellt.

5. Der Grundsatz der Hypothesenbildung

Der Grundsatz hängt mit dem Prinzip der Sequenzanalyse und dem der sinnlogischen Verknüpfung der Spurenelemente eng zusammen.

Der beobachtete Verlauf einer Handlung gibt die Sequenzstelle, an der sich ein Spielraum von Entscheidungsmöglichkeiten eröffnet (vgl. oben Rdnr. 47), nicht wieder. Auch das Protokoll, mit dem der Kriminalist einen Handlungsablauf schildert, bildet nur noch die tatsächlich **ausgewählte Handlungsmöglichkeit** als Element der Tathandlung ab. Damit wird jedoch immer nur ein oberflächlicher Eindruck der Realität der Handlung vermittelt, weil „solche Datenerhebungs- und Auswertungsmethoden ... selbst nichts anderes als Anzeichen der Realität produzieren, diese aber nicht erschließen".[21]

Das ändert sich erst, wenn wir im Rahmen des kriminalistischen Denkens die Sequenzstellen im Protokoll der Straftat bestimmen und an diesen Stellen hypothetisch Möglichkeiten andenken, die während des praktischen Handelns des Täters tatsächlich bestanden haben und aus deren Mitte das beobachtete Handeln „ausgewählt" wurde. Erst so vermitteln wir dem tatsächlichen Handeln seine objektive Bedeutung, weil wir es vor dem Hintergrund einer Vielzahl von Handlungsmöglichkeiten durch die Anwendung des **Prinzips der gedankenexperimentellen Konstruktion** (Hypothesenbildung) genau bestimmt haben. Dabei steht das Gedankenexperiment in dieser Methode nicht in einer **konstruierten** Zutat des Kriminalisten, sondern es **rekonstruiert** die zum Zeitpunkt der Tat bestehenden Handlungsmöglichkeiten als eine „der Realität angehörende Sache".

Durch die beim **Gedankenexperiment** gestellte Frage „Was wäre gewesen, wenn nicht ... ?" und die gedankenexperimentelle Konstruktion ausgeschlossener Möglichkeiten ergibt sich für die kriminalistische Praxis der entscheidende Hebel dafür, aus einem Spurentext Ermittlungsansätze zu gewinnen.

---

21 *Oevermann* 1988 S. 46.

Die Gedankenexperimente, im folgenden Hypothesen genannt, müssen bei der Vertextung der Sequenzstellen aufgeführt und **protokolliert** werden, so daß klar wird, wie sich der Täter angesichts der sich ihm darstellenden äußerlichen Gesamtumstände auch noch anders hätte verhalten können und was sein tatsächliches Verhalten vor dem Hintergrund dieser konkurrierenden Möglichkeiten bedeutet.

71 Zum Zweck der **Hypothesenbildung** sollte der Kriminalist wie folgt vorgehen:
– Trennung der primären Strafhandlung von der sekundären Tarnhandlung
– Hypothesenbildung auf der Ebene der Primärhandlung
– Hypothesenbildung auf der Ebene der Tarnhandlung.
Anschließend kann dann
– die Bestimmung der Täterinformiertheit
– die Bestimmung der Milieuspezifik
– die Rekonstruktion der Motivation des Täters erfolgen.

a) Trennung von Strafhandlung und Tarnhandlung

72 Nachdem geklärt ist, ob und mit welcher Wahrscheinlichkeit im vorliegenden Ermittlungsfall eine Straftat vorliegt, muß der Kriminalist die **zwei** fundamentalen **Handlungsebenen** der Straftat – die primäre Strafhandlung und die sekundäre Tarnhandlung – voneinander trennen.

73 Dabei bestimmt er zunächst das ungesetzliche Handlungsziel, also das **Tatziel** (z. B. Gewinnerzielung durch Handel mit Betäubungsmitteln etc.), und welcher ungesetzliche Mitteleinsatz (z. B. Verkaufsgespräche und Vorzeigeaktionen) sich aus dem Spurentext erschließen läßt.

74 Im Kontext dazu sollte dann im nächsten Schritt der Charakter der **Tarnhandlung** aufgrund des vorliegenden Spurentextes bestimmt werden (z. B. Scheinfirma, Belegen der Mengen und Arten der Betäubungsmittel mit Codeworten etc.). Auch wenn vom Täter keine absichtliche Tarnhandlung vorgenommen wurde, ist diese Feststellung unbedingt zu treffen. Denn grundsätzlich ergibt sich die Notwendigkeit zur Vertarnung logisch aus dem Unrechtscharakter der Straftat. Wenn nun ein Täter keine oder nur unzureichende Vertarnung vornimmt, so ist dies im Hinblick auf die Bedeutung der konkreten Tat beachtenswert und aufschlußreich für den Typus des Straftäters[22].

In der Regel wird jedoch eine Tarnhandlung vorliegen, deren Durchführung im Rahmen der kriminalistischen Überlegungen weit aufschlußreicher ist als die Primärhandlung selbst, denn in ihr gibt sich die „Handschrift des Täters" eher zu erkennen als in der Primärhandlung (siehe auch Exkurs zum Wiederholungsphänomen und zur Täterentdeckung – oben Rdnr. 14–20).

---

[22] Auch dann, wenn der Täter sich überhaupt nicht getarnt hat, wie z. B. bei Handlungen im Affekt, drückt sich die Tarnhandlung sinnlogisch konsequent darin aus, daß der Täter, indem er „außer sich war", sich vor sich selbst getarnt hat.

b) Hypothesenbildung auf der Ebene der Primärhandlung

Hauptziel der Hypothesenbildung ist es, das **Passungsverhältnis** zwischen dem **Tatziel** (siehe a – Rdnr. 72–74) und dem **Tatort bzw. Tatobjekt**[23] zu betrachten, indem man zum ermittelten Tatziel gedanklich verschiedene Möglichkeiten seiner Erreichung konstruiert, wobei logischerweise gesetzliche Möglichkeiten außer Betracht bleiben.

Zunächst wird in einem ersten Schritt festgestellt, wie konsequent der Täter sein Tatziel angesichts der durch Tatort oder Tatobjekt vorgegebenen Möglichkeiten verfolgt hat. Das heißt, es wird rekonstruiert, mit welcher Konsequenz der Täter Möglichkeiten des Tatortes oder -objektes genutzt bzw. umgangen oder außer Kraft gesetzt hat, um sein Tatziel zu ereichen.

In einem zweiten Schritt muß sodann, ebenfalls in Form gedanklicher Vergleichskonstruktion, die Eignung des Tatortes/-objektes für die Tatzielerreichung/-optimierung geprüft werden. Dabei ist insbesondere darauf einzugehen, ob diese Eignung für den Täter ersichtlich war und, wenn ja, wodurch. War die Eignung nicht offenkundig, ist zu fragen, über welche diesbezüglichen zusätzlichen Informationen der Täter verfügt haben muß und woher oder wodurch er diese erlangt hat. Zusätzlich muß überlegt werden, ob Hindernisse vorhanden waren und wie der Täter diese bewältigt hat. Wußte er von den Hindernissen, und, wenn ja, woher?

c) Hypothesenbildung auf der Ebene der Tarnhandlung

Im Rahmen der weiteren Überlegungen bilden wir gedankenexperimentell konkurrierende Möglichkeiten zur Bestimmung der **Eignung des Tatortes/-objektes** im Hinblick auf die Begehen der **Tarnhandlung**. Dabei geht es im wesentlichen darum, festzustellen, ob eine Vorbereitung zur Deliktsbegehung ohne vorhersehbare oder unvorhersehbare Zeugen möglich war, ob irreführende Spuren (nicht nur materielle!) gelegt wurden und ob Anstrengungen zum Unterlaufen möglicher Fahndungsmaßnahmen getroffen wurden, z. B. durch die Wahl der Tatzeit oder anderer Vorgehensweisen, die zur Tarnung dienten.

d) Bestimmung der Täterinformiertheit

Eine Bestimmung der **Täterinformiertheit** läßt sich über die Darstellung des Passungsverhältnisses zwischen Tatziel, Begehungsweise und Tarnhandlung einerseits und Tatort/-objekt und Tatzeit andererseits vornehmen.

Dabei muß herausgearbeitet werden, ob dieses Passungsverhältnis anschaulich gegeben und klar für jedermann war und aufgrund welcher Interpretationsregeln und Typisierungen dieses Passungsverhältnis bestimmbar war.

---

23 Siehe Fußnote 19.

Bei nicht anschaulich gegebenem Passungsverhältnis muß geklärt werden, welche Vorinformationen demnach beim Täter vorgelegen haben müssen, um dieses zu erkennen. Daraus resultierend muß rekonstruiert werden, worin die Informiertheit bestehen mußte und wodurch die Informationen erlangt werden konnten, so daß schließlich über die Beantwortung dieser Fragen eine Einengung des Täterkreises möglich wird.

e) Vermutungen zur Milieuspezifik

78 Neben den aus der Tarnhandlung gewonnenen Anhaltspunkten ergibt sich aus den Vermutungen zur **Milieuspezifik** am ehesten ein kriminalistischer Ansatzpunkt zur Tätertypermittlung.

79 Die Bestimmung der **Täteranzahl** ist nicht nur aus dem Gesichtspunkt der Strafverfolgung wichtig. Sie gibt vielmehr auch Aufschluß über die soziale Kooperation und die Arbeitsorganisation (Arbeitsteilung etc.), die zur Tatplanung und Tatbegehung notwendig war. Hieraus lassen sich dann die Vermutungen über die Milieuspezifik und die Art des sozialen Umganges zwischen den Tätern gewinnen[24].

80 Ähnliche Überlegungen gelten auch für die **Kommunikation** zwischen Täter, Opfer und/oder Zeugen, weil auch sie prägnante und selektive Eindrücke über Tätertyp und Tatausführung zulassen. Gerade die Merkmale der Kommunikation resultieren aus einem spontanen, wenig geplanten und daher vermutlich auch wenig getarnten Handeln.

81 Die schriftliche Aufzeichnung und Interpretation dieser Merkmale tritt wegen der vermeintlichen Subjektivität des **Personalbeweises,** mit dessen Hilfe sich diese Merkmale allein gewinnen lassen, derzeit stark in den Hintergrund kriminalistischer Arbeit. Doch selbst dann, wenn Zeugen die erlebte Kommunikation nicht wortgetreu wiedergeben können, so können sie sich doch an besonders einprägsame Erlebnisse gut erinnern und diese auch wiedergeben.

Die von der Sozialwissenschaft konstatierte und bewiesene selektive Wahrnehmungsfähigkeit von Zeugen sollte jedoch bei der Rekonstruktion des objektiven Sinnes eines Spurentextes beachtet und ggf. in Abzug gebracht werden.

f) Rekonstruktion der Motivation der/des Täter(s)

82 Unter Beachtung der Ergebnisse der Schritte a) bis d) kann die ursprünglich heuristische Rekonstruktion des Tatziels und der Tatplanung über eine Explikation der objektiven Bedeutung des Spurentextes so verifiziert und eingeengt werden, daß eine Bestimmung der **Motivlage** der oder des Täter(s) vorgenommen werden kann. An dieser Stelle kristallisiert kriminalistisches Denken in einer **Zweiteilung** paralleler **gedanklicher Arbeit.**

83 Ausgangspunkte sind dabei das Tatziel auf der einen und der Tatort bzw. das Tatobjekt auf der anderen Seite.

---

24 *Oevermann* 1988 S. 52.

In dem Teil des Denkprozesses, der das Tatziel zum Ausgangspunkt hat, lautet die kriminalistische **Frage:**

Das rekonstruierte **Tatziel** unterstellt – wie hätte der Täter angesichts der am Tatort vorliegenden oder durch das Tatobjekt bestimmten Voraussetzungen am günstigsten, sowohl im Hinblick auf die Zieloptimierung und die Technik der Primärhandlung als auch im Hinblick auf die vorzunehmende Tarnhandlung, vorgehen müssen?

Gleichzeitig muß umgekehrt gefragt werden:

Den **Tatort** oder die Bedingungen des **Tatobjekts** vorausgesetzt – wo lagen die Möglichkeiten für den Täter, seinen ungesetzlichen Vorteil zu verbessern?

Zur **Beantwortung** der ersten Frage muß systematisch – nunmehr auf einer erweiterten Stufe – das **rekonstruierte Tatziel**

– noch einmal generell auf seine Passung zum gewählten Tatobjekt/Tatort eingeschätzt und
– gedankenexperimentell, im Zusammenhang mit den am Tatort oder den durch das Tatobjekt vorgegebenen Bedingungen, ein optimaler „rationaler" Handlungsablauf rekonstruiert werden.

Zur Beantwortung der zweiten Frage muß der **Tatort** auf eine optimale ungesetzliche Vorteilserlangung für einen Täter hin ausgelegt werden.

Die gegebenen Antworten **vergleicht** man dann jeweils für sich mit dem aus dem Spurentext als wahrscheinlich rekonstruierten Ablauf und trägt in diesem Vergleich die „Fehler" und individuellen Besonderheiten des Tatablaufs auf. Man kommt so am ehesten zu einer relativen Einschätzung der Intelligenz, der Rationalität und der Geplantheit der Tatausführung oder umgekehrt zu ihrer „psychisch-effektiven Symptomatik und Symbolik"[25].

Durch die aufgezeigte Folge von Schritten in der Anwendung des Prinzips der gedankenexperimentellen Konstruktion von konkurrierenden Möglichkeiten und der darauf beruhenden empirisch-methodisch gesicherten Einschätzung der Sinnstruktur und der Motivation der Tatausführung lassen sich letztlich objektiv vorliegende **Ermittlungsansätze** im Rahmen einer Vertextung kenntlich machen.

---

25 Siehe *Oevermann* 1988 S. 54.

Schaubild

86

```
        TATZIEL                          TATORT/TATOBJEKT
           +                                    +
    Bedingungen des                      Bedingungen des
    Tatortes/-objektes                   Tatortes/-objektes
```

1. Passungsverhältnis zwischen Tatort/-objekt und Tatziel bestimmen

2. Gedankenexperimentell „optimal rationales" Vorgehen bei Primär- und Sekundärhandlung darstellen

Möglichkeiten der ungesetzlichen Vorteilsoptimierung darstellen

1. Schritt — vergleichen mit rekonstruiertem, wahrscheinlichem Tatablauf

2. Schritt — „Fehler" und individuelle Besonderheiten abtragen

3. Schritt — Bestimmung der Rationalität, Intelligenz, Planung der Tatausführung

6. Herausarbeitung scheinbarer Nebensächlichkeiten der Tatbegehung

Alle bisher genannten Prinzipien der Vertextung dienen dem Ziel, die Ermittlungsarbeit zu strukturieren. Demselben Ziel dient auch das Prinzip, am Tatort im Spurentext nach unauffälligen, **scheinbar nebensächlichen**, in Wirklichkeit aber signifikanten und charakteristischen **Merkmalen** und Begleiterscheinungen Ausschau zu halten und diese in der Versprachlichung möglichst deutlich herauszuarbeiten[26]. Die scheinbar nebensächlichen Besonderheiten sind für den Kriminalisten deshalb so entscheidend, weil es sich gerade bei ihnen um Teile der Tatausführung handelt, auf die der Täter am wenigsten achtet und in denen er sich am ehesten verrät. Es ist hier ähnlich wie bei den Fälschungen in der bildenden Kunst, bei denen, wie in der Morelli-Methode (s. oben Rdnr. 14–20), der erfahrene Kunstwissenschaftler vor allem die unscheinbaren kleinen Nebensächlichkeiten in einem Bild daraufhin betrachtet, ob sie mit der vermuteten Autorenschaft des Bildes noch vollständig übereinstimmen oder ob hier die fälschende, strategische Absicht des Fälschers nachgelassen hat, eben weil es sich um Nebensächlichkeiten handelt.

Der besondere **kriminalistische Wert** dieser Nebensächlichkeiten, dieses „Abhubs der Erscheinungswelt", wie Freud das im Hinblick auf Symptomhandlungen genannt hat, beruht darauf, daß der sich tarnende Täter die der Tarnung geltende Aufmerksamkeit nicht gleichmäßig intensiv auf alle Handlungsteile verteilt.

Diese Erfahrungen galt es auch bei unserem methodologischen Ansatz zu berücksichtigen, bei dem der Spurentext ja als ein Handlungsprotokoll einer gültigen Ausdrucksgestalt der Lebenspraxis des Täters gesehen wird. Gerade weil in jeder ungesetzlichen Handlung die Ebene der Tarnhandlung mit im Spiel ist, ist es methodisch wichtig, die **wirkliche**, bewußt oder unbewußt hinter der kriminellen Primärhandlung stehende **Absicht** zu erkennen und diese von der vorgeschobenen objektiven Bedeutungsstruktur der Tarnhandlung zu trennen. Dieses Erkennen der Tatabsicht gelingt am ehesten über die Beobachtung unvertarnter Nebensächlichkeiten einer Tat.

Der erfahrene Kriminalist weiß dies intuitiv „natürlich" alles, dennoch kommt es bei der Vertextung nur ganz selten zur Herausarbeitung solcher Nebensächlichkeiten, weil der Kriminalist geneigt ist, seine Aufmerksamkeit zunächst auf das Wesentliche der Tat zu richten und dabei schon immer automatisch eine schematische Zuordnung zu einem allgemeinen Begehungstypus vornimmt, in dem sich dann die charakteristische Nebensächlichkeit nicht mehr einpassen läßt.

Nur die kriminalistische Erfahrung oder Schulung kann den Blick auf die Details lenken. Der Kriminalist muß gewissermaßen gegen den Strich der Schematisierung auf diese Details achten.

Die Beachtung des 7. Prinzips gewährleistet, daß die intuitiv wahrgenommenen Details bei der Vertextung nicht wieder verschwinden.

---

26 *Oevermann* 1988 S. 56.

7. Der Grundsatz der Kontextunabhängigkeit

91 Bei der **gedanklichen** kriminalistischen Arbeit erfolgt, mit den Worten der objektiven Hermeneutik, eine Erschließung der Sinnstrukturiertheit eines lückenhaften und fragmentarisch sich darbietenden Spurentextes. Dies läßt sich in Form intensiver beispielhafter Analysen von tatsächlichen und konkreten Ermittlungsfällen vermitteln. Für die Explikation, also für **die verbale oder schriftliche** Darstellung des Spurentextes, ist die Beachtung weiterer Grundsätze notwendig. Sie begünstigen ihrerseits gleichzeitig das Erlernen der objektiv hermeneutischen Methode und fördern damit gleichzeitig die Fähigkeit zur gedanklichen kriminalistischen Arbeit.

a) Sprache und Vertextung

92 Wie bereits beschrieben, ist Grundlage jeglicher hermeneutischer Auslegung der sozialen Wirklichkeit ein Text. Für den Kriminalbeamten heißt das, daß er alle **Ermittlungsergebnisse vertexten** muß. Diese Texte müssen eine **Kontextunabhängigkeit** aufweisen.

Kontextunabhängigkeit meint, daß der Leser eines Textes auch dann, wenn er über keine Möglichkeiten verfügt, sich per Anschauung oder Nachfrage weitere Informationen zu verschaffen, ein für die kriminalistische Auswertung brauchbares und plastisches Bild erhält[27]. Eine akribische, aber bloß aufzählende, zu keinem Eindruck oder zu keiner Gestalt sich verdichtende Sammlung und Darstellung von Einzelheiten, wie sie im Rahmen der Erhebung des objektiven Tatbefundes oder von Sachstandsberichten derzeit in der Ermittlungsakte vorgenommen wird, ist unzureichend.

93 Für die Vertextung von Straftaten, gleich ob ein Tatort im engeren Sinne vorliegt oder nicht, gilt, daß die Beschreibung des vermuteten Tatgeschehens in Form einer sinnrekonstruierenden Tatdarstellung gegeben wird, in der Schlüsse, die intuitiv schon die Wahrnehmungen am Tatort oder die Kenntnisnahme über die Straftat geprägt haben, deutlich herausgearbeitet werden, so daß trennscharfe gestaltprägende Beschreibungen sich ergeben[28]. Die so durchgeführte Vertextung gewährleistet die **Konservierung der Straftat** bzw. des Spurentextes.

Die kontextunabhängige Vertextung hat aber nicht nur den Vorteil der „Konservierung eines Spurentextes". Aus dem Bemühen um sie resultiert gleichzeitig, daß die nur intuitiv, in der bloßen Anschauung am Tatort oder bei der Auseinandersetzung mit dem Ermittlungsergebnis vorgenommenen Schlüsse ins Bewußtsein des Betrachters gelangen. So erreichen sie eine **höhere kognitive Ebene** und werden für die weitere kriminalistische Arbeit verfügbar.

Voraussetzung dafür ist jedoch, daß Gestaltfehler gegenüber dem anschaulich vorgegebenen Spurentext vermieden wurden bzw. daß der aktuelle Erkenntnisstand fehlerfrei wiedergegeben ist. Die so erreichte Genauigkeit der Versprachlichung ist ein Komplementär zur Explizitheit und Gestaltfehlerlosigkeit.

---

27 *Oevermann* 1988 S. 32.
28 *Oevermann* 1988 S. 4.

b) Explizitheit   *[handwritten: Erklären - Erleuten - Darlegen]*

Nur die auf **Explizitheit** angelegte Schriftsprache ermöglicht eine präzise Informationsübermittlung. Der Bedeutungsgehalt eines sinnhaften Vorganges, wie der einer Spuren hinterlassenden Straftat, muß dabei „gestaltgerecht und gestaltmonolog"[29] von der sinnlichen Anschaulichkeit oder Vorstellung abgelöst und ohne Prägnanzverlust bewahrt werden. Der Kriminalist kann in der Fallbeschreibung im Rahmen der Ermittlungsaspekte den Bedeutungsgehalt des Spurentextes nur prägnant erfassen, wenn er auch das, was er intuitiv erschlossen hat, tatsächlich unter kriminalistischen Relevanzkriterien so fixiert, daß es ebenfalls jederzeit durch Lesen reproduziert werden kann. Anders gesagt, das, was der Kriminalist am Tatort sehen oder was er bis zum Zeitpunkt des Abfassens des Berichtes ermitteln konnte und was an Eindrücken auf ihn einwirkte, soll, kriminalistisch erschlossen, vor dem geistigen Auge eines Lesers wiedererscheinen.

„Der Maßstab für die hierbei geforderte Explizitheit des Textes ist also in sich kriminalistisch angelegt."[30]

Die Explizitheit der Versprachlichung führt – sofern sie einen Gestaltfehler gegenüber dem ursprünglich gegebenen Spurentext vermieden hat – nicht nur zur Aufhebung der defizitären Versprachlichung, sie bewirkt vielmehr den bereits angesprochenen Sprung auf eine **andere kognitive Ebene,** weil sie jene nur intuitiven kriminalistischen Schlüsse ins Bewußtsein des Kriminalbeamten hebt.

c) Gestaltfehlerlosigkeit

Da die Versprachlichung des kriminalistisch erkannten Spurentextes auch gleichzeitig Analyse, Interpretation und weitere Bearbeitung desselben ist, besteht immer die Gefahr des **Gestaltfehlers.** D. h., der Spurentext des Tatortes oder des aktuellen Erkenntnisstandes des Ermittlungsverfahrens ist im Rahmen der Versprachlichung nicht so wiedergegeben, wie ihn der Kriminalist anschaulich am Tatort oder im Schriftstück vorfand.

Die Gefahr der Gestaltfehlerhaftigkeit der Textform steht also immer dem Vorteil der höheren kognitiven Verfügbarkeit für die problemorientierte Bearbeitung entgegen. *Oevermann* stellte im Rahmen seiner Untersuchungen fest: „... Die intuitive, wahrnehmungs-vorbegriffliche, naturwüchsige Anschauung drückt sich in der sprachlich-begrifflichen Explikation nicht in gleicher Weise aus."[31]

Für eine kriminalistische Handlungslehre gilt es also, die Vorteile der Versprachlichung zu nutzen und gleichzeitig deren Fehlermöglichkeiten zu verringern.

Um die Gefahr von Gestaltungsfehlern bei der Darstellung von Spurentexten zu **vermeiden,** muß man

---

29 *Oevermann* 1988 S. 39 ff.
30 *Oevermann* 1988 S. 34.
31 *Oevermann* 1988 S. 6, 7.

- zum einen die Ermittlungsergebnisse bzw. die am Tatort befindlichen Spuren tatsächlich wie einen Spurentext, d. h. als Protokoll einer Straftat lesen (Grundsatz der sinnlogischen Verknüpfung der Spurenelemente) und

- zum anderen eine wirklich ernsthafte Hypothesenbildung betreiben und die konkret daraus zu folgernden Ablaufmöglichkeiten beschreiben sowie die Hypothese ihrerseits anhand des „Spurentextes" und/oder der weiteren Ermittlungen als möglich oder konkret einschätzen (Grundsatz der gedankenexperimentellen Konstruktion von konkurrierenden Bedeutungszusammenhängen und Ablaufmöglichkeiten und ihrer Falsifikation oder Verifikation anhand des „Spurentextes").[32]

8. Zusammenfassung

97 Die dargelegten Grundsätze der kriminalistischen Handlungslehre sind den **Oevermannschen Überlegungen** zur Vertextung von Lebenssachverhalten zum Zwecke der objektiv hermeneutischen Auslegung entnommen. Sie erscheinen dazu geeignet, das intuitive Vorgehen des Kriminalisten auf wissenschaftlicher Basis nachzuvollziehen und zu systematisieren. Insoweit vermitteln sie Bekanntes.

Ohne kriminalistisch explizite Schlüsse kann eine Vertextung kriminalistisch relevanter Sachverhalte gar nicht gelingen, nicht einmal bei der bloßen Beschreibung des Tatbestandes. Es handelt sich hierbei nicht um subjektive Eindrücke des Kriminalisten, sondern um auf objektiv hermeneutischem Wege abgeleitete Sinnstrukturen einer Straftat. Insoweit sind diese Schlüsse auch objektiv. Aber auch kriminalistische Schlüsse, die auf der Basis eines subjektiven Eindruckes vollzogen werden, können die Vertextung anreichern. Wichtig ist nur, daß solche spekulativen Meinungsäußerungen kenntlich gemacht werden. Zusätzlich müssen die Schlußschritte bzw. Anzeichen, die methodisch zu ihnen geführt haben, angegeben werden. Folglich ist zu fordern, daß die Ermittlungsaspekte einen eindeutigen kumulativen Spurentext bilden. Auch Sachverhaltsschilderungen, die Vermutungen und Überzeugungen, die „nicht über jeden Zweifel erhaben sind", enthalten, gehören in diesem Sinne zur Ermittlungsakte und runden den Spurentext ab. Nur eine explizite Vertextung stellt die kriminalistische Arbeit auf eine höhere kognitive Ebene. Das dabei leitende Prinzip ist die Kontextunabhängigkeit.

Ein Bezugsrahmen für die kriminalistisch bedeutende sprachliche Explizitheit kann unter Beachtung der übrigen Prinzipien zwar nicht absolut, jedoch als brauchbarer Maßstab formuliert werden. Er lautet: Die sprachliche Fassung eines Spurentextes muß einen prägnanten, gestaltfehlerlosen Eindruck von der Tat vermitteln, so daß eine Rekonstruktion der Tätercharakteristika vorgenommen werden kann, die ihrerseits brauchbare Ermittlungsansätze erbringt! Das wird nur in dem Maße möglich, in dem die latente Sinnstruktur des protokollierten Tatgeschehens gestaltvoll her-

---

32 *Oevermann* 1988 S. 46 ff.

ausgearbeitet wird. Man kann zwar davon ausgehen, daß die im Rahmen der Tatortarbeit durchgeführte Spurensicherung ein anschauliches Bild von der Tatbegehung ergibt. Bei Delikten ohne Tatort im eigentlichen Sinne, oder wenn die anschaulichen Spuren zu Indizien des Tathergangs umgesetzt werden müssen, kann auf eine allgemeinverständliche Beschreibung nicht verzichtet werden. Diese Beschreibung kann nur dann gelingen, wenn oberstes Kriterium für die schriftliche Darstellung von Spurentexten ist: Verweise auf Motivationszusammenhänge und Sinngehalte der Straftat (die der Kriminalist entweder am Tatort gesehen oder durch polizeiliche Ermittlungen erlangt hat) ohne Gestaltfehler sprachlich zu präsentieren.

D. Schluß

Die Grundsätze des hier vorgestellten **Modells einer kriminalistischen Handlungslehre** leiten sich aus der Methodologie der Sinn- und Motivrekonstruktion der objektiven Hermeneutik ab. 98

Das Modell sollte **nicht mechanisch angewendet,** sondern dem Geiste nach befolgt werden. Ein mechanisch-standardisiertes Modell zum kriminalistischen Handeln wäre ein Widerspruch in sich. Es wäre eher ein administrativ-bürokratisches als ein kriminalistisches Arbeitsinstrument. Bei der theoretischen Vermittlung muß deutlich gemacht werden, daß die Grundsätze des Modells vom ermittelnden Beamten je dem Einzelfall angepaßt werden müssen. Letztlich läßt sich daher eine Ausbildung des Kriminalisten nur in Form intensiver exemplarischer Analysen von konkreten Ermittlungsfällen vermitteln.

Zentral ist der Anspruch auf Explizitheit des versprachlichten oder vertexteten Ermittlungsergebnisses. Man kann dieses **Explikationsproblem** am Beispiel von Gebrauchsanweisungen für den Zusammenbau von Gegenständen aus Einzelteilen oder für den Gebrauch von Geräten verdeutlichen. Während sich die richtige Vorgehensweise häufig ganz einfach durch veranschaulichte Demonstration übermitteln ließe, ist die unmißverständliche und wirkungsvolle Beschreibung ausschließlich aufgrund des Textes sehr viel schwieriger. Am vorgenannten Beispiel wie auch in Form der Bildbeschreibung kann geübt werden. Die Grundsätze zur kriminalistischen Abfassung von Sachverhaltsschilderungen sollen hierbei eine Optimierungshilfe geben. 99

Gegen dieses Modell der Vertextung könnte **eingewendet** werden, es sei **nicht praktikabel,** weil es in der Praxis eine viel zu lange Bearbeitungszeit erfordere und nur für Delikte anwendbar sei, die einen Tatort im engeren Sinn aufweisen. 100

Dagegen ist zunächst zu betonen, daß **nicht jeder Fall** einer Strafhandlung in der Praxis **ausführlich** gemäß des Modells sprachlich dargestellt und ausgewertet werden sollte, sondern nur bei unaufgeklärten Taten, die einen Ermittlungsansatz bieten. Die Entscheidung allerdings, ob eine

Straftat einen substantiellen Ermittlungsansatz bietet, kann erst dann getroffen werden, wenn im Sinne des Vertextungsmodells zumindest abkürzend eine Orientierung an der latenten Sinnstruktur des im Spurentext protokollierten Tatablaufs vorgenommen wurde. Das kann nur der in diesem Sinne kompetent geschulte Kriminalist durchführen.

101 Was nun die Anwendbarkeit auf sog. **tatortlose Delikte** betrifft, so ist im Zusammenhang mit den Ausführungen zur Fallstruktur daran zu erinnern, daß ihre Prägungen in Form von wiederkehrenden Merkmalen die „persönliche Handschrift" des Täters erkennen lassen, so daß eine angemessene Protokollierung von Straftaten und die darauf bezogene Bedeutungsrekonstruktion eine individuelle Identifizierung auch dann ermöglichen, wenn keine anschaulichen Spuren vorliegen. Jede Straftat beinhaltet eine latente Sinnstruktur, die es zu rekonstruieren gilt. Bei der Bedeutungsrekonstruktion stellen sich Ermittlungsdaten ebenfalls als Spurentexte dar, die es dann als Spurentext des zu entdeckenden Täters zu entziffern gilt.

102 Was hinsichtlich der Anwendung des Modells für die Praxis einschränkend erläutert wurde, gilt nicht für die **Ausbildung**. Hier sind vor allem Unterrichtsformen zu erproben, die der Stärkung des hermeneutischen Vermögens zur Strukturgeneralisierung dienen und die den notwendigen Einstellungswechsel i. S. einer **kriminalistischen Handlungslehre** herbeiführen. Dazu müssen Ausbildungsprozesse in Gang gesetzt werden, die die exemplarische Einübung in eine entsprechende Ermittlungspraxis gewährleisten. Nur so wird die Aneignung des „schweigenden Wissens" der kriminalistischen Kunstlehre ermöglicht.

SCHRIFTTUM

Oevermann, Ulrich: Fallrekonstruktion und Strukturgeneralisierung als Beitrag der objektiven Hermeneutik zur soziologisch-strukturtheoretischen Analyse. Frankfurt/M. 1981 (unveröffentlichtes Manuskript).

ders.: Empirische Untersuchung der tatsächlichen Abläufe im Kriminalpolizeilichen Meldedienst und der an der Zusammenführung beteiligten kriminalistischen Schlußprozesse unter Berücksichtigung des Stellenwertes der Elektronischen Datenverarbeitung. Forschungsprojekt zum Kriminalpolizeilichen Meldedienst. Vorläufiger Abschlußbericht. Frankfurt/M. 1988 (unveröffentlichtes, zum polizeiinternen Gebrauch vervielfältigtes Manuskript).

Oevermann, Ulrich, Leo Schuster und *Andreas Simm:* Zum Problem der Perseveranz in Delikttyp und modus operandi. Spurentext-Auslegung, Tätertyp-Rekonstruktion und die Strukturlogik kriminalistischer Ermittlungspraxis. Zugleich eine Umformung der Perseveranzhypothese aus soziologisch-strukturanalytischer Sicht. Wiesbaden 1985 (BKA-Forschungsreihe. Bd. 17).

Waldner, Hans: Kriminalistisches Denken. 4. Aufl. Hamburg 1975.

Wind, Edgar: Kunst und Anarchie. Frankfurt/M. 1979.

7
Strafprozessuale Zwangsmaßnahmen*

Ralf Krüger

INHALTSÜBERSICHT

	Rdnr.		Rdnr.
A. Begriff und Rechtsgrundlagen		c) Haftgründe	43
I. Begriff	1	d) Verhältnismäßigkeit der	
II. Rechtsgrundlagen	2	Untersuchungshaft	60
B. Einschränkungen der Körper-		2. Die Anordnung der	
integrität	7	Untersuchungshaft	
I. Untersuchung und Eingriffe beim		a) Richtervorbehalt	61
Beschuldigten, § 81 a StPO		b) Erfordernis der Schriftlichkeit	62
1. Beschuldigteneigenschaft	8	3. Durchführung der Untersu-	
2. Begriff der körperlichen Unter-		chungshaft	63
suchung und Eingriff	9	a) Bekanntgabe des Haftbefehls	64
3. Blutprobe	10	b) Vorführung vor den Richter	65
4. Ziel von körperlicher Unter-		c) Benachrichtigung von der Ver-	
suchung und Eingriff	14	haftung	66
5. Verhältnismäßigkeit	15	d) Vollzug der Untersuchungshaft	67
6. Anordnung	16	4. Haftkontrolle	68
7. Vollzug	17	II. Festnahme	74
8. Rechtsmittel	18	1. Begriff der Tat	75
II. Untersuchung und körperliche Ein-		2. Auf frischer Tat betreffen	
griffe bei anderen Personen	19	oder verfolgen	76
1. Zeugen	20	3. Festnahmegrund	77
2. Einschränkung der Untersuchung	21	4. Vorläufige Festnahme	80
3. Abstammungsuntersuchungen,		5. Verhältnismäßigkeit	81
Blutproben	23	6. Verfahren nach vorläufiger	
4. Zumutbarkeit	27	Festnahme	83
5. Zuständigkeit	28	III. Vorführung und Verhaftung in	
6. Verweigerung der Untersuchung	29	anderen Fällen	
a) Bei Zeugnisverweigerungs-		1. Im Ermittlungsverfahren	84
rechten	30	2. Im Hauptverfahren	85
b) Belehrung	31	3. Festnahme wegen Störens einer	
c) Fehlende Entscheidungs-		Amtshandlung	86
fähigkeit über das Zeugnis-		IV. Unterbringung	87
verweigerungsrecht	32	1. Einstweilige Unterbringung	88
7. Anwendung unmittelbaren		2. Unterbringung zur Beobachtung	89
Zwangs	33	**D. Eingriffe in Persönlichkeitsrechte**	
8. Rechtsmittel	34	I. Erkennungsdienstliche Behandlung	
9. Einwilligung	35	1. Art der Maßnahmen	90
C. Freiheitsentziehende Maßnahmen	36	2. Zweck der Maßnahmen	91
I. Untersuchungshaft	38	3. Maßnahmen nur gegen Beschul-	
1. Voraussetzungen der Unter-		digten zulässig	92
suchungshaft	39	4. Erforderlichkeit der Maßnahmen	93
a) Beschuldigter	40	5. Anordnungskompetenz, Rechts-	
b) Dringender Tatverdacht	41	mittel	94

* Stand der Gesetzgebung vom 1. 7. 1989

	Rdnr.
II. Identitätsfeststellung	95
1. Rechtsgrundlagen	
2. Personalienfeststellung verdächtiger und nichtverdächtiger Personen	96
3. Festhalten zur Identitätsfeststellung	100
III. Vernehmung	101
1. Vernehmung des Beschuldigten	102
2. Vernehmung von Zeugen und Sachverständigen	103
IV. Fahndungsmaßnahmen	104
1. Rechtsgrundlagen	
2. Fahndungsmaßnahmen zur Gefahrenabwehr	105
3. Kontrollen aus strafverfolgenden Gründen	106
4. Datenspeicherung für strafprozessuale Fahndungszwecke	107
V. Weitere Eingriffe in besondere Teilaspekte des allgemeinen Persönlichkeitsrechts	110
1. Recht am eigenen Bild	111
2. Das Recht am nicht öffentlich gesprochenen Wort	112
3. Recht auf informationelle Selbstbestimmung	113
VI. Leichenschau und Leichenöffnung	116
1. Leichenschau	117
2. Leichenöffnung	118
E. Durchsuchung u. a. als Eingriff in die Unverletzlichkeit der Wohnung	
I. Verfassungsrechtliche Grundlagen	120
II. Durchsuchung bei Verdächtigen und Nichtverdächtigen	121
III. Verfahrensvorschriften	122
1. Durchsuchungsanordnung, Zuständigkeit	123
2. Inhalt des Durchsuchungsbefehls	124
3. Durchführung der Durchsuchung	125
4. Sonderfälle	
a) Durchsuchung zur Ergreifung des Täters	126
b) Ergreifungs- und Fluchträume	127
c) Nachtzeit	128
d) Bundeswehrbereich	129
e) Kennzeichnung beschlagnahmter Gegenstände	130
f) Durchsicht von Papieren	131
5. Zufallsfunde	132
6. Rechtsmittel gegen Durchsuchungsanordnungen	133

	Rdnr.
F. Eingriffe in das Eigentum und andere vermögenswerte Rechte	134
I. Sicherstellung zu Beweiszwecken	
1. Voraussetzungen	135
2. Durchführung der Sicherstellung	137
3. Beschlagnahmeanordnung	138
4. Wirkungen der Beschlagnahme	139
5. Rechtsmittel	140
6. Rückgabe sichergestellter bzw. beschlagnahmter Gegenstände	141
7. Sonderregelung für in Gewahrsam von Behörden befindliche Schriftstücke	142
8. Von der Beschlagnahme ausgenommene Gegenstände	144
9. Von der Rechtsprechung entwickelte Fälle von Beschlagnahmefreiheit	
a) Tagebuchaufzeichnungen	148
b) Verteidigerunterlagen im Gewahrsam des Beschuldigten	149
II. Sicherstellung von Gegenständen des Verfalls und der Einziehung	150
1. Voraussetzungen	151
2. Form und Durchführung	152
3. Anordnung der Sicherungsmaßnahmen	153
4. Wirkung der Sicherungsmaßnahmen	154
5. Beschlagnahme von Druckwerken	155
III. Sicherstellung zu Kautionszwecken	156
G. Eingriffe in das Post- und Fernmeldegeheimnis	157
I. Postbeschlagnahme	
1. Voraussetzungen	158
2. Zuständigkeit für die Anordnung	159
3. Durchführung	160
4. Rechtsmittel	161
II. Überwachung des Fernmeldeverkehrs	
1. Gegenstand	162
2. Zulässigkeitsvoraussetzungen	163
3. Adressaten	164
4. Zuständigkeit für die Anordnung	165
5. Durchführung	166
H. Eingriffe in sonstige Rechtsgüter	
I. Vorläufige Entziehung der Fahrerlaubnis	167
II. Vorläufiges Berufsverbot	168

A. Begriff und Rechtsgrundlagen

I. Begriff

Strafprozessuale Zwangsmaßnahmen sind der Ermittlung und Verfolgung begangener Straftaten dienende, auch gegen den Willen des Betroffenen zulässige und ggf. mit staatlichem Zwang durchsetzbare Maßnahmen, die in auch verfassungsrechtlich geschützte Rechtspositionen eines einzelnen oder einer Personenmehrheit eingreifen. Die Begriffsdefinition ist sowohl aus praktischen wie didaktischen Gründen umstritten[1], deckt jedoch bei den einzelnen Maßnahmen sehr unterschiedliche strafprozessuale Zwecke ab.

II. Rechtsgrundlagen

Da durch strafprozessuale Zwangsmaßnahmen in aller Regel als Grundrechte verfassungsrechtlich gewährleistete Rechte in Anspruch genommen werden, bedarf es für die Schaffung einschlägiger Rechtsgrundlagen regelmäßig einer Rechtsnorm[2]. Die **Kompetenz** hierfür liegt im Rahmen der **konkurrierenden Gesetzgebung** gem. Art. 72, 74 Nr. 1 GG für „das Strafrecht und den Strafvollzug, die Gerichtsverfassung, das gerichtliche Verfahren" beim Bund. Obwohl der Verfassungstext bei enger Wortinterpretation neben Strafvollzug und Gerichtsorganisation nur das materielle Strafrecht und das gerichtliche Verfahren umfaßt, werden hierzu im Wege der historischen Interpretation und mit dem Argument des Sachzusammenhangs auch das vor dem eigentlichen gerichtlichen Verfahren liegende, von Staatsanwaltschaft und Polizei betriebene strafprozessuale Ermittlungsverfahren gerechnet.[3] Da das Ermittlungsverfahren der Vorbereitung bzw. der Prüfung der Erforderlichkeit eines gerichtlichen Verfahrens dient, ist diese Auffassung auch aus Gründen teleologischer Interpretation zulässig. Diese Gesetzgebungszuständigkeit bedarf jedoch der **Abgrenzung** zum in der Kompetenz der Landesgesetzgeber liegenden Bereich der polizeilichen **Gefahrenabwehr.** Der Unterschied ist final, d. h. vom verfolgten Zweck her, bestimmt. Die Ermittlungs- und Verfolgungsmaßnahmen der Polizei gehören nur dann zum Bereich des strafprozessualen Verfahrens, wenn der Verdacht einer einen Straftatbestand erfüllenden Handlung gegeben ist. Der Umstand, daß eine Straftaten aufklärende polizeiliche Maßnahme zugleich eine weitere Delikte verhindernde Wirkung erzielt, ändert nichts am der Strafverfolgung dienenden und diese auslösenden Zweck der Handlung. Zu weitgehend ist jedoch die Interpretation von *Maunz*[3], wenn er neben der Aufklärung und Verfolgung auch jede Verhinderung konkreter Straftaten zur Gesetzgebungskompetenz des Bundes rechnet und die den Ländern obliegende Gefahrenabwehr auf „allgemeine Präventivmaßnahmen zur Verhinderung von Straftaten" beschränken will. Es ist vielmehr davon auszugehen, daß lediglich Einzelmaßnahmen mit präventiver Wir-

---

1 *Schroeder*, JZ 1985 S. 1029.
2 Zum System zulässiger Grundrechtsbegrenzungen *Krüger* 1982 S. 29 ff. m. w. N.
3 *Maunz*, MDH Art. 74 GG Rdnr. 82 m. w. N.

kung aus Gründen der Annexkompetenz eine legislative Zuständigkeit des Bundes legitimieren. Um diese Möglichkeit nicht übermäßig zu strapazieren, empfiehlt es sich, ausschließlich präventive Wirkung entfaltende Regelungen, wie z. B. die 2. Alternative des § 81 b StPO und den Haftgrund der Wiederholungsgefahr im § 112 a StPO, im Rahmen der Fortentwicklung des Polizeirechts aus der StPO herauszunehmen[4]. Der korrespondierenden Forderung[5], ins Polizeirecht keine strafrechtlichen Ermittlungen dienenden Befugnisse aufzunehmen, hat die Polizeirechtsgesetzgebung inzwischen zunehmend entsprochen. Mit dieser sich aus der Gesetzgebungskompetenz des Bundes ergebenden Einschränkung finden sich die

5 einschlägigen **Rechtsgrundlagen** für strafprozessuale Zwangsmaßnahmen **in der StPO** und etwaigen Nebengesetzen. Einer legitimierenden Befugnisnorm bedarf es dabei nur für Maßnahmen mit Eingriffscharakter, während für schlicht hoheitliche Handlungen die Aufgabenzuweisung der §§ 161, 163 StPO ausreicht. Befugnisnormen des Strafverfahrensrechts müssen den Grundrechtseingriffe legitimierenden Voraussetzungen der Verfassung[6] nur insoweit entsprechen, als sie zu strafprozessualen Zwecken das Grundrecht gezielt in Anspruch nehmen. Auf ein Grundrecht lediglich ausstrahlende Nebenwirkungen werden bei der Verhältnismäßigkeit der Ermittlungshandlung berücksichtigt. Dabei regelt die StPO meist nur die Zulässigkeit der Zwangsanwendung. Für die Art und Weise der Zwangsanwendung ist das für das jeweils zuständige Vollzugsorgan maßgebende Recht entscheidend[7]. Gelegentlich sind jedoch auch dann in der StPO zusätzlich enthaltene Voraussetzungen zu beachten (z. B. §§ 81c Abs. 6, 163c Abs. 1–3 StPO).

Diese Beschränkung des strafprozessualen Regelungsumfangs auf die Zulässigkeit der Maßnahme ohne hinreichende Aussagen zur Durchsetzung war deshalb möglich, weil in den §§ 161 und 163 StPO der Polizei die Ermittlungsaufgabe sowohl auf Ersuchen als auch eigeninitiativ übertragen wurde und § 152 GVG i. V. mit entsprechenden Rechtsverordnungen der Länder bzw. ausdrücklichen gesetzlichen Vorschriften des Bundes bestimmten Gruppen von Vollzugsbeamten besondere strafprozessuale Befugnisse eingeräumt hat[8] und diese Vollzugsorgane kraft Landesrechts auch Zwang anwenden dürfen. Die schon von der Gesetzgebungskompetenz her aber auch in den konkreten Rechtsgrundlagen der Befugnisnormen des Strafverfahrensrechts einerseits und des Polizeirechts andererseits angelegte Trennung von Strafverfolgung und Gefahrenabwehr darf nicht darüber hinwegtäuschen, daß die Polizei – im institutionellen Sinne –

6 beide Aufgabenbereiche abzudecken hat. Sie nimmt eine echte **Doppelfunktion**[9] wahr. Wenn deshalb auch die tatbestandsmäßigen Voraussetzungen für Maßnahmen des Strafverfahrens andere sein können als für die

---

4 Vgl. m. w. N. *Kniesel*, ZRP 1987 S. 380; zum Diskussionsstand *Boujong*, KK 1987 § 112 a StPO Rdnr. 5.
5 *Seebode*, MDR 1976 S. 537 ff.
6 Vgl. zu den dabei zu beachtenden Kriterien *Krüger* 1982 S. 54 ff.
7 *Hitz* 1982 S. 53.
8 Vgl. die Zusammenstellung bei *Kleinknecht/Meyer* 1987 § 153 GVG Rdnr. 6 u. 7.
9 Vgl. m. w. N. *Kniesel*, ZRP 1987 S. 378.

der Gefahrenabwehr, so darf die Polizei dennoch am selben Sachverhalt beide Aufgaben mit den jeweils zulässigen Methoden wahrnehmen. Soweit dabei als Nebenwirkung einer zulässigen strafprozessualen Maßnahme die Gefahrenabwehr begünstigende Phänomene und als Nebenwirkung der Gefahrenabwehr die Strafverfolgung fördernde Erkenntnisse anfallen, ist die Verwertbarkeit im jeweils anderen Rechtsbereich vorbehaltlich ausdrücklicher anderer Regelung zulässig. Eine von der Polizei im Rahmen ihrer Doppelfunktion rechtmäßig vorgenommene Handlung mit bloßer Ausstrahlung auf das andere Rechtsgebiet kann wegen dieser Ausstrahlung allein im anderen Bereich nicht rechtswidrig werden. Im Rahmen dieses Beitrages werden jedoch lediglich strafprozessualen Zwecken dienende Befugnisnormen dargestellt.

B. Einschränkungen der Körperintegrität

Je nach Art und Intensität der hier zu erörternden Maßnahmen der §§ 81 a und c StPO liegen Eingriffe in das allgemeine Persönlichkeitsrecht der Art. 2 Abs. 1 i. V. mit Art. 1 Abs. 1 GG oder das Recht auf **körperliche Unversehrtheit** des Art. 2 Abs. 2 GG vor.

Einschränkungen sind bezüglich Art. 2 Abs. 1 i. V. mit Art. 1 Abs. 1 GG im Rahmen der Schrankentrias, bezügl. Art. 2 Abs. 2 GG aufgrund Gesetzesvorbehalts zulässig. Bedenken gegen die Verfassungsmäßigkeit bei § 81 a StPO wurden unter den Gesichtspunkten mangelnder Bestimmtheit zulässiger Eingriffe sowie der Behandlung des Beschuldigten als Objekt des Verfahrens geltend gemacht, vom BVerfG jedoch nicht geteilt[10], da eine verfassungskonforme Interpretation und Anwendung möglich ist.

I. Untersuchung und Eingriffe beim Beschuldigten, § 81 a StPO

1. Beschuldigteneigenschaft

Die **Beschuldigteneigenschaft**[11] wird durch auf Tatsachen beruhendem Verdacht einer Straftat und den Entschluß eines Strafverfolgungsorgans begründet, gegen eine oder mehrere bestimmte Personen strafprozessuale Ermittlungen einzuleiten. Beschuldigter i. S. von § 81 a StPO kann nur eine strafmündige Person sein, zur Feststellung dieser Voraussetzung sind ggfs. Identitätszwangsmaßnahmen gem. § 163 b StPO zulässig.

2. Begriff der körperlichen Untersuchung und Eingriff

Der **Begriff der körperlichen Untersuchung** in § 81 a Abs. 1 Satz 1 StPO ist zu unterscheiden von dem körperlichen Eingriff des § 81 a Abs. 1 Satz 2 StPO und der Durchsuchung der Person gem. § 102 StPO. Maßgebliches Unterscheidungskriterium sind Zweck und Art der Maßnahme. Während die körperliche Untersuchung der Feststellung bestimmter Zustände des

---

10 *Kleinknecht/Meyer* 1987 § 81 a StPO Rdnr. 1 m. w. N.
11 *Pfeiffer*, KK 1987 Einl. Rdnr. 85; *Kohlhaas* 1972 S. 35; *Hitz* 1982 S. 24; OLG Frankfurt v. 15. 4. 1988, NStZ 1988 S. 426.

Körpers dient, erfolgt die Durchsuchung mit dem Ziel des Auffindens von Gegenständen[12]. Sowohl bei der Untersuchung wie bei der Durchsuchung kann je nach Art der Durchführung ein **körperlicher Eingriff** gegeben sein. Dies ist der Fall, wenn der Zweck nur unter Verletzung der Körperintegrität erreicht werden kann. Sie setzt bei einer an Art. 2 Abs. 2 GG zu orientierenden Interpretation voraus, daß die körperlich-seelische Einheit des Menschen beeinträchtigt wird. Die Suche nach Gegenständen in natürlichen Körperöffnungen ist deshalb nur dann kein körperlicher Eingriff, wenn keine Verletzungsgefahr besteht[13]. Als körperliche Untersuchung **ohne** Eingriffscharakter wurde das Elektroenzephalogramm[14] angesehen. Als körperlicher Eingriff wurden gewertet: Rektaluntersuchung zum Auffinden von Rauschgift-Containern[15], Blutprobe (§ 81 a Abs. 1 Satz 2 StPO), Entnahme von Körperflüssigkeiten[16].

3. Blutprobe

10 Der **Unterschied** zwischen **körperlicher Untersuchung** und **Eingriff** ist deshalb von Bedeutung, weil letzterer, wie die im Gesetz ausdrücklich genannte Blutprobe, nur unter zusätzlichen einschränkenden Voraussetzungen zulässig ist:

11 a) Die **Ausführung durch einen Arzt** kann nur durch im Besitz einer Approbation befindliche Human-Mediziner (nicht Zahnarzt) erfolgen. Streitig war die Frage der Verwertbarkeit der von einem Medizinal-Assistenten entnommenen Blutprobe[17]. Eine einem Beschuldigten zur Vorbereitung einer Operation von einer Krankenschwester entnommene Blutprobe darf auch ohne vorherige Anordnung gem. § 81 a StPO für Zwecke des Strafverfahrens erhoben werden. Wenn die Voraussetzungen für die Entnahme einer Blutprobe nach § 81 a StPO vorgelegen haben, steht weder das Zeugnisverweigerungsrecht des Arztes noch seines Hilfspersonals gem. §§ 53 Abs. 1 Nr. 2, 53 a StPO noch das Beschlagnahmeverbot des § 97 Abs. 1 Nr. 3 StPO entgegen, weil die Maßnahme nämlich hätte erzwungen werden dürfen [17/1].

12 b) Daß nach den **Regeln ärztlicher Kunst** gehandelt werden muß, bedeutet die Anwendung erprobter Methoden. Sinn der Regelung ist, daß der Betroffene keinen unkalkulierten Risiken ausgesetzt werden soll.

13 c) Zuverlässiger **Ausschluß gesundheitlicher Nachteile** bedeutet, daß keine die Dauer der Untersuchung wesentlich überschreitende Beeinträchtigung des körperlichen Wohlbefindens eintreten darf.

---

12 *Kohlhaas* 1972 S. 33.
13 Zu pauschal deshalb *Pelchen*, KK 1987 § 81 a StPO Rdnr. 6; *Kleinknecht/Meyer* 1987 haben ihre Auffassungen in Rdnr. 15 durch die unter Rdnr. 9 zu § 81 a StPO selbst relativiert; *Kohlhaas* 1972 S. 34, der aber auf die Nennung des Beispiels der Unter- oder Durchsuchung der Afterhöhle verzichtet.
14 BVerfG v. 14. 11. 1969, BVerfGE 27, 211 ff.
15 LG Trier v. 3. 11. 1986, NJW 1987 S. 722.
16 *Pelchen*, KK 1987 § 81 a StPO Rdnr. 6.
17 Durch BGH v. 17. 3. 1971, NJW 1971 S. 1097 = NPA 506 StPO § 81 a Bl. 25 für zulässig erklärt, sofern der anordnende Beamte den Assistenzarzt für einen approbierten Arzt hielt.
17/1 OLG Celle v. 14. 3. 1989, NPA 506 StPO § 81 a Bl. 36 m. Anm. *Greiner*.

4. Ziel von körperlicher Untersuchung und Eingriff

Körperliche Untersuchung und Eingriff sind nur zulässig mit dem **Ziel** der 14 Feststellung von Tatsachen, die für das Strafverfahren Bedeutung haben. Dazu gehören nicht nur die für die Ermittlung der Straftat selbst erforderlichen Beweistatsachen sondern ebenso alle tatsächlichen Umstände, die für die Prüfung der Rechtswidrigkeit der Handlung, der Schuld des Täters oder für die Festlegung der Tatfolgen (Strafe, Maßregeln der Sicherung und Besserung) erheblich sind. Selbst zur Prüfung bestimmter Verfahrensvoraussetzungen, wie der Verhandlungsfähigkeit[18], sind derartige Untersuchungen und Eingriffe möglich.

5. Verhältnismäßigkeit

Da § 81 a StPO körperliche Untersuchungen und Eingriffe ohne Differen- 15 zierung nach dem Anlaß im konkreten Ermittlungsverfahren zuläßt, kommt der Beurteilung der **Verhältnismäßigkeit** der Maßnahmen besondere Bedeutung zu[19]. So wurden z. B. Maßnahmen nach § 81 a StPO unter dem Gesichtspunkt der Verhältnismäßigkeit wie folgt gewürdigt:

unverhältnismäßig: Lumbalpunktion bei mehrfach Vorbestraftem, dem zwei Taten mit Gesamtschaden von 700 DM zur Last gelegt wurden[20].

verhältnismäßig: körperliche Untersuchung zur Feststellung der Verhandlungsfähigkeit im Verfahren wegen übler Nachrede und Beleidigung in Form des Vorwurfs der Dienstpflichtverletzung zum Nachteil des Leiters einer Landesbehörde[21].

6. Anordnung

Die **Anordnungskompetenz** liegt gem. § 81a Abs. 2 StPO beim Richter. 16 Dies ist der für Ermittlungshandlungen zuständige Richter des Amtsgerichts, in dessen Bezirk die Untersuchung durchgeführt werden soll (§ 162 Abs. 1 StPO); Ausnahmen: Ermittlungsrichter beim OLG oder BGH (§ 169 Abs. 1 StPO) sowie Ermittlungsrichter beim Amtsgericht am Sitz der Staatsanwaltschaft, wenn es der Anordnung von Ermittlungsmaßnahmen in mehreren Amtsgerichtsbezirken bedarf (§ 162 Abs. 1 Satz 2 StPO).

Lediglich bei Gefahr im Verzug, d. h. wenn der Erfolg der beabsichtigten Untersuchung durch den mit der Einschaltung des Richters verbundenen Zeitverlust gefährdet wird, kann statt des Richters der Staatsanwalt oder ein Hilfsbeamter der Staatsanwaltschaft[22] die Anordnung treffen.

---

18 *Kleinknecht/Meyer* 1987 § 81 a Rdnr. 7 m. w. N.
19 Vgl. *Kleinknecht/Meyer* 1987 § 81 a StPO Rdnr. 18; *Krause/Nehring* 1978 § 81 a Rdnr. 6.
20 BVerfG v. 25. 7. 1963, BVerfGE 17, 108 ff.
21 BVerfG v. 14. 11. 1969, BVerfGE 27, 211 ff. (218 ff.).
22 Dies sind gem. § 152 GVG Vollzugsbeamte des Bundes (vgl. *Riegel* 1985 § 8 BKAG Anm. 2 b; *Kleinknecht/Meyer* 1987 § 152 GVG Rdnr. 5) und der Länder kraft der nach § 152 GVG ergangenen RechtsVO (vgl. die Fundstellen bei *Kleinknecht/Meyer* 1987 § 152 GVG Rdnr. 6).

7. Vollzug

17 Der **Vollzug** der Maßnahmen obliegt der Staatsanwaltschaft und ist durch zur Ausübung unmittelbaren Zwangs befugte Vollzugsbeamte zwangsweise durchsetzbar. Die insoweit unerläßlichen Freiheitsbeschränkungen sind durch die zulässige Maßnahme selbst legitimiert[23]. Die in § 81 d StPO enthaltene zusätzliche Vorschrift, daß das Schamgefühl verletzende körperliche Untersuchungen einer Frau nur von einer Frau oder einem Arzt durchgeführt werden dürfen, ist als aus der Menschenwürde (Art. 1 Abs. 1 GG) und dem allgemeinen Persönlichkeitsrecht (Art. 2 Abs. 1 i. V. mit Art. 1 Abs. 1 GG) abgeleiteter Grundsatz wegen Art. 3 Abs. 2 GG auf Männer entsprechend anzuwenden[24]. Ausnahmen werden lediglich zugelassen bei Kindern[25] und zu befürchtendem Verlust der Tatspuren bzw. Beweismittel[26].

8. Rechtsmittel

18 **Rechtsmittel** sind gegen die wegen der Gefahr im Verzug von der Staatsanwaltschaft oder Polizei angeordneten und sofort vollzogenen Maßnahmen nur im Rahmen eines Antrags nach § 23 EGGVG zulässig, wenn ein rechtliches Interesse an der nachträglichen Feststellung der Rechtswidrigkeit besteht (§ 28 Abs. 1 Satz 4 EGGVG). Dies gilt wegen des Grundsatzes des prozessualen Überholung[27] auch für vollzogene richterliche Anordnungen. Lediglich bis zum Vollzug der Anordnung ist Beschwerde gem. § 304 Abs. 1 StPO zulässig.

II. Untersuchung und körperliche Eingriffe bei anderen Personen

19 Bei anderen Personen als Beschuldigten kommen gem. § 81 c StPO ebenfalls strafprozessuale Untersuchungen und Eingriffe in Betracht. Diese Maßnahmen sind jedoch im Vergleich zu § 81 a StPO nur unter weiteren einschränkenden Voraussetzungen zulässig.

1. Zeugen

20 Die betroffene Person muß **als Zeuge in Betracht kommen.** Als Zeuge wird eine Person bezeichnet, die ohne selbst beschuldigt zu sein, Auskunft über verfahrensrelevante Umstände geben kann. Da § 81 c StPO lediglich darauf abstellt, daß die zu untersuchende Person als Zeuge in Betracht kommt und nicht voraussetzt, daß sie auch aussagefähig ist, dürfen nach h. M.[28] auch Personen untersucht werden, die selbst nicht in der Lage sind, Wahrnehmungen zu machen und deren Inhalt zu berichten.

---

23 *Kleinknecht/Meyer* 1987 § 81 a StPO Rdnr. 29; *Krause/Nehring* 1978 § 81 a StPO Rdnr. 10; *Pelchen*, KK 1987 § 81 a StPO Rdnr. 10 m. w. N.
24 *Kohlhaas* 1972 S. 53.
25 Altersgrenze ist umstritten und schwankt zwischen 6 und 12 Jahren; *Pelchen*, KK 1987 § 81 d StPO Rdnr. 2.
26 *Kleinknecht/Meyer* 1987 § 81 d StPO Rdnr. 4.
27 *Kleinknecht/Meyer* 1987 vor § 296 StPO Rdnr. 17.
28 Schrifttumshinweise bei *Kleinknecht/Meyer* 1987 § 81 c StPO Rdnr. 10; *Pelchen*, KK 1987 § 81 c StPO Rdnr. 1.

2. Einschränkung der Untersuchung

Mit Rücksicht darauf, daß die zu untersuchende Person nicht selbst einer Straftat verdächtig ist, wird der Kreis der zulässigen Untersuchungszwecke jedoch eingegrenzt. Ziel der Untersuchung darf lediglich sein festzustellen, ob sich **am Körper** der zu untersuchenden Person die Spur oder Folge einer Straftat befindet. Die Verwendung der Präposition „am" bedeutet schon nach dem bloßen Wortlaut des Gesetzes im Gegensatz zu § 81 a StPO, wo eine körperliche Untersuchung des Beschuldigten für zulässig erklärt wird, eine Beschränkung der Untersuchung auf äußerlich wahrnehmbare Spuren oder Tatfolgen. Dies wird insbesondere für die Untersuchung der natürlichen Körperhöhlen bedeutsam. Hier ist nur die ohne Einsatz ärztlicher Hilfsmittel durchführbare, von außen mögliche Prüfung zulässig[29]. Ebenfalls ausgeschlossen, weil vom Maßnahmezweck nicht gedeckt, sind Untersuchungen zur Begutachtung der Glaubwürdigkeit, Wahrnehmungs- und Merkfähigkeit der Zeugen[30]. 21

Im Gegensatz zur Annahme von *Kleinknecht/Meyer*[31] wird nicht vorausgesetzt, daß die Untersuchung notwendig sein muß. Dieser Begriff ist im Hinblick auf die Wortwahl des Gesetzestextes „... soweit zur Erforschung der Wahrheit festgestellt werden muß, ob..." mißverständlich. „Notwendig" legt nämlich den ultima ratio – Charakter der Maßnahme nahe, während der Gesetzestext auf die schlichte **Erforderlichkeit** zur Wahrheitsermittlung abstellt. Danach sind die Untersuchungen auch dann zulässig, wenn andere Beweismittel für die gleichen Tatsachen zur Verfügung stehen, im Rahmen des Amtsermittlungsgrundsatzes der §§ 160, 163, 244 Abs. 2 StPO jedoch hinlänglicher Anlaß besteht, auch diese Beweise, sei es zur bloßen Absicherung, sei es wegen der größeren Sachnähe des Beweismittels, zu erheben. 22

3. Abstammungsuntersuchungen, Blutproben

Eine **Sonderregelung** besteht in § 81 c Abs. 2 StPO für **Abstammungsuntersuchungen und Blutproben.** Hier müssen drei weitere Voraussetzungen zur Zulässigkeit erfüllt sein: 23

a) die Maßnahme muß zur Erforschung der Wahrheit **unerläßlich** sein. Dies setzt im Gegensatz zur bloßen Erforderlichkeit voraus, daß mit anderen Beweismitteln eine für die Beurteilung des Sachverhalts ausreichend sichere Klärung nicht möglich ist. Allerdings brauchen die anderen Möglichkeiten zuvor nicht erfolglos versucht worden zu sein[32], es genügt die entsprechende Prognose, 24

b) die Maßnahme muß **von einem Arzt** (s. o. Rdnr. 11) durchgeführt werden, 25

c) es dürfen **keine gesundheitlichen Nachteile** (s. o. Rdnr. 13) zu befürchten sein. 26

---

29 Zu pauschal deshalb bezügl. der Untersuchung natürlicher Körperhöhlen *Pelchen,* KK 1987 § 81 c StPO Rdnr. 4.
30 *Pelchen,* KK 1987 § 81 c StPO Rdnr. 9.
31 1987 § 81 c StPO Rdnr. 15.
32 *Pelchen,* KK 1987 § 81 c StPO Rdnr. 5.

4. Zumutbarkeit

27 Sämtliche zulässigen Maßnahmen werden schließlich durch § 81 c Abs. 4 StPO im Hinblick auf die **Zumutbarkeitsgrenze** ggf. ausgeschlossen. Nach h. M.[33] handelt es sich dabei über den Ausschluß gesundheitlicher Nachteile hinaus um eine vor allem Art und Umstände der Maßnahme an individuellen Umständen der betroffenen Person messende Verhältnismäßigkeitsprüfung. Ggf. kann die Zumutbarkeit durch besondere Gestaltung der Untersuchung, wie Hinzuziehung einer Vertrauensperson oder eines Arztes, auch dann erreicht werden, wenn sie unter anderen Umständen zu verneinen wäre.

5. Zuständigkeit

28 Die **Anordnungskompetenz** ist wie in § 81 a StPO geregelt (s. o. Rdnr. 16).

6. Verweigerung der Untersuchung

29 Im gleichen Umfang, in dem ein Zeuge die Aussage verweigern kann, darf er dies auch **bezüglich der Untersuchungen** nach § 81 c StPO.

a) Bei Zeugnisverweigerungsrechten

30 Dieser Grundsatz gilt allerdings nur für die Aussageverweigerung nach **§ 52 StPO**. Auf die Regelungen der **§§ 53, 53 a und 54 StPO** ist § 81 c Abs. 3 Satz 1 StPO schon vom Schutzzweck dieser Zeugnisverweigerungsrechte her nicht anwendbar. Umstritten ist dies für das Auskunftsverweigerungsrecht des **§ 55 StPO**[34]. Bedenkt man jedoch, daß § 55 StPO den einer Straftat beschuldigten Betroffenen nur in einem nicht gegen ihn selbst gerichteten Verfahren schützt, so wird deutlich, daß § 55 StPO im Rahmen des § 81 c Abs. 3 Satz 1 StPO nicht anzuwenden ist[35]. Würden sich die Untersuchungen nämlich gegen dieselbe Person als Beschuldigten richten, so müßte dieser ohnehin im Rahmen des § 81 a StPO zulässige Maßnahmen gegen sich hinnehmen.

b) Belehrung

31 Zur Notwendigkeit der **Belehrung** über das Recht, die Untersuchung etc. zu verweigern, ist der Gesetzestext wegen eines Fehlers im systematischen Aufbau nicht eindeutig. Da erst in § 81 c Abs. 3 Satz 2 StPO 2. Halbsatz und nicht schon in § 81 c Abs. 3 Satz 1 StPO auf § 52 Abs. 3 StPO verwiesen wird, könnte der Eindruck entstehen, daß die Belehrung nur für die Fälle des § 52 Abs. 3 Satz 2 StPO vorgeschrieben ist. Ein solcher von der Gesetzessystematik her berechtigter Einwand wird aber durch den Normzweck der Regelung des § 52 Abs. 3 Satz 1 StPO widerlegt. Wer die Aussage verweigern darf, soll dies – vom wegen der von der Aussageverweigerung unabhängigen, in §§ 48 ff., 161 a Abs. 1 StPO verankerten Pflicht des Zeugen zum Erscheinen her legitimierten Augenschein abgesehen[36] – auch

---

33 *Kleinknecht/Meyer* 1987 § 81 c StPO Rdnr. 17; *Krause/Nehring* 1978 § 81 c StPO Rdnr. 9.
34 Vgl. m. w. N. *Kleinknecht/Meyer* 1987 § 81 c StPO Rdnr. 23.
35 *Pelchen*, KK 1987 § 81 c StPO Rdnr. 10.
36 *Kleinknecht/Meyer* 1987 § 81 c StPO Rdnr. 23; *Pelchen*, KK 1987 § 81 c StPO Rdnr. 10.

bezüglich der körperlichen Untersuchung tun dürfen. Wird ihm aber für die Aussage der Schutz einer vorgeschriebenen Belehrung über seine Rechte gewährt, so muß dies auch für die im Rahmen des § 81 c StPO zu duldenden Maßnahmen gelten.

Die Belehrung über das Recht, die Untersuchung zu verweigern, hat unabhängig von der Belehrung über das Zeugnisverweigerungsrecht vor der Untersuchung durch eine zur Anordnung befugte Person, also nicht durch den Untersuchenden selbst[37], zu erfolgen, Wie das Zeugnis kann auch die Untersuchung zu jeder Zeit verweigert werden. Geschieht dies während der Maßnahme, so ist deren Fortsetzung unzulässig.

Das Ergebnis einer ohne wirksame Belehrung erfolgten Untersuchung kann nur dann verwertet werden, wenn der Betroffene der Verwertung aufgrund einer nachgeholten Belehrung zugestimmt hat[38].

c) Fehlende Entscheidungsfähigkeit über das Zeugnisverweigerungsrecht

Eine Sonderregelung zur Verweigerung der Untersuchung enthält § 81 c Abs. 3 Satz 2–5 StPO für alle Personen, die nicht selbst über ihr Weigerungsrecht entscheiden können. Von besonderer praktischer Bedeutung sind dabei die Fälle der **Verhinderung des gesetzlichen Vertreters** oder bei gemeinschaftlicher Vertretung durch die Eltern die Verhinderung eines Elternteils wegen seiner Beschuldigteneigenschaft. In diesen Fällen ist gem. § 1909 Abs. 1 Satz 1 BGB nach §§ 37 FGG, 37 ff. JWG ein Ergänzungspfleger zu bestellen. Gem. §§ 81 c Abs. 3, 53 Abs. 3 StPO ist ein solcher Pfleger über das Verweigerungsrecht zu belehren. Dies setzt regelmäßig seine Anwesenheit vor dem Belehrenden voraus, da auf andere Weise nur selten mit hinlänglicher Sicherheit gewährleistet sein wird, daß eine zur Vertretung rechtlich wirklich legitimierte Person belehrt wurde. Weil die Abwicklung der Bestellung des Pflegers ggf. so zeitaufwendig sein kann, daß der **Untersuchungszweck gefährdet** wird, kann gem. § 81 c Abs. 3 Satz 3 StPO durch eine besondere richterliche Anordnung die Durchführung der Untersuchung zum Zwecke der Beweissicherung schon vor der Entscheidung des gesetzlichen Vertreters erfolgen. Diese nur dem Richter, nicht dem Staatsanwalt zustehende Anordnung ist gem. § 81 c Abs. 3 Satz 4 StPO unanfechtbar. Die Verwertung des Untersuchungsergebnisses setzt jedoch nach § 81 c Abs. 3 Satz 5 StPO die Zustimmung des gesetzlichen Vertreters voraus. Dies bedeutet, daß trotz richterlicher Anordnung zum Zwecke der Sicherung des Beweises, der Pfleger als gesetzlicher Vertreter der Verwertung der durch die Untersuchung gewonnenen Erkenntnisse rechtswirksam widersprechen kann.

7. Anwendung unmittelbaren Zwangs

Verweigert ein rechtlich verpflichteter Betroffener die Untersuchung, so darf **unmittelbarer Zwang** nach den für die entsprechenden Vollzugsorgane geltenden Vorschriften nur unter Beachtung der zusätzlichen Vorausset-

---

37 *Pelchen*, KK 1987 § 81 c StPO Rdnr. 12.
38 BGH v. 8. 12. 1985, BGHSt 12, 235, 242.

zungen des § 81 c Abs. 6 StPO angewandt werden. Dies bedeutet, daß gem. §§ 81 c Abs. 6, 70 StPO gegen den Betroffenen, nicht gegen den gesetzlichen Vertreter, **zwei Alternativen** des Vorgehens bestehen[39]:

— Festsetzung eines Ordnungsgeldes durch den Richter, bei weiterer Weigerung des Betroffenen, Anordnung der Anwendung unmittelbaren Zwangs durch den Richter.
— Lediglich wenn bei diesem Vorgehen der Untersuchungszweck gefährdet ist, darf der Richter die Anwendung unmittelbaren Zwangs ohne vorherige Verhängung eines Ordnungsgeldes anordnen.

8. Rechtsmittel

34 Bezüglich der **Rechtsmittel** gelten die für die Untersuchung von Beschuldigten bestehenden Regelungen (s. o. Rdnr. 18). Der eine Beweissicherung gem. § 81 c Abs. 3 Satz 3 StPO anordnende Beschluß ist jedoch gem. § 81 c Abs. 3 Satz 4 StPO unanfechtbar. Dies bedeutet, daß nur dem Staatsanwalt gem. § 304 Abs. 1 StPO für eine solche Beweissicherung ablehnende Beschlüsse das Recht der Beschwerde zusteht.

9. Einwilligung

35 Die dargestellte Rechtslage gilt sowohl für Beschuldigte als auch andere Personen nur bei Untersuchungen ohne Einwilligung des Betroffenen. Im Falle einer rechtswirksamen **Einwilligung**[40] entfallen die im Gesetz festgelegten Beschränkungen und Verfahrensvoraussetzungen. Eine rechtswirksame Einwilligung setzt jedoch voraus, daß der Betroffene oder sein gesetzlicher Vertreter in Kenntnis der tatsächlichen Verhältnisse und Konsequenzen sowie der Rechtslage, bei Bestehen von Verweigerungsrechten nach entsprechender Belehrung, freiwillig eine ausdrückliche Erklärung abgegeben haben. Es empfiehlt sich, dies schriftlich zu dokumentieren. Auch dann kann jedoch die Einwilligung später jederzeit widerrufen werden. Die bis dahin erlangten Erkenntnisse sind jedoch jederzeit verwertbar[41].

C. Freiheitsentziehende Maßnahmen

36 Freiheitsentziehende Maßnahmen stellen Eingriffe in das Grundrecht der persönlichen Freiheit des Art. 2 Abs. 2 Satz 2 GG dar. Sie sind anders als Eingriffe in die allgemeine Handlungsfreiheit des Art. 2 Abs. 1 GG nur unter zusätzlichen einschränkenden Voraussetzungen zulässig, die in den Art. 2 Abs. 2 Satz 3 und 104 GG festgelegt sind[42]. Dabei stellen die hier zu referierenden Maßnahmen der Verhaftung, Vorführung und Unterbringung Eingriffe dar, bei denen gerade in der Freiheitsentziehung der notwendige

---

39 *Pelchen*, KK 1987 § 81 c StPO Rdnr. 22.
40 *Pelchen*, KK 1987 § 81 a StPO Rdnr. 3.
41 *Kleinknecht/Meyer* 1987 § 81 c StPO Rdnr. 5; mit Einschränkung soweit ein Verweigerungsrecht besteht *Krause/Nehring* 1978 § 81 c StPO Rdnr. 13 a. E.
42 Übersicht bei *Krüger* 1982 S. 76 ff.

Beitrag zur Förderung des Strafverfahrens liegt. Soweit wie z. B. bei der Identitätsfeststellung oder erkennungsdienstlichen Behandlung die Freiheitsentziehung nur Mittel zur Erlangung von Erkenntnissen ist, die Eingriffe z. B. in das allgemeine Persönlichkeitsrecht darstellen, werden diese Maßnahmen später unter D (Rdnr. 90 ff.) behandelt.

Die **Freiheit** lediglich **beschränkende,** nicht entziehende und deshalb unter den verfassungsrechtlichen Vorgaben lediglich der Art. 2 Abs. 2 Satz 2, 104 Abs. 1 GG und nicht zugleich des Art. 104 Abs. 2–4 GG zulässige Maßnahmen sind als selbständige strafprozessuale Maßnahmen nicht bekannt. Derartige keine umfassende, sondern wie bei Aufenthaltsverboten für bestimmte Orte nur eine punktuelle Begrenzung des Rechts der körperlichen Bewegungsfreiheit enthaltende Eingriffe sind jedoch im Rahmen von Anweisungen bei der Aussetzung des Haftbefehls gem. § 116 Abs. 1 StPO gegeben. 37

I. Untersuchungshaft 38

Zweck der Untersuchungshaft ist in erster Linie die Gewährleistung der Präsenz des Beschuldigten für die Durchführung des – von Ausnahmen wie in §§ 231 Abs. 2, 232 ff., 276, 285 ff. StPO abgesehen – seine Anwesenheit erfordernden Strafverfahrens. Außerdem ist die Untersuchungshaft zulässig, um zu vermeiden, daß der Beschuldigte durch unzulässige Einflußnahme auf Beweismittel die Durchführung des Strafverfahrens verhindert oder dessen Erfolg gefährdet.

Nur subsidiär erfüllt die Untersuchungshaft insoweit einen Sicherungszweck, als sie die Begehung weiterer Straftaten verhindert. Auch im vom Gedanken der Spezialprävention geprägten Jugendstrafverfahren gebührt gem. § 72 JGG deshalb Maßnahmen der Erziehung Vorang vor der Untersuchungshaft.

1. Voraussetzungen der Untersuchungshaft

Voraussetzungen der Untersuchungshaft sind neben den formellen vier materiellrechtliche Zulässigkeitskriterien: die Beschuldigteneigenschaft, der dringende Tatverdacht, der Haftgrund und die Verhältnismäßigkeit der Maßnahme. 39

a) Beschuldigter

Zulässigkeit nur gegen **Beschuldigte**[43] bedeutet, daß gegenüber Zeugen ggf. nur die Mittel des Ordnungsgeldes oder der Erzwingungshaft gem. § 70 Abs. 2 StPO zur Verfügung stehen. 40

b) Dringender Tatverdacht

Gegen den Beschuldigten muß ein **dringender Tatverdacht** gegeben sein. Während zur Einleitung des Ermittlungsverfahrens nach §§ 152 Abs. 2, 160 Abs. 1, 163 StPO jeder schlüssige Tatverdacht und für die Eröffnung des 41

---
43 Zum Begriff s. o. Rdnr. 8.

Hauptverfahrens in § 203 StPO hinreichender Tatverdacht bestehen muß, wird für die Untersuchungshaft die besonders qualifizierte Form des **dringenden Tatverdachts** verlangt. Diese Qualifikation wird übereinstimmend[44] mit „hoher Wahrscheinlichkeit" umschrieben. Sie darf jedoch nicht ausschließlich auf die Wahrscheinlichkeit der Verurteilung bezogen werden. Dem steht schon der Wortlaut des Gesetzestextes entgegen. Ausreichend ist bereits die hohe Wahrscheinlichkeit der Erlangung der zur Begründung des Tatverdachts erforderlichen Beweismittel[45]. Dies ist von großer praktischer Bedeutung, wenn gem. Ziff. 3.2 der Richtlinien[46] über die Inanspruchnahme von Informanten und der Einsatz von V-Personen wegen der Vertraulichkeitszusage das den Tatverdacht begründende Beweismittel zwar nicht selbst präsentiert werden kann, die einschlägige Erkenntnis zur Tat jedoch bereits vorliegt und durch die Beschaffung weiterer offener Beweismittel auch die Dokumentation dieser Erkenntnis sehr wahrscheinlich ist.

42 Der hohe Verdachtsgrad muß sich auf die Täterschaft oder Teilnahme an einer schuldhaft rechtswidrigen Straftat (§ 12 Abs. 1 und 2 StGB) beziehen, deren Verfolgung keine nicht zu beseitigenden **Verfahrenshindernisse** entgegenstehen[47]. Die Verurteilungswahrscheinlichkeit tritt als weiteres Merkmal hinzu. Dies ergibt sich über den Wortlaut des lediglich den Tatverdacht enthaltenden Gesetzes im Wege der am Zweck der Maßnahme, nämlich der Ermöglichung der Strafverfolgung, orientierten teleologischen Auslegung. Der Verdacht selbst muß sich auf konkrete Tatsachen[48], nicht ausschließlich auf allgemeine Erfahrungsgrundsätze stützen. Diese können jedoch zur Würdigung der den Verdacht begründenden Tatsachen herangezogen werden und gewinnen deshalb gerade bei der Beurteilung der Verdachtsqualität Bedeutung.

c) *Haftgründe*

43 Gegen den Beschuldigten muß zur Legitimation eines Haftbefehls außer dringendem Tatverdacht auch stets ein **Haftgrund** gegeben sein. Soweit § 112 Abs. 3 StPO für die Straftatbestände der §§ 129a Abs. 1, 211, 212, 220a Abs. 1 Nr. 1 und im Falle der Gefährdung von Leib oder Leben auch 311 Abs. 1–3 StGB die Anordnung von Untersuchungshaft auch dann für zulässig erklärt, wenn kein Haftgrund vorliegt, ist diese Regelung wegen Verletzung des Grundsatzes der Verhältnismäßigkeit verfassungswidrig. Das BVerfG[49] hat deshalb die analoge Anwendung des § 116 StPO auf die Fälle des § 112 Abs. 3 StPO verlangt, um eine mit dem Verhältnismäßigkeitsprinzip vereinbare Handhabung der Vorschrift zu ermöglichen. So konnte § 112 Abs. 3 StPO im Wege verfassungskonformer Auslegung[50] das Verdikt

---

44 *Kleinknecht/Meyer* 1987 § 112 StPO Rdnr. 5; *Boujong,* KK 1987 § 112 StPO Rdnr. 3; *Krause/Nehring* 1978 § 112 StPO Rdnr. 2.
45 *Joachimski/Pfaff* 1977 S. 19.
46 Abgedruckt bei *Kleinknecht/Meyer* 1987 A 14, Anlage D der RiStBV S. 1862.
47 *Boujong,* KK 1987 § 112 StPO Rdnr. 4.
48 M. w. N. *Kleinknecht/Meyer* 1987 § 112 StPO Rdnr. 7.
49 V. 27. 10. 1970, BVerfGE 29, 312 ff.
50 Zu Begriff und Methode *Maack* 1983 Rdnr. 125.

der Verfassungswidrigkeit erspart werden. Die dogmatisch umstrittene Vorschrift[51] erlaubt es deshalb, in den genannten Fällen der Schwerkriminalität an das Vorliegen des Haftgrundes **minder hohe Voraussetzungen** als im Regelfall anzulegen. Es reicht, daß der Haftgrund nicht ausgeschlossen werden kann. Nicht erforderlich ist der sonst (vgl. § 112 Abs. 2 StPO) vorausgesetzte positive Nachweis des Haftgrundes anhand bestimmter Tatsachen.

Die StPO kennt 5 verschiedene Haftgründe, die bei Vorliegen der sonstigen Voraussetzungen einzeln oder in beliebiger Kombination auch kumulativ die Anordnung von Untersuchungshaft zulassen:

aa) **Flucht**, § 112 Abs. 1 Satz 1 StPO 1. Alternative, darf als Haftgrund angenommen werden, wenn der Beschuldigte durch eine Ortsveränderung für das Strafverfahren nicht zur Verfügung steht. Dabei muß die nachteilige Wirkung für das Verfahren vom Beschuldigten zumindest in Kauf genommen worden sein[52]. Berufsbedingte Unregelmäßigkeiten des Aufenthaltes, wie z. B. bei Montagearbeitern, Handelsvertretern etc., erfüllen das Merkmal der Flucht solange nicht, wie der Betreffende postalisch direkt oder über eine Mittelsperson erreichbar ist. Auch ein bekannter Auslandsaufenthalt stellt sich nach h. A. jedoch dann als Flucht dar, wenn er in der Absicht gewählt wurde, sich den deutschen Strafverfolgungsbehörden zu entziehen[53].

bb) Das **Verborgenhalten**, § 112 Abs. 2 Nr. 1 StPO 2. Alternative, hat neben dem Haftgrund Flucht nur dann selbständige Bedeutung, wenn es dahingehend interpretiert wird, daß jedes Verhalten des Beschuldigten erfaßt ist, durch das dieser – im Gegensatz zur Flucht – ohne Ortsveränderung seine Nichterreichbarkeit für die Strafverfolgung bewirkt. Dies ergibt einmal die grammatische Interpretation. Hiernach kommt dem Wortbestandteil „halten" ein Moment des Verharrens zu, so daß „verborgen halten" das Nichterkennen des Vorhandenseins, der Erreichbarkeit bedeutet. Die hier versuchte Interpretation mit dem Ziel einer selbständigen Bedeutung dieses Haftgrundes neben dem der Flucht wird im übrigen durch die systematische Auslegungsmethode bestätigt. Es ist nämlich nicht anzunehmen, daß der Gesetzgeber zwei durch „oder" verbundene Begriffe verwendet, um den gleichen Tatbestand zu beschreiben.

Auf welche Weise der Beschuldigte erreicht, daß er auch ohne Ortsveränderung nicht erkannt wird, hat das Gesetz für den Haftgrund des Sich-verborgen-haltens nicht näher festgelegt. Es kommen deshalb alle Mittel in Betracht, die vom Beschuldigten mit dem Zweck, sich zu verbergen, eingesetzt werden und dieses Ziel erreichen. In Betracht kommen z. B. eine fingierte Abmeldung, Veränderung des Äußeren, Leben unter einer Legende.

---

51 Vgl. *Paeffgen* 1986 S. 111 ff. sowie m. w. N. *Kleinknecht/Meyer* 1987 § 112 StPO Rdnr. 37–39.
52 *Boujong*, KK 1987 § 112 StPO Rdnr. 11.
53 Nachweise der Rechtsprechung bei *Boujong*, KK 1987 § 112 StPO Rdnr. 11.

46 cc) **Fluchtgefahr** ist als Haftgrund in § 112 Abs. 2 Nr. 2 StPO durch Legaldefinition festgelegt. Danach muß die Gefahr bestehen, daß sich der Beschuldigte dem Strafverfahren entziehen werde. Diese Gefahr ist nicht näher qualifiziert. Deshalb genügt die Prognose, es ist wahrscheinlicher, daß der Beschuldigte sich entzieht als sich zur Verfügung hält[54].

Die Prognose selbst muß sich aus einer Bewertung der Umstände des Einzelfalles, also aus der Person, den Lebensumständen des Beschuldigten sowie die ihm zur Last gelegte Tat betreffenden und im konkreten Ermittlungsverfahren festgestellten Fakten ergeben. In die Würdigung dürfen allgemeine Erfahrungsgrundsätze einbezogen werden. Schon aus dieser Verbindung allgemeiner Erfahrungssätze mit den Fakten des Einzelfalles wird deutlich, daß es keine schematische Bewertung einzelner Lebensumstände geben darf, wie z. B. dem eines festen Wohnsitzes, einer Familie, eines Arbeitsplatzes für die Ablehnung oder von Vorstrafen, Auslandsbeziehungen, berufsbedingter Mobilität für die Begründung der Fluchtgefahr. Jede formale Betrachtung der für die Prognose relevanten Merkmale wäre falsch. Die materielle Bedeutung für den konkreten Fall im Zeitpunkt der Entscheidung ist maßgebend. Bei einer wenig gefestigten Persönlichkeit begründet deshalb eine zu erwartende hohe Freiheitsstrafe allein die Fluchtgefahr nur, sofern dem nicht gewichtige Umstände entgegenstehen[55].

47 Ähnlich wie beim Haftgrund des Verborgenhaltens ist auch der als Gefahr zu prognostizierende Vorgang des **Sichentziehens** im Gesetz nicht näher festgelegt. Es kommen deshalb alle für den Erfolg geeigneten Verhaltensweisen in Betracht, insbesondere die Haftgründe der Flucht und des Sichverborgenhaltens, aber auch die Herbeiführung von Verhandlungsunfähigkeit[56]. Selbstmordgefahr scheidet hingegen aus[57].

48 **Zusätzliche Voraussetzungen** über die Fluchtgefahr hinaus müssen nach § 113 Abs. 2 StPO dann gegeben sein, wenn die mit Fluchtgefahr begründete Untersuchungshaft wegen einer Straftat angeordnet werden soll, die nur mit Freiheitsstrafe bis höchstens 6 Monate oder mit Geldstrafe bis höchstens 180 Tagessätze bedroht ist. Entscheidend für die Höchstgrenze ist die im Straftatbestand des Gesetzes abstrakt vorgesehene, nicht die im konkreten Fall zu erwartende **Strafhöhe.** Diese

49 ist hingegen bei der ebenfalls die Fluchtgefahr betreffenden Regelung der Freilassung gegen Sicherheitsleistung in § 127a Abs. 1 Nr. 1 StPO maßgebend.

---

54 *Boujong,* KK 1987 § 112 StPO Rdnr. 15; *Kleinknecht/Meyer* 1987 § 112 StPO Rdnr. 17; *Joachimski/Pfaff* 1977 S. 21.
55 OLG Düsseldorf v. 18. 5. 1984, NPA 509 StPO § 116 Bl. 3 R.
56 *Boujong,* KK 1987 § 112 StPO Rdnr. 17; *Kleinknecht/Meyer* 1987 § 112 StPO Rdnr. 18 a. E.
57 Vgl. vorherige Fußnote; a. A. *Joachimski/Pfaff* 1977 S. 21/22, die in Fällen ernsthafter Selbstmordgefahr im Gegensatz zur bloßen Möglichkeit eine Entziehungshandlung sehen.

dd) **Verdunkelungsgefahr.** Sehr viel differenzierter sind die Voraussetzungen des Haftgrundes der Verdunkelungsgefahr in § 112 Abs. 2 Nr. 3 StPO ausgestaltet. In der Praxis hat er neben dem der Fluchtgefahr wesentlich geringere Bedeutung gefunden und kommt fast nur für zeitlich begrenzte Abschnitte des Ermittlungsverfahrens in Betracht. Nach Durchführung der Hauptverhandlung in den der Tatsachenfeststellung dienenden Instanzen ist für diesen Haftgrund kein Raum mehr[58]. Die Annahme von Verdunkelungsgefahr setzt voraus, daß 50

– aus dem **Verhalten** des Beschuldigten
– der **dringende Verdacht** bestimmter, enumerativ aufgezählter künftiger prozeßordnungswidriger Handlungen abgeleitet werden kann, durch die
– die **Gefahr** droht, daß die Ermittlung der für das Verfahren relevanten Tatsachen erschwert wird.

Der entscheidende Anknüpfungspunkt ist also **ein Verhalten des Beschuldigten.** Durch dieses muß die entsprechende Absicht des Beschuldigten erkennbar werden[59]. Hiervon unabhängig Umstände, wie z. B.[60] ausstehende Ermittlungsmaßnahmen, Flucht von Mittätern, Nichterreichbarkeit bestimmter Beweismittel, erfüllen diese Voraussetzung nicht. Der einfache Verdacht, daß Beschuldigte eine oder mehrere der abschließend aufgezählten Handlungen begehen wird, genügt nicht. Wie beim die Untersuchungshaft bestimmenden Tatverdacht wird auch hier eine dringende Wahrscheinlichkeit dafür verlangt, daß der Beschuldigte einschlägig vorgeht. Zu den Anforderungen an diese Verdachtsqualität s. o. Rdnr. 41. 51

Die **Verdunkelungshandlungen** können gegen sächliche oder personale Beweismittel gerichtet sein und vom Beschuldigten selbst oder einer anderen, von ihm dazu veranlaßten Person ausgehen. Dabei sind gruppenspezifische Verhaltensweisen durchaus zu berücksichtigen. So wurde Verdunkelungsgefahr nach entsprechenden Hinweisen von Zeugen bejaht bei einem Beschuldigten, der Angehöriger einer Rockergruppe war, weil aufgrund typischer Verhaltensweisen solcher Gruppen mit die Wahrheitsfindung erschwerendem Auftreten gegenüber Geschädigten und Zeugen zu rechnen ist[61]. In § 112 Abs. 2 Nr. 3 lit. a StPO sind alle Formen der Vernichtung, Veränderung, des Beiseiteschaffens, Unterdrückens oder Fälschens **sächlicher Beweismittel** umfaßt, gleichgültig, ob der Täter aufgrund der Rechtsordnung dazu befugt ist oder nicht[62]. Etwas anderes gilt für das Einwirken auf den dem **Personalbeweis** zuzurechnenden Personenkreis der Mitbeschuldigten, Zeugen und Sachverständigen. Eine Einwirkung auf sie ist nur dann eine relevante Verdunkelungshandlung, wenn sie in unlauterer Weise geschieht. Diese Differenzierung gegenüber dem Einwirken auf 52

---

58 *Boujong*, KK 1987 § 112 StPO Rdnr. 38; *Kleinknecht/Meyer* 1987 § 112 StPO Rdnr. 35. a. E.
59 *Krause/Nehring* 1978 § 112 StPO Rdnr. 7.
60 Vgl. die Beispiele bei *Kleinknecht/Meyer* 1987 § 112 StPO Rdnr. 28.
61 OLG München v. 29. 6. 1973, NPA 509 StPO § 112 Bl. 4.
62 *Kleinknecht/Meyer* 1987 § 112 StPO Rdnr. 32; *Boujong*, KK 1987 § 112 StPO Rdnr. 33.

sächliche Beweismittel ist deshalb notwendig, weil es auch verfahrensfördernde oder sonst mit den Zielen des Strafverfahrens zu vereinbarende oder gar billigenswerte Kontakte zu diesen Personen geben kann, wie z. B. Schadensregulierungsgespräche mit dem Opfer der Straftat. **Unlauter** können sowohl das Ziel als auch die Art des Einwirkens sein, aber nur dann, wenn sie gegen gesetzliche Normen verstoßen. So ist das Bestreiten durch den Beschuldigten auch in Gegenwart eines Zeugen zulässig. Selbst gegen die an einen zur Verweigerung des Zeugnisses oder der Auskunft Berechtigten gerichtete Bitte, von diesem Recht zu Gunsten des Beschuldigten Gebrauch zu machen, ist solange nichts einzuwenden, als dabei kein die Willensentschließung der Beweisperson unzulässig beeinflussendes Vorgehen wie Täuschung, Nötigung, Ausnutzung eines Abhängigkeitsverhältnisses etc. gewählt wird[63].

53   Alle Verdunkelungshandlungen erfordern beim Beschuldigten **Vorsatz**. Für die durch den Beschuldigten zu einschlägigem Vorgehen veranlaßte andere Person i. S. des § 112 Abs. 2 Nr. 3 lit. c StPO wird dies nicht verlangt. Dieser Tatmittler braucht das Ziel des Vorgehens nicht einmal zu erkennen[64].

54   Die aus dem Verhalten des Beschuldigten resultierende dringende Gefahr einschlägiger Verdunkelungshandlungen schafft jedoch nur dann einen Haftgrund, wenn sie zugleich die **Gefahr** begründet, daß die Ermittlung der Wahrheit erschwert wird. Da diese Gefahr keine besondere Qualifikation erfahren hat, reicht jedes über die abstrakte Möglichkeit hinausgehende zusätzliche Beweisrisiko, das im Schrifttum durchgängig als konkrete Gefahr umschrieben wird[65]. Sie wird um so weniger zu bejahen sein, wie bereits prozessual abgesicherte Beweismittel für die Tatsachen zur Verfügung stehen, auf die sich die Verdunkelungshandlung bezieht.

55   ee) **Wiederholungsgefahr**, § 112 a StPO, ist als Haftgrund ein Fremdkörper im Strafprozeßrecht. Zweck dieser Vorschrift ist nicht die Sicherung der Durchführung des Strafverfahrens. Vielmehr wird – so der Gesetzestext in § 112 a Abs. 1 Satz 1 StPO – „die Haft zur Abwendung der drohenden Gefahr erforderlich", der Beschuldigte könnte „vor rechtskräftiger Aburteilung weitere erhebliche Straftaten gleicher Art begehen oder die Straftat fortsetzen". Wenn auch vom **materiellen Verfassungsrecht** gesehen gegen eine solche freiheitsentziehende Maßnahme zu Recht **keine** durchschlagenden **Bedenken** geltend gemacht werden

56   können[66], so bleibt die Frage der **Gesetzgebungskompetenz zweifelhaft**. Unstreitig ist zwar, daß der Bund im Rahmen der konkurrierenden Gesetzgebung nach Art. 74 Nr. 1 GG die Kompetenz für das Straf-

---

63 *Boujong*, KK 1987 § 112 StPO Rdnr. 35; *Kleinknecht/Meyer* 1987 § 112 StPO Rdnr. 33 a. E., jeweils m. w. N.
64 *Kleinknecht/Meyer* 1987 § 112 StPO Rdnr. 34 m. w. N.
65 *Boujoung*, KK 1987 § 112 StPO Rdnr. 37; *Kleinknecht/Meyer* 1987 § 112 StPO Rdnr. 35.
66 Das BVerfG hat die Vorschrift deshalb wiederholt für verfassungskonform erklärt, BVerfG v. 30. 5. 1973 (BVerfGE 35, 185) und v. 15. 12. 1965 (BVerfGE 19, 342).

recht und das gerichtliche Verfahren auch bezüglich der strafprozessualen Ermittlungen besitzt[67]. Anknüpfungspunkt ist jedoch stets die bereits begangene Tat und Ziel des Strafrechts die Ahndung. Daß mit dieser Ahndung im Wege der General- oder Spezialprävention zugleich die Hoffnung der Verhinderung weiterer Straftaten verknüpft wird, ändert nichts daran, daß das Strafrecht nur über die in seinen Straftatbeständen angedrohten Sanktionen präventiv wirkt. Das in § 112 a StPO formulierte Ziel verfolgt jedoch eine von der strafrechtlichen Sanktion unabhängige Prävention, die deshalb auch nicht als Inhalt des Straf- bzw. Strafverfahrensrechts Gegenstand der konkurrierenden Gesetzgebung sein kann. Selbst mit den Argumenten einer Kompetenzausdehnung kraft Sachzusammenhangs oder Annexkompetenz[68] kann die Gesetzgebungskompetenz des Bundes für diesen rein präventiven Haftgrund nicht begründet werden. Angesichts der Sanktionsdichte des Straf- und des zu Recht einbezogenen Ordnungswidrigkeitenrechts[69] darf der Bundesgesetzgeber nicht auf dem Wege beliebiger Sanktionierung bestimmter Verhaltensweisen über das Strafrecht in die Kompetenz der Länder fallende Gesetzgebungsmaterien an sich ziehen[70]. Schon wegen des Verhältnisses von Länder- und Bundesgesetzgebung in Art. 70 Abs. 1 GG darf es im Hinblick auf das Bundesstaatsprinzip des Art. 20 Abs. 1 GG nicht zu einer extensiven Interpretation der Gesetzgebungskompetenz kommen. Da die Verhinderung von Straftaten als klassische Aufgabe der öffentlichen Sicherheit jedoch Teil des allgemeinen Polizeirechts ist und deshalb in die legislative Zuständigkeit der Länder fällt[71], ist die Regelung des **§ 112 a StPO wegen Verletzung der Gesetzgebungskompetenz der Länder verfassungswidrig.** Dies ergibt sich daraus, daß dessen präventive Wirkung nicht Ausstrahlung, sondern alleiniger Zweck der Maßnahme ist.

Der Haftgrund des § 112 a StPO hat nach Abs. 2 dieser Vorschrift neben den Haftgründen des § 112 StPO nur **subsidiäre Bedeutung.** Diese kommt insbesondere im Falle der möglichen Aussetzung eines nach § 112 StPO ergangenen Haftbefehls gem. § 116 Abs. 1 und 2 StPO in Betracht.

Wegen Wiederholungsgefahr ist die Untersuchungshaft nach zwei Alternativen zulässig:

– § 112 a Abs. 1 Nr. 1 StPO
– dringender Tatverdacht einer Straftat gegen die sexuelle Selbstbestimmung (§§ 174, 174 a, 176, 177, 178, 179 StGB),
– aufgrund bestimmter Tatsachen bestehende Gefahr der Wiederholung oder Fortsetzung einschlägiger Straftaten,

---

67 S. o. Rdnr. 3.
68 *Maunz*, MDH Art. 74 GG Rdnr. 25; *Maack* 1983 Rdnr. 494.
69 *Maunz*, MDH Art. 74 GG Rdnr. 65.
70 *Maunz*, MDH Art. 74 GG Rdnr. 66.
71 *Mussmann* 1984 Rdnr. 27 und zur Abgrenzung vom Strafverfahrensrecht *Heise/Riegel* 1978 Einl. 1.52.

- Erforderlichkeit der Haft zur Abwendung dieser Gefahr.
- § 112 a Abs. 1 Nr. 2 StPO
- dringender Tatverdacht der wiederholten oder fortgesetzten Begehung einer Straftat gem. §§ 125 a, 223 a, 224, 225, 226, 243, 244, 249, 250, 251, 252, 255, 260, 263, 306, 307, 308, 361 a StGB, 29 Abs. 1 Nr. 1, 4, 10, Abs. 3, 30 Abs. 1 BtMG,
- schwerwiegende Beeinträchtigung der Rechtsordnung durch diese Tat,
- aufgrund bestimmter Tatsachen bestehende Gefahr der Wiederholung[72] oder Fortsetzung einschlägiger Straftaten,
- Erforderlichkeit der Haft zur Abwendung dieser Gefahr,
- zu erwartende mindestens 1jährige Freiheitsstrafe für die begangenen Straftaten, wofür eine Vermutung spricht, wenn innerhalb der letzten 5 Jahre eine einschlägige Verurteilung zu Freiheitsstrafe erfolgte.

58 Bei den **Anlaßtaten** kommen alle Beteiligungs- und Handlungsformen in Betracht[73]. Zum **dringenden Tatverdacht** gelten die Kriterien des § 112 StPO[74].

59 Die **Erforderlichkeit** der Haft bedeutet Prüfung der Wirksamkeit von Alternativen der Gefahrenabwehr. Dabei kommen sowohl freiwillige Maßnahmen medizinischer, sozialtherapeutischer oder erzieherischer Art als auch präventivpolizeiliche Maßnahmen bis hin zur Unterbringung nach den einschlägigen landesrechtlichen Vorschriften in Betracht. Ein Widerspruch zu den Kriterien für den Erlaß des Haftbefehls nach § 112 a StPO ist die Vorschrift des § 116 Abs. 5 StPO. Kann nämlich durch bestimmte Verhaltensweisen des Beschuldigten bereits der präventive Zweck erreicht werden, so fehlt es entweder an der Wiederholungsgefahr oder der Erforderlichkeit für den Erlaß eines Haftbefehls nach § 112 a StPO. Ist dieser bereits erlassen, müßte er unter den Voraussetzungen des § 116 Abs. 3 StPO nicht nur außer Vollzug gesetzt, sondern aufgehoben werden. Auch hier zeigt sich, daß strafprozessuale Kategorien präventivpolizeilichen Zwecken nicht gerecht werden.

d) Verhältnismäßigkeit der Untersuchungshaft

60 Der verfassungsrechtlich verankerte Grundsatz der Verhältnismäßigkeit wird in § 112 Abs. 1 Satz 2 StPO ausdrücklich auf die Untersuchungshaft bezogen im Text des einfachen Rechts erläutert. Darin kommt seine besondere Relevanz für diese freiheitsentziehende Maßnahme zum Audruck. Das Ob und die Dauer der Untersuchungshaft werden dabei in Relation gestellt zu

---

[72] Dabei reicht eine neue die Prüfung der Haft veranlassende Tat und die nicht notwendig rechtskräftige, vorherige Verurteilung wegen einer gleichartigen Straftat, OLG Stuttgart v. 12. 2. 1988, NStZ 1988 S. 326.
[73] *Boujong,* KK 1987 § 112 a StPO Rdnr. 14.
[74] S. o. Rdnr. 41.

– der Bedeutung des Falles und
– den zu erwartenden Rechtsfolgen.

Die Rechtsprechung hatte sich wiederholt mit dieser Problematik zu befassen. So wurde bei einem NS-Verbrechen die 5jährige Untersuchungshaft bei von den Verfolgungsorganen zu vertretender Verfahrensverzögerung für unverhältnismäßig[75], in einem keine besonderen Verzögerungen aufweisenden Verfahren jedoch für vertretbar gehalten[76]. Nicht jedes Versehen, sondern nur grobe Fehler und Versäumnisse der zuständigen Stellen rechtfertigen die Ablehnung des wichtigen Grundes für die Fortsetzung der Haft gem. § 121 Abs. 1 StPO[77]. Sogar eine Änderung des GVG – nämlich die Einführung der ständigen Schwurgerichts-Strafkammern beim Landgericht gem. § 74 Abs. 2 GVG – wurde erforderlich, nachdem das BVerfG[78] eine vermeidbare Verzögerung in der Tatsache sah, daß das frühere Schwurgericht nur während bestimmter, im voraus festgelegter Sitzungsperioden tagte und so unnötige Wartezeiten in zum Schwurgericht angeklagten Haftsachen entstanden. Dennoch ist auch bei zu erwartenden kürzeren Freiheits- oder gar Geldstrafen die Untersuchungshaft nicht ausgeschlossen[79]. Sie bedarf jedoch – soweit nicht ohnehin § 127 a StPO zur Anwendung kommt – besonderer Begründung der Erforderlichkeit. Die Beschleunigung der Ermittlungen und des Verfahrens selbst sind hier dringend geboten. Daneben sind die in §§ 121, 122 a StPO gegebenen **zeitlichen Begrenzungen** der Untersuchungshaft zu wesentlichen Regelungsmechanismen geworden. Ist bereits beim Erlaß des Haftbefehls abzusehen, daß die Hauptverhandlung wegen Überlastung des Gerichts nicht innerhalb der 6-Monatsfrist des § 121 StPO durchgeführt werden kann, so darf der Haftbefehl nicht erlassen werden[80]. Schließlich kommt der Verhältnismäßigkeitsgrundsatz auch darin zum Ausdruck, daß bei **Fehlen eines** für das Verfahren erforderlichen **Strafantrags** (§§ 77 ff. StGB) oder des Strafverlangens (§ 77 e StGB) der Antragsberechtigte mit Erlaß des Haftbefehls aufzufordern ist, sich binnen längstens einer Woche zur Stellung des Strafantrags zu erklären, § 130 StPO. Wenn ein Haftbefehl bei Antragsdelikten deshalb auch nicht ausgeschlossen ist, so soll doch schnellstens Klarheit über diese Verfahrensvoraussetzung bestehen. In Privatklageverfahren wird hingegen die Untersuchungshaft zu Recht wegen Fehlens öffentlichen Strafverfolgungsinteresses für unzulässig gehalten[81]. § 387 Abs. 3 StPO erlaubt deshalb in diesen Verfahren auch nur die Vorführung des Angeklagten.

---

75 BVerfG v. 3. 5. 1966, BVerfGE 20, 45.
76 BVerfG v. 14. 3. 1967, BVerfGE 21, 223.
77 Versehentliche einmonatige Verzögerung der Akteneinsicht für Verteidiger reicht nicht, OLG Frankfurt v. 18. 1. 1988, NStZ 1988 S. 287.
78 V. 12. 12. 1973, BVerfG 36, 264 ff., 272.
79 Vgl. Fallbeispiele bei *Boujong*, KK 1987 § 112 StPO Rdnr. 48. Als Verletzung gebotener Beschleunigung würdigte OLG Schleswig v. 3. 2. 1987, NPA 509 StPO § 121 Bl. 3 eine 3monatige Unterbrechung der Bearbeitung trotz Überlastung und Urlaubszeit.
80 OLG Düsseldorf v. 21. 9. 1987, NPA 509 StPO § 121 Bl. 2.
81 *Kleinknecht/Meyer* 1987 § 384 StPO Rdnr. 6; *Pelchen*, KK 1987 § 384 StPO Rdnr. 5.

2. Die Anordnung der Untersuchungshaft

61 *a) Richtervorbehalt*

Untersuchungshaft anzuordnen ist im Hinblick auf Art. 104 Abs. 2 Satz 1 GG gem. § 114 Abs. 1 StPO dem **Richter vorbehalten.** Bis zur Anklageerhebung ist nach § 125 Abs. 1 StPO der Richter zuständig, in dessen Bezirk sich der Beschuldigte aufhält oder sich gem. §§ 7 ff. StPO eine gerichtliche Zuständigkeit für die Verfolgung der Tat ergibt. Von einem Antrag der Staatsanwaltschaft ist bei deren Nichterreichbarkeit abzusehen, § 125 Abs. 1 StPO am Ende. Nach Anklageerhebung entscheidet über die Haftfrage das mit der Sache befaßte Gericht, während des Revisionsverfahrens die letzte Tatsacheninstanz, § 125 Abs. 2 StPO.

b) Erfordernis der Schriftlichkeit

62 Ein Haftbefehl hat **schriftlich** zu ergehen, § 114 Abs. 1 StPO, und muß die in § 114 Abs. 2 StPO bezeichneten Mindestangaben, ggf. auch Ausführungen zur Verhältnismäßigkeit enthalten, § 114 Abs. 3 StPO.

Lediglich für die den dringenden Tatverdacht und den Haftgrund belegenden Tatsachen wird im Falle der Gefährdung der Staatssicherheit die Darlegungslast gemindert. Diese Ausnahmevorschrift ist nicht auf Staatsschutzdelikte beschränkt[82]. Sie wird gerade im Bereich der organisierten Kriminalität in Fällen der **Gefährdung von Zeugen** zunehmend Bedeutung erlangen. Die zunehmende Angst von Zeugen führt nämlich zu einem die Sicherheit des Rechtsstaates und das Rechtsbewußtsein der Bevölkerung erheblich beeinträchtigenden Überführungsdefizit gerade in den die Öffentlichkeit besonders berührenden Formen professioneller Kriminalität, so daß eine Gefährdung der Staatssicherheit in der Form der Beeinträchtigung der Funktionsfähigkeit dieses wichtigen Teils der Strafverfolgung zu sehen ist.

3. Durchführung der Untersuchungshaft

63 Zum Schutz des Betroffenen und seiner rechtlichen Absicherung kennt die StPO eine Reihe von Vorschriften, die auch während des Vollzugs der Untersuchungshaft dem Inhaftierten den erforderlichen rechtlichen Schutz bieten.

a) Bekanntgabe des Haftbefehls

64 Die Bekanntgabe des Haftbefehls hat gem. § 114a Abs. 1 Satz 1 StPO bereits bei der Verhaftung zu erfolgen und zwar in der Form des § 35 StPO. Dabei erhält der Beschuldigte stets eine Abschrift, § 114a Abs. 2 StPO. Läßt die Festnahmesituation dieses vorgeschriebene Verfahren nicht zu, so ist es später nachzuholen. In jedem Falle verlangt jedoch § 114a Abs. 1 Satz 2 StPO eine vorläufige Mitteilung über die Tatsache der Verhaftung und die zugrunde liegende Straftat.

---

[82] *Boujong,* KK 1987 § 114 StPO Rdnr. 14; *Kleinknecht/Meyer* 1987 § 114 StPO Rdnr. 12.

b) Vorführung vor den Richter

Die Vorführung vor den Richter, § 115 StPO, der für die Entscheidung über den Haftbefehl zuständig ist, ist zwingend vorgeschrieben[83] und dient der von Amts wegen vorzunehmenden Prüfung, ob auch nach der Festnahme und ggf. entsprechendem Verteidigungsvorbringen weiterhin die Voraussetzungen für die Haft vorliegen. Die Vorführung erfolgt in der Weise, daß der Beschuldigte in der zuständigen Haftanstalt zur Verfügung des Richters gehalten wird, dem zu diesem Zweck die die Haft begründenden Unterlagen vorzulegen sind. Diese Vorführung hat **unverzüglich**, d. h. ohne schuldhaftes Zögern, nach der Festnahme zu erfolgen. Ihr hat ebenfalls unverzüglich – der Zusatz „spätestens am nächsten Tage" stellt lediglich die äußerste zeitliche Begrenzung dar[84] – die Vernehmung durch den Richter zu folgen, § 115 Abs. 2 StPO. Wird der Beschuldigte unter örtlichen Verhältnissen oder anderen Umständen festgenommen, die seine Vorführung vor den zuständigen Richter innerhalb der vorgegebenen Zeit unmöglich machen, so erfolgt **hilfsweise** die Vorführung beim Richter des nächstgelegenen Amtsgerichts. Er hat gem. § 115a StPO jedoch nur eine beschränkte Kompetenz zur Freilassung des Beschuldigten im Falle, daß der erlassene Haftbefehl bereits aufgehoben wurde oder der Beschuldigte nicht die im Haftbefehl bezeichnete Person ist.

c) Benachrichtung von der Verhaftung

Die Benachrichtungung von der Verhaftung ist aufgrund Art. 104 Abs. 4 GG in zweifacher Weise erforderlich:
- als objektive Pflicht für den Richter, § 114b Abs. 1 StPO,
- als Möglichkeit für den Verhafteten, § 114b Abs. 2 StPO.

Die Benachrichtigungspflicht des Richters ist in jedem Falle zwingend vorgeschrieben. Selbst ein Verzicht des Verhafteten ist unwirksam, solange ihm dadurch keine in der Relation zum Normzweck unverhältnismäßigen Nachteile drohen[85]. An derartige **Ausnahmen** sind hohe Anforderungen zu stellen, denn Art. 104 Abs. 4 GG schafft nicht nur ein subjektives Recht auf Benachrichtigung für den Betroffenen bzw. seine Angehörigen, sondern stellt sich in der Form der objektiven Verfassungsnorm in erster Linie dar als Ausdruck der Gewährleistung der Menschenrechte im Rechtsstaat. Deshalb entscheidet auch nicht der Verhaftete, sondern der Richter darüber, ob er einen Angehörigen oder eine Vertrauensperson benachrichtigt[86]. Die richterliche Benachrichtigung hat unabhängig davon zu erfolgen, ob der Beschuldigte seinerseits von der Möglichkeit des § 114b Abs. 2 StPO Gebrauch macht. Nur diese zusätzliche Nachricht darf wegen Gefährdung des Untersuchungszwecks unterbleiben. Der Richter kann diesen Umstand für die ihm obliegende Verständigung bei der Auswahl des Adressaten berücksichtigen.

---

83 Verzicht durch den Beschuldigten ist unerheblich, *Boujong*, KK 1987 § 115 StPO Rdnr. 6; *Kleinknecht/Meyer* 1987 § 115 StPO Rdnr. 1.
84 In diese Frist sind Zeiten vorheriger Freiheitsentziehung aufgrund anderer Rechtsgrundlage, wie z. B. Personalienfeststellung, einzubeziehen, BGH v. 30. 4. 1987, NStZ 1988 S. 233.
85 *Dürig*, MDH Art. 104 Rdnr. 43 Ziff. 2; *Kleinknecht/Meyer* 1987 § 114b StPO Rdnr. 6; *Boujong*, KK 1987 § 114b StPO Rdnr. 5.
86 *Kleinknecht/Meyer* 1987 § 114b StPO Rdnr. 4 und 7.

d) Vollzug der Untersuchungshaft

67 Der Vollzug der Untersuchungshaft bedarf ebenfalls gesetzlicher Grundlage. Diese ist in § 119 StPO und der als Verwaltungsvorschrift zu klassifizierenden Untersuchungshaftvollzugsordnung als verfassungsrechtlich ausreichend legitimiert anzusehen. Das Gesetz selbst braucht nur die grundsätzlichen Entscheidungen zu treffen, während die Spezifikation nachrangigen Rechtsvorschriften vorbehalten bleiben darf[87]. Dennoch mehren sich die rechtspolitischen Forderungen nach Erlaß eines Untersuchungshaftvollzugsgesetzes[88].

§ 119 StPO enthält in Abs. 1 und 2 Vorschriften über die Unterbringung, in Abs. 5 über die Festsetzung und in Abs. 3 und 4 über die Zulässigkeit von Beschränkungen der Lebensgestaltung während der Haft. Die Entscheidungskompetenz liegt nach Abs. 6 beim zuständigen Richter.

Zu Sonderregelungen der **Kontaktsperre** vgl. §§ 31 ff. EGGVG.

4. Haftkontrolle

68 **Entscheidungen über die weitere Untersuchungshaft im Rahmen der Haftkontrolle** trifft bis zur Anklageerhebung gem. § 126 StPO der für den Erlaß des Haftbefehls zuständige Richter, später das mit der Verhandlung betraute Gericht. Wird allerdings die Untersuchungshaft oder das Ermittlungsverfahren nicht am Sitz des den Haftbefehl erlassenden Richters geführt, so kann dieser auf Antrag der Staatsanwaltschaft seine Zuständigkeit übertragen. Dies hat für den Beschuldigten den Vorteil der leichteren Erreichbarkeit des Haftrichters.

69 Der Haftbefehl kann bei allen Haftgründen ggf. gegen entsprechende Auflagen oder Sicherheiten **außer Vollzug** gesetzt werden (§§ 116 Abs. 1–3, 116 a StPO). Muß der Haftbefehl wegen Verstoßes gegen diese Auflagen, Flucht oder anderen zunächst nicht bekannten Gründen wieder in Vollzug gesetzt werden, § 116 Abs. 4 StPO, so verfällt ggf. eine geleistete Sicherheit (§ 124 StPO). Erst mit der Aufhebung des Haftbefehls gem. § 120 StPO werden auch die bei Außervollzugsetzung erlassenen Auflagen aufgehoben, § 123 StPO.

70 Auf während des Vollzugs des Haftbefehls jederzeit zulässigen Antrag des Beschuldigten erfolgt entweder im schriftlichen Verfahren oder in Form der mündlichen Verhandlung die **Haftprüfung**, §§ 117–118 b StPO, durch den zuständigen Richter. Unabhängig davon kann, ohne daß es der Einhaltung einer Frist bedarf, gegen den Haftbefehl und jede ihn sonst

71 betreffende richterliche Entscheidung gem. §§ 304 ff. StPO **Beschwerde** eingelegt werden. Dies gilt auch für außer Vollzug gesetzte Haftbefehle. Die Beschwerde ist bei dem den angefochtenen Beschluß erlassenden Gericht einzulegen. Hilft dieses nicht ab, so legt es der nächsten Instanz zur Entscheidung vor. Während des Haftprüfungsverfahrens ist die Beschwerde nicht zulässig, § 117 Abs. 2 StPO.

---

[87] *Hesse* 1980 S. 153.
[88] *Boujong*, KK 1987 § 119 StPO Rdnr. 1.

Nach **3monatiger** Dauer der **Untersuchungshaft** ist dem Beschuldigten 72
auf seinen bzw. den Antrag der Staatsanwaltschaft ein Verteidiger zu
bestellen, § 117 Abs. 4 StPO, oder aber von Amts wegen eine Haftprüfung
durchzuführen, § 117 Abs. 5 StPO. Die Pflicht zur Haftprüfung entfällt
lediglich, wenn bereits eine Haftprüfung oder Beschwerde durchgeführt
wurde oder aber der Beschuldigte einen Verteidiger hat.

Die von Amts wegen durchzuführende **Haftprüfung nach 6 Monaten** 73
gem. §§ 121 ff. StPO stellt eine weitere verfahrensmäßige Sicherung zur
Gewährleistung der Verhältnismäßigkeit der Untersuchungshaft dar. Ist
bis zu diesem Zeitpunkt noch kein auf Freiheitsentzug in Form einer Freiheitsstrafe oder einer Maßregel der Sicherung und Besserung lautendes
Urteil ergangen, so darf die Untersuchungshaft nur fortgesetzt werden,
wenn dies erforderlich ist, wegen

– der besonderen Schwierigkeiten der Ermittlungen,

– des besonderen Umfangs der Ermittlungen,

– oder eines anderen wichtigen Grundes.

Nach Ablauf der 6-Monats-Frist, die lediglich während der Hauptverhandlung ruht (§ 121 Abs. 2 Satz 2 StPO), muß entweder

– der Haftbefehl bem. § 116 StPO außer Vollzug gesetzt

– oder eine Entscheidung durch das Oberlandesgericht herbeigeführt werden (§ 121 Abs. 2 StPO).

Diesem Gericht obliegt dann auch die weitere Haftkontrolle (§ 122
Abs. 3 Satz 2 StPO).

II. Festnahme 74

Unabhängig vom vorherigen Erlaß eines Haftbefehls sieht § 127 StPO die
Festnahme eines Straftäters in 3 Fällen vor:

– durch **jedermann** bei Betreffen oder Verfolgen auf frischer Tat **zur Verhinderung der Flucht**,

– durch **jedermann** bei Betreffen oder Verfolgen auf frischer Tat **zur
Feststellung der Identität** des Täters, wobei dies Staatsanwälten und
Polizeivollzugsbeamten nur gem. § 163 b Abs. 1 StPO erlaubt ist,

– durch den **Staatsanwalt** oder Beamte des **Polizeivollzugsdienstes** bei
Vorliegen der Voraussetzungen zum Erlaß eines Haftbefehls, falls das
Einholen der richterlichen Entscheidung dazu führen würde, daß die
Festnahme zumindest zu dieser Zeit unmöglich wird (Gefahr in Verzug).

Diese Vorschrift soll gewährleisten, daß die wirksame Aufnahme strafrechtlicher Ermittlungen nicht am eigentlich vorgesehenen richterlichen
Erlaß eines Haftbefehls scheitert. Deshalb ist dem Staatsanwalt und Polizeivollzugsbeamten in § 127 Abs. 2 StPO eine subsidiäre Festnahmekom-
petenz eingeräumt worden. In § 127 Abs. 1 StPO sind jedoch unter folgenden Voraussetzungen weitergehende Möglichkeiten geschaffen worden:

1. Begriff der Tat

75 Als **Tat i. S. von § 127 Abs. 1 StPO** kommt lediglich eine tatbestandsmäßig und rechtswidrig, gleichgültig in welcher Teilnahme- oder Vollendungsform begangene Straftat in Betracht. In Rechtsprechung und Schrifttum[89] ist streitig, ob diese Straftat tatsächlich begangen worden sein muß oder ob ein dringender oder sonst hoher Verdacht der Begehung ausreicht. Da der Gesetzestext voraussetzt, daß der Festnehmende den Täter auf frischer Tat betroffen oder verfolgt hat, ohne daß von einem wie auch immer qualifizierten Verdacht der Straftat gesprochen wird, kann nur die nach der vom Festnehmenden gewonnenen Überzeugung tatsächlich begangene Straftat gemeint sein[90]. Hat der Festnehmende Zweifel, ob der wahrgenommene Vorgang eine Straftat ist, so steht ihm die Befugnis nach § 127 Abs. 1 StPO nicht zu.

2. Auf frischer Tat betreffen oder verfolgen

76 Der Festnehmende muß den Täter **auf frischer Tat betreffen oder verfolgen**. Dies setzt einen räumlich-zeitlichen Zusammenhang zur Tatbegehung voraus. Dabei wird durch das Wortpaar „betreffen" oder „verfolgen" deutlich, daß neben der Festnahme am Tatort auch die aufgrund einer in zeitlich-räumlichen Zusammenhang mit der Tat aufgenommenen Verfolgung zulässig ist. Der festnehmende Verfolger muß die Tat nicht selbst entdeckt haben, es genügt, daß er vom Entdecker zur Verfolgung veranlaßt wird[91]. Für die Dauer der Verfolgung gibt es keine Grenze. Die Verfolgung muß nur ohne Unterbrechung andauern[92], wobei eine Rast des Verfolgers genauso unschädlich ist, wie wenn der Verfolgte außer Sichtweite gelangt[93].

3. Festnahmegrund

77 Neben dem Betreffen oder Verfolgen auf frischer Tat muß außerdem ein **Festnahmegrund** gegeben sein. Dies kann sein:

78 a) **Der Fluchtverdacht** setzt eine geringere Wahrscheinlichkeit der Flucht voraus als die Fluchtgefahr des § 112 Abs. 2 Nr. 2 StPO[94]. Ausreichend ist die nach den Umständen des Falles vernünftigerweise gerechtfertigte Annahme, daß der Täter fliehen werde[95].

79 b) **Mangelnde Möglichkeit sofortiger Identitätsfeststellung.** Dabei kommt es auf eine möglichst zweifelsfreie Feststellung der Identität an. Hierzu gehört in aller Regel, daß Name, Vorname, Geburtsdatum, Geburtsort und Anschrift durch gültige Papiere nachgewiesen werden. Lediglich

---

89 Vgl. die Hinweise bei *Boujong*, KK 1987 § 127 StPO Rdnr. 9; *Kleinknecht/Meyer* 1987 § 127 StPO Rdnr. 4.
90 BayObLG v. 30. 5. 1986, NPA 510 StPO § 127 Bl. 25.
91 *Boujong*, KK 1987 § 127 StPO Rdnr. 13; *Kleinknecht/Meyer* 1987 § 127 StPO Rdnr. 6.
92 *Boujong*, KK 1987 § 127 StPO Rdnr. 14.
93 *Kleinknecht/Meyer* 1987 § 127 Rdnr. 6; *Krause/Nehring* 1978 § 127 StPO Rdnr. 5.
94 S. hierzu o. Rdnr. 46.
95 *Boujong*, KK 1987 § 127 StPO Rdnr. 16 m. w. N.

bei überschaubaren örtlichen Verhältnissen, die ohne weiteres die Gewähr für den Erfolg ergänzender Feststellungen bieten, genügt weniger. Nur ausnahmsweise dürfte die Identifizierung durch einen seinerseits zur Person ausgewiesenen Dritten ausreichend sein[96]. Entscheidend ist dessen Kenntnisstand und Glaubwürdigkeit.

4. Vorläufige Festnahme

Die vorläufige Festnahme des § 127 StPO hat – obwohl dies im Gesetzestext nicht ausdrücklich steht – lediglich **subsidiäre Geltung**. Dies ergibt sich aus der systematischen Stellung der Vorschrift im Anschluß an die Regelung über die Untersuchungshaft. Außerdem folgt es daraus, daß mit Ausnahme des Privatklageverfahrens Strafverfolgungsmaßnahmen staatlichen Organen vorbehalten sind. Sobald diese erreichbar sind, endet die Befugnis des Privaten. In keinem Fall ist die Festnahme gegen den ausdrücklichen oder durch schlüssiges Verhalten erkennbaren Willen der Polizei zulässig[97]. **80**

5. Verhältnismäßigkeit

Als weitere ungeschriebene Voraussetzung der vorläufigen Festnahme ist der **Grundsatz der Verhältnismäßigkeit** zu beachten. Er gilt in zweierlei Hinsicht, nämlich sowohl bezüglich der Tat, die den Anlaß zur Festnahme bietet, als auch hinsichtlich der Risiken, die damit verbunden sind. Letzteres ist insb. bei Verkehrsstraftaten zu beachten[98]. Verfolgungsfahrten durch Privatpersonen sind hier, von schweren Straftaten abgesehen, in aller Regel unangemessen. Die Befugnis des § 127 Abs. 1 StPO stellt für den Festnehmenden zugleich einen strafrechtlichen **Rechtfertigungsgrund** dar für die mit der Festnahme notwendig verbundenen Maßnahmen der Freiheitsberaubung, Nötigung und Körperverletzung. Letztere ist im Ausmaß ihrer rechtfertigenden Wirkung umstritten[99] und auf die mit der Anwendung unmittelbaren Zwangs verbundene Schmerzzufügung zu beschränken[100]. Der über Warnschüsse hinausgehende Schußwaffengebrauch Privater zum Zwecke der Festnahme ist deshalb auf gleichzeitig vorliegende Notwehrsituationen zu beschränken. **81**

82

6. Verfahren nach vorläufiger Festnahme

Um auch in den Fällen der vorläufigen Festnahme die für die Untersuchungshaft geltenden verfassungsrechtlichen Garantien des Art. 104 GG zur Geltung zu bringen, ist das **weitere Verfahren** der §§ 128, 129 StPO dem Verfahren nach Festnahme aufgrund eines Haftbefehls nachgebildet. **83**

---

96 *Kleinknecht/Meyer* 1987 § 127 StPO Rdnr. 11 a E. m. w. N.
97 *Boujong*, KK 1987 § 127 StPO Rdnr. 21; *Kleinknecht/Meyer* 1987 § 127 StPO Rdnr. 7.
98 Soweit hier nicht z. B. für die Voraussetzungen der Annahme von Gemeingefahr oder Fahruntüchtigkeit bereits wegen mangelnder Offenkundigkeit Zweifel am Tatverdacht angebracht sind, BGH v. 18. 1. 1973, NPA 510 StPO § 127 Bl. 17.
99 Vgl. *Kleinknecht/Meyer* 1987 § 127 StPO Rdnr. 14 und 15; *Boujong*, KK 1987 § 127 StPO Rdnr. 28.
100 OLG Stuttgart v. 2. 3. 1984, NPA 510 StPO § 127 Bl. 24.

Jedoch gilt die von § 115 Abs. 1 StPO abweichende Regelung des § 128 Abs. 1 Satz 1 StPO. Dies folgt aus der gegenüber den § 115 StPO-Fällen anderen Ermittlungssituation und wird durch die systematische Stellung des § 128 Abs. 1 Satz 1 StPO bestätigt.

III. Vorführung und Verhaftung in anderen Fällen

1. Im Ermittlungsverfahren

84 Vorführung des Beschuldigten im **Ermittlungsverfahren** zur Vernehmung ist außer beim Vorliegen eines Haftbefehls der Polizei aus eigener Befugnis für Beschuldigte nur unter den Voraussetzungen der §§ 127 oder 163 b StPO möglich. Eine Pflicht des Beschuldigten, zu einer Vernehmung zu erscheinen, besteht nur gegenüber dem Richter gem. §§ 133 ff. StPO oder dem Staatsanwalt gem. § 163 a Abs. 3 StPO. Für beide Fälle legen die §§ 133 ff. bzw. § 163 a Abs. 3 i. V. mit §§ 133 ff. StPO die Voraussetzungen der Vorführung fest. Danach muß der Beschuldigte unter Androhung der Möglichkeit der Vorführung zur Vernehmung schriftlich geladen worden sein, § 133 StPO. Eine Vorführung ohne vorherige Ladung ist zwar gem. § 134 StPO ebenfalls zulässig, aber an die Voraussetzungen für den Erlaß eines Haftbefehls[101] gebunden.

Ein **Vorführungsbefehl** muß vom nach §§ 125, 126, 162, 165 oder 169 StPO zuständigen Richter schriftlich erlassen werden und die in § 134 Abs. 2 StPO genannten Angaben enthalten.

2. Im Hauptverfahren

85 Vorführung und Verhaftung sind **gem. § 230 Abs. 2 StPO** möglich zur Durchsetzung des in § 230 Abs. 1 StPO enthaltenen Prinzips, daß gegen den Angeklagten in seiner Anwesenheit verhandelt wird. Es gibt nur wenige, an bestimmte Voraussetzungen gebundene Ausnahmen, wie z. B.

— unerlaubtes Entfernen oder Fernbleiben nach Vernehmung des Angeklagten, ohne daß dessen Anwesenheit erforderlich ist, § 231 Abs. 2 StPO,
— bei selbstverschuldeter Verhandlungsunfähigkeit, § 231 a StPO,
— nach Entfernung des Angeklagten aus dem Verhandlungsraum wegen ordnungswidrigen Benehmens, § 231 b StPO,
— Beurlaubung für den Angeklagten nicht betreffende Verhandlungsabschnitte, § 231 c StPO,
— bei Ausbleiben trotz ordnungsgemäßer Ladung, wenn nicht zu erwarten ist, daß bestimmte Grenzen der Strafen oder Nebenfolgen überschritten werden, § 232 StPO,
— nachdem der Angeklagte von der Pflicht zum Erscheinen befreit wurde und bestimmte Grenzen der Strafen oder Nebenfolgen nicht überschritten werden, § 233 StPO.

---
101 S. o. Rdnr. 39 ff.

Bei dieser Sachlage kann es notwendig werden, einen nicht in Haft befindlichen Angeklagten zum Erscheinen **in der Hauptverhandlung** zu zwingen. Die Prozeßordnung bietet dazu sowohl den Vorführungs- als auch den Haftbefehl an (§ 230 Abs. 2 StPO), die vom Gericht erlassen und auf Veranlassung der Staatsanwaltschaft (§ 36 Abs. 2 StPO) in aller Regel durch den Polizeivollzugsdienst vollzogen werden.

Während der **Vorführungsbefehl** ausschließlich den Zweck hat, das Erscheinen des Angeklagten vor Gericht zu gewährleisten, geht das Ziel des **Haftbefehls** in § 230 Abs. 2 StPO weiter. Hiermit soll die Anwesenheit während der gesamten Dauer der Hauptverhandlung erreicht werden. Voraussetzung ist in beiden Fällen, daß der Angeklagte trotz ordnungsgemäßer Ladung gem. § 216 StPO nicht erschienen ist und auch keine ausreichende Entschuldigung für sein Fernbleiben vorliegt. Maßgebend für das Ausreichen der Entschuldigung ist das Ergebnis der von Amts wegen vorzunehmenden Bewertung der insoweit relevanten Umstände durch das Gericht, nicht etwa eine formelle Erklärung des Beschuldigten[102]. Der Haftbefehl des § 230 Abs. 2 StPO setzt deshalb auch keinen Haftgrund (s. o. Rdnr. 43 ff.) oder dringenden Tatverdacht voraus. Der für die Anklageerhebung vorgesehene genügende Anlaß i. S. des § 170 Abs. 1 StPO reicht aus. Die Wahl des Gerichts zwischen Vorführungs- oder Haftbefehl ist eine Frage der Erforderlichkeit der Art der Maßnahme.

3. Festnahme wegen Störens einer Amtshandlung

Eine solche Maßnahme ist nach § 164 StPO allen eine strafprozessuale Amtshandlung im Rahmen ihrer Zuständigkeit wahrnehmenden Personen, also sowohl Polizeibeamten als auch Staatsanwälten, zugebilligt. Sie darf jedoch nur am Ort der vorzunehmenden Amtshandlung erfolgen und nur so lange aufrechterhalten werden, wie dies zur Bewältigung der Störung erforderlich ist. Ist diese durch weniger einschneidende Maßnahmen, wie z. B. einen Platzverweis, erreichbar, so legitimiert § 164 StPO wegen des Grundsatzes der Verhältnismäßigkeit auch ein solches Vorgehen. Adressat der Maßnahme kann jede präsente Person sein, auch wenn ihre Anwesenheit von der Prozeßordnung vorgeschrieben ist[103].

Für den Richter stehen bei Ordnungsverstößen die gem. § 180 GVG auch außerhalb einer Hauptverhandlung zulässigen sitzungspolizeilichen Maßnahmen der §§ 176 ff. GVG zur Verfügung, nämlich Entfernung aus dem Sitzungszimmer, Ordnungsgeld und -haft. Bei in der Sitzung begangenen Straftaten kommt auch die vorläufige Festnahme in Betracht, § 183 Satz 2 GVG.

IV. Unterbringung

Unterbringung als weitere Form der Freiheitsentziehung ist im Ermittlungsverfahren denkbar, sowohl als einstweilige Unterbringung, § 126a StPO, als auch zum Zwecke der Beobachtung, § 81 StPO.

---

102 BGH v. 1. 8. 1962, BGHSt 17, 391, 396 = NJW 1962 S. 2020.
103 *Kleinknecht/Meyer* 1987 § 164 StPO Rdnr. 1 a. E.; *Müller*, KK 1987 § 164 StPO Rdnr. 4.

1. Einstweilige Unterbringung

88 Die **einstweilige Unterbringung** des § 126a StPO ergänzt die Untersuchungshaft für die Fälle, in denen ein Haftbefehl mangels dringenden Verdachts einer auch schuldhaft begangenen rechtswidrigen Straftat wegen Schuldunfähigkeit des Beschuldigten i. S. von § 20 StGB entfällt. Die Zielrichtung dieser Vorschrift ist jedoch nicht wie beim Haftbefehl die Gewährleistung der Durchführung des Verfahrens, sondern eine präventive Vorwegnahme der zu erwartenden Unterbringung gem. §§ 63, 64 StGB. Aus diesem Grunde kann die einstweilige Unterbringung bei vermindert schuldfähigen Tätern auch statt eines an sich zulässigen Haftbefehls angeordnet werden. Dabei gelten gem. § 126a Abs. 2 StPO die Vorschriften für die Untersuchungshaft entsprechend. Allerdings kommt eine Außervollzugsetzung des Unterbringungsbefehls genauso wenig in Betracht wie die Abwendung durch Sicherheitsleistung. Auch findet kein der Haftprüfung vor dem OLG entsprechendes Kontrollverfahren statt. Diese Vorschriften sind von der entsprechenden Anwendung in § 126a Abs. 2 StPO ausgenommen.

Die Anordnung einstweiliger Unterbringung ist an folgende **materielle Voraussetzungen** geknüpft:
– dringender Verdacht
– einer tatbestandsmäßig rechtswidrigen Straftat,
– begangen in schuldunfähigem oder vermindert schuldfähigem Zustand,
– im Strafverfahren zu erwartende Anordnung der Unterbringung in einem psychiatrischen Krankenhaus oder einer Entziehungsanstalt (§§ 63, 64 StGB),
– Erforderlichkeit der Unterbringung aus Gründen der öffentlichen Sicherheit.

Sämtliche Voraussetzungen sind mit den Worten „dringende Gründe für die Annahme" an eine hohe Wahrscheinlichkeit gebunden. An der Erforderlichkeit fehlt es, wenn andere weniger einschneidende Maßnahmen, wie Familienbetreuung oder freiwillige, auch stationäre ärztliche Behandlung, die Gefahr deutlich genug reduzieren[104]. Nicht überzeugend ist deshalb die Auffassung, daß eine nach landesrechtlichen Vorschriften außerhalb des Strafverfahrens erfolgende Unterbringung gegenüber § 126a StPO nur subsidiäre Bedeutung haben soll[105]. Dieses Abgrenzungsproblem hat seine Ursache in der rechtspolitisch nicht überzeugend gelösten, wegen der unterschiedlichen Gesetzgebungskompetenz jedoch rechtlich besonders relevanten Unterscheidung zwischen strafrechtlichen und präventiven Maßnahmen. § 126a StPO ist ein weiteres Beispiel für die rechtssystematisch unbefriedigende Einbeziehung von Präventivmaßnahmen in das Strafverfahrensrecht. Wenn § 126a StPO auch auf die zu erwartende Unterbringung im Strafverfahren abstellt, so ist doch insb. seit dem Vordringen des Resozialisierungsgedankens zu Lasten des Sicherungsgedan-

---
104 *Kleinknecht/Meyer* 1987 § 126a StPO Rdnr. 5.
105 *Boujong,* KK 1987 § 126a StPO Rdnr. 1; OLG Düsseldorf v. 15. 6. 1983, MDR 1984 S. 71/72.

kens im strafrechtlichen Sanktionssystem die vorläufige Sicherungsmaßnahme im Strafverfahrensrecht mehr und mehr zum Fremdkörper geworden.

2. Unterbringung zur Beobachtung

Die **Unterbringung zur Beobachtung** in einem psychiatrischen Krankenhaus nach § 81 StPO hingegen ist eine typische strafprozessuale Ermittlungsmaßnahme. Sie dient der Vorbereitung eines Sachverständigengutachtens über den psychischen Zustand des Beschuldigten. Dies kann insb. für die Frage der Schuldfähigkeit, der künftigen Gefährlichkeit, aber auch der Verhandlungsfähigkeit erforderlich werden. Die Unterbringung darf auf richterliche Anordnung erfolgen, wenn dringender Tatverdacht gegeben ist, die Begutachtung des Beschuldigten erforderlich ist, insb. ambulante Begutachtung nicht ausreicht und eine im Höchstmaß 6wöchige Dauer (§ 126 a StPO) nicht außer Verhältnis zur Bedeutung des Falles und zur Höhe der zu erwartenden strafrechtlichen Rechtsfolgen steht.

D. Eingriffe in Persönlichkeitsrechte

I. Erkennungsdienstliche Behandlung

1. Arten der Maßnahmen

Gegen den Willen des Betroffenen und unter Anwendung unmittelbaren Zwanges läßt § 81 b StPO zu, daß Lichtbilder und Fingerabdrücke gefertigt sowie Messungen und ähnliche Maßnahmen an ihm vorgenommen werden. Hierzu gehören auch Videoaufzeichnungen[106], die wie Lichtbilder sowohl nachträglich als auch noch während der Tat und des Zugriffs durch die Polizei gefertigt werden dürfen. Letzteres hat gerade für die Beweisführung bei Straftaten im Zusammenhang mit Demonstrationen[107] Bedeutung gewonnen. Diese Filme und Fotoaufnahmen, das Fertigen von Abdrücken und die Vornahme von Messungen können sowohl das Gesamterscheinungsbild als auch einzelne Körperpartien betreffen. Es sind jedoch nur äußerliche, d. h. visuell wahrnehmbare Fakten dokumentierbar. Eine körperliche Untersuchung i. S. von § 81 a StPO erfordernde Feststellungen[108], wie Atem-, Puls- und andere Messungen zur Beobachtung psycho-physischer Reaktionen, wird von der Befugnis des § 81 b StPO nicht umfaßt[109]. Die Durchführung der Maßnahmen kann eine den tatsächlichen Verhältnissen zur Tatzeit entsprechende Veränderung des Betroffenen erfordern. Dabei sind das Entfernen oder Benutzen einer Brille, eines Toupets, das Frisieren, Schminken oder Abschminken unmittelbar aus § 81 b StPO legi-

---
106 BVerfG v. 27. 9. 1982, NStZ 1983 S. 84; LG Berlin v. 26. 6. 1989, NStZ 1989 S. 488.
107 OLG Köln v. 26. 8. 1975, MDR 1976 S. 67; vgl. zur 1989 erfolgten Änderung der Vors. G. Braun, Die Polizei 1990 S. 49 ff.
108 S. o. Rdnr. 9.
109 BGH v. 9. 4. 1986, BGHSt 34, 39 ff., hier 45.

timiert, während die Substanz der Haar- und Barttracht betreffende Veränderungen nur unter Beachtung der Voraussetzungen des § 81 a StPO zugelassen werden[110].

2. Zweck der Maßnahmen

91 Der Zweck der Maßnahmen liegt sowohl in der Beweisführung als auch im Erkennungsdienst. Im ersteren Fall handelt es sich um eine **strafprozessuale Ermittlungsmaßnahme**, für die, wenn es um die Identifizierung von Personen geht, die Spezialvorschrift der §§ 163 b und 163 c StPO Vorrang hat. Mit Erkennungsdienst ist hingegen ein **präventivpolizeilichen Zwecken**, nämlich der Einschätzung weiterer Gefährlichkeit sowie der Förderung der Ermittlung künftiger Straftaten dienendes vollzugspolizeiliches Instrumentarium umschrieben.

3. Maßnahmen nur gegen Beschuldigten zulässig

92 Die **Beschuldigteneigenschaft** ist Voraussetzung der Zulässigkeit einschlägiger Maßnahmen. Für strafprozessuale Ermittlungsmaßnahmen ist dabei der zu § 81 a StPO dargelegte Begriff des Beschuldigten zu verwenden[111]. Hiernach sind einschlägige Maßnahmen nur während der Dauer des Verfahrens, d. h. nicht mehr nach Rechtskraft des Urteils oder Einstellung des Verfahrens und nur gegen Personen zulässig, die als Prozeßsubjekt in Betracht kommen, nicht also Kinder. Ihnen gegenüber sind lediglich zur Identifizierung, und dabei insb. zur Prüfung des Alters, erforderliche Maßnahmen auf der Grundlage des § 163 b StPO zulässig[112].

Für die vom strafprozessualen Ermittlungsverfahren unabhängige präventiv-polizeiliche Maßnahme im Sinne der 2. Alternative des § 81 b StPO ist hingegen der prozessuale Beschuldigtenbegriff zu eng gewählt. Vom Normzweck her ist hier jede präventiv-polizeilich relevante Person erfaßt, die in einen einem Beschuldigten im Strafverfahren vergleichbaren Tatverdacht geraten ist. Aus diesem Grunde sind derartige Maßnahmen, anders als für Zwecke des Ermittlungsverfahrens, bei präventiv-polizeilicher Zielsetzung, auch gegenüber Kindern zugelassen[113] und vom strafprozessualen Verfahrensstand (Urteil, Einstellung) unabhängig.

4. Erforderlichkeit der Maßnahmen

93 Die **Zulässigkeit** ist schließlich mit dem Begriff „notwendig" an die Voraussetzung der **Erforderlichkeit** geknüpft. Diese orientiert sich in Fällen strafprozessualer Zwecke an der im Rahmen des Amtsermittlungsgrundsatzes zu sehenden Aufgabe der Beweisführung (§§ 152 Abs. 2, 161, 163, 244 Abs. 2 StPO), während für präventiv-polizeiliche Zwecke die kriminalistisch-kriminologische Prognose künftiger Täterrelevanz sowohl für die

---

110 BVerfG v. 14. 2. 1978, BVerfGE 47, 239 ff.
111 S. o. Rdnr. 8.
112 *Kleinknecht/Meyer* 1987 § 81 b StPO Rdnr. 6 a. E.
113 Vgl. zum Diskussionsstand die Nachweise bei *Kleinknecht/Meyer* 1987 § 81 b StPO Rdnr. 7 a. E.

Erhebung als auch für die Frage des Ob und der Dauer der Aufbewahrung entscheidend ist.

Die erstellten Unterlagen werden bei prozessualer Zweckrichtung Bestandteil der Akten und teilen deren weiteres rechtliches Schicksal hinsichtlich Akteneinsicht[114] und Aktenaufbewahrung. Die entweder ausschließlich für präventiv-polizeiliche Zwecke oder nur zu strafprozessualen Zwecken erhobenen, zugleich aber zulässigerweise zu präventiv-polizeilichen Zwecken aufbewahrten Unterlagen werden in den kriminalpolizeilichen **personenbezogenen Sammlungen** des Polizeivollzugsdienstes geführt.

Für Voraussetzung und Dauer der Aufbewahrung dieser Unterlagen wurden zum Zwecke der Vereinheitlichung der Praxis und Gleichbehandlung der Betroffenen Verwaltungsvorschriften in Form bundesweit abgestimmter Richtlinien erlassen[115]. Hierzu hat die Rechtsprechung in Einzelfallentscheidungen inzwischen anerkannt, daß bei entsprechendem Restverdacht auch nach Freispruch oder Verfahrenseinstellung aufbewahrt werden darf[116]. Die Frage, ob angesichts der vom BVerfG im Volkszählungsurteil[117] für die Legitimation von Eingriffen in das Recht auf informationelle Selbstbestimmung § 81 b 2. Alternative StPO eine hinlänglich **konkrete Rechtsgrundlage** darstellt, ist in der Rechtsprechung bisher unterschiedlich beantwortet worden. Während einige VGe[118] in durchwegs nicht als rechtskräftig publizierten Urteilen die hinreichende Bestimmtheit dieser Norm verneinen, und der Bayerische Verfassungsgerichtshof[119] dem Gesetzgeber einen Übergangsbonus für die Schaffung oder Verbesserung einschlägiger Rechtsgrundlagen einräumte, sieht der VGH Bad.-Württ. in inzwischen ständiger Rechtsprechung[120] § 81 b StPO und auch die polizeirechtliche Generalermächtigung des § 3 PolG BW i. V. mit § 1 PolG BW als verfassungsrechtlichen Ansprüchen genügende Rechtsgrundlage an. Dieser Auffassung ist schon deshalb zuzustimmen, weil es in ständiger Rechtsprechung gelungen ist, derartigen unentbehrlichen Generalklauseln für die einschlägigen Fälle entsprechende Konturen zu geben. Selbst wenn Zweifel an der Bestimmtheit der Norm angezeigt wären, könnten diese deshalb im Wege verfassungskonformer Auslegung[121] ausgeräumt werden.

5. Anordnungskompetenz, Rechtsmittel
Anordnung der Maßnahmen und **Rechtsmittel** sind wiederum nach Zweckrichtung zu unterscheiden.

---
114 Vgl. Nr. 182 ff. RiStBV, abgedruckt bei *Kleinknecht/Meyer* 1987 A 14.
115 Vgl. für Baden-Württemberg „Richtlinien des Innenministeriums für die von Polizeidienststellen geführten kriminalpolizeilichen personenbezogenen Sammlungen" (KpS-Richtlinien) v. 13. 3. 1981 (GABl. 1981 S. 337).
116 VGH Baden-Württemberg v. 9. 2. 1987, NPA 506 StPO § 81 b Bl. 15, und v. 23. 2. 1987, NPA 506 StPO § 81 b Bl. 17; dabei beschränkt sich die Aufbewahrung nicht auf besonders sozialschädliche Delikte; bejahend für exhibitionistische Handlungen BVerwG v. 6. 7. 1988, NJW 1989 S. 2640.
117 V. 15. 12. 1983, BVerfGE 65, 1 ff.
118 Nachweise bei *Pfiszter*, Kriminalistik 1987 S. 641 ff. Fn. 4 und 5.
119 V. 9. 7. 1985, NJW 1986 S. 915 ff.
120 V. 9. 2. 1987, NPA 506 StPO § 81 b Bl. 15, und v. 18. 5. 1987, NJW 1987 S. 3022.
121 Zum Begriff *Maack* 1983 Rdnr. 125 ff.

Die aus strafprozessualen Gründen erfolgende **Anordnung** obliegt der Staatsanwaltschaft bzw. den Polizeibeamten[122], während die unabhängig vom strafprozessualen Ermittlungsverfahren für präventiv-polizeiliche Zwecke erfolgende Anordnung entsprechend der nach Landesrecht getroffenen Aufgabenteilung zwischen Polizeivollzugsdienst und Polizeibehörde, sofern nicht Gefahr in Verzug besteht, z. B. gem. § 46 Abs. 1 PolG BW von der Polizeibehörde angeordnet und vom Polizeivollzugsdienst durchgeführt wird. Diese vom Gesetzestext eindeutige Rechtslage kann, was angesichts der mit der Materie überhaupt nicht vertrauten Polizeibehörden zwar sehr unpraktisch und deshalb zu bedauern ist, auch nicht über die Konstruktion der ausschließlichen Vollzugshandlung in § 46 Abs. 2 Nr. 1 PolG BW geändert werden[123]. Für die präventiv-polizeilichen Zwecken dienende erkennungsdienstliche Maßnahme ist also die jeweilige landesrechtliche Zuständigkeitsabgrenzung zwischen Polizeibehörde und -vollzugsdienst maßgebend.

Gegen die strafprozessualen Charakter tragende Maßnahme sind wegen des Grundsatzes der prozessualen Überholung nach Vollzug keine **Rechtsmittel**[124] zulässig. Die Beschwerde des § 304 StPO kommt lediglich bei nachwirkendem Rechtsschutzbedürfnis in Betracht. Auch die Herbeiführung einer richterlichen Überprüfungsentscheidung analog des für die Beschlagnahme geltenden § 98 Abs. 2 Satz 2 StPO wird abgelehnt, während das Verfahren nach § 23 EGGVG nach wohl h. A. zugelassen wird[125]. Dies ist jedoch insoweit inkonsequent, weil die konkrete Ermittlungsmaßnahme der 1. Alternative des § 81 b StPO eben Prozeßhandlung und nicht Justizverwaltungsakt ist[126] und die StPO im übrigen ein abgeschlossenes Rechtsmittelsystem enthält. Dies kann nicht deshalb in Frage gestellt werden, weil die StPO nicht gegen jeden Ermittlungsschritt Rechtsmittel zuläßt. Eine solche gesetzgeberische Lösung wäre nicht nur unzweckmäßig, sondern würde der aus dem Grundsatz des fair trial abzuleitenden Pflicht zur tunlichsten Beschleunigung der Ermittlungen widersprechen. Auch Art. 19 Abs. 4 GG ist im übrigen im Rahmen des den Grundsatz der prozessualen Überholung bestimmenden Gedankens erledigten Staatshandelns nicht verletzt[127].

---

122 *Kleinknecht/Meyer* 1987 § 81 b StPO Rdnr. 13 m. w. N.
123 Zwar vertreten *Reiff/Wöhrle/Wolf* 1984 § 46 PolG Rdnr. 1 zu Recht die Auffassung, es gebe eine Reihe typischer Vollzugshandlungen, die zur originären Zuständigkeit des Vollzugsdienstes gehören und keine Anordnung der Polizeibehörde voraussetzen. Wenn sie dazu jedoch bei § 20 PolG Rdnr. 11 und § 46 PolG Rdnr. 11 die erkennungsdienstliche Behandlung des § 81 b StPO ohne nähere Begründung nennen, so bleibt der Unterschied zwischen Anordnung und Vollzug dieser Maßnahme offen. In § 46 PolG Rdnr. 10 weisen die Autoren deshalb auch zutreffend darauf hin, daß eine befriedigende Definition der Vollzugshandlung noch nicht gelungen ist und eine Abgrenzung nicht von den dem Polizeivollzugsdienst zur Verfügung stehenden personellen, technischen und sächlichen Mitteln bestimmt werden darf.
124 *Pelchen*, KK 1987 § 81 b StPO Rdnr. 8 m. w. N.
125 *Pelchen*, KK 1987 § 81 b StPO Rdnr. 9, *Kleinknecht/Meyer* 1987 § 81 b StPO Rdnr. 21; jeweils m. w. N.
126 Zur Abgrenzung *Kissel*, KK 1987 § 23 EGGVG Rdnr. 31 ff.
127 *Schmidt-Assmann*, MDH Art. 19 Abs. 4 Rdnr. 245.

Sofern die strafprozessualen Zwecken dienende erkennungsdienstliche Maßnahme des § 81 b StPO 1. Alternative zwar angeordnet, aber noch nicht ausgeführt ist, kann in analoger Anwendung gem. § 98 Abs. 2 Satz 2 StPO der Ermittlungsrichter angerufen werden[127/1].

Präventiv-polizeiliche Maßnahmen des Erkennungsdienstes können im Verwaltungsrechtsweg mit dem Widerspruch, § 68 VwGO, angefochten werden, dem – falls kein Sofortvollzug nach § 80 Abs. 2 Nr. 4 VwGG, angeordnet ist – aufschiebende Wirkung zukommt. Während die Anordnung der erkennungsdienstlichen Behandlung selbst mit der Anfechtungsklage des § 42 VwGO angegriffen wird, steht für den die Vernichtung aufbewahrten ED-Materials ablehnenden Verwaltungsakt die Verpflichtungsklage zur Verfügung.

II. Identitätsfeststellung

1. Rechtsgrundlagen

Die Rechtsgrundlagen für die Identifizierung von Personen zu strafprozessualen Zwecken wurden durch Gesetz v. 14. 4. 1978[128] geschaffen. Der früher im Wege einer sog. Ergänzungsfunktion[129] des Polizeirechts für das Strafverfahrensrecht zugelassene Rückgriff auf die landesrechtlichen Vorschriften der Polizeigesetze ist seither für strafprozessuale Ermittlungshandlungen ausgeschlossen.

2. Personalienfeststellung verdächtiger und nichtverdächtiger Personen

Die Regelung der §§ 163 b und 163 c StPO erlaubt der Staatsanwaltschaft und den Beamten des Polizeivollzugsdienstes die Personalienfeststellung für einer Straftat **verdächtige** und **nicht verdächtige** Personen nach unterschiedlichen Kriterien:

	verdächtige Person	nicht verdächtige Person
nach Bekanntgabe	des Tatverdachts, § 163 b Abs. 1, 2. Halbsatz StPO	des Gegenstandes der Untersuchung und ggfs. der Person des Beschuldigten, § 163 b Abs. 2 Satz 1, 2. Halbsatz StPO i. V. mit § 69 Abs. 1 Satz 2 StPO
sind zulässig	die erforderlichen Maßnahmen, § 163 b Abs. 1, 1. Halbsatz StPO	die erforderlichen Maßnahmen, § 163 b Abs. 2 StPO i. V. mit § 163 b Abs. 1, 1. Halbsatz StPO

127/1 OLG Oldenburg v. 14. 5. 1990, NStZ 1990 S. 504, m. w. N. u. Anm. *Katholnigg*.
128 BGBl. I S. 497.
129 Vgl. *Rietdorf/Heise/Böckenförde/Strehlau* 1972 vor §§ 23–38 PolG NW Rdnr. 7/8.

	verdächtige Person	nichtverdächtige Person
dabei dürfen – die Person **festgehalten** werden,	wenn die Identität sonst nicht oder nur unter erheblichen Schwierigkeiten feststellbar, § 163 b Abs. 1 Satz 2 StPO	wenn die Identität sonst nicht oder nur unter erheblichen Schwierigkeiten feststellbar **und** das Festhalten zur Bedeutung der Sache nicht unverhältnismäßig ist, § 163 b Abs. 2 Satz 2, 1. Halbsatz StPO
– die **Person durchsucht**, – von der Person mitgeführte **Sachen durchsucht** und – **erkennungsdienstliche Maßnahmen** ergriffen werden,	wenn die Identität sonst nicht oder nur unter erheblichen Schwierigkeiten feststellbar, § 163 b Abs. 1 Satz 3 StPO	wenn die Identität sonst nicht oder nur unter erheblichen Schwierigkeiten feststellbar **und** die Maßnahme zur Bedeutung der Sache nicht unverhältnismäßig ist **und** der Betroffene einwilligt, § 163 b Abs. 2 Satz 2, 2. Halbsatz StPO
nach erfolgter Identifizierung	–	Vernichtung der dabei angefallenen Unterlagen, § 163 c Abs. 4 StPO

97 Das Erfordernis der **Bekanntgabe des Anlasses** zur Personenfeststellung in § 163 b Abs. 1 StPO, 2. Halbsatz, für Nichtverdächtige i. V. mit § 69 Abs. 1 Satz 2 StPO, hat zur Folge, daß die Verweigerung der Vorlage einschlägiger vorlagepflichtiger Papiere nur dann rechtswidrig ist, wenn der Betroffene

98 entsprechend belehrt wurde[130]. Als **verdächtige Person** ist dabei nicht erst der Beschuldigte[131], sondern jede Person anzusehen, auf die – seien es auch nur geringe – Anhaltspunkte als in Betracht zu ziehender Straftäter hinweisen[132]. Die Hinweisschwelle ist identisch mit dem Ermittlungen aufgrund der Offizialmaxime auslösenden Maß möglicher Wahrscheinlichkeit. In Betracht kommt jede Person, gegen die sich in irgendeiner Form strafprozessuale Verfahren durchführen lassen. Es scheiden also lediglich offenkundig strafunmündige Kinder aus. Ihre Identitätsfeststellung ist nur unter den Voraussetzungen der Zulässigkeit der Maßnahme gegen Nichtverdächtige, § 163 b Abs. 2 StPO, legitimiert[133].

---

130 OLG Düsseldorf v. 29. 8. 1979, NPA 515 StPO § 136 b Bl. 1.
131 S. o. Rdnr. 8.
132 *Kleinknecht/Meyer* 1987 § 163 b StPO Rdnr. 4; *Müller*, KK 1987 § 163 b StPO Rdnr. 9.
133 *Heumann*, NPA 1515 StPO § 163 b Bl. 1.

Damit, daß das Gesetz die zur Identifizierung **erforderlichen Maßnah-** 99
men zuläßt, ist eine Generalermächtigung für alle gebotenen und mit dem
Verhältnismäßigkeitsgrundsatz zu vereinbarenden Vorgehensweisen
geschaffen worden. Dabei wurden das Festhalten der Person, das Durchsuchen der Person und mitgeführter Sachen sowie erkennungsdienstliche
Maßnahmen[134] an zusätzliche Voraussetzungen gebunden. Soweit dabei
für unverdächtige Personen in § 163 b Abs. 2 Satz 2 StPO darauf abgestellt
wird, daß die Maßnahme zur Bedeutung der Sache nicht unverhältnismäßig sein darf, kommt es für diese zusätzliche Hervorhebung des Verhältnismäßigkeitsgrundsatzes auf die Relation der zu erduldenden Identifizierungsmaßnahme zur Bedeutung der aufzuklärenden Straftaten an, nicht
etwa auf die Bedeutung der von der festzustellenden Person zu erwartenden Zeugenaussage[135]. Die bei der Identifizierung verdächtiger Personen
entstandenen Unterlagen werden Bestandteil der Ermittlungsakten oder
im Falle des § 81 b StPO 2. Alternative zur kriminalpolizeilichen Sammlung genommen.

3. Festhalten zur Identitätsfeststellung

Muß im Zuge der Identitätsmaßnahmen eine **Person festgehalten** werden, 100
so sind folgende weitere gesetzlichen Voraussetzungen unabhängig davon
zu beachten, ob es sich um verdächtige oder nichtverdächtige Personen
handelt:
– die Person darf nicht länger als zur Identifizierung unerläßlich, § 163 c
  Abs. 1 Satz 1 StPO, höchstens jedoch 12 Stunden[136], § 163 c Abs. 3 StPO,
  festgehalten werden,
– die Person hat das Recht, daß ein Angehöriger oder eine Vertrauensperson unverzüglich verständigt wird, § 163 c Abs. 2 Satz 1 StPO, oder aber
  sie selbst Gelegenheit erhält, eine solche Person zu verständigen, § 163 c
  Abs. 2 Satz 2 StPO,
– die Person ist unverzüglich einem Richter vorzuführen, der über Zulässigkeit und Fortdauer der mit dem Festhalten verbundenen Freiheitsentziehung zu entscheiden hat, § 163 c Abs. 1 Satz 2 StPO.

Auf das Recht der festgehaltenen Person, daß eine Benachrichtigung von
Angehörigen oder einer Vertrauensperson durch die Ermittlungsorgane
erfolgt, kann der zu Identifizierende verzichten[137]. Gegen den Willen des
Betroffenen kann jedoch im Gegensatz zum Recht auf Gelegenheit zu eigener Verständigung diese vom Gesetz vorgesehene Möglichkeit nicht
beschränkt werden. Dies gilt sogar bei Gefährdung des Untersuchungszwecks[138]. Allerdings besteht für die Ermittlungsorgane keine Pflicht der
Benachrichtigung von Amts wegen. Diese wird durch Art. 104 Abs. 4 GG

---
134 Zum Begriff s. o. Rdnr. 90.
135 *Kleinknecht/Meyer* 1987 § 163 b StPO Rdnr. 17.
136 Unterbrechungen ein und derselben Identitätsprüfung lassen die Frist nicht neu beginnen,
   Heumann, NPA 1515 StPO § 163 b Bl. 2 R.
137 *Kleinknecht/Meyer* 1987 § 163 c StPO Rdnr. 13.
138 *Müller*, KK 1987 § 163 c StPO Rdnr. 14.

erst für den Richter im Rahmen seiner Entscheidung über die Zulässigkeit der Freiheitsentziehung begründet[139].

Da die Pflicht zur Vorführung vor den Richter gem. § 163 c Abs. 1 Satz 2 StPO nur dann entfällt, wenn ihre Realisierung voraussichtlich mehr Zeit erfordern wird als die Identifizierung, empfiehlt es sich für die Ermittlungsorgane, bei jeder nicht sogleich als kurzfristig abwickelbar erkennbaren Personenfeststellung neben den Identitätsbemühungen zugleich die Vorführung beim Richter einzuleiten.

101
III. Vernehmung

Im Zusammenhang mit der strafprozessualen Vernehmung gibt es nur sehr bedingt Zwangsmaßnahmen, wobei zu unterscheiden ist, ob es sich um eine Vernehmung des Beschuldigten, des Zeugen oder des Sachverständigen handelt.

1. Vernehmung des Beschuldigten

102 Hinsichtlich der Vernehmung des **Beschuldigten** kann allein sein Erscheinen zur Vernehmung vor dem Richter nach § 136 StPO oder dem Staatsanwalt gem. § 163 a Abs. 3 Satz 1 StPO durch Vorführung[140] erzwungen werden. Die Vorführung kann aufgrund der Verweisung in § 163 a Abs. 3 Satz 2 StPO auf §§ 133 ff. StPO auch der Staatsanwalt anordnen. In diesem Fall kann schon gegen die nach § 163 Abs. 3 Satz 2 i. V. mit § 133 Abs. 2 StPO erfolgende Androhung der Vorführung gem. § 163 a Abs. 3 Satz 3 StPO 1. Halbsatz die richterliche Entscheidung herbeigeführt werden[141]. Die Vorführung selbst wird, vom Fall der sofortigen Vorführung in § 134 Abs. 1 StPO abgesehen, nämlich außer in der Ladung nicht angekündigt, weil sonst ihr Zweck vereitelt würde.

Zur Aussage ist der Beschuldigte jedoch auch im Falle der Vorführung beim Staatsanwalt nicht verpflichtet. Selbst Angaben zur Person können nicht erzwungen werden. Die Weigerung insoweit ist gem. § 111 OWiG allerdings mit Geldbuße bedroht. Die Person muß ggf. gem. §§ 163 b und 163 c StPO identifiziert werden.

Die bei der Vernehmung des Beschuldigten zu beachtenden Verfahrensvorschriften ergeben sich für die polizeiliche Vernehmung aus § 163 a Abs. 4 StPO i. V. mit § 136 Abs. 1 Sätze 2–4, Abs. 2 Sätze 2 und 3, § 136 a StPO, für die staatsanwaltschaftliche aus § 163 a Abs. 3 und 2 sowie §§ 136, 136 a StPO und für die richterliche direkt aus §§ 136, 136 a StPO.

Die strikte Beachtung dieser Verfahrensnormen ist außer, daß es aus Rechtsgründen zwingend ist, auch aus vernehmungstaktischen Gründen wichtig. Eine rechtsstaatlichen Gesichtspunkten genügende Vernehmung kann nämlich nur dann überzeugend erfolgen, wenn dem Beschuldigten auch vermittelt wird, daß alle zu seinem Schutz bestehenden Rechtsvorschriften beachtet werden.

---

[139] *Kleinknecht/Meyer* 1987 § 163 c StPO Rdnr. 14; *Müller*, KK 1987 § 163 c StPO Rdnr. 17.
[140] S. o. Rdnr. 84.
[141] *Müller*, KK 1987 § 163 a StPO Rdnr. 20; *Kleinknecht/Meyer* 1987 § 163 a StPO Rdnr. 21.

Im Gegensatz zur Vernehmung vor dem Richter, § 168 c Abs. 1 StPO, und vor dem Staatsanwalt, § 163 a Abs. 3 Satz 2 i. V. mit § 168 c Abs. 1 StPO, besteht bei der polizeilichen Vernehmung des Beschuldigten kein Recht des Verteidigers auf Anwesenheit[142]. Der Polizei steht es jedoch frei – und aus vernehmungstaktischen Gründen wird dies in der Regel zweckmäßig sein – den Verteidiger zur Vernehmung zuzulassen.

2. Vernehmung von Zeugen und Sachverständigen

Auch das **Erscheinen** von **Zeugen** und **Sachverständigen** zur Vernehmung durch die Polizei kann nicht erzwungen werden. Die Polizei darf jedoch diese Personen darauf hinweisen, daß sie einer entsprechenden Ladung durch die Staatsanwaltschaft gem. § 161 a StPO und durch den Richter gem. §§ 48 ff. StPO Folge leisten müssen. Kommt es zur Vernehmung vor der Polizei, so hat diese gem. § 163 a Abs. 5 StPO die einschlägigen Belehrungen über Zeugnis- und Auskunftsverweigerungsrechte vorzunehmen sowie die Verfahrensvorschriften des § 136 a StPO zu beachten.

Lediglich bei der richterlichen Vernehmung können mit Zwangsmaßnahmen durchgesetzt werden:

– das Erscheinen gem. § 51 StPO durch Auferlegen der Kosten unentschuldigten Fernbleibens, Ordnungsgeld, Ordnungshaft und zwangsweise Vorführung,
– das Zeugnis und die etwa erforderliche Eidesleistung gem. § 70 StPO durch Auferlegung durch die Weigerung entstandener Kosten, Ordnungsgeld, Ordnungshaft und Erzwingungshaft.

Dieselben Befugnisse stehen gem. § 161 a Abs. 2 StPO mit Ausnahme der dem Richter vorbehaltenen Anordnung von Ordnungs- und Erzwingungshaft dem Staatsanwalt zu, falls er die Vernehmung führt. Während gegen die einschlägigen richterlichen Beschlüsse das **Rechtsmittel** der Beschwerde, §§ 304 ff. StPO, gegeben ist, kann gegen die Maßnahmen des Staatsanwalts richterliche Entscheidung beantragt werden, § 161 a Abs. 3 StPO. Über etwaige der Vollstreckung der Erzwingungshaft entgegenstehende Umstände entscheidet im Ermittlungsverfahren die Staatsanwaltschaft. Der Zeuge kann jedoch analog § 98 Abs. 2 Satz 2 StPO die Entscheidung des Ermittlungsrichters herbeiführen[143].

Für den Sachverständigen gelten die in § 77 StPO bestimmten Folgen pflichtwidriger Verweigerung, nämlich Kostentragung und Ordnungsgeld.

IV. Fahndungsmaßnahmen

1. Rechtsgrundlagen

Fahndungsmaßnahmen sind **in der StPO nur punktuell** in der Weise **geregelt,** daß im Rahmen polizeitaktischer Maßnahmen von strafprozessualen

---

142 Vgl. m. w. N. *Kleinknecht/Meyer* 1987 § 163 Rdnr. 16; OLG Schleswig v. 25. 7. 1977, NPA 515 § 163 a Bl. 3.
143 BGH v. 17. 3. 1989, NJW 1989 S. 1740. Gegen die Vorladung zur Staatsanwaltschaft ist jedoch auch dann keine Beschwerde möglich, wenn in ihr auf die möglichen Rechtsfolgen des Ausbleibens hingewiesen wird, BGH v. 10. 5. 1989, NStZ 1989 S. 539.

Einzelbefugnissen – wie z. B. der Beschlagnahme, §§ 94 ff. StPO, der Durchsuchung, §§ 102 ff. StPO – Gebrauch gemacht wird, sobald deren tatbestandsmäßige Voraussetzungen erkennbar vorliegen. Lediglich mit der 1978[144] eingeführten, den Fall einer Kontrollstelle betreffenden und besondere Pflichten für die angetroffene Person begründenden Regelung des § 111 StPO und der durch Gesetz v. 19. 4. 1986[145] seit 1. 4. 1987 in Kraft getretenen Vorschrift des § 163 d StPO über die Speicherung und Nutzung der bei bestimmten Fahndungsmaßnahmen angefallenen Daten in Dateien sind Anfänge einer Kodifizierung von Fahndungsmaßnahmen in sehr unsystematischer Weise unternommen worden. Die Kontrollstellen des § 111 StPO unterscheiden sich von anderen Formen der strafprozessualen Zwecken dienenden Fahndung durch das sie besonders qualifizierende Merkmal der Pflicht aller angetroffenen Personen, sich identifizieren und sich selbst sowie mitgeführte Sachen durchsuchen zu lassen.

Unabhängig von diesem speziellen Fall sind auch sonst Kontrollen zu strafprozessualen Zwecken zulässig.[146]. Sie dienen aus Anlaß bereits konkretisierbarer Straftaten der Ermittlung von Verdachtsmomenten für andere strafprozessuale Ermittlungsmaßnahmen wie z. B. die Personalienfeststellung, §§ 163 b und 163 c StPO, die Beschlagnahme, §§ 94 ff. StPO, oder die Durchsuchung gem. §§ 102 ff. StPO. Hierzu gehören auch Sichtkontrollen zur Ermittlung bestimmter, aufgrund bereits ermittelter eingrenzender Merkmale als verdächtig anerkannter Personen. Derartige nach bestimmten polizeitaktischen Gesichtspunkten unterschiedlich gestalteten **allgemeinen Fahndungsmaßnahmen** haben im Gegensatz zu den in ihrem Verlauf ggf. anfallenden strafprozessualen Standardmaßnahmen noch keinen Eingriffscharakter und sind durch den allgemeinen Ermittlungsauftrag der §§ 152 Abs. 2, 163 StPO legitimiert.

Die Abgrenzung von Maßnahmen mit und ohne Eingriffscharakter[147] ist im Strafverfahrensrecht gerade für das Beispiel der Observation streitig[148]. Soweit bei solchen Maßnahmen, zu denen auch die Beobachtende Fahndung[149] gehört, lediglich Informationen gesammelt werden, die der Betroffene selbst in die Öffentlichkeit trägt, besteht auch nach Entwicklung des Rechts auf informationelle Selbstbestimmung durch die Rechtsprechung des Bundesverfassungsgerichts kein schutzwürdiges Interesse des Betroffenen, das zur Annahme eines Eingriffs in das allgemeine Persönlichkeitsrecht führen könnte. Es ist ein typisches und immanentes Zeichen jeder freiheitlichen Betätigung des Menschen, daß sie sich in sozialen Kontakten und damit zu einem nicht unerheblichen Teil in der Öffentlichkeit abspielt. Deshalb ist es aus Gründen des jedem Freiheitsgebrauch korrespondierenden Gedankens der Sozialadäquanz zulässig, Maßnahmen der

---
144 Durch Ges. v. 14. 4. 1978, BGBl. I S. 497 ff.
145 BGBl. I S. 537 ff.
146 *Laufhütte*, KK 1987 § 111 StPO Rdnr. 1; *Kleinknecht/Meyer* 1987 § 111 StPO Rdnr. 1.
147 Vgl. zum Begriff *Krüger* 1982 S. 30/31; *Maack* 1983 Rdnr. 689 ff.
148 *Müller*, KK 1987 § 163 StPO Rdnr. 18; *Kleinknecht/Meyer* 1987 § 163 StPO Rdnr. 34; jeweils m. w. N.
149 Auch „Polizeiliche Beobachtung" genannt (vgl. PDV 384.2).

Observation und Beobachtenden Fahndung/Polizeilichen Beobachtung zumindest insoweit auf die Aufgabenzuweisung zu stützen. Eine besondere Befugnis ist hier entbehrlich. Soweit darüber hinausgehende Rechtspositionen der Betroffenen berührt werden, ist dies nur unter den einschränkenden Tatbestandsvoraussetzungen der strafprozessualen Standardmaßnahmen zulässig.

2. Fahnungsmaßnahmen zur Gefahrenabwehr

Strafprozessuale Fahndungsmaßnahmen dürfen nicht verwechselt werden mit den **zu gefahrenabwehrenden Zwecken** aufgrund des Polizeirechts in Bund und Ländern zulässigen weiteren Kontrollen. Sie erfolgen entweder nach allgemeinem Polizeirecht oder zu speziellen gefahrenabwehrenden Zwecken nach besonderem Polizeirecht, wie z. B. gem. §§ 55 Abs. 1 Nr. 4 GüKG, 36 Abs. 5 StVO, 71 Abs. 2 ZollG. Sie sind nur zu den betreffenden gefahrenabwehrenden Zwecken zugelassen. Das schließt nicht aus, daß eine aufgrund ihrer Funktion als Polizeivollzugsbeamter oder als Hilfsbeamter der Staatsanwaltschaft dazu ermächtigte Person aus Anlaß der wahrgenommenen Aufgaben der Gefahrenabwehr auch eine strafprozessuale Amtshandlung vornimmt, wenn sich herausstellt, daß deren tatbestandsmäßige Voraussetzungen vorliegen. 105

3. Kontrollen aus strafverfolgenden Gründen

Kontrollen gem. § 111 StPO sind dadurch gekennzeichnet, daß sie ausschließlich zu **strafprozessualen Zwecken** eingerichtet werden dürfen und daß an einer solchen Kontrollstelle jeder – unabhängig davon, ob verdächtig oder nicht oder ob auch nur als Zeuge in Betracht kommend – verpflichtet ist, 106

a) seine Identität feststellen zu lassen. Dies geschieht gem. § 111 Abs. 3 StPO nach §§ 163 b und 163 c StPO[150],

b) sich durchsuchen zu lassen,

c) mitgeführte Gegenstände durchsuchen zu lassen.

Dies geschieht gem. § 111 Abs. 3 StPO unter Anwendung lediglich eines Teils der allgemeinen Vorschriften über die Durchsuchung. Von den §§ 102 ff. StPO sind im Falle des § 111 StPO zu beachten,

– die Pflicht zur Bekanntgabe des Durchsuchungszwecks (§ 111 Abs. 3 i. V. mit §§ 106 Abs. 2 Satz 1, 103 Abs. 1 StPO),

– die Pflicht zur Übergabe eines Verzeichnisses beschlagnahmter Gegenstände, sofern es verlangt wird (§ 111 Abs. 3 i. V. mit § 107 Satz 2, 1. Halbsatz StPO),

– die Regelung über Zufallsfunde (§ 111 Abs. 3 i. V. mit § 108 StPO jedoch ohne dessen Satz 3[151]),

– die Pflicht zur Kennzeichnung beschlagnahmter Gegenstände (§ 111 Abs. 3 i. V. mit § 109 StPO),

---

150 S. o. Rdnr. 95 f.
151 Vgl. *Laufhütte*, KK 1987 § 111 StPO Rdnr. 16 a. E.

– die Regelung über die Durchsicht aufgefundener Papiere[152] (§ 111 Abs. 3 i. V. mit § 110 Abs. 1 und 2 StPO).

Voraussetzung für die Errichtung einer solchen Kontrollstelle ist, daß
– bestimmte Tatsachen vorliegen,
– die den Verdacht begründen, daß eine der folgenden Straftaten begangen worden ist: §§ 129a, 211, 212, 220a, 239a, 239b, 250 Abs. 1 Nr. 1[153], 305a, 306, 307, 308, 310b Abs. 1, 311 Abs. 1, 311a Satz 1, 312, 315 Abs. 1, 316b Abs. 1, 316c Abs. 1, 319 StGB. Mangels ausdrücklicher Einschränkung ist jeder über Vermutungen hinausgehende Tatverdacht ausreichend,
– die Kontrollstelle an öffentlich zugänglichen Orten (wie z. B. Straßen, Plätzen) eingerichtet wird,
– Tatsachen die Prognose rechtfertigen, daß das Vorgehen entweder zur Ergreifung des Täters führt oder aber zur Sicherstellung von Beweismitteln, die zur Aufklärung der Verdachtstat dienen können. Diese Erfolgschance ist trotz sprachlich unterschiedlicher Formulierung wie der Tatverdacht nicht an eine besondere Qualifikation gebunden. Die allgemeine kriminalistische Erfahrung aufgrund einschlägiger Geschehensabläufe ist als die Erfolgschance begründende Tatsache ausreichend[154].

Zur **Anordnungskompetenz** vgl. § 111 Abs. 2 StPO. Gegen die Anordnung der Einrichtung einer Kontrollstelle selbst gibt es keine **Rechtsmittel**, wohl aber kann jeder gegen die ihn persönlich betreffende einzelne Kontrollhandlung die vorgesehenen Rechtsmittel ergreifen. Ob ein solches zulässig und welches ggf. gegeben ist, hängt vom Charakter der konkreten Kontrollhandlung selbst ab[155]. Für Durchsuchungen bleibt das Rechtsschutzinteresse abweichend vom Grundsatz der prozessualen Überholung über die Dauer der Durchsuchung selbst hinaus für die Dauer der Befugnis zur Errichtung der Kontrollstellen bestehen[156].

---

152 Für aufgefundene Ausweispapiere gilt hingegen § 111 Abs. 3 StPO i. V. mit §§ 163 b und 163 c StPO; vgl. *Laufhütte*, KK 1987 § 111 StPO Rdnr. 16.
153 Str. ist, ob auch die räuberische Erpressung unter Verwendung von Schußwaffen einbezogen ist. Dafür: *Laufhütte*, KK 1987 § 111 StPO Rdnr. 4; *Kleinknecht/Meyer* 1987 § 111 StPO Rdnr. 3 m. w. N. Diese Auffassung ist jedoch abzulehnen, da § 111 StPO nicht nur eine abschließende Aufzählung von Straftatbeständen enthält, sondern am Beispiel des § 129a StGB auch deutlich macht, wenn er über einen genannten Tatbestand hinaus weitere Tatbestände einbeziehen will. Dies ist für die Einbeziehung des § 255 StGB nicht geschehen.
154 *Laufhütte*, KK 1987 § 111 StPO Rdnr. 6; *Kleinknecht/Meyer* 1987 § 111 StPO Rdnr. 5 m. w. N.
155 *Kleinknecht/Meyer* 1987 § 111 StPO Rdnr. 20.
156 BGH v. 30. 11. 1988, NStZ 1989 S. 189/190. Zuständig ist analog § 98 Abs. 2 Satz 2 StPO der für die Anordnung der Kontrollstelle zuständige Richter, BGH v. 30. 9. 1988, NPA 508 StPO § 111 Bl. 5. Ist jedoch der Zeitraum, für den die Kontrolle angeordnet war, verstrichen, so entfällt die Beschwerde als Voraussetzung für die Zulässigkeit eines Rechtsmittels gegen die getroffene Maßnahme, BGH v. 1. 2. 1989, NJW 1989 S. 2636. Es könnte lediglich eine aufgrund der Maßnahme im Rahmen des § 111 StPO erfolgte und fortbestehende Datenspeicherung gem. § 163 d StPO auf ihre Zulässigkeit überprüft werden. Im Rahmen der Kontrollstellenmaßnahmen bei einer Identitätsfeststellung entstehende Freiheitsentziehungen können über § 163 c StPO hinaus nachträglich nur bei zusätzlichem und fortwirkendem Feststellungsinteresse richterlich überprüft werden, BGH v. 31. 8. 1989, NStZ 1989 S. 538.

4. Datenspeicherung für strafprozessuale Fahndungszwecke

§ 163 d StPO, der die sog. Schleppnetzfahndung zuläßt, ist eine schon während des Gesetzgebungsverfahrens sehr umstrittene und in ihrer rechts- und kriminalpolitischen Bedeutung nach wie vor sehr fragliche Vorschrift[157]. Sie erlaubt unter sehr engen Voraussetzungen ausschließlich zu strafprozessualen Zwecken die Speicherung bestimmter Daten in einer Datei für die Dauer von 3 Monaten mit der Möglichkeit einer einmaligen Verlängerung um höchstens weitere 3 Monate.

Die nach § 163 d Abs. 2 StPO von einem Richter – bei Gefahr in Verzug auch von einem Staatsanwalt oder einem Hilfsbeamten der Staatsanwaltschaft mit dem zusätzlichen Erfordernis richterlicher Bestätigung binnen 3 Tagen – schriftlich (§ 163 d Abs. 3 Satz 1 StPO) mit den in § 163 d Abs. 3 Sätze 2–4 StPO genannten Mindestinhalten anzuordnende Maßnahme **setzt voraus,** daß

a) bestimmte Tatsachen

b) den Verdacht begründen, daß eine der folgenden Straftaten begangen wurde:
 – Gruppe 1 (in § 111 StPO genannt): §§ 129 a, 211, 212, 220 a, 239 a, 239 b, 250 Abs. 1 Nr. 1, 305 a, 306, 307, 308, 310 b Abs. 1, 311 Abs. 1, 311 a Abs. 1, 312, 315 Abs. 1, 316 b Abs. 1, 316 c Abs. 1, 319 StGB,
 – Gruppe 2 (in § 100 a Satz 1 Nr. 3 und 4 StPO genannt): §§ 52 a Abs. 1–3, 53 Abs. 1 Satz 1 Nr. 1 und 2, 53 Abs. 1 Satz 2 WaffG, 16 Abs. 1–3 KWKG, 29 Abs. 3 Nr. 1 und 4, 30 Abs. 1 Nr. 1 und 2, 30 Abs. 1 Nr. 4 BtMG (für gewerbsmäßig oder als Mitglied einer Bande begangene Taten),

c) sowie im Rahmen einer Grenzkontrolle, bei den Tatbeständen der Gruppe 1 auch im Rahmen einer Kontrollstelle nach § 111 StPO,

d) Identitätsdaten („Daten über die Identität von Personen"), Beweisdaten („Umstände, die für die Aufklärung der Straftat ... von Bedeutung sein können") oder Daten zur Täterfahndung („Umstände, die für die Ergreifung des Täters von Bedeutung sein können") erhoben werden und

e) Tatsachen die Prognose rechtfertigen, daß die Auswertung dieser Daten zur Ergreifung des Täters oder Aufklärung der Straftat führen kann,

f) der Grundsatz der Verhältnismäßigkeit, gemessen an der Bedeutung der Verdachtstat (s. o. b), gewahrt ist.

Die **Befugnis** des § 163 d StPO **erlaubt** für Zwecke des wegen der konkreten Anlaßtat geführten Strafverfahrens
 – die Speicherung der genannten Daten in einer Datei (§ 163 d Abs. 1 StPO),
 – die Nutzung der Daten (§ 163 d Abs. 4 StPO), wobei die Nutzungsarten nicht näher eingegrenzt sind,
 – die Übermittlung gespeicherter Daten an Strafverfolgungsbehörden (§ 163 d Abs. 1 Satz 3 StPO).

---

157 Vgl. zur Entstehungsgeschichte *Schoreit,* KK 1987 § 163 d StPO Rdnr. 1–5.

Über das den Anlaß zur Speicherung bildende konkrete Strafverfahren hinaus ist eine Nutzung der Daten gem. § 163 d Abs. 4 Satz 5 StPO nur zulässig, wenn
- bei Gelegenheit der Datenauswertung im Anlaßverfahren
- Erkenntnisse anfallen, die
- benötigt werden,
- – zur Aufklärung einer anderen Straftat,
- – zur Ermittlung einer Person, die aus Gründen der Strafverfolgung oder Strafvollstreckung zur Aufenthaltsfeststellung oder Festnahme[158] ausgeschrieben ist.

Umstritten ist[159], wer **zur Führung der Datei ermächtigt** ist. Nach dem Gesamtzusammenhang der Vorschrift kann dies nur das die Ermittlungen im konkreten Verfahren betreibende Strafverfolgungsorgan sein. Danach kommt gem. §§ 152, 160, 163 StPO sowohl die Staatsanwaltschaft als auch die Polizei in Betracht[160].

V. Weitere Eingriffe in besondere Teilaspekte des allgemeinen Persönlichkeitsrechts

Das aus Art. 2 Abs. 1 i. V. mit Art. 1 Abs. 1 GG abgeleitete allgemeine Persönlichkeitsrecht ist von der Rechtsordnung bisher nur in Teilaspekten, wie z. B. der persönlichen Ehre, dem Namensrecht etc. geschützt. Andere Facetten dieses Rechts haben mit der modernen Bild-, Ton- und Informationstechnik sehr viel größere Bedeutung erlangt, ohne daß die Rechtsordnung dem systematisch Rechnung getragen hätte. Dennoch haben sich über die allgemeinen Schutzvorschriften des zivilen Deliktsrechts der §§ 823 ff. BGB und der analogen Anwendung des eigentumsrechtlichen Unterlassungsanspruchs des § 1004 BGB hinaus Spezialvorschriften entwickelt, die – wie über die unerlaubte Verbreitung eines Bildnisses durch §§ 22 ff. KUG, die Zulässigkeit von Bild- und Tonaufnahmen zum Zwecke der Gefahrenabwehr bei Versammlungen gem. §§ 12 a, 19 a VersG, die Verletzung der Vertraulichkeit des Wortes in § 201 StGB und das vom BVerfG im Volkszählungsurteil definierte Recht auf informationelle Selbstbestimmung in den Regelungen des Bundes- und der Landesdatenschutzgesetze – eine Umsetzung des verfassungsrechtlichen Schutzanspruchs in das einfache Recht darstellen. Das strafprozessuale Eingriffsrecht mit seinen Zwangsmaßnahmen ist dieser Entwicklung bisher kaum in Ansätzen gefolgt.

---

158 Das Gesetz verwendet eigenartigerweise das im fachlichen Sprachgebrauch unübliche Begriffspaar Fahndung und Aufenthaltsermittlung, obwohl auch zur Aufenthaltsermittlung gefahndet wird.
159 Vgl. *Schoreit*, KK 1987 § 163 d StPO Rdnr. 14 ff.
160 Zu Recht weisen *Kleinknecht/Meyer* 1987 § 163 d StPO Rdnr. 6 darauf hin, daß die von *Schoreit*, KK 1987 § 163 d StPO Rdnr. 20 eingehend dargelegte „alleinige Zuständigkeit der StA" mit dem Gesetzeswortlaut nicht in Einklang steht. In welcher der von *Schoreit* auch immer angebotenen Konstruktionen die Staatsanwaltschaft die Datei auch betreiben mag, solange man von ihrer Alleinkompetenz dafür ausgeht, wäre die in § 163 d Abs. 4 Satz 3 StPO enthaltene Pflicht überflüssig, die Staatsanwaltschaft im Falle der Löschung der Datei zu verständigen.

1. Recht am eigenen Bild

Für **das Recht am eigenen Bild** kann über §§ 81 b, 163 b und 163 c StPO hinaus lediglich die Verbreitung des Bildnisses eines Beschuldigten unter den Voraussetzungen des **§ 131 StPO** gegen den Willen des Betroffenen erfolgen.

Die für die Gegenüberstellung von Zeugen bzw. Beschuldigten aus Gründen der Authentizität heute empfohlene Videoaufzeichnung kann außer beim Beschuldigten aufgrund § 81 b StPO nicht erzwungen werden. Zeugen sind gem. § 58 StPO zwar verpflichtet, bei einer Gegenüberstellung mitzuwirken. Ein Eingriff in das Recht am eigenen Bild wird dadurch jedoch nicht legitimiert.

111

Ein umfassendes Zwangsrecht für Eingriffe in das Recht am eigenen Bild kann also weder auf weitere spezielle Befugnisnormen noch auf eine Eingriffe in das allgemeine Persönlichkeitsrecht legitimierende strafprozessuale Generalbefugnis gestützt werden. **Der allgemeine Ermittlungsauftrag an die Polizei in § 163 Abs. 1 StPO** ist jedenfalls an den nachkonstitutionellen Verfassungskriterien gemessen als Aufgabenzuweisungsnorm anzusehen und vermag Maßnahmen mit Eingriffscharakter nicht zu legitimieren[161]. Aus dieser Vorschrift kann schon bei verfassungskonformer Wortinterpretation entgegen früherer Auffassung[162] keine umfassende Befugnisnorm abgeleitet werden. Auch der auf vorkonstitutionelle Reichsgerichts-Rechtsprechung gestützte Versuch, § 163 Abs. 1 StPO mittels der sog. **Schwellentheorie** jedenfalls insoweit als Befugnisnorm heranziehen, als Eingriffe noch keinen Zwangscharakter annehmen[163], muß bei einer dem Schutzcharakter der Grundrechte entsprechenden Interpretation scheitern. Ein materiellrechtliches Grundrechtsverständnis darf nicht danach unterscheiden, ob ein Grundrecht gegen den ausdrücklichen Willen oder gar den Widerstand des Betroffenen zwangsweise in Anspruch genommen wird oder ob besondere taktische Vorgehensweisen den Eingriff unter Umgehung des Willens des Grundrechtsträgers ohne Zwang ermöglichen.

Die einzige Interpretationsmöglichkeit besteht deshalb in der Bestimmung des Eingriffscharakters einer Maßnahme an der jeweiligen tatbestandsmäßigen Begrenzung der geschützten Rechtsposition. Diese beginnt beim Recht am eigenen Bild mit dem **Merkmal des Bildnisses.** Dies ist erfüllt, wenn die Darstellung das Aussehen einer bestimmten Person wiedergeben soll, wobei es maßgeblich auf die Erkennbarkeit des Individuums ankommt[164]. Solange diese Voraussetzung nicht erfüllt ist, liegt kein Eingriff in das Recht am eigenen Bild vor. Deshalb dürfen zu strafprozessualen Zwecken z. B. Übersichtsaufnahmen von Tatorten, Unfallstellen, Demonstrationen etc. auch unter Einbeziehung von Personen gemacht werden. Bei Demonstrationen liegt dabei kein Eingriff in das Grundrecht des Art. 8 GG vor, weil die Maßnahme sich nicht gegen die Versammlung richtet.

---

161 *Müller,* KK 1987 § 163 StPO Rdnr. 12; *Kleinknecht/Meyer* 1987 § 163 StPO Rdnr. 32.
162 Vgl. die Nachweise bei *Große/Rösemann,* Die Polizei 1988 S. 74 Fn. 44.
163 Vgl. die Hinweise auf *Schwan* und *Ahlf* bei *Große/Rösemann,* Die Polizei 1988 S. 74 Fn. 48 und 49.
164 *Wenzel* 1986 S. 287, 289.

Dieser äußere Anlaß ist jedoch im Rahmen der Verhältnismäßigkeitsprüfung der Maßnahmen zu berücksichtigen. Der Umstand, daß aus solchen Übersichtsaufnahmen beim Stand der heutigen Fototechnik durchaus Bildnisse gewonnen werden können, steht nicht der Zulässigkeit der Übersichtsaufnahmen entgegen, sondern lediglich bestimmten Formen ihrer Auswertung, für die es einer entsprechenden Rechtsgrundlage, z. B. in den §§ 81 b, 163 b und 163 c StPO, bedarf.

2. Recht am nicht öffentlich gesprochenen Wort

112 Dieses Recht ist nach keiner strafprozessualen Spezialvorschrift Gegenstand zwangsweise durchsetzbarer Ermittlungsmaßnahmen[165]. Dies gilt auch für § 81 b StPO, der wie alle Zwangsmaßnahmen lediglich das Erdulden und Hinnehmen einer Maßnahme verlangt, nicht jedoch die aktive Mitwirkung gebietet. Dies wäre aber Voraussetzung für eine Tonaufzeichnung. Zu Recht hat deshalb der BGH auch die heimliche Tonaufnahme als unzulässig angesehen, weil sie, ohne daß das Gesetz dies in der StPO vorsieht, lediglich eine taktische Umgehung der vom Willen des Betroffenen abhängigen und nicht erzwingbaren Mitwirkung darstellt. Daß § 163 Abs. 1 StPO insoweit als Rechtsgrundlage ausscheidet, wurde bereits dargelegt[166]. Eine tatbestandsmäßige Eingrenzung des Schutzgutes führt ebenfalls zu keiner Lösung, und auch die denkbare Berufung auf § 34 StGB scheidet aus[167]. Tonaufzeichnungen sind im Gegensatz zum von einem der Gesprächsteilnehmer erlaubten Mithören eines Telefongesprächs[168] deshalb, sofern es sich nicht um öffentliche Äußerungen handelt, außerhalb der gesetzlich geregelten Fernmeldeüberwachung zu strafprozessualen Zwecken nur mit Zustimmung des Betroffenen erlaubt.

3. Recht auf informationelle Selbstbestimmung

113 **Das Recht auf informationelle Selbstbestimmung** ist ebenfalls bisher lediglich punktuell Gegenstand strafprozessualer Befugnisnormen geworden. Auf die Pflicht von Zeugen, Sachverständigen und Beschuldigten zur Angabe ihrer Personalien und die Befugnisse der Personalienfeststellung in §§ 163 b und 163 c sowie die ED-Behandlung in § 81 b StPO sei ebenso wie auf §§ 111 und 163 d StPO hingewiesen. Daß unterhalb der Schwelle des Eingriffscharakters, gestützt auf § 163 Abs. 1 StPO, entsprechende auch personenbezogene Daten insb., wenn sie vom Betroffenen selbst öffentlich gemacht werden, erhoben werden dürfen, wurde bereits dargelegt[169]. Dar-

---

165 Mißverständlich insoweit *Pelchen*, KK 1987 § 81 b StPO Rdnr. 3, wie schon die Berufung auf die 37. Aufl. v. *Kleinknecht/Meyer* zeigt, der in der 38. Aufl., § 81 b StPO Rdnr. 8 unter Berücksichtigung von BGH v. 9. 4. 1986 (BGHSt 34, 39 = NJW 1986 S. 2261 = NStZ 1987 S. 133 m. Anm. *Wolfslast*, NStZ 1987 S. 103) zutreffend auf die Freiwilligkeit abstellt.
166 S. o. Rdnr. 111.
167 Individualrechtliche Rechtfertigungsgründe dienen lediglich dazu, ausnahmsweise Gemeinschaftsinteressen hinter Individualinteressen zurücktreten zu lassen, können aber keine staatlichen Eingriffe in Individualrechte legitimieren; vgl. *Wolfslast* NStZ 1988 S. 105 Fn. 27; *Krüger* 1979 S. 88 ff., jeweils m. w. N.
168 OLG Hamm v. 13. 1. 1988, NStZ 1988 S. 515 = Kriminalistik 1988 S. 675.
169 S. o. Rdnr. 104 und Rdnr. 111.

über hinaus bedarf es zur unmittelbaren **Erhebung personenbezogener** 114
Informationen nach heute wohl herrschender, aus dem Volkszählungsurteil des BVerfG gewonnener Auffassung, einer gesetzlichen Befugnis, die nur in den bereits erwähnten einschlägigen Standardmaßnahmen oder aber unter den Voraussetzungen der Beschlagnahme, Durchsuchung und Zeugenbefragung erfolgen kann. Liegen diese Voraussetzungen jedoch vor, so kann es nicht darauf ankommen, ob – wie *Riegel* meint[170] – im Rahmen der rastermäßigen Erhebung einer Information aus einer Vielzahl gespeicherter Daten die Vernehmung von über diese Daten verfügungsberechtigten Personen „umständlich und zeitraubend" ist. Aus demselben Grunde sind die von *Große/Rösemann*[171] für die Erhebung von gespeicherten Daten auf der Grundlage der §§ 94 ff. StPO unter analoger Anwendung des § 110 StPO geäußerten Zweifel unbegründet. Liegen die tatbestandsmäßigen Voraussetzungen vor, so darf von diesen Befugnissen Gebrauch gemacht werden. Eine ganz andere Frage ist, ob der Gesetzgeber nicht angesichts der Bedeutung der Strafverfolgung für grundrechtlich geschützte Rechtsgüter des einzelnen und anerkannte Verfassungsprinzipien den neuen informationstechnischen Verhältnissen angepaßte strafprozessuale Standardmaßnahmen zur Verfügung stellen muß. Die rechtspolitische Forderung ist erhoben. Bisherige Vorschläge werden jedoch – wenn sie weiterhin allein auf den Schutz des Individualrechts auf informationelle Selbstbestimmung abstellen – der umfassenden Problematik nicht gerecht.

Neben der unmittelbaren Erhebung personenbezogener Daten besitzt die **Übermittlung** bereits erhobener Daten **an die Strafverfolgungsbehörde** 115 praktische Bedeutung. Über die Amtshilfepflicht des Art. 35 GG hinaus gibt § 161 Satz 1 StPO ein spezielles Recht auf Auskunft gegenüber allen öffentlichen Behörden. Die Vorschrift begründet eine Verpflichtung der Behörden zur Auskunft gegenüber der Staatsanwaltschaft oder dem für sie tätigen Polizeivollzugsdienst[172]. Die rahmenrechtlichen Charakter tragenden Vorschriften des Bundes- und der Landesdatenschutzgesetze gehen der speziellen Übermittlungsvorschrift des § 161 StPO nach[173]. Allein in ebenfalls speziellen Rechtsmaterien geregelte Auskunftsbeschränkungen und Verfahrensvorschriften vermögen das strafprozessuale Auskunftsrecht einzugrenzen, wie z. B.:

– das Steuergeheimnis des § 30 AO,
– das Sozialgeheimnis nach § 35 SGB I, §§ 67 ff. SGB X,
– das Post- und Fernmeldegeheimnis der § 5 PostG und § 10 FAG,
– Verweigerung der Behördenauskunft in analoger Anwendung des § 96 StPO, wenn durch die Auskunft Nachteile für das Wohl des Bundes oder eines Landes entstehen,

---

170 ZRP 1980 S. 302.
171 Die Polizei 1988 S. 73.
172 *Kleinknecht/Meyer* 1987 § 161 StPO Rdnr. 1; *Müller*, KK 1987 § 161 StPO Rdnr. 2 jeweils m. w. N.
173 Vgl. § 45 Abs. 1 Nr. 3 BDSG und z. B. § 30 LDSG BW.

- vertrauliche Behandlung der Auskunft aus dem Bundeszentralregister, §§ 44, 41 BZRG,
- landesrechtliche Vorschriften des Melderechts, z. B. § 29 MeldeG BW,
- §§ 2 b, 3 a PAusweisG,
- §§ 9, 17, 22 PaßG,
- §§ 35 ff. StVG.

Bei den wie auch immer inhaltlich und verfahrensmäßig näher geregelten oder unmittelbar auf § 161 Satz 1 StPO zu stützenden Auskunftspflichten stehen der Staatsanwaltschaft oder der Polizei, abgesehen von den an besondere Voraussetzungen geknüpften Möglichkeiten der Zeugenvernehmung und Beschlagnahme, keine Zwangsrechte oder Klagemöglichkeiten außer der Beanstandung im Wege der Dienstaufsicht zu[174]. Ein echtes strafprozessuales Zwangsmittel ist also im Recht auf Auskunft gem. § 161 StPO nicht zu sehen.

Die von Justizbehörden aufgrund der Verwaltungsvorschrift über Mitteilungen in Strafsachen (MiStra) z. B. von Amts wegen ergehenden Übermittlungen von Anklagen an den Dienstherrn von Beamten werden mangels einer für erforderlich gehaltenen gesetzlichen Übermittlungsvorschrift von der h. A. für eine Übergangszeit weiterhin für zulässig gehalten[175].

VI. Leichenschau und Leichenöffnung

Leichenschau und Leichenöffnung haben über das strafrechtliche Ermittlungsverfahren hinaus durch die Vorschrift des § 159 StPO Bedeutung. Hiernach sind unabhängig davon, ob es zu einem Strafverfahren kommen wird, Polizei- und Gemeindebehörden zur sofortigen Anzeige[176] an die Staatsanwaltschaft verpflichtet, wenn

- der Leichnam eines Unbekannten gefunden wird oder
- Anhaltspunkte für einen nicht natürlichen Todesfall gegeben sind. Nicht natürlicher Todesfall ist jeder durch äußere Einwirkung eingetretene Tod, gleichgültig ob Selbstmord, Unfall oder andere Fallkonstellationen vorliegen.

Die Bestattung darf in diesen Fällen nur mit Billigung der Staatsanwaltschaft stattfinden, § 159 Abs. 2 StPO.

Zur Klärung der Todesursache, Identifizierung des unbekannten Toten und ggf. Einleitung eines strafrechtlichen Ermittlungsverfahrens stehen die in §§ 87–91 StPO enthaltenen Befugnisse der Leichenschau und Leichenöffnung zur Verfügung, die nicht nur in das mit der bloßen Beschlagnahme der Leiche gem. § 94 StPO bereits berührte Verfügungsrecht der Angehörigen, sondern in das über den Tod hinauswirkende Persönlichkeitsrecht des Verstorbenen[177] eingreifen.

---

174 *Müller*, KK 1987 § 161 StPO Rdnr. 5.
175 OLG Karlsruhe v. 18. 9. 1987, NStZ 1988 S. 184; OLG Hamm v. 13. 10. 1987, NStZ 1988 S. 186 m. Anm. *Johnigk*, NStZ 1988 S. 187.
176 Dies ist weder eine Strafanzeige noch ein Strafantrag, sondern eine schlichte Meldung; *Kleinknecht/Meyer* 1987 § 159 StPO Rdnr. 4; *Müller*, KK 1987 § 159 StPO Rdnr. 5.
177 *Dürig*, MDH Art. 1 Abs. 1 GG Rdnr. 26; *Maack* 1983 Rdnr. 171.

1. Leichenschau

Die **Leichenschau** ist die äußere Besichtigung der Leiche, um Feststellungen über deren Zustand zu treffen. Die gesetzlichen Grundlagen sind in § 87 Abs. 1 und 3 StPO gegeben. Danach darf zum Zwecke der Leichenschau auch eine bereits bestattete Leiche exhumiert werden, § 87 Abs. 3 StPO. Dies setzt gem. § 87 Abs. 4 StPO richterliche Anordnung voraus, an deren Stelle die Anordnung des Staatsanwalts tritt, wenn wegen Gefahr in Verzug eine richterliche Anordnung nicht eingeholt werden kann.

Die Leichenschau findet grundsätzlich in Anwesenheit eines Arztes statt. Hierauf kann gem. § 87 Abs. 1 Satz 2 StPO nur dann verzichtet werden, wenn sachverständiger Rat zur Aufklärung des Sachverhalts nicht erforderlich ist. Dies dürfte nur dann der Fall sein, wenn die Todesursache schon feststeht[178]. Das Gesetz unterscheidet die

a) **staatsanwaltschaftliche Leichenschau.** Sie bedarf keiner richterlichen Anordnung. Das Ergebnis wird – sofern nicht zugleich eine Sachverständigenvernehmung erfolgt – lediglich in Form eines Aktenvermerks, § 168 b StPO, festgehalten. Ein Anwesenheitsrecht steht den übrigen Verfahrensbeteiligten nicht zu[179].

b) **richterliche Leichenschau.** Sie findet auf Antrag der Staatsanwaltschaft als richterliche Ermittlungshandlung gem. §§ 86, 162 StPO in Form der Augenscheinseinnahme statt. Über diese Untersuchungshandlung ist gem. §§ 168, 168 a StPO ein Protokoll zu erstellen. Gem. § 168 d StPO besteht ein Anwesenheitsrecht für Staatsanwaltschaft, Beschuldigten und Verteidiger.

2. Leichenöffnung

Die **Leichenöffnung** ist in der Regel keine Augenscheinseinnahme, sondern eine Maßnahme zur Vorbereitung eines Sachverständigengutachtens. Lediglich wenn gem. § 87 Abs. 2 Satz 6 StPO auf ausdrücklichen Antrag der Staatsanwaltschaft die Leichenöffnung im Beisein des Richters stattfindet, gelten die Vorschriften über die Einnahme des richterlichen Augenscheins gem. §§ 86, 168, 168 a StPO. Ausgenommen ist dabei das Anwesenheitsrecht für den Beschuldigten und den Verteidiger in § 168 d StPO, weil § 87 Abs. 2 Satz 6 StPO lediglich die Leichenöffnung in Anwesenheit des Richters, nicht jedoch eine selbständige richterliche Augenscheinseinnahme darstellt[180]. Das Anwesenheitsrecht der Staatsanwaltschaft ist dagegen in § 87 Abs. 2 Satz 5 StPO ausdrücklich festgestellt.

Die **Anordnung** der Leichenöffnung obliegt ebenso wie eine etwa erforderliche Exhumierung dem Richter, § 87 Abs. 4 Satz 1 StPO. Lediglich bei Gefahr in Verzug kann der Staatsanwalt, nie jedoch ein Hilfsbeamter der Staatsanwaltschaft, diese Anordnung treffen.

---

178 *Kleinknecht/Meyer* 1987 § 87 StPO Rdnr. 6.
179 *Pelchen,* KK 1987 § 87 StPO Rdnr. 3.
180 *Pelchen,* KK 1987 § 87 StPO Rdnr. 7; *Müller,* KK 1987 § 168 d StPO Rdnr., 1; *Kleinknecht/ Meyer* 1987 § 87 StPO Rdnr. 15 und § 168 d StPO Rdnr. 1 unter Hinweis auf die a. A. von *Paulus.*

119 Bei der Leichenöffnung sind folgende **Verfahrensregelungen** zu beachten:
a) Vornahme der Leichenöffnung durch **2 Ärzte,** von denen einer Gerichtsarzt bzw. Leiter eines *gerichts*medizinischen oder pathologischen Instituts sein muß. Der Leiter eines solchen Instituts kann auch einen Arzt seines Instituts mit der Sektion beauftragen, § 87 Abs. 2 Sätze 1 und 2 StPO.
b) Der **behandelnde Arzt** des Verstorbenen ist von der Vornahme der Sektion ausgeschlossen, § 87 Abs. 4 Satz 3 StPO, kann jedoch als Auskunftsperson hinzugezogen werden, § 87 Abs. 4 Satz 4 StPO.
c) Vor der Sektion ist die Leiche zu **identifizieren,** § 88 Satz 1 StPO. Hierzu sind neben Zeugenbefragungen auch erkennungsdienstliche Maßnahmen zulässig. Rechtsgrundlage hierfür dürfte § 163b Abs. 2 StPO sein und nicht § 81b StPO, da diese Vorschrift an den Beschuldigtenbegriff anknüpft. Soweit die Sektion nicht zur Aufklärung einer Straftat, sondern einer sonstigen nicht natürlichen Todesursache durchgeführt werden soll, könnten die Identifizierungsmaßnahmen lediglich aus § 159 StPO legitimiert werden. Diese Vorschrift stellt zwar nur mittelbar eine Aufgabenzuweisungsnorm für die Staatsanwaltschaft oder den Richter als Notstaatsanwalt (§ 165 StPO) dar. Befugnisse, die andere Personen zu einem Dulden verpflichten und Eingriffscharakter besitzen, können im Sonderfall der keinen Straftatverdacht enthaltenden Ermittlungen zur Todesursache jedoch aus § 159 StPO nicht abgeleitet werden. Bis zur Schaffung einschlägiger Normen sollte der bisherige Rechtszustand jedoch toleriert werden[181]. Es empfiehlt sich jedoch, Maßnahmen zur Identifizierung unbekannter Täter und zur Aufklärung der Todesursache in Fällen ohne Straftatverdacht de lege ferenda als Aufgabe der öffentlichen Sicherheit und Ordnung der Polizei außerhalb des Strafverfahrens zu übertragen.
d) Soweit § 88 Satz 2 StPO bestimmt, daß die Leiche einem ggf. bereits bekannten Beschuldigten zur **Anerkennung** vorzuzeigen ist, handelt es sich entgegen dem Wortlaut nicht um eine zwingende, sondern lediglich um eine Sollvorschrift[182], deren Zweck auf die Identifizierung beschränkt ist und die deshalb unter dem Gesichtspunkt des § 136a StPO nicht als verbotene Vernehmungsmethode angesehen werden kann.
e) Im übrigen legen §§ 89–91 StPO fest, in welchem **Umfang** die Leichenöffnung durchzuführen ist (Kopf-, Brust- und Bauchhöhle), daß bei Leichen Neugeborener zu klären ist, ob das Kind gelebt hat, und daß bei Vergiftungsanzeichen entsprechende toxikologische Untersuchungen zu erfolgen haben, § 91 StPO.

---

181 Vgl. die Nachweise aus der Rechtsprechung des BVerfG am Beispiel der Informationsübermittlung der Mitteilungen in Strafsachen bei OLG Karlsruhe v. 18. 9. 1987, NStZ 1988 S. 185/186 und OLG Hamm v. 13. 10. 1987, NStZ 1988 S. 186.
182 *Pelchen,* KK 1987 § 88 StPO Rdnr. 2; *Kleinknecht/Meyer* 1987 § 88 StPO Rdnr. 2.

E. Durchsuchung u. a. als Eingriff in die Unverletzlichkeit der Wohnung

I. Verfassungsrechtliche Grundlagen

Eingriffe in die Unverletzlichkeit der Wohnung kennt das Strafverfahrensrecht nur in Form der Durchsuchung nach §§ 102 ff. StPO. Den besonderen verfassungsrechtlichen Voraussetzungen des Art. 13 Abs. 2 GG haben diese Vorschriften schon immer entsprochen. Wegen der Gleichsetzung von Wohnungen und anderen Räumen, der Anordnungskompetenz und dem Vorhandensein der geforderten Verfahrensregelungen gab es mit diesen Vorschriften keine der sonst zum Schutzbereich des Art. 13 GG sehr zahlreichen und erst nach und nach durch die Rechtsprechung geklärten Probleme[183]. Da mit der Durchsuchung der weitestgehende Eingriff in das besonders geschützte Grundrecht des Art. 13 GG verfassungsrechtlich abgedeckt ist[184], machte es keine Probleme, unter den tatbestands- und verfahrensmäßigen Voraussetzungen der §§ 102 ff. StPO auch Durchsuchungen von nicht den Wohnungsbegriff erfüllenden Räumlichkeiten und Gegenständen, aber auch Personen zu legitimieren und gegenüber der Durchsuchung minder schwere Eingriffe in das Grundrecht des Art. 13 GG zu rechtfertigen, wie z. B. das Betreten. So darf eine strafprozessuale Festnahme, die nur durch Betreten einer Wohnung vollzogen werden kann, eben nur unter den Voraussetzungen der §§ 102 ff. StPO erfolgen[185]. Ohne daß es einer näheren Differenzierung sonstiger Eingriffe bedürfte, sind diese bezüglich des Schutzgutes Wohnung zu strafprozessualen Zwecken unter den Voraussetzungen der Durchsuchung zulässig.

Die Vorschriften der §§ 102 ff. StPO **legitimieren** jedoch über den Schutzbereich des Art. 13 GG hinaus **auch Eingriffe** in die durch **Art. 2 Abs. 1 bzw. Art. 2 Abs. 1 i. V. mit Art. 1 Abs. 1 GG** geschützten Grundrechte der allgemeinen Handlungsfreiheit und des Persönlichkeitsrechts. Die bei der zwangsweisen Durchsetzung der Durchsuchung z. B. einer Person erforderlichen Freiheitsbeschränkungen sind durch die Maßnahme selbst legitimiert[186], deren gesetzliche Voraussetzungen im übrigen den verfassungsrechtlichen Vorgaben des Gesetzesvorbehaltes in Art. 2 Abs. 2 Sätze 2 und 3 sowie Art. 104 Abs. 1 und 2 GG entsprechen.

II. Durchsuchung bei Verdächtigen und Nichtverdächtigen

Durchsuchungen sind trotz gleicher Durchsuchungsobjekte (Wohnung, andere Räume, Person, Sachen des Betroffenen) bei Verdächtigen und Nichtverdächtigen an zum Teil unterschiedliche **Voraussetzungen** bezüglich des Zwecks, der Erfolgschance und des Verfahrens geknüpft:

---

183 Vgl. zu den die Praxis am meisten berührenden Streitpunkten die Übersicht bei *Krüger* 1982 S. 108 ff.
184 Vgl. zum Begriff der Durchsuchung und seiner Abgrenzung zum Betreten und der Nachschau BFH v. 4. 10. 1988, NJW 1989 S. 855.
185 *Boujong*, KK 1987 § 127 StPO Rdnr. 30.
186 Vgl. insoweit zur körperlichen Untersuchung Rdnr. 17.

	Verdächtiger	Nichtverdächtiger
Zweck	– Ergreifen des **Verdächtigen** – **Auffinden** von Beweismitteln § 102 StPO	– Ergreifen des **Beschuldigten** – **Verfolgung von Spuren** einer Straftat – **Beschlagnahme** bestimmter Gegenstände § 103 Abs. 1 Satz 1 StPO
Erfolgschance	**Vermutung,** daß Erfolg der Maßnahme eintritt, § 102 StPO	**Tatsachen erlauben den Schluß,** daß Erfolg der Maßnahme eintritt, § 103 Abs. 1 Satz 1 StPO
Verfahrensunterschied	–	Bekanntgabe des Zwecks der Durchsuchung vor Beginn, § 106 Abs. 2 Satz 1 StPO

Zum Begriff des Verdächtigen gelten dieselben Kriterien wie bei der Identitätsfeststellung[187]. Die unterschiedlichen Anforderungen an die Durchsetzung bei Nichtverdächtigen bestehen darin, daß

1. beim Nichtverdächtigen nur **Beschuldigte,** nicht lediglich **Verdächtige ergriffen** werden dürfen. Der Unterschied besteht[188] darin, daß gegen einen Beschuldigten bereits ein Ermittlungsverfahren eingeleitet worden sein muß, während dies beim lediglich Verdächtigen nicht der Fall zu sein braucht. Nach § 102, nicht dagegen nach § 103 StPO, dürfen deshalb Personen durchsucht werden, die informatorisch als Zeugen gehört werden[189]. Da der Verdächtige mit dem Beginn der Maßnahme jedoch zum Beschuldigten wird, weil die Ermittlungshandlung seiner Überführung oder Ergreifung dient, können Strafunmündige nur unter den engeren Voraussetzungen des § 103 StPO durchsucht werden[190].

2. Für den Durchsuchungszweck der **Beweismittelsicherung** verlangt § 102 StPO das Auffinden von Beweismitteln, während § 103 StPO u. a. die Beschlagnahme bestimmter Gegenstände nennt. Der Unterschied liegt einmal darin, daß die Beschlagnahme dieser Gegenstände möglich sein muß[191], was z. B. voraussetzt, daß sie nicht herausgegeben werden,

---

187 S. o. Rdnr. 95.
188 Vgl. zum Begriff des Beschuldigten Rdnr. 8.
189 *Kleinknecht/Meyer* 1987 § 102 StPO Rdnr. 3.
190 *Laufhütte,* KK 1987 § 102 StPO Rdnr. 1; *Kleinknecht/Meyer* 1987 § 102 StPO Rdnr. 4.
191 Deshalb darf eine Durchsuchung nach § 103 StPO nicht durchgeführt werden, wenn anzunehmen ist, daß nur beschlagnahmefreie Gegenstände gefunden werden, *Kleinknecht/Meyer* 1987 § 103 StPO Rdnr. 7; *Laufhütte,* KK 1987 § 103 StPO Rdnr. 7; je m. w. N.

und daß es sich um bestimmte Gegenstände und nicht um Beweismittel schlechthin handelt. Die Gegenstände müssen alle im Falle des § 103 StPO bereits konkreter bezeichnet werden können als im Falle des § 102 StPO, obwohl auch dort die bloße Ausforschungsdurchsuchung unzulässig wäre.
3. Während für die Durchsuchung nach § 102 StPO auch **generelle** kriminalistische **Erfahrungssätze** ausreichen, um die Vermutung für den Erfolg der Maßnahme zu begründen, bedarf es bei § 103 StPO **fallbezogener Tatsachen,** die den Schluß auf einen Durchsuchungserfolg ermöglichen.
4. Die zusätzliche Voraussetzung der **Bekanntgabe des Durchsuchungszwecks** im Falle des § 103 Abs. 1 StPO beruht darauf, daß bei Unverdächtigen durch diese Mitteilung keine Gefährdung des Zwecks der Maßnahme zu erwarten ist. Da es sich um eine zusätzliche Voraussetzung für Durchsuchungen nach § 103 Abs. 1 StPO handelt, ist der Hinweis auch bei Durchsuchungen des § 102 StPO nicht verboten.

III. Verfahrensvorschriften

Verfahrensvorschriften besitzen insb. für die Durchsuchung von Wohnungen besondere Bedeutung, weil auf sie in Art. 13 Abs. 2 GG ausdrücklich hingewiesen wird. Hiernach dürfen Durchsuchungen nur in der gesetzlich vorgeschriebenen Form durchgeführt werden. Die Einhaltung dieser Formvorschriften ist somit für Wohnungsdurchsuchungen **verfassungsrechtlich garantiert** und nach Erschöpfung des Rechtswegs deshalb auch mit der Verfassungsbeschwerde nachprüfbar.

1. Durchsuchungsanordnung, Zuständigkeit

Die **Anordnungskompetenz** liegt gem. § 105 Abs. 1 StPO beim Richter. Lediglich bei Gefahr in Verzug kann auch der Staatsanwalt oder ein Hilfsbeamter die Durchsuchungsanordnung erlassen. Dabei sind an den Begriff der Gefahr in Verzug enge Voraussetzungen zu stellen. Diese sind regelmäßig nicht gegeben, wenn bereits Tage vor dem Einschreiten die für die Durchsuchung erforderlichen Einsatzanordnungen getroffen werden[192]. Lediglich wenn durch die mit der Einholung der richterlichen Anordnung verbundene zeitliche Verzögerung der Erfolg der Durchsuchung gefährdet würde[193], ist Gefahr in Verzug.

2. Inhalt des Durchsuchungsbefehls

Der **Durchsuchungsbefehl** muß enthalten[194]
– Bezeichnung der Straftat, die Anlaß zur Durchsuchung ist,
– Durchsuchungszweck,

---
192 Vgl. die Beispiele bei *Krüger* 1982 S. 112.
193 Vgl. m. w. N. *Kleinknecht/Meyer* 1987 § 98 StPO Rdnr. 6.
194 Vgl. *Laufhütte,* KK 1987 § 102 StPO Rdnr. 6 und § 103 StPO Rdnr. 6; *Kleinknecht/Meyer* 1987 § 105 StPO Rdnr. 5; BVerfG v. 26. 5. 1976, NPA 508 StPO § 105 Bl. 6.

- Umfang der Durchsuchung (z. B. Art und Zahl der Räume),
- im Falle der Durchsuchung zum Zwecke des Auffindens von Beweismitteln wenigstens annäherungsweise die Bezeichnung der Art der gesuchten Beweismittel, weil gerade hieraus die Frage der notwendigen Intensität von Durchsuchungshandlungen plausibel wird.

3. Durchführung der Durchsuchung

125 Zur Durchführung der Durchsuchung enthält die StPO eine Reihe von Vorschriften. Sie ist nicht innerhalb einer besonderen Frist nach der Anordnung erforderlich. Nicht Zeitablauf, sondern erst eine veränderte Ermittlungslage macht die Ausführung einer zeitlich bereits früher erfolgten Durchsuchungsanordnung unzulässig[195]. Unterbrechung der Durchsuchung ohne Erfordernis eines erneuten Durchsuchungsbefehls zur Fortsetzung ist zulässig, sollte jedoch entsprechend deutlich gemacht werden[196].

a) Zuziehung von **Zeugen** ist nach § 105 Abs. 2 StPO für die Fälle vorgeschrieben, in denen eine Wohnung, ein Geschäftsraum oder ein sonstiges befriedetes Besitztum durchsucht werden soll und kein Richter oder Staatsanwalt zugegen ist. Dann sind – wenn möglich – entweder ein Gemeindebeamter oder zwei Bewohner der Gemeinde zuzuziehen, auf deren Gemarkung die Durchsuchung stattfindet. Die Entscheidung darüber, ob die Zuziehung möglich ist, liegt in der pflichtgemäßen Beurteilung der die Durchsuchung leitenden Beamten[197]. Die StPO sieht nicht vor, daß der von der Durchsuchung Betroffene auf die Zuziehung verzichten kann. Dies hat seinen Grund darin, daß der Zweck der Zeugenzuziehung sowohl der Sicherung des Betroffenen als auch der der die Durchsuchung durchführenden Beamten dient. Auch wenn der Betroffene verzichtet, entscheidet der durchführende Beamte allein im Rahmen des Kriteriums der Möglichkeit, ob Zeugen zugezogen werden[198]. Dies gilt jedenfalls immer dann, wenn es sich um eine Durchsuchung handelt, der der Betroffene nicht freiwillig zugestimmt hat.

Als Durchsuchungszeugen kommen weder der Inhaber der durchsuchten Räume[199], noch Personen in Betracht, die Polizeibeamte oder sonst Hilfsbeamte der Staatsanwaltschaft sind, § 105 Abs. 2 Satz 2 StPO.

Im Gegensatz zur zwingenden Vorschrift über die Durchsuchungszeugen ist

b) die **Zuziehung des Inhabers** der zu durchsuchenden Räume oder Gegenstände eine fakultative Vorschrift (§ 106 Abs. 1 Satz 1 StPO). Ist der Betroffene nicht anwesend, so ist es erforderlich, Ersatzpersonen in der

---

195 LG Osnabrück v. 1. 10. 1986, NJW 1988 S. 153 = NStZ 1987 S. 522 m. Anm. *Kronisch.*
196 BGH v. 15. 2. 1989, NStZ 1989 S. 375 m. krit. Anm. *Roxin* S. 378.
197 BayObLG v. 23. 11. 1979, NPA 508 StPO § 105 Bl. 13; OLG Stuttgart v. 13. 10. 1983, NPA 508 StPO § 105 Bl. 15.
198 *Laufhütte,* KK 1987 § 105 StPO Rdnr. 7; OLG Celle v. 11. 1. 1985, StV 1985 S. 139 li. Sp. = NPA 508 StPO § 105 Bl. 17; a. A. *Kleinknecht/Meyer* 1987 § 105 StPO Rdnr. 12 m. w. N.
199 *Kleinknecht/Meyer* 1987 § 105 StPO Rdnr. 10; OLG Celle v. 11. 1. 1985, StV 1985 S. 138 re. Sp.

im Gesetz genannten Reihenfolge hinzuzuziehen, § 106 Abs. 1 Satz 2 StPO. Wie bei Durchsuchungszeugen kann der die Durchsuchung durchführende Beamte jedoch auf die Zuziehung verzichten, wenn ihm dies aufgrund der tatsächlichen Verhältnisse nicht möglich erscheint.

c) Die **Bekanntgabe des Durchsuchungszwecks** an die zugezogenen Personen ist vor Beginn der Durchsuchung nur im Falle des § 103 Abs. 1 StPO vorgeschrieben. Sie entfällt aber für Durchsuchungen bei Verdächtigen.

d) Eine **schriftliche Mitteilung** über die Durchsuchung ist nach deren Durchführung und nur auf Verlangen des Betroffenen zu erteilen. Sie hat den Grund der Durchsuchung und, wenn sich die Maßnahme gegen einen Verdächtigen richtet, die den Anlaß der Durchsuchung bildende Straftat zu bezeichnen, § 107 Satz 1 StPO.

e) Ein **Verzeichnis** der sichergestellten Gegenstände – ggf. ein Negativzeugnis – ist ebenfalls nur auf Verlangen zu erteilen, § 107 Satz 2 StPO.

f) Fotografische oder filmische **Dokumentation** einer Durchsuchung wird wegen des hierin liegenden zusätzlichen Eingriffs nur unter besonderen Voraussetzungen und unter Berücksichtigung des Grundsatzes der Verhältnismäßigkeit zugelassen[200]. Dies ist z. B. der Fall, wenn die Dokumentation anstelle der an sich zulässigen Beschlagnahme der ganzen Wohnung erfolgen soll oder das Interesse des Betroffenen überwiegende Beweisinteressen für die Funddokumentation vorliegen.

4. Sonderfälle
Besondere Fälle der Durchsuchung sind wie folgt geregelt:

a) Durchsuchung zur Ergreifung des Täters
Zur Ergreifung bestimmter Täter ist in § 103 Abs. 1 Satz 2 StPO[201] nicht nur die Durchsuchung einzelner Wohnungen und Räume sondern eines ganzen Gebäudes zulässig. Voraussetzung ist, daß

– der Täter einer Straftat nach § 129 a StGB oder einer der in dieser Vorschrift genannten weiteren Straftaten verdächtig ist,
– dringender Tatverdacht[202] vorliegt,
– Tatsachen Grund zu der Annahme geben, daß sich der Beschuldigte in dem betreffenden Gebäude aufhält.

Der **Begriff des Gebäudes** ist dabei auf die selbständige bauliche Einheit begrenzt. Mehrere selbständige Gebäudeeinheiten werden durch Gemeinschaftsanlagen, wie Keller, Tiefgarage, nicht zu einem Gebäude. Besteht Anlaß zu der Annahme, daß der Täter nur in bestimmten Wohnungen des Gebäudes zu finden sein wird, so ist aus Gründen der Verhältnismäßigkeit mit der Durchsuchung dieser Wohnung zu beginnen. Die Durchsuchungsanordnung darf abweichend von § 105 Abs. 1 Satz 1 StPO in diesen Fällen nach § 105 Abs. 1 Satz 2 StPO nur durch den Richter und bei Gefahr in Verzug durch den Staatsanwalt, nicht aber dessen Hilfsbeamten ergehen.

---
200 OLG Celle v. 11. 1. 1985, StV 1985 S. 139 re Sp. = NPA 508 StPO § 105 Bl. 18.
201 Vgl. hierzu *Benfer*, Die Polizei 1979 S. 196 ff.
202 Zum Begriff s. o. Rdnr. 41.

b) Ergreifungs- und Fluchträume

127 Nach § 103 Abs. 2 StPO wird die Durchsuchung derjenigen Räume, die der Beschuldigte während der Verfolgung betreten hat, bzw. in denen er ergriffen wurde, abweichend geregelt. Für diese Situation entfallen Beschränkungen. Dies sind

– die **Beschränkung des Durchsuchungszwecks**, so daß auch die Durchsuchung zur Ermittlung von Zeugen in diesen Räumen zulässig ist,
– das **Erfordernis von Tatsachen**, aus denen auf den Erfolg der Durchsuchung geschlossen werden kann.

Es entfallen also die den unverdächtigen Betroffenen gegenüber dem Verdächtigen privilegierenden zusätzlichen Erfordernisse.

c) Nachtzeit

128 Für die Nachtzeit stellt § 104 Abs. 1 StPO zusätzliche Erfordernisse auf, um Wohnungen, Geschäftsräume und befriedetes Besitztum zu durchsuchen. Der Begriff Nachtzeit ist in § 104 Abs. 3 StPO definiert und nimmt keine Rücksicht auf die kalendermäßigen Jahreszeiten oder die Zeitverschiebung zwischen Sommer- und Winterzeit.

Die Nachtzeitdurchsuchung ist in drei Fällen zugelassen:
– bei Verfolgung auf frischer Tat[203],
– bei Gefahr in Verzug[204],
– zur Wiederergreifung eines Gefangenen.

Dabei ist vorausgesetzt, daß eine den Gefangenenbegriff des § 120 StGB erfüllende Person sich dem amtlichen Gewahrsam bzw. der amtlichen Kontrolle bereits entzogen hatte. Die nächtliche Durchsuchung ist nicht nur zulässig, wenn der Gefangene in dem betreffenden Raum ergriffen werden soll, es ist ausreichend, daß dort Anhaltspunkte oder Erkenntnisse gewonnen werden können, die der Wiederergreifung dienen[205].

Die zusätzlichen Erfordernisse für die Durchsuchung zur Nachtzeit entfallen bei den in § 104 Abs. 2 StPO genannten Objekten.

d) Bundeswehrbereich

129 Durchsuchungen im Bereich der Bundeswehr erfolgen nach § 105 Abs. 3 StPO insoweit abweichend von den üblichen Formen, als die Durchführung – nicht etwa die Anordnung – auf Ersuchen der Ermittlungsbehörden durch die vorgesetzte Dienststelle der Bundeswehr erfolgt. Dabei darf die ersuchende Behörde mitwirken. Diese Besonderheit gilt gem. § 105 Abs. 3 Satz 3 StPO jedoch nur, soweit es sich um Räume handelt, die **auch** von Soldaten bewohnt werden.

---

203 Zum Begriff s. o. Rdnr. 76.
204 Zum Begriff s. o. Rdnr. 123.
205 *Krause/Nehring* 1978 § 104 StPO Rdnr. 4; *Kleinknecht/Meyer* 1987 § 104 StPO Rdnr. 5.

e) Kennzeichnung beschlagnahmter Gegenstände

Die Kennzeichnung beschlagnahmter Gegenstände ist nach der Sollvorschrift des § 109 StPO erforderlich, um Verwechslungen vorzubeugen. Die entsprechend gekennzeichneten Gegenstände sind in einem Verzeichnis zu vermerken. Diese Regelung gilt für alle Fälle der Verwahrung und Beschlagnahme auch außerhalb von Durchsuchungen, so z. B. in den Fällen der §§ 94 ff., 111 b ff. und 108 StPO. Das zu erstellende Verzeichnis kann zugleich gem. § 107 Satz 2 StPO in Mehrfertigung zur Übergabe an den Betroffenen verwendet werden.

130

f) Durchsicht von Papieren

Die Durchsicht von Papieren, die bei einer Durchsuchung gefunden werden, ist zunächst dem Staatsanwalt vorbehalten, § 110 Abs. 1 StPO. Andere Beamte dürfen dies nach § 110 Abs. 2 Satz 1 StPO nur mit Zustimmung des Betroffenen. Wird diese nicht erteilt, so dürfen die Papiere nur nach äußeren Merkmalen daraufhin vorsortiert werden, ob eine Inhaltsprüfung durch die Staatsanwaltschaft erforderlich ist. Zulässig ist deshalb die Sichtung nach Aufschriften auf Ordnern, nach dem Aufbewahrungsort oder bei Einzelpapieren nach dem Betreff. Eine inhaltliche Sichtung darf auch in lediglich vorprüfender Weise nach h. A. nicht erfolgen[206].

131

Erfolgt keine Prüfung der Staatsanwaltschaft vor Ort, so sind die Papiere in Gegenwart des Betroffenen in Umschlägen zu versiegeln (§ 110 Abs. 2 Satz 2 StPO), wobei der Betroffene sein Siegel zusätzlich anbringen darf, § 110 Abs. 3, 1. Halbsatz StPO. Die Mitnahme der Papiere zum Zwecke der Durchsicht ist als eine die Beschlagnahme vorbereitende Maßnahme[207] Teil der Durchsuchung.

Zum Begriff Papiere[208] i. S. von § 110 StPO gehören alle Aufzeichnungen des Betroffenen, gleichgültig auf welchem Material (Papier, Lochkarten, Magnetbänder, Filme etc.) und in welcher Form (Handschrift, Schreibmaschine, Zahlenreihen etc.) sie gehalten sind. Ausgenommen sind allgemein zugängliche Druckwerke, es sei denn Teile von ihnen sind in einer besonderen Auswertung abweichend von der ursprünglichen Form der Publikation zusammengefaßt.

5. Zufallsfunde

Die Behandlung von Zufallsfunden ist für alle Fälle der Durchsuchung, mit Ausnahme der des § 103 Abs. 1 Satz 2 StPO[209], in § 108 StPO geregelt und betrifft die Sicherung von Gegenständen, die auf eine andere als die die Durchsuchung auslösende Straftat hinweisen und deshalb keinen Bezug zum bereits anhängigen Ermittlungsverfahren haben. Die Zulässigkeit der

132

---
206 Vgl. *Kleinknecht/Meyer* 1987 § 110 StPO Rdnr. 4; *Laufhütte,* KK 1987 § 110 StPO Rdnr. 5; OLG Celle v. 11. 1. 1985, StV 1985 S. 139 li. Sp. = NPA 508 StPO § 105 Bl. 17/18.
207 *Kleinknecht/Meyer* 1987 § 110 StPO Rdnr. 6.
208 Vgl. *Kleinknecht/Meyer* 1987 § 110 StPO Rdnr. 1; *Laufhütte,* KK 1987 § 110 StPO Rdnr. 2.
209 S. o. Rdnr. 126. In diesen Fällen können Zufallsfunde gem. § 98 Abs. 1 StPO durch Hilfsbeamte der Staatsanwaltschaft bei Gefahr in Verzug beschlagnahmt werden.

Sicherung dieser Gegenstände folgt aus der in § 108 StPO gesetzlich vermuteten Gefahr in Verzug, steht aber im Gegensatz zu § 98 Abs. 1 StPO jedem an der Durchsuchung beteiligten Angehörigen der Ermittlungsbehörden zu, gleichgültig, ob er Hilfsbeamter der Staatsanwaltschaft ist oder nicht. Auf die Zuständigkeit des Beamten für die Ermittlung des neuen Tatverdachts kommt es nicht an[210].

Um einen Mißbrauch der Vorschrift zu verhindern[211], ist gem. § 108 Satz 2 StPO die Staatsanwaltschaft zu verständigen. Ihr obliegt die weitere Entscheidung über eine Beschlagnahme und die Einleitung neuer Ermittlungen oder die Verwertung in einem anderen bereits anhängigen Verfahren.

6. Rechtsmittel gegen Durchsuchungsanordnungen

133   Rechtsmittel gegen Durchsuchungsanordnungen sind danach zu unterscheiden, von wem diese erlassen sind:
- die Zulässigkeit **richterlicher** Durchsuchungsanordnungen kann, solange die Durchsuchung noch nicht abgeschlossen ist, mit der Beschwerde gem. § 304 StPO überprüft werden. Nach der Beendigung der Durchsuchung entfällt diese Möglichkeit wegen des Grundsatzes der prozessualen Überholung[212]. Werden bei einer Durchsuchung gem. § 110 StPO Papiere zur Durchsicht sichergestellt, so endet die Durchsuchung erst mit der Durchsicht der Papiere. Bis zu deren Abschluß ist also eine Beschwerde gegen die Durchsuchungsanordnung möglich, weil die Durchsicht der Papiere Teil der Durchsuchung ist[213].

    Nach Beendigung der Durchsuchung besteht unter der zusätzlichen Voraussetzung des Nachweises eines fortbestehenden Feststellungsinteresses[214] die Möglichkeit der Anfechtung im Verfahren nach §§ 23 ff. EGGVG[215], es sei denn, daß bereits eine rechtliche Überprüfung im Verfahren nach § 98 Abs. 2 Satz 2 StPO erfolgt ist[215/1].
- Durchsuchungsanordnungen der **Staatsanwaltschaft** oder ihrer **Hilfsbeamten** können bezüglich der Rechtmäßigkeit der Anordnung nach h. A. in entsprechender Anwendung des § 98 Abs. 2 Satz 2 StPO mit einem Antrag auf gerichtliche Entscheidung angefochten werden. Dies gilt bei

---

210 OLG Schleswig v. 25. 5. 1981, NPA 508 StPO § 108 Bl. 1.
211 Dieser liegt z. B. in der Überschreitung der im Durchsuchungsbeschluß festgelegten Beschränkung des Durchsuchungszwecks. Werden diese Grenzen nicht beachtet, unterliegen Zufallsfunde einem Verwertungsverbot, LG Bonn v. 1. 7. 1980, NPA 508 StPO § 108 Bl. 3; LG Bremen v. 13. 7. 1984, NPA 508 StPO § 108 Bl. 4.
212 BGH v. 16. 12. 1987, MDR 1988 S. 358; vgl. zum Begriff der prozessualen Überholung *Kleinknecht/Meyer* 1987 vor § 296 StPO Rdnr. 17 u. 18.
213 Vgl. m. w. N. *Kleinknecht/Meyer* 1987 § 105 StPO Rdnr. 15; *Laufhütte*, KK 1987 § 105 StPO Rdnr. 11.
214 Dazu reicht das bloße ideelle Interesse daran, möglichst keinem ungerechtfertigten Eingriff ausgesetzt gewesen zu sein, nicht aus. BGH v. 16. 12. 1977, NPA 508 StPO § 105 Bl. 8.
215 *Laufhütte*, KK 1987 § 105 StPO Rdnr. 9; *Kleinknecht/Meyer* 1987 § 105 StPO Rdnr. 16 a. E.; OLG Celle v. 11. 1. 1985, StV 1985 S. 137.
215/1 BGH v. 26. 6. 1990 NJW 1990 S. 2758, hier: S. 2759, li. Sp. Die gegenteilige Auffassung OLG Nürnberg v. 30. 6. 1986, NStZ 1986 S. 575 wurde aufgegeben.

fortbestehendem Feststellungsinteresse **auch nach Beendigung** der Durchsuchung[216].

– die **Verletzung von Verfahrens- und Formvorschriften** im Rahmen einer Durchsuchung kann lediglich im Rahmen des Verfahrens nach §§ 23 ff. EGGVG überprüft werden[217]. Diese Möglichkeit besteht bezüglich zwingender wie fakultativer Vorschriften, erfordert aber ebenfalls ein fortwirkendes Feststellungsinteresse. Dieses kann jedoch nicht allein in der Tatsache des erfolgten Grundrechtseingriffs und eines allgemeinen Rehabilitationsinteresses gesehen werden. Beiden Gesichtspunkten wird durch die Sachentscheidung im Strafverfahren entsprochen. Ein Feststellungsinteresse muß auf zusätzliche konkrete Umstände gestützt werden[217/1].

F. Eingriffe in das Eigentum und andere vermögenswerte Rechte 134

Eingriffe in das Eigentum und andere vermögenswerte Rechte sind verfassungsrechtlich entweder in der Form der Inhalts- und Schrankenbestimmung oder aber in der entschädigungspflichtigen Form der Enteignung zulässig[218]. Die einschlägigen strafprozessualen Vorschriften werden nach dem Zweck der Maßnahmen (Beweisführung, Verfall, Einziehung, Kaution) oder, soweit dies wegen verfassungsrechtlicher Besonderheiten erforderlich ist, auch nach dem Gegenstand unterschieden, auf den zugegriffen werden soll, z. B. Druckwerke.

I. Sicherstellung zu Beweiszwecken 135

1. Voraussetzungen

136 Sie erfolgt gem. § 94 Abs. 1 StPO durch Inverwahrungnahme oder auf andere Weise und ist an folgende **Voraussetzungen** gebunden: 136
a) Es muß sich um körperliche Gegenstände[219] handeln. Die Art der Beschaffenheit – fest, flüssig, beweglich, unbeweglich – ist unbeacht-

---

216 *Laufhütte*, KK 1987 § 105 StPO Rdnr. 9 u. 10; OLG Karlsruhe v. 14. 8. 1987, NJW 1988 S. 84 m. w. N.; a. A. für die Zeit nach Abschluß der Durchsuchung *Kleinknecht/Meyer* 1987 § 105 StPO Rdnr. 16.
217 *Kleinknecht/Meyer* 1987 § 105 StPO Rdnr. 17; *Laufhütte*, KK 1987 § 105 StPO Rdnr. 10; OLG Celle v. 11. 1. 1985, StV 1985 S. 137 bezügl. der unterlassenen Zuziehung von Durchsuchungszeugen; OLG Karlsruhe v. 14. 8. 1987, NJW 1988, S. 85 für die gesamte Prüfung der Art und Weise abgeschlossener Durchsuchungen.
217/1 BGH v. 26. 6. 1990, NJW 1990, 2758, hier: 2759, re. Sp. = NStZ 1990, 445 unter Ablehnung v. OLG Celle v. 11. 1. 1985, StrafVert. 1985, 138/139.
218 *Hesse* 1980 S. 183 ff.; *Maack* 1983 Rdnr. 986 ff. u. 993 ff.; *Krüger* 1982 S. 124 ff. (mit Beispielen aus dem Bereich der Einziehung S. 127).
219 Zum Begriff *Laufhütte*, KK 1987 § 94 StPO Rdnr. 3; *Kleinknecht/Meyer* 1987 § 94 StPO Rdnr. 4; *Krause/Nehring* 1978 § 94 StPO Rdnr. 2.

lich. Die Voraussetzungen des zivilrechtlichen Sachenbegriffs nach §§ 90 ff. BGB brauchen nicht vorzuliegen. Dies ist z. B. für Leichen, Leichenteile etc. von Bedeutung.

b) Den Gegenständen muß eine **Beweisbedeutung**[220] für verfahrensrelevante Fragen zukommen. Dabei ist es unerheblich, ob sich die zu beweisenden Tatsachen auf die eigentliche Tat, auf Strafzumessungsgründe oder tatbestandliche Voraussetzungen anderer Ermittlungsmaßnahmen beziehen.

c) Die Beweisbedeutung muß **für ein Strafverfahren**[221] bestehen. Unerheblich ist, ob dies ein allgemeines Strafverfahren, ein Sicherungsverfahren gem. §§ 413 ff. StPO oder ein selbständiges Einziehungsverfahren gem. § 440 StPO ist. Maßgeblich ist lediglich die Durchführbarkeit eines entsprechenden strafprozessualen Verfahrens, dem kein unausräumbares Verfahrenshindernis entgegenstehen darf.

d) Die Sicherstellung muß **verhältnismäßig** sein. Dieses Kriterium hat z. B. praktische Bedeutung erlangt in folgenden Fällen:

aa) Bei der Beschlagnahme von Urkunden ist stets zu prüfen, ob nicht die Anfertigung von Kopien ausreicht. Ist die Erhebung des Originals unerläßlich, kann dem Betroffenen, der ggf. mit den Urkunden weiterhin arbeiten muß, die Fertigung von **Kopien** gestattet werden[222]. Die dabei anfallenden Kosten sind allerdings nach h. A. nicht erstattungsfähig[223]. Das Gesetz über die Entschädigung von Zeugen und Sachverständigen sieht eine solche Erstattung nicht vor. Andere Rechtsgrundlagen existieren nicht.

bb) Für die Beschlagnahme von **Druckerzeugnissen** zum Beweis des Inhalts und des Verbreitens sind Einzelexemplare ausreichend. Die Sicherstellung des gesamten Bestandes wäre allein zu Beweiszwecken unverhältnismäßig[224].

cc) Die ggf. zeugenschaftlich zu vertretende **Auskunft** ist in der Regel einer Beschlagnahme vorzuziehen, wenn nicht besondere Beweiserfordernisse die Vorlage der entsprechenden Unterlagen gebieten[225].

2. Durchführung der Sicherstellung

Die Durchführung der Sicherstellung erfolgt in der Form, daß der Gegenstand in **amtliche Verwahrung** genommen oder **in anderer Weise** sichergestellt wird, § 94 Abs. 1 StPO. Die amtliche Verwahrung setzt voraus, daß der Gegenstand in den Besitz der Behörde überführt wird. Als andere For-

---

220 *Kleinknecht/Meyer* 1987 § 94 StPO Rdnr. 6; *Laufhütte*, KK 1987 § 94 StPO Rdnr. 6 u. 8; *Krause/Nehring* 1978 § 94 StPO Rdnr. 3.
221 *Laufhütte*, KK 1987 § 94 StPO Rdnr. 10; *Kleinknecht/Meyer* 1987 § 94 StPO Rdnr. 7.
222 *Laufhütte*, KK 1987 § 94 StPO Rdnr. 13; *Kleinknecht/Meyer* 1987 § 94 StPO Rdnr. 18; je m. w. N.
223 *Laufhütte*, KK 1987 § 94 StPO Rdnr. 13 m. w. N.; BGH v. 8. 9. 1981, NPA 507 StPO § 94 Bl. 14.
224 *Kleinknecht/Meyer* 1987 § 94 StPO Rdnr. 19; *Laufhütte*, KK 1987 § 94 StPO Rdnr. 13 a. E.
225 *Kleinknecht/Meyer* 1987 § 94 StPO Rdnr. 18 a. E.; *Laufhütte*, KK 1987 § 94 StPO Rdnr. 13 a. E.

men kommen in Betracht: Absperrung und Versiegelung von Grundstücken und Räumen sowie bei anderen Gegenständen, die im Gewahrsam des Berechtigten belassen werden, Veränderungs-, Verfügungs- und Vernichtungsverbote.

Durchgeführt wird die Sicherstellung
a) **formlos.** Dies ist möglich, wenn der oder die Gewahrsamsinhaber zustimmen oder kein Gewahrsamsinhaber bekannt ist.
b) **durch Beschlagnahme** gem. § 94 Abs. 2 StPO. Dabei wird der bisherige Gewahrsam gegen den Willen des Berechtigten durch amtlichen Gewahrsam ersetzt. Dies erfolgt im Wege der Wegnahme mittels unmittelbaren Zwanges.
c) bei Gewahrsamsinhabern, die nicht Beschuldigte des Verfahrens sind, insb. wenn die Wegnahme im Wege unmittelbaren Zwanges mangels Kenntnis des Verbleibes des zu beschlagnahmenden Gegenstandes nicht möglich ist, auch **durch** ein **Herausgabeverlangen** gem. § 95 StPO, im Weigerungsfalle unter Einsatz richterlicher Ordnungsmaßnahmen gem. § 70 StPO.

3. Beschlagnahmeanordnung

Zur Anordnung der Beschlagnahme sind gem. § 98 Abs. 1 Satz 1 StPO der Richter, bei Gefahr in Verzug auch der Staatsanwalt und dessen Hilfsbeamte befugt. Soll die Beschlagnahme jedoch in den Räumen eines Verlags, einer Druckerei, einer Redaktion oder einer Rundfunk- bzw. Fernsehanstalt erfolgen, so ist nur der Richter legitimiert, § 98 Abs. 1 Satz 2 StPO.

Die auf Anordnung des Staatsanwalts oder eines Hilfsbeamten hin erfolgten Beschlagnahmen bedürfen in 2 Fällen gem. § 98 Abs. 2 Satz 1 StPO richterlicher Bestätigung innerhalb von drei Tagen, nämlich wenn
a) gegen die Beschlagnahme Widerspruch erhoben wurde,
b) bei der Beschlagnahme weder der Betroffene noch ein erwachsener Angehöriger anwesend war.

Dabei ist streitig, welche Altersvoraussetzungen an den Begriff „Erwachsen" zu stellen sind. Nach *Krause/Nehring*[226] und *Kleinknecht/Meyer*[227] soll jede über 14 Jahre alte Person in Betracht kommen, die die Bedeutung der Beschlagnahme erkennen und den Betroffenen unterrichten kann, während *Laufhütte*[228], Volljährigkeit voraussetzt. Dabei ist der Auffassung von *Laufhütte* schon aus Gründen der Rechtssicherheit zu folgen. Alle auf Einsichtsfähigkeit oder, wie *Kleinknecht/Meyer* für die Altersgruppe der 14–18jährigen weiter differenzieren, körperliche Entwicklung und äußeres Erscheinungsbild abstellenden Kriterien enthalten wesentliche Beurteilungsrisiken. Gerade auch die vom Strafverfahren unabhängigen möglichen rechtlichen und wirtschaftlichen Nachteile einer Beschlagnahme las-

---
226 1978 § 98 StPO Rdnr. 8 a. E.
227 1987 § 98 StPO Rdnr. 15.
228 KK 1987 § 98 StPO Rdnr. 14 unter Berufung auf *Schäfer*.

sen es deshalb angezeigt sein, den für zivilrechtliche Konsequenzen sicheren Volljährigkeitsbegriff zu Grunde zu legen.

Die Fertigung von Schriftproben auf einer vorgefundenen Schreibmaschine bedarf keiner richterlichen Anordnung oder Bestätigung, da es sich nicht um eine Beschlagnahme handelt (BGH in kriminalist 1990 S. 78).

4. Wirkungen der Beschlagnahme

139 Lediglich das Gewahrsamsverhältnis wird geändert. Damit kann sich die Art des Besitzes (unmittelbar § 856 BGB, mittelbar § 868 BGB, Teil- und Mitbesitz §§ 865, 866 BGB), nicht aber die Eigentumsfrage ändern. Es besteht auch kein Veräußerungsverbot.

5. Rechtsmittel

140 Gegen jede Sicherstellung und jede nicht richterliche Anordnung der Beschlagnahme steht dem Betroffenen, gleichgültig ob Eigentümer oder Besitzer, das Recht zu, gem. § 98 Abs. 2 Satz 2 StPO eine richterliche Entscheidung herbeizuführen. Zur Zuständigkeit des Richters vgl. § 98 Abs. 2 Sätze 3–5 StPO. Gegen die richterliche Entscheidung steht dem Betroffenen bzw. der Staatsanwaltschaft die Beschwerde gem. §§ 304 ff. StPO zu.

141 **6. Rückgabe sichergestellter bzw. beschlagnahmter Gegenstände[229]**

Sobald ein Gegenstand als Beweismittel nicht mehr benötigt wird, d. h. spätestens bei Rechtskraft des Urteils oder falls sich die Unzulässigkeit der Beschlagnahme herausstellt, ist der Beweisgegenstand zurückzugeben. Dies geschieht grundsätzlich an denjenigen, bei dem der Gegenstand erhoben wurde, es sei denn der letzte Gewahrsamsinhaber stimmt einer anderen Verfügung zu oder der Anspruch eines Dritten ist zweifelsfrei erwiesen. Eine Sonderregelung besteht in § 111k StPO für solche Sachen, die einem Geschädigten durch eine Straftat entzogen worden sind. Eine analoge Anwendung dieser Vorschrift auf Fälle, in denen der Besitz nicht durch eine Straftat entzogen wurde, scheidet aus[230]. Ist ein solcher Geschädigter bekannt und stehen keine für das Gericht bzw. die Staatsanwaltschaft erkennbaren Ansprüche Dritter entgegen, so ist an den Geschädigten herauszugeben. Bei Ansprüchen Dritter wird diesen unter Fristsetzung Gelegenheit zum Nachweis ihrer Rechte gegeben. Bei erfolglosem Ablauf der Frist wird an den letzten Gewahrsamsinhaber herausgegeben[231]. Kann ein Berechtigter nicht ermittelt werden, so ist gem. § 983 BGB zu verfahren, d. h. der Gegenstand öffentlich zu versteigern. Nach Ablauf von 3 Jahren fällt der Erlös an den zuständigen Landes- oder Bundesfiskus.

---

229 Vgl. *Kleinknecht/Meyer* 1987 § 94 StPO Rdnr. 7; *Laufhütte*, KK 1987 § 94 StPO Rdnr. 20. Gegen die Rückgabe bei offensichtlich begründeten Ansprüchen Dritter gem. Nr. 75 RiStBV OLG Düsseldorf v. 13. 12. 1989, NJW 1990 S. 723.
230 LG Hildesheim v. 7. 11. 1988, NStZ 1989 S. 336 m. zust. Anm. *Gropp*.
231 OLG Stuttgart v. 1. 9. 1988, NStZ 1989 S. 39.

Die Entscheidung trifft mit Ausnahme der Fälle des § 111 k StPO die Staatsanwaltschaft[232].

7. Sonderregelung für in Gewahrsam von Behörden befindlichen Schriftstücke

Gegenüber der Beschlagnahme nach den Vorschriften der §§ 94, 95 StPO sieht § 96 StPO als Sondervorschrift lediglich vor, daß die Herausgabe von in amtlichem Gewahrsam befindlichen Unterlagen unter bestimmten Umständen **nicht** verlangt werden darf. Damit ist zweierlei festgelegt. Zunächst, daß für die von dieser Regelung umfaßten Gegenstände wegen des Charakters der Norm des § 96 StPO als Spezialvorschrift keine Beschlagnahme in Betracht kommt[233]. Zum anderen setzt diese die Herausgabeforderung beschränkende Vorschrift voraus, daß es irgendeine Rechtsgrundlage für ein Herausgabeverlangen gibt. Diese ist in Art. 35 GG, der allgemeinen Regelung über die Amtshilfepflicht zu sehen. Während dieser Grundgedanke für die Auskunftspflicht in § 161 StPO nochmals ausdrücklich positiv übernommen wurde, regelt § 96 StPO für die Vorlage von Schriftgut lediglich die Begrenzung dieser Pflicht.

a) **Gegenstand** des Herausgabeverlangens sind Akten und andere in amtlicher Verwahrung befindliche Schriftstücke. Hierunter ist das gesamte in behördlichem Gewahrsam befindliche Schriftgut zu verstehen, ohne daß es eines besonderen Verwahrungscharakters etwa i. S. von Verschlußsachen bedarf. Die zeitweise Überlassung an andere Stellen oder Private hebt, solange kein Fall der Entwendung oder des Abhandenkommens vorliegt, den amtlichen Gewahrsam nicht auf[234].

b) **Adressat** des Herausgabeverlangens sind Behörden oder öffentliche Beamte. Dabei ist vom auch sonst in der StPO, vgl. § 256 StPO, gebrauchten Behördenbegriff auszugehen. Es sind dies kraft öffentlichen Rechts als Teil der unmittelbaren oder mittelbaren Staatsorganisation eingerichtete, unabhängig vom jeweiligen Personalstand bestehende Träger staatlicher Aufgaben[235]. Dies ist z. B. nicht der Fall bei einem Konkursverwalter. In dessen Gewahrsam befindliche Unterlagen des Gemeinschuldners können beschlagnahmt werden[236].

c) **Weigerungsgründe** sind lediglich das Wohl des Bundes oder eines deutschen Landes. Dabei handelt es sich um eine auf die Wahrnehmung öffentlicher Interessen von Bund und Ländern bezogene wertungsbedürftige Umschreibung. Aus dem Grundsatz der Einheit der Verfassung[237] folgt ebenso wie aus dem Gewaltenteilungsprinzip, daß die Wahrnehmung der verschiedenen Staatsaufgaben gewährleistet sein

---
232 LG Hildesheim v. 7. 11. 1988, NStZ 1989 S. 336.
233 *Kleinknecht/Meyer* 1987 § 96 StPO Rdnr. 2 m. w. N.
234 *Kleinknecht/Meyer* 1987 § 96 StPO Rdnr. 4; *Laufhütte*, KK 1987 § 96 StPO Rdnr. 7.
235 Vgl. *Kleinknecht/Meyer* 1987 § 256 Rdnr. 2 m. w. N.; *Laufhütte*, KK 1987 § 96 StPO Rdnr. 6.
236 LG Stuttgart v. 15. 11. 1983, NPA 507 StPO § 94 Bl. 15.
237 Vgl. *Hesse* 1980 S. 110 ff.; *Maack* 1983 Rdnr. 87 ff.

muß, ohne daß es die Gefährdung einzelner Aufgaben einschließende Prioritäten bestimmter staatlicher Arbeitsbereiche gibt. Dies gilt auch im Verhältnis der Strafrechtspflege zu anderen Bereichen. Würde das Bekanntwerden bestimmter Umstände die angemessene Wahrnehmung bestimmter Aufgaben gefährden, so darf die Geheimhaltung auch zu Lasten der Sachverhaltsaufklärung in der Strafrechtspflege gehen. Dabei ist das Interesse an der Geheimhaltung nicht auf Fälle beschränkt, wo die Beeinträchtigung der Wahrnehmung staatlicher Aufgaben zu einer Gefahr für Leib oder Leben von Menschen führt. Es hat eine Abwägung des Strafverfolgungsinteresses mit den anderen Staatsaufgaben zu erfolgen. Diese Abwägung hat wegen der grundsätzlichen Bedeutung durch die oberste Dienstbehörde des um Vorlage ersuchten Ressorts zu erfolgen. Nachteile für die Strafverfolgung können insb. auch deshalb hingenommen werden, weil durch die Verweigerung der Vorlage von Unterlagen entstehende Beweislücken und Zweifel stets zu Gunsten des Angeklagten gewertet werden müssen.

f) **Verfahren:** Die Ermittlungsbehörde oder das erkennende Gericht beantragen die Vorlage bei der sachlich zuständigen Behörde[238]. Diese hat die Entscheidung der gem. § 96 StPO zuständigen obersten Dienstbehörde des zuständigen Ressorts herbeizuführen[239]. Innerhalb der obersten Dienstbehörde ist der für deren Vertretung nach außen berechtigte Beamte zuständig, keinesfalls zwingend der Behördenleiter persönlich[240]. § 96 StPO sieht nämlich schon nach dem Gesetzeswortlaut eine Zuständigkeit der Behörde und keine auf die Person des ggf. parlamentarisch verantwortlichen Leiters beschränkte Kompetenz vor. Die Entscheidung der Behörde muß eine Begründung enthalten. Dabei muß soviel dargelegt werden, wie unter Wahrung der Geheimhaltung zur Darlegung des pflichtgemäßen Ermessens bei der Abwägung der konkurrierenden Staatsaufgaben möglich ist, um für die Verfahrensbeteiligten im Strafverfahren die Entscheidung hinlänglich transparent zu machen. Eine diesen Anforderungen nicht entsprechende Erklärung verletzt den Anspruch auf ein faires Verfahren[241]. Dies bedeutet, daß fallbezogene Darlegungen notwendig sind. Abstrakt generelle Ausführungen, die für jeden oder doch viele andere Fälle gelten könnten, reichen nicht aus[242]. Die Entscheidung der obersten Dienstbehörde ist für Staatsanwaltschaft und Gericht bindend. Nach h. A. steht jedoch dem Beschuldigten oder ggf. anderen in ihren Rechten betroffenen Verfahrensbeteiligten, wie z. B. dem Nebenkläger, ein Anfechtungsrecht zu. Zum Rechtsweg ist aus überzeugenden Gründen mit *Laufhütte* entgegen der von der Rechtsprechung vielfach angenommenen Zuständigkeit der OLGe gem. §§ 23 ff. EGGVG vom Verwaltungsrechtsweg auszuge-

---

238 So auch LG Darmstadt v. 7. 10. 1988, NStZ 1989 S. 87 für Magistratsprotokolle.
239 *Kleinknecht/Meyer* 1987 § 96 StPO Rdnr. 7/8.
240 *Kleinknecht/Meyer* 1987 § 96 StPO Rdnr. 8.
241 BVerwG v. 19. 8. 1986, NJW 1987 S. 202 m. Anm. *Arloth*, NStZ 1987 S. 520.
242 *Laufhütte*, KK 1987 § 96 StPO Rdnr. 2; *Kleinknecht/Meyer* 1987 § 96 StPO Rdnr. 9; je m. w. N. Offensichtlich willkürliche oder mißbräuchliche Sperrerklärungen sind rechtlich nicht bindend, KG v. 22. 6. 1989, NStZ 1989 S. 541.

hen[243]. Die von *Kleinknecht/Meyer*[244] gewählte Differenzierung, daß der Rechtsweg nach §§ 23 ff. EGGVG stets dann gegeben sei, wenn oberste Dienstbehörde das Justizministerium ist, verkennt, daß es für den Rechtsweg nicht auf die Ressortzuständigkeit, sondern die Rechtsnatur des zugrunde liegenden Rechtsverhältnisses ankommt. Die Sperrerklärung für die Vorlage von Akten ist aber keine typischerweise in der Zuständigkeit der Justizbehörden liegende Anordnung. Die Entscheidung betrifft vielmehr das öffentlich-rechtliche Verhältnis zweier Behörden zueinander und die sich daraus ergebenden Konsequenzen für das Strafverfahren. Für die nähere Charakterisierung ist dabei das Grundverhältnis zwischen den beteiligten Ressorts maßgebend und nicht das Prozeßrechtsverhältnis der vom Ergebnis der Entscheidung tangierten Verfahrensbeteiligten im Strafprozeß.

g) Anwendung des § 96 StPO auf **Auskunftsverweigerungen**. Nach inzwischen h. A. und Rechtsprechung wird § 96 StPO analog angewandt auf diejenigen Fälle, in denen eine nach § 161 StPO erbetene Auskunft von einer Behörde verweigert wird[245]. *Kleinknecht/Meyer*[246] weisen m. w. N. zutreffend darauf hin, daß jedoch für die Weigerungsgründe die gegenüber § 96 StPO weitergehenden Vorschriften des Beamtenrechts von Bund und Ländern über die Verweigerung einer Aussagegenehmigung anzuwenden sind.

8. Von der Beschlagnahme ausgenommene Gegenstände

§ 97 StPO ergänzt mit der Ausnahme von der Beschlagnahme die Regelungen über das Zeugnisverweigerungsrecht in §§ 52 ff. StPO. Diese Rechte würden weitgehend ausgehöhlt und bedeutungslos, wenn der Zeugnisverweigerungsberechtigte zwar schweigen, seine entsprechende Informationen enthaltenden Unterlagen, Aufzeichnungen und sonstigen Materialien jedoch beschlagnahmt werden dürften. Deshalb dient § 97 StPO dem Schutz der zur Verweigerung des Zeugnisses berechtigten Personen und deren in § 53a StPO genannten Berufshelfer. Auch eine Zustimmung des Beschuldigten vermag am Beschlagnahmeverbot nichts zu ändern, solange keine rechtswirksame Entbindung von der Schweigepflicht erfolgt[247].

§ 97 StPO unterscheidet folgende Fallgruppen:

a) Beschlagnahmefreiheit zum Schutz der Aussageverweigerungsrechte von **Angehörigen** und **Trägern bestimmter Berufsgeheimnisse**. Die Ausnahme von der Beschlagnahme bezieht sich auf

---

243 Vgl. die näheren Ausführungen und Rechtsprechungsbelege bei *Laufhütte*, KK 1987 § 96 StPO Rdnr. 12.
244 1987 § 96 StPO Rdnr. 14.
245 *Laufhütte*, KK 1987 § 96 StPO Rdnr. 5; *Kleinknecht/Meyer* 1987 § 96 StPO Rdnr. 12 je m. w. N.
246 1987 § 96 StPO Rdnr. 13.
247 *Kleinknecht/Meyer* 1987 § 97 StPO Rdnr. 24–26; *Krause/Nehring* 1978 § 97 StPO Rdnr. 8; *Laufhütte*, KK 1987 § 97 StPO Rdnr. 5; je m. w. N. Ist dagegen der Träger des Berufsgeheimnisses selbst Tatverdächtiger, so kommt § 97 StPO nicht zur Anwendung (*Wasmuth*, NJW 1989 S. 2302, a. A. *Bandisch*, NJW 1987 S. 2204). Der dort genannten Rücksicht auf den Geheimschutz des Betroffenen ist im Rahmen der Verhältnismäßigkeit (Erforderlichkeit) Rechnung zu tragen.

— **schriftliche Mitteilungen** zwischen Beschuldigten und zur Verweigerung des Zeugnisses berechtigten Personen, § 97 Abs. 1 Nr. 1 i. V. mit §§ 52, 53 Abs. 1 Nr. 1–3 a StPO, nämlich Angehörige und Träger besonderer Berufsgeheimnisse.

— **Aufzeichnungen,** die Träger besonderer Berufsgeheimnisse über Mitteilungen des Beschuldigten oder andere unter ihr Zeugnisverweigerungsrecht fallende Umstände gemacht haben, § 97 Abs. 1 Nr. 2 i. V. mit § 53 Abs. 1 Nr. 1–3 a StPO. In welcher Form und auf welchem Material die Aufzeichnungen gefertigt wurden, ist für die rechtliche Situation unerheblich[248].

— **andere Gegenstände,** auf die sich das Zeugnisverweigerungsrecht der Träger von Berufsgeheimnissen erstreckt, § 97 Abs.1 Nr. 3 i. V. mit § 53 Abs. 1 Nr. 1–3 a StPO. Die in Rechtsprechung und Schrifttum belegten Fallbeispiele[249] sind lediglich Ausdruck der umfassenden Ergänzungsfunktion des gewählten Begriffs „andere Gegenstände". Vom Normzweck her betrachtet ist jede Verkörperung einer unter das Zeugnisverweigerungsrecht fallenden Information gemeint.

Die Beschlagnahmefreiheit **entfällt** jedoch nach § 97 Abs. 2 StPO, **wenn**

— die betreffenden Gegenständen sich **nicht im Gewahrsam** der zur Zeugnisverweigerung berechtigten Person oder im nach § 97 Abs. 2 Satz 2 StPO gleichgestellten Gewahrsam einer Krankenanstalt bzw. Beratungsstelle gem. § 218 b Abs. 2 Nr. 1 StGB befinden. Auch Fälle bloßen Mitgewahrsams des Zeugnisverweigerungsberechtigten werden wie ein nicht bestehender Gewahrsam behandelt[250], weil vom Normzweck her mit der Einräumung von Mitgewahrsam die Schutzfunktion der Vorschrift bereits durchbrochen ist. Dies wird besonders deutlich an der in Schrifttum und Rechtsprechung lebhaft umstrittenen Frage der Beschlagnahmefreiheit von **Buchführungsunterlagen,** die der Buchführungspflichtige **beim Steuerberater** hat[251]. Die Lösung des Problems kann nur darin liegen, daß durch die Übergabe an den Steuerberater – gleichgültig, ob er die Buchführungsunterlagen zur Erfüllung der Buchführungspflicht seines Kunden oder als Arbeitsunterlage für seine steuerberatende Tätigkeit erhalten hat – eben gerade nicht die seinem Mandanten obliegende, sich aus §§ 140 ff. AO ergebende Pflicht der Führung und Aufbewahrung dieser Unterlagen verändert werden kann. Von der Beschlagnahmefähigkeit der Buchführungsunterlagen auch beim Steuerberater ist deshalb auszugehen[252].

---

248 *Laufhütte,* KK 1987 § 97 StPO Rdnr., 10; *Kleinknecht/Meyer* 1987 § 97 StPO Rdnr. 29.
249 Vgl. *Kleinknecht/Meyer* 1987 § 97 StPO Rdnr. 30; *Laufhütte,* KK 1987 § 97 StPO Rdnr. 11.
250 Vgl. *Kleinknecht/Meyer* 1987 § 97 StPO Rdnr. 12 m. w. N.
251 Eine gute Übersicht über den Stand der Meinungen findet sich samt Rechtsprechungs- und Schrifttumsdokumentation im Beschluß des LG Stade v. 24. 3. 1986, NStZ 1987 S. 38 m. Anm. *Birmanns,* NStZ 1987 S. 40.
252 So LG Darmstadt v. 18. 3. 1988, NStZ 1988 S. 286 unter Berufung auf weitere Urteile von LGn, sowie LG München I v. 22. 4. 1988, NJW 1989 S. 536 unter Aufgabe der früheren gegenteiligen Auffassung.

Dabei ist jedoch festzustellen, daß die Abgrenzung der gesetzlich vorgeschriebenen Buchführungsunterlagen von zusätzlichen Mitteilungen des Mandanten an den Steuerberater oder dessen eigenen Aufzeichnungen i. S. von § 97 Abs. 1 Nr. 1 und 2 StPO im Einzelfall schwierig ist. Beschlagnahmefrei sind jedoch z. B. neben der Korrespondenz zwischen Mandant und Steuerberater auch Unterlagen des Mandanten, die Bearbeitungsvermerke und Anmerkungen des Steuerberaters enthalten[253].

Eine Ausnahme von Gewahrsamserfordernis besteht für die Heilberufe in § 97 Abs. 2 StPO bezüglich bestimmter Institutionen, deren sich der zur Verweigerung des Zeugnisses Berechtigte in Ausübung der Heilkunde bedient. Hierzu gehören allerdings nicht mehr die Krankenkassen, bei denen sich ärztliche Abrechnungsunterlagen befinden[254].

– die zur Verweigerung des Zeugnisses berechtigte Person der irgendwie gearteten **Beteiligung** an der dem Beschuldigten zur Last gelegten Tat verdächtig ist, § 97 Abs. 2 Satz 3 StPO 1. Alternative. Dabei ist allein ein ausreichend konkretisierter Verdacht entscheidend und weder die Einleitung eines Ermittlungsverfahrens noch etwa beim Verteidiger dessen Ausschluß vom Verfahren als Voraussetzung gefordert[255].

– es sich um **Gegenstände** handelt, die durch eine Straftat hervorgebracht, **aus einer Straftat** herrühren oder zur Begehung einer Straftat gebraucht worden sind, § 97 Abs. 2 Satz 3 StPO 2. Alternative. Im Gegensatz zu den Fällen der Beteiligung an **der** dem Beschuldigten zur Last gelegten Tat, gebraucht das Gesetz bei der für Deliktsgegenstände geltenden Durchbrechung der Beschlagnahmefreiheit für das Substantiv Straftat den unbestimmten Artikel. Damit wird deutlich, daß jede, nicht nur die den Verfahrensgegenstand bildende Straftat die Beschlagnahme dieser Gegenstände ermöglicht.

b) Beschlagnahmefreiheit zur Sicherung des Zeugnisverweigerungsrechts von **Parlamentariern.** § 97 Abs. 3 i. V. mit § 53 Abs. 1 Nr. 4 StPO treffen eine entsprechende Regelung für Abgeordnete. Dabei besteht jedoch die Besonderheit, daß die Aufhebung der Beschlagnahmefreiheit wegen Beteiligungsverdachts entfällt[256]. Maßgebend hierfür ist das Immunitätsrecht.

c) Beschlagnahmefreiheit zur Sicherung des Zeugnisverweigerungsrechts für **Medienangehörige:** § 97 Abs. 5 StPO befaßt sich in Ergänzung zu § 53 Abs. 1 Nr. 3 StPO mit der Beschlagnahmefreiheit von Gegenständen, die Informationsmittel und nicht Produkt der Medien sind[257]. Der

---

253 LG München I v. 22. 4. 1988, NJW 1989 S. 536 = NPA 507 StPO § 97 Bl. 16.
254 *Seibert,* NStZ 1987 S. 398 für Abrechnungsunterlagen bei Krankenkassen in Ermittlungsverfahren wegen Abrechnungsmanipulationen.
255 *Kleinknecht/Meyer* 1987 § 97 StPO Rdnr. 20 und 38.
256 *Laufhütte,* KK 1987 § 97 StPO Rdnr. 16; *Kleinknecht/Meyer* 1987 § 97 StPO Rdnr. 43.
257 Vgl. *Laufhütte,* KK 1987 § 97 StPO Rdnr. 18; *Kleinknecht/Meyer* 1987 § 97 StPO Rdnr. 45; *Krüger,* AfP 1981 S. 334 ff.; je m. w. N.

sich aus der institutionellen Garantie der Medienfreiheit in Art. 5 Abs. 1 Satz 2 GG ergebende Normzweck gebietet eine Beschränkung der Beschlagnahmefreiheit auf den redaktionellen Teil der Medien. Hierzu werden auch Leserbriefe und sogar der Anzeigenteil gerechnet, wenn dieser der Meinungsbildung und nicht etwa kommerziellen Zwecken dient[258]. Für die Beschlagnahmefreiheit gibt es wie in der Fallgruppe a) die Ausnahmen des Beteiligungsverdachts und der deliktischen Gegenstände, § 97 Abs. 5 Satz 2 StPO. Von besonderer praktischer Bedeutung ist jedoch die in § 97 Abs. 5 Satz 1 StPO mit den Worten „soweit das Zeugnisverweigerungsrecht der in § 53 Abs. 1 Nr. 5 genannten Personen reicht" umschriebene Einschränkung. Da das Zeugnisverweigerungsrecht beschränkt ist auf Angaben über die Person des Verfassers, Einsenders oder Informanten sowie auf die Mitteilungen, die diese zu ihrer Tätigkeit für die Medien machen, ist selbst recherchiertes Material der Medienmitarbeiter jedenfalls stets dann von der Beschlagnahmefreiheit ausgenommen, wenn es keine Hinweise auf Verfasser, Informant oder Art und Weise der von diesen für die Medien geleisteten Arbeit enthält. Am Fall der Beschlagnahme von Bildmaterial hat die Rechtsprechung wiederholt die Grenzen der Beschlagnahmefreiheit trotz energischen Widerstands der Medienberufsverbände und heftiger Kritik des Schrifttums deutlich gemacht. Von der Vereinbarkeit der Beschlagnahme von Bildmaterial der Medien mit der Pressefreiheit ist deshalb auszugehen[259].

9. Von der Rechtsprechung entwickelte Fälle von Beschlagnahmefreiheit

Weitere Fallgruppen der Beschlagnahmefreiheit über § 97 StPO hinaus sind in der Rechtsprechung entwickelt worden für

a) Tagebuchaufzeichnungen
Die in Art. 1 GG enthaltene Garantie der Menschenwürde umfaßt auch den Schutz privater Aufzeichnungen, die der Betreffende ausschließlich zu seiner eigenen Verwendung bestimmt hat. Dennoch gilt dies nicht ausschließlich. Es bedarf im Einzelfall einer Abwägung zwischen dem Schutz der Persönlichkeitssphäre und den Erfordernissen der Strafrechtspflege. Bei erheblicher Beweisbedeutung für schwerwiegende strafrechtliche Vorwürfe hat der Persönlichkeitsschutz ausnahmsweise zurückzutreten[260].

b) Verteidigerunterlagen im Gewahrsam der Beschuldigten
Bei Verteidigerunterlagen gewährt § 97 StPO für solche Gegenstände Beschlagnahmefreiheit, die sich im Gewahrsam des Verteidigers befinden. Von diesem oder aufgrund seiner Beratung vom Beschuldigten gefertigte Aufzeichnungen, die sich im Gewahrsam des Beschuldigten befinden, würden danach der Beschlagnahme unterliegen. Dies ist mit der Gewährlei-

---

258 BVerfG v. 4. 3. 1981, BVerfGE 64, 108 = NPA 507 StPO § 97 Bl. 9.
259 BVerfG v. 4. 3. 1981, NJW 1981 S. 971, und v. 1. 10. 1987, NJW 1988 S. 329 = NPA 507 StPO § 97 Bl. 14. Zur Gefahr der Aufdeckung eines Informanten bei Aussagen zu selbst recherchierten Tatsachen, BGH v. 20. 11. 1989, NStZ 1990 S. 135.
260 BGH v. 9. 7. 1987, NJW 1988 S. 1037, und v. 21. 2. 1964, NJW 1964 S. 1139 ff.; vgl. dazu ferner *Amelung*, NJW 1988 S. 1002 ff.

stung einer vertrauensvollen und effizienten Verteidigung entsprechend dem Recht auf ein faires Verfahren nicht vereinbar. Derartige Unterlagen hat die Rechtsprechung deshalb abgesehen von §§ 148a, 148 Abs. 2 StPO ebenfalls von der Beschlagnahme ausgenommen[261], sofern nicht der Verteidiger der Beteiligung verdächtig ist oder an sich beschlagnahmefähige Beweismittel durch Erklärung zu Verteidigerunterlagen dem Verfahren entzogen werden.

II. Sicherstellung von Gegenständen des Verfalls und der Einziehung   150

Nach §§ 73 ff. StGB ordnet das Gericht, vorausgesetzt, daß dadurch keine Ansprüche des Verletzten beeinträchtigt werden (§ 73 Abs. 1 Satz 2 StPO) oder eine unbillige Härte für den Betroffenen entsteht (§ 73c StGB), den **Verfall** eines Vermögensvorteils an, den der Täter für oder aus der Straftat erlangt hat. Nach §§ 74 ff. StGB kann das Gericht producta und instrumenta sceleris **einziehen**. Die Realisierung dieser Deliktsfolgen kann durch strafprozessuale Maßnahmen schon während des Ermittlungsverfahrens dadurch vorbereitet werden, daß entsprechende Sicherstellungsmaßnahmen gem. §§ 111b ff. StPO ergriffen werden.

1. Voraussetzungen

Als Voraussetzungen müssen **dringende Gründe** dafür vorhanden sein, daß   151
die materiellen und formellen Anforderungen an die Anordnung der Einziehung oder des Verfalls gem. §§ 74 ff. StGB bzw. §§ 73 ff. StGB vorliegen. Diese Voraussetzung ist häufig nicht gegeben, weil die Einziehung ohnehin nur eine fakultative Deliktsfolge ist und der Verfall nicht nur unter dem Vorbehalt der Härteklausel für den Betroffenen steht (§ 73c StGB), sondern insb. zu unterlassen ist, wenn dadurch Ansprüche des durch die Straftat Geschädigten beeinträchtigt werden. Da hierzu schon jede Minderung von Ersatzansprüchen reicht, haben angesichts der ohnehin seltenen Fälle, daß ein Zugriff auf Vermögenswerte eines Straftäters möglich ist, die einschlägigen prozessualen Möglichkeiten bisher wenig praktische Bedeutung gehabt. Eine Änderung dieser Normen, um eine wirksame Abschöpfung von Kriminalitätsgewinn zu erreichen, ist deshalb Gegenstand rechtspolitischer Diskussion.

Selbst wenn dringende Gründe für Einziehung und Verfall vorliegen, bleibt die Sicherstellung gem. § 111b StPO eine **fakultative** Maßnahme. Sie ist in das pflichtgemäße Ermessen der Strafverfolgungsbehörden gestellt. Gegenstand der Maßnahmen sind alle Arten von Vermögensvorteilen, also Gegenstände, Forderungen, Rechte etc.

2. Form und Durchführung

Form und Durchführung der Maßnahme sind nach der Art der Vermögensvorteile zu unterscheiden.   152

---

[261] Vgl. die Nachweise bei *Laufhütte*, KK 1987 § 97 StPO Rdnr. 15 und zu § 148a StPO BGH v. 13.11.1989, NJW 1990 S. 722.

a) **Bewegliche Gegenstände** werden gem. §§ 111 b Abs. 2, 111 c Abs. 1 StPO in der Weise beschlagnahmt, daß sie entweder in amtlichen Gewahrsam genommen oder aber durch Siegel oder in ähnlicher Weise als beschlagnahmt gekennzeichnet werden[262]. Die Anwendung der Beschlagnahme durch Hinterlegung des Wertes des Gegenstandes und die vorläufige weitere Nutzung eines beschlagnahmten Gegenstandes sind gem. § 111 c Abs. 4 StPO möglich.

b) **Grundstücke und ihnen gem. § 864 Abs. 1 ZPO gleichgestellte Rechte** werden nach den Vorschriften des Zwangsversteigerungsgesetzes behandelt und durch Grundbucheintrag beschlagnahmt, § 111 c Abs. 2 und 4 StPO.

c) **Vermögenswerte Rechte** werden durch Pfändung nach §§ 829 ff, 846 ff., 857 ff. ZPO beschlagnahmt, § 111 c Abs. 3 StPO.

d) Wird wegen Nichterreichbarkeit eines Gegenstandes gem. § 73 a StGB der Verfall oder gem. § 74 c StGB die Einziehung von Wertersatz angeordnet, so kommt zur Sicherung dieser Deliktsfolgen das **Arrestverfahren** der ZPO in Betracht, § 111 d StPO.

e) **Gegenstände**, die **wegen Verderbs** einer Wertminderung ausgesetzt sind oder deren **Unterhaltung unverhältnismäßige Kosten** verursacht, können nach der Beschlagnahme verwertet werden, § 111 l StPO. Anstelle des ursprünglichen Gegenstandes bleibt der Erlös beschlagnahmt.

Die Durchführung der Beschlagnahme obliegt nach § 111 f StPO insb. der Staatsanwaltschaft. Eine Sonderregelung besteht für das Arrestverfahren, § 111 f Abs. 3 StPO.

3. Anordnung der Sicherungsmaßnahmen

153   Die Anordnung der Sicherungsmaßnahmen erfolgt durch den Richter, bei Gefahr in Verzug auch durch die Staatsanwaltschaft, § 111 e Abs. 1 Satz 1 StPO. Deren Hilfsbeamte dürfen selbst bei Gefahr in Verzug nur die Beschlagnahme beweglicher Sachen anordnen, § 111 e Abs. 1 Satz 2 StPO.

Abweichend von der für die Beschlagnahme von Beweisstücken in § 98 StPO geltenden Regelung[263] ist bei Sicherstellungen zur Gewährleistung von Einziehung und Verfall nach § 111 e Abs. 2 StPO in den von der Staatsanwaltschaft – mit Ausnahme von bewegliche Sachen betreffenden Fällen – angeordneten Maßnahmen, stets eine richterliche Bestätigung binnen Wochenfrist einzuholen. Unabhängig davon kann der Betroffene in jedem Fall, d. h. auch bei der Sicherstellung beweglicher Sachen eine richterliche Entscheidung bewirken.

Zur Wahrung der Rechte der aus den Straftaten Geschädigten sehen § 111 e Abs. 3 und 4 StPO die Bekanntgabe der einschlägigen Anordnungen vor.

---

[262] Deshalb reicht die Wegnahme von Schlüsseln und Papieren eines Kraftfahrzeugs einschließlich der Untersagung der weiteren Benutzung nicht aus, OLG Hamm v. 24. 1. 1978, NPA 508 StPO § 111 b Bl. 1.

[263] S. o. Rdnr. 138.

4. Wirkung der Sicherungsmaßnahmen

Die Wirkung der Sicherungsmaßnahmen liegt nach § 111 c Abs. 5 StPO im umfassenden Verfügungsverbot des von der Maßnahme betroffenen Eigentümers oder Besitzers. Dies bewirkt gem. § 111 c Abs. 5 StPO i. V. mit §§ 136, 135 BGB, daß dennoch ergehende Verfügungen im Verhältnis zu den Strafverfolgungsbehörden unwirksam sind.

154

5. Beschlagnahme von Druckwerken

Sondervorschriften für Druckwerke existieren gem. § 111 b StPO, wenn zum Zwecke der Einbeziehung oder des Verfalls Druckwerke oder andere in § 74 d StGB genannte Gegenstände beschlagnahmt werden. Sie sind im Hinblick auf die besondere verfassungsrechtliche Bedeutung der Pressefreiheit in §§ 111 m und 111 n StPO geschaffen. Insb. scheidet eine Anordnung durch Hilfsbeamte der Staatsanwaltschaft auch bei Gefahr in Verzug aus. Unter dieser Voraussetzung darf aber die Staatsanwaltschaft anordnen. Deren Maßnahme tritt außer Kraft, wenn sie nicht innerhalb von drei Tagen richterlich bestätigt wurde. Die strafprozessuale Beschlagnahme zum Zwecke der Einziehung oder des Verfalls begründet im Gegensatz zu der nach einigen Landespressegesetzen kein Verbreitungs- und Wiederabdrucksverbot. Die landes- und die bundesrechtliche Regelung stehen trotz inhaltlicher Unterschiede als Parallelregelung selbständig nebeneinander[264], da dem Bund keine das Landesrecht ändernde Gesetzeskompetenz zusteht.

155

III. Sicherstellung zu Kautionszwecken

156

Gem. § 132 Abs. 3 StPO können von einem Beschuldigten mitgeführte Gegenstände, insb. auch das von ihm benutzte Kraftfahrzeug, gem. §§ 94, 98 StPO beschlagnahmt werden, wenn der Beschuldigte eine gem. § 132 Abs. 1 und 2 StPO gegen ihn ergangene Anordnung, Sicherheit für Strafe und Kosten des Verfahrens zu leisten, nicht befolgt. Diese Maßnahme hat erhebliche praktische Bedeutung gewonnen für Straftaten im Bereich der kleinen und mittleren Kriminalität, wenn bei im Ausland wohnhaften Tätern die Voraussetzungen für die Anordnung der Untersuchungshaft nicht vorliegen.

G. Eingriffe in das Post- und Fernmeldegeheimnis

Das Brief-, Post- und Fernmeldegeheimnis ist in Art. 10 Abs. 2 GG als Grundrecht gewährleistet. Es steht unter einem allgemeinen Gesetzesvorbehalt in Art. 10 Abs. 2 Satz 1 GG. Von diesem hat der Gesetzgeber für strafprozessuale Zwecke in zweifacher Hinsicht Gebrauch gemacht, nämlich mit der Postbeschlagnahme gem. §§ 99, 100, 101 StPO und der Überwachung des Fernmeldeverkehrs gem. §§ 100 a, 100 b, 101 StPO.

157

---

264 *Groß*, DÖV 1988 S. 867.

I. Postbeschlagnahme

1. Voraussetzungen

158 **Die Zulässigkeit** umfaßt die Beschlagnahme von
a) **Briefen** und **andere Postsendungen** sowie **Telegrammen**. Damit sind alle Gegenstände der postalischen Beförderung der Beschlagnahme zugänglich. Ausgenommen von der Vorschrift des § 99 StPO sind lediglich die Kundenunterlagen bei den Postgiroämtern. Sie sind, soweit sie nicht, wie z. B. die als Postsache im postalischen Versand befindlichen Kontoauszüge wiederum als Postsendungen unter § 99 StPO fallen, nach §§ 94, 98 StPO zu beschlagnahmen.
b) Die zu beschlagnahmenden Sendungen müssen sich **in Gewahrsam der Post** befinden. Dies ergibt sich aus den Worten „auf der Post" in § 99 StPO 1. Halbsatz. Der Bereich der besonderen Beschlagnahmeregelung des § 99 StPO reicht deshalb von der Übergabe der Sendung an die Post durch Aushändigung an den Schalterbeamten oder Einwurf in einen Postbriefkasten bis zu dem Augenblick, wo der Empfänger den Gewahrsam begründet. Dies geschieht entweder durch Einwurf der Sendung durch den Zusteller in den Briefkasten des Empfängers, durch Aushändigung seitens des Zustellers an den Empfänger oder durch Entnahme der Sendungen aus einem Postschließfach. Außerhalb dieses Postlaufs gelten wiederum die allgemeinen Vorschriften über die Beschlagnahme von Gegenständen[265].
c) Die zu beschlagnahmenden Sendungen müssen außerdem entweder **an den Beschuldigten gerichtet** sein, § 99 StPO 1. Halbsatz, oder aber es muß aufgrund bestimmter Tatsachen darauf geschlossen werden können, daß sie vom Beschuldigten herrühren oder – obwohl nicht an ihn adressiert – dennoch für ihn bestimmt sind, § 99 StPO 2. Halbsatz. Außerdem müssen alle nicht ausdrücklich an den Beschuldigten gerichteten Sendungen für die Untersuchung von Bedeutung sein. Diese zusätzliche Voraussetzung gilt wegen des dem Grundsatz der Verhältnismäßigkeit immanenten Erfordernisses der Erforderlichkeit einer jeden strafprozessualen Maßnahme im übrigen auch für die ausdrücklich an den Beschuldigten adressierten Sendungen.
d) Die betroffene Person muß **als Beschuldigter** feststehen und identifiziert sein. Im objektiven Verfahren der §§ 440 ff. StPO kommt deshalb eine Postbeschlagnahme nicht in Betracht[266].
e) Der Grundsatz der **Verhältnismäßigkeit** muß als das wesentlichste, wenn auch im Gesetz nicht ausdrücklich genannte, materielle Zulässigkeitserfordernis beachtet werden. Deshalb scheidet die Postbeschlagnahme im Bereich der Kleinkriminalität aus. Jede irgendwie mögliche nähere Konkretisierung der für die Ermittlungen relevanten Sendungen sollte vorgenommen werden, um das Ausmaß der Beschlagnahme so gering wie möglich zu halten[267]. Kommt es für die Ermittlungen nur auf

---

265 S. o. Rdnr. 134 ff.
266 *Kleinknecht/Meyer* 1987 § 99 StPO Rdnr. 7 m. w. N.
267 *Laufhütte*, KK 1987 § 99 StPO Rdnr. 9 a. E.

die Tatsache des Postverkehrs an oder kann der Inhalt von Postsendungen, wie z. B. bei Postkarten, Telegrammen, Postanweisungen, durch die Post an die Ermittlungsbehörden mitgeteilt werden, ohne daß es der Beschlagnahme bedarf, so ist die, wenn auch an die materiellen Voraussetzungen der §§ 99 ff. StPO gebundene Auskunft als geringerer Eingriff der Beschlagnahme vorzuziehen[268].

2. Zuständigkeit für die Anordnung

Die Anordnungskompetenz für die Postbeschlagnahme liegt gem. § 100 Abs. 1 StPO beim Richter. Nur bei Gefahr in Verzug ist die Staatsanwaltschaft befugt. Sie bedarf jedoch nach § 100 Abs. 2 StPO der Bestätigung ihrer Anordnung durch den Richter binnen 3 Tagen. **159**

3. Durchführung

Die Durchführung der Postbeschlagnahme erfolgt in der Weise, daß die Post aufgrund der an sie ergangenen Ausweisung die Sendungen dem Richter vorlegt. Dieser ist zur Öffnung verschlossener Sendungen befugt, § 100 Abs. 3 StPO, kann diese Befugnis jedoch der Staatsanwaltschaft durch unanfechtbaren, jederzeit widerruflichen Beschluß übertragen. Gem. § 100 Abs. 4 StPO ist die Öffnung auch derjenigen Postsendungen dem Richter vorbehalten, die auf Anordnung der Staatsanwaltschaft vor der richterlichen Bestätigung der Staatsanwaltschaft vorgelegt wurden. **160**

Für das Ermittlungsverfahren nicht benötigte Sendungen sind sofort auszuliefern, § 101 Abs. 2 StPO.

4. Rechtsmittel

Als Rechtsmittel gegen die richterliche Anordnung gibt es nur während der Dauer der Maßnahme die Beschwerde gem. § 304 StPO. Das gleiche Rechtsmittel steht gegen die Aussonderung einzelner Sendungen zu[269]. Sofern der Untersuchungszweck nicht gefährdet ist, erfolgt jedoch eine Benachrichtigung des Betroffenen über die Maßnahme, § 101 Abs. 1 StPO. Demnach gibt es nach Erledigung der Maßnahmen keine Rechtsmittel[270]. Allerdings läßt ein Teil des Schrifttums[271] bei nachwirkendem Rechtsschutzinteresse eine Überprüfung im Verfahren nach §§ 23 ff. EGGVG zu. **161**

II. Überwachung des Fernmeldeverkehrs

1. Gegenstand

Der Fernmeldeverkehr in allen seinen technischen Varianten, wie z. B. Telefon-, Fernschreib- und Funkverkehr, soweit es sich um Anlagen der **162**

---

268 *Laufhütte*, KK 1987 § 99 StPO Rdnr. 10; *Kleinknecht/Meyer* 1987 § 99 StPO Rdnr. 13.
269 *Kleinknecht/Meyer* 1987 § 100 StPO Rdnr. 12.
270 *Kleinknecht/Meyer* 1987 § 100 StPO Rdnr. 12 m. w. N.
271 *Laufhütte*, KK 1987 § 100 StPO Rdnr. 12 und die Nachw. bei *Kleinknecht/Meyer* 1987 § 100 StPO Rdnr. 12.

Post im Bundesgebiet handelt, kann Gegenstand der Überwachung des Fernmeldeverkehrs sein. Hierzu gehört auch die Schaltung einer Zählervergleichseinrichtung[272], nicht jedoch das von einem Gesprächsteilnehmer einem Ermittlungsbeamten gestattete Mithören eines Telefongesprächs. Hierfür ist deshalb keine Anordnung nach § 100a StPO erforderlich[273].

In **Berlin** war die Übernahme einer modifizierten Regelung der durch Art. 2 Nr. 2 und 3 des Gesetzes zu Art. 10 GG[274] in die StPO eingefügten Fassung der Vorschriften über strafprozessuale Abhörmaßnahmen durch Anordnung der Alliierten Kommandantura Berlin bis zur Wiedervereinigung Deutschlands ausgesetzt. Maßnahmen der Telefonüberwachung wurden dort in Verantwortung der Alliierten durchgeführt.

Die Beschränkung der Abhörbefugnisse der §§ 100a ff. StPO auf **Anlagen der Post** ergibt sich aus § 100b Abs. 3 StPO. Hiernach ist die Post und sonst niemand verpflichtet, die Maßnahmen zu ermöglichen. Einbezogen werden können deshalb nur postalische Fernmeldeanlagen, gleichgültig, ob sie privat oder öffentlich genutzt werden. Auch die Überwachung öffentlicher Fernsprechzellen ist zulässig.[275] Vom Postnetz unabhängige Fernmeldeanlagen von Behörden oder Betrieben, wie z. B. Notrufsäulen an Autobahnen, das Fernsprechsondernetz der Polizei etc., scheiden jedoch aus[276]. Im übrigen umfaßt die Überwachungsmöglichkeit lediglich die Inanspruchnahme der postalischen Fernmeldeeinrichtungen als Träger der Abwicklung von über diese Einrichtung geführten Gespräche. Nicht von der gesetzlichen Regelung gedeckt wäre die Benutzung der Anlagen zur Kontrolle anderer Gespräche oder Inanspruchnahme der Fernmeldeanlagen als Abhöreinrichtung. So ist z. B. die Erfassung und Verwertung sog. Raumgespräche nicht statthaft[277].

2. Zulassungsvoraussetzungen

163 **Zulässig** sind das Überwachen und Aufzeichnen nur, wenn

a) **bestimmte Tatsachen den Verdacht** einer bestimmten Straftat **begründen.** Obwohl kein dringender Tatverdacht verlangt wird, ist deshalb die bloße Möglichkeit der Tatbegehung nicht ausreichend. Es bedarf konkreter Tatsachen, die den Schluß auf eine bestimmte Straftat zulassen. Die Eingrenzung des Verdachts erfolgt deshalb dadurch, daß die bereits festehenden Tatsachen die Straftat konkretisieren.

b) Der Straftat muß ein **Beschuldigter**[278] in der Weise verdächtig sein, daß er

---

272 BGH v. 6. 8. 1987,. NPA 507 StPO § 100b Bl. 1 = NStZ 1988 S. 142 m. Anm. *Dörig.*
273 OLG Hamm v. 13. 1. 1988, NStZ 1988 S. 515 = NPA 507 StPO § 100a Bl. 5 = Kriminalistik 1988 S. 675.
274 V. 13. 8. 1968, BGBl. I S. 949.
275 *Laufhütte,* KK 1987 § 100a StPO Rdnr. 9 unter Berufung auf *Knauth,* NJW 1977 S. 1510, 1512.
276 *Kleinknecht/Meyer* 1987 § 100a StPO Rdnr. 2; *Laufhütte,* KK 1987 § 100a StPO, Rdnr. 3.
277 *Laufhütte,* KK 1987 § 100a StPO Rdnr. 17 a. E.; *Kleinknecht/Meyer* 1987 § 100a StPO Rdnr. 1; je m. w. N.; BGH v. 16. 3. 1983, NPA 507 StPO § 100a Bl. 1.
278 Zum Begriff s. o. Rdnr. 8.

- als Täter oder Teilnehmer eine Katalogtat des § 100 a Abs. 1 Nr. 1–4 StPO begangen hat,
- oder im Falle der Strafbarkeit des Versuchs einer solchen Katalogtat diese zu begehen versucht hat,
- odere eine solche Katalogtat durch eine Straftat vorbereitet hat.

Als Vorbereitungstat i. S. der 3. Alternative sind dabei Nichtkatalogtaten anzusehen, weil jede Katalogtat bereits durch die 1. u. 2. Alternative erfaßt wäre.

Die gesetzestechnische Methode der oft umfangreichen Katalogtatenbezeichnung hat zwar den Vorteil besonders präziser Bestimmung, verursacht jedoch einen erheblichen gesetzgeberischen Änderungsdienst, gelegentlich recht ungereimte Abgrenzungsfragen und macht aus kriminalpolitischen Gründen eigentlich eine ständige Anpassung an veränderte Kriminalitätslagen notwendig. Dies alles kann im Gesetzgebungsverfahren meist nur schwer bewältigt werden. Darüber hinaus bleibt die Lesbarkeit langer Paragraphenaufzählungen und unterschiedlicher Straftatenkataloge in verschiedenen Vorschriften, wie z. B. §§ 100 a, 111, 112 a, 153 d, 153 e, 163 d StPO, zumindest recht zweifelhaft.

c) Das Gesetz verlangt schließlich, daß die Fernmeldeüberwachung gegenüber anderen Ermittlungsmaßnahmen **subsidiär** bleibt. Dies wird dadurch betont, daß sie nach § 100 a Abs. 1 Satz 1 StPO (am Ende des Satzmonsters) nur zulässig ist, wenn Sachverhaltenserforschung oder Ermittlung des Aufenthalts des Beschuldigten auf andere Weise zumindest wesentlich erschwert, wenn nicht gar aussichtslos sind. In jedem Falle muß also dargetan werden, weshalb andere Maßnahmen nicht greifen.

d) Gem. § 100 b Abs. 2 Satz 4 StPO ist die **Höchstdauer** der Überwachung auf 3 Monate beschränkt. Die Frist läuft ab Beginn des Vollzugs der Maßnahme[279]. Bei weiterem Vorliegen der die Anordnung legitimierenden Voraussetzungen kann jeweils um maximal 3 Monate verlängert werden. Entfallen diese Voraussetzungen während des Laufs der Maßnahme, so ist diese unverzüglich zu beenden, § 100 b Abs. 4 Satz 1 StPO.

3. Adressaten

Adressat der Maßnahme können gem. § 100 a Abs. 1 Satz 2 StPO sein
a) der **Beschuldigte,**
b) sog. **Nachrichtenmittler,** d. h. Personen, bei denen anhand konkreter Tatsachen davon auszugehen ist, daß sie an den Beschuldigten gerichtete oder von ihm ausgehende Mitteilungen entgegennehmen bzw. weitergeben,
c) **Inhaber von Fernmeldeanschlüssen,** für **die** anhand konkreter Tatsachen anzunehmen ist, daß sie **vom Beschuldigten benutzt werden.**

---
279 *Schnarr*, NStZ 1988 S. 484.

Dem Umstand, daß neben den für das Ermittlungsverfahren erheblichen Gesprächen eine Vielzahl nicht relevanter Kommunikationsinhalte bekannt und aufgezeichnet wird, trägt § 100 b Abs. 5 StPO dadurch Rechnung, daß die Vernichtung unter Aufsicht der Staatsanwaltschaft vorgeschrieben ist. Über den Zeitpunkt macht das Gesetz keine Angaben, sondern stellt lediglich darauf ab, daß die Unerheblichkeit für das Ermittlungsverfahren feststeht. Im Schrifttum schwanken die Meinungen deshalb zwischen alsbaldiger und sofortiger Vernichtung[280].

Soweit als Nachrichtenmittler Personen in Betracht kommen, die nach §§ 52, 53 StPO ein **Zeugnisverweigerungsrecht** im Verfahren gegen den Beschuldigten haben, ist umstritten, inwieweit sich Anordnungen gegen sie richten dürfen. Das Schrifttum spricht sich dafür aus[281], zwar dem durch besondere Berufsgeheimnisse begründeten Zeugnisverweigerungsrecht des § 53 StPO, nicht aber dem des § 52 StPO, durch entsprechende Anwendung des § 97 Abs. 2 StPO Rechnung zu tragen. Die mit allein privaten oder auch öffentlichen Interessen begründete Differenzierung vermag jedoch nicht zu überzeugen. Die in § 52 StPO gewährten Zeugnisverweigerungsrechte folgen letztlich aus dem ebenfalls im öffentlichen Interesse liegenden Schutz von Ehe und Familie. Die unterschiedliche Behandlung beider Zeugnisverweigerungsrechte bei den Anordnungen gegen Nachrichtenmittler ist deshalb nicht gerechtfertigt. Gegen zur Verweigerung des Zeugnisses berechtigte Personen sollten Fernmeldeüberwachungsmaßnahmen deshalb nur in den Fällen verhängt werden, wo sie selbst Beschuldigte sind oder ihr Anschluß vom Beschuldigten benutzt wird. Im letzten Fall entfällt das Zeugnisverweigerungsrecht[282] schon deshalb, weil die Überwachung dem Beschuldigten und nicht der zur Verweigerung des Zeugnisses berechtigten Person gilt.

Auf die Besonderheiten für die sich aus § 148 StPO ergebende Erfassung von Gesprächen des Verteidigers sei hingewiesen[283]. Ein zulässigerweise überwachtes Telefongespräch, das der Verteidiger mit einer anderen Person als dem Mandanten führt, ist jedoch verwertbar[284], da § 148 StPO insoweit nicht entgegensteht.

4. Zuständigkeit für die Anordnung

165 Die Anordnungskompetenz liegt nach § 100 b Abs. 1 Satz 1 StPO beim Richter. Dem Staatsanwalt wird wie bei der Postbeschlagnahme bei Gefahr in Verzug ein der richterlichen Bestätigung binnen dreier Tage bedürfendes Anordnungsrecht in § 100 b Abs. 1 Sätze 2 und 3 StPO eingeräumt. Diese dreitägige Frist beginnt mit dem Zeitpunkt der Anordnung durch die Staatsanwaltschaft[285]. Die Mindestanforderungen an Inhalt und Form des Anordnungsbeschlusses sind in § 100 Abs. 2 Sätze 1–3 StPO enthalten.

---

280 *Kleinknecht/Meyer* 1987 § 100 b StPO Rdnr. 7.
281 *Laufhütte,* KK 1987 § 100 a StPO Rdnr. 14; *Kleinknecht/Meyer* 1987 § 100 a StPO Rdnr. 10.
282 *Laufhütte,* KK 1987 § 100 a StPO Rdnr. 10.
283 Vgl. *Laufhütte,* KK 1987 § 100 a StPO Rdnr. 11; *Kleinknecht/Meyer* 1987 § 100 a StPO Rdnr. 13.
284 BGH v. 11. 5. 1988, NStZ 1988 S. 562.
285 *Schnarr,* NStZ 1988 S. 484.

5. Durchführung

Die Durchführung der Maßnahme erfolgt in der Weise, daß 166
a) die **Post die Ermittlungsbehörde in die Lage setzt** zu überwachen und aufzuzeichnen, § 100 b Abs. 3 StPO. Wegen der in § 100 b Abs. 5 StPO enthaltenen Pflicht, für das Ermittlungsverfahren nicht erforderliche Kommunikationsinhalte auszusondern und zu löschen, haben die Ermittlungsbehörden unverzüglich eine Relevanzprüfung vorzunehmen.

b) Von besonderer Bedeutung ist dabei die Frage der **Verwertbarkeit von Zufallserkenntnissen,** die auf andere Straftaten hinweisen als die, die Gegenstand des Ermittlungsverfahrens sind, für das die Maßnahme veranlaßt wurde. Eine analoge Anwendung des § 108 StPO wird dem besonderen Charakter des Grundrechts aus Art. 10 GG nicht gerecht[286]. Rechtsprechung und Schrifttum haben deshalb im wesentlichen die folgende Praxis entwickelt[287]:

- **Hinweise auf andere** als die den Anlaß zur Überwachungsmaßnahme bildende **Katalogtaten** dürfen zur Strafverfolgung sowohl gegen den Beschuldigten des bereits anhängigen Ermittlungsverfahrens als auch gegen andere Personen verwendet werden. Dabei genügt es, daß das abgehörte Gespräch den Verdacht einer Katalogtat begründet, selbst wenn sich der Verdacht später nicht bestätigt und nur eine Nichtkatalogtat festgestellt werden kann[288]. Entscheidend ist der Charakter des Verdachts im Zeitpunkt des Abhörens.

- Hinweise auf **Nichtkatalogtaten** dürfen weder gegenüber dem Beschuldigten noch gegenüber anderen Personen als Beweismittel verwendet werden. Da die Strafverfolgungsbehörden aufgrund des Legalitätsprinzips des §§ 152 Abs. 2, 160, 161, 163 Abs. 1 StPO jedoch auch einem ihnen auf diese Weise bekannt gewordenen Straftatverdacht nachgehen müssen, sind andere Ermittlungsmaßnahmen zulässig. Der Inhalt des überwachten Fernmeldeverkehrs darf jedoch nicht als Beweis verwertet werden.

c) **Benachrichtigung und Rechtsmittel** sind wie für die Postbeschlagnahme in § 101 StPO geregelt[289].

---

286 Vgl. die Nachweise bei *Laufhütte,* KK 1987 § 100 a StPO Rdnr. 18; a. A. *Kleinknecht/Meyer* 1987 § 100 a StPO Rdnr. 18; je m. w. N.
287 Vgl. die Nachweise bei *Kleinknecht/Meyer* 1987 § 100 a StPO Rdnr. 19/20.
288 BVerfG v. 18. 8. 1987, NJW 1988 S. 1075.
289 S. o. Rdnr. 161.

H. Eingriffe in sonstige Rechtsgüter

167 I. Vorläufige Entziehung der Fahrerlaubnis

Die in §§ 69 ff. StGB bei im Zusammenhang mit dem Führen von Kraftfahrzeugen als Maßregel der Sicherung und Besserung mögliche Deliktsfolge der Entziehung der Fahrerlaubnis **kann** auch als vorläufige Maßnahme bereits während des Ermittlungsverfahrens verhängt werden. § 111 a StPO knüpft diese fakultative Möglichkeit an folgende Voraussetzungen:
- dringende Gründe für die Annahme, daß im weiteren Verfahren die Fahrerlaubnis entzogen werden wird. Dies setzt eine hohe Wahrscheinlichkeit voraus und wird insb. bei den in § 69 Abs. 2 StGB genannten Tatbeständen der Fall sein.
- Beschluß durch den Richter. Ein solcher Beschluß hat gem. § 111 a Abs. 3 StPO zugleich die Bedeutung der richterlichen Anordnung der Beschlagnahme des Führerscheins i. S. von § 98 Abs. 1 StPO oder der Bestätigung der nach § 94 Abs. 3 StPO erfolgten Beschlagnahme gem. § 98 Abs. 2 StPO.

Stellt sich jedoch im weiteren Verlauf des Ermittlungsverfahrens heraus, daß entgegen der ursprünglichen Prognose eine Entziehung der Fahrerlaubnis nach § 69 StGB nicht mehr in Betracht kommt, so ist die vorläufige Entziehung gem. § 111 a Abs. 2 StPO aufzuheben.

168 II. Vorläufiges Berufsverbot

Auch hier handelt es sich um eine gem. § 132 a StPO zulässige, fakultative vorläufige Maßregel der Sicherung und Besserung. Es muß – wie bei der vorläufigen Entziehung der Fahrerlaubnis – mit hoher Wahrscheinlichkeit damit zu rechnen sein, daß im weiteren Verfahren gem. § 70 StGB ein Berufsverbot verhängt werden wird. Dies setzt voraus, daß der Beschuldigte unter Mißbrauch seiner beruflichen Stellung oder grober Verletzung seiner beruflichen Pflichten eine Straftat begangen hat und daß die Gefahr der Begehung weiterer erheblicher Straftaten einschlägiger Art besteht. Das vorläufige Berufsverbot bedarf ebenfalls richterlicher Anordnung.

SCHRIFTTUM

Dünkel, Hans Peter: Beschlagnahme – Durchsuchung. Stuttgart, München, Hannover 1976 (polizei aktuell. Bd. 20)

Heise, Gerd und *Reinhard Riegel:* Musterentwurf eines einheitlichen Polizeigesetzes. 2. Aufl. Stuttgart, München, Hannover 1978

Hesse, Konrad: Grundzüge des Verfassungsrechts der Bundesrepublik Deutschland. 12. Aufl. Heidelberg, Karlsruhe 1980

Hitz, Fredi: Strafprozeßrecht. 3. Aufl. Stuttgart, München, Hannover 1982

Joachimski, Jupp und *Werner Pfaff:* Untersuchungshaft und Strafvollzug. Stuttgart, München, Hannover 1977 (polizei aktuell. Bd. 24)

KK: Karlsruher Kommentar, siehe: Pfeiffer

Kleinknecht, Theodor und *Karlheinz Meyer:* Strafprozeßordnung. 38. Aufl. München 1987 (Beck'sche Kurz-Kommentare. Bd. 6)

Kohlhaas, Max: Körperliche Untersuchung und erkennungsdienstliche Maßnahmen. Stuttgart, München, Hannover 1972 (polizei aktuell. Bd. 4)

Krause, Dietmar und *Günther Nehring:* Strafverfahrensrecht in der Polizeipraxis. Köln, Berlin, Bonn, München 1978

Krüger, Ralf: Polizeilicher Schußwaffengebrauch. 4. Aufl., Stuttgart, München, Hannover 1979 (polizei aktuell. Bd. 2)

ders.: Grundrechte – Verfassungsrecht für die Polizei. Stuttgart, München, Hannover 1982

Maack, Heinrich: Verfassungsrecht für die öffentliche Verwaltung. Bd. I und II, Stuttgart, Berlin, Köln, Mainz 1983

Maunz, Theodor, Günter Dürig, Roman Herzog, Rupert Scholz, Peter Lerche, Hans-Jürgen Papièr, Albrecht Randelzhofer und *Eberhard Schmidt-Assmann:* Grundgesetz. Kommentar, München 1986

MDH siehe: Maunz, Dürig, Herzog u. a.

Mussmann, Eike: Allgemeines Polizeirecht in Baden-Württemberg. Stuttgart, München, Hannover 1984

Paeffgen, Hans-Ulrich: Vorüberlegungen zu einer Dogmatik des Untersuchungshaft-Rechts. Köln 1986

Pfeiffer, Gerd (Hrsg.): Karlsruher Kommentar zur Strafprozeßordnung und zum Gerichtsverfassungsgesetz mit Einführungsgesetz. 2. Aufl. München 1987

Reiff, Hermann, Günter Wöhrle und *Heinz Wolf:* Polizeigesetz für Baden-Württemberg. Kommentar. 3. Aufl. Stuttgart, München, Hannover 1984

Riegel, Reinhard: Bundespolizeirecht. München 1985 (Beck'sche Kurz-Kommentare. Bd. 42)

Rietdorf, Fritz, Gerd Heise, Dieter Böckenförde und *Bert Strehlau:* Ordnungs- und Polizeirecht in Nordrhein-Westfalen. 2. Aufl. Stuttgart, München, Hannover 1972

Wenzel, Karl Egbert: Das Recht der Wort- und Bildberichterstattung. Handbuch des Äußerungsrechts. 3. Aufl. Köln 1986

8
Taktische Aspekte bei der Anwendung strafprozessualer Zwangsmaßnahmen

Dietrich Sauer

INHALTSÜBERSICHT

	Rdnr.		Rdnr.
A. Körperliche Untersuchung und körperlicher Eingriff		III. Einsatz	
I. Grundsätzliche Aspekte	1	1. Objektdurchsuchung	67
II. Analysemöglichkeiten und einige Spurensicherungshinweise		2. Personendurchsuchung	84
		IV. Durchsuchungsbericht	87
1. Allgemeines	3	**F. Sicherstellung und Beschlagnahme**	88
2. Die einzelnen Spuren	4	**G. Einziehung und Verfall**	
B. Festnahme		I. Strategische Aspekte	95
I. Allgemeines	13	II. Maßnahmen im Polizeibereich	101
II. Planung und Vorbereitung	14	**H. Überwachung des Fernmeldeverkehrs**	
III. Lageeinweisung	24		
IV. Einzelne taktische Aspekte	27	I. Bedeutung und künftige Probleme	107
C. Kontrollstellen und Datenspeicherungsbefugnis	31	II. Einzelne taktische Aspekte	109
D. Leichenschau und Leichenöffnung	40	**I. Vorläufige Entziehung der Fahrerlaubnis**	
E. Durchsuchung		I. Allgemeine Kriminalität	118
I. Planung und Vorbereitung	51	II. Drogenabhängigkeit	124
II. Einweisung der Kräfte	65	III. Entziehung durch die Verwaltungsbehörde	125

A. Körperliche Untersuchung und körperlicher Eingriff

I. Grundsätzliche Aspekte

In Ermittlungsverfahren kann es von erheblicher Bedeutung sein, durch 1
Untersuchungen und Eingriffe
- die Beschaffenheit und den Zustand des Körpers oder einzelner Körperteile (z. B. Verletzungen, Erkrankungen, Vergiftungen, Alkohol, Medikamenten- und Betäubungsmittel-Abusus)
- das Vorhandensein von Gegenstands- und Substanzspuren im Körperinneren (z. B. verschlucktes Heroinpäckchen, sonstiges Schmuggelgut und Beweismittel wie Projektile)

– die psychische Verfassung bei einer an einer Straftat als Täter oder Opfer beteiligten Person sachverständig festzustellen.

2 Grundsätzlich sind folgende **kriminaltaktischen Aspekte** zu berücksichtigen:

– Es ist eine möglichst tatzeitnahe Vornahme anzustreben, um weitgehend präzise tatrelevante Feststellungen treffen zu können (z. B. Blutalkoholkonzentration in der Tatphase).

– In die Untersuchungsanordnung sollten bereits frühzeitig alle Untersuchungsbereiche, die für die Sachverhaltserforschung von Bedeutung sind, aufgenommen werden. Gegebenenfalls ist frühzeitig eine Erörterung mit **Fachärzten** und Sachverständigen hinsichtlich

○ der möglichen Untersuchungsbereiche und -methoden

○ der Art und Menge der zu entnehmenden Proben

○ der erforderlichen spurenschonenden Behandlung von Beweismitteln

○ der Untersuchungsprioritäten und Entscheidung bei Alternativen

durchzuführen.

– Bei entsprechend komplexeren Ermittlungsanlässen kann es sinnvoll sein, ein Untersuchungskonzept zu erstellen.

– Freiwilligkeit ist insbesondere anzustreben, um die aktive Mitwirkung des zu Untersuchenden bei entsprechenden mitwirkungsbedürftigen Maßnahmen sicherzustellen.

– Ist mit einer Weigerung und der Anwendung unmittelbaren Zwanges zu rechnen, sollte frühzeitig ein Amtsarzt hinzugezogen und dieser gegebenenfalls durch Konsultation des entsprechenden Facharztes unterstützt werden.

– Die Verantwortlichkeit für die Belehrung obliegt den Strafverfolgungsbehörden.

II. Analysemöglichkeiten und einige Spurensicherungshinweise

1. Allgemeines

3 Die Analysemöglichkeiten sind je nach **Untersuchungsgegenstand** sehr vielgestaltig. So können Spuren/Untersuchungssubstanzen am lebenden menschlichen Körper sein: Blut, Haare, Harn, Kot, Sperma, Vaginalsekret, Speichel, Schweiß, Nasensekret, Mageninhalt, Erbrochenes, Mekonium (Kindspech), Vernix Caseosa (Fötusanhaftungen), Fruchtwasser, Muttermilch, Verletzungen aller Art, auch Bißspuren etc.[1] Auch können Vorgänge im/am menschlichen Körper für die Ermittlungen bedeutsam sein, wie Blutungen, Entzündungen, Eiterungen, Heilungsprozesse, Schorfbildung, aber auch Embolien, Aspirationen, Resorptionen, Darmbewegungen, Zellreaktionen etc.

---

1 S. auch die Gesamtübersicht in *Retzlaff-Pausch* (1983) Teil 7.41.2, S. 1–12.

2. Die einzelnen Spuren

Je nach Art der Spuren eröffnen sich die unterschiedlichsten **Untersuchungsmöglichkeiten;** so kann man sehr differenzierte Feststellungen treffen.

Beim **Blut** lassen sich Analysen je nach körperregionaler Herkunft – wie Nasen-, Menstrual-, Abort-, Venen-, Kapillarblut – vornehmen, u. a. die Blutgruppe zu Vergleichs- und Identifizierungszwecken bestimmen, Krankheiten, Vergiftungen, Alkoholisierungsgrad feststellen, eine Genomanalyse durchführen. Bei der Blutvergleichsprobe ist darauf zu achten, daß
- durch den Arzt mindestens 20 ml venöses Blut entnommen wird
- die Blutprobe in einem Glasbehälter unverzüglich dem mit der Untersuchung betrauten Labor übergeben wird
- bei unvermeidlichen Verzögerungen die Blutprobe in einem Kühlschrank bei + 4 bis 8 °C – befristet auf ein bis zwei Tage – zu lagern ist
- Blutproben nicht eingefroren werden dürfen.

An **Haaren** lassen sich u. a. die Farbe/Einfärbung, Stärke, Struktur, Beschädigungen wie Verbrennungen, Anhaftungen beim Nahschuß, verwendete Pflegemittel, Ablagerungen von Giften, Anomalien zu Vergleichszwecken feststellen, aber auch bei Haarwurzeln eine Grobklassifizierung der Blutgruppe durchführen. Haarvergleichsproben werden wie folgt gesichert:
- Mit einem sauberen Kamm wird das Haar gekämmt. Dabei sich aus der Kopfhaut herauslösende Haare werden asserviert.
- Von
    - O der rechten Seite
    - O der linken Seite
    - O der Oberseite des Kopfes sowie
    - O dem hinteren Kopfteil

  werden jeweils 15 Haare herausgezupft.
- Aus den beschriebenen Kopfbereichen wird jeweils eine streichholzdicke Haarsträhne nahe der Kopfhaut abgeschnitten.
- Falls Haare verschiedener Einfärbungen auf dem Kopf vorhanden sind, sollte das Vergleichsmaterial alle auftretenden Haarfarben enthalten.
- Haare sind möglichst in Glasröhrchen zu verwahren und vor Knick und sonstigen Beschädigungen zu schützen.

Die gesicherten Haarvergleichsproben werden verpackt und beschriftet (betroffene Person, Datum und Bereich der Entnahme sowie die üblichen Verwaltungsdaten).

Es ist anzumerken, daß in der Zeit zwischen der Spurenlegung und der Entnahme der Vergleichsproben vorgenommene Veränderungen des Kopfhaares (durch Färben, Schneiden oder aber Einlegen von Dauerwelle) eine Zuordnung vom Spurenhaar zu einer Vergleichsprobe unmöglich machen. Aus diesem Grunde werden die Vergleichsproben sinnvollerweise so tatzeitnah wie möglich entnommen.[2]

---

2 Merkblatt des HLKA.

Weiterhin sind spezifische Untersuchungen der Haare übriger Körperpartien möglich.

7   Bei **Harn** sind insbesondere Feststellungen hinsichtlich Krankheiten, Betäubungsmittel, Alkohol-, Tablettenabusus, Giftbeibringung und die Grobblutgruppe bei Ausscheidern (ca. 80 %) möglich. Es ist anzustreben, eine Menge von 50 bis 100 ml in einem Glas zu sichern.

8   Bei **Kot** sind grobe Analysen zu den Fragen, ob, was und wann gegessen wurde, sowie Feststellungen hinsichtlich Krankheiten, Fremdstoffen und Giften möglich; Aussagen zur Blutgruppe können nur unter besonders günstigen Umständen gemacht werden. Die Sicherung sollte in einem Glasröhrchen/-gefäß erfolgen.

9   Bei **Sperma** kann die Grobblutgruppe bei Ausscheidern festgestellt werden.

10 **Vaginalsekret** kann Auskunft über das Vorhandensein von Sperma und bei Ausscheidern über die Grobblutgruppe der Untersuchten geben.

11 Beim **Speichel** können neben der Grobblutgruppenbestimmung bei Ausscheidern auch eingebrachte/eingeatmete Substanzen wie Speisereste, Cannabis, Medikamente, Sperma, Ablagerungen vom Knebel etc. festgestellt werden. Bei der Sicherung und Behandlung der Speichelvergleichsprobe ist zu beachten, daß

– ein Laborfilter oder ein hygienisch einwandfreier Kaffeefilter o. ä. von dem Probanden in den Mund zu nehmen und intensiv durchzuspeicheln ist

– die Speichelprobe sodann bei Raumtemperatur ohne direkte Sonnen- und Heizkörpereinwirkung durch ausreichende Luftzirkulation zu trocknen ist

– die Probe umgehend dem mit der Untersuchung betrauten Labor zu übergeben oder bei unvermeidlichen Verzögerungen getrocknet und luftdicht verpackt bei – 20 °C zu lagern ist.

12 Weitere detaillierte **Hinweise** auch hinsichtlich der entsprechenden Tatort- und Opferspuren, der Aussagekraft, der Spurensicherung pp. können den in diesem Handbuch enthaltenen Beiträgen „Spurenlehre" von Mörbel und „Tatortarbeit" von Seemann sowie dem „Leitfaden Tatortarbeit" – Spuren – (Bundeskriminalamt 1988) Teile G (Serologische Spuren), H (Haare), L (Toxikologische Spuren) entnommen werden.

B. Festnahme

I. Allgemeines

13 Die Festnahme ist die **gefahrenträchtigste Standardmaßnahme.** Sie wird von dem Tatverdächtigen in der Regel als der stärkste Eingriff in seine Persönlichkeitsrechte empfunden; oft erwartet ihn die Verbüßung einer längeren Freiheitsstrafe, oder er rechnet damit. Bei Betreffen auf frischer Tat ist mit der Festnahme die Überführung und Identifizierung verbunden. Der Flüchtende kalkuliert daher oft Widerstandshandlungen bis zum Waffengebrauch oder auch in Einzelfällen bei aussichtsloser Lage Geiselnahme

ein. Aufgrund des emotionalen Ausnahmezustandes des Festzunehmenden kann es zu irrationalen Kurzschlußhandlungen mit erheblicher Gefährdung der Beamten, Unbeteiligter, aber auch des Betroffenen selbst kommen.

II. Planung und Vorbereitung

Bei **nicht vorhersehbaren Festnahmen** kommt mangels der Möglichkeit anlaßbezogener Planung der Einhaltung grundsätzlicher taktischer Regeln und insbesondere der strikten Anwendung der Maßnahmen der Eigensicherung (s. LF 371) besondere Bedeutung zu. Nachfolgende Ausführungen sind, soweit möglich, auch bei ad-hoc-Situationen zu berücksichtigen. 14

Um den Festnahmeerfolg bei möglichst geringer Gefährdung der eingesetzten Kräfte, des Betroffenen und unbeteiligter Dritter zu erreichen, sind bei der **Festnahmekonzeption** und bei der Festlegung des Kräfte- und Mittelrahmens grundsätzlich folgende **Aspekte** zu berücksichtigen und zu beurteilen: 15

– die der Festnahme zugrundeliegende Straftat; die Schwere der Straftat(en) indiziert bereits den Grad der Gefährlichkeit
– alle verfügbaren Erkenntnisse über Persönlichkeit, Lebensgewohnheiten, soziales Umfeld, bisher gezeigte kriminelle Energie des Täters als Grundlage einer Prognose möglicher Verhaltens- und Reaktionsweisen
– die zur Verfügung stehenden Einsatzkräfte sowie Führungs- und Einsatzmittel
– die verdeckten Aufklärungs- und Observationsmöglichkeiten, Maßnahmen nach § 100 a StPO
– die zu erwartenden Festnahmesitutationen
– die zu erwartende Bewaffnung/mögliche Gegenmaßnahmen
– mögliche Mittäter, Fluchthelfer.

Zur Konkretisierung der Planung sind unter anderem folgende **Erkenntnisquellen** auszuschöpfen: 16
– Anfrage bei dem Einwohnermeldeamt
  ○ vollständige Personalien
  ○ auch weitere Wohnsitze, weitere für das Objekt gemeldete Personen
  ○ Wohnsitze von Angehörigen, Bindungspersonen, Freunden, Bekannten etc.
  ○ weitere Wohnungen im Objekt.
– Abfrage in den polizeieigenen EDV-Systemen/Dateien
  ○ Aktualität der Fahndung
  ○ personenbezogene Hinweise (PHW)
  ○ Bindungsdaten
  ○ ehemalige Mittäter, Gehilfen etc.
  ○ Aliasdaten, Benutzung ge- und verfälschter Ausweispapiere

○ Erkennungsdienstliche Unterlagen (Lichtbilder, Personenbeschreibung, besondere Merkmale)
○ Kriminalaktennachweis
und Anforderung der entsprechenden Unterlagen.
– Gründliche Auswertung der Kriminalakten und sonstigen eigenen Unterlagen sowie der Erkenntnisse der bereits befaßt gewesenen Sachbearbeiter.
– Aufklärung des sozialen Umfeldes hinsichtlich möglicher Aufenthalte, Verhaltensweisen etc. durch verdeckte Befragung, Aufklärung, Observation, ggf. Maßnahmen nach § 100 a StPO:
○ Erkenntnisse von Nachbarn/Hausmeister, Hausverwaltung, Arbeitgeber, Arbeitskollegen, Schulkameraden etc.
○ Feststellungen zur Benutzung von Verkehrsmitteln und Verfügbarkeit von Kfz (eigenes, des Arbeitgebers oder von Bekannten etc.; Anfragen bei der Zulassungsstelle, beim KBA [ZEVIS] und ggf. bei der Kfz-Steuerstelle).

17 Für die Vorbereitung der taktischen Maßnahmen des Zugriffs ist weiterhin die Aufklärung der für die Festnahme in Frage kommenden **Örtlichkeiten** unerläßlich:
– Art des Objektes (z. B. Mehrfamilienhaus, Wohnanlage, Einfamilienhaus, Gewerbebetrieb, Milieuobjekt pp.)
– Art des Geländes (Kleingartenanlage, Campingplatz etc.)
– Aus-, Ein-, Durchgänge, Stockwerke, Verbindungstüren, Treppenaufgänge, Aufzüge, Fenster, Balkone
– Versorgungseinrichtungen (Sicherungskasten, Schalter, Müllschlucker, Telefonverteileinrichtung etc.)
– Gemeinschaftseinrichtungen (Wasch- und Trockenräume, Müllräume etc.)
– Lage und Raumaufteilung der Wohnung, der dazugehörigen Keller- und Bodenräume, Garagen etc.
– besondere Problembereiche.

Zur Beurteilung und Planung sollten auch aktuelle Pläne des Bau- und Katasteramtes, der Hausverwaltung u. a. herangezogen werden.

Die Aufklärung und Auswertung der Erkenntnisse über die Örtlichkeiten sollten sich insbesondere erstrecken auf
– mögliche Aufenthaltsorte
– Flucht- und Versteckmöglichkeiten
– Vorbereitungen zur Gegenwehr, Sperren, Fallen, Warnvorrichtungen
– vom Betroffenen einzusehende Einsatzbereiche
– Eindring-/Zugriffsmöglichkeiten

18 Bei der Festlegung der **Kräftekonzeption** sollte auch geprüft werden, ob besondere Einsatzkräfte erforderlich sind:
– erfahrene und entsprechend ausgebildete Kräfte wie Fahndungsgruppen, MEK, SEK, Zielfahndungskommandos, insbesondere bei hohen taktischen Anforderungen und entsprechendem Gefährdungsgrad

Taktische Aspekte bei strafprozessualen Zwangsmaßnahmen 19–22 **8**

- weibliche Kräfte
- Entschärfer/Sprengstoffsachverständige
- Technischer Zug der Bereitschaftspolizei
- Polizeipsychologen.

Bei der **Ausstattung** und **Ausrüstung** der Einsatzkräfte ist besonders 19
Wert zu legen auf
- Verwendung neutraler (ziviler) Transportmittel
- ggf. besondere Fahrzeuge zur Legendenbildung (Umzug etc.)
- Bereitstellung von Notarzt-/Krankenwagen, wenn Waffengebrauch wahrscheinlich ist
- lageangepaßte Bewaffnung einschließlich Reizstoffe und Nebelmittel etc.
- Delaborierungsgerät
- ausreichende Sicherung durch schußsichere Westen, Kopfschutz, Sonderwagen etc.
- Fesselwerkzeug (Handschellen, Schließkette)
- technisches Gerät zum Eindringen, Räumen von Hindernissen
- ausreichende netzunabhängige Beleuchtungseinrichtungen
- Bereitstellung eines Polizeihubschraubers
- Sprechfunkgeräte, Geräte zur verdeckten Abwicklung und Sicherung des Fernmeldeverkehrs
- Spurensicherungsgerät
- Datenterminals und/oder Funkterminals, wenn mit einer Vielzahl zu überprüfender Personen gerechnet werden muß
- Diensthunde (z. B. Sprengstoff-, Rauschgifthunde).

In besonderen Fällen kann es erforderlich werden, spezielle weitere **Führungs- und Einsatzmittel** vorzusehen, deren Darstellung sich an dieser 20
Stelle verständlicherweise verbietet (s. u. a. PDV 132 Nr. 2.4.1 und 2.4.2). Es empfiehlt sich in diesen Fällen, die Hinzuziehung der „**Beratergruppe für schwerste Gewaltkriminalität**" des jeweiligen Bundeslandes zu erwägen.

Aufgrund von taktischen und technischen Besonderheiten und je nach 21
Anlaß kann es angebracht sein, frühzeitig **externe Spezialisten** heranzuziehen wie
- Schlüsseldienste
- Verbindungsbeamte/Kräfte von Versorgungseinrichtungen (Elektrizitäts-, Gas- und Wasserwerke)
- Feuerwehr

Bahnpolizei, MP, CID, Feldjäger
- Zoll- und Steuerfahndung
- Jugendamt, Sozialamt pp.

Für die richtige Wahl des **Festnahmezeitpunktes** ist unter besonderer 22
Berücksichtigung der Eigensicherung ein möglichst günstiges Verhältnis zwischen insbesondere

Sauer 285

- ausreichendem Erkenntnisstand
- ausreichender Beweislage bei vorläufiger Festnahme
- geringstmöglicher Gefährdung der eingesetzten Beamten, der Betroffenen und unbeteiligter Dritter
- eingeschränkter Widerstands- und Fluchtmöglichkeiten (Schlaf am frühen Morgen etc.)
- günstiger verdeckter Heranführungsmöglichkeiten (Berufsverkehr etc.)
- günstiger Sicht-/Lichtverhältnisse für die Einsatzkräfte

anzustreben.

23 Insbesondere ist auch zu berücksichtigen, ob zeitliche **Parallelmaßnahmen,** wie
- Festnahmen weiterer Personen an verschiedenen Orten
- gleichzeitige sonstige Durchsuchungs-, Spuren-, Beweissicherungsmaßnahmen

erforderlich, angebracht bzw. zu berücksichtigen sind.

III. Lageeinweisung

24 Bei der Lageeinweisung sind die einzelnen **Aufträge,** wie
- äußere/innere Absperrung
- Eindringen, Durchsuchung, Festnahme
- Sicherung der Einsatzkräfte
- Festgenommenensammelstelle
- Beweissicherung und Dokumentation
- Asservatensammel- und -registrierstelle,

konkret bestimmten Einsatzkräften **zuzuweisen.**

25 Alle für die Festnahme wesentlichen **Erkenntnisse** über Personen und Objekte sind **darzustellen:**
- vorhandene Unterlagen zur Identifizierung (Lichtbilder, Personenbeschreibung, ggf. Fingerabdrücke pp., Kfz-Kennzeichen, Personagramme etc.)
- Lagepläne, Angaben zu Problembereichen, Erkenntnisse über mögliche Störer, Aufklärungsergebnisse, Lichtbilder über die Örtlichkeit (Hindernisse, gefahrenträchtige Bereiche etc.); ggf. ist in besonderen Lagen ein Eindring- und Zugriffsplan zu erstellen und die entsprechende Taktik detailliert zu erläutern.

26 Anlaßbezogen sind entsprechende **Hinweise** und konkrete **Verhaltensanweisungen** zu geben:
- verdeckte/codierte Kommunikation (Funkverbindungen, Meldewege, Kommunikationsplan/Funkskizze)
- gedachter Ablauf und Abstimmung der Einzelaufträge
- die einzelnen Sicherungsmaßnahmen
- Verhalten bei bestimmten Vorkommnissen wie

- ○ besondere Tarn- und Überraschungstaktiken sowie Störversuche
- ○ Zeitpunkt der Belehrung
- ○ Kommunikationsversuche, eingehende Telefonanrufe etc.
- ○ Behandlung der Festgenommenen/zu erwartende Reaktionen
- ○ Behandlung von Beweismitteln
- ○ Schwerpunkte der Spurensicherung
- Vorstellung der benachbarten und integrierten Fremdkräfte, ggf. Ausgabe einer Losung
- schriftlicher Befehl mit der Darstellung aller Objekte
- besondere Geheimhaltungserfordernisse
- Beschaffung von Erkenntnissen über weitere gesuchte, ggf. nicht ermittelte/identifizierte Mittäter und ihre sofortige Umsetzung (Fahndungsmaßnahmen, weitere Durchsuchungen etc.).

IV. Einzelne taktische Aspekte

Auf eine äußere **Absperrung** sollte grundsätzlich zur Verhinderung von Ausbruchsversuchen nicht verzichtet werden. Der Eindring- und Festnahmebereich ist einschließend besonders zu sichern (innere Absperrung). Der Einsatzraum/Zugriffs- und Festnahmebereich ist von Unbeteiligten zu räumen/freizuhalten. 27

Entscheidend für den Festnahmeerfolg ist in der Regel die Ausnutzung des **Überraschungsmomentes**; entsprechende Maßnahmen sind 28
- verdecktes Bereitstellen, Heranführen, Umstellen, Absperren
- List, Legendenbildung pp.

Festgenommene sind sofort zu durchsuchen und grundsätzlich zu fesseln. Die Durchsuchung nach Waffen sowohl der Person als auch der Transportfahrzeuge ist möglichst bei jeder Übergabe zu wiederholen. Personen, die aus rechtlichen Gründen nicht durchsucht werden können, sind ständig unter Kontrolle zu halten, Störer sind ggf. nach § 164 StPO festzunehmen. 29

Im einzelnen wird auf die taktischen Maßnahmen der **Eigensicherung**, insbesondere zu den Einsatzformen Anhalten von Fahrzeugen, Identitätsfeststellung, Freiheitsentziehung, Durchsuchung und Transport Gefangener (s. LF 371 Nr. 8 u. 9), deren detaillierte Besprechung sich an dieser Stelle verbietet, hingewiesen. 30

C. Kontrollstellen und Datenspeicherungsbefugnis

Die AG Kripo hat in einem Beschluß vom 30./31. 7. 1987 festgestellt, daß „**Maßnahmen nach § 163 d StPO,** insbesondere wenn sie an Kontrollstellen nach § 111 StPO wirksam werden, keine eigenständigen Fahndungsmaßnahmen darstellen, sondern lediglich als **Bestandteil der ‚Besonderen Fahndungen'** gemäß PDV 384.1 zu sehen sind". 31

Das heißt: Um die Regelungen des § 163 d StPO und die damit verbundenen Befugnisse für die Aufklärung einer Straftat effizient nutzen zu können, müssen sie in der Ausführung sinnvoll konzeptionell in die übrigen Strafverfolgungsmaßnahmen eingebunden und rechtstatsächlich mit Leben erfüllt werden. Aus der Sicht der Praxis ist es folgerichtig, daß auf eine Subsidiaritätsklausel, wie sie z. B. in § 100 a StPO enthalten ist („... wenn die Erforschung des Sachverhaltes oder die Ermittlung des Aufenthaltes des Beschuldigten auf andere Weise aussichtslos oder wesentlich erschwert wäre"), verzichtet wurde, da die Einrichtung einer Kontrollstelle, die Datenerhebung und Verdichtung der Informationen oft am Beginn der Ermittlungen stehen und parallel zu anderen Strafverfolgungsmaßnahmen (Vernehmungen, Durchsuchungen etc.) ergriffen werden müssen. Oft ist die Tatzeitnähe oder die Nähe zu sonstigen auslösenden Anlässen (aktuelle Fahndungshinweise etc.) unabdingbare Voraussetzung für den Erfolg.

32 So steht auch die **Konkretisierungspflicht** nach § 163 d Abs. 3 StPO mit dem kriminalistischen Erfordernis der frühzeitigen Verdichtung der Erkenntnisse zu fahndungsfähigen Suchkriterien in Einklang. Die zeitgerechte Konkretisierung der Informationen in eindeutige, vergleich- und überprüfbare Daten, die auch eine dateimäßige Verarbeitung ermöglicht, ist Grundvoraussetzung für sinnvolle, gezielte Fahndungskonzeptionen/-maßnahmen.

33 Je nach Stand des Ermittlungsverfahrens sind alle **fahndungsrelevanten Erkenntnisquellen** – zu denken ist auch an Veröffentlichungen wie Strategiepapiere etc. – hinsichtlich
   – Personenbeschreibungen, Personagramme, Lichtbilder
   – konkret bezeichneter Beweismittel
   – möglicher Tarnmaßnahmen (Aliasdaten, verwendeter Personalpapiere, Legenden)
   – möglicher Tätertaktiken bei Kontrollen
   – erkannter Planungen/Absichten
   – modi operandi
   – Tatzusammenhänge

auszuschöpfen, die Erkenntnisse aufzubereiten und entsprechende Vorschläge zur Berücksichtigung bei der jeweiligen Anordnung einzubringen. Auch und gerade bei ad-hoc-Einsätzen sind parallel gewonnene Erkenntnisse frühzeitig an die Kontrollkräfte zu übermitteln und zu verdichten.

34 Bei der Lagebeurteilung sind insbesondere **geographische Gesichtspunkte** wie
   – persönliche Bezugsbereiche (Treffpunkte, bevorzugte Wohn-/Aufenthaltsbereiche)
   – bevorzugte Umsteige- und Abtauchpunkte (Tiefgaragen pp.)
   – öffentliche Fluchtwege und -mittel (ÖPNV, DB, Flughafen etc.)
   – Bezugsbereiche zu gefährdeten Personen und Objekten
   – taktisch günstige Kontrollpunkte

zu berücksichtigen. Es ist anzustreben, lageunabhängig entsprechende kalendermäßige Vorbereitungen zu treffen (z. B. Fahndungsatlas).

Die Kontrollstellenkräfte sind mit konkreten **Handlungsanweisungen** zu
- bereits getroffenen Maßnahmen, Vereinbarungen mit benachbarten Kräften und anderen Behörden (z. B. Ausländeramt, Meldebehörden, GSD, KBA)
- Kommunikation, Meldekopf, Melde- und Überprüfungswegen
- Maßnahmen der Beweissicherung
- Behandlung und Verbleib von Festgenommenen
- Eigensicherung
- Einbindung/Unterstützung des allgemeinen Streifendienstes und sonstigen laufenden geplanten Schwerpunktaktionen, Fahndungs- und Ermittlungsmaßnahmen
- taktischer Ausgestaltung der Kontrollpunkte wie
  ○ örtlichem/zeitlichem Wechsel
  ○ Wechsel offener/verdeckter Maßnahmen
  ○ Aufklärung/Observation
    - zur Sicherung der eigenen Kräfte
    - zum Erkennen von Umgehungsversuchen
    - zur Verdachtschöpfung im Vorfeld
  ○ Einsatz von Rauschgift-/Sprengstoffhunden
  ○ Erreichbarkeit der Einsatzleitung
  ○ Einsatz von Erkennungsdienst und sonstiger Spezialkräfte
  ○ Zugriff auf EMA, ZEVIS, INPOL, AZR, Ländersysteme

zu versehen.

Es ist Aufgabe des im Rahmen von Alarmfahndungsmaßnahmen zuständigen Polizeiführers zu prüfen, ob anlaßbezogen gewonnene Massendaten gemäß § 163 d StPO gespeichert und verarbeitet werden sollen.

Bei der Herbeiführung der **Anordnung nach § 163 d StPO** sind herauszustellen
- die für das Vorliegen einer der in Abs. 1 bezeichneten Straftaten sprechenden Kriterien
- die auf den zu überprüfenden Personenkreis zutreffenden Merkmale/Eigenschaften
- räumliche und zeitliche Begrenzung der Maßnahmen
- sofern vorhanden, solche Umstände, die für die Aufklärung der Straftat oder die Ergreifung des Täters von besonderer Bedeutung sein können.

Entscheidend für den Erfolg wird die Lösung der **fachlich organisatorischen und technischen Fragen** sein. Dies ist wesentlich abhängig von
- der Ausstattung mit Datenfunkterminals und automatisierten Lesegeräten und ihrer taktisch effizienten Nutzung

- dem Verbreitungsgrad maschinenlesbarer Personaldokumente
- dem Einsatz eines leistungsfähigen DV-Systems mit bedarfsgerechten Kurzauskünften und schnellen, komfortablen Zugriffs- und Recherchiermöglichkeiten
- der Schaffung von Integrationsmöglichkeiten hinsichtlich der Abfrage im Bestand und der Erfassung der zusätzlich gewonnenen Daten in einem Schritt sowie der Lösung sonstiger ablauftechnischer Fragen.

38   Bis auf weiteres wird man mit Ausnahme bei den Grenzkontrollen mangels entsprechender Ausrüstung auf die **manuelle Erstellung** von Kontrollisten nicht verzichten können, so daß sich der Effizienzgewinn vorrangig auf den Bereich der Verarbeitung und Recherche beschränkt. Somit sind der bedeutsamen frühzeitigen Verdichtung und Aufbereitung von Fahndungsansätzen bei den Kontrollstellen nach § 111 StPO noch erhebliche Grenzen gesetzt.

39   Da rechtlich sowohl offengelassen wurde, welche Strafverfolgungsbehörde die Speicherung vorzunehmen hat, als auch keine sonstigen organisatorischen Festlegungen (z. B. Bestimmung der Integrationsebene, Entscheidung für dezentrale oder zentrale Stellen) getroffen wurden, besteht die Möglichkeit, die **DV-technische Realisierung** sinnvoll in die unterschiedlichen DV-Landeskonzeptionen einzupassen. Um länderübergreifende auftretende Fahndungs-/Ermittlungsaufgaben lösen zu können, sind neben der bereits erfolgten Aufnahme von Verweisen auf § 163 d StPO in die PDV 384.1 weitere zentrale Regelungsvorgaben sowohl taktischer als auch technisch-organisatorischer Art zu erarbeiten.

D. Leichenschau und Leichenöffnung

40   Daß eine Leichenschau nicht nur bei Verdacht einer Straftat, sondern bei allen Fällen mit ungewöhnlichen Todesumständen und bei unbekannten Toten **veranlaßt** wird, bietet kriminalistisch eine gewisse Gewähr dafür, daß ein Fremdverschulden bzw. das Vorliegen einer Straftat auch dann erkannt wird, wenn anfangs ein entsprechender Verdacht aus den Umständen nicht abzuleiten ist.

41   Mindestanforderung muß es sein, daß bei dem **Ausschluß eines Fremdverschuldens**/eines Kapitalverbrechens keine vernünftigen Zweifel übrigbleiben.

Wichtig ist hierbei, daß die Würdigung des subjektiven und objektiven Tatortbefundes mit den gerichtsmedizinischen Befunden umfassend abgeglichen, hierbei die einzelnen Spurenbereiche unvoreingenommen analysiert und der mögliche (Tat-)Hergang methodisch durch entsprechende Hypothesenbildung durchgeprüft werden.

42   Da Gerichtsmediziner oft erst spät oder überhaupt nicht am Tatort verfügbar sind, ist es von entscheidender Bedeutung, daß eingesetzte **Beamte** sowohl über umfassende kriminalistische als auch ausreichende **gerichtsmedizinische Erfahrungen** verfügen.

Viel entscheidender als abschließende Feststellungen zur Todesart, Todeseintrittszeit etc. ist die detaillierte fachkundige Fixierung des Tatortbefundes einschließlich der Feststellungen zur Leiche, die später den Gerichtsmediziner in die Lage versetzt, die entsprechenden Gutachten zu erstellen. Insbesondere betrifft das gerade auch Feststellungen, die später nicht präzise nachgeholt werden können (z. B. Leichentemperatur, Außentemperatur, sonstige Witterungsverhältnisse, Beeinträchtigungen durch Rettungs- und erste Ermittlungsmaßnahmen). Die lückenlose systematische Beschreibung des Tatortbefundes kann wirksam durch die Verwendung entsprechender Checklisten unterstützt werden[3].

Kriminalistisch bedeutsam ist die **Todeszeitbestimmung,** da sich an ihr wesentliche Ermittlungsansätze (Alibiüberprüfungen, Zeugenbefragungen, Rekonstruktionen, Zeitpunkt des Verschwindens/Dauer des Vermißtseins etc.) ausrichten. Erhebliche Bedeutung für die Feststellung der Todeszeit haben die Leichenerscheinungen wie Totenstarre und Leichenflecke, die Leichen- und Umwelttemperatur sowie Phänomene der Leichenzersetzung, hervorgerufen durch körpereigene Fermente, durch Bakterien bedingte Fäulnis und Verwesung.

Die **Totenstarre** (rigor mortis) ist Folge eines sehr komplizierten, bis heute in den Ursachen nicht völlig aufgeklärten biochemischen Prozesses[4], der sich in der Regel vom Kiefergelenk ausgehend nach zwei bis vier Stunden innerhalb weiterer sechs bis acht Stunden von oben nach unten auf den Körper auszudehnen pflegt; nach etwa 48 Stunden beginnt sich die Starre in gleicher Reihenfolge wieder zu lösen[5]. Dies können lediglich Anhaltspunkte sein. Je nach den einzelnen Bedingungen kann es zu erheblichen Abweichungen kommen.

Eine präzisere und differenziertere Meßmethode als die übliche manuelle Untersuchung stellt die Bestimmung des Starregrades mittels einer Maximum-Federwaage und des Freiburger-Rigor-Index (FRR-Index) dar, der sowohl die Länge des Unterarms/Unterschenkels, Werte zum Drehpunkt des Arm-/Kniegelenks als auch den Oberarm-/Oberschenkelumfang in die Berechnung miteinbezieht[6].

Kriminalistisch bedeutsam ist unter anderem, daß starke Muskelbetätigung und Sauerstoffmangelzustände vor dem Todeseintritt den Erstarrungsvorgang beschleunigen. Weiterhin wird der Ablauf, wie auch andere postmortale Vorgänge, entscheidend von der Umgebungstemperatur beeinflußt. Der frühen und exakten Messung der Leichen- und Lufttemperatur kommt somit entscheidende Bedeutung zu. Bei tiefen Temperaturen können wenige Grade Abweichung erheblich sein. Jede Temperatur hat ihre

---

3 S. auch *Retzlaff-Pausch* (1983) Teil 7.45.6.2.
4 Man weiß jedoch, daß das Absinken des ATP (Adenosintriphosphat-)Spiegels die Hauptursache für das Starrwerden der Muskulatur ist (s. auch *Forster/Ropohl* 1983). So versucht man, durch biochemische Analysen der Körperflüssigkeit und der Gewebe exaktere Angaben über den Todeszeitpunkt zu erlangen.
5 S. auch *Groß/Geerds* 1977 S. 553.
6 S. auch *Forster/Ropohl* 1983 S. 14–16.

eigene Verlaufskurve, so daß zu schematische Feststellungen fehlerhaft wären.

Ausnahmen bilden die kataleptische Totenstarre durch Stammhirnverletzung, aber auch toxische kataleptische Phänomene.

45   **Totenflecke** (Livores) geben ebenfalls wichtige Hinweise auf die Todeszeit. Kriminalistisch bedeutsam ist unter anderem, daß die Veränderung der Lage der Leiche ein Wandern der Leichenflecke bewirken kann, solange das Blut noch innerhalb der Gefäße beweglich ist (hypostatische Totenflecke). Eine endgültige Fixierung erfolgt erst später, wenn die Hüllen (Membranen) der roten Blutkörperchen (Erythrozyten) infolge Selbstauflösung (Autolyse) und Fäulnis (durch Bakterien bedingt) durchlässig (permeabel) werden. Jetzt vermag der rote Blutfarbstoff auszutreten und das Blutwasser (Serum) zu färben (Hämolyse). Da auch die Gefäßwände durchlässig werden, dringt das gefärbte Blutwasser in das umgebende Gewebe und durchtränkt es. Die Totenflecke werden fixiert.

Es ist kriminalistisch besonders wichtig, beim ersten Angriff Lageveränderungen zu vermeiden bzw. exakt zu dokumentieren, um Feststellungen zu Tatverlauf, tatsächlichem Tatort etc. nicht zu erschweren.

Da aufgrund von Kompression das Gewebe an den Aufliegestellen frei von Totenflecken bleibt, kann es vorkommen, daß sich Unebenheiten in der Auflagefläche in Form von hellen Aussparungen abbilden und Hinweise auf den ursprünglichen Ablageort geben[7].

46   Die **Todesart** ist bei natürlichem Tod durch die Leichenschau allein praktisch nicht diagnostizierbar, wenn keine klaren und verwertbaren Angaben des behandelnden Arztes vorliegen. Mit Diagnoseergebnissen wie „Schlaganfall", „Herzschlag" etc. sollte sich der Kriminalbeamte nicht zufrieden geben, da Diagnosen dieser Art ohne Obduktion nicht möglich sind. Es ist zu bedenken, daß auch kranke Personen durch Fremdverschulden zu Tode gekommen sein können. Statt einer Vermutungsdiagnose sollte in Zweifelsfällen grundsätzlich eine Obduktion beantragt werden. Der Sachbearbeiter sollte es daher auch vermeiden, den Arzt zu einer an sich nicht verantwortbaren Diagnose zu drängen.

47   Eine relativ verläßliche Feststellung der **Todesursache** ist jedoch beim unnatürlichen Tod, insbesondere bei gewaltsamer Einwirkung, in der Regel durch einen forensisch erfahrenen Mediziner bereits am Tatort möglich. Aber auch hier sollten abschließende Feststellungen von dem Ergebnis der Obduktion abhängig gemacht werden.

48   Die Feststellung der Persönlichkeit (**Identität des Toten**) vor Beginn der Obduktion nach § 88 StPO kann auch durch den Beschuldigten erfolgen. Hierbei ist jedoch wegen eines möglichen Vorwurfs nach § 136 a StPO besondere Vorsicht geboten.

Der BGH hat in einer Entscheidung vom 10. 9. 1953 (3 StR 336/53) ausgeführt, daß das Nichtvorzeigen des Toten Revision begründen kann, wenn nicht anderweitig zweifelsfrei feststeht, daß es sich bei dem Obdu-

---

[7] Forster/Ropohl 1983 S. 9/10.

zierten um die Leiche der Person gehandelt hat, die das Opfer der Tat geworden ist. Folglich ist zu schließen, daß dann auf das Anerkennen der Leiche durch den Beschuldigten verzichtet werden kann, wenn die Identifizierung des Opfers auf andere Weise gesichert ist. Beim Heranführen eines Beschuldigten an die Leiche seines Opfers ist große Vorsicht geboten. Man tut gut daran, die Maßnahme schriftlich zu begründen, sie lediglich auf die Anerkennung des Opfers zu beschränken[8], um sich nicht Vorwürfen nach § 136 a StPO auszusetzten.

Auch wenn es die StPO nicht ausdrücklich vorsieht, sollte die **Anwesenheit des kriminalpolizeilichen Sachbearbeiters** bei der Obduktion obligatorisch sein, um Fragestellungen, die sich aus der pathologisch-anatomischen Befunderhebung ergeben, mit dem objektiven und subjektiven Tatortbefund in Beziehung setzen zu können.

Petersohn stellt anhand einer Fallsammlung anschaulich die **Bedeutung der Obduktion** für die Aufklärung der Todesursache und die Rekonstruktion des Tatgeschehens heraus, indem er insbesondere über zum Teil fatale, allein auf die Leichenschau begründete Fehlschlüsse zugunsten von Tatverdächtigen, aber auch zu Lasten von Unschuldigen berichtet[9].

E. Durchsuchung

I. Planung und Vorbereitung

Im Handbuch für Führung und Einsatz der Polizei wird die Durchsuchung als planmäßige, lückenlose Suche nach Personen, Sachen und Spuren **definiert**[10].

Durchsuchungen sind naturgemäß mit anderen Ermittlungsmaßnahmen wie Festnahmen, Spurensuche und -sicherung, Sicherstellung und Beschlagnahme eng **verknüpft.** Da sie als Standardmaßnahme eine zentrale Rolle bei den Ermittlungen einnehmen, sind detaillierte Ausführungen angebracht.

Sie erfordern je nach Lage mehr oder weniger umfangreiche Aufklärungs-, Absperr- und sonstige Sicherungsmaßnahmen. Bei Delikten ab einer bestimmten Qualität werden sie gegebenenfalls von verdeckten Maßnahmen (Observationen, Maßnahmen nach § 100 a StPO etc.) begleitet.

Sie bedürfen daher einer anlaßabhängigen gründlichen **Planung** und Vorbereitung unter besonderer Berücksichtigung der vorhandenen Ermittlungsergebnisse und Ausschöpfung aller zugänglichen Erkenntnisquellen. Bei Durchsuchungen mit unsicherer Erkenntnislage sind die zu behandelnden Sicherheitsaspekte besonders zu berücksichtigen.

---

8 *Fischer* 1968 S. 52.
9 *Petersohn* 1966 S. 191–206.
10 *Altmann* u. a. 1985 Nr. 2.2.2.1.A.

54 Die Beurteilung der einzelnen einsatztaktischen Maßnahmen und die Festlegung der Konzeption des Kräfte- und Einsatzmittelrahmens ist wesentlich von der **Art und Beschaffenheit** des Durchsuchungsraumes bzw. der Objekte, z. B.

– Gebäude: große Wohnanlagen, Einfamilienhäuser, Gewerbebetriebe, Milieugaststätten, Wohngemeinschaften, einzelne Wohnungen usw.
– Gelände: Wald, Gewässer, große Freiflächen, Kleingartengelände usw.
– bewegliche Objekte: Lastkraftwagen, Wasserfahrzeuge usw.

sowie den Erkenntnissen über

– die betroffenen Personen (Anzahl, Tätertyp, Bewaffnung, Gewaltgeneigtheit, Angehörige krimineller oder terroristischer Vereinigungen etc.)

abhängig.

55 Weiterhin ist entscheidend, welchen **Zweck** die Maßnahme konkret verfolgt, wie z. B.

– Ergreifung von Tatverdächtigen, mit Haftbefehl gesuchten Personen
– Auffinden vermißter, hilfloser Personen oder von Leichen
– Auffinden/Sichern von Beweismitteln und Spuren
– Auffinden und Delaborieren von unkonventionellen Spreng-, und Brandvorrichtungen (USBV).

56 Die Planung wird auch von den unterschiedlichen **Zielrichtungen,** nämlich

– Gewinnung von weiteren Ermittlungsansätzen
– Geständnissicherung
– Erkenntnisse über die Beteiligung weiterer Personen, Tatzusammenhänge, Serien, Strukturen organisierter Kriminalität, krimineller und terroristischer Vereinigungen pp.
– Erkenntnisse über den Verbleib des Diebes- und Raubgutes, von Tatwaffen und -werkzeugen
– Erlangen von Identifizierungs-/Personenerkennungsansätzen (Fingerabdrücke, Lichtbilder etc.),

bestimmt.

57 Zur Ausgestaltung der Konzeption der einzelnen einsatztaktischen Maßnahmen ist es erforderlich, die verfügbaren **Erkenntnisquellen** auszuschöpfen:

– Ermittlungsergebnisse, Verdachtsmomente, mögliche Tatzusammenhänge
– Kriminalakten, Abfragen in den polizeilichen EDV-Systemen, Dateien
– Erkenntnisse anderer Polizeidienststellen, früherer Sachbearbeiter, der Steuer-/Zollfahndung, der Bahnpolizei etc.
– ZEVIS, Einwohnermeldedaten, Ausländerzentralregister
– Erkenntnisse anderer Behörden und Institutionen (Arbeitsämter, Krankenkassen, Versicherungen, Kataster- und Bauämter)

- aktuelle Erkenntnisse aus verdeckten Ermittlungen
- Vermieter, Arbeitgeber, Arbeitskollegen, Nachbarn, Bekannte, Mitschüler etc.
- gezielte verdeckte Objektaufklärung vor Ort (Inaugenscheinnahme, Hausbefragung, Hinzuziehung von Lageplänen pp.)

Weiterhin kann es erforderlich sein, zusätzlich durch operative Aufklärungs-, Observationsmaßnahmen sowie der Ausschöpfung der Möglichkeiten nach § 100 a StPO das Lagebild zu verdichten, zu aktualisieren.

Bei den Ermittlungen ist das **Geheimhaltungserfordernis** hinsichtlich der geplanten Durchsuchungsaktion(en) besonders zu beachten.

Grundsätzlich sollten alle einsatzrelevanten **Erkenntnisse** so **aufbereitet** werden, daß die Einsatzkräfte, die in der Regel die Einzelheiten des Ermittlungsverfahrens nicht kennen, ihre Funktionen zielgerichtet und umfassend wahrnehmen können (Aufnahme in den Einsatzbefehl, gesonderter Verdachtsindex, Lagepläne, Personagramme, konkrete Verhaltensanweisungen).

Bei der Festlegung des **Durchsuchungszeitpunktes** ist ein möglichst günstiges Verhältnis zwischen
- Tatzeitnähe (Spuren, Tatkleidung)
- Erkenntis- und Beweislage
- Erfolgswahrscheinlichkeit
- Kräfte- und Einsatzmittellage
- Geheimhaltungsmöglichkeiten und Überraschungseffekt (verdeckte, dislozierte Bereitstellung der Einsatzkräfte, überraschende Einnahme der Absperrung, Besetzung von Ein- und Ausgängen, Versorgungseinrichtungen, Kommunikationsmöglichkeiten, -mittel etc.)
- Wetter, Sichtverhältnisse
- Eindringmöglichkeiten
- Möglichkeit der Einbeziehung aller bekanntgewordenen relevanten Objekte und Personen

herzustellen.

Es ist zu gewährleisten, daß alle offenen Maßnahmen (Absperrung, Eindringen, Durchsuchungsbeginn) zeitgleich beginnen und eine **Kommunikation der Betroffenen** – sowohl zwischen den Zielobjekten als auch mit noch nicht erkannten Objekten und Personen – unterbunden wird. Dies gilt in besonderem Maße, wenn mehrere Objekte aus einem Ermittlungsanlaß durchsucht werden.

Bei der Berechnung des Kräftebedarfs und der Gliederung der Kräfte ist zu berücksichtigen, daß
- Absperr-
- Sicherungs-
- Durchsuchungsaufträge

ausdrücklich bestimmten Beamten verantwortlich zugewiesen werden müssen. Eine Vermischung der **Funktionen** ist grundsätzlich mit Sicherheitsrisiken verbunden; der Durchsuchungserfolg kann durch unklare Auftragslage erheblich gefährdet werden.

63 Weiterin kann es erforderlich werden, **zusätzlich**
— Festnahme-/Transportkräfte
— eine Gefangenen- und Asservatenstelle
— eine Vernehmungsstelle
— Beweissicherungs- und Dokumentationskräfte
— Erkennungsdienst und Kriminaltechniker
sowie sonstige Spezialisten wie z. B.
— Schlüsseldienste
— EDV-Fachkräfte (Computerdienst) bei der Sicherstellung von EDV-Anlagen, elektronischen Kommunikationsmitteln, Datenträgern etc.
— Spezialeinsatzkommando bei entsprechender Gefährdungslage
— Taucher, Diensthunde, Polizeihubschrauber pp.
— Rauschgiftermittlungsbeamte, Jugendsachbearbeiter
— Verbindungsbeamte der Bahnpolizei, Zoll- und Steuerfahndung, MP, CID, OSI
heranzuziehen.

Es kann erforderlich sein, die Durchsuchungsaktion durch aufwendige Aufklärungs-, Observations- und Maßnahmen nach § 100 a StPO zur weiteren Erkenntnisgewinnung (Reaktionen im Milieu, unerkannter Mittäter, Absetz- und Verdunkelungsaktivitäten etc.) und der Sicherung des Einsatzes (frühzeitiges Erkennen von Stör- und Gefährdungsmomenten) zu begleiten. Dies bedingt einen erheblichen zusätzlichen Kräfteaufwand.

64 Grundsätzlich ist bei der Kräfteberechnung zu berücksichtigen, daß während der Durchsuchung weitere Objekte und Tatverdächtige erkannt werden und sofortige weitere Maßnahmen erforderlich werden können. Eine entsprechende **Reserve** sollte für diese Anschlußmaßnahmen vorgehalten werden.

II. Einweisung der Kräfte

65 Die Einweisung der Einsatzkräfte sollte aus **Geheimhaltungsgründen** so spät wie möglich erfolgen. In besonderen Fällen kann es erforderlich werden, den Anlaß bis zur Einweisung völlig geheim zu halten bzw. eine entsprechende Legende zu verwenden.

66 Dies bedeutet, daß die Einweisung gut vorbereitet wird, eine umfassende, klare **Lagedarstellung** und **Auftragsverteilung/-zuweisung** enthält und daß den Einsatzkräften entsprechende Unterlagen (Lagepläne, Bilder, Skizzen, Beschreibungen, Verdachtskalender, Personagramme, Funkskizzen) sowie vorbereitete Einsatz- und Arbeitsmittel zur Verfügung gestellt werden. Insbesondere sind klare Anweisungen zu geben hinsichtlich
— der Taktik der verdeckten Bereitstellung und der schlagartigen, zeitgleichen Absperrung, des Beginns der Durchsuchung etc.
— eines möglichen vorzeitigen Notzugriffs

- der sofortigen Unterbindung der Kommunikation zwischen den Betroffenen
- der sicherzustellenden Beweismittel, Spuren etc.
- des taktisch richtigen Verhaltens gegenüber den festzunehmenden und sonst angetroffenen Personen
- der Verhinderung von Verdunkelungs- und Fluchtversuchen
- der Eigensicherung
- der verdeckten Kommunikation zwischen den Einsatzkräften
- der Behandlung der Asservate und Verbringung der Festzunehmenden
- des Verhaltens bei Störversuchen.

III. Einsatz

1. Objektdurchsuchung

Die Absperr- und Durchsuchungskräfte sind **verdeckt**, gegebenenfalls aus verschiedenen Bereitstellungsräumen und auf verschiedenen Anmarschwegen, so **heranzuführen**, daß die beabsichtigte Maßnahme nicht erkannt werden kann.

Folgende taktische Aspekte müssen berücksichtigt werden:

- Bis zum Beginn der Durchsuchungsmaßnahme sollte weitgehend **Funkstille** herrschen, sofern keine Verschleierung vorgenommen werden kann. Anderenfalls sollten Codierungen Verwendung finden. Zum Durchsuchungsbeginn sollten bei mehreren Objekten alle Abschnitte die Einnahme der vorgesehenen Positionen bestätigen.
- Durch die **äußere Absperrung** soll der Durchsuchungsraum insgesamt einschließend unter Kontrolle gebracht werden. Sie sollte möglichst verdeckt und gedeckt erfolgen. Notwendige offene Absperrmaßnahmen können durchgeführt werden, wenn alle Ein- und Ausgänge, Durchlässe (bzw. im freien Gelände die einzelnen Geländeabschnitte) unter Kontrolle und das sofortige Eindringen gewährleistet sind.
- Die **innere Absperrung** unterbindet unkontrollierte Bewegungen, Verdunkelungs-, Stör-, Sabotage- oder Gegenwehrmaßnahmen im Objekt und besetzt hierzu Flure, Verbindungstüren, Treppenaufgänge, Aufzüge, benachbarte Geschosse, alle Ver- und Entsorgungseinrichtungen (Sicherungskasten, Telefon-, Müllschacht-, Haussprechanlagen etc.).
- Das **Eindringen** in den zu durchsuchenden Objektbereich hat ohne vermeidbaren Zeitverlust schlagartig zu erfolgen. Dies kann durch eine List, aber erforderlichenfalls auch gewaltsam erfolgen. Gegebenenfalls ist frühzeitig ein Schlüsseldienst heranzuziehen. Bei Fällen mit erheblicher Gefährdungswahrscheinlichkeit sollten Spezialeinsatzkommandos die Eindring- und Zugriffsmaßnahmen durchführen.

Folgende Grundsätze sind regelmäßig zu beachten:
- Auf **Hinhaltetaktiken** sollte nicht eingegangen werden. Der Durchsuchungsbereich ist schnell unter Kontrolle zu bringen.
- **Verdächtige** sind sofort auf Waffen und Beweismittel zu durchsuchen. Ihr Verhalten ist ständig zu beobachten, um frühzeitig

○ Gefahrensituationen
○ Verdunkelungsversuche
○ verräterische psychosomatische Reaktionen
feststellen zu können.
– Entsprechende Überprüfungen, Identifizierungen sind sofort einzuleiten.

74 – **Nichtverdächtige,** die aus rechtlichen Gründen nicht durchsucht werden, sind besonders sorgfältig zu beobachten.

75 – **Gespräche** sollten sich auf notwendige Formalien wie Eröffnung des Durchsuchungszwecks, Frage der Hinzuziehung eines Nachbarn als Zeugen pp. beschränken. Eine entsprechende Entspannung ist hierbei anlaßbezogen anzustreben. Gleichfalls ist zu prüfen, ob eine frühzeitige Belehrung als Beschuldigter angebracht ist, um Überraschungseffekte bei Auffinden von Beweismitteln nutzen zu können (sollte jedoch von der ermittlungsführenden Dienststelle konkret vorgegeben werden).

76 – Bei einer **freiwilligen Herausgabe** von Beweismitteln ist kritisch zu prüfen, ob der Durchsuchungszweck erfüllt ist, insbesondere ob sich nicht Anzeichen auf weitere Verdachtsmomente/Beweismittel ergeben haben.

77 – Eine aktive „**Mitwirkung**" von Verdächtigen, Wohnungsinhabern und Zeugen an Durchsuchungshandlungen ist zu unterbinden.

– Die Anwesenheit von Betroffenen und Personen des Vertrauens ist auf das Notwendige zu beschränken. Störungen von Amtshandlungen sind konsequent zu unterbinden, ggf. unter Anwendung des § 164 StPO (Störungen von Amtshandlungen).

78 – Während der Durchsuchung sind strikt die arbeitsteilig **zugewiesenen Aufgaben** wahrzunehmen. Jede Abweichung geht zu Lasten der Gründlichkeit.

79 – Die Durchsuchung des Objektes, des Geländes hat streng **systematisch** zu erfolgen.
Ist eine zeitgleiche Durchsuchung aller Bereiche nicht möglich, sollen
○ Gebäude von oben nach unten, von Stockwerk zu Stockwerk, von Raum zu Raum
○ Räume im Uhrzeigersinn
○ große Räume und Gelände sektorenweise
○ Wasserfahrzeuge und in der Minusebene liegende Gebäudeteile von unten nach oben
durchsucht werden.
Es empfiehlt sich je nach Anlaß, die einzelnen Objekte mit Ordnungsnummern zu versehen, die einzelnen Räume im Objekt (Wohnung, Gewerbebetrieb etc.) und die in den jeweiligen Räumen befindlichen Schränke, Schreibtische, Kommoden etc. ebenfalls nach einem einheitlich festgelegten System durchzunumerieren und bereits in der Vorbereitung entsprechende Pläne zu erstellen bzw. während der Durchsuchung durch Handskizze zu dokumentieren. Nach der gleichen Systematik können dann einzelne Teilbehältnisse und Gegenstände erfaßt werden.

3.2.1.4 li. 5

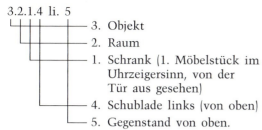

3. Objekt
2. Raum
1. Schrank (1. Möbelstück im Uhrzeigersinn, von der Tür aus gesehen)
4. Schublade links (von oben)
5. Gegenstand von oben.

- Diese Systematik sollte auch bei der **Kennzeichnung der Asservate** benutzt werden, um eine eindeutige Identifizierung/Beweisführung zu gewährleisten. Die präzise Dokumentation der Auffindesituation kann große Bedeutung gewinnen, insbesondere wenn bei mehreren Tatverdächtigen (z. B. Wohngemeinschaft) differenzierte Zugangs-/Benutzungsverhältnisse bestehen. 80

- Ist gleichzeitig eine **Spurensicherung** erforderlich, sind erkennungs- und kriminaltechnische Maßnahmen wie bei der (sonstigen) Tatortarbeit durchzuführen (z. B. Sicherung von Fingerabdrücken, Werkzeug, Materialspuren). 81

- Grundsätzlich sollte die Durchsuchung auch fotografisch gesichert werden, um
  ○ ggf. nachträglich relevant werdende Fragestellungen beantworten zu können
  ○ Situationsspuren zu fixieren
  ○ ungerechtfertigte Vorwürfe (Beschädigungen etc.) zurückweisen zu können.

- Bei Sicherungs- und Sicherstellungsmaßnahmen, die besondere Fachkunde voraussetzen, sind frühzeitig entsprechende Spezialisten (EDV-Spezialisten, Sprengtechniker, Waffenexperten, Wirtschaftsprüfer etc.) heranzuziehen.

- Dem Einfallsreichtum der Täter bei dem Ersinnen von **Versteck- und Tarnmöglichkeiten** sind keine Grenzen gesetzt. Es ist daher notwendig, die entsprechende Kasuistik zu studieren, zu vervollständigen und den Einsatzkräften anlaßbezogen zu vermitteln. 82

- Ergeben sich während der Durchsuchung Hinweise auf **weitere Objekte**, Beweismittel, Fahrzeuge etc., sind diese Erkenntnisse sofort in entsprechende Maßnahmen umzusetzen. 83

2. Personendurchsuchung

Die Durchsuchung von Personen dient sowohl der Eigensicherung (Waffen) als auch dem Auffinden von Beweismitteln und Spuren (Verletzungen etc.). 84

Entsprechend dem **Anlaß** kommen in Betracht
- Abtasten der Oberbekleidung
- Überprüfung der Tascheninhalte

– Ablage und systematische Durchsuchung bzw. Sicherstellung der Kleidung.

85 Zuerst sollte nach Waffen und sonstigen gefährlichen Gegenständen gesucht, anschließend die Person **systematisch** vom Kopf bis zu den Füßen durchsucht werden. Abschließend sollten die von der Person mitgeführten Gegenstände (Koffer, Taschen, Fahrzeuge etc.) einer systematischen Durchsuchung unterzogen werden.

86 Für die Durchsuchung von Frauen und Kindern sollten **weibliche Durchsuchungskräfte** bereitgehalten bzw. herangezogen werden.

IV. Durchsuchungsbericht

87 In dem Durchsuchungsbericht sollten folgende **Angaben** enthalten sein:
1. Durchführende Polizeidienststelle
2. Name, Dienstgrad des anordnenden Beamten, Bezeichnung des anordnenden Gerichts, der Staatsanwaltschaft, Bezeichnung der Straftat und des Beschuldigten
3. Betroffene Objekte und Personen
   – Bezeichnung des Objektes/der Objektteile/des Geländes, ggf. Objekt-Nr. gem. Einsatzbefehl
   – Namentliche Aufführung der eingesetzten Kräfte, geordnet nach Funktionen
   – Angaben zu den im Durchsuchungsraum Betroffenen, Zeugen etc. und den bei ihnen getroffenen Feststellungen (hier können sich aus taktischen Gründen gesonderte Vermerke/Berichte anbieten).
4. Dauer der Durchsuchung (Beginn/Ende)
5. Verlaufsbericht (auch Störungs-, Verdunkelungsversuche, Zwangsmaßnahmen, Beschädigungen mit Begründung)
6. Ergebnisse:
   – Genaue Bezeichnung/Beschreibung der sichergestellten/beschlagnahmten Gegenstände, festgestellte Besitzverhältnisse (Wer hat was in welchem Zustand vorgefunden? Welche Einlassungen/Behauptungen wurden durch die Betroffenen vorgebracht?). Die genaue Darstellung kann wesentlich erleichtert werden, wenn die in Rdnr. 79, 80 vorgeschlagene Systematik angewandt und entsprechende Skizzen/Lagepläne erstellt werden. Gefertigte Fotografien sind beizufügen.
   – Ggf. Bericht über die Spurensicherung
   – Sonstige Feststellungen: weitere festgestellte Objekte, Tatverdächtige pp.
7. Verbleib der Festgenommenen und der Asservate.

F. Sicherstellung und Beschlagnahme

88 Aus dem Zweck der Maßnahme heraus ist es erforderlich, die sichergestellten oder beschlagnahmten Gegenstände bzw. die erlangten Beweismit-

tel in dem **vorgefundenen Zustand** zu belassen, sie dürfen weder beschädigt noch verletzt werden.

Besonders wichtig ist es, bereits bei der Sicherstellung/Beschlagnahme zu prüfen, ob der Gegenstand als Spur bzw. Spurenträger einer **kriminaltechnischen Untersuchung** zu unterziehen ist. 89

Die Art des Gegenstandes und das Ziel der Maßnahme können es erforderlich machen, frühzeitig **Spezialisten** heranzuziehen, so z. B. 90

– bei gleichzeitigen Spurensicherungsmaßnahmen den Erkennungsdienst
– bei Datenträgern in der automatisierten Informationsverarbeitung besonders ausgebildete Beamte (z. B. Computerdienst)
– bei umfangreichen Geschäftsunterlagen Bedienstete der Wirtschaftskriminalistischen Prüfstelle oder besonders ausgebildete Betrugssachbearbeiter.

Bei der Beschlagnahme von **Aufzeichnungen** (Akten, Papiere, Notizen) ist die Relevanz für das Verfahren oft schon bei einer groben Durchsicht festzustellen. Es ist ratsam, die Zustimmung des Betroffenen zu dieser Durchsicht einzuholen, um die vorherige Vorlage der oft sehr umfangreichen Unterlagen bei der Staatsanwaltschaft zur Durchsicht (§ 110 StPO) entbehrlich zu machen. Die vom Staatsanwalt entsprechend als verfahrensrelevant bezeichneten Unterlagen können dann von den Ermittlungsbeamten der Polizei ausgewertet werden. 91

Es ist zu beachten, daß auch vorerst nebensächliche Unterlagen und Notizen wichtige Aufschlüsse über weitere Sachverhalte, Mittäter, Objekte, Verwahrorte etc. geben können.

Die **Auffindesituation** und die Umstände sind gegebenenfalls genau zu dokumentieren (unter Umständen auch zu fotografieren). 92

Die Gegenstände sind entsprechend zu verpacken und so zu kennzeichnen und aufzubewahren, daß eine Verwechslung ausgeschlossen ist. Hierzu erhält die **Verpackung** eine Beschriftung oder der Gegenstand einen Anhänger, der 93

– Auffindeort (ggf. in der bei der Durchsuchung vorgeschlagenen Systematik)
– Personalien des letzten Besitzers
– Ort und Daten der Beschlagnahme/Sicherstellung
– Name des Sachbearbeiters und Bezeichnung der Dienststelle sowie Bezeichnung des Vorganges (Verfahrensangaben, Tagebuchnummer/Zentralkarteinummer etc.)

enthält.

Nach Beendigung der Maßnahme ist eine **Niederschrift** zu fertigen, die neben den oben aufgeführten Angaben alle in dem durchsuchten Raum aufgefundenen bzw. bei dem Besitzer beschlagnahmten Gegenstände aufführt, soweit der Durchsuchungsbericht selbst (s. Rdnr. 87) für eine Herausgabe nicht geeignet ist. Der Letztbesitzer erhält eine Ausfertigung. 94

G. Einziehung und Verfall

I. Strategische Aspekte

95 Im Bereich der Strafverfolgung werden neben den Zielen,
- Straftäter zu ermitteln und abzuurteilen und
- Diebesgut oder illegale Handelswaren zu beschlagnahmen,

intensiv Lösungsansätze zur
- **Abschöpfung illegaler Vermögensgewinne**

diskutiert/gesucht, um wirkungsvoll besonders sozialschädliche Kriminalitätsformen wie Organisierte Kriminalität, illegalen Rauschgifthandel und -schmuggel, Eigentums- und Wirtschaftskriminalität sowie Umweltkriminalität auf der Ebene des Motivs – Erlangung hoher Gewinne – direkt zu treffen, den hohen Tatanreiz abzubauen, den Auf- und Ausbau illegaler Organisationsstrukturen und Investitionen in weitere kriminelle Großvorhaben zu verhindern.

96 Während in den genannten Deliktsbereichen Milliardengewinne angenommen werden (Schätzungen gehen zum Teil von 10 % des Bruttosozialproduktes aus), hat sich das zur Verfügung stehende **Instrumentarium** als nahezu wirkungslos erwiesen[11]. So stehen den immensen Gewinnen nach Auswertung der bundesdeutschen Strafverfolgungsstatistik 1975 bei insgesamt ca. 700 000 Verurteilungen ganze 92 Verfallsanordnungen, 1979 bei ca. 790 000 Verurteilungen ganze 110 Verfallsanordnungen[12] und 1984 bei knapp 1 Million Verurteilungen nur 133 Verfallsanordnungen gegenüber.

Offensichtlich sind die gesetzlichen Regelungen in ihren vielgestaltigen Bezügen untereinander und den korrespondierenden Bestimmungen wie kumulative Geldstrafe (§ 41 StGB), Strafzumessung (§ 46 Abs. 2 Satz 2 StGB) und der Geldauflagen (§ 56 b Abs. 2 Nr. 2 StGB) zwar lückenlos, aber in der Praxis zu unübersichtlich und kompliziert und zudem mit schwierigen zivilrechtlichen Fragen verknüpft. Weiterhin sind die in den §§ 73, 74 StGB und § 111 b StPO erhobenen Beweisanforderungen zu hoch. Insbesondere in den eben genannten Deliktsbereichen kann davon ausgegangen werden, daß Organisatoren, Finanziers, die besonders gefährlichen Großdealer die rechtlichen Schwachpunkte bereits in der Planung der Verwertung illegaler Gewinne berücksichtigen und den geforderten Nachweis des direkten Zusammenhanges mit einer Straftat gezielt unterlaufen.

97 Es sind **Lösungen** zu finden, die vorhandenen Gesetzesregelungen besser zu nutzen, Anregungen zur Vereinfachung geltenden Rechts zu geben und nach eingehender Prüfung in geeigneten begrenzbaren Bereichen (BtMG etc.) praktikable und vom Aufwand vertretbare Lösungen zu finden, die so in die Ermittlungskonzeptionen eingebunden sein müssen, daß keine zusätzlichen Handlungsdefizite in der Strafverfolgung selbst entstehen.

---

[11] Ausführlich zu diesem Problemkreis *Poerting/Störze/Seitz* 1987 S. 287–348; *Bundeskriminalamt* 1987; *Meyer/Dessecker/Smettan* 1989.

[12] Zahlenangaben nach *Güntert*, Gewinnabschöpfung als strafrechtliche Sanktion, 1983 S. 85.

Auf die Ein- bzw. Durchführung einer effektiven Gewinnabschöpfung zielt eine Reihe **ausländischer** und **internationaler Bemühungen**.

– Bereits auf der 48. Sitzung der Generalversammlung von Interpol im Jahre 1970 wurde eine Resolution zur Abschöpfung von Verbrechensgewinnen angenommen.

– Das italienische Anti-Mafia-Gesetz von 1982 regelt eine sehr weitgehende Nachweisverpflichtung über die Rechtmäßigkeit des Erwerbs fraglicher Vermögenswerte.

– Der Europarat hat im September 1986 anläßlich der siebten Ministerkonferenz der Konfiszierung von Gewinnen aus dem Drogenhandel besondere Bedeutung beigemessen.

– Ein 1984 in den USA verabschiedetes Gesetz reglementiert die Übertragung von Vermögenswerten auf Dritte und ermöglicht die Verfallsanordnung bereits, wenn nachgewiesen werden kann, daß das Vermögen während der Zeit der Tätigkeit im Drogenhandel erworben wurde und keine andere Einnahmequelle nachgewiesen wird[13].

– In Frankreich bestehen seit 1986 Bestimmungen, die die Einziehung aller Wertgegenstände, die zur Begehung von Rauschgiftstraftaten dienen bzw. daraus stammen, ermöglichen.

In Anlehnung an diese Bemühungen hat die **Kommission „Rauschgift"** der Arbeitsgemeinschaft der Leiter der Landeskriminalämter mit dem Bundeskriminalamt im August 1986 ein **„Konzept zur Aufspürung von Vermögensvorteilen aus illegalen Rauschgiftgeschäften"** vorgelegt. Das Konzept regt folgende rechtspolitischen Initiativen an:

– Verpflichtung des Täters zur Offenlegung der Herkunft seines Vermögens, ansonsten wird die Herkunft des Vermögens aus der konkreten Straftat vermutet

– Hilfsweise Einführung einer solchen Herkunftsvermutung bei Straftaten nach §§ 29, 30 BtMG

– Zumindest Einführung der Herkunftsvermutung bei Straftaten nach §§ 29 Abs. 3 und 30 BtMG

– Pönalisierung der „Geldwäsche".

Nach einem ersten Gesetzentwurf der Koalitionsfraktionen zur Abschöpfung der Gewinne aus illegalem Rauschgifthandel, der eine entsprechende ausgeweitete Einziehungs- und Verfallsregelung in § 33 BtMG vorsah, wird zur Zeit die Einführung einer Vermögensstrafe und eines erweiterten Verfalls, die in das Strafgesetzbuch als §§ 43 a und 73 d eingefügt werden sollen, diskutiert.

II. Maßnahmen im Polizeibereich

Als **konkrete exekutive Maßnahmen** sind zum Abbau der aufgezeigten Vollzugs- und Handlungsdefizite

---

13 S. auch *Boge* 1987.

- das frühestmögliche Beachten und Aufklären der finanziellen Aspekte der Tat
- die Dokumentation der Ermittlungen zum finanziellen Hintergrund
- die Beteiligung erfahrener und speziell ausgebildeter Beamter an den Ermittlungen

anzustreben.

102 Das Konzept (s. Rdnr. 99) sieht folgende allgemein **informationsgewinnende Maßnahmen** im Bereich der Bekämpfung der Rauschgiftkriminalität vor:

103 — Intensivierung des **Nachrichtenaustausches** auf diesem Gebiet durch
  ○ Ausdehnung der Meldeverpflichtungen im Rahmen des Nachrichtenaustausches bei Rauschgiftdelikten (PDV 386.1 Nr. 3) auf
  ○ ○ Anhaltspunkte für Rauschgiftgewinne größeren Umfangs wie Sicherstellung von auffälligen Geldbeträgen bei Betäubungsmitteltätern
  ○ ○ Anzeichen von Rauschgiftfinanzierungen und „Waschen" von Rauschgiftgewinnen
  ○ Erweiterung des Inhaltes der Rauschgift-Sofortmeldung auf finanzielle Aspekte des Betäubungsmitteldelikts
  ○ Ausweitung des Erfahrungsaustausches um neue Finanzierungs-, Geldtransfer-, Geldwaschmethoden und Arten der Gewinnverwendung,

um frühzeitig Ermittlungsansätze auch in dieser Richtung erarbeiten zu können

104 — **Auswertung** aller zur Verfügung stehenden Erkenntnisquellen wie Erfahrungsberichte, Berichte ausländischer und internationaler Gremien und Arbeitsgruppen, Presseberichte und Sammlung spezieller Erkenntnisse auf den Gebieten Bankrecht, Bankwesen, Handels- und Gesellschaftsrecht, Steuer-, Zoll- und Devisenrecht sowie Aufbau einer entsprechenden Informationssammlung

105 — Intensivierung der **Zusammenarbeit** der Polizei mit BGS, Zoll- und Steuerfahndung auf nationaler Ebene durch Beschleunigung des Informationsflusses, Abordnung von Beamten, Bildung gemeinsamer Ermittlungsgruppen und Erfahrungsaustausch der Polizei auf internationaler Ebene durch Austausch von Verbindungsbeamten und Erfahrungsaustausch in internationalen Gremien und Gruppen

— Entwicklung geeigneter Formen der **Kontaktaufnahme**/Zusammenarbeit mit nichtpolizeilichen Behörden (Gewerbeaufsicht, Geldinstituten, Bundesamt für gewerbliche Wirtschaft etc.).

106 Weiterhin soll im Rahmen der **Aus- und Fortbildung** der Darstellung der rechtlichen Möglichkeiten von Einziehung und Verfall mehr Bedeutung beigemessen und ein Speziallehrgang „Rauschgiftgewinnabschöpfung" entwickelt werden, der — auf den Inhalt des ersten Teils des Speziallehrgangs „Wirtschaftsdelikte" aufbauend — Beamte in die Lage versetzt, auch schwierige finanzielle Transaktionen, Verschleierungsmethoden und Gewinnanlagestrategien nachzuvollziehen.

H. Überwachung des Fernmeldeverkehrs

I. Bedeutung und künftige Probleme

Der Überwachung des Fernmeldeverkehrs kommt gerade bei der Bekämpfung schwerster Formen der Kriminalität große **Bedeutung** zu, da sie oft die einzige Möglichkeit bietet, in abgeschottete konspirative Bereiche einzudringen.

Die Post wird in den kommenden Jahren ein leistungsfähiges und vielseitiges öffentliches **Telekommunikationsnetz ISDN** (Integrated Services Digital Network) bereitstellen. Dieses Netz mit integrierten Kommunikationsdiensten bietet durch Digitalisierung neben einer hohen Qualität der Sprachübermittlung und hoher Übertragungsgeschwindigkeit auch vielseitige Übermittlungsmöglichkeiten von Text, Bild und sonstigen Daten. Es steht zu befürchten, daß gerade professionelle Täter diese technischen Kommunikationsmittel sowohl logistisch als auch als Tatmittel selbst effektiv nutzen werden. Die Strafverfolgungsbehörden werden erhebliche Anstrengungen unternehmen müssen, um mit der technischen Entwicklung Schritt halten zu können.

II. Einzelne taktische Aspekte

Kommen bei Ermittlungen Maßnahmen nach § 100a StPO in Betracht, ist frühzeitig mit der Bundespost und den berührten Dienststellen Kontakt aufzunehmen, um einen zeitgerechten Einsatz zu gewährleisten.

Bei der Planung, Anregung und Beantragung der richterlichen Anordnung sollte frühzeitig geprüft und festgelegt werden, welche konkreten **Ziele** mit der Maßnahme erreicht werden sollen:

– Beobachtung eines Teilnehmeranschlusses (§ 12 FAG) zur Feststellung ankommender Verbindungen auf Antrag oder mit Zustimmung des Anschlußinhabers. Hier sind die technischen Grenzen besonders zu berücksichtigen. Diese Maßnahme verspricht in der Regel nur Erfolg, wenn das Opfer in Fällen der Nötigung, Erpressung oder des erpresserischen Menschenraubes etc. bereit ist mitzuwirken und entsprechend Handlungsanweisungen befolgt.

– Feststellung und Dokumentation aller Teilnehmeranschlüsse (§ 12 FAG), die von dem überwachten Anschluß angewählt werden.

– Überwachung des Gesprächsinhaltes (§§ 100a, 100b StPO) ein- und ausgehender Gespräche. Hier ist eine personalintensive Auswertung und Dokumentation der Gesprächsinhalte durch Hilfsbeamte der Staatsanwaltschaft erforderlich.

Daneben sind die **operativen und taktischen Parallelmaßnahmen** zu treffen. Während bei den Zielrichtungen Beweissicherung und Überführung oft eine effiziente Zeitplanung der Auswertungsmaßnahmen möglich ist, ist bei der Zielrichtung Gewinnung von Erkenntnissen für operative Einsätze und zur Fahndung oft ein ständiges Bereithalten entsprechender Einsatzkräfte erforderlich (Rufbereitschaften, Bereitstellung etc.). Je nach

8 111–118 Taktische Aspekte bei strafprozessualen Zwangsmaßnahmen

Anlaß können bei allen drei Überwachungsvarianten umfangreiche, kräfteintensive und zum Teil überregionale Parallel- und Nachfolgemaßnahmen im Bereich der Ermittlung, Observation und Fahndung erforderlich werden. Auch kann es zu einer erheblichen Ausweitung des Ermittlungsgegenstandes selbst kommen.

112   Eine schnelle und sichere **Kommunikation** zwischen Auswertungsstelle, Post, Einsatzleitung und -kräften ist eine unabdingbare Voraussetzung für den Erfolg.

113   Es muß damit gerechnet werden, daß **Straftäter** sich auf diese Maßnahmen einstellen, technische **Vorkehrungen** treffen, Codes oder Fremdsprachen verwenden und die Möglichkeiten der elektronischen Datenübertragung vermehrt nutzen.

114   Es empfiehlt sich, im gegebenen Fall auch frühzeitig die zuständige „**Beratergruppe für Fälle schwerster Gewaltkriminalität**" heranzuziehen und insbesondere auch deren technische Beratung zu nutzen. Auch kann es erforderlich werden, auf **EDV-Spezialisten** zurückzugreifen, um Probleme, die mit möglicher elektronischer Datenfernübertragung eintreten, lösen zu können.

115   Für die Auswertung der Gesprächsinhalte, für zielgerichtete Ermittlungsmaßnahmen und die Einbringung in die Hauptverhandlung nach § 86 StPO ist es erforderlich, eine **Übersicht** über die Gespräche in Form eines Verzeichnisses zu erstellen, um die für das Verfahren relevanten Gespräche gezielt auf dem Tonträger heraussuchen zu können. Die Aufzeichnungen sind **ohne** Schnitte, Einspielungen und sonstige **Veränderungen** in das Verfahren einzubringen. Die **Niederschrift** entsprechender Passagen muß das Gespräch wortidentisch wiedergeben.

116   Um die Möglichkeiten der **elektronischen Stimmidentifizierung** voll nutzen zu können, ist eine nach dem Stand der Technik optimale Tonaufzeichnungsqualität anzustreben. Auch sollte zur Identifizierung von Gesprächsteilnehmern an die Möglichkeit **linguistischer Analysen** gedacht werden.

117   Da hier auf besondere taktische und technische Einzelheiten aus verständlichen Gründen nicht eingegangen werden kann, sei auf die PDV 131 (Entführungen) Nr. 3.18, 3.19, 4.6, 5.1, 7.2, 7.2.1 und die entsprechenden Anlagen sowie auf die PDV 132 (Geiselnahmen) Nr. 3.16, 3.20, 3.23, 6.2, 8.5.1, 8.10 **verwiesen**.

J. Vorläufige Entziehung der Fahrerlaubnis

I. Allgemeine Kriminalität

118   Mit der enormen Zunahme insbesondere des motorisierten Individualverkehrs, der Öffnung der Grenzen in Europa, der stetigen Zunahme des Urlaubsreiseverkehrs hat das **Kraftfahrzeug** eine herausragende **Bedeutung** auch

– für die freie, schwer kontrollierbare Mobilität von Straftätern
– als Tatmittel, z. B. bei der Fingierung von Unfällen, als Transport- und Fluchtmittel bei Einbrüchen und Raubüberfällen, Betäubungsmittel-Schmuggelfahrten oder als Mittel zur zwangsweisen Verbringung etwa eines Vergewaltigungs- oder Entführungsopfers
– als Tatobjekt (im Jahre 1987 wurden allein 74 109 Kfz gestohlen – 5,5 % mehr als im Vorjahr – und 776 140 Diebstähle aus Kfz begangen – + 10,7 % –)

gewonnen.

Kriminalistisch-kriminologisch interessant ist die in einer Reihe von Untersuchungen übereinstimmend gewonnene Erkenntnis, daß einerseits wiederholt verkehrsauffällige Kraftfahrer besonders häufig wegen allgemeiner Kriminalität vorbestraft waren und daß andererseits wegen allgemeiner (nicht verkehrsrechtlicher) Kriminalität Vorbestrafte auch im Straßenverkehr vermehrt delinquieren. Dabei verstärkt sich die Beziehung zwischen **Verkehrsauffälligkeit und allgemeiner Kriminalität** mit wachsender Vorstrafenbelastung[14].

Es ist daher angezeigt, über die Möglichkeiten der **Entziehung der Fahrerlaubnis** bei straßenverkehrsspezifischer Delinquenz nach § 69 Abs. 2 StGB hinaus das rechtliche Instrumentarium auch **bei nicht straßenverkehrsspezifischen rechtswidrigen Taten** im Zusammenhang mit dem Führen eines Kraftfahrzeuges auszuschöpfen, da sich die Ungeeignetheit zum Führen eines Kraftfahrzeugs insgesamt selten aus körperlichen und geistigen Mängeln, häufiger aus charakterlichen Mängeln herleitet. Diese können sich auch in der Benutzung des Kraftfahrzeugs zu erheblichen sonstigen Straftaten zeigen.

So wurde am 18. 7. 1984 ein 28jähriger Syrer durch das **Landgericht Darmstadt** wegen Heroinhandels nicht nur zu vier Jahren Freiheitsstrafe verurteilt, sondern ihm wurde mit der Begründung, er habe zum Handeltreiben seinen Pkw benutzt und sich (durch die Tat) als charakterlich ungeeignet zum Führen eines Kraftfahrzeuges erwiesen, auch die Fahrerlaubnis gemäß § 69 Abs. 1 StGB entzogen und eine Sperrfrist von einem Jahr verhängt (18 Js 6.999/84 – 14 Kls). Der Verurteilte selbst war nicht Konsument.

In einer weiteren Entscheidung (20 Js 1470/86 – 5 Kls – (Js)) hat das Landgericht Limburg bei einem 27jährigen Deutschen festgestellt:

„Der Angeklagte hat zur Durchführung der Einkaufsfahrten (Anm. des Verf.: Kokain, Heroin) seinen Pkw benutzt. Er hat sich dadurch als ungeeignet erwiesen. Ihm war deshalb die Fahrerlaubnis zu entziehen und eine Sperrfrist für die Neuerteilung zu verhängen. Angesichts der Schwere der Verfehlung des Angeklagten hielt die Strafkammer eine Sperrfrist von zwei Jahren für angemessen (§§ 69, 69 a StGB)."

Es sollte daher in der **Praxis** vermehrt geprüft werden, ob bei der Benutzung des Kfz zu erheblichen Straftaten auch die Entziehung der Fahrerlaub-

---

14 *Göppinger* 1980 S. 684–686.

nis angestrebt werden soll, auch wenn weder Alkohol- noch Rauschgift- oder Medikamentenabusus vorliegt.

123 Zur Vorbereitung der richterlichen Entscheidung ist es erforderlich, den Tatbestand auch hinsichtlich der Ungeeignetheit im Sinne des § 69 Abs. 1 besonders herauszuarbeiten und hierbei auch auf die **charakterliche Gesamthaltung** und Einstellung des Betroffenen abzustellen. Bei der Prüfung der Geeignetheit ist das Maß des Fehlverhaltens – nicht der Erfolg – entscheidend[15]. Gegebenenfalls können ein Gutachten der Medizinisch-psychologischen Untersuchungs- und Beratungsstelle der Staatlichen Technischen Überwachung eingeholt bzw. entsprechende Entscheidungen, Begründungen etc. zur Unterstützung herangezogen werden.

II. Drogenabhängigkeit

124 Das Gutachten „Krankheit und Verkehr" des gemeinsamen Beirates für Verkehrsmedizin beim Bundesminister für Verkehr und dem Bundesminister für Jugend, Familie und Gesundheit aus dem Dezember 1979 geht davon aus, daß selbst **Haschischkonsum,** der nicht in Zusammenhang mit dem Straßenverkehr steht, die Annahme berechtigter **Zweifel an der Kraftfahreignung** begründet.

Zusätzlich zu der Begutachtung sollten die Drogenabhängigkeit (Dauer, Art der Betäubungsmittel, Intensität des Konsums, bereits eingetretene soziale und auch strafrechtliche Folgen etc.) in den Vernehmungen deutlich herausgearbeitet und entsprechende Anträge angeregt werden.

III. Entziehung durch die Verwaltungsbehörde

125 Soweit einzelne landesrechtliche Bestimmungen nicht entgegenstehen, sollte in den Fällen, in denen mangels der Voraussetzungen des § 69 StGB eine Beschlagnahme des Führerscheins/Entziehung der Fahrerlaubnis nicht möglich ist, aber der begründete Verdacht der Ungeeignetheit vorliegt, eine **Mitteilung an** die zuständige **Straßenverkehrsbehörde** mit einer entsprechenden Darlegung der Gründe der Ungeeignetheit erfolgen, damit Maßnahmen nach § 15 b StVZO ergriffen werden können.

---

15 S. auch *Löwe/Rosenberg* 1986 § 111a Rdnr. 11.

SCHRIFTTUM

Altmann, Robert u. a. (Hrsg.): Handbuch für Führung und Einsatz der Polizei – Kommentar zur PDV 100 –. Stuttgart, München, Hannover 1976 ff. (Loseblattausgabe).

Boge, Heinrich: Die Dritte Dimension der Kriminalitätsbekämpfung. In: Polizei Report.

Bundeskriminalamt (Hrsg.): Macht sich Kriminalität bezahlt? Aufspüren und Abschöpfen von Verbrechensgewinnen. Arbeitstagung des Bundeskriminalamtes Wiesbaden vom 10.–13. November 1986. Wiesbaden 1987 (BKA-Vortragsreihe. Bd. 32).

dass.: Leitfaden Tatortarbeit – Spuren –. Entwurf der „Fachkommission Tatortarbeit". Wiesbaden 1988.

Fischer, Johann: Die kriminalpolizeiliche Todesermittlung. Wiesbaden 1968 (BKA-Schriftenreihe. 1968/3).

Forster, Balduin und *Dirk Ropohl:* Medizinische Kriminalistik am Tatort. Ein Leitfaden für Ärzte, Polizeibeamte und Juristen. Stuttgart 1983.

Göppinger, Hans: Kriminologie. 4. Aufl. München 1980.

Groß, Hans und *Friedrich Geerds:* Handbuch der Kriminalistik. Bd. I. Berlin 1977.

Güntert, Lothar: Gewinnabschöpfung als strafrechtliche Sanktion. Eine Untersuchung zu den Verfallsbestimmungen der §§ 73 bis 73 d des Strafgesetzbuches. Köln 1983 (Schriften zum gesamten Wirtschaftsstrafrecht. Bd. 3).

Löwe/Rosenberg: Die Strafprozeßordnung und das Gerichtsverfassungsgesetz. Großkommentar. 24. Aufl. Bd. 1. Berlin, New York 1988.

Meyer, Jürgen, Axel Dessecker und *Jürgen Rüdiger Smettan* (Hrsg.): Gewinnabschöpfung bei Betäubungsmitteldelikten. Rechtsvergleichende und kriminologische Untersuchung. Wiesbaden 1989 (BKA-Forschungsreihe. Sonderbd.).

Petersohn, Franz: Die Bedeutung der Obduktion für die Aufklärung der Todesursache und die Rekonstruktion des Tatgeschehens. In: Taschenbuch für Kriminalisten 16 (1966), S. 191–206.

Poerting, Peter, Hans Udo Störzer und *Norbert Seitz:* Gewinnabschöpfung und Umweltstraftaten. In: Günter Schulze und Heinrich Lotz (Hrsg.): Polizei und Umwelt. Teil 2. Wiesbaden 1987 (BKA-Schriftenreihe. Bd. 55), S. 287–348.

Retzlaff/Pausch: Polizei-Handbuch. 9. Aufl. Lübeck 1982 ff. (Loseblattausgabe).

9
Polizeiliche Information und Kommunikation

Klaus J. Timm

INHALTSÜBERSICHT

	Rdnr.
A. Entwicklung und Bedeutung	1
I. Bedeutung der Information und Kommunikation für die polizeiliche Aufgabenerfüllung	2
II. Rückblick	
III. Heutige polizeiliche Information und Kommunikation	10
IV. Kriminalpolizeilicher Meldedienst	
1. Aufbau eines zentralen kriminalpolizeilichen Meldedienstes	14
2. Sondermeldedienste und Neuordnung des kriminalpolizeilichen Meldedienstes	19
3. Perspektive des kriminalpolizeilichen Meldedienstes	21
4. Wesentliche Meldedienste des Staatsschutzes	22
B. Polizeiliche (automatisierte) Datenverarbeitung	
I. Vorbemerkungen	24
II. Beginn der Datenverarbeitung in Bund und Ländern	
1. Entwicklung auf Bundesebene	26
2. Beginn der Datenverarbeitung in den Bundesländern	37
III. Entwicklung der polizeilichen Datenverarbeitung zum gegenwärigen Stand	
1. INPOL-Fortentwicklungskonzept	47
2. Ausbaustand der Datenendgeräte	49
IV. IST-Stand INPOL Bund	
1. Rechner-Rechner-Verbund und Terminal-Rechner-Verbund	50
2. Realisierte INPOL-Bund-Anwendungen	56
V. Geplante INPOL-Bund-Anwendungen	
1. Falldatei für Straftaten von länderübergreifender Bedeutung	69
2. Zentrale Tatmittelnachweise	70
3. Nichtnumerische Sachfahndung	71

	Rdnr.
VI. INPOL-Land-Anwendungen	
1. Generelle DV-Anwendungen in den Ländern	72
2. Grobdarstellung der wesentlichen bundes- bzw. landesspezifischen Anwendungen	74
3. Datenverarbeitung zur Unterstützung bei der Personal- und Sachmittelverwaltung	86
4. Bürokommunikation	87
5. Datenverarbeitung in der Kriminaltechnik	88
6. Sonstige DV-Unterstützung bei der Polizei	89
C. Nutzung von Dateien anderer Behörden	
I. Zentrales Verkehrsinformationssystem	90
II. Ausländerzentralregister	91
III. Dateien der Einwohnermeldeämter und Kfz-Zulassungsstellen	92
IV. Bundeszentralregister	93
D. Internationale DV-Kommunikation der Polizei	
I. Sachfahndung	94
II. Personenfahndung/Fahndungsverbund	95
III. IKPO-DV-Fahndungssystem	96
E. Perspektiven	
I. Technik/Taktik	
1. Multifunktionale/„intelligente" Datenendgeräte (Arbeitsplatzcomputer, Personalcomputer)	97
2. Expertensysteme	98
3. Schwachstellen der polizeilichen Datenverarbeitung	99
II. Polizeiliche Datenverarbeitung und Datenschutz	
1. Datenschutz	100
2. Datensicherung	101

A. Entwicklung und Bedeutung

I. Bedeutung der Information und Kommunikation für die polizeiliche Aufgabenerfüllung

1 Die Beschaffung und Aufnahme von Nachrichten sowie ihre Verarbeitung und Weitergabe sind **Grundlagen polizeilicher Tätigkeit**. Ohne ausreichende Informationen (zielorientiert ausgewertete und aufbereitete Nachrichten für einen bestimmten Empfängerkreis) sind polizeiliche Ermittlungs-, Aufklärungs- und Fahndungserfolge nicht zu erwarten. Auch die Lagebewältigung z. B. bei Demonstrationen, Geiselnahmen oder größeren Schadensereignissen erfordert möglichst umfangreiche, präzise und aktuelle Informationen. Sie sind ferner Voraussetzung für kriminaltaktische, -strategische und -politische Maßnahmen.

II. Rückblick

2 Bereits Ende des 18. Jahrhunderts wurde in England mit einem **Steckbrief** im Zusammenhang mit einem spektakulären Mordfall nach dem namentlich bekannten Tatverdächtigen landesweit gefahndet. Nach Erfolgen mit dieser Methode baute John Fielding dort die erste **Verbrecher- und Verbrechenskartei** – zentral geführt auf der Grundlage einer Meldeverpflichtung der Bezirke – auf.

3 Erst etwa 100 Jahre später, 1871, verabschiedete dort das Parlament den „Prevention of Crimes Act". Darin heißt es: „Akten von sämtlichen wegen Verbrechen im Vereinigten Königreich England bestraften Personen sind dergestalt anzulegen, daß die Umstände ihrer Taten, soweit wie möglich, von Zeit zu Zeit vervollständigt werden sollten." Ferner wurde bestimmt, daß diese **Aktensammlung über Verbrecher** unter die verantwortliche Leitung des Polizeipräsidenten von London gestellt werden sollte.

4 Vidocq, der Gründer der Sûreté, legte Anfang des 19. Jahrhunderts eine **Kartei mit allen notwendigen Daten** über bekannt gewordene Verbrecher an mit Personenbeschreibungen, ihren Tarn- und Spitznamen, ihren Schlupfwinkeln und Arbeitsweisen.

5 Um Identifizierungsprobleme zu lösen, legte Bertillon ab 1883 Karteikarten an mit Fotografien und detaillierten Vermessungsergebnissen von Tatverdächtigen. Das System, **Bertillonage** genannt, setzte sich in Europa durch und war bis in das zweite Jahrzehnt des 20. Jahrhunderts bei allen größeren Polizeiorganisationen eingeführt.

6 In der 2. Hälfte des 19. Jahrhunderts erkannte der englische Regierungsbeamte in Indien William Herschel den **Fingerabdruck als Identifizierungsmittel**; am Ende des 19. Jahrhunderts gab Galton das grundlegende Werk über Fingerabdrücke heraus, in dem er die Einmaligkeit, Unveränderlichkeit und Klassifizierbarkeit der Fingerabdrücke begründet. Im Laufe der folgenden Jahre wurden Fingerabdrucksammlungen in fast allen Polizeizentralen der Welt aufgebaut. Die Bertillonage trat in den Hintergrund.

Fotografien allerdings und auch Personenbeschreibungen einschließlich der Körpergröße behielten ihre Bedeutung.

Die technische Entwicklung brachte für die Polizei neue Möglichkeiten der Kommunikation. 1845, acht Jahre nach Morses Erfindung, wurde in England mit Hilfe der **Telegrafie** erfolgreich nach einem wegen Mordes Tatverdächtigen gefahndet. 1867 konnte Scotland Yard jede Polizeistation mit Hilfe des neuen Nachrichtenmittels erreichen. Im gleichen Jahr machte das Atlantikkabel die Kommunikation zwischen Europa und Amerika möglich. 1867 wurde der Morsetelegraf allgemein bei der deutschen Polizei eingeführt und 1908 durch den Lorenz-Ferndrucker, den Vorläufer des Fernschreibers, ersetzt.

1896 bewies der Italiener Marconi, daß die Informationsweitergabe über **Funk**, also ohne Draht, möglich ist. Als erste Polizeiorganisation begann die deutsche Polizei 1919, ein Funknetz aufzubauen, das 1927 funktionsfähig war. Polizeisprechfunk mit Funkstreifenwagen wurde allerdings erst nach dem Zweiten Weltkrieg in Europa eingeführt.

Zu Beginn des 20. Jahrhunderts gab es die ersten **bildtelegrafischen Übertragungen** zwischen verschiedenen Städten Europas mit der Möglichkeit, Bilder von Tatverdächtigen, Fingerabdrücke oder sonstige Dokumente in kürzester Zeit an Polizeibehörden mit telegrafischen Leitungen zu versenden. Die Bedeutung des Bildfunks wurde zwar schon früh erkannt, jedoch erstmals genutzt vom Kriminaltechnischen Institut in Stockholm, das einen Fingerabdruck an das FBI in Washington funkte.

III. Heutige polizeiliche Information und Kommunikation

Das heutige System der polizeilichen Information und Kommunikation beinhaltet wesentliche in dem kurzen Rückblick dargestellte Komponenten, und zwar

- das **Fahndungswesen** (Personen und Sachfahndung)
- den **Erkennungsdienst** (Personenerkennungsdienst, Schußwaffenerkennungsdienst, Werkzeugspuren-/Formspurenerkennungsdienst z. B.)
- den **(kriminal)polizeilichen Meldedienst im weiteren Sinne** – einschließlich Meldungen über wichtige Ereignisse (WE-Meldungen), Gefährdungserkenntnisse, Kriminalitätsbrennpunkte usw.

Zur **Informationsübermittlung bzw. zur Kommunikation** werden die heute zur Verfügung stehenden Nachrichtenmittel in Anpassung an den jeweiligen Stand der Technik genutzt.

Die deutsche Polizei verfügt über ein weitverzweigtes, jede Polizeidienststelle erreichendes **Fernschreibsondernetz**, über das Informationen, nach Dringlichkeitsstufen bewertet, befördert werden. Neben dem postalischen Fernsprechnetz ist ein **polizeiliches Fernsprechsondernetz** aufgebaut. Es existiert ein flächendeckendes **Funknetz**, über das im wesentlichen Sprechfunkverkehr betrieben wird. Funkanlagen dienen aber auch zur Übertragung von Datenfunk und Bildtelegrafie (Telebild). In vermehrtem Umfang werden von der Post angebotene **Funktelefone** genutzt, ebenso wie **Fernkopiermöglichkeiten** (Telefax).

Timm

13 Kernstück der **polizeilichen Datenverarbeitung** ist das Informationssystem der Polizei (INPOL). Es dient der Verbrechensbekämpfung und besteht aus INPOL Bund und INPOL-Land. Wegen der besonderen Bedeutung der polizeilichen Datenverarbeitung wird dieser Komplex in Abschnitt B ausführlicher behandelt. Die Einrichtung eines **Gleichwellen-Funksystems** ermöglicht heute den unmittelbaren Funkdialog des Polizeibeamten am Einsatzort mit dem Fahndungsbestand des polizeilichen Informationssystems (INPOL).

IV. Kriminalpolizeilicher Meldedienst

1. Aufbau eines zentralen kriminalpolizeilichen Meldedienstes

14 a) Im Gesetz über die Einrichtung eines Bundeskriminalpolizeiamtes (Bundeskriminalamtes) vom 8. 3. 1951 wurde dem BKA die Aufgabe zugewiesen, alle Nachrichten und Unterlagen für die kriminalpolizeiliche Verbrechensbekämpfung und die Verfolgung strafbarer Handlungen zu sammeln und auszuwerten. Damit bestand eine Grundlage zur Wiederaufnahme der bereits vor dem Ersten Weltkrieg von *Robert Heindl* – angeregt durch die Praxis der englischen Polizei (vgl. Rdnr. 2, 3) – verfolgten Vorstellung eines **zentralen kriminalpolizeilichen Meldedienstes**, der es ermöglichen sollte, unaufgeklärte Taten bekannten Tätern zuzuordnen (Tat-Täter-Zusammenführungen) bzw. die serienweise Begehung von Straftaten zu erkennen (Tat-Tat-Zusammenführungen). Zudem sollte der Meldedienst dazu beitragen, Erkenntnisse zur Kriminalitätslage zu vermitteln, örtliche und zeitliche Brennpunkte und Strukturveränderungen zu erkennen und somit Führungsinformationen liefern. Diese Erwartungen an einen Zentralen Kriminalpolizeilichen Meldedienst gründeten auf der mit Erfahrungen belegten Annahme, daß Täter immer wieder gleiche Straftaten in gleicher Arbeitsweise begehen (Perseveranzhypothese). Ein solcher zentraler Meldedienst gewann insbesondere vor dem Hintergrund zunehmend Tätermobilität über Dienststellen- und Bundesländergrenzen hinweg Bedeutung.

15 b) Die deutsche kriminalpolizeiliche Organisation, Vorläufer der Arbeitsgemeinschaft der Leiter der Landeskriminalämter mit dem Bundeskriminalamt (AG Kripo), legte 1951 bei ihrer 2. Tagung **Richtlinien für den allgemeinen Kriminalpolizeilichen Meldedienst** sowie die dazu gehörende Grundeinteilung der Straftaten vor. Die Richtlinien wurden in der 10. Tagung der AG Kripo 1954 nach Einarbeitung von Änderungswünschen einstimmig angenommen.

Richtlinien für den allgemeinen Kriminalpolizeilichen Meldedienst

I.
Grundlagen und Bedeutung des kriminalpolizeilichen Meldedienstes

Der kriminalpolizeiliche Meldedienst gründet sich auf die kriminologische Erkenntnis, daß sich der Berufs- (Gewerbs-) und der Gewohnheitsverbrecher in der Regel auf ein und dieselbe Straftat bzw. Straftatengruppe zu spezialisieren pflegen und demzufolge ihre Straftaten meistens wieder in der gleichen oder zumindest für sie ähnlichen charakteristischen Arbeitsweise begehen.

Anhand der Tatausführungen wird es deshalb möglich, Zusammenhänge hinsichtlich örtlich und zeitlich verschieden gelagerter, bisher noch unaufgeklärter Straftaten zu erkennen und durch Vergleich mit der Arbeitsweise bekannter Täter Hinweise auf den möglichen Täter zu erlangen. Ein systematischer Vergleich der Arbeitsweisen in Verbindung mit der Beschreibung der Täter, Tatorte, Tatzeiten und der sonstigen näheren Umstände läßt bei geographischer Auswertung auch Schlüsse auf den künftigen Weg eines noch unbekannten reisenden Verbrechers zu, so daß in der von ihm gefährdeten Gegend vorbeugende Fahndungs- und andere Maßnahmen veranlaßt werden können.

Damit stellt der kriminalpolizeiliche Meldedienst eine der wichtigsten Waffen der Kriminalpolizei im Kampfe gegen das reisende Verbrechertum dar.

II.
Grundeinteilung der Straftaten

Die Straftaten, mit denen sich der kriminalpolizeiliche Meldedienst zu befassen hat, sind in der Grundeinteilung der Straftaten nach kriminologischen Gesichtspunkten zusammengestellt.

Die Grundeinteilung der Straftaten ist unterteilt in
   I. Kapitalverbrechen
  II. Diebstähle
 III. Betrug und verwandte Erscheinungsformen
 IV. Falschgelddelikte
  V. Unerlaubte Spiele
 VI. Triebverbrechen und sonstige Vergehen aus sexuellen Motiven
VII. Rauschgiftdelikte
VIII. Wilderei.

Die in ihr festgelegten näheren Klassifizierungen für die einzelnen Straftaten sind zur Erreichung eines einheitlichen und einfacheren Zusammenwirkens aller kriminalpolizeilichen Dienststellen allgemein zu verwenden.

III.
KP-Vordrucke

Aus Zweckmäßigkeitsgründen sind die im Rahmen des kriminalpolizeilichen Meldedienstes zu erstattenden Meldungen an bestimmte Formen – KP-Vordrucke – gebunden.

Jeder kriminalpolizeiliche Sachbearbeiter sollte sich stets bewußt sein, daß eine Auswertung seiner Meldungen und damit die Bekämpfung des reisenden Verbrechers nur möglich ist, wenn er sie sorgfältig abfaßt. Von der Güte der KP-Meldungen, also von der Richtigkeit der darauf vermerkten Angaben allein, hängen Wert und Brauchbarkeit der daraus erwachsenden Karteien (Verbrecher- und Straftatenkartei, Merkmalskartei, Spitznamenkartei, Verlustkartensammlung) und damit der Erfolg jeglicher Nachrichtenauswertung ab.

Im allgemeinen kriminalpolizeilichen Meldedienst sind die Vordrucke KP 13 und KP 14 zu verwenden.

Für Falschgeld- und Rauschgiftdelikte, welche mit KP-Vordruck Nr. 11 bzw. 12 erfaßt werden, gelten besondere Meldebestimmungen, die in Richtlinien für die Bearbeitung von Falschgelddelikten und von Rauschgiftdelikten näher geregelt sind.

Aufgrund der Einsendung einer KP-Meldung an das Landes- oder Bundeskriminalamt allein wird in keinem Falle eine etwa in gleicher Sache notwendig werdende Ausschreibung in den Landeskriminalblättern oder den Fahndungshilfsmitteln des Bundeskriminalamtes vorgenommen. Hierzu bedarf es stets eines gesonderten Ausschreibungsantrags der sachbearbeitenden Dienststelle.

Die einzusendenden Meldungen sind für das jeweilige Kalenderjahr fortlaufend zu numerieren, und zwar getrennt von den Vordrucken KP 13 und KP 14.

Bezieht sich eine Meldung auf mehrere bekannte Täter einer oder mehrerer Straftaten, so ist für jeden Täter ein Vordruck KP 13 zu erstellen. In diesen Fällen ist nur **eine** Beschreibung der Arbeitsweise erforderlich, sofern diese alles Wesentliche über die Arbeitsweise sämtlicher Täter enthält. Wird eine derartige zusammengefaßte Schilderung der Arbeitsweise mehrerer Täter vorgelegt, so ist in den dazugehörenden Einzelmeldungen ausdrücklich darauf hinzuweisen. Sofern lediglich Name und Vorname eines Täters bekannt sind und keine Möglichkeit zur Überprüfung besteht oder nachweislich oder vermutlich ein Falschname gebraucht wurde, ist eine Meldung mit KP 14 zu erstellen, und die geführten Personalien sind mit dem Vermerk „angeblich" zu versehen.

IV.
Meldebestimmungen

Der kriminalpolizeiliche Meldedienst kann seinen Zweck nur erfüllen, wenn die Meldungen so schnell wie möglich an die Nachrichtensammel- und -auswertungsstelle des zuständigen Landeskriminalamtes gelangen.

Die in der Praxis bewährte 24-Stunden-Frist schließt nicht aus, daß in besonders wichtigen und dringlichen Fällen eine fernmündliche oder fernschriftliche Benachrichtigung als „Meldung wichtiger Ereignisse" (WE-Meldung) vorausgeht.

A. MELDUNG WICHTIGER EREIGNISSE (WE-MELDUNG)
Alle Kriminaldienst verrichtenden Polizeidienststellen haben ihrem zuständigen Landeskriminalamt – unabängig davon, ob es sich um Straftaten von reisenden Tätern handelt oder nicht – **unverzüglich** zu melden:

1. besonders wichtige Kriminalfälle:
   a) Straftaten, die Aufsehen und Berunruhigung in besonderem Maße in der Bevölkerung hervorgerufen haben, z. B. Kapitalverbrechen usw. und solche, die bei Gefahr unmittelbar bevorstehender Wiederholung, z. B. serienmäßiger Begehung, eine sofortige Warnung im gesamten Landes- bzw. Bundesgebiet notwendig machen;
   b) Straftaten, in welche Angehörige der Polizei, Persönlichkeiten des öffentlichen Lebens o. ä. verwickelt sind;
2. **andere wichtige Vorkommnisse,**
   die in gleichem Maße Unruhe in der Bevölkerung hervorrufen, wenn auch noch keine strafbare Handlung erkennbar ist, z. B. Katastrophen (Überschwemmungen usw.), Massenunglücksfälle (Explosions-, Einsturzunglücke, Vergiftungserscheinungen usw.), Großbrände, besonders schwere Unfälle.

Diese Meldungen sollen enthalten:
1) Zeit und Ort der Straftat oder des Ereignisses,
2) knappe Schilderung des Tatbestandes,
3) Beweggrund zur Tat oder Ursache des Vorkommnisses,
4) Namen der Geschädigten oder Verletzten,
5) Namen der Täter oder Verantwortlichen,
6) voraussichtliche Höhe des entstandenen Schadens,
7) getroffene Maßnahmen und Bezeichnung der sachbearbeitenden Dienststelle.

Das Landeskriminalamt gibt die für das Bundeskriminalamt bedeutsamen Meldungen auf schnellstem Wege weiter.

B. ALLGEMEINER KRIMINALPOLIZEILICHER MELDEDIENST

Die örtlichen Kriminaldienst verrichtenden Stellen haben möglichst innerhalb 24 Stunden in doppelter Ausfertigung zu melden:

1. **Unter Verwendung des Vordruckes KP 13 – „Meldung einer Straftat von bekanntem Täter"**

   a) Personen, die überführt oder dringend verdächtig sind, eine der in der Grundeinteilung der Straftaten aufgeführte Straftat begangen zu haben, sofern sie als **reisende** Täter anzusehen sind, und zwar gleichgültig, ob sie festgenommen oder auf freiem Fuße belassen wurden;

   b) **örtliche** Täter, die ein Verbrechen wider das Leben, ein Triebverbrechen oder eine sonstige Straftat begangen haben, deren Aufklärung eine Spezialausbildung erfordert oder die in besonderem Maße Aufsehen und Beunruhigung in der Bevölkerung hervorgerufen hat bzw. durch Arbeitsweise oder Motiv von überörtlichem Interesse ist.

2. **Unter Verwendung des Vordruckes KP 14 – „Meldung einer Straftat von unbekanntem Täter"**

   a) diejenigen aus der Grundeinteilung ersichtlichen Straftaten, welche nachweislich oder den Umständen nach von Tätern begangen wurden, die nicht am Tatort aufhältig sind **(reisende Täter)**;

   b) die in Ziff. IV B 1 b) bezeichneten Straftaten, gleichgültig ob als deren unbekannte Urheber reisende oder ortsansässige Täter in Frage kommen;

   c) verlorenes oder gestohlenes Gut, soweit es für die Aufklärung der einschlägigen Straftat Bedeutung hat und geeignet ist, aufgrund der Beschreibung wiedererkannt zu werden und damit der Ermittlung bzw. Überführung des Täters zu dienen.

3. **Als reisende Täter sind anzusehen:**

   a) Täter die außerhalb ihres ständigen Wohn- oder Aufenthaltsortes Straftaten begehen;

   b) Täter, die durch ihr kriminelles Vorleben Berufs- oder Gewohnheitsverbrecher sind oder wegen Art bzw. Ausführungsweise ihrer Straftaten solche werden könnten (z. B. Räuber, Einbrecher usw.);

   Berufs- (gewerbsmäßige) Verbrecher
   sind solche, die ganz oder überwiegend aus dem Erlös ihrer Straftaten ihren Lebensunterhalt bestreiten, das Verbrechen also gewissermaßen zu ihrem Gewerbe machen.

Gewohnheitsverbrecher

sind Personen, die – ohne Berufsverbrecher zu sein – durch Begehung von Straftaten bewiesen haben, daß sie einen inneren Hang zum Verbrechen in sich tragen.

Triebverbrecher

sind Personen, die ihre Straftaten aus sexuellen Motiven heraus begehen.

c) Täter, die zwar in der Regel ihren Wohn- oder Aufenthaltsort bei Begehung von Straftaten nicht verlassen, jedoch aufgrund ihrer Arbeitsweise über ihren Wohn- oder Aufenthaltsort hinauswirken, z. B. Schwindler, die ihre Opfer durch Annoncen in weitverbreiteten Zeitungen anlocken, und Fälscher, die ihre Falsifikate in der Regel weit vom Herstellungort entfernt vertreiben, ferner solche, die beruflich viele Reisen unternehmen, wie Geschäftsreisende, Fernfahrer, Schiffer usw., und solche, die erst kurze Zeit vorher am derzeitigen Wohn- oder Aufenthaltsorte zugezogen sind;

d) in Zweifelsfällen, wenn nicht ganz bestimmte Umstände dagegen sprechen, alle **unbekannten** Täter.

4. **Nachtragsmeldung**

Wird der Urheber einer bereits mit KP-Vordruck 14 gemeldeten Straftat nachträglich festgestellt, so ist stets eine Meldung KP 13 nachzureichen, wobei auf Nummer und Ausfertigungsdatum der vorausgegangenen KP 14 zu verweisen ist.

Alle sonstigen nachträglich bekanntwerdenden wichtigen Feststellungen, die sich auf eine bereits gemeldete Straftat oder einen Täter beziehen, sind als formlose Nachtragsmeldung in doppelter Ausfertigung unter Bezug auf die vorausgegangene KP-Meldung 13 oder 14 unverzüglich dem zuständigen Landeskriminalamt zu übermitteln.

V.
Die überörtliche Nachrichtensammlung und -auswertung

Die Tatsache, daß der reisende Verbrecher ständig seinen Tatort wechselt, demnach bei Entdeckung seiner Tat durch die Polizei meistens schon wieder an einem anderen Orte die nächste Tat begangen hat und damit eine neue noch unaufgeklärte Straftat hinterläßt, bestimmt das Prinzip der überörtlichen Nachrichtensammlung und -auswertung. Es kommt demzufolge darauf an, die bekannten reisenden Täter mit ihrer bestimmten Arbeitsweise und die Nachrichten von Straftaten unbekannter Täter aus größeren geographischen Gebieten an einer Stelle zu registrieren und auszuwerten.

Da es Täter gibt, die erfahrungsgemäß innerhalb eines Landes der Bundesrepublik verbleiben, und solche, die bei ihren Straftaten über die Landesgrenzen hinausgehen bzw. hinauswirken, muß auch die Nachrichtensammlung und -auswertung diesem Umstande Rechnung tragen und in diesen beiden Ebenen vorgenommen werden. Demzufolge sind zwei Arten von Nachrichtensammel- und auswertungsstellen zu unterscheiden:

1. die **Landes**-Nachrichtensammel- und -auswertungsstellen sowie
2. die **Bundes**-Nachrichtensammlung- und -auswertungsstelle.

1. **Die Landes-Nachrichtensammel- und -auswertungsstelle**
   im Landeskriminalamt wertet alle gemäß Grundeinteilung der Straftaten von den Kriminaldienst verrichtenden Stellen des Landes eingehenden KP-Meldungen aus, indem sie anhand ihres in Verbrecher- und Straftatenkartei sowie anderen Sammlungen befindlichen Materials ermittelt, ob Zusammenhänge mit schon bekannten Straftaten oder Tätern bestehen, und ihre Karteien aus dem jeweils neu mitgeteilten Material ergänzt. Lassen sich dabei Anhaltspunkte für Zusammenhänge mit anderen Straftaten oder einem Täter vermuten, so werden die daran interessierten sachbearbeitenden Stellen davon in Kenntnis gesetzt.
   Ergeben sich aus einer KP-Meldung bzw. bei deren Auswertung im Landeskriminalamt Anhaltspunkte dafür, daß Tat oder Täter für einen größeren Bereich als den eines Landes von Bedeutung sind oder werden können, so ist die Weiterleitung der KP-Meldung an die Bundesnachrichtensammel- und -auswertungsstelle nach Ergänzung mit dem beim Landeskriminalamt befindlichen Material zu veranlassen.

2. **Die Bundesnachrichtensammlung- und -auswertungsstelle**
   im Bundeskriminalamt wertet alle bei ihr von den Landeskriminalämtern eingehenden Meldungen in ihrer Eigenschaft als zentrale Nachrichtensammel- und -auswertungsstelle für das Bundesgebiet anhand ihrer Karteien und Sammlungen sinngemäß aus, ergänzt diese und unterrichtet die einsendenden kriminalpolizeilichen Dienststellen der Länder über deren Landeskriminalamt von dem Auswertungsergebnis in Form von Hinweisen auf Tatzusammenhänge, Täter und evtl. deren mutmaßlichen Reiseweg.

c) 10 Jahre später – 1964 wurden Richtlinien und Katalog **neu gefaßt** unter Berücksichtigung zwischenzeitlich gewonnener Erfahrungen und unter Anpassung an verändertes Straftatenaufkommen.

Richtlinien für den Kriminalpolizeilichen Meldedienst

Es gibt Rechtsbrecher, die vorwiegend innerhalb ihres festen Wohn- oder Aufenthaltsortes strafbare Handlungen begehen, und solche, die in größeren Bereichen tätig werden (örtliche und überörtliche Täter).
Der örtliche Täter kann, soweit er nur gelegentlich straffällig wird (Gelegenheitstäter), in der Regel durch örtliche (kriminal)polizeiliche Maßnahmen ermittelt werden. Betätigt er sich jedoch als Berufs- oder Gewohnheitsverbrecher oder ist er als Triebverbrecher anzusehen, so bedarf es – wie beim überörtlichen Täter – wegen der Gefahr des Straffälligwerdens auch an anderen Orten seiner zentralen Erfassung.
Der überörtliche, nicht auf frischer Tat gestellte Täter, kann nur durch überörtliche (kriminal)polizeiliche Maßnahmen erkannt werden. Die dafür erforderlichen Unterlagen soll in erster Linie der Kriminalpolizeiliche Meldedienst liefern.

I. Grundlagen und Bedeutung des Kriminalpolizeilichen Meldedienstes

Der Kriminalpolizeiliche Meldedienst gründet sich auf zwei in der kriminalistischen Praxis immer wieder bestätigte Erkenntnisse. Berufs-, Gewohnheits- und Triebverbrecher verüben überwiegend immer wieder gleiche oder zumindest ähnliche Straftaten. Sie verwerten dabei berufliche Kenntnisse und Fertigkeiten, geistige und körperliche Fähigkeiten sowie die im Laufe ihrer kriminellen Tätigkeit gesammelten Erfahrungen. Dadurch entwickeln sie ganz bestimmte, für sie charakteristische Arbeitsweisen, an denen sie im allgemeinen festhalten und demzufolge wiedererkannt werden können. Die Möglichkeiten der Identifizierung eines noch unbekannten Täters und des Nachweises weiterer Straftaten eines ermittelten Täters erhöhen sich, wenn außer den Merkmalen der speziellen Arbeitsweise auch die bei der Tatbegehung festgestellten persönlichkeitsgebundenen konstanten Merkmale und Verhaltensweisen des Täters (äußerlich sichtbare markante körperliche Merkmale, sonstige Auffälligkeiten in der äußeren Erscheinung und im allgemeinen persönlichen Verhalten, triebhafte Veranlagungen usw.) in die Vergleichsarbeit einbezogen werden.

Anhand der Tatausführungen und der persönlichkeitsgebundenen Merkmale und Verhaltensweisen wird es möglich, Zusammenhänge hinsichtlich örtlich und zeitlich verschieden gelagerter bisher noch unaufgeklärter Straftaten zu ermitteln und durch Vergleich mit den Arbeitsweisen und sonstigen Merkmalen bereits bekannter Täter Hinweise auf den möglichen Täter zu erlangen. Ein systematischer Vergleich der Arbeitsweisen in Verbindung mit der Beschreibung der Täter, Tatorte, Tatzeiten und der sonstigen näheren Umstände des Tatgeschehens läßt bei einer geographischen Auswertung oft auch Schlüsse auf den künftigen Reiseweg eines noch unbekannten überörtlichen Rechtsbrechers zu, so daß in der von ihm gefährdeten Gegend vorbeugende Fahndungs- u. a. Maßnahmen eingeleitet werden können.

II. Grundeinteilung der Straftaten

Die Straftaten, mit denen sich der Kriminalpolizeiliche Meldedienst befaßt, sind in der Grundeinteilung der Straftaten nach kriminologischen Gesichtspunkten zusammengestellt.

Die Grundeinteilung der Straftaten umfaßt insgesamt 8 Klassen, die wiederum in Gruppen, Untergruppen usw. unterteilt sind, und zwar:

Klasse I – Verbrechen gegen Leben oder Freiheit und gemeingefährliche Straftaten

A. Tötungsdelikte einschließlich Versuche
1. Tötungsmittel
    a) Schußwaffen
    b) Stichwaffen
    c) Hiebwaffen
    d) sonstige
2. Motive
    a) Bereicherungsabsicht
    b) Sexuelle Motive
    c) Rache, Haß (verschmähte Liebe)
    d) sonstige Motive

B. Gewerbsmäßige Abtreibung
1. Täterkreis
    a) Ärzte, Hebammen, sonstiges medizinisches Personal
    b) Kurpfuscher u. ä.
    c) sonstige Personen
2. Mittel
    a) mechanische (Eingriffe)
    b) innere (medizinische)
    c) Strahlen
3. Vermittlung von Abtreibern
4. Vertrieb von Abtreibungsmitteln

C. Verbrechen gegen die persönliche Freiheit
1. Menschenraub

2. Erpresserischer Kindesraub
3. Allgemeine Erpressung (u. a. durch Drohbriefschreiber und Telefonanrufer)
   a) auf sexueller Grundlage
   b) sonstige

D. **Vorsätzliche Brandstiftung**
1. Brandobjekte
   a) Wohnzwecken dienende Gebäude
   b) gewerblich genutzte Gebäude
   c) landwirtschaftliche Gebäude
   d) öffentliche Gebäude
   e) kulturhistorisch besonders wertvolle Baulichkeiten u. ä.
   f) sonstige
2. Art der Brandlegung
   a) direkte Brandlegung
   b) Zeitzündung
3. Motive
   a) Eigensucht, Gewinnsucht
   b) Rache, Haß, Verärgerung
   c) pathologische Motive
   d) Verdeckung anderer Straftaten
   e) sonstige und unbekannte Motive

E. **Sonstige gemeingefährliche Straftaten**
1. Explosionen und Sprengstoffverbrechen
2. Diebstahl von
   a) Sprengstoff
   b) Waffen und Munition
   c) Giften
3. Verbrechen gegen das Atomgesetz
4. Vorsätzliche Herbeiführung lebensgefährdender Überschwemmungen
5. Beschädigung von Wasserbauten aller Art, Trinkwasserverseuchung
6. Schwere Fälle der vorsätzlichen Transportgefährdung
7. Sonstige (Massenvergiftungen usw.)

Klasse II – Raub und Diebstahl

A. **Raub, räuberische Erpressung, Auto-Straßenraub, räuberischer Diebstahl**
1. Örtlichkeit
   a) Straßen, Plätze, Parks, Ruinengrundstücke, Wälder usw.
   b) Geldinstitute, Poststellen, Bahnhöfe und sonstige öffentliche Kassen
   c) Büro- und Geschäftsräume, Werkstatt- und Lagerräume
   d) Tankstellen
   e) Wohnungen
   f) Gastwirtschaften, Beherbergungsstätten
   g) Fahrzeuge und Verkehrsmittel
2. Opferkreis
   a) Geld- und Kassenboten
   b) Homosexuelle
   c) Dirnen
   d) Taxifahrer
   e) Insassen von Fahrzeugen
   f) Vergnügungssuchende, Gaststättenbesucher, Betrunkene

g) Kinder, hilflose Personen
h) Liebespaare
i) Weibliche Personen (Handtaschenraub)
3. Bestimmte Arbeitsweisen
   a) Verwendung von Schußwaffen und schußwaffenähnlichen Attrappen
   b) Verwendung von Hieb- und Stichwaffen
   c) Verwendung von körperlicher oder stumpfer Gewalt
   d) Verwendung von Reiz- oder Betäubungsmitteln
   e) Behinderung von Fahrzeugen (durch Errichtung von Sperren, Beschädigung usw.)
   f) Anlocken des Opfers (Lockvogel u. ä.)
   g) Vortäuschen von Hilfsbedürftigkeit (auch Anhalter)
   h) Zusammenwirken mehrerer Täter

B. **Diebstahl, der besonderes persönliches Geschick des Täters gegenüber dem Bestohlenen erfordert und/oder unter Ausnutzung eines gewissen Vertrauensverhältnisses, der Hilflosigkeit oder Hilfsbereitschaft des Geschädigten begangen wird** (Charakteristisch für solche Fälle ist, daß der Täter mit dem Geschädigten – wenn z. T. auch von diesem unbemerkt – in Verbindung gekommen ist)

1. Taschendiebstahl
   – Unter den Begriff „Taschendiebstahl" fallen alle Diebstähle, bei denen der Täter heimlich seinem Opfer unmittelbar aus der am Körper befindlichen Kleidung oder aus den in unmittelbarem körperlichen Gewahrsam befindlichen, d. h. am Körper mitgeführten Gegenständen Geld oder andere Sachen entwendet –
2. Diebstahl aus abgestellten Taschen aller Art oder aus abgelegter Bekleidung
3. Diebstahl an Kassenschaltern
   – Hierunter fallen nur die Fälle, bei denen Kassenboten, Geldeinzahlern, Geldabhebern Bargeld, Wertpapiere o. ä. an Schaltern von Banken, Postämtern und anderen öffentlichen Kassen sowie Wechselstuben gestohlen wird –
4. Beischlafdiebstahl
   – Als Beischlafdiebstahl gelten nicht nur die Fälle, die unter Ausnutzung sexueller Momente (Beischlaf, Unzuchtshandlungen, Vortäuschen derartiger Handlungen) ausgeführt wurden, sondern auch solche Fälle, bei denen Täter und Opfer verschiedenen Geschlechts sich zu einer gemeinsamen Kneiptour, zum Besuch von Vergnügungsstätten usw. zusammengefunden haben, auch wenn das Opfer zur Zeit der Tat betrunken war –
5. Diebstahl an Kindern und hilfsbedürftigen Personen
   a) an Kindern
   b) an Schlafenden, Betrunkenen, Kranken und Gebrechlichen, Verunglückten usw.
6. Diebstahl durch
   a) Hausangestellte und angebliche Hausangestellte
   b) Verkaufspersonal und angebliches Verkaufspersonal
   c) Bedienungs- und Hauspersonal sowie Personal und angebliches Personal von Gast- und Beherbergungsstätten
   d) falsche Beamte, Angestellte und sonstige Beauftragte von Betrieben der öffentlichen Hand, falsche Handwerker usw.
   e) Reisende und Werber während ihrer beruflichen Tätigkeit
   f) Hausierer, Bettler, Bittsteller
   g) Arbeitskollegen und angebliche Arbeitskollegen

Polizeiliche Information und Kommunikation

7. Diebstahl durch Anhalter und andere von Fahrzeugführern mitgenommene Personen
8. Diebstahl an im Fahrzeug mitgenommenen Personen
9. Diebstahl von ausgelegten Waren in Warenhäusern, Läden und sonstigen Verkaufsstellen, in denen Waren feilgeboten werden – während der Geschäftszeit
10. Diebstahl aus Ladenkassen und Diebstahl von Wechselgeld – während der Geschäftszeit
11. Diebstahl in Schulen, Kirchen, Amtsgebäuden, in Büroräumen, Wartezimmern – während der Öffnungszeit
12. Einmietediebstahl
    a) z. N. von Privatpersonen, mit denen vorher ein formloses kurzfristiges Mietverhältnis vereinbart wurde oder von denen sich der Täter in die Wohnung einladen ließ
    b) z. N. von Beherbergungsstätten
13. Diebstahl mittels sonstiger Tricks

C. Diebstahl aus bestimmten Baulichkeiten, bei denen der Täter mit Gewalt, durch Täuschung oder unter Ausnutzung der Unachtsamkeit des Betroffenen Hindernisse überwindet, um Zutritt zum engeren Tatort und zum Stehlgut zu erlangen

1. Banken, Sparkassen u. a. Geld- und Kreditinstitute (einschl. Postkassen) und deren Nebenstellen
2. Amtsgebäude, Bahnhofsgebäude
3. Apotheken, Arztpraxen, Krankenhäuser, Sanatorien
4. Theater, Kinos, Versammlungsräume
5. Schlösser, Museen, Ausstellungsräume
6. Kirchen, Kapellen, Pfarrhäuser
7. Juwelier-, Uhrmacher-, Antiquitätengeschäfte
8. Warenhäuser, Läden
9. Verkaufsbuden, Kioske
10. Schaufenster und Schaukästen
11. Automaten
    a) in geschlossenen Räumen
    b) an Gebäuden, Verkaufsbuden usw.
12. Gast- und Beherbergungsstätten
    a) Gastwirtschaften
    b) Hotels
    c) Motels
    d) Herbergen
    e) Kantinen
    f) Spielhallen
13. Büroräume
14. Fabriken, Werkstätten, Lagerräume, Lagerhäuser
15. Kfz-Werkstätten, Tankstellen, Garagen
16. Molkereien, Milchsammelstellen
17. Bauernhäuser und andere umfriedete landwirtschaftliche Baulichkeiten
18. Wohnungen
    a) Mehrfamilienhäuser

b) Einfamilienhäuser (einschließlich Villen, Landhäuser u. ä.)
   c) Mansarden- und Souterrainwohnräume
19. Boden- und Kellerräume, Waschküchen
20. Militärische Anlagen und Gebäude

D. **Diebstahl an freier gelegenen Tatorten bei Transporten und in Verkehrsmitteln**
   1. Sportanlagen, Badeanstalten, Bootshäuser
   2. Camping- und Rastplätze, Wohnwagen
   3. Jagd-, Wochenend- und Gartenhäuser, Gartenlokale und Lauben, Wald- und Berghütten
   4. Baustellen, Rohbauten
   5. Bauhütten, Arbeiterunterkünfte (Baracken)
   6. Schuppen, Scheunen
   7. Friedhöfe, Leichenhallen
   8. Gärtnereien, Baumschulen
   9. Diebstähle bei Transporten, Diebstähle in und aus Verkehrsmitteln
      a) Lastkraftwagen
      b) Personenkraftwagen
      c) Wasserfahrzeuge
      d) Luftfahrzeuge
      e) Fahrzeuge der Bundesbahn und Bundespost

E. **Spezielle Arbeits- und Verhaltensweisen beim Diebstahl**
   1. Vorbereitungs- und Sicherungsmaßnahmen im Hinblick auf die Tatbegehung
      Erkundung des näheren Tatortes durch
      a) Kontaktaufnahme zu Personen, die den näheren Tatort kennen, dort wohnen oder beruflich tätig sind und getarnte Befragung, Besichtigung o. ä. Vorgehen unter Vorspiegelung eines geschäftlichen Interesses
      b) Überprüfung (vor Beginn der Tatausführung), ob der nähere Tatort unbeaufsichtigt/ungesichert ist (durch Telefonanruf, durch persönliches Erscheinen (Klingeln o. ä.))
      Sicherungsmaßnahmen vor, während und nach der Tatbegehung durch
      c) Ablenkung des Geschädigten, von Bewachungspersonal und Wachhunden
      d) Unterbrechung/Zerstörung von Licht- und Fernsprechanlagen
      e) Unterbrechung/Zerstörung von Alarmsicherungen
      f) Verursachung/Ausnutzung von ablenkenden Geräuschen (Motorenlärm, Radio usw.)
      g) Vermeidung/Zerstörung von Täterspuren
      h) Vernichtung von Tatspuren
      i) Tragen von Masken (Larven, Strümpfen, Tüchern, Schals usw.) zur Tarnung des Gesichts; Veränderung des Äußeren
      j) Schmierestehen und technische Warneinrichtungen
      k) Vorbereitung/Sicherung des Fluchtweges
   2. Zugang zum näheren Tatort und Tatobjekt
      a) Einschließen lassen
      b) Einschleichen
      c) Einsteigen
         (1) an Hauswänden, über Balkone und durch offenstehende Fenster (Fassadenklettern)
         (2) durch Kellerfenster

(3) durch Oberlichtfenster
(4) durch Dächer, Dachluken, Dachfenster und Dachaufbauten
d) Eindringen durch Gitter und Rolläden
   (1) durchschneiden und auseinanderbiegen
   (2) durchsägen
   (3) herausbrechen
   (4) durchschweißen
   (5) hochdrücken
e) Eindringen durch Tore und Türen
   (1) aufbrechen mit roher Gewalt
   (2) aufbrechen mit Werkzeugen
   (3) entfernen der Beschläge
   (4) herausheben, -sägen, -schneiden, einschlagen der Türfüllungen oder Türscheiben
   (5) abschrauben von Schlössern
   (6) herausbohren von Schlössern
   (7) abdrehen von Zylinderschlössern
   (8) ziehen, schieben, durchsägen von Schloßriegeln
   (9) verwenden von Sperrwerkzeug
   (10) verwenden von Nachschlüsseln und Bleistreifen
   (11) öffnen des Schlosses durch Drehen des auf der Innenseite steckenden Schlüssels
f) Eindringen durch Fenster, Schaufenster
   (1) entfernen der Beschläge
   (2) anbohren und aufwirbeln
   (3) entkitten
   (4) herausnehmen der Scheibe nach Entfernung der Halteleisten
   (5) zerschneiden mit Glasschneider o. ä.
   (6) verwenden von Bolzensetzgeräten, Bolzenschußapparaten, Schußwaffen
   (7) verwenden von Schleudern
   (8) einwerfen unter Verwendung von Steinen usw./umwickelten Steinen usw.
   (9) eindrücken unter Verwendung von Klebstoff/Leukoplast/Firnis/Schmierseife usw.
   (10) einschlagen mit Hammer/Beil u. a. Werkzeugen/Eisenstangen u. ä./Gegenständen aus Holz
g) Eindringen durch Decken und Wände
   (1) durchstoßen, durchstemmen, durchbohren
   (2) Decken-/Fußbodendurchbruch

3. Aufbrechen (Öffnen) von Geld- und Kassenschränken sowie sonstigen metallenen Wertbehältern
   a) Angriffsstelle
      (1) Verschluß
      (2) Vorderseite
      (3) Rückseite
      (4) Seitenwand
      (5) Oberseite
      (6) Unterseite
      (7) Scharniere
   b) Heiße Arbeit (Schweißarbeit)
      (1) herausschneiden des Schlosses
      (2) Längsschnitt

        (3) Bogenschnitt
        (4) herausschneiden eines Rechteckes
    c) Kalte Arbeit
        (1) aufbrechen
        (2) bohren
        (3) aufreiben
        (4) knabbern
        (5) sägen
        (6) fräsen
        (7) schneiden
        (8) vergrößern der Öffnung des Schlüsselloches (Zerstörung der Zuhaltungen)
        (9) eindrücken der Tür
    d) Verwendung von Sprengstoff
    e) Abtransport ungeöffneter Wertbehälter
 4. Aufbrechen von Fahrzeugen
    a) öffnen des Ausstellfensters
        (1) mittels Draht, Haken, Schraubenzieher u. ä.
        (2) herausheben des Fensterrahmens mit Brechwerkzeugen
    b) einwerfen, einschlagen der Fensterscheibe
    c) aufschneiden der Fensterscheibe
    d) herausnehmen der Fensterscheibe nach Entfernung der Gummidichtung
    e) Verdeckaufschlitzen
    f) Türgriff abreißen, verkanten, herausbrechen
    g) Tür aufbrechen
    h) Gepäckraum aufbrechen
    i) Überwinden von Sicherungseinrichtungen im Innern des Fahrzeugs
        (1) Lenkradsicherung
        (2) Getriebesicherung
 5. Öffnen von Schließfächern, Münzfernsprechern, Automaten, Schaukästen, Vitrinen, Opferstöcken
    a) Verwendung von Sperrwerkzeug und Nachschlüsseln
    b) aufbrechen, aufschneiden
    c) anbohren
    d) herauslösen des gesamten Behältnisses
    e) Anwendung sonstiger technischer Tricks
 6. Persönlichkeitsgebundene Verhaltensweisen des Täters
    a) hinterlassen von Aufzeichnungen
    b) essen, trinken am Tatort
    c) rauchen am Tatort (hinterlassen von Streichholz- und Tabakresten)
    d) mutwillige Zerstörungen
    e) verrichten der Notdurft

F. **Bevorzugung von bestimmten Gütern** (sofern sich aus dem Tatgeschehen ergibt, daß es der Täter auf ein ganz bestimmtes Stehlgut abgesehen hat)
  1. Spiegel, Stempel, Formulare (Paß-, Führerschein-, Personalausweisvordrucke, Aus- und Einfuhrpapiere usw.)
  2. Scheckhefte, Einzelschecks, einschließlich Reiseschecks
  3. Briefmarken, Sammlungen aller Art, wertvolle Bücher
  4. Spezialliteratur
  5. Uhren und Schmuckstücke, Edelmetalle und Edelsteine
  6. Sonstige Metalle, Kabel

7. Optische Geräte
8. Rundfunk-, Fernseh-, Tonbandgeräte
9. Werkzeuge (einschließlich Schweißgeräte), Maschinen, Motoren
10. Schreib- und Büromaschinen
11. Pelzwaren, Felle, Häute
12. Lederwaren
13. Oberbekleidung
14. Unterbekleidung und Wäsche
15. Teppiche, Gobelins
16. Gemälde, Aquarelle und Kupferstiche
17. Antiquitäten, Heiligenfiguren, Skulpturen u. ä.
18. Lebens- und Genußmittel, Tabakwaren, Spirituosen
19. Großvieh, Weidevieh
20. Kleintiere
21. Fahrzeuge
    a) Personenkraftwagen
    b) Lastkraftwagen, Omnibusse, Zugmaschinen, Anhänger
    c) Motorräder und Mopeds
    d) Fahrräder
    e) Wasserfahrzeuge
    f) Kinderwagen
    g) sonstige
22. Fahrzeugzubehör, Kraftstoff, Öl
23. Sportgeräte (einschließlich Skier)
24. Musikinstrumente
25. Inhalt von Opferstöcken

G. **Gewerbsmäßige Hehlerei**

Klasse III – Betrug und verwandte Erscheinungsformen

A. **Waren- und Leistungsbetrug**

Warenbetrug ist der Betrug, bei dem der Täter arglistig Ware zu liefern verspricht, sie jedoch entweder gar nicht oder in minderwertiger Qualität liefert. Die Ware stellt gewissermaßen das Mittel zum Betrug dar, während das Ziel des Betrügers die Erlangung der Bezahlung ist.
Die Lieferung von Waren ist die Ausführung von Werk- o. a. Leistungen gleichzusetzen.

1. Betrügerische Erlangung von Bezahlung oder Anzahlung (Vorschuß) für nicht/gelieferte Waren oder nicht ausgeführte Werk- o. a. Leistungen durch
    a) Versicherungsvertreter und -werber
    b) sonstige Vertreter, Werber
    c) selbständige Handwerker, Händler usw.
    d) Personen mit angeblich günstigen Bezugsquellen
    e) sonstige
2. Betrügerische Erlangung von Bezahlung für minderwertige (auch verfälschte) Waren oder minderwertige Werkleistungen durch
    a) Vertreter, Werber
    b) Handwerker
    c) Händler mit Stoffen, Wolldecken, Teppichen

d) Händler mit Spitzendecken u. ä.
e) Scherenschleifer, Schirmflicker, Korbflechter usw.
f) sonstige Personen

3. Einsponbetrug
Der Einsponbetrug ist eine besonders gefährliche Art des kaufmännischen Warenbetrugs, der bandenmäßig ausgeführt wird und bei dem die einzelnen Mitglieder der Bande die Rolle des Verkäufers, des Vermittlers und des Käufers spielen. Hierbei wird der zu Schädigende durch Vorspiegelung von Gewinnaussicht verleitet, sich als Zwischenabnehmer in den Geschäftsgang einzuschalten. Durch ein günstig verlaufenes kleines Geschäft sichergemacht – eingesponnen –, wagt das Opfer den Einsatz einer größeren Summe und bleibt dann auf der minderwertigen Ware sitzen, weil seine Gegenspieler sich plötzlich zurückziehen.

B. **Warenkredit- und Leistungskreditbetrug**
Beim Warenkreditbetrug versucht der Täter durch arglistige Täuschung Waren oder Werkleistungen ohne Bezahlung oder auf Anzahlung oder nach Eingehen eines Leih- oder Mietverhältnisses zu erlangen. Das Mittel zum Betrug besteht hierbei in dem Zahlungsversprechen.
1. Betrügerische Erlangung von Waren ohne Gegenleistung, durch Leistung einer Anzahlung oder nach Eingehen eines Arbeitsverhältnisses, eines Leih- oder Mietverhältnisses.
   a) unter dem Versprechen späterer Bezahlung
   b) zur Auswahl, auf Probe (auch Musterkollektionen)
   c) angeblich zur Instandsetzung (Reparatur, Aufarbeitung usw.), zum Umtausch
   d) zum Weiterverkauf
   e) Anzahlungskauf, Teilzahlungskauf
   f) Ausleihung oder Mietung von
      (1) Kraftfahrzeugen
      (2) Schreib- u. a. Büromaschinen
      (3) Photo- u. a. optischen Geräten
      (4) Rundfunk-, Fernseh-, Tonbandgeräten
      (5) sonstigen Gegenständen
   g) Erlangung von Kraftstoff unter Vortäuschung der Zahlungswilligkeit
2. Betrügerische Erlangung von Werkleistungen ohne Gegenleistung oder durch Vorschußzahlung

C. **Kautions- und Beteiligungsbetrug**
1. Kautionsbetrug
   Beim Kautionsbetrug täuscht der Täter den Besitz eines sicheren Unternehmens oder einer gewinnbringenden Idee vor. Er verpflichtet seine Opfer als Vertreter oder Mitarbeiter und veranlaßt sie zur Herausgabe einer Geldsumme „als Sicherheit" (Kaution).
2. Betrügerische Vergebung von Bezirksvertretungen, Lizenzen
   Unter Vorspiegelung günstiger Absatz- bzw. Verdienstmöglichkeiten werden Personen zur Übernahme einer Vertretung, zur Aufstellung von Automaten o. ä. geworben und u. U. zur Abnahme eines festen Postens minderwertiger, schwer oder nicht absetzbarer Ware verpflichtet.
3. Beteiligungsbetrug
   Der Beteiligungsbetrug besteht in der Hereinnahme von Teilhabern – unter arglistiger Vorspiegelung hoher Gewinnaussichten – gegen Zahlung einer Geschäftseinlage in eine gar nicht bestehende Firma, in ein „faules Unter-

nehmen", in angeblich zu gründende auf Profit gerichtete Interessengemeinschaften oder Gesellschaften zur Auswertung von angeblich gewinnbringenden Ideen, Patenten, Erfindungen o. ä.

4. Zessionsbetrug
Als Zessionsbetrug gilt die Übereignung „fauler Forderungen" unter arglistiger Vortäuschung ihrer Sicherheit zum Zwecke der Tilgung eigener Schulden oder zur Erlangung eines Darlehns.

D. Betrug mit Geld oder Leistungsansprüchen, Betrug bei oder mit Vertragsabschlüssen

1. Betrügerische Vergabe oder Vermittlung von Darlehen (Darlehns- und Darlehnsvermittlungsbetrug)
   Der Täter verspricht in seiner Werbung (persönlich, in Zeitungsinseraten, durch Versand von Prospekten usw.) Darlehen. Den Interessenten nimmt er arglistig Gebühren, Spesenersatz für angebliche Auskunftseinholung usw. ab, ohne ernstlich eine Darlehensgewährung zu beabsichtigen oder in dem angebotenen Umfang verwirklichen zu können.

2. Betrügerische Vergabe oder Vermittlung von Hypotheken (Hypotheken- und Hypothekenvermittlungsbetrug)
   Diese Straftaten werden ähnlich dem Darlehns- und Darlehnsvermittlungsbetrug begangen oder es werden minderwertige oder gefälschte Hypotheken veräußert.

3. Betrügerische Erlangung von Provisionen (Provisionsbetrug)
   Der Provisionsbetrug richtet sich ausschließlich gegen den Arbeitgeber des Täters. Er kann sowohl mittels gefälschter Aufträge als auch durch arglistige Unterbringung von Aufträgen bei zahlungsunfähigen Kunden (sogenannte Gefälligkeitsaufträge) begangen werden.

4. Betrügerische Erlangung von Versicherungsleistungen

5. Betrügerische Erlangung von Vertragsabschlüssen (Werbe- und Verkaufsbetrug)
   Zum Zwecke betrügerischer Umsatzsteigerung und Verschaffung von Nebeneinkünften täuscht der Täter bei der Werbung oder in mündlichen Verkaufsverhandlungen besonders günstige Kauf-, Lieferungs-, Finanzierungs- oder Zahlungsbedingungen vor, die jedoch den Bestimmungen und Bedingungen in den vorgelegten Vertragsformularen widersprechen, und erschleicht sich dadurch die Unterschriften von Interessenten unter Verträge, die sie bei Kenntnis der tatsächlichen Vertragsbestimmungen nicht geleistet hätten. Außerdem werden den Verhandlungspartnern dabei häufig noch weitere Antragsformulare – auf Kredite, Versicherungsabschlüsse, Abonnements, Montagen, technische Wartungen usw. – unterschoben und von diesen ohne nähere Kenntnis und Prüfung des Inhalts unterzeichnet. Späteren Reklamationen der Getäuschten wird von seiten der Vertragspartner mit dem Hinweis begegnet, Nebenabsprachen mit ihren Vertretern oder Beauftragten seien laut „Geschäftsbedingungen" unwirksam.

E. Geldkreditbetrug

1. Betrügerische Erlangung von Darlehen (Darlehenskreditbetrug)
   a) z. N. von Einzelpersonen
   b) z. N. von Geld- und Kreditinstituten
   c) z. N. von sonstigen Firmen und behördlichen Stellen

2. Betrügerische Erlangung von Hypotheken (Hypothekenkreditbetrug)

3. Scheckbetrug
   a) mit Reiseschecks
   b) mit allgemeinen Schecks, Postschecks

F. **Vermittlungsbetrug**

Das Wesen des Vermittlungsbetruges besteht regelmäßig darin, daß der Täter arglistig vortäuscht, er sei in der Lage und bereit, ein gewünschtes Objekt zu vermitteln, während er in Wirklichkeit nur anstrebt, Vermittlungsvorschüsse und Gebühren für „Auskunftseinholung" vom Vermittlungssuchenden zu erhalten.

1. Warenvermittlungsbetrug
2. Betrügerische Vermittlung von Aufträgen und Lieferungen
3. Betrügerische Vermittlung von Arbeitsplätzen
4. Heiratsvermittlungsbetrug
5. Titel- und Ordensvermittlungsbetrug
6. Wohnungsvermittlungsbetrug
7. Immobilienvermittlungsbetrug
8. Sonstige betrügerische Vermittlungen

G. **Schwindel und Hochstapelei**

Während in den Gruppen A. – F., die verschiedenen Betrugsarten nach übereinstimmenden Merkmalen und nach dem Betätigungsfeld der Betrüger systematisch geordnet sind, erfaßt die Gruppe G. die sogenannten Schwindler, das sind die Täter, die (oft unter falschem Namen) mit bestimmten Tricks Personen schädigen, die ihrer Gerissenheit mitunter nicht gewachsen sind. Meist müssen sie sich im Einzelfalle mit einer verhältnismäßig geringen Beute begnügen. Dafür schädigen sie aber eine um so größere Zahl von Einzelpersonen. Hierin liegt ihre besondere Gefährlichkeit.

1. Heiratsschwindel (Heiratsbetrug)
2. Zechprellerei, Fahrgeldprellerei
3. Einmieteschwindel
   a) z. N. von Beherbergungsstätten
   b) z. N. von Privatpersonen
4. Lohnvorschußschwindel
5. Sammelschwindel
   Sammelschwindler sammeln angeblich für dritte Personen oder Organisationen unberechtigt Unterstützungen, mitunter durch Verkauf von Eintrittskarten, sogenannten Bausteinen, usw.
6. Unterstützungsschwindel, Bettelschwindel
   Unterstützungs- und Bettelschwindler sammeln unter falschen Angaben über ihre eigenen Verhältnisse Unterstützungen und sonstige Zuwendungen.
7. Erschleichen von Krankenhausaufenthalt und von ärztlicher Behandlung
8. Schwindel unter Vorspiegelung der Erwartung größerer Geldbeträge oder Vermögenswerte
   Unter Vorspiegelung der Erwartung beträchtlicher Geldbeträge oder Vermögenswerte, z. B. aus Lotto oder Lotterie, Kapitalisierung von Renten, aus Ansprüchen gegen Versicherungen oder aus Erbschaft, zu deren Auszahlung es jedoch zunächst einer Summe Geldes zur Deckung von Unkosten bedarf, verspricht der Täter einen Teil des in Aussicht stehenden Vermögens, wenn ihm sofort mit einem Geldbetrage oder der Einräumung eines Kredits geholfen wird.

9. Kurpfuscherei und Schwindel unter Vorspiegelung übersinnlicher Fähigkeiten
   a) Kurpfuscherei
      Kurpfuscher sind Personen, die Erkenntnisse der Schulmedizin oder der Naturheilkunde betrügerisch oder leichtfertig zu ihrem finanziellen Vorteil ausnutzen
   b) Heilmittelschwindel
   c) Okkultschwindel

10. Nepperei
    Nepper verkaufen wertlose Gegenstände aller Art (Talmischmuck, Glassteine, Ringe, Souvenirs usw.) an offensichtlich leichtgläubige Personen und Touristen, die sie auf der Straße, auf Jahrmärkten, Bahnhöfen usw. angesprochen haben, unter der Vorgabe, es handele sich um eine besonders günstige und einmalige Kaufgelegenheit echter Ware.

11. Grußbestellschwindel und Schwindel durch falsche Unglücksboten
    Grußbestellschwindler geben sich fälschlich als Beauftragte von Bekannten oder selbst als frühere Bekannte ihres Opfers oder eines seiner Familienangehörigen aus und erschwindeln sich damit Darlehen oder Unterstützungen.

    Falsche Unglücksboten spiegeln dem Opfer vor, daß eine ihm nahestehende Person einen Unglücksfall erlitten habe oder sich anderweit in Not befinde und sie beauftragt seien, Geld oder dringend benötigte Kleidungsstücke sowie sonstige Gegenstände in Empfang zu nehmen, um diese weiterzuleiten.

12. Wechselfallenschwindel
    Wechselfallenschwindler betrügen beim Geldwechseln, indem sie unter Ablenkung des Wechslers durch Tricks oder mit Hilfe eines Mittäters den gewechselten Geldschein (oder eine größere Münze) zusammen mit dem Wechselgeld wieder an sich nehmen.

13. Brief- und Paketfallenschwindel
    Brief- und Paketfallenschwindler vertauschen Briefe oder Pakete, die einen wertvollen Inhalt haben, mit wertlosen entsprechenden Sendungen.

14. Empfangsberechtigungsschwindel
    a) Schwindel mit gefälschten Quittungen, Garderobenmarken usw.
       Der Täter kassiert fremde Forderungen für gelieferte Waren oder Leistungen unter Vorlage gefälschter Empfangsbelege (Quittungen oder Rechnungen) oder holt Bekleidungsstücke oder andere Gegenstände unter Vorlage gefälschter oder gestohlener Empfangsberechtigungsbelege oder Hinterlegungsbescheinigungen ab.
    b) Paketabgabenschwindel
       Paketabgabeschwindler geben bei Hausangestellten oder Nachbarn Pakete mit wertlosem Inhalt ab und ziehen dafür einen Geldbetrag ein, unter der Vorspiegelung, es handele sich um eine vom Hausherrn oder Nachbarn bestellte, noch nicht bezahlte Sendung, die aber bei Lieferung bezahlt werden sollte.

15. Zimmerfallenschwindel (Bestellungs-, Auswahlschwindel)
    Zimmerfallenschwindler sind solche Personen, die bei einer Firma eine Auswahlsendung von Waren bestellen und den Überbringer im Zimmer warten lassen, um inzwischen selbst durch einen anderen Ausgang heimlich mit der Ware zu verschwinden.

16. Währungsschwindel, Geldumtauschschwindel
   Unter Vorspiegelung einer bevorstehenden Abwertung des Geldes verspricht der Täter insbesondere alten ungewandten Personen, deren Geld in wertbeständige Noten umzutauschen. Er läßt sich das „wertlos werdende" Geld mitgeben und verschwindet.

17. Schwindel mit sonstigen Tricks
   Als Schwindler mit sonstigen Tricks sind solche Personen anzusehen, die neue bisher unbekannte oder in der Grundeinteilung der Straftaten noch nicht aufgeführte Tricks anwenden.

18. Hochstapelei
   Es erscheint zweckmäßig, hier nochmals alle einschlägigen Täter zu erfassen, die – unabhängig von der Art der Begehung und der Klassifikation ihrer Straftaten – als typische Hochstapler anzusehen sind.

H. Fälschungen

Unter diese Gruppe fallen nur Täter und Straftaten, sofern es sich um Totalfälschungen oder gewerbsmäßig betriebene, von dritten Personen zu verwendende Verfälschungen handelt.

1. Urkundenfälschung
2. Paß- und Ausweisfälschung
   a) inländische Ausweispapiere
   b) ausländische Ausweispapiere
3. Wertzeichenfälschung
   a) Briefmarken
   b) Steuerzeichen (Banderolen, Gebührenmarken usw.)
   c) Wert- und Rabattmarken
   d) Fahrtausweise und Eintrittskarten
   e) sonstige
4. Wertpapierfälschung
   a) Aktien
   b) sonstige Wertpapiere, Coupons
   c) Sparkassenbücher
   d) Postsparkassenbücher
   e) Schecks
   f) Reiseschecks
5. Kunstwerkfälschung
   a) Gemälde, Aquarelle, Stiche
   b) Skulpturen
   c) sonstige Kunstwerke
   d) Expertisen

Klasse IV – Straftaten in Verbindung mit Spielen, Wetten usw.

A. Glücks- und Falschspiel

1. Kartenspiele
2. Würfelspiele
3. Roulette
4. Sonstige

B. Rennwettbetrug

1. Vorlegen ungültiger oder gefälschter Tickets oder Wettscheine bei zugelassenen Wettunternehmern

2. Weitergabe angeblich sicherer Tips an Wettinteressenten
3. Betrügerische Manipulationen durch Veranstalter oder sonstige Beteiligte

C. **Schwarzbuchmacherei**
Vergehen gegen das Rennwett- und Lotteriegesetz vom 8. 4. 1922.

D. **Unerlaubte Lotterien und Ausspielungen**

E. **Betrug bei Lotto, Toto und sonstigen Lotterieveranstaltungen**
1. Vorlage ge- oder verfälschter Scheine durch Spieler
2. Betrügerische Manipulationen durch Veranstalter oder Personal
3. Betrügerischer Verkauf angeblich sicherer Tips (einschl. Wettsysteme)

Klasse V – Triebverbrechen und sonstige Straftaten auf sexueller Grundlage

A. **Unzüchtige Handlungen mit oder an Kindern**
1. Art der Handlungen
   a) führen unsittlicher Reden, vorzeigen unzüchtiger Bilder
   b) Selbstentblößung
   c) unzüchtiges Berühren des Opfers (betasten, belecken usw.)
   d) berührenlassen durch das Opfer
   e) beischlafsähnliche Handlungen oder Geschlechtsverkehr
   f) sonstige
2. Kontaktaufnahme
   Art:
   a) erwecken der Neugier oder ansprechen kindlicher Begehren ideeller Art
   b) versprechen oder darbieten von Geschenken
   c) einladen zur Mitfahrt im Kraftfahrzeug
   d) einladen zu Veranstaltungen aller Art
   e) ansprechen kindlicher Hilfsbereitschaft
   f) vorgeben eigener Hilfsbereitschaft
   g) vortäuschen amtlicher Funktionen oder beanstanden von Verhaltensweisen
   h) auftreten als Vertreter, Werber, Hausierer
   i) sonstige
   Örtlichkeit:
   j) Schulen, Kindergärten
   k) Kinderspielplätze, Parkanlagen
   l) Sport- und Badeanlagen
   m) Gebäude, Hausflure, Keller
   n) sonstige
3. Besonderes Verhalten des Täters
   a) bedrohen
   b) anwenden von Gewalt

B. **Notzucht und Nötigung zur Unzucht**
1. Annäherung an das Opfer
   a) nach Kontaktaufnahme
   b) überfallartig
2. Angriff auf das Opfer
   a) einschüchtern
   b) anwenden von körperlicher Gewalt
   c) bedrohen mit Waffen

3. Täterkreis
   a) Vertreter, Werber, Hausierer u. ä.
   b) Amtspersonen, Ärzte (auch angebliche)
   c) jugendliche Banden

C. **Widernatürliche Unzucht**
   1. Homosexualität
      durch
      a) Päderasten
      b) Strichjungen
   2. Sodomie
      a) Bestialität
      b) Tierstechen

D. **Sonstige geschlechtliche Verirrungen**
   1. Exhibitionismus
      a) in freiem Gelände, Wald (Waldränder)
      b) auf öffentlichen Plätzen, Straßen
      c) in und vor Baulichkeiten aller Art
      d) in und auf Fahrzeugen aller Art
   2. Fetischismus
   3. Sadismus, Masochismus
   4. Zopfabschneiden, Kleiderzerschneiden, Säure- und Farbenspritzer
   5. Nekrophilie (Leichenschändung)
   6. Beobachten und Belauschen anderer Personen bei geschlechtlichen Handlungen (durch Spanner und Lurer)

E. **Verletzung von Sitte und Anstand durch**
   1. Anonyme Briefe und Telefonanrufe auf sexueller Grundlage
   2. Verbreitung von unzüchtigen Abbildungen, Schriften, sonstigen Darstellungen, Tonbändern, Schallplatten, Dias und Filmen, sowie Herstellung und Besitz zum Zwecke der Verbreitung
   3. Öffentliche Ausstellung oder Ankündigung von Mitteln oder Gegenständen, die zum unzüchtigen Gebrauch bestimmt sind

F. **Begünstigung fremder Unzucht**
   1. Zuhälterei über größere räumliche Bereiche
   2. Kuppelei (Callgirlring u. ä.)

Klasse VI – Falschgelddelikte und verwandte Straftaten

A. **Herstellung inländischen Falschgeldes**
   1. Papiergeld
   2. Systemnoten
   3. Blüten
   4. Hartgeld

B. **Herstellung ausländischen Falschgeldes**
   1. Papiergeld
   2. Systemnoten

3. Blüten
4. Hartgeld

C. Verbreitung inländischen Falschgeldes
1. Papiergeld
2. Hartgeld
3. Schwindel mit verrufenem Geld

D. Verbreitung ausländischen Falschgeldes
1. Papiergeld
2. Hartgeld
3. Schwindel mit verrufenem Geld

E. Unbefugte Nachprägung und Verbreitung von nicht oder nicht mehr im Verkehr befindlichen Gold- oder Silbermünzen

Klasse VII – Rauschgiftdelikte

A. Diebstahl von Betäubungsmitteln aus
1. Apotheken, Pharmazeutischen Fabriken und Großhandlungen
2. Krankenhäusern, Sanatorien, Altersheimen usw.
3. Arztpraxen, Unfallstationen
4. Sonstige

B. Schmuggel und Schleichhandel mit Betäubungsmitteln
1. Einfuhrschmuggel
   a) Rohprodukte
   b) Fertigerzeugnisse
2. Ausfuhr- und Transitschmuggel
   a) Rohprodukte
   b) Fertigerzeugnisse
3. Innerdeutscher Schleichhandel
   a) Rohprodukte
   b) Fertigerzeugnisse

C. Betrug mit angeblichen Betäubungsmitteln
1. (angebl.) Morphium
2. (angebl.) Kokain
3. (angebl.) Opium
4. (angebl.) Haschisch (Marihuana)
5. andere angebliche Betäubungsmittel

D. Diebstahl von Rezeptformularen, Verfälschung und Fälschung von Rezepten
1. Diebstahl von Rezeptformularen
   a) Bei Ärzten
   b) in Krankenhäusern u. a.
2. Verfälschung und Fälschung von Rezepten
   a) Erhöhung ordnungsmäßig verschriebener Mengen oder Hinzusetzen von Betäubungsmittel-Verschreibungen
   b) Totalfälschungen

E. Verstöße gegen die Verschreibungs- und Abgabeverordnung

F. Erschleichen von Betäubungsmitteln oder Betäubungsmittelrezepten durch Vortäuschung
von
1. Nieren- oder Gallenkoliken
2. Magen- oder Darmleiden
3. Amputations- oder Verwachsungsbeschwerden
4. Unterleibs- oder Menstruationsbeschwerden
5. sonstigen Krankheiten

2. Sondermeldedienste und Neuordnungen des Kriminalpolizeilichen Meldedienstes

19 In der Folge wurden für einige Kriminalitätsbereiche Sondermeldedienste eingerichtet (Rauschgiftkriminalität, Waffen- und Sprengstoffsachen, Falschgeldkriminalität, Wirtschaftskriminalität, neuerdings auch Computerkriminalität, Umweltkriminalität) und der Kriminalpolizeiliche Meldedienst im übrigen 1982 neu geordnet. Hintergrund der **Neuordnung** war die Erkenntnis, daß der Meldedienst zu einem umfassenden Informationsaustausch sowie zur wirkungsvollen Bekämpfung überörtlicher/überregionaler Täter/-Gruppierungen nur (noch) eingeschränkt geeignet war. Die Straftatenzahl in der Bundsrepublik Deutschland näherte sich der 4-Mio-Grenze und hatte sich in den letzten 20 Jahren damit nahezu verdoppelt. Erhofft wurde eine Effizienzsteigerung durch Beschränkung der Meldepflichten auf **auswertungsfähige und auswertungswürdige Delikte**. Ergebnis war ein zum 1. 1. 1983 in Kraft gesetzter reduzierter Straftatenkatalog, der bis heute gültig ist.

Neuordnung des Kriminalpolizeilichen Meldedienstes (KPMD)

20 Die Arbeitsgemeinschaft der Leiter der Landeskriminalämter hat auf der 94. Tagung beschlossen, den auf den folgenden Seiten abgedruckten Katalog der meldepflichtigen Straftaten (früher Grundeinteilung der Straftaten) ab 1. 1. 1983 bundesweit einzuführen. Nach Maßgabe des Beschlusses sind die im Katalog mit X gekennzeichneten Straftaten generell an das Landeskriminalamt und über dieses an das Bundeskriminalamt zu melden. Die nicht mit X gekennzeichneten Straftaten des Kataloges sind an das Landeskriminalamt und über dieses nur zu melden, wenn sie von überörtlichen Tätern begangen wurden. Bei Straftaten unbekannter Täter gilt diese Meldepflicht, wenn

a) die Straftat nachweislich oder den Umständen nach von unbekannten überörtlichen Tätern begangen wurde und

b) die Straftat von herausragender Bedeutung ist, und zwar hinsichtlich
– der Tatbegehung oder
– der Art oder des Umfanges des erlangten Gutes
oder

c) auswertungsrelevante Hinweise vorliegen, wie z. B.
– Täterbeschreibung
– festgestellte Spuren
– beobachtete Fahrzeuge

- erkannte Kfz-Kennzeichen
- Sortierung des Diebesgutes
- zur Erlangung hochwertiger, für die Sachfahndung geeigneter (auch nicht numerischer) Gegenstände.

Um das Meldeverfahren zu vereinfachen und zu beschleunigen, ist künftig überwiegend die Fernschreibübermittlung (ggf. formatiert) oder eine vergleichbare Übermittlungstechnik zu verwenden.

Katalog der meldepflichtigen Straftaten

Schlüssel		Bedeutung
Klasse I		**Verbrechen gegen Leben oder Freiheit und gemeingefährliche Straftaten**
1A00000	X	Vorsätzliche Tötungsdelikte (einschließlich Versuche)
1C01000	X	Menschenraub
1C02000	X	Erpresserischer Menschenraub, Geiselnahme
1C03000	X	Erpressungstaten
		– gegen Persönlichkeiten des öffentlichen Lebens oder der Wirtschaft
		– gegen öffentlich-rechtliche Körperschaften
		– gegen Wirtschaftsunternehmen und
		– in Verbindung mit Schutzgebühren
1D00000		Vorsätzliche Brandstiftung
1E01000	X	Explosionen und Sprengstoffverbrechen
1E06000		Schwere Fälle der vorsätzlichen Transportgefährdung (Straßen-, Schienen-, Wasser-, Luftverkehr)
1E07000	X	Gemeingefährliche Vergiftungen
Klasse II		**Raub und Diebstahl**
2A00000		Raub, räuberische Erpressung, Autostraßenraub
2A01B00	X	Geldinstitute, Poststellen und sonstige öffentliche Kassen
2A01C00		Büro- und Geschäftsräume, Werkstatt- und Lagerräume
2A01D00		Tankstellen
2A01E00		Wohnungen
2A02A00	X	Geld- und Kassenboten, einschließlich Wert- und Geldtransporte
2A02D00		Taxifahrer
2A02E00		Insassen von Fahrzeugen, Kraftfahrer
2A04A00	X	Raub von Ladungen und Transportgütern
2B00000		Diebstahl
2B06D00		durch falsche Beamte, Angestellte und sonstige Beauftragte von Betrieben der öffentlichen Hand, falsche Handwerker usw.
2B06E00		durch Reisende und Werber während ihrer beruflichen Tätigkeit
2B07000		durch Anhalter und andere Mitfahrer
2B08000		Diebstahl an im Fahrzeug mitgenommenen Personen
2B12000		durch Einmieter
2B13000		mittels Tricks

Timm

Schlüssel		Bedeutung
2C00000		Diebstahl aus bestimmten Baulichkeiten, bei denen Täter mit Gewalt, durch Täuschung oder unter Ausnutzung der Unachtsamkeit des Betroffenen Hindernisse überwindet, um Zutritt zum engeren Tatort und zum Stehlgut zu erlangen.
2C01000		Geldinstitute und Poststellen
2C07000		Juwelier-, Uhrmacher-, Antiquitätengeschäfte
2C08B06		Pelzgeschäfte
2C08B08		Lederwarengeschäfte
2C08B11		Teppichgeschäfte
2C13000		Büroräume
2C14000		Fabriken, Werkstätten, Lagerräume, Lagerhäuser usw.
2C18000		Wohnungen
2D09000		Diebstähle in und aus Verkehrsmitteln
2D09001	X	Ladungsdiebstahl
		Bevorzugung bestimmter Güter
2F01000	X	Siegel, Stempel, Formulare (Paß-, Führerschein-, Personalausweisvordrucke, Aus- und Einfuhrpapiere usw.)
2F08E00	X	Funkanlagen und -geräte (nicht CB-Funk)
2F09B00	X	Schweißgeräte (nur Sauerstofflanzen)
2F09C01	X	Bearbeitungsmaschinen (nur Diamantkernbohrgeräte)
2F15000	X	hochwertige Teppiche und Gobelins
2F16000	X	Gemälde, Bilder, Aquarelle, Kupferstiche
2F17000	X	Antiquitäten, Heiligenfiguren, Skulpturen, sakrale Gegenstände
2F21A00		hochwertige Personenkraftwagen
2F21B00		hochwertige Lastkraftwagen, Omnibusse, Anhänger, Wohnwagen, Zugmaschinen
2F21E00		hochwertige Wasserfahrzeuge
2F21I00		hochwertige Baumaschinen
2F21K00		Luftfahrzeuge
2F28000		Diebstahl aus/von Tresoren
2G00000		Gewerbsmäßige Hehlerei
Klasse III		**Betrug und verwandte Eigenschaftsformen**
3B01F01		Betrügerische Erlangung von
		– hochwertigen Kraftfahrzeugen
3B01F11		– hochwertigen Wasserfahrzeugen
3B01F12		– Luftfahrzeugen
3B04000		– Versicherungsleistungen
3D05000		– Vertragsabschlüssen (Werbe- und Verkaufsbetrug)
3E01000		Darlehenskreditbetrug
3E03000		Scheckbetrug
3F01000		Warenvermittlungsbetrug
3F02000		Betrügerische Vermittlung von Aufträgen und Lieferungen

Polizeiliche Information und Kommunikation

Schlüssel		Bedeutung
3F03000		Betrügerische Vermittlung von Arbeitsplätzen
3G01000		Heiratsbetrug
3G03000		Einmietebetrug
3G04A00		Kontoeröffnungsbetrug
3G06000		Unterstützungsbetrug
3G12A00		Wechselfallenbetrug durch Alleintäter
3G12B00		Wechselfallenbetrug durch Zusammenarbeit mehrerer Täter
3G20D00		Unterschlagung von hochwertigen Kraftfahrzeugen
3G20E00		Unterschlagung von hochwertigen Wasserfahrzeugen
3G20F00		Unterschlagung von Luftfahrzeugen
3H02000	X	Paß- und Ausweisfälschung
3H03000	X	Wertzeichenfälschung
3H04000	X	Wertpapierfälschung
3H05000	X	Kunstwerkfälschung
3H06A00	X	Fälschung von Führerscheinen (Totalfälschungen)
3H06B00	X	Fälschung von Kfz-Briefen und -Scheinen (Totalfälschungen)
3H08A00	X	Fälschung von amtlichen Stempeln und Siegeln
Klasse IV		**Straftaten in Verbindung mit Spiel, Wetten usw.**
4A00000		Glücks- und Falschspiel
4B00000		Rennwettbetrug
4C00000		Schwarzbuchmacherei
Klasse V		**Triebverbrechen und sonstige Straftaten auf sexueller Grundlage**
5A00000		Sexueller Mißbrauch von Kindern (ausgenommen Taten gem. § 176 Abs. 5 Nr. 1 u. 3 StGB)
5B00000		Vergewaltigung und sexuelle Nötigung
5E02000		Verbreitung pornografischer Schriften
5F01000		Zuhälterei
5F03000		Förderung der Prostitution (nur Fälle des § 180 a Abs. 3 StGB)
5F04000	X	Menschenhandel
5F05000		Körperverletzung auf sexueller Basis

3. Perspektive des kriminalpolizeilichen Meldedienstes

Vor dem Hintergrund der kritischen wissenschaftlichen Diskussion der Perseveranzhypothese (*Steffen, Weschke, Oevermann* vgl. oben Rdnr. 14) und aufgrund der Erkenntnis – nach zunächst wenig befriedigenden Ergebnissen einer Unterstützung des Meldedienstes durch die elektronische Datenverarbeitung (Straftaten-Straftäter-Datei – SSD – als Teilerprobung für Raub, Erpressung, Geiselnahme und Scheckbetrug 1975 bundesweit eingeführt und 1979 wieder eingestellt; Näheres hierzu Rdnr. 31) –, dennoch in Zukunft auf eine EDV-Unterstützung nicht verzichten zu können,

beauftragte die AG Kripo 1988 eine Arbeitsgruppe mit der **Konzeption einer DV-gestützten Falldatei** für Straftaten von bundesweiter (heute: „länderübergreifender") Bedeutung. Es zeichnet sich ab,
- daß ein erfolgreicherer Meldedienst sich lösen muß von zu starren deliktsorientierten Vorgaben, um stärker auf an Tatorten, bei Delikten oder bei Tätern festgestellte Besonderheiten Rücksicht nehmen zu können (Kataloge eignen sich dafür im allgemeinen nicht, sondern man wird stärker auf „Kommunikationsanlässe der Polizei" abstellen müssen)
- daß den Sachbearbeitern unmittelbar eine DV-Erfassung in sprachlich differenzierter Form möglich sein muß, ebenso wie eine Recherche, der auch Freitexte zugänglich sein müssen.

4. Wesentliche Meldedienste des Staatsschutzes

a) Neben dem Kriminalpolizeilichen Meldedienst für Allgemeinkriminalität und den Sondermeldediensten für besondere Deliktsbereiche ist der Kriminalpolizeiliche **Meldedienst in Staatsschutzsachen** eingeführt. Die Verarbeitung der durch diesen Meldedienst erlangten Informationen erfolgt im wesentlichen in speziellen Dateien (Arbeitsdatei PIOS[1] – Innere Sicherheit [APIS] und Arbeitsdatei PIOS-Landesverrat [APLV]).

b) Über den **Meldedienst „Landfriedensbruch und verwandte Straftaten"** erfaßte Personalien werden im Fahndungsfalle in der Fahndungsdatei zeitlich und ggf. örtlich begrenzt zur Verfügung gestellt.

B. Polizeiliche (automatisierte) Datenverarbeitung

I. Vorbemerkungen

Gewinnen, Sammeln, Auswerten und Weitergabe von Informationen ist seit jeher ein **Kernbereich (kriminal)polizeilicher Tätigkeit**. Schon frühzeitig wurden Hilfsmittel für methodisches Sammeln und Auswerten von Informationen – etwa in Form der Karteien, „Steckkarten" und Aktensammlungen – genutzt.

Die **elektronische Datenverarbeitung** (heute: Informationstechnik – IT –) eröffnete neue Perspektiven. *Horst Herold*, Präsident des Bundeskriminalamtes a. D., Pionier und Gestalter der polizeilichen Datenverarbeitung, nutzte die elektronische Datenverarbeitung als Polizeipräsident in Nürnberg bereits Ende der sechziger Jahre zur Ermittlung und Untersuchung der Beziehungen zwischen Raum und Kriminalität und bewirkte damit neue Impulse für die **Kriminalgeographie** durch Einsatz der Computerkartographie. Mit dieser Technik ließen sich – erstmals übersichtlich und zeitnah zu den Tatgeschehen – Grafiken der Kriminalitätsdichte, der Täterdichte, der Täterwohnsitze, Täterein- und Täterausströme – deliktisch und zeitlich spezifiziert – darstellen und als Grundlage für Einsatz, Organisation und Zuständigkeit (Dienstzeiteinteilung, Bürostunden, Schichtdienst, Einsatzregionen, Einsatzschwerpunkte, Präventivkontrollen etc.) verwenden.

---

[1] Personen, Institutionen, Objekte, Sachen.

II. Beginn der Datenverarbeitung in Bund und Ländern

1. Entwicklung auf Bundesebene

a) Das **Programm für die Innere Sicherheit** in der Bundesrepublik Deutschland vom Juni 1972 forderte u. a.: „Es soll ein **gemeinsames Informations- und Auskunftssystem für die gesamte Polizei** in der Bundesrepublik mit dem Bundeskriminalamt als Zentralstelle geschaffen werden. Grundlage soll das vom Bundesministerium des Innern vorgelegte Konzept für den elektronischen Datenverbund zu polizeilichen Zwecken sein, dem die Ständige Konferenz der Innenminister der Länder für den Bereich der Fahndung am 27. 1. 1972 zugestimmt hat. Danach werden im Endausbau die Länder die Fahndungsdaten dem BKA über Landesrechner sofort zur Verfügung stellen. Bis zum endgültigen Ausbau des Datenverbundes – auf Wunsch auch später – können die Länder ihre Datenstationen unmittelbar an die EDV-Anlage des Bundeskriminalamtes anschließen."

Auf der Grundlage eines Konzeptes des BMI verabschiedete die IMK auf Vorschlag des AK II am 27. 1. 1972 das „**Konzept für das polizeiliche Informations- und Auskunftssystem**". Dieses Konzept wurde zwischenzeitlich mehrfach fortgeschrieben (1975, 1978, 1981 und 1990).

b) In einer 1. Ausbaustufe nahm das BKA am 13. November 1972 die Überführung der **Personenfahndung** in die elektronische Datenverarbeitung auf, nachdem mit den Polizeien der Bundesländer die Struktur eines einheitlichen Datensatzes zur Erfassung von Personen entwickelt worden war. Über zunächst 19 Datensichtgeräte im Bundeskriminalamt, in den Bundesländern, an Grenzen und Flughäfen wurde dieser Datenbestand abgefragt, ergänzt und aktualisiert. Damit verfügte die Polizei über ein Auskunftssystem, das den bis dahin genutzten Fahndungsbüchern zur Festnahme und Aufenthaltsermittlung von Personen, aber auch den täglich aktualisierten Personenfahndungskarteien bei den Landeskriminalämtern und größeren Polizeidienststellen durch die größere Aktualität deutlich überlegen war, insbesondere als im Dezember 1974 die dezentrale Eingabe der Fahndungsdaten an Stelle der zentralen Eingabe beim BKA trat.

1974 wurde schrittweise die Fahndung nach numerierten Gegenständen (**Sachfahndung**), vor allem nach gesuchten Kraftfahrzeugen einbezogen.

1975 begann das BKA mit dem Aufbau eines **Zentralen Personenindex**, mit dessen Hilfe Akten/Unterlagen zu allen bekannt gewordenen Tatverdächtigen nachgewiesen werden sollten.

1975 begann die Erfassung von Daten für die Erprobung der **Straftaten-/Straftäter-Datei** (SSD) für die Deliktsbereiche Raub/Erpressung, Geiselnahme/Scheckbetrug (Teilerprobung) in den Bundesländern. Das Saarland führte eine Gesamterprobung durch. Ziel war die Automatisierung des Kriminalpolizeilichen Meldedienstes. Die Teilerprobung wurde 1979, die Gesamterprobung im Saarland 1982 eingestellt.

32 1976 wurde die **PIOS-Datei** (Personen, Institutionen, Objekte, Sachen) als Aktenfundstellensystem konzipiert und im Bereich des Terrorismus eingeführt.

33 Mit dem 1976 und 1977 eingerichteten **Daktyloskopie-Verfahren** wurde es möglich, maschinell durch Fingerabdruckvergleiche Personen zu identifizieren und Tatverdächtige bzw. Tatzusammenhänge festzustellen.

34 1978 wurde die **Haftdatei** realisiert. Ebenfalls 1978 wurde ein **Spuren- und Hinweisdokumentationsverfahren** (SPUDOK) eingeführt.

35 c) Die Datenverarbeitung erlaubte **Rasterfahndungen** – Abgleich verschiedener Dateien (außerpolizeiliche untereinander, außerpolizeiliche mit polizeilichen, polizeiliche mit polizeilichen) –, um auf der Basis positiver oder negativer Merkmale „Treffer" zu erzielen, und zwar in größerem Auswertungsumfang als bis dahin mit konventionellen Mitteln möglich.

36 Die Einführung fälschungssicherer Personalausweise gestattete durch die **maschinenlesbare Zone** einen automatischen Abgleich mit dem Fahndungsbestand bei (Grenz)kontrollen und zugleich die Dokumentation der Anfrage in besonderen Fällen.

2. Beginn der Datenverarbeitung in den Bundesländern

37 a) *Hamburg (POLAS)*
Mitte 1970 bis 1972 wurde die Personendatei als Teilprojekt 1 entwickelt und getestet. 1971 erfolgte die online-Erfassung personengebundener Daten aus den Karteibeständen und aus neu eingehenden Meldungen auf Magnetband. Die Personenbeschreibung und der modus operandi wurden zunächst mit aufbereitet, später jedoch im Hinblick auf eine abzuwartende bundeseinheitliche Entwicklung zurückgestellt. Der 24-Stunden-Wirkbetrieb begann am 1. 10. 1973.

38 b) *Saarland*
Das 1. Aufgabengebiet, in dem die EDV eingesetzt wurde, war die Polizeiliche Kriminalstatistik, die seit 1971 maschinell aufbereitet wird.

39 c) *Bayern*
Im März 1973 wurde beim BLKA mit dem Test der 1. Ausbaustufe (Personenfahndung) begonnen. Im August 1973 wurde die 1. Ausbaustufe im Wirkbetrieb eingesetzt. 1975 wurde die Sachfahndung in Betrieb genommen.

40 d) *Schleswig-Holstein (PED)*
Am 30. 1. 1970 wurde der Betrieb der „Polizeilichen Erkenntnisdatei" (PED) mit einem Erstbestand von 550 000 Personendatensätzen aufgenommen.

41 e) *Baden-Württemberg (PAD)*
Seit dem 15. 2. 1973 wurden die Daten für die Personenauskunftsdatei (PAD) beim LKA Baden-Württemberg zentral für Baden-Württemberg eingegeben.

f) Hessen (HEPOLIS) 42

Im September 1974 wurde das Hessische Polizeiliche Informationssystem (HEPOLIS) durch den HMdI übergeben. Der Datenbestand am 30. 10. 1974 betrug 435 275 Personengrunddaten und 157 337 Personenfahndungsdaten.

g) Niedersachsen (POLAS) 43

Die Datenerfassung auf dem Gebiet der „Allgemeinen Sachfahndung" (zunächst auf Lochkarten) im März 1970 und die Erstellung der PKS mit Hilfe der EDV im Januar 1971 kennzeichnen den Beginn der EDV-Nutzung in Niedersachsen und des Polizeilichen Auskunftssystems (POLAS).

h) Nordrhein-Westfalen (PIKAS) 44

Im April 1967 wurde die Polizeiliche Kriminalstatistik EDV-mäßig aufbereitet. Im Juli 1969 erfolgte der Aufbau der Zentralen Auskunftsdatei (ZAD). 1976 wurde das polizeiliche Informations-, Kommunikations- und Auswertesystem (PIKAS) entwickelt.

i) Rheinland-Pfalz (POLIS) 45

Anfang 1971 wurde mit der Einrichtung des Landesrechenzentrums und der Implementierung eines Einwohnerinformationssystems die Basis für die Entwicklung eines polizeilichen Informationssystems (POLIS) geschaffen. Im Dezember 1972 wurde ein Personenfahndungssystem in Betrieb genommen.

j) Berlin (ISVB) 46

Im Dezember 1970 begann die Erfassung der Kriminalaktengrunddaten und die Einführung des EDV-Verfahrens „Polizeiliche Kriminalstatistik". 1972 begann die Entwicklung des Informationssystems für Verbrechensbekämpfung (ISVB).

III. Entwicklung der polizeilichen Datenverarbeitung zum gegenwärtigen Stand

1. INPOL-Fortentwicklungskonzept

Die Einführung der EDV zur Unterstützung der Kriminalitätsbekämpfung war geprägt durch landerspezifische Konzepte und Realisierungsschritte, was eine **bundesweite Gesamtkonzeption** und Realisierung von Anwendungen erheblich erschwert hat. Um in Kernbereichen Übereinstimmung zu erzielen, verabschiedete die IMK am 23. 1. 1981 das elementare Konzept „Fortentwicklung des Polizeilichen Informationssystems INPOL", das gegenwärtig noch Bestand hat und wegen seiner Bedeutung im Wortlaut wiedergegeben wird: 47

48 Konzept für die Fortentwicklung des polizeilichen Informationssystems INPOL

Begriff

Das polizeiliche Informationssystem INPOL dient der Verbrechensbekämpfung. Unter dieser Zielsetzung und nach Maßgabe der für den jeweiligen Sachbereich getroffenen Einzelregelungen enthält es alle bei den zuständigen Polizeidienststellen des Bundes und der Länder angefallenen einschlägigen Informationen (Daten) und macht sie für weitere Ermittlungen verfügbar.

Organisation

INPOL besteht aus

– Datenbeständen, die – auch nach Einspeicherung durch die Länder – beim Bundeskriminalamt als „Zentralstelle für den elektronischen Datenverbund zwischen Bund und Ländern" i. S. des § 2 BKAG geführt werden **(INPOL-Bund)**;

– ergänzenden Datenbeständen, die von dem Land geführt werden, in dem sie angefallen sind **(INPOL-Land)**.

Die Länder können die Daten, die sie selbst in INPOL-Bund eingespeichert haben, auch in eigenen Dateien führen. Eine Parallelspeicherung im Verbund (gleichzeitige Speicherung auch bei allen Ländern) findet – ausgenommen Personen- und Sachfahndung – nicht statt.

Die Speicherung von Daten im INPOL-System setzt voraus, daß bestimmte für die jeweilige Datei festgelegte Voraussetzungen erfüllt sind. Es bleibt Bund und Ländern unbenommen, die Daten, die danach für INPOL nicht in Betracht kommen, in eigenen Dateien zu speichern.

INPOL-Bund

Zu INPOL-Bund gehören

– der Kriminalaktennachweis (KAN),
– die Personenfahndung,
– die Haftdatei,
– die Sachfahndung,
– die erkennungsdienstlichen Daten,
– zentrale Aktenerschließungssysteme, Spurendokumentationssysteme und Falldateien für Straftaten von bundesweiter Bedeutung im Sinne der Richtlinien für die Einrichtung und Führung von Dateien über personenbezogene Daten beim Bundeskriminalamt.
– zentrale Tatmittelnachweise für bestimmte Kriminalitätsbereiche nach Abstimmung zwischen Bund und Ländern.

Die zentrale Speicherung weiterer Bereiche bedarf des Einvernehmens zwischen Bund und Ländern.

INPOL-Land

INPOL-Land umfaßt

– modus-operandi-Daten zu Personen und Fällen;
– Folgedaten zu Personen, die in INPOL-Bund erfaßt sind;
– Folgedaten zu Fällen mit unbekanntem Täter.

Im übrigen speichern die Länder ihre Daten der polizeilichen Verbrechensbekämpfung nach eigenem Ermessen. Das Bundeskriminalamt speichert Daten aus eigenen Ermittlungsvorgängen wie ein Bundesland.

Einrichtungen

Die für INPOL-Bund erforderliche Datenverarbeitungsanlage (DVA) wird vom Bund geplant, beschafft, installiert, programmiert, betrieben und unterhalten.

Die für INPOL-Land erforderliche DVA wird von dem jeweiligen Land geplant, beschafft, installiert, programmiert, betrieben und unterhalten.

Die für den Verbund erforderlichen Programme werden zwischen Bund und Ländern abgestimmt.

1990 wurde das „Konzept für die Fortentwicklung des polizeilichen Informationssystems INPOL" fortgeschrieben und durch „Grundsätze für die Zusammenarbeit von Bund und Ländern bei der polizeilichen Datenverarbeitung im Rahmen des Informationssystems der Polizei (INPOL) – INPOL-Grundsätze – ersetzt.

In den Leitlinien ist u. a. festgelegt, daß
- die dateneingebende Stelle als Datenbesitzer mit daraus folgender Verantwortlichkeit gilt
- bei Dateneingabe in INPOL grundsätzlich eine gleiche Meldung auf konventionellem Wege unterbleibt
- jedes Datum nur einmal eingegeben werden und automatisch für verschiedene INPOL-Anwendungen verfügbar gemacht werden soll
- jeder Sachbearbeiter über ein Endgerät Zugriff auf INPOL haben soll
- die Bedürfnisse der Sachbearbeitung für Planung, Realisierung und Fortentwicklung maßgeblich sind
- Bund und Länder sich verpflichten, definierte Schnittstellen aus Kompatibilitätsgründen einzuhalten.

Die INPOL-Anwendungen sind wie folgt beschrieben:
- Personenfahndung
- Sachfahndung
- Kriminalaktennachweis
- Haftdatei
- Erkennungsdienst
- Daktyloskopie
- Arbeitsdateien für besondere Kriminalitätsbereiche (PIOS)
- Falldatei für Straftaten von länderübergreifender Bedeutung (geplant)
- Hinweis-/Spurendokumentation in Ermittlungsverfahren von länderübergreifender Bedeutung (SPUDOK)
- Beweismitteldokumentation
- Literaturdokumentation (COD)
- Polizeiliche Kriminalstatistik.

Über die Aufnahme weiterer INPOL-Anwendungen entscheiden die Innenminister/-senatoren des Bundes und der Länder.

Ergänzend können die Länder Landes-Anwendungen, z. B.
- Landes-Kriminalaktennachweis
- Landes-Falldatei (einschl. polizeilichhe Kriminalstatistik)
- Landes-Hinweis-/Spurendokumentation
- IT-gestützte Vorgangsbearbeitung

einrichten und in diesen Daten aus INPOL-Anwendungen verwenden.

2. Ausbaustand der Datenendgeräte

49 Die Anzahl der am Informationsverbund INPOL angeschlossenen **Datenendgeräte** (Datensichtstationen, Telex-, Datenfunkgeräte) hat sich seit 1975 wie folgt entwickelt (Direktanschluß oder über eine Landes-DVA):

Jahr	Anzahl	Endgeräte
1975	ca.	700
1978	ca.	1 300
1987	ca.	4 400
1989	ca.	6 000

IV. Ist-Stand INPOL-Bund

1. Rechner-Rechner-Verbund und Terminal-Rechner-Verbund

50 a) Die Länder speichern grundsätzlich die für INPOL-Bund anfallenden Daten in ihrer Landesdatenverarbeitungsanlage und speisen auf Stromwegen nach INPOL-Verbundkonventionen (Manual ¾) die in der zentralen Datenverarbeitungsanlage des BKA geführten INPOL-Bund-Dateien (**Rechner-Rechner-Verbund**). Die INPOL-Verbundkonventionen beinhalten z. B. Standardprüfungen, Plausibilitätsverfahren und Kontrollen der Synchronität der bei Bund und Ländern parallel geführten Fahndungsbestände. Die Rechner-Rechner-Verbund-Dateien werden nach dem Grundsatz betrieben, pro Individuum nur einen Personendatensatz zu führen, um Redundanzen zu vermeiden und alle Erkenntnisse zusammengefaßt darstellen zu können.

51 b) Daneben gibt es Terminaldirektanschlüsse zu der zentralen Datenverarbeitungsanlage des BKA für die Anwendungen von PIOS[2] (APIS[3], APOK[4], APRG[5]), SPUDOK[6] und die Falldatei Rauschgift (**Terminal-Rechner-Verbund**).

52 c) Rechner-Rechner-Verbund und Terminal-Rechner-Verbund stellen sich dem Anwender als **unterschiedliche Systeme** dar. Das trifft auch für die verschiedenen Anwendungen im Terminal-Rechner-Verbund zu.

---

2 PIOS = Personen, Institutionen, Objekte, Sachen.
3 APIS = Arbeitsdatei PIOS-Innere Sicherheit.
4 APOK = Arbeitsdatei PIOS-Organisierte Kriminalität.
5 APRG = Arbeitsdatei PIOS-Rauschgift.
6 SPUDOK = Spurendokumentationssysteme.

Sieben Länder (SH, NI, NW, HE, RP, BY und BR) nehmen über eigene Datenverarbeitungsanlagen (Rechner-Rechner-Verbund) am Informationsverbund INPOL teil (RP und SH über Landesdatenzentralen). Die Länder SL und HB sind direkt mit ihren Endgeräten an die ZDVA beim Bundeskriminalamt angeschlossen (Terminal-Rechner-Verbund). Die Länder HH und BW haben den Rechner-Rechner-Verbund noch nicht vollständig aufgenommen und nehmen den Auskunftsdienst, teils auch den Änderungsdienst, über direkt angeschlossene Endgeräte wahr.

Durch Kommunikation zwischen den Rechnern und direkte Eingabe durch Terminals werden Personen- und Sachbereiche durch Zugänge, Veränderungen und Löschungen ständig **aktualisiert**. Hierzu werden ca. 400 000 Aktivitäten pro Monat ausgeführt. Im Auskunftsdienst werden für die Bereiche Personen, Personenfahndung und Sachfahndung monatlich ca. 2,8 Millionen Abfragen bearbeitet.

d) **Errichtungs- bzw. Festellungsanordnungen** regeln u. a., welche Polizeidienststellen und Dienststellen außerhalb der Polizei für die einzelnen Anwendungen eingabe-/, änderungs- und/oder abfrageberechtigt sind.

Ein besonderes **Zugriffsschutzverfahren** (Paßwortverfahren) erlaubt die sehr genaue Zuweisung von Zugriffsberechtigungen auf Verfahren, bestimmte Dateien, bis hinunter zu bestimmten Datenfeldern und unterscheidet zwischen Berechtigungen zur Abfrage, Erfassung und Veränderung.

2. Realisierte INPOL-Bund-Anwendungen

a) Kriminalaktennachweis (KAN)

Im **KAN** werden – seit 1983 schrittweise realisiert – Kriminalakten nachgewiesen, die in den Ländern bzw. beim Bund zu schweren oder überregional bedeutsamen Straftaten über Beschuldigte oder sonst Tatverdächtige angelegt werden (Bestand 1989: 780 641 Notierungen zu ca. 630 000 Personen). Geführt werden Personalien, personengebundene Hinweise wie „bewaffnet/gewalttätig" und der Fundstellenhinweis (Nr. der Kriminalakte und aktenführende Stelle). Der kriminalpolizeilichen Forderung nach Aufnahme der kriminalistisch/kriminologischen Deliktsbezeichnung wurde aus datenschutzrechtlichen Gründen bisher nicht entsprochen.

Das 1981 von der IMK beschlossene KAN-Konzept stellt zudem eine Abkehr von den bis dahin bestehenden polizeilichen Forderungen dar, einen zentral geführten bundesweit auskunftsfähigen Nachweis der Kriminalakten **aller** bei der Polizei in Bund und Ländern in Erscheinung getretenen Beschuldigten, Tatverdächtigen und sonstigen polizeirelevanten Personen aufzubauen in Form des **ZPI** (Zentraler Personen Index).

b) Personenfahndungsdatei

Sie dient als Nachweis von regional, national oder international zur Fahndung ausgeschriebenen Personen, und zwar zur Festnahme, Inverwahrungnahme, Aufenthaltsermittlung, Polizeilichen Beobachtung, Überwachung im Rahmen der Führungsaufsicht und Überwachung nach zollrechtlichen Bestimmungen, bzw. zur Kontrolle von als mögliche Gefährder bewerteten

Personen (u. a. temporäre und ggf. regional begrenzte Einstellung von Personalien aus dem Meldedienst „Landfriedensbruch und verwandte Straftaten"; vgl. oben Rdnr. 23).

Der Bestand der Personenfahndungsdatei beträgt ca 260 000 Notierungen zu ca. 230 000 Personen (1989).

Datengruppen sind
- Personalien
- Fahndungsnotierungen mit den Feldern „ausschreibende Behörde, Aktenzeichen, sachbearbeitende Polizeidienststelle, Zweck der Ausschreibung, Anlaß der Ausschreibung"
- Personengebundene Hinweise.

59 *c) Sachfahndungsdatei*

Sie dient der Erfassung von alpha-numerisch individuell gekennzeichneten Sachen zum Zwecke der Beweissicherung, Einziehung, Eigentumssicherung, Beobachtung, Insassenfeststellung, Zwangsentstempelung nicht versicherter Kfz, Besitzer-/Eigentümerermittlung, Identitätsprüfung und zollrechtlichen Überwachung.

Der Bestand beträgt ca. 2,6 Millionen (1989).

60 *d) Haftdatei*

In ihr werden Personen nachgewiesen, die sich aufgrund richterlich angeordneter Freiheitsentziehung in Haft befinden bzw. befanden. Damit können Fahndungsausschreibungen von bereits in Haft befindlichen Personen verhindert, Alibiüberprüfungen unterstützt und Maßnahmen im Zusammenhang mit Haftentlassungen getroffen werden.

Der Bestand beläuft sich auf ca. 67 000 aktuelle und 485 000 inaktuelle Haftnotierungen (1989).

61 *e) Erkennungsdienstdatei*

Sie dient dem Nachweis erkennungsdienstlicher Behandlungen (Lichtbilder, Fingerabdrücke, Handschriften) von Beschuldigten und des Standes des Personenfeststellungsverfahrens. Der Bestand beläuft sich auf ca. 680 000 (1989).

62 *f) Daktyloskopiedatei*

In ihr werden Fingerabdrücke (1 076 000 Zehnfingerabdruckformeln, 517 000 Einzelfingerabdruckformeln – 1989 –) und Fingerabdruckspuren (30 000 – 1989 –) erfaßt, um
- Personen/unbekannte Leichen zu identifizieren (BKA-Aufgabe)
- aufgrund von Tatortspuren Personen als Tatverdächtige festzustellen bzw. Tatserien zu erkennen (Aufgabe der LKÄ).

Es ist – vorbehaltlich der haushaltsmäßigen Realisierungsmöglichkeit – vorgesehen, das bestehende Bund-Länder-System (BLS) durch ein automatisiertes Fingerabdruckidentifizierungssystem (AFIS) zu ersetzen. Damit soll das weiter steigende Mengenaufkommen im Bereich der Daktyloskopie ohne weitere personelle Verstärkung bewältigt werden. Zugleich sollen die Spurenidentifizierung durch Recherche im Gesamtbestand und die Recherchefähigkeit von Teilabdrücken verbessert sowie die Wiederauffindewahrscheinlichkeit bei den Anwendungen „Personen- und Spurenidentifizierung" erhöht werden.

g) Arbeitsdatei PIOS – Innere Sicherheit (APIS) 63
In der Datei werden unter besonderen Voraussetzungen staatsschutzrelevante Sachverhalte (Personen, Institutionen, Objekte, Sachen-PIOS) erfaßt zur Unterstützung in Ermittlungsverfahren und zur Gefahrenabwehr. Die Elemente P.I.O.S werden Ereignissen zugeordnet und unter Nachbildung kriminalistisch bewerteter Zusammenhänge verknüpft.

h) Arbeitsdatei PIOS-Rauschgift (APRG) 64
Sie enthält Informationen im Zusammenhang mit Rauschgiftkriminalität und dient der Aufklärung und Verhütung entsprechender Straftaten.

i) Arbeitsdatei PIOS – Organisierte Kriminalität (APOK) 65
Sie dient der Aufklärung und/oder vorbeugenden Bekämpfung der organisierten Kriminalität.

j) Spurendokumentation (SPUDOK) 66
Hinweise, ermittlungsrelevante Spuren, polizeiliche Maßnahmen und Bearbeitungsergebnisse können in diesem für komplexe Ermittlungsverfahren vorgesehenen System recherchierbar dokumentiert werden. Auf diese Weise kann bei bundesländerübergreifenden Verfahren eine abgestimmte Ermittlungsführung unterstützt werden. Die zu Ermittlungsverfahren geführten Dateien haben temporären Charakter.

k) Falldatei Rauschgift (FDR) 67
Diese im Probebetrieb befindliche Datei bildet den Meldedienst Rauschgift (vgl. oben Rdnr. 19) ab und ermöglicht Recherchen und statistische Auswertungen (z. B. sichergestellte Rauschgiftmengen, Rauschgifttote, Erstkonsumenten). Sie enthält Informationen zu ca. 290 000 Personen und ca. 430 000 Fällen – 1989 –.

l) Computergestütztes Dokumentationssystem (COD) für Literatur und 68
Administrative Daten
Die Erschließung der – kriminalistischen, kriminologischen und kriminaltechnischen Literatur erfolgt über sinntragende Stichwörter aus dem Text; geführt werden bibliographische Angaben und Kurzreferate. Die Administrativen Daten – insbesondere Beschlüsse der Innenministerkonferenz (IMK), des Arbeitskreises II der Innenminister (AK II), der Arbeitsgemeinschaft der Landeskriminalämter und des Bundeskriminalamtes (AG Kripo) – werden im Volltext aufgenommen; auf Anlagen zu den Beschlüssen wird nur verwiesen.

V. Geplante INPOL-Bund-Anwendungen

1. Falldatei für Straftaten von länderübergreifender Bedeutung (früher: ... bundesweiter Bedeutung)

69 In dieser Datei sollen die **Meldedienste** – ggf. nach ihrer Neukonzeption in Form der Konzentration auf polizeiliche Kommunikationsanlässe und unter der Vorgabe einer grundsätzlichen Beschränkung auf auswertungswürdige und auswertungsfähige Delikte – abgebildet werden. Die Datei soll es ermöglichen
- Führungs- und Lagedaten bzw. Daten als Grundlage kriminalpolitischer Vorstellungen zu gewinnen
- unaufgeklärte Taten Tatverdächtigen zuzuordnen
- Straftatenserien zu erkennen.

2. Zentrale Tatmittelnachweise

70 Begonnen wurde mit der Realisierung einer Datei zu Tatmitteln, die bei Sprengstoff- und Brandanschlägen Verwendung gefunden haben.

3. Nichtnumerische Sachfahndung

71 Individuell beschreibbare, alpha-numerisch nicht gekennzeichnete, hochwertige Gegenstände (Schmuck, Teppiche, Kunstgegenstände, Pelze, Münzen etc.) sollen in einer Datei erfaßt werden. Die Vorarbeiten (Katalogisierungen, Darstellung der Beschreibungsmerkmale) sind bereits weit fortgeschritten.

VI. INPOL-„Land"-Anwendungen

1. Generelle DV-Anwendungen in den Ländern

72 a) Im Zusammenhang mit der Kriminalitätsbekämpfung werden in den Ländern bzw. beim BKA **regelmäßig dv-unterstützt**
- **Kriminalaktennachweise** für den jeweiligen Zuständigkeitsbereich auch zu den Akten, die nicht in den bundesweiten Kriminalaktennachweis eingestellt werden dürfen, geführt
- **Falldateien** zu allen oder ausgewählten Kriminalitätsbereichen betrieben
- die „**Polizeiliche Kriminalstatistik**" nach bundeseinheitlichen Vorgaben für den jeweiligen Zuständigkeitsbereich erstellt
- **Spuren-/Hinweis-/Polizeidokumentationssysteme** (SPUDOK, HIDOK, POLDOK) zur Unterstützung in komplexen Ermittlungsverfahren vorgehalten
- **Nachrichtenvermittlungssysteme** (NVS) eingesetzt zur Übermittlung wichtiger und dringender Nachrichten (z. B. Fahndungsinformationen, Anforderungen zur Haftbefehlsübersendung oder zur Änderung von Datensätzen) von Datenstation zu Datenstation (en).

b) **Häufig separiert von** der Entwicklung der **INPOL**-Bund- und INPOL-Land-Anwendungen werden Einsatzleitzentralen der Polizei in einigen größeren Polizeidienststellen datenverarbeitungstechnisch unterstützt. Die **Einsatzleitsysteme** zur rechnergestützten Einsatzführung, Einsatzmittelverwaltung und Dokumentation sind häufig mit einem **Funkmeldesystem** ausgestattet, das der Zentrale einen aktuellen Überblick über die im Einsatz befindlichen bzw. einsetzbaren Funkstreifenwagen vermittelt. Dabei können auch Statusanzeigen (z. B. besetzt / nicht besetzt, mit Auftrag versehen) angezeigt werden, oder es ist – je nach Ausbaustufe – auch eine Ortung der Funkstreifenwagen möglich. Zugleich ist eine fortlaufende Dokumentation der jeweiligen Einsätze/ Maßnahmen vorgesehen.

Die Einsatzleitsysteme bieten zudem Checklisten an zur Beachtung von Maßnahmen bei verschiedenen polizeilichen Anlässen. Die Systeme enthalten Objektdateien, z. B. über gefährdete Objekte, Dateien über die Erreichbarkeit von Hilfsdiensten und kartographische Informationen, die je nach Ausbaustand über eine Bildwandsteuerung mittels Dias oder auch schon durch digitale Bildverarbeitung (z. B. Bildplatten) zugeliefert werden. Ebenfalls in Abhängigkeit vom Ausbaustand sind die Einsatzleitsysteme kommunikationsfähig mit Inpol-Bund/Land bzw. weiteren polizeilichen Landesanwendungen und eröffnen Zugriffsmöglichkeiten z. B. auf Einwohnermeldedateien, das Ausländerzentralregister und das zentrale Verkehrsinformationssystem beim Kraftfahrbundesamt.

2. Grobdarstellung der wesentlichen bundes- bzw. landesspezifischen Anwendungen

(Die nachfolgende Darstellung erhebt keinen Anspruch auf Vollständigkeit.)

a) BKA
- Aktennachweis über Tatverdächtige aus BKA-Ermittlungsverfahren
- Falldateien („Geiselnahme, Erpressung, Raub", „Waffen", „Tötungs- und Sexualdelikte", „Vermißte, unbekannte Tote, hilflose Personen", „Falschgeld", „Scheckkriminalität", „Wirtschaftskriminalität")
- Falschgeld-Vorklassifizierungsdatei
- Arbeitsdatei PIOS – Landfriedensbruch (APLF)
- Arbeitsdatei PIOS-Landesverrat (APLV)
- Polizeiliche Kriminalstatistik (PKS)
- Datei terroristischer/extremistischer Schriften (TESCH)
- Beweismitteldokumentation, insbesondere im Zusammenhang mit
    o § 129 a StGB-Straftaten
    o Kunstdiebstählen

b) Baden-Württemberg
- PAD-Personenauskunftsdatei – (Erfassung tatverdächtiger Personen und

der ihnen vorgeworfenen Straftaten sowie von Personen, die in Wahrnehmung polizeilicher Aufgaben bekannt geworden sind)
- MOD - Modus-operandi-Datei - (Erfassung nicht aufgeklärter Straftaten sowie von Namensformen und Personenbeschreibungen unbekannter Täter)

76 c) *Bayern*
- CEBI - Computerunterstützte Einsatzleitung, Bearbeitung, Information, z. B. in München
- Kriminalpolizeilicher Meldedienst zur Unterstützung von Ermittlungen bei unaufgeklärten Straftaten
- Vorgangsbearbeitung in den Polizeiinspektionen (Unterstützung des Sachbearbeiters bei der Anzeigenerstellung. Die Anwendungen KAN, PKS, Vorgangsverwaltung etc. sind integriert)
- IBP-Informationssystem der bayerischen Polizei (Verfahren zur automatisierten Vorgangsverwaltung, des Kriminalaktennachweises, der PKS und der Verkehrsunfalldatei)

77 d) *Berlin*
- ISVB - Informationssystem für Verbrechensbekämpfung - (Integrierte Vorgangsverwaltung, Falldatei, Personendatei, Personen- und Sachfahndungsdatei, PKS, automatisierte Sachbearbeiter und Führungsinformation)
- Hehlerdatei
- Datei Illegale Beschäftigung
- Datei Wirtschaftskriminalität
- Datei Scheck- und Kreditkartenbetrug

78 e) *Bremen*
- ISA - Informationssystem Anzeigen - (Vorgangsregistrier- und Nachweissystem, Führung eines Kriminalaktennachweises, Erstellen der PKS)

79 f) *Hamburg*
- POLAS - Polizeiliches Auskunftssystem -
- PKS-Datei (Beobachtung der Kriminalität und einzelner Deliktsarten, um Erkenntnisse für die Bekämpfung - präventiv und repressiv - zu erlangen)
- Datei Wirtschaftskriminalität
- HELP - Hamburger Einsatzleitsystem Polizei -

80 g) *Hessen*
- HEPOLIS - Hessisches Polizeiliches Informationssystem (Unterstützung des Kriminalpolizeilichen Meldedienstes, Durchführung fall-, personen-, tatort- und/oder dienststellenbezogener Recherchen, Gewin-

nung von Führungsinformationen, Erstellen der Polizeilichen Kriminalstatistik auf der Grundlage der Erfassung aller Fälle, Sachen und Tatverdächtigen)
- Nichtnumerische Sachfahndung
- Mediendokumentation (MEDOK)
- Meldedienstdateien (Sexualstraftaten, Raub/Tötungsdelikte, Wirtschaftskriminalität, Waffen/Falschgeld, Scheck, Tageswohnungseinbruch)
- Stoffdatei – gefährliche Güter/Stoffe
- Einsatzleitsysteme für Fernmeldebetriebszentralen und Einsatzzentralen
- Telekommunikationssystem (TKS) für die Fernschreibsteuerung

h) Niedersachsen
- KAI – Kriminalaktenindex – (landesinterner Kriminalaktennachweis)
- ELVIS – Elektronisches Vorgangsverwaltungssystem – (Tagebuchführung, Statistik, Falldaten)
- PODIAS – Polizeiliches dialoggeführtes Auswertungssystem – (SPUDOK, Dokumentation, Vorgangsbearbeitung, Einsatzdokumentation)
- Datei Wirtschaftsstrafsachen
- Einsatzleitsystem
- Vorgangsverwaltung (elektronische Tagebuchführung der Abt. K)

i) Nordrhein-Westfalen
- CEBI – Computergestützte Einsatzleitung, Bearbeitung, Informationen – (Einsatzleitsystem für polizeiliche Einsatzzentralen)
- AVV – automatisierte Vorgangsverwaltung (kriminalpolizeiliche Tagebuchführung, Terminüberwachung, Tagesberichte, Lageberichte sowie – in der Entwicklung – Integration der PKS, des Meldedienstes)
- MIKOS – Mobiles Informations- und Kommunikationssystem –
- EINDOK – Einsatzdokumentation und Führungshilfen –
- PSD – Personenschutzdatei –
- Falldatei NW (Auskunft und Recherche über Zusatzinformationen zur Person und über Falldaten)
- Zentrale Jugendschutzdatei
- Kriminalaktennachweis auf Landesebene
- Fahrradhalterdatei Krefeld

j) Rheinland-Pfalz
- Datei zur Unterstützung der Bekämpfung der Diebstahls- und Raubkriminalität
- Verkehrsunfallfluchtdatei
- Kriminalaktennachweis auf Landesebene
- Falldatei zur Erfassung, Verwaltung und Auswertung aller rheinland-pfälzischen Straftaten

- Vorgangsdokumentation (im LKA)
- ELIAS – Einsatzleit-, Informations- und Auskunftssystem –

84 **k) Saarland**
- Vorgangsverwaltung
- PKS

85 **l) Schleswig-Holstein**
- PED – Polizeiliche Erkenntnisdatei Schleswig-Holstein –
  - Speicherung von Indexdaten aller Personen, für die im Lande Schleswig-Holstein eine Kriminalakte angelegt ist
  - Nichtnumerische Sachfahndung
  - Fahrraddatei
- PKS
- POLARIKUS – Polizeiliche Aufgaben, Recherche, Kommunikationen unterstützendes System – (Ereigniserfassung, Dokumentation polizeilicher Einsätze einschließlich automatischer Einsatzmittelverwaltung sowie Erstellung der Statistik und von Einsatzprognosen).

3. Datenverarbeitung zur Unterstützung bei der Personal- und Sachmittelverwaltung

86 In vielen Polizeibehörden/-dienststellen wird die Datenverarbeitung heute auch zur **Unterstützung im Personal- und Sachmittelbereich** eingesetzt.

Personaldateien, teilweise bereits gekoppelt mit Zugangskontrollsystemen, erleichtern die Personalverwaltung und Ausbildungsplanung. Jederzeit sind z. B. Stärkemeldungen abrufbar. Alarmierungspläne und Telefonverzeichnisse können aktuell gehalten, aktuelle Übersichten zu Spezialkräften ausgedruckt werden.

Dateien über Führungs- und Einsatzmittel erleichtern die Geräteverwaltung, insbesondere im Kfz-, Fernmelde- und Waffenwesen, aber auch in bezug auf Bestand und Einsetzbarkeit spezieller Führungs- und Einsatzmittel, z. B. für Geiselnahmelagen.

4. Bürokommunikation

87 Auch die dv-unterstützte **Bürokommunikation** wird heute unterschiedlich intensiv bei der Polizei genutzt. Häufig handelt es sich noch um isolierte Textautomaten bzw. Speicherschreibmaschinen mit nur begrenzten Möglichkeiten. Der Trend geht jedoch zu moderneren Techniken der Informationsverarbeitung, -speicherung und -übertragung im Bürobereich und zur Koppelung der eingesetzten Geräte durch lokale Netzwerke, mit Anschlußmöglichkeiten an Zentrale Anwendungen (Geräte für Texte, Bilder, Grafiken, Zahlen und Sprache). Diese multifunktionalen „intelligenten" Datenstationen unterstützen die (Vorgangs-)Verwaltung, die Sachbearbeitung, die Schriftguterstellung und bei Führungsaufgaben auf verschiedenen Ebenen.

5. Datenverarbeitung in der Kriminaltechnik

Zur Erfüllung der Aufgaben der **Kriminaltechnik** werden **Spezialdateien** geführt bzw. eingerichtet. Es gibt heute kein Großgerät mehr (z. B. IR-Spektrometer, UV-Spektrometer, Gaschromatograph, Rasterelektronenmikroskop), bei dem nicht die qualitative und quantitative Analyse durch Datenverarbeitung unterstützt wird. Zudem wird Rechnerleistung eingesetzt, z. B. bei

- der linguistischen Textanalyse (TEXTOR) beim BKA,
- dem Handschriftenauswertungssystem „Forensisches Informationssystem Handschriften" (FISH) beim BKA,
- dem Dokumentenauswertesystem,
- dem Kfz-Gläser-/Glasbruchspuren-Auswertesystem,
- dem Farb- und Faserauswertungssystem beim BKA und einigen LKÄ,
- dem Schuhabdruckspurensystem bei einigen LKÄ.

Auf der Basis der Mustererkennung in Verbindung mit fortschreitender Technik der digitalisierten Bildverarbeitung werden sich möglicherweise weitere DV-Anwendungsbereiche in der Kriminaltechnik ergeben, z. B. beim Schußwaffenerkennungsdienst (Zuordnung von Geschossen und Hülsen) oder bei der Zuordnung sichergestellter Werkzeuge zu Werkzeugspuren bzw. von Werkzeugspuren untereinander.

6. Sonstige DV-Unterstützung bei der Polizei

Ferner nutzt die Polizei DV-Unterstützung bei der Wahrnehmung ihrer Aufgaben im **Straßenverkehr** z. B. im Zusammenhang mit

- Verkehrsordnungswidrigkeiten,
- der Verkehrsüberwachung und -lenkung,
- der Unfallaufnahme,
- dem Verkehrswarnfunk,

C. Nutzung von Dateien anderer Behörden

I. Zentrales Verkehrsinformationssystem

Beim Kraftfahrtbundesamt (KBA) in Flensburg werden im „**Zentralen Verkehrsinformationssystem**" (ZEVIS) die

- Halterdatei,
- Kfz-Datei und die
- Datei entzogene Fahrerlaubnisse

geführt.

Über Fernabfragen können das BKA und die berechtigten Stellen der Länderpolizeien (1988: ca. 350 Datenstationen) auf diese Dateien zugreifen. Die on-line-Anfrage mit Personalien (P-Anfrage) zur Ermittlung der auf die Person zugelassenen Kfz und/oder der Adresse der betroffenen Person – zunächst wegen der nicht ausdiskutierten datenschutzrechtlichen Bedenken nicht möglich – ist ebenfalls realisiert worden.

Dem KBA werden in kurzen Abständen (wöchentlicher Rhythmus) die Daten von durch Diebstahl oder Unterschlagung abhanden gekommenen Kfz zur Einspeicherung entsprechender Sichtvermerke übermittelt.

II. Ausländerzentralregister

91 Das **Ausländerzentralregister (AZR)** beim Bundesverwaltungsamt in Köln stellt der Polizei über Fernanfrage Informationen über
– die Aufenthaltsverhältnisse von Ausländern
– ausländerrechtliche Maßnahmen
zur Verfügung.

III. Dateien der Einwohnermeldeämter und Kfz-Zulassungsstellen

92 **Einwohnermeldeämter** und **Kfz-Zulassungsstellen** stellen in verschiedenen Bundesländern, häufig begrenzt auf die jeweils örtlich zuständigen Polizeidienststellen, on-line polizeirelevante Informationen aus ihren Dateien zur Verfügung.

In verschiedenen Bundesländern finden mit unterschiedlichen Modalitäten Abgleiche der Einwohnermeldebestände mit dem polizeilichen Fahndungsbestand zur Gewinnung von Fahndungsansätzen statt.

IV. Bundeszentralregister

93 Die Polizei fordert einen on-line-Zugriff auf die Bestände des **Bundeszentralregisters** (BZR) in Berlin. Eine Realisierung steht noch aus.

D. Internationale DV-Kommunikation der Polizei

I. Sachfahndung

94 1973 hat die IMK dem BKA die **Fernabfrage europäischer Interpolmitglieder** auf definierte Sachfahndungsbestände (Kfz, Waffen, Blanko-Personaldokumente, Banknoten) gestattet. Davon haben Groß-Britannien, Belgien, Niederlande, Luxemburg, Italien, Frankreich, Spanien, Österreich, Finnland, Schweden und Jugoslawien Gebrauch gemacht (Telex-Abfragen). Mit Italien, Belgien und Spanien bestehen über Datenstationen gegenseitige Zugriffsmöglichkeiten auf die genannten Datenbestände. 1990 wurde die Beschränkung auf bestimmte Sachfahndungsbestände aufgehoben.

II. Personenfahndung/Fahndungsverbund

Im Zusammenhang mit dem Abbau von Grenzkontrollen (zunächst im westeuropäischen Raum) wird ein **internationaler DV-gestützter Informationsverbund,** der sich auch auf Personenfahndungsdaten (Fahndungsunion) bzw. auch Personendaten sonstiger noch zu definierender Art erstrecken soll (Schengener Informations-System – SIS) konzipiert.

III. IKPO-DV-Fahndungssystem

Auf der Ebene von IKPO – Interpol ist die Einrichtung eines **internationalen Fahndungssystems „FIR"** bisher gescheitert. Die Realisierung eines automatischen Nachrichtenvermittlungssystems (AMSS) kann jedoch als 1. Schritt hierzu bewertet werden.

E. Perspektiven

I. Technik / Taktik

1. Multifunktionale/„intelligente" Datenendgeräte (Arbeitsplatzcomputer, Personalcomputer)

Polizeiliche Datenverarbeitung und Kommunikation werden zunehmend eine Einheit bilden infolge der fortschreitenden Digitalisierung (auch mit interessanten Möglichkeiten der Bildverarbeitung) und über **multifunktionale Endgeräte** abgewickelt werden. In Verbindung mit leistungsfähigen, von der Post zur Verfügung gestellten Übertragungsnetzen (Integrated Services Digital Network – **ISDN**), die den Anforderungen an ein **digitales Sondernetz der Polizei (DISPOL)** entsprechen, wird dies zu einer Umstrukturierung des Polizeilichen Informations- und Kommunikationswesens führen. Ziel wird es sein, mit den Kommunikationstechniken die vielfältigen Möglichkeiten der Informationsverarbeitung integriert an den Sachbearbeiter heranzubringen, Informationen dort, wo sie anfallen, **nur einmal** zu erfassen, sie im Laufe der Bearbeitung anzureichern, zu korrigieren, zu aktualisieren und für die verschiedenen Anwendungen verfügbar zu machen (Schlagworte: **Einmalerfassung und Mehrfachverwendung**), und dies alles soweit wie möglich ohne (zusätzliche) Meldungen und Belege. Eine solche Konzeption ist u. a. möglich durch **„intelligente" Datenstationen,** die einerseits dem Sachbearbeiter im vorgegebenen Rahmen Raum zu eigener Gestaltung lassen, andererseits aber – abgesehen von begründeten Ausnahmen – nicht „Inseln" sind, sondern alle Möglichkeiten der Information und Kommunikation, einschließlich der Datenfernverarbeitung und des Zugriffs auf zentrale Rechner nutzen können.

2. Expertensysteme

98 Vermehrt werden aber auch sog. **Expertensysteme** eine Rolle spielen, die in komplexen Einsatzsituationen entscheidungsrelevante Informationen sofort und übersichtlich anbieten. Am Anfang wird die Einführung von wissensbasierenden Expertensystemen stehen, die das Fachwissen in Kriminalistik / Kriminologie, Einsatzlehre, Recht angepaßt an vorgegebene Parameter berücksichtigen. Am Ende der Entwicklung könnten Expertensysteme mit weiteren Eigenschaften wie sprachliche Kommunikation und Lernfähigkeit stehen.

3. Schwachstellen der polizeilichen Datenverarbeitung

99 Die weitere Entwicklung könnte **Schwachstellen der heutigen polizeilichen Datenverarbeitung** ausgleichen, insbesondere
- erhebliche Sachbearbeiterbelastung durch Datenanlieferung, Erfassung (teilweise mehrmals für verschiedene Systeme) und Datenpflege (Aktualisierung, Bereinigung),
- Parallelität konventioneller Meldeverpflichtungen und Betrieb von DV-Anwendungen,
- „Verbürokratisierung" polizeilicher Arbeit,
- mangelnde Akzeptanz bei Sachbearbeitern durch fehlende Transparenz der verschiedenen Anwendungen und die fehlende Möglichkeit, Datenverarbeitung selbst unmittelbar mit einem zugestandenen Gestaltungsspielraum zu nutzen,
- nicht bei allen Anwendungen für den Sachbearbeiter günstige Aufwand/Nutzen-Relation.

II. Polizeiliche Datenverarbeitung und Datenschutz

1. Datenschutz

100 Die Polizeiliche Datenverarbeitung ist bis in die jüngste Zeit heftiger Kritik, zumeist artikuliert durch **Datenschutz**beauftragte des Bundes und Länder, ausgesetzt. Kritikpunkte waren insbesondere die Vielzahl der Dateien und die Vielzahl personenbezogener Angaben. So wurden Bedenken angemeldet gegen personengebundene Hinweise, wie internationaler Rechtsbrecher, Ansteckungsgefahr, Freitodgefahr. Die Reichweite einzelner Dateien wurde beanstandet, insbesondere die der „Arbeitsdatei PIOS – Innere Sicherheit" (APIS), durch die Aufnahme „anderer Straftaten" – also auch von Delikten, die keine Staatsschutzdelikte im engeren Sinne sind – und die Aufnahme „anderer Personen" – also auch Personen, die weder Beschuldigte noch Tatverdächtige sind. Ebenso steht die Arbeitsdatei „Landfriedensbruch und verwandte Straftaten" nach wie vor in der Kritik. Diskussionen löste auch die Speicherung von Tatverdächtigen wegen

Straftaten im Zusammenhang mit der Volkszählung aus. Die informationelle Zusammenarbeit der Polizei mit dem Verfassungsschutz wird teilweise als verfassungswidrig bewertet. Der Zugriff der Polizei auf externe Datenbestände (Kraftfahrbundesamt – Zentrales Verkehrsinformationssystem – ZEVIS –, Ausländerzentralregister, Einwohnermeldedaten, Daten der Kraftfahrzeugzulassungsstellen; vgl. oben Rdnr. 90–92) war und ist umstritten. On-line-Zugriffsmöglichkeiten der Polizei auf das Bundeszentralregister (BZR) (vgl. oben Rdnr. 93) konnten wegen unterschiedlicher Standpunkte noch nicht realisiert werden, auch wenn sich nunmehr Lösungsmöglichkeiten abzeichnen. In allen Fällen – die Aufführung ist nicht abschließend – konnten nur Kompromisse erzielt werden zwischen einerseits den Anforderungen der Polizei für eine **wirkungsvolle Kriminalitätsbekämpfung** (präventiv und repressiv) im Interesse des Schutzes der Bürger vor Straftaten und andererseits den Datenschutzinteressen, die das Recht auf **informationelle Selbstbestimmung** in den Vordergrund stellen und die Schwelle für die Polizei, in dieses Recht einzugreifen, möglichst hoch gesetzt sehen wollen. 1983 hat das Bundesverfassungsgericht in einer Entscheidung zum Volkszählungsgesetz die Bedingungen (spezialgesetzliche Eingriffsermächtigungen, da Generalklauseln in den Polizeigesetzen oder der StPO grundsätzlich ebensowenig wie Dateienrichtlinien oder Richtlinien über kriminalpolizeiliche Sammlungen – KpS[7] – als ausreichende Rechtsgrundlage angesehen werden) beschrieben, denen eine verfassungskonforme Verarbeitung personenbezogener Daten genügen muß. Der Gesetzgebungsprozeß zu Länderpolizeigesetzen, zur Strafprozeßordnung, zum BKA-Gesetz, zu Gesetzen über BND, MAD, BfV ist noch nicht abgeschlossen. Zu hoffen ist, daß es zu ausgewogenen Lösungen des Spannungsverhältnisses zwischen den Belangen der Kriminalitätsbekämpfung und Gefahrenabwehr einerseits sowie dem Recht auf informationelle Selbstbestimmung andererseits kommen wird.

2. Datensicherheit

Zunehmend gewinnt der Aspekt der **Datensicherheit** an Bedeutung (technisch/organisatorische Maßnahmen zur Verhinderung ungerechtfertigter Eingriffe in die bzw. Zugriffe auf die polizeiliche Datenverarbeitung, z. B. Hacker, Einbringung von „Computerviren"). Um den Anforderungen der Datensicherung zu genügen, finden – neben programmtechnischen Sicherungen – Zugangskontrollen zu Datenverarbeitungsanlagen, ebenso Abgangskontrollen, um die unbefugte Entfernung von Datenträgern zu verhindern, Speicher-, Benutzer-, Zugriffs-, Übermittlungs-, Eingabe-, Auftrags- und Transportkontrollen statt.

---

[7] KpS und Dateienrichtlinien (von der IMK im Januar 1981 verabschiedet) regeln den Umfang und Inhalt der zu führenden Sammlungen bzw. Dateien, die Übermittlung, Auskunftserteilung, Aufbewahrungs-(Speicherungs-)dauer, Löschungsprüffristen

SCHRIFTTUM

Probleme der Information und Kommunikation spielen in allen Bereichen der polizeilichen Arbeit – von der Ermittlungstätigkeit über Großeinsätze bis zur Erstellung von Lagebildern einschließlich der Führung – eine zentrale Rolle. Mit diesen Fragen befaßt man sich schon seit Jahren auf Veranstaltungen sowie in Monographien, Aufsätzen und Kommentaren. Dementsprechend ist inzwischen die Literatur zum Themenkreis „Polizeiliche Information und Kommunikation" fast unübersehbar. Es erscheint deshalb angebracht, vor Literaturhinweisen hier das „Computergestützte Dokumentationssystem (COD) für Literatur" des Bundeskriminalamtes (vgl. oben Rdnr. 68) zu erwähnen und auf dessen (z. B. in der Beilage zum Bundeskriminalblatt „Forschung und Entwicklung" immer wieder bekräftigtes) Recherche-Angebot aufmerksam zu machen; Angehörige der Polizei – sowie bei Angabe eines berechtigten Interesses auch andere Personen – bekommen auf schriftliche (BKA – KI 11, Postfach 18 20, 6200 Wiesbaden) oder telefonische (Vermittlung: 0 61 21/55-1) Anfrage hin die im System zu der individuellen Problemstellung vorhandene Literatur mittels Computerausdruck nachgewiesen. Die neuesten Informationen zu Inhalt, Dokumentenauswahl, Auswertungsstand, Dienstleistungen und Benutzung der COD-Literatur finden sich bei

Göbel, Reingart und *Hans Udo Störzer:* Das „Computergestützte Dokumentationssystem für Literatur". In: Institut der Gesellschaft zur Förderung der Angewandten Informationsforschung e. V. (IAI) an der Universität des Saarlandes (Hrsg.): Rechtsinformationssysteme. Dokumentation des III. Forums Informationswissenschaft und Praxis am 5. und 6. Juni 1986 in Saarbrücken. München 1987 (Arbeitspapiere Rechtsinformatik. Heft 22), S. 143 – 178.

Angesichts der Fülle der einschlägigen Publikationen wird mit den nachfolgenden Hinweisen nicht mehr angestrebt, als einen Einstieg in die Literatur zu ermöglichen, über den der Leser leicht Zugang zu weiterem Schrifttum finden kann. Das beste Hilfsmittel hierfür sind Fachbibliographien; zu unserem Thema hat das Bundeskriminalamt drei Zusammenstellungen herausgebracht, die unter I. vorgestellt werden. Als ebenfalls ergiebige Quellen sind unter II. Schlußberichte oder Protokollbände von Tagungen, Seminaren und Symposien sowie andere Sammelwerke aus neuerer Zeit (ab 1980) aufgeführt, in deren Mittelpunkt (zumindest auch) die „Polizeiliche Information und Kommunikation" gestanden hat. Ergänzend werden schließlich unter III. noch einige beachtenswerte Einzelbeiträge (Monographien und Aufsätze) ebenfalls der letzten 10 Jahre genannt, die weder in einer der Bibliographien noch in einem der Sammelbände enthalten sind.

I. Bibliographien

Bundeskriminalamt, Bibliothek (Hrsg.): Bibliographie Fahndung. Eine Auswahlbibliographie der deutschsprachigen Literatur zu Fahndung und Observation von 1908 – 1979. Wiesbaden 1979 (BKA-Bibliographienreihe. Bd. 1).

Bundeskriminalamt, Literaturdokumentation (Hrsg.): Polizeiliche Datenverarbeitung. Arbeitstagung des Bundeskriminalamtes Wiesbaden vom 2. bis 5. November 1982. Literaturzusammenstellung. Wiesbaden 1982 (COD-Literatur-Reihe. Bd. 1). (Deutschspraches Schrifttum von 1973 bis 1982)

Bundeskriminalamt, Literaturdokumentation (Hrsg.): Technik im Dienste der Straftatenbekämpfung. Arbeitstagung des Bundeskriminalamtes Wiesbaden vom 7. bis 10. November 1989. Literaturzusammenstellung. Wiesbaden 1989 (COD-Literatur-Reihe. Bd. 9). (Im ersten Teil der Bibliographie deutschspraches Schrifttum u. a. zur Informations- und Kommunikationstechnik von 1985 bis 1989)

II. Sammelwerke

1. Veranstaltungen des Bundeskriminalamtes

Bundeskriminalamt (Hrsg.): Möglichkeiten und Grenzen der Fahndung. Arbeitstagung des Bundeskriminalamtes Wiesbaden vom 12. bis 15. November 1979. Wiesbaden 1980 (BKA-Vortragsreihe. Bd. 25).
– Polizeiliche Datenverarbeitung. Arbeitstagung des Bundeskriminalamtes Wiesbaden vom 2. bis 5. November 1982. Wiesbaden 1983 (BKA-Vortragsreihe. Bd. 28).
– Symposium: Perseveranz und kriminalpolizeilicher Meldedienst. Referate und Zusammenfassungen der Diskussionsbeiträge am 29. und 30. Mai 1984 im Bundeskriminalamt. Wiesbaden 1984 (BKA-Forschungsreihe. Sonderbd.).
– Technik im Dienste der Straftatenbekämpfung. Arbeitstagung des Bundeskriminalamtes Wiesbaden vom 7. bis 10. November 1989. Wiesbaden 1990 (BKA-Vortragsreihe. Bd. 35).

2. Veranstaltungen der Polizei-Führungsakademie

(Soweit die Bände wegen Einstufung als VS-NfD nur einem eingeschränkten Benutzerkreis zugänglich sind, sind sie durch * gekennzeichnet)

Polizei-Führungsakademie (Hrsg.): Recht und Praxis des Datenschutzes im Bereich der öffentlichen Sicherheit. Arbeitstagung vom 27. bis 29. Februar 1980 bei der Polizei-Führungsakademie. Schlußbericht. Münster 1980.
– Aktuelle Themen der Datenverarbeitung. Arbeitstagung vom 18. bis 20. Februar 1981 bei der Polizei-Führungsakademie. Schlußbericht. Münster 1981.
– *Polizeiliches Lagebild Innere Sicherheit – Bestandsaufnahme und Perspektiven –. Seminar vom 2. bis 5. Juni 1981 bei der Polizei-Führungsakademie. Schlußbericht. Münster 1981.
– *Nutzung technischer Mittel zur Informationsverarbeitung und Kommunikation in Führungsstäben. Seminar vom 1. bis 4. Juni 1982 bei der Polizei-Führungsakademie. Schlußbericht. Münster 1982.
– Führung in der Polizei – Information und Kommunikation –. Seminar vom 21. bis 25. Februar 1983 und Wiederholungsveranstaltungen bei der Polizei-Führungsakademie. Schlußbericht. 2. Aufl. Münster 1983.
– „Führung in der Polizei" – Führung mit Stäben –. Seminar vom 5. bis 9. Dezember 1983 und nachfolgende Wiederholungsveranstaltungen bei der Polizei-Führungsakademie. Schlußbericht. Münster 1983.
– *Führung und Einsatz der Kriminalpolizei: – im täglichen Dienst; – bei besonderen Anlässen. Seminar vom 25. bis 27. Januar 1984 bei der Polizei-Führungsakademie. Schlußbericht. Münster 1984.
– *Die Fortentwicklung des INPOL-Systems – Möglichkeiten und Grenzen der Datenverarbeitung zur Intensivierung der Verbrechensbekämpfung –. Seminar vom 6. bis 10. Februar 1984 bei der Polizei-Führungsakademie. Schlußbericht. Münster 1984.
– Wert der technischen Führungs- und Einsatzmittel für den polizeilichen Einsatz. Arbeitstagung vom 27. bis 29. November 1984 bei der Polizei-Führungsakademie. Schlußbericht. Münster 1984.
– Führung von Polizeibehörden. – 1984 –. Datentechnik = Überwachungstechnik? Alptraum oder Hoffnung. Arbeitstagung vom 28. bis 30. November 1984 bei der Polizei-Führungsakademie. Schlußbericht. Münster 1984.
– *Urteil zum Volkszählungsgesetz und Konsequenzen für die polizeiliche Praxis. Seminar vom 3. bis 6. September 1985 bei der Polizei-Führungsakademie. Schlußbericht. Münster 1985.

- Planung der Verbrechensbekämpfung. 3. Informations- und Kommunikationssysteme in der Verbrechensbekämpfung. Seminar vom 21. bis 25 Oktober 1985. Schlußbericht. Münster 1985.
- Neue Informations- und Kommunikationstechnik für die Polizei. Arbeitstagung vom 23. bis 25. April 1986 bei der Polizei-Führungsakademie. Schlußbericht. Münster 1986.
- DV-Technik für Führung und Einsatz. Seminar vom 5. bis 7. November 1986 bei der Polizei-Führungsakademie. Schlußbericht. Münster 1986.
- DV-Arbeitsplatzsysteme in der Kriminalitätsbekämpfung. Seminar vom 1. bis 3. Juni 1987 bei der Polizei-Führungsakademie. Schlußbericht. Münster 1987.
- Datenschutz und Datensicherung in der polizeilichen Praxis. Seminar vom 12. bis 16. Oktober 1987 bei der Polizei-Führungsakademie. Schlußbericht. Münster 1987.
- Planung der Verbrechensbekämpfung. 1. Kriminalitätslagebilder. Seminar vom 10. bis 14. Oktober 1988 bei der Polizei-Führungsakademie. Schlußbericht. Münster 1988.

3. Sonstige Sammelwerke

Kube, Edwin, Hans Udo Störzer und *Siegfried Brugger* (Hrsg.): Wissenschaftliche Kriminalistik. Grundlagen und Perspektiven. Teilbd. 1. Wiesbaden 1983 (BKA-Forschungsreihe. Bd. 16/1).

Oevermann, Ulrich, Leo Schuster und *Andreas Simm:* Zum Problem der Perseveranz im Delikttyp und modus operandi. Spurentext-Auslegung, Tätertyp- Rekonstruktion und die Strukturlogik kriminalistischer Ermittlungspraxis. Zugleich eine Umformung der Perseveranzhypothese aus soziologisch-strukturanalytischer Sicht. Wiesbaden 1985 (BKA-Forschungsreihe. Bd. 17).

Schäfer, Herbert (Hrsg.): Fahndung und Observation. Teilbd. 1. 2. Aufl. Heidelberg 1980 (Grundlagen. Bd. 5/1).

III. Einzelbeiträge (Monographien, Aufsätze)

(Soweit die Beiträge wegen Einstufung als VS-NfD nur einem eingeschränkten Benutzerkreis zugänglich sind, sind sie durch * gekennzeichnet)

Ahlf, Ernst-Heinrich: Polizeiliche Kriminalakten (KpS). Wiesbaden 1988 (BKA-Forschungsreihe. Sonderbd.).

*Ahlers: Information und Kommunikation in der Verbrechensbekämpfung – Behördeninterner Informationsaustausch am Beispiel einer Großstadtpolizei. In: Polizei-Führungsakademie (Hrsg.): Führung und Einsatz der Kriminalpolizei: – im täglichen Dienst, – bei besonderen Anlässen. Seminare vom 10. bis 13. Juni 1986 und vom 8. bis 12. September 1986 bei der Polizei-Führungsakademie. Schlußbericht. Münster 1986, S. 115 – 119.

Bäumler, Helmut: ZEVIS. Nutzungsmöglichkeiten und Kontrollierbarkeit. In: Computer und Recht 5 (1989), S. 1008 – 1013.

Boge, Heinrich: Thesen zur Funktion und Bedeutung der Datenverarbeitung bei der Polizei. 10 Jahre INPOL-Fahndungssystem. In: Kriminalistik 36 (1982), S. 619 – 623.

Brinckmann, Hans: Das Verkehrsinformationssystem ZEVIS als Beispiel technischer Determinierung von Recht und Verwaltung. In: Die öffentliche Verwaltung 38 (1985), S. 889 – 900.

*Bull, Hans Peter: Informationssysteme zur Terrorismusbekämpfung. Forderungen des Datenschutzes. In: Polizei-Führungsakademie (Hrsg.): Terrorismus. Arbeitstagung vom 27. bis 30. April 1981 bei der Polizei-Führungsakademie. Schlußbericht. Münster 1981, S. 111 – 119.

Carle, Udo: Zusammenarbeit zwischen Umweltverwaltung und Strafverfolgungsbehörden, Anzeige- und Meldepflicht. In: Günter Schulze und Heinrich Lotz (Hrsg.): Polizei und Umwelt. Teil 2. Wiesbaden 1987 (BKA-Schriftenreihe. Bd. 55), S. 170 – 180.

*Ernst, Wolfgang: Führung und Einsatz einer Polizeidirektion unter Einbeziehung elektronischer Informationssysteme. In: Polizei-Führungsakademie (Hrsg.): Führung und Einsatz der Schutzpolizei: – im täglichen Dienst, – bei besonderen Anlässen. Seminar vom 6. bis 8. April 1983 bei der Polizei-Führungsakademie. Schlußbericht. Münster 1983, S. 55 – 72.

*Gatzke, Wolfgang und *Wilfried Kuhn:* Information und Kommunikation in der Verbrechensbekämpfung – Nutzungsmöglichkeiten. In: Polizei-Führungsakademie (Hrsg.): Führung und Einsatz der *Kriminalpolizei:* – im täglichen Dienst, – bei besonderen Anlässen. Seminare vom 10. bis 13. Juni 1986 und vom 8. bis 12. September 1986 bei der Polizei-Führungsakademie. Schlußbericht. Münster 1986, S. 105 – 114.

Gerster, Helmut: Informationssystem der Polizei (INPOL). Ziele, Grundlagen, Organisation und Bausteine. In: Datenverarbeitung im Recht 12 (1983), S. 19 – 71.

*Joachim, Dietmar: Rationalisierung der Sachbearbeitung durch den Einsatz der elektronischen Datenverarbeitung. In: Polizei-Führungsakademie (Hrsg.): Führung und Einsatz der Kriminalpolizei: – im täglichen Dienst, – bei besonderen Anlässen. Seminar vom 9. bis 11. März 1983 bei der Polizei-Führungsakademie. Schlußbericht. Münster 1983, S. 95 – 159.

Kauß, Udo: Der suspendierte Datenschutz bei Polizei und Geheimdiensten. Frankfurt/M., New York 1989.

Kirchner, Harald: DISKUS – eine runde Sache. Verkehrsunfall-Bearbeitung. In: Bereitschaftspolizei heute 16 (1987), H. 3, S. 14 – 19.

Kniesel, Michael, Henning Tegtmeyer und *Jürgen Vahle:* Handbuch des Datenschutzes für Sicherheitsbehörden. Datenschutz und Informationsverarbeitung in der sicherheitsbehördlichen Praxis. Lehr- und Arbeitsbuch. Stuttgart usw. 1986.

Kube, Edwin und *Heinz Leineweber:* Rechtsgrundlagen polizeilicher Datenverarbeitung. In: Datenverarbeitung im Recht 12 (1983), S. 73 – 84.

Küster, Dieter: Das INPOL-System: Zielsetzungen und Ausbaustand 1982. In: Kriminalistik 37 (1983), S. 18 – 20, 41 – 43.

ders.: Polizeiliche Datenverarbeitung im Widerstreit der Konzeptionen und Forderungen von Praxis und Datenschutz. In: Die Polizei 75 (1984), S. 290 – 291.

ders.: Einsatz der Datenverarbeitung bei der Polizei des Bundes und der Länder. In: Neue Polizeitechnik 1985, Nr. 1, S. B 3 – B 7 (Beilage zur Zeitschrift „Die Polizei" 1985, Heft 4).

*Leidiger, Bernhard: Datenverarbeitung als Einsatz- und Führungsmittel im Personenschutz. In: Polizei-Führungsakademie (Hrsg.): Personenschutz. Seminar vom 8. bis 12. Februar 1982 bei der Polizei-Führungsakademie. Schlußbericht. Münster 1982, S. 371 – 378.

Meerfeld, Gerd: ZEVIS – und die eingefahrenen Gleise. Versuch, einen neuen Weg zur P-Abfrage aufzuzeigen. In: Die Polizei 77 (1986), S. 78 – 79.

Merten, Karlheinz: Datenschutz und Datenverarbeitungsprobleme bei den Sicherheitsbehörden. Heidelberg 1985 (Kriminologische Schriftenreihe. Bd. 88).

ders.: Das Abrufrecht der Staatsanwaltschaft aus polizeilichen Dateien. In: Neue Zeitschrift für Strafrecht 7 (1987), S. 10 – 15.

Rebmann, K. und *A. Schoreit:* Elektronische Datenverarbeitung (EDV) in Strafverfolgungsangelegenheiten und Datenschutz. In: Neue Zeitschrift für Strafrecht 4 (1984), S. 1 – 7.

Riegel, Reinhard: Datenschutz bei den Sicherheitsbehörden. Köln, Berlin, Bonn, München 1980.

ders.: Bestandsaufnahme, Probleme und Forderungen für den Datenschutz unter besonderer Berücksichtigung der Sicherheitsbehörden. In: Recht im Amt 32 (1985), S. 265 – 271.

Ringwald, Gerhard: INPOL und StA. Zum Abrufrecht der Staatsanwaltschaften aus polizeilichen Datenspeichern. München 1984 (EDV und Recht. Bd. 14).

Schmid, Hans: Informationsverarbeitung, Nutzung der DV-gestützten Systeme – Möglichkeiten und Grenzen. DV-Nutzung Rauschgift. In: Polizei-Führungsakademie (Hrsg.): Rauschgiftkriminalität. Seminar vom 23. bis 26. Juni 1986 bei der Polizei-Führungsakademie. Schlußbericht. Münster 1986, S. 281 – 303.

Schoreit, Armin: Datenverarbeitung im Bereich der Strafverfolgung und „gesamtpolizeilicher Auftrag". In: Deutsche Richterzeitung 60 (1982), S. 401 – 404.

Schuster, Leo: Perseveranz und Kriminalpolizeilicher Meldedienst. In: Taschenbuch für Kriminalisten 35 (1985), S. 131 – 173.

Schuster, Leo und *Hans-Jürgen Eyrich:* Zweifel an der generellen Gültigkeit der Perseveranzhypothese. Perseveranz, modus operandi und KPMD. In: Kriminalistik 38 (1984), S. 615 – 620.

Steffen, Wiebke: Untersuchung der Möglichkeiten des datenmäßigen Abgleichs von Täterbegehungsmerkmalen zur Fallzusammenführung. München.

Teil I: 1980.

Teil II: 1982.

Teil III: 1982.

Zusammenfassung und Folgerungen. 1982.

Steinke, Wolfgang: Kriminalitäts-Lagebild. Basis sind die Daten des Kriminalpolizeilichen Meldedienstes (KPMD). In: Kriminalistik 41 (1987), S. 491 – 494.

Störzer, Hans Udo: Informations- und Dokumentationseinrichtungen für Kriminalwissenschaften, Kriminaltechnik und Recht im Bundeskriminalamt. In: Datenverarbeitung im Recht 10 (1981), S. 118 – 128.

Stümper, Alfred: Erkenntnisverluste sind nicht zu bestreiten. Datenschutz und Polizeiarbeit nach dem Volkszählungs-Urteil. In: Kriminalistik 41 (1987), S. 185 – 186.

ders.: Zurück zum Notizbuch? Datenschutz und Ermittlungsauftrag – Erhaltet die Funktionsfähigkeit der Polizei. Kriminalistik 41 (1987), S. 504 – 505.

**Tolksdorf, Herbert:* Informationssysteme zur Terrorismusbekämpfung. Erfahrungen und Probleme aus polizeilicher Sicht. In: Polizei-Führungsakademie (Hrsg.): Terrorismus. Arbeitstagung vom 27. bis 30. April 1981 bei der Polizei-Führungsakademie. Schlußbericht. Münster 1981, S. 91 – 110.

Wolter, Jürgen: Heimliche und automatisierte Informationseingriffe wider Datengrundrechtsschutz. Gesamtanpassung vor Gesamtreform von Strafprozeß- und Polizeirecht. In: Goltdammer's Archiv für Strafrecht 135 (1988), S. 49 – 90, 129 – 142.

**Zimmermann, Hans Martin:* Lageerfassung, -darstellung und -information anläßlich von Aktionen gegen die NATO-Nachrüstung und Munitionstransporte. Notwendigkeiten, Bedingungen, Erfordernisse, Erfahrungen. In: Polizei-Führungsakademie (Hrsg.): Bewältigung von Demonstrationen. Seminar vom 13. bis 17. Februar 1984 bei der Polizei-Führungsakademie. Schlußbericht. Münster 1984, S. 35 – 58.

10
Verbrechensvorbeugung, insbesondere die operative Straftatenverhütung

Alfred Stümper

INHALTSÜBERSICHT

	Rdnr.
A. Die Verbrechensvorbeugung allgemein	
I. Grundsätzliches	
1. Begriff und Bewertung	
a) Allgemeines	1
aa) Generalprävention und Spezialprävention	2
bb) Labeling approach	3
cc) Subjektive und objektive Umstände	4
dd) Primäre, sekundäre und tertiäre Prävention	5
b) Die Vorbeugungsproblematik als multifakturales Problem	6
c) Die Ganzheitlichkeit der bestehenden Faktoren	7
aa) Der menschliche Bereich	8
bb) Objektive Umstände	9
cc) Das kriminalethische Klima	10
2. Ansatzpunkte zur Verbrechensvorbeugung	11
a) Position der Sicherheitsorgane	12
b) Gesamtgesellschaftliche Aufgabe	12
3. Zielsetzung	
a) Die klassische Unterscheidung	13
b) Die Mischtatbestände	14
c) Die operative Verbrechensvorbeugung	16
II. Umsetzung in die Praxis	
1. Die verschiedenen Möglichkeiten zur Verbrechensvorbeugung	17
a) Prävention durch Repression	18
b) Kriminalpolizeiliche Aufklärung	19
c) Polizeiliche Präsenz	20
d) Strukturelle Vorbeugung	21
2. Die unterschiedlichen Zuständigkeiten	22
a) Die staatlichen Zuständigkeiten und die privaten Einwirkungsmöglichkeiten	23
b) Der ressortübergreifende Gesamtauftrag innerhalb der staatlichen Zuständigkeit	24
c) Die Zuständigkeiten innerhalb des polizeilichen Vorbeugungsauftrags	25
3. Die speziellen Regelungen des Personen- und Objektschutzes sowie des Einsatzes der Polizei bei Staatsbesuchen und sonstigen Besuchen	
a) Personen- und Objektschutz	31
aa) PDV 100	32
bb) Flexibilität	33
cc) Unterscheidung der Schutzmaßnahmen	34
dd) Planung des Schutzauftrags	35
ee) Sicherstellung der Wachsamkeit	36
ff) Abstimmung mit anderen Sicherheitskräften	37
b) Einsatz der Polizei bei Staatsbesuchen und sonstigen Besuchen	
aa) PDV 130	39
bb) Sicherungsmaßnahmen als „Maßarbeit"	40
cc) Ausschöpfung der konkreten Möglichkeiten	41
B. Die operative Straftatenverhütung	
I. Die in ihrer Bedeutung verkannte Revolution in der Kriminalistik	
1. Die entscheidende Schwerpunktverlagerung	42
2. Die daraus sich ergebenden Konsequenzen für die polizeiliche Verbrechensbekämpfung	43

	Rdnr.		Rdnr.
3. Dadurch gegebene Schwierigkeiten im rechtsstaatlichen Verständnis	45	VII. Auf dem Weg zu neuen Organisations- und Funktionsstrukturen	
4. Schwierigkeiten der rechtsstaatlichen Aufarbeitung angesichts der in unserer Zeit gegenläufigen kriminalpolitischen Gesamttendenz	46	1. Das derzeitige Stadium	80
		2. Die Rechtsproblematik	81
		3. Die polizeistrategischen und -taktischen Probleme	86
5. Die Gefahr einer dadurch bedingten unsozialen Kriminalpolitik	48	a) Die Internationalisierung	
6. Die Perversion des Rechtsstaates	49	aa) Weltweites Problem	87
7. Die Gefahr des Zerbrechens der Identifikation der Bevölkerung mit dem Rechtsstaat	50	bb) Gefährdungslage der Bundesrepublik Deutschland	88
		cc) Grenzabbau zwischen den EG-Staaten	89
II. Der geschichtliche Hintergrund	51	dd) Übergangsstadium	90
1. Umorientierung in den Wertvorstellungen	52	ee) Polizeiattaché	91
2. Revolutionäre Entwicklungen in Naturwissenschaften und Technik	53	ff) Andere Institutionen	92
		b) Die Integration als zusätzlich erschwerendes Moment	
3. Bevölkerungszunahme	55	aa) Die Integrierung verschiedenster Lebensbereiche	94
III. Die Neubewertung des Dunkelfeldes	56	bb) Die Multiplizierung der Probleme	95
1. Qualität und Quantität des Dunkelfeldes	57	cc) Straftatenverhütung als übergeordnetes Problem	96
2. Verhältnis Dunkelfeld/Aufklärungsquote	58	dd) Wechsel- und Folgewirkungen	97
IV. Daraus resultierende kriminalpolitische Probleme	59	c) Die besondere Bedeutung des finanziellen Motivs	
1. Aktualität und Langfristigkeit	60	aa) Die zentrale Rolle des Geldes	98
2. Akzeptanz in der Wählerschaft und Erfordernisse der Verbrechensbekämpfung	61	bb) Internationales Problem	99
3. Sachproblematik und Ideologie	62	cc) Erkennen der Hintermänner; Angriff auf die finanzielle Basis	100
V. Grundsätze der organisatorischen Einpassung der operativen Straftatenverhütung		VIII. Das notwendige Zusammenwirken von Fachwissen und politischer Durchsetzungskraft	
1. Allgemeines	63	1. Das Neuland in der operativen Vorbeugung	101
2. Die drei Arbeitsraten der operativen Vorbeugung		2. Polizei und Politik	102
a) Erste Arbeitsrate	66	3. Die organisatorische Konsequenz	103
b) Zweite Arbeitsrate	67	4. Die vier Kernprobleme	104
c) Dritte Arbeitsrate	68	a) Information und Kommunikation	105
3. Die damit gegebenen rechtlichen und taktischen Probleme	69	b) Verdeckte Maßnahmen	110
VI. Die derzeitige Organisationsstruktur		c) Abschöpfung illegaler Gewinne	114
1. Der grundlegende IMK-Beschluß	71	d) Hintermänner	115
2. Die tragenden Maximen der neuen Organisationsregelungen	72	IX. Die operative Straftatenverhütung im Gesamtkontext mit der Kriminalpolitik	
3. Die Regelung in Bund und Ländern	76		

	Rdnr.		Rdnr.
1. Zielsetzung der Kriminalpolitik .	116	3. Praktische Folgerungen	118
2. Die strategische Ausrichtung der operativen Straftatenverhütung .	117	4. Motiv und Glaubwürdigkeit . . .	119
		5. Resümee	120

A. Die Verbrechensvorbeugung allgemein

I. Grundsätzliches

1. Begriff und Bewertung

a) Allgemeines 1

Unter **Straftatenverhütung** versteht man allgemein die Gesamtheit aller Maßnahmen, die geeignet sind, Kriminalitätsursachen und die Bereitschaft zum kriminellen Verhalten einzugrenzen oder ganz zu beseitigen, Straftaten und deren Auswirkungen einzudämmen oder ganz zu verhindern.

Die darauf fußende **Systematisierung** wird jedoch jeweils sehr unterschiedlich vorgenommen.

aa) Generalprävention und Spezialprävention

Die „klassische" Theorie unterscheidet zwischen Generalprävention und 2 Spezialprävention, d. h. zwischen Maßnahmen, die auf einen möglichst breiten Teil der Bevölkerung, insbesondere anfällige Personen, einwirken sollen, einerseits und Maßnahmen, die insoweit jeweils auf konkrete Personen ausgerichtet sind, andererseits.

Die Einwirkung selbst geht wiederum in zwei Richtungen: Zum einen soll sie eine normstabilisierende Wirkung haben, indem sie wertmäßige Geltung und praktische Gültigkeit des Rechts deutlich vor Augen führt, zum anderen soll sie abschreckend wirken, indem sie generell die Allgemeinheit und speziell den einzelnen von der Begehung von weiteren Straftaten abhält.

bb) Labeling approach

Demgegenüber versucht die von der **amerikanischen Soziologie** herkom- 3 mende Lehre des Labeling approach den Ansatz zur Verbrechensvorbeugung nicht beim Täter, sondern in der Gesellschaft bzw. in den Herrschaftsstrukturen zu finden. Danach ist das Verhalten der „Straftäter" an sich wertneutral, es wird erst durch die Strafrechtsnormen der Herrschaftsstrukturen „kriminalisiert".

cc) Subjektive und objektive Umstände

Eine **weitere Unterscheidung** kann vorgenommen werden bezüglich sub- 4 jektiver und objektiver Umstände, d. h. Faktoren, die entweder im einzelnen Menschen liegen, oder solchen, die von außen das Begehen bestimmter Straftaten verursachen, ermöglichen oder fördern. Dabei kann im objektiven Bereich noch unterschieden werden zwischen einem strukturellen Bereich (Gesetzgebung, wirtschaftlicher und sozialer Verhältnisse usw.) und sonstigen objektiven Faktoren (schlechter Straßenbeleuchtung, bewuchsmäßig nicht ausgelichteter Parkplätze, zum Diebstahl anreizender Auslegung von Verkaufswaren usw.).

dd) Primäre, sekundäre und tertiäre Prävention

5   Schließlich gibt es **auch** eine **Untersuchung** zwischen primärer, sekundärer und tertiärer Prävention.

– Die **primäre Prävention** stellt auf die Wurzeln des Verbrechens ab. Sie hat zum Gegenstand die Festigung des Rechtsbewußtseins, die Beseitigung tieferliegender Kriminalitätsursachen (z. B. sozialstruktureller Mängel) sowie die Schaffung von Anreizfaktoren zum Rechtsgehorsam (Vorteils- und Belohnungsaspekte für Rechtstreue).

– Die **sekundäre Prävention** ist in ihrer Zielrichtung täter- und opferbezogen.

Im Hinblick auf den Täter geht es um die Verhinderung oder Erschwerung der Tat durch konkrete Vorbeugungsmaßnahmen (Sicherungsmaßnahmen) sowie durch Erhöhung des Entdeckungsrisikos oder durch Stützung normangepaßten Verhaltens (z. B. street work, Polizeipräsenz).

Opferbezogen befaßt sich die sekundäre Prävention mit der Ausschöpfung der Möglichkeiten zur Immunisierung der Verwundbarkeit des Opfers.

– Die **tertiäre Prävention** hat die Verhinderung des Rückfalls eines Straftäters zum Inhalt. Hierzu zählen sachgerechte Sanktionen, personenorientierte Behandlung sowie Eingliederung des Täters durch Diversion und Mediation, durch ambulante Maßnahmen wie soziale Trainingskurse, Jugendarrest, Jugendstrafvollzug, Geldstrafe, Bewährungshilfe, Behandlungsvollzug sowie endlich durch Straffälligenhilfe und Unterhaltung eines Resozialisierungsfonds.

b) Die Vorbeugungsproblematik als multifakturales Problem

6   Im Endeffekt handelt es sich bei der gesamten Vorbeugungsproblematik um ein multifakturales Problem, das dementsprechend auch von **verschiedenen Seiten** her angegangen und auch abgehandelt werden kann. Fehlerhaft wird die Befassung mit diesem Thema nur dann, wenn sie ideologisch und apodiktisch erfolgt. Beispiel: Die Lehre vom Labeling approach hat sicherlich eine wesentliche Erweiterung des Wissens um Faktoren gebracht, die dazu führen, daß Menschen sich in Kriminalität verstricken. Zu Recht hat sie dabei auch die Gesellschaft und die Wirkung der Normsetzung hervorgehoben. Falsch ist jedoch ihr Ansatz der wertneutralen Täter-Verhaltensweise. So werden Mord, Vergewaltigung, Raub usw. immer verwerflich sein, unbeschadet normierter Herrschaftsstrukturen.

c) Die Ganzheitlichkeit der bestehenden Faktoren

Man wird deshalb den Fragen nach einer **realistischen** und in der Praxis auch greifenden **Kriminalprävention** die Ganzheitlichkeit der bestehenden Faktoren und keine Fixierung auf Einzelmomente zugrunde zu legen haben. 7

aa) Der menschliche Bereich

Die ganzheitliche Betrachtung zeigt zum einen, daß **im Menschen**, teils selbstverantwortlich, teils durch sonstige Umstände (evtl. eine psychische Krankheit) bedingt, kriminalitätsauslösende und -fördernde Faktoren zu finden sind. Sie macht ferner deutlich, daß das **menschliche Umfeld** sehr viel dazu beiträgt, ob und inwieweit eine labile Person sich fängt und stabilisiert oder in die Kriminalität absinkt bzw. hineingezogen wird. Insoweit spielen nicht nur bestimmte prägende und erziehende Grundfaktoren wie Familie, Elternhaus, Kirchen, Vereine usw. eine Rolle, sondern auch zufällige Bekanntschaften und Freunde, und zwar schon von ganz früh auf. Es kommt weiter darauf an, wie bei irgendwelchen kleineren oder größeren Fehlverhaltensweisen generell das persönliche Umfeld, die Gesellschaft und der Staat reagieren. 8

bb) Objektive Umstände

Zum anderen gibt es vielfache **objektive Umstände**, die zu Straftaten anreizen, diese erleichtern und ermöglichen, vom nicht abgesperrten Fahrrad über mangelnde Kontrolle in Verkehrsbetrieben bis zu einer „verlockenden" Fundsache. Ganz allgemein ist dabei auch entscheidend, welche Chancen einer illegalen Vorteilserlangung, insbesondere eines Geldgewinns, das Gesellschafts- und Rechtssystem strukturell vorhält, beispielsweise in der Steuergesetzgebung und in der Subventionsregelung. 9

cc) Das kriminalethische Klima

Schließlich kann das **kriminalethische Klima** wesentlichen Einfluß auf das jeweilige Verhalten in kriminalitätsrelevanten Bereichen haben; so ist insbesondere von Bedeutung, ob überhaupt und wie die Gesellschaft bestimmte Handlungen einschätzt und moralisch bewertet, wobei das jeweilige Werturteil von „clever" bis zu „verwerflich" reichen kann. 10

2. Ansatzpunkte zur Verbrechensvorbeugung

Für die auf dieser theoretischen Betrachtung aufbauende Beantwortung der Frage, wo und wie man **sinnvolle Vorbeugung ansetzen** kann, ist von folgendem auszugehen: 11

a) Position der Sicherheitsorgane

Aus der Breite der Faktoren, die relevant und praktisch unser menschliches, gesellschaftliches und staatliches Leben, auch im internationalen Bezug durchwirken, erhellt, daß Kriminalitätsvorbeugung **keine alleinige Aufgabe der Sicherheitsorgane** und speziell der Polizei ist. Vielmehr liegen die tiefer und damit näher an der Wurzel befindlichen Ursachen außerhalb 12 des polizeilichen Einwirkungsbereichs; die Polizei selbst ist in ihrer ureigenen Zuständigkeit nur punktuell und beim Auftreten von Auswüchsen gefordert. Hinsichtlich der anderen Einwirkungsbereiche kann sie – und das hat sie in der Vergangenheit auch immer wieder in vielfacher Weise getan – nur Hinweise und Anregungen an die dafür Zuständigen geben.

b) Gesamtgesellschaftliche Aufgabe

12 Eine umfassende Vorbeugungsstrategie ist also nicht Aufgabe der Polizei, sondern – wenn man die staatliche Verantwortung im Auge hat – der Kriminalpolitik. Eine solche umfassende **kriminalpolitische Strategie** haben wir jedoch nicht. Kriminalpolitik wird allenfalls in allgemeinen Bemerkungen und aus theoretisch-ideologischer Sicht betrieben, ohne daß es zu einer systematischen Umsetzung in konkrete Pläne und konkrete Maßnahmen kommt. Zugegeben, eine solche Umsetzung ist angesichts der vielfachen Ressortüberschreitungen und der mannigfachen Verflechtungen mit außerstaatlichen Vorgängen äußerst schwierig. Da aber Vorbeugen wichtiger ist als Ermitteln und Verfolgen strafbarer Handlungen sowie Heilen und Mildern von Deliktsfolgen, wäre es kriminalistisch vorrangig geboten, erste Grundvoraussetzungen zu einer in sich harmonisierten, geschlossenen Kriminalitätsvorbeugung zu schaffen. Dies kann nicht in Form irgendeines Tagesordnungspunktes einer Kabinettssitzung, der Innenministerkonferenz, des AK II oder der AG Kripo erfolgen. Dies ist auch nicht möglich durch Einsetzung eines Ad-hoc-Ausschusses oder Herbeiführung eines professoralen Gutachtens. Man muß vielmehr wissen, daß es sich hierbei um eine zentrale Daueraufgabe handelt, die immer fortgeschrieben werden muß. Aus diesem Grund hat der Verfasser seinerzeit die Schaffung einer Generaldirektion für die Innere Sicherheit vorgeschlagen, die als neues wesentliches Kernelement neben einer Einsatzabteilung PLFST (Planungs- und Führungsstab mit Lagezentrum) eine eigene Strategieabteilung KP (Kriminalpolitik, Vorbeugung) haben soll[1].

3. Zielsetzung

a) Die klassische Unterscheidung

13 Bei der Aufgabenwahrnehmung durch die Sicherheitsorgane unterscheidet man zwischen einer **repressiven und** einer **präventiven Zielsetzung.** Dieser klassischen Systematik folgt – jedenfalls weitgehend – die bisherige Gesetzgebung; daran orientiert sich auch weithin die bisherige systematische Durchdringung sowie schließlich auch großenteils der praktische funktionelle Arbeitszuschnitt der Sicherheitsorgane.

b) Die Mischtatbestände

14 Betrachtet man den polizeilichen Aufgabenbereich und die polizeilichen Lagen – insbesondere in der jüngsten Zeit – über aktuelle Einzelfälle hinaus in Richtung Ursachen, Wechsel- sowie Folgewirkungen, muß man feststellen, daß die Unterscheidung zwischen repressiv und präventiv zwar begrifflich richtig sein mag, wir es aber im Grunde arbeitsmäßig mit **viel-**

---

1 *Stümper* 1981 S. 41–44.

fältigen **Mischtatbeständen** zu tun haben. Dies gilt schon für Einzelfälle, bei denen man das präventive und repressive Element gar nicht voneinander trennen kann. Als Beispielsfall sei die Geiselnahme genannt, wo Strafverfolgungsanspruch einerseits mit dem polizeilichen Gesichtspunkt einer weiteren Straftatenverhütung, so insbesondere Rettung der Geisel, kollidieren mag. Insbesondere gilt diese Doppelnatur polizeilicher Maßnahmen jedoch für große Komplexe, letztlich für die gesamtpolizeiliche, ja die gesamte kriminalpolitische Bewältigung.

Signifikantestes Beispiel in jüngster Zeit ist die schwere organisierte, insbesondere international **organisierte Kriminalität.** Hier haben wir es letztlich nicht nur mit bloßen Einzelstraftaten zu tun, sondern mit weitverzweigten kriminellen Strukturen, einer logistischen Basis, spezifischen Szenen und vielfachen Querverbindungen. Maßnahmen der Sicherheitsorgane haben hier in ihren praktischen Auswirkungen, untrennbar miteinander verbunden, sowohl präventiven wie repressiven Charakter. Sie sind letztlich deshalb nach einem kriminalpolitisch übergeordneten Gesichtspunkt auszurichten, nämlich dem operativen Gesichtspunkt. Dies bedeutet, daß die Hauptzielrichtung weder die Aufklärung der einzelnen Straftat noch die Verhinderung einer einzelnen Straftat sein kann, sondern daß es im Prinzip und letztlich entscheidend darauf ankommt, den Hintergrund, die Hintermänner, die Organisation und den Bereich ausfindig zu machen, anzugehen und auszutrocknen, aus dem heraus Kriminalität agiert, sich ausweitet und droht, gewisse Lebensräume zu überwuchern; diese kriminelle Logistik und Basis kann sowohl lokal bestimmt sein („Rotlichtszene", „Bahnhofsmilieu", „Hafenszene") als auch gewisse Geschäftsbereiche erfassen (betrügerischer Aktienhandel, Kunstfälschungen) und schließlich auch in der Mobilitätsstruktur verankert sein (Alkoholschmuggel, Abfalltourismus, Subventionsschwindel usw.).

c) Die operative Verbrechensvorbeugung

Die Gesamtproblematik gerade der schweren, meist grenzüberschreitenden und internationalen Kriminalität kann daher vorbeugungsmäßig im Prinzip nur operativ angegangen werden. Diese **operative Verbrechensvorbeugung,** die weithin bisherige Vorstellungen der Straftatenverhütung sprengt und auch bislang nur relativ schmal im Schrifttum abgehandelt wurde, wird bewußt hier herausgenommen und im Teil B (Rdnr. 42 ff.) systematisch dargestellt.

II. Umsetzung in die Praxis

1. Die verschiedenen Möglichkeiten zur Verbrechensvorbeugung

Verbrechensvorbeugung kann in der Praxis **in vielfacher Weise** erfolgen. Dabei muß man die einzelnen Möglichkeiten im Kontext sehen. Als Einwirkungsmöglichkeiten sind, vor allem der historischen Entwicklung folgend, anzuführen:

a) Prävention durch Repression

18 Eine **effektive Strafverfolgung** kann auch vorbeugend wirken:
- Ein Straftäter, der einsitzt, ist insoweit weitestgehend „aus dem Verkehr gezogen". „Wer sitzt, der stiehlt nicht" – dieser Grundsatz hat insoweit Bedeutung, als die Begehungsmöglichkeiten für Straftaten jedenfalls wesentlich eingeschränkt sind.
- Dadurch, daß der Haupttäter sitzt, können sich möglicherweise labile Mittäter, deren Strafe zur Bewährung ausgesetzt worden ist, leichter „normalisieren", „sozialisieren" und ggf. auch „resozialisieren".
- Dem einzelnen und/oder der Allgemeinheit gegenüber wird durch eine griffige Strafverfolgung deutlich gemacht, daß die Rechtsordnung gesellschaftspolitisch gilt und auch durchgesetzt wird (vgl. dazu die Ausführungen zur General- und Spezialprävention in Rdnr. 2).
- In gleicher Weise kann der einzelne oder die Allgemeinheit durch eine „exemplarisch wirkende" Strafe vor der Begehung (weiterer) Straftaten abgehalten werden (gleichfalls Grundgedanke der General- und Spezialprävention; s. Rdnr. 2).

b) Kriminalpolizeiliche Aufklärung

19 Die **Beratung** potentieller Opfer, wie sie sich gegen eine Verletzung ihrer Rechte durch Kriminelle schützen können, kann erfolgen
- auf technischem Gebiet (z. B. Kriminalpolizeiliche Beratungsstellen),
- verhaltensmäßig (z. B. diverse Aktionen von Polizeidienststellen),
- durch eine generelle Sensibilisierung, auf sich und seine Sachen zu achten (z. B. Kriminalpolizeiliches Vorbeugungsprogramm von Bund und Ländern).

c) Polizeiliche Präsenz

20 Durch eine dichte, zielgerichtet herbeigeführte **polizeiliche Präsenz** können die Sicherheitsorgane potentielle Straftäter verunsichern und von der Begehung strafbarer Handlungen abhalten.

Beispiele:

Bei zu erwartenden Unfriedlichkeiten eines Fußballspieles zeigt man starke Polizeikräfte schon auf den Anmarschwegen.

An Örtlichkeiten, wo sich erfahrungsgemäß strafbare Handlungen häufen, wird eine gezielte Streifentätigkeit ausgeübt (bestimmte Anlagen, bestimmtes Altstadtmilieu usw.).

Aber auch hier gilt es, entsprechende Grundsätze nicht schematisch anzuwenden. Vor allem aus zwei Gründen: Zum einen kann durch das Zeigen starker Polizeikräfte auch das Gegenteil dessen bewirkt werden, was beabsichtigt ist; Auseinandersetzungen können möglicherweise gerade dadurch ausgelöst werden. Zum anderen kann eine bestimmte Milieukriminalität sich leicht verlagern, wenn offen Kräfte gezeigt werden; unter bestimmten Voraussetzungen ist eine wirkungsvolle Bekämpfung letztlich nur durch verdeckten Einsatz und dann schlagartig durchgeführten Zugriff möglich.

d) Strukturelle Vorbeugung

21 Kriminalpolitisch richtig strukturierte Vorbeugung hat bei weitem nicht nur die Vermeidung bestimmter, einzelner kriminalitätsfördernder Faktoren zum Ziel, sondern muß vorrangig anstreben, daß die Kriminalität überhaupt gar nicht erst entstehen kann oder aber wenigstens im Vorfeld „eingefangen", „neutralisiert" und „abgearbeitet" wird. Diese **strukturelle Vorbeugung** hat zu erfolgen

- in rechtlicher Hinsicht (z. B. Vermeidung von Normen, die zum Subventionsschwindel, Steuerbetrug usw. verleiten)
- in tatsächlicher Hinsicht (beispielsweise Ausleuchtung von dunklen Straßen, bauliche Gestaltung von Unterführungen, „Entanonymisierung" von größeren Wohneinheiten usw.)
- in gesellschaftspolitischer Hinsicht (d. h. Ausschöpfung sämtlicher Möglichkeiten, um individuell oder sozial ein Abgleiten von Menschen oder Gruppierungen in normwidriges und dann kriminelles Verhalten zu vermeiden, sowie Rückführung, also Resozialisierung gestrauchelter Menschen in die normale Lebensgemeinschaft, dies nicht nur individuell, sondern durch Schaffung der entsprechenden gesellschaftlichen Verhältnisse. Dazu zählt subjektiv die Wiedereingliederungsbereitschaft der Bevölkerung, was wiederum eine greifende Sicherheitspolitik und eine sich sicher fühlende Bevölkerung voraussetzt; auch die Erhöhung der Sicherheit und dem folgend eine Stärkung des Sicherheitsgefühls in der Bevölkerung ist dazu unverzichtbar.).

2. Die unterschiedlichen Zuständigkeiten

22 Entsprechend dem weiten Feld möglicher Präventionsaktivitäten sind die Zuständigkeiten und damit die **Organisationsebenen** äußerst unterschiedlich.

a) Die staatlichen Zuständigkeiten und die privaten Einwirkungsmöglichkeiten

23 Zunächst ist zwischen den **staatlichen Zuständigkeiten** und den **privaten Einwirkungsmöglichkeiten** zu unterscheiden. Dabei ist dies nur eine Unterscheidung, keine Trennung, weil gerade die staatlich verantwortlichen Ressorts nicht isoliert, sondern so weit wie möglich im **Verbund** mit anderen nichtstaatlichen Einrichtungen, juristischen und auch natürlichen Personen arbeiten sollen. Dies kann entweder durch Anstöße erfolgen oder aber auch umgekehrt durch Unterstützung von dort initiierten Aktionen, wie beispielsweise durch Gründung von Arbeitsgemeinschaften, durch steuerliche Förderung, gezielte finanzielle Beiträge, öffentliche Ehrung, Personalaustausch usw.

b) Der ressortübergreifende Gesamtauftrag

24 Innerhalb der staatlichen Zuständigkeiten ist die Straftatenvorbeugung auch **kein gezielt ressortbezogenes Aufgabengebiet,** sondern es handelt sich um einen weit ressortübergreifenden Gesamtauftrag. Im Innen-, Sozial-, Jugend-, Familien- und Gesundheitsressort eröffnen sich ebenso mannigfache Möglichkeiten vorbeugender Aktivitäten oder unterstützender Entscheidungen wie im Justiz-, Wirtschafts- und Finanzressort. In diesen weithin durchaus noch verbesserungsfähigen „Vorbeugungsverbund" ist natürlich auch die Polizei in mehrfacher Weise eingebunden.

c) Die Zuständigkeiten innerhalb der Polizei

25 Auch die polizeilichen Zuständigkeiten für die Vorbeugung sind aufgeteilt: Nach Artikel 30 i. V. mit Art. 70 Abs. 1 GG ist die polizeiliche Arbeit, und dazu zählt auch die polizeiliche Vorbeugung, grundsätzlich **Ländersache**. Jedoch werden dem **Bund** durch Art. 73 Nr. 10 a, 87 Abs. 1 GG ebenfalls Kompetenzen im Polizeibereich übertragen. Auf dieser Grundlage gibt das BKA-Gesetz dem Bundeskriminalamt Zuständigkeiten, die auch der Vorbeugung dienen. Dies resultiert an sich schon aus der Funktion des Bundeskriminalamts als Zentralstelle nach § 2 BKA-Gesetz. Speziell wurde dabei dem BKA noch ausdrücklich in § 2 Abs. 1 Nr. 7 eine unterstützende Zuständigkeit in der Vorbeugungsarbeit zur Verbrechensverhütung eingeräumt.

26 Diese geteilten Zuständigkeiten in der Vorbeugung zwischen Bund und jeweils den einzelnen Ländern fordert geradezu eine **bundesweite Abstimmung** heraus. Dieser Forderung wurde man auch in verschiedenen Einzelbereichen gerecht, zum Beispiel bei bundesweiten Bekämpfungskonzepten der Diebstahlskriminalität, der Rauschgiftkriminalität usw.

27 Darüber hinaus hat man auch für die allgemeine kriminalpolizeiliche Vorbeugungstätigkeit – neben den mannigfachen Aktivitäten der einzelnen Bundesländer – eine einheitliche Basis geschaffen, indem die Innenministerkonferenz und der Bundesinnenminister am 15. Februar 1974 das **Kriminalpolizeiliche Vorbeugungsprogramm** installiert und dazu die Projektleitung des Kriminalpolizeilichen Vorbeugungsprogramms geschaffen haben. Der Vorsitz in der Projektleitung obliegt dem Land Baden-Württemberg. Daneben gehören der Projektleitung jeweils wechselnd Vertreter der einzelnen Bundesländer sowie ein Vertreter des Bundeskriminalamts für den Bund an. Die Projektleitung des Kriminalpolizeilichen Vorbeugungsprogramms (PL KPVP) hat Vorschläge für Inhalt, Ausgestaltung und Durchführung konkreter Vorbeugungsmaßnahmen im Rahmen des gemeinsamen Kriminalpolizeilichen Vorbeugungsprogramms zu entwickeln und zu erarbeiten, über die jeweils der Arbeitskreis II „Öffentliche Sicherheit und Ordnung" der Innenministerkonferenz (AK II) beschließt. Die Arbeit der PL KPVP wird von der Arbeitsgemeinschaft der Leiter der Landeskriminalämter mit dem Bundeskriminalamt (AG Kripo) unterstützt, die ständig damit beauftragt ist, der Projektleitung Sachvorschläge zu unterbreiten und Aufträge der Projektleitung zu erfüllen.

Trotz der begrenzten Finanzmittel, die dem Kriminalpolizeilichen Vorbeugungsprogramm zur Durchführung ihrer Maßnahmen zur Verfügung stehen (anfänglich ca. 1,5 Mio. DM, derzeit ca. 1,7 Mio. DM), hat dieses Programm schon einen sehr hohen Bekanntheitsgrad erreicht. Nach einer Emnid-Umfrage im Mai/Juni 1981 war 85 % der befragten Personen das

Vorbeugungsprogramm bekannt. Ein wesentliches Verdienst daran haben auch die Publikationsorgane, die mit Engagement diesen Vorbeugungsauftrag mit unterstützen. Als Beispiel darf die starke Zunahme des kostenlosen Abdrucks der Vorbeugungsratschläge des Kriminalpolizeilichen Vorbeugungsprogramms in den Print-Medien von einer Auflagenstärke von 106 771 400 Exemplaren im Jahre 1980 auf 531 754 600 Exemplare im Jahre 1990 angeführt werden (vgl. hierzu Abb. 1).

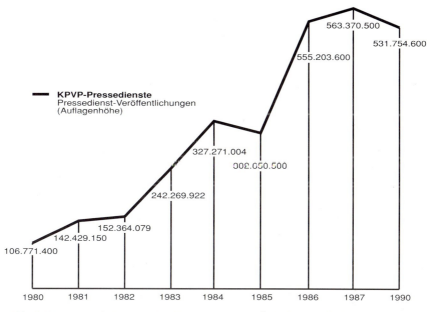

Abb. 1: Hervorragende Resonanz bei Medien und in der Öffentlichkeit für Themen der Vorbeugung

1984 hat die AG Kripo eine **Kommission Vorbeugende Kriminalitätsbekämpfung (KVK)** eingerichtet, der Vertreter aller Landeskriminalämter, des Bundeskriminalamtes sowie der Geschäftsführer der PL KPVP angehören. Diese Kommission löste die „Kommission Beratung", die sich mit sicherheitstechnischen Angelegenheiten befaßt hatte, sowie das „Ständige Redaktionskommitee", dem die inhaltliche Betreuung des Kriminalpolizeilichen Vorbeugungsprogramms übertragen war, ab. In ihrer Geschäftsordnung hat die KVK eine Aufgabenverteilung zur Betreuung einzelner Kriminalitätsbereiche für die verhaltensorientierte Kriminalitätsvorbeugung und zur Durchführung kriminalistisch-kriminologischer Forschung und Auswertung sowie eine Verteilung sicherungstechnischer Schwerpunkte auf die einzelnen Mitglieder vorgenommen. Dadurch soll die Koordinierung und Einheitlichkeit der kriminalpolizeilichen Beratungstätigkeit in der Bundesrepublik gefördert werden. Den Vorsitz in der Kommission Vorbeugende Kriminalitätsbekämpfung führt im Turnus von 5 Jahren jeweils ein anderes Bundesland.

29 Für die **Umsetzung** der Programmpunkte des KPVP sind die **Landeskriminalämter** das Bindeglied zwischen der PL KPVP, der AG Kripo und ihrer KVK zu den regionalen und lokalen Dienststellen vor Ort, also zu
- den Landespolizeidirektionen/Regierungspräsidien/Bezirksregierungen
- den Polizeipräsidien/-direktionen/-behörden
- den Polizeirevieren/-wachen/-stationen/-posten.

Beratungen über Sicherungstechnik an Großanlagen wie Kernkraftwerken, Wasser- und Stromversorgungsunternehmen oder Industriekomplexen können und sollen nicht durch die Beratungsstellen auf der unteren Integrationsebene erfolgen und werden daher von Zentralstellen bei den Landeskriminalämtern wahrgenommen. Die Landeskriminalämter regeln für ihren Zuständigkeitsbereich die Verteilung der Informationen und Materialien des KPVP über das Netz von Kriminalpolizeilichen Beratungsstellen hinaus an alle Polizeidienststellen, damit diese sowohl den Bürgern als auch allen Polizeibeamten zugänglich sind.

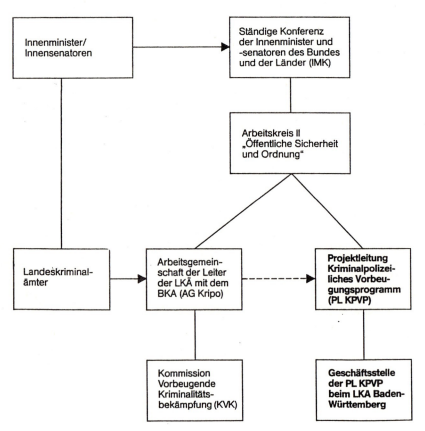

Abb. 2: Organisation der vorbeugenden Kriminalitätsbekämpfung in der Bundesrepublik Deutschland

Die **Organisationsstruktur** der vorbeugenden Kriminalitätsbekämpfung in der Bundesrepublik Deutschland wird in einem Organigramm dargestellt (s. Abb. 2). 30

3. Die speziellen Regelungen des Personen- und Objektschutzes sowie des Einsatzes der Polizei bei Staatsbesuchen und sonstigen Besuchen

a) Personen- und Objektschutz

Die **Bedrohungen,** insbesondere aus dem terroristischen Bereich, haben umfangreiche Personen- und Objektschutzmaßnahmen notwendig gemacht. 31

aa) PDV 100

In der **PDV 100** werden unter dem Oberbegriff „Sicherung und Schutz" (2.5) Ziele, Inhalte und Taktik des Personenschutzes (2.5.2), des Objektschutzes (2.5.3), des Schutzes kerntechnischer Einrichtungen (Anlagen nuklearer Transporte) (2.5.4) und des Raumschutzes (2.5.5) abgehandelt. 32

bb) Flexibilität

Die Umsetzung entsprechender Maßnahmen darf jedoch **keinesfalls schematisch** erfolgen. Vielmehr erfordert gerade dieser Schutzauftrag eine hohe Flexibilität (keine „Schildwachhäuschen-Mentalität"). Die Schutzmaßnahmen dürfen nicht ausspähbar sein, auch nicht durch eine über einen längeren Zeitraum hin sich erstreckende Gegenobservation. Oberstes Gebot: **keine Routine!** Routine ermüdet, schwächt die Wachsamkeit und bietet dem Angreifer, der immer das Überraschungsmoment für sich hat, weitreichende Möglichkeiten. 33

cc) Unterscheidung der Schutzmaßnahmen

Die Schutzmaßnahmen sind zu unterscheiden in 34
- Personenschutz,
- Objektschutz,
- übergreifender Schutz (so auch Raumschutz) mit Einbettung in ein sicherungsmäßiges Gesamtkonzept und
- Sondermaßnahmen.

Der **Personenschutz** ist die dauernde Begleitung einer gefährdeten Person (Schlagwort „Body-Guard").

Der **Objektschutz** hat den Auftrag, die Wohnung einer gefährdeten Person, wichtige Industrieanlagen und sonstige gefährdete Einrichtungen zu schützen.

Der **übergreifende Schutz** betrifft das Umfeld – auch die Anfahrtswege – gefährdeter Personen oder Objekte; die Umgebung ist im Auge zu behalten, verdächtige Vorgänge sind wahrzunehmen und weiterzuverfolgen bzw. weiterzumelden. Dieser Auftrag hat überwiegend in verdeckter Form zu erfolgen, allenfalls überlappt durch sichtbare polizeiliche Präsenz (uniformierte Bestreifung).

Sondermaßnahmen sind schließlich die taktischen Einsatzmodelle, deren Sinn sich nicht nur in einem bloßen Schutz der gefährdeten Person oder des gefährdeten Objekts erschöpft, sondern die darüber hinaus Fahndungsansätze und entsprechende weitere Erkenntnisse bringen sollen, wie z. B. das Fahndungskonzept 106. Entsprechende taktische Konzepte, deren Abhandlung aus Gründen der Vertraulichkeit hier nicht möglich ist, sind nicht (nur) defensiv, sondern offensiv. Sie sollen vor allem die Voraussetzungen dafür schaffen, um gegen die Bedroher und deren Gehilfen operativ vorgehen zu können.

dd) Planung des Schutzauftrags

35 Entsprechende Konzepte erfordern zunächst eine sorgfältige **Planung**, insbesondere auch einen sinnvollen Ausgleich – je nach dem Geheimhaltungsgrad – zwischen der Wahrung der Vertraulichkeit entsprechender Maßnahmen einerseits und der Einpassung in die allgemeine polizeiliche Arbeit, speziell auch in den polizeilichen Streifendienst, andererseits.

Des weiteren machen sie eine ausreichende personelle Ausstattung, eine auf die örtlichen Verhältnisse abgestimmte und auch Abhörversuche mit berücksichtigende Auslegung des polizeilichen Funkverkehrs sowie schließlich auch eine sonstige zweckmäßige Ausstattung, von der Bewaffnung bis zu warmen Postenmänteln für die Objektschutzbeamten im Winter, nötig.

ee) Sicherstellung der Wachsamkeit

36 Eine permanente Wachsamkeit ist nur begrenzt möglich. Dem gilt es realistisch Rechnung zu tragen:

Dies geschieht zunächst durch **Schwerpunktsetzung**. Eine Schwerpunktsetzung ist sowohl zeitlich (bestimmte Anfahrts- und Abfahrtszeiten) als auch zeitraummäßig (besonders kritische Zeiträume, in denen Anschläge wahrscheinlicher sind) möglich.

Weitere Voraussetzung ist eine echte **Motivation**. Dies gilt insbesondere für den eintönigen Objektschutzdienst. Motivation ist möglich durch eine, vor allem auch auf die Einzellage abhebende Information (gibt es neuere Erkenntnisse über mögliche Gefährdungsmomente für Personengruppen oder gar die einzelne Person oder das Objekt? Welche Ergebnisse brachten bestimmte Anfragen? Wo gibt es gefährdungsmäßig vergleichbare Modelle? usw.). Führungswissen soll insoweit nicht nur schematisch weitergegeben, sondern muß auch aktualisiert und individualisiert werden.

Daß schließlich Bezahlung, Beförderungsaussichten, Ablösungszeiten, Kontaktmöglichkeiten zur Familie und Dauer der Abordnung ganz entscheidende Motivationsfaktoren sind, steht außer Zweifel. Dies sind sie nicht nur um ihrer selbst willen, sondern weil sich darin auch die Glaubwürdigkeit der Fürsorge durch den Dienstherrn zeigt; bloße verbale und allgemein gehaltene Erklärungen haben nur begrenzt Sinn.

ff) Abstimmung mit anderen Sicherheitskräften

POS-Aufgaben müssen auch in Relation zu **Maßnahmen des Eigenschutzes** in anderen Bereichen gesehen, geplant und durchgeführt werden, so beispielsweise bezüglich der Eigensicherungsmaßnahmen der Industrie und Wirtschaft (eigene Schutzmaßnahmen durch Sicherheitsbeauftragten, Werkschutz, werkseigenen Sicherungsdienst; Beauftragung eines Sicherungsunternehmens usw.).

Da die Verhältnisse jeweils unterschiedlich sind, kann hier **kein Standardmodell** vorgeführt werden. Zu beachten sind dabei jedoch folgende Punkte:

- Notwendig ist eine gemeinsame Planung und eine gegenseitige Abstimmung, um sinnlose, möglicherweise auch gefährliche gegenseitige Observationen oder gar gegeneinander gerichtete Aktionen zu vermeiden.
- Die beiderseitigen Erkenntnisse müssen in ein abgestimmtes Schutzkonzept einfließen. Dies gilt sowohl für die aus der allgemeinen polizeilichen Lage und speziellen polizeilichen Erkenntnissen sich ergebenden Überlegungen, als auch für das Wissen, das aus dem Bereich der zu schützenden Person bzw. Einrichtung kommt.
- Darüber hinaus ist eine generelle Information durch die Polizei (z. B. durch das Innenministerium oder das Landeskriminalamt) über die Gefährdungslage notwendig, und zwar sowohl in größeren routinemäßigen Abständen (um den Kontakt aufrecht zu erhalten), als auch in Sonderlagen bzw. aus konkretem Anlaß.
- Akute Gefährdungserkenntnisse sind sofort unmittelbar auszutauschen.
- Es ist ein Ansprechpartner zu bestimmen und dafür zu sorgen, daß dieser immer erreichbar ist und im Falle seiner Verhinderung, z. B. Erkrankung, Urlaub usw. einen gleichfalls jederzeit ansprechbaren Vertreter hat.
- Entsprechende Abstimmungen und Aufzeichnungen sind laufend zu aktualisieren. Dazu sind von Zeit zu Zeit gewisse routinemäßige Überprüfungen angezeigt; sie sind zu dokumentieren.

b) Einsatz der Polizei bei Staatsbesuchen und sonstigen Besuchen

aa) PDV 130

Diese Materie ist gleichfalls in einer Polizeidienstvorschrift (**PDV 130**) geregelt. In dieser werden die polizeilichen Maßnahmen bei Besuchen von Staatsoberhäuptern, ausländischen Regierungsmitgliedern und Persönlichkeiten des Auslands von besonderer politischer Bedeutung abgehandelt.

Dabei werden die Aufgaben zum Schutze des Gastes und seiner Begleitung, weithin in Form von Checklisten, beschrieben. Im einzelnen geht es insbesondere um Sicherheitsüberprüfungen, Personenschutz, Begleitschutz, Verkehrsmaßnahmen, Streckenschutz sowie Innen- und Außenschutz von Gebäuden und Anlagen. Die polizeilichen Aufgaben werden dabei hinsichtlich der Vorbereitung und der Durchführung stichwortartig dargestellt. Ergänzend tritt ein Teil hinzu, der Maßnahmen der Polizei im Attentatsfall zum Gegenstand hat.

bb) Sicherungsmaßnahmen als „Maßarbeit"

40 Diese Punktation polizeilicher Maßnahmen kann und darf ebenfalls **nicht schematisch** an den jeweiligen Einsatz der Polizei angelegt werden. Auch hier kommt es auf die konkrete polizeiliche Lage und die jeweils dazu sich eröffnenden polizeilichen Möglichkeiten an. Eine sorgfältige Lagedarstellung einschließlich einer auf Personen, Ort und Zeit ausgerichteten Gefährdungsanalyse sind erforderlich; polizeiliche Sicherungsmaßnahmen sind insoweit mehr oder weniger „Maßarbeit". Sie werden auch notwendigerweise bestimmt durch die zur Verfügung stehenden Kräfte und Informationsmöglichkeiten. Schließlich ist auch der Grundsatz der Verhältnismäßigkeit hinsichtlich der Beeinträchtigung sonstiger Lebensbereiche zu beachten.

cc) Ausschöpfung der konkreten Möglichkeiten

41 Darüber hinaus gilt es, vor allem die **konkreten Möglichkeiten** zu nutzen, um

– Ausspähungsversuche zu erkennen,
– Vorbereitungshandlungen zu Anschlägen zu entdecken und
– ggf. auch durch sichtbare Präsenz potentielle Störer oder gar Attentäter von ihrem Vorhaben abzubringen.

Die polizeiliche „Gegenobservation" ist in entsprechenden Fällen auch ins Vorfeld zu verlagern (Verkehrswege, private Ausflugsziele usw.) und nicht nur an den Hauptereignispunkten durchzuführen. Gefährdungserkenntnisse und sonstige Erkenntnisse von anderen Sicherheitsbehörden sind rechtzeitig zu beschaffen und auszuwerten (so Einrichtung einer NaSISte). Das gleiche gilt für Informationen aus anderen Bereichen, die sich im konkreten Fall anbieten.

Da es sich bei den Einzelheiten der PDV 130 um ausschließlich für den Dienstgebrauch durch die Polizei bestimmte Vorschriften handelt, verbietet sich insoweit hier eine weitere, detailliertere Abhandlung.

B. Die operative Straftatenverhütung

I. Die in ihrer Bedeutung verkannte Revolution in der Kriminalistik

1. Die entscheidende Schwerpunktverlagerung

Das bisherige Straftatenmuster, nämlich Vorbereitungshandlung, Versuch und Straftat, Nachtat bzw. Verwertung der Beute (Hehlerei), hat sich gerade im Bereich der modernen Schwerkriminalität, also bei der bandenmäßigen, organisierten und international organisierten Kriminalität weitgehend umgekehrt; man könnte geradezu von einer **kopernikanischen Wende in der Kriminalität** sprechen: Am Anfang steht die „Hehlerei", d. h. es werden zunächst vom Abnehmer bestimmte Waren, beispielsweise bestimmte Kraftfahrzeuge der Luxusklasse nach Typ, Farbe, Ausstattung usw., „bestellt"; erst dann werden die entsprechenden Fahrzeuge gestohlen und über die Grenze in Länder gebracht, in denen man auch an gestohlenen Sachen gutgläubig Eigentum erwerben kann. Damit hat sich der Schwerpunkt von der Haupttat (also dem Autodiebstahl) verlagert auf die Abnahme. Der Abnehmer ist der Hintermann, die treibende Kraft, der große Kriminelle, der die Vorderleute für sich arbeiten und „besorgen" läßt.

2. Die daraus sich ergebenden Konsequenzen für die polizeiliche Verbrechensbekämpfung

Eine richtige polizeiliche Verbrechensbekämpfung setzt bei den **Schwerpunkten** an. Dies bedeutet, daß im Vordergrund des polizeilichen Interesses nicht mehr die einzelne Tat, hier also der einzelne Kfz-Diebstahl, sondern der **Hintermann,** der Besteller, stehen muß. Erfahrungsgemäß tritt dieser bei den einzelnen Straftaten überhaupt nicht in Erscheinung. Insoweit „tut er nichts", sondern er organisiert oder beherrscht nur die Logistik. Dies ist gewissermaßen sogar das wesentlichste Element bei der gefährlichsten Form der Kriminalität, nämlich der organisierten Kriminalität.

Der **Schwerpunkt** einer systematischen Verbrechensbekämpfung muß deshalb in erster Linie gerade auf diese **Logistik** ausgerichtet sein. Sie ist der Ausgangspunkt, die Wurzel vieler einzelner krimineller Handlungen. Gelingt es nicht, diese Wurzel – wenigstens teilweise – unschädlich zu machen, so werden auf Dauer auch vielfältige Erfolge im Einzelbereich in der Verbrechensbekämpfung nichts Entscheidendes bewirken; insoweit wächst Kriminalität nämlich nach! Es kommt also darauf an, im vorbeugenden Interesse operativ gegen das Einnisten und Ausweiten dieser Logistik vorzugehen. Wir sprechen hier von operativer Vorbeugung.

3. Dadurch gegebene Schwierigkeiten im rechtsstaatlichen Verständnis

Dadurch, daß sich die tatsächliche Schwerpunktlage in der Kriminalität von hinten nach vorne verlagert hat, muß dem in der Praxis auch eine

Verlagerung der polizeilichen Arbeit von der „Nachermittlung" auf die „Vorermittlung" folgen. War bisher die Polizei im Kernbereich erst gefordert, wenn etwas passiert war, so ist sie hier gefordert, schon bevor etwas passiert ist, Kriminalität zu verhindern oder jedenfalls zu erschweren und einzugrenzen. Dies wiederum bedeutet, daß sie die **Vorfeldentwicklung** im Auge haben muß, wodurch die Handlungsschwelle dem konkreten Tatverdacht insoweit vorverlagert werden muß. Dies widerstreitet indes unserem bisherigen Rechtsverständnis und Rechtsempfinden: Die Polizei soll in der Verbrechensbekämpfung erst dann auftreten, wenn eine Straftat begangen worden ist, sie soll nicht im Vorfeld verschiedenster Vorgänge – wie beispielsweise undurchsichtiger geschäftlicher Aktivitäten – „herumschnüffeln". Diese kritische Sicht muß in ihrer inneren Berechtigung anerkannt und argumentativ an der Realität gemessen aufgearbeitet werden.

4. Schwierigkeiten in der rechtsstaatlichen Aufarbeitung angesichts der in unserer Zeit gegenläufigen Gesamttendenz in der Kriminalpolitik

46 Nach Zeiten einer mehrfachen Unterbewertung, ja sogar Unterdrückung der Individualität des menschlichen Lebens hat die Menschheit den Wert der individuellen Freiheit eines jeden Menschen, der Unverletzlichkeit von Leib, Leben, Eigentum usw. neu erkannt; wir leben insoweit in einer entscheidenden Aufbruchstimmung. Im Zuge dieses neuen, erfrischenden **Freiheitsempfindens** werden alle Forderungen mit Sympathie begleitet und damit auch politisch gefördert, die die Staatsgewalt zurückdrängen.

47 Gegenläufig aber stellen sich die **Erfordernisse** einer wirksamen **Bekämpfung der modernen Schwerkriminalität** dar. Wir haben es mit einer zunehmend sich ausbreitenden, hochsozial- und gemeinschaftsschädlichen, grenzüberschreitenden organisierten Kriminalität zu tun, deren Bekämpfung es notwendig macht, schon sehr früh bestimmten Personen „auf die Finger zu sehen" sowie bestimmte Geschäftsvorgänge und Erscheinungen nicht aus den Augen zu lassen.

5. Die Gefahr einer dadurch bedingten unsozialen Kriminalpolitik

48 Gelingt es nicht, dieses Spannungsfeld zwischen der neu entdeckten menschlichen Freiheit einerseits und den Notwendigkeiten einer greifenden Bekämpfung der organisierten Kriminalität andererseits politisch zu bewältigen und sinnvoll auszugestalten, besteht die Gefahr, daß die ohnehin schon in mehreren Punkten objektiv ins Unsoziale tendierende **Kriminalpolitik**[2] noch einen ganz entscheidenden **negativen Impuls** erfährt: Die eigentliche schwere, hochgefährliche und sozialschädliche Kriminalität kann dann durch die Polizei nur sehr bedingt wirkungsvoll bekämpft werden; die Ermittlungskapazitäten der Strafverfolgungsorgane richten sich sonach zwangsläufig wieder auf die allgemeine kleine, mittlere und Konfliktskriminalität. Der 17jährige gestrauchelte Junge, der ein Moped stiehlt, wird überführt, der clevere Großkriminelle (sei es im illegalen

---

2 *Stümper* 1984 S. 129 ff.

Handel mit Drogen, Waffen, Falschgeld, in der Wirtschafts-, Eigentums-, Vermögens-, Subventions-, Abfalltourismus- usw. -kriminalität) bleibt ungeschoren.

6. Die Perversion des Rechtsstaates

Rechtliche Mauern, die zum Schutz der Bürger gedacht und aufgerichtet wurden, führen dann mehr und mehr dazu, daß im Schutze dieser Mauern der Kriminelle unsere Bürger an Leib, Leben, Eigentum usw. wesentlich leichter und unbehelligter schädigen kann. **Rechtlicher Schutz macht unsere Bürger schutzlos.**

7. Zerbrechen der Identifikation der Bevölkerung mit dem Rechtsstaat

Ein Rechtsstaat, der sich nur gegenüber den Schwachen, Kleinen und „Dummen" durchsetzen kann, der jedoch vor den Großen nicht nur kapituliert, sondern gerade in einer rechtspolitischen Verblendung die Chancen hochkriminellen Handelns im eigenen Land noch fördert, wird auf Dauer nicht die Akzeptanz und die Identifikation der Bürger haben können. Er wird immer weniger glaubhaft. Geht aber die innere **Glaubwürdigkeit des Rechtsstaates** verloren, so zerbröselt die Grundlage der Rechtsfriedens und damit die der inneren Sicherheit.

II. Der geschichtliche Hintergrund

Diese ganze Entwicklung muß vor dem Hintergrund dessen gesehen werden, daß wir in einer geschichtlichen Epoche leben, die in mehrfacher Hinsicht einen **tiefgreifenden Umbruch** zu verzeichnen hat. Dadurch wird nicht nur das überkommene Weltbild, teilweise einschneidend, verändert, sondern es geht auch die lebensmäßige Geborgenheit in altüberbrachten Vorstellungen und der Glaube an eine schrittweise kontinuierliche Weiterentwicklung verloren. Die Aufgeschlossenheit gegenüber völlig neuen Erkenntnissen auf der einen Seite korrespondiert also mit einer praktischen Verunsicherung auf der anderen Seite. Verunsicherung fördert allgemein die Labilität, speziell auch die Anfälligkeit gegenüber negativen Einflüssen und somit auch die Kriminalitätsanfälligkeit.

Im groben ist die derzeitige Umbruchsituation, wie folgt, zu skizzieren:

1. Umorientierung in den Wertvorstellungen

Jahrhunderte in die Geschichte zurückreichende und **unbestrittene Wertvorstellungen** und Strukturen sind **in Frage gestellt**. Teils gelten sie als überholt, teils sind sie zu leeren Forderungen geworden, teils sollen sie mit neuen Inhalten ausgefüllt werden. Dies reicht vom Wert des geborenen und ungeborenen Menschen über eine Fülle von Fragen in der Vermögensbildung, der Sozialbindung des Eigentums und der Verteilung des Bruttosozialprodukts bis hin zu völlig neuen Auffassungen in der weltweiten Verantwortung für das Schicksal anderer Menschen. Moralische Begriffe, die außerhalb der Rechtsordnung das ordentliche Zusammenleben der Menschen geprägt haben, sind gleichfalls ins Wanken geraten, von der „Ritterlichkeit" im Umgang miteinander über die „Kameradschaft" bis zum „ehrbaren Kaufmann". An ihre Stelle traten neue Wertvorstellungen wie „clever", „durchsetzungskräftig", „flexibel", „gewandt" usw.; Begriffe wie „Bescheidenheit", „Anständigkeit", „Opferbereitschaft", „Mut" usw. büßten ihre praktische Geltung weitgehend ein.

2. Revolutionäre Entwicklungen in Naturwissenschaft und Technik

53 Die Menschheit ist in der jüngsten Vergangenheit in mehrfacher Weise nicht nur aus ihrer ethischen, sondern auch aus ihrer naturwissenschaftlichen Vorstellungswelt herausgerissen worden, was zur Infragestellung des gesamten bisherigen Weltbildes entscheidend beigetragen hat. In Phasen einer **Neuorientierung** besteht nicht nur die Chance einer entscheidenden Weiterentwicklung der Menschheit, sondern natürlich auch die Gefahr von Fehlreaktionen kraft Wegfalls sicherer Orientierungspunkte.

54 Vor allem auf drei Gebieten ist in jüngster Zeit ein **naturwissenschaftlich-technischer Durchbruch** gelungen:
– Überwindung der Erdschwere (Der Mensch ist in das Weltall vorgedrungen.)
– Weitere Auflösung der physikalischen Grundsatz-Problematik des Verhältnisses zwischen Materie und Energie durch die Atomforschung (Dabei werden vielfache und weitreichende, teils auch nicht absehbare gefährliche Nutzungsmöglichkeiten eröffnet – existentielle Problematik des Einsatzes im militärischen Bereich –.)
– Gentechnologie (Insoweit bestehen überhaupt noch nicht abschätzbare Möglichkeiten zur Beeinflussung menschlichen Lebens.)

3. Bevölkerungszunahme

55 Die zahlenmäßige Entwicklung der Menschheit hat eine geradezu explosive Entwicklung genommen. Stieg die **Zahl der Gesamtbevölkerung** auf der Welt vom Urbeginn an bis 1925 auf 2 Mrd. Einwohner, so ist sie von da bis heute auf weit über 5 Mrd. hochgeschnellt (vgl. Abb. 3).

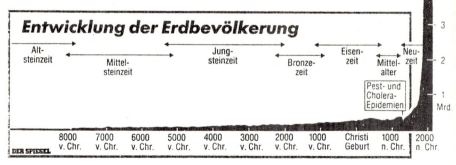

Abb. 3: Entwicklung der Erdbevölkerung
(aus „Der Spiegel" Heft Nr. 29 vom 13. 7. 1987, S. 81)

III. Die Neubewertung des Dunkelfeldes

In diese Gesamtbeurteilung muß man noch das spezielle Problem der Bewertung des **Dunkelfeldes** der Kriminalität **einbeziehen**.

1. Qualität und Quantität des Dunkelfeldes

Zunächst einmal ist durch die im Fluß befindliche Kriminalitätsentwicklung die frühere Feststellung sehr in Frage gestellt worden, wonach dem Dunkelfeld – von einigen besonders gelagerten Kapitalverbrechen abgesehen – weitgehend nur kleinere Kriminalität zuzurechnen sei. Das Dunkelfeld, das ganz pauschal mit ca. 1:7 angenommen wird – wobei natürlich äußerst stark bezüglich der einzelnen Straftatentypen zu differenzieren ist –, bekommt zunehmend eine völlig neu zu gewichtende kriminalpolitische Bedeutung. Denn gerade die **schwere** (und damit oft schwer zugängliche) **Kriminalität** liegt zunehmend **mehr im Bereich des Dunkelfeldes** als in dem der bekanntgewordenen bzw. aufgeklärten Kriminalität. Man muß feststellen, daß – was die Qualität des kriminellen Geschehens anlangt – sich gerade der Schwerpunkt der Kriminalität im Dunkelfeld weiter verfestigt hat. Dies gilt nicht nur für die Verrechnungs- und Computerkriminalität, sondern auch für andere Straftatenbereiche, so beispielsweise für den illegalen Handel mit Waffen, Falschgeld und Drogen. Um beim letzteren zu bleiben: Wenn wir uns etwa die Herstellungsmengen von Drogen auf der Welt vergegenwärtigen und damit die Sicherstellungen sowie den legalen Verbrauch vergleichen, haben wir ein Indiz dafür, wieviel schwerwiegende Straftaten sich außerhalb unseres Blickfeldes abspielen.[3]

2. Verhältnis Dunkelfeld und Aufklärungsquote

Auch kann man nicht mehr generell sagen, daß da, wo die Aufklärungsquote hoch ist, auch das Dunkelfeld hoch ist und da wo die Aufklärungsquote niedrig ist, auch das Dunkelfeld niedrig ist (altes Beispiel: Verhältnis Betrug zu Diebstahl). Vielmehr haben wir gerade im Bereich der Verrechnungskriminalität und Wirtschaftskriminalität sicher auch die Situation, daß **trotz hohen Dunkelfeldes** die **Aufklärungsquote relativ klein** bleibt, weil für die Sicherheitsorgane die Probleme der Beweisführung bei der Verfolgung dieser Straftaten immer größer werden.

---

3 Unter dem ausdrücklichen Vorbehalt dessen, daß jegliche Informationen über die Gesamtproduktion von Drogen auf der Welt äußerst kritisch zu bewerten sind und letztlich der Umfang der auf den Markt kommenden Drogen auch nicht einigermaßen exakt geschätzt werden kann, ist festzustellen, daß von 4 000 Tonnen Opium, die als Produktionsmenge behauptet werden, lediglich 190 Tonnen legal verbraucht und 70 Tonnen sichergestellt werden. Dies würde bedeuten, daß der Verbleib des Restes von 3 740 Tonnen ungeklärt ist. Bei Kokain wird eine Gesamtproduktion von 1 505 Tonnen angenommen (wahrscheinlich viel zu niedrig). Davon werden rd. 56 Tonnen sichergestellt. Auch hier bleibt der Verbleib des größten Teils, nämlich von 1 449 Tonnen, ungeklärt. Bei Haschisch sind keinerlei Anhaltspunkte über die Gesamtproduktion zu erhalten. Die Sicherstellung beläuft sich auf rd. 20 000 Tonnen. Wenn man aber die Dunkelziffer der beiden o. g. Drogen hochrechnet, kommt man auf eine Menge von nahezu einer halben Million Tonnen.

IV. Daraus resultierende kriminalpolitische Probleme

59   Wir leben in einer Zeit, in der im politischen Bestreben nach **Bürgernähe** ganz allgemein administrative Entscheidungen nicht mehr abgeschottet in den Fachdienststellen relativ sachlich endgültig getroffen werden, sondern in der gewissermaßen das gesamte administrative Geschehen auch in vielen Einzelbereichen der politischen Disposition und dem individuell verlangten politischen Engagement des zuständigen Ministers oder gar Regierungschefs unterliegt, womit im übrigen einer weithin verbreiteten, insbesondere publizistischen Forderung Folge geleistet wird.

Damit ergeben sich gerade auch für kriminalpolitische Entscheidungen in mehrfacher Weise zwangsläufig Schwierigkeiten.

1. Aktualität und Langfristigkeit

60   Während die Politik allgemein weitgehend auf die Aktualität, auf die jetzt und morgen anstehenden Probleme ausgerichtet ist und gerade auch insoweit eine gewisse Flexibilität erfordert, benötigt eine **Kriminalpolitik** im Wesen **Festigkeit, Langfristigkeit und Kalkulierbarkeit**.

2. Akzeptanz in der Wählerschaft und Erfordernisse der Verbrechensbekämpfung

61   Während die Politik zwangsläufig (Was nützen sachlich richtige Vorhaben, wenn sie politisch nicht durchgesetzt werden können?) auf Mehrheiten in der Wählerschaft bringende **Akzeptanz** und damit jedenfalls weithin auf „Annehmbares", ja „Angenehmes" ausgerichtet ist, muß gerade die Kriminalpolitik oft Unangenehmes vertreten und durchhalten.

3. Sachproblematik und Ideologie

62   Die polizeilichen, kriminalistischen und damit auch kriminalpolitischen Probleme werden immer schwieriger und komplexer. Sie werden damit für den nicht Eingeweihten oft nicht mehr überschaubar. Dies führt dazu, daß sich auf der kriminalpolitischen Ebene die Auseinandersetzungen immer weniger auf der Grundlage sachlich unterschiedlicher Auffassungen vollziehen, sondern die Kontrahenten sich in den Bereich der **Ideologie** flüchten, da hier „jeder mitsprechen" kann. Geradezu tragisch ist, daß man sich dabei oft **weit vom wirklichen Kern des eigentlichen Problems entfernt** und in ideologische Höhen hineinredet, die zur sachlichen Lösung gar nicht notwendig sind. Man streitet dann jahrelang um Dinge, um die es sachlich eigentlich gar nicht mehr geht. Vor allem aber: Sachprobleme kann man nahezu immer aufarbeiten und dann auch zu Lösungen bringen. Theoretische Ideologie dagegen birgt die große Gefahr in sich, sich „existentiell" festzufahren und dadurch vernünftige Kompromißlösungen zu blockieren.

V. Grundsätze der organisatorischen Einpassung der operativen Straftatenverhütung

1. Allgemeines

Die operative Straftatenverhütung ist im Ansatz **federführend** bei der **Polizei** angesiedelt. Ihr obliegt es, sowohl das Einnisten einer kriminellen Logistik schon im Ansatz zu verhindern, als auch eine bereits bestehende Logistik mit ihren verschiedenen Verästelungen zu erkennen, zu verfolgen und durchzuermitteln, um sie dann möglichst vollständig ausheben zu können.

Aber auch für diesen polizeilichen Auftrag bedarf es in besonderer Weise vielfacher Querverbindungen zu **sonstigen staatlichen und privaten Einrichtungen**. So bedarf es beispielsweise sowohl zum Erkennen wie auch zum Verhindern einer kriminellen Logistik enger Kontakte zu berufsständischen Verbänden, zu Industrie- und Handels- sowie zu Handwerkskammern, zur Industrie, zu Sicherheitsunternehmungen usw.

Angesichts der Aufgefächertheit gerade der organisierten Kriminalität läßt sich ein entsprechender **Katalog** jeweils **nur fallbezogen** aufstellen. So wird man etwa im Bereich der Drogenkriminalität ganz andere außerpolizeiliche und außerstaatliche Kontakte unterhalten müssen – z. B. zu Gaststätten, Reisebüros, Fluggesellschaften – wie im Bereich des Abfalltourismus – zu Bürgermeisterämtern, Transportunternehmen, Umweltschutzverbänden usw. In der vorbeugenden Bekämpfung der Falschgeldkriminalität wird man neben Kontakten zu den Banken auch Verbindungen zu ausländischen Institutionen bis hin zu Lokalen unterhalten müssen, bei denen erfahrungsgemäß ein schneller und unkontrollierter Geldwechsel erfolgt. Bei der Einschleusung illegaler Leiharbeiter wiederum kommt es darauf an, engen Kontakt mit den Arbeitsämtern, Bauunternehmungen, landwirtschaftlichen Verbänden, Paß- und Ausländerämtern usw. zu pflegen.

2. Die drei Arbeitsraten der operativen Vorbeugung

a) Erste Arbeitsrate

In der ersten Arbeitsrate folgt die operative Vorbeugungsarbeit im Prinzip der exekutiven Arbeit: Sie **ermittelt,** sammelt Erkenntnisse, vergleicht und bewertet sie und sucht, damit konkrete Ansatzpunkte, die Entstehung oder das Vorhandensein einer Logistik zu erkennen, die dem Wirkungsbereich einer (meist internationalen) organisierten Kriminalität zuzurechnen ist.

b) Zweite Arbeitsrate

In der zweiten Arbeitsrate unterscheidet sich die operative Vorbeugungsarbeit von der exekutiven Arbeit dadurch, daß sie im allgemeinen eben **nicht (gleich) zugreift,** sondern versucht, anhand der gefundenen Erkenntnisse weitere involvierte Personen, Einrichtungen, Geschäftsverbindungen usw. zu erhellen bzw. aufzudecken.

c) Dritte Arbeitsrate

68 Die dritte Arbeitsrate wird im Kernpunkt von der schwerwiegenden Entscheidung bestimmt, ob es sich bei dem ins Auge gefaßten Komplex um einen ersten Anfang zu organisiertem Handeln handelt oder aber ob man es mit einer schon verwurzelten und vielfach verzweigten kriminellen Organisation zu tun hat. Im ersten Fall ist möglichst rasch „den Anfängen zu wehren", d. h. der Aufbau einer Logistik zu **zerschlagen**. Im zweiten Fall wird es darauf ankommen, eben nicht zu früh zuzugreifen, sondern die logistischen Verästelungen richtig „durchzuermitteln", um dann „radikal", d. h. die Wurzel erkennend und mit herausziehend, einschreiten zu können.

3. Die damit gegebenen rechtlichen und taktischen Probleme

69 Damit liegen die **polizeilichen Tätigkeiten** bei der Straftatenverhütung nach unserem bisherigen Verständnis der Kriminalitätsbekämpfung einerseits **„zu früh"**, nämlich noch bevor ganz Konkretes, Schwerwiegendes geschehen ist, und andererseits **„zu spät"**, denn die Polizei greift eben nicht entsprechend ihrer Verpflichtung nach § 163 StPO sofort zu, sondern wartet, bis sie möglichst weitreichende Erkenntnisse über die maßgeblichen Personen, Beziehungen, Stützpunkte, Einrichtungen und Handelswege erlangt hat. Letzteres ist nicht nur ein rechtliches, sondern auch ein polizeitaktisches Problem: Es bedeutet nämlich im Endeffekt, daß unter vorbeugenden Gesichtspunkten nicht nur eine zeitliche Verzögerung in der Durchsetzung des staatlichen Strafanspruchs herbeigeführt, sondern möglicherweise auch die weitere Begehung von Straftaten zunächst in Kauf genommen wird, um dann die eigentliche Logistik ausheben und auf Dauer Ruhe schaffen zu können.

70 Die generelle, operative Vorbeugung geht also insoweit hier nicht nur dem staatlichen Strafanspruch, sondern sogar auch der individuellen Vorbeugung vor. Damit wird die **Skala der polizeilichen Schwerpunktbildung** wie folgt erweitert: An erster Stelle kommt die operative Vorbeugung, an zweiter die individuelle Vorbeugung und erst an dritter die eigentliche individuelle Strafverfolgung.

VI. Die derzeitige Organisationsstruktur

1. Der grundlegende IMK-Beschluß

71 Die derzeitige organisatorische Regelung beruht auf einer von der IMK „abgesegneten" Grundsatzentscheidung des AK II bezüglich der Bekämpfung der organisierten Kriminalität[4].

So wie in einem föderalistisch strukturierten Staat auch im exekutiven Bereich die Organisationsformen in gewissen Punkten voneinander abwei-

---
4 Beschluß des AK II vom 27./28. Januar 1983.

chen, ist dies natürlich auch bei der Vorbeugung der Fall. So finden wir nun zwar bezüglich des operativen strafverfolgenden Auftrags in der Polizei in Bund und Ländern **unterschiedliche organisatorische Vorgaben** vor. In der **Gesamtrichtung** jedoch – und insoweit muß man im Sinne eines zentralfunktionellen Föderalismus zufrieden sein – sind sie im wesentlichen **gleich.**

2. Die tragenden Maximen der neuen Organisationsregelungen

Zunächst ist man sich darin einig, daß dieser polizeiliche Aufgabenbereich kriminalistisch primär nicht einzeltatorientiert, sondern **täter- und tätergruppenorientiert** anzugehen ist. Der (übrigens umstrittene) Grundsatz der Perseveranz tritt hier zurück. Der „große" Kriminelle kann in mannigfacher Weise mit dem Gesetz in Konflikt geraten, beim illegalen Handel mit Drogen, Waffen und Falschgeld ebenso wie durch Kapitalverbrechen („Hinrichtung" eines unbequemen Zeugen oder eines „abtrünnigen Verräters"), Zeugenerpressungen mit Folterungen, vielerlei Verfehlungen im finanziellen Bereich (Steuerhinterziehung, Subventionsschwindel, Verschieben von Wertpapieren) sowie durch eine ganze Palette von Urkundendelikten. Vor allem die Hintermänner der organisierten Kriminalität können weithin nicht tatspezifisch, sondern nur aufgrund mühsamer Verfolgung langer und oft in sich verzweigter personeller, geschäftlicher und institutioneller Beziehungsketten, im Lebens- und Einwirkungsbereich, an gewissen auffälligen finanziellen Transaktionen usw. gewissermaßen „herausgefiltert" und ermittelt werden.

Diesem Erfordernis der täterorientierten Betrachtung steht das Erfordernis einer hohen **fachspezifischen Kenntnis** entgegen.

Damit stellt sich die **Grundsatzfrage,** ob die täterorientierten Ermittlungen oder die deliktsspezifisch orientierten Ermittlungen mehr Erfolg versprechen. Dieses Spannungsfeld zwischen täter- und fachspezifisch orientierter organisatorischer Ansiedlung stellt sich der Polizei auch auf einem ganz anderen Gebiet, nämlich der Jugendkriminalität, die kriminalpolitisch auch täter- und weniger tatorientiert angegangen werden muß. Indes ist dort die Problemlage eine völlig andere als hier: Während es bei der Jugenddelinquenz in der Regel um „einfachere" Straftaten geht, haben wir es bei der organisierten Kriminalität in der Regel mit einem hochkomplizierten, verdeckten und schwer erkennbaren, immer wieder auch sehr gefährlichen Agieren zu tun. Der dringend gebotenen komplexen Betrachtung des Steuerns durch Hintermänner steht hier die Notwendigkeit eines hochspezifischen Wissens in den einzelnen Begehensbereichen der schweren Kriminalität gegenüber.

Damit sind wir beim **Kernpunkt der Organisationsproblematik** in der Bekämpfung des schweren organisierten Verbrechens angelangt, nämlich einem außergewöhnlichen extremen Spannungsfeld zwischen einer hochspezialisierten, tatspezifischen Arbeit einerseits und einem weitreichenden personen-, institutions- und beziehungsmäßigen Wissen um vorhandene oder entstehende kriminelle Logistik andererseits.

3. Die Regelung in Bund und Ländern

76 Diese Kernproblematik ist beim Bundeskriminalamt und bei den Ländern zwar mehr oder weniger unterschiedlich gelöst; dies gilt insbesondere hinsichtlich der Frage, inwieweit **eigens eingerichtete Dienststellen** zur Bekämpfung der organisierten Kriminalität geschaffen wurden und inwieweit **innerhalb der Dienststellen integriert** eine solche gezielte Bekämpfung der organisierten Kriminalität vorgesehen ist.

77 Generell aber fährt man doch im wesentlichen in der Ermittlungssystematik gleich, nämlich – vereinfacht ausgedrückt – **zweigleisig:** Man ermittelt deliktsspezifisch (was unverzichtbar ist), zugleich aber führt man daraus resultierende Erkenntnisse, und zwar nicht nur täter-, sondern auch milieu-, umfeld- und kontaktbezogen, zusammen und versucht Querverbindungen zu erkennen.

78 Jedoch wird auch die beste Organisation nie in der Sache selbst vorgegebene Spannungen automatisch von sich aus ausgleichen und voll abdecken können. Unverzichtbar bleiben gerade hier die Fähigkeit und die Bereitschaft der Verantwortlichen zur **Kooperation** und zu einer übergreifend abgestimmten Arbeitsweise.

79 Hinsichtlich der derzeitigen organisatorischen Lösungen wird auf die **Übersicht** „OK-Dienststellen" verwiesen.

ÜBERSICHT OK-Dienststellen   Stand: 9/90

LAND	DIENSTSTELLE	BEZEICHNUNG DER OK-DIENSTSTELLE
Baden-Württemberg	LKA Stuttgart	Inspektion Dezernat 630 – Organisierte Kriminalität 631 – Offene Ermittlungen 632 – Verdeckte Ermittlungen 633 – Information 731 – Sonderermittlungen – innerhalb der Abteilung 7 (Rauschgift, Waffen, Falschgeld)
	zusätzlich bei jeder LPD (5) sowie PD (4) PP Mannheim	eine Organisationseinheit – Bekämpfung schwerwiegender Bandendelikte/OK – Offene Ermittlungen
Bayern	LKA München	Dezernat 63 – Organisierte Kriminalität – SG 631 Informationsbeschaffung und Auswertung SG 632 Verdeckte Ermittlungen SG 633 Ermittlungssachgebiet SG 634 Ermittlungssachgebiet
	zusätzlich je PP (7)	eine Organisationseinheit – Deliktsübergreifende Kriminalität –

LAND	DIENSTSTELLE	BEZEICHNUNG DER OK-DIENSTSTELLE	
Berlin	Zentrale Direktion Verbrechens- bekämpfung	Referat O – Organisierte Kriminalität – Inspektion O I	
		O I 1	Aktive Informationsbe- schaffung (VP/VE)
		O I 2	Informationssammlung und -auswertung
		O I 3	Offene Ermittlungen (Deliktsübergreifende OK – m.a.v. Wirtschaftsde- likten)
		O III	Deliktsübergreifende Be- kämpfung der organisier- ten Wirtschaftskrimina- lität
Bremen	LKA Bremen	KI 04 – Organisierte Kriminalität –	
		KI 041	Informationssammlung und -auswertung
		KI 04/2	Offene Ermittlungen (deliktsübergreifende OK)
		KI 04/3	Offene Ermittlungen (Rauschgift)
Hamburg	LKA Hamburg	261 Informationssammlung und -auswertung 262 Offene Ermittlungen (deliktsübergreifend) 263 Verdeckte Ermittlungen	
Hessen	LKA Wiesbaden	Abteilung 4 – Organisierte Kriminalität –	
		HSG 41	– Informationssammlung und -auswertung
		HSG 42	– Verdeckte Ermittlungen
		HSG 43	– Offene Ermittlungen
	PP Frankfurt/M (KA)	K 53	– Offene Ermittlungen deliktsübergreifende OK –
Niedersachsen	LKA Hannover	Dezernat 21	
		21.5	Informationssammlung und -auswertung
		Dezernat 31	
		31.1	Verdeckte Ermittlungen (VE)
		Dezernat 35	Überbezirkliche Kriminalitäts- bekämpfung (deliktsspezifisch)
	Oldenburg Osnabrück Buchholz	Schwerpunktkommissariate „Bekämpfung der OK"	
Nordrhein- Westfalen	LKA Düsseldorf	Dezernat 12	innerhalb der Abteilung 1 (Ermittlungen)
		SG 12.1	Informationssammlung und -auswertung (über organisatorische Angliede- rung – Verdeckte Ermittlungen keine telef. Auskunft)
	Kriminalhaupt- stellen (16)	Sachgebiete „Organisierte Kriminalität"	

LAND	DIENSTSTELLE	BEZEICHNUNG DER OK-DIENSTSTELLE
Rheinland-Pfalz	LKA Mainz	Direktion II Abteilung 22 EA (Ermittlungen/Auswertungen – täterorientiert, Dezernat 22.1 Verdeckte Ermittler 22.2 Rauschgift 22.3 Organisierte Kriminalität (einschl. APOK/offene Ermittlungen) 22.4 MEK 22.5 RG-Aufklärungsgruppe
	PP Koblenz	OE Bekämpfung OK
	PP Ludwigshafen	OE Bekämpfung OK
Saarland	KPA Saarbrücken	Kriminalinspektion III – Organisierte Kriminalität – – III EG Ermittlungsgruppe – III EA Erkenntnisgewinnung und Auswertung – III e MEK (keine VE) Neustrukturierung für 1991 geplant
Schleswig-Holstein	KPA Kiel	Dezernat 200 – Überregionale Verbrechensbekämpfung – – HSG 201 Organisierte Kriminalität – SG 201a Informationssammlung/Auswertung – SG 201b Offene Ermittlungen (deliktsübergreifend) – SG 201c Falschgeld – Waffen
Bund	BKA	EA 1 – Deliktsübergreifende organisierte Kriminalität (DOK), Waffen-, Sprengstoff-, Falschgelddelikte – EA 11 Informationsbeschaffung, -sammlung, -auswertung DOK EA 12 Eigene und fremde Verfahren DOK EA 13 Waffen- und Sprengstoffdelikte EA 14 Falschgelddelikte EA 21 Organisierte Wirtschaftskriminalität

VII. Auf dem Weg zu neuen Organisations- und Funktionsstrukturen

1. Das derzeitige Stadium

80 Wir befinden uns hier noch **in den Anfängen.** Die Einstellung des polizeilichen Apparates auf diese neue Schwerpunktsetzung ist noch lange nicht vollendet. Auch organisatorisch hat man sicher noch nicht die Idealform gefunden. Dies ist kein Vorwurf und auch nicht verwunderlich, nachdem sich erst seit 1981 die polizeilich-politische Führungsspitze mit dieser Problematik systematisch befaßt.

2. Die Rechtsproblematik

Bei der künftigen organisatorischen und funktionellen Systematisierung der operativen Straftatenverhütung muß im Ansatz das generelle und im Einzelfall bestehende Rechtsproblem gesehen werden, daß möglicherweise schon im sogenannten Vorfeld **Eingriffe in Persönlichkeitsrechte** in Frage stehen können. Unser Rechtsverständnis verbietet aber insoweit der Exekutive weitgehende, selbst zu entscheidende Alleingänge.

Es ist hier also zunächst die **Grundsatzfrage** zu lösen, ob die rechtsstaatliche Absicherung

– durch eine starke Differenzierung der einzelnen Rechtsgrundlagen (man denke hier an die in ihren künftigen Auswirkungen weithin noch nicht erfaßte Problematik der sogenannten bereichsspezifischen Eingriffsregelungen in Fortentwicklung des sogenannten informationellen Selbstbestimmungsrechts) oder

– durch Verpflichtung der Polizei, zu entsprechenden Eingriffsmaßnahmen die individuelle Ermächtigung der Justiz (Staatsanwaltschaft, Gericht) einzuholen,

erfolgen soll.

Für beide Alternativen gibt es ein Für und ein Wider:

– Gegen eine erhebliche **Erweiterung individualisierender Rechtsgrundlagen** spricht vor allem die praktische Erfahrung, daß die geistigen Kapazitäten eines Menschen einfach begrenzt sind, und zwar viel mehr, als man gemeinhin glaubt. Man teste nur einmal selbst sein eigenes *präsentes* Wissen über die derzeit schon bestehenden Rechtsgrundlagen für Eingriffshandlungen. Die begrenzte Fähigkeit, rechtliche Normen vorzuhalten, gilt nicht nur für die Polizei, sie gilt auch für studierte Juristen. Rechtsnormen müssen deswegen nicht nur einen gerechten und vernünftigen Interessenausgleich verschiedenster Belange regeln, sondern darüber hinaus auch in der Praxis anwendbar, für die Betroffenen handhabbar und damit funktional sein. Es kann also nicht nur darum gehen – auf diese Vorstellung trifft man immer wieder –, für jede einzelne Fallkonstellation gewissermaßen in einer „Maßarbeit" eine optimale Abwägung der verschiedensten Interessen und Güter vorzunehmen (was rechtstheoretisch durchaus möglich sein kann), sondern diese Regelung muß auch so beschaffen sein, daß sie in der Praxis funktioniert. So steht für den Verfasser außer jeglichem Zweifel, daß die vorliegenden sogenannten Sicherheitsgesetze viel zu kompliziert sind, als daß sie im „Sofortfall", also auf der Straße, bei nicht abgeklärter Lage, unter Eile, Druck und Hektik, vernünftig angewandt werden können und im allgemeinen eine schnelle und richtige Subsumtion der einzelnen Sachverhalte erlauben. Wenn hinterher Erstinstanzliche, Berufungs- und Revisionsgerichte, die Zeit, Ruhe und Kommentare zur Hand haben, die sich beraten und die Problematik überschlafen können, selbst dann noch zu unterschiedlichen Ergebnissen kommen, so sind einfach unsere

Beamten „auf der Straße" mit einem entsprechend komplizierten, filigranen Gesetzesgeflecht überfordert.

84 – Die **„Absegnung" von polizeilichen Eingriffsentscheidungen** durch die Justiz erscheint demgegenüber wesentlich praktikabler. Aber auch hier sind deutliche Bedenken anzumelden. Die Präsenz der Justiz bei kritischen Fällen ist nur begrenzt gegeben. Wesentliche Entscheidungen (gerade im Bereich der Bekämpfung der organisierten Kriminalität) fallen oft außerhalb der normalen Dienststunden an. Dieser Zeitraum beträgt aber nicht nur mehr als drei Viertel unseres Dienstes „rund um die Uhr", sondern er ist auch weitgehend die kriminalistisch „heißeste" Zeit, nämlich nachts und über das Wochenende. Selbst wenn dann mit Mühe der zuständige Staatsanwalt und Richter – die Möglichkeiten sind örtlich sehr unterschiedlich – ausfindig gemacht werden kann, besteht immer noch die hohe Wahrscheinlichkeit – dies hat nichts mit Kritik zu tun –, daß man es mit einem Vertreter der Justiz zu tun bekommt, der auf ganz anderem Gebiet tätig und dem demzufolge die konkrete operative Problemlage völlig fremd ist. Im Endeffekt kann er dann gar nicht um die sicherheitsrelevanten Auswirkungen seiner Entscheidung wissen; Fehlentscheidungen sind damit organisatorisch vorprogrammiert.

85 Als **Kompromiß** scheint mir deshalb eine Regelung richtig, die folgende Grundtendenz hat:
– Zunächst werden aus dem breiten Spektrum der möglicherweise bei der operativen Straftatenverhütung anfallenden polizeilichen Entscheidungsbereiche die Fallkonstellationen herausgesucht, bei denen auch die Polizei einigermaßen Zeit und Ruhe hat, entsprechende Maßnahmen zu überlegen. In diesen Fällen kommen spezifiziertere Rechtsgrundlagen durchaus in Betracht. Hier können auch in der Praxis die anstehenden Entscheidungen sorgfältig vorbereitet, d. h. auch rechtlich eingehend geprüft werden.
– Für die übrigen Eilfälle indes müssen einfache Regelungen, d. h. letztlich eben doch Generalklauseln geschaffen werden. Hier wird wieder zu entscheiden sein, ob es sich um schwerwiegende oder leichte Eingriffe handelt. Bei schwerwiegenden Eingriffen ist die Zustimmung der Justiz einzuholen. Ist diese nicht sofort erreichbar, ist der Polizei eine Hilfszuständigkeit einzuräumen, dies allerdings mit der Verpflichtung, nachträglich die Bestätigung von Staatsanwaltschaft und/oder Gericht einzuholen.

3. Die polizeistrategischen und -taktischen Probleme

86 Neben dieser rechtlichen Problematik, die es zu lösen gilt, ist in tatsächlicher Hinsicht vor allem für die Zukunft entscheidend, die **polizeistrategischen und** die daraus resultierenden **polizeitaktischen Probleme** zu erkennen. Im wesentlichen handelt es sich dabei um drei Bereiche, nämlich die
– Internationalisierung
– Integration
– besondere Bedeutung des finanziellen Motivs.

a) Die Internationalisierung

aa) Weltweites Problem

Die Welt rückt in vielfacher Weise immer näher zusammen: informationsmäßig, verkehrsmäßig, wirtschaftlich, finanziell, sozial, politisch usw. Dies bedeutet, daß auch die Kriminalität im Kielwasser dieser Entwicklung sich zunehmend weltweit ausdehnt und dabei ihre grenzüberschreitenden Bezüge laufend anwachsen. Bei einer Kriminalitätsprognose müssen deshalb immer mehr nicht nur angrenzende Staaten, sondern auch andere Kontinente mit bedacht werden.

bb) Gefährdungslage der Bundesrepublik Deutschland

Durch diese, teilweise sich sprunghaft vollziehende weltweite Ausdehnung der Kriminalität hat die **Bundesrepublik Deutschland** als **besonders gefährdet** zu gelten, vor allem wegen folgender Faktoren:
– zentrale Lage in Europa
– hervorragende Infrastruktur
– harte Währung
– liberales Image mit geringerem Risiko in der Strafverfolgung
– weithin noch unbesetzte „kriminelle Märkte".

Die Tatsache, daß – jedenfalls dem Meldeaufkommen nach – ca. 27 % der Gesamtkriminalität von Interpolrelevanz aus 142 Staaten schon jetzt in die Bundesrepublik Deutschland hineinschlagen, sollte ebenso wie die teilspezifizierte Hochrechnung, daß dadurch unmittelbar und mittelbar Schäden von 172 Mrd. DM jährlich entstehen, Warnung genug sein.

cc) Grenzabbau zwischen den EG-Staaten

Sonach wäre es auch unverantwortlich, zwischen den EG-Staaten nur euphorisch Grenzen abzubauen, ohne zugleich dafür zu sorgen, daß das dadurch entstehende **Sicherheitsdefizit anderweitig aufgefangen** wird, etwa durch wirksame Grenzkontrollen des politisch zusammengewachsenen EG-Raumes, Harmonisierung des Ausländer-, Paß- und Meldewesens, Angleichung verschiedener Strafvorschriften, Schaffung eines staatenübergreifenden Fahndungsraums und eine enge aktions- und informationsmäßige Kooperation der berührten Staaten. Entsprechende bi- und multilaterale Verhandlungen werden zur Zeit geführt. Dabei ist letztlich entscheidend, daß der zweite Schritt nicht vor dem ersten getan wird; d. h. zunächst muß die Harmonisierung in den wesentlichen, sicherheitsrelevanten Bereichen und die grenzmäßige Absicherung des neuen staatenübergreifenden Sicherheitsraums abgeschlossen sein, bevor man die eigenen Grenzen zueinander aufhebt.

dd) Übergangsstadium

Realistisch gesehen handelt es sich hier um einen äußerst schwierigen und umfangreichen Auftrag. Dieser wird nicht in einer großen Gesamtlösung auf einmal zu vollziehen sein. Als Übergangsstadium ist deswegen eine

Verdichtung der praktischen Zusammenarbeit der Sicherheitsbehörden und speziell der Polizeien der betreffenden Länder anzustreben. Diese pauschal sehr einfach klingende Forderung hat jedoch im Prinzip vier Schwierigkeiten zu überwinden:
– Sprachbarriere
– unterschiedliche Rechtssysteme
– Hoheitsrechte
– Zähflüssigkeit des bisherigen internationalen Rechtsverkehrs.

ee) Polizeiattaché

91 Diese Schwierigkeiten könnten in der Praxis zunächst einmal im Anfangsstadium dadurch vermindert werden, daß man **Verbindungsbeamte** schafft. Darunter sind Polizeibeamte des eigenen Landes zu verstehen, die im anderen Land residieren (gewissermaßen als „Polizeiattaché"), die dortigen Verhältnisse, Persönlichkeiten und Kontaktmöglichkeiten kennen und deswegen als präsente, sachkundige und eigene Ansprechpartner zur Verfügung stehen. Das, was wir mit den Rauschgiftverbindungsbeamten teilweise schon begonnen haben,[5] müßte insgesamt auf den Gesamtbereich der Bekämpfung der organisierten Kriminalität ausgelegt werden.

ff) Andere Institutionen

92 Im übrigen aber sollte man grundsätzlich sonst keine weiteren Institutionen schaffen, sondern die **vorhandenen Instrumentarien,** insbesondere die Zusammenarbeit über TREVI und Interpol, so **ausbauen** und ausgestalten, daß sie den künftigen Anforderungen einer raschen und unkomplizierten Kooperation der Sicherheitsorgane über Ländergrenzen hinweg gerecht werden können.

93 In diesem Rahmen sollte man durchaus auch den – zugegeben etwas kühnen – Gedanken politisch überprüfen, ob man **Interpol** nicht eine gewisse **völkerrechtliche Sonderstellung** geben sollte, vor allem um den Informations- und Kommunikationsbereich, der schon innerstaatlich oft schwierig ist und noch schwieriger werden kann, wenn Informationen „außer Landes" gehen, übernational rechtlich in den Griff zu bekommen, zu konsolidieren und auch politisch zu neutralisieren.

b) Die Integration

aa) Die Integrierung verschiedenster Lebensbereiche

94 Während die internationalen Verflechtungen und Verknüpfungen im poli-

---

[5] Rauschgiftverbindungsbeamte: Ziel ist es, die strategische Abwehrlinie für die Rauschgiftzufuhr bereits in die Erzeuger- und Transitländer vorzuverlagern. Das BKA hat bislang 31 Rauschgiftverbindungsbeamte an 25 Dienstorten in 21 Ländern (Argentinien, Benin, Bolivien, Brasilien, Costa Rica, Ecuador, Frankreich, Großbritannien, Indien, Jordanien, Marokko, Niederlande, Pakistan, Peru, Portugal, Spanien, Thailand, Türkei, USA, Venezuela, Zypern) im Einsatz. Von Interpol wird angeregt, daß die europäischen Mitgliedsstaaten eine gemeinsame Politik bei der Entsendung und Nutzung von Rauschgiftbeamten entwickeln sollten.

tischen Raum unschwer erkannt werden, werden die Probleme, die sich mit der damit einhergehenden Integrierung verschiedenster Lebensbereiche ergeben, weithin nicht gesehen.

So wie in vielen Lebensbereichen, in Wirtschaft, Finanzen, Verkehr, Forschung usw., die **mannigfachen gegenseitigen Abhängigkeiten** zunehmen – beispielsweise denke man nur an den industriellen Bereich, wo die Fertigung von Fabrikationsteilen durch Zulieferfirmen zahlreiche betriebliche Abhängigkeiten schafft –, gibt es diese Entwicklung **auch** generell **in der Kriminalität:**

Auswirkungen auf den einen Bereich bringen Verdrängungseffekte, Hinderungs- oder Förderungserscheinungen in anderen Bereichen hervor. So wird z. B. der zunehmende Übergang zum bargeldlosen Zahlungsverkehr zwar einerseits die durch die Anonymität des Geldes geförderte unmittelbare Geldkriminalität in mehrfacher Hinsicht deutlich einschränken, andererseits aber eine Verlagerung der kriminellen Energie auf die oft sicher noch viel schwerer zu bekämpfende Verrechnungs- bzw. Computerkriminalität, evtl. auch auf bestimmte Formen der Gewaltkriminalität (Geiselnahme) usw., mit sich bringen.

bb) Die Multiplizierung der Probleme

Im weltweiten kriminellen Geschehen tritt zum Internationalisierungseffekt somit noch ein facettenreicher **Integrierungseffekt,** und zwar in seinen Auswirkungen nicht nur addierend, sondern im Prinzip **multiplizierend,** da die Probleme nicht nur dazukommen, sondern sich dadurch wieder in vielfacher Weise vermehren. Das Kriminalitätsbild unserer Zeit wird insoweit also nicht nur durch Beziehungen von Land zu Land und von Kontinent zu Kontinent geprägt, sondern auch durch mannigfache Verflechtungen zwischen und unter den verschiedensten Lebens-, Betätigungs- und Aktionsräumen innerhalb der einzelnen Länder und Kontinente in- und zueinander.

cc) Straftatenverhütung als übergeordnetes Problem

Diese Erkenntnis ist nun gerade für die operative Straftatenverhütung von herausragender Bedeutung. So ist es beispielsweise mit einer internationalen Kooperation der Sicherheitskräfte im Kampf gegen den illegalen Handel mit Drogen nicht getan. Die Vorbeugung und auch die polizeiliche operative Vorbeugung hat schon in den Erzeugerländern anzusetzen. Hier aber ist sie bei weitem **nicht – auch nicht in erster Linie – ein Problem der Kriminalität,** sondern der Sozialstruktur in diesen Räumen, der finanziellen Abhängigkeiten von Wirtschaft und auch Politik, der internationalen, außenpolitischen Zusammenarbeit usw.

dd) Wechsel- und Folgewirkungen

Die integrativen Bezüge verschiedenster Lebensbereiche sind nun ihrer Natur nach viel schwerer zu erkennen und in ihren Wechsel- und Folgewirkungen auszumachen, als das demgegenüber „einfache" grenzüberschreitende Handeln in der Kriminalitätsbekämpfung. Genau auf dieser Ebene geht auch die strukturelle Vorbeugung in eine **integrative operative Straftatenverhütung** über: So wird man – um bei obigem Beispiel (Rdnr. 96) zu bleiben – die Logistik vor allem in der Produktion und auch der Ausfuhr bestimmter Drogen in den entsprechenden Ländern erst dann mit einer gewissen Erfolgsaussicht auf längere Dauer angehen können, wenn man für die dadurch betroffenen Personen andere Existenzmöglichkeiten geschaffen hat. Eine im Prinzip gleiche, wegen der Integrierung der Probleme gegebene Notwendigkeit in Abstimmung zwischen struktureller Vorbeugung und operativer Straftatenverhütung findet man z. B. – um ein ganz anderes Gebiet anzusprechen – bei der Bekämpfung der Auswüchse der Prostitution und der Zuhälterei. Auch hier hat es nur dann Sinn, gegen eine Logistik vorzugehen, wenn dadurch dem Übelstand wirklich abgeholfen werden kann und nicht etwa nur das Problem verlagert wird. Es gibt eben nicht nur den simplen kriminellen Verdrängungseffekt im Kleinen (durch Verbesserung der Beleuchtungsverhältnisse in der Straße A verlagert sich die Kriminalität in die schlechter ausgeleuchtete Straße B), sondern auch im Großen, so wie in der hier aufgezeigten größeren Integration und Eingebundenheit kriminellen Handels.

c) Die besondere Bedeutung des finanziellen Motivs

aa) Die zentrale Rolle des Geldes

98 Schließlich gilt es, bei der Weiterentwicklung des Kriminalitätslagebildes als treibende Kraft das rücksichtslose Streben nach finanzieller Macht, die Geldgier und die Sucht nach raschen finanziellen Vorteilen sich immer wieder zu vergegenwärtigen. Vor allem im Bereich der organisierten Kriminalität spielt **das Geld die zentrale Rolle:** Zum einen geht es um den Gewinn von Geld, zum anderen werden erhebliche eigene Gelder, die teils selbst aus kriminellen Gebaren stammen oder sonstwie „beigebracht" wurden, eingesetzt. Aus diesem Bereich fließt Geld in „normale Geschäfte", wird dort angelegt, gewaschen, aufgehoben, um evtl. später wieder teilweise als Grundstock für den Aufbau einer neuen kriminellen Logistik zu dienen.

bb) Internationales Problem

99 Will man in der Zukunft die schwere organisierte Kriminalität wirksam bekämpfen, muß man die **finanziellen Vorgänge** und Verschiebungen nicht nur landesintern, sondern **international erkennen** können. Gerade die große international organisierte Kriminalität arbeitet hier grenzüberschreitend und verdeckt, so daß man ihr nur dann effektiv zu Leibe rücken kann, wenn man das in grauen oder schwarzen Bereichen liegende „Finanzgebaren" auch länderübergreifend beziehungsmäßig aufhellen und verfolgen kann.

cc) Hintermänner/Gewinnabschöpfung

100 Es kommt ein weiteres hinzu: ein länderübergreifendes Verfolgen finanzieller Transaktionen und Machenschaften bringt nicht nur auch die **Hin-**

termänner ermittlungsmäßig langsam ans Tageslicht, sondern bietet zugleich auch die entscheidende Chance, das Instrument, mit dem Verbrechen „gemacht" wird, nämlich **die finanzielle Basis anzugreifen** und unter Umständen zu beseitigen; dem schweren internationalen hochgefährlichen und sozialgemeinschaftsschädlichen Rechtsbrecher wird damit sein eigentliches Instrument aus der Hand geschlagen. So wie das Strafrecht und die Strafprozeßordnung (vgl. §§ 73 ff. StGB, 111 b ff. StPO) – gewissermaßen im ganz Kleinen – vorsieht, daß der Gegenstand der strafbaren Handlung oder das Instrument, mit dem eine strafbare Handlung begangen wurde, eingezogen bzw. der kriminelle Gewinn abgeschöpft wird, so müßte man diesen Grundgedanken gerade auch auf die Verbrechensvorbeugung gegenüber der organisierten Kriminalität anwenden und entsprechend umsetzen: Sowohl die Gelder, die dafür verwendet werden, um weltweite illegale Geschäfte zu organisieren, als auch Gewinne, die aus diesen strafbaren Handlungen erzielt werden, müßten uneingeschränkt eingezogen werden können.

VIII. Das notwendige Zusammenwirken von Fachwissen und politischer Durchsetzungskraft

1. Das Neuland in der operativen Vorbeugung

Eine wirksame operative Straftatenverhütung erfordert also weitreichende **neue Arbeitsweisen,** neue Funktionsbeziehungen und neue inner- wie überstaatliche Regelungen.

2. Polizei und Politik

Die damit gestellten, in mehrfacher Weise schwierigen Aufgaben und Zielvorstellungen kann die **Polizei niemals allein** schaffen und für sich allein bewältigen. Es wäre deshalb völlig falsch, wenn die Polizei sich als „Fachmann" auf diesem schwierigen Gebiet in ihr Schneckenhaus zurückziehen und nur eigene Überlegungen anstellen wollte. Zur Bewältigung dieser weitreichenden, vielfältigen und teilweise sehr komplizierten Aufgabe kommt es vielmehr darauf an, zunehmend Verbindungen nicht nur mit **Fachleuten** aus anderen Bereichen aufzunehmen, sondern auch ganz bewußt die **Politik** (und damit zwangsweise auch die **Publizistik**) in diesem Verantwortungsbereich mit einzubinden. Es gilt hier weder der Grundsatz „Politik raus – Polizei rein", noch der Grundsatz „Polizei raus – Politik rein", sondern dies ist eine Gemeinschaftsaufgabe, die auf der politischen wie fachlichen Verantwortung beruht.

3. Die organisatorische Konsequenz

Die organisatorische Konsequenz für die Polizei besteht darin, den **polizeilichen Apparat** in seinem Aufbau **auf** diese **neuen Aufgaben** hin **auszurichten.** Dies bedeutet konkret

– im straftatenverhütenden und -ermittelnden Bereich Auf- und Ausbau entsprechender Organisationseinheiten

– im internationalen Bereich Einfädeln der notwendigen Informations- und Kommunikationsmaßnahmen sowie Beginn einer Harmonisierung der operativen Arbeit und ihrer Arbeitsgrundlagen
– im politischen und publizistischen Bereich Schaffung der Voraussetzungen, um einerseits die notwendige Sensibilisierung dieses Raumes vornehmen, andererseits die Probleme und Sachfragen so exakt aufbereiten zu können, daß auch der nicht Eingeweihte weiß, welche großen Entscheidungen anstehen und getroffen werden müssen.

4. Die vier Kernprobleme

104 **Vier Kernprobleme** werden sich hier stellen:
– die rechtlichen und technischen Probleme der Information und Kommunikation sowohl in den internationalen als auch in den integrierenden Bezügen
– die Praktizierung verdeckter Maßnahmen durch die Sicherheitsorgane
– die Abschöpfung illegaler Gewinne
– die Verbesserung der Möglichkeiten zum Erkennen kriminalitätsverdächtiger Finanztransaktionen.

a) Information und Kommunikation

105 Angesichts der festzustellenden Internationalisierung und Integrierung der Gesamtproblematik wäre es eine der verheerendsten und folgenreichsten Fehlschlüsse zu glauben, Kriminalität könne man dadurch bekämpfen, daß man nur im jeweiligen Kriminalitätsbereich, gewissermaßen **deliktsspezifisch isoliert, Ermittlungen** anstellt. Heutzutage ist vor allem die organisierte Kriminalität in viele Bereiche hinein geöffnet und mit diesen verflochten. Es wäre ermittlungs- und vorbeugungsmäßig geradezu „tödlich", wollte man die Ausgestaltung des Datenschutzes in die Richtung einer Abschottung der Erkenntnisse der Sicherheitsorgane oder gar eines systematischen Abbaus der Amtshilfe betreiben. Dadurch würde man geradezu konträr den Erfordernissen zu einer wirksamen Bekämpfung der schweren, internationalen und integrierenden Kriminalität handeln.

106 Insoweit muß im Datenschutzverständnis auch eine Korrektur des **Merkmals der Erforderlichkeit** erfolgen. Im Sicherheitsbereich weiß man eben erst *hinterher,* welche Ermittlungen erforderlich waren und welche nicht. So kann schon bei einem „gewöhnlichen" Kapitalverbrechen die Zahl der Tatverdächtigen dreistellig sein, wobei dann zwangsläufig und unvermeidbar zunächst auch gegen eine Vielzahl Unschuldiger ermittelt wird, und zwar nicht nur in einem theoretischen Datenabgleich, sondern in wesentlich persönlichkeitsbelastender Weise, so durch ein „Herumhören" am Arbeitsplatz, in der Nachbarschaft usw.

107 Gerade aber bei der operativen Straftatenverhütung gilt es zu bedenken, daß je schwieriger und „raffinierter" die Kriminalität sich tarnt, desto vorsichtiger, d. h. um so mehr vom Rand her und **unerkennbar,** die polizeilichen Ermittlungen angesetzt werden müssen, um nicht sogleich von der

Gegenseite entdeckt, abgelenkt und gezielt in die Irre geführt werden zu können; man kann hier eben nicht alles von vornherein „so offen abklären"!

In rechtlicher Hinsicht gilt es hier Regelungen vorzunehmen, die sowohl das Problem der grenzüberschreitenden als auch der integrierenden Information lösen. Solchen Regelungen muß eine Klarstellung der Sachverhalte und eine darauf aufbauende Sensibilisierung der Entscheidungsbefugten sowie der diesen vorgelagerten Meinungsmacher vorangehen; ein hinreichendes Problembewußtsein ist auf diesem Gebiet weithin noch nicht vorhanden. 108

Neben dieser lösungsmäßig komplizierten und sicher auch zeitaufwendigen rechtlichen Seite bringt auch die Informationstechnik zahlreiche Probleme mit sich. Dies betrifft nicht so sehr die an sich gegebene technische Machbarkeit, als vielmehr die Umsetzung in die Praxis. Verschiedene, den jeweiligen Regierungen nahestehende Firmen bieten unterschiedliche Systeme an, die zwar an sich kompatibel ausgeformt werden können. Indes lehrt die Vergangenheit, daß dabei immer wieder Schwierigkeiten, auch in der Bedienung, auftreten und vor allem, daß dann, wenn der Verbund nicht klappt, es schwer sein kann, den eigentlich Verantwortlichen zu finden. Immerhin aber scheint dieser Problembereich noch leichter lösbar als die rechtlichen Regelungen der gesamten Information und Kommunikation. 109

b) Verdeckte Maßnahmen

Des weiteren ist für eine effektive Arbeit gegen die organisierte Kriminalität und damit auch für eine operative Straftatenverhütung der **Einsatz verdeckter Methoden unverzichtbar.** Dies haben im Prinzip sowohl die Justiz- als auch die Innenministerkonferenz anerkannt[6]. Es wird jetzt entscheidend darauf ankommen, diese Maßnahmen, die weithin einer besonders sorgfältigen rechtlichen Behandlung bedürfen, gesetzlich sauber und in der Anwendung praktisch abzusichern. Dies liegt im Interesse des Rechtsstaats überhaupt, der Bürger und auch der eingesetzten Polizeibeamten. Bei der Behandlung dieses Themas darf man aber nicht den grundsätzlichen, immer wieder anzutreffenden Fehler begehen, schon deswegen, weil theoretisch ein Mißbrauch möglich ist, von vornherein bestimmte Mittel auszuklammern. Insoweit ist ein, in den letzten Jahren von bestimmten Seiten her gefördertes institutionelles Mißtrauen gegen die Sicherheitsorgane nicht nur der Sache nach völlig unberechtigt und für die Betroffenen geradezu desavouierend, sondern vor allem auch kriminalpolitisch hoch gefährlich. Im Endeffekt macht man damit eine wirkungsvolle Bekämpfung der um sich greifenden schweren internationalen Kriminalität auf Dauer unmöglich. 110

Im übrigen wird dieses **Mißbrauchsargument** völlig falsch in die Diskussion eingebracht: Wollte man alle Konstellationen, die nur die Gefahr 111

---

[6] Justizministerkonferenz vom 26. September 1985, Innenministerkonferenz vom 17. Oktober 1985.

eines Mißbrauchs in sich bergen, vermeiden, dürften keinerlei Waffen, ja nicht einmal Küchenmesser und Nagelfeilen mehr hergestellt werden. Vor allem aber müßte dann der gesamte motorisierte Straßenverkehr verboten werden, der nicht nur zahlreiche Mißbrauchsmöglichkeiten eröffnet, sondern der in der praktischen Auswirkung jährlich in der Bundesrepublik Deutschland ca. 8 000 Tote, 100 000 schwerverletzte und 300 000 sonst verletzte Personen als Tribut an die Motorisierung kostet.

112 Schließlich ist es eine uralte, historische Erfahrung, daß man niemals menschliche Anständigkeit und auch beamtenmäßige Zuverlässigkeit durch geschriebene Normen ersetzen kann. Dies hat auf andere Weise zu geschehen. Ein gegenüber einem Berufsstand weithin gehegtes und evtl. sogar böswillig gepflegtes Mißtrauen kann geradezu das Gegenteil bewirken, nämlich, daß man Leute in eine isolierte Position abdrängt und sie damit erst „kriminalisiert"! Ein gewisses **gesundes gegenseitiges Vertrauen**, kombiniert mit Dienstaufsicht und parlamentarischer Kontrolle, überlagert durch Justiz, Rechnungshof und Datenschutzbeauftragte, müßte wirklich ausreichen und tut dies auch.

113 In der **praktischen Ausgestaltung** wird es zweckmäßig sein, zunächst einmal die einfacheren Maßnahmen einer verdeckten Verbrechensbekämpfung herauszuarbeiten und sie bezüglich bestehender oder zu schaffender Rechtsgrundlagen durchzuprüfen. Sodann wird man sich die schweren Eingriffe vorzunehmen haben und hier die rechtlichen Möglichkeiten einer besonderen Kontrolle sorgfältig überlegen, wie beispielsweise bei TÜ-Maßnahmen nach der Strafprozeßordnung oder dem G 10-Gesetz.

c) Abschöpfung illegaler Gewinne

114 Wenn es gelingt, illegale Gewinne abzuschöpfen, dann vermindert man dadurch nicht nur den reinen finanziellen Anreiz, sondern blockiert zugleich auch das Kapital, welches zur Begehung erneuter Straftaten eingesetzt werden könnte.

Erste Überlegungen zur Normierung der Gewinnabschöpfung setzten bei dem Problem einer **Umkehr der Beweislast im Strafverfahren** an. Rechtspolitisch ist dies eine wichtige Frage, die sich jedoch bei näherer Betrachtung der Sachlage gar nicht als so unüberbrückbar darstellt. Faktisch geht es hier nur um eine Erleichterung der Beweiswürdigung für die Gerichte, und zwar durch eine formelle Beweislastumkehr: Wenn ein junger Mann, der als einschlägiger Drogenhändler ohne sonstige berufliche Betätigung und ohne sonstigen Nachweis eines Gelderwerbs bei seiner Festnahme in einem Koffer DM 120 000 mit sich führt, kann man auch in einem sehr sensibilisierten Rechtsstaat sehr wohl von ihm verlangen, daß er den Nachweis über die Rechtmäßigkeit dieses Geldes erbringt.

Im März 1988 legte das BMJ einen Referentenentwurf vor, nach dem in § 73 b StGB ein zweiter Absatz eingefügt werden sollte; die vorgesehene Regelung war als Blankettvorschrift ausgestaltet und enthielt eine Beweiserleichterung über eine gesetzliche Vermutung. Inzwischen wird in den

Verbrechensvorbeugung 115–118 **10**

parlamentarischen Gremien die Einführung einer Vermögensstrafe durch Schaffung eines § 43 a StGB sowie eines sogenannten erweiterten Verfalls durch Änderung des § 73 d StGB diskutiert.

d) Hintermänner

Letztlich fließt der Hauptgewinn aus kriminellen Handlungen der organisierten Kriminalität in das Vermögen der eigentlichen Hintermänner. Gelingt es, dieser **finanziellen Spur zum Haupttäter** hin nachzugehen, besteht eine reale Chance, nicht nur die oberen Schichten der organisierten Kriminalität zu treffen, sondern an die eigentlichen treibenden und letztlich interessierten sowie uns interessierenden Kräfte heranzukommen (vgl. im übrigen hierzu oben Rdnr. 100). 115

IX. Die operative Straftatenverhütung im Gesamtkontext mit der Kriminalpolitik

1. Zielsetzung der Kriminalpolitik

Kriminalpolitik dient der Rechtsordnung. Oberstes Ziel der Rechtsordnung ist der Rechtsfrieden. Also muß die Kriminalpolitik letztlich dem **Rechtsfrieden** dienen. 116

2. Die strategische Ausrichtung der operativen Straftatenverhütung

Dies bedeutet, daß auch alle Maßnahmen der operativen Straftatenverhütung wie die hierfür zu schaffenden einzelnen Rechtsgrundlagen dem **obersten Ziel der inneren Befriedung** zu dienen haben. Wenn rechtliche Probleme der operativen Straftatenverhütung vor dem Hintergrund unseres Verständnisses vom Rechtsstaat angesprochen wurden und werden, so handelt es sich insoweit bei weitem nicht nur um eine formale Pflicht Verfassung und Gesetz gegenüber und schon gar nicht um einen Tribut an eine echte oder scheinbare politische Modeforderung, sondern vor allem um ein ureigenes kriminalpolitisches Anliegen, nämlich diesem obersten Ziel der Befriedung letztlich die oberste Geltung zu verschaffen. Denn **ohne Recht kein Frieden**. Innere Befriedung muß tragende Strategie der operativen Straftatenverhütung sein. 117

3. Praktische Folgerung

Die Konsequenz daraus ist, daß man nicht blindlings „Böses mit Bösem" vergelten, bei der operativen Vorbeugung also „Bösem" nicht mit „Bösem" begegnen und „Böses" nicht durch „Böses" verhindern darf. Man würde sich sonst die Methode dessen, was man gerade bekämpfen und verhindern will, aufdrängen lassen. Insoweit wäre die Schlacht schon verloren, bevor sie begonnen wurde. 118

Vielmehr kommt es im allerersten Ansatz und im Kern darauf an, die vorgesehenen Maßnahmen so „rechtwinklig" und sauber **in rechtsstaatlicher Form** abzustecken und abzusichern, daß ein Ausufern oder gar ein Absinken in eine mehr oder weniger, vielleicht sogar manchmal von Blindwütigkeit getragene Pragmatik verhindert wird. Der Zweck heiligt auch hier die Mittel nicht.

4. Motiv und Glaubwürdigkeit

119 Diese zentrale Forderung darf aber nicht von den ewig Unentschlossenen, Zauderern und Opportunisten als schönklingende Ausrede mißbraucht werden, um Ängstlichkeit, eigene Interessen und Streben nach einem persönlichen liberalen Image auf Kosten der Not anderer zu verdecken. Und schon gar nicht sollten entsprechende Argumente in ihrer Durchsichtigkeit uns blenden, wenn sie gerade von denen kommen, die unser freiheitlich rechtsstaatliches System im Grunde ablehnen und abschaffen wollen, ja die vielleicht selbst geradezu provokativ bestimmte Rechtsnormen verletzen!

So wie ein Einreißenlassen unsauberer staatlicher Methoden bei der Kriminalitätsbekämpfung im Endeffekt nicht zu einer Befriedung, sondern zu weiterem Unfrieden führt und damit gerade zum glatten Gegenteil der strategischen Zielsetzung, wird aber auch ein **staatliches Nichtstun und Gewährenlassen** in diesem Bereich nur zu einem schlechten Ende führen können: Der Rechtsfriede ist leer, ohne Kraft, ohne innere Glaubwürdigkeit und damit auf Dauer ohne Bestand.

5. Resümee

120 Es gilt vielmehr, nach vorheriger gründlicher sachlicher Prüfung jeweils unter sorgfältiger Abwägung der entgegenstehenden Belange Regelungen zu finden, die ebenso einen vernünftigen Ausgleich in der Sache bringen, wie auch in der Praxis funktionstüchtig sind. Der Wert dieser Regelungen wird einmal nicht an der theoretischen Logik und filigranen Ausarbeitung, sondern vor allem an dem tatsächlichen Effekt, also an dem, was damit insgesamt kriminalpolitisch bewirkt werden konnte, gemessen werden.

SCHRIFTTUM

Die Publikationen zum Komplex Verbrechensverhütung/Kriminalprävention/Kriminalitätsprophylaxe lassen sich kaum mehr überblicken. Getreu dem alten Sprichwort „Vorbeugen ist besser als Heilen" gilt Prävention nach wie vor als „die ‚vornehmste' Aufgabe der Polizei" (*Gemmer*, in: BKA-Vortragsreihe. Bd. 22, S. 11). So gibt es zu polizeilichen Themen kaum eine größere Abhandlung, in der nicht zumindest auch präventive Aspekte angesprochen werden, kaum einen Sammelband, der nicht auch einen Beitrag zur Vorbeugung enthält, kaum eine Veranstaltung, die sich nicht auch mit Prävention befaßt. Als typisches Beispiel sei nur auf das BKA-Symposium „Der polizeiliche Erfolg" verwiesen (BKA-Forschungsreihe. Sonderbd., Wiesbaden 1988), auf dem in einem Themenblock über die „Effizienz der Kriminalprävention" aus der Sicht des Praktikers (*Schimpeler*; S. 149–158) wie aus wissenschaftlicher Sicht (*H.-J. Albrecht*; S. 159–173) reflektiert wurde.

Das nachfolgende Schriftenverzeichnis kann deshalb auch nicht annähernd den Anspruch auf Vollständigkeit erheben; es soll lediglich einen ersten Überblick über die vorhandene Literatur verschaffen. Da besonders informationsreich, liegt sein Schwerpunkt auf den selbständigen Veröffentlichungen. Die hier zunächst aufgeführte Bibliographie eröffnet am besten den Weg zu weiterer einschlägiger Literatur. Reichhaltiges und vielfältiges Material bieten Sammelwerke, in denen Tagungen, Seminare, Symposien o. dgl. dokumentiert oder bemerkenswerte Aufsätze zusammengestellt sind. Schließlich finden sich noch Monographien sowie Aufklärungs- und Informationsbroschüren vorwiegend staatlicher Stellen aufgelistet. Diese Literaturhinweise werden ergänzt durch eine Reihe beachtenswerter unselbständiger Publikationen, Beiträge aus Zeitschriften bzw. Sammelbänden, vorwiegend der letzten 15 Jahre.

Zu gezielten Literaturrecherchen bietet sich das „Computergestützte Dokumentationssystem (COD) für Literatur" des Bundeskriminalamtes an. Näheres hierzu enthält die Vorbemerkung zum Schrifttumsverzeichnis des vorigen Artikels von *Klaus J. Timm*. Eine Möglichkeit, rasch Literaturhinweise zu erlangen, ist ein Blick in Spezialbibliographien (z. B. Bände der COD-Literatur-Reihe sowie der BKA-Bibliographienreihe oder *Hefele*: Drogenbibliographie. Bde. 1.2. München, London, New York, Paris 1988) unter den Stichworten „Prävention" oder „Vorbeugung" bzw. entsprechenden Ableitungen wie „Präventivmaßnahme", „Vorbeugungsstrategien" usw.

I. Selbständige Veröffentlichungen

1. Bibliographie

Bundeskriminalamt, Literaturdokumentation (Hrsg.): Kriminalitätsbekämpfung als gesamtgesellschaftliche Aufgabe. Arbeitstagung des Bundeskriminalamtes Wiesbaden vom 23. bis 26. November 1987. Literaturzusammenstellung. Wiesbaden 1987 (COD-Literatur-Reihe. Bd. 6).

2. Veranstaltungsdokumentationen

a) Polizeiliche Veranstaltungen

Bund Deutscher Kriminalbeamter (Hrsg.): Berichtsheft Bund Deutscher Kriminalbeamter. 7. Fachtagung Kripo International. 17.–18. Mai 1984. Essen 1984.
Bundeskriminalamt (Hrsg.): Vorbeugende Verbrechensbekämpfung. Arbeitstagung im Bundeskriminalamt Wiesbaden vom 20. April bis 24. April 1964. Wiesbaden 1964 (BKA-Vortragsreihe. Bd. 16).
dass. (Hrsg.): Polizei und Prävention. Arbeitstagung des Bundeskriminalamtes Wiesbaden vom 3. November bis 7. November 1975. Wiesbaden 1976 (BKA-Vortragsreihe. Bd. 22).
dass. (Hrsg.): Städtebau und Kriminalität. Referate. Internationales Symposium im

Bundeskriminalamt. 11.–13. Dezember 1978. Wiesbaden 1979 (BKA-Forschungsreihe. Sonderbd.).
dass. (Hrsg.): Kriminalitätsbekämpfung als gesamtgesellschaftliche Aufgabe. Arbeitstagung des Bundeskriminalamtes Wiesbaden vom 23.–26. November 1987. Wiesbaden 1988 (BKA-Vortragsreihe. Bd. 33).
dass. (Hrsg.): Symposium: Vorbeugung des Mißbrauchs illegaler Drogen. Referate und Zusammenfassung der Diskussionsbeiträge. 22. und 23. Januar 1991 im Bundeskriminalamt. Wiesbaden 1991 (BKA-Forschungsreihe. Sonderbd.).
Gewerkschaft der Polizei Landesbezirk Baden-Württemberg: Prävention – Chance zur Verhinderung und Bekämpfung der Kriminalität? 7. GdP-Tagung für Verbrechensbekämpfung 1988 in Fellbach. Stuttgart 1988.
Polizei-Führungsakademie (Hrsg.): Präventable Delikte I: Verhütung von Zweiraddiebstählen. Arbeitstagung vom 24. bis 26. Mai 1977 bei der Polizei-Führungsakademie. Schlußbericht. Münster 1977.
dies. (Hrsg.): Präventable Delikte II: Diebstahl von und aus Kraftfahrzeugen. Arbeitstagung vom 30. November bis 2. Dezember 1977 bei der Polizei-Führungsakademie. Schlußbericht. Münster 1978.
dies. (Hrsg.): Präventable Delikte III: Straßenkriminalität im Zusammenhang mit dem Alkoholmißbrauch Jugendlicher. Seminar vom 4. bis 8. September 1978. Schlußbericht. Münster 1979.
dies. (Hrsg.): Präventable Delikte IV: Fahrzeugdiebstahl. Arbeitstagung vom 4. bis 6. April 1979 bei der Polizei-Führungsakademie. Schlußbericht. Münster 1979.
dies. (Hrsg.): Präventable Delikte V: Sachbeschädigung und Vandalismus. Arbeitstagung vom 3. bis 5. Oktober 1979 bei der Polizei-Führungsakademie. Schlußbericht. Münster 1980.
dies. (Hrsg.): Beiträge zur Entwicklung eines Präventionskonzeptes. Seminar vom 12. bis 16. November 1979 bei der Polizei-Führungsakademie. Schlußbericht. Münster 1980.
dies. (Hrsg.): Präventable Delikte VI: Straßenraub – insbesondere Bekämpfung jugendlicher Intensivtäter. Seminar vom 4. bis 8. Februar 1980 bei der Polizei-Führungsakademie. Münster 1980.
dies. (Hrsg.): Präventable Delikte VII: Wohnungseinbruch. Seminar vom 10. bis 14. November 1980 bei der Polizei-Führungsakademie. Schlußbericht. Münster 1981.
dies. (Hrsg.): Präventable Delikte VIII: – Körperverletzung –. Seminar vom 6. bis 9. Januar 1981 bei der Polizei-Führungsakademie. Schlußbericht. Münster 1981.
dies. (Hrsg.): Möglichkeiten und Grenzen der Prävention in der Verbrechensbekämpfung. Abschließende Analyse und Perspektiven aus der Seminarreihe „Präventable Delikte I–VIII". Seminar vom 6. bis 10. September 1982 bei der Polizei-Führungsakademie. Schlußbericht. Münster 1982.
dies. (Hrsg.): Verhältnis Staatsanwaltschaft/Polizei bei der vorbeugenden Bekämpfung von Straftaten und im strafrechtlichen Ermittlungsverfahren. Seminar vom 29. November bis 1. Dezember 1988. Schlußbericht. Münster 1988.
Polizei-Institut Hiltrup (Hrsg.): Verhütung und Verfolgung von Eigentumsdelikten. Seminare vom 21.–25. September und vom 19.–23. Oktober 1970 im Polizei-Institut Hiltrup. Schlußbericht. Münster-Hiltrup 1970.

b) Andere Veranstaltungen

Bundesministerium der Justiz (Hrsg.): Verbrechensverhütung und Behandlung Straffälliger. 6. Kongreß der Vereinten Nationen in Caracas/Venezuela vom 25. August bis 5. September 1980. Positionspapier und Beiträge. Bonn 1980.
Deutsche Vereinigung für Jugendgerichte und Jugendgerichtshilfen (Hrsg.): Jugendgerichtsverfahren und Kriminalprävention. Bericht über die Verhandlungen des 19. Deutschen Jugendgerichtstages in Mannheim vom 3.–7. Oktober 1983. Mün-

chen 1984 (Schriftenreihe der Deutschen Vereinigung für Jugendgerichte und Jugendgerichtshilfen. N.F. H. 13).

Hohl, Peter: Prävention der 80er Jahre. Schlußvortrag der Informationstagung „Sicherheit 80". Ingelheim 1980.

Internationales Dokumentations- und Studienzentrum für Jugendkonflikte (Hrsg.): Kommunale Delinquenzprophylaxe. Referate und Diskussionsergebnisse der Arbeitstagung des Arbeitskreises Junger Kriminologen, Wuppertal, 20.–22. 6. 1980. Wuppertal 1982 (Cahier. No. 4).

Kury, Helmut (Hrsg.): Prävention abweichenden Verhaltens – Maßnahmen der Vorbeugung und Nachbetreuung. Köln, Berlin, Bonn, München 1982 (Interdisziplinäre Beiträge zur kriminologischen Forschung. Bd. 3).

Lekschas, John: Zur Vorbeugung der Kriminalität Minderjähriger. Forschungsprobleme. Berlin (DDR) 1984 (Sitzungsberichte der Akademie der Wissenschaften der DDR. Jg. 1984, Nr. 01/G).

Nicklisch, Fritz (Hrsg.): Prävention im Umweltrecht. Risikovorsorge, Grenzwerte, Haftung. Heidelberger Kolloquium Technologie und Recht 1987. Heidelberg 1988 (Technologie und Recht. Bd. 10).

Prävention des Drogenmißbrauchs. Bezugspersonen und Prophylaxe. Bericht über den 2. Workshop am 20. und 21. April 1979 im Clubhaus der Freien Universität Berlin. Berlin 1979 (Diskussionsberichte Drogen. H. 2).

Prävention und Strafrecht. Tagungsberichte der Deutschen Kriminologischen Gesellschaft vom 4. Dezember 1976. Zur Verleihung der Beccaria-Medaille an Dr. Horst Herold, Präsident des Bundeskriminalamtes Wiesbaden. Heidelberg, Hamburg 1977 (Kriminologische Schriftenreihe. Bd. 67).

3. Reader

Bundeskriminalamt (Hrsg.): Kriminalpolizeiliche Beratung. Wiesbaden 1978 (BKA-Schriftenreihe. Bd. 47).

Frank, Christel und *Gerhart Harrer* (Hrsg.): Der Sachverständige im Strafrecht. Kriminalitätsverhütung. Berlin usw. 1990 (Forensia-Jahrbuch. Bd. 1).

Prävention/Verbrechensverhütung. Themenheft: Die Polizei 74 (1983), Heft 5.

Schwind, Hans-Dieter, Friedhelm Berckhauer und *Gernot Steinhilper* (Hrsg.): Präventive Kriminalpolitik. Beiträge zur ressortübergreifenden Kriminalprävention aus Forschung, Praxis und Politik. Heidelberg 1980 (Kriminologische Forschung. Bd. 1).

Schwind, Hans-Dieter und *Gernot Steinhilper* (Hrsg.): Modelle zur Kriminalitätsvorbeugung und Resozialisierung. Beispiele praktischer Kriminalpolitik in Niedersachsen. Heidelberg 1982 (Kriminologische Forschung. Bd. 2).

Vanberg, Viktor: Verbrechen, Strafe und Abschreckung. Die Theorie der Generalprävention im Lichte der neueren sozialwissenschaftlichen Diskussion. Tübingen 1982 (Recht und Staat in Geschichte und Gegenwart. Bd. 509).

4. Monographien

Albrecht, Peter-Alexis: Perspektiven und Grenzen polizeilicher Kriminalprävention. Diversionsmodelle aus den USA in der Sicht deutscher Instanzenvertreter. Ebelsbach/M. 1983 (Abhandlungen zur rechtswissenschaftlichen Grundlagenforschung. Bd. 54).

Alfs, Günter und *Manfred Rabes* (Hrsg.): Drogenprävention. Bd. 1: Oldenburg, Groningen 1984. Bd. 2: Oldenburg 1985. Bd. 3: Oldenburg 1986 (Materialien).

Aprill, Rainer und *Peter Poerting:* Kriminalpolizeiliche Beratung als Instrument zur Prävention der Betrugs- und Wirtschaftskriminalität. Bericht über die Ergebnisse einer Befragung. Wiesbaden 1979 (BKA-Forschungsreihe. Sonderbd.).

Bottke, Wilfried: Generalprävention und Jugendstrafrecht aus kriminologischer und dogmatischer Sicht. Berlin, New York 1984.

Bund Deutscher Kriminalbeamter (Hrsg.): Begründung einer Kriminalitätsprävention in der Bundesrepublik Deutschland. Essen 1984 (ca.).
Busch, Max u. a.: Jugendkriminalität – Prophylaktische Maßnahmen. Ausgangslage, Ansätze, Perspektiven. Hamm 1986 (Aktuelle Orientierungen: Jugendschutz. H. 2).
Deutsche Hauptstelle gegen die Suchtgefahren (Hrsg.): Drogenprävention. Eine Standortbestimmung. Hamm 1983.
Hassemer, Winfried, Klaus Lüderssen und *Wolfgang Naucke:* Hauptprobleme der Generalprävention. Frankfurt/M. 1979.
Herriger, Norbert: Gemeindebezogene Konzepte der Kontrolle und Prävention von Jugenddelinquenz. Eine Übersicht über Praxisprogramme in den USA. Wuppertal 1980.
ders.: Präventives Handeln und soziale Praxis. Konzepte zur Verhütung abweichenden Verhaltens von Kindern und Jugendlichen. Weinheim, München 1986 (Edition Soziale Arbeit).
Krainz, Klaus W.: Hauseinbrüche schwergemacht. Ergebnisse einer Präventionsuntersuchung von Einbruchsdiebstählen. Wien 1988.
ders.: Prävention von Hauseinbrüchen. Ergebnisse einer Täterbefragung. Wiesbaden 1988 (BKA-Forschungsreihe. Sonderbd.).
ders.: Wohnhauseinbrüche. Erscheinungsformen und Prävention. Zusammengefaßte Ergebnisse aus zwei Täterbefragungen. Wiesbaden 1990 (Berichte des Kriminalistischen Instituts).
Kriminalistische Studiengemeinschaft e. V. in Bremen (Hrsg.): Präventive Sicherheitstaktiken gegen Wohnungseinbrecher. Einbruchskriminalistik 1. Bremen 1988 (Kriminalistische Studien. Bd. 4/1).
Kube, Edwin: Prävention von Wirtschaftskriminalität (unter Berücksichtigung der Umweltkriminalität). Möglichkeiten und Grenzen. 2. Aufl. Wiesbaden 1985 (Berichte des Kriminalistischen Instituts).
ders.: Systematische Kriminalprävention. Ein strategisches Konzept mit praktischen Beispielen. 2. Aufl. Wiesbaden 1987 (BKA-Forschungsreihe. Sonderbd.).
Kunz, Karl-Ludwig: Vorbeugen statt verfolgen. Polizeiliche Prävention von Kriminalität – ein Konzept mit Zukunft? Bern, Stuttgart 1987 (Schweizerische Kriminologische Untersuchungen. N.F. Bd. 1).
Kury, Helmut (Hrsg.): Ist Straffälligkeit vermeidbar? Möglichkeiten der Kriminalprävention. Bochum 1982.
Lehmann, Günter u. a.: Kriminalitätsvorbeugung in großen Städten. Erfahrungen und Probleme. Berlin (DDR) 1987 (Der Sozialistische Staat: Theorie, Leitung, Planung).
Lerchenmüller, Hedwig: Evaluation eines sozialen Lernprogramms in der Schule mit delinquenzpräventiver Zielsetzung. Köln, Berlin, Bonn, München 1986 (Interdisziplinäre Beiträge zur kriminologischen Forschung. Bd. 17).
Lischke, Peter: Die Maßnahmen der Kriminalitätsvorbeugung, ihre Komplexität und Differenziertheit. Potsdam 1988 (Aktuelle Beiträge der Staats- und Rechtswissenschaft. H. 373).
Pfeiffer, Christian: Kriminalprävention im Jugendgerichtsverfahren. Jugendrichterliches Handeln vor dem Hintergrund des Brücke-Projekts. 2. Aufl. Köln, Berlin, Bonn, München 1989.
Plate, Monika, Ulrich Schwinges und *Rüdiger Weiß:* Strukturen der Kriminalität in Solingen. Eine Untersuchung zu Zusammenhängen zwischen baulichen und sozialen Merkmalen und dem Kriminalitätsaufkommen. Wiesbaden 1985 (BKA-Forschungsreihe. Sonderbd.).
Rachor, Frederik: Vorbeugende Straftatenbekämpfung und Kriminalakten. Zur Aufbewahrung und Verwendung von Informationen. Baden-Baden 1989 (Nomos Universitätsschriften/Recht. Bd. 3).

Schäfer, Herbert: Systematisierung und Methodik der theoretischen und operativen Kriminalstrategie unter Berücksichtigung der Prävention. Bremen 1985.
Schumann, Karl F. u. a.: Jugendkriminalität und die Grenzen der Generalprävention. Neuwied 1987.
Schumann, Karl F.: Positive Generalprävention. Ergebnisse und Chancen der Forschung. Heidelberg 1989 (Forum Rechtswissenschaft. Bd. 21).
Schwinges, Ulrich: Städtebau und Kriminalität in Solingen. Vorschläge zur Verringerung von Diebstählen, Sachbeschädigungen und Körperverletzungen mit städtebaulichen Mitteln. Hamburg 1984.
Sieben, Günter und *Peter Poerting:* Präventive Bekämpfung von Wirtschaftsdelikten durch Selbstverwaltungsorgane, Selbstschutzeinrichtungen und Verbände der Wirtschaftsteilnehmer − Eine Bestandsaufnahme −. Wiesbaden 1977 (BKA-Forschungsreihe. Sonderbd.).
Stiebler, Georg W.: Institutionalisierung der internationalen polizeilichen Zusammenarbeit auf dem Gebiet der Verbrechensverhütung und -bekämpfung in der „Internationalen Kriminalpolizeilichen Organisation Interpol (IKPO − Interpol)". Bochum 1981 (Bochumer Juristische Studien. Nr. 19).
Stümper, Alfred: Systematisierung der Verbrechensbekämpfung. Die Herausforderung von Politik, Justiz und Polizei durch eine sich tiefgreifend verändernde Sicherheitsproblematik. Stuttgart, München, Hannover 1981.
Vahlenkamp, Werner: Kriminalitätsvorbeugung auf kommunaler Ebene. Ergebnisse einer Städteumfrage des Bundeskriminalamtes mit Unterstützung des Deutschen Städtetages. Wiesbaden 1989 (Berichte des Kriminalistischen Instituts).
Weinberger, Rolf-Peter: Polizeiliche Prävention durch Öffentlichkeitsarbeit dargestellt am Kriminalpolizeilichen Vorbeugungsprogramm in der Bundesrepublik Deutschland. München 1984 (Rechtswissenschaftliche Forschung und Entwicklung. Bd. 53).

5. Informationsbroschüren u. ä.

Bundeskriminalamt: Gesucht wird . . . Elektronische Datenverarbeitung im Dienst der Verbrechensaufklärung und -verhütung. 4. Aufl. Wiesbaden 1981 (ca.).
dass./Stabsstelle für Presse- und Öffentlichkeitsarbeit (Hrsg.): Polizei contra Rauschgift. Abhängigkeiten. Ein Beiheft zum gleichnamigen Aufklärungsfilm des Bundeskriminalamtes über Rauschgiftmißbrauch und -kriminalität. Wiesbaden o. J.
Flury, Alfred: Drogenprophylaxe. Ein Handbuch für alle Eltern und Erzieher. Regensburg 1981.
Hebgen, Heinrich: Sicheres Haus. Braunschweig, Wiesbaden 1980.
Hohl, Peter: 99 Gangstertricks und wie man sich dagegen schützt. Mainz-Kastel 1979.
Innenministerium Baden-Württemberg (Hrsg.): Angst lähmt. Aufklärung hilft. Informationen für Eltern und Erzieher über Sexualstraftaten an Kindern. Stuttgart o. J.
dass. (Hrsg.): Die Kriminalpolizei rät: Vorbeugen. Informationen für Ihre Sicherheit. Stuttgart o. J.
dass. (Hrsg.): Hab keine Angst. Broschüre gegen den sexuellen Mißbrauch von Kindern. Stuttgart o. J.
dass. (Hrsg.): Sicher wohnen. Sicherungstechnische Empfehlungen der Kriminalpolizei gegen Einbruchdiebstahl. Stuttgart o. J.
Kriminalpolizeiliche Beratungsstelle beim Hessischen Landeskriminalamt: Die Kriminalpolizei rät: Bauen Sie sicher! Wiesbaden o. J.
Landeskriminalamt Baden-Württemberg (Hrsg.): Hinweise für die technische Sicherung von Gebäuden − Mechanischer Grundschutz −. Stuttgart o. J.

dass.: Kriminalpolizeiliches Vorbeugungsprogramm und landesinterne Vorbeugungsmaßnahmen. Stuttgart 1982.
dass. – *Rauschgiftaufklärungsgruppe* – (Hrsg.): Rauschgift. Das tödliche Spiel mit dem Leben. Die Wahrheit über Rauschgift. Für Eltern, Jugendliche, Neugierige. Stuttgart o. J.
Ministerium für Arbeit, Gesundheit, Familie und Sozialordnung Baden-Württemberg (Hrsg.): Gewalt gegen Frauen. Ein Ratgeber der Leitstelle für Frauenfragen. Stuttgart o. J.
Stiftung Warentest: Schutz vor Einbruch und Diebstahl. Berlin 1985 (TEST-Sonderheft. 3/85).
Strömsdörfer, Lars: Die Kriminalpolizei rät: Wie schütze ich mich gegen Diebstahl, Betrug und Gewaltverbrechen? München 1985.
WEISSER RING e.V. und *Landeskriminalamt Baden-Württemberg* (Hrsg.): Rauschgift ohne mich. Informationen zur Rauschgiftproblematik. 6. Aufl. Mainz, Stuttgart 1989.

II. Unselbständige Veröffentlichungen (Aufsätze, Vorträge u. ä.)

(Der durch * gekennzeichnete Beitrag ist wegen Einstufung als VS-NfD nur einem eingeschränkten Benutzerkreis zugänglich)

Brown, John: Verbrechensverhütung. Konzepte und Strategien. In: Schriftenreihe der Polizei-Führungsakademie 7 (1980), S. 114–129.
Dölling, Dieter: Generalprävention durch Strafrecht – Realität oder Illusion? In: Zeitschrift für die gesamte Strafrechtswissenschaft 102 (1990), S. 1–20.
Eberbach, Wolfram: Zwischen Sanktion und Prävention – Möglichkeiten der Gewinnabschöpfung nach dem StGB. In: Bundeskriminalamt (Hrsg.): Macht sich Kriminalität bezahlt? Aufspüren und Abschöpfen von Verbrechensgewinnen. Arbeitstagung des Bundeskriminalamtes Wiesbaden vom 10.–13. November 1986. Wiesbaden 1987 (BKA-Vortragsreihe. Bd. 32), S. 97–118.
Falk, Bernhard: Der Vorrang der Prävention. In: Kriminalistische Studiengemeinschaft e. V. in Bremen (Hrsg.): Einbruchdiebstahl und Tatverdacht. Einbruchskriminalistik 2. Bremen 1990 (Kriminalistische Studien. Bd. 4/2), S. 155–191.
Flade, Antje: Prävention von Kriminalität durch Wohnumweltgestaltung. In: Monatsschrift für Kriminologie und Strafrechtsreform 69 (1986), S. 46–55.
Floerecke, Peter: Kriminalprävention durch Polizei? In: Kriminologisches Journal 15 (1983), S. 167–183.
Freiberg, Konrad: Es fehlt ein Konzept für ein mühseliges Geschäft. GdP fordert Räte zur Kriminalitätsverhütung. In: Deutsche Polizei 36 (1987), Heft 10, S. 19–22.
Habschick, Klaus: Liebe statt Drogen. Suchtprävention in Hagen – pfiffig und griffig. In: Kriminalistik 44 (1990), S. 287–290.
Koetzsche, Helmut: Beiträge zur Entwicklung eines Präventionskonzeptes. In: Die Polizei 74 (1983), S. 146–150.
Krumsiek, Lothar: Vorbeugende Kriminalitätsbekämpfung. In: der kriminalist 22 (1990), S. 65–68.
Kube, Edwin: Oft steht die Polizei allein auf weiter Flur. Ausschüsse für Kriminalitätsverhütung – oder wie läßt sich (endlich) das brachliegende Präventions-Potential ausschöpfen? In: Kriminalistik 41 (1987), S. 566, 569–573.
ders.: Städtebau, Stadtplanung und Kriminalitätsverhütung. In: Die neue Polizei 43 (1989), S. 132–133, 135–137, 139.
Kube, Edwin, Wolfgang Bach, Elmar Erhardt und *Ulrich Glaser:* Technologische Entwicklung und Kriminalitätsvorbeugung. In: Zeitschrift für Rechtspolitik 23 (1990), S. 301–305.
Kube, Edwin und *Elmar Erhardt:* Drogenprävention durch polizeiliche Aufklärungsmaßnahmen. Einige Anmerkungen. In: Archiv für Kriminologie 187 (1991), S. 23–27.

Kube, Edwin, Karl Friedrich Koch und *Werner Vahlenkamp:* Organisierte Kriminalität – Die Logistik als Präventionsansatz. Ansätze für proaktive Maßnahmen. In: Kriminalistik 44 (1990), S. 629–634.

Mellenthin, Klaus: Rauschgiftbekämpfung und Drogentherapie. Möglichkeiten und Grenzen polizeilicher Prävention im Rauschgiftbereich. In: Kriminalistik 45 (1991), S. 66, 68–75.

Merten, Karlheinz und *Heike Merten:* Vorbeugende Verbrechensbekämpfung. In: Zeitschrift für Rechtspolitik 24 (1991), S. 213–220.

Northoff, Robert: Schubkraft für die Kriminalprävention. Chancen und Risiken des Rates für Kriminalitätsverhütung in Schleswig-Holstein. In: Zeitschrift für Rechtspolitik 24 (1991), S. 229–230.

Riegel, Reinhard: Allzu proaktiv ist ungesund. In: Zeitschrift für Rechtspolitik 24 (1991), S. 312.

Schäfer, Herbert: Die Prädominanz der Prävention. Ein Beitrag zu den Grundlagen der theoretischen Kriminalstrategie. In: Goltdammer's Archiv für Strafrecht 133 (1986), S. 49–66.

Schwind, Hans Dieter: Möglichkeiten der präventiven Verbrechensbekämpfung (aus kriminalpolitischer Sicht). Referat, gehalten auf Einladung der Stiftung Schweizerisches Institut für Kriminologie und Strafvollzugskunde. In: Kriminologisches Bulletin 11 (1985), Heft 2, S. 3–36.

Schwind, Hans Dieter, Gernot Steinhilper und *Monica Wilhelm-Reiss:* Präventionsprogramm Polizei/Sozialarbeiter (PPS). Ein Modellversuch des Niedersächsischen Justizministeriums. In: Kriminalistik 34 (1980), S. 58–64.

Steinhilper, Monica: Präventionsprogramm Polizei/Sozialarbeiter (PPS). Modellversuch wird Dauereinrichtung. In: der kriminalist 15 (1983), S. 15, 17, 19–20.

Störzer, Hans Udo: Jugendsekten: . . . wie Moon in Frankreich. Notizen mit präventiven Aspekten. In: Kriminalistik 36 (1982), S. 669–672.

Stümper, Alfred: Unsoziale Kriminalitätsbekämpfung? Ein Plädoyer für den Grundsatz der Verhältnismäßigkeit. In: Kriminalistik 38 (1984), S. 129–131.

Taschenmacher, Rudolf: Vorsorge, die sich lohnt. Zugleich eine Betrachtung über Präventionserfolge bei Wohnungseinbrüchen. In: Kriminalistik 45 (1991), S. 381–388, 405.

Vilsmeier, Markus: Empirische Untersuchung der Abschreckungswirkung strafrechtlicher Sanktionen. In: Monatsschrift für Kriminologie und Strafrechtsreform 73 (1990), S. 273–285.

**Vöhringer, Wolfgang:* Grundüberlegungen und praktische Erfahrungen in der Umsetzung des kriminalpolizeilichen Vorbeugungsprogramms im Bereich eines Landkreises. In: Polizei-Führungsakademie (Hrsg.): Planung der Verbrechensbekämpfung. 4. Kriminalitätskontrolle und Öffentlichkeit. Seminar vom 3. bis 7. Februar 1986 bei der Polizei-Führungsakademie. Schlußbericht. Münster 1986, S. 185–206.

Westphal, Egon: Vorbeugende Verbrechensbekämpfung und kriminalpolizeiliche Beratung. In: Die neue Polizei 40 (1986), S. 158–161.

ders.: Das Kriminalpolizeiliche Vorbeugungsprogramm – 26 Jahre bundesweit verbreitet –. In: Die neue Polizei 45 (1991), S. 476–477.

Ziercke, Jörg: Beitrag zur Entwicklung eines Präventionskonzeptes. In: der kriminalist 13 (1981), S. 588–594.

11
Die Aufdeckung von Straftaten

Hans Udo Störzer

> Wer Böses tut, der haßt das
> Licht und kommt nicht zu
> dem Licht, damit seine Werke
> nicht aufgedeckt werden.
> Joh. 3, 20

INHALTSÜBERSICHT

	Rdnr.
A. Das Problem	2–5
B. Das Dunkelfeld	6
I. Definition	6–8
II. Aufhellung des Dunkelfeldes	9
1. Schätzungen	10
2. Systematische Dunkelfeldforschung	11
a) Experiment	12
b) Teilnehmende Beobachtung	13
c) Befragung	14–23
III. Dunkelfelduntersuchungen	24, 25
1. Experiment	26
2. Verdeckte teilnehmende Beobachtung	27
3. Befragung	
a) Schriftliche Täterbefragung	28
b) Persönlich-mündliche Informantenbefragung	29
c) Telefonische Opferbefragung	30

	Rdnr.
IV. Umfang des Dunkelfeldes	31–34
C. Die Verdachtschöpfung	
I. Begriffsbestimmung	35–42
II. Bedeutung	43–45
III. Vorgehensweisen	46, 47
1. Intuitive Verdachtschöpfung	48
a) Methode	49–53
b) Praxis	54–62
2. Systematisches Vorgehen	63
a) Empirischer Ansatz	
aa) Methode	64–66
bb) Praxis	67–70
b) Statistische Verfahren	
aa) Methode	71
bb) Praxis	72–76
D. Aufdeckung von Straftaten und Aufklärungsquote	77–80

Was mit „finsteren Werken", die „heimlich getan" worden sind, zu 1
geschehen hat, steht schon in der Bibel: „**Deckt sie ... auf!**"[1] Der (Polizei-)
Praktiker wird diese Aufforderung sofort auf Einzelfälle beziehen, der Kriminologe dagegen eher auf die Gesamtkriminalität. Geht es um das
gesamte Straftatenaufkommen, so erfolgt die Aufdeckung – durch Schätzungen oder mit wissenschaftlichen Methoden – als sog. Dunkelfelduntert-

---

1 Eph. 5, 11.12.

suchung (Rdnr. 6–34). Mittel des einzelnen Polizeibeamten[2], von sich aus im konkreten Fall das Vorliegen eines Delikts zu erkennen, ist die Verdachtschöpfung (Rdnr. 35–76). Dabei stehen Dunkelfeld und Verdachtschöpfung keineswegs beziehungslos nebeneinander (Rdnr. 2–5).

A. Das Problem

2 Die Reaktionen auf die Veröffentlichung der **Polizeilichen Kriminalstatistik** (PKS) ähnelten sich in den letzten Jahren stets. 1988 lautete die häufigste Meldung in den Medien: „Das Verbrechen verbucht einen neuen Rekord."[3] Der zu konstatierende Kriminalitätsanstieg wirke, so wurde eine gewerkschaftliche Stellungnahme zur PKS 1987 zitiert, auf die Polizei „frustrierend, weil die Entwicklung trotz allen persönlichen Einsatzes der Beamten ‚offensichtlich nicht aufzuhalten ist'".[4]

3 Die Zahlen der PKS allein rechtfertigen jedoch noch nicht den generellen Schluß auf eine **Kriminalitätssteigerung**. Selten nur wurde in der Presse richtig formuliert: „Die *registrierte* Kriminalität ... hat ... einen neuen Höchststand erreicht."[5] Ein solcher Befund hat aber nicht unbedingt auch insgesamt gesehen eine höhere Anzahl von Delikten zu bedeuten. Die PKS selbst enthält in den „Vorbemerkungen" einen Hinweis auf ihre eingeschränkte Aussagekraft, weil „der Polizei ein Teil der begangenen Straftaten nicht bekannt wird".[6] Werden nun durch besondere Umstände oder Aktivitäten bisher verborgene Delikte aufgedeckt, nimmt dieses „Dunkelfeld" ab, und die Zahl der statistisch erfaßten Straftaten wächst an, ohne daß sich die Gesamtkriminalität geändert hat. So wurde denn auch die überdurchschnittliche Steigerungsrate der Umweltdelikte von 20,7 % im Jahre 1987 durch verschiedene Zeitungen mit dem Hinweis auf „das gestiegene Umweltbewußtsein von Bevölkerung und Polizei" kommentiert[7], womit nichts anderes gemeint war als „eine verstärkte Anzeigebereitschaft (nämlich der Bürger/H.U.St.) sowie Tätigkeitsbereitschaft auf

---

2 Verdachtschöpfen ist natürlich keine ausschließlich polizeiliche Angelegenheit. Während aber Staatsanwälte und Richter dies allenfalls gelegentlich bis selten tun, gehört diese Tätigkeit geradezu zum Berufsbild der Polizei. Die folgenden Ausführungen zur Verdachtgewinnung sind deshalb auf den Polizeibeamten abgestellt, und zwar auf den „klassischen" der Schutz- und der Kriminalpolizei; selbstverständlich gelten sie freilich ebenso für den Beamten einer anderen „Sparte" wie z. B. der Zoll- oder Steuerfahndung. Auf Staatsanwalt und Richter passen die Überlegungen immerhin, wenn auch nicht in allen Details, so doch zumindest in ihren Grundzügen.
3 S. z. B. Frankfurter Rundschau (FR) Nr. 110 vom 11. Mai 1988; Rhein-Neckar-Zeitung (RNZ) Nr. 109 vom 11./12. Mai 1988 S. 17; Stuttgarter Nachrichten (SN) Nr. 109 vom 11. Mai 1988; Westdeutsche Allgemeine (WAZ) Nr. 110 vom 11. Mai 1988; Wiesbadener Kurier (WK) Nr. 110 vom 11./12. Mai 1988.
4 RNZ Nr. 109 vom 11./12. Mai 1988 S. 17. – Daß gegenüber den 1987 registrierten 4 444 108 Fällen 1988 und 1989 jeweils rd. 2 % weniger Straftaten erfaßt worden sind (vgl. Bulletin [Presse- und Informationsamt der Bundesregierung] Nr. 62 vom 17. Mai 1990 S. 496), kann angesichts dieser Größenordnungen auch keine zuversichtlicheren Erwartungen hervorrufen (vgl. Bulletin Nr. 62 vom 17. Mai 1990 S. 486).
5 Wiesbadener Tagblatt (WT) Nr. 110 vom 11./12. Mai 1988 S. 2.
6 *Bundeskriminalamt* 1988 S. 5.
7 S. z. B. FR Nr. 110 vom 11. Mai 1988; RNZ Nr. 109 vom 11./12. Mai 1988 S. 17; WK Nr. 110 vom 11./12. Mai 1988.

seiten der Polizei (d. i. Verdachtschöpfung/H.U.St.)".[8] Eine Verringerung der Kriminalität durch „persönlichen Einsatz der Beamten", wie sie in dem wiedergegebenen Gewerkschaftsstatement erwartet wird,[9] kann nur mittelbar über die Verknüpfung „Prävention durch Repression" erreicht werden. Polizeiliches Engagement in der Verbrechensbekämpfung führt zunächst einmal unausweichlich einen Anstieg in der Statistik herbei.

Daß es sich bei diesen Überlegungen keineswegs nur um theoretische Gedankenspielereien handelt, zeigt der **„Fall Landau"**. Die heute knapp 40 000 Einwohner zählende Stadt an der Südlichen Weinstraße stand seit fast einem Jahrhundert im Ruche, eine „Hochburg der Delinquenz" zu sein: Stets rangierte Landau in der Kriminalstatistik weit vor den anderen rheinland-pfälzischen Städten. Dieses Phänomen beruht allerdings, wie *Andreas Ammer* von der Universität Trier in einer wissenschaftlichen Untersuchung festgestellt hat, auf einem Zirkelschluß: Das Bild Landaus erzeugt bei der Polizei einen „Effizienzdruck", der einen entsprechenden Arbeitseinsatz zur Folge hat. Durch den Ruf der Stadt sensibilisiert, neigen die Bürger zu einer größeren Anzeigebereitschaft; diese korrespondiert mit „registrierfreudigen formellen Erledigungsstrategien" der Polizei. Dadurch werden auch Vorkommnisse in der Statistik verzeichnet, die anderorts meist unberücksichtigt bleiben. Diese so produzierten höheren Fallzahlen bestätigen die Ausgangsthese von einer erhöhten Kriminalitätsbelastung. „Die hierdurch gerechtfertigte Verstärkung des polizeilichen Personals bedingt ihrerseits eine vermehrte Deliktsaufnahme, also eine weitere auch datenmäßig belegbare Bestätigung der Grundannahme." Das heißt: „Das Dunkelfeld der Kriminalität wird in Landau zugunsten des Hellfeldes überdurchschnittlich verringert." Es scheint nur so, als sei „in Landau das Verbrechen zu Hause".[10]

Ein verläßliches **Bild von der Gesamtkriminalität** gewinnt man mithin erst dann, wenn man in den einzelnen Deliktsbereichen sich das Dunkelfeld vor Augen hält und die Intensität der Strafverfolgung berücksichtigt.[11]

B. Das Dunkelfeld

I. Definition

Der Begriff des Dunkelfeldes wird nicht einheitlich verwendet.[12] Für eine Definition gibt es sechs **Bezugsgrößen**, die zusammenhängen wie die einzelnen ineinandergeschobenen Figuren einer russischen Matrjoschka-Puppe (Abb. 1; Seite 416).

---

8 WT Nr. 110 vom 11./12. Mai 1988 S. 2.
9 S. oben Rdnr. 1.
10 Frankfurter Allgemeine (FAZ) Nr. 159 vom 12. Juli 1988. – Ausführlich hierzu *Ammer* 1990.
11 S. hierzu Bundeskriminalamt 1988 S. 5; *Schwind* 1988 S. 22.
12 Vgl. dazu *Schwind* u. a. 1975 S. 16, 17; *L. Müller* 1978 S. 12; *Kürzinger* 1982 S. 165; *Baurmann* 1983 S. 92–97; *Plate/Schwinges/Weiß* 1985 S. 13; *Eisenberg* 1985 S. 121; *Burghard* u. a. 1986 S. 59; *Rupprecht* 1986 S. 112; *Schneider* 1987 S. 182, 183.

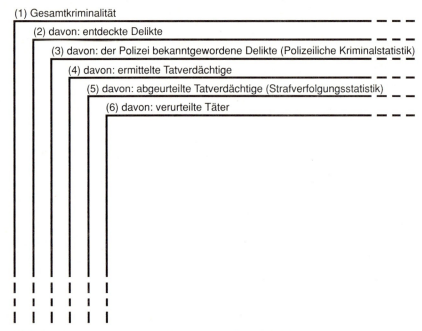

Abb. 1: Bezugsgrößen zur Bestimmung von Dunkelfeldern

Von der Gesamtkriminalität (1) wird – man denke etwa an Straftaten gegen anonyme Opfer (z. B. Staat, Rechtspflege), an die sog. opferlosen Straftaten (z. B. Drogenmißbrauch) oder auch an das „perfekte Verbrechen" – nur ein bestimmter Prozentsatz an Delikten entdeckt (2). Da von diesen aus Bequemlichkeit bzw. Gleichgültigkeit der Betroffenen, mangelndem Vertrauen in die Polizei, Mitleid mit dem Täter, Furcht vor Schadenfreude usw. eine ganze Reihe nicht angezeigt wird, werden nur einige der überhaupt entdeckten Delikte auch der Polizei offiziell bekannt (3); auf dieser Ebene entsteht die Polizeiliche Kriminalstatistik. Bei nur knapp der Hälfte der registrierten Delikte wird ein Tatverdächtiger ermittelt („Aufklärung") (4). Z. B. wegen Verjährung der Tat oder Tod oder Strafunmündigkeit des mutmaßlichen Täters wird nur eine gewisse Anzahl der Verdächtigen abgeurteilt (5); diese Tätigkeit der Justiz ist Gegenstand der Strafverfolgungsstatistik. Der Grundsatz „in dubio pro reo" läßt es schließlich nur in einem Teil der Fälle zur Verurteilung kommen (6).

Anhand dieser Bezugsgrößen kann ein je verschiedenes Dunkelfeld festgelegt werden.[13] *Zbinden* z. B. knüpft seine Erläuterung der „Dunkelziffer"[14] an die Ebenen (3) und (4), wenn er auf „die Gesamtzahl der Anzei-

---

13 Vgl. dazu *Wehner* 1957 S. 14; *Schwind* u. a. 1975 S. 16–18; *Baurmann* 1983 S. 94–97; *Stümper* 1983 S. 222; *Kerner* 1985 S. 262–266.
14 = Dunkelfeld (vgl. *Sack* 1985 S. 76; *Kerner* 1985 S. 265). Der Ausdruck „Dunkelziffer" ist nach einer ungenauen Übersetzung des englischen Begriffs „dark number" (Dunkelzahl) durch *Oba* (1908 S. 27) aufgekommen (vgl. *Wehner* 1957 S. 13; *Schwind* u. a. 1975 S. 126 Fn. 5; *Baurmann* 1983 S. 93; *Schneider* 1987 S. 183).

gen und vor allem das Verhältnis der abgeklärten zu den unabgeklärten Delikten" abstellt.[15]

Am gebräuchlichsten sind **Dunkelfeldbestimmungen**, die sich auf der einen Seite an der Zahl aller tatsächlich verübten Straftaten (1) orientieren.[16] Dabei gehen fast[17] alle Definitionen davon aus, daß sich die Gesamtkriminalität aus den Delikten des Hellfeldes und des Dunkelfeldes zusammensetzt. In teilweise unterschiedlichen Formulierungen legt die Mehrzahl der Autoren als zweiten Bezugspunkt die polizeiliche Erfassung (3) zugrunde und versteht unter „Dunkelfeld" die Summe der Straftaten, die den Strafverfolgungsbehörden nicht bekannt geworden und deshalb in der Polizeilichen Kriminalstatistik nicht registriert sind[18]; dieser Auffassung entspricht auch die „amtliche" Lesart.[19] 7

Exkurs:
Nicht um einzelne – unentdeckte, unregistrierte, unaufgeklärte usw. – Straftaten geht es bei dem Ausdruck „**strukturelles Dunkelfeld**", mit dem *Stümper* kriminalpolitische Gedankengänge zusammenfaßt.[20] Der Begriff bezeichnet die „wesentliche(n), das Kriminalitätslagebild entscheidend prägende(n) Faktoren", die noch nicht erkannt worden sind.[21] Die Entstehung neuer krimineller Strukturen, Konstellationen und Verhaltensweisen, namentlich bei der Rauschgift- und der Organisierten Kriminalität sowie in den Bereichen „Wirtschaft" und „Arbeitsmarkt", müsse durch eine auf laufender Lageauswertung fußende systematische Analyse und Prognose rechtzeitig aufgedeckt werden; in diesem Zusammenhang wird erneut die Einrichtung einer „Generaldirektion für die Innere Sicherheit" beim Bundesministerium des Innern vorgeschlagen. „Nur wenn man strukturelle Dunkelfelder erkennt, kann man auch mittel- und langfristig gediegene Kriminalpolitik betreiben."[22] Dabei hat *Stümper* insbesondere eine gezielte polizeiliche Vorbeugungsarbeit und einen ökonomischen Einsatz repressiver Maßnahmen im Auge. 8

Hinsichtlich der Aufdeckung von Straftaten ist also das „strukturelle Dunkelfeld" nicht unmittelbar relevant. Im folgenden gilt deshalb der oben (Rdnr. 7) aufgezeigte gängige Begriff des Dunkelfeldes.

II. Aufhellung des Dunkelfeldes

Eine exakte **Messung** des Dunkelfeldes ist nicht möglich. Aber bereits Anfang dieses Jahrhunderts hat man begonnen, das Dunkelfeld zu erforschen. 9

---
15 *Zbinden* 1954 S. 19.
16 Vgl. dazu *Schwind* u. a. 1975 S. 17.
17 Es gibt auch Unterscheidungen, die neben Hell- und Dunkelfeld noch ein „Graufeld" mit je verschiedenem Inhalt kennen (vgl. *Eisenberg* 1985 S. 121; *Schneider* 1987 S. 182, 183).
18 *Schwind* u. a. 1975 S. 17, 18 (m. w. N.), 1978 S. 70 Fn. 23; *Kürzinger* 1982 S. 165; *Eisenberg* 1985 S. 121; *Sack* 1985 S. 78; *Plate/Schwinges/Weiß* 1985 S. 14; *Burghard* u. a. 1986 S. 59; *Rupprecht* 1986 S. 112; *Schneider* 1987 S. 182; *Schwind* 1988 S. 22.
19 S. z. B. *Bundeskriminalamt* 1988 S. 5; Bulletin Nr. 62 vom 17. Mai 1990 S. 485.
20 *Stümper* 1983 S. 222–226.
21 *Stümper* 1983 S. 222.
22 *Stümper* 1983 S. 226.

1. Schätzungen

10 In den „Pionierarbeiten" *(Schwind)*[23] war an die Stelle der bis dato durchgeführten rein spekulativen („Blind"-)Schätzungen des Dunkelfeldes[24] die Verwertung des Erfahrungswissens der Praxis, vor allem der Polizei[25], der Strafrichter[26] und schließlich der Mediziner[27], gesetzt worden. Auf solche **„Erfahrungsschätzungen"** wird auch heute noch, und zwar nicht nur etwa bei der Vorstellung einer regionalen Kriminalstatistik durch die örtliche Polizei, sondern sogar bezogen auf die ganze Bundesrepublik[28], zurückgegriffen.

2. Systematische Dunkelfeldforschung

11 Primäruntersuchungen des Dunkelfeldes zielen auf die Ermittlung menschlichen Verhaltens. Dafür stehen heute aus der empirischen Sozialforschung prinzipiell die drei **Methoden**
a) Experiment
b) teilnehmende Beobachtung
c) Befragung
zur Verfügung.[29]

a) Experiment

12 Bei einem **Experiment** geht es darum, zur Überprüfung einer Hypothese Entstehung und Verlauf eines planmäßig herbeigeführten Ereignisses zu beobachten. Wichtig ist dabei die Kontrolle aller möglichen Variablen und Störeinflüsse.[30]

Gerade dies ist allerdings bei der Nachahmung einer deliktischen Situation kaum möglich. Außerdem sind natürlich in diesem Rahmen dem wirklichkeitsgetreuen Vorgehen enge Grenzen gesetzt. Schließlich kann von einem Experiment nur ein ganz kleiner Ausschnitt des Anwendungsbereichs eines Straftatbestandes erfaßt werden, so daß sich die Ergebnisse nicht verallgemeinern lassen.[31]

b) Teilnehmende Beobachtung

13 Die wissenschaftliche Beobachtung ist die geplante Wahrnehmung zur unmittelbaren Erfassung des Verhaltens von Personen in ihrer natürlichen Umwelt. Beteiligt sich der Forscher selbst aktiv an dem beobachteten Geschehen, indem er darin eine von den Beobachteten akzeptierte Rolle

---

23 *Schwind* 1988 S. 24.
24 S. dazu *Plate/Schwinges/Weiß* 1985 S. 14; *Kaiser* 1988 S. 357; *Schwind* 1988 S. 24–26.
25 Z. B. *Heindl* 1929 (passim); *Wehner* 1957. S. dazu *Plate/Schwinges/Weiß* 1985 S. 14.
26 Z. B. *Meyer* 1941.
27 Z. B. *Havard* 1960. S. auch *Snyder* 1956 S. 13, 374.
28 Z. B. betr. Wirtschaftskriminalität: *Zybon* 1983 S. 52–54; betr. Umweltkriminalität: *Schulze* 1986 S. 10; betr. Hehlerei: *Kittlaus* 1987 S. 64; betr. Gesamtkriminalität: *Manecke/Orschekowski* 1988 S. 7.
29 Vgl. *L. Müller* 1978 S. 27; *Kürzinger* 1982 S. 55, 165; *Plate/Schwinges/Weiß* 1985 S. 14, 15; *Eisenberg* 1985 S. 122; *Schwind* 1988 S. 24.
30 S. dazu *Friedrichs* 1973 S. 333, 334; *L. Müller* 1978 S. 27, 28; *Kürzinger* 1982 S. 60, 165, 166; *Schneider* 1987 S. 190, 191; *Schwind* 1988 S. 25.
31 S. dazu *L. Müller* 1978 S. 36–38; *Kürzinger* 1982 S. 166; *Schwind* 1988 S. 25, 26.

übernimmt, so spricht man von **„teilnehmender Beobachtung"**.[32] Diese kann offen oder verdeckt erfolgen, je nachdem ob der Wissenschaftler sich als solcher zu erkennen gibt oder ob er seine Doppelfunktion verbirgt.[33]

Soweit mit dieser Methode Aufschluß über die Dunkelfeldkriminalität als Gesamterscheinung gewonnen werden soll, ist – wie beim Experiment – festzustellen, daß die Resultate sich nur auf kleine Gruppen beziehen und deshalb nicht verallgemeinert werden können. Darüber hinaus besteht bei der teilnehmenden Beobachtung krimineller Vorgänge das dreifache ethische Problem, daß der Wissenschaftler dem Opfer nicht hilft, den Täter nicht davon abhält, straffällig zu werden, und sich vielleicht sogar selbst an strafbaren Handlungen beteiligen muß.[34]

c) Befragung

Da sich, wie gezeigt (Rdnr. 12, 13), Experiment und teilnehmende Beobachtung zur Aufhellung des Dunkelfeldes nur wenig eignen, wird in diesem Bereich überwiegend von der **Befragung** Gebrauch gemacht.[35] Mit dieser Methode lassen sich neben Verhalten auch Einstellungen erfassen. Befragt werden üblicherweise nach einer (Zufalls-)Stichprobe ausgesuchte Personen aus der Bevölkerung insgesamt oder aus einer geographisch, berufsmäßig u. a. bestimmten Gruppe, oft auch alle Personen eines überschaubaren Bereichs.[36]

Natürlich ist auch diese Methode nicht problemlos. Schwierigkeiten können sich einstellen insbesondere im Hinblick auf

– die Deliktsauswahl:
Entsprechen die erfragten Handlungen den in den Kriminalstatistiken erfaßten Straftatbeständen?

– die Teilnahme:
Beeinträchtigen die Weigerungen, sich befragen zu lassen, die Repräsentativität der Ergebnisse?

– das Verständnis:
Wird der umschriebene Straftatbestand von dem Befragten richtig aufgenommen?

– die Wahrnehmung:
Haben die Befragten kriminelle Handlungen überhaupt als solche registriert?

– die Erinnerung:
Können Delikte, die länger zurückliegen, ins Gedächtnis gerufen werden?

---
32 S. dazu *Friedrichs* 1973 S. 288; *L. Müller* 1978 S. 29, 30; *Kürzinger* 1982 S. 58, 59, 166; *Schwind* 1988 S. 25, 26.
33 Vgl. *Friedrichs* 1973 S. 273, 288; *Mannheim* 1974 a S. 226; *L. Müller* 1978 S. 29.
34 S. dazu *L. Müller* 1978 S. 38–40; *Kürzinger* 1982 S. 166; *Schneider* 1987 S. 190; *Schwind* 1988 S. 26.
35 Vgl. *Kürzinger* 1982 S. 166; *Plate/Schwinges/Weiß* 1985 S. 15; *Eisenberg* 1985 S. 121, 122; *Schneider* 1987 S. 191; *Kaiser* 1988 S. 358; *Schwind* 1988 S. 26.
36 S. dazu *Kürzinger* 1982 S. 55, 166; *Eisenberg* 1985 S. 121, 122; *Schwind* 1988 S. 26.

- die Verbalisierung:
Sind die Befragten in der Lage, bestimmte Tatsachen zutreffend zu formulieren?
- die Subsumtion:
Können die erfragten Ereignisse vom Untersucher rechtlich auch nur einigermaßen korrekt beurteilt werden?[37]

15 Diese Dunkelfelderhebungen lassen sich vom **Ansatz** her in
Täterbefragung,
Informantenbefragung und
Opferbefragung,
die auch miteinander kombiniert werden können, unterscheiden.[38]

16 Bei der **Täterbefragung**, auch Selbstmelde- oder Selbstberichtuntersuchung genannt, soll der Befragte angeben, ob er selbst in einem gewissen Zeitraum eine (bestimmte) Straftat begangen hat.[39] Bedenken speziell gegen dieses Verfahren ergeben sich aus der Überlegung, daß der Befragte häufig – und zwar um so eher, je schwerer das betreffende Delikt ist – Hemmungen haben wird, eigene nicht entdeckte Straftaten zu offenbaren.[40]

17 Die **Informantenbefragung** dient der Feststellung, ob einer Person in ihrer Umgebung (bestimmte) Straftaten bekanntgeworden sind, die andere begangen haben.[41] Eine derartige Befragung ist für einen Vergleich der gewonnenen Daten mit der Polizeilichen Kriminalstatistik nicht geeignet; es läßt sich nämlich kaum vermeiden, daß eine Reihe von Informanten unbemerkt über dieselbe kriminelle Handlung berichtet.[42]

18 Die häufigste Erhebungsform ist die **Opferbefragung**. In einer solchen, auch als Viktimisierungsstudie bezeichneten Untersuchung wird danach gefragt, ob der Betreffende in einem gewissen Zeitraum Opfer einer (bestimmten) Straftat geworden ist.[43] Das besondere Manko dieser Methode liegt darin, daß mit ihr nicht alle Delikte erfaßt werden können. Naheliegenderweise scheiden die Tötungsdelikte aus, ebenso alle Straftaten, die sich nicht gegen Privatpersonen richten, wie z. B. Vermögensdelikte zum Nachteil juristischer Personen, Straftaten gegen die öffentliche

---

37 Ausführlich hierzu *L. Müller* 1978 S. 40–75. S. dazu auch *Kürzinger* 1982 S. 56–58, 168, 169; *Eisenberg* 1985 S. 122–124; *Schneider* 1987 S. 215, 216.
38 Vgl. *Schwind* u. a. 1975 S. 22; *L. Müller* 1978 S. 32; *Kürzinger* 1982 S. 166, 168; *Plate/Schwinges/Weiß* 1985 S. 15; *Sack* 1985 S. 79; *Schneider* 1987 S. 191; *Kaiser* 1988 S. 358; *Schwind* 1988 S. 26. – Die hier aufgeführten Bezeichnungen der drei Ansätze sind üblich, aber etwas mißverständlich. Es werden nicht jeweils nur Täter, Opfer oder Informanten interviewt, sondern von „Stichproben von Personen ... Informationen erfragt, die sie entweder als Täter, Opfer und/oder Informanten betreffen" (*Sack* 1985 S. 79).
39 S. dazu *Schwind* u. a. 1975 S. 22; *L. Müller* 1978 S. 33; *Kürzinger* 1982 S. 168; *Eisenberg* 1985 S. 122; *Plate/Schwinges/Weiß* 1985 S. 15; *Schneider* 1987 S. 191; *Schwind* 1988 S. 26.
40 S. dazu *Schwind* u. a. 1975 S. 22; *Kürzinger* 1982 S. 168; *Eisenberg* 1985 S. 125; *Schneider* 1987 S. 215; *Schwind* 1988 S. 26. Vgl. auch *Plate/Schwinges/Weiß* 1985 S. 16.
41 S. dazu *Schwind* u. a. 1975 S. 22; *L. Müller* 1978 S. 34; *Kürzinger* 1982 S. 168; *Eisenberg* 1985 S. 122; *Plate/Schwinges/Weiß* 1985 S. 15; *Schneider* 1987 S. 191; *Schwind* 1988 S. 27.
42 S. dazu *Schwind* u. a. 1975 S. 22, 23; *Kürzinger* 1982 S. 168.
43 S. dazu *Schwind* u. a. 1975 S. 22; *L. Müller* 1978 S. 33; *Kürzinger* 1982 S. 166; *Plate/Schwinges/Weiß* 1985 S. 15; *Eisenberg* 1985 S. 122; *Schneider* 1987 S. 191; *Schwind* 1988 S. 27.

Ordnung, Umweltschutzdelikte und ein Großteil der Wirtschaftskriminalität. Sicher wird auch das eine oder andere Opfer ein Ereignis etwa aus Scham über die Rolle, die es dabei gespielt hat, verschweigen; grundsätzlich dürfte aber ein Opfer weit eher dazu bereit sein, Auskunft über eine an ihm verübte Straftat zu geben, als ein Täter, ein von ihm begangenes Delikt zu offenbaren.[44]

Eine Opferbefragung muß sich darüber hinaus nicht in Fragen nach dem Opferwerden erschöpfen; in Betracht kommen noch weitere Erhebungen, die wichtige Rückschlüsse für die Dunkelfeldforschung zulassen, nämlich Fragen zum Anzeigeverhalten und den dahinterstehenden Einstellungen für entsprechende Motivanalysen.[45]

Täter-, Informanten- und/oder Opferbefragung können bei einer Untersuchung auch verbunden werden. Eine so gestaltete **kombinierte Befragung** wird in der Erwartung durchgeführt, daß sich damit die jeweiligen Probleme der Einzelmethoden, wenn auch nicht gerade gegenseitig aufheben, so doch mindestens reduzieren.[46]

Für die **technische Durchführung** einer Befragung bestehen sowohl hinsichtlich der Kommunikationsart als auch bezüglich der Gesprächsform verschiedene Möglichkeiten.

Was die **Kommunikationsart**[47] betrifft, so kann eine Befragung

schriftlich oder

mündlich (Interview)

erfolgen. Das Interview ist als

persönlich-mündliche oder

telefonische

Befragung möglich.

Wird der schriftliche Weg gewählt, schließt man damit eine durchaus denkbare Beeinflussung der Ergebnisse durch den Interviewer aus. Speziell bei einer Dunkelfelduntersuchung ist indes zu berücksichtigen, daß Voraussetzung für den Erfolg einer schriftlichen Befragung ein kurzer, einfacher Fragebogen ist.[48] Kriminalität ist aber zu vielfältig, als daß man alle Erscheinungsformen voraussehen und mit ein paar Fragen erheben könnte. Demgegenüber sind persönliche Interviews zeitaufwendig und personalintensiv und kosten somit relativ viel Geld.[49] Andererseits wurde mit der ökonomisch günstigen Telefonbefragung in der Bundesrepublik Deutschland erst wenig Erfahrung gesammelt.[50]

Bei der mündlichen Befragung ergeben sich die verschiedenen **Gesprächsformen**[51] aus dem Grad der vorherigen Festlegung des Ablaufs

---

44 S. dazu *Schwind* u. a. 1975 S. 23; *Plate/Schwinges/Weiß* 1985 S. 16; *Eisenberg* 1985 S. 125; *Schneider* 1987 S. 215; *Schwind* 1988 S. 27.
45 S. dazu *Schwind* 1988 S. 27.
46 S. dazu *Schwind* 1988 S. 30; eher skeptisch *Eisenberg* 1985 S. 122.
47 S. dazu *Friedrichs* 1973 S. 207, 208, 215, 236; *L. Müller* 1978 S. 31; *Kürzinger* 1982 S. 55.
48 Vgl. *Friedrichs* 1973 S. 236.
49 Vgl. *Friedrichs* 1973 S. 236, 237.
50 S. dazu *Baurmann/Hermann/Störzer/Streng* 1991 a, 1991 b. Näheres unten Rdnr. 30.
51 S. dazu *Friedrichs* 1973 S. 208; *L. Müller* 1978 S. 31, 32; *Kürzinger* 1982 S. 55, 56.

und der inhaltlichen Ausgestaltung. Eine sog. „standardisierte" Befragung folgt einem bis ins einzelne ausgearbeiteten Fragebogen, bei dem zumindest teilweise auch bereits die Antwortmöglichkeiten vorgegeben sind. Liegt lediglich ein Frageschema vor, das es offenläßt, Fragen näher auszuführen oder zusätzlich zu formulieren, ist das Vorgehen „halbstandardisiert". Bei einem „nichtstandardisierten" Interview ist der Fragesteller frei in der Gesprächsführung und kann mit seinen weiteren Fragen die vorangegangenen Antworten aufnehmen.

Die Ergebnisse einer standardisierten Befragung sind in ihrer Gleichartigkeit leicht auszuwerten. Allerdings setzt die Erstellung eines guten Fragebogens schon sehr genaue Kenntnisse über den in Frage stehenden Themenbereich voraus. Demgegenüber bietet ein freies Interview die Möglichkeit, mehr Informationen zu erlangen, als der Forscher voraussehen konnte; Schwierigkeiten bereitet hier aber der Vergleich der erhobenen Daten.

23 Was die **Aufzeichnung** des Interviews betrifft, so besteht bei der Telefonbefragung die Möglichkeit, die übliche handschriftliche Fixierung des Gesprächs einzusparen. Unter der Bezeichnung CATI wurde ein System entwickelt, mit dem die Antworten sofort zur weiteren elektronischen Verarbeitung in den Computer eingegeben werden können.[52]

III. Dunkelfelduntersuchungen

24 Systematische Dunkelfelduntersuchungen mit den Methoden der empirischen Sozialforschung gibt es kontinuierlich seit rund 50 Jahren. Seit Anfang der sechziger Jahre merklich intensiviert, nahm die Dunkelfeldforschung im In- und Ausland mit Beginn der siebziger Jahre einen beträchtlichen Aufschwung.[53] **Übersichten** über die verschiedenen Projekte liegen vor. *Villmow/Stephan* haben alle wichtigen Untersuchungen aus der Bundesrepublik[54] sowie zahlreiche europäische und außereuropäische Arbeiten[55] anschaulich beschrieben. Darüber hinaus finden sich einige tabellarische Darstellungen.[56]

25 Von daher kann es mit **Beispielen** für die einzelnen Methoden (Rdnr. 11) sein Bewenden haben. Bei den drei Ansatzmöglichkeiten der Befragung (Rdnr. 15) werden durch jeweiligen Wechsel gleichzeitig die unterschiedlichen Kommunikationsarten (Rdnr. 21) exemplifiziert.

1. Experiment

26 Dem Dunkelfeld bei Ladendiebstahl galt ein **Experiment** von *Blankenburg*.[57] Er ließ in einigen Freiburger Selbstbedienungsgeschäften eines gro-

---

52 = **C**omputer **A**ssisted **T**elephone **I**nterviewing (vgl. dazu *van Dijk/Mayhew/Killias* 1990 S. 6, 7, 95, 109).
53 Vgl. *L. Müller* 1978 S. 24–26; *Villmow/Stephan* 1983 S. 4, 8–12; *Sack* 1985 S. 76; *Schneider* 1987 S. 184–190; *Schwind* u. a. 1989 S. 6, 100–102.
54 *Villmow/Stephan* 1983 S. 12–19.
55 *Villmow/Stephan* 1983 S. 19–29.
56 *Schwind* u. a. 1975 S. 34–36; *Stephan* 1976 S. 29–38; *L. Müller* 1978 S. 81–89; *Schneider* 1987 S. 192–201, 203–207.
57 *Blankenburg* 1969.

ßen Lebensmittel-Einzelhandelsunternehmens an Werktagen zwischen 15 und 18 Uhr unter den Augen eines „Beobachters" zwei „Diebe" insgesamt 40 „Diebstähle" begehen. Das Vorgehen der „Diebe" und des Beobachters war standardisiert. Mitgenommen werden sollte ein Pfund Kaffee bzw. eine Dose mit Fleisch und Gemüse. Die „Diebe" hatten sich „ordentlich", aber nicht elegant zu kleiden und eine Aktentasche mit sich zu führen. Der „Diebstahl" sollte so (ungeschickt) ausgeführt werden, wie es von einer ungeübten Person zu erwarten ist. Die Unternehmensleitung hatte dem Experiment zugestimmt; die Filialleiter und das Personal der einzelnen Läden waren dagegen nicht informiert. Unmittelbar nach jedem „Diebstahl" füllten „Dieb" und Beobachter unabhängig voneinander ein standardisiertes Protokoll über den Vorgang aus.

2. Verdeckte teilnehmende Beobachtung

Zur Untersuchung (strafbarer) homosexueller Akte beobachtete *Humphreys* Benutzer öffentlicher Toiletten.[58] Um die Probanden nicht mißtrauisch zu machen, mußte er in einer von ihnen anerkannten Rolle auftreten. Es bot sich an, als „Aufpasser" zu fungieren. Dies ist ein Homosexueller, der am Toilettenfenster oder -eingang steht und die Umgebung im Auge behält; er hustet bei Fremden und nickt, wenn „die Luft rein" ist. Unter den Aufpassern gibt es neben z. B. den sog. „Wartern", die selbst auf sexuellen Kontakt aus sind, auch die „Voyeure", denen der Anblick sexueller Akte anderer genügt. Für *Humphreys'* **verdeckte teilnehmende Beobachtung** war diese Rolle die geeignetste, da sie einerseits keine eigenen sexuellen Handlungen erfordert und sie andererseits erlaubt, alles zu beobachten, ohne bei den Probanden Verdacht zu erregen oder die Aktivitäten zu stören. Aus einer ganzen Anzahl unsystematischer Beobachtungen erstellte *Humphreys* ein Schema, mit dem er schließlich 50 und ein kooperierender Proband zur Kontrolle 30 systematische Beobachtungen durchführten.

3. Befragungen

a) Schriftliche Täterbefragung

Um Suchtmittelumgang und Delinquenz unter jungen Soldaten ging es bei einer **„self-report"**-Erhebung von *Kreuzer*.[59] Die Stichprobe umfaßte 727 Wehrpflichtige und Zeitsoldaten verschiedener Bundeswehreinheiten in Hessen (Flugabwehr-, Nachschub-, Instandsetzungs- und Ausbildungseinheiten); die Probanden waren im Durchschnitt 20,5 Jahre alt. Da es sich um eine Pilot-Studie handelte, die (nur) erste Hinweise und Hypothesen für weiterführende Untersuchungen liefern sollte, wurde ein Stichprobenauswahlverfahren nach den Gesetzen der Wahrscheinlichkeitsrechnung für nicht notwendig erachtet. Die Befragung erfolgte **schriftlich** mit vollstrukturiertem Fragebogen. Sie wurde auf freiwilliger Basis gruppenweise durchgeführt; Anonymität war gewährleistet. Vor jeder Erhebung fand eine Einführung durch Mitarbeiter von *Kreuzer* statt. Wenn es im Fragebogen

---

58 *Humphreys* 1973.
59 *Kreuzer/Gebhardt/Maassen/Stein-Hilbers* 1981 S. 369–395, 411, 412.

auch Opfer-, Informanten- und Meinungsfragen zu verschiedenartigen Themen gab, die Untersuchung also genaugenommen eine „kombinierte Befragung" (Rdnr. 18) darstellt, lag ihr Schwerpunkt doch auf der „Täterbefragung".

b) Persönlich-mündliche Informantenbefragung

29 Die Belastung der Bevölkerung durch kriminelle Akte war (u. a.) Gegenstand einer Analyse von *Stephan*.[60] Dazu wurde in Stuttgart (auch) ein Sample von 440 Haushaltsvorständen befragt, das nach dem Zufallsprinzip über jede 300. Karte der Einwohnerkartei ausgewählt worden war; Personen, die erst seit 1969 in Stuttgart wohnten oder dort nur ihren zweiten Wohnsitz hatten, sowie Ausländer blieben unberücksichtigt. Die Befragungen erfolgten anhand eines standardisierten Fragebogens als **„face-to-face"**-Interviews. Als Interviewer wurden ausgelesene und geschulte Studenten der Universitäten Stuttgart und Hohenheim sowie der Evangelischen Fachschule für Sozialpädagogik eingesetzt. Die Interviewer suchten die Probanden nach schriftlicher Vorankündigung zu Hause auf und befragten sie durchschnittlich 1 Stunde lang. Der Fragebogen enthielt neben Fragen zu selbsterlittenen Opfersituationen zugleich Fragen nach Opfersituationen der übrigen Haushaltsmitglieder über 14 Jahre; insoweit liegt also eine **Informantenbefragung** vor. Insgesamt gesehen ist diese Untersuchung – wie die von *Kreuzer* (Rdnr. 28) – ein Beispiel für eine „kombinierte Befragung" (Rdnr. 19).

c) Telefonische Opferbefragung

30 Um Erfahrungen für die Erforschung des Dunkelfeldes der Gewaltkriminalität in der Bundesrepublik Deutschland mittels **telefonischer Opferbefragung** zu sammeln, führten *Baurmann, Hermann, Störzer* und *Streng* in Heidelberg eine entsprechende Machbarkeitsstudie durch.[61] Zur Stichprobenziehung wurden aus dem Telefonbuch durch Zufallszahlen 115 Seiten bestimmt und in jeder der jeweils 5 Spalten durch Abmessen einer ebenfalls durch Zufallszahlen gewonnenen Entfernung vom Kopf der Spalte aus ein Privatanschluß ermittelt; Interviewpartner war schließlich das im Adreßbuch in der alphabetischen Reihenfolge der Vornamen zuerst genannte Familienmitglied. Diesen so ausgewählten (erwachsenen) Personen (N = 523) wurde die Telefonbefragung mit einem Schreiben des Instituts für Kriminologie der Universität Heidelberg angekündigt. Als Interviewer fungierten nach Artikulations- und Kontaktfähigkeit ausgesuchte Jurastudenten in höheren Semestern, die zuvor geschult worden waren. Bei jeder Zielperson waren mindestens fünf Anrufversuche zu verschiedenen Tageszeiten und an verschiedenen Tagen durchzuführen, falls diese nicht gleich erreicht wurde. Der Fragebogen war standardisiert. Im einzelnen ging es um folgende Gewaltdelikte: Körperverletzung, Nötigung, Bedrohung, Raub und Erpressung, Tötungs- sowie Sexualdelikte; die Sexualde-

---

60 *Stephan* 1976.
61 *Baurmann/Hermann/Störzer/Streng* 1991 a, 1991 b. – Inzwischen ist in der Bundesrepublik Deutschland im Rahmen des 1989 International Crime Survey eine weitere telefonische Opferbefragung erfolgt (vgl. dazu *van Dijk/Mayhew/Killias* 1990).

likte umfaßten insbesondere Vergewaltigung, sexuelle Nötigung sowie sexueller Mißbrauch von Kindern und Widerstandsunfähigen. Ein Teil der Interviews wurde mit Fragen zu dem unverfänglichen Deliktsbereich „Diebstahl" begonnen, während bei dem Rest sofort die heiklen Fragen zu Gewalttaten gestellt wurden.

Noch vor dem Versand der Briefe an die Probanden war die Polizeidirektion Heidelberg über das Forschungsprojekt und die geplante Vorgehensweise unterrichtet worden. Die Polizeidirektion gab diese Informationen an die nachgeordneten Dienststellen weiter, falls sich ein Bürger nach Erhalt des Briefes oder des Anrufs mißtrauisch an die Polizei wenden sollte.

IV. Umfang des Dunkelfeldes

Die zahlreichen Dunkelfelduntersuchungen haben eine fast unübersehbare Menge von Daten erbracht. Eindeutig ergibt sich daraus, daß die Polizeiliche Kriminalstatistik nur einen **Ausschnitt** aus der Gesamtkriminalität zeigt, wobei das Dunkelfeld größer ist als das Hellfeld.[62]

Allerdings läßt sich der wirkliche Umfang der Kriminalität nicht sicher feststellen. Selbst gegen die erfolgversprechendste Methode zur Aufhellung des Dunkelfeldes, die Befragung, besteht hinsichtlich Genauigkeit, Widerspruchsfreiheit und Verläßlichkeit der Angaben eine Reihe ernsthafter Bedenken (Rdnr. 14), die darauf hinweisen, daß auch von dieser Methode nur **Annäherungswerte** an das wirkliche Ausmaß des Dunkelfeldes erwartet werden können.[63] Die „Leistungsfähigkeit" der Befragung soll Abb. 2 veranschaulichen.

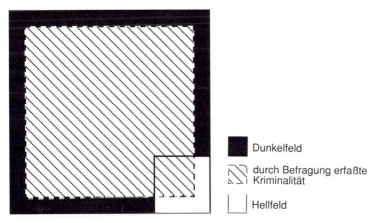

Abb. 2: Aufhellung des Dunkelfeldes: Die Leistungsfähigkeit der Befragung (Relationen spekulativ)

---

62 S. dazu *Kürzinger* 1982 S. 169; *Schneider* 1987 S. 209, 211.
63 S. dazu *Kürzinger* 1982 S. 169.

33 Wegen jeweils unterschiedlich wirkender Faktoren wie z. B. Anzeigebereitschaft und Strafverfolgungsintensität haben Art und Form eines Deliktes **Einfluß** auf den Umfang des Dunkelfeldes.[64] Größebestimmend sind auch die Umstände „Region" und „Zeitraum" des Auftretens eines Deliktes.[65] Allerdings haben *Schwind* u. a. gezeigt, daß trotz anderer Region und Zeitablaufs ein vergleichbares bzw. gleichbleibendes „Kriminalitätsumfeld" mit einem ähnlichen bzw. konstanten Dunkelfeld durchaus nicht undenkbar ist.[66]

34 Bei allen Vorbehalten gegen die Vergleichbarkeit der Ergebnisse der diversen Dunkelfelduntersuchungen lassen sich doch immerhin gewisse **Tendenzen** für das Dunkelfeld der einzelnen Delikte aufzeigen. Von der Untersuchungsmethode her kann man noch am ehesten die vom Bundeskriminalamt initiierten bzw. durchgeführten Städte-Studien einander gegenüberstellen[67]; dies ist in der folgenden Tabelle geschehen.

Städte-studien vollendetes Delikt	Stuttgart 1973[68]	Göttingen 1974[69]	Bochum I 1975[70]	Solingen 1981[71]	Bochum II 1987[72]	(Heidelberg 1987[73])
Diebstahl	–	1:7	1:3	1:2	1:3	–
davon einfacher D.	–	1:15	1:6	1:3	1:8	–
schwerer D.	–	1:2	1:2	1:1	1:1	–
Sachbeschädigung	1:15	1:30	–	1:16	–	–
vorsätzliche Körperverletzung	–	1:8	1:7	1:5	1:6	1985/86: 1:8 1977–1984: 1:6
Raub	1:13	1:6	–	–	–	–

Tabelle: Verhältniszahlen für Hell-/Dunkelfeld in den BKA-Städte-Studien

---

64 Vgl. *Heinz* 1972 S. 827 Fn. 8; *Kürzinger* 1982 S. 170; *Bundeskriminalamt* 1988 S. 5.
65 Vgl. *Schwind* u. a. 1978 S. 198; *Plate/Schwinges/Weiß* 1985 S. 17–20; *Bundeskriminalamt* 1988 S. 5.
66 *Schwind* u. a. 1989 S. 122, 123, 270, 275.
67 So auch *Kürzinger* 1982 S. 172; *Schwind* u. a. 1989 S. 116, 118.
68 *Stephan* 1976 S. 223, 226, 228.
69 *Schwind* u. a. 1975 S. 122, 156, 159, 160, 178–180, 189.
70 *Schwind* u. a. 1978 S. 198–201.
71 *Plate/Schwinges/Weiß* 1985 S. 84–86, 90, 95.
72 *Schwind* u. a. 1989 S. 104, 106, 115–118.
73 *Baurmann/Hermann/Störzer/Streng* 1991 a, 1991 b.

C. Die Verdachtschöpfung

I. Begriffsbestimmung

Die „Aufdeckung von Straftaten" ist natürlich (vgl. Rdnr. 1, 5) nicht nur eine Angelegenheit wissenschaftlichen Bemühens, sondern ein wichtiger Bestandteil der täglichen Arbeit der **Polizei**. Im Rahmen der ihr als eine „Hauptaufgabe" obliegenden „Verbrechensbekämpfung"[74] hat die Polizei nach § 163 Abs. 1 StPO „Straftaten zu erforschen". Dabei arbeitet sie auf das (staatsanwaltschaftliche) Ermittlungsverfahren hin.[75] Dessen Einleitung setzt einen Anfangsverdacht voraus, den § 152 Abs. 2 StPO mit „zureichenden tatsächlichen Anhaltspunkten" umschreibt.[76] 35

Die **Erforschungspflicht** entsteht – gemäß § 160 Abs. 1 StPO – für die Polizei auf jeden Fall, sobald sie „durch eine Anzeige oder auf anderem Wege von dem Verdacht einer Straftat Kenntnis" erhält.[77] Die Anzeige ist die ergiebigste Quelle für die Bildung des Anfangsverdachtes.[78] 36

Allerdings kann sich die Polizei, nimmt sie ihren Sicherheitsauftrag ernst, nicht mit der Bearbeitung „angelieferter" Fälle begnügen. Es muß vielmehr ihr Anliegen sein, ihrerseits aktiv darauf hinzuwirken, bislang verborgen gebliebene Straftaten selbst ans Licht zu bringen.[79] Es kann hier dahingestellt bleiben, ob in § 163 Abs. 1 StPO ein Auftrag zum umfassenden Aufspüren von Delikten, also eine Verpflichtung zum Abbau des Dunkelfeldes, zu sehen ist oder ob Ermittlungen erst bei Vorliegen eines Anfangsverdachtes aufgenommen werden müssen.[80] Entscheidend ist, daß die Polizei davon ausgehen kann, immerhin in den Fällen, die üblicherweise nicht durch Mitglieder der Gesellschaft mittels einer Anzeige aufgedeckt werden, also vor allem bei den „klassischen Kontrolldelikten"[81] wie der Rauschgiftkriminalität, schon vor Bestehen eines Anfangsverdachtes zu explorativer Tätigkeit **berechtigt** zu sein.[82] 37

Diese Straftaten-„Aufdeckung" beginnt mit der **Verdachtschöpfung**. Zu verstehen ist darunter die Wertung einer Wahrnehmung als Anzeichen für 38

---

74 Ständige Konferenz der Innenminister/-senatoren des Bundes und der Länder 1974 Nr. I. 1.
75 S. *Kleinknecht/Meyer* 1989 § 163 Rdnr. 3.
76 Vgl. dazu *LR-Rieß* 1989 § 152 Rdnr. 21; *Kleinknecht/Meyer* 1989 § 160 Rdnr. 5; *Keller/Griesbaum* 1990 S. 416, 417; *E. Müller* 1991 S. 65.
77 S. *Kleinknecht/Meyer* 1989 § 163 Rdnr. 20.
78 Vgl. *Walder* 1975 S. 45; *Kürzinger* 1982 S. 119; *Steffen* 1983 S. 259; *Klink* 1985 S. 27; *Burghard* 1985 S. 15; *Stüllenberg* 1985 S. 46; *Kaiser* 1988 S. 486; *Schwind* 1988 S. 72.
79 S. dazu *Wehner* 1985 S. 112; *Klink* 1985 S. 24. – Ganz in diesem Sinne ist der Steuerfahndung (Zollfahndung) in § 208 Abs. 1 Satz 1 Nr. 3 AO ausdrücklich als Aufgabe „die Aufdeckung und Ermittlung unbekannter Steuerfälle" übertragen; vgl. hierzu *Henneberg* 1986 S. 922.
80 Ausführlich zu dieser Diskussion *Dölling* 1987 S. 272–276; s. auch *Bottke* 1990 S. 82, 83. – Zwar läßt sich diese Rechtsfrage natürlich nicht einfach durch einen Blick auf tatsächliche Gegebenheiten lösen; allerdings wird ein Hinweis auf die bekannte Personalsituation der Polizei (neuestens dazu *Tabarelli* 1990 S. 935) die Bedeutung des Problems für die Praxis relativieren.
81 S. dazu z. B. *Steffen* 1983 S. 259–262; *Klink* 1985 S. 28, 29.
82 Vgl. *Dölling* 1987 S. 275, 276. A. A. *Keller/Griesbaum* (1990 S. 417, 418), die auf der Grundlage der StPO nur „Vorermittlungen" in der unmittelbaren Vorstufe zum Beurteilungsspielraum der „zureichenden tatsächlichen Anhaltspunkte", nicht aber offensive Erkenntnisgewinnung durch Vorfeldaktivitäten für zulässig halten.

das Vorliegen eines strafrechtlich relevanten Sachverhalts.[83] Dabei geht es nicht nur darum, das Vorliegen einer strafbaren Handlung oder die Täterschaft einer bestimmten Person zu erkennen, sondern auch etwa um die Feststellung, daß sich hinter einem scheinbar leichten Delikt in Wirklichkeit ein schweres Verbrechen verbirgt[84], daß eine Straftat zu einer ganzen Serie gehört, daß ein Zusammenhang mit der Organisierten Kriminalität gegeben ist.[85]

39 **Wahrgenommen** werden kann sowohl ein einzelnes Faktum (z. B. Wegtragen eines abgeschlossenen Fahrrads) als auch ein ganzes Tatsachenbündel (z. B. eine Sammlung von Daten), das dann entweder von Hand (etwa die Meldedienstdaten auf OK-Indikatoren) oder mittels EDV (wie bei der Rasterfahndung) ausgewertet wird.

40 Erkannte **Kriminalindikatoren** können bereits so konkret sein, daß sie die (rechtliche) Qualität „zureichende(r) tatsächliche(r) Anhaltspunkte" haben[86] und einen – zur Einleitung eines Ermittlungsverfahrens berechtigenden[87] – Anfangsverdacht begründen. Dies ist etwa der Fall, wenn ein Polizeibeamter beobachtet, wie jemand einen anderen hinterrücks niedersticht.

41 Meist sind die gewonnenen Vorstellungen aber noch nicht so eindeutig; sie müssen erst noch überprüft und zu einem Anfangsverdacht verdichtet werden.[88] Die dazu notwendigen Informationen sucht die Polizei mit Maßnahmen von sog. „informatorischen Befragungen"[89] bis zu „verdeckten Ermittlungen"[90] zu erlangen. Diese Maßnahmen, die auf eigene Veranlassung der Polizei erfolgen, nennt man **„Initiativermittlungen"**.[91] Durch sie sollen nach der Entstehung von Verdachtsmomenten die Voraussetzungen für die Einleitung eines Ermittlungsverfahrens geschaffen werden. Sie dienen mithin nicht (mehr) der Verdachtschöpfung, sondern der Verdachtverdichtung, sie sind nicht Verdachts-, sondern Informationsgewinnung.

42 Die Einordnung der Verdachtschöpfung in den Prozeß von der Wahrnehmung bis zum Ermittlungsverfahren wird in Abb. 3 mittels eines **Ablaufdiagramms** verdeutlicht. – Der Vollständigkeit halber sei angefügt, daß sich gelegentlich auch der ganze hier aufgegliederte Komplex einschließlich der Maßnahmen der Verdichtung zu einem auf konkreten Tatsachen beruhenden Anfangsverdacht mit dem Begriff „konkrete Verdachtgewinnung" zusammengefaßt findet.[92]

---

83 Vgl. dazu auch *Witkowski* 1973 S. 309; *Walder* 1975 S. 44; *Schmitz* 1977 S. 228, 1978 S. 143; *Burghard* 1985 S. 15–18; *Roller/Bonhaus/Mertineit* 1989 S. 5.
84 Vgl. *Walder* 1975 S. 44.
85 Vgl. *Zachert* 1990 S. 622–624; *Küster* 1990 S. 626.
86 S. *Kleinknecht/Meyer* 1989 § 152 Rdnr. 4.
87 S. *Kleinknecht/Meyer* 1989 § 152 Rdnr. 3.
88 Vgl. dazu *Schmitz* 1977 S. 239, 240, 1978 S. 145, 146; *Burghard* 1985 S. 18; *Ziercke* 1990 S. 107; *Kube* 1990 S. 631, 1991 S. 73.
89 Vgl. *Dölling* 1987 S. 273; *Kleinknecht/Meyer* 1989 § 163 Rdnr. 9 (m. w. N.).
90 Vgl. *Steffen* 1983 S. 261; *Klink* 1985 S. 28, 34; *Burghard* u. a. 1986 S. 252.
91 S. z. B. *Kube* 1990 S. 631, 1991 S. 73, 74; *Wack* 1991 S. 159, 160.
92 Vgl. *Tabarelli* 1990 S. 638.

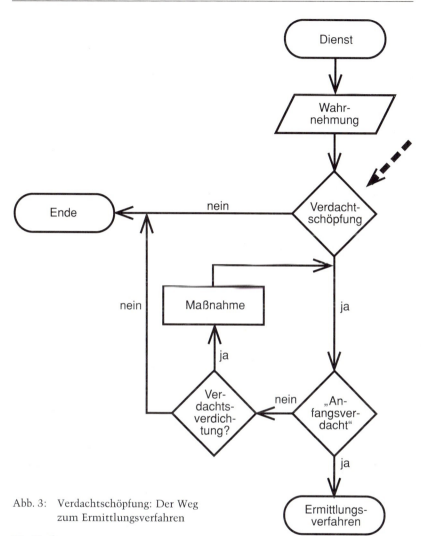

Abb. 3: Verdachtschöpfung: Der Weg zum Ermittlungsverfahren

II. Bedeutung

Wie groß die **Tragweite** der Verdachtschöpfung für die Kriminalitätsbekämpfung insgesamt ist, läßt sich so ohne weiteres nicht sagen; unmittelbare statistische Angaben hierzu fehlen. Die Feststellung, in wieviel Fällen ein zum Zeitpunkt der ersten polizeilichen Kenntnisnahme noch unbekannter Täter im Laufe des Verfahrens von der Polizei ermittelt wird – Schätzungen gehen von einem Anteil um die 5 % aus[93] –, gibt keinen ausreichenden Anhaltspunkt, weil die Verdachtschöpfung, wie gezeigt (Rdnr. 38), nicht nur auf die Ermittlung des Täters beschränkt ist.

---

93 Vgl. dazu *Störzer* 1988 S. 5. Näheres s. unten Rdnr. 78.

44 Für den **Bundesgrenzschutz**, genauer gesagt für den Grenzschutzeinzeldienst, können allerdings die Zahlen der ohne Vorliegen einer Fahndungsausschreibung erfolgenden Aufgriffe einen Eindruck von der Bedeutung der Verdachtschöpfung vermitteln. In den letzten Jahren haben diese sog. „Initiativaufgriffe" insgesamt gesehen zugenommen.[94] Im Jahr 1988 beruhten rund 59 % der im ganzen fast 103 000 Aufgriffe auf der Eigeninitiative des kontrollierenden Beamten.[95] Allerdings ist zu berücksichtigen, daß in dieser Durchschnittszahl auch die „grenzbezogenen" Delikte wie Vergehen gegen das Ausländer- oder das Paßgesetz enthalten sind. Was die allgemeine Kriminalität betrifft, sind die Anteile der Initiativaufgriffe meist erheblich geringer. Einen bemerkenswert hohen Prozentsatz an Initiativaufgriffen weisen allein die Waffen- und Sprengstoffdelikte mit annähernd 70 % auf; bei Verstößen gegen das Betäubungsmittelgesetz, Eigentums-/Vermögensdelikten, Straftaten wider das Leben und Staatsschutzdelikten betragen die Raten rund 18 %, 16 %, 11 % und 7 %.[96]

45 Zwar müssen demnach die Bemühungen, den Stellenwert der Verdachtschöpfung in der Straftatenbekämpfung zahlenmäßig auszudrücken, unbefriedigend bleiben. Ungeachtet dessen ist aber festzustellen, daß die Verdachtschöpfung für die (kriminal-)polizeiliche Aufgabenerledigung eine ganz entscheidende Rolle spielt.[97] Ablauforganisatorisch gesehen, beginnt „alles kriminalistische Denken ... mit dem Verdacht"[98], und damit ist dieser „das zentrale Element kriminalistischer Arbeit".[99]

III. Vorgehensweisen

46 Es gibt verschiedene **Arten**, Verdacht zu schöpfen. In Anlehnung an die Einteilung bei den Verfahren der Täter-Individualprognose[100] – von der gleichen Wissenssituation aus und nach demselben logischen Schema geht es dort wie hier um die Erlangung von „Anhaltspunkten", aus denen eine auf einen Einzelfall bezogene unbekannte Tatsache abgeleitet wird[101] – lassen sich folgende Kategorien bilden:
1. intuitive Verdachtschöpfung,
2. empirischer Ansatz,
3. statistische Verfahren.

47 Ist in der polizeilichen Literatur von **„Verdacht(gewinnung)sstrategien"** die Rede[102], so bezieht sich das eher (nur) auf die beiden letztgenannten

---

94 Vgl. *Schreiber* 1985a S. 57; *Walter* 1989 S. 68; *Kühne* 1989 S. 8 (krit. zu der von *Walter* a. a. O. mitgeteilten hohen Steigerungsrate der Initiativaufgriffe [Fn 21]).
95 Vgl. *Rupprecht* 1989 S. 263; „Big Brother ..." 1989 S. 27; *Kühne* 1989 S. 8. S. auch *Gröbl* 1989 S. 82.
96 Vgl. *Kühne* 1989 S. 48 sowie Tabelle 9.
97 Vgl. hierzu *Schreiber* 1985 b S. 57.
98 *Walder* 1975 S. 44. S. auch *Burghard* 1985 S. 15.
99 *Burghard* 1985 S. 20; ähnl. schon S. 15. Vgl. dazu auch *Pfister* 1980a S. 386.
100 S. z. B. *Leferenz* 1972 S. 1353–1373; *Göppinger* 1980 S. 336–352.
101 Vgl. dazu *Kühne* 1979 S. 619; *E. Müller* 1990 S. 66, 67.
102 S. z. B. *Burghard* 1985 S. 18–20; *Ziercke* 1988 S. 98, 1990 S. 118, 124; *Kube* 1990 S. 632; *Ziercke/Jansen/Finkel* in diesem Band (Rdnr. 132). – Im soziologisch-kriminologischen Schrifttum spricht man bereits bei der ersten Vorgehensweise von „Strategien des Verdachts" (vgl. *Eisenberg* 1985 S. 230).

Vorgehensweisen. Diese beruhen nämlich auf einer gezielten und systematischen Nutzung von Erkenntnissen, während bei der dritten Form (Ziff. 1) vor allem gefühlsmäßige und unterbewußte Momente eine Rolle spielen.

1. Intuitive Verdachtschöpfung

Diese Art, Verdacht zu fassen, ist die **geläufigste**.[103] Spontane Annahmen gehören überhaupt zum täglichen Leben eines jeden.[104] Nicht von ungefähr arbeiten Roman- und Filmdetektive üblicherweise nach dieser Methode.

a) Methode

„**Intuitiv**" ist ein unmittelbares, nicht-diskursives Erkennen eines Sachverhaltes. Als Methode kann man eine solche Vorgehensweise kaum bezeichnen[105], und sie „entzieht sich bis zu einem gewissen Grad begrifflicher Erfassung und Beschreibung" *(Walder).*[106] Immerhin sind vor allem Berufserfahrung und Menschenkenntnis[107] als wesentliche Bestandteile kriminalistischer Intuition auszumachen; auch Phantasie[108] und Instinkt[109] gehören dazu.

Wenn die intuitive Verdachtschöpfung schon **nicht wissenschaftlich exakt** umrissen werden kann, so läßt sie sich doch wenigstens annäherungsweise begreifbar machen durch einige **Äußerungen erdachter Kriminalisten**. Zwar handelt es sich bei den zugrundeliegenden Stories weitgehend um Phantasieprodukte; aber sicher fällt jedem Kundigen beim Lesen eine ähnliche Begebenheit aus eigenem Erleben ein, die beweist, daß sich die geschilderten Vorgänge tatsächlich auf diese Weise abspielen könnten.[110]

Nicht immer erfährt man wie von Kriminalhauptkommissar Leo Kress aus München so gar nichts über den Grund einer Vermutung: „Irgend etwas stimmt hier überhaupt nicht, wenn Ihr mich fragt."[111] Zum Teil wird eine Erläuterung gleich mitgeliefert. In einer Wohnung, in der ein Mann seine Frau und sich selbst erschossen hat, fällt dem französischen Privatdetektiv Nestor Burma die penible Ordnung auf: „Der Bursche hat nichts herumliegen lassen. Das ist das einzige, was mich an dieser äußerst banalen Geschichte **stört**."[112] Ein anderer Fall beginnt damit, daß Burma auf eine geheimnisvolle junge Frau stößt: „... ihr seltsames Verhalten weckte kolossal meine **Neugier**..."[113]; er entdeckt einen Toten und erkennt schließlich, daß der Mord mit einem besonders ausgestatteten

---

103 Vgl. dazu *Magulski* 1982 S. 10, 11.
104 Vgl. dazu *Walder* 1975 S. 84.
105 Vgl. dazu *Leferenz* 1972 S. 1353; *Göppinger* 1980 S. 337.
106 *Walder* 1975 S. 84.
107 Vgl. dazu *Leferenz* 1972 S. 1353; *Schmitz* 1977 S. 229, 230, 1978 S. 143, 208; *Göppinger* 1980 S. 337; *Pfister* 1980 a S. 388; 1980 b S. 440.
108 Vgl. dazu *Pfister* 1980 a S. 388; 1980 b S. 439, 440.
109 Vgl. dazu *Witkowski* 1973 S. 308.
110 S. hierzu *Walder* 1975 S. 45. – Ganz in diesem Sinne empfiehlt *Weingart* (1904 S. 8) die „schöne Literatur" als Quelle für manche kriminalistische Anregung.
111 „Der Alte: Der Verlierer" (gezeigt im ZDF am 19. Oktober 1990, 20.15 Uhr).
112 *Malet* 1959 (1987 S. 31).
113 *Malet* 1945 (1989 b S. 22).

Revolver begangen worden sein muß: „Die Polizei hat nicht an Schalldämpfer gedacht, weil diese für sie in die Fabelwelt gehören und es ihr an **Phantasie** mangelt."[114] Im Zusammenhang mit der Aufklärung dieses Mordes berichtet der Pariser Kriminalbeamte Florimond Faroux von der Suche nach dem Organisator eines Goldraubes; einige Täter hatten festgenommen und das Raubgut bis auf vier Barren sichergestellt werden können: „... ihr Chef ... mußte unter den drei Leuten zu suchen sein, die noch frei herumliefen. Sofort vermuteten wir mit unfehlbarer **Intuition**, daß es der sein müsse, der ... sich einen Teil der zurückgelassenen Beute mitgenommen hatte."[115] Auf seine große Berufserfahrung spielt Chefinspektor Japp von Scotland Yard an: „Wenn man so lange dabei ist wie ich, entwickelt man eine **Nase** für so etwas ..."[116] Auch bei Hauptkommissar Horst Schimanski von der Duisburger Kriminalpolizei wird deutlich, wie er zu seinem Verdacht gekommen ist, wenn er bei Ermittlungen gegen die Drogenmafia zu seinem Kollegen Thanner sagt: „Das Crack kommt aus dem ‚Sunflash' (= Nobel-Diskothek/H.U.St.). **Spürst** Du das denn nicht?"[117]

52 Mitunter lösen die Reaktionen der Gesprächspartner eingehendere Erklärungen der Vorgehensweise aus. Nestor Burma bringt einen mysteriösen Fremden, den er in einem deutschen Kriegsgefangenenlager bei der Registrierung der Neuzugänge kennengelernt und den er nach dessen Tod noch einmal für eigene Zwecke daktyloskopiert hatte, mit einem Mord in Lyon in Verbindung; auf seine Bemerkung, die Lösung des Falles sei in Paris zu finden, fragt Inspektor Faroux, was ihn zu dieser Annahme veranlasse: „Vor allem meine **Intuition**. Oh, lachen Sie nicht! Das ist genau das, was Leuten wie Ihnen fehlt, und deshalb schwimmen sie so hoffnungslos. So hat mich meine Intuition z. B. dazu gebracht, diesem Toten, diesem rätselhaften Mann ohne Gedächtnis, die Fingerabdrücke abzunehmen. Ich hatte bemerkt, daß er seinen Finger sehr routiniert auf seinem Aufnahmeformular abrollte; seine Kameraden waren darin nicht so geübt. Nebensächlich? Diese **Nebensächlichkeiten** sind es, die meine Methode so erfolgreich machen."[118] Wie Schimanski spricht der französische Kriminalbeamte Lecoq die irrationale Seite der Verdachtschöpfung[119] an; er hatte seinem Vorgesetzten Gévrol gegenüber, einem „Meister der positivistischen Polizeiarbeit", der sich lieber an das Sammeln von Tatsachen hält, eine Vermutung mit den Worten „Ja, ich **rieche** etwas!" geäußert und antwortet auf dessen Frage „Ach was? ... Und wie erklärst Du das?" mit der Gegenfrage: „Wie erklären Sie den **Spürsinn** des Jagdhundes?"[120]

53 Jeder Polizeibeamte – um wieder in die **Wirklichkeit** zurückzukehren – kennt, ob von sich selbst oder von Kollegen, diese intuitive Verdachtsgewinnung. Man kann dies auf einen „sechsten Sinn" zurückführen oder –

---
114 *Malet* 1945 (1989 b S. 147, 148).
115 *Malet* 1945 (1989 b S. 64).
116 „*Agatha Christie:* Hercule Poirot. Die Abenteuer des Kreuzkönigs" (gezeigt in Südwest 3 am 19. Dezember 1990, 20.10 Uhr).
117 „Tatort: Zabou" (gezeigt u. a. in der ARD am 22. Juli 1990, 21.15 Uhr).
118 *Malet* 1943 (1989 a S. 132).
119 Vgl. dazu *Walder* 1975 S. 48; *Ziercke* 1990 S. 108.
120 *Gaboriau* 1869 (1978 S. 15).

wie ehemals in einer badischen Großstadt der Leiter des „1. K." – seine wirklich auffallend große Nase dafür verantwortlich machen.

b) *Praxis*
In der täglichen Praxis sind die Gelegenheiten, Verdacht zu fassen, so mannigfaltig, daß es kaum möglich ist, die verschiedenen **Verdachtsanlässe** im einzelnen aufzuführen. Grob zusammengefaßt, können die besondere Art eines Ereignisses oder Umstandes, die auffällige Wiederholung von Geschehnissen sowie das außergewöhnliche Zusammentreffen von Vorgängen und/oder Gegebenheiten verdächtig sein.[121]

Zu unterscheiden sind, was den **Ausgangspunkt** betrifft, von dem der Verdacht seinen Anfang nimmt, zwei Grundformen: Der Verdacht entzündet sich spontan aus einer Alltagssituation heraus (Beispiel: Eine Streife entdeckt Anzeichen für eine Straftat), oder er ergibt sich bei der Bearbeitung eines konkreten Falles (Beispiel: Im Laufe eines Ermittlungsverfahrens finden sich Hinweise auf eine bestimmte Person als Täter).

Natürlich ist es notwendig, daß „das Verdachtschöpfen als hohe kriminalistische Kunst"[122] von allen Polizeibeamten, die mit der Kriminalitätsbekämpfung befaßt sind, beherrscht wird. Während aber – das belegen die oben angeführten Zitate (Rdnr. 51, 52) – entsprechende Romane und Filme davon handeln, wie (beamtete oder freiberufliche) Detektive bei der Fallaufklärung Verdacht schöpfen, entzieht sich dies in der Realität weitgehend einer Beobachtung von außen. Vielleicht haben mit „diesem urkriminalistischen Alltagsproblem"[123] tatsächlich, wie angenommen wird[124], in erster Linie die Beamten der Schutzpolizei im Streifendienst und die Kriminalbeamten in den Fahndungstrupps zu tun. Jedenfalls nimmt es von daher nicht wunder, daß es Informationen darüber, welche Wahrnehmungen in der Praxis eine Rolle für die Verdachtgewinnung spielen, vornehmlich aus dem Bereich der **Schutzpolizei** und gerade im Zusammenhang mit dem **ersten Zugriff** gibt.

Aufschlußreich in dieser Hinsicht sind schon einmal die Lokalnachrichten in einer **Tageszeitung**, in denen sich häufig entsprechende Meldungen finden. Ganz willkürlich sollen Notizen aus dem „Mannheimer Morgen" von der 19. und 20. Woche 1989 als Beispiel dienen. Da „ertappte die Polizei" im Sperrbezirk zwei Frauen, „die sich offensichtlich Freiern anboten. Beamte kamen gerade hinzu, als die ... (eine Prostituierte) zu einem ‚Kunden' ins Auto stieg"; eine Injektionsspritze in der Handtasche sowie „frische Einstichstellen in den Armbeugen der Frau deuteten auf Rauschmittelkonsum hin".[125] „Im Zuge der Fahndung nach zwei Warenhausdieben" entdeckten Polizeibeamte in einem Pkw Kleidung und Elektrogeräte im Wert von mehreren Tausend Mark, nachdem ihnen zwei „Männer, Rumänen, ... aufgefallen waren. Sie trugen verdächtige Tüten, die sie später in den Pkw einluden."[126] Eine Polizeistreife observierte in der Nacht

---
121 Ausführlich hierzu *Walder* 1975 S. 46–48. Vgl. auch *Schmitz* 1977 S. 232.
122 *Schäfer* 1990 b S. 106.
123 *Schäfer* 1990 b S. 106.
124 *Ziercke* 1990 S. 107.
125 MM Nr. 106 vom 10. Mai 1989 S. 24.
126 MM Nr. 110 vom 16. Mai 1989 S. 18.

einen Mann, weil er vor einem Haus „mehrmals auf und ab gegangen war". Er verschwand in dem Gebäude, und die Beamten konnten ihn beim Versuch, eine Bürotür aufzubrechen, überraschen.[127] Zwei gesuchte Bankräuber wurden gefaßt, als sie dabei waren, die Situation in einer Bankfiliale in der Innenstadt auszubaldowern.[128]

58 Systematische Untersuchungen über die von der Polizei angewandten Verdachtskriterien wurden vor allem in den sechziger und siebziger Jahren von der soziologischen resp. kriminologischen **Wissenschaft** durchgeführt. Namentlich auf die Schutzpolizei bezogen sich die Forschungen unter dem Gesichtspunkt der selektiven Verfolgungstätigkeit oder der Definitionsmacht der Polizei. In Betracht kommen danach schlechthin alle abweichenden bzw. auffälligen Merkmale, die in der öffentlichen Meinung allgemeiner Geringschätzung unterworfen sind. Beim Aussehen spielt selbst die Geordnetheit der Kleidung, beim Benehmen insbesondere das Verhalten in der Konfrontation mit der Polizei eine Rolle.[129] Die Kriminalpolizei stand im Vordergrund zweier vom Bundeskriminalamt initiierten Studien zur Tatortarbeit[129a] und zur polizeilichen Zeugenvernehmung[129b], in denen auch die Frage der Entstehung von Verdacht behandelt wurde.[129c] Dabei wurde aufgezeigt, daß sich aus dem „professionellen Wissen der Beamten" (Rdnr. 49) „Erfahrungssätze und Typisierungen" ergeben, „die betreffen, was ‚normal' ist"[129d], und dann das „Verdacht erregt, was ... sich als mit dem Normalen nicht übereinstimmend erweist".[129e] Typisierungen bestehen für „Geschädigte, Zeugen, Tatbegehungsweisen, Tatmittel, Tatörtlichkeiten, Täter, Passanten usw."; bei Personen fließt ein, „was man ... als ihr typisches Verhalten erwarten kann".[129f] Schließlich sind auch der oben skizzierten Arbeit über die Kriminalität in Landau (Rdnr. 4) Hinweise auf üblicherweise für S-Beamte ausschlaggebende Verdachtsmomente zu entnehmen. Überprüft wurden dort alle zwischen August und November 1987 gefertigten Meldungen über eine durchgeführte Personenkontrolle.[130] Von den dazu mitgeteilten Kontrollanlässen – entsprechende Angaben enthielt nur knapp ein Viertel der Meldungen – führt der Forschungsbericht im einzelnen beispielhaft auf: „flotte Fahrweise im Stadtgebiet", „Anhalter", „Routinekontrolle", „wurde von Begleitperson im Einkaufswagen umhergeschoben", „schlafend vor einem Haus", „auf dem Weg zur Spielhalle", „hielten sich in der Nähe einer Tankstelle auf", „ging nach 22 Uhr im Park umher", „Personen sitzend in Fahrzeug".[131]

---

127 MM Nr. 113 vom 19. Mai 1989 S. 18.
128 MM Nr. 114 vom 20./21. Mai 1989 S. 17.
129 Vgl. dazu *Eisenberg* 1985 S. 230 (m. w. N.). S. auch *Schäfer* 1984 S. 472.
129a *Schmitz* 1977.
129b *Schmitz* 1978.
129c *Schmitz* 1977, insb. S. 227 ff., 1978 insb. S. 143 ff.
129d *Schmitz* 1978 S. 143.
129e *Schmitz* 1977 S. 231, 1978 S. 143.
129f *Schmitz* 1978 S. 144. Vgl. hierzu die bei *Schmitz* 1977 S. 228, 229 und 1978 S. 144–149 aufgeführten Beispiele.
130 Näheres zu diesem „Anhaltemeldung" genannten Instrument unten Rdnr. 72.
131 *Ammer* 1990 S. 215.

In der **Polizei** fand bis dato die Frage, welche Symptome in einem Beamten einen Verdacht hervorrufen, kaum stärkere Beachtung.[132] Erst jüngst wurden zwei Untersuchungen mit Erkenntnissen zur Verdachtgewinnung vorgelegt.

In **Bremen** war eine von verschiedenen Reaktionen[133] auf den kontinuierlichen Anstieg des **Fahrraddiebstahls** bei gleichbleibend niedriger Aufklärungsquote die „Untersuchung des Anteils an investierter kriminalistischer Arbeit"[134] in diesem Deliktsbereich. Aus den 1978 geklärten 233 Fällen wurden wahllos 100 Vorgänge gezogen und u. a. daraufhin durchgesehen, wer auf welche Weise den Täter entdeckt hat. Fünfzig der insgesamt 128 Täter wurden durch Polizeibeamte, davon 49 durch die Schutzpolizei – die meisten durch eine Streife – ermittelt. Verdächtig machte alle diese Personen nicht allein der Ort, an dem sie betroffen wurden, sondern ein zusätzlich beobachtetes Verhalten. Die Verdachtsmomente ergaben sich aus einem

– Verhalten in der Vorbereitungsphase
(z. B. Begutachtung mehrerer abgestellter Räder, Abtasten eines Radschlosses, prüfendes Umherblicken vor dem Aufsteigen),
– Verhalten während der Wegnahme
(z. B. Ergreifen eines Rades vor einer Schule durch einen Passanten),
– Verhalten nach der noch unentdeckten Tat
(insbesondere Flucht bei Erscheinen der Polizei),
– nicht mit dem Diebstahl in Zusammenhang stehenden auffälligen Verhalten
(z. B. Fahren bei Nacht ohne Licht/auf dem Gehweg),
– für Radfahrer atypischen bis seltsamen Verhalten
(z. B. Tragen eines abgeschlossenen Rades, Versenken eines Rades im Fluß),
– „normalen" Verhalten zu außergewöhnlicher Zeit/an außergewöhnlichem Ort
(z. B. Aufenthalt mit einem Rad des Nachts weitab von Wohnungen).[135]

Die zweite Untersuchung galt ausschließlich der Problematik der Verdachtsentstehung, und zwar beim ersten Zugriff wegen eines Delikts der **Straßenkriminalität**. Fünfzig **schleswig-holsteinische** Schutzpolizeibeamte mit mindestens sechsjähriger Erfahrung im Einzeldienst, die gerade ein Fachhochschulstudium zum Aufstieg in die gehobene Laufbahn absolvierten, wurden nach den Verdachtsaspekten gefragt, die sie bei einer Streifenfahrt zur Überprüfung einer Person veranlassen würden. Insgesamt wurden 540 unterschiedliche Einzelmerkmale genannt, die in folgende Kategorien sortiert wurden:

---
132 *Ziercke* 1990 S. 110.
133 S. dazu etwa *Kuller* 1978; *Landeskriminalamt Bremen/SG 11* 1978.
134 *Schäfer* 1984 S. 470.
135 *Schäfer* 1984 S. 470–472.

– Aussehen/Gestalt/Kleidung/Ausstattung
 (z. B. Mitführen von Taschen, Verletzungen, unsympathische Erscheinung),
– Verhalten
 (z. B. Flucht bei Eintreffen der Polizei, unsicheres/aggressives Auftreten, Herumlungern),
– Tat-/Fluchtobjekte, Absatzorte für Beute
 (z. B. Flohmärkte, Gaststätten),
– Kriminogene Raumfaktoren
 (z. B. Parkplatz, Tiefgarage, Bahnhofsnähe),
– Kriminogene Situation
 (z. B. Alarm, kurzgeschlossenes/abgemeldetes/offenes Kfz),
– Kriminogene Zeiten
 (z. B. Dunkelheit, vor Ladenöffnungs-/-schließungszeit),
– Kriminogene Sachen
 (z. B. Aufbruchwerkzeug, tragbare Lichtquelle),
– Kriminalistische Methoden
 (z. B. Hinweise von Versicherungen/aus dem Milieu, häufige Anzeigen desselben Geschädigten).

Fast 30 % der genannten Verdachtssymptome betrafen das Verhalten, gut 21 % Aussehen/Gestalt/Alter von „verdächtigen" Personen. Knapp 20 % der Merkmale bezogen sich auf Tat-/Fluchtobjekte/Absatzorte (10,1 %) und Räume (9,1 %) sowie noch über 16 % auf Sachen (8,5 %) und Zeiten (7,9 %). Ergänzt wurde die Beschreibung der eindimensionalen Verdachtschöpfung durch die Kombination von Aspekten verschiedener Kategorien. Bei einer Einzelauszählung dieser Aspekte in den Verknüpfungen stehen wiederum Auffälligkeiten im Verhalten und im Aussehen etc. mit 23,4 % bzw. 21,4 % an der Spitze, gefolgt von zeit-, raum- und objektbezogenen Merkmalen (13,2 %, 12,9 %, 11,3 %).[136]

Sicher können die Ergebnisse dieser beiden Studien nicht ohne weiteres verallgemeinert werden.[137] Gleichwohl muß man zur Kenntnis nehmen, mit welcher Deutlichkeit – und die beiden BKA-Forschungsberichte sowie die Landau-Studie stützen diese Erkenntnis (Rdnr. 58) – die **Dominanz** der am Verhalten von Personen orientierten Verdachtschöpfung zutage getreten ist. Dies stellt nicht nur einen Grund dar, sich über „gute Beobachtung, scharfsinnige Wahrnehmung, sachgerechte Bewertung" durch die Beamten zu freuen.[138] Wenn hier eine derart starke Priorität einer Symptomkategorie besteht, drängen sich in Anbetracht der vielen anderen Verdachtsmerkmale, die es noch gibt, insoweit Zweifel an der Professionalität der (Schutz-)Polizei bei der Verdachtschöpfung auf; dies läßt auch – in Übereinstim-

---
136 *Ziercke* 1988 S. 94, 1990 S. 111–118.
137 S. dazu auch *Ziercke* 1988 S. 94, 1990 S. 111.
138 *Schäfer* 1984 S. 471.

mung mit den Befunden der Wissenschaft (Rdnr. 58) – auf eine selektive Verfolgungstätigkeit schließen.[139]

2. Systematisches Vorgehen

Zwar stellt die Tatsache, daß die intuitive Verdachtschöpfung nicht unmittelbar rational gesteuert ist (Rdnr. 47–49), nicht dazu verleiten, ihre Bedeutung zu unterschätzen. Gar nicht so selten sind plötzliche Eingebungen der Ausgangspunkt für eine erfolgreiche Arbeit.[140] Man darf aber die individuellen Grenzen der Intuition nicht außer acht lassen. Jeder besitzt seine „höchst-persönlichen Assoziationsfäden", die ihn in entsprechenden Fällen eben gerade nicht zu dem entscheidenden Geistesblitz führen.[141] So muß sich das ständige Bemühen der Polizei um Verbesserung der Effizienz ihrer Arbeit[142] auch auf den Bereich der Verdachtschöpfung erstrecken.[143] Der intuitiven steht die exakte, **systematische** Vorgehensweise gegenüber.[144] Diese kann entweder in der gezielten Verwendung einschlägiger wissenschaftlicher sowie aus der Erfahrung gewonnener Erkenntnisse oder in einer planmäßigen Auswertung vorhandener Informationen liegen. Die einzelnen Möglichkeiten der systematischen Verdachtschöpfung werden Verdacht(gewinnung)sstrategien genannt (Rdnr. 47). 63

a) Empirischer Ansatz

aa) Methode

Anhaltspunkte für die Verdachtschöpfung lassen sich aus **kriminalistischen Erfahrungen** und aus **wissenschaftlichen Einsichten** gewinnen. Wichtig bei der Aufnahme der Praxisbeiträge ist es, neben den allgemeinen auch speziell die Erfahrungen einzubringen, die von Schutz- und Kriminalpolizei in dem betreffenden Dienstbereich gemacht worden sind.[145] Was die Wissenschaften betrifft, ist hauptsächliche Erkenntnisquelle die Kriminologie.[146] Allerdings können Verdachtsanzeichen auch aus anderen Fächern erlangt werden, etwa – man denke an die Auswertung ökologischer Schadensbilder mit Hilfe sog. Bioindikationsverfahren[147] – aus der Biologie resp. Chemie oder Medizin. 64

---

139 *Ziercke* 1988 S. 94–96, 1990 S. 118–120, 122. – Selbstverständlich soll mit diesen Feststellungen der Polizei nicht generell eine mangelhafte Aufgabenerfüllung bei der Verdachtgewinnung attestiert werden. Daß hierbei zumeist nicht alle erdenklichen Symptomkategorien Berücksichtigung finden, schließt nicht aus, daß im übrigen qualifizierte kriminalistische Arbeit geleistet wird. Wenn Streifenbeamte etwa des Nachts drei junge Männer kontrollieren, weil sie „Glassplitter am Schuhwerk" haben, und dabei eine Serie von Pkw-Aufbrüchen aufklären (vgl. WK Nr. 95 vom 24. April 1991 S. 7), dann bewegen sie sich zwar im Kreis der „üblichen" Verdachtsmerkmale (Aussehen/Verhalten), sie beweisen aber ein gutes Wahrnehmungsvermögen und die Fähigkeit zu treffsicheren Schlußfolgerungen, m. a. W. echten kriminalistischen „Spürsinn".
140 Vgl. dazu *Magulski* 1982 S. 10, 11; *Kerner* 1984 S. 22, 23.
141 *Walder* 1975 S. 86.
142 S. z. B. *Boge* 1988 S. 2; *Störzer* 1988 S. 4, 6; *Poerting* 1988 S. 259.
143 *Kube* 1984 S. 430, 431; *Schäfer* 1990a S. 9–11.
144 Vgl. dazu *Groß/Seelig* 1941 S. 38; *Pfister* 1980a S. 388, 1980b S. 439.
145 Vgl. *Tecl* 1989 S. 3.
146 Vgl. *Tecl* 1989 S. 3. S. auch *Jäger* 1981 S. 44, 1985 S. 10.
147 S. dazu *Lotz* 1986 S. 310–334; *Roller/Bonhaus/Mertineit* 1989 S. 23, 24.

65 Über die meisten Delikte liegt inzwischen eine Fülle von Informationen vor. Für eine direkte Verwendung in der Praxis muß dieses Material aber zusammengetragen, durchgesehen und übersichtlich **geordnet** werden.[148] Diese Überlegung ist nicht neu; verwiesen sei auf die Anfang dieses Jahrhunderts von *Weingart* entwickelten Methoden für „das Ermitteln und Überführen des Täters".[149]

66 Eine solche Auflistung ist um so praxistauglicher, je konkreter die Aussagen sind, die sie enthält. Dies bedeutet, daß eine **Differenzierung nach Deliktsarten** notwendig ist.[150] Es bietet sich an[151], bei der Aufbereitung der Daten das von *Jäger* für eine „Kriminologie der Einzeldelikte" entwickelte „Bearbeitungsschema"[152] als Orientierungsrahmen zugrunde zu legen. Insbesondere kommen für Zwecke der Verdachtgewinnung die Punkte „Phänomenologie" und „Entstehungsprozeß" mit den Unterpunkten „Allgemeine Angaben, Tatzeit, Tatort, Tatopfer, Tatobjekt, Tatmittel, Tathergang, Täter" bzw. „Person, Situation, Sozialkontrolle" in Betracht.[153]

bb) Praxis

67 Als Grundlage für eine Verdachtsstrategie kann auf eine beachtliche Reihe ausführlicher **Deliktsbeschreibungen** zurückgegriffen werden. Ganz im Sinne der methodischen Überlegungen (Rdnr. 66) werden weniger Deliktsgruppen als vielmehr ganz spezielle Einzeldelikte dargestellt; ein Großteil der Bearbeitungen folgt dem *Jäger*schen Schema. Im einzelnen finden sich Abhandlungen beispielsweise zu folgenden Straftaten:

- Delikte gegen das Leben
  - Raubmord[154]
  - Kindestötung[155]
- Körperverletzung
  - Kindesmißhandlung[156]
- Straftaten gegen die sexuelle Selbstbestimmung
  - Sexueller Mißbrauch von Kindern[157]
  - Vergewaltigung[158]
- Raub
  - Raubüberfälle auf Geldinstitute[159]

---

148 Vgl. dazu *Jäger* 1981 S. 44, 45.
149 *Weingart* (1904) stellt seine Methoden zunächst allgemein dar (S. 94–169) und zeigt dann in einem besonderen Teil, wie sie bei bestimmten Delikten – Diebstahl (S. 171–234), Hehlerei (S. 235–241), Betrug (S. 241–247), Brandstiftung (S. 248–299), Urkundenfälschung (S. 300–327), Münzfälschung (S. 328–346) und Mord (S. 347–408) – anzuwenden sind.
150 Vgl. dazu *Jäger* 1979 S. 22, 1981 S. 43, 44, 1985 S. 10; *Tecl* 1989 S. 3.
151 S. dazu *Tecl* 1989 S. 3.
152 *Jäger* 1981 S. 46–50.
153 S. dazu *Tecl* 1989 S. 3, 4.
154 *Chrzanowski* 1985 S. 264–277.
155 *Schelkle* 1985 S. 30–47.
156 *Waldhelm* 1985 S. 48–60.
157 *Träger* 1985 S. 61–77.
158 *Rieder* 1985 S. 78–90.
159 *Kuhne* 1985 S. 278–293.

- Raubüberfälle auf Geld- und Werttransporte[160]
- Handtaschenraub[161]
- Diebstahl
  - Tageswohnungseinbruch[162]
  - Fahrraddiebstahl[163]
  - Ladendiebstahl[164]
  - Ladungsdiebstahl[165]
  - Internationale Kraftfahrzeugverschiebung[166]
  - Taschendiebstahl[167]
  - Diebstahl aus Kraftfahrzeugen[168]
- Computerkriminalität
  - Software-Diebstahl[169]
  - Computerbetrug[170]
- Delikte gegen das Vermögen als Ganzes
  - Schutzgelderpressung[171]
  - Brandstiftung als Versicherungsbetrug[172]
  - Unerlaubtes Entfernen vom Unfallort[173]
- Delikte gegen die Umwelt
  - Verunreinigung eines Gewässers[174]
  - Luftverunreinigung[175]
  - Umweltgefährdende Abfallbeseitigung[176]
- Delikte gegen die Allgemeinheit
  - Korruption[177], insbesondere Bestechlichkeit von Polizeibeamten[178]
  - Vortäuschung einer Straftat[179]
  - Falschgeldherstellung und -verbreitung[180]

---

160 *Bruckert* 1985 S. 294–308.
161 *Schneider* 1985 S. 255–263.
162 *Sichelstiel* 1985 S. 176–194; Checkliste „Tageswohnungseinbruch" 1988 S. 31, 32.
163 *Schäfer* 1984 S. 470–475; *Düpre* 1985 S. 138–157.
164 *Toske* 1985 S. 158–175.
165 *Hübner* 1985 S. 195–209.
166 *Butte* 1985 S. 210–232.
167 *Jaeger/Schimpeler* 1985 S. 233–254.
168 *Jäger* 1979 S. 22–24 1981 S. 64–70.
169 *Bauer* 1985 S. 309–325.
170 *Caspar* 1985 S. 326–343.
171 *Fundermann* 1985 S. 441–451.
172 *Kayser* 1985 S. 105–119.
173 *Huber* 1985 S. 15–29.
174 *Mordhorst* 1985 S. 356–375.
175 *Krause* 1985 S. 376–391.
176 *Sievers* 1985 S. 392–416.
177 *Ferchland* 1988 S. 549–556.
178 *Unger* 1985 S. 120–137.
179 *Birnzain* 1985 S. 91–104.
180 *Weber* 1985 S. 344–355.

- Illegale Beschäftigung
  • Illegale Arbeitsvermittlung[181]
  • Illegale Ausländerbeschäftigung[182]

68 Daneben gibt es auch **deliktsübergreifende Darstellungen** von Kriminalitätsfeldern, die Anhaltspunkte für die Verdachtgewinnung bieten. Zu nennen sind hier Betrachtungen etwa zur Straßenkriminalität[183] – speziell auch zum Straßenraub[184] –, zur Organisierten Kriminalität[185], zur Rauschgiftkriminalität[186] oder zu den „Profit"-Straftaten.[187]

69 Schließlich geht eine ganze Anzahl von Autoren ausdrücklich auf Probleme der **Verdachtschöpfung** ein, entweder im Rahmen einer umfassenden Betrachtung oder sogar schwerpunktmäßig. Solche Darlegungen findet man z. B. zur Umwelt-[188], Straßen-[189] und Organisierten Kriminalität[190], zur Korruption[191] sowie zur illegalen Arbeitsvermittlung.[192]

70 In dieser Form sind die zusammengetragenen Informationen natürlich im täglichen Dienst nicht handhabbar. Damit sie sachgerecht genutzt werden können, müssen sie schematisiert und schlagwortartig aufgelistet werden.[193] Dies geschieht in sog. **Verdacht(schöpfung)skalendern**. Insbesondere in Berlin werden diese Kataloge schon seit vielen Jahren erstellt; es gibt sie dort – z. T. ergänzt durch (z. B. technische) Merkblätter – etwa für „Raub auf Kreditinstitute" (Jan. 1976, März 1985), „Einbruch in Kindertagesstätten und Schulen, Gemeinschädliche Sachbeschädigungen" (März 1976), „Einbruch in Geschäfte" (April 1976), „Lokaleinbruch" (Mai 1976), „Diebstahl von und aus Automaten" (Juli 1976, Aug. 1977), „Handtaschenraub" (Sept. 1976)[194], „Baustelleneinbruch" (Okt. 1976), „Diebstahl aus Kraftwagen" (Feb. 1977, März 1984), „Taschendiebstahl" (Juli 1977, Feb. 1987), „Straßenraub/Zechanschlußraub" (Okt. 1978)[195], „Laubeneinbruch" (Feb. 1979), „Fahrraddiebstahl" (April 1979), „Einbruch in Einfamilienhäuser (Villeneinbruch)" (Nov. 1979), „Diebstahl von Kraftfahrzeugrädern und -beleuchtungseinrichtungen" (Jan. 1980), „Kraftraddiebstahl" (März 1980), „Betriebseinbruch" (Juli 1980), „Kraftwagendiebstahl" (März 1984), „Wohnungseinbruch (Einbruch in Mehrfamilienhaus)" (März 1984), „Rauschgifthandel" (Feb. 1985), „Vortäuschung von Straftaten" (Juni 1985), „Umweltgefährdende Abfallbeseitigung und evtl. damit verbundene

---

181 *Burlage* 1983 S. 157–188.
182 *Franzkowiak* 1985 S. 417–440.
183 *Seifried* 1976 S. 31–35; Checkliste „Bekämpfung der Straßenkriminalität" 1984 S. 29, 30; *Ziercke* 1988 S. 93–98.
184 *Jäger* 1981 S. 51–63.
185 *Sielaff* 1983 S. 417–422.
186 *Jäger* 1981 S. 71–80; Checkliste „Bekämpfung der Rauschgiftkriminalität" 1985 S. 35.
187 *Sielaff* 1987 S. 5–9.
188 *Kitschenberger* 1982 S. 374, 375; *Meinberg* 1985 S. 31, 32, 37–40; *Lotz* 1986 S. 287–334; *Kubica* 1986 S. 28–31; *Merten* 1987 S. 203; *Roller/Bonhaus/Mertineit* 1989.
189 *Ziercke* 1988 S. 93–98. Speziell zum Fahrraddiebstahl: *Schäfer* 1984 S. 470–475.
190 *Sielaff* 1983 S. 419.
191 *Ferchland* 1988 S. 554.
192 *Burlage* 1983 S. 173, 174.
193 Vgl. dazu *Tecl* 1989 S. 3.
194 Abgedruckt in *Polizei-Führungsakademie* 1982 S. 234–236.
195 Abgedruckt in *Polizei-Führungsakademie* 1982 S. 237–240.

Gewässerverunreinigung durch Ablassen von Altöl bzw. Kühlflüssigkeit aus einem Kfz" (Sept. 1987). Als Beispiel soll der Verdachtskalender „Wohnungseinbruch (Einbruch in Mehrfamilienhaus)" dienen, der in Abb. 4 (Seite 442 ff.) vorgestellt wird. Auch überörtlich sind solche Checklisten zur Verdachtgewinnung erarbeitet worden, wie beispielsweise ein „Verdachtskalender: Vortäuschung von Kfz-Diebstählen"[196] oder für Ermittlungen bei Insolvenzdelikten eine „Liste mit Merkmalen zum Erkennen der wirtschaftlichen Krise".[197] Über den Ertrag derartiger Hilfsmittel wird aus Wiesbaden berichtet: „Seit die hiesige Kriminalpolizei ... einen ‚Verdachtschöpfungskalender' ... erstellt hat, ist die Erfolgsbilanz ansteigend."[198]

c) Statistische Verfahren

aa) Methode

Die Treffsicherheit der Verdachtschöpfung läßt sich steigern, wenn man mehrere Verdachtsmerkmale miteinander **verknüpft**. Es handelt sich in der Regel um büromäßige Verfahren. Die entsprechenden Informationen werden erfaßt und mehrdimensional ausgewertet. Dies kann von Hand erfolgen; von besonderer Bedeutung ist aber hier der Einsatz der EDV.[199]

bb) Praxis

Die von der Schutzpolizei bei der Kontrolle verdächtiger Personen und/oder Fahrzeug(bewegung)en getroffenen Feststellungen werden über sog. „**Anhalte(- und Beobachtungs)meldungen**"[200] einer weiteren Nutzung zugeführt. Die AuBM enthält die Personalien und eine kurze Personenbeschreibung des Kontrollierten, Zeit, Ort und Grund der Kontrolle (einschließlich einer Erklärung des Betreffenden, warum er sich jetzt hier aufhält) sowie ggf. Angaben zum Pkw und zu mitgeführten Gegenständen. Abb. 5 (Seite 447) zeigt das in Offenbach a. M. hierfür verwendete Formblatt. Im dortigen Polizeipräsidium wird üblicherweise folgendermaßen verfahren: Die Meldung geht unverzüglich an die Kriminalpolizei, wo die Personalien anhand der verfügbaren Karteien, Dateien und Kriminalakten überprüft sowie die Kfz-Kennzeichen abgecheckt werden. Die insoweit vervollständigten Meldungen erscheinen in den täglichen Mitteilungen. Außerdem werden die AuBM für sechs Monate in einer alphabetischen Kartei erfaßt und ggf. der Kriminalakte des Betroffenen zugeführt sowie auch noch chronologisch und ortsbezogen abgelegt. Der eigentliche Wert der Anhaltemeldung besteht im Erkennen von Gruppenzugehörigkeiten und Täterverbindungen sowie von Vorbereitungshandlungen für Straftaten. Was die Effektivität dieses von befragten Dienststellenleitern „einhellig" als „wertvoll" bezeichneten Fahndungs- und Ermittlungsinstru-

---

[196] Verdachtskalender: Vortäuschung von Kfz-Diebstählen 1984 S. 30.
[197] Arbeitsgruppe „Insolvenztatbestände" 1990 S. 45, 107, 108.
[198] Tecl 1989 S. 5.
[199] S. dazu *Schreiber* 1985 b S. 115.
[200] S. hierzu *Schmid* 1987 S. 14–19; Checkliste „Merkpunkte für die Kfz-Fahndung" 1988 S. 31, 32; *Schäfer* 1990 b S. 105; *Ammer* 1990 S. 214.

Dez VB 2 - 06426   Berichtsmonat: März 1984

<u>Verdachtskalender</u>
Delikt:
Wohnungseinbruch
(Einbruch in Mehrfamilienhaus)

I.
<u>Generelle Hinweise</u>

1. <u>Täterzielrichtung</u>

   Einbruch in Wohnungen von Mehrfamilienhäusern
   Motiv: Bereicherungsabsicht; überwiegend indirekte Beschaffungs-
   kriminalität (Btm)

2. <u>Zur Person des Täters</u>

   a) <u>Btm-abhängiger Täter</u>

   Überwiegend männlich, 18 - 35 Jahre, gelegentlich in Begleitung
   gleichaltriger Frauen, benutzen kaum eigene Kfz.
   Erscheinungsbild: überschlank, blaß, häufig ungepflegt.
   Für Fahrt <u>vom</u> Tatort bevorzugt:
   - Taxe, nach telefonischer Bestellung aus TO-Wohnung, oder
   - U-Bahn.
   Serientäter!

   b) <u>Gewerbsmäßiger Täter</u>

   Männlich, oft zu zweit auftretend, 20 - 40 Jahre, vielfach mit
   Pkw motorisiert, meist gepflegte Kleidung, eventuell typische
   Handwerkerkleidung.
   Serientäter!

   c) <u>Beziehungstäter</u>

   Männlich, alle Altersgruppen
   TO-Auswahl aus Kenntnis über Wohnung von
   - Verwandten,
   - Bekannten,
   - Zechgenossen
   oder auf Grund von Erfahrungen aus eigener früherer Arbeit.

3. <u>Besonders gefährdete Objekte</u>

   a) Hochhäuser in Neubaugebieten
   b) Altbauten mit doppelflügeligen Wohnungstüren

4. <u>Häufigste Methoden der TO-Auskundschaftung</u>

   Feststellung der Abwesenheit von Wohnungsinhabern durch:
   a) <u>Klingelfahrerei</u>

   Klingeln an der Wohnungstür. Wird geöffnet, wird nach einem

Abb. 4: Verdachtskalender zum Delikt „Wohnungseinbruch (Einbruch in Mehrfamilienhaus)" der Berliner Polizei
(Originalgröße: DIN A4)

Störzer

angeblichen Hausbewohner (Phantasiename) gefragt, den der Täter als Lieferant, Besucher, Befrager einer demoskopischen Untersuchung, Vertreter, Monteur o.ä. aufsuchen will, oder der Klingelnde gibt sich als Zeitungswerber, Wohnungssuchender, Vertreter o.ä. aus.

b) Kontrollanruf

5. Häufigste Techniken des gewaltsamen Eindringens

a) Aufhebeln oder Eintreten der Wohnungstür
b) Einsteigen in Parterrewohnungen, auch nach Einschlagen von Fenster- oder Balkontürscheiben
c) Nachschließen der Wohnungstürschlösser z.B. mit Sperrhaken
d) Abdrehen oder Aufbohren von Profilzylinderschlössern (vornehmlich bei Neubauwohnungen)
e) Riegelziehen, d.h. Öffnen der Riegel des Standflügels bei doppelflügeligen Wohnungstüren von außen und anschließendes gewaltsames Auseinanderdrücken beider Türflügel (vornehmlich bei Altbauwohnungen)

6. Verdächtige Werkzeuge/Gegenstände

Schraubendreher/Rollgabelschlüssel/Grippzange/Eckschwedenzange/ manuell- oder akkubetriebene Bohrmaschine; Nachschlüssel/Rauschlüssel/Sperrhaken/Handschuhe (Stoff-, Leder- oder Kunststoff-); Sport- und Einkaufstaschen, Kunststofftüten.

7. Tatzeiten

Wochentags von 08.00 bis 18.00 Uhr, Kernzeit: 09.00 bis 15.00 Uhr.

8. Bevorzugte Beute

Bargeld/Schecks (oft werden die zu oberst liegenden Schecks im Scheckheft belassen)/Schmuck/Geräte der Unterhaltungselektronik/Video-Kassetten/ Schallplatten/Foto- und Filmkameras sowie deren Zubehör/Ferngläser/ Pelze/Lederjacken und -mäntel/Münz- und Briefmarkensammlungen/wertvolle Teppiche, Brücken, Vasen, Skulpturen und Kaminuhren.

9. Abtransport der Beute

In Kunststofftüten, Sport- und Einkaufstaschen, Säcken, Koffern, Decken oder Bettwäsche (vielfach vom TO stammend).

10. Beuteverbleib

Absatz in An- und Verkaufsgeschäften oder bei Hehlern sowie Verkauf in einschlägigen Lokalen, auf Trödelmärkten oder an einschlägigen Orten und Plätzen.

11. Vortäuschung

In jedem Fall ist die Stimmigkeit zwischen der objektiven Tatortsituation und den Angaben des Geschädigten und/oder Zeugen zu prüfen.
Noch am TO vorhandene wertvolle Gegenstände sind zu notieren und möglichst genau zu bezeichnen.
Mißtrauen ist angebracht bei sofort vorgelegten umfangreichen Schadensaufstellungen und wenn die Versicherung bereits vor der Polizei informiert wurde.

Abb. 4 – Fortsetzung

- 3 -

II.

Spezielle Hinweise

Verdächtige Wahrnehmungen	Polizeiliche Maßnahmen
1. vermutete Vorbereitungsphase (noch kein strafbarer Versuch!) Männliche Person - geht von Haus zu Haus, wechselt scheinbar ziellos die Straßenseite und fällt durch häufiges Umsehen auf. - drückt an der Hausklingelleiste verschiedene Klingelknöpfe - notiert Namen von der Klingelleiste - tritt im Haus als -- Lieferant, -- Besucher, -- Befrager einer demoskopischen Untersuchung, -- Vertreter, -- Monteur, -- Zeitungswerber oder -- Wohnungssuchender auf.	- "dran bleiben" - beobachten - ggf. Zivilkräfte heranführen - sofern nicht der konkrete Verdacht zumindest einer versuchten Straftat vorliegt, <u>nicht</u> an die Person herantreten, <u>nur</u> weiter beobachten. - Meldung an zust. KI VB I - Nur in Absprache mit dem Schichtleiter -- überprüfen + Grund des Aufenthalts im Haus erfragen + Personalien feststellen (ggf. auch Kfz) + Fahndungsanfrage - je nach Sachverhalt Vordr. Pol. 95 oder Vordr. Pol. 843 fertigen
2. vermutete Tatphase a) Möglicher Täter - verdeckt Türspione (z.B. mit Klebeband, o.ä.) - manipuliert an Türen, Fenster oder Schlösser (z.B. entfernt Langschilder) - transportiert im Treppenhaus oder aus dem Haus heraus vermeintliche Beute (vgl. I. 8. und I. 9.) - verlädt vermeintliche Beute in Pkw oder Taxe	- Identitätsfeststellung - ggf. Herkunft der Gegenstände feststellen - Ermittlung im Haus (Einbruchsspuren) Bei Verdachtserhärtung: - vorl. Festnahme - Inverwahrung- oder Beschlagnahme verdächtiger Gegenstände und Beweismittel - Meldung an zust. KI VB I - **Vordr. Pol. 95 und ISVB-Eingabe** wenn keine Verdachtserhärtung: - ggf. mitgeführte vermeintliche Beute möglichst genau bezeichnen - ggf. zust. KI VB I informieren - Vordr. Pol. 843

- 4 -

Abb. 4 – Fortsetzung

| Aufdeckung von Straftaten | zu 70 **11** |

Verdächtige Wahrnehmungen

b) Vorfinden von Spuren gewaltsamen Eindringens (Tatort)	- Sicherung der Wohungstür und der vorhandenen Fluchtwege - ggf. Verstärkung anfordern - Wohnung durchsuchen, dabei Eigensicherung beachten! - angetroffene Personen überprüfen - Tatverdächtige vorl. festnehmen und durchsuchen - ggf. Fahndung nach flüchtigen Personen oder Kfz einleiten - Inverwahrung- oder Beschlagnahme verdächtiger Gegenstände und Beweismittel - zust. KI VB I informieren - Wohnung sichern - Türen (ggf. auch Fenster) benachbarter Wohnungen auf Spuren gewaltsamen Eindringens überprüfen. - Vordr. Pol. 95 und ISVB-Eingabe

3. vermutete Hehlerei

Vermeintliche Beute wird - in An- und Verkaufsgeschäfte(n) - in einschlägige(n) Lokale(n) oder - auf Trödelmärkte(n) geschafft oder angeboten	- Übergabe beobachten Einzelheiten einprägen (Personen/Handlungen/Kfz) - Vordr. Pol. 843 fertigen Bei Verdachtserhärtung: - Feststellung der Identität des "Wohnungseinbrechers" und des vermutl. "Hehlers" - mitgeführte vermeintliche Beute genau bezeichnen und deren Herkunft klären - Sachfahndungsnachfrage <u>aber:</u> Fahndungsnotierung muß noch nicht erfolgt sein. Z.B. die Tat wurde noch nicht entdeckt! - ggf. vorl. Festnahme - ggf. Inverwahrung- oder Beschlagnahme verdächtiger Gegenstände und Beweismittel - Meldung an zust. KI VB I - Vordr. Pol. 95 und ISVB-Eingabe

4. Wohnungseinbruch als Folgestraftat

Wird eine Straftat (insbes. Diebstahl oder Raub) angezeigt, bei der dem Geschädigten auch die Wohnungsschlüssel entwendet wurden	- sofort über Fubz die Sicherung der Wohnung veranlassen. - zust. KI VB I informieren - ggf. ist die Wohnung zu observieren oder beim Einverständnis des Geschädigten zu besetzen (evtl. durch Zivilkräfte). (Mit einem Wohnungseinbruch als Folgestraftat muß immer gerechnet werden!)

- 5 -

Abb. 4 – Fortsetzung

- 5 -

III.
Allgemeine und besondere Bekämpfungstaktiken

1. **Überwiegend präventiv**

   In aktuell stark belasteten Bereichen

   Nach den Vorgaben der zust. Kripo-Dienststelle
   - Intensivierung der Vorbeugungsarbeit des KOBB
   - Verteilung von polizeilichen Vorbeugungsschriften
   - Einsatz uniformierter Fuß[1]/Absetzstreifen und Dh-Streifen

2. **Überwiegend repressiv**

   a) Fortgesetzte Tatbegehung in bestimmten Objekten

   Nach den Vorgaben des zust. Ref VB
   - Observation durch Zivilkräfte

   b) Aktuelle Tatmassierungen in örtlich zusammenliegenden Straßenzügen bzw. KoB

   - Intensive Kontaktaufnahme des/der zust. KoBB zu den Anwohnern, um Hinweise zu erlangen (Vordr. Pol. 95 oder Vordr. Pol. 843)
   - Observation durch Zivilkräfte

   c) Einschlägiger Serientäter steht im Verdacht erneuter Tatbegehung

   - Ausstattung der FaGr und/oder ZfTr sowie ggf. des MEK mit täterbezogenem Informationsmaterial zum Zweck der verdeckten Beobachtung/Überführung auf frischer Tat
     -- Libi, Personenbeschreibung
     -- Wohnsitz
     -- benutztes Fahrzeug
     -- bevorzugte Tatorte und Zeiten
     -- modus operandi
     -- Perseveranzen
     -- Mittäter, Hehler
     -- Wohnsitz von Freund(en) und/oder Freundin(nen)
     -- Verkehrslokale
     -- ggf. Arbeitsstelle
     -- sonstige Besonderheiten (Freigänger, Hafturlaub, Btm-Abhängigkeit etc.)

Merke:

Der Wohnungseinbrecher geht raffiniert und dreist vor. Seine besondere Sozialschädlichkeit liegt in der Gefährdung des intimen Persönlichkeitsbereichs des Bürgers, der privaten Wohnung. <u>Häufig</u> wird der Täter von arglosen Hausbewohnern g e s e h e n , jedoch nur <u>selten</u> als Straftäter e r k a n n t ! (vgl. II. 1.)

Der Verdachtskalender "Einbruch in Mehrfamilienhaus (Wohnungseinbruch)" aus dem April 1980

wird durch die vorliegende Ausgabe ersetzt.
Er ist aus den Sammlungen zu entfernen und zu vernichten.

Abb. 4 – Fortsetzung

Aufdeckung von Straftaten

K 311
|_____|
|_____|
(Dienstst./Name d. Beamten)

AuB-Meldung

(Geb.)Name ....
Vorname(n) ....
Geb.-datum, -ort ....
Wohnort, Straße ....
....
Kontr.-datum, -zeit ....
Kontr.-ort ....
Kontr.-grund (Sachverhalt) ....
....
Ausweis ....
Kfz. ....
Gegenstände ....
(ggf. Seriennr.) ....
Pers.-Beschr. ....
(Bekleidung) ....

K 311 1. Kfz.-Halter feststellen   O erl.
        2. Pers. schleusen/Ausdruck O erl.
        .... (Name)
K 313 3. KA und/oder Ausdr. beif. O erl.
        4. Kfz.-Kartei speisen   O erl.
        .... (Name)
K 30   5. bes. Auftr., wie KTA,
          Nachermittl. usw.
        ....
        6. Veröffentlichung   O erl.
        7. Ablage KAS oder K 313   O erl.
        .... (Name)

....
(ggf. Rückseite benutzen)   KP 63

Abb. 5: Formblatt für eine „Anhalte- und Beobachtungsmeldung" der Polizei in Offenbach a. M. (Originalgröße: DIN A6)

ments[201] betrifft, so wird nur summarisch versichert, „daß die Erfolge in den zurückliegenden Jahren beachtlich waren."[202]

73 Die wichtigste polizeiliche Nachrichtensammlung für die Verdachtgewinnung ist der **Kriminalpolizeiliche Meldedienst**.[203] Ziel ist, durch Auswertung der dorthin mitgeteilten Daten über geklärte und ungeklärte Straftaten bekannter oder unbekannter überörtlicher Täter oder Tätergruppierungen ungeklärte Delikte bekannten Tätern zuzuordnen oder Tatzusammenhänge zu erkennen. Der KPMD basiert auf der Perseveranzhypothese, nach der Straftäter mit hoher krimineller Energie meist gleiche oder ähnliche Straftaten begehen und dabei weitgehend an ihren Arbeitstechniken festhalten. Die Effektivität dieses Instruments hängt davon ab, ob diese Hypothese richtig ist.[204]

74 Eine weitere Verdachtgewinnungsstrategie stellt die Bildung von **Verdachtsrastern** dar. Über ein System ausgesuchter Merkmale erlangt man Hinweise auf einen strafrechtlich relevanten Sachverhalt. So gibt es beispielsweise ein Rasterprogramm gegen den Drogenschmuggel per Lkw. Zu den Selektionskriterien zählen etwa der Zulassungsort des Lkw, der kurzfristige Halterwechsel, die Nichtauslastung des Frachtraumes und die Spuren untypischer Schweißarbeiten.[205] Ein anderes Konzept, das im Rahmen der Bekämpfung des illegalen Rauschgifthandels entwickelt worden ist, betrifft den Schiffscontainerverkehr. Mittels eines EDV-Programms werden bestimmte bei der Verschiffung anfallende Daten wie Containernummer, Informationen über den Transportweg, Angaben zur Ladung und zum Absender/Empfänger überprüft. Entsteht ein Verdacht, wird der betreffende Container im Transit- oder Zielhafen kontrolliert.[206] Der Probelauf dieses sog. „Containerprogramms" wird als „zufriedenstellend" bezeichnet.[207] Gegen die „Autobumser", die Unfälle vorsätzlich herbeiführen und dafür von der Versicherung überhöhte Entschädigungen kassieren, richtet sich ein unlängst vom Bayerischen Landeskriminalamt und der Allianz Versicherungs-AG in München erarbeitetes Raster-Verfahren mittels Fragenkatalog und sog. „Crash-Uhr". Die Fragen zielen auf Merkmale, die bei dieser Art von Versicherungsbetrug gehäuft vorkommen; Verdachtspunkte bringt etwa, wenn der Zusammenstoß sich bei Nacht oder in einer einsamen Gegend ereignet hat, ein geparktes Fahrzeug beschädigt worden ist, die Unfallbeteiligten miteinander bekannt oder verwandt sind oder der angebliche Wert des Wagens des „Geschädigten" in krassem Gegensatz zu dessen Einkommen steht. Die „Crash-Uhr", eine Platte mit zwei beweglich montierten Pkw-Schablonen, ermöglicht Messungen zur Unfallsitua-

---

201 *Schmid* 1987 S. 16.
202 *Schmid* 1987 S. 17, ähnl. S. 16.
203 *Burghard* 1985 S. 18. S. auch *Burghard* u. a. 1986 S. 157; *Rupprecht* 1986 S. 269.
204 Sehr str. Vgl. dazu *Bundeskriminalamt* 1984; *Oevermann/Schuster/Simm* 1985 (jeweils m. w. N.). S. auch *Störzer* 1988 S. 4.
205 S. dazu *Kube* 1991 S. 77. Vgl. auch BKA – Wöchentlicher Lagebericht Nr. 24 vom 15. Juni 1990 S. 5, 6.
206 S. dazu *Bundeskriminalamt/RG 23-PGC* 1990 S. 1, 2; *Kube* 1990 S. 632, 1991 S. 77. Vgl. auch BKA – Wöchentlicher Lagebericht Nr. 35 vom 31. August 1990 S. 8.
207 *Bundeskriminalamt/RG 23-PGC* 1990 S. 2.

tion und damit eine Überprüfung der behaupteten Schäden. Von diesem Verfahren wird eine Steigerung der Aufklärungsquote um 20 % – und „vielleicht noch etwas mehr" – erwartet.[207a]

Wird nach den vorgegebenen (personenbezogenen) Merkmalen dadurch gesucht, daß bestimmte Datenbestände (z. B. Einwohnermeldedatei, Kraftfahrzeughalterdatei, Fahndungsdatei) miteinander verglichen werden, handelt es sich um eine sog. **Rasterfahndung**.[208] Sie spielt namentlich bei der Terrorismusbekämpfung eine Rolle. Bekanntgeworden ist das „Energieprogramm", das auf den Erkenntnissen aufbaute, daß Terroristen ihre Stromgebühren bar bezahlen, nicht beim Einwohnermeldeamt registriert sind, keinen Pkw angemeldet haben, kein Kindergeld bekommen u. ä.[209] Durch Datenabgleich werden aus den Daten der Stromkunden die Personalien all derer, die den Rechnungsbetrag überweisen oder per Scheck bezahlen, aller polizeilich gemeldeter Personen, aller Kfz-Halter, aller Kindergeldbezieher usw. gelöscht. Nur von dem übrig bleibenden Restbestand nimmt die Polizei Kenntnis.

Die **Rechtmäßigkeit** insbesondere der Rasterfahndung wurde von Anfang an bestritten.[210] Die h. M. geht allerdings – zumindest im Rahmen des vom Bundesverfassungsgericht im Urteil zum Volkszählungsgesetz[211] für den Erlaß einer bereichsspezifischen Befugnisnorm eingeräumten „Übergangsbonus" – von der Zulässigkeit dieser Maßnahme aus.[212] Jüngst hat nun der Bundesdatenschutzbeauftragte die (im BKA vorhandenen) „APC-Anwendungen... als Hilfe zur Verdachtsverdichtung" kritisiert: Ihm erscheint „eine automatisierte Verarbeitung personenbezogener Daten im Vorfeld eines Ermittlungsverfahrens... rechtlich bedenklich".[213] Demgegenüber weist *Ziercke* darauf hin, daß „die Polizei... Arbeitsdateien befristet (z. B. auch bei Serienstraftaten über Spuren; SPUDOK-Verfahren) anlegen [darf], um das Informationsvolumen zu beherrschen". Verdachtsdaten sieht er als „Arbeitsdaten der Polizei".[214]

D. Aufdeckung von Straftaten und Aufklärungsquote

Bei weitem mehr beachtet als die Aufdeckung wird die Aufklärung von Straftaten. Die **Aufklärungsquote** gilt Polizeibeamten[215] wie Medien als der Indikator schlechthin für den Erfolg der Verbrechensbekämpfung. Pres-

---

207a Mit „Crash-Uhr" und Fragenraster 1991 S. 10, 11.
208 Entsprechend der obigen Definition der Verdachtschöpfung (Rdnr. 36) ist hier nur die prozessuale Rasterfahndung gemeint.
209 S. dazu *Ermisch* 1983 S. 304; *Klink* 1985 S. 36–38; *Burghard* 1985 S. 19, 20; *Burghard* u. a. 1986 S. 188, 189.
210 So neuestens auch *Wolter* 1988 S. 80, 81, 129.
211 BVerfGE 65,1 = NJW 84, 419.
212 Vgl. etwa *Ermisch* 1983 S. 320; *LR-Schäfer* 1988 § 94 Rdnr. 17; *Kleinknecht/Meyer* 1989 § 163 d Rdnr. 2; *Vahle* 1990 S. 291, 292.
213 Der Bundesbeauftragte für den Datenschutz 1989 S. 75.
214 *Ziercke* 1990 S. 127, 128.
215 S. z. B. *Wehner* 1985 S. 112; *Lisken* 1986 S. 175. – Relativierend *Kube/Störzer/Eyrich* 1985 S. 451; *Steffen* 1986 S. 177; *Störzer* 1988 S. 5, 6.

semeldungen über die alljährliche Veröffentlichung der Polizeilichen Kriminalstatistik sprechen spätestens in der Unterüberschrift von der Aufklärungsquote.[216] Auch in Nachrichtenmagazinen[217], sogar im Film[218] wird sie behandelt.

78 1987 wurden von 4 444 108 registrierten Straftaten 1 963 885 Fälle aufgeklärt.[219] Dies sind 44,2 %, und damit ist die „Aufklärungsquote auf neuem **Tiefstand**".[220] Aber selbst dieses Ergebnis schmeichelt, weil auch alle Delikte mit eingerechnet sind, bei denen der Polizei der Täter gleich „mitgeliefert" wird wie etwa beim Ladendiebstahl. Nach Expertenschätzungen beruhen nur rund 5 % der Aufklärungserfolge auf polizeilicher Ermittlungstätigkeit.[221]

79 Doch auch damit ist die tatsächliche Situation der Verbrechensbekämpfung noch nicht korrekt umrissen. Die Aufklärungsquote ist nämlich als „das prozentuale Verhältnis von aufgeklärten zu bekanntgewordenen Fällen im Berichtszeitraum" definiert.[222] Im landläufigen Sinne sind aber auch die nicht entdeckten Straftaten „nicht aufgeklärt". Welch katastrophales Bild von der Verbrechensbekämpfung die Einbeziehung des Dunkelfeldes in die – vielleicht als **„Feststellungsquote"** zu bezeichnende[223] – Aufklärungsquote i. w. S. ergibt, wird sinnfällig, wenn man bedenkt, daß bereits eine Dunkelzifferrelation von 1:1 die Halbierung der Quote bedeutet.[224]

80 Da die Aktivitäten zur Aufdeckung von Straftaten, wie gezeigt, darauf angelegt sind, auch einen Tatverdächtigen festzustellen, unterstreichen diese Überlegungen, wie bedeutungsvoll die **Intensivierung** der Bemühungen auf diesem Gebiet ist. Es gibt verheißungsvolle Ansätze; aber von dem polizeilichen Idealzustand, den man nach *Gerhart Hauptmann* mit

„Nichts ist so dunkel,
einst wird's offenbar."[225]

umschreiben könnte, sind wir noch weit entfernt.

---

216 Vgl. etwa RNZ Nr. 98 vom 29. April 1986 S. 13 sowie die oben in Fn. 1 und 2 aufgeführten Zeitungsberichte.
217 S. z. B. „stern" Nr. 42 vom 13. Oktober 1988 S. 300.
218 In *Claude Sautets* Film „Das Mädchen und der Kommissar" (1970; gezeigt u. a. in Südwest 3 am 20. September 1988, 21.15 Uhr) z. B. sagt Max, der Kommissar: „Wie viele Verbrechen machen Schlagzeile, und wie wenige werden aufgeklärt."
219 *Bundeskriminalamt* 1988 S. 39.
220 WAZ Nr. 110 vom 11. Mai 1988. Fast wortgleich FR Nr. 110 vom 11. Mai 1988; SN Nr. 109 vom 11. Mai 1988; WK Nr. 110 vom 11./12. Mai 1988.
221 *Steffen* 1983 S. 263; *Wehner* 1985 S. 112, 1986 S. 179; ähnlich *Feltes* 1984 S. 62 (Anm. 3). Zu vergleichbaren Erkenntnissen aus den siebziger Jahren *Plate/Schwinges/Weiß* 1985 S. 21, 22. S. auch „stern" Nr. 42 vom 13. Oktober 1988 S. 300.
222 *Bundeskriminalamt* 1988 S. 9.
223 In Anlehnung an die PKS-Definition des „Aufgeklärten Falles" (*Bundeskriminalamt* 1988 S. 7).
224 Vgl. dazu auch *Schwind* u. a. 1975 S. 19.
225 *Gerhart Hauptmann*: „Der arme Heinrich", A. 1, Sz. 8.

SCHRIFTTUM

Ammer, Andreas: Kriminalität in Landau. Analyse und (Re)Konstruktion des Kriminalitätsbildes einer Kleinstadt mit hoher Kriminalitätsbelastung. Holzkirchen 1990 (Reihe: Materialien aus der Forschung).

Arbeitsgruppe „Insolvenzstraftatbestände": Ermittlungshilfe Insolvenzstraftatbestände. Hamburg 1989 (veröffentlicht im BKA-Mitteilungsblatt „Bekämpfung der Wirtschaftskriminalität" Nr. 07/1990).

Bauer, Peter: Software-Diebstahl. In: Polizei-Führungsakademie, Fachbereich Kriminalistik/Kriminologie (Hrsg.): Kriminologie der Einzeldelikte. Arbeitsergebnisse einer kriminologischen Lehrveranstaltung. Münster 1985, S. 309–325.

Baurmann, Michael C.: Sexualität, Gewalt und psychische Folgen. Eine Längsschnittuntersuchung bei Opfern sexueller Gewalt und sexueller Normverletzungen anhand von angezeigten Sexualkontakten. Wiesbaden 1983 (BKA-Forschungsreihe. Bd. 15).

Baurmann, Michael C., Dieter Hermann, Hans Udo Störzer und Franz Streng: Telefonische Befragung von Kriminalitätsopfern: Ein neuer Weg ins Dunkelfeld? In: Monatsschrift für Kriminologie und Strafrechtsreform 74 (1991 a), S. 159–173.

dies.: Die Heidelberger Opferbefragung. Das Telefon-Interview als Methode zur Aufhellung des Dunkelfeldes im Bereich der Gewaltkriminalität. Wiesbaden 1991 b (BKA-Forschungsreihe. Sonderbd.).

„Big Brother ersetzt den Zöllner". In: Der Spiegel Nr. 28 vom 10. Juli 1989, S. 27–28.

Birnzain, Gerhard: Vortäuschung einer Straftat. In: Polizei-Führungsakademie, Fachbereich Kriminalistik/Kriminologie (Hrsg.): Kriminologie der Einzeldelikte. Arbeitsergebnisse einer kriminologischen Lehrveranstaltung. Münster 1985, S. 91–104.

Blankenburg, Erhard: Die Selektivität rechtlicher Sanktionen. Eine empirische Untersuchung von Ladendiebstählen. In: Kölner Zeitschrift für Soziologie und Sozialpsychologie 21 (1969), S. 805–829 sowie Jürgen Friedrichs (Hrsg.): Teilnehmende Beobachtung abweichenden Verhaltens. Stuttgart 1973, S. 120–150.

Boge, Heinrich: Begrüßung der Teilnehmer. In: Bundeskriminalamt (Hrsg.): Symposium: Der polizeiliche Erfolg. Referate und Diskussionsbeiträge am 15. und 16. Oktober 1986 im Bundeskriminalamt. Wiesbaden 1988 (BKA-Forschungsreihe. Sonderbd.), S. 1–2.

Bottke, Wilfried: Grundlagen des polizeilichen Legalitätsprinzips. In: Juristische Schulung 30 (1990), S. 81–86.

Bruckert, Rainer: Raubüberfälle auf Geld- und Werttransporte. In: Polizei-Führungsakademie, Fachbereich Kriminalistik/Kriminologie (Hrsg.): Kriminologie der Einzeldelikte. Arbeitsergebnisse einer kriminologischen Lehrveranstaltung. Münster 1985, S. 294–308.

Der Bundesbeauftragte für den Datenschutz: Zwölfter Tätigkeitsbericht. Bonn 1989 (= BT-Drs. 11/6458).

Bundeskriminalamt (Hrsg.): Symposium: Perseveranz und Kriminalpolizeilicher Meldedienst. Referate und Zusammenfassungen der Diskussionsbeiträge am 29. und 30. Mai 1984 im Bundeskriminalamt. Wiesbaden 1984 (BKA-Forschungsreihe. Sonderbd.).

dass.: Polizeiliche Kriminalstatistik 1987. Wiesbaden 1988.

Bundeskriminalamt/RG 23–PGC: Projektgruppe „Container". In: BKA-Rauschgiftkurier Nr. 4, Juli 1990, S. 1–2.

Burghard, Waldemar: Einführung in die Kriminalistik. In: Waldemar Burghard und Hans-Werner Hamacher (Hrsg.): Lehr- und Studienbriefe Kriminalistik. Nr. 1. Hilden/Rhld. 1985, S. 2–23.

Burghard, Waldemar, Hans Werner Hamacher, Horst Herold, Manfred Schreiber, Alfred Stümper und August Vorbeck (Hrsg.): Kriminalistik-Lexikon. 2. Aufl. Heidelberg 1986 (Grundlagen. Bd. 20).

Burlage, Arnold: Bekämpfung der illegalen Arbeitsvermittlung – Eine Analyse aus organisatorischer Sicht. In: Polizei-Führungsakademie (Hrsg.): Organisierte Kriminalität IV – Wirtschaftskriminalität: Einschleusung und illegale Beschäftigung von Ausländern. Seminar vom 21. bis 25. November 1983 bei der Polizei-Führungsakademie in Münster. Schlußbericht. Münster 1983, S. 157–188.

Butte, Rüdiger: Internationale Kraftfahrzeugverschiebung. In: Polizei-Führungsakademie, Fachbereich Kriminalistik/Kriminologie (Hrsg.): Kriminologie der Einzeldelikte. Arbeitsergebnisse einer kriminologischen Lehrveranstaltung. Münster 1985, S. 210–232.

Caspar, Ernst-Rudolf: Computerbetrug. In: Polizei-Führungsakademie, Fachbereich Kriminalistik/Kriminologie (Hrsg.): Kriminologie der Einzeldelikte. Arbeitsergebnisse einer kriminologischen Lehrveranstaltung. Münster 1985, S. 326–343.

Checkliste „Bekämpfung der Rauschgiftkriminalität". In: Deutsches Polizeiblatt 3 (1985), Heft 4, S. 35–36.

Checkliste „Bekämpfung der Straßenkriminalität". In: Deutsches Polizeiblatt 2 (1984), Heft 5, S. 29–30.

Checkliste „Merkpunkte für die Kfz-Fahndung". In: Deutsches Polizeiblatt 6 (1988), Heft 4, S. 31–32.

Checkliste „Tageswohnungseinbruch". In: Deutsches Polizeiblatt 6 (1988), Heft 3, S. 31–32.

Chrzanowski, Reinhold: Der Raubmord. In: Polizei-Führungsakademie, Fachbereich Kriminalistik/Kriminologie (Hrsg.): Kriminologie der Einzeldelikte. Arbeitsergebnisse einer kriminologischen Lehrveranstaltung. Münster 1985, S. 264–277.

van Dijk, Jan J. M., Pat Mayhew and Martin Killias: Experiences of Crime across the World. Key findings from the 1989 International Crime Survey. Deventer, Boston 1990.

Dölling, Dieter: Polizeiliche Ermittlungstätigkeit und Legalitätsprinzip. Eine empirische und juristische Analyse des Ermittlungsverfahrens unter besonderer Berücksichtigung der Aufklärungs- und Verurteilungswahrscheinlichkeit. Erster Halbbd. Wiesbaden 1987 (BKA-Forschungsreihe. Sonderbd.).

Düpre, Hans-Ludwig: Fahrraddiebstahl. In: Polizei-Führungsakademie, Fachbereich Kriminalistik/Kriminologie (Hrsg.): Kriminologie der Einzeldelikte. Arbeitsergebnisse einer kriminologischen Lehrveranstaltung. Münster 1985, S. 138–157.

Eisenberg, Ulrich: Kriminologie. 2. Aufl. Köln, Berlin, Bonn, München 1985.

Ermisch, Günter: Die systematisierte Fahndung – Rasterfahndung –. In: Edwin Kube, Hans Udo Störzer und Siegfried Brugger (Hrsg.): Wissenschaftliche Kriminalistik. Grundlagen und Perspektiven. Teilbd. 1. Wiesbaden 1983 (BKA-Forschungsreihe. Bd. 16/1), S. 297–320.

Feltes, Thomas: Die Erledigung von Ermittlungsverfahren durch die Staatsanwaltschaft. Bemerkungen zur Rolle und Funktion der Staatsanwaltschaft als „Herrin des Ermittlungsverfahrens" anhand einer Analyse von Staatsanwaltschaftsstatistiken. In: Kriminologisches Journal 16 (1984), S. 50–63.

Ferchland, Bernhard: Wer gut schmiert, der gut fährt. Korruption in der Bundesrepublik Deutschland – ein unabwendbares Übel? In: Kriminalistik 42 (1988), S. 549–556.

Franzkowiak, Dieter: Illegale Ausländerbeschäftigung. In: Polizei-Führungsakademie, Fachbereich Kriminalistik/Kriminologie (Hrsg.): Kriminologie der Einzeldelikte. Arbeitsergebnisse einer kriminologischen Lehrveranstaltung. Münster 1985, S. 417–440.

Friedrichs, Jürgen: Methoden empirischer Sozialforschung. Reinbek bei Hamburg 1973 (rororo studium. Bd. 28).

Fundermann, Willi: Schutzgelderpressung. In: Polizei-Führungsakademie, Fachbereich Kriminalistik/Kriminologie (Hrsg.): Kriminologie der Einzeldelikte. Arbeitsergebnisse einer kriminologischen Lehrveranstaltung. Münster 1985, S. 441–451.

Gaboriau, Emile: Monsieur Lecoq. L'enquête (1869). Paris 1978 (Collection Classiques populaires).

Göppinger, Hans: Kriminologie. 4. Aufl. München 1980.

Gröbl, Harald: 1992: Offene Grenzen und was dann? In: Die neue Polizei 43 (1989), S. 81–87.

Groß, Hans und Ernst Seelig: Handbuch der Kriminalistik. Bd. 1. 8. Aufl. Berlin, München 1941.

Havard, J.: The Detection of Secret Homicide. A Study of the Medico-Legal System of Investigation of Sudden and Unexplained Deaths. London 1960.
Heindl, Robert: Der Berufsverbrecher. 7. Aufl. Berlin 1929.
Heinz, Wolfgang: Entwicklungen, Aufgaben und Probleme der Kriminalstatistik. In: Zeitschrift für die gesamte Strafrechtswissenschaft 84 (1972), S. 806–833.
Henneberg, Ernst: Die formellen Voraussetzungen für die Prüfung des Steuerfahndungsdienstes nach § 208 Abs. 1 Ziff. 3 AO. In: Der Betriebs-Berater 41 (1986), S. 921–925.
Huber, Helmut: Unerlaubtes Entfernen vom Unfallort. In: Polizei-Führungsakademie, Fachbereich Kriminalistik/Kriminologie (Hrsg.): Kriminologie der Einzeldelikte. Arbeitsergebnisse einer kriminologischen Lehrveranstaltung. Münster 1985, S. 15–29.
Hübner, Johannes: Ladungsdiebstahl. In: Polizei-Führungsakademie, Fachbereich Kriminalistik/Kriminologie (Hrsg.): Kriminologie der Einzeldelikte. Arbeitsergebnisse einer kriminologischen Lehrveranstaltung. Münster 1985, S. 195–209.
Humphreys, L.: Toiletten-Geschäfte. Teilnehmende Beobachtung homosexueller Akte. In: Jürgen Friedrichs (Hrsg.): Teilnehmende Beobachtung abweichenden Verhaltens. Stuttgart 1973, S. 254–287.
Jäger, Joachim: Kriminologie der Einzeldelikte (1). In: Bereitschaftspolizei – heute 7 (1979), Heft 9/10, S. 22–24.
ders.: Kriminologie und Kriminalitätskontrolle – Grundriß einer anwendungsorientierten Kriminologie –. Lübeck 1981 (Polizei-Praxis. Bd. 9).
ders.: Einführung. Kriminologie und Kriminalitätskontrolle. In: Polizei-Führungsakademie, Fachbereich Kriminalistik/Kriminologie (Hrsg.): Kriminologie der Einzeldelikte. Arbeitsergebnisse einer kriminologischen Lehrveranstaltung. Münster 1985, S. 7–13.
Jaeger, Rolf und Wolfgang Schimpeler: Taschendiebstahl. In: Polizei-Führungsakademie, Fachbereich Kriminalistik/Kriminologie (Hrsg.): Kriminologie der Einzeldelikte. Arbeitsergebnisse einer kriminologischen Lehrveranstaltung. Münster 1985, S. 233–254.
Kaiser, Günther: Kriminologie. Ein Lehrbuch. 2. Aufl. Heidelberg 1988.
Kayser, Alfred: Brandstiftung als Versicherungsbetrug. In: Polizei-Führungsakademie, Fachbereich Kriminalistik/Kriminologie (Hrsg.): Kriminologie der Einzeldelikte. Arbeitsergebnisse einer kriminologischen Lehrveranstaltung. Münster 1985, S. 105–119.
Kerner, Hans-Jürgen: Theoretische Grundlagen der Kriminalistik. In: Edwin Kube, Hans Udo Störzer und Siegfried Brugger (Hrsg.): Wissenschaftliche Kriminalistik. Grundlagen und Perspektiven. Teilbd. 2. Wiesbaden 1984 (BKA-Forschungsreihe. Bd. 16/2), S. 9–24.
ders.: Kriminalstatistik. In: Günther Kaiser, Hans-Jürgen Kerner, Fritz Sack und Hartmut Schellhoss (Hrsg.): Kleines Kriminologisches Wörterbuch. 2. Aufl. Heidelberg 1985 (Uni-Taschenbücher. Bd. 1274).
Kitschenberg, Josef: Probleme der Verdachtsgewinnung und Beweisführung bei Umweltdelikten. In: Die Polizei 73 (1982), S. 373–376.
Kittlaus, Manfred: Möglichkeiten zur Intensivierung der Hehlereibekämpfung. In: Bundeskriminalamt (Hrsg.): Macht sich Kriminalität bezahlt? Aufspüren und Abschöpfen von Verbrechensgewinnen. Arbeitstagung des Bundeskriminalamtes Wiesbaden vom 10.–13. November 1986. Wiesbaden 1987 (BKA-Vortragsreihe. Bd. 32), S. 63–74.
Kleinknecht, Theodor und Karlheinz Meyer: Strafprozeßordnung, Gerichtsverfassungsgesetz, Nebengesetze und ergänzende Bestimmungen. 39. Aufl. München 1989 (Beck'sche Kurz-Kommentare. Bd. 6).
Klink, Manfred: Informationsansprüche der Polizei. In: Polizei-Führungsakademie (Hrsg.): Urteil zum Volkszählungsgesetz und Konsequenzen für die polizeiliche Praxis. Seminar vom 3. bis 6. September 1985 bei der Polizei-Führungsakademie in Münster. Schlußbericht. Münster 1985, S. 21–42.
Krause, Erwin: Luftverunreinigung. In: Polizei-Führungsakademie, Fachbereich Kriminalistik/Kriminologie (Hrsg.): Kriminologie der Einzeldelikte. Arbeitsergebnisse einer kriminologischen Lehrveranstaltung. Münster 1985, S. 376–391.

Kreuzer, Arthur, Christoph Gebhardt, Marcel Maassen und Marlene Stein-Hilbers: Drogenabhängigkeit und Kontrolle. Kriminologische Untersuchung über Phänomenologie des Heroinkonsums und polizeiliche Drogenkontrolle. Wiesbaden 1981 (BKA-Forschungsreihe. Bd. 14).
Kube, Edwin: Wissenschaftliche Kriminalistik – Ziele und Aufgaben. In: Edwin Kube, Hans Udo Störzer und Siegfried Brugger (Hrsg.): Wissenschaftliche Kriminalistik. Grundlagen und Perspektiven. Teilbd. 2. Wiesbaden 1984 (BKA-Forschungsreihe. Bd. 16/2), S. 413–432.
ders.: Organisierte Kriminalität: Die Logistik als Präventionsansatz. Ansätze für proaktive Maßnahmen. In: Kriminalistik 44 (1990), S. 629–634.
ders.: Logistik der Organisierten Kriminalität als Präventionsansatz. In: Bundeskriminalamt (Hrsg.): Organisierte Kriminalität in einem Europa durchlässiger Grenzen. Arbeitstagung des Bundeskriminalamtes Wiesbaden vom 6.–9. November 1990. Wiesbaden 1991 (BKA-Vortragsreihe. Bd. 36), S. 67–88.
Kube, Edwin, Hans Udo Störzer und Hans-Jürgen Eyrich: Wissenschaftliche Kriminalistik – für wen? In: Kriminalistik 39 (1985), S. 450–454.
Kubica, Johann: Polizeiliche Bekämpfung der Umweltkriminalität. In: Hans-Dieter Schwind und Gernot Steinhilper (Hrsg.): Umweltschutz und Umweltkriminalität. Beiträge zu einer Fachtagung der Deutschen Kriminologischen Gesellschaft und zur Verleihung der Beccaria-Medaille 1985. Heidelberg 1986 (Kriminologische Schriftenreihe. Bd. 91), S. 25–33.
Kühne, Hans-Heiner: Die Definition des Verdachts als Voraussetzung strafprozessualer Zwangsmaßnahmen. In: Neue Juristische Wochenschrift 32 (1979), S. 617–622.
ders.: Auswirkungen des Abbaus der Grenzkontrollen im Rahmen des „Schengener Abkommens" auf Kriminalität und Kriminalitätsbekämpfung (Innere Sicherheit). Gutachten für das Ministerium des Innern und für Sport Rheinland-Pfalz vom 19. Dezember 1989 (unveröffentl.).
Kürzinger, Josef: Kriminologie. Eine Einführung in die Lehre vom Verbrechen. Stuttgart, München, Hannover 1982 (Kriminalistik + Kriminologie. Bd. 3).
Küster, Dieter: Organisierte Kriminalität: Mit den Augen des Praktikers gesehen. Ein Versuch, Durchblicke zu verschaffen. In: Kriminalistik 44 (1990), S. 626–628.
Kuhne, Ulrich: Raubüberfälle auf Geldinstitute. In: Polizei-Führungsakademie, Fachbereich Kriminalistik/Kriminologie (Hrsg.): Kriminologie der Einzeldelikte. Arbeitsergebnisse einer kriminologischen Lehrveranstaltung. Münster 1985, S. 278–293.
Kuller, Erich Christian: Maßnahmen zur Prävention des Fahrraddiebstahls in Bremen. Gutachten im Auftrage des Landeskriminalamtes Bremen. Bd. 1: Grundlagen. Bremen 1978 (masch., vervielf.).
Landeskriminalamt Bremen, SG 11: Fahrraddiebstahlskriminalität in Bremen. Präventive und detektive Überlegungen. Bremen 1978 (masch., vervielf.).
Leferenz, Heinz: Die Kriminalprognose. In: H. Göppinger und H. Witter (Hrsg.): Handbuch der forensischen Psychiatrie. Bd. 2. Berlin, Heidelberg, New York 1972, S. 1347–1384.
Lisken, Hans: Wissenschaftliche Kriminalistik, Grundlagen und Perspektiven, Teilband 1: Systematik und Bestandsaufnahme. Teilband 2: Theorie, Lehre und Weiterentwicklung. Hrsg. von Edwin Kube, Hans Udo Störzer und Siegfried Brugger (BKA-Forschungsreihe. Bd. 16). – Wiesbaden, Bundeskriminalamt 1983/84. 497 S.; 509 S. (Buchbesprechung). In: Neue Juristische Wochenschrift 39 (1986), S. 175–176.
Löwe-Rosenberg (LR): Die Strafprozeßordnung und das Gerichtsverfassungsgesetz. Großkommentar. 24. Aufl. Bd. 1. Berlin, New York 1988. – Bd. 2. Berlin, New York 1989.
Lotz, Heinrich: Verdachtsgewinnung. In: Günter Schulze und Heinrich Lotz (Hrsg.): Polizei und Umwelt. Teil 1. Wiesbaden 1986 (BKA-Schriftenreihe. Bd. 54), S. 287–334.
Magulski, Rainer: Fallbeurteilung, Fallbearbeitung und kriminalistisches Denken. Heidelberg 1982 (Grundlagen der Kriminalistik. Bd. 18).
Malet, Léo: L'envahissant cadavre de la plaine Monceau (1959). Paris 1987 (Collection „10/18" n° 1862, Série „Grands Détectives").

ders.: 120, rue de la Gare (1943). Paris 1989 a (Collection „10/18" n° 1978, Série „Grands Détectives").
ders.: Nestor Burma contre C.Q.F.D. (1945). Paris 1989 b (Collection „10/18" n° 1982, Série „Grands Détectives").
Manecke, Kurt und Walter Orschekowski: Ansteigende Woge der Kriminalität in der BRD. In: Leipziger Volkszeitung vom 2. 9. 1988, S. 7.
Mannheim, Hermann: Vergleichende Kriminologie. Ein Lehrbuch in zwei Bänden. Bd. 1. Stuttgart 1974 a. – Bd. 2. Stuttgart 1974 b.
Meinberg, Volker: Probleme der Verfolgung von Umweltstraftaten aus kriminologischer Sicht. In: Polizei-Führungsakademie (Hrsg.): Umweltkriminalität IV. Seminar vom 25. bis 29. November 1985 bei der Polizei-Führungsakademie in Münster. Schlußbericht. Münster 1985, S. 29–51.
Merten, Karlheinz: Polizei und Umweltkriminalität. In: der kriminalist 19 (1987), S. 196–203.
Meyer, Kurt: Die unbestraften Verbrechen. Eine Untersuchung über die sogenannte Dunkelziffer in der deutschen Kriminalstatistik. Leipzig 1941 (Kriminalistische Abhandlungen. Bd. 47).
Mit „Crash-Uhr" und Fragenraster. Allianz gegen Autobumser. In: sicher unterwegs 1991 Heft 3, S. 10, 11.
Mordhorst, Eckard: Verunreinigung eines Gewässers. In: Polizei-Führungsakademie, Fachbereich Kriminalistik/Kriminologie (Hrsg.): Kriminologie der Einzeldelikte. Arbeitsergebnisse einer kriminologischen Lehrveranstaltung. Münster 1985, S. 356–375.
Müller, Egon: Gedanken zur Verteidigung im Ermittlungsverfahren. In: Udo Ebert (Hrsg.): Aktuelle Probleme der Strafrechtspflege. Berlin, New York 1991, S. 61–70.
Müller, Lutz: Dunkelfeldforschung – ein verläßlicher Indikator der Kriminalität? Darstellung, Analyse und Kritik des internationalen Forschungsstandes. Jur. Diss. Freiburg i. Br. 1978.
Oba, Shigema: Unverbesserliche Verbrecher und ihre Behandlung. Jur. Diss. Berlin 1908.
Oevermann, Ulrich, Leo Schuster und Andreas Simm: Zum Problem der Perseveranz in Delikttyp und modus operandi. Spurentext-Auslegung, Tätertyp-Rekonstruktion und die Strukturlogik kriminalistischer Ermittlungspraxis. Zugleich eine Umformung der Perseveranzhypothese als soziologisch-strukturanalytischer Sicht. Wiesbaden 1985 (BKA-Forschungsreihe. Bd. 17).
Pfister, Wilhelm: Sammeln, ordnen, kritisch sichten... Zum kriminalistischen Denkprozeß, Teil 1. In: Kriminalistik 34 (1980 a), S. 385–389.
ders.: Von der Intuition bis zur Logik. Zum kriminalistischen Denkprozeß, Teil 2. In: Kriminalistik 34 (1980 b), S. 437–441.
Plate, Monika, Ulrich Schwinges und Rüdiger Weiß: Strukturen der Kriminalität in Solingen. Wiesbaden 1985 (BKA-Forschungsreihe. Sonderbd.).
Poerting, Peter: Ergebnisse und Schlußfolgerungen. In: Bundeskriminalamt (Hrsg.): Symposium: Der polizeiliche Erfolg. Referate und Diskussionsbeiträge am 15. und 16. Oktober 1986 im Bundeskriminalamt. Wiesbaden 1988 (BKA-Forschungsreihe. Sonderbd.), S. 259–263.
Polizei-Führungsakademie (Hrsg.): Möglichkeiten und Grenzen der Prävention in der Verbrechensbekämpfung. Abschließende Analyse und Perspektiven aus der Seminarreihe „Präventale Delikte I–VIII". Seminar vom 6. bis 10. September 1982 bei der Polizei-Führungsakademie. Schlußbericht. Münster 1982.
Rieder, Karl-Heinz: Vergewaltigung. In: Polizei-Führungsakademie, Fachbereich Kriminalistik/Kriminologie (Hrsg.): Kriminologie der Einzeldelikte. Arbeitsergebnisse einer kriminologischen Lehrveranstaltung. Münster 1985, S. 78–90.
Roller, Gerhard, Brigitte Bonhaus und Klaus Dieter Merteneit: Entwicklung eines Fortbildungscurriculums Ökologie/Umweltschutz für die Zielgruppe Polizei. Baustein 3: Verdachtsgewinnung – kriminalistische und rechtliche Möglichkeiten und Grenzen. Projekt der zentralen Einrichtung für Weiterbildung der Universität Hannover im Auftrag des Umweltbundesamtes. Juli 1989 (masch.; vervielf.).
Rupprecht, Reinhard (Hrsg.): Polizei-Lexikon. Heidelberg 1986 (Grundlagen. Bd. 30).
ders.: Wettlauf der Schnecken. Probleme und Konsequenzen des Abbaus von Grenzkontrollen. In: Kriminalistik 43 (1989), S. 263–270.

Sack, Fritz: Dunkelfeld. In: Kaiser, Günther, Hans-Jürgen Kerner, Fritz Sack und Hartmut Schellhoss (Hrsg.): Kleines Kriminologisches Wörterbuch. 2. Aufl. Heidelberg 1985 (Uni-Taschenbücher. Bd. 1274), S. 76–84.
Schäfer, Herbert: Das spurenlose Delikt. Anmerkungen zur detektiven Bearbeitung von Fahrraddiebstählen (in Bremen). In: Kriminalistik 38 (1984), S. 470–475.
ders.: Einleitung zum Gesamtband. In: Kriminalistische Studiengemeinschaft e. V. (Hrsg.): Einbruchdiebstahl und Tatverdacht. Einbruchskriminalistik (2). Bremen 1990 a (Kriminalistische Studien. Bd. 4/2), S. 9–11.
ders.: Einleitung. In: Kriminalistische Studiengemeinschaft e. V. (Hrsg.): Einbruchdiebstahl und Tatverdacht. Einbruchskriminalistik (2). Bremen 1990 b (Kriminalistische Studien. Bd. 4/2), S. 103–106.
Schelke, Thomas: Die Kindestötung. In: Polizei-Führungsakademie, Fachbereich Kriminalistik/Kriminologie (Hrsg.): Kriminologie der Einzeldelikte. Arbeitsergebnisse einer kriminologischen Lehrveranstaltung. Münster 1985, S. 30–47.
Schmid, Rainer: Behördeninterne Kommunikation als Grundlage polizeilicher Verbrechensbekämpfung. In: Polizei-Führungsakademie (Hrsg.): Planung der Verbrechensbekämpfung. 3. Informations- und Kommunikationssysteme in der Verbrechensbekämpfung. Seminar vom 23. bis 27. Februar 1987 bei der Polizei-Führungsakademie in Münster. Schlußbericht. Münster 1987, S. 55–88.
Schmitz, H. Walter: Tatortbesichtigung und Tathergang. Untersuchungen zum Erschließen, Beschreiben und Melden des modus operandi. Wiesbaden 1977 (BKA-Forschungsreihe. Bd. 6).
ders.: Tatgeschehen, Zeugen und Polizei. Zur Rekonstruktion und Beschreibung des Tathergangs in polizeilichen Zeugenvernehmungen. Wiesbaden 1978 (BKA-Forschungsreihe. Bd. 9).
Schneider, Hans-Joachim: Kriminologie. Berlin, New York 1987.
Schneider, Wolfgang: Handtaschenraub. In: Polizei-Führungsakademie, Fachbereich Kriminalistik/Kriminologie (Hrsg.): Kriminologie der Einzeldelikte. Arbeitsergebnisse einer kriminologischen Lehrveranstaltung. Münster 1985, S. 255–263.
Schreiber, Manfred: Abschaffung der Grenzkontrollen in Europa? Tendenzen – mögliche Auswirkung und Auffangmaßnahmen. In: Die neue Polizei 39 (1985 a), S. 56–60.
ders.: DV-Technik – Gewinn oder Schaden? Ein Beitrag zur Bürgernähe? In: Die Polizei 76 (1985 b), S. 111–115.
Schulze, Günter: Umweltlagebild. In: Günter Schulze und Heinrich Lotz (Hrsg.): Polizei und Umwelt. Teil 1. Wiesbaden 1986 (BKA-Schriftenreihe. Bd. 54), S. 9–91.
Schwind, Hans-Dieter: Kriminologie. Eine praxisorientierte Einführung mit Beispielen. 2. Aufl. Heidelberg 1988 (Grundlagen. Bd. 28).
Schwind, Hans-Dieter, Wilfried Ahlborn, Hans Jürgen Eger, Ulrich Jany, Volker Pudel und Rüdiger Weiß: Dunkelfeldforschung in Göttingen 1973/74. Eine Opferbefragung zur Aufhellung des Dunkelfeldes und zur Erforschung der Bestimmungsgründe für die Unterlassung von Strafanzeigen. Wiesbaden 1975 (BKA-Forschungsreihe. Bd. 2).
Schwind, Hans-Dieter, Wilfried Ahlborn und Rüdiger Weiß: Empirische Kriminalgeographie. Bestandsaufnahme und Weiterführung am Beispiel von Bochum („Kriminalitätsatlas Bochum"). Wiesbaden 1978 (BKA-Forschungsreihe. Bd. 8).
dies.: Dunkelfeldforschung in Bochum 1986/87 – Eine Replikationsstudie –. Wiesbaden 1989 (BKA-Forschungsreihe. Bd. 21).
Seifried, Herbert: Die Bekämpfung der Straßenkriminalität. In: Baden-Württembergische Polizei '76. Ein Beitrag zur Weiterbildung für die Polizeibediensteten des Landes. 14. Folge. S. 31–35.
Sichelstiel, Franz: Tageswohnungseinbruch. In: Polizei-Führungsakademie, Fachbereich Kriminalistik/Kriminologie (Hrsg.): Kriminologie der Einzeldelikte. Arbeitsergebnisse einer kriminologischen Lehrveranstaltung. Münster 1985, S. 176–194.
Sielaff, Wolfgang: Bis zur Bestechung leitender Polizeibeamter? Erscheinungsformen und Bekämpfung der Organisierten Kriminalität in Hamburg. In: Kriminalistik 37 (1983), S. 417–422.
ders.: Strategische und taktische polizeiliche Maßnahmen bei der Ermittlung und Beschlagnahme krimineller Profite. In: der kriminalist 19 (1987), S. 5–9.

Sievers, Jürgen: Umweltgefährdende Abfallbeseitigung. In: Polizei-Führungsakademie, Fachbereich Kriminalistik/Kriminologie (Hrsg.): Kriminologie der Einzeldelikte. Arbeitsergebnisse einer kriminologischen Lehrveranstaltung. Münster 1985, S. 392–416.

Snyder, LeMoyne: Morduntersuchung. Ein Handbuch über Kapitalverbrechen und die Aufklärungsmethoden. (2. Aufl.) Hamburg [1956].

Ständige Konferenz der Innenminister/-senatoren des Bundes und der Länder: Programm für die Innere Sicherheit in der Bundesrepublik Deutschland. Februar 1974.

Steffen, Wiebke: Zielsetzung und Erfolgsmessung praktischer Kriminalistik. In: Edwin Kube, Hans Udo Störzer und Siegfried Brugger (Hrsg.): Wissenschaftliche Kriminalistik. Grundlagen und Perspektiven. Teilbd. 1. Wiesbaden 1983 (BKA-Forschungsreihe. Bd. 16/1), S. 255–280.

dies.: Mühseliges Geschäft. Zielsetzung und Erfolgsmessung in der polizeilichen Kriminalitätskontrolle. In: Kriminalistik 40 (1986), S. 177–181.

Stephan, Egon: Die Stuttgarter Opferbefragung. Eine kriminologisch-viktimologische Analyse zur Erforschung des Dunkelfeldes unter besonderer Berücksichtigung der Einstellung der Bevölkerung zur Kriminalität. Wiesbaden 1976 (BKA-Forschungsreihe. Bd. 3).

Störzer, Hans Udo: Ziele des Symposiums. „... das größte Verbrechen in der Welt ist – keinen Erfolg zu haben" (Friedrich Wolf). In: Bundeskriminalamt (Hrsg.): Symposium: Der polizeiliche Erfolg. Referate und Diskussionsbeiträge am 15. und 16. Oktober 1986 im Bundeskriminalamt. Wiesbaden 1988 (BKA-Forschungsreihe. Sonderbd.), S. 3–26.

Stüllenberg, Heinz: Die Anzeige. In: Waldemar Burghard und Hans-Werner Hamacher (Hrsg.): Lehr- und Studienbriefe Kriminalistik. Nr. 1. Hilden/Rhld. 1985, S. 43–65.

Stümper, Alfred: Das strukturelle Dunkelfeld. In: Kriminalistik 37 (1983), S. 222–226.

Tabarelli, Winfried: Fundgruben und Quellen. Aktive Informationsbeschaffung bei der Bekämpfung der Organisierten Kriminalität. In: Kriminalistik 44 (1990), S. 635–640.

Tecl, Manfred: Ist Kriminologie auch für die Schutzpolizei wichtig? Der „Verdachtschöpfungskalender" als wichtige Hilfe. In: Deutsches Polizeiblatt 7 (1989), Heft 2, S. 2–5.

Toske, Norbert: Ladendiebstahl. In: Polizei-Führungsakademie, Fachbereich Kriminalistik/Kriminologie (Hrsg.): Kriminologie der Einzeldelikte. Arbeitsergebnisse einer kriminologischen Lehrveranstaltung. Münster 1985, S. 158–175.

Träger, Ernst: Sexueller Mißbrauch von Kindern. In: Polizei-Führungsakademie, Fachbereich Kriminalistik/Kriminologie (Hrsg.): Kriminologie der Einzeldelikte. Arbeitsergebnisse einer kriminologischen Lehrveranstaltung. Münster 1985, S. 61–77.

Unger, Norbert: Bestechlichkeit von Polizeibeamten. In: Polizei-Führungsakademie, Fachbereich Kriminalistik/Kriminologie (Hrsg.): Kriminologie der Einzeldelikte. Arbeitsergebnisse einer kriminologischen Lehrveranstaltung. Münster 1985, S. 120–137.

Vahle, Jürgen: Die Rasterfahndung. Zur Zulässigkeit des polizeilichen (automatisierten) Datenabgleichs nach geltendem Recht. In: Die neue Polizei 44 (1990), S. 291–293.

Verdachtskalender: Vortäuschung von Kfz-Diebstählen. In: Deutsches Polizeiblatt 2 (1984), Heft 5, S. 30.

Villmow, Bernhard und Egon Stephan: Jugendkriminalität in einer Gemeinde. Eine Analyse erfragter Delinquenz und Viktimisierung sowie amtlicher Registrierung. Freiburg 1983 (Kriminologische Forschungsberichte aus dem Max-Planck-Institut für ausländisches und internationales Strafrecht Freiburg i. Br. Bd. 6).

Wack, René: Internationaler Transfer illegal erlangter Gewinne: Geldwäsche und Gewinnabschöpfung. In: Bundeskriminalamt (Hrsg.): Organisierte Kriminalität in einem Europa durchlässiger Grenzen. Arbeitstagung des Bundeskriminalamtes Wiesbaden vom 6.–9. November 1990. Wiesbaden 1991 (BKA-Vortragsreihe. Bd. 36), S. 147–162.

Walder, Hans: Kriminalistisches Denken. 4. Aufl. Hamburg 1975.
Waldhelm, Heiner: Kindesmißhandlung. In: Polizei-Führungsakademie, Fachbereich Kriminalistik/Kriminologie (Hrsg.): Kriminologie der Einzeldclikte. Arbeitsergebnisse einer kriminologischen Lehrveranstaltung. Münster 1985, S. 48–60.
Walter, Bernd: Europäischer Enthusiasmus. Grenzüberschreitende Kriminalität im Spannungsfeld zwischen Kontrolle und Liberalisierung des Grenzverkehrs. In: Kriminalistik 43 (1989), S. 66–71.
Weber, Karl-Heinz: Falschgeldherstellung und -verbreitung. In: Polizei-Führungsakademie, Fachbereich Kriminalistik/Kriminologie (Hrsg.): Kriminologie der Einzeldelikte. Arbeitsergebnisse einer kriminologischen Lehrveranstaltung. Münster 1985, S. 344–355.
Wehner, Bernd: Die Latenz der Straftaten (Die nicht entdeckte Kriminalität). Wiesbaden 1957 (BKA-Schriftenreihe. Bd. 1957/1).
ders.: Kube/Störzer/Brugger (Hrsg.), Wissenschaftliche Kriminalistik, Band 16 der BKA-Forschungsreihe, Teilband 1, Wiesbaden 1983, 498 S., Teilband 2, Wiesbaden 1984, 510 S. (Buchbesprechung). In: Kriminalistik 39 (1985), S. 111–112.
ders.: Wollen... sollen... dürfen wir nicht? Zum leidigen Problem Aufklärungsquote. In: Kriminalistik 40 (1986), S. 179.
Weingart, Albert: Kriminaltaktik. Ein Handbuch für das Untersuchen von Verbrechen. Leipzig 1904.
Witkowski, Willi: Vermutung und Verdacht. Ausgangspunkte kriminalistischer Tätigkeit. In: Herbert Schäfer (Hrsg.): Kriminalstrategie und Kriminaltaktik. Hamburg 1973 (Grundlagen der Kriminalistik. Bd. 11), S. 305–326.
Wolter, Jürgen: Heimliche und automatisierte Informationseingriffe wider Datengrundrechtsschutz – Gesamtanpassung vor Gesamtreform von Strafprozeß- und Polizeirecht –. In: Goltdammer's Archiv für Strafrecht 135 (1988), S. 49–90, 129–142.
Zachert, Hans-Ludwig: Organisierte Kriminalität: Strukturen, Bedrohungspotential, Bekämpfungsprobleme. Eine Übersicht. In: Kriminalistik 44 (1990), S. 622–625.
Zbinden, Karl: Kriminalistik. Strafuntersuchungskunde. Ein Studienbuch. München, Berlin 1954 (Kurzlehrbücher für das juristische Studium).
Ziercke, Jörg: Straßenkriminalität. Untersuchung zur Problematik der Verdachtsgewinnung beim ersten Zugriff. In: der kriminalist 20 (1988), S. 93–98.
ders.: Verdacht – Ein Beitrag zur Phänomenologie der Verdachtsentstehung. In: Kriminalistische Studiengemeinschaft e. V. (Hrsg.): Einbruchdiebstahl und Tatverdacht. Einbruchskriminalistik (2). Bremen 1990 (Kriminalistische Studien. Bd. 4/2), S. 107–131.
Zybon, Adolf: Wirtschaftskriminalität – Umfang, Bedeutung und Notwendigkeit ihrer Bekämpfung. In: Peter Poerting (Hrsg.): Wirtschaftskriminalität. Teil 1. Wiesbaden 1983 (BKA-Schriftenreihe. Bd. 52), S. 51–68.

12

Aufklärung von Straftaten als strategische Aufgabe

Jörg Ziercke, Hans-Peter Jansen und Roland Finkel

INHALTSÜBERSICHT

	Rdnr.
A. Einführung	
I. Konzeption: Von der Darstellung über die Analyse zur Strategie	1
II. Gruppen aufklärungsrelevanter Einflußfaktoren	4
1. Einflußfaktoren polizeistruktureller Art	5
2. Einflußfaktoren tatimmanenter Art	6
3. Einflußfaktoren kriminalistischer Art	7
4. Einflußfaktoren polizeiexterner Art	8
III. Analyse und kriminalstrategische Ableitungen	9
IV. Systemansatz zur Aufklärung von Straftaten	10
B. Aufklärungsrelevante Einflußfaktoren und kriminalstrategische Ableitungen	
I. Einflußfaktoren polizeistruktureller Art	
1. Führung	
a) Erkenntnisse moderner Führungslehre	12
b) Analyse strategierelevanter Führungsprobleme	18
c) Kriminalstrategische Ableitungen	31
2. Organisation	
a) Kriminalistisch-kriminologische Erkenntnisse	38
b) Analyse strategierelevanter Probleme	44
c) Kriminalstrategische Ableitungen	52
3. Zuständigkeiten	
a) Kriminalistisch-kriminologische Erkenntnisse	55
b) Analyse strategierelevanter Probleme	58

	Rdnr.
c) Kriminalstrategische Ableitungen	66
4. Personal- und Sachausstattung	
a) Erkenntnisse zur Personal- und Aufgabenentwicklung	72
b) Analyse strategierelevanter Probleme	78
c) Kriminalstrategische Ableitungen	85
5. Aus- und Fortbildung	
a) Kriminalistisch-kriminologische Erkenntnisse	92
b) Analyse strategierelevanter Probleme	101
c) Kriminalstrategische Ableitungen	104
6. Information und Kommunikation	
a) Erkenntnisse zum Sachstand polizeilicher Datenverarbeitung	109
b) Analyse strategierelevanter Probleme	112
c) Kriminalstrategische Ableitungen	117
II. Einflußfaktoren tatimmanenter Art	
1. Täter	
a) Kriminalistisch-kriminologische Erkenntnisse	127
b) Analyse strategierelevanter Probleme	130
c) Kriminalstrategische Ableitungen	138
2. Tatort/Tatörtlichkeit/Tatraum	
a) Kriminalistisch-kriminologische Erkenntnisse	143
b) Analyse strategierelevanter Probleme	148
c) Kriminalstrategische Ableitungen	158
3. Tatzeit	
a) Kriminalistisch-kriminologische Erkenntnisse	162

	Rdnr.
b) Analyse strategierelevanter Probleme	166
c) Kriminalstrategische Ableitungen	170

4. Tatopfer/Geschädigter/Anzeigender/Zeuge
   a) Kriminalistisch-kriminologische Erkenntnisse ... 174
   b) Analyse strategierelevanter Probleme ... 181
   c) Kriminalstrategische Ableitungen ... 184

5. Tatmittel/Tatgüter
   a) Kriminalistisch-kriminologische Erkenntnisse ... 188
   b) Analyse strategierelevanter Probleme ... 193
   c) Kriminalstrategische Ableitungen ... 197

III. Einflußfaktoren kriminalistischer Art

1. Tatortarbeit/Spurensuche
   a) Kriminalistisch-kriminologische Erkenntnisse ... 204
   b) Analyse strategierelevanter Probleme ... 211
   c) Kriminalstrategische Ableitungen ... 219

2. Ermittlungen
   a) Kriminalistisch-kriminologische Erkenntnisse ... 225
   b) Analyse strategierelevanter Probleme ... 232
   c) Kriminalstrategische Ableitungen ... 250

3. Vernehmung
   a) Kriminalistisch-kriminologische Erkenntnisse ... 255
   b) Analyse strategierelevanter Probleme ... 259
   c) Kriminalstrategische Ableitungen ... 262

4. Fahndung/Festnahme
   a) Kriminalistisch-kriminologische Erkenntnisse ... 267

	Rdnr.
b) Analyse strategierelevanter Probleme	270
c) Kriminalstrategische Ableitungen	284

5. Forensisches Verfahren
   a) Kriminalistisch-kriminologische Erkenntnisse ... 287
   b) Analyse strategierelevanter Probleme ... 293
   c) Kriminalstrategische Ableitungen ... 297

IV. Einflußfaktoren polizeiexterner Art

1. Zwischenbehördliche Kooperation
   a) Kriminalistisch-kriminologische Erkenntnisse ... 301
   b) Analyse strategierelevanter Probleme ... 302
   c) Kriminalstrategische Ableitungen ... 308

2. Öffentlichkeitsarbeit
   a) Kriminalistisch-kriminologische Erkenntnisse ... 312
   b) Analyse strategierelevanter Probleme ... 315
   c) Kriminalstrategische Ableitungen ... 319

C. Systemansatz zur Aufklärung von Straftaten

I. Grundsätzliche Fragestellungen zur Nutzanwendung ... 332

II. Systemansatz als Schalenmodell ... 335

1. Kern („Tatimmanente Einflußfaktoren") ... 337
2. Erste Schale („Kriminalistische Einflußfaktoren") ... 338
3. Zweite Schale („Polizeistrukturelle Einflußfaktoren") ... 339
4. Dritte Schale („Polizeiexterne Einflußfaktoren") ... 340

III. Theoretische Überlegungen zum Systemansatz ... 341

IV. Praktische Überlegungen zum Systemansatz ... 342

A. Einführung

I. Konzeption: Von der Darstellung über die Analyse zur Strategie

Die Aufklärung von Straftaten schließt sowohl die Tataufdeckung und -aufklärung als auch die Täterermittlung und -überführung ein. **Tataufdeckung** bzw. -entdeckung wird als das offizielle Wahrnehmen einer Straftat, **Tataufklärung** als polizeilich erfolgreiche Zuordnung der Tat zu einem Täter definiert. Täterermittlung stellt die detektivische Form der Fahndung und Festnahme dar. **Täterüberführung** ist die forensisch beweiserhebliche, lückenlose Präsentation von Personal- und/oder Sachbeweisen.

Die Straftatenaufklärung in diesem umfassenden Sinne als strategische Aufgabe zu problematisieren, erfordert zunächst die Feststellung und Beschreibung der wesentlichen **Einflußfaktoren,** die die Aufklärung von Straftaten verhindern, erschweren, fördern oder überhaupt erst ermöglichen. Im Anschluß an diesen ersten Schritt sind diese Einflußfaktoren dann hinsichtlich ihrer spezifischen Bedeutung für die Aufklärung von Straftaten zu analysieren.

Schließlich werden in einem dritten Schritt **kriminalstrategische Ableitungen** herausgefiltert, die das Ziel haben, den theoretischen strategischen Ansatz für eine verbesserte Straftatenaufklärung operationalisierbar zu machen.

II. Gruppen aufklärungsrelevanter Einflußfaktoren

Dieser konzeptionelle Ansatz führt zunächst zu einer **Differenzierung** nach vier Gruppen von Einflußfaktoren, die für die Aufklärung von Straftaten bedeutsam erscheinen:

1. Einflußfaktoren polizeistruktureller Art

Bei der Gruppe der **Einflußfaktoren „polizeistruktureller"** Art gilt es z. B., Fragen der Führung, der Organisation der Polizei, der Abgrenzung der Zuständigkeiten bei der Bekämpfung von Straftaten zwischen Kriminal- und Schutzpolizei, der Personal- und Sachausstattung der Polizeidienststellen, der Aus- und Fortbildung sowie der Informations- und Kommunikationsstrukturen – hier insbesondere unter dem Aspekt der Mengenproblematik – einer kritischen Betrachtung zu unterziehen. Bei der Einschätzung der hier aufgeführten Faktoren müssen natürlich Besonderheiten in den einzelnen Bundesländern und beim Bundeskriminalamt berücksichtigt werden. Im Rahmen dieser Darstellung kann es – einschränkend – nur darum gehen, die grundsätzlichen Probleme zu verdeutlichen. Die hypothetische Fragestellung lautet dabei jeweils: Auf welche Art, mit welchem Gewicht und mit welchen Auswirkungen ist die Aufklärung von Straftaten abhängig z. B. von der Organisation der Polizei? Oder umgekehrt: Beeinflußt die Organisation der Polizei – positiv oder negativ – die Aufklärung von Straftaten?

2. Einflußfaktoren tatimmanenter Art

6 Des weiteren ist die Gruppe der **Einflußfaktoren „tatimmanenter" Art** zu untersuchen. Gemeint sind damit diejenigen Faktoren, die durch die Polizei nicht unmittelbar, sondern allenfalls mittelbar – z. B. durch Einflußfaktoren polizeistruktureller Art – beeinflußt werden können. Betrachtet werden dabei die bei der Begehung einer jeden Straftat immanent vorhandenen Faktoren wie Täter, Tatort/Tatörtlichkeit/Tatraum, Tatzeit, Tatopfer/Geschädigter/Anzeigender/Zeuge und Tatmittel/Tatgüter. Auch in diesem Bereich wird der Versuch unternommen, den Einfluß dieser Faktoren auf die Aufklärung von Straftaten zu analysieren, um daraus strategische Überlegungen abzuleiten.

3. Einflußfaktoren kriminalistischer Art

7 Gleiches gilt für die **Einflußfaktoren „kriminalistischer" Art.** Dazu zählen Tatortarbeit/Spurensuche, Ermittlungen, Vernehmung, Fahndung/Festnahme und das forensische Verfahren. Auch hier soll die Analyse der dargestellten Einzelfaktoren deren Aufklärungsbeitrag konkretisieren und kriminalstrategische Ableitungen ermöglichen.

4. Einflußfaktoren polizeiexterner Art

8 Schließlich wird die Gruppe der **Einflußfaktoren „polizeiexterner" Art** untersucht. Unter dem Oberbegriff „Zwischenbehördliche Kooperation" werden die Möglichkeiten der Zusammenarbeit im kommunalen und regionalen Bereich hinsichtlich ihrer Auswirkungen auf die Aufklärung von Straftaten problematisiert und einer strategischen Betrachtung zugeführt. Desgleichen wird die polizeiliche „Öffentlichkeitsarbeit" sowohl mit Blick auf die Bürgernähe als auch hinsichtlich des Verhältnisses Polizei – Bürger – Medien eingehend beleuchtet.

III. Analyse und kriminalstrategische Ableitungen

9 Es ist nicht das **Ziel**, in sich abgeschlossene Kriminalstrategien zu entwickeln (Delikts-, Fach- und/oder Regionalstrategien)[1]. Es werden lediglich Bausteine für Kriminalstrategien analysiert, wobei es um die aufklärungsfördernden und -hemmenden Faktoren geht, die die Straftatenaufklärung beeinflussen. Die Faktoren wirken im vervielfachenden Sinne allein, gebündelt oder in gegenseitiger Abhängigkeit. Sie dokumentieren auch, daß es wegen dieses systemischen Zusammenhangs „die" eine Strategie zur Aufklärung von Straftaten nicht geben kann. Aus der Analyse ergeben sich kriminalstrategische Ableitungen, die bei der Entwicklung von Kriminalstrategien zu berücksichtigen sind.

---

1 S. dazu *Schäfer* 1972, *Klink/Kordus* 1986.

IV. Systemansatz zur Aufklärung von Straftaten

Die Nutzanwendung der Analyse der einzelnen Einflußfaktoren und kriminalstrategischen Ableitungen soll zu einem **Systemansatz** geführt werden, der Mitarbeitern in Stabsdienststellen Grundlage bei der Bewältigung des komplexen Problems der Aufklärung von Straftaten sein kann. Vorrangig geht es dabei um die Verdeutlichung des systemischen Zusammenwirkens aller Einflußfaktoren und um die Darstellung der theoretischen und praktischen Grundsätze, die bei der Praxisanwendung dieses Beitrages zu berücksichtigen sind.

Der Systemansatz orientiert sich an einem **Schalenmodell**, das neben der Wechselwirkung aller Einflußfaktoren auch einen Eindruck von den großen Schwierigkeiten bei der Beurteilung der Aufklärungsleistung der Polizei vermittelt.

B. Aufklärungsrelevante Einflußfaktoren und kriminalstrategische Ableitungen

I. Einflußfaktoren polizeistruktureller Art

1. Führung

a) Erkenntnisse moderner Führungslehre

aa) Inwieweit kann durch eine Verbesserung der Führungsleistung aller im Bereich der Kriminalitätsbekämpfung eingesetzten kriminal- und schutzpolizeilichen Führungskräfte die Aufklärung von Straftaten strategisch gefördert werden? Die Beantwortung dieser zentralen Frage ist vor dem Hintergrund des **Wandels in der Führung** seit Ende der sechziger Jahre zu sehen.

bb) Die Führungsrolle wird in erster Linie nicht mehr – wie früher – als das Produkt bestimmter Führungseigenschaften **definiert**, die allen Führungskräften gemeinsam sind bzw. sein sollten, sondern sie wird **als Interaktion** zwischen Führungskräften und Mitarbeitern verstanden.

Darum fragt die moderne **Führungslehre** kaum noch nach den universellen Eigenschaften, durch die sich Führungskräfte von Nicht-Führungskräften unterscheiden, sondern sie widmet sich vorzugsweise etwa folgenden Fragestellungen:
– Wie laufen die Interaktionsprozesse ab?
– Warum akzeptieren Mitarbeiter die eine Führungskraft, warum lehnen sie die andere ab?
– Wie gewinnt die Führungskraft ihre Mitarbeiter für sich?
– Wie motiviert sie sie für die zielgerechte Wahrnehmung der Aufgaben?

15 Bei der Interaktion sind die „Macht" und die „Autorität" der Führungskraft bedeutsam, Bedürfnisse der Mitarbeiter und ihre Motivation, gruppendynamische Prozesse sowie Erkenntnisse der Kommunikationspsychologie und der Konfliktlehre. **Forschungsgegenstand** und -schwerpunkt haben sich in der modernen Führungslehre eindeutig in diese Richtung verändert.[2]

16 cc) Parallel dazu veränderte sich auch das **Führungsverhalten** in der Praxis:
– Stärkere Beteiligung bzw. Einbindung der Mitarbeiter seitens der Führungskräfte durch mehr Information und Kommunikation bei der Wahrnehmung der Führungsfunktionen (Zielsetzung, Planung, Entscheidung, Realisation und Kontrolle) nach dem Motto „Mehr Kooperation" und „Mehr Transparenz";
– Stärkere Förderung der Teamarbeit;
– Bestreben nach gleichzeitigem Erreichen der betrieblichen Sachaufgaben (Lokomotions-Funktion) und der Zufriedenheit der Mitarbeiter (Kohäsions-Funktion) als dem Führungsbegriff immanente Hauptziele;
– Delegation von Aufgaben und Kompetenzen sowie entsprechende Übertragung von Verantwortung.

17 Dies führt dazu, daß der autoritäre **Führungsstil** zunehmend zugunsten eines kooperativen – sozialintegrativen, partnerschaftlichen – Führungsstils abgebaut wird.

b) Analyse strategierelevanter Führungsprobleme

18 aa) Der Sinn, die Ziele und Inhalte des **kooperativen Führungssystems**[3] sind offenkundig vielen Führungskräften noch nicht hinreichend bekannt.

19 Sowohl ein Mangel an Wissen als auch verschwommene Vorstellungen über die Elemente des kooperativen Führungssystems und ihre systemische Wirkung beeinträchtigen das Führungsverhalten **„kooperativer" Führungskräfte** und bewirken Mißverständnisse und Unsicherheiten sowohl im Führungsbereich als auch bei den Mitarbeitern. Kooperative Führungskräfte neigen teilweise dazu, den aufgabenorientierten Führungsaspekt (Erreichen der Sachaufgaben) zugunsten des personenorientierten Aspekts (Erreichen der Zufriedenheit der Mitarbeiter) zu vernachlässigen, obwohl beide Gesichtspunkte in einem ausgewogenen Verhältnis zueinander stehen müssen. Dies setzt allerdings voraus, daß sich die kooperative Führungskraft den dabei laufend entstehenden Konflikten stellt und sie im kritischen Dialog mit den Mitarbeitern durch klare Entscheidungen löst. Hier sind Mängel teilweise nicht zu übersehen.

---

2 *Gordon* 1979 S. 11–20, 25–27.
3 *Altmann/Berndt* 1982 S. 157, 187–231.

Autoritäre Führungskräfte, die in der Regel den aufgabenorientierten 20
Führungsaspekt übermäßig betonen, verweisen auf die dargestellten
Praxisprobleme des kooperativen Führungssystems und qualifizieren es
daher sowie aus Mangel an Grundlagenwissen als „uneffektiv" und „zu
lasch" ab.

Vor diesem Hintergrund ergeben sich in der Praxis teilweise noch vielfäl- 21
tige **Zusammenarbeitsprobleme** bzw. zeit- und kräfteverschleißende Konflikte zwischen autoritären und kooperativen Führungskräften. Gleiches
gilt für die Zusammenarbeit zwischen den Führungskräften und Mitarbeitern, die den Wechsel von entsprechend verschieden agierenden Führungskräften nicht immer bruchlos nachvollziehen können.

bb) Konkretisiert man die mit der Einführung des kooperativen Füh- 22
rungssystems verbundenen Probleme hinsichtlich der in der Kriminalitätsbekämpfung eingesetzten Führungskräfte, so wird vor allem der **Mangel an**
einer von den Führungskräften unter konzeptionellen Gesichtspunkten
regelmäßig durchzuführenden komplexen **Schwachstellenanalyse** des eigenen Aufgaben- und Organisationsbereiches deutlich.

Diese im Dialog mit den Mitarbeitern durchzuführende Führungsmaß- 23
nahme, die die Voraussetzung einer mit den Mitarbeitern gemeinsam abgestimmten **zielorientierten Führung** in der Kriminalitätsbekämpfung darstellt, wird vor allem auf den unteren und mittleren polizeilichen Führungsebenen noch zu häufig vernachlässigt. Da derartige Versäumnisse
dazu führen können, daß die Aufgabenwahrnehmung vorrangig von der
Routine bestimmt wird, neue Aufklärungsansätze, Zusammenarbeitsmöglichkeiten und den aktuellen Gegebenheiten angepaßte Schwerpunktsetzungen nicht oder nur unzureichend genutzt bzw. vorgenommen werden,
ergeben sich daraus negative Folgen für die Kriminalitätsbekämpfung, die
Straftatenaufklärung.

Die dargestellten Defizite dürften sowohl auf die – vorrangig durch Per- 24
sonalprobleme – verursachte **Überlastungssituation** vieler polizeilicher
Führungskräfte als auch darauf zurückzuführen sein, daß in der **Aus- und
Fortbildung** der Aspekt des zielorientierten Führens einschließlich des
Erlernens aufgabenspezifischer konzeptioneller Denk- und Betrachtungsweisen noch allzu sehr vernachlässigt wird.

cc) Diese Defizite gibt es auch auf den höheren polizeilichen Führungs- 25
ebenen. Es fehlt vor allem an einer breiten Praxis der **Kriminalstrategie.**
Ihre Ergebnisse könnten eine weiter in die Tiefe gehende Differenzierung,
Ausformung und inhaltliche Ausgestaltung der theoretischen Grundlagen
bewirken. Die kriminalstrategischen Praxisdefizite sind unterhalb der
Bund-Länder-Ebene, also etwa auf der Ebene der polizeilichen Großstadtbehörden bzw. der ländlich strukturierten (Kriminal-)Polizeibehörden am
größten.[4]

---

4 S. dazu *Schäfer* 1988 S. 263–273.

26 Mit dieser Feststellung korrespondiert die Forderung nach einer von Bund und Ländern gemeinsam getragenen Institution zur Darstellung einer Gesamtlage als Hauptaufgabe. Sie sollte organisatorisch auf der Ebene AG Kripo/BKA in ein Kriminalstabssystem eingegliedert werden. Stümper[5] fordert in diesem Zusammenhang seit 1979 die Einrichtung einer **„Generaldirektion für Innere Sicherheit** (GDIS)".

27 dd) Die unzureichende Wahrnehmung der Führungsfunktion „Kontrolle" durch nachlässig oder leichtgläubig handelnde, unsichere oder verunsicherte Vorgesetzte ist ein weiterer aufklärungsrelevanter Aspekt. Insbesondere jüngeren, häufig dem kooperativen Führungsstil verpflichteten Führungskräften scheint die Bedeutung der **Dienst- und Fachaufsicht** für eine sachgerechte Aufgabenerledigung nicht immer hinreichend klar zu sein. Gleiches gilt für diejenigen Führungskräfte, die erst zu einem sehr späten Zeitpunkt den Wechsel von einer Sachbearbeiter- in eine Führungsfunktion vollzogen und daher große Probleme haben, sich mit der neuen Rolle als Führungskraft zu identifizieren.

28 Die Bandbreite mangelhaften **Kontrollverhaltens** umfaßt
- die zwar durchgeführte, aber plan- und ziellose Kontrolle,
- die kleinkarierte Ansprache relativ belangloser formaler Mängel,
- die Kontrolle, die aus Scheu oder Angst vor unangenehmen Kritikgesprächen trotz festgestellter Mängel ohne Konsequenzen bleibt,
- die Kontrolle, die wegen mangelnder Kommunikationsfähigkeit zur konstruktiven Kritik unterbleibt oder zur Demotivation des Mitarbeiters führt, und
- das fast vollständige Absehen von der Dienst- und Fachaufsicht nach „laissez-faire"-Muster.

29 ee) Führungsprobleme anderer Art sind teilweise auch im Bereich der Schutzpolizei in den Bundesländern festzustellen, in denen die Delikte der sogenannten **„Kleinen Kriminalität"** auf der Ebene der Polizeireviere oder Polizeistationen (-posten) bearbeitet werden. Insbesondere auf der Revierebene fehlt es nicht selten an speziell geschulten Führungskräften, die sich ausschließlich oder vorrangig der Führung des schutzpolizeilichen Ermittlungsdienstes „Kleine Kriminalität" annehmen können. Diese Aufgabe obliegt in vielen Fällen dem Revierleiter; dieser kann sich ihr jedoch angesichts der von ihm führungsmäßig mit zu betreuenden größeren Aufgabenfelder „Sicherheits- und Ordnungsdienst" und „Verkehr" nicht mit der Intensität widmen, die dieses relativ komplexe Aufgabengebiet sowohl hinsichtlich der Gewährleistung einer zielorientierten Führung als auch einer angemessenen Dienst- und Fachaufsicht erfordert.

30 ff) Schließlich sind auf den unteren Führungsebenen der Kriminalpolizei teilweise Mängel bei der Planung und Durchführung **größerer Einsätze**

---

5 *Stümper* 1979 S. 2–5.

– einschließlich fehlender Einsatznachbereitung – festzustellen. Diese Mängel sind nicht auf Ausbildungsdefizite zurückzuführen, da die kriminalpolizeilichen Führungskräfte auf den Fachhochschulen im Fach „Einsatzlehre" ebenso umfassend geschult werden wie ihre Kollegen der Schutzpolizei. Diese Fehler ergeben sich vielmehr aus routinebedingten Unachtsamkeiten und Nachlässigkeiten. Das Problem liegt in der angemessenen Differenzierung zwischen den unterschiedlichen Qualitäten der vielen kleinen Einsätze und dem seltener durchzuführenden größeren Einsatz, der einen entsprechend höheren Planungs- und Befehlsaufwand erfordert.

c) Kriminalstrategische Ableitungen

Wesentliche **strategische Ansätze** für die Verbesserung der Aufklärung von Straftaten ergeben sich im Blick auf den Einflußfaktor „Führung" aus folgendem:

aa) Sinn, Ziele und Inhalte des kooperativen Führungssystems sind im Rahmen der Aus- und Fortbildungsmaßnahmen nicht nur den Führungskräften als „Herrschaftswissen", sondern allen Mitarbeitern zu vermitteln, um das gegenseitige Verständnis für die durch diesen Führungsstil geprägten Maßnahmen und Verhaltensweisen der Führungskräfte zu ermöglichen **(Führungslehre für Geführte)**.

bb) Eine weiter in die Tiefe gehende Ausformung der Elemente des kooperativen Führungssystems für Führungskräfte ist dringend geboten. Dies gilt besonders für die dargestellten Problembereiche „Zielorientiertes Führen/Schwachstellenanalyse" und „Kontrolle". Dabei müssen die polizeilichen Arbeits- und Führungsverhältnisse, und hier wiederum die Besonderheiten für die in der Kriminalitätsbekämpfung eingesetzten Führungskräfte, spezifisch berücksichtigt werden: Es ist eine **„kriminalistische Führungslehre"** für die untere und mittlere Führungsebene zu erarbeiten.

cc) **Kriminalstrategie als Führungslehre** für die höheren Führungskräfte der Kriminalpolizei ist in der Aus- und Fortbildung in noch stärkerem Maße als bisher zu vermitteln.

Es sollte sichergestellt werden, daß die kriminalstrategischen Konzeptionen von **Stabskriminalisten** erarbeitet werden, die für derartige Aufgaben zuvor speziell aus- und fortgebildet worden sind. Eine spezielle Organisation von „Kriminalstäben" hat daher die notwendigen Verzahnungen zwischen der Bund-Länder-Ebene (AG Kripo, BKA) und der Länderebene (Landeskriminalämter) zu gewährleisten. Bei den Landeskriminalämtern wären für kriminalstrategische Aufgaben „Kriminalstäbe" zusätzlich für die Erarbeitung und Umsetzung spezieller Landesstrategien vorzusehen. Eine in diese Richtung zielende Konzeption, die als „Strategie für die Einführung von Kriminalstrategien" bezeichnet werden könnte, hätte die aktuellen organisatorischen Probleme (Straffung der derzeit tätigen Kommissionen, Minderung des Koordinationsaufwandes, Beseitigung von Nahtstellenproblemen zwischen Bundes- und Länderebene) zu berücksichtigen.

36 dd) Die **Führungsorganisation** der Schutzpolizeidienststellen ist zur Verbesserung der Aufklärung von Straftaten zu optimieren. Führungskräfte der Kriminalpolizei könnten z. B. als Leiter schutzpolizeilicher Ermittlungsdienste auf Polizeirevieren eingesetzt werden.

37 ee) Zur Vermeidung der bei der Planung und Durchführung größerer Einsätze festgestellten Mängel auf den unteren kriminalpolizeilichen Führungsebenen sind regelmäßig gezielte Fortbildungsmaßnahmen im Fach „**Einsatzlehre**" durchzuführen.

2. Organisation

a) Kriminalistisch-kriminologische Erkenntnisse

38 aa) Zunächst ist die Frage zu untersuchen, welchen Einfluß die polizeiliche Organisation auf die Aufklärung von Straftaten hat. Dabei sind die Aufbauorganisation und die Ablauforganisation[6] voneinander zu unterscheiden. „**Organisieren**" bedeutet nach *Altmann/Berndt*[7] das Zuweisen von Aufgabengebieten und Zuständigkeiten sowie das Regeln des planmäßigen Ablaufes von Arbeitsvorgängen, um eine Aufbau- und Ablaufsynthese zwischen den einzelnen Organisationselementen herzustellen. Organisieren heißt also, sinnvolle Zuweisungen und Abgrenzungen vorzunehmen, um Aufgaben effektiv zu bewältigen.

39 bb) Die Bestimmung des **Standortes einer Polizeidienststelle** ist auch im Sinne der Aufklärung von Straftaten ein wesentlicher Entscheidungsvorgang. Eine Polizeidienststelle garantiert polizeiliche Präsenz und ermöglicht die schnelle polizeiliche Versorgung des Bürgers. Der Bürger sieht die Polizeidienststelle als Institution formeller Kontrollkompetenz. Straftäter ziehen den Standort einer Polizeidienststelle unter dem Aspekt des Entdeckungsrisikos in ihr Kalkül bei der Planung und Begehung von Straftaten mit ein. Allein schon die Einrichtung einer Polizeidienststelle kann also präventive und repressive Wirkung entfalten. Es ist daher eine wichtige Frage, ob z. B. in Flächenstaaten ein dichtes Netz von kleinen Dienststellen den Kontakt zum Bürger herstellt. Der kurze Weg zur Polizei ist ganz sicher eines der Kriterien zur Erhöhung der Anzeige- und Hinweisbereitschaft des Bürgers. Schon die Zentralisierung polizeilicher Aufgaben auf Kreisebene stellt für den kommunalen Bereich, für die dörfliche Ebene, eine Verringerung der Polizeipräsenz dar mit der Folge eines verminderten Informationsflusses zwischen Bürger und Polizei. In stark urbanisierten Gebieten mag dieses Problem als nicht so gravierend erachtet werden, weil die Polizei dort generell anonymer ist.

40 Um die Nähe zwischen Bürger und Polizei (wieder-)herzustellen, werden in Ballungsgebieten **Revierbezirks-** bzw. **Kontaktbereichsbeamte** eingesetzt. *Walliser*[8] hält dies für „die beste Aufklärungsvoraussetzung".

---

6 S. unten B I 6 (Rdnr. 109 ff.).
7 *Altmann/Berndt* 1983 S. 127.
8 *Walliser* 1986 S. 287.

cc) Der Schutzpolizei ist nach *Herold*[9] die **raumorientierte,** der Kriminalpolizei die **sachorientierte Organisation** zugewiesen. Ob in einem Bereich zweckmäßiger nach kriminalgeographischen oder nach deliktischen Brennpunkten zu organisieren sei, solle nach mathematisch operablen Grenzwerten und Konstanten unterschieden werden: „Organisieren bedeutet stets, die richtigen räumlichen, zeitlichen und sachlichen Grenzen zu ziehen, denn niemand kann ins Grenzenlose organisieren".[10]

dd) Von Bedeutung für zentrale oder dezentrale Organisation ist ferner der Grad der Fachkompetenz, der durch die Polizei vorgehalten wird. Die Spezialisierung der Kriminalpolizei hat z. B. dazu geführt, daß kriminalpolizeiliche Dienststellen in Flächenländern ihre größte Effektivität erst auf höherer kommunaler Ebene entwickeln. Vergleichbares gilt für schutzpolizeiliche Spezialdienststellen (u. a. Verkehrspolizei, Wasserschutzpolizei). Selbst bei günstigsten personellen Voraussetzungen wären Mordkommissionen oder Verkehrsunfall-Dienststellen unter Nutzwert-Gesichtspunkten nicht flächendeckend einzurichten. Für die allgemeine Schutzpolizei ist dagegen flächendeckende Präsenz unabdingbar.

ee) Ein für die Straftatenaufklärung bedeutsamer Aspekt ist auch die **innere Gliederung** der Kriminalpolizeidienststellen. Leitlinie für effektive Grenzziehungen muß die Vermeidung kriminalistischer Informationsverluste sein. Dies führt zu der Frage, ob bzw. inwieweit kriminalpolizeiliche Dienststellen nach strafrechtlichen und/oder nach kriminologischen Gesichtspunkten oder inwieweit sie stärker tat- und/oder täterbezogen gegliedert sein sollten.

b) Analyse strategierelevanter Probleme

aa) Die **organisatorische Integration** von Schutz- und Kriminalpolizei ist als polizeiliche Organisationsform den Bundesländern im „Programm für die Innere Sicherheit in der Bundesrepublik Deutschland" von 1972 („Sicherheitsprogramm") empfohlen worden. Trotz dieser Empfehlungen haben sich die Organisationsstrukturen in den einzelnen Länderpolizeien weiterhin völlig uneinheitlich entwickelt.[11]

Das Sicherheitsprogramm definiert allerdings auch bestimmte **Voraussetzungen** für eine organisatorische Integration, die mit den gewachsenen Strukturen in den Bundesländern kaum in Übereinstimmung zu bringen sind. *Wettschereck*[12] fordert daher zur Suche nach Instrumenten auf, die zwar die Integration fördern, zugleich aber die Unabhängigkeit der zu integrierenden Teilgebiete sicherstellen. Dazu bietet er technologische (Informationssysteme), konzeptionelle (Präventions- und Repressionskonzepte) sowie personelle Integration an (gemeinsame Leitstellen, Pressestellen,

---

9 *Herold* 1977 S. 294.
10 *Herold* 1977 S. 294. S. auch unten B II 2 (Rdnr. 143 ff.).
11 *Bund Deutscher Kriminalbeamter, Landesverband Schleswig-Holstein* 1988 S. 35–64.
12 *Wettschereck* 1986 S. 160.

Führungsstäbe, Informationsauswertung). *Burghard*[13] orientiert seine Überlegungen an einer Bestandsaufnahme der Verbrechenswirklichkeit und dem 1922 beschlossenen, aber in der Weimarer Republik nie realisierten Reichskriminalpolizei-Gesetz. Er weist warnend darauf hin, daß sich bei beliebiger Organisationsform die „Vielzahl begrenzter Organisationseinheiten in der latenten Gefahr befindet, zu einer ebensolchen Vielzahl gegeneinander abgekapselter Arbeitsinseln zu werden, wenn der organisatorischen Abgrenzung nicht ein Element hinzugefügt wird, das seinem Wesen nach grenzenlos ist: die Nachricht, die Information, die grenzüberbrückende Kommunikation."

46 Die sinnvolle Verbindung von Information/Kommunikation mit fachkompetenter Führung der Dienstzweige hat z. B. in Schleswig-Holstein zur **funktionalen Integration** geführt. Aufbauorganisatorisch hat dies zur Konsequenz, daß unter dem Dach des Innenministeriums sowohl auf der Direktions- (den – in Schleswig-Holstein nicht vorhandenen – Regierungsbezirken vergleichbare Ebene) als auch auf der Inspektionsebene (Kreisebene) selbständige Dienstzweige von Kriminal- und Schutzpolizei ohne gemeinsamen Leiter existieren. Die Bedeutung dieser Organisationsform für die Aufklärung von Straftaten läßt sich nicht evident nachweisen. Bei langfristiger kriminalstatistischer Betrachtung konnte die schleswig-holsteinische Landespolizei die absolute Zahl der aufgeklärten Fälle in der Spitzengruppe mit Niedersachsen und weit vor allen anderen Bundesländern am deutlichsten steigern[14], bei der Aufklärungsquote jedoch ist Schleswig-Holstein fast ständig im unteren Drittel der Bundesländer zu finden.

47 bb) Als **Organisationsform auf Bundesebene** ist für die Schutzpolizei der UALEx (Unterausschuß Leitender Exekutivbeamter) zu nennen. Für die Kriminalpolizei nimmt das Bundeskriminalamt – neben der Erfüllung originärer Ermittlungsaufgaben – die Funktion einer Informations- und Kommunikationszentrale wahr. Die Landeskriminalämter sind keine Außenstellen des Bundeskriminalamtes und nicht weisungsgebunden. Zur Koordinierung der Kriminalitätsbekämpfung finden Abstimmungen statt in der AG Kripo (Arbeitsgemeinschaft der Leiter der LKÄ mit dem BKA), dem AK II (Arbeitskreis der Leiter der Polizeiabteilungen in den Innenministerien) und der IMK (Konferenz der Innenminister/-senatoren des Bundes und der Länder).

48 Die Frage, ob durch ein mit den Kompetenzen des früheren **Reichskriminalpolizeiamtes** ausgestattetes Bundeskriminalamt die Aufklärung von Straftaten verbessert werden würde, ist hypothetisch, weil eine zentralistisch organisierte Reichskriminalpolizei erst 1936 von den Nationalsozialisten geschaffen wurde und eine Bewährungsprobe in einem demokratischen Rechtsstaat nicht ablegen konnte. Daher läßt sich nicht nachwei-

---

13 *Burghard* 1982 S. 21.
14 *Bund Deutscher Kriminalbeamter*, Landesverband Schleswig-Holstein 1988 S. 32/33.

sen, daß die vom Bund Deutscher Kriminalbeamter geforderte Bundeskriminalpolizei effektiver wäre als der heutige Polizeiföderalismus. Vor allem aber hat der Verfassungsgeber für die Bundesrepublik Deutschland eine staatspolitische Grundsatzentscheidung gefällt, hinter der Effektivitätsüberlegungen bezüglich einer eventuell stärker als bisher zentralisierten Polizei zurückzutreten haben.

cc) Gravierende Probleme, die sich aus der **föderativen Polizeistruktur** ergeben, sind derzeit vor allem noch bei der Bekämpfung der überregionalen und internationalen Banden- und Organisierten Kriminalität festzustellen. Es fehlt ein zwischen Bund und Ländern abgestimmtes strategisches Konzept, das – unter Beibehaltung der föderativen Organisationsstruktur der Polizei – dem Bundeskriminalamt und den Landeskriminalämtern eindeutige Weisungskompetenzen einräumt, um in solchen Fällen über eine zentrale Ermittlungsführung – einschließlich personeller und logistischer Konsequenzen – zügig und ohne Reibungsverluste entscheiden zu können.

Ein derartiges Konzept zwingt überdies zu vorher mit den Justizressorts abgestimmten Regelungen, die es ermöglichen, solche Ermittlungsverfahren auf einfachere und damit effektivere Weise als bisher derjenigen **Staatsanwaltschaft** als Sammelverfahren zu übertragen, die im Bereich der mit der zentralen Ermittlungsführung beauftragten Dienststelle der Kriminalpolizei zuständig ist.

dd) Auf **europäischer** und **internationaler Ebene** wird die Aufklärung von Straftaten vor allem durch unterschiedliche Rechtssysteme, Organisationen und Zuständigkeiten negativ beeinflußt. Auch dort, wo der Abbau europäischer Grenzkontrollen (nach dem Schengener Abkommen) vordergründig Grenzbarrieren beseitigt, wird die Strafverfolgung – vor allem im Fahndungsbereich – erschwert. Neben der weltweit als reine Informationszentrale operierenden **IKPO-INTERPOL** wäre auf europäischer Ebene die Einrichtung einer mit Exekutivbefugnissen ausgestatteten Ermittlungsbehörde vonnöten („EUROPOL"), die durch Beschlüsse der zuständigen europäischen Gremien nach Einigung der nationalen Regierungen zustande kommen müßte. *Boge*[15] fordert ein „Europäisches Kriminalamt". Vorläufer könnte nach seinen Vorstellungen eine europäische Fahndungsunion sein, die als Auskunfts- und Fahndungszentrale die Keimzelle eines „Europäischen Kriminalamtes" wäre. Derzeit ist jedoch nicht erkennbar, daß europäische Nationen auf nationale Hoheitsrechte verzichten und Kompetenzen abzutreten bereit wären.

c) Kriminalstrategische Ableitungen

aa) Als strategischer Ansatz zur Verbesserung der Aufklärung von Straftaten bietet sich eine **Aufbauorganisation** an, die

---

15 *Boge* 1985 S. 44/45.

- **flächendeckend** ist, weil sichtbare polizeiliche Präsenz und schnelle polizeiliche Hilfe das subjektive Sicherheitsempfinden des Bürgers stärken,
- **brennpunktorientiert** ist, weil der kurze Weg zwischen Dienststelle und Tatort aufklärungsentscheidend sein kann,
- **kriminalgeographisch orientiert** sein muß, weil andere Grenzziehungen die kriminogenen Strukturen eines Raumes außer acht lassen würden,
- **länderübergreifend** angelegt sein muß, weil der mobile überregionale Täter sich seiner Entdeckung sonst entziehen würde,
- **international** (europäisch) konzipiert werden muß, weil zumindest in Fällen schwerer und schwerster Kriminalität mangelnde internationale Zusammenarbeit die Aufklärung derartiger Straftaten mehr und mehr behindert.

53 bb) Dieser strategische Ansatz für eine polizeiliche Aufbauorganisation folgt der Prämisse, daß die Zentralisierung polizeilicher Informationen in einem bundesweiten **Datenverbundsystem** mit der Dezentralisierung sowohl der Informationseingabe als auch der Informationsausgabe/Informationsnutzung korrespondiert. Betrachtet man in diesem Sinne die polizeiliche Organisation im wesentlichen als Informations- und Kommunikationsproblem, dann verträgt sich jede Organisationsform, weil die Information ihrem Wesen nach grenzenlos ist. Insoweit ist der Grad der zu zentralisierenden oder zu dezentralisierenden Funktionen abhängig von der spezifischen Kriminalitätsstruktur eines Bereiches oder einer Region.

54 cc) Unter dem Aspekt der Integration von Schutz- und Kriminalpolizei ist strategisch von Bedeutung, welchen Grad der **Spezialisierung die Kriminalpolizei** und welchen Grad der **Professionalisierung die Schutzpolizei** erreichen muß, um die für die Aufklärung von Straftaten bedeutsamen Nahtstellen zu bewältigen, nämlich die Einmaligkeit und Unwiederbringlichkeit der Tatortsituation beim Ersten Angriff sowie bei den nachfolgenden Ermittlungen. Der wesentliche strategische Ansatz einer aufklärungsorientierten Organisation von Schutz- und Kriminalpolizei ist die Maximierung der Informationsgewinnung unmittelbar nach Bekanntwerden des Tatereignisses sowie die Informationsrückkopplung im Laufe weiterer Ermittlungen.

3. Zuständigkeiten

a) Kriminalistisch-kriminologische Erkenntnisse

55 aa) Die Zuweisung von Straftaten in die **Bearbeitungskompetenz** der Kriminalpolizei oder der Schutzpolizei könnte eine Ursache für gute oder schlechte Aufklärungsergebnisse sein. Diese Überlegung ist vermutlich eher eine Frage des persönlichen Standpunktes als das Ergebnis repräsentativer Analysen der Gesamtkriminalität eines Bereiches. Gleichwohl spielen Zuständigkeiten bei der Kriminalitätsbekämpfung eine wichtige Rolle.[16]

---

[16] Vgl. dazu *Burghard* 1982 S. 40, *Krüger* 1988 S. 239 ff.

So zeigt sich seit vielen Jahren, daß in den Bundesländern die **Zuständig-** 56
keitsabgrenzungen völlig unterschiedlich geregelt sind[17]. Je nach Zuweisung – von der Gesamtkriminalität in den Stadtstaaten und einigen Großstädten in Flächenländern über die mittlere und schwere Kriminalität bis hin zu nur der schweren Kriminalität – bearbeitet die Kriminalpolizei zwischen 20 % und 100 % der Delikte. Es dürften eher betriebspsychologische und historische als strategische und konzeptionelle Überlegungen gewesen sein, die zu diesem diffusen Bild geführt haben und die mit föderalistischen Notwendigkeiten nicht zu begründen sind. Besserung ist nicht in Sicht.

bb) *Burghard*[18] verweist darauf, daß selbst die oberste Zentrale der Krimi- 57
nalitätsbekämpfung in der Bundesrepublik – das Bundeskriminalamt – im Grunde nur eine Nachrichtensammel- und -auswertungsstelle geblieben ist, abgesehen von wenigen originären Ermittlungszuständigkeiten. Weder das Bundeskriminalamt noch die Landeskriminalämter haben die erforderlichen **Weisungsbefugnisse** spartenübergreifender Art. Nur die AG Kripo hat mit ihren Beschlüssen „eindrucksvolle Beispiele für die Richtigkeit der Aussage geliefert, daß fachliche Einsicht und Vernunft immer praktikable Regelungen schaffen können". Aber schon auf der – politischen – Ebene des AK II und insbesondere der IMK greifen oft genug politische, häufig auch parteipolitische Aspekte und neutralisieren bzw. eliminieren fachliche Notwendigkeiten. *Schuster*[19] fordert: „Für eine geteilte Zuständigkeitsregelung müssen kriminalistisch-kriminologische Gesichtspunkte vorherrschend sein."

b) Analyse strategierelevanter Probleme

aa) Zur Begründung der jeweiligen Zuständigkeitsabgrenzungen hat man 58
sich angesichts des Defizits an repräsentativen Untersuchungen dazu fast regelmäßig nur auf kriminalistisch-kriminologisches Erfahrungswissen berufen, und bundeseinheitliche Regelungen sind bislang ausgeblieben. Ein Grund dafür könnte in der vordergründigen Argumentation der **Überlastung der Kriminalpolizei** sowie der **Orts-, Personen- und Strukturkenntnisse der Schutzpolizei** liegen. Die Überlastung der Kriminalpolizei kann zwar Zwischenlösungen erfordern, aber keine Fach- oder Deliktsstrategien ersetzen. Im Blick auf die Orts-, Personen- und Strukturkenntnisse der Schutzpolizei bleibt nach wie vor die Frage offen, warum in einigen von der Schutzpolizei bearbeiteten Deliktsbereichen mit überproportional hohem Anteil an örtlichen Tätern die Aufklärungsquoten so niedrig sind.[20]

---

17 *Bund Deutscher Kriminalbeamter*, Landesverband Schleswig-Holstein 1988 S. 146–171.
18 *Burghard* 1982 S. 22.
19 *Schuster* 1984 S. 638.
20 Vgl. z. B. Polizeiliche Kriminalstatistik 1987 für die Bundesrepublik:
   Diebstahl insgesamt an Kfz: 8,0 %;
   Fahrraddiebstahl insgesamt: 11,5 %;
   Sachbeschädigung an Kfz: 18,5 %;
   S. dazu auch *Schäfer* 1984 S. 470.

59 bb) **Weitere Überlegungen** gehen dahin, die fallbearbeitenden Kriminalbeamten außerhalb der Bürodienstzeit in eine „Gefahrengemeinschaft" mit der vorwiegend auf der Straße „präsenten" und „bekämpfenden" Schutzpolizei zu tatrelevanten Zeiten vor Ort einzubinden. In Nordrhein-Westfalen soll der Bearbeitungsanteil der Schutzpolizei von 30 % auf 50 % angehoben werden, „weil für die Bearbeitung dieser Delikte keine speziellen kriminalpolizeilichen Erkenntnisse erforderlich sind", obwohl dies wiederum zu Lasten des Außendienstanteils der sachbearbeitenden Bezirksbeamten gehen müßte. Die dadurch erwartete Entlastung der Kriminalpolizei soll zur besseren Tatortarbeit, zu verstärkter Bekämpfung insbesondere des Organisierten Verbrechens und zur Aufstellung von Operativgruppen führen, die zur Bekämpfung von Intensivtätern, aber auch als Reserve der Abteilung – K – eingesetzt werden könnte.[21]

60 Derartige Überlegungen verkennen offensichtlich die tatsächliche **Ermittlungspraxis der Kriminalpolizei** zur Tages- und Nachtzeit. Kriminalistisches Fachwissen, die zentrale kriminalpolizeiliche Organisation sowie die vorhandene kriminalpolizeiliche Infrastruktur (insbesondere hinsichtlich der Information und Kommunikation) sind für die Bekämpfung zumindest der mittleren und schweren Kriminalität wegen der Zusammenführung der deliktsübergreifenden Erkenntnisse und zur Ermittlung und Überführung überörtlicher Täter und von Serientätern unentbehrlich.

61 cc) Es läßt sich darüber streiten, ob aus Gründen der Effektivität oder der Einheit der Polizei oder der Betriebspsychologie ein jeweiliger **Bearbeitungsanteil von 50 %** für Kriminal- und Schutzpolizei eine sachdienliche Entscheidung ist.

62 Man kann dem **Sicherheitsprogramm** zustimmen, das der Schutzpolizei in allen ländlichen und städtischen Gebieten in den der Kriminalpolizei zugewiesenen Aufgabenbereichen den Ersten Angriff und die Mitwirkung bei Fahndungen zuweist[22] und das des weiteren die Situation bei der Zuständigkeitsabgrenzung beschreibt, wonach die Schutzpolizei in der Mehrzahl der Länder die „kleine" bis zur „mittleren" Kriminalität selbständig bearbeitet[23]. Lösungsansätze[24] zur Beseitigung der Zuständigkeitsproblematik lassen sich aus dem Sicherheitsprogramm jedenfalls nicht ableiten.

63 dd) Unter betriebspsychologischen Aspekten muß auch das spartenspezifische Verhältnis zwischen **kriminalpolizeilichen** und **schutzpolizeilichen** Sachbearbeitern betrachtet werden. Die Frage nach dem **Image** berührt die Motivation und damit die Effektivität. Zuständigkeitsregelungen sind auch ein psychologischer Faktor. Sie dürfen jedoch keine Informationsbarrieren zwischen Kriminal- und Schutzpolizei aus spartenegoistischen Motiven aufrichten.

---

21 *Wettschereck* 1983 S. 10–12.
22 Programm für die Innere Sicherheit I. 2.1.4.
23 Programm für die Innere Sicherheit I. 2.1.2.
24 *Matussek/Koschny/Meyer* 1985 S. 415 ff., 504 ff.

64 Auch innerhalb der Kriminalpolizei differiert die **Werteskala der** zu bearbeitenden **Delikte** nach Mitarbeitern mit scheinbar wichtigen und scheinbar nicht so wichtigen Aufgaben. Der Sachbearbeiter in der Mordkommission bzw. der Wirtschaftskriminalist sieht sich in der internen Werteskala weit oben, während sich der Sachbearbeiter im Kfz-Diebstahls-Kommissariat eher am unteren Ende der Skala einstuft. Daraus kann eine unterschiedliche Intensität in der Ermittlungsarbeit erwachsen. Dieses Phänomen ist insbesondere in Arbeitsbereichen mit Massenkriminalität zu beobachten, und zwar sowohl bei der Kriminal- wie auch bei der Schutzpolizei.

65 Unter Motivationsaspekten wird die Auffassung vertreten, die Werteskala der Delikte durch **Zuständigkeitsverlagerung** derart zu verändern, daß die bei der Kriminalpolizei am unteren Ende der Werteskala rangierenden Delikte der Schutzpolizei zur Bearbeitung übertragen werden, da sie dort im oberen Bereich der Werteskala eingestuft würden. Dies hätte zur Folge, daß die Kriminalpolizei eine Vielzahl von Delikten der mittleren Kriminalität nicht mehr zu bearbeiten hätte, sondern nur noch gravierende Bereiche der mittleren Kriminalität. Eine weitere Konsequenz wäre, daß der Schutzpolizei Deliktsbereiche übertragen würden, die ganz wesentlich durch geringe Aufklärungsquoten gekennzeichnet sind und – unabhängig von einer Werteskala – dadurch zu neuen Motivationsverlusten führen könnten. Außerdem ist bereits heute feststellbar, daß die zum oberen Teil der schutzpolizeilichen Werteskala gehörenden Delikte durch relativ schwache Aufklärungsquoten gekennzeichnet sind. Die Erwartung, daß durch eine weitere Übertragung schwer aufklärbarer Delikte unter Motivationsaspekten bessere Aufklärungsergebnisse zu erzielen wären, ist daher trügerisch. Vielmehr ist im Hinblick auf die Auslastung der personellen Kapazitäten auch der Schutzpolizei davon auszugehen, daß Steigerungen der Aufklärungsleistung nicht erbracht werden können. Wahrscheinlich ist, daß die bereits heute in Teilen schwache Aufklärungsquote weiter absinken würde.

c) Kriminalstrategische Ableitungen

66 aa) Eine **wissenschaftliche Untersuchung** mit dem Ziel, allgemeingültige Kriterien für die Festlegung von Zuständigkeiten in der Kriminalitätsbekämpfung herauszufiltern, ist unverzüglich in Angriff zu nehmen.

67 bb) Begleitende **Schwachstellenanalysen** auf regionaler Ebene zum Sicherungsangriff der Schutzpolizei bei eigener Endbearbeitung und zum Ersten Angriff bei Endbearbeitung durch die Kriminalpolizei sind unter den Aspekten der weiteren Ermittlungen und der Anforderungen im forensischen Verfahren durchzuführen.

68 cc) Besondere Aufmerksamkeit erfordern aus strategischer Sicht Delikte mit überproportional **örtlicher Täterklientel** und – untypisch – geringer Aufklärungsquote insbesondere im Hinblick auf schutzpolizeiliche Zuständigkeiten.

69 dd) Eine Konzeption ist zu entwickeln für **ablauforganisatorische Regelungen**, die Zuständigkeitsabgrenzungen zwischen Kriminal- und Schutzpolizei als Informationsbarrieren begreift und durch institutionalisierte Informationsprozesse überwinden hilft. In diese Konzeption sind nicht zuletzt auch die polizeiexternen Fachdienststellen bei Bundespost, Bundesbahn, Steuerfahndung, Staatsanwaltschaft pp. einzubeziehen.

70 ee) **Flexiblere Dienstzeiten** sind bei der Kriminalpolizei in Korrespondenz mit der Tatzeithäufigkeit zu erproben, um Nahtstellenprobleme durch den Ersten Angriff der Schutzpolizei abbauen zu helfen.

71 ff) Die **Zuständigkeitsübertragung** von Delikten von der Kriminalpolizei auf die Schutzpolizei sollte aus betriebspsychologischen Gründen erprobt werden, wenn – bis zur Endbearbeitung im Einzelfall – ein Aufklärungserfolg der Schutzpolizei sich abzeichnet und zusätzliche kriminalistische Anforderungen nicht zu erfüllen sind.

4. Personal- und Sachausstattung

a) Erkenntnisse zur Personal- und Aufgabenentwicklung

72 aa) Die wichtigsten Einflußfaktoren für eine erfolgreiche Aufklärungsarbeit der Polizei sind sicherlich im Umfang der zur Verfügung stehenden **Finanzmittel** für die Personal- und Sachausstattung zu sehen. Die Höhe des jährlichen Polizeihaushaltes dokumentiert den Stellenwert der Polizei im politischen Bereich maßgeblich.

73 Die im Sicherheitsprogramm definierte Meßgröße der **Polizeidichte** von 1:400 ist bundesweit der Gradmesser für die polizeiliche Versorgung der Bevölkerung[25]. Dies ist jedoch nur eine Vergleichsgröße, die mit der tatsächlichen Polizeipräsenz auf lokaler oder regionaler Ebene nichts zu tun hat. Zur Zeit gewährleisten auf Bundesebene ca. 175 000 Polizeivollzugsbeamte der Schutz- und Kriminalpolizei (ohne Bundesgrenzschutz) den polizeilichen Schutz der Bevölkerung. Die erwähnte Meßgröße der Polizeidichte schwankt von 1:405 in Nordrhein-Westfalen und Rheinland-Pfalz (den Flächenländern) bis zu 1:149 in Berlin[26].

74 bb) Steigende Kriminalität oder andere Aufgabenzuwächse für die Polizei führen stets zu Personalforderungen, da die polizeilichen Aufgaben sonst nicht mehr zu bewältigen seien. Diese Argumentation wird für den Bereich der Kriminalitätsbekämpfung regelmäßig und vorrangig mit dem Hinweis auf sinkende Aufklärungsquoten geführt. Gleiches gilt für **Forderungen** nach besserer Sachausstattung, wenn es um Kraftfahrzeuge, Boote, Funkgeräte, Personalcomputer, die Büroausstattung oder die persönliche Ausrüstung des Beamten geht sowie auch für die räumliche Unterbringung.

---

25 Programm für die Innere Sicherheit IV. 1.
26 Polizeidichte 1988 S. 214.

cc) Die Gesamtbevölkerung in der Bundesrepublik wird wegen des relativ schwachen Rückganges der Gesamteinwohnerzahl (**demographische Kurve**) bis zum Jahr 2000 noch relativ konstant bleiben (59 Mio. Einwohner). Bis 2030 wird die deutsche Wohnbevölkerung jedoch wahrscheinlich auf 41 Mio., im Jahre 2040 auf 38 Mio. zurückgehen. Dagegen soll die ausländische Wohnbevölkerung von 4,6 Mio. in 1985 auf ca. 7 Mio. im Jahr 2015 ansteigen[27]. In den einzelnen Bundesländern wird es unterschiedliche Entwicklungen geben. Das Durchschnittsalter der Wohnbevölkerung von 38,8 Jahren in 1978 wird im Jahr 2000 bei 42,6 Jahren und 2020 bei ca. 44,8 Jahren liegen.

Die **Kriminalitätsentwicklung** und die Entwicklung der Aufgaben der Polizei im Straßenverkehr werden bis zum Jahre 2000 steigenden Personalbedarf zur Folge haben, da eine echte Aufgabenreduzierung nicht eintritt. Bis zum Jahre 2030 wird allerdings ein Personalrückgang von ca. 25 % prognostiziert.

Die demographische Entwicklung wird im Hinblick auf die Altersstruktur der Bevölkerung in den neunziger Jahren zu einer „**Personallücke**" von ca. 100 000 Sicherheitskräften führen (einschließlich Bundeswehr). Dabei ist zu berücksichtigen, daß unter heutigen Bedingungen für eine qualifikationsgerechte Personalauslese eigentlich ein jährlicher Zusatzbedarf von 50 000 Bewerbern besteht.

Diese bevölkerungsstatistischen Prognosedaten und Fakten haben wegen ihrer strukturellen Auswirkungen (Altersstruktur, Ausländeranteil, Personalbedarf der Polizei) für die Bewertung polizeilicher Aufklärungsleistungen eine besondere Bedeutung.

b) Analyse strategierelevanter Probleme

aa) Aus strategischer Sicht ist bedeutsam, ob der scheinbar so logische Zusammenhang zwischen steigender Kriminalität und – möglichst **linearer** – **Personalverstärkung** richtig ist, um die Innere Sicherheit durch erfolgreiche Prävention und Repression zu gewährleisten. Zunächst ist offenkundig, daß eine pauschale Betrachtung der Gesamtkriminalität den sehr unterschiedlichen Kriminalitätsstrukturen und den sich aus ihnen ergebenden unterschiedlichen Arbeitsbelastungen nicht gerecht werden kann. Eine prozentual-lineare Verstärkung, abgeleitet von der Kriminalitätsentwicklung, kann daher nicht stimmig sein: 50 % mehr Kriminalität erfordern sicher nicht 50 % mehr Personal. Das aktuelle Beispiel der massiven Zunahme der Kraftfahrzeugdelikte, die inzwischen den Charakter eines Massendeliktes gewonnen haben, zeigt, daß der Ruf nach prozentual-linearer Personalverstärkung nicht richtig sein kann. Da es unmöglich ist, zu jeder Zeit an jedem Ort ausreichende polizeiliche Präsenz bereitzuhalten,

---

27 Die Auswirkungen 1985 S. 270 ff.

sind Kraftfahrzeugdelikte als Gelegenheitstat oder auch als bandenmäßig organisiertes Delikt wegen des Überangebots potentieller Tatobjekte auch bei verstärktem Personaleinsatz nur mit relativem Mehrerfolg zu bekämpfen. Der Personaleinsatz hätte sich dabei vorzugsweise sowohl auf den Bereich der verdeckten Fahndung mit dem Ziel der Festnahme auf frischer Tat als auch auf den Bereich der nachfolgenden Ermittlungen mit dem Ziel des Nachweises von Serien zu erstrecken.

79 bb) An diesem Beispiel (Rdnr. 78) wird deutlich, daß **absolute Innere Sicherheit** in einem freiheitlich-demokratischen Rechtsstaat im Sinne einer kriminalitätsfreien Gesellschaft nicht möglich sein kann. Selbst Polizeistaaten bzw. Diktaturen produzieren die ihnen eigene Kriminalität. Auch die kaum zu beantwortende Frage, wann die Innere Sicherheit wirklich gefährdet ist, welche Indikatoren tatsächlich faktische Innere Unsicherheit signalisieren, macht deutlich, daß das Argument der prozentuallinearen Personalverstärkung nicht schlüssig, weil undifferenziert ist.

80 cc) Um Mißverständnissen vorzubeugen, ist darauf hinzuweisen, daß selbstverständlich ein direkter **Zusammenhang zwischen Personalausstattung und effektiver Polizeiarbeit** besteht, was u. a. aus dem eigenen Aufklärungsanteil der Polizei in bestimmten Deliktsbereichen, vor allem aber bei der Bekämpfung der schweren Kriminalität deutlich wird. Die strategischen Fragestellungen lauten:
– Wie groß muß eine angemessene Personalverstärkung im Verhältnis zur Zunahme des Aufgabenvolumens sein?
– Welche Maßstäbe werden für die qualitative Erledigung der übertragenen Aufgaben angelegt?
– Welche Aspekte sind bei gezielten Personalverstärkungsmaßnahmen von Bedeutung?
– Welche – u. a. deliktischen – Spezialitäten führen zu Personalverstärkungsüberlegungen?

81 Die zu diesem Problem bisher angestellten internen **Untersuchungen** scheiterten letztlich alle an der Tatsache, daß Kriminalität nicht nur einen quantitativen, sondern vor allem den qualitativen Aspekt hat: Fall ist nicht gleich Fall. Hinzu kommt die weitere Tatsache, daß polizeiliche Arbeit unvorhersehbare Spitzenbelastungen mit zeitlich nicht einzugrenzendem Arbeitsaufwand mit sich bringt. Auch die nicht quantifizierbare Größe der Präventionsleistung der Polizei, die sich nicht in „harten" Vorgangs- und Aufklärungszahlen niederschlägt, erschwert eine exakte Berechnung des notwendigen Personalbedarfs erheblich.

82 Die neuen Formen der Straftatenbegehung in den Bereichen Wirtschafts-, Rauschgift-, Computer-, Umwelt- und Organisierte Kriminalität erfordern nicht nur mehr, sondern vor allem **mehr qualifiziertes Personal**, und zwar im Beamten- wie im Angestelltenbereich. Dieser Zusammenhang zwischen Polizeiarbeit und ihrer Personal- und Sachausstattung ist wegen der evidenten Sozialschädlichkeit dieser Kriminalitätsformen leicht

einzusehen. In diesen Bereichen müssen sich Spezialisierung und Professionalisierung der Polizei besonders beweisen.

Flexibler Personaleinsatz, verbunden mit Personalumschichtungen, ist der zur Lösung dieser Probleme auf Bundesebene erkennbare Trend. 83

Wegen Überlastung der Kriminalpolizei werden **schutzpolizeiliche Kräfte** verstärkt im Fahndungsbereich und zum Teil im Ermittlungsbereich eingesetzt. Ohne angepaßte Konzeptionen ist jedoch eine deutliche Auswirkung auf eine verbesserte Aufklärung von Straftaten nicht zu erkennen. Zugweise eingesetzte sporadische Raumstreifen von Kräften der Bereitschaftspolizei, verstärkter Einsatz von Bezirks-, Kontakt- und Ermittlungsbeamten im örtlichen Außendienst, die Einrichtung von Fahndungsgruppen oder Zivilstreifenkommandos, von gemeinsamen Ermittlungsgruppen der Kriminal- und Schutzpolizei, der meistens kurzfristige Einsatz von Schutzpolizeibeamten in kriminalpolizeilichen Organisationseinheiten u. ä. m. mögen als hilfreiche Unterstützung angesehen werden. Ob diese Maßnahmen in einem strategischen Sinne der Aufklärung von Straftaten auf Dauer dienlich sind, muß angesichts einer fehlenden Personalverwendungsplanung bezweifelt werden. 84

c) *Kriminalstrategische Ableitungen*

aa) Kontinuierliche Personalbeschaffungsplanung 85

Qualitative und quantitative Aufgabenzuwächse erfordern die Rekrutierung leistungsstarker Mitarbeiter für die Polizei. Das intellektuelle Anspruchsniveau für den Polizeiberuf steigt. Die Werbung um den Polizeinachwuchs, die Auswahl der Kandidaten sowie deren Aus- und Fortbildung erfordern ein professionelles Konzept, das auch bei – angesichts der demographischen Kurve (Rdnr. 75) – zu erwartenden rückläufigen Bewerberzahlen in den neunziger Jahren die Personalausstattung in quantitativer und qualitativer Hinsicht gewährleistet. Dabei ist schon bei der Auswahl von Bewerbern für die unterschiedlichen Dienstzweige der Polizei sowie innerhalb der Dienstzweige im Rahmen einer Bedarfsprognose für spezifische Aufgabenfelder nicht nur auf den Allround-Polizisten Wert zu legen, sondern in stärkerem Maße als bisher auf Bewerber mit polizeinützlicher Berufserfahrung[28].

bb) Flexible Personalverteilungsplanung 86

Modelle zur Personalverteilung orientieren sich bei der **Schutzpolizei** in der Regel an der Zahl der zu betreuenden Einwohner, wobei sich Unterschiede aus der Polizeiorganisation, aus der räumlichen Ausdehnung eines Zuständigkeitsbereiches, aus besonderen geographischen Verhältnissen, aus der Siedlungs-, Wirtschafts- und Verkehrsstruktur, aus der Verkehrsunfallhäufigkeit, aus dem Kriminalitätsanfall oder aus weiteren sozial-

---

28 *Helfer/Sibel* 1975 S. 900/901 (Bd. 4).

strukturellen Besonderheiten ergeben können. Die Personalverteilung bei der **Kriminalpolizei** orientiert sich vornehmlich an statistischen Werten wie Vorgangsbelastung, Zahl der ermittelten Täter, Zahl der aufgeklärten Fälle, Häufigkeits- und Kriminalitätsbelastungszahlen, Einwohnerzahlen als quantitativem Bestimmungsfaktor für potentielle Täter und Opfer, Ausdehnung des Zuständigkeitsbereiches u. a. m. In der Regel werden diese Indikatoren unterschiedlich gewichtet. Problematisch ist bei allen Personalverteilungskonzepten die Gewichtung von Belastungen, die durch Zahlen nicht konkretisiert werden können (z. B. saisonale Spitzenbelastungen oder regionale kriminogene Strukturen).

87   Ein strategisch angelegtes Personalverteilungskonzept ist auf die einzelnen Deliktsbereiche im Hinblick auf ihren durchschnittlichen Zeit- und Personalbedarf auszurichten. Andere **Berechnungsfaktoren** sollten dahinter zurücktreten. Ziel ist ein Personalbedarfskonzept, das zumindest **mittelfristig**, wegen finanz- und haushaltsmäßiger Notwendigkeiten jedoch besser noch **langfristig** angelegt sein sollte.

88   cc) **Mitarbeiterspezifische Personalverwendungsplanung**
Die Aufklärung von Straftaten ist ohne Zweifel abhängig vom Einsatz „des richtigen Mannes am richtigen Platz". Der breiten Verwendung des Berufsanfängers vor einer dann folgenden Spezialisierung kommt daher besonderes Gewicht zu. Die Definition einer Verwendungsdauer in der speziellen Funktion, die durch entsprechende Aus- und Fortbildung vorbereitet wurde, ist konzeptionell anzugehen.

89   Dabei kann die **horizontale** Verwendungsplanung, der Wechsel des Aufgabengebietes nach längerer Zeitdauer, innovative Kräfte in der Polizei freisetzen. Die **vertikale** Verwendungsplanung zielt dagegen auf die Förderung leistungsstarker Beamter für die mittlere und höhere Führungsebene ab. Dies gilt sowohl für den Laufbahnwechsel vom mittleren in den gehobenen und vom gehobenen in den höheren Dienst als auch für den Wechsel von der Schutz- zur Kriminalpolizei.

90   Zu einer **dienstzweigübergreifenden** Verwendungsplanung zwischen Schutz- und Kriminalpolizei würde gehören, daß der junge Schutzpolizeibeamte nach Absolvierung seines Fachlehrganges im Sinne der Fortbildung eine nicht zu kurze Zeit (etwa 1 Jahr) als hospitierender Sachbearbeiter bei der Kriminalpolizeidienststelle seines späteren Zuständigkeitsbereiches eingesetzt wird. Nur so ist der Transfer des erforderlichen polizeilichen Wissens über die Kriminalitätsstruktur eines Bereiches auf effektive Weise möglich, nur so können auch Spartenegoismen und Vorurteile abgebaut werden. Umgekehrt müßte der kriminalpolizeiliche Seiteneinsteiger eine vergleichbare hospitierende Fortbildung im schutzpolizeilichen Bereich absolvieren.

91   dd) **Progressive Sachmittelplanung**
Die Sachmittelplanung muß sich qualitativen Veränderungen schneller als bisher anpassen. Der neueste Stand der technischen Entwicklung muß das

polizeiliche Planungsziel sein. Dies gilt insbesondere für den kriminaltechnischen Bereich, dessen Bedeutung für die Täterüberführung vor Gericht gerade in den letzten Jahren in ungeahnter Weise zugenommen hat. Rückständigkeit zeichnet ganz allgemein auch die polizeiliche Bürokommunikation aus. Diese Erkenntnis muß dazu führen, daß system- und organisationsanalytische Untersuchungen in repräsentativen Behörden, Dienststellen und Aufgabenbereichen der Polizei erfolgen.

5. Aus- und Fortbildung

a) Kriminalistisch-kriminologische Erkenntnisse

aa) Der Zusammenhang zwischen der Aufklärung von Straftaten und der Aus- und Fortbildung der Polizeibeamten ist evident. Die Entwicklung des geistigen Potentials der Polizeibeamten ist die Ressource, die in der **Ausbildung** die Vermittlung wissenschaftlicher Erkenntnisse und Methoden sowie der berufspraktischen Fähigkeiten und Kenntnisse überhaupt erst ermöglicht. Ausbildungsinhalte und Ausbildungsziele sind daher in hohem Maße dynamisch, um die kontinuierliche Anpassung an die sich ständig wandelnden Arbeits- und Umweltbedingungen zu ermöglichen. Ein permanenter Erkenntnistransfer im Wechsel zwischen Theorie und Praxis ist das Fundament erfolgreicher Aufklärungsarbeit.

bb) Dies gilt in besonderem Maße auch für die **Fortbildung**. Deren Ziel muß es sein, durch Erhaltung und Steigerung der intellektuellen Leistungsfähigkeit und Leistungsbereitschaft der Polizeibeamten die polizeiliche Aufgabenerledigung zu effektivieren. Dabei genügt es nicht, Fachwissen durch weiteres Einzelwissen nur zu ergänzen. Auch und gerade in der Fortbildung muß Methodenwissen vermittelt sowie die Fähigkeit entwickelt und trainiert werden, neue Stoffgebiete und Problemkreise selbständig und systematisch zu erarbeiten und zu analysieren. Als Arten der Fortbildung haben sich daher die Einführungs-, die Anpassungs- und die Förderungsfortbildung sowie die fachbezogene und fächerübergreifende Fortbildung bewährt.

cc) Auf **neue Erscheinungsformen der Kriminalität** muß auf der kriminalistischen Führungs- und Sachbearbeitungsebene künftig wesentlich schneller als bisher reagiert werden.

Unzureichende Aus- und Fortbildung sowie daraus resultierendes mangelndes Problembewußtsein führt beispielsweise gerade in Fällen mittlerer und schwerer **Umweltkriminalität** zur Unterschätzung des Gefahrenpotentials und zu ungenügender Sachaufklärung[29].

Auch zur intensiveren Bekämpfung der **Computer-Kriminalität** erscheint u. a. die Aufnahme dieses Deliktsfeldes in die Lehr- bzw. Studienpläne der Polizeiausbildung unentbehrlich: „Grundkenntnisse in EDV

---

29 *Kitschenberg* 1984 S. 5 ff.

und Computertechnik sind zukünftig für die polizeiliche Sachbearbeitung unabdingbar[30]." Eine länderübergreifende gemeinsame Schulung sowie das Einrichten von Zentralstellen erscheinen notwendig, um einerseits Spezialisten-Teams zusammenzufassen und andererseits die Kosten für die Beschaffung der notwendigen Hardware zu senken.

97 dd) Anknüpfend an *Walder* wird von *Pfister*[31] die untrennbare Verbindung von Denken – Intuition – Sprache – Logik im Sinne des sachaufklärenden Erkenntnisprozesses dargestellt, dessen Besonderheit in seiner sowohl physisch-physikalischen als auch psychologischen Ausrichtung liegt und der, orientiert an Taterkennung, Tataufklärung, Täterermittlung und Täterüberführung, spezifische **kriminalistische Denkoperationen** erfordert. Das im Auftrage der Innenministerkonferenz 1975 an der Universität Saarbrücken erstellte Gutachten „**Das Berufsbild des Polizeivollzugsbeamten**" beschreibt im Kapitel „Berufsanforderungen" die Ergebnisse der Befragung von Polizeibeamten zum kriminalistischen Bereich dahingehend, daß hohe Anforderungen an die intellektuelle Ausstattung wie Gedächtnisleistung, logisch-analytisches und intuitives Denken, an kognitive, also erkenntnismäßige Fähigkeiten, an reproduktives Vermögen, an intensive Rechtskenntnisse und komplexe Operationen des Denkens gefordert werden.[32]

98 In genau diesem Sinne – wenn auch in anderem Zusammenhang – plädiert *Steinke*[33] für ein **Umdenken in der Polizeiausbildung.** An Beispielen belegt er das Übergewicht der Rechtsfächer und fordert, deren Stundenzahlen „in eine berufsangemessene Relation zu den Stundenzahlen der kriminalwissenschaftlichen Fächer Kriminalistik und Kriminologie zu bringen".

99 Folgerichtig hat dieser hohe intellektuelle Anspruch an die Aus- und Fortbildung der Polizeibeamten dazu geführt, daß die **Einstellungsvoraussetzungen** für den mittleren Dienst mindestens der Realschulabschluß oder eine vergleichbare Schulbildung sein müssen (soweit Hauptschüler eingestellt werden, wird dieser Abschluß bei der Polizei vermittelt). Für den gehobenen Dienst wird das Abitur oder ein der Fachhochschulreife gleichwertiger Bildungsabschluß vorausgesetzt.

100 Die Einrichtung von **Fachhochschulen** für die Polizei war logische Konsequenz eines immer anspruchsvoller werdenden Auftrages der Polizei. Dies gilt natürlich auch für die Aus- und Fortbildung des höheren Dienstes der Polizei in Bund und Ländern. Der Studienplan der **Polizei-Führungsakademie** in Münster-Hiltrup zielt auf eine praxisnahe und wissenschaftlich fundierte Ausbildung ab. Entscheidende Kriterien für die Aufnahme

---

30 *Holzner* 1984 S. 591.
31 *Pfister* 1980 S. 385 ff., 437 ff.
32 Vgl. dazu *Bund Deutscher Kriminalbeamter, Landesverband Schleswig-Holstein* 1988 S. 237/238.
33 *Steinke* 1983 S. 489.

von Studieninhalten in den Studienplan waren ihre Praxisrelevanz und Aufgabenadäquanz für den höheren Polizeivollzugsdienst.

b) Analyse strategierelevanter Probleme

aa) Im Hinblick auf die Aufklärung von Straftaten ist es sicherlich das Hauptproblem einer praxisnahen Aus- und Fortbildung, die Erkenntnisse zu operationalisieren, die aus einer ständig anwachsenden Wissensfülle erfolgversprechend erscheinen. Die in allen Erkenntnisbereichen zu verzeichnende **Wissensexplosion** stellt das Hauptproblem der Didaktik dar, wissenschaftlich begründete Wege zur Reduzierung und Auswahl von Lehrinhalten zu finden. Die unterschiedlichen didaktischen Versuche zur Bewältigung der Stoffülle, z. B. durch exemplarisches Lernen (Tübinger Resolution), durch Ökonomisierung der Lehr-Lern-Methoden (Ansatz der programmierten Lernpsychologie), durch die didaktische Analyse als Entscheidungshilfe oder durch die didaktische Reduktion, weisen deutlich auf das Dilemma um den richtigen Weg hin. Für die Aufklärung von Straftaten folgt daraus, daß ein entsprechendes theoretisches didaktisches Potential dazu befähigen muß, Strukturen zu erkennen, Probleme zu analysieren, Tatsachen, Normen und Organisationsformen zu beurteilen und entsprechende Entscheidungen vorzubereiten.[34]

bb) Das Problem der Stoffülle und der richtigen Auswahl für die Aufklärungsarbeit der Polizei korrespondiert mit der von *Dietel*[35] erhobenen Forderung zur Suche nach neuen Ansätzen zur weiteren **Professionalisierung** der Polizeiarbeit. Unter Professionalisierung versteht Dietel die ausbildungsmäßige Vertiefung und Spezialisierung sowie die Verwissenschaftlichung oder Akademisierung. Die Professionalisierung wird als „analytisches Konstrukt, mit dessen Hilfe Veränderungsprozesse der Zusammensetzung von Tätigkeitsfeldern dargestellt und analysiert werden können" definiert.

Die **Defizite** in der Professionalisierung der Polizeiarbeit stellt er zutreffend in vier Bereichen fest:
– in der Führungslehre, die durch ein Führungstraining ergänzt werden muß,
– in der Ausbildung, die stärker auf die Fähigkeit zu schonender Konfliktbewältigung abstellen muß,
– im Kommunikationsvermögen der Polizeibeamten, das zu verbessern ist, sowie
– im Umgang mit den modernen Anwendungen der Telekommunikation, der eine Selbstverständlichkeit sein muß.

---

34 *Beiner* 1987 S. 42–78.
35 *Dietel* 1986 S. 381.

c) Kriminalstrategische Ableitungen

104 aa) Führungstraining
Das spezifische Anforderungsprofil für polizeiliche Führungskräfte ist noch unscharf. Dies hat Konsequenzen für die systematische Auswahl polizeilicher Führungskräfte. Die Vermittlung von Inhalten der Führungs- und Einsatzlehre allein reicht nicht aus. Es ist ein verhaltensbeeinflussendes Führungstraining anzubieten. Führungstraining ist dabei mehr als Führungslehre. Neben der Ausbildung muß es als berufsbegleitende Führungsfortbildung auf Dauer angelegt sein.

105 bb) Konfliktbewältigungstraining
Die bisher in der Polizei praktizierte Wissensvermittlung über Inhalte der Psychologie reicht nach allen Erfahrungen nicht aus, mit eigenen Affekten fertig zu werden und auf fremde Affekte kontrolliert zu reagieren. Der polizeiliche Umgang mit Menschen muß gerade in spannungsgeladenen Situationen mit der notwendigen persönlichen und emotionalen Distanz, also kontrolliert und professionell erfolgen. Der Polizeibeamte soll Spannungen abbauen, nicht eskalieren oder gar provozieren. Dies stellt zugleich eine Form bestmöglicher Öffentlichkeitsarbeit dar.

106 cc) Kommunikationstraining
Die Sprache ist das entscheidende Handwerkszeug des Polizeibeamten. Zu beachten ist jedoch auch das gesamte Feld nonverbaler Kommunikation. Diese ist bewußt zu machen und einzuüben. Sie ist Voraussetzung zur Gewährleistung einer bürgernahen Polizeiarbeit und dient der präventiven wie repressiven Kriminalitätsbekämpfung. Bereits in der Grundausbildung der jungen Polizeianwärter muß mit einem entsprechenden Training begonnen werden.

107 dd) Telekommunikationsausbildung
Die notwendige Motorisierung der Polizei hat teilweise zu einer stärkeren Zentralisierung polizeilicher Aufgabenwahrnehmung mit der Folge der Anonymisierung der Polizeiarbeit und dem damit verbundenen Verlust an Bürgernähe geführt. Die Elektronisierung der Polizeiarbeit eröffnet die Chance zur Dezentralisierung, zum Arbeiten in kleinen Einheiten. Die Spezialisierung von Kenntnissen in den Köpfen wird weitgehend durch elektronische Speicher ersetzt werden. Es geht darum, daß der Benutzer – der Polizeibeamte – technisch richtig und taktisch intelligent fragen können muß. Wichtig ist daher das konkrete Wissen um optimale Nutzungs- und Kombinationsmöglichkeiten, um die mit den Systemen bereitgestellten Ressourcen effektiv für die Bewältigung polizeilicher Aufgaben einsetzen zu können.

108 ee) Kriminalistische Fachausbildung
Die Fachausbildung des Polizeibeamten erfordert eine neue Gewichtung der Rechtsfächer im Verhältnis zu den klassischen Ausbildungsfächern Kriminalistik und Kriminologie. Mehr Kriminologie mit deutlicher Priori-

tät der Phänomenologie und mehr „kriminalistisches Eingriffsrecht" (rechtliche Beurteilung kriminaltaktischer Möglichkeiten) bei weniger Strafrecht. Das sind die Planungsvorgaben für zukünftige Lehrpläne. Dies gilt für die Aus- und Fortbildung von Schutz- und Kriminalpolizei gleichermaßen.

6. Information und Kommunikation

a) Erkenntnisse zum Sachstand polizeilicher Datenverarbeitung

aa) Das Informationssystem der deutschen Polizei (**INPOL**), das zwischen Bund und Ländern als Verbundsystem realisiert worden ist, ist ein bedeutsamer Beitrag zur Aufklärung von Straftaten. Die polizeilichen Informationsbedürfnisse beim ersten Einschreiten, bei Ermittlungen und für Führungs- und Forschungsaufgaben werden unter dem Aspekt größtmöglicher Aktualität und Vollständigkeit bei gleichzeitiger Gewährleistung des Datenschutzes zu jeder Tages- und Nachtzeit im Rund-um-die-Uhr-Betrieb befriedigt. Die einzelnen Systemkomponenten wie – um nur einige INPOL-Bund-Anwendungen[36] zu nennen – Personenfahndungs-, Sachfahndungs-, Haft-, Erkennungsdienst- und Kriminalaktennachweis-Datei, die PIOS-Arbeitsdateien sowie das Dokumentationssystem für kriminalistische, kriminologische und kriminaltechnische Literatur, außerdem die Zugriffsmöglichkeit auf externe Datenbestände beim Ausländerzentralregister, beim Bundeszentralregister und beim Kraftfahrtbundesamt stellen für die effektive Aufklärung von Straftaten unerläßliche Informationsquellen dar. Die dezentrale Nutzung über Tausende von Datenterminals im Polizeibereich bei zentraler Speicherung sowie die mehrdimensionale Recherchierbarkeit von Fallinformationen stellt den strategischen Ansatz für eine moderne Informationspolizei dar. Die hohe Arbeitsteiligkeit eines digitalen Sondernetzes der Polizei ermöglicht die Informationsübermittlung im Sekundenbereich. Diese hohe Aktualität korrespondiert besonders mit den Aufgriffserfolgen bei der Aufklärung von Straftaten im grenznahen Bereich.

bb) Die Trennung des Informationssystems in INPOL-Bund und INPOL-Land sowie die Regionalisierung der Informationsbestände durch das Konzept zum Nachweis von Kriminalakten ist nach *Burghard*[37] jedoch der Anfang einer unheilvollen **Konzeption,** die sich aus der datenschutzrechtlichen Diskussion ergeben hat. *Boge*[38] stellt insbesondere auf die Elektronisierung konventioneller Karteien ab, die in der Breite ausgebaut werden sollten. Die neuen Möglichkeiten der EDV im Auswerten und Abgleichen sind bei ihm die entscheidenden Ansätze.

cc) Für die Aufklärung von Straftaten ist jedoch nicht nur der bundesweite Informationsaustausch von Bedeutung. Erst recht und gerade heute ist es der Trend zu **Personal-Computern** und Büro-Computern, der erst

---
36 Ausführlich zu den INPOL-Bund und INPOL-Land-Anwendungen *Timm* in diesem Band.
37 *Burghard* 1982 S. 21/22.
38 *Boge* 1982 S. 620.

eine effektive Bewältigung des steigenden Informationsvolumens auf lokaler Ebene ermöglicht. Die Modernisierung administrativer Verfahrensabläufe ist eine wichtige Voraussetzung für die effektive Nutzung auch des bundesweiten Datensystems INPOL. Anwendungen in der Administration, Information, Analyse (Strategiekonzepte u. a.), Ermittlung (ermittlungsbegleitende Dateien) und Planung werden durch sinnvolle Nutzung des Personal-Computers in Verbindung mit Großrechnern ermöglicht.[39]

b) Analyse strategierelevanter Probleme

112 aa) Der Abbruch des Versuchsbetriebes einer Straftaten-/Straftäterdatei (SSD) im Jahre 1979 scheint die Fortentwicklung des INPOL-Systems auf dem Sektor der Elektronisierung des **kriminalpolizeilichen Meldedienstes** nachhaltig beeinträchtigt zu haben. Neben dem Wandel der Rechtsauffassungen über Datenerhebung, Datenspeicherung und Datenübermittlung scheinen sich auch die Ansichten über die kriminologischen Grundlagen des kriminalpolizeilichen Meldedienstes gewandelt zu haben. Vor dem Hintergrund eines ständig steigenden Informationsvolumens ist es zwar fraglich, ob es angebracht erscheint, die Datenerfassung und -speicherung massenhaft anfallender Daten über Straftaten, die weder Serienbezug aufweisen noch zur Schwerstkriminalität zählen, notwendigerweise bundesweit zu betreiben. Davon abhängig ist auch die Beantwortung der Frage nach einer Vorgangsverwaltung und der statistischen Auswertung der Straftaten. Für die Unterstützung der Aufklärungsarbeit der Kriminalpolizei ist aber die Erfassung solcher Merkmale von großer Bedeutung, an denen der Wiederholungstäter von Zeugen oder durch den kriminalistischen Spurenvergleich erkannt werden kann. Entsprechende regionale Verfahren zeigen, daß die elektronische Aufbereitung des Melde- und Erkennungsdienstes bei der Verfolgung von Straftatenserien Erfolge zeigt. Daran ändern auch wissenschaftliche Untersuchungen zur Perseveranzhypothese[40] nichts, die teilweise bereits im Ansatz an der statistisch bewiesenen Tatsache vorbeigehen, daß Vielfach- und Wiederholungstäter zwar in der Anzahl gering auftreten mögen, auf ihr Konto aber in örtlicher und zeitlicher Abhängigkeit eine Vielzahl von Straftaten entfällt. Daß diese Probleme noch nicht bewältigt sind, zeigt sich am unbefriedigenden Sachstand der Planung einer „Falldatei für Straftaten von bundesweiter Bedeutung".

113 bb) Die polizeiliche Praxis scheint dieses Problem noch nicht genügend kritisch zu sehen. Dies könnte daran liegen, daß der überregionale Meldedienst auch in der Vergangenheit nicht ausreichend akzeptiert worden ist. Offensichtlich hat die Anzahl der Hinweise in keinem vernünftigen Verhältnis zur Zahl der Erfolgsmeldungen gestanden. Insbesondere wird nicht verstanden, daß sich eine neue strategische Dimension für die Aufklärung von Straftaten eröffnet hat: Die ursprüngliche Zentralisierung von Melde-

---
39 *Sehr* 1986 S. 473.
40 *Schuster/Eyrich* 1984 S. 487.

dienstinformationen über Straftäter und ihre Taten bzw. noch unaufgeklärte Straftaten in einer separaten Arbeitseinheit führte zu einer Trennung von Ermittlungsarbeit und Auswertungsarbeit. Das INPOL-System ermöglicht in seiner Endausbauphase jedoch – teilweise auf Landesebene bereits realisiert – die Zusammenführung der beiden Bereiche in der Hand des Sachbearbeiters. Die dezentrale Zugriffsmöglichkeit erlaubt dem Sachbearbeiter, mit seinem Ermittlungswissen im Informationsbestand erstmalig ganzheitlich zu recherchieren. Der **mehrdimensionalen Selektion von Datenbeständen** sind dabei keine Grenzen gesetzt. Der Sachbearbeiter allein entscheidet, welche assoziativen Verknüpfungen sich aus den Antworten des Datensystems und seinen eigenen Überlegungen ergeben.

cc) Die strategische Aufgabe lautet daher, dem polizeilichen Sachbearbeiter die Recherchemöglichkeiten, die der Bestand bietet, überzeugend klarzumachen. Dabei ist von Bedeutung, daß die Grenzen der Selektion bei Massendelikten, die Probleme der Katalogisierung wegen einer einheitlichen Sprache im Polizeibereich, die fehlende Regionalisierung von Informationsbeständen bis zur kleinsten geographischen Einheit, die fehlende Prüfung der Speicherungswürdigkeit von Informationen, ein fehlendes multifunktionales Formularverfahren (für Strafanzeigen, für Statistik, für Meldedienste, für Merkblätter pp.) sowie die noch unzureichende Ausstattung mit Terminals (gemessen an der Verbreitung des Telefons) als **strategische Probleme** im Hinblick auf die Aufklärung von Straftaten erkannt werden.

dd) Ein besonderer Anwendungsbereich ist in diesem Zusammenhang die **Elektronisierung der Kriminaltechnik** und ihre unmittelbare Auswirkung auf die Aufklärung von Straftaten. Die forensische Sprechererkennung, die linguistische Textanalyse, die Schreibererkennung anhand des Schriftbildes, die Untersuchung dynamischer Parameter beim Schreibvorgang, die Personenerkennung anhand von Lichtbildern, die Erzeugung von Phantombildern oder die Vergleichsverfahren für Geschoß- und Werkzeugspuren verdeutlichen in ihrer Vielfalt, welche strategisch zu bewältigenden Adaptionsprobleme auf die Polizei zukommen, wenn effektive Nutzung erreicht werden soll.

Beim Bund-Länder-System für **Deka- und Mono-Daktyloskopie**[41], das das Erkennen von Wiederholungstätern und Falschnamensträgern, das Identifizieren von Personalienverweigerern, unbekannten Toten und unbekannten hilflosen Personen sowie die Auswertung von Tatortspuren zum Ziel hat, liegt das strategische Problem darin, die Bemühungen um eine fundierte Prognose über zukünftige Spurenverursachung zu intensivieren.

c) Kriminalstrategische Ableitungen

aa) Bei einer strategischen Weiterentwicklung der Informations- und Kommunikationsstrukturen und -technologien ist zu berücksichtigen, daß

---
41 *Loesing* 1984 S. 282 ff.

Systemmängel in diesem technisch-organisatorischen Bereich für ungünstige Aufklärungserfolge mitverantwortlich sind.

118 bb) Der **Datenschutz** verlangt im Sinne des Rechts auf informationelle Selbstbestimmung klare Definitionen und Begrenzungen der Nutzungs- und Anwendungskompetenzen einzelner Systeme für bestimmte Personen- und Aufgabenbereiche sowie konsequente Protokollierung der Systemnutzungen.

119 cc) Die **einmalige Erfassung** von Daten, die an mehreren Orten, von verschiedenen Personen und zu unterschiedlichen Zeiten benötigt werden, ist im Interesse einer hohen Wirtschaftlichkeit der Vorgangsbearbeitung unter Vermeidung unnötiger Datenredundanzen von besonderer Bedeutung. Die Datenerfassung muß am Entstehungsort der Informationen erfolgen, also beim Sachbearbeiter.

120 dd) Die dezentral erfaßten Vorgangsdaten sollten auch dezentral gespeichert werden. Nur Informationen von nationaler oder internationaler Bedeutung (**INPOL-Relevanz**) sind zentral zu speichern.

121 ee) Eine systematische **Informationsfilterung** und Informationsverdichtung reduziert die Informationsflut für den einzelnen Mitarbeiter, der diese kognitiv nicht mehr bewältigen könnte. Der polizeiliche Sachbearbeiter wird zukünftig eine stärkere Informationsverantwortung zu tragen haben. Dies bedeutet, Informationen zu selektieren und zu verdichten, um damit zu einem effektiven Gesamtprozeß beizutragen.

122 ff) Die **integrierte Sachbearbeitung** von Vorgängen mit dem Ziel der einmaligen Erfassung aller vorgangsrelevanten Daten ist als Ziel zu definieren, und notwendige Verfahrensänderungen sind in die Ablauforganisation einzuführen. Die moderne Bürokommunikation[42] ist nicht als kompakte Einheit, sondern modular aufzubauen. Die einzelnen Systemmodule sollten in sinnvoll abgegrenzten Aufgabenbereichen kompatibel konzipiert sein.

123 gg) Dem großen Bedarf nach individueller Datenverarbeitung entspricht das Prinzip der „Intelligenz vor Ort", das zu intelligenten **Arbeitsplatzrechnern** führen sollte, um die Bereichsrechner und die Datenübertragungsnetze nicht unnötig zu belasten.

124 hh) Die **Multifunktionsfähigkeit** der intelligenten Arbeitsplatzrechner als Fernschreibgerät, Bildschirmgerät für den Zugang zu den Zentralanwendungen, als Bürokommunikationssystem für elektronische Nachrichten und als Personalcomputer für Textverarbeitung und individuelle Datenverarbeitung ist ein wichtiges Ziel dieser Strategie.

---

42 *Sehr* 1986 S. 473.

ii) Eine hohe **Auswertungsflexibilität**, d. h. die Möglichkeit, durch unterschiedliche, auch mehrfache und verknüpfte Suchbegriffe Datenbestände auszuwerten, muß gewährleistet sein. Hierzu sind spezielle, integrierte Abfragesprachen erforderlich.

jj) Die **Bedienerfreundlichkeit** ist durch eine dialogorientierte Führung der Anwender durch die Software mit integrierter, kontaktabhängiger Hilfsmittelunterstützung anzustreben.

II. Einflußfaktoren tatimmanenter Art

1. Täter

a) Kriminalistisch-kriminologische Erkenntnisse

aa) Die Ermittlung und Überführung des mittelbar und/oder unmittelbar handelnden Täters ist das Ziel aller polizeilichen Aufklärungsarbeit. Dabei geht es darum, zwischen Amateuren, Spezialisten, Professionellen und Managern des Verbrechens zu **unterscheiden**[43]. Qualitative Veränderungen im Täterbereich fordern adäquate Veränderungen der Ermittlungsmethoden und zwingen die mit der Kriminalitätsbekämpfung befaßten Organisationen zu äußerer und innerer Adaption[44].

bb) Dies wird besonders deutlich im Hinblick auf die noch viel zu wenig beachtete Gruppe der jugendlichen **Intensivtäter**[45]. Auf höherer krimineller Ebene gilt dies auch für das arbeitsteilige Vorgehen von Intensivtätern, ohne daß sie in die hierarchische Struktur einer Organisation eingebunden sind. Entscheidend sind vielmehr die jeweiligen Spezialisierungen von Einzeltätern und Tätergruppen (Netzstruktur-Kriminalität)[46]. Intensivtäter sind daher so früh wie möglich aus dem großen Angebot von Tatverdächtigen herauszufiltern, da aus diesem Potential die späteren Schwerkriminellen erwachsen.[47]

cc) **Ausländische Tatverdächtige** der zweiten und dritten Generation stellen ein zunehmend registrierbares Problem dar. Die zweite Generation der Ausländer ist bereits heute wesentlich höher kriminalitätsbelastet als die deutsche Vergleichsbevölkerung[48]. Die Verflechtungen in das Zuhältermilieu und weitgehend auch in sonstige Bereiche der Organisierten Kriminalität (ethnische Bezüge), dem Nährboden für mittlere und schwere Kriminalität, gibt bei ausländischen Tätern Anlaß zu besonderer Besorgnis.

---

43 *Burghard* 1982 S. 20.
44 *Burghard* 1982 S. 21.
45 *Wehner-Davin* 1985 S. 501.
46 *Weschke* 1986 S. 297.
47 *Hamacher* 1982 S. 389.
48 *Schwind* 1983 S. 303.

b) Analyse strategierelevanter Probleme

130 aa) Die Ausgangsfrage bei der Ermittlung eines Täters zielt auf die **Verdachtgewinnung**[49] ab: Wer macht sich wodurch verdächtig, und wie läßt sich dieser Verdacht zum Beweis verdichten? Das Aussehen, das Verhalten und die Arbeitsweise eines Täters (Tatmittel, Tatgüter) sind beobachtbare, von anderen Personen feststellbare Faktoren. Nicht immer offen zu erkennen sind dagegen das Motiv bzw. das Motivbündel und die kriminelle Intensität eines Täters.

131 Aus dieser Differenzierung ergibt sich bei der analytischen Betrachtung eine Einteilung in sog. **transparente** und **nichttransparente Aufklärungsfaktoren.** Die transparenten Aufklärungsfaktoren eröffnen für eine Strategie folgende Problemfelder: die Verdachtgewinnung, die wirklichkeitsadäquate Beobachtung, die objektive Darstellung der Beobachtung, die vollständige Spurensicherung und die logische Rekonstruktion des Handlungsablaufes. Die nichttransparenten Aufklärungsfaktoren dürften sich einem strategisch nutzbaren Ansatz entziehen, wenngleich die klassische Frage nach dem Motiv eines Täters bei bestimmten Delikten richtungweisend für Ermittlungen ist. Die Erforschung des Motivs muß am Einzelfall orientiert bleiben. Die Feststellung der kriminellen Intensität sowie die prognostische Beurteilung auch im Hinblick auf die Rückfallwahrscheinlichkeit werden ebenfalls als personenspezifisch und einzelfallgebunden konstatiert.

132 bb) Das strategische Problem lautet: Welche Strategie der Verdachtgewinnung im Hinblick auf bevorstehende oder begangene Straftaten gibt es, wenn das Aussehen, das Verhalten und die Arbeitsweise (**modus operandi**) eines Täters als Ausgangsbasis gewählt werden? Untersuchungen zur Verdachtgewinnung[50] zeigen, daß z. B. der Polizeibeamte als „professioneller Verdachtschöpfer" sich vornehmlich vom Aussehen und Verhalten eines Menschen, weniger von den kriminogenen Gesamtumständen einer Straftat wie z. B. kriminogene Objekte, Raumfaktoren, Zeiten, Sachen oder Situationen leiten läßt. Stereotype und Vorurteile ermöglichen es zwar, eine immer komplexere Umwelt erfaßbar zu machen, sie geben jedoch die Realität nicht exakt genug wieder. Dies darf nicht zum Vorteil des Straftäters werden. Ziel einer Verdachtgewinnungsstrategie muß daher die **mehrdimensionale Verdachtgewinnung** sein. Dabei werden alle Komponenten einer Tat einbezogen. Die selektive Verdachtgewinnung der Polizei signalisiert Defizite beim Wissen über die Phänomenologie der Kriminalitätsformen, insbesondere bei der Schutzpolizei, die in erster Linie im Rahmen des Ersten Angriffes Verdacht zu schöpfen hat. Darüber hinaus werden sog. Alltagstheorien über Kriminalität und Kriminelle sowie Informations- und Kommunikationsdefizite zwischen Schutz- und Kriminalpolizei deutlich. Neben die organisatorischen Probleme tritt also bei der Verdachtgewin-

---

49 Eingehend hierzu *Störzer* in diesem Band.
50 *Schäfer* 1984 S. 470 ff., *Ziercke* 1988 S. 93 ff.

nung das Problem der affektiven und kognitiven Möglichkeiten des Verdachtschöpfenden. Die Differenziertheit der Verdachtgewinnung, bezogen auf die verschiedenen oben angedeuteten kriminogenen Konstellationen, muß erhöht werden. Die Dominanz personenbezogener Verdachtsmerkmale, die auf selektives Verdachtschöpfen schließen lassen, ist durch eine entsprechende Strategie zu ergänzen.

cc) Die kritische Analyse des **kriminalpolizeilichen Meldedienstes**, der auf den täterspezifischen Hypothesen des modus operandi und der Perseveranz beruht, muß sich hier anschließen. Die wissenschaftliche Verifizierung der Perseveranzhypothese[51] gelingt nicht, und eine Deliktsperseveranz wird nicht mehr als gegeben angesehen. Einschränkend ist hier anzumerken, daß Deliktsperseveranz sicherlich nicht das entscheidende Kriterium sein kann. Gute Tatortarbeit, geschickte Vernehmung, gewissenhafte Datenerhebung, fundiertes Wissen über die elektronisch geführten Datenbestände und ihre Auswertbarkeit, kriminaltechnische Möglichkeiten, Personen- und Milieu-Kenntnisse, regionale und überregionale Fahndung u. a. m. reichen heute weit über die „Papiermeldungen KP 13/14" hinaus.[52]

Daher sind folgende Fragen zu stellen: Gibt es heute noch **selektive Perseveranz**? Oder hat die quantitative Kriminalitätssteigerung zu einem – auch im Hinblick auf seine Differenzierbarkeit – nicht mehr zu bewältigenden Informationsvolumen geführt? Bei welchen Delikten sind Ansätze für das Erkennen der unverwechselbaren Handschrift eines Täters auszumachen, um die Aufklärung von Straftaten zu ermöglichen? Der Streit in der kriminalistischen Literatur über die Sinnhaftigkeit des kriminalpolizeilichen Meldedienstes hat insbesondere nach der Konzeption einer bundesweiten Straftaten-/Straftäterdatei eine neue Dimension erreicht. Die nahezu unbegrenzten Speicherungsmöglichkeiten der polizeilichen Informationssysteme haben das Problem einer sinnvollen Recherchierbarkeit für die polizeiliche Straftatenaufklärung deutlich gemacht. Neben dem Problem der Redundanz in Datenbeständen stellt sich das Problem der einheitlichen polizeilichen Sprachregelung für bestimmte Sachverhalte; dabei trägt die Katalogisierung von polizeilichen Fachbegriffen in umfangreichen Nachschlagewerken nicht zur Benutzerfreundlichkeit und damit zur Akzeptanz eines elektronisch geführten kriminalpolizeilichen Meldedienstes bei.

dd) Die Problematisierung des Täteransatzes muß die Diskussion zur systematischen Erfassung des **Täterwissens** einbeziehen[53]. Die Frage, ob das Täterwissen strategisch genutzt werden kann, ist rhetorischer Natur. Längst gibt es entsprechende Untersuchungen, die auf den Aussagen ermittelter Straftäter aufbauen und die primären Selektions- und Entscheidungs-

---

51 *Steffen* 1983 S. 483, *Schuster* 1983 S. 485.
52 *Walliser* 1984 S. 235.
53 *Pachmann* 1984 S. 344.

kriterien eines Täters z. B. bei der Auswahl eines Einbruchstatortes umsetzen. Neben dem Entdeckungsrisiko ist die Beuteerwartung und der Widerstandszeitwert der Sicherungseinrichtungen für einen Straftäter von herausragender Bedeutung. Dabei schätzt er kritisch seine eigenen Deckungsmöglichkeiten bei der Ausübung der Tat, die Sichtmöglichkeiten potentieller Nachbarn zum Tatobjekt, die Entfernung der belebten Region (z. B. Straße) zum Tatort, die Wahrscheinlichkeit der Anwesenheit von Bewohnern aufgrund parkender Autos oder von Lichtquellen sowie die Fluchtmöglichkeiten aus dem Tatortbereich heraus ein. Der engere und weitere Tatortbereich sowie das Tatobjekt sollen häufig systematisch ausbaldowert werden. Bei der Objektauswahl ist im Hinblick auf die Stadtrandlage potentieller Tatobjekte für Straftäter von Bedeutung, wo die Anonymität der Großstadt noch herrscht bzw. wo sie mit einer ländlichen Bebauungsstruktur so zusammentrifft, daß unter Berücksichtigung der o. a. Kriterien das Entdeckungsrisiko kalkulierbar bleibt.

136 Der selektive Entscheidungsprozeß eines Straftäters ist nachzuvollziehen, systematisch zu erheben, mit anderen Informationen zu verdichten und **für die Aufklärung** konkreter Straftaten zu **operationalisieren.** Insbesondere der im Strafvollzug einsitzende Täter ist als Erkenntnisquelle hervorragend geeignet, das polizeiliche Wissen um die Wirkung kriminogener Strukturen zu vervollständigen. Dabei ist insbesondere zu beachten, daß Straftaten, die im Versuchsstadium steckenbleiben, oftmals einen höheren Erkenntniswert für die Aufklärung von Straftaten besitzen als vollendete Straftaten. Die entscheidende Frage ist in diesem Zusammenhang, warum ein Täter vom ursprünglich gefaßten Tatentschluß abweichen mußte. Die Feststellung dieser, die Tatausführung verhindernden Faktoren läßt möglicherweise **kriminoresistente Strukturen** eines Tatortes oder eines Tatraumes erkennen, die für die Aufklärung von Straftaten nutzbar gemacht werden können.

137 ee) Im Rahmen der Täterüberführung gewinnen **Lebenslaufanalysen**[54] als Suche nach qualitativ und quantitativ relevanten Auffälligkeiten in herausragenden Einzelfällen an Bedeutung. So sind die von der FBI National Academy in Quantico/Virginia erstellten **Persönlichkeitsprofile** von unbekannten Tätern mit erkennbar psychischen Defekten (Sadismus, rituelle Verbrechen etc.) als hochinteressanter Ansatz[55] zur Täterermittlung zu betrachten.

c) *Kriminalstrategische Ableitungen*

138 aa) Für den Problembereich **Verdachtsstrategie** ergeben sich folgende Ansatzpunkte:
– die Aus- und Fortbildung mit Priorität im Bereich der nonverbalen Kommunikation, der Gebärdenforschung (Kinesik),

---

54 *Rupprecht* 1982 S. 302.
55 *Reinwarth* 1986 S. 173 ff.

- die systematisierte Gewinnung von Verdachtsinformationen durch raumorientierte Verdachtsstrategien,
- die EDV-unterstützte Informationsaufbereitung und -auswertung,
- die Fallanalyse geklärter und ungeklärter Straftaten und den Einsatz von Fallanalytikern[56] vor Abgabe eines Vorganges an die Staatsanwaltschaft zur Sicherung von Verdachtsinformationen,
- die fachliche Fortbildung der Polizeibeamten; insbesondere die Konzipierung der Schwerpunktfächer Kriminalistik und Kriminologie für Schutzpolizeibeamte.

bb) Der strategische Ansatz für den **kriminalpolizeilichen Meldedienst** lautet:
- Definition kriminalgeographischer Meldebereiche auf Landesebene und im Ländergrenzen überschreitenden Bereich auf Bundesebene,
- Regionalisierung des kriminalpolizeilichen Meldedienstes auf kriminalgeographische Deliktsbrennpunkte auf örtlicher Ebene,
- Intensivierung der Informationsanalyse bei bekannten Intensivtätern unter dem Aspekt der kriminalgeographischen Tätermobilität.

Diesem strategischen Ansatz liegt die Überzeugung zugrunde, daß eine **höhere Informationsqualität** nur durch eine Straffung des Informationsvolumens bei gleichzeitiger Berücksichtigung kriminalgeographischer Brennpunktbereiche Aufklärungserfolge im Sinne der Identifizierung des noch unbekannten Täters bzw. des Erkennens von – auch deliktübergreifenden – Straftatenserien verspricht. Dabei ist jedoch eine angemessene Befriedigung neuer Informationsbedürfnisse beim täterorientierten Ermittlungsansatz zu gewährleisten.

cc) Im Hinblick auf die Systematisierung des **Täterwissens** muß der strategische Ansatz lauten, Täterbefragungen auf lokaler und regionaler Ebene obligatorisch werden zu lassen. Jeder ermittelte Täter wäre im Hinblick auf seine spezifische Entscheidung für einen Tatort, ein Opfer oder ein Tatobjekt konkret zu befragen. Diese Informationen müßten auf lokaler Ebene zu den polizeilich gewonnenen Daten in Beziehung gesetzt und als einsatzleitendes Wissen genutzt werden.

dd) **Lebenslaufanalysen** sollten in herausragenden Einzelfällen – bei entsprechender fachwissenschaftlicher Erarbeitung – die Aufklärung von Straftaten unterstützen.

2. Tatort/Tatörtlichkeit/Tatraum

a) Kriminalistisch-kriminologische Erkenntnisse

aa) Die **kriminalistische Definition** des Tatortes bzw. der Tatörtlichkeit umfaßt den Vor-, Haupt- und Nachtatort. Jeder Ort, an dem ein Täter vor und während Begehung einer Straftat – unabhängig von der strafrecht-

---

56 *Ziercke* 1976 S. 120.

lichen Relevanz – handelt oder an dem er sich nach der Tat aufhält bzw. die Früchte seiner Tat verwertet, ist im kriminalistischen Sinne ein Tatort. Der **strafrechtliche Tatortbegriff** ist demgegenüber auf das rein strafrechtlich relevante Verhalten in diesen Phasen begrenzt.

144 Mit der kriminalistischen Definition erweitert sich auch der **zeitliche Rahmen** zur Gewinnung von aufklärungsrelevanten Informationen in beträchtlicher Weise. Theoretisch kann sich eine Aufklärungsstrategie daher auf Informationen aus der Vortatphase beziehen, ohne daß tatsächlich eine Haupttat konkret bevorsteht. Dies gilt mit umgekehrten Vorzeichen auch für die Situation der Nachtatphase, in der Informationen zur Aufklärung gewonnen werden können, ohne daß die eigentliche Haupttat bereits bekannt ist.

145 bb) Interessant ist die **Beziehung** zwischen Tatortverteilung, Täterwohnsitzverteilung, geographischer Lage der Polizeidienststellen sowie Verteilung der Verwertungsorte der Tatbeute[57]. Kriminalistisch-kriminologische Untersuchungen[58] haben z. B. für das kleinregionale Delikt des Fahrraddiebstahls ergeben, daß die durchschnittliche Entfernung zwischen Wohnortadresse des Täters und Tatortadresse durchschnittlich ca. 800 Meter sowie zwischen Tatortadresse und Fundort rund 1 800 Meter betrug. Diese Entfernungen korrespondieren mit dem wirtschaftlichen Nahraum der Einwohner eines Stadt- bzw. Ortsteils. Im Berufs- und Schülerverkehr ist die häufigste Entfernungszone zwischen 1 und 6 Kilometer, beim Einkaufen unter 1 bis maximal 3 Kilometer[59]. Auch eine Hamburger Analyse[60] zum Verhalten von Intensivtätern belegt, daß 25 % aller Tatorte nicht weiter als 1 km vom Wohnort des Täters, 50 % im Umkreis von 3 km verübt werden. Bei Intensivtätern zeigt sich eine nur geringfügig größere Mobilität als bei Einzel- oder Mehrfachtätern.

146 cc) Der **kriminalgeographische**[61] und der **kriminaltopographische**[62] **Erkenntnisansatz** beziehen die örtlichen und zeitlichen Kriminalitätsdichtewerte, Täterwohnsitzdichten und Werte zur Tätermobilität, die Bestimmung der Deskriptoren des Raumes (Typisierung der Raumbeschaffenheit)[63], die geographischen Lokalisationssysteme (evtl. Block-, Planquadrat-, Koordinatenschnittpunkt-, Mischsysteme)[64] sowie die Gesetzmäßigkeiten für eine spezifische Tatortgestaltung bei bestimmten Delikten[65] mit ein. Dies gilt auch für die Bestimmung der Kriminalitätstransportfunktion von Fernstraßen, Autobahnen, Flugzeug und Bahn[66].

---

57 *Herold* 1977 S. 295.
58 *Schäfer* 1984 S. 470 ff.
59 *Schäfer* 1984 S. 470 ff.
60 *Friedrich* 1986 S. 188 ff.
61 *Frehsee* 1979 S. 321 ff.
62 *Herold* 1977 S. 289 ff.
63 *Herold* 1977 S. 290.
64 *Herold* 1977 S. 292.
65 *Herold* 1977 S. 295.
66 *Herold* 1977 S. 296.

dd) Der Tatort, die Tatörtlichkeit rückt zunehmend in den Mittelpunkt des wissenschaftlichen Interesses[67]. Die **Gelegenheitsstruktur** bestimmter Tatobjekttypen als Angriffsobjekt ist unterschiedlich. Täter gehen objektbezogen nach spezifischen Präferenzen vor. US-amerikanische Erhebungen weisen darauf hin, daß die Tätermobilität in diesen Fällen eine wesentliche Rolle spielt[68]. Es ist zu vermuten, daß insbesondere der mobile Täter größeren **Planungsaufwand** betreibt und daher gezielter handelt. Von Bedeutung sind dabei die umweltbezogenen Elemente, die als Tatanreiz bzw. Hemmnis für einen Tatentschluß relevant sind.[69]

b) Analyse strategierelevanter Probleme

aa) Die strategische Problematik besteht darin, daß mehr als bisher über eine systematische Sammlung und Auswertung potentieller **Vortat- bzw. Nachtat-Informationen** relevante Aspekte zur Klärung der Haupttat gewonnen werden müssen.

Um diesen Ansatz zu operationalisieren, bedarf es der Ermittlung eines **Tatgelegenheitsquotienten**[70] auf lokaler bzw. regionaler Ebene. Unter kriminalgeographischen Aspekten kann die Bezugsgröße ein Stadtteil, ein Teil eines Stadtteils oder auch eine bestimmte Straße sein. Sinngemäß gilt dies auch für den ländlichen Raum. Der Tatgelegenheitsquotient wird ermittelt aus der Gesamtzahl der registrierten Kriminalität, multipliziert mit 100 000, dividiert durch das Produkt aus Tatgelegenheiten und dazugehöriger Bevölkerung. Dieser Quotient bildet die Grundlage einer Strategie in der Vortat- und Nachtatphase.

Daneben ist der **Täterwohnsitzquotient** zu ermitteln, der sich aus der Anzahl aller Täterwohnsitze, dividiert durch die Grundfläche eines bestimmten Bereiches in Quadratkilometern errechnet[71]. Dieser Quotient liefert für die Nachtatphase wichtige Erkenntnisse. Im Hinblick auf die Nachtatsituation bietet sich bei bestimmten Delikten die Prüfung an, ob bestimmte Bereiche als sog. Ruheräume für Täter gelten können oder ob es sich um Bereiche handelt, in denen der Täter den Taterfolg verwertet (z. B. Verkauf von Diebesgut an Hehler, Geldausgabe in Vergnügungsstätten, Spielhallen pp.).

bb) Die jeweilige Höhe der Tatgelegenheits- bzw. Täterwohnsitzquotienten muß im Rahmen der Aufklärung von Straftaten zur Festlegung **systematisch zu überwachender Räume** bzw. Örtlichkeiten durch die Polizei führen. Aus der typischen Phänomenologie bestimmter Delikte in einem Raum ergeben sich die Merkmale gewisser Verdachtsinformationen, die die Polizei sammeln und auswerten muß. Polizeiliche Streifenkonzeptionen müssen sich an den ermittelten Quotienten orientieren und haben den Rhythmus der Tatzeitverteilung in diesen Bereichen zu berücksichtigen.

---

[67] *Kube* 1984 S. 623.
[68] *Kube* 1984 S. 622.
[69] S. dazu oben B II 1 (Rdnr. 127 ff.).
[70] *Heiland* 1987 S. 576.
[71] *Herold* 1977 S. 292.

152 Die Nürnberger Erfahrungen von *Herold* im Jahre 1971 weisen auf das Problem der **Verdrängung von Straftätern** in polizeilich unterproportional versorgte Räume hin. Ähnliche Erkenntnisse gibt es auch aus US-amerikanischen Untersuchungen.

153 cc) Der tägliche kriminalpolizeiliche Lagedienst ermöglicht die Feststellung der Brennpunkte im lokalen Bereich. Die statistische Analyse der Lagediensterkenntnisse mehrerer Jahre erlaubt die Analyse der **kriminogenen Attraktivität eines Raumes** sowie seiner Tatörtlichkeiten. Die Infrastruktur eines Raumes einschließlich seiner Verkehrsverbindungen und hoch frequentierten Verkehrswege weist auf den Ein- bzw. Ausstrom zum und vom Tatort hin. In Kombination und deutlicher Korrelation zu den Täterwohnsitzen eines bestimmten Raumes lassen sich die potentiellen **Täterströme** in der Vor-, Haupt- und Nachtatsituation optisch eindrucksvoll darstellen. Entsprechende Dunkelfelduntersuchungen in der Bundesrepublik bieten auch für repressive Aufklärungsansätze eine strategische Basis.

154 dd) Eine Strategie zur Beherrschung der **Tatgelegenheitsstrukturen** eines Raumes ist einerseits von der Präsenz der Polizei zur Informationsermittlung zu bestimmten Zeiten und andererseits vom Interesse des Bürgers an der Erhöhung des Widerstandszeitwertes der Sicherungseinrichtungen bei potentiellen Tatobjekten abhängig. Die Erhöhung des Widerstandszeitwertes führt zur Verlängerung der konkreten Handlungszeit eines Täters am Tatort und damit zu umfänglicheren Reaktionsmöglichkeiten der Polizei. Dieser zeitliche Aspekt zur Erhöhung des Entdeckungsrisikos eines Täters sollte nicht unterschätzt werden. Für die Aufklärung von Straftaten ist es daher wichtig, diesen Aspekt im Rahmen der Prävention deutlicher herauszustellen.

155 Die überwiegende Anzahl aller begangenen Straftaten wird durch die günstige Gelegenheit zur Tat ausgelöst. Die Strategie zur Informationsgewinnung in den einzelnen Tatphasen muß daher durch eine Strategie zur polizeilichen Beherrschung von Tatgelegenheiten und Tatgelegenheitsstrukturen **ergänzt** werden. Da Straftäter auf Situationsanreize reagieren, ist in der Veränderung bzw. Steuerung der Anreizstrukturen im Hinblick auf Tatgelegenheiten ein bedeutsamer strategischer Aufklärungsansatz zu sehen.

156 ee) Im Hinblick auf den Zusammenhang von Täterwohnsitz und Tatort bezieht sich die strategische Bedeutung der erkannten großflächigen Täterströme insbesondere auf den unmittelbaren Nahbereich potentieller Tatorte, nämlich die konkrete Einfahrt und Ausfahrt zu/aus dem tatortnahen Raum. Erst diese Differenzierung ermöglicht die gezielte Gewinnung von Verdachtsinformationen für die Aufklärung von Straftaten in der Vor- und Nachtatphase.

Da das gesicherte kriminalistische Erfahrungswissen besagt, daß ein 157
Täter zur Reduzierung des Entdeckungsrisikos den Tatraum auf der Suche
nach einem geeigneten Tatobjekt oder einer geeigneten Tatörtlichkeit im
wahrsten Sinne des Wortes „bestreift", bieten sich bestimmte **Zielgruppen**
zur Informationserhebung bei der Aufklärung von Straftaten an. Diese
können je nach Tatort bzw. nach Tatzeit sehr spezifische Zielgruppen bzw.
Zielpersonen sein. Eine Strategie zur Aufklärung muß daher auch dieses
Zielgruppenpotential, zu dem auch der im Tatortbereich wohnende Polizeibeamte gehören kann, bei der Ermittlung des Tatgelegenheitsquotienten bzw. Täterwohnsitzquotienten berücksichtigen. Es bietet sich daher
an, neben diesen Quotienten einen Zielgruppenfaktor zu ermitteln, der bei
der Festlegung der Streifenkonzeption ebenfalls Berücksichtigung finden
muß.

c) *Kriminalstrategische Ableitungen*

aa) Die systematische Erhebung von **Tatgelegenheitsquotienten** und 158
Täterwohnsitzquotienten auf lokaler und regionaler Ebene ist als stabskriminalistische Arbeit anzulegen und könnte daher die Grundlage aller
raumbezogenen Aufklärungsstrategien bilden. Dabei ist nach den unterschiedlichen aufklärungsrelevanten Phasen der **Vor-, Haupt- und Nachtatsituation** bei bestimmten Delikten zu differenzieren. Ziel ist die polizeiliche Beherrschung der Tatgelegenheitsstrukturen.

bb) Die Orientierung polizeilicher Einsatzkonzeptionen am Rhythmus 159
der **Tatzeitverteilung** in bestimmten Bereichen muß den Verdrängungseffekt berücksichtigen. Die prognostische Beurteilung der Konsequenzen für
an die Einsatzräume angrenzende Bereiche kann flankierende strategische
Maßnahmen erfordern.

cc) Die Feststellung von **tatortnahen Zielpersonen** bzw. Zielgruppen als 160
Informanten in der Vor-, Haupt- und Nachtatphase sollte die ermittelten
Quotienten um einen Zielgruppenfaktor anreichern, um Präferenzentscheidungen für bestimmte Einsatzräume treffen zu können.

dd) Versuchstatorte bieten die Chance zur Analyse des örtlichen, techni- 161
schen oder auch sozialen **Widerstandszeitwertes** (Nachbarschaftskontrolle). Dies kann zur Feststellung konkreter Aufklärungshinweise führen.
Versuchstatorte sind daher von besonderer strategischer Bedeutung.

3. Tatzeit

a) *Kriminalistisch-kriminologische Erkenntnisse*

aa) **Tatzeit** im kriminalistisch relevanten Sinne ist die Zeit, in der der 162
Täter vor, während oder nach der strafrechtlich bedeutsamen Handlung in
Aktion tritt. Diese Handlungszeiträume sind für eine Strategie der Aufklärung nutzbar zu machen. Tatzeitstatistiken, die die Begehung der Straftat
nach Jahr, Monat, Wochentag und Uhrzeit im Hinblick auf bestimmte
Delikte und bestimmten Tatorte/Tatörtlichkeiten/Taträume auswertbar

machen, führen zu der bekannten Problematik, daß bei Massendelikten mit hohen absoluten Fallzahlen meistens eine sehr ausgewogene zeitliche Verteilungshäufigkeit vorhanden ist, die für konventionelle Einsatzkonzeptionen überwiegend untauglich erscheint. In Deliktsbereichen mit geringen absoluten Fallzahlen ist die zeitliche Verteilungshäufigkeit – trotz oft deutlicher Spitzenwerte – von entsprechend geringerer Aussagekraft, so daß hier erst recht eine ungünstige Prognose für einen effektiven Einsatzerfolg zu stellen ist. Insoweit begegnet eine Strategie, die entscheidend auf tatzeitliche Brennpunkte abstellt, in der polizeilichen Praxis gewissen Bedenken.

163 bb) Die tatzeitliche Orientierung allein kann daher nicht das entscheidende Kriterium für eine Strategie zur Aufklärung von Straftaten sein. Hilfreicher ist die kriminologische Dimension, die aus der **Kombination von Delikt, Tatort/Tatörtlichkeit/Tatraum und Tatzeit** zu täterspezifischen Tatbegehungsweisen Erkenntnisse liefert.

164 Darüber hinaus muß eine derartige Strategie nicht nur täter-, sondern auch **zeugenorientiert** sein: Aufklärungsrelevanz gewinnen spezielle Zielgruppen, die als potentielle Zeugen zu bestimmten Tatzeiten an bestimmten Orten (z. B. berufsbedingt) regelmäßig anzutreffen sind.

165 cc) Die erwähnte **kriminologische Komponente** (Rdnr. 163) führt z. B. zu der **Erkenntnis**, daß es Dämmerungs- und Mittagseinbrecher gibt, daß es Täter gibt, die kurz vor Öffnungsbeginn eines Geschäftes oder einer Bank oder kurz vor Geschäftsschluß in Erscheinung treten, daß das Weihnachtsfest im Hinblick auf den Bankraub und den Überfall auf Geldboten eine besondere Rolle spielt, daß die unmittelbare Freizeit nach der Schule bei Jugendlichen von Bedeutung ist, daß bei periodisch wiederkehrenden Großereignissen wie Messen, Sport- und Unterhaltungsveranstaltungen zeitliche Spitzenbelastungen entstehen, daß an den Wochenenden oder speziell zur Urlaubszeit in den Urlaubsorten und Urlaubsgebieten ein deutlicher Anstieg der Kriminalität stattfindet. *Schweiger*[72] hat bezüglich seiner langfristigen „Tatzeituntersuchung zum Wohnungseinbruch" in Baden-Württemberg festgestellt, daß die monatlichen Brennpunkte in den Sommermonaten liegen, erstaunlicherweise also nicht in der dunklen Jahreszeit, und daß sich die Fallzahlen während der Sommerferien nur unwesentlich erhöhen; bezüglich der wochentäglichen Brennpunkte dominierten der Montag und der Freitag; Dienstag, Mittwoch und Donnerstag fallen leicht, Samstag und Sonntag dagegen deutlich ab. Alle diese Erkenntnisse enthalten eine spezifische zeitliche Komponente.

b) Analyse strategierelevanter Probleme

166 aa) Es ist also von Bedeutung, ob es eine praktisch nutzbare Abhängigkeit der Aufklärung von der Tatzeit gibt. Eine Aufklärungsstrategie in Abhän-

---

[72] *Schweiger* 1984 S. 274 ff.

gigkeit von der Tatzeit muß außer der statistisch erfaßten und ausgewerteten Kriminalität auch punktuell auftretende, saisonal sich wiederholende Ereignisse mit kriminogener Wirkung in ihre Überlegungen mit einbeziehen. Diese temporäre Differenzierung führt zu der Überlegung, daß in den **einzelnen zeitlichen Kategorien** systematische Aufklärungs- und Observationsarbeit zu leisten ist.

bb) Wichtig ist, daß sich die **polizeiliche Dienstzeit** an den Zeitrhythmus der Straftatbegehung anlehnt. Zur täglichen polizeilichen Kernarbeitszeit von acht Stunden mit insgesamt ca. 40 Wochenstunden dürften vier Fünftel aller Polizeibeamten im Dienst sein. Maximal ein Fünftel verrichtet daher in den übrigen 128 Wochenstunden Dienst. Es ist eine längst erwiesene Tatsache, daß der Kriminalitätsanfall zu einer Zeit stattfindet, die außerhalb der polizeilichen Kernarbeitszeit – und damit der größtmöglichen polizeilichen Präsenz – liegt. Eventuell müßte der Aufklärungserfolg vermehrt durch Anpassung an diese Zeiten gesucht werden, woraus sich eine flexiblere Dienstzeitgestaltung in Richtung Tat- und Tatentdeckungszeit ergäbe. 167

Ein strategischer Ansatz könnte möglicherweise eine adäquate **Dienstzeitverschiebung** im Hinblick auf die tatsächlichen Tatzeiten, eine damit verbundene Personalkonzentration zu tatrelevanten Zeiten erfordern, wobei deliktische und räumliche Brennpunkte zu berücksichtigen sind. *Schuster*[73] fordert, aus den Erkenntnissen der Kriminalchronographie Überlegungen zur polizeilichen Arbeitszeit abzuleiten, z. B. Einführung einer versetzten Arbeitszeit bei der Kriminalpolizei. *Herold*[74] sieht in Tatzeitwerten eine der Informationen, die den von ihm dargestellten Regelkreislauf von Information und Einsatzplanung beeinflussen: „Die zeitliche Komponente kriminalgeographischer Werte regelt den Dienstzeitrhythmus der eingesetzten Beamten." 168

cc) Dieses Prinzip wird bei den **punktuell auftretenden Ereignissen** von der Polizei in großem Umfange berücksichtigt. Der Aufklärungserfolg bei entsprechenden Straftaten, der sich nach sofortiger Spurensicherungs-, Ermittlungs- und Vernehmungsarbeit durch die Kriminalpolizei in Festnahmen dokumentiert, unterstreicht diese Feststellung. Ähnliches gilt auch für **saisonale Ereignisse**. Bundesländer mit einem positiven Bevölkerungssaldo zur Urlaubszeit kennen die Verstärkung sog. Bäderdienststellen mit zusätzlichem Personal (z. B. aus der Bereitschaftspolizei). 169

c) Kriminalstrategische Ableitungen

aa) Der **temporäre Zusammenhang** zwischen Tatzeit – Tatentdeckungszeit – polizeilicher Dienst- und Reaktionszeit ist im Hinblick auf den Aufklärungserfolg bei bestimmten Delikten auf regionaler Ebene ein aus strategischer Sicht zu formulierender Untersuchungsansatz. 170

---

73 *Schuster* 1984 S. 638.
74 *Herold* 1977 S. 289.

171 bb) Die flexible Anpassung polizeilicher Dienstzeiten als **Schwerpunktdienst** – auch bei der Kriminalpolizei – müßte das Ergebnis der Analyse von Tatzeitkurven auf regionaler Ebene sein. Kriminalchronographische Untersuchungen sind systematisch durchzuführen. Unterschiedliche Ergebnisse bei Einzeldelikten müßten zu unterschiedlichen Schwerpunktsetzungen führen.

172 cc) Die verdeckte Präsenz der Polizei an tatrelevanten Orten ist als **Strategie örtlicher und zeitlicher Verdrängung** zu organisieren. Der darauf abgestimmte Einsatz offen bereitgehaltener Polizeikräfte zu tatkritischen Zeiten, als Präventionsmaßnahme angelegt, kann zur Verdrängung von Straftätern in die verdeckt kontrollierten Taträume führen. Die systematische und sich wiederholende Durchführung, orientiert an Tatzeituntersuchungen, ist Grundlage dieses strategischen Ansatzes. Flankierende Maßnahme dieser Strategie könnte die Veränderung von Tatgelegenheitsstrukturen sein, um Tatzeiten polizeilich beherrschbar zu machen. Dabei wird davon ausgegangen, daß spezifische Tatgelegenheiten auf potentielle Straftäter eine Sogwirkung ausüben, die von der Polizei jedoch geplant herbeigeführt wird. Dieser ergänzende Ansatz erfordert eine sehr genaue Analyse der lokalen kriminogenen Faktoren.

173 dd) Temporär auftretende Zielgruppen als potentielle Zeugen, Opfer oder Geschädigte erfordern eine gezielte **Informationserhebung.** Saisonal wiederkehrenden Ereignissen ist besondere Beachtung zu schenken. Die Informationserhebung muß in Brennpunktbereichen erfolgen, die als Tatortbereiche bekannt sind. Diese Informationen werden im Vorfeld von Straftaten gewonnen und später für die Aufklärung nutzbar gemacht.

4. Tatopfer / Geschädigter / Anzeigender / Zeuge

a) Kriminalistisch-kriminologische Erkenntnisse

174 aa) Die Aufklärung von Straftaten aufgrund viktimologischer Erkenntnisse[75] geht vom **Opfer** und seinen Bezügen zum Täter aus. Dies gilt prinzipiell auch für den **Geschädigten** einer Straftat, der als nicht unmittelbar dem Täter gegenübertretender Handelnder definiert werden soll. Das Opfer oder der Geschädigte könnte als wichtigste Erkenntnisquelle für die Aufklärung von Straftaten betrachtet werden. Opfer und Geschädigte, aber auch **Anzeigende** und **Zeugen** müßten unter dem Eindruck der Tat ein genuines Interesse an bestmöglicher Mitwirkung bei der polizeilichen Aufklärungstätigkeit haben. Diese Personenkreise dürften eigentlich für die Polizei keine Problemgruppen sein. Dies ist jedoch nicht so: Bewußte und unbewußte Falschaussagen belegen die Subjektivität des Personalbeweises.

175 bb) Vielleicht trägt zu dieser Problematik auch die Kenntnis von der **sekundären Viktimisierung** bei. Diese stellt eine Verschärfung des primä-

---

[75] Vgl. dazu *Kube* 1982 S. 93 f., *Rother* 1982 S. 205 ff.

ren Opferwerdens im Verlaufe der Tat durch danach folgende mögliche Fehlreaktionen des sozialen Nahraumes und der Instanzen formeller Kontrolle dar.[76] Bei Vergewaltigungen kann eine zweite Viktimisierung insbesondere vor Gericht[77], aber auch schon bei der Polizei stattfinden.

cc) Der kriminalistische Lehrsatz, demzufolge das **Geständnis** des Täters die Krone der Ermittlungen ist, hat zwar im Regelfall Gültigkeit. Die vielfachen Beispiele für falsche Geständnisse – sogar in Mordsachen – mahnen jedoch zur Vorsicht. Tätergeständnis und Zeugenaussagen sind daher auf Plausibilität zu überprüfen.

Aus vielerlei Gründen ist es zum einen nicht nötig, zum anderen nicht möglich, in jedem Ermittlungsfall die idealtypische **Kongruenz von Personal- und Sachbeweisen** herzustellen. Die Wahrscheinlichkeit der Verfahrenseinstellung wegen Geringfügigkeit, die Relation zwischen Aufwand und Erfolg, die Vorgangsüberlastung, die Einschränkung zwischenbehördlicher Auskunftspflichten, die Stärkung von Beschuldigten- und Zeugenrechten, die Liberalisierung des Haftrechts, die steigenden Beweisanforderungen der Gerichte, die schleppende Gutachtenerstellung der ebenfalls überlasteten Kriminaltechnik und prozeßökonomische Überlegungen sind dafür die wichtigsten Ursachen.

dd) Es ist häufig festzustellen, daß Opfer, Geschädigte oder Zeugen durch Ermittlungsarbeit kaum zu einer Korrektur ihrer Aussagen zu bewegen sind. Vielleicht trägt dazu auch die Rechtslage bei, die **Erscheinungs- und Aussagepflichten** vor der Polizei nicht vorsieht.

Der prozessuale **Schutz für Opfer und Zeugen** vor Gericht ist verbesserungsbedürftig. Die Polizei muß eigene Überlegungen zum Zeugenschutz in herausragenden Fällen anstellen.[78]

ee) Es bedarf sicherlich intensiver **Öffentlichkeitsarbeit,** um die staatsbürgerliche Zeugenpflicht neu zu beleben. Insbesondere läge eine populärwissenschaftliche Vermittlung viktimologischer Erkenntnisse nahe, die das Phänomen der „Opferneigung" in das Bewußtsein der Bevölkerung rücken könnte. Dabei darf auch der Hinweis nicht übersehen werden, daß der selbst viktimisierte Jugendliche und Jungerwachsene (z. B. aus Gefühlen der Rache heraus) größerer Gefahr läuft als andere, selbst zum Täter zu werden.[79]

b) Analyse strategierelevanter Probleme

aa) Das Opfer ist in vielen Fällen der wichtigste Zeuge einer Straftat. Es ist in der Regel auch Anzeigender und ein wichtiger Schlüssel zur Aufklä-

---

76 Vergewaltigung 1984 S. 453.
77 *Kiefl* 1984 S. 233.
78 *Sielaff* 1986 S. 58.
79 *Kube* 1986 S. 167.

rung der Tat. Im „wirtschaftlichen" Sinne stellt das Opfer für die Polizei eine **Aufklärungsressource** dar, die systematisch, ggf. wiederholt, befragt und vernommen werden muß. Eine Aufklärungsstrategie, die beim Opfer ansetzt, muß daher zunächst die Anzeigebereitschaft des Opfers zum Ziel haben. Dieser Aspekt wird im Abschnitt „Öffentlichkeitsarbeit"[80] besonders behandelt.

182 bb) Ein weiterer Ansatz ist die **Erschließung des intellektuellen Potentials des Opfers.** Neben der subjektiven und objektiven Aussageehrlichkeit geht es um das System einer Informationsgewinnungsstrategie, die in Abhängigkeit von der intellektuellen Struktur eines Opfers einen optimalen Informationsnutzen ermöglicht. Hier spielt das Problem des opfereigenen Rekonstruktionsbeitrages eine entscheidende Rolle. Die Bereitschaft, diesen Beitrag zu leisten, muß ggf. durch eine Strategie des Opfer- bzw. Zeugenschutzes begleitet werden. Nur ein relativ angstfreies Klima kann es ermöglichen, vorhandene Affinitäten zwischen Opfer und Täter bzw. singulär erlebtes Tatgeschehen zu rekonstruieren. Besondere Aufmerksamkeit gilt daher dem Opfer in seinen sozialen Bezügen. Wichtig ist es, wesentlich mehr Zeit als bisher für die Opferbefragung bzw. -vernehmung aufzuwenden; dies jedoch in Abhängigkeit von der Sozialschädlichkeit des Delikts.

183 cc) Der viktimologische Strategieansatz baut darüber hinaus auf einer gezielten **Opferbetreuung** nach der Tat auf. Die Sorge der Polizei um das Opfer einer Straftat muß der Öffentlichkeit besonders deutlich gemacht werden. Die Polizei muß auch für Opfer von Straftaten „attraktiv" sein,[81] so seltsam das klingen mag. Die nüchterne Amtsstube schreckt Opfer ab, die unter dem gegenwärtigen Eindruck eines schwerwiegenden Eingriffs in Gesundheit oder Freiheit bzw. Eigentum stehen. Die Polizei müßte daher statt Amtsstuben geradezu eine Wohnzimmeratmosphäre anbieten können. Entsprechende Räumlichkeiten speziell für bestimmte Opfer sowie eine angemessene Opferbetreuung nach der Tat – etwa in psychologischer Hinsicht (ggf. in Zusammenarbeit mit Institutionen wie dem „Weißen Ring") oder durch einen Opferkontaktbeamten[82] zur Unterstützung des Opfers im eigenen sozialen Umfeld der Familie – sind als konkreter Aufklärungsbeitrag zu begreifen. Diese Pflege des Opfers als Informationsquelle bis zum Abschluß eines Verfahrens vor Gericht – analog gilt dies auch für Zeugen, die nicht Opfer einer Straftat geworden sind – unterstreicht den strategischen Ansatz, der von der Tataufklärung über die Täterermittlung und Täterüberführung bis hin zur gerichtlichen Klärung des Falles reicht. Auch das Auftreten des Opfers, des Zeugen und die Zeugenaussage des Polizeibeamten vor Gericht sind Bestandteile dieser Aufklärungsstrategie. Der **Polizeibeamte als Zeuge vor Gericht** muß diesen Teil seiner Tätigkeit als Fortsetzung seines Aufklärungsbemühens verstehen und sich daher auf den gerichtlichen Termin in besonderer Weise vorbereiten.

---

80 S. unten B VI 2 (Rdnr. 312 ff.).
81 *Schreiber* 1985 S. 554.
82 *Schuster* 1986 S. 93.

c) Kriminalstrategische Ableitungen

aa) Die wichtigste strategische Leitlinie lautet, daß die Polizei die Opfer von Straftaten, insbesondere von Gewalttaten, betreuen muß bzw. die Organisation der **Opferbetreuung**, soweit sie durch andere Personen oder Institutionen erfolgt, in die Hand nehmen, koordinieren oder begleiten muß. **184**

bb) Der **professionelle Zeugenschutz** durch die Polizei in herausragenden Fällen verlangt nach strategischen Konzeptionen, die die Bedeutung eines Zeugen gewichten und die das im Einzelfall übergreifende öffentliche Interesse verdeutlichen. **185**

cc) Eine **professionelle Zeugengewinnung** erfordert ein spezifisches Konzept, das die Polizei für jeden Zeugen attraktiv macht. Die öffentlichkeitswirksamen Anreize müssen ethische und moralische Werte sowie soziale und ggf. ökonomische Interessen ansprechen. **186**

dd) Die **polizeiliche „Opferkonzeption"** ist als Teil einer systematischen Aufklärungsstrategie bis zum Abschluß des gerichtlichen Verfahrens zu begreifen. Der Opferkontakt ist zu pflegen und – soweit möglich – zu institutionalisieren. **187**

5. Tatmittel / Tatgüter

a) Kriminalistisch-kriminologische Erkenntnisse

aa) Für die Aufklärung von Straftaten sind die bei der Begehung der Tat verwendeten **Tatmittel** bzw. erlangten/erstrebten **Tatgüter** von besonderer Bedeutung. Tatmittel oder Tatgüter sind oder waren im Besitz des Täters. Aufgabe der Sachfahndung ist es dabei, die Sachen zu ermitteln, die für die Täterfeststellung von Bedeutung sind oder die zum Erkennen von Sachen führen, die eine Ermittlungshilfe sein können. **188**

Bei Tatmitteln in Form von **Tatwerkzeugen** ist das polizeiliche Interesse auf den Verwendungszweck von Spezialwerkzeugen, auf die fabrikatorische Herkunft bzw. auf den früheren Aufbewahrungsort gerichtet. Neben der Herkunftsbestimmung derartiger Gegenstände hat die Polizei **Herkunftsermittlungen** durchzuführen, die zum Letztbesitzer und damit zum mutmaßlichen Täter führen sollen. **189**

bb) Bei gestohlenen, umfrisierten hochwertigen Kraftfahrzeugen, bei Ladungsdiebstählen oder bei Straftaten im Zusammenhang mit Antiquitäten, Kunstwerken, Schmuck, Edelsteinen, Teppichen etc. zeigen sich beträchtliche Probleme der konventionellen, nichtnumerischen **Sachfahndung**[83]. Technische Entwicklungen auf dem Gebiet der Informatik könnten durch den Einsatz von sog. Objektidentifizierungsgeräten eine Effektivierung herbeiführen.[84] **190**

---

[83] *Hirt* 1983 S. 47, S. 114 ff.
[84] *Stümper* 1984 S. 188 ff.

191 cc) Bei Heroin ist durch spezielle Anwendungen der **Chromatographie** eine geographische Herkunftsbestimmung möglich. Damit ist, wenn Heroin an verschiedenen Orten oder bei verschiedenen Personen sichergestellt wird, die kriminalistische Erwartung verknüpft, daß Ansatzpunkte für eine Intensivierung der Bekämpfung des illegalen Drogenhandels in regionalen Bereichen gewonnen werden können.[85]

192 dd) Die Einrichtung eines **Tatmittelmeldezentrums** beim Bundeskriminalamt für Sprengstoffdelikte hat mit europäischen Bezügen die Dimension der Herkunftsermittlungen zur Fallaufklärung deutlich werden lassen.

b) Analyse strategierelevanter Probleme

193 aa) Die Problematik bei **Herkunftsermittlungen** besteht in der nicht eindeutig möglichen Identifizierbarkeit, da individual-charakteristische Merkmale bei Tatgütern vom Geschädigten in der Regel nicht angegeben werden können und Tatmittel (beispielsweise Werkzeuge) wegen der Herstellung in Massenproduktverfahren äußerst schwierig zuzuordnen sind. Eine Herkunftsermittlung ist zumeist nur bei alphanumerisch gekennzeichneten Gegenständen möglich. Der nichtnumerische Bereich bzw. das bloße Vorhandensein einer Seriennummer bei Massenprodukten bieten kaum Erfolgsaussichten. Trotz aller Bemühungen, mit Hilfe der elektronischen Datenverarbeitung neue Ermittlungsansätze zu entwickeln, ist die nichtnumerische Sachfahndung (z. B. Teppiche, Kunstgegenstände, Schmuck, Pelze, Warenmengen und Möbel) einerseits wegen des großen Aufkommens an Gütern und andererseits wegen ihrer unzureichenden Beschreibbarkeit durch Geschädigte problematisch geblieben.

194 bb) Auch die unterschiedlichsten **Kennzeichnungssysteme,** die im Interesse des Bürgers liegen, um durch individuelle Signaturen bei Verlust eine Wiedererkennung zu ermöglichen, haben wenig Verbreitung gefunden. Sachversicherer haben erst in jüngster Zeit im Hinblick auf die erhebliche Zunahme gestohlener Autoradios eine Entkoppelung versicherungsvertraglicher Art vorgenommen, um den Bürger zum Abschluß gezielter Versicherungen zu veranlassen. Die Industrie ist nur bedingt bereit, polizeilichen Sachfahndungsaspekten zu folgen. Nur hochwertige Geräte erhalten eine Individualnummer. Der Kampf um Marktanteile mit ausländischen Anbietern, auf die im Hinblick auf Individualnummern kaum eingewirkt werden kann, verhindert ein größeres Entgegenkommen einheimischer Hersteller.

195 cc) Zur Bedeutung der Herkunftsermittlungen sei exemplarisch die Waffen- und Sprengstoffkriminalität erwähnt. Der bandenmäßige Schmuggel und Handel mit Waffen und Sprengstoff sowie die Verwendung von Schußwaffen als Tatmittel bei Raubdelikten, Geiselnahmen und terroristischen

---

85 Geographische Herkunftsbestimmung bei Heroin 1983 S. 12.

Gewalttaten erfordern eine gezielte Bekämpfung. Voraussetzung ist ein umfassender nationaler und internationaler Nachrichtenaustausch, um einen ständigen Überblick über die Entwicklung in diesen Kriminalitätsbereichen zu haben. Der Nachrichtenaustausch dient insbesondere dazu, Zusammenhänge, Schwerpunkte und neuartige kriminelle Praktiken zu erkennen. Daneben werden die Informationen zur Erarbeitung wirkungsvoller Bekämpfungsmethoden und für gesetzgeberische Maßnahmen benötigt. Ziel einer derartigen Konzeption ist es, über einen internationalen Erfahrungsaustausch Transportwege (für Waffen und Sprengstoff), Verbringungsmittel (Verstecke, Depots) sowie Preise zu erforschen.

dd) Auf nationaler Ebene ist die Zusammenarbeit mit dem Zoll, dem Zollkriminalinstitut, dem Amt für Sicherheit in der Bundeswehr, der Hauptverwaltung der Deutschen Bundesbahn sowie der Betriebssicherung der Deutschen Bundespost für Sofortmeldungen und Sondermeldungen erforderlich. Diese Bemühungen zeigen, daß es eines umfassenden **Informationskonzeptes** bedarf, um Herkunftsermittlungen effektiv zu betreiben. Dies wird auch aus der besonderen Einrichtung des erwähnten Tatmittelmeldezentrums für Spreng- und Brandvorrichtungen beim Bundeskriminalamt deutlich. Die Art des Aufbaus einer Sprengvorrichtung im Hinblick auf Behälter, Füllung, Zündvorrichtung, Kontaktplättchen usw. soll die Zuordnung zu noch unaufgeklärten Straftaten ermöglichen und insbesondere die Ermittlungen auf bestimmte Täter bzw. Tätergruppen konzentrieren helfen. Die Auswertungen zeigen darüber hinaus, daß Verbindungen zwischen national und international agierenden Tätergruppen bestehen.

c) Kriminalstrategische Ableitungen

aa) Eine deliktorientierte und regionalisierte Datenspeicherung von sichergestellten Tatmitteln, von abhandengekommenen Gegenständen/Tatgütern sowie von materiellen Täterhinweisen erfordert einen **konzeptionellen Ansatz**, der auch die technische Ausstattung der Dienststellen berücksichtigt.

bb) Die Bemühungen zur Einrichtung einer integrierten alphanumerischen und nichtnumerischen **Sachfahndung** sind wissenschaftlich zu begleiten und strategische Voraussetzung eines solchen konzeptionellen Ansatzes (Rdnr. 197).

cc) Die Einrichtung von Sachfahndungs- und Hehlerei-Dienststellen zur offensiven Sachfahndung und Hehlerermittlung ist konzeptionell durch die Entwicklung von **Verdachtsrastern** für die ungezielte Sachfahndung in Hehlerkreisen zu unterstützen.

dd) Die Intensivierung der **Öffentlichkeitsarbeit** mit dem Ziel der Motivation der Bürger zur Kennzeichnung wertvollen Eigentums oder leicht zugänglicher Gegenstände ist zu systematisieren, polizeiintern mit Wettbewerbsanreizen zu planen und einer gezielten Erfolgskontrolle zu unterziehen.

201 ee) Die Festlegung der überregional, national und international auszutauschenden **Tatmittel- und Tatgüterinformationen** sowie die Einrichtung einer **Produktdatei** für spezifische Tatmittel/Tatgüter bei bestimmten Delikten, könnte Herkunftsermittlungen erleichtern und zur Beschleunigung der Aufklärungsarbeit beitragen.

202 ff) Eine **Internationalisierung**[86] als wichtigste Komponente strategischer Aufklärungsarbeit ist erforderlich für
– die Sachfahndung nach gestohlenen Waffen, Kraftfahrzeugen, Personalpapieren, Geld und Wertpapieren,
– die Beweismittelfahndung bei Schwerststraftaten im Hinblick auf Tatmittel, Waffen- und Waffenteile, Geschosse, Hülsen, gefälschte Urkunden, Personalpapiere und Geldnoten,
– die Übermittlung aller Sprengstoff- und Sprengkörperdaten, um alle unkonventionellen elektronischen oder selbstlaborierten Sprengmittel und Sprengkörper zu registrieren, die bei Brand- und Sprengstoffanschlägen Verwendung gefunden haben,
– die Übermittlung kriminaltechnischer Daten von Stoffen und Stoffproben namentlich der Untersuchungsergebnisse im Bereich der Organisierten Kriminalität; Beispiel: Rauschgifterkennungsdienst.

203 Dazu ist die Einrichtung einer elektronischen Informationszentrale bei **INTERPOL** wichtige Zielvorstellung.

III. Einflußfaktoren kriminalistischer Art

1. Tatortarbeit / Spurensuche

a) Kriminalistisch-kriminologische Erkenntnisse

204 aa) Die Aufklärung von Straftaten erfordert bezüglich des Aspektes der Prävalenz der materiellen Spur mit ihrer zunehmenden Relevanz eine deutliche Prioritätensetzung. Die Bedeutung des **Sachbeweises** nicht nur bei Kapitaldelikten, sondern auch und gerade bei Massendelikten ist durch strategische Grundsatzentscheidungen hervorzuheben. Eine vermeintlich eindeutige Beweislage durch Geständnis oder Zeugenaussage genügt längst nicht mehr dem hohen Beweissicherungsanspruch der Gerichte, die sich bei bestimmten Verfahren einer zunehmend aggressiven Verteidigerstrategie gegenübersehen.

205 Das Ziel der **Spurensuche** ist das Auffinden von Spuren zum Zwecke der Rekonstruktion eines Tatgeschehens, zur Feststellung von Hinweisen, die zum potentiellen Täter führen und belastende bzw. entlastende Aspekte im Hinblick auf konkrete Tatverdächtige erbringen sollen. Eine systematisierte, gründliche und hohem professionellen Standard gerecht werdende Spurensuche und -sicherung[87] korrespondiert mit der Verpflichtung zur

---
[86] *Herold* 1980 S. 171 ff.
[87] Eingehend hierzu *Mörbel* in diesem Band.

Durchführung eines objektiven Strafverfahrens, das auf eine sorgfältige Bewertung aller be- und entlastenden Umstände und Hinweise im konkreten Fall angelegt ist. Diese Grundgedanken gilt es in der polizeilichen Praxis verstärkt zu beleben.

bb) Sorgfältige **Tatortarbeit** führt zur Erhöhung des Spurenaufkommens in quantitativer und qualitativer Hinsicht, wenn insbesondere spezialisierte Erkennungsdienst-Beamte mit neuester Technik eingesetzt werden.[88] Dies gilt gerade auch für die Spurensuche bei noch relativ „neuen" Delikten wie z. B. bei der Umweltkriminalität, bei der leider häufig eine schlechte Spurensuche zu konstatieren ist.[89] Qualifizierte Spurensuche und -sicherung ist im Grundsatz für jeden Tatort zu fordern, auch für Versuchstatorte, auch bei Massendelikten.[90]

cc) Die Bedeutung des daktyloskopischen Identitätsnachweises[91] für eine effektive Kriminalitätsbekämpfung dürfte unbestritten sein. Erforderlich ist der Einsatz des spezialisierten **Daktyloskopen** am Tatort, da so der Zeitaufwand der Tatortarbeit bei gezielter Suche und optimaler Sicherung von Spuren reduziert werden kann.[92] Auch die Auswertbarkeit einer daktyloskopischen Spur könnte von Daktyloskopen vor Ort relativ sicher beurteilt werden, was zu einer Reduzierung nicht auswertbarer Spuren beitragen könnte. Um einen hohen Selektionswert zu erzielen, sollten außerdem sofort Vergleichsabdrücke genommen werden. Der Spurensicherer bleibt dabei verantwortlich in der Spurensachbearbeitung und wird so zum Erfolgsträger daktyloskopischer Straftatenaufklärung[93].

dd) Medizinische, chemische oder physikalische Verfahren dominieren bisher bei der Täteridentifizierung. Neuerdings werden sprachliche Merkmale eines Täters im Sinne eines **„linguistischen Fingerabdrucks"** mit Hilfe der Datenverarbeitung kriminalistisch nutzbar gemacht.[94] Große Hoffnungen werden auch in die Identifizierungsmöglichkeiten durch den sog. **„genetischen Fingerabdruck"** gesetzt.[95]

ee) Technische Innovationen bleiben jedoch wirkungslos, wenn die Möglichkeiten des Sachbeweises, der Personenerkennung und der Datenverarbeitung nicht zu **breiter Anwendung** kommen. „Jeden einzelnen Fingerabdruck am Gesamtbestand vorbeizuführen, bleibt theoretisch, wenn nicht die für die polizeiliche Tatortarbeit notwendigen Folgerungen gezogen werden."[96]

---

88 *Schuster* 1984 S. 637. – Ausführlich zur Tatortarbeit *Seemann* in diesem Band.
89 *Kitschenberg* 1984 S. 7.
90 *Rauwolf* 1985 S. 359/360.
91 Ausführlich hierzu *Schwarzfischer* in diesem Band.
92 *Beeck* 1986 S. 516.
93 *Beeck* 1986 S. 516.
94 *Drommel/Kipping* 1987 S. 218. – Eingehend hierzu *Perret/Balzert* in diesem Band.
95 *Steinke* 1987 S. 557/558, *Krumsiek* 1988 S. 107.
96 *Boge* 1982 S. 243.

210 ff) Der Kriminalist, der eine Durchsuchung vornimmt, muß über die Möglichkeiten der **Kriminaltechnik** informiert sein, um keine Chancen der Aufklärung ungenutzt zu lassen, um keine Spuren zu gefährden. Mikroskope, Spektrographen und Gaschromatographen sind heute ergänzt durch Mikrospektralphotometer, Rasterelektronenmikroskope, Neutronenaktivierungsanalyse, Stimmspektrographen usw. Verbesserte instrumentelle Methoden haben die Nachweisgrenze für die meisten Stoffe drastisch gesenkt.[97] Nur eine rechtzeitige, vorsorgliche, flächendeckende Spurensicherung, insbesondere im Hinblick auf Mikrospuren, erlaubt ein Erkennen von Gesamt- und Teilspurenbildern[98]. Gerade die klassischen Schuh- und Fußspurenbilder scheinen noch längst nicht von allen Beamten in ihrer Bedeutung hinreichend erkannt worden zu sein.[99]

b) *Analyse strategierelevanter Probleme*

211 aa) An einem kriminalistisch relevanten Ereignisort sind die allgemeinen **Grundregeln der Tatortarbeit** zu berücksichtigen. Der Tatort ist insbesondere so früh wie möglich abzusperren, um die Veränderung von Spuren zu verhindern bzw. das Entstehen von Trugspuren durch eingesetzte Kräfte oder andere Personen zu verhindern. Dies gilt nicht nur am Tatort, sondern auch an Fundorten, Unfallorten oder Brand- und Explosionsorten, die als spurentragende Bereiche in Betracht kommen.[100] Spurenveränderungen müssen aber auch am Opfer (einschließlich dessen Umkreis) und am Tatverdächtigen, sowohl an Kleidung wie auch Körper, am Weg zum und vom Tatort und an Tatwerkzeugen, Tatmitteln und Tatbeute vermieden werden. Unabdingbar ist daher ein planvolles Vorgehen, das eine gedanklich abgerundete Rekonstruktion eines Geschehensablaufes voraussetzt.

212 bb) Die **Rekonstruktion** ist ein dynamischer Prozeß. Jede neue Information fordert zur Überprüfung der Rekonstruktionshypothesen heraus. Dieser Informationsverarbeitungsprozeß vollzieht sich während der parallel zu führenden Tatortarbeit und Ermittlungshandlungen ständig, und die Ergebnisse werden vor dem Hintergrund der objektiven Spurenlage verifiziert oder falsifiziert. Eine hochwertige Rekonstruktionsleistung ist daher nur bei gleichzeitiger schriftlicher Dokumentation der einzelnen Phasen der Spurensuche und der Ermittlungshandlungen möglich. Die Spurensuche selbst unterliegt so einem Systematisierungszwang, der Voraussetzung für eine wirklichkeitsgerechte Rekonstruktion ist. Diese stellt – richtig durchgeführt – einen selbst auferlegten Begründungszwang von hoher Differenzierbarkeit dar, der intuitives Denken nachvollziehbar machen soll.

213 cc) Ausgehend von der Phänomenologie der Delikte und den spezifischen Bedingungen an einem Tatort hat sich die systematische Spurensuche ins-

---

97 *Halonbrenner* 1982 S. 214.
98 *Meier* 1980 S. 485.
99 *Weiser* 1979 S. 494.
100 *Wigger* 1980 S. 17.

besondere auf möglicherweise fehlende Spuren zu konzentrieren. Der hohe **Beweissicherungsanspruch der Justiz** gebietet es, sich dem Problem der fingierten Spur, der Trugspur oder der fehlenden Spur in besonderer Weise zu widmen. Derartige Spuren erschweren die Rekonstruktion der Tat. Gleichzeitig können sie jedoch auch Schlüssel zur Aufklärung der Tat sein. Die absichtliche oder natürliche Vernichtung von Spuren, die mögliche Vortäuschung eines behaupteten Tatvorganges, die eventuell fehlerhaften Überlegungen zur Rekonstruktion eines Tatablaufes oder die nicht alle Möglichkeiten der Spurensuche berücksichtigende Tatortarbeit, die eventuell schwer auffindbare Spuren wie z. B. latente Spuren oder Mikrospuren vernachlässigt hat, sind daher von großer Bedeutung. Die Inanspruchnahme von Spezialisten bzw. kriminaltechnischen Sachverständigen hat rechtzeitig zu erfolgen, wobei die Problematik des vor Ort ermittelnden Sachverständigen vor dem Hintergrund der gerichtlichen Inanspruchnahme als Gutachter gesehen werden muß.

214 dd) Eine möglichst hochwertige Spurensicherung ist nur möglich, wenn der gesamte Tatortbereich weitgehend unverändert erhalten ist, die Lage einzelner Spuren und Spurenträger zueinander oder zur Umgebung festgehalten bzw. Spuren und das dazu erforderliche Vergleichsmaterial zum Zwecke einer kriminaltechnischen Untersuchung gesichert worden sind. Zum Schutz des Tatortes müssen deshalb bereits bei der Anzeigenerstattung dem Anzeigenden **Verhaltenshinweise** gegeben werden.

215 Der **Erste Angriff,** in der Regel von der Schutzpolizei durchzuführen, muß professionalisiert werden. Die Möglichkeiten und Grenzen des Ersten Angriffes gilt es zu thematisieren. Die Erhaltung der Ursprünglichkeit des Tatortes ist oberstes Gebot. Diesem Zweck dient z. B. die fotografische Übersichtsaufnahme durch die Schutzpolizei im Rahmen des Ersten Angriffs.

216 Der **Auswertungsangriff** der zuständigen Kriminaltechnik erfolgt je nach Spurenart, nach der Zustandsform des Spurenmaterials, nach der stofflichen Beschaffenheit des Spurenträgers oder nach den besonderen Erscheinungsformen der Spur mit unterschiedlichen, speziellen Methoden der Spurensicherung.

217 ee) Dieser Auswertungsangriff soll die Erreichung der kriminalistischen Ziele ermöglichen. Die bereits beschriebenen Ermittlungsziele sind häufig nur durch schlußfolgernde Verknüpfung beweiserheblicher Einzeltatsachen möglich. Zur **schlüssigen Beweisführung** sind in der Regel folgende Ermittlungen erforderlich:[101]

– Nachweis der Anwesenheit einer bestimmten Person an einem bestimmten Ort,
– Feststellung der Herkunft eines bestimmten Objektes,

---

101 *Wigger* 1980 S. 46/47.

- Klärung der zeitlichen Reihenfolge bestimmter Ereignisse,
- Überprüfung von Aussagen,
- Feststellung der Wirkung eines Tatmittels,
- Erkennen einer fingierten Straftat,
- Überprüfung der Echtheit einer Urkunde,
- Erkennen von Spurenzusammenhängen,
- Durchführung einer negativen Ursachenauslese,
- Überprüfung, ob Fundort gleich Tatort.

218 Die große Bedeutung des Sachbeweises liegt insbesondere darin, daß die getroffenen Feststellungen weitgehend **objektivierbar** und nachprüfbar gemacht werden können. Mit den Auswertungsmöglichkeiten der Identifizierung, der Gruppenbestimmung, der Altersbestimmung und der schon erwähnten Rekonstruktion des Geschehensablaufes können diese Anforderungen je nach Spurenart und kriminaltechnischen Erfordernissen erfüllt werden.

c) Kriminalstrategische Ableitungen

219 aa) Zur Effektivitätssteigerung insbesondere im **kriminaltechnischen Bereich,** der bei der Tatortarbeit/Spurensuche im engeren Sinne dominiert, ist eine ständige Analyse und Bewertung des materiellen Beweissicherungsanspruchs der Gerichte erforderlich.

220 bb) Die Professionalisierung des **Ersten Angriffes** am Tatort durch die Schutzpolizei ist ein vorrangiges kriminalstrategisches Anliegen.

221 cc) Die Verbesserung des **Sicherungsangriffs** an Tatorten ist nur durch eine intensivere Aus- und Fortbildung der Kriminalbeamten zu erreichen. Der Beamte im Kriminaldauerdienst hat eine aufklärungsleitende Funktion.

222 dd) Der verstärkte Einsatz von **Spezialisten** im Rahmen des Auswertungsangriffes durch die Kriminalpolizei erfordert die personelle Verstärkung der Kriminaltechnik und des Erkennungsdienstes.

223 ee) Um bei Massendelikten eine rationelle – aber effektive – Spurensuche zu ermöglichen, sind deliktsspezifische **Spuren-Checklisten** stabskriminalistisch zu erarbeiten. Die deliktsspezifische Systematisierung der Spurensuche ist auch als Beitrag zur Verbesserung des Ersten Angriffs durch die Schutzpolizei anzulegen.

224 ff) Deliktsspezifische **Rekonstruktionshilfen,** die besonders das Problem der latenten und der fehlenden Spur berücksichtigen, müssen auch als logisch-systematischer Leitfaden zur Überprüfung von Rekonstruktionshypothesen entwickelt werden.

2. Ermittlungen

a) Kriminalistisch-kriminologische Erkenntnisse

aa) Der Gesamtmenge der aufzuklärenden Straftaten stehen begrenzte personelle und materielle polizeiliche Kapazitäten gegenüber. Diese reichen nicht aus, um in allen Fällen alles zur Aufklärung einer Straftat Erforderliche zu veranlassen. Eine gleichmäßige Ermittlungsintensität in allen Fällen würde wegen der unterschiedlichen Schwere und Bedeutung der einzelnen Delikte auch wenig sinnvoll erscheinen. Daher sind **Prioritätensetzungen** zur Gewährleistung des rationellen Einsatzes des Personals und der Mittel unumgänglich. Diese Schwerpunktsetzungen müssen allerdings eine ernsthafte Strafverfolgung in allen Deliktsbereichen gewährleisten.

bb) In diesem Zusammenhang ist von Bedeutung, daß etwa 75 % aller polizeilichen Ermittlungsverfahren ohne rechtliche Folge bleiben und nur ca. 25 % mit einer Sanktion enden. Von den polizeilich als aufgeklärt betrachteten und an die Staatsanwaltschaft abgegebenen Fällen werden etwa 25 % eingestellt. Die Staatsanwaltschaft ist eher eine Einstellungsbehörde als eine Anklagebehörde[102]. Die Einstellung von Ermittlungsverfahren durch die Staatsanwaltschaft stellt eine Fortsetzung des **Ausfilterungsprozesses** dar, der schon bei der Polizei durch nicht entdeckte und nicht angezeigte Taten (Dunkelfeld) begonnen hat. Hier entsteht die Frage, welche Auswirkungen dieser staatsanwaltschaftliche Prozeß der Ausfilterung aus dem Spektrum der Gesamtkriminalität für eine Strategie zur Aufklärung von Straftaten hat. Sollten z. B. „ökonomische Strategieansätze" entwickelt werden, die die Effektivität des gesamten staatlichen Ermittlungs- und Sanktionierungsaufwandes berücksichtigen?

cc) Strategische Ansätze zur Aufklärung von Straftaten dürfen an der Erkenntnis nicht vorbeigehen, daß nach amerikanischen[103] und deutschen Untersuchungen der tatsächliche **Aufklärungsbeitrag der Polizei** aufgrund eigener detektivischer Ermittlungsarbeit weit unter 10 %, wahrscheinlich nur bei rund 5 % aller angezeigten Straftaten[104] liegt. Die Untersuchungsergebnisse führen zu der Feststellung, daß zwischen 90 % und 95 % aller später als aufgeklärt bezeichneten Straftaten (bezogen allerdings nur auf die ca. 45 % Gesamtaufklärung) durch den Hinweis des Bürgers (als Opfer, Anzeigender, Geschädigter oder sonstiger Zeuge) bereits „aufgeklärt" im kriminalistischen Sinne auf den Tisch des polizeilichen Sachbearbeiters gelangen. Diese Feststellung berücksichtigt jedoch nicht den qualitativen Aspekt der Aufklärungsleistung der Polizei. Der Aufklärungshinweis des Bürgers ist nämlich nicht gleichzusetzen mit der polizeilich aufgeklärten Tat. Eine Straftat ist erst dann als aufgeklärt zu betrachten, wenn ein Täter durch Tatortarbeit, Alibiüberprüfung, Gegenüberstellung, Spurenvergleiche, Vernehmungen u. v. a. m. „anklagereif" überführt ist. Die polizeiliche

---

102 *Berckhauer* 1982 S. 212.
103 *Middendorf* 1986 S. 183.
104 *Steffen* geht von 6 % aus (1986 S. 177).

Aufklärungsarbeit ist daher eine conditio sine qua non a l l e r aufgeklärten Fälle – und nicht nur der genannten 5 bis 10 %.[105]

228 dd) Die Methoden der Kriminalitätsbekämpfung sind bislang auf die kleine, mittlere, schwere und Konfliktkriminalität ausgelegt. Sie taugen jedoch nur bedingt zur Bekämpfung der qualifizierten Banden- und **Organisierten Kriminalität**[106]. Lockspitzel[107] und verdeckte Ermittler[108] sind in diesem Deliktsfeld unentbehrlich geworden. Verdeckte Aufklärung und verdeckte Beweisführung erfordern auch die verdeckte Fahndung im Milieu[109]. So ist schon die Zusage der Vertraulichkeit auch bei Eigentumsdelikten oft die entscheidende Ermittlungshilfe[110].

229 ee) Die Bekämpfung der Eigentumskriminalität führt auch in einem anderen Bereich zu neuen Überlegungen. Die **Hehlereibekämpfung** in Berlin[111] ist dafür ein gutes Beispiel. Polizeiliche Beobachtung von Großhehlern, Ermittlungsgruppen als Daueeinrichtung zur Bekämpfung dieser Deliktsform, intensive Bewußtseinsbildung beim polizeilichen Sachbearbeiter sowie die organisatorische Verzahnung mit Sachfahndung, Einbruchskommissariat und OK-Dienststelle zeigen neue Wege auf.[112]

230 ff) Die deliktische Heterogenität der **Wirtschaftskriminalität** verlangt phänomenologisch spezifizierte Analysen, um Organisierte Kriminalität in diesem Bereich zu erkennen.[113] Die Notwendigkeit des vermehrten Einsatzes von Spezialisten[114] als strategischer Reserve bzw. des Einsatzes betriebswirtschaftlicher Sachverständiger bei Polizei und Staatsanwaltschaft[115] ist eine weitere Forderung der kriminalistischen Praxis.

231 gg) Die Bekämpfung der **Umweltkriminalität** erfordert neue Konzepte. Bessere Ausbildung der Ermittler und Sachverständigen der Polizei wegen der interdisziplinären wissenschaftlichen Zusammenhänge und der komplizierten technischen Arbeitsabläufe, wegen unterschiedlicher Verantwortungsstrukturen in den Gewerbe- und Industriebetrieben sowie wegen der extremen Unbeständigkeit der Tatortsituation ist dringend geboten.[116] Die Intensivierung der internationalen Zusammenarbeit bei grenzüberschreitender Umweltkriminalität ist vor allem im Hinblick auf die Abfall-

---

105 *Brandt* 1988 S. 234 ff.
106 *Stümper* 1984 S. 129.
107 *Wieczorek* 1985 S. 288 ff.
108 *Brenner* 1984 S. 600.
109 *Sielaff* 1985 S. 577.
110 *Schmidtmann* 1984 S. 595 ff.
111 *Jankowiak* 1987 S. 112.
112 *Schuster* 1984 S. 636 ff.
113 *Kubica* 1986 S. 231 ff.
114 *Kube/Plate/Störzer* 1983 S. 601.
115 *Zainhofer* 1986 S. 240.
116 *Steinke* 1985 S. 361 ff.

beseitigung ein durch die Medien auch einer breiten Öffentlichkeit bewußt gemachtes Problem, das eines neuen strategischen Bekämpfungsansatzes bedarf.[117]

b) *Analyse strategierelevanter Probleme*

aa) Die **strategischen Überlegungen** müssen zu einem prioritären Ressourceneinsatz der Polizei führen:

— Orientierung an der **Sozialschädlichkeit:**
Die Sozialschädlichkeit kriminellen Handelns bemißt sich nach den zur Zeit herrschenden allgemeinen Wertvorstellungen. Diese sind jedoch veränderlich und können mit Hilfe kriminalstrategischer Impulse im Sinne der Bewußtseinsbildung gewandelt werden.

— Orientierung an der Höhe der **Strafandrohung:**
Die rechtliche Einstufung eines Deliktes als Ordnungswidrigkeit, Vergehen oder Verbrechen sowie die daraus resultierende Art und Höhe der Strafandrohung sind – außer Indiz für das Maß der Sozialschädlichkeit – auch Hinweis für den Umfang und die Intensität staatlicher Reaktionen.

— Orientierung an der **Schadenshöhe:**
Der enorme volkswirtschaftliche Schaden insbesondere im Bereich der Wirtschaftskriminalität erfordert umfangreiche Ermittlungsmaßnahmen der Polizei. Die Abhängigkeit des Umfanges der Ermittlungshandlungen von der Schadenshöhe ist dagegen bei den sog. Bagatelldelikten gesellschaftspolitisch nicht unproblematisch. Die im Sicherheitsprogramm vorgeschlagene „vereinfachte Bearbeitung" – orientiert an der Schadensgrenze von 200 DM – kann zu sozialpolitisch unerträglicher Verletzung des Gleichheitssatzes führen.

— Orientierung an **öffentlichen Reaktionen:**
Die in den Medien veröffentlichte Lage des Sicherheitsgefühls der Bevölkerung zwingt häufig zu regionalen Schwerpunktsetzungen. Die Gewährleistung dieser subjektiven Sicherheit ist unter dem Aspekt der Viktimisierungsfurcht der Bürger ein zu beachtender Faktor.

Die Analyse der gegenwärtigen Ermittlungspraxis der Polizei zeigt eine **Mixtur** dieser Orientierungen, die auch noch mit Deliktsstruktur, Ermittlungsintensität und erwartetem Verfahrensausgang zusammenhängen. Dabei bestehen starke Beziehungen zwischen den Informationen des ersten Ermittlungsabschnitts (Erster Angriff der Schutzpolizei, Sicherungs- und Auswertungsangriff der Kriminalpolizei) und der auf empirischer Grundlage zu prognostizierenden Aufklärungs- und Verurteilungswahrscheinlichkeit.

---

117 *Steinke* 1985 S. 361 ff.

238 bb) Diese handlungsleitenden Überlegungen zur Aufklärung von Straftaten werden im polizeilichen Alltagsgeschäft, insbesondere in den Deliktsbereichen der Massenkriminalität, gesteuert durch eine Orientierung an der **Aufklärungswahrscheinlichkeit.** Die Ausrichtung der Ermittlungsintensität an den im ersten Ermittlungsabschnitt vorhandenen Anhaltspunkten für die Täterermittlung und damit an der Aufklärungswahrscheinlichkeit ist nach Untersuchungen von *Dölling*[118] in bestimmten Deliktsbereichen (insbesondere Einbruchsdiebstahl, aber auch Raub) signifikant. Das Schwergewicht der Aufklärung liegt danach eindeutig am Beginn der Ermittlungen.

239 Der strategische Ansatz könnte daher in der Entwicklung von **Prognosemodellen** für die Aufklärung bestimmter Delikte liegen. Dabei ist von vornherein zu bedenken, daß die Ermittlungsintensität in jedem Deliktsbereich in Abhängigkeit von den zur Verfügung stehenden polizeilichen Kapazitäten steht. Dies bedeutet, daß eine gute Personal- und Sachausstattung die Tendenz hat, diese auch in ersichtlich erfolgversprechenden Fällen einzusetzen und damit heute schon an der Aufklärungswahrscheinlichkeit zu orientieren. Mit sinkenden Kapazitäten, so Dölling, steigt der Einfluß der vorgegebenen Fallstruktur auf den Verfahrensausgang. Eine Erhöhung der Kapazitäten eröffnet demgegenüber die Möglichkeit, auch zunächst wenig Ansatzpunkte für Ermittlungen aufweisende Fälle aufzuklären und damit die Determination des Verfahrensausganges durch die Fallstruktur abzuschwächen.

240 Die Problematik dieses Strategieansatzes könnte in einem **Vertrauensverlust** der Bevölkerung gegenüber ihrer Polizei liegen. Es müßte sich der Eindruck verstärken, daß die Polizei zu einer wirksamen Strafverfolgung nicht in der Lage ist und vor der Kriminalität kapituliert. Die negative sozialpsychologische Wirkung einer Strafverfolgung mit gewollt unterschiedlicher Ermittlungsintensität würde in jedem Fall erheblich verstärkt, wenn die systematische Orientierung an statistischen Aufklärungsprognosen zu einem primären Prinzip polizeilicher Ermittlungstätigkeit erhoben würde. Da bereits heute eine starke Tendenz zu verzeichnen ist, sich polizeilicherseits an Fällen mit hoher Aufklärungswahrscheinlichkeit zu orientieren, würde die Einführung von Aufklärungsprognosen die Gefahr der eventuellen Nichtausschöpfung vorhandener Aufklärungschancen bei schwieriger aufklärbaren Fällen verstärken. Das voreilige Abqualifizieren von Fällen als nicht aufklärbar, insbesondere dann, wenn sich langwierige – wenn auch nicht chancenlose – Ermittlungen andeuten, würde auch das Legalitätsprinzip tangieren. Im Ergebnis ist *Dölling* zuzustimmen, wenn er feststellt, daß bei bestimmten Deliktsgruppen Fälle mit erfolgversprechenden Ansatzpunkten für Ermittlungen zu identifizieren seien. In diesen konkreten Fällen könnten auch Aufklärungsprognosen herangezogen werden.

---

118 *Dölling* 1986 S. 29 ff.

cc) Neben diesen strategischen Orientierungen sind in der polizeilichen Praxis die **klassischen** bzw. wiederentdeckten **Ermittlungsstrategien** von Bedeutung: 241

— Die klassische **deliktsorientierte Ermittlungsstrategie,** die im Sammeln und Auswerten deliktsspezifischer Erkenntnisse in der Hoffnung durchgeführt wird, auf diese Art und Weise den noch unbekannten Täter zu ermitteln, ist in den quantitativ überschaubaren Deliktsbereichen auf regionaler Ebene ein nach wie vor probates Mittel. Der Ermittlungsweg vom angezeigten Delikt über den Tatort zum Täter findet aber insbesondere bei der qualitativ sich verfestigenden überregionalen und internationalen Kriminalität (insbesondere bei der Organisierten Kriminalität), aber auch schon bei der bandenmäßigen Begehung von Straftaten und bei den quantitativ nicht mehr überschaubaren Massendelikten eine deutliche Grenze. 242

— Die **täterorientierte Ermittlungsstrategie,** nach der ereignisunabhängig alle nur erfaßbaren Informationen über verdächtige Personen, Institutionen, Objekte und Sachen **(PIOS)** einschlägiger Provenienz gesammelt und ausgewertet werden, ist im organisatorischen Rahmen von Ermittlungsgruppen bzw. Sonderkommissionen ein unverzichtbares Mittel geworden. Dabei ist die Erkenntnis von großer Bedeutung, daß die Zerschlagung bandenmäßiger Strukturen in der Regel nur kurzzeitige Effekte erwarten läßt. Erkenntnisse über Wiederholungs- und Intensivtäter, insbesondere jedoch über kriminelle Banden, zeigen, daß die interaktiven Verflechtungen auch während der Haftzeit aufrechterhalten bleiben und nach Verbüßen einer Freiheitsstrafe zur nahtlosen Wiedereingliederung in die vorhandenen Strukturen führen. Die vorhandenen Milieuverflechtungen können durch polizeiliche Ermittlungen in der Regel nicht aufgebrochen werden. Daher ist es um so wichtiger, das Ermittlungswissen einer Ermittlungsgruppe oder einer Sonderkommission zu perpetuieren. Es ist deshalb unabdingbar, ständige Organisationseinheiten zu bilden, die sich mit täterorientierten Ermittlungen und der Sicherung einmal gewonnener Informationen befassen. 243

— Ein weiterer wichtiger strategischer Ansatz ist die tatgut- bzw. **tatbeutebezogene Ermittlung.** Dieser Strategie liegt insbesondere im Bereich der Eigentumskriminalität die Erkenntnis zugrunde, daß über eine systematische Ermittlung und Bekämpfung der Absatzmärkte eine Aufklärung von Straftaten erreicht werden kann. Die vorhandenen Modelle z. B. zur intensiven Bekämpfung der Hehlerei[119] zeigen deutliche Erfolge. Dabei kommt es darauf an, anlaßunabhängige Ermittlungsmaßnahmen an bekannten Absatzorten krimineller Güter durchzuführen (z. B. dubiose An- und Verkaufsgeschäfte, Flohmärkte) sowie weitverzweigte Absatzmärkte bzw. Absatzrouten auf nationaler und internationaler Ebene 244

---

119 *Jankowiak* 1987 S. 114.

durch Ermittlungs- und Kontrollmaßnahmen zu erkennen. Der verdächtige Gegenstand soll den ermittelnden Beamten – noch ohne Kenntnis von einer konkreten Tat – zum Letztbesitzer bzw. zum Geschädigten oder zum Tatort führen. Dies erfordert neben rechtlichen Möglichkeiten der Nachschau in einschlägigen Geschäften eine funktionierende numerische und nichtnumerische Sachfahndung. Durch die Bekämpfung der Absatzmärkte sind die Möglichkeiten des kriminellen Profits zu reduzieren.

245 – Dieser Ansatz greift nahtlos über in eine **Profitabschöpfungsstrategie**[120]. Diese auf Gewinnentziehung ausgerichtete Fachstrategie versucht, beim kriminogenen Motivationsfaktor anzusetzen, dem Gewinnstreben bzw. dem illegalen Profit. Bei Vorhandensein der erforderlichen gesetzgeberischen Maßnahmen (u. a. Umkehr der Beweislast) wäre dies eine Kombination aus täterorientierten und tatbeuteorientierten Ermittlungen, die jedoch hauptsächlich die Vermögensverhältnisse des erkannten Kriminellen mit dem Ziel späterer Einziehung zum Gegenstand hat. Diese Fachstrategie bezieht auch das Problem der Geldwäsche mit ein.

246 dd) Die hier aufgezeigten theoretischen kriminalstrategischen Ermittlungsansätze sind auf die spezifischen Deliktsstrukturen anzuwenden. Letztlich kann aber nur eine sinnvolle **Mischung** verschiedener Fach- und Deliktsstrategien erfolgreich sein. Exemplarisch soll dies an der strategischen Konzeption der Drogenbekämpfung und der Bekämpfung gewalttätiger Demonstrationstäter kurz dargestellt werden.

247 α) Das strategische Ziel der Bekämpfung der **Drogenkriminalität** ist es, die Verbrauchernachfrage zu stoppen (verbraucherorientierte Strategie) bzw. gar nicht erst entstehen zu lassen. Parallel dazu ist es das Ziel einer angebotsorientierten Strategie, in den Anbauregionen anzusetzen, um die Produktion zu reduzieren bzw. ganz zu verhindern. Damit soll erreicht werden, daß der Drogenzustrom und damit der weitgehend risikofreie Zugriff auf illegale Drogen durch den Verbraucher erschwert, wenn nicht gar unterbunden wird. Diese Doppelstrategie soll sowohl Wirkung auf den Binnenmarkt als auch auf die Angebotsseite entfalten. Die Entsendung von Rauschgiftverbindungsbeamten in zahlreiche Anbauländer ist ein weiterer Teilaspekt dieser Strategie. Dieses Konzept ist eingebunden in ein übergeordnetes strategisches Gesamtkonzept, das z. B. von den Vereinten Nationen weltweit, durch den Europarat auf europäischer Ebene, als konzertierte Aktion getragen wird. Allerdings hat sich, so *Schuster*[121], die Umsetzung in operative kriminalstrategische Maßnahmen im internationalen Rahmen als überaus schwierig erwiesen.

248 β) Die strategischen Leitlinien bei der Bekämpfung **gewalttätiger Demonstrationstäter** bestehen in

---

120 *Kube/Poerting/Störzer* 1987 S. 45 ff.
121 *Schuster* 1986 S. 13.

1. der Festlegung einer lageangepaßten und flexiblen Einschreitschwelle,
2. einer Differenzierung zwischen bzw. Separierung von friedlichen Teilnehmern und Gewalttätern,
3. abgestimmten Konzeptionen offensiver, defensiver, offener und/oder verdeckter polizeilicher Maßnahmen,
4. der Flexibilität des polizeilichen Gesamteinsatzes sowie
5. der Gewährleistung einer qualifizierten Festnahme und Strafverfolgung.

Gewaltbereitschaft soll frühzeitig erkannt, Gewalttätigkeiten sollen rechtzeitig unterbunden werden. Bei Festnahme und Beweissicherung gilt der Grundsatz „Qualität vor Quantität".

Die **operativ**-strategischen Überlegungen lauten dabei:

– Flexible Tatformen und dichte Abschottung der Gewalttäter erfordern ebenso flexible Einsatzformen.
– Personelle und logistische Grenzen zwingen zur Konzentration auf die Festnahme qualifizierter Gewaltstörer bei günstiger Beweislage.
– Den Führungs- und Einsatzkräften muß angesichts der sonst dominierenden Gefahrenabwehr die Aufgabe der Strafverfolgung, einschließlich der Notwendigkeit gerichtsfester Beweissicherung, bewußt gemacht werden.
– Erfolgversprechende Einsatzformen zur Verbesserung der Beweislage und Festnahmequalität erfordern Polizeibeamte, die ihr Handeln durch Einsatzerfahrung und Einsatztraining optimieren können.
– Der Einsatzwert von Spezialkräften für die Beweissicherung und die Festnahme ist stark abhängig von der Qualität und Menge der Aufklärungsinformationen.
– Die Erfolgsmöglichkeiten von Einsatzkräften mit Beweissicherungs- und Festnahmeaufgaben erhöhen sich durch klare Aufgabenzuweisung und konsequente Einhaltung der Führungsstruktur auch in schwierigen Einsatzphasen.
– Geübtes Zusammenwirken spezieller Beweissicherungs- und Festnahmekräfte von Schutz- und Kriminalpolizei ist in den Phasen der Vorbereitung, Durchführung und Nachbereitung eines Einsatzes anzustreben.
– Die Beweissicherungsarbeit läßt sich verbessern durch Sicherung der Wahrnehmungen auch der Absperr- und Räumkräfte, durch Koordinieren des Einsatzes der Beweissicherungs- und Festnahmekräfte sowie durch verzugsarme Übergabe der Festgenommenen einschließlich der Asservate und der beweiserheblichen Informationen an die Strafverfolgungskräfte in Tatraumnähe.
– Zu denken ist schließlich an die Vorverlagerung der Beweissicherungsarbeit in die vorderste Linie des Einsatzraumes, den Einsatz von Greiftrupps in den Hundertschaftsformationen der Schutzpolizei sowie die Anwendung der speziellen „Klettaktik" durch verdeckt operierende Beamte mit Unterstützung eines abgesetzten Foto- und Filmtrupps.

c) Kriminalstrategische Ableitungen

250 aa) Für kriminalstrategische Ableitungen ist zunächst die Klärung **grundsätzlicher Fragestellungen** erforderlich:
- Welche Deliktsbereiche bieten sich wegen erheblich überdurchschnittlicher Aufklärungsquoten, die im Regelfall durch einen Hinweis auf den mutmaßlichen Täter schon bei der Anzeigeerstattung gekennzeichnet sind, zur Reduzierung polizeilicher Aktivitäten (Personal- und Mitteleinsatz) an?
- Welche dieser Deliktsbereiche können über ein vereinfachtes Bearbeitungsverfahren (formularmäßige Erledigung) rationeller als bisher bewältigt werden?
- Wie hoch ist der Anteil der Einstellungen durch die Staatsanwaltschaft im Bereich der Delikte, die im Regelfall bei der Anzeigenerstattung bereits wegen eines Täterhinweises als aufgeklärt gelten können?
- Welche Deliktsbereiche bieten sich als polizeiliche Kontrolldelikte (z. B. Hehlerei, Verstöße gegen das Betäubungsmittelgesetz) zur Prioritätensetzung mit der Folge an, in aufklärungsträchtigen Deliktsbereichen die tatsächliche Aufklärungsquote zu erhöhen?
- Welche Deliktsbereiche gelten wegen der täterspezifischen Aspekte (z. B. Delikte Minderjähriger, geringer bzw. hoher Anteil örtlicher oder überörtlicher Täter) und/oder wegen kriminalgeographischer Aspekte (z. B. günstige verkehrsgeographische Lage als kriminogenes Kriterium, hoher Urbanisierungsgrad am Rande von Großstädten) als leichter oder schwerer aufklärbar?

251 bb) Ausgehend von der Strategie des prioritären Ressourceneinsatzes muß zur Erweiterung des deliktsorientierten um den deliktsübergreifenden Ansatz der **personen- und gruppenbezogene** sowie der **tatbeutebezogene Ansatz** kommen.

252 cc) Die **Erkenntnisgewinnung** und -vertiefung durch offensive und systematische Informationsbeschaffung sowie die **vorzuverlagernde Verdachtsgewinnung**[122] bei gleichzeitiger Professionalisierung der Beweisführung auch bei verdeckten Maßnahmen müssen strategische Leitlinien werden.

253 dd) Alle **organisatorischen Möglichkeiten** und **Rationalisierungsansätze** sind zu nutzen, wobei die enge Zusammenarbeit mit der Staatsanwaltschaft im Hinblick auf eine ökonomische Verfahrensabwicklung durch Schwerpunktbildung und Verzicht auf Vollständigkeit hilfreich sein kann.[123]

254 ee) Eine „interne Schaltzentrale" muß auf den Dienststellen den Überblick über alle Vorgänge ermöglichen,[124] um richtige Prioritäten unter

---
122 *Sielaff* 1983 S. 417.
123 *Gemmer* 1983 S. 606.
124 *Fletemeier* 1977 S. 167.

Berücksichtigung aller ermittlungsrelevanten Aspekte – einschließlich der Kapazitäten und Befähigungen der Fachdienststellen – setzen zu können.[125]

3. Vernehmung

a) Kriminalistisch-kriminologische Erkenntnisse

aa) Die aufklärende Ermittlungsarbeit ist im wesentlichen eine Rekonstruktion von Ereignissen und Zuständen einer vergangenen Wirklichkeit. Für Gericht, Staatsanwaltschaft und Polizei ist der Zugang zu dieser Wirklichkeit nur mittelbar gegeben. Die Aufklärung von Straftaten ist abhängig von der Sicherung der Personal- und Sachbeweise. Der Augenschein, die Urkunde, der Sachverständige sowie der Zeuge und die Aussagen des Beschuldigten gehören zu den klassischen Rekonstruktions- und **Beweismitteln**. Die drei letzten werden zu den Personalbeweisen gezählt. Trotz der zunehmenden Bedeutung des Sachbeweises stellt der Personalbeweis mit einem Anteil von bis zu 90 % an allen Verurteilungen die Hauptbeweisart dar.

bb) *Peters* unterscheidet zwischen dem subjektiven und objektiven **Personalbeweis**[126]. Subjektiv ist der Personalbeweis, wenn er auf menschlichem Wissen, Wahrnehmen, Empfinden und Denken beruht. Beim subjektiven Personalbeweis ist der Mensch aktives Beweismittel. Das Wirkmittel ist die Aussage. Objektiv ist der Personalbeweis, wenn menschliche Tatsachen und Gegebenheiten ohne Mitwirkung des Betroffenen von Dritten zur Erforschung der Wahrheit ausgewertet werden. Ein erheblicher Teil der Beweislast vor Gericht bleibt bei den Aussagen des Geschädigten, des Zeugen, Tatverdächtigen und Beschuldigten bzw. Angeklagten.

cc) Das **Grundproblem** einer jeden Befragung bzw. Vernehmung ist die Ausgangsfrage, wie in einem kommunikativen Interaktionsprozeß mit dem zu Vernehmenden das wirkliche Tatgeschehen in seinen tat- und ermittlungsrelevanten Einzelheiten verläßlich rekonstruiert und wie es aus der Erlebnissicht des zu Vernehmenden in der Form von Aussagen genau beschrieben werden kann.

Nach *Schmitz*[127] ist die Vernehmungsarbeit des Polizeibeamten als „**Aushandeln der Wirklichkeit**" zu betrachten. Dieser Aushandlungsansatz ist von zentraler Bedeutung für das Verständnis von Vernehmungen. Vorrangig geht es um die Rekonstruktion und Beschreibung von Wirklichkeit. Dabei ist es von großer Bedeutung, daß sich die ausgehandelte Version des Geschehens nicht zu weit vom angenommenen tatsächlichen Geschehen entfernt. Insoweit ist es möglich und notwendig, den ausgehandelten Anteil am Vernehmungsgeschehen und die Aushandlungsmacht, die von den Vertretern der Institutionen ausgeübt zu werden pflegt, zu reduzieren.

---

125 *Gemmer* 1983 S. 606.
126 *Peters* 1981 S. 303.
127 *Schmitz* 1983 S. 353 ff.

b) Analyse strategierelevanter Probleme

259 aa) Schwierigkeiten bereitet die Aufdeckung der Motive. Besonders problematisch ist die Erforschung subjektiver Tatbestandsmerkmale bei sich irrenden oder lügenden, verstockten oder sich widersprechenden Zeugen oder Beschuldigten. Daher wird regelmäßig ein der förmlichen Vernehmung – mit vorgeschriebener Protokollierung – vorausgehendes **Vorgespräch** geführt, das der Informationsgewinnung, der Glaubhaftigkeits- und Glaubwürdigkeitsprüfung sowie der vorläufigen Tathergangsrekonstruktion und allgemeinen Vorbereitung auf die Protokollierungsphase dient. Dabei sind bereits die klassischen Fehlerquellen einer Aussage, die in dem Entwicklungsstand, den Fähigkeiten, der Persönlichkeit und der Motivlage der Auskunftsperson, in der Geschichte einer Aussage und im Aussageverhalten liegen, zu berücksichtigen. Nach *Undeutsch*[128] besteht die Kernproblematik darin, daß es bei dem Aufklärungsbemühen im Grunde nicht auf die Glaubwürdigkeit der Person als des Aussagenden, sondern auf die Glaubhaftigkeit der Aussage ankommt.

260 bb) Die Aufklärung von Straftaten unter dem Aspekt der Vernehmung wird häufig durch lückenhafte Tatortberichte erschwert. In den weitaus meisten Fällen der kleinen und mittleren Kriminalität, vor allem bei Massendelikten, sind Tatortbeamter und Ermittlungsbeamter nicht identisch. Letzterer steht bei der Vernehmung vor dem Problem, daß er – im Gegensatz zum Beschuldigten, oft genug auch zum Zeugen – weder den Tatort selbst gesehen hat noch sich auf einen für Vernehmungszwecke ausreichenden Tatortbericht stützen kann, von fehlenden oder nicht ausreichenden Tatortfotos ganz abgesehen. Dieser seit langem beklagte Zustand wird noch problematischer, wenn einem Beschuldigten eine Straftatenserie nachgewiesen werden soll und mehr oder weniger alle herbeigezogenen objektiven Tatbefundberichte mit Mängeln behaftet sind. *Schäfer*[129] beschreibt derartige Probleme „in der detektiven Bearbeitung von Fahrraddiebstählen", in einem „spurenlosen" Deliktsbereich also, bei dem Aufklärungserfolge fast ausschließlich durch Personalbeweise zu erbringen sind. *Stock*[130] schildert anhand von Fahndungsfällen die Bedeutung von „Kleinigkeiten" für Aufklärungserfolge, die im Ermittlungsvorgang als Formulierungen und Hinweise manchmal geradezu versteckt sind.

261 cc) Offensichtlich gibt es keine spezifischen professionellen Verfahren der Tathergangsrekonstruktion im Hinblick auf Aussagen. Die Vernehmungsweisen variieren von Ermittlungsbeamten zu Ermittlungsbeamten und sind Ergebnis ihrer Intuition. Grundlagen sind Alltagsvorstellungen und Methoden der Vernehmungsbeamten, die auf der Grundlage persönlichkeitsadäquater Stereotype die Umsetzung von Aussagen determinieren. Dabei werden häufig gleiche Wahrnehmungskapazitäten, gegenseiti-

---

128 *Undeutsch* 1983 S. 389 ff.
129 *Schäfer* 1984 S. 474.
130 *Stock* 1982 S. 2.

ges Verstehen und Kongruenz der Relevanzsysteme zwischen Vernehmendem und Aussagendem unterstellt. Eine Vernehmung, die ihrem Wesen nach ein informationserschließender Kommunikationsprozeß sein soll, wird dem hohen Anspruch häufig nicht gerecht, der an eine beweiserhebliche Aufklärung von Straftaten gestellt wird.

c) *Kriminalstrategische Ableitungen*

aa) Die Verbesserung der allgemeinen Grundlagen der **Vernehmungstechnik** und **Vernehmungstaktik** in der Ausbildung der Schutz- und Kriminalpolizei hat einen hohen aufklärungsrelevanten Stellenwert. Daneben sind Analysen zur Vernehmungspraxis für rechtliche und organisatorische Entscheidungen von strategischer Bedeutung.

bb) Die Entwicklung psychologisch durchdachter **Vernehmungsmethoden** und Vernehmungstechniken auf der Grundlage der Erkenntnisse der Motivationspsychologie, der verhaltensändernden Lernpsychologie und der Werbepsychologie[131] sowie die Erarbeitung relevanter Faktoren zur **Zuverlässigkeitsbeurteilung** einer Aussage trotz gewisser Unvollkommenheit bedarf der fachwissenschaftlichen Beteiligung.

cc) Deliktsspezifische **Vernehmungsstrategien** oder Vernehmungspläne mit dem Ziel, Kooperation in Vernehmungen zu erreichen und zu steigern, in denen kein rechtlicher Aussagezwang besteht, sind durch die Polizei zu entwickeln.

dd) Beim vernehmenden Polizeibeamten ist Problembewußtsein dafür zu wecken, daß die Rekonstruktion des Entstehungsprozesses einer Aussage aus gerichtlicher Sicht bedeutungslos ist, was zu einer Problematisierung der zu frühzeitigen Festlegung des Vernehmenden auf angenommene Tatabläufe führt. Dies gilt auch für die Formulierung von Fragen, die Ausgangshypothesen verfestigen, nicht mehr hinterfragen und so zu einer selektiven Aussage führen. Dieses wichtige Problem ist vernehmungsstrategisch aufzubereiten.

ee) Die Förderung wissenschaftlicher Untersuchungen zur kriminalistischen **Polygraphie**, psycho-physiologischen Täterschaftsermittlung und Lügendetektion kann neben der Umsetzung der Methoden und Erkenntnisse der wissenschaftlichen Forschung für die Erhebung und Auswertung von Personalbeweisen, insbesondere der experimentellen Psychologie, ein wichtiger aufklärungsstrategischer Beitrag sein.

4. Fahndung / Festnahme

a) *Kriminalistisch-kriminologische Erkenntnisse*

aa) Die kriminalpolitische Bedeutung einer **Freiheitsentziehung** ist in ihrer general- und spezialpräventiven Wirkung auf potentielle oder bereits

---

[131] *Undeutsch* 1983 S. 389 ff.

ermittelte Rechtsbrecher zu sehen. Die Freiheitsentziehung ist die wirkungsvollste Prävention durch Repression, zumindest zeitweise. Zu den klassischen Erkenntnissen der Kriminalistik gehört, daß Straftäter nichts so sehr fürchten wie die Erhöhung des Entdeckungsrisikos. Darum geht es auch bei der Aufklärung von Straftaten, da der faktische Erfolg dieser Aufklärung sich häufig erst in der Festnahme eines langgesuchten und überführten Straftäters dokumentiert.

268 bb) Die Schwierigkeiten vor, während und nach einer **Festnahme**[132] von Straftätern sind in ihrer komplexen Vielfalt ein eindrucksvoller Beweis dafür, wie erfolgreiche polizeiliche Aufklärungsarbeit behindert oder gar zunichte gemacht werden kann. Die unterschiedlichen rechtlichen Gründe zur Durchführung einer Festnahme oder Verhaftung stellen wegen ihrer ins einzelne gehenden abschließenden Regelungen bereits eines der wesentlichen Problemfelder dar. Diese Gründe bergen eine Vielzahl von rechtlichen, taktischen, psychologischen, organisatorischen, administrativen und deliktischen Problemstellungen und sind damit insgesamt in dieser Summierung ein strategisches Problem. Alle Modelle und Konzepte für eine effektive Kriminalitätsbekämpfung müssen die Festnahme eines Straftäters als praktischen Erfolg repressiver Maßnahmen konzeptionell und damit strategisch einbeziehen.

269 cc) Nach einer Veröffentlichung im Hamburger Abendblatt vom 12. März 1988 heißt es zur Frage der Verhängung von **Untersuchungshaft**, daß in der Bundesrepublik Deutschland zu schnell und für eine viel zu lange Zeit verhaftet werde. Nur etwa die Hälfte der Untersuchungshäftlinge würden zu Freiheitsstrafen ohne Bewährung verurteilt. Haftbefehle wegen Fluchtgefahr, die mit 90 % den größten Anteil ausmachten, würden zu häufig mit nichtssagenden Formulierungen begründet. Alle politischen Parteien im Bundestag sähen Handlungsbedarf. So wird festgestellt, daß die Dauer der Untersuchungshaft mit durchschnittlich 114 Tagen in der Bundesrepublik im europäischen Vergleich zu hoch sei.

b) Analyse strategierelevanter Probleme

270 aa) Das weite Feld der taktischen Probleme erfordert einen strategischen Ansatz zur Reduzierung des **Opferrisikos von Polizeibeamten.** Die Anleitung zur Bewältigung gewaltsamer Festnahmesituationen, die Unterweisung an der Dienstwaffe und in Selbstverteidigung sowie die Ausbildung in Psychologie zur Lösung einer Konfliktsituation markieren die Problemlage. Dies mündet ein in die Verbesserung der Fähigkeit, eine Risiko- oder Gefährdungssituation richtig einzuschätzen. Das Delikt selbst sagt häufig nichts über die Gewaltbereitschaft eines Straftäters aus. Die Defizite bei der Analyse der kriminellen Substanz einer Straftat und der kriminellen Energie eines Straftäters sind konzeptionell anzugehen. Dies gilt auch für das situative Umfeld einer Festnahme. Unwillige Milieunachbarn mit evtl.

---

132 *Ziercke* 1988 S. 71–105.

polizeifeindlicher Einstellung sorgen häufig für nicht kalkulierte Schwierigkeiten. Der Bedeutung der Kommunikation für den Verlauf konflikthafter Interaktionen muß daher in entsprechenden Trainingsaktionen der Polizei stärker Rechnung getragen werden. Die Sprache spielt als wichtigstes Einsatzmittel des Polizeibeamten eine besondere Rolle.

bb) Bei der Aufklärung von Straftaten spielt der taktisch richtige **Zeitpunkt einer Festnahme** eine überragende Rolle. Defizite in der Beweislage eines Ermittlungsverfahrens verstärken sich durch den taktisch falschen Zeitpunkt einer Festnahme. Bisher verdeckt geführte Ermittlungen werden offenkundig, und damit wird das Problem der Beweisunterdrückung bzw. Beweisvernichtung akut. Die Beeinflussung von Zeugen und Mittätern beginnt eventuell, sich zu verstärken.

Problematisch ist es ferner, die oftmals nach Festnahmen sich anschließenden Durchsuchungen bei Festgenommenen nicht unter kriminalistischen und kriminologischen Aspekten, die die **Phänomenologie** der Delikte einbeziehen, durchzuführen. Der Streifenbeamte muß bereits am Ort einer Festnahme sein Wissen z. B. um die Phänomenologie der Drogendelikte einbringen können. Dies stellt eine permanente Überforderungssituation dar. Gleiches gilt für den Beginn eines Ermittlungsverfahrens, da die Beweisproblematik a priori einzubeziehen ist. Die Aufklärung ganzer Straftatenserien hängt häufig von der fachlich richtigen Bewertung durch den festnehmenden Beamten ab. Die Verdachtschöpfung zum Zeitpunkt der Festnahme und angesichts des dabei gezeigten Täterverhaltens ist eine polizeilich und wissenschaftlich noch wenig beachtete Erkenntnisquelle.

Die Beherrschung der **Einsatzdynamik** bei Fahndungsaktionen erfordert eine intensive Kontrolle der Ausführung der taktischen Planungsüberlegungen. Die Regelung der Unterstellungsverhältnisse eingesetzter benachbarter Kräfte gehört auch unter dem Aspekt der Eigensicherung zu einem der wesentlichen Faktoren, weil die Einsatzsituation häufig an der personell schwächsten Stelle kumuliert. Die Nahtstellenprobleme beim Festnahmeeinsatz müssen daher vorab ausreichend analysiert sein.

Defizite in der **Beweisanalyse** im Hinblick auf die Aufklärung der Anlaßtat oder weiterer Straftaten und Defizite in der **Gefährdungsanalyse** gehören mithin zu den wichtigsten Problemkategorien. Letztere sind auch unter dem Aspekt der Streßvermeidung, definiert als notwendige emotionale Distanz insbesondere nach gerade erfolgter Tat, von besonderer Bedeutung, weil nur eine kontrollierte und professionelle Streßvermeidung auch zu Gewaltreduzierung bei Festnahmeeinsätzen führen kann.

cc) Ein weiterer strategischer Baustein besteht in der Beseitigung der Probleme der **Zusammenarbeit mit kommunalen Dienststellen** bei repressiver Tätigkeit. Auskunftsverweigerungen solcher Ämter unter Hinweis auf den Datenschutz haben Informationsbarrieren aufgerichtet, die eine umständliche Handhabung mit der Folge unnötiger Zeitverzögerung bei der Aufklärung von Straftaten bewirken. Das zunehmend distanziertere

Verhältnis zwischen Polizei und Sozialarbeitern in Jugend- und Sozialämtern korrespondiert mit den Problemen der Unterbringung aufgegriffener Kinder und Jugendlicher außerhalb der normalen Dienstzeit bzw. dem Verzicht auf eine entsprechende Beaufsichtigung, die ein Entweichen verhindert. Die unterschiedliche Aufgabenstellung von Polizei und Sozialarbeitern fordert zu einer Strategie heraus, die stärkere gegenseitige informelle Kontaktmöglichkeiten zum Ziel haben muß.

276 dd) Rechtliche Probleme können zu Barrieren für eine erfolgreiche Aufklärungstätigkeit der Polizei werden. Es bedarf daher eines geschlossenen Konzeptes, um die Probleme der **verdeckten Fahndungsarbeit,** die in den letzten Jahren in der Öffentlichkeit kontrovers und teilweise unsachlich diskutiert worden sind, zu lösen. Bestimmte Erscheinungsformen der Kriminalität, insbesondere der Organisierten Kriminalität, lassen sich ohne verdeckt angesetzte Maßnahmen (wie z. B. Einsatz von V-Personen oder verdeckter Ermittler, Verwendung von Tarnpapieren, Zusage der Vertraulichkeit) nicht aufklären. Der strategische Leitgedanke lautet, daß die Entscheidung über die aufgezeigten Maßnahmen wegen der Einschränkung von Grundrechten auf die Führungsebene der Polizei verlagert werden muß. Dies gilt insbesondere für die Zusicherung der Vertraulichkeit und für den Einsatz verdeckter Ermittler.

277 ee) Die administrativen und logistischen Probleme effektiver Fahndungsarbeit bei der Aufklärung von Straftaten kumulieren in der Feststellung, daß bei der Polizei von einem **Ausverkauf der Fahndung** gesprochen werden muß. Die speziell für Festnahmen geschulten Beamten sind die Reserve anderer Organisationseinheiten. Die Aufgabe der Fahndung und Festnahme verlagert sich immer mehr zu den Fachkommissariaten, die jedoch über spezifische Milieukontakte und spezielle fahndungsrelevante Orts- und Personenkenntnisse nicht verfügen. Der strategische Ansatz, der auch auf das Führen von Informanten und V-Personen ausgerichtet sein muß, wird dadurch nicht nachhaltig genug gepflegt.

278 ff) Ähnliches gilt für die **Sachfahndung.** Aktive Sachfahndung ist Voraussetzung für eine effektive Personenfahndung. Diese Tatsache baut darauf auf, daß ohne aktuelle Kenntnis einer Straftat von der erkannten Hehlerware aus die Aufklärung der Straftat gelingt. Wegen Personalmangels ist dieser strategische Ermittlungsansatz jedoch kaum systematisch durchführbar.

279 gg) In der Zusammenarbeit bei Fahndungen zwischen Schutz- und Kriminalpolizei sind häufig erhebliche Informationsverluste zu beklagen. Milieuerkenntnisse werden wegen unterschiedlicher Zuständigkeiten nicht an einer Stelle zusammengeführt und systematisch für zukünftige Festnahmeaktionen aufbereitet. Ein **Erkenntnistransfer** findet nur in geringem Maße statt.

280 Da zwei Drittel aller Festnahmen von der Schutzpolizei durchgeführt werden, ist ein strategischer Ansatz zu entwickeln, der sich dem Problem

der **Anschlußdurchsuchung** nach Festnahmen zur Sicherstellung wichtiger Beweismittel und zur Aufklärung weiterer Straftaten zuwendet. Das Problem der Anschlußmaßnahmen nach Festnahmen findet in der schutzpolizeilichen Ausbildung keine entsprechende Berücksichtigung.

hh) Das Datenverarbeitungsnetz INPOL ist zu einem guten und praxisnahen Fahndungshilfsmittel ausgebaut worden. Mangelnde Aktualität und Lückenhaftigkeit ist jedoch für die **Informationssysteme** im Einwohnerbereich und im Kfz-Bereich des Kraftfahrtbundesamtes festzustellen. Hinderlich ist auch, daß Informationen über bekannte Straftäter nur als Fundstellenindex bundesweit bei herausragenden Straftaten ausgetauscht werden dürfen. Aus strategischer Sicht stellt sich hier das Problem des Datenaustausches zwischen angrenzenden Bundesländern, da sich Straftäter bekanntlich nicht an Ländergrenzen orientieren. Dieser Aspekt der kriminalgeographischen Einheit bedarf entsprechender Informationsübermittlungsstrategien. 281

ii) Ergänzt man die hier erwähnten Probleme um das strategische Problem der Steigerung der **Motivation** der eingesetzten Fahndungsbeamten, so stößt man bei der Analyse auf scheinbar nebensächliche Einzelprobleme, die in ihrer Summierung jedoch gravierend sind. Es sind dies Probleme der Vorführung vor den Richter durch Schutz- oder Kriminalpolizei, Wartezeiten für die Polizei bei der Justiz, Sprachschwierigkeiten bei der Feststellung der Identität von Ausländern, Probleme bei der Hinzuziehung von Rechtsanwälten, die Problematik der Feststellung der Transport- oder Haftfähigkeit eines Festgenommenen, der Behandlung kranker, gefährdeter Personen, der Festnahme am Arbeitsplatz oder schließlich Reaktionen der Presse, die den Polizeibeamten in der Rolle des Jägers darstellt, der sein Wild zur Strecke gebracht hat. Die sich hieraus ergebenden demotivatorischen Schwierigkeiten bedürfen grundsätzlicher Analyse und entsprechender Gegensteuerung. 282

jj) Solche Analysen dürften auch im Hinblick auf den **Strafvollzug** von Nutzen sein, der mit seiner Praxis der Vollzugslockerung durch Urlaub und Freigang in bereits sozialstrukturell defizitären Land- und Stadtbereichen für zusätzliche Probleme sorgt. Bei der Unduldsamkeit der Bevölkerung gegenüber Freigängern und vorzeitig entlassenen Strafgefangenen können Rückfälle in diesen belasteten Bereichen zu einer Verfestigung von Vorurteilen und Stereotypen führen, die nicht reparabel erscheinen. 283

c) *Kriminalstrategische Ableitungen*

aa) Es besteht der dringende Bedarf, ein Konzept zu entwickeln, das die Schwierigkeiten vor, während und nach der Festnahme bzw. Fahndung im Hinblick auf die Aufklärung von Straftaten einbezieht. Die für alle Delikte gleichermaßen wichtigen **Problemfelder,** die eine Strategie zu berücksichtigen hat, kristallisieren sich als taktische Probleme der Festnahme, als Probleme der Zusammenarbeit mit kommunalen Ämtern, als Rechtspro- 284 bleme bei dieser Zusammenarbeit, als administrative und logistische Probleme der Polizei und als Problem zwischen Polizei und Justiz (Staatsanwaltschaft, Gericht, Strafvollzug) heraus.

285 bb) Zur Vermeidung häufig erlebter **Demotivationen,** wenn nach langwierigen Ermittlungen eines gefährlichen Straftäters mit anschließender Festnahme der zuständige Haftrichter eine Verschonung von der Vollstreckung der Untersuchungshaft anordnet, sollte der Ansatz gewählt werden, daß die Polizei Richtern und Staatsanwälten permanent und systematisch ausreichende Kenntnis der Kriminalitätsstrukturen sowie der Milieuverflechtungen von Kriminellen durch **analytische Aufbereitung** lokaler Problembereiche liefert. Nur so ist es möglich, daß auch ein Staatsanwalt bzw. Richter kriminalstrategische Aspekte – im rechtlich vorgegebenen Rahmen – bei seinen Entscheidungen berücksichtigen kann.

286 cc) Intensive Informationsbezüge zwischen Polizei und **Strafvollzugsanstalt** müssen die Probleme der im Prinzip richtigen Lockerung des Vollzuges beherrschbar machen. Dabei darf die Verantwortung der Justizvollzugsanstalt nicht mit der Entscheidung für Urlaub oder Freigang enden, sondern muß eine Absicherung dieser Entscheidung durch Kontrolle nach Rückkehr des Gefangenen finden. Die Tatsache der überproportionalen Rückfallwahrscheinlichkeit entlassener Strafgefangener muß für die Polizei Anlaß sein, diesen Aspekt besonders wichtig zu nehmen. Dieser Ansatz mündet in ein Konzept der intensiveren Beschäftigung der Polizei mit erkannten potentiellen Wiederholungs- bzw. Serientätern ein.

5. Forensisches Verfahren

a) Kriminalistisch-kriminologische Erkenntnisse

287 aa) Die Aufklärung einer Straftat findet in der Regel durch das forensische Verfahren ihren Abschluß. Der Richter, der Staatsanwalt, der Verteidiger sowie der Polizeibeamte und andere Zeugen stehen institutionell den eigentlichen Verursachern eines Strafverfahrens gegenüber, nämlich dem Angeklagten und seinem Opfer. Die Problematik dieses auf den polizeilichen Ermittlungsergebnissen aufbauenden Interaktionsprozesses ist sehr vielschichtig. So leistet der **Polizeibeamte als Zeuge** nochmals einen, vielleicht entscheidenden Beitrag zur Aufklärung[133]. Diese Anstrengungen nutzen z. B. dann nur wenig, wenn die Gleichberechtigung von Berufs- und Laienrichtern insbesondere in Wirtschaftsstrafsachen der Wahrheitsfindung schadet.[134]

288 bb) Die Abgrenzung des Strafprozeßrechtes zum Polizeirecht wird zunehmend von einem einsatztaktischen zu einem kriminalstrategischen Problem[135]. Der **Justiz** erwächst bei der Bekämpfung der strukturellen Krimi-

---

[133] *Thomann* 1982 S. 110 ff., 156 ff.
[134] *Michaelsen* 1983 S. 446.
[135] *Stümper* 1986 S. 395 ff.

nalität eine völlig neue Verantwortung. Dazu gehört z. B. die Verpflichtung der Justiz, der Polizei Informationen zu geben, die erst im Laufe eines Prozesses bekanntgeworden sind und die für die weitere Aufklärung von Straftaten bedeutsam sein können.[136]

cc) Der kriminalpolizeiliche **Ermittlungsvorgang** dient der Dokumentation von Geschehensabläufen und ist gleichzeitig Grundlage für prozessuale Entscheidungen. Inhalt und Aufbau dieser Akten sind demnach eine Zusammenfassung von Ermittlungsresultaten, die den Fortgang des Strafverfahrens entscheidend bestimmen. Nach *Burghard*[137] dient der Ermittlungsvorgang im polizeiinternen Bereich der getreulichen Dokumentation der Überlegungen des Sachbearbeiters sowie der durchgeführten kriminaltaktischen und -technischen Maßnahmen und gibt dadurch Dritten die Möglichkeit, sich über die Gesamtplanung und den Stand der Ermittlungen jederzeit zu informieren. Bei negativen Ergebnissen können so Lücken in der Ermittlungsführung und Fehlschlüsse des Sachbearbeiters entdeckt und damit neue Ansatzmöglichkeiten für weitere Ermittlungen gefunden werden. Es ist daher unabdingbar, daß mit der sinnvollen Ordnung der kriminalistischen Maßnahmen eine präzise Dokumentation und damit eine sinnvolle Aktenbearbeitung einhergeht. Ein gedankliches oder auch ein tatsächliches Durcheinander in den Ermittlungsakten hat zwangsläufig Unübersichtlichkeit zur Folge, und aussichtsreiche Ermittlungen sind oft genug daran gescheitert.

Wenn es richtig ist, daß der Erfolg polizeilicher Ermittlungen von der Präsentation der Ergebnisse abhängig ist, dann kommt der **Aktenführung**, insbesondere in Großverfahren, auch eine operative strategische Bedeutung zu. Die Vorgesetzten sind in besonderer Weise gefordert, übersichtliche, in sich schlüssige und vollständige Ermittlungsakten zu gewährleisten. Da es ein generelles Schema für den Aufbau einer Ermittlungsakte, insbesondere bei Großverfahren, nicht geben kann, muß von Fall zu Fall über die Sinnhaftigkeit einer Gliederung und Darstellungsform entschieden werden. Keinesfalls kann eine bloß chronologische Ordnung des anfallenden Materials ausreichend sein.

Nach der Darstellung von *Burghard*[138] bietet sich bei Sammelverfahren folgende **Gliederung einer Ermittlungsakte** an:
Teil I (Hauptakte)
– Inhaltsverzeichnis
– Bericht über die Umstände, die zur Aufklärung des Komplexes geführt haben, unter Nennung aller Tatbeteiligten
– Vermerk über die Umstände, die zur Einleitung des Sammelverfahrens geführt haben, bzw. Vermerk über jene Fakten, die zur Zusammenziehung der behandelten Vorgänge geführt haben

---
136 *Schuster* 1984 S. 638.
137 *Burghard* 1986 S. 15.
138 *Burghard* 1986 S. 193/194.

- weitere Ermittlungsberichte, ggf. Observationsberichte
- Vermerke über erhaltene Hinweise
- Durchsuchungs- und Beschlagnahmeprotokolle
- Beweisstücklisten
- Gegenüberstellungsprotokolle, Berichte über erfolgte Konfrontierungen
- Vorführungs- und Zwischenberichte
- Protokolle über die Grundvernehmung aller Beschuldigten und die entsprechenden Vermerke zur Vernehmung
- Schlußbericht

Teil II (Kriminaltechnische Unterlagen)
- Bericht über ED-Behandlung, Blutprobenentnahme pp.
- Untersuchungsanträge
- Schriftverkehr mit Gutachtern
- Gutachten

Teil III (Fallakten)
- Hier werden die in sich abgeschlossenen Einzelakten in der Reihenfolge der Tatzeiten zusammengefaßt

Teil IV (Nebenakten)
- Presseveröffentlichungen
- Schriftverkehr über Fahndungsmaßnahmen
- Meldungen – auch an vorgesetzte Dienststellen –
- Vermerke über Einsatzbesprechungen
- Einsatzbefehle

292 Dieser Gliederungsvorschlag besitzt größtmögliche Allgemeingültigkeit. In speziellen Verfahren sind jedoch, wie schon angedeutet, **abweichende** Ordnungskriterien sinnvoll. Im Hinblick auf die Gliederung der Bearbeitung von Kapitalverbrechen, bei Wirtschaftsdelikten, bei Katastrophenfällen, bei Todesermittlungen und Brandermittlungen wird die umfangreiche Ausarbeitung von *Burghard* zur aktenmäßigen Bearbeitung kriminalpolizeilicher Ermittlungsvorgänge empfohlen[139].

b) Analyse strategierelevanter Probleme

293 aa) Die **Staatsanwaltschaft** als Herrin des Ermittlungsverfahrens mit der Kompetenz zur Sachleitung hat ihr Aufklärungsmonopol weitgehend verloren. Die **Polizei** hat diese Aufgabe größtenteils übernommen. Das prozeßökonomische Denken der Staatsanwaltschaft, das vor dem Hintergrund möglicher Beweisschwierigkeiten die Einstellungspraxis hervorruft, sowie das gerichtliche Einzelfalldenken, das ebenfalls prozeßtaktisch ausgerich-

---
139 *Burghard* 1986.

tet ist, verhindern leider die Definition einer operativen und strategischen Entscheidungs- und Handlungsebene. Das Fehlen einer solchen Definition als Leitlinie staatsanwaltschaftlichen und gerichtlichen Denkens über den Einzelfall hinaus führt notwendigerweise zu Mißverständnissen, Auffassungsunterschieden und nachhaltigen Störungen gegenüber einer Polizei, die sich immer stärker mit sozialstrukturellen Defiziten konfrontiert sieht und die ihre präventive und repressive Doppelfunktion immer eigenverantwortlicher wahrnehmen muß. Sicherlich spüren Staatsanwälte und Richter das eigene widersprüchliche, unvollkommene Handeln, wenn der Blick auf das Ganze fehlt und die Polizei dem richterlichen Auftrag die gleichwertige Pflicht zum verfassungskonformen strategischen und operativen Handeln gegenüberstellen kann. Entscheidend ist, daß über den Einzelfall hinaus die strategische Dimension der Kriminalitätsbekämpfung bei Polizei, Staatsanwaltschaft und Gericht gleichermaßen vorhanden sein muß. Die Polizei fühlt sich allein gelassen, wenn sie ihre Erfahrungen zum Beispiel im Zusammenhang mit der Bekämpfung der Organisierten Kriminalität – vielleicht auch nicht deutlich genug – artikuliert. Niemand will der Polizei glauben, wenn sie die Indikatoren, die für das um sich greifende Wachsen krimineller Organisationsstrukturen sprechen, aufzählt und deutlich macht. Eine generell restriktive Gesetzesinterpretation leistet dem Anwachsen der Schwerkriminalität Vorschub. Ähnlich wie beim Recht auf Datenschutz hat der Bürger ein Grundrecht auf Sicherheit. Staatsanwälten und Richtern muß immer wieder anhand von Beispielen deutlich gemacht werden, welchen Stand die Entwicklung insbesondere der Organisierten Kriminalität inzwischen erreicht hat, mit welchen Methoden zum Beispiel Zeugen beeinflußt werden, um kriminelle Machtstrukturen zu erhalten. Nachhaltig ist zu fordern, daß auch der Staatsanwalt und der Richter neben seiner rechtlichen Fortbildung fundierte Kenntnisse über die qualitative und quantitative Kriminalitätsentwicklung vermittelt bekommt.

bb) Der Polizeibeamte muß das **Verfahren vor Gericht** und damit seine Rolle als Zeuge vor Gericht als abschließenden Teil des eigenen Beweissicherungsverfahrens zur Aufklärung von Straftaten verstehen lernen. Die gründliche Vorbereitung auf die Rolle als Zeuge vor Gericht, die Beobachtung von Gerichtsverfahren zur Erkennung möglicher Fehlerquellen im polizeilichen Ermittlungsverfahren sowie die Prozeßnachbereitung sind in der polizeilichen Aus- und Fortbildung systematisch und dauerhaft zu betreiben. Ohne diese Form der Rückkopplung über den Erfolg oder Mißerfolg polizeilicher Aufklärungsarbeit kann deren Optimierung nicht zustande kommen. Die systematische Prozeßbeobachtung gehört mit zu den Führungsleistungen für Dienststellenleiter der Polizei.

cc) Der hohe Beweissicherungsanspruch des Gerichts im Hinblick auf den Sachbeweis, der in der Forderung nach Vervollkommnung der kriminaltechnischen Verfahren und Methoden zum Ausdruck kommt, und der zunehmende Zweifel an scheinbar eindeutigen polizeilichen Aufklärungsergebnissen (insbesondere Geständnisse bei Kapitaldelikten, die später widerrufen werden), führt zu einem hohen Anforderungsdruck gegenüber der Polizei. Die ermittlungsorientierte Analyse des subjektiven und objektiven Tatbestandes ist unabdingbar und daher strategischer und taktischer Leitgedanke der polizeilichen Aufklärungsarbeit. Der Polizeibeamte muß sich beim ermittelten Tatverdächtigen von der polizeilichen Definition der Aufklärung einer Straftat lösen und die prozeßrelevante **Überführung des Täters** anstreben.

296 dd) Die Überführung eines Straftäters mit dem Ziel einer gerichtlichen Verurteilung stellt daher eine andere Dimension für das polizeiliche Denken und Handeln dar. Zur kritischen Analyse des polizeilichen Ermittlungsvorganges durch Staatsanwalt und Gericht tritt die auf unbedingte Entlastung des Täters gerichtete Prozeßtaktik des **Verteidigers**. Der Verteidiger ist ein selbständiges Organ der Rechtspflege. Indem er pflichtgemäß einseitig zum Schutz seines Mandanten tätig wird, ist er Diener am Recht, wie es für ihren Teil Richter, Staatsanwälte und Polizisten auch sind. Zunehmend ist in bestimmten Verfahren eine aggressivere Verteidigerstrategie zu beobachten. Der Polizeibeamte verfügt nicht mehr über den sog. „Amtsbonus" im Hinblick auf die Glaubwürdigkeit als beamteter Zeuge. Er sieht sich vermehrt einem Verteidiger gegenüber, der seine Ermittlungshandlungen und Aussagen nach den Kategorien der Tatsachenwahrnehmung, Schlußfolgerungen, Werturteile, Verfahrensmängel und Glaubwürdigkeit überprüft. Die Fragetaktik und Fragetechnik kumuliert in langen, verschachtelten Fragestellungen, in Fragewiederholungen zu einem späteren Zeitpunkt sowie in Fragen nach den Formalien einer Amtshandlung, zur Prozeßvorbereitung des Beamten, zu den Handakten der Polizei, zu Einsatztaktiken, Einsatzmitteln, Meinungen, Ausbildungsstand und Rechtskenntnissen des Beamten. Ziel ist es, die Glaubwürdigkeit des polizeilichen Zeugen in Frage zu stellen, die einwandfreie Authentizität des Sachbeweises zu beseitigen und in gewissen Prozessen evtl. eine Politisierung zur Entlastung des Angeklagten zu erreichen. Die Polizei soll hinsichtlich ihrer Einsatztaktiken und Stärken ausgeforscht, verunsichert und in der Öffentlichkeit diskreditiert werden; die zentrale Auswertung der gewonnenen Erkenntnisse und Dossiers über Polizeibeamte, die auch zukünftig als Zeugen auftreten könnten, soll zu einer Verbesserung der eigenen Situation für zukünftige Prozesse führen.

c) Kriminalstrategische Ableitungen

297 aa) Die **grundlegende Einstellung** des polizeilichen Zeugen zum Verfahren vor Gericht ist als aufklärungsstrategisches Problem zu erkennen. Der polizeiliche Zeuge tritt im Gerichtssaal nicht als Ermittlungsführer, sondern in einer ganz anderen Position und Situation auf. Ein falsches Selbstbewußtsein sowie eine fehlerhafte Einstellung zu den Regeln des Strafprozesses erschweren neben den häufig bestehenden sprachlichen Barrieren zwischen Richter, Staatsanwalt, Verteidiger und polizeilichem Zeugen die Realisierung des polizeilichen Zieles. Eine intensive rechtliche Beschulung über die Rolle vor Gericht, die generelle Vorbereitung des Polizeibe-

amten auf sein konkretes Verfahren sowie die genaue Unterrichtung aller Mitarbeiter durch ihre Vorgesetzten über die Grenzen der Aussagegenehmigung sind unabdingbare Forderungen. Es entspricht deshalb dieser Leitlinie, daß bei geeigneten Großverfahren ein polizeilicher Zeugenbetreuer, ein **Prozeßbeobachter** und evtl. ein Rechtsbeistand eingesetzt werden.

bb) Die polizeiliche Ausbildung ist in Theorie und Praxis des **kommunikativen Verhaltens,** des Wissens über die Grundlagen der verbalen und nonverbalen Kommunikation anzureichern. Die Fähigkeit, eigenes und fremdes kommunikatives Verhalten kritisch zu beobachten, ist zu fördern; und schließlich ist die praktische Beherrschung kommunikativer Handlungen einzuüben.

cc) Die kriminalistische Lehre ist um den Aspekt der **beweiserheblichen Durchsetzung** polizeilicher Ermittlungshandlungen bis zur Verurteilung zu ergänzen, um dem justiziellen Anspruch an eine geschlossene Beweissicherungskette Rechnung tragen zu können. Ein landes- bzw. bundesweiter Austausch von Prozeßerfahrungen sowie die Analyse aggressiver Verteidigerstrategien und möglicher Gegenstrategien sind unter diesem Aspekt für die Aufklärung von Straftaten unumgänglich.

dd) Die kritische Betrachtung der systematisch-logischen **aktenmäßigen Aufbereitung** polizeilicher Ermittlungshandlungen bei Großverfahren ist unverzichtbarer Bestandteil einer in sich geschlossenen Aufklärungsstrategie, die das forensische Verfahren einbezieht.

IV. Einflußfaktoren polizeiexterner Art

1. Zwischenbehördliche Kooperation

a) Kriminalistisch-kriminologische Erkenntnisse

Zur Aufklärung von Straftaten ist die Polizei vor Ort auf die Zusammenarbeit mit vielen **kommunalen Institutionen** und Organisationen angewiesen. Was für die Präventionstätigkeit in besonderem Maße gilt, gilt unmittelbar auch für die Aufklärung von Straftaten. Die Bereitschaft der einzelnen Einrichtungen, Informationen zu übermitteln, Hinweise auf Informationsquellen zu liefern und trotz Beachtung des Datenschutzes die entsprechenden Gesetze nicht als Vorwand für Informationsbarrieren zu mißbrauchen, ist für die polizeiliche Arbeit von existenzieller Bedeutung. Auch die Verknüpfung kriminalgeographischer Daten mit solchen der Stadt- und Raumsoziologie bedingt die Zusammenarbeit mit Ordnungs-, Jugend-, Ausländer- und Gesundheitsämtern, Wohlfahrtsbehörden, Schulen usw., die auf ihrem Sektor eigene kriminalgeographisch orientierte Initiativen entfalten müßten.[140]

---

140 *Herold* 1977 S. 289.

b) Analyse strategierelevanter Probleme

302 aa) **Zwischenbehördliche Kooperation** ist zunächst in besonderem Maße im Innenverhältnis zwischen Kriminal- und Schutzpolizei erforderlich. Der gegenseitige Austausch von aufklärungsrelevanten Informationen, gewonnen auf der Grundlage eigener Ermittlungen des jeweiligen Dienstzweiges, ist unerläßlich. Dies gilt z. B. auch für die Zusammenarbeit mit dem Jugendamt, z. B. durch Hinweise auf jugendliche Banden, Informationen über Beziehungen jugendlicher Tatverdächtiger, Beurteilung der Glaubwürdigkeit von tatverdächtigen Kindern und Jugendlichen, Einschaltung des Vormundschaftsrichters in Strafsachen und beim Verdacht von Kindesmißhandlungen. Mit Problemfällen, die auch strafrechtlich relevant sein könnten, ist das Sozialamt befaßt. Ähnliches gilt für die Schulen bezüglich der Drogenproblematik, für das Gesundheitsamt im Zusammenhang mit Drogen und Prostitution, für das Ordnungsamt im Hinblick auf Waffenbesitzkarten und Konzessionen für Schankwirte, für das Ausländeramt vor dem Hintergrund des illegalen Aufenthalts, für die Kraftfahrzeugzulassungsstelle im Bereich der Kfz-Fahndung und Ermittlung von Verstößen gegen einschlägige Rechtsvorschriften oder z. B. auch für die Heimeinrichtungen einer Stadt, die mit verhaltensauffälligen Kindern und Jugendlichen große Sorgen haben und daher auch unter pädagogischen Aspekten eigentlich den Kontakt zur Polizei suchen müßten. Neben ihren Informationsmöglichkeiten sind diese Institutionen aber auch als professionelle oder sachverständige Zeugen bei der Aufklärung von Straftaten in Anspruch zu nehmen.

303 bb) Die aufgeführten Beispiele zeigen, daß eine Strategie der kommunalen Kooperation, die bisher hauptsächlich als Strategie kommunaler Kriminalprävention[141] entwickelt worden ist, in eine **Doppelstrategie** der Polizei einmünden könnte. Die enge informationelle Verflechtung zwischen Prävention und Repression ermöglicht auf kommunaler Ebene ein strategisches Konzept zur Kriminalitätsbekämpfung, das beiden Grundanliegen der Polizei Rechnung tragen kann, gleichzeitig aber auch den Anliegen der kommunalen Organisationen und Institutionen entgegenkommen dürfte. Diese Doppelstrategie der Polizei könnte z. B. als 3-Ebenen-Modell angelegt sein, wobei alle Ebenen in wechselseitiger Beziehung mit ständiger Rückkopplung und durch Bilden selbständiger Informationskreise miteinander korrespondieren. Grundlage dieses Modells könnten die fünf Zielkomponenten Opfer, Delikte, Räume, Täter und Objekte sein, die nach Herold mit den fünf Methoden verbaler, technischer, exekutiver, kooperativer und symbolischer Art der Ideenfindung erschlossen und durch Kombination untereinander nutzbar gemacht werden. Diese Ziele-Methoden-Matrix ist Grundlage des Modells kommunaler Kriminalitätsbekämpfung. Dieses Konzept ist als Integrationsmodell zu verstehen, das durch einen sehr hohen kooperativen und koordinierenden Handlungsbedarf gekennzeichnet ist.

---

141 *Ziercke* 1981 S. 558–594, 1984 S. 110 ff.

α) Die **erste Ebene** ist die der polizeilichen Information und Planung, die als Voraussetzung für polizeiliche Initiativen zur Aufklärung von Straftaten zu sehen ist. Die Hauptgruppen sind hier die Informationsanalyse, die Kooperation zwischen Kriminal- und Schutzpolizei, die Verbindung zu kommunalen Gremien und die Öffentlichkeitsarbeit. Die Planung der Kriminalitätsbekämpfung auf kommunaler Ebene erfordert eine systematisierte Informationsgewinnung und -auswertung. Hier stehen die eigenen Quellen zunächst im Vordergrund. Daraus ergeben sich fruchtbare Kooperationsabsprachen zwischen Kriminal- und Schutzpolizei sowohl auf der Ebene der strategischen Leitung als auch unmittelbar auf den operativen und taktischen Entscheidungs- und Handlungsebenen. Kriminal- und Schutzpolizei finden Resonanz in den verschiedenen kommunalen Gremien, die wichtige und oft unterschätzte Adressaten kommunaler Kriminalitätsbekämpfung sind. Dabei hat die strategisch angelegte Öffentlichkeitsarbeit ein ganz besonderes Gewicht. 304

β) Die **zweite Ebene** ist die polizeiliche Aktionsebene. Auf ihr werden für Zielgruppen bestimmte Ideen und Programme entwickelt. Diese unterscheiden sich nach Delikten, Räumen, Objekten, Tätern und Opfern. Es ist die Hauptanwendungsebene der polizeilichen Bekämpfungsstrategie. Je nach Lagebeurteilung kann hier jedes Programm eingestellt und fortgeschrieben werden. 305

Bausteine einer **Deliktsstrategie** z. B. für die Bekämpfung des Fahrraddiebstahls, des Diebstahls aus Kraftfahrzeugen, der Drogenkriminalität, des Straßenraubs, der Vergewaltigung, des Betruges an der Haustür, von Gewaltdelikten durch Jugendliche oder der Einbruchsdiebstähle aus Wohnungen und Einzelhäusern sind auf kommunaler Ebene zu spezifizieren und von den Zielkomponenten und Methoden ausgehend zu konkretisieren. Die Erkenntnisse zu den Täterströmen und zur Tätermobilität bzw. zu den Täterwohnsitzen haben dabei unmittelbare kriminalstrategische und -taktische Auswirkungen. Die Steuerung von offenen und verdeckten, anlaßbezogenen und ereignisunabhängigen Raumfahndungsmaßnahmen, die die quartiernahe Kontaktsuche im Rahmen des Streifendienstes sowie die Konzentration von Aufklärungsprogrammen auf bestimmte Brennpunkte zum Gegenstand haben, erfordert und liefert wichtige Analysefaktoren, die aus der Raumstruktur abgeleitet werden können. Die gezielte Suche nach Tatgütern bzw. die verstärkte Aufklärung über potentiell gefährdete Objekte und Räume (wie z. B. Einfamilienhäuser und Wohnungen, Kraftfahrzeuge, Videogeschäfte und Spielhallen sowie An- und Verkaufsgeschäfte) sind schwerpunktmäßig in das Aufklärungsprogramm einzubeziehen. Eine gemeinsame Arbeitsgruppe von Kriminal- und Schutzpolizei soll mittels ständiger Lagebeurteilung rasch Veränderungen erkennen und sofort auf eine veränderte Objektlage durch veränderte Aufklärungsstrategien reagieren können. Die Analyse von Problemgruppenverteilungen in einem Raum im Hinblick auf die Wohnsitze potentieller Täter kristallisiert bestimmte aufklärungsrelevante Zielgruppen wie Kinder/Jugendliche, Heimbewohner oder z. B. auch Strafentlassene deutlich heraus. Dabei gilt dem Tatopfer unter dem Aufklärungsaspekt bis zur forensi- 306 schen Behandlung seines Falles eine besondere Aufmerksamkeit. Die konkrete Opferhilfe und die systematische Erhebung eines Opferlagebildes für die Stadt haben dabei besondere Beachtung zu finden.

307 γ) Die **dritte Ebene** des Modells ist die Ebene der kommunalen Aktion, der kommunalen Beteiligung, Informationsübermittlung oder Informationsverantwortung. Hier finden sich viele Behörden, Ämter, Institutionen und Organisationen, die alle für sich entweder Bedingungen für abweichendes Verhalten mitverantworten oder sich bereits als „Reparaturbetrieb" bei der Sanierung personeller oder struktureller Defizite beteiligen. Diese Sanierung besteht auch in der strafgerichtlichen Aufarbeitung relevanter Straftaten, die die Sicherheit des Bürgers bedrohen. Die kommunalen Einrichtungen müssen sich zu dieser Verantwortung bekennen, um ihrem Auftrag zur Daseinsvorsorge gegenüber dem Bürger wirkungsvoll nachzukommen. Die originären informationellen Möglichkeiten des Schulamtes, Sozialamtes, Stadtplanungsamtes, Jugendamtes, Gesundheitsamtes, Ordnungsamtes, Amtes für Wirtschaft und Verkehr usw. sind für die Bekämpfung von Straftaten in strategischer Hinsicht von großer Bedeutung. Wie bereits angedeutet, gehören zu dieser Ebene auch die zuständige Staatsanwaltschaft, das Amtsgericht, die Gerichtshilfe, die Bewährungshelfer und evtl. die Justizvollzugsanstalt, die unter repressiven Aspekten unmittelbar betroffen sind.

c) Kriminalstrategische Ableitungen

308 aa) Das systematische Durchdringen und Aufhellen der sozialstrukturellen Defizite schafft ein **öffentliches Problembewußtsein.** Dies ermöglicht eine Vielzahl von Kontakten der Polizei zu Behörden, Organisationen, Firmen und Privatpersonen mit besonderer Vertrauensbildung. Die größere Akzeptanz polizeilicher Meinungen und Maßnahmen kann auch unter dem Gesichtspunkt der Bürgernähe umgesetzt werden.

309 bb) Die intensive Beschäftigung mit dem Kriminalitätsphänomen und damit mit der Kriminalitätsbekämpfung erfolgt strategisch bis hinunter auf die **Stadtteilebene** als kleinster kommunalpolitischer Organisationseinheit. Dadurch gewinnt der Zusammenhang zwischen Kriminalrepression und Kriminalprävention bei der Umsetzung kommunaler Entscheidungen an Bedeutung.

310 cc) Das angestrebte verbesserte Verhältnis der Polizei zu den **Medien** als Teilziel der Strategie wird durch das gewachsene Verständnis für die Probleme der Kriminalitätsbekämpfung gefördert.

311 dd) Der **doppelstrategische Ansatz** kann beim polizeilichen Sachbearbeiter zur Stärkung des Interesses an der Prävention führen.

2. Öffentlichkeitsarbeit

a) Kriminalistisch-kriminologische Erkenntnisse

312 aa) Die Aufklärung von Straftaten ist in hohem Maße abhängig von der Mitarbeit der Bevölkerung. Über 90 % aller Strafanzeigen werden durch

den Bürger erstattet. Dabei sind die Motive für Anzeigenerstattung sehr unterschiedlich. Die Göttinger Dunkelfeldforschung hat die wesentlichen Motive für mangelnde **Anzeigebereitschaft** zu ergründen versucht.[142] Mit 16 vorgegebenen Motiven wurden Probanden mit und ohne Opfer-Erfahrung, mit und ohne Anzeigen-Erfahrung, mit und ohne Anzeigen-Erfolg nach Gründen gefragt, die jemanden veranlassen, eine Straftat nicht anzuzeigen:

1. Es ist unangenehm, in eine solche
   Sache verwickelt zu sein   12,93 %
2. Man hat Angst vor dem Täter   12,77 %
3. Bei geringem Schaden
   lohnt es sich einfach nicht   12,50 %
4. Man will mit Behörden nichts
   zu tun haben, schon gar nicht mit der Polizei   8,87 %
5. Der Täter ist einem persönlich
   bekannt oder mit einem verwandt   5,40 %
6. Es kostet zu viel Zeit,
   zur Polizei zu gehen   5,07 %
7. Die Polizei bekommt doch nichts heraus   3,57 %
8. Die Polizei braucht zu lange
   für die Nachforschungen   3,53 %
9. Nachher bei Gericht
   kommt doch nichts heraus   3,23 %
10. Das ist mit dem Täter selbst
    in Ordnung gebracht worden   2,80 %.

Von diesen 70,67 % beziehen sich die Motive Nrn. 2, 5 und 10 auf das Verhältnis zum Täter (= 20,97 %). Ca. 50 % der Motive für Nicht-Anzeigebereitschaft weisen auf Mißtrauen gegen Behörden, auch gegen die Polizei, bzw. auf Resignation bezüglich der Effektivität der Strafverfolgungsbehörden hin. 18,63 % entfielen auf „keine Antwort" und 10,70 % auf die statistisch vernachlässigbaren Motive 11–16.

bb) Auch die konkrete Bereitschaft der Bevölkerung, der Polizei **Hinweise** auf begangene Straftaten zukommen zu lassen, ist sehr unterschiedlich ausgeprägt. Dies wird immer wieder an der Passivität von Zuschauern[143] bei Straftaten deutlich. Geteilte Verantwortung, soziale Hemmung, Furcht vor Nachteilen, mangelnde Identifikation mit dem Opfer, Anonymität in den Städten und die Abwälzung von Problemen auf Institutionen und Umwelt sind die Faktoren, die die Aufklärung von Straftaten behindern.

cc) Das **Bild der Polizei** in der Öffentlichkeit ist – wenn auch mit gewissen Schwankungen innerhalb der einzelnen Altersgruppen der Bevölke-

---

142 *Schwind* 1975 S. 195 ff.
143 *Füllgrabe* 1982 S. 353.

rung – relativ gut. Gleichwohl kann aus dem grundsätzlich positiven Urteil des Bürgers über seine Polizei keineswegs auf die Bereitschaft zur aktiven Mithilfe geschlossen werden. Das Ansehen der Polizei in der Öffentlichkeit wird entscheidend durch die Medien bestimmt.[144] Daneben sind jedoch auch Veranstaltungen der Polizei von großer Bedeutung wie Sport- und Musikschauen, Tage der offenen Tür, Projekttage der Polizei in Schulen, Diskussionsveranstaltungen mit Schülern auf Polizeidienststellen u.a.m. Die Sendung „Aktenzeichen: XY . . . ungelöst" des Fernsehjournalisten Eduard Zimmermann sowie die Sendung „Die Kriminalpolizei rät" sind Beiträge mit starker Öffentlichkeitswirkung und hohem Bekanntheitsgrad.

b) Analyse strategierelevanter Probleme

315 aa) Der Hinweis des helfenden Bürgers ist ein entscheidendes Aufklärungskriterium. Das Entdeckungsrisiko für einen Straftäter als Prinzip repressiver Prävention kann durch Intensivierung der Bürgerhinweise erhöht werden. Der Zusammenhang zwischen 90 % angezeigten Straftaten durch die Bevölkerung bei einem Aufklärungsanteil von 41 % an einer Aufklärungsquote von 44 % lassen den Schluß zu, daß über 90 % der aufklärungsrelevanten Hinweise durch die Bürger erfolgen.[145] Von daher ist eine strategische Konzeption für die **Zusammenarbeit zwischen Polizei und Bürger** zu entwickeln. Der Bürger wird dabei als Mittelpunkt der Aufklärung von Straftaten gesehen. Polizeilicherseits sind deliktsspezifische Programme für Opfer, Anzeigende und Geschädigte auf örtlicher Ebene zu erarbeiten. Ausgehend von der Phänomenologie der Einzeldelikte[146] ist der potentielle Anzeigende bzw. Hinweisgeber unter dem Gesichtspunkt zu betrachten, welche Zielgruppe zu welcher Zeit an welchem Ort mit hoher Wahrscheinlichkeit Beobachtungen machen und wie sie zur Mitteilung ihrer Beobachtungen an die Polizei veranlaßt werden könnte.

316 bb) Zur intensiveren Bekämpfung der **Straßenkriminalität** bietet es sich an, Berufsgruppen konzeptionell einzubeziehen, die Tag und Nacht auf der Straße sind. Als Beispiel seien Fahrer öffentlicher Verkehrsmittel, Taxifahrer, Postboten, Werbematerial- und Zeitungsverteiler genannt.

317 Die systematische Beobachtung der Verkehrsdichte (Fahrzeuge, Fahrräder, Fußgänger) sowie der Freizeitgewohnheiten der Bevölkerung in Kriminalitätsbrennpunktbereichen stellt eine **geographische Orientierung** potentieller Zielgruppen dar. Die Attraktivität bestimmter Raumfaktoren (z. B. Parkanlagen, Gaststätten, Kinos, Fußgängerzonen, Schaufensterflächen) ist bei der Realisierung der Konzeption zu nutzen. Insbesondere sind die Informations- und Kommunikationsmöglichkeiten zur sofortigen Unterrichtung der Polizei vom Kriminalitätsbrennpunkt aus zu prüfen und

---

144 *Wassermann* 1984 S. 295 ff.
145 *Steffen* 1986 S. 181.
146 *Jäger* 1981.

ggf. zu verbessern. Die strategische Leitlinie müßte lauten, daß die unter kriminalgeographischen Aspekten als Zielgruppe definierten Bürger in geeigneter Form problembewußt gemacht und motiviert und so veranlaßt werden, den Weg zur Polizei zu suchen.

cc) In der Bevölkerung ist ein evidenter **Wissensvorsprung** über Straftaten und Tatverdächtige vorhanden. Die brachliegenden Informationen sind möglicherweise von viel größerem Umfang, als die Polizei sich selbst bewußt macht. Eine Strategie zur Aufklärung von Straftaten müßte Überlegungen enthalten zum Vertrauensverhältnis zwischen Bürgern und Polizei, zur Verbesserung der konkreten Anzeige- und Hinweisbereitschaft, zur Effektivierung der Öffentlichkeitsarbeit, zur Erhöhung der Ansprechbarkeit des Polizeibeamten, also zur aktiven Hinweiserlangung. Ziel dieses Teils einer Aufklärungsstrategie müßte die Abschöpfung von Wissen aus der Bevölkerung sein, wobei hier nicht speziell an V-Personen oder verdeckte Ermittler zu denken ist, sondern ganz generell an „die Bevölkerung" und „die Polizei". 318

c) Kriminalstrategische Ableitungen

aa) Über die tagtäglich zu leistende Pressearbeit auf den Polizeidienststellen sind die erkannten Probleme und Chancen zur Verbesserung der Aufklärung von Straftaten mit Hilfe des Bürgers strategisch anzugehen. Einer Strategie liegen folgende **Leitgedanken** zugrunde: 319

α) Größere **Transparenz** polizeilicher Arbeit

Das Ziel größerer Bürgernähe durch eine entsprechende Öffentlichkeitsarbeit kann nicht durch eine nach außen sich anonym darstellende Polizei erreicht werden. Offensive Öffentlichkeitsarbeit, soweit dienstlich vertretbar, ist für Kriminal- und Schutzpolizei der wichtigste Leitgedanke. 320

β) Wahrnehmung der **Informationspflichten**

Der gesetzliche Anspruch der Öffentlichkeit auf umfassende und sachliche Information auch aus dem Polizeibereich ist zu gewährleisten. Die Wahrnehmung der polizeilichen Informationspflicht im Sinne einer aktiven, nicht reaktiven Öffentlichkeitsarbeit ist zu systematisieren. 321

γ) Polizeiliche **Informationsmacht**

Die quantitative und qualitative Auswahl und Steuerung polizeilicher Informationen stellt eine Informationsmacht in den Händen der Polizei dar, die im Interesse des Gemeinwohls angemessen zu nutzen ist. Informationsmacht bedeutet in diesem Zusammenhang auch Erkenntnisvorsprung über sozialstrukturelle Defizite in der Gesellschaft, da die Polizei stärker als andere öffentliche Einrichtungen mit derartigen defizitären Erscheinungen aktuell und zeitnah in Berührung kommt. 322

323 bb) Auf der Basis dieser Leitgedanken bietet sich folgende **Strategie** für eine Öffentlichkeitsarbeit an:

α) **Kriminalitätsdarstellungen** in der Öffentlichkeit

324 Eine ausgewogene Berichterstattung, die die Strukturen und Schwergewichtsverteilungen bei der Darstellung der Gesamtkriminalität und der Kriminalitätsentwicklung verdeutlicht (Entdramatisierung ohne Bagatellisierung), vermeidet es, ein falsches Kriminalitätsbild beim Bürger zu erzeugen. Die Darstellung von Einzelvorkommnissen soll daher möglichst nicht ohne gewisse Hintergrundinformationen erfolgen, um dem Bürger das Geschehen im Kontext begreifbar zu machen. Dazu ist es erforderlich, die örtliche Presse um Mitwirkung an sachlicher Kriminalitätsberichterstattung durch intensive Gespräche zu ersuchen (Erhöhung des subjektiven Sicherheitsgefühls).

325 β) **Kooperation** auf kommunaler Ebene

Die Zusammenarbeit zwischen der Polizei und allen kommunalen Einrichtungen ist eine wichtige Voraussetzung dafür, im Rahmen der rechtlichen Möglichkeiten und unter Berücksichtigung des eigenen Auftrags den Anreiz eigeninitiativ betriebener Informationsübermittlung zur Aufklärung von Straftaten zu ermöglichen.

326 γ) **Imagepflege** der Polizei

Das Image der Polizei als „Freund und Helfer" ist ständig neu zu aktivieren. Imagepflege muß auf der Basis professioneller werbepsychologischer Erkenntnisse betrieben werden.

327 δ) **Identifikation** des Bürgers mit seinen Polizeibeamten

Identifikation des Bürgers als wichtigste Vertrauensgrundlage ist nur durch stärkere **Personalisierung** möglich. Der Polizeibeamte könnte in seinem Zuständigkeitsbereich mit Namen und Bild durch die Presse bekannt gemacht werden. Die Abbildung des Polizeibeamten in den Medien als flankierende Unterstreichung polizeilicher Handlungen ist eine nicht zu unterschätzende Identifikationshilfe.

328 ε) **Konkurrenz** zum Straftäter

Polizeiliche Presseberichte müssen die Konkurrenzsituation zwischen Polizei und Straftäter deutlich herausstellen. Die Umsetzung des staatlichen Strafanspruchs als Leitlinie polizeilichen Handelns ist unter Hinweis auf die quantitativen und qualitativen Möglichkeiten der Polizei ständig darzustellen. Der Sicherheitsauftrag der Polizei gebietet ständige Präsenz und Bereitschaft, Informationen zur Aufklärung von Straftaten entgegenzunehmen.

329 φ) **Effektivität** polizeilichen Handelns

Polizeiliche Pressearbeit muß Erfolgsdarstellung sein. Nur eine erfolgreiche Polizei kann auf die Mitwirkung der Bevölkerung hoffen. Die Erhöhung des Entdeckungsrisikos des Straftäters, das dieser am meisten fürchtet, ist wichtiges flankierendes Ziel bei der Darstellung polizeilicher Effektivität.

cc) Die formulierten Leitgedanken und strategischen Grundsätze müssen auch für die inhaltlichen Kriterien von **Pressemitteilungen** gelten. So ist z. B. die polizeiliche Sprache häufig unverständlich und pseudomilitärisch. Die verheerende Wirkung, die ein falscher Sprachgebrauch bei bestimmten Zielgruppen erzeugen kann (insbesondere bei Randgruppen), verlangt nach einer eingehenden Analyse derartiger Probleme. Selbstverständlich müßte es sein, daß polizeiliche Pressemitteilungen nicht zu Nachahmungstaten oder zu besonderen Gefahren für Personen oder Objekte durch Preisgabe polizeilicher Informationen führen dürfen. Die Folgen bzw. Konsequenzen sind jedoch auch für den potentiellen Straftäter nicht nur in strafrechtlicher, sondern vor allem in ökonomischer und sozialer Hinsicht aufzubereiten. Die Wahrung schutzwürdiger Interessen (insbesondere das Problem der Namensangabe) ist in Abgrenzung zu medienspezifischen Bedürfnissen eine ganz wesentliche Verpflichtung. Um die Akzeptanz der Polizei durch den Bürger zu erhöhen, sollte in polizeilichen Presseberichten auch immer wieder auf den Grundkonsens in der Wertordnung in konkreter Form hingewiesen werden. 330

dd) Diese polizeiliche Strategie bezieht auch die Beachtung der taktischen **Medienerfordernisse** (insbesondere den Informationszeitpunkt), der **öffentlichen Interessenlage** sowie der spezifischen **Prioritäten** polizeilicher Öffentlichkeitsarbeit (insbesondere der zielgruppenorientierten Öffentlichkeitsarbeit) ein. 331

C. Systemansatz zur Aufklärung von Straftaten

I. Grundsätzliche Fragestellungen zur Nutzanwendung

Der **Systemansatz** zur Aufklärung von Straftaten soll lediglich den Versuch darstellen, die unterschiedlichen strategischen Ableitungen bei den einzelnen Einflußfaktoren in einen systematischen Zusammenhang zu stellen und Hinweise für die Nutzanwendung in der täglichen Praxis zu geben. 332

Auszugehen ist dabei von folgenden grundsätzlichen **Fragestellungen:** 333
– Für welches Aufklärungsproblem soll eine konkrete Strategie erarbeitet werden (z. B. Verbesserung der Aufklärung von Banküberfällen in einem bestimmten Dienstbereich)?
– Wie kann das Angebot der kriminalstrategischen Ableitungen bei den einzelnen aufklärungsrelevanten Einflußfaktoren genutzt werden?
– Welche Einflußfaktoren sind von besonderer Bedeutung?
– Welche Faktoren sind kurz-, mittel- oder langfristig veränderbar oder nicht veränderbar?

– Wie beeinflussen sich kriminalstrategische Ableitungen gegenseitig (Problematik der Wechselwirkung; möglicherweise heben sie sich bei der beabsichtigten Lösung gegenseitig auf)?

334 Die Darstellung der Einflußfaktoren und ihrer Relevanz für die Aufklärung von Straftaten im strategischen Sinne zeigt im Ergebnis, daß es einen oder den dominanten strategischen Ansatz, der für alle Aufklärungsprobleme bei Straftaten quasi als **„strategische Wunderwaffe"** eingesetzt werden könnte, nicht geben kann. Von Delikt zu Delikt, von Dienstbereich zu Dienstbereich, von Bundesland zu Bundesland sind unterschiedliche Gewichtungen der Einflußfaktoren wahrscheinlich, die zu verschiedenen strategischen Ansätzen führen müssen, sei es singulär oder in Kombination.

II. Systemansatz als Schalenmodell

335 Das nachfolgende Schaubild gibt einen Überblick über das System **wechselseitiger Abhängigkeiten** von Einflußfaktoren bei der Aufklärung von Straftaten, die die Komplexität des Problems und damit die Beurteilungsschwierigkeit der Aufklärungsleistung einer Polizeidienststelle verdeutlichen.

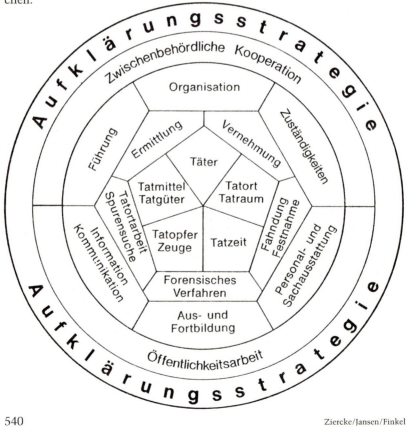

Nur die Arbeit mit **Kriminalstäben** ermöglicht es, die Differenziertheit der Aufklärungsproblematik vollständig in für die tägliche Praxis nutzbare Ergebnisse umzusetzen.

1. Kern („tatimmanente Einflußfaktoren")

Im Kern des Schaubildes konzentrieren sich die von Delikt zu Delikt variablen „tatimmanenten Einflußfaktoren". Täter, Tatort/Tatörtlichkeit/Tatraum, Tatzeit, Tatopfer/Geschädigter/Anzeigender/Zeuge, Tatmittel/Tatgüter stehen als kriminalstrategisch nutzbare Einflußfaktoren nicht nur untereinander in direkter Wechselbeziehung, sondern sie werden im Hinblick auf die strategische Nutzanwendung von den Rahmenbedingungen, den weiteren Einflußfaktoren auf den sie umgebenden Schalen beeinflußt. Von entscheidender Bedeutung ist daher die kriminalistische Bewertung der strategischen Ansätze, die eine prognostische Beurteilung im Hinblick auf die unterschiedlichen Wirkungen einzelner Strategieansätze erfordert.

2. Erste Schale („kriminalistische Einflußfaktoren")

In ihr finden sich die „kriminalistischen Einflußfaktoren" Tatortarbeit/Spurensuche, Ermittlungen, Vernehmung, Fahndung/Festnahme und forensisches Verfahren. Diese Einflußfaktoren wirken unmittelbar auf die Aufklärung von Straftaten. Sie ermöglichen kurzfristige Einflußnahme auf strategischem Wege. Allerdings sind auch hier die Wechselbeziehungen zu den Einflußfaktoren im Kern und auf den weiteren Schalen zu beachten, die systemimmanente Grenzen bei der Anwendung strategischer Ansätze bilden können.

3. Zweite Schale („polizeistrukturelle Einflußfaktoren")

Sie weist die „polizeistrukturellen Einflußfaktoren" Führung, Organisation, Zuständigkeiten, Personal- und Sachausstattung, Aus- und Fortbildung sowie Information/Kommunikation auf. Diese Faktoren erscheinen nur mittel- und langfristig veränderbar, zumal sie auch kriminalpolitischer Einflußnahme ausgesetzt sind.

4. Dritte Schale („polizeiexterne Einflußfaktoren")

Sie umschließt mit den „polizeiexternen Einflußfaktoren" der zwischenbehördlichen Kooperation und der Öffentlichkeitsarbeit die bisher dargestellten Faktorenschalen. Diese beiden Faktoren sind unmittelbar durch die Polizei nutzbar. Sie stellen im Hinblick auf ihre Zielverwirklichung jedoch eher langfristige Chancen dar, weil sie nicht direkt durch polizeiliche Tätigkeit steuerbar sind.

III. Theoretische Überlegungen zum Systemansatz

Die theoretischen Überlegungen lassen sich bei der Frage nach der Operationalisierbarkeit der kriminalstrategischen Ableitungen auf folgende **Grundsätze** verdichten:

1. Deliktsspezifische Analyse der Einflußfaktoren

Jeder Einflußfaktor ist bei jedem Delikt – bei jeder phänomenologischen Deliktsvariante – gesondert zu analysieren.

2. Bereichsspezifische Analyse der Einflußfaktoren

Jeder Einflußfaktor ist bei jedem Delikt in lokaler/geographischer Hinsicht auf den unmittelbaren Dienstbereich zu beziehen und sorgfältig zu überprüfen.

3. Systemspezifische Analyse der Einflußfaktoren

Die bereits erwähnte Problematik der Wechselwirkung der Einflußfaktoren führt zu der Erkenntnis, daß eine systematische Wirkung vom Einsatz strategischer Komponenten ausgelöst wird. Es ist daher eine ganzheitliche Betrachtung aller relevanten Einflußfaktoren bei Problemlösungen erforderlich, um Aufklärungsdefizite wirkungsvoll bekämpfen zu können.

4. Gewichtungsspezifische Analyse der Einflußfaktoren

Die Einflußfaktoren für die Aufklärung von Straftaten haben eine unterschiedlich starke oder schwache Bedeutung bei der Problemlösung im konkreten Einzelfall. Dies gilt natürlich auch für die einzelnen kriminalstrategischen Ableitungen. Das Erkennen starker oder schwacher, mehr statischer oder hochdynamischer Einflußfaktoren bei bestimmten Delikten bedarf einer spezifischen Analyse. Im Ergebnis hat eine Gewichtung der Einflußfaktoren und strategischen Ansätze zu erfolgen, die zu einer Selektion bestimmter Strategien führt, die umgesetzt werden sollen.

IV. Praktische Überlegungen zum Systemansatz

342 Die praktischen Überlegungen, die eine **Handlungsanleitung** für die Arbeit in Kriminalstäben sein könnten, gehen von der Grundsystematik einer Delikts-, Regional- oder Fachstrategie aus.

343 Für eine **Deliktsstrategie** ist die konkrete phänomenologische Deliktsvariante Gegenstand der Analyse. Die Analyse strategierelevanter Probleme bei den einzelnen Einflußfaktoren bietet im Baukastenprinzip die einzelnen Bausteine einer effektiven Aufklärungsstrategie für jedes Deliktsfeld an. Zunächst hat die Feststellung des Ist-Zustandes zu erfolgen; gemeint ist der im Hinblick auf die anstehende Deliktsproblematik erreichte aufklärungsspezifische Sachstand pro einzelnen Einflußfaktor. Es schließt sich die Ist-Analyse an, also die Problemerkennung pro Einflußfaktor. Schließlich ist auf der Grundlage der kriminalstrategischen Ableitungen zu prüfen, ob für die zukünftige Soll-Vorstellung (zusammengesetzt aus den Elementen der strategischen Ableitungen pro Einflußfaktor) eine Deliktsstrategie als Gesamtstrategie entwickelt werden kann.

344 Der **systemische Zusammenhang** zwischen den verschiedenen kriminalstrategischen Ableitungen erfordert die Berücksichtigung der theoretischen Überlegungen zum Systemansatz.

Das dargestellte Verfahrensprinzip gilt **analog** für die Erarbeitung von Regional- und/oder Fachstrategien.

Entscheidend ist, daß das Problem der Aufklärung von Straftaten als komplexe strategische Aufgabe begriffen wird, die einen **hohen Analyseaufwand** erfordert.

SCHRIFTTUM

Altmann, Robert und *Günter Berndt:* Grundlagen kooperativer Führung. 2. Aufl. Lübeck 1982 (Grundriß der Führungslehre. Band 1).
dies.: Führen in der Organisation. 2. Aufl. Lübeck 1983 (Grundriß der Führungslehre. Band 2).
Beiner, Friedhelm: Das Problem der Stoffülle und ihre Bewältigung in verschiedenen didaktischen Ansätzen seit 1950. In: PFA-Schriftenreihe S. 42–78.
Berckhauer, Friedhelm: Zum Nutzen beschreibender Statistiken für die Praxis. In: Kriminalistik 36 (1982), S. 212–213.
Boge, Heinrich: Perspektiven der Verbrechensbekämpfung. Aus der Sicht des Bundeskriminalamtes. In: Kriminalistik 36 (1982), S. 240–245.
ders.: Thesen zur Funktion und Bedeutung der Datenverarbeitung bei der Polizei. 10 Jahre INPOL-Fahndungssystem. In: Kriminalistik 36 (1982), S. 619–623.
ders.: Komplizierte Verfahrensvorschriften und schwerfällige Geschäftswege. Lage und Perspektiven der internationalen Verbrechensbekämpfung. In: Kriminalistik 39 (1985), S. 38–45.
ders.: Die Auswirkungen der Bevölkerungsentwicklung auf den Bereich der Inneren Sicherheit im letzten Jahrzehnt des Jahrhunderts. Ein Blick in die polizeiliche Zukunft. Probleme der Kriminalitätsbekämpfung – Bevölkerungsentwicklung und politischer Extremismus – Auswirkungen auf den Straßenverkehr – Zukünftige Entwicklung der polizeilichen Aufgaben und die Deckung des Kräftebedarfs der Polizei. In: Die Polizei 76 (1985), S. 270–279.
Brandt, Helmut: Mehr Zufall oder Ergebnis polizeilicher Arbeit? Eine kritische Betrachtung der Aufklärung von Straftaten unter kriminalpolitischen Aspekten. In: Kriminalistik 42 (1988), S. 243–246.
Brenner, Karl: BGH gegen BGH. Gesetzwidriger Übereifer des polizeilichen Lockspitzels – keine Straflosigkeit des „Verführten". In: Kriminalistik 38 (1984), S. 600–601.
Bund Deutscher Kriminalbeamter, Landesverband Schleswig-Holstein (Hrsg.): Plädoyer für die funktionale Integration. Dokumentation. Kiel 1988.
Bundeskriminalamt (Hrsg.): Polizeiliche Kriminalstatistik 1987. Wiesbaden 1988.
Burghard, Waldemar: Kriminalistik. Eine Bestandsaufnahme der letzten Jahrzehnte. In: Kriminalistik 36 (1982), S. 20–41.
ders.: Entwicklungsstand und Tendenzen der praktischen Kriminalistik in der Bundesrepublik Deutschland. In: Kube, Edwin, Hans Udo Störzer und Siegfried Brugger (Hrsg.): Wissenschaftliche Kriminalistik. Grundlagen und Perspektiven. Teilbd. 1: Systematik und Bestandsaufnahme. Wiesbaden 1983 (BKA-Schriftenreihe. Bd. 16/1), S. 177–204.
ders.: Die aktenmäßige Bearbeitung kriminalpolizeilicher Ermittlungsvorgänge. 4. Aufl. Wiesbaden 1986 (BKA-Schriftenreihe. Bd. 35).
Dietel, Alfred: Neue Ansätze zur weiteren Professionalisierung der Polizeiarbeit. In: Die Polizei 77 (1986), S. 381–383.
Dölling, Dieter: Beurteilung der Aufklärungswahrscheinlichkeit von Ermittlungsvorgängen unter Effizienzgesichtspunkten. In: Polizei-Führungsakademie (Hrsg.): Planung der Verbrechensbekämpfung. 2. Organisation der Verbrechensbekämpfung. Seminarbericht vom 8. bis 12. Dezember 1986 bei der Polizeiführungsakademie in Münster. Schlußbericht. Münster 1986, S. 29–57.
Drommel, Raimund H. und *Karl Kipping:* Sprachwissenschaftler: Die unerkannten Kriminalisten. Das Wort als Beweis gegen den Erpresser. In: Kriminalistik 41 (1987), S. 215–218.
Fletemeier, Horst: Die Auswertungs- und Entscheidungsstelle (AE-Stelle) der Kripo Hamburg. In: Kriminalistik 31 (1977), S. 164–169.

Frehsee, Detlev: Kriminalgeographie – ein Ansatz zu einem natürlicheren Verständnis des gesellschaftlichen Phänomens „Kriminalität". In: Kriminalistik 33 (1979), S. 321–327.

Friedrich, Bernd: Von Perseveranz kaum eine Spur. Zum Tatverhalten von Vielfachtätern. In: Kriminalistik 40 (1986), S. 188–206.

Füllgrabe, Uwe: Die Bedeutung der Passivität von Zuschauern eines Verbrechens. Eine psychologische und soziologische Analyse. In: Kriminalistik 36 (1982), S. 353–359.

Gemmer, Karlheinz: Polizeiliche Bekämpfung der Wirtschaftskriminalität. Erfahrungen und Perspektiven. In: Kriminalistik 37 (1983), S. 604–623.

Geographische Herkunftsbestimmung bei Heroin. In: Kriminalistik 37 (1983), S. 12.

Gordon, Thomas: Managerkonferenz. Effektives Führungstraining. Hamburg 1979.

Groß, Hans und *Friedrich Geerds:* Handbuch der Kriminalistik. 10. Aufl. Bd. 1. Berlin 1977. – Bd. 2. Berlin 1978.

Halonbrenner, R.: Kriminaltechnische Aspekte bei Hausdurchsuchungen. In: Kriminalistik 36 (1982), S. 214–220.

Hamacher, Werner: Jugendkriminalität. Episode oder Symptom? In: Kriminalistik 36 (1982), S. 388–393.

Heiland, Hans-Günther: Gelegenheit macht nicht nur Diebe. Ein Vorschlag zur Verbesserung des Informationswertes der PKS: Gelegenheitsspezifische Kriminalitätsziffern. In: Kriminalistik 41 (1987), S. 573–577.

Helfer, Christian und *Wigand Sibel:* Das Berufsbild des Polizeivollzugsbeamten. Gutachten im Auftrag der Ständigen Konferenz der Innenminister der Länder. Bde. 1–7. Saarbrücken 1975.

Herold, Horst: Die Bedeutung der Kriminalgeographie für die polizeiliche Praxis. In: Kriminalistik 31 (1977), S. 289–296.

ders: Perspektiven der internationalen Fahndung nach Terroristen. Möglichkeiten und Grenzen. In: Kriminalistik 34 (1980), S. 165–171.

Hirt, R.: Straftaten im Zusammenhang mit dem Kunst- und Antiquitätenhandel. In: Kriminalistik 37 (1983), S. 47–52, 114–119.

Holzner, Wolfgang: Täglich 500 Milliarden $ – Transaktionen über EDV. Computermanipulation oder Computermißbrauch. In: Kriminalistik 38 (1984), S. 587–591.

Jäger, Joachim: Kriminologie und Kriminalitätskontrolle – Grundriß einer anwendungsorientierten Kriminologie –. Lübeck 1981 (Polizei-Praxis. Bd. 9).

Jankowiak, Heinz: Dunkelmänner werden ans Licht gezerrt. Hehlerei-Bekämpfung in Berlin – nicht ohne weiteres auf andere Regionen übertragbar. In: Kriminalistik 41 (1987), S. 112–115.

Kaiser, Günther: Kriminologie. Ein Lehrbuch. 2. Aufl. Heidelberg 1988.

Kerner, Hans-Jürgen: Kriminalitätseinschätzung und Innere Sicherheit. Eine Untersuchung über die Beurteilung der Sicherheitslage und über das Sicherheitsgefühl in der Bundesrepublik Deutschland, mit vergleichenden Betrachtungen zur Situation im Ausland. (BKA-Forschungsreihe. Bd. 11).

ders.: Theoretische Grundlagen der Kriminalistik. In: Kube, Edwin, Hans Udo Störzer und Siegfried Brugger (Hrsg.): Wissenschaftliche Kriminalistik. Grundlagen und Perspektiven. Teilbd. 2: Theorie, Lehre und Weiterentwicklung. Wiesbaden 1984 (BKA-Forschungsreihe. Bd. 16/2), S. 9–24.

Kießl, Walter: Fast gleich. Die Beurteilung von Delikten durch Opfer und Täter. In: Kriminalistik 38 (1984), S. 221–224.

Kitschenberg, Josef: Der Umweltschutz als Aufgabe der Polizei. In: Kriminalistik 38 (1984), S. 5–8.

Klink, Manfred: Lebt die Polizei von Zufällen? Zusammenhänge zwischen Organisation und Effizienz der Kriminalitätskontrolle. In: Kriminalistik 40 (1986), S. 291–293.

Klink, Manfred und *Siegfried Kordus:* Kriminalstrategie. Grundlagen polizeilicher Verbrechensbekämpfung. Stuttgart, München, Hannover 1986

Krüger, Horst: Gradmesser von zweifelhaftem Wert. Aufklärungsquote = Erfolgsquote? Analytisches und Bedenkenswertes über Vergleichsmöglichkeiten. In: Kriminalistik 42 (1988), S. 239–242.

Krumsiek, Lothar: Identifizierung durch „genetische Fingerabdrücke". In: der kriminalist 20 (1988), S. 107.

Kube, Edwin: Der opferbezogene Präventionsansatz. In: Kriminalistik 36 (1982), S. 93–94 (Kriminalistik SKRIPT 2/82).

ders.: Prävention sinnvoller als Repression. 4. Asiatisch-Pazifische Konferenz über Jugenddelinquenz. In: Kriminalistik 40 (1986), S. 165–167.

Kube, Edwin, Heinz Leineweber und *Heinz Büchler:* Aufklärungsquote Bankraub: Abhängig vom Zeitpunkt der Alarmauslösung. Zur Wirkung sicherheitstechnischer Einrichtungen in Geldinstituten auf das Täterverhalten. In: Kriminalistik 38 (1984), S. 622–626.

Kube, Edwin, Monika Plate und *Hans Udo Störzer:* Wirtschaftskriminalität. Eine zusammenfassende Betrachtung der Ergebnisse der BKA-Arbeitstagung 1983. In: Kriminalistik 37 (1983), S. 600–602.

Kube, Edwin, Peter Poerting und *Hans Udo Störzer:* Den Profis die Profite nehmen. Gewinnabschöpfung als Kampfmittel gegen das Organisierte Verbrechen. In: Kriminalistik 41 (1987), S. 44–48.

Kube, Edwin, Hans Udo Störzer und *Siegfried Brugger* (Hrsg.): Wissenschaftliche Kriminalistik. Grundlagen und Perspektiven. Teilbd. 1: Systematik und Bestandsaufnahme. Wiesbaden 1983 (BKA-Forschungsreihe. Bd. 16/1). Teilbd. 2: Theorie, Lehre und Weiterentwicklung. Wiesbaden 1984 (BKA-Forschungsreihe Bd. 16/2).

Kubica, Johann: Wirtschaftsstraftaten als Form organisierter Kriminalität. In: Kriminalistik 40 (1986), S. 231–234.

Loesing, Heiko: Möglichkeiten und Grenzen des Bund-Länder-Systems Daktyloskopie. Zwei Fälle der Opferidentifizierung. In: Kriminalistik 38 (1984), S. 282–284.

Matussek, Hans, Hartmut Koschny und *Hary Meyer:* Keine Effektivitätssteigerung durch Kompetenzverlagerung an die Schutzpolizei. In: Kriminalistik 39 (1985), S. 415–419, 504–508.

Meier, Jakob: Der Sachbeweis – Versuch zu einer Standortbestimmung. In: Kriminalistik 34 (1980), S. 477 – 485.

Michaelsen, Horst-Dieter: Fachleute anstelle von Laien in Wirtschaftsstrafsachen. In: Kriminalistik 37 (1983), S. 445–449.

Middendorf, Dorothea: Erfolgsmessung „praktischer Kriminalität" à la USA. In: Kriminalistik 40 (1986), S. 183.

Pachmann, Christoph W.: Wenn die Polizei vom Straftäter nicht lernen will ... von wem sonst? In: Kriminalistik 38 (1984), S. 341–346.

Peters, Karl: Strafprozeß. 3. Aufl. Heidelberg, Karlsruhe 1981.

Pfister, Wilhelm: Sammeln, ordnen, kritisch sichten ... Zum kriminalistischen Denkprozeß, Teil 1. In: Kriminalistik 34 (1980), S. 385–389.

ders.: Von der Intuition bis zur Logik. Zum kriminalistischen Denkprozeß, Teil 2. In: Kriminalistik 34 (1980), S. 437–441.

Plate, Monika, Ulrich Schwinges und *Rüdiger Weiß:* Strukturen der Kriminalität in Solingen. Eine Untersuchung zu Zusammenhängen zwischen baulichen und sozialen Merkmalen und dem Kriminalitätsaufkommen. Wiesbaden 1985 (BKA-Forschungsreihe. Sonderbd.).

Polizeidichte 1: 314. In: Die Polizei 79 (1988), S. 214.

Popitz, Heinrich: Über die Präventivwirkung des Nichtwissens. Dunkelziffer, Norm und Strafe. Tübingen 1968 (Recht und Staat in Geschichte und Gegenwart) H. 350.

Programm für die Innere Sicherheit in der Bundesrepublik Deutschland der Ständigen Konferenz der Innenminister/-senatoren des Bundes und der Länder vom Februar 1974. Mainz 1974 (Sonderdruck des Innenministeriums Rheinland-Pfalz).

Rauwolf, Peter: Traurig – aber täglich wahr! Exakte Spurensicherung wird belächelt. In: Kriminalistik 39 (1985), S. 359–360.

Reinwarth, Jürgen: Psychological Profiling. Eine neue „Wunderwaffe" im Dienst der Verbrechensaufklärung? In: Kriminalistik 40 (1986), S. 173–174.

Rother, H.: Viktimologie. Leistungsnachweisklausur. In: Kriminalistik 36 (1982), S. 205–210 (Kriminalistik SKRIPT 4/82).

Rupprecht, Reinhard: Lebenslaufanalysen von Terroristen. Bericht über ein Projekt zur Erforschung von Bedingungen des sozialrevolutionären Terrorismus, Teil 2. In: Kriminalistik 36 (1982), S. 298–302.

Schäfer, Herbert: Einführung in die Probleme der Kriminalstrategie und der Kriminaltaktik. In: Polizei-Institut Hiltrup (Hrsg.): System und Methode moderner Kriminalistik. Seminar vom 24.–28. 1. 1972 im Polizei-Institut Hiltrup. Schlußbericht. Hiltrup 1972, S. 7–40.

ders.: Die Voraussetzungen einer rationalen Kriminalstrategie. In: Kriminalistik 30 (1976), S. 345–350.

ders.: Das spurenlose Delikt. Anmerkungen zur detektiven Bearbeitung von Fahrraddiebstählen (in Bremen). In: Kriminalistik 38 (1984), S. 470–475.

ders.: Kriminalstrategie. Problembeschreibungen und Lösungsansätze. In: Die neue Polizei 42 (1988), S. 263–273.

Schmidtmann, Horst: Eigentumsdelikte: Tips vom V-Mann. In: Kriminalistik 38 (1984), S. 595–597.

Schmitz, Walter: Vernehmung als Aushandeln der Wirklichkeit. In: Edwin Kube, Hans Udo Störzer und Siegfried Brugger (Hrsg.): Wissenschaftliche Kriminalistik. Grundlagen und Perspektiven. Teilbd. 1: Systematik und Bestandsaufnahme. Wiesbaden 1983 (BKA-Forschungsreihe. Bd. 16/1), S. 353–387.

Schreiber, Manfred: Kriminalpolitische Tendenzen der Gewaltkriminalität. In: Kriminalistik 39 (1985), S. 535–555.

Schuster, Leo: Perseveranz – kriminaltechnische Methoden im Umbruch? In: Kriminalistik 37 (1983), S. 484–486.

ders.: Vorschläge zur Eindämmung der Diebstahlskriminalität. In: Kriminalistik 38 (1984), S. 636–639.

ders.: Systematik und Methodik operativer Kriminalstrategie. In: Polizei-Führungsakademie (Hrsg.): Planung der Verbrechensbekämpfung. 2. Organisation der Verbrechensbekämpfung. Seminar vom 8. bis 12. Dezember 1986 bei der Polizei-Führungsakademie in Münster, Schlußbericht. Münster 1986, S. 13–27.

ders.: Opferschutz und Opferberatung. Eine Bestandsaufnahme. In: Kriminalistik 40 (1986), S. 93–97.

Schuster, Leo und *Hans-Jürgen Eyrich:* Zweifel an der generellen Gültigkeit der Perseveranzhypothese. Perseveranz, modus operandi und KPMD. In: Kriminalistik 38 (1984), S. 487–489.

Schweiger, Michael: Tatzeituntersuchung zum Wohnungseinbruch. In: Kriminalistik 38 (1984), S. 274–276.

Schwind, Hans-Dieter: Wie lösen wir die Ausländerfrage? Das Gastarbeiterproblem aus (kriminal-)politischer Sicht. In: Kriminalistik 37 (1983), S. 303–325, 358–377.

Schwind, Hans-Dieter, Wilfried Ahlborn, Hans-Jürgen Eger, Ulrich Jany, Volker Pudel und *Rüdiger Weiß:* Dunkelfeldforschung in Göttingen 1973/74. Eine Opferbefragung zur Aufhellung des Dunkelfeldes und zur Erforschung der Bestimmungsgründe für die Unterlassung von Strafanzeigen. Wiesbaden 1975 (BKA-Forschungsreihe. Bd. 2).

Sehr, Peter: Bald nicht mehr ohne. Personalcomputer und kriminalpolizeiliche Arbeit. In: Kriminalistik 40 (1986), S. 472–476.

Sielaff, Wolfgang: Bis zur Bestechung leitender Polizeibeamter? Erscheinungsformen und Bekämpfung der organisierten Kriminalität in Hamburg. In: Kriminalistik 37 (1983), S. 417–422.

ders.: Verdeckte Ermittlungen in der Sex- und Glücksspielindustrie. Professionelle Abschottung der Szene / Hamburg: Richtlinien für verdeckte Ermittler. In: Kriminalistik 39 (1985), S. 577–581.

ders.: „Aussageverbot" vom Täter. Zur Notwendigkeit des Schutzes gefährdeter Zeugen. In: Kriminalistik 40 (1986) S. 58–62.

Steffen, Wiebke: Perseveranz und modus operandi. „Säulen" einer erfolgreichen (kriminal-)polizeilichen Verbrechensbekämpfung? In: Kriminalistik 37 (1983), S. 481–484.

dies.: Mühseliges Geschäft. Zielsetzung und Erfolgsmessung in der polizeilichen Kriminalitätskontrolle. In: Kriminalistik 40 (1986), S. 177–181.

dies.: Aufklärung von Straftaten – Zufall oder Ergebnis polizeilicher Arbeit? 1988 (unveröffentlicht).

Steinke, Richard: Mehr Kriminalistik, weniger Strafrecht! Eine Chance für die Fachhochschulausbildung. In: Kriminalistik 37 (1983), s. 489–490.

Steinke, Wolfgang: Mit UMPLIS und INFUCHS gegen Umweltkriminalität. Präventive und repressive Bekämpfungsansätze / Zukunftsperspektiven für die Polizei. In: Kriminalistik 39 (1985), S. 361–381.

ders.: Kriminalisten-Arbeit an der Erbsubstanz. DNA-Fingerprinting: Verfahren für die Zuordnung von Blut- und Sekretspuren. In: Kriminalistik 41 (1987), S. 557–558.

Stock, Joachim: Kleinigkeiten. Aus der Alltagspraxis der Fahndung. In: Kriminalistik 36 (1982), S. 2–6.

Stümper, Alfred: Gedanken zur Schaffung einer Generaldirektion für die Innere Sicherheit (GdIS). In: Kriminalistik 33 (1979), S. 2–5.

ders.: Das strukturelle Dunkelfeld. In: Kriminalistik 37 (1983), S. 222–226.

ders.: Unsoziale Kriminalitätsbekämpfung? Ein Plädoyer für den Grundsatz der Verhältnismäßigkeit. In: Kriminalistik 38 (1984), S. 129–131.

ders.: Vom „Flickwerk" zu den künftigen polizeilichen Schwerpunktsetzungen. In: Kriminalistik 38 (1984), S. 188–212.

ders.: Wer ist Herrin des Strafverfahrens? 8 Thesen zur Kompetenzfrage zwischen Staatsanwaltschaft und Polizei. In: Kriminalistik 40 (1986), S. 395–399.

Thomann, Eugen: Der Polizeibeamte als Zeuge. Teil 1: Glaubwürdigkeit und Sachaussagen. In: Kriminalistik 36 (1982), S. 110–113.

ders.: Der Polizeibeamte als Zeuge. Teil 2: Vorbereitung, Ablauf und Gefahren. In: Kriminalistik 36 (1982), S. 156–161.

Undeutsch, Udo: Vernehmung und non-verbale Information. In: Kube, Edwin, Hans Udo Störzer und Siegfried Brugger (Hrsg.): Wissenschaftliche Kriminalistik. Grundlagen und Perspektiven. Teilbd. 1: Systematik und Bestandsaufnahme. Wiesbaden 1983 (BKA-Forschungsreihe. Bd. 16/1), S. 389–418.

Vergewaltigung. Die zweite Viktimisierung vor Gericht. In: Kriminalistik 38 (1984), S. 453–454.

Walliser, Fritz: Personenauskunftsdatei (PAD), Falldatei (MOD) und Perseveranztheorie. Gedanken zum (kriminal-)polizeilichen Meldedienst. In: Kriminalistik 38 (1984), S. 322–327.

ders.: Baden-Württemberg: Mehr Perseveranz als anderswo? Bekämpfung der Eigentumskriminalität/Möglichkeiten und Perspektiven des Einsatzes der EDV. In: Kriminalistik 40 (1986), S. 285–289.

Wassermann, Rudolf: Polizei und Medien. Chancen und Hindernisse für eine ersprießliche Wechselbeziehung. In: Kriminalistik 38 (1984), S. 295–300.

Wehner-Davin, Wiltrud: Kinder- und Jugenddelinquenz: Vorzeichen krimineller Karrieren? In: Kriminalistik 39 (1985), S. 500–503.

dies.: Permanent problematisch. Jugendarbeit der Polizei / Geschichte und Bestandsaufnahme. In: Kriminalistik 39 (1985). S. 565–569.

Weiser, Werner: Auswertung von Schuhspuren. In: Kriminalistik 33 (1979), S. 494–499.

Weschke, Eugen: „Netzstruktur-Kriminalität". Eine spezifische Form des Intensivtäterverhaltens. In: Kriminalistik 40 (1986), S. 297–317.

Wottoohoreck, Gerhard: Reaktionen der Polizeiorganisation auf die steigende Kriminalität. In: Die Polizei 74 (1983), S. 10–12.

ders.: Keine Effektivitätssteigerung durch Kompetenzverlagerung an die Schutzpolizei? Eine Antwort auf Matussek/Koschny/Meyer in KR 1985, S. 415 ff. u. S. 504 ff. In: Kriminalistik 40 (1986), S. 159–163.

Wieczorek, Eberhard: Ultima ratio: der agent provocateur. In: Kriminalistik 39 (1985), S. 288–291.

Wigger, Ernst: Kriminaltechnik – Leitfaden für Kriminalisten –. Wiesbaden 1980. (BKA-Schriftenreihe Bd. 50.).

Zainhofer, Rudolf: Besser als der Täter sein. Der betriebswirtschaftliche Sachverständige im Wirtschaftsstrafverfahren. In: Kriminalistik 40 (1986), S. 240–261.

Ziercke, Jörg: Der Fallanalytiker – neue berufliche Rolle des Kriminalbeamten. In: Kriminalistik 30 (1976), S. 120–125.

ders.: Beitrag zur Entwicklung eines Präventionskonzeptes. In: der kriminalist 13 (1981), S. 588–594.

ders.: Begründung einer kommunalen Kriminalprävention am Beispiel Neumünster/Schleswig-Holstein. Bericht einer Enquête-Kommission über Kriminalitätsursachen. In: der kriminalist 16 (1984), S. 110–115.

ders.: Straßenkriminalität. Untersuchung zur Problematik der Verdachtsgewinnung beim ersten Zugriff. In: der kriminalist 20 (1988), S. 93–98.

ders.: Schwierigkeiten vor, während und nach der Festnahme. In: Kriminalistische Studiengemeinschaft e. V. (Hrsg.): Präventive Sicherheitstaktiken gegen Wohnungseinbrecher. Einbruchskriminalistik (1). Bremen 1988 (Kriminalistische Studien. Bd. 4.1), S. 72–105.

Ziercke, Jörg und *Hans-Peter Jansen:* „Man ist noch kein Herold, auch wenn man so heißt!" Anmerkungen zu einer höchst eigenwilligen Beurteilung der Sicherheitslage durch den Präsidenten des Bundeskriminalamtes. In: der kriminalist 8 (1976), S. 563–572.

13
Vernehmung

Rolf Bender und Frank Wartemann*

INHALTSÜBERSICHT

	Rdnr.
A. Vernehmungstaktik	
I. Bedeutung und Ziel	1
II. Forensische Anforderungen	13
III. Voraussetzungen einer erfolgreichen Kommunikation	22
IV. Abgrenzung zwischen Zeugen- und Beschuldigtenvernehmung aus kriminalistischer Sicht und vernehmungstaktische Hinweise im Zusammenhang mit Zeugen- und Beschuldigtentypologien	50
V. Besondere Vernehmungsmethoden/-taktiken	74
VI. Planung und Vorbereitung	87
VII. Durchführung	
1. Informatorische Befragung/Kontaktgespräch/Vorgespräch	113
2. Erhebung der Personalien/Belehrung	126
3. Vernehmung zur Sache	
a) Sachdienliche Erhebungen zur Person	132
b) Vernehmung zur Tat	134
c) Protokollierung	138
4. Die Tonbandvernehmung	158
VIII. Die Gegenüberstellung	
1. Rechtliche Bestimmungen	171
2. Arten	176
3. Die Wahlgegenüberstellung (offen)	183
IX. Maßnahmen zur Objektivierung der Aussage und zur ergänzenden Beweisführung	209
B. Die Glaubhaftigkeit von Aussagen	
I. Grundsätzliches	222
1. Unzuverlässigkeit von Aussagen	224
2. Zwei Fehlerquellen	225
a) Irrtum (1)	226
b) Lüge/Phantasiegeschichte (2)	227
II. Zur Lüge	
1. Realität oder Phantasie?	230
a) Persönlichkeit der Aussageperson	231

	Rdnr.
b) Motivation	
aa) Das Motiv zur Lüge	232
bb) Die Beweiskraft der ersten Aussage	233
c) Aussagesituation	
aa) Typisches Verhalten	244
bb) Gefühlsmäßige Reaktionen	247
d) Aussageanalyse	249
2. Acht Realitätskriterien	
a) Inhaltliche Kriterien	
aa) Detailkriterium (1)	252
bb) Individualitätskriterium (2)	259
cc) Verflechtungskriterium (3)	268
b) Strukturelle Kriterien	271
aa) Strukturgleichheitskriterium (4)	272
bb) Nichtsteuerungskriterium (5)	278
cc) Homogenitätskriterium (6)	281
c) Wiederholungskriterien	282
aa) Konstanzkriterium (7)	283
bb) Erweiterungskriterium (8)	284
d) Zur Anwendung der Realitätskriterien	287
3. Sechs Phantasiekriterien	
a) Grundsätzliches	
aa) Ambivalenz der Phantasiesignale	294
bb) Wer einmal lügt	295
b) Verlegenheitssignale	297
aa) Zurückhaltungssignal (1)	298
bb) „Freudsches Signal" (2)	307
cc) Unterwürfigkeitssignal (3)	309
c) Übertreibungssignale	310
aa) Bestimmtheitssignal (4)	312
bb) Dreistigkeitssignal (5)	316
cc) Begründungssignal (6)	317
4. Vier Kontrollkriterien	318
a) Rachekriterium (1)	319
b) Vergleichskriterium (2)	330
c) Plausibilitätskriterium (3)	333
d) Alternativenkriterium (4)	338

* Rolf Bender ist für Teil B, Frank Wartemann für Teil A verantwortlich.

	Rdnr.		Rdnr.
III. Zum Irrtum	341	h) Erwartungshorizont	358
1. Wahrnehmungsfehler		i) Motivation	360
a) Begriffe	345	2. Erinnerungsfehler	
b) Qualität des Reizes	348	a) Zeitablauf	361
c) Grenzen unserer Sinnesorgane		b) Hemmung	362
aa) Das Auge	349	c) Konservierende Macht der Gefühle	363
bb) Das Ohr	350	d) Qualität der Erinnerung	364
d) Beschränktes gleichzeitiges Fassungsvermögen	352	e) Verschmelzung	365
e) Schlußfolgerungen	353	f) Abwehrmechanismen	366
f) Befindlichkeit des Wahrnehmenden		3. Wiedergabefehler	
aa) Körperliche Verfassung	354	a) Vorübergehender Gedächtnisverschluß	368
bb) Seelische Verfassung	355	b) Mißverständnisse	369
g) Wahrnehmung als Entscheidungsvorgang	356	c) Pygmalioneffekt	374

A. Vernehmungstaktik

I. Bedeutung und Ziel

1 Die Entwicklung der kriminaltechnischen Untersuchungsmethoden hat in den vergangenen Jahren einen solchen Fortschritt gemacht, daß man annehmen könnte, daß der **Sachbeweis** ins Zentrum des Strafverfahrens gerückt ist und der Personalbeweis dadurch zwangsläufig an Bedeutung verloren hat. Sicher ist es richtig, daß in bestimmten Ermittlungsverfahren, man denke nur an den Bereich der terroristischen Gewaltdelikte, eine Beweisführung im überwiegenden Umfange, wenn nicht sogar zum Teil ausschließlich über den Sachbeweis möglich ist.

2 Da Spuren zunächst einmal objektiver sind als Aussagen – obwohl die Probleme menschlicher Bewertung und die mögliche Abhängigkeit der Richter von Sachverständigen in dieser Hinsicht nicht zu unterschätzen sind –, haben Kriminalisten in der Vergangenheit immer wieder die Forderung aufgestellt, die Kriminaltechnik mit Spurensuche, Spurensicherung und Spurenauswertung stärker in den Mittelpunkt des Ermittlungsverfahrens zu rücken. Diese Forderung erscheint mehr als berechtigt, wenn Untersuchungen zu dem Ergebnis kommen, daß mindestens die Hälfte aller Zeugen, die vor deutschen Gerichten gehört werden – und das müßte dann wohl in ähnlichem Maße für die Polizei zutreffen –, die Unwahrheit (das umfaßt bewußt wie auch unbewußte Falschaussagen) sagen. Andererseits sind aber in 95 % aller Straf- und in 70 % aller Zivilprozesse **Zeugenaussagen** bei der Urteilsfindung entscheidend.[1]

3 Das heißt, daß auch bei Anerkennung des hohen Stellenwertes des Sachbeweises der Personalbeweis weiterhin im Strafverfahren seine überragende Bedeutung beibehalten wird. In der Idealform werden sich Sach- und Personalbeweis **ergänzen**. Der Sachbeweis kann dabei einen wesentlichen Beitrag zur Überprüfung und Objektivierung einer Aussage leisten. Diese

---

[1] Untersuchungsergebnisse des Vorsitzenden Richters am OLG Stuttgart *Bender* (s. hierzu Zeugnisaussagen ... 1984 S. 128).

Funktion des Sachbeweises ist besonders wichtig, da der Personalbeweis einer Vielzahl von Fehlerquellen ausgesetzt ist.[2] Nur dort, wo kein Tatzeuge zur Verfügung steht und eine Beschuldigtenaussage nicht zu erhalten ist, kann der Sachbeweis die einzige Möglichkeit zur Tatrekonstruktion sein.

Der **Personalbeweis** (hier gemeint: Zeugenvernehmung/Beschuldigtenvernehmung) ist vor allem auch zur Erforschung des **subjektiven Tatbestandes** unentbehrlich. Fragen zur vorsätzlichen oder fahrlässigen Begehungsweise lassen sich häufig nur über Vernehmungen klären. Aus welchen Beweggründen hat jemand eine Tat begangen, inwieweit kann er für eine Tat verantwortlich gemacht werden, welche besonderen Merkmale seiner Persönlichkeit könnten Einfluß auf sein Handeln gehabt haben – all das sind Fragen, die nur durch Vernehmungen beantwortet werden können.

Die Vernehmung wird damit zu einer unverzichtbaren **Entscheidungshilfe** für den Richter hinsichtlich der Strafbewertung und der Strafzumessung. Ermittlungsfehler, die im Vorverfahren begangen worden sind, sind in aller Regel in der Hauptverhandlung nicht mehr korrigierbar. Die zeitliche Distanz zwischen erster polizeilicher Vernehmung und richterlicher Vernehmung in der Hauptverhandlung macht immer wieder einen Rückgriff auf Ergebnisse des Ermittlungsverfahren erforderlich.

Aus kriminalistischer Sicht hat die Vernehmung noch eine andere Funktion. Vor dem Hintergrund des zunächst noch unvollständig bekannten Tathergangs kann sie sehr oft wichtige Informationen für **weitere Ermittlungsansätze** liefern.[3]

Man muß aber auch die Gefahren sehen, die damit verbunden sein können. Das Nichterkennen von **Falschaussagen** – wie hoch der prozentuale Anteil bezogen auf die absolute Zahl der Vernehmungen in etwa aussieht, wurde bereits aufgezeigt – kann Ermittlungen völlig fehlleiten.[4] Zur Überprüfung einer Vernehmung auf ihren Realitätsgehalt können Erkenntnisse der Glaubwürdigkeitslehre[5] äußerst hilfreich sein.

Der Inhalt einer Vernehmung kann und muß häufig für die **kriminalpolizeilichen Meldedienste** genutzt werden. Eine Fülle mehrdimensionaler Informationen über Vortatphase, Tatphase und Nachtatphase über Tatbeteiligte, Örtlichkeiten, Tatzeiten, Tatbegehungsweisen u. ä. kann unter Nutzung der elektronischen Datenverarbeitung das Erkennen von Tatzusammenhängen und Tatserien und die Täterermittlung und Täterüberführung ermöglichen.

Ziel der Vernehmung ist die Erforschung der Wahrheit. Konkreter formuliert: Durch die Vernehmung soll ermöglicht werden, daß ein bestimmter Sachverhalt rekonstruiert werden kann. Daneben soll die innere Haltung der Beteiligten transparent werden.

---

2 *Gundlach* 1984 S. 2; *Ermisch* 1981 S. 46.
3 *Geerds* 1976 S. 7. – *Geerds* unterscheidet in diesem Zusammenhang zwischen Ermittlungsvernehmung und Bestätigungsvernehmung.
4 S. hierzu „Schlampige Ermittlungen . . ." 1982 S. 121.
5 *Bender/Röder/Nack* 1981a. Näheres hierzu unten in Teil B (Rdnr. 222 ff.).

In einzelnen Phasen gilt es zu klären,
- ob überhaupt eine Straftat vorliegt; ob der objektive Tatbestand einer Gesetzesnorm verwirklicht wurde;
- wer diese Handlung begangen hat; wer Täter ist und/oder welche Formen der Tatbeteiligung vorliegen;
- ob durch den Täter der subjektive Tatbestand erfüllt wurde;
- ob der Täter Rechtfertigungsgründe für sein Verhalten hatte;
- ob Entschuldigungsgründe oder Schuldausschließungsgründe vorhanden sein könnten;
- welche Persönlichkeitsfaktoren des Täters bzw. des Opfers im Sachzusammenhang zur Tatausführung stehen und ob es Besonderheiten in der Tatsituation gegeben hat.

10 Dabei ist der **Verdacht** der Ausgangspunkt der kriminalistischen Erhebungen und der **Zweifel** das handlungsleitende Element. Diese Unterscheidung ist von größter Wichtigkeit, da kriminalistische Arbeit häufig auf einer Hypothese basiert und ständig die Gefahr der Einseitigkeit der Ermittlungsführung, der zu frühen Festlegung auf eine angenommene (wahrscheinliche) Wirklichkeit besteht. Nichts Schlimmeres kann einem Kriminalisten passieren, als daß sich mit zunehmenden Informationen ein konstruiertes Bild über einen möglichen Handlungsablauf verfestigt, ohne daß weitere Handlungsmöglichkeiten, seien sie derzeitig auch weniger wahrscheinlich als die konstruierte, bei den andauernden Ermittlungen berücksichtigt werden.

11 Die Vernehmung ist ein vielschichtiger **Beziehungsablauf** zwischen zwei Menschen. Die unterschiedlichsten Faktoren beeinflussen diesen Ablauf: sprachliche Ausdrucksformen, Gesten, körperliche Reaktionen als Ausdruck psychischer Vorgänge und Zustände, die Sprache als Mittel der Verständigung, aber auch als Mittel der Manipulation, die Möglichkeiten, mit unterschiedlichen Fragetechniken ein bestimmtes Ziel zu erreichen, die Erscheinungsformen der Lüge, das Problem von Wahrnehmungsfehlern und Wiedergabefehlern u. a. m.

12 Dieses breite Feld von Beziehungsfaktoren muß der Vernehmungsbeamte kennen. Nur dann wird er befähigt sein, eine Vernehmung so zu gestalten, daß sie ein sachgerechter Beitrag zur Rekonstruktion der Wirklichkeit ist. Kriminalisten haben sich in der Vergangenheit zu stark auf Fragen der Vernehmungstechnik und der Vernehmungstaktik konzentriert. Die **Vernehmungspsychologie** spielte dabei nur eine untergeordnete Rolle. Das soll nicht heißen, daß sie unberücksichtigt blieb, aber ihr eigentlicher Stellenwert kam kaum zur Geltung. Erkenntnisse der modernen Vernehmungspsychologie eröffnen dem Kriminalisten neue methodische und taktische Ansätze der erfolgreichen Vernehmungsführung. Untersuchungen zu Kommunikationsbeziehungen verdeutlichen, daß Zwangskommunikationen die schlechtesten Mittel zur Reproduktion der Wirklichkeit sind.[6]

---

6 *Banscherus* 1977 S. 41; *Burghard* 1986 S. 22.

Wenn bei der Urteilsfindung der Personalbeweis deutlich dominiert und gleichzeitig ein hoher Prozentsatz von Zeugen- und Beschuldigtenvernehmungen fehlerhafte Ergebnisse enthält, ist es an der Zeit, traditionelle Vernehmungsmethoden und -abläufe zu überdenken. Lehre und Praxis müssen sich stärker als bisher mit neuen Erkenntnissen der Vernehmungspsychologie und der Kommunikationslehre beschäftigen.

II. Forensische Anforderungen

Nach dem Grundsatz der freien Gestaltung des Ermittlungsverfahrens kann eine Vernehmung nach kriminaltaktischen Erfordernissen geplant und durchgeführt werden. Damit eine Vernehmung aber **forensisch verwertbar** ist, müssen einige Anforderungen erfüllt sein: 13
- Die Aussage muß nach dem gesetzlich vorgeschriebenen Verfahren gewonnen worden sein;
- die Aussage muß glaubhaft sein; durch die Aussage soll die Glaubwürdigkeit (oder Unglaubwürdigkeit) der Aussageperson erkennbar werden;
- der Aussageinhalt muß überzeugend und vollständig sein.

Zu Fragen und Problemen der Glaubwürdigkeit wird auf Teil B (Rdnr. 222 ff.) verwiesen. Die Forderung nach einem **überzeugenden und vollständigen Aussageinhalt** hängt ebenfalls eng mit dem Problem der Glaubwürdigkeit zusammen. Hier werden nur kurz einige wesentliche Kriterien aufgezeigt: 14
- Die Aussage sollte in sich geschlossen und logisch sein; es dürfen keine ungeklärten Widersprüche zu anderen Tatbefunden, zu naturwissenschaftlichen Gesetzmäßigkeiten oder grundsätzlichen Lebenserfahrungen vorhanden sein;
- der Tathergang sollte konkret und anschaulich in seinen Einzelheiten geschildert werden; eine wirklichkeitsnahe Schilderung des Randgeschehens kann darüber hinaus verdeutlichen, daß die Wahrnehmung vollständig war;
- die Aussagen sollten in charakteristischen Einzelheiten und im Kern konstant sein;
- es muß durch das polizeiliche Protokoll erkennbar sein, daß die Wahrnehmungen in der Sprache der Aussageperson wiedergegeben sind, und es muß auch erkennbar sein, wie die Vernehmung abgelaufen ist, insbesondere welche Aussagen aus eigener Erinnerung und welche auf Fragen oder Vorhalte gemacht wurden.

Zeugen sind nicht verpflichtet, bei der Polizei eine Aussage zu machen. Sie müssen auf polizeiliche Ladung auch nicht zur Vernehmung erscheinen. Eine **Erscheinungs- und Aussagepflicht** besteht aber gegenüber der Staatsanwaltschaft (§ 161a StPO). Folgen sie einer staatsanwaltschaftlichen Ladung nicht, kann ihr Erscheinen mit Zwangsmaßnahmen (Vorführung, Ordnungsgeld) durchgesetzt werden. Gegenüber der Polizei sind Zeugen lediglich verpflichtet, nach Aufforderung ihre Identität anzugeben. Sofern es erforderlich ist, können sie zur Identitätsfeststellung nach § 163b 15

Abs. 2 StPO polizeilich festgehalten werden. Ist der Zeuge bereit, vor der Polizei Aussagen zu machen, ist er zur Wahrheit verpflichtet. Falsche Aussagen können vor allem die Straftatbestände der Begünstigung (§ 257 StGB), der Strafvereitelung (§ 258 StGB), der falschen Anschuldigung (§ 164 StGB) und der Vortäuschung einer Straftat (§ 145 d StGB) erfüllen. Im Stadium vor der Vernehmung kann es Gründe geben, den Zeugen auf diese rechtlichen Bestimmungen hinzuweisen. Ein solcher Hinweis ist aktenkundig zu machen.

16 Darüber hinaus sind bei der Zeugenvernehmung die **Zeugnisverweigerungs- und Auskunftsverweigerungsrechte** der § 52 (aus persönlichen, verwandtschaftlichen Gründen), §§ 53, 53 a (aus beruflichen oder berufshelferischen Gründen) und § 55 (Auskunftsverweigerung, um sich nicht selbst zu belasten) StPO und die damit verbundenen Belehrungspflichten zu beachten.

17 Auf die Themen „**Ladung des Beschuldigten**" und „**Beschuldigtenbelehrung**" wird unten in den Abschnitten VI (Rdnr. 94 ff.) und VII (Rdnr. 127 ff.) eingegangen.

18 Die Strafprozeßordnung verbietet die Anwendung von Vernehmungsmethoden, die die Freiheit der Willensentschließung und Willensbetätigung des Beschuldigten beeinträchtigen (§ 136 a StPO). Das Verbot gilt auch für Zeugenvernehmungen. Die Bestimmung ist die Kernvorschrift zum **Schutz der Aussagefreiheit** und soll zur **Achtung der Menschenwürde** beitragen. Sie ist in allen Stadien des Verfahrens zu beachten.

19 Die verbotenen Vernehmungsmethoden sind in § 136 a StPO nicht abschließend, sondern nur beispielhaft aufgezählt. Auf die Grenzen **taktischer Vernehmungsmethoden** wird im weiteren Verlauf dieser Darstellung immer wieder einzugehen sein. Der in der Strafprozeßordnung im § 163 StPO formulierte Strafverfolgungszwang, der die Beamten des Polizeidienstes verpflichtet, „Straftaten zu erforschen und alle keinen Aufschub gestattenden Anordnungen zu treffen, um die Verdunklung der Sache zu verhüten", darf den ermittelnden Beamten nicht unter einen solchen Erfolgszwang setzen, daß dabei der Grundsatz, die Wahrheit nicht um jeden Preis zu erforschen, verletzt wird. Andererseits ist es unstrittig, daß taktische Maßnahmen, die eben nicht die Freiheit der Willensentschließung und -betätigung in verbotener Weise beeinträchtigen, nicht nur zulässig, sondern als Qualitätsmerkmal guter kriminalistischer Arbeit zu betrachten sind.

20 Der Katalog **zulässiger vernehmungstaktischer Maßnahmen** (mitunter auch Maßnahmen, die nicht nur einen taktischen Hintergrund haben, sondern auch aus Gründen der Fairneß und der Verhältnismäßigkeit geboten erscheinen) ist umfangreich; hier nur einige Beispiele, zu denen im weiteren Verlauf noch im einzelnen Stellung bezogen wird:
– Auswahl und Bestimmung des Vernehmungsortes,
– Bestimmung der Vernehmungszeit,
– Wahl der Vernehmungsbeamten und der Hilfskräfte,
– psychologisches Einwirken mit rationalen und emotionalen Argumenten,

- Einführen vorhandener Beweismittel und der Vorhalt von Ermittlungsergebnissen,
- Ausnutzung einer durch andere zulässige Beweissicherungs- und Eingriffsmaßnahmen hervorgerufenen Situation, z. B.
- die Vernehmung unmittelbar nach einer vorläufigen Festnahme,
- Vernehmung nach Verkündigung des Haftbefehls oder erst nach Haftbeginn,
- Vernehmung nach einer Wahlgegenüberstellung,
- Vernehmung unmittelbar nach einer erfolgreichen Durchsuchung,
- Vernehmung im Zusammenhang mit einer Tatortbegehung oder einer Tatrekonstruktion,
- Vernehmung im Beisein des Verteidigers oder sonstiger Vertrauenspersonen,
- Wechsel des Vernehmungsbeamten,
- Vernehmung durch den Staatsanwalt oder den Richter,
- erneutes Befragen nach einer Aussageverweigerung unter Berücksichtigung einer neuen Beweissituation oder neuer taktischer Voraussetzungen.

Der vor Gericht vorgetragenen Behauptung, während der Vernehmung seien verbotene Methoden angewandt worden – man sei z. B. völlig übermüdet gewesen und habe nur ein Geständnis, das im übrigen überhaupt nicht zuträfe, abgelegt, um endlich Ruhe zu haben; es sei versprochen worden, daß der Haftbefehl aufgehoben werde, und man habe nur gestanden, um so schnell wie möglich aus der U-Haft zu kommen; man sei unter Druck gesetzt worden, etwa damit, daß am Arbeitsplatz Ermittlungen durchgeführt werden – kann durch eine objektive und umfassende **Dokumentation** der Vernehmungssituation und des Ablaufes der Vernehmung entgegengewirkt werden. Aus den Akten muß ersichtlich sein, wie lange und mit welchen Unterbrechungen vernommen wurde, was während der Unterbrechung geschah, welche objektiven Anhaltspunkte vorlagen, daß die Aussageperson nicht müde und die Vernehmung in dieser Beziehung keine Belastung für sie war. Natürlich ist es nicht zulässig, einem Beschuldigten die Freilassung zu versprechen, wenn weiterhin Fluchtgefahr besteht. Ein Hinweis auf die Rechtslage, daß ein Geständnis tatsächlich eine bestehende Verdunklungsgefahr ausräumen könne, ist aber erlaubt. Solch ein Hinweis sollte aber auch in der Vernehmung dokumentiert werden. Das gleiche kann für die Ankündigung weiterer tatsächlich notwendig werdenden Ermittlungen gelten. Es ist nicht nur zulässig, sondern kann im Einzelfall aus Gründen der Verhältnismäßigkeit geradezu geboten sein, dem Beschuldigten zu verdeutlichen, daß bei einer Aussageverweigerung umfangreiche Ermittlungen im beruflichen Umfeld notwendig werden. Das gilt natürlich nur für solche Fälle, in denen Ermittlungen tatsächlich notwendig und dem Sachverhalt angemessen sind und in denen eine wahrheitsgemäße Aussage dazu beitragen kann, auf Ermittlungen dieser Art zu verzichten.

III. Voraussetzungen einer erfolgreichen Kommunikation

22 Die polizeiliche Vernehmung wird wohl in den meisten Fällen von der Aussageperson als Belastung empfunden[7], das gilt nicht nur für den Beschuldigten, sondern häufig in abgeschwächter Form auch für den Zeugen. Jeder äußere Umstand und jede Einflußnahme des Vernehmungsbeamten, die geeignet sind, diese **„Zwangssituation"** zu verstärken, sind zu vermeiden, da dadurch in erhöhtem Maße die Gefahr besteht, daß eine verfälschte und nicht dem realen Geschehen folgende Aussage das Ergebnis der Vernehmung sein wird.

23 Zu der Frage, in welchem Umfang polizeiliche Vernehmungen Zwangskommunikationen sind, wird in der Literatur immer wieder direkt und indirekt mit unterschiedlicher Beantwortung Stellung genommen.[8] Dabei ist entscheidend, daß eine Aussageperson, die sich nicht frei in einer Vernehmung entfalten kann, ihr Wissen über einen Sachverhalt oft nur unvollständig und verfälscht wiedergeben wird. Die Gefahr, daß der Vernehmungsbeamte aufgrund seiner Vorkenntnisse (Ermittlungsergebnisse) den Vernehmungsablauf bestimmt und inhaltliche Erwartungen zu einer einseitigen Schwerpunktbildung führen, darf nicht unterschätzt werden und muß ständig zu einer **selbstkritischen Überprüfung** des Vernehmungsbeamten in der Vernehmungssituation Anlaß geben.

24 Der Vernommene soll möglichst richtige und vollständige Aussagen machen. Richtige Angaben zum Sachverhalt sind am ehesten im Bericht (in der **freien Schilderung**) zu erwarten. Dort kann die Aussageperson am besten unbeeinflußt zum Sachverhalt Stellung beziehen. Diese Angaben werden aber oft unvollständig sein, mitunter bleiben zu anderen Ermittlungsergebnissen Fragen offen, können Widersprüche bestehen, so daß zwar der freien Schilderung aus Gründen der Objektivität zunächst der Vorrang zu geben ist, aber auf die **gezielte Befragung** und den **konkreten Vorhalt** nicht verzichtet werden kann. Kenntnisse über Fragetechnik und unterschiedliche Wirkung bestimmter Fragetypen auf den Aussageinhalt gehören zum Grundlagenwissen eines Vernehmungsbeamten, um eine sachgerechte Kommunikationsbeziehung zur Aussageperson aufzubauen.

25 Die Vernehmungskunst besteht also darin, die Aussageperson zu veranlassen, sich zu öffnen und eine möglichst unbeeinflußte und weitgehend der Wirklichkeit entsprechende Aussage zu machen. Der Vernehmungsbeamte muß wissen, welche Voraussetzungen erfüllt sein müssen bzw. welche Faktoren mitbestimmend sein können, um eine solche **offene Kommunikationsbeziehung** herzustellen. Natürlich wird es immer wieder Vernehmungssituationen geben, in denen der Beamte steuernd – und das kann mit hart formulierten Fragen und Vorhalten notwendig werden – eingreift. Der Vernehmende muß fallbezogen versuchen, den angemessenen Weg zu finden zwischen der Form der offenen Kommunikation mit dem Schwer-

---

[7] Vgl. Banscherus 1977 S. 271.
[8] Vgl. z. B. Banscherus 1977 S. 40–45; Bauer 1970 S. 326; Malinowski/Brusten 1975 S. 4–16; Hepp 1976 S. 70/71.

punkt der freien, unbeeinflußten Schilderung und der notwendigen Befragung in den Fällen, in denen Anlaß besteht, anzunehmen, daß Falschaussagen infolge von Irrtum oder Lüge zustande gekommen sind, oder in denen die rechtliche Einordnung unklar ist.

Der Vernehmungsbeamte muß also zunächst einmal eine Atmosphäre schaffen, in der die Aussageperson frei und ohne steuernde Einwirkungen Angaben zum Sachverhalt macht. Vor allem folgende **vernehmungspsychologischen Faktoren** sind dabei zu berücksichtigen: 26
- der Vernehmungsbeamte selbst muß bestimmte Voraussetzungen erfüllen,
- das Umfeld der Vernehmung muß kommunikationsfördernd gestaltet sein,
- die Aussageperson muß psychologisch richtig eingeschätzt werden,
- der Vernehmungsbeamte muß in der konkreten Vernehmungssituation die richtige Fragetechnik anwenden.

Viele **Bedingungen** können das Vernehmungsergebnis beeinflussen. Dazu gehören Alter, Geschlecht, äußere Erscheinung, Verhalten, Sprache, Ausdruck, Erfahrung, Intelligenz, psychische Verfassung, Erwartungshaltung und andere Eigenschaften des Vernehmungsbeamten, aber auch äußere Verhältnisse, wie Vernehmungszeit, Vorladung, Vernehmungsort. Andererseits sind die Wirkungen dieser Bedingungen abhängig von den Aussagepersonen. Sie reagieren individuell verschieden. So ergibt sich eine Interaktion zwischen Eigenschaften und Reaktionen des Vernehmungsbeamten und der Aussageperson unter den besonderen Gegebenheiten der äußeren Vernehmungssituation.[9] 27

Setzen wir uns etwas näher mit den Bedingungen auseinander, die in der Person des **Vernehmungsbeamten** wirksam werden können. 28

Der Beamte muß sich zunächst einmal die Frage stellen, wie er mit seiner **äußeren Erscheinung** auf die Aussageperson wirkt. 29

Wir wissen aus vielen Bereichen des täglichen Lebens, daß uns mancher auf den ersten Blick sympathisch oder auch unsympathisch ist und daß das entscheidend sein kann, ob ich jemandem sofort offen und vertrauensvoll gegenübertrete oder nicht. Das heißt: wenn es dem Beamten gleich beim ersten Zusammentreffen mit dem zu Vernehmenden gelingt, dessen Sympathie zu gewinnen, so sind die Chancen, ein offenes Gespräch zu führen, größer als in solchen Fällen, in denen die Aussageperson den Beamten als unsympathisch empfindet. Und dabei kann das Äußere eine wesentliche Rolle spielen. Aber wie soll der Beamte wissen, wie sein Gegenüber reagiert? Das ist nur möglich, wenn er sich im Vorfeld der Vernehmung bewußter mit der Person des Beschuldigten oder des Zeugen beschäftigt, Erkenntnisse über ihn einholt und daraus ableitend dessen „Erwartungen" einschätzt.

Die unterschiedliche Wirkung der äußeren Erscheinung läßt sich am einfachsten am Beispiel des Rauschgiftsachbearbeiters und des Kriminal-

---
9 *Bender/Röder/Nack* 1981b Rdnr. 536.

beamten aus dem Dezernat Wirtschaftsdelikte aufzeigen. Während bei letzterem eine angemessene „Business-Kleidung" im Verkehr mit Geschäfts- und Bankleuten eine vertraute Atmosphäre schaffen kann, können Anzug, Schlips und weißer Kragen bei der Vernehmung eines Beschuldigten oder Zeugen aus der Rauschgiftszene eher kommunikationshemmend wirken. Und genau das ist die Situation, die im Vorfeld der Vernehmung vom Beamten mehr bedacht und nicht unterschätzt werden sollte. Dabei geht es weniger darum, gleich einem Schauspieler bei unterschiedlichen Aufführungen die Garderobe und die Maske zu wechseln, sondern vielmehr um das psychologische Fingerspitzengefühl, zur Aussageperson einen persönlichen, vertrauensvollen Kontakt herzustellen, wobei das Äußere der erste Schritt dazu sein kann.

30 Mit der äußeren Erscheinung allein wird natürlich nicht eine erfolgreiche Kommunikationsbeziehung hergestellt. Es sind vom Vernehmungsbeamten noch einige andere Bedingungen zu berücksichtigen.[10]

So gilt es zunächst einmal zu der Aussageperson **Kontakt** zu gewinnen. Distanziertes Verhalten wirkt auf den, der schon mit Hemmungen, Bedenken oder auch Vorurteilen zur Polizei kommt, aussagehemmend. In der Regel ist es für den Bürger keine „normale" Situation, vor der Polizei zu erscheinen und eine Aussage zu machen. Diese Spannungen, in denen sich eine Aussageperson aus unterschiedlichen Gründen (z. B. Beschuldigten- und Zeugeneigenschaft) befinden kann, müssen vom Vernehmungsbeamten gelöst werden. Dabei ist viel Menschenkenntnis und Einfühlungsvermögen notwendig, denn was bei dem einen geeignet ist, Spannungen zu lösen, kann bei einem anderen dazu führen, daß sich die Spannungen verfestigen. Der Vernehmungsstil muß den unterschiedlichen Persönlichkeitsmerkmalen der Aussagepersonen angepaßt werden. Trotz dieser individuellen Unterschiede gibt es doch einige Grundregeln für eine erfolgreiche Kommunikation, die immer beachtenswert sind.

31 In der Phase der Kontaktaufnahme muß die **Initiative** vom Beamten ausgehen. Für die spätere Vernehmung soll eine angenehme Vernehmungsatmosphäre geschaffen werden. Hemmungen müssen abgebaut werden. Die Aussageperson muß das Gefühl gewinnen, daß ihr nicht ein Polizeibeamter als Vertreter staatlicher Organe gegenübersitzt, sondern ein Mensch, mit dem man sprechen kann. Die Kontaktaufnahme darf natürlich nicht übertrieben werden. Völlig falsch wäre es, wenn der Vernehmungsbeamte versuchen würde, mit allen Raffinessen und unter Vortäuschen falscher Gefühle Vertrauen zu gewinnen. Das ist nicht nur moralisch verwerflich, sondern auch der Sache wenig dienlich, denn es geht schließlich darum, daß die Aussageperson aus freien Stücken und unbeeinflußt zur Rekonstruktion eines Sachverhaltes beiträgt. Spätestens dann, wenn der zu Vernehmende diese „Spielchen" durchschaut, wird er kaum noch bereit sein, richtige und vollständige Angaben zu machen.

---

10 Vgl. *Bender/Röder/Nack* 1981b Rdnr. 537–583. – Dort werden anschaulich acht Gebote für den Vernehmenden gefordert, deren wesentliche Inhalte hier aufgegriffen werden.

32 Um eine möglichst der Wahrheit entsprechende Aussage zu erhalten, muß der Beamte den Zeugen oder den Beschuldigten zum Reden **ermuntern**. Das wird in vielen Fällen nur möglich sein, wenn er der Aussageperson zunächst einmal mit Freundlichkeit und Rücksichtnahme begegnet. Mit Vorhaltungen und harter Vernehmungsführung ist in der Anfangsphase der Vernehmung zurückhaltend umzugehen. Das gilt selbst dann, wenn der Verdacht besteht, daß bewußt eine Falschaussage gemacht wird. Nach dem protokollierten Bericht der Aussageperson ist immer noch genügend Zeit, in eine Befragungs- und Verhörphase einzutreten. In Ausnahmesituationen kann es nach überlegter Einschätzung durch den Vernehmungsbeamten dennoch sinnvoll sein, eine freie Schilderung der Aussageperson zu unterbrechen und Zwischenfragen zu stellen oder Vorhalte zu formulieren.

33 Ein intelligenter Beamter muß nicht immer ein kluger Beamter sein. Dem anderen die eigene Überlegenheit zu verdeutlichen, wird vor allem zu Beginn einer Vernehmung die Aussagebereitschaft kaum fördern. Dagegen kann **Interesse,** das man zeigt, eine Aussageperson ermuntern, weitere Angaben zu machen. Auch verbal geäußerte **Teilnahme** kann geeignet sein, das Gesprächsverhalten positiv zu beeinflussen. Nur muß der Vernehmungsbeamte dabei berücksichtigen, daß er nicht bewertend eingreift. Hin und wieder ein lobendes Wort an die Auskunftsperson gerichtet, kann ebenfalls zur Aufgeschlossenheit und Gesprächsbereitschaft beitragen.[11]

34 Mitunter muß der Beamte während der Vernehmung über ein hohes Maß an **Geduld** verfügen. Ungeduldiges Auffordern, nun „mal endlich zur Sache zu kommen" oder „sich gefälligst doch etwas präziser ausdrücken", wird wohl kaum zum gewünschten Ziel führen. Man muß schon sehr behutsam vorgehen, um eine aussagebereite Person bei zu starkem Abschweifen vom Sachverhalt zum eigentlichen Thema wieder zurückzuführen, ohne daß darunter Aufgeschlossenheit und Gesprächsbereitschaft leiden.

35 Es wird immer wieder Aussagepersonen geben, die durch aggressive Haltung und Äußerungen versuchen werden, den Vernehmungsbeamten zu provozieren. Solange es für den Beamten möglich ist, sollte er auf **Provokationen** nicht eingehen. Es kann sehr wirkungsvoll sein, verbale Angriffe und Entgleisungen zunächst einmal einfach zu ignorieren. Ruhe und Gelassenheit sind oft die besten Reaktionen, um Aufregung oder aggressive Haltung zu dämpfen. In diesem Zusammenhang ist es wichtig, daß sich der Vernehmungsbeamte immer wieder während des Ablaufes der Vernehmung selbst kontrolliert: Bin ich ruhig und gelassen? Reagiere ich beherrscht? Wie ist meine Stimmlage und Sprechweise? Bin ich eigentlich weiterhin objektiv und unvoreingenommen? Machen sich bei mir irgendwelche störenden Angewohnheiten bemerkbar?[12]

36 Zum kommunikationsfördernden **Umfeld** wird unten im Abschnitt VI (Rdnr. 101 ff.) und zur psychologisch richtigen **Einschätzung der Aussageperson** im Abschnitt IV (Rdnr. 52 ff.) Stellung bezogen.

---

11 Vgl. *Bender/Röder/Nack* 1981b Rdnr. 549–558.
12 Vgl. *Bender/Röder/Nack* 1981b Rdnr. 570–577.

37 Soll durch die Vernehmung dem Ziel der Wahrheitsfindung näher gekommen werden, so muß der Vernehmungsbeamte auch wesentliche Regeln der **Fragetechnik** beherrschen. Der Polizeibeamte neigt viel zu oft zur reinen intuitiven Befragung, ohne sich im Moment der Vernehmung bewußt zu sein, welche Wirkung eine bestimmte Frage in einer konkreten Vernehmungssituation haben kann. Sie kann sowohl den Vernehmungsablauf als auch den Vernehmungsinhalt beeinflussen. Der Gesprächspartner muß richtig eingeschätzt werden, und man muß zur Frage-(Vernehmungs-)Situation die passende Frage stellen.

38 Es ist ein Unterschied, ob ich einen einfachen Arbeiter oder einen Abteilungsleiter eines großen Wirtschaftsunternehmens befrage. Ich muß meinen Wortschatz, meine Ausdrucksweise, meine Anforderungen **der Aussageperson anpassen**. Hier spielt die Einschätzung des Fragenden eine große Rolle. Gehe ich davon aus, daß die geistigen Fähigkeiten des zu Vernehmenden nicht allzu groß sind, so muß ich meine Fragen einfacher formulieren und strukturieren. Überschätze und überfordere ich die Aussageperson, so besteht die Gefahr, daß sie mich falsch oder überhaupt nicht versteht. Ich erhalte dann eine Antwort mit fehlerhaften Informationen. Unterschätze ich die Aussageperson, und erkennt sie, was ich eigentlich von ihr halte, so kann sich aus Verärgerung eine Abwehrhaltung ergeben, die zur Verweigerung einer Antwort oder zur Unvollständigkeit der Aussage führt.

Je richtiger der Eindruck von der Aussageperson ist, um so eher besteht die Möglichkeit, die Fragen in Form und Inhalt angemessen zu formulieren, und um so größer ist die Chance, dem Vernehmungsziel näher zu kommen. Natürlich ist das nur realisierbar, wenn beim Gegenüber eine grundsätzliche Bereitschaft vorhanden ist, auf Fragen richtig und ehrlich zu antworten. Auf Ansätze, wie die Gesprächsbereitschaft gefördert werden kann, wurde bereits eingegangen. Die Einschätzung, ob Fragen richtig und ehrlich beantwortet wurden, ist über Erkenntnisse der Glaubwürdigkeitslehre möglich.

39 Die Anwendung bestimmter **Fragetypen**[13] ist von der konkreten Vernehmungssituation abhängig.

40 Soll der Gefragte zu einem komplexen Sachverhalt in freier Formulierung eine zusammenhängende Schilderung abgeben, soll er dabei selbst Ausführlichkeit, Genauigkeit und Richtung seiner Aussage bestimmen, so sind **offene Fragen** zu verwenden. Offene Fragen sind weitgehend suggestionsfrei und enthalten keine vorgegebenen Beschränkungen.

Auch wenn ein Gespräch durch Fragen weitergeführt oder eine Schilderung konkretisiert werden soll, können dazu grundsätzlich offene Fragen verwandt werden, wobei die Antwortrichtung der Aussageperson nicht mehr völlig frei überlassen ist.

---

13 Vgl. *Bender/Röder/Nack* 1981b Rdnr. 677–717; *Kaiser* 1978 S. 20 ff.; *Schubert* 1983 S. 86–94.

Beispiele für offene Fragen:
Was haben Sie gesehen?
Was geschah, nachdem Sie die Tür geöffnet hatten?
Wie lang, schätzen Sie, war die Klinge des Messers?
Welche Farbe hatte das Auto?
Was spielte sich dann im Nebenzimmer ab?

Soweit möglich, sind in der Vernehmung offene Fragen zu verwenden. Es können aber auch Situationen entstehen, in denen die Vernehmung mit offenen Fragen nicht mehr weitergeführt werden kann. Die Aussageperson kann wortkarg und einsilbig oder sprachlich ungeübt und geistig unbeweglich sein. Hier kann es notwendig werden, die Vernehmung mit **geschlossenen Fragen** fortzuführen. Bei geschlossenen Fragen muß die Aussageperson nur eine Antwort aus bereits vorgegebenen oder angedeuteten auswählen. Suggestionsgehalt und Suggestionswirkung können bei diesem Fragetyp groß sein. Solche Fragen sind unbedingt wörtlich zu protokollieren, damit vom Richter die Suggestionswirkung der Formulierung richtig beurteilt werden kann. 41

Beispiele für geschlossene Fragen:
Haben Sie die Handtasche festgehalten, oder hing sie nur lose über Ihrem Arm?
Haben Sie das Kind gesehen?
Hat er Ihnen gesagt, daß er Ihnen das Geld zurückgeben wird?
War die Farbe des Autos rot oder gelb?
Warum haben Sie in Ihrer ersten Vernehmung genau das Gegenteil gesagt?
Lügen Sie jetzt, oder haben Sie damals gelogen?
Glauben Sie, daß er sich verteidigen wollte?
Sind Sie nicht auch der Meinung, daß er sich nur verteidigen wollte?
In der Situation konnte es für ihn doch nur eins geben, sich zu verteidigen, oder?

In **Suggestivfragen** wird durch die Wortwahl dem Gesprächspartner die Antwort nahegelegt. Die letzten der oben aufgeführten Beispiele verdeutlichen den unterschiedlichen Grad suggestiver Inhalte. Fragen von hoher suggestiver Wirkung sollten grundsätzlich vermieden werden. In Ausnahmefällen ist ihre Anwendung zur Überprüfung der Glaubwürdigkeit der Aussageperson zulässig. Auch um bestimmte Reaktionen zu provozieren, kann es hin und wieder angebracht sein, Suggestivfragen zu stellen. Dadurch könnte eine Aussageperson aus der Reserve gelockt werden und bisher zurückgehaltene Informationen doch noch preisgeben. Subjektive Empfindungen, Einstellungen, Vorurteile, Motive zu bestimmten Sachverhalten und Handlungsabläufen können durch suggestive Fragestellungen offengelegt werden. Noch einmal sei darauf hingewiesen, daß der exakte Wortlaut der Frage und der Antwort protokolliert werden muß. 42

Eine Kombination zwischen offener und geschlossener Frage kann die **Auswahlfrage** darstellen, wenn in ihr geschlossene Antwortmöglichkeiten 43 neben einer weitgehend offenen enthalten sind. Dieser Fragetyp bietet sich an, wenn bei einer geistig unbeweglichen Aussageperson eine offene Frage zunächst unbeantwortet bleibt. Die vermutlich richtige Antwort muß in der offenen Alternative zu suchen sein:

> War das Auto rot oder gelb, oder hatte es eine andere Farbe?

44 Fragen, die eine Vernehmung in eine bestimmte Richtung lenken sollen, ohne daß die unmittelbare Antwort Beweiserhebliches zum Sachverhalt enthält, werden als **Lenkungsfragen** bezeichnet. Schweift eine Aussageperson zu stark vom eigentlichen Sachverhalt ab oder reagiert sie während der Vernehmung plötzlich unerwünscht emotionell, so kann der Vernehmungsbeamte versuchen, sie durch Lenkungsfragen wieder zum Thema hinzuführen bzw. sie von starken emotionellen Empfindungen abzulenken. Zur zuverlässigen Aussagebeurteilung können Lenkungsfragen, als Kontrollfragen formuliert, beitragen.

Beispiele für Lenkungsfragen:
Könnte es nicht sein, daß sich der Vorfall am Montag ähnlich abgespielt hat?
Wodurch unterscheidet sich die Vorgehensweise von dem letzten Einbruch am Wochenende?
Hat das Ereignis nicht auch seine guten Seiten? Was wäre denn gewesen, wenn . . .?
Sie haben die Person schon vorhin beschrieben. Würden Sie bitte die Beschreibung noch einmal wiederholen!
Ich bin nicht sicher, ob die Beschreibung, die Sie vorhin abgegeben haben, vollständig war. Können Sie sie noch einmal wiederholen?

45 Zu den Kontrollfragen gehören auch **Testfragen,** mit denen u. a. die Wahrheitswilligkeit, die Anfälligkeit auf Suggestion und die Aussagetüchtigkeit überprüft werden kann. Es ist auch möglich, mit solchen Fragen bestimmte Fähigkeiten, wie z. B. das Schätzen von Entfernungen, Zeiträumen und Geschwindigkeiten zu testen. Auch persönliche Einstellungen und Vorurteile können durch Testfragen transparent gemacht werden. Werden solche Fragen falsch beantwortet oder werden Vorurteile durch die Antwort erkennbar, so sind auch die anderen Aussagen hinsichtlich ihres Wahrheitsgehaltes mit Vorsicht zu beurteilen.

Beispiele für Testfragen:
Als Sie den Vorgang beobachteten, fing es kurz danach an zu regnen, nicht wahr? (Der Vernehmungsbeamte weiß, daß es an diesem Tag nicht regnete.)
Wie groß schätzen Sie die Entfernung von hier bis zu dem gelben Haus auf der gegenüberliegenden Seite?
Was halten Sie von Frauen am Steuer?

46 Um den zu Vernehmenden zu veranlassen, bei der Weiterführung seiner Aussagen eine bestimmte Richtung bezogen auf die Sachverhaltsschilderung zu verfolgen, können **Anstoßfragen** gestellt werden.

Beispiel für eine Anstoßfrage:
Können Sie sich erinnern, wie sich zu diesem Zeitpunkt Herr Müller verhielt? Was hat er getan?
Was über den Anstoß hinaus beantwortet wird (sog. Überhangantwort) – bei dem o. a. Beispiel ist die Frage weitgehend offen gehalten, sie suggeriert lediglich, daß Herr Müller irgendetwas getan hat – ist vom Beweiswert her zunächst einmal positiv zu beurteilen.

Überhangantworten können vor allem auch bei **Vorhaltefragen** (oder Vorhalten, die nicht in Frageform gekleidet sind) von beweiskräftiger Bedeutung sein.

Beispiel für Vorhaltefrage:
Konnten Sie beobachten, auf welche Art und Weise sich der Karl verteidigt hat?
Hier wird suggeriert, daß sich Karl verteidigt hat. Allein die Bestätigung, er habe sich verteidigt, ist von geringer Aussagekraft. Die anschauliche Schilderung, wie die Verteidigungshandlung abgelaufen ist (Überhangantwort), kann dagegen der Realität entsprechen.

Eine erwartete Falschaussage kann durch eine **Fangfrage** bewußt provoziert werden, um später durch Vorhalte (z. B. objektive Spuren) die Unwahrheit aufzudecken. In Fangfragen kann aber auch äußerlich nach etwas scheinbar Unbedeutendem gefragt werden, wobei die Antwort weitere inhaltliche Rückschlüsse zuläßt.

Beispiele für Fangfragen:
Kennen Sie das Schmuckgeschäft Schneider in der Kaiserstraße? Haben Sie sich dort schon einmal das Schaufenster angeschaut, oder waren Sie mal im Geschäft?
(Mit dieser Frage will man den Beschuldigten veranlassen zu lügen, er kenne das Geschäft nicht und sei dort noch nie gewesen, um ihm später die von ihm stammende Fingerspur, die nach dem Einbruch an der Schaufensterscheibe gesichert wurde, vorzuhalten.)
Wieviel verdienen Sie denn monatlich bei dieser Tätigkeit? (Die Frage nach dem monatlichen Einkommen ist vordergründig. Objektive Erhebungen weisen erhebliche Ausgaben in den letzten Monaten nach, die mit dem Einkommen und den sonstigen Vermögensverhältnissen der Aussageperson nicht in Einklang stehen.)

Der **Katalog** der aufgezeigten Fragetypen ist **nicht vollständig.** Es gibt noch weitere Fragefunktionen als die dargestellten. Die für polizeiliche Vernehmungen wesentlichen wurden angesprochen. Dabei dürfte erkennbar geworden sein, daß die Formulierung der Fragen die Antwort beeinflussen kann. Kurze, verständliche und eindeutige Fragen ermöglichen am ehesten eine präzise, klare und unbeeinflußte Antwort. Aber auch Suggestivfragen können, gezielt eingesetzt und im Vernehmungsprotokoll wörtlich aufgenommen, die Beweisfindung unterstützen.

IV. Abgrenzung zwischen Zeugen- und Beschuldigtenvernehmung aus kriminalistischer Sicht und vernehmungstaktische Hinweise im Zusammenhang mit Zeugen- und Beschuldigtentypologien

50 Die Gestaltung des Ablaufs und des Inhalts einer Vernehmung muß sich an der Person des Aussagenden ausrichten. Zeuge und Beschuldigter befinden sich zunächst rechtlich und psychologisch in völlig unterschiedlichen **Situationen**. Der **Zeuge** hat, ohne daß ihn (grundsätzlich) ein Tatvorwurf trifft, einen rechtlich bedeutsamen Vorgang wahrgenommen, zu dem er befragt wird. Dem **Beschuldigten** wird ein konkreter Tatvorwurf gemacht, und ihm wird durch die Vernehmung die Möglichkeit eingeräumt, dazu Stellung zu nehmen. Damit besteht beim Zeugen – sofern nicht besondere persönliche Beziehungen zur Tat, zum Täter, zum Opfer vorliegen – eine relativ unbelastete Vernehmungssituation, während sie dem Beschuldigten viel stärker zu schaffen macht, und er oft aus einer Position der Verteidigung heraus agiert.

51 So ergeben sich aus kriminalistischer Sicht beim Zeugen ganz andere **Vernehmungsschwerpunkte** als beim Beschuldigten. Beim **Beschuldigten** geht es darum, die von ihm gemachten Aussagen mit den vorgebrachten entlastenden Momenten in Relation zu den belastenden Umständen zu setzen, auf denen die Beschuldigung beruht, und durch die Vernehmung seinen objektiven und subjektiven Tatbeitrag oder auch seinen Nichtbeitrag zu eruieren. Beim **Zeugen** geht es in einer Vielzahl von Fällen ausschließlich um die Erhebung irrtumsfreier (richtiger) und vollständiger Aussagen. Aus Gründen persönlicher Beziehungen oder anderer psychologischer Faktoren (Geltungsbedürfnis, Angst, Ehrgeiz, übersteigertes Gerechtigkeitsempfinden u. a. m.) kann es darüber hinaus notwendig werden, bei der Vernehmung von Zeugen auch darauf zu achten, ob bewußt oder fahrlässig falsche Aussagen gemacht werden.

52 In der umfangreichen kriminologisch-kriminalistischen Literatur wird in einer kaum überschaubaren Vielfalt vor allem zur Typologie von Beschuldigten (Tätertypologien) Stellung genommen.[14] Für die Vernehmungspraxis kann eine Unterscheidung oft auftretender Gruppen und Typen dann hilfreich sein, wenn die **Typisierung** mit praktischen Vernehmungshinweisen gekoppelt werden kann.

53 Der Vernehmungsbeamte muß sich nur immer wieder deutlich vor Augen führen, daß es **keine** reinen, klassischen **Mustertypen** gibt und daß die aufgezeigten Vernehmungshinweise der konkreten Vernehmungssituation (Beobachtung und Einschätzung im Einzelfall) angepaßt werden müssen. Es gibt nicht *den* typischen Zeugen, der durchgängig *eine* typische Verhaltensweise zeigt; es gibt auch nicht *den* typischen Täter, den man, nachdem man ihn „richtig katalogisiert" hat, auf nur **eine** wirkungsvolle Art und Weise zu vernehmen hat. Auch wenn Typensysteme noch so

---

14 Vgl. *Rottenecker* 1976 S. 32–65. – Hier erhalten wir einen guten Überblick über wesentliche Typologien und charakterologische Einordnungen Beschuldigter.

differenziert sind (wobei sie mit zunehmendem Differenzierungsgrad immer weniger praktikabel werden), können sie nicht alle tatsächlichen Gegebenheiten erfassen. Es werden immer noch **Mischformen** auftreten. Während des Vernehmungsablaufs werden sich Abstufungen und Übergänge ergeben. Die Kunst des Vernehmungsbeamten wird darin bestehen, diese Abstufungen und Übergänge zu erkennen und in der Vernehmung darauf taktisch richtig zu reagieren.

54 Eine sehr anschauliche und an den Bedürfnissen der Vernehmungspraxis orientierte **Einordnung** von Zeugen und Beschuldigten finden wir bei *Bender/Röder/Nack*.[15]

55 Aussagepersonen, die erkennbar (nach ihrem Verhalten, ihren Äußerungen im Vorgespräch) **bereit** sind, die **Wahrheit zu sagen,** sind am leichtesten zu vernehmen, wobei es aber auch bei ihnen einige typologische Unterschiede zu berücksichtigen gibt.

56 Nicht ganz unproblematisch ist die Vernehmung einer Aussageperson, die besonders **redselig** ist und oft weit ausholend erst nach und nach zum eigentlichen Sachverhalt kommt. Der Vernehmungsbeamte sollte sich hüten, sie zu früh zu unterbrechen oder sie sogar mahnend darauf hinzuweisen, „nun endlich mal zur Sache zu kommen". Eine im Vernehmungsprotokoll gekürzte und verengte Aussage entspricht nicht der tatsächlichen Vernehmungssituation und gibt häufig auch nicht den Inhalt unverfälscht wieder. Die gestraffte Vernehmungsniederschrift kann einen völlig falschen Eindruck von der Aussageperson vermitteln. Der Richter in der Hauptverhandlung wird erkennen, daß die Aussageperson bei der Polizei so sachlich knapp und präzise, wie das die Niederschrift vermittelt, nicht ausgesagt hat. Dadurch wird der Beweiswert der polizeilichen Vernehmung unter Umständen erheblich eingeschränkt. In der Hauptverhandlung ist das kaum korrigierbar, weil das Erinnerungsvermögen der Aussageperson aufgrund der Zeitdistanz eher abgenommen haben wird.

57 Es ist richtig, die Aussageperson zunächst reden zu lassen und nicht zu unterbrechen. Die Art und Weise, wie sich eine Aussageperson äußert, wird auch in der wortgetreuen und vollständigen **Protokollierung** sichtbar. Damit steigt der Beweiswert einer Vernehmung. Bei zu weit abschweifenden Aussagen kann nach einer ersten Protokollierungsphase durch geschickt eingebrachte anerkennende und ermunternde Impulse, verbunden mit präzise gestellten Lenkungsfragen, zum Beweisthema zurückgeführt werden. Anerkennung, Ermunterung, Bestätigung und präzise Fragestellung müssen protokolliert werden. Ansonsten könnte für den, der den Vernehmungsablauf nicht miterlebt hat, der Eindruck eines unlogischen Bruchs im Vernehmungsablauf entstehen.

58 Noch schwieriger kann es werden, an und für sich aussagewillige und auch wahrheitswillige Personen, die sich sehr schwer tun, überhaupt etwas zu sagen, zu einer vollständigen und unverfälschten Aussage zu

---

15 *Bender/Röder/Nack* 1981b Rdnr. 725–742, 756–759, 833–858. Vgl. auch Bauer 1970 S. 352 ff.; Geerds 1976 S. 72 ff., 190 ff.; *Gössweiner-Saiko* 1979 S. 46 ff., 190 ff.

bewegen. Die Gründe können sehr vielschichtig sein: Angst, Schüchternheit, sprachliches Unvermögen u.a.m. Angemessene Verhaltensweisen, diesen Personenkreis dennoch zu brauchbaren Aussagen zu veranlassen, können geduldiges Eingehen, freundliches Zureden und anerkennende Zustimmung hinsichtlich der grundsätzlichen Aussagebereitschaft sein. Ermahnungen, Drängen und jede andere sichtbare und formulierte Ungeduld – und wie oft wird so vorgegangen! – sind völlig falsche Verhaltensweisen des Vernehmungsbeamten und führen zum genauen Gegenteil dessen, was man eigentlich erreichen will: die **Hemmungen** werden verstärkt, die Aussageperson macht überhaupt keine Aussage mehr. Wird trotz wiederholter Bemühungen eine zusammenhängende Schilderung nicht erreichbar sein, muß zur Methode der Befragten übergegangen werden. Suggestivfragen sind unbedingt zu vermeiden, da Personen mit den oben genannten Eigenschaften sehr suggestionsanfällig sein können. Die Fragen und Antworten sind im Protokoll wörtlich aufzunehmen. Es darf nicht durch einen fortlaufenden Aussagetext der Eindruck erweckt werden, als habe die Aussageperson einen in freier Rede formulierten Bericht abgegeben.

59   Vernehmungen von Aussagepersonen, die **nicht bereit** sind, die **Wahrheit zu sagen,** können sich sehr schwierig gestalten.

60   Wenn der zu Vernehmende **ausweichende Antworten** oder auf bestimmte Fragen **keine Antwort** gibt, so wäre es falsch, sofort auf die Aussageperson einzuwirken und sie zur Wahrheit aufzufordern. Besser ist es, auch dieses Verhalten im Vernehmungsprotokoll sichtbar zu machen, also die Aussagen zunächst in der ausweichenden Form zu protokollieren bzw. die Verweigerung der Antwort protokollarisch zu erfassen. Erst in einer zweiten Vernehmungsphase sollte dann versucht werden, durch Wiederholung präziser Sachfragen auf das Beweisthema zurückzuführen.

61   Eine Möglichkeit bei ausweichenden oder aussageverweigernden Aussagepersonen eine **Verhaltensänderung** herbeizuführen, kann durch Stellen von Ablenkungsfragen und Konträrfragen[16] erreicht werden. Auch Fragen mit suggestiver Wirkung können die Aussagebereitschaft fördern. Diese Fragen sollten inhaltlich so gestellt werden, daß in der unmittelbaren Antwort nichts Beweiserhebliches zu erwarten ist, sondern die Frage vor allem der Fortführung der Vernehmung dient.

62   Wenn die Aussageperson erkennbar **lügt,** wäre es taktisch unklug, ihr sofort zu zeigen, daß man sie durchschaut. Die Lügen werden umfassend protokolliert. Die Aussageperson wird zunächst in Sicherheit gewogen, und je überraschender und überzeugender der Aussageperson anschließend durch Vorhalte aufgezeigt wird, daß die objektive und subjektive Beweissituation gegen ihre Angaben spricht, um so eher besteht die Chance, daß sie die Sinnlosigkeit weiterer Lügen erkennt und eine Aussagekorrektur vornimmt. In einer solchen Situation kann es hilfreich sein, durch geschickte Fragestellung der Aussageperson eine „Brücke zu bauen", um sie dadurch zu veranlassen, doch noch die Wahrheit zu sagen. Für bestimmte Verhal-

---

16 Vgl. *Bender/Röder/Nack* 1981b Rdnr. 686, 693/694.

tensweisen Verständnis zu zeigen, hat nichts damit zu tun, daß man sie auch gutheißt, kann aber den Weg zur wahrheitsgemäßen Aussage wesentlich erleichtern.

Geltungsbedürftige Aussagepersonen treten oft selbstbewußt auf, lieben es, im Mittelpunkt zu stehen, und sind aufgrund ihrer Eitelkeit besonders aussagebereit. Mitunter ist es schwierig, diese Eigenschaft frühzeitig zu erkennen, vor allem dann, wenn man als Vernehmungsbeamter an sich erfreut ist, endlich einmal einen „wichtigen Zeugen ermittelt zu haben, der Wesentliches zum Sachverhalt beitragen kann", und sich sein Geltungsbedürfnis durch geschicktes Verhalten nicht sofort aufdrängt; dies gilt vor allem dann, wenn er aussagt, was der Vernehmungsbeamte von ihm „erwartet". Da ist ständig selbstkritische Kontrolle des Vernehmungsbeamten notwendig. Der Geltungsbedürftige soll ruhig reden. Auch hier wird zunächst protokolliert, was er zu sagen hat. Unter dem, was er angibt, werden oft auch viele Tatsachen sein, die weitere wichtige Ermittlungsansätze liefern können. Die genaue Protokollierung seiner Aussage ermöglicht oft auch eine gute Glaubwürdigkeitsüberprüfung. 63

Eigensinn und Starrsinn können bei Aussagepersonen dazu führen, daß sie eine Falschaussage, auch wenn man ihnen eigentlich überzeugende Vorhalte macht, nicht korrigieren. 64

Eigensinn und Starrsinn können mit Vorurteilen gekoppelt sein. Hier wird man mit überzeugender Argumentation wenig ausrichten. Gerade Vorurteile können durch Überprüfungsfragen (Testfragen) transparent gemacht werden.[17] Eigensinn und Starrsinn werden durch Wiederholungsfragen erkennbar, wenn offensichtlich der tatsächliche Sachverhalt anders ist, als von der Aussageperson in der Antwort dargestellt.

Mehr noch als beim Zeugen kann eine zutreffende **Persönlichkeitsbeurteilung** für den Erfolg einer Beschuldigtenvernehmung entscheidend sein. Jede Typisierung, die zu einem Katalog von Tätertypen führt, kann nur eine Grundeinteilung sein. Aufgezeigte Eigenschaften werden sich häufig überschneiden, Grenzfälle sind denkbar, völlig andere, als bedeutsam erkannte Merkmale und Eigenschaften führen zwangsläufig zu einer neuen Sichtweise. Für die Praxis des Vernehmungsbeamten stellt sich die Frage, ob in einer vereinfachten Form, mit all ihren Unzulänglichkeiten, eine Tätertypisierung möglich ist, die für eine Vielzahl von Aussagepersonen allgemeingültige vernehmungstaktische Hinweise ermöglicht. 65

Das bereits aufgezeigte vernehmungstaktische Verhalten hat in vielen Fällen auch Gültigkeit für die Beschuldigtenvernehmung. Darüber hinaus kann die **Einstellung des Täters zur Tat** einen weiteren vernehmungstaktischen Ansatz liefern. 66

Es kann jemand aus dem Gefühl oder aus dem **Affekt** heraus eine Tat begehen. Er wird oft selbst überrascht sein, daß er zu der Tat fähig war. Er wird häufig einsehen, daß er Unrecht begangen hat, macht aber die besondere Situation mitverantwortlich für sein Handeln. Und genau hier kann der Ansatz zur erfolgreichen Vernehmung liegen: nicht die Tat gutheißen, 67

---

17 Vgl. Rdnr. 45.

aber Verständnis für die außergewöhnliche Situation aufbringen; durch eine gefühlsbetonte Argumentation die Aussagebereitschaft herbeiführen oder fördern. Ausdauer lohnt sich, da nach einiger Zeit Angst, Hemmungen, Scham und ähnliche Gefühle abgebaut werden können. Wenn die Tatausführung für den Täter eine an sich persönlichkeitsfremde Verhaltensweise war, so kann das Geständnis die beste Chance sein, daß die Tat milder beurteilt wird. Oft ist es schwierig zu erkennen, daß es sich bei dem Beschuldigten um einen Affekt- oder Situationstäter handelt. Erscheint er bei der Polizei als Ersttäter, könnte dieser Umstand ein Indiz dafür sein.

68 Mancher kann einer **günstigen Gelegenheit,** die sich ihm bietet, **nicht widerstehen,** obwohl er das Unrecht seiner Handlungsweise erkennt. Wer einer solchen Gelegenheit zum ersten Mal erliegt und dabei erwischt oder danach ermittelt wird, kann ähnlich ansprechbar sein, wie der Affekttäter. Ihm sollte bewußt gemacht werden, daß es zwar menschlich verständlich ist, er sich aber andererseits nicht rechtmäßig verhalten hat. Hier können überzeugende Argumente auf emotionaler und rationaler Ebene ein Geständnis bewirken.

69 Schwieriger wird es schon bei dem, der die **Gelegenheit sucht,** weil die Tatausführung wiederholt so einfach und erfolgreich funktionierte. Das Unrechtsbewußtsein ist bei ihm schon weitgehend abgebaut. Er sucht nach Argumenten, die seine Handlungsweise als nicht so schlimm einordnen: Wem schadet der Diebstahl denn? Dagegen ist man doch versichert!

Kann er wegen einer Einzeltat überführt werden, sollte gerade diese Argumentationsweise Anlaß geben, weitere Ermittlungen durchzuführen, um zu klären, ob er nicht schon wiederholt ähnliche Straftaten begangen hat. Wenn man ihm die Tat nicht nachweisen kann, wird dieser Tätertyp oft die Tatbegehung abstreiten oder die Aussage verweigern. Häufig ist er aber dennoch rationalen Argumenten zugänglich; das gilt vor allem für solche Argumente, die in ihm die Aussagebereitschaft wecken sollen.

70 Der **Überzeugungstäter,** der glaubt, aus gutem Grunde so handeln zu müssen, und annimmt, für sein Tun eine höhere Rechtfertigung zu haben, wird am ehesten zugänglich sein, wenn man ihn nach seiner Begründung für sein Handeln fragt und diese auch weitgehend kommentarlos entgegennimmt. Wenn es nicht aus sachlichen Gründen erforderlich ist, sollte seine Rechtfertigung nicht hinterfragt oder in Zweifel gezogen werden. Das führt zu unergiebigen Ausführungen, die die Vernehmung in der Sache nicht voranbringen, unter Umständen sogar blockieren. Dagegen können Begründung und Rechtfertigung taktisch wiederholt als Impulse zur Weiterführung der Vernehmung genutzt werden.

71 Bei der Gruppe derer, die Straftaten begehen, um sich ihren Lebensunterhalt „zu verdienen" (**Berufs-** und **Gewohnheitsverbrecher)** ist so gut wie kein Unrechtsbewußtsein vorhanden. Ihre „Erfahrungen" sind so umfassend, daß sie nur in einer für sie ausweglosen Situation (Beweislage, Überführung auf frischer Tat) aussagebereit sind. Wenn überhaupt, sind sie nur über rationale Argumente ansprechbar und dort nur, wenn sie glauben, für sich einen Vorteil erzielen zu können.

Auch der Beschuldigte, der zunächst einmal in Verdacht geraten ist, kann **unschuldig** sein. Der Vernehmungsbeamte darf das nie vergessen. Er muß ständig bemüht sein, Objektivität zu wahren. Kriminalistischer Zweifel darf nicht nur in eine Richtung führen. Entlastende Momente dürfen mit der bloßen Vermutung der Schutzbehauptung nicht zu Ermittlungsergebnissen zweiter Klasse werden. Welcher Erfolg ist eigentlich der größere: der, einen Beschuldigten durch kriminalistische Ermittlungsarbeit überführt, oder jener, den anderen vom Tatverdacht entlastet zu haben? 72

Die vorliegende Darstellung typischer Eigenschaften von Aussagepersonen soll dem Praktiker eine **Vernehmungshilfe** sein. Sie ist weit entfernt davon, die gesamte Problematik zu erfassen. In der vereinfachten und komprimierten Darstellung liegt aber auch eine Chance: grundsätzliche Eigenarten zu erkennen und sie nach Beurteilung der konkreten Situation als Entscheidungshilfe für die Gestaltung der Vernehmung zu nutzen. 73

V. Besondere Vernehmungsmethoden/-taktiken

Ähnlich wie bei der Einordnung der Aussagepersonen in bestimmte Typenklassen gibt es auch für Vernehmungsmethoden, Vernehmungstaktiken und Vernehmungsstrategien kein geschlossenes System.[18] Dabei fällt auf, daß die Begriffe Strategie, Taktik und Methode in der Literatur recht willkürlich und undifferenziert benutzt werden. Hier wird von **Methode** und **Taktik** gesprochen. Die Methode ist das Verfahren an sich. Die Taktik ist das planmäßige und zielgerichtete Vorgehen in der konkreten Situation. Vernehmungsmethoden können getrennt betrachtet werden. Diese Betrachtungsweise dient der theoretischen Trennung unterschiedlicher Verfahrensweisen. Die Vernehmungstatik richtet sich an der konkreten Vernehmungssituation aus: Welche Methode ist bei der anstehenden Vernehmung am ehesten geeignet, den Vernehmungserfolg herbeizuführen? Wann ist in einer Vernehmung die Vernehmungsmethode zu wechseln? Besteht Anlaß, bestimmte Vernehmungsmethoden miteinander zu koppeln, so daß sie sich im Vernehmungsablauf gleichsam ergänzen? Sind die unterschiedlichen Vernehmungsmethoden in Stufen zu praktizieren? All das sind vernehmungstaktische Fragen. Die Kenntnis unterschiedlicher Vernehmungsmethoden soll dem Praktiker in der Vernehmungssituation die richtige taktische Vorgehensweise erleichtern. Das setzt – ähnlich wie bei einer Tätertypologie – voraus, daß nicht durch eine unüberschaubare Methodenvielfalt mit einer unendlichen Anzahl feingliedriger Differenzierungen der Überblick verlorengeht, sondern bestimmte Grundmethoden, verbunden mit taktischen Hinweisen, aufgezeigt werden. Dadurch wird bewußt in Kauf genommen, daß die vereinfachte Darstellung unvollständig ist. Entscheidend ist, daß die differenzierende Gedankenarbeit bei der konkreten Fallgestaltung ansetzt. Das kann aber nur sachgerecht gelingen, wenn Grundwissen vorhanden ist. 74

---

18 Vgl. *Bauer* 1970 S. 330 ff.; *Geerds* 1976 S. 96 ff.; *Rottenecker* 1976 S. 92 ff.; *Bender/Röder/Nack* 1981b Rdnr. 770–772; *Gundlach* 1984 S. 147 ff.; *Wulf* 1984 S. 328 ff.

75 Für die Vernehmungspraxis erscheint folgende **Methodenunterscheidung** hilfreich:
– Sondierungsmethode,
– Festlegemethode
– Überzeugungsmethode
– Überraschungsmethode

Zu weiteren methodischen Ansätzen wird kurz Stellung genommen:
– Zick-Zack-Methode (Kreuzverhör),
– abtastende Methode.

76 Die **Sondierungsmethode** ist der Regeltyp der Vernehmung[19]. Sie beginnt mit der Erhebung der Personalien. Nach der Belehrung und möglicherweise weiteren Erhebungen zur Person führt sie zur Erörterung des eigentlichen Sachverhalts. Die Aussageperson wird aufgefordert, in freier, zusammenhängender Schilderung zu erzählen, was sie von der Sache weiß. Dieser Bericht sollte sofort wortgetreu protokolliert werden.

Nach der zusammenhängenden Schilderung kann es notwendig werden, zu bestimmten Bereichen ergänzende Fragen zu stellen, um die Aussagen zu präzisieren oder weitere Informationen zu erhalten. Der Vernehmungsbeamte sollte versuchen, zunächst mit offenen Fragestellungen weiterzukommen. Die Fragen und Antworten sind wörtlich zu protokollieren. Erst wenn die offene Frageform keine weiteren Ergebnisse bringt, sollten andere Fragetypen angewandt werden. Jetzt können auch konkrete Vorhalte zur Klärung von Widersprüchen oder zur Fortsetzung der Aussage beitragen. Auch hier ist es natürlich erforderlich, Fragen, Vorhalte und Antworten wörtlich zu protokollieren.

77 Bei der **Festlegemethode**[20] werden detaillierte Erhebungen zum Sachverhalt gemacht. Die Vernehmung wird äußerst gründlich durchgeführt. Angewandt wird sie vor allem bei aussagewilligen Beschuldigten, bei denen der konkrete Verdacht besteht, daß sie lügen. Anwendbar ist sie aber auch beim Zeugen, der bewußt die Unwahrheit sagt. Durch detailliertes Festlegen und anschließendes Widerlegen der Aussagen soll die Aussageperson überzeugt werden, daß ein weiteres Lügen prozeßtaktisch nachteilig sein kann. Die Aussageperson soll so noch zu wahrheitsgemäßen Angaben veranlaßt werden.

Der Aussageperson darf zunächst die Beweislage nicht eröffnet werden. Jede Aussage ist detailliert und beweiskräftig zu dokumentieren. Die Vernehmung beschränkt sich nicht nur auf den eigentlichen Tathergang, sondern umfaßt auch den Zeitraum vor und nach der Tat. Dabei wird versucht, insbesondere objektiv nachprüfbare Fakten zu erheben. Erst dann, wenn nach Überprüfung und Objektivierung der Vernehmung Falschaussagen nachweisbar sind, werden die vorhandenen Beweise der Aussageperson vorgehalten. Durch gezielte Vorhalte werden Widersprüche und Falschaus-

---
19 Vgl. *Geerds* 1976 S. 96, 97; *Bender/Röder/Nack* 1981a Rdnr. 770.
20 In der Literatur wird diese Methode auch als „Zermürbungsstrategie" bezeichnet (vgl. z. B. *Geerds* 1976 S. 97).

sagen aufgedeckt. Besondere Reaktionen und Verhaltensweisen der Aussageperson sind beweiskräftig zu dokumentieren (Aktenvermerke fertigen, in die Vernehmung als Vorhalte einbringen).

Diese Vernehmungsmethode ist auch bei Alibiüberprüfungen von Tatverdächtigen anzuwenden. Sie ist eine der besten taktischen Vernehmungsmethoden, um die Glaubwürdigkeit eines lügenden Beschuldigten (oder Zeugen) zu erschüttern. Bei taktisch gekonntem Vorgehen kann mit ihr im Einzelfall am ehesten noch ein Geständnis (eine wahrheitsgemäße Aussage) erreicht werden. Bei ihr zeigt sich Erfahrung und Können eines Vernehmungsbeamten.

Mit der **Überzeugungsmethode** wird versucht, den Beschuldigten (in Teilbereichen auch beim Zeugen anwendbar) mit rationalen oder emotionalen Argumenten zu überzeugen, wahrheitsgemäße Aussagen zu machen. Die Methode kann bei drohender Aussageverweigerung angewandt werden. Dort wo eine grundsätzliche Aussagebereitschaft vorhanden ist, sollte auf sie nicht in der Anfangsphase der Vernehmung zurückgegriffen werden, da ansonsten die Gefahr besteht, daß die Aussagebereitschaft negativ beeinflußt wird. Die Aussagen, die bereitwillig gemacht werden, auch wenn sie vermutlich nicht der Wahrheit entsprechen, sind zunächst zu protokollieren. Erst in einer späteren Phase ist argumentativ auf die Aussageperson einzuwirken.

Der Katalog **rationaler Argumente** kann sehr umfangreich sein. Dem Beschuldigten kann die Beweislage dargestellt werden. In diesem Zusammenhang können ihm gesetzliche Vorteile und die mögliche gerichtsbedeutsame Wirkung einer wahrheitsgemäßen Aussage verdeutlicht werden. Verdunklungsgefahr als Haftgrund wird bei einer Aussage, die dem realen Geschehen entspricht, entfallen. Der Hinweis, daß bei einer wahrheitsgemäßen Aussage davon abgesehen werden kann, über Staatsanwaltschaft und Gericht einen Haftbefehl zu beantragen, ist nicht etwa als versteckte Drohung zu betrachten, sondern der Vernehmungsbeamte ist aus Gründen der Fairneß und der Verhältnismäßigkeit der Maßnahmen geradezu verpflichtet, dem Beschuldigten die reale Situation vor Augen zu führen. Das gleiche gilt für Hinweise darauf, welche weiteren umfangreichen Ermittlungen notwendig werden (solange das taktisch vertretbar ist); zu denken ist vor allem an Ermittlungen (natürlich nur, wenn sie vom Sachverhalt her begründet und angemessen sind) im unmittelbaren sozialen Umfeld des Beschuldigten (im Verwandtschafts- und Freundeskreis, im beruflichen Bereich). Einem Beschuldigten wird auch oft genug nicht ausreichend klar gemacht, daß ihm eine Aussage Verteidigungsansätze und -möglichkeiten eröffnet und die Chance bietet, sein Handeln zu erklären.

Es gibt darüber hinaus im taktischen Ermittlungsbereich weitere Maßnahmen, die auch gezielt aus vernehmungstaktischen Gesichtspunkten im Rahmen der Überzeugungsmethode rational argumentativ eingesetzt werden können:
— Zeugenbefragungen
— Gegenüberstellung mit Zeugen oder (Mit-)Beschuldigten
— Tatortbegehung, Tatrekonstruktion

- Spurensicherungsmaßnahmen
- Durchsuchungen, Beschlagnahmen, Blutentnahmen
u. a. m.

80 Das Überzeugen mit **emotionalen Argumenten** ist denkbar bei Konflikts- und bedingt auch bei Situations- und Gelegenheitstätern. Der Appell an moralische, religiöse, vielleicht auch politisch-ideologische Pflichten, das gefühlsbetonte Aufzeigen von Folgen und Auswirkungen einer Tat, das Wecken von Schuld- und Sühnegefühlen und Wiedergutmachungsbereitschaft kann einen Beschuldigten bei richtiger Einschätzung seiner Persönlichkeit zum Geständnis bewegen. Diese Gefühlsansprache[21], die nicht nur emotionale Argumente beinhalten muß, sondern mit mitfühlendem Verständnis gekoppelt sein kann, darf nicht übertrieben werden. Fördert man eine zu starke Erregung des Beschuldigten, so kann sich das auf seine freie Willensentschließung und -betätigung auswirken. Die Vernehmungsmethode wird dann unzulässig. Das Ansprechen von Gefühlen soll dem Beschuldigten bewußt machen, daß eigene Wertvorstellungen im Widerspruch zu seiner Handlungsweise stehen können. Ein Geständnis kann das Gewissen erleichtern.

81 Bei der **Überraschungsmethode** wird dem Beschuldigten die Tat auf den Kopf zugesagt.[22] Dadurch soll er so überrascht sein, daß er die Begehung der Tat zugibt. Im Grunde wird dadurch das Ergebnis der Vernehmung vorweggenommen. Eine solche Überraschung setzt voraus, daß der Beschuldigte bisher nicht wußte, daß ihm möglicherweise überhaupt ein Tatvorwurf gemacht wird und vor allem welche Tat ihm vorgeworfen wird. Vor seiner ersten **Vernehmung** ist der Beschuldigte aber zu belehren, und zwar u. a. über den Tatvorwurf, der ihm gemacht wird, und über sein Recht, die Aussage zu verweigern. Wenn die Belehrung nach den Bestimmungen der Strafprozeßordnung durchgeführt worden ist, kann man ihn aber nicht mehr überraschen. Insofern bestehen rechtliche Bedenken gegen die Anwendung der Überraschungsmethode.[23] Wenn man die spektakulären Erfolge, die mit dieser Vernehmungsmethode erzielt wurden, etwas näher betrachtet[24], so wird man feststellen, daß die Vorgehensweise mit unserer heutigen Rechtsordnung nicht vereinbar ist. Daneben erscheint die Vermutung berechtigt, daß es sich eher um Ausnahmefälle handelt und die Vielzahl der Mißerfolge verständlicherweise unveröffentlicht bleibt.[25]

Trotzdem kann die Überraschungsmethode in modifizierter Form nicht zu unterschätzende taktische Möglichkeiten eröffnen und zudem rechtmäßig sein. Überraschende Vorhalte, überraschendes Einbringen von Beweismitteln in die Vernehmung, überraschend vorgehaltene Zeugenaussagen können, zum taktisch richtigen Zeitpunkt in die laufende Vernehmung eingebracht, den Beschuldigten so stark beeindrucken, daß er zu einer Kor-

---

21 Bender/Röder/Nack 1981b Rdnr. 760–766.
22 Vgl. *Geerds* 1976 S. 96; Bender/Röder/Nack 1981b Rdnr. 771.
23 Vgl. *Gundlach* 1984 S. 147, 148.
24 Vgl. *Geerds* 1976 S. 96.
25 Vgl. Bender/Röder/Nack 1981b Rdnr. 771.

rektur seiner Aussage veranlaßt wird. Auch der überraschende Vorhalt, daß ein Mittäter gestanden und belastende Aussagen gemacht hat, kann zum richtigen Vernehmungszeitpunkt den Beschuldigten in seinem Aussageverhalten grundlegend beeinflussen. Entscheidend ist die richtige Wahl des Zeitpunktes.

Auch nach einer **überraschenden Festnahme** kann dem Verdächtigen die Tat auf den Kopf zugesagt werden, ohne daß man bisher in das Stadium der Vernehmung eingetreten ist. Das kann bei richtiger taktischer Vorgehensweise eine Fernwirkung auf die nachfolgende Vernehmung haben. 82

Ergeben sich im Verlaufe der Vernehmung Erkenntnisse, die im Zusammenhang mit anderen Informationen eine Durchsuchung rechtfertigen und ist mit großer Wahrscheinlichkeit mit dem Auffinden von Beweismitteln zu rechnen, kann bei Vorliegen der rechtlichen Voraussetzungen die sofortige **überraschende Durchsuchung** ebenfalls unmittelbare Auswirkungen auf das weitere Aussageverhalten des Beschuldigten haben. 83

Andere veröffentlichte Vernehmungsmethoden sind häufig modifizierte oder verwandte Formen der hier aufgeführten Grundformen.[26] Die „Überrumpelungsstrategie" ist nahezu identisch mit der Überraschungsmethode. Sie wird mitunter auch als Spezialfall der „zielgerichteten Vernehmung" angesehen. Die Festlegungsmethode ist verwandt mit der „Zermürbungsstrategie". Die „analysierende Methode" kann mit der Überzeugungsmethode auf der Basis der rationalen Argumentation gleichgesetzt werden. Die Festlegemethode wird auch als „Verstrickungsstrategie" bezeichnet. Das sollen nur einige Beispiele für **unterschiedliche Benennungen,** aber vergleichbare Inhalte sein. 84

Wie bereits erwähnt, soll noch auf zwei weitere Methoden kurz eingegangen werden.

Die **Zick-Zack-Methode**[27], bei der in rascher Folge die Gesprächsgegenstände gewechselt werden und der Vernommene mit Fragen kreuz und quer (Kreuzverhör) zum Sachverhalt regelrecht „überschüttet" wird, stößt auf rechtliche Bedenken, da mit fortschreitender Dauer einer solche Befragung der Beschuldigte völlig den Überblick verliert und überhaupt nicht mehr weiß, was er eigentlich ausgesagt hat, und in der Verwirrung auch unbewußt Falschaussagen macht, die er normalerweise nicht gemacht hätte. Ganz abgesehen davon ist eine Vernehmung nach dieser Methode auch protokollarisch nur über ein Tonband faßbar. Daß eine wörtliche Protokollierung gerade bei dieser Vorgehensweise von ganz besonderer Bedeutung ist, bedarf wohl nicht der näheren Begründung. Ein polizeiliches Kreuzverhör, möglicherweise durch zwei Beamte durchgeführt, das nicht protokolliert wird, sondern bei dem erst nach dem erwünschten Ergebnis die protokollarische Vernehmung fortgesetzt wird, als ob dieses Kreuzverhör überhaupt nicht stattgefunden habe, ist rechtlich bedenklich, da Ergebnisse produziert werden, deren Beweiskraft nur über ihren Entstehungsprozeß, der aber dann nicht erkennbar ist, beurteilt werden kann. 85

---

26 Vgl. dazu Fn. 18.
27 Vgl. *Bender/Röder/Nack* 1981 b Rdnr. 697; *Gundlach* 1984 S. 150 ff.

86 Bei der **abtastenden Vernehmung**[28] wird dem Beschuldigten in der Belehrung ein bestimmter Tatvorwurf gemacht. Dem Vernehmungsbeamten geht es aber nur sekundär um die vorgehaltene Tat, sondern er will über die Vernehmung Informationen gewinnen, ob der Beschuldigte nicht noch für eine ganz andere, meist schwerwiegendere Tat als Täter in Frage kommt. Für diese Tat liegen hinsichtlich der Täterschaft des Vernommenen noch keine konkreten Verdachtsmomente vor. Die sollen erst durch die Vernehmung erbracht werden. Außerdem kommt diese Vernehmungsmethode auch dann in Betracht, wenn zwar der Verdacht auf das Vorliegen irgendeiner Straftat vorhanden ist, der Vernehmungsbeamte aber nicht weiß, welche konkrete Straftat begangen wurde. Beide Fallgestaltungen bergen Belehrungsprobleme. Im ersten Beispiel sollte in die Belehrung auch die Möglichkeit der schweren Tatbegehung aufgenommen werden. Im zweiten Fall sollte eine Vernehmung nicht zu früh einsetzen. Es sollte versucht werden, über andere Ermittlungsansätze zu klären, welche Straftat eigentlich vorliegt.

VI. Planung und Vorbereitung

87 Der Vernehmungserfolg ist ganz wesentlich abhängig von einer gründlichen Planung und Vorbereitung der Vernehmung. Sicher wird es bezogen auf die **Intensität** der Vorbereitung Unterschiede geben. Je umfangreicher der Ermittlungsvorgang (Einzeltat – Serientat), je schwieriger er rechtlich zu beurteilen ist, um so umfassender und intensiver müssen Planung und Vorbereitung sein.

88 Bei der Planung und Vorbereitung sind **fallbezogen** folgende **Punkte** zu berücksichtigen:
– Sachverhaltskenntnis/Rechtskenntnis,
– Personenkenntnis,
– Vorladung,
– Vernehmungszeitpunkt/Vernehmungsdauer,
– Vernehmungsort,
– Vernehmungstaktik,
– Dokumentationsmethode,
– Vernehmungsbeamte,
– Hilfsmittel,
– Hilfspersonen,
– Anwesenheit anderer Personen,
– Anschlußmaßnahmen/u. U. zeitlich vorzuziehende Maßnahmen.

89 **Sachverhalts- und Rechtskenntnis** sind Grundvoraussetzungen, um eine Vernehmung zielgerecht führen zu können. Ein ständiges Blättern und Suchen in den Akten stört nicht nur den Vernehmungsablauf, sondern stärkt auch die Position des Beschuldigten. Wer nichts weiß, kann auch

---
28 Vgl. *Geerds* 1976 S. 95 f.

niemandem etwas nachweisen. Die Aussageperson merkt sehr bald, daß sie unwidersprochen lügen kann und daß ihre Angaben unvollständig bleiben können.

Nur der **sachkundige** Vernehmungsbeamte kann Aussagen auf ihren Wahrheitsgehalt überprüfen, Widersprüche erkennen und durch gezielte Fragen oder Vorhalte klären.

Nach einem gründlichen Aktenstudium können wesentliche Fragen und Vorhalte in einem Katalog vorbereitend erfaßt werden. Es kann festgelegt werden, zu welchen Zeitpunkten sie während des Vernehmungsablaufes zu stellen sind. Eine zu starre Festlegung sollte allerdings nicht erfolgen. Es ist äußerst wichtig, daß eine fundierte Sachverhaltskenntnis ermittlungstaktisch nicht einengt. Nichts ist gefährlicher für die Wahrheitserforschung als die vorgefaßte Meinung des Ermittlungsbeamten, ein bestimmter Vorgang müsse sich in einer bestimmten Art und Weise abgespielt haben. Kriminalistische Hypothesen sind notwendig, sie dürfen den Beamten aber nie zu einer einseitigen Ermittlungsführung oder Erwartungshaltung veranlassen. Darum muß der Beamte bei der Vorbereitung alternativ denken und bei der Vernehmung selbst offen bleiben für Sachverhaltsschilderungen, die er aufgrund seiner Kenntnisse des Aktenmaterials eigentlich nicht erwartet hätte.

Rechtskenntnisse ermöglichen gezielte Fragen zum subjektiven und objektiven Tatbestand. Nach einer freien Schilderung der Aussageperson sind solche Fragen zu stellen, deren Antworten einen Hinweis geben, ob ein bestimmtes Verhalten überhaupt unter einen gesetzlichen Tatbestand zu subsumieren ist und welche Qualifizierung gegebenenfalls in Betracht zu ziehen ist. Dazu sind fundierte Rechtskenntnisse erforderlich. Auch hier sollten die Fragen vorbereitend auf einem Merkzettel notiert werden.

Bei **Serienstraftaten** kann in der Vorbereitungsphase ein vernehmungstaktisches Konzept erstellt werden: zu welcher Straftat soll die Aussageperson zuerst Stellung nehmen, welche taktischen Gedanken sind dafür entscheidend (Beweislage/Mittäter), wie ist mit der Vernehmung fortzufahren u. a. m.

Sind bei einer Vernehmung **Spezialkenntnisse** erforderlich, so muß sich der Vernehmungsbeamte diese Kenntnisse vor der Vernehmung aneignen. Das heißt nicht, daß er selbst zum Spezialisten werden soll. Aber es muß selbstverständlich sein, daß er über Grundkenntnisse verfügt und sich zumindest für wichtige Fragestellungen kundig macht. Im Einzelfall ist die Hinzuziehung eines Sachkundigen zu erwägen.

Ein weiterer ganz wesentlicher Punkt der Vorbereitung ist die **Personenkenntnis**. Je mehr der Beamte über die Aussageperson weiß, um so leichter wird die Vernehmung werden. Besonders bei der Beschuldigtenvernehmung sollten – natürlich fallbezogen (vgl. Rdnr. 87) – sämtliche Informationsquellen, die dem Ermittlungsbeamten zur Verfügung stehen (Akten, Kriminalpolizeiliche Sammlungen, Personenauskunftsdateien u. a. m.), zur Erstellung eines Persönlichkeitsbildes genutzt werden. Darüberhinaus können zur Aufhellung der Persönlichkeit weitere Ermittlungen im Vorfeld der Vernehmung erforderlich werden. Es geht dabei vor allem um

Fakten, die eine Beurteilung von Vernehmungsverhalten, Aussagebereitschaft und Glaubwürdigkeit ermöglichen.

94 **Vorladungen** sollen grundsätzlich durch Brief zugestellt werden.[29] In der Ladung des **Beschuldigten** soll zum Ausdruck kommen, daß er als Beschuldigter vernommen werden soll. Der Grund der Beschuldigung ist dann kurz anzugeben, wenn es mit dem Zweck der Vernehmung vereinbar ist. Häufig wird es aus taktischen Gründen erforderlich sein, den Grund nicht anzugeben, um gezielte Vorbereitungsmaßnahmen des Beschuldigten möglichst zu verhindern. Allerdings wird der Beschuldigte sehr oft auch ohne Grundangabe wissen, was Gegenstand der Vernehmung sein wird.

95 In der Ladung des **Zeugen** soll zum Ausdruck gebracht werden, daß er als Zeuge vernommen werden soll. Der Name des Beschuldigten soll dann angegeben werden, wenn es mit dem Zweck der Vernehmung vereinbar ist. Hier gelten ähnliche Gedankengänge wie oben (Rdnr. 94). Man muß sich bei der Vorladung überlegen, ob nicht die begründete Gefahr besteht, daß der Beschuldigte vor der Vernehmung mit dem Zeugen Kontakt aufnimmt und durch Absprache oder andere Maßnahmen der Ermittlungserfolg gefährdet werden könnte. Der Grund der Beschuldigung soll dem Zeugen in der Vorladung nur genannt werden, wenn es zur Verbereitung seiner Aussage erforderlich ist.

96 In der Regel werden für polizeiliche Vorladungen dienstlich zur Verfügung stehende **Vordrucke** verwandt. Diese Vordrucke haben zwangsläufig sehr starken amtlichen Charakter und können in einer sehr frühen Phase genau das bewirken, was bei der Vernehmung möglichst vermieden werden soll: Distanz, Voreingenommenheit und Abwehrhaltung. In der Vernehmungssituation ist dies nur schwer wieder abbaubar. Es gilt also zu überlegen, ob im konkreten Sachverhalt der amtliche Vordruck zu verwenden ist oder ob ein **persönliches Schreiben** mit den oben angesprochenen Inhalten nicht eher geeignet ist, eine spätere Vernehmungssituation schon vorbereitend günstiger zu gestalten. Auch **telefonische** Ladungen sind möglich.

Im Einzelfall kann der Zeuge oder der Beschuldigte auch **persönlich aufgesucht** und gebeten werden, sich sofort mit dem Beamten zur Dienststelle zur Vernehmung zu begeben. Bei Weigerung sind Zwangsmaßnahmen nicht zulässig.

97 Grundsätzlich sollte der **Zeitabstand** zwischen dem Ereignis und der ersten Vernehmung so kurz wie möglich gehalten werden.[30] Das gilt für Beschuldigten- und Zeugenvernehmungen. Mit zunehmendem Zeitabstand wird es dem Beschuldigten immer leichter fallen zu lügen. Er kann sich viel besser vorbereiten und hat es einfacher, eine Lügengeschichte zu erfinden. Beim Zeugen wird das Erinnerungsvermögen nachlassen. Viele Fehlermöglichkeiten können die Aussage beeinträchtigen. Die Erkenntnisse der Lehre über Irrtum und Lüge sollten den Vernehmungsbeamten veranlassen, die Vernehmung so schnell wie möglich nach dem Tatgesche-

---

29 Vgl. Nr. 44 und 64 RiStBV.
30 Vgl. *Bender/Röder/Nack* 1981b Rdnr. 747–751.

hen durchzuführen. Gegen die hier vertretene Argumentation steht die Forderung, den Beschuldigten erst dann zu vernehmen, wenn der Ermittlungsvorgang weitgehend abgeschlossen ist, wenn sämtliche andere Erhebungen zum subjektiven und objektiven Tatbefund stattgefunden haben. Diese Forderung hat ihre taktische Berechtigung: Erst jetzt geben die Erkenntnisse ein abgeschlossenes Bild; Widersprüche können erkannt und Vorhalte gemacht werden; Beweismittel können in die Vernehmung eingebracht werden. Beide gegensätzlichen Forderungen können dann miteinander vereinbart werden, wenn es ermittlungstaktisch vertretbar ist, eine erste Beschuldigtenvernehmung so schnell wie möglich nach dem Tatgeschehen durchzuführen und, wenn die Ermittlungen kurz vor Abschluß stehen (oder in einer bedeutsamen Zwischenphase zur Gewinnung weiterer Ermittlungsansätze), den Beschuldigten ein zweites Mal zu vernehmen.

Es gibt keine gesetzlichen Vorschriften, zu welcher **Tages- oder Nachtzeit** Vernehmungen durchgeführt werden dürfen. Natürlich wird eine Vernehmung nicht ohne zwingenden Grund (plötzliches Ereignis) auf die Nachtzeit angesetzt. Soweit nicht erhebliche taktische Gründe entgegenstehen, sollte auf Belange des Zeugen und des Beschuldigten Rücksicht genommen werden.

Bei der **Vernehmungsdauer** sollte man sich durch Fehlplanungen nicht selbst unter zeitlichen Zwang setzen. Ist zu erwarten, daß eine Vernehmung länger andauert, sollte das bei der Ladung des Zeugen oder Beschuldigten mit zum Ausdruck kommen, sofern taktische Gründe nicht entgegenstehen.

Bei Ermittlungsvorgängen mit mehreren Zeugen und vielleicht auch mehreren Beschuldigten wird oft eine gleichzeitige Vernehmung nicht möglich sein. Die **Reihenfolge** ist nach taktischen Gesichtspunkten festzulegen: welcher Zeuge wird für den Ermittlungsvorgang am ehesten wichtige neue Erkenntnisse liefern, welcher Beschuldigte ist am ehesten geständnis- oder aussagebereit?

Moderne Dienststellen besitzen speziell ausgestattete **Vernehmungszimmer**. Diese befinden sich im Gebäude in einer Lage, die eine Fluchtgefahr weitgehend ausschließt. Die Einrichtung entspricht dem Nutzungszweck. Die Ausstattung ist atmosphärisch nicht kalt und völlig unpersönlich, auf Gegenstände, die ablenken oder aggressionsfördernd sein könnten, wird bewußt verzichtet. Der Raum ist tagsüber gut durch Tageslicht beleuchtet; er ist groß genug, so daß der vernehmende Beamte und die Aussageperson nicht zu eng aufeinander sitzen müssen. Ein Telefon kann angeschlossen werden, läßt sich aber durch einfaches Lösen eines Steckkontaktes auch ganz aus dem Zimmer entfernen. Der Vernehmungsbeamte kann von seinem Standort (Sitzplatz) die Aussageperson von Kopf bis Fuß gut beobachten. Akten und Beweismittel können so bereitgelegt oder -gehalten werden, daß eine Einsicht oder ein Zugriff durch die Aussageperson ausgeschlossen ist. Möglichkeiten, den Raum ausgerichtet auf die Persönlichkeit der Aussageperson zu gestalten, sind im begrenzten Umfang vorhanden. Auf Dienststellen, die über ein solches Vernehmungszimmer nicht verfügen, sollten bei einer Vernehmung im normalen Dienstzimmer ähnliche Voraussetzungen vorliegen.

102 Zeugen und Beschuldigte sollten grundsätzlich im Vernehmungs- bzw. Dienstzimmer des Beamten vernommen werden. Das gilt vor allem für die Beschuldigtenvernehmung. In seiner **häuslichen oder beruflichen Umgebung** fühlt sich der Beschuldigte sicher. Er hat das Hausrecht. Wird ihm die Vernehmung aus irgendeinem Grunde unangenehm, kann er sie nicht nur abbrechen, sondern den Beamten auch aus dem Hause weisen. Dieser psychologische Vorteil ist nicht zu unterschätzen. Widerstandswille und Widerstandsenergie können in der häuslichen Umgebung viel stärker ausgeprägt sein.

103 Natürlich kann es von diesem Grundsatz **Ausnahmen** geben: Vernehmungen, die an Ort und Stelle notwendig werden (Brandsachen, nichtnatürliche Todesfälle, erste Zeugen- und Opfervernehmungen nach einer Straftat), aber auch Vernehmungen, die nur zustande kommen, wenn man den Vorstellungen der Zeugen oder des Beschuldigten entspricht, aber der Fortführung der Ermittlungen dienliche Aussagen erwarten lassen. Vernehmungen, die im häuslichen Umfeld der Aussageperson stattfinden, sollten grundsätzlich von zwei Beamten durchgeführt werden. Eigensicherung und Beweisführung werden dadurch erleichtert, und der psychologische Vorteil der gewohnten Umgebung kann zum Teil ausgeglichen werden.

104 Zur **Vernehmungstaktik** (Vernehmungsmethode) wurden oben schon Ausführungen gemacht (Rdnr. 50 ff. und 74 ff.). Die **Dokumentationstechnik** wird unten im Abschnitt VII unter den Punkten „Protokollierung (Rdnr. 138 ff.) und „Tonbandvernehmung" (Rdnr. 158 ff.) behandelt.

105 Der Sachbearbeiter eines Ermittlungsvorgangs wird in der Regel auch der **vernehmungsführende Beamte** sein. In Fällen, in denen der Sachbearbeiter kurz vor der Vernehmung belastende Eingriffsmaßnahmen veranlaßt oder selbst durchgeführt hat (Durchsuchung, Festnahme) und bei denen es unter Umständen Auseinandersetzungen mit dem Beschuldigten gegeben hat, muß überlegt werden, ob es taktisch klug ist, in Anbetracht der angespannten Beziehung zwischen Beamten und Beschuldigten den Sachbearbeiter als Vernehmungsbeamten einzusetzen.

Bei der Überlegung, wer die Aussageperson vernehmen soll, können z. B. auch Faktoren wie spezielles Fachwissen, vernehmungspsychologische Voraussetzungen (Generationskonflikt, Frauen, Ausländer) oder formale Voraussetzungen (Dienstvorschriften, Jugendsachbearbeiter) mitentscheidend sein. Die allgemeine Forderung, weibliche Personen nur von Kriminalbeamtinnen vernehmen zu lassen, berücksichtigt zu wenig die konkrete Fallgestaltung.

106 Die Taktik, die Aussageperson **wechselweise** durch zwei Beamte zu vernehmen, muß gut vorbereitet sein. Es muß festgelegt werden, wer der vernehmungsführende Beamte ist, wann und auf welchen vereinbarten Impuls der Wechsel stattfinden soll, ob unter bestimmten Voraussetzungen ein Beamter das Vernehmungszimmer verlassen und der andere Beamte die Vernehmung allein zu Ende führen soll, welche Fragen durch wen zu stellen sind. Anwendbar ist die Taktik nur in Ausnahmesituationen; sie bietet sich mitunter dann an, wenn es sich um eine zweite Vernehmung des Beschuldigten handelt und in der ersten Vernehmung zwischen dem Vernehmungsbeamten und der Aussageperson kein Kontakt hergestellt werden konnte oder es Spannungen gab. Die negative Situation wird zu Beginn der zweiten Vernehmung noch einmal durch die Anwesenheit des ersten Vernehmungsbeamten in Erinnerung gerufen und dann durch die Ablösung und alleinige Fortsetzung der Vernehmung durch den zweiten Beamten umgewandelt in eine kommunikationsfördernde Atmosphäre.

Vernehmungen von **Ausländern** können eine Vielzahl von Problemen mit sich bringen. Bei der Vorbereitung ist genau zu klären, inwieweit ein Ausländer die deutsche Sprache beherrscht. Es ist völlig unverständlich, daß bei einer planbaren Vernehmung Beamte erst in der Vernehmungssituation unvorbereitet erkennen, daß der Ausländer der Vernehmung nicht richtig folgen kann. Die Versuche, dann aus dem Stegreif einen Dolmetscher hinzuzuziehen, scheitern oft. Der Behelf, „halbwegs radebrechend" zu vernehmen, ist völlig unsinnig, da der Beweiswert einer solchen Vernehmung durch einfachen Widerruf aufgehoben werden kann. Eine für die Beweisführung bedeutsame Vernehmung eines Ausländers, der nicht nahezu perfekt die deutsche Sprache beherrscht, muß grundsätzlich im Beisein eines vereidigten **Dolmetschers** durchgeführt werden. **107**

Der **Verteidiger** oder ein anderer Rechtsbeistand hat keinen gesetzlichen Anspruch, bei der Vernehmung anwesend zu sein. Die Entscheidung, ob im Ausnahmefall eine Anwesenheit gestattet wird, hat der Vernehmungsbeamte aus sachlichen Erwägungen heraus zu treffen. Gegebenenfalls wird mit dem Verteidiger abgesprochen, daß die Vernehmung durch ihn nicht unterbrochen wird. Der Verteidiger kann seinem Mandanten vorher Verhaltenshinweise geben. Im Anschluß an die Vernehmung kann er Fragen und Beweisanträge stellen. Diese Absprache ist schriftlich zu dokumentieren. **108**

In vielen Fällen wird es sich empfehlen, die **Staatsanwaltschaft** zu informieren. Die zusätzliche Teilnahme des Staatsanwaltes kann erwogen werden. **109**

Auch **Angehörige** oder dem Beschuldigten sonst nahestehende Personen haben kein Anwesenheitsrecht. Nur in begründeten Ausnahmefällen (Aktenvermerk) sollte einer Anwesenheit zugestimmt werden. **110**

Es wird schriftlich **dokumentiert,** welche Personen bei der Vernehmung anwesend waren. **111**

Ein ungestörtes Gespräch, in dem auch Sachverhalte angesprochen werden können, die einer Person äußerst unangenehm sind, ist oft nur **unter vier Augen** möglich, mitunter können sogar Sekretärin oder Protokollführer gesprächshemmend wirken. Der Vernehmungsbeamte muß sich viel öfter in die Situation der Aussageperson versetzen: Wie würde er in seiner Situation reagieren? Welche Vorstellungen hätte er? Was wäre ihm angenehm, was unangenehm? Das gilt im übrigen nicht nur für die Problematik der Anwesenheit anderer Personen, sondern das ist eine Forderung für den gesamten Vernehmungsablauf! **112**

VII. Durchführung

1. Informatorische Befragung/Kontaktgespräch/Vorgespräch

113 Für den Polizeibeamten stellt sich in der Praxis oft die Frage, ob eine erste **informatorische Befragung** bereits eine Vernehmung ist und den formalen Voraussetzungen der Strafprozeßordnung (Belehrungspflichten) unterliegt.[31]

114 Dazu bedarf es der Klärung, was unter einer „informatorischen Befragung" verstanden werden kann. Ein Ermittlungsverfahren, in dem es Zeugen und einen oder mehrere Beschuldigte geben kann, setzt zunächst einmal voraus, daß ein gesetzlicher Tatbestand erfüllt wurde. Oft ist es aber so, daß die Polizei zu einem Ereignis gerufen wird (u. U. bei einem Brand, bei nichtnatürlichen Todesfällen), bei dem noch gar nicht feststeht, **ob überhaupt ein Tatbestand erfüllt** wurde. Die ersten Fragen an Anwesende dienen der Nachforschung, ob eine und gegebenenfalls welche Straftat vorliegt; dies ist noch keine Vernehmung, und es bestehen keine Belehrungspflichten. Die gewonnenen Informationen sollten, sofern sie für die Sachverhaltsklärung von Bedeutung sind, in einem Aktenvermerk festgehalten werden. Dabei ist es denkbar, daß wesentliche Informationen gewonnen werden, deren Inhalt dazu beiträgt, den Zeugen oder den Beschuldigten als solchen zu erkennen. Entscheidend für die Verwertbarkeit solcher Informationen kann sein, daß die ermittelnden Beamten in einem Aktenvermerk die tatsächliche Situation verdeutlichen, nämlich daß die Aussagen in einem Stadium gewonnen wurden, in dem das Befragen der Personen noch nicht den Charakter einer Vernehmung hatte.

115 Eine informatorische Befragung ohne Vernehmungscharakter ist auch dann anzunehmen, wenn bereits feststeht, daß eine Straftat begangen wurde, es aber unklar ist, **wer** zu dieser Straftat irgendwelche **Angaben machen kann**. Jetzt geht es bei der Befragung um die Klärung, wer Zeuge oder wer Beschuldigter ist. Weiß man von einer Person, daß sie zum Sachverhalt Aussagen machen kann, dann besitzt sie zumindest die Zeugeneigenschaft, und die Belehrungspflichten, die sich im Zusammenhang mit Aussageverweigerungs- und Auskunftsverweigerungsrechten ergeben können, sind zu berücksichtigen. Erste informatorische Befragungen am Tatort anwesender Personen, selbst dann, wenn vermutet wird, daß sie zur Sachverhaltsklärung beitragen können, können noch keine Vernehmungen i. S. d. § 163a Abs. 1 StPO sein, da zu diesem Zeitpunkt noch nicht feststeht, wer Beschuldigter ist. Die Äußerungen einer solchen Befragung können dem Beschuldigten später, wenn er nach Belehrung zur Sache aussagt, vorgehalten werden.[32] Aber auch hier kann es für den weiteren Verfahrensablauf sehr wichtig sein, daß aus den Akten die objektive Befragungssituation ersichtlich ist. Ohne Fertigung eines Aktenvermerkes kann es in der Hauptverhandlung schwierig oder unmöglich werden, den tatsächlichen Ablauf zu rekonstruieren.

---

31 Zur Gesamtproblematik: *Krause* 1978; *Gundlach* 1984 S. 15 ff.
32 *KK-Müller* 1987 § 163a Rdnr. 2.

Vernehmung

116 Das **formlose Befragen** eines Zeugen oder eines Beschuldigten zum Sachverhalt, **im Vorfeld** einer späteren protokollarischen Aufnahme der Aussage, ist bereits eine Vernehmung und unterliegt den formalen Voraussetzungen der Strafprozeßordnung.

117 An anderer Stelle wurde bereits darauf hingewiesen, daß die Vernehmungssituation für die Aussageperson in der Regel eine Belastung darstellt. Das gilt für den Zeugen und im besonderen Maße für den Beschuldigten. Hemmungen, Aggressionen, Angst, Scham, distanziertes Verhalten, das sind Erscheinungen, die bei Aussagepersonen häufig anzutreffen sind und einem offenen Vernehmungsgespräch entgegenstehen. Ein psychologisch gut geführtes **Kontaktgespräch** kann der wichtigste Schritt zu einer erfolgreichen Vernehmung sein. Man sollte sich Zeit nehmen. Freundlichkeit und Verständnis können schon bei der Begrüßung erste Hemmungen und Spannungen abbauen. Jetzt wirkt es sich auch aus, wenn man sich vorbereitet hat und über persönliche Interessen und Eigenarten der Aussageperson schon einiges weiß. Es fällt viel leichter, ein ungezwungenes Gespräch über private, vielleicht sogar gemeinsame Interessen zu führen. Aber auch ohne diese Vorkenntnisse werden sich aus der Situation Anknüpfungspunkte (Beruf, Familie, Kultur, Sport u. v. m.) für ein Kontaktgespräch ergeben.

118 Solch ein Gespräch ist nicht nur geeignet, eine vertrauensvolle Atmosphäre für die Vernehmung zu schaffen, sondern liefert dem Vernehmungsbeamten **Erkenntnisse**, die **für die Vernehmungsgestaltung** sehr bedeutungsvoll sein können:
– Der Beamte lernt die Ausdrucksweise des zu Vernehmenden kennen. Er kann sich intellektuell und sprachlich auf die Aussageperson einstellen.
– Eine Einschätzung des Beschuldigten (Typ) wird erleichtert. Eine für die Anfangsphase der Vernehmung angemessene Vernehmungsmethode/-taktik ist leichter zu bestimmen.
– Persönliche oder berufliche Neigungen können im Zusammenhang mit der Tat stehen. Werden sie bereits im Kontaktgespräch sichtbar, können sie später gezielt bei der Vernehmung berücksichtigt werden.
– Bestimmte Verhaltensweisen, Einstellungen können später in der Vernehmung als „Impulse" zur Weiterführung oder Ergänzung der Vernehmung genutzt werden.
– Vorurteile, Negativeinstellungen u. a. m. lassen sich viel leichter im Kontaktgespräch „erfahren". Solche Erkenntnisse können für die Beurteilung der Glaubwürdigkeit und der Vernehmungsführung wichtig sein.

119 Es wird wohl häufiger einfacher sein, mit einem Zeugen ein **Kontaktgespräch** zu führen, als **mit einem Beschuldigten**. Die Abklärung der Person als vorbereitende Maßnahme ist deshalb beim Beschuldigten um so wichtiger. Eine geschickte Gesprächsführung kann einen an sich aussageunwilligen Beschuldigten veranlassen, doch noch Angaben zu machen. Es sei hier noch einmal besonders betont, daß das Kontaktgespräch die beste Möglichkeit bietet, eine unvoreingenommene Aussagebereitschaft zu bewirken oder zu fördern.

120 In der Literatur zur Vernehmung wird immer wieder aus juristischen und kriminaltaktischen Gründen auf das „**Vorgespräch**" oder die „**Vorbesprechung**" eingegangen.[33]

121 Eine Befragung von Zeugen oder Beschuldigten zum Sachverhalt, die der schriftlichen Fixierung der Aussage (Protokollerstellung) vorausgeht, ist **Teil der Vernehmung** zur Sache. Die erforderlichen Belehrungen haben vorher zu erfolgen. Ein solches „Vorgespräch" soll ein geordnetes und übersichtliches Vernehmungsprotokoll ermöglichen. Sicherlich vereinfacht ein Vorgespräch die spätere schriftliche Fixierung. Da wird zunächst einmal Schritt für Schritt der Tathergang von der Aussageperson geschildert. Der Beamte hat die Möglichkeit, klärende Zwischenfragen zu stellen. Der ganze Ablauf kann vorstrukturiert werden. Hinweise zu weitschweifigen Aussagen führen zu Aussageverkürzungen. Komplexe Sachverhalte werden einfacher durchschaubar und können besser geordnet werden. Mißverständnisse, fehlerhafte Formulierungen, unklare Fragestellungen können geklärt oder korrigiert werden. Eine Vernehmung kann „rund" gemacht werden. Gegen eine solche Vorgehensweise sind jedoch erhebliche Bedenken einzuwenden.

122 Schon aus **taktischen** Gesichtspunkten gibt es berechtigte Gegenargumente. Die Aussageperson kann sich in einer so ablaufenden Vorbesprechung auf die spätere Protokollierungsphase einstellen. Vorher Gesagtes kann korrigiert werden. Der Beschuldigte weiß, zumindest zum Teil, welche Fragen und Vorhalte auf ihn zukommen. Er hat Zeit, plausible Erklärungsansätze zu erfinden.

123 Aber nicht nur aus diesen taktischen Gründen sind Bedenken berechtigt. Mehr noch sprechen **forensische** Anforderungen gegen eine solche Verfahrensweise. Das Vorgespräch ist Teil der Sachvernehmung; aber nirgendwo erscheint, wie dieser Teil der Vernehmung abgelaufen ist, mit welchen Fragen, Vorgaben, Erwartungsäußerungen oder Vorhalte der spätere Protokollierungstext zustande gekommen ist und welche Aussagen darüber hinaus, ohne daß sie im Protokoll erscheinen, im Vorgespräch gemacht wurden.

124 Aus taktischen und beweiserheblichen Gründen sollte auf ein Vorgespräch mit oben angeführten Inhalten und Abläufen verzichtet werden. Dort wo aufgrund der Schwere des Deliktes eine Strukturierung des Vernehmungsinhaltes und des Vernehmungsablaufes notwendig erscheint, sollte eine **Tonbandvernehmung** durchgeführt werden. Das „Vorgespräch" wird damit zum vollwertigen Teil der Sachvernehmung.

125 Auch wenn sich der Vernehmungsbeamte aus bestimmten Gründen nicht zur Durchführung einer Tonbandvernehmung entschließen kann, muß auf eine Vorbesprechung nicht verzichtet werden. Sie sollte nur beschränkt werden auf erklärende Hinweise zum Ablauf und zur Strukturierung der Vernehmung (Reihenfolge der Sachverhalte, Zeitabläufe, die Aufforderung zur freien Schilderung mit anschließenden klärenden Fra-

---

[33] Vgl. Fischer 1975 S. 116 ff.; *Banscherus* 1977 S. 207 ff.; *Krause* 1978 S. 306; *Schmitz* 1978 S. 223 ff., 551 ff.; *Burghard* 1986 S. 32 ff.

gen). Die Aussageperson soll aber nicht befragt werden und keine inhaltliche Aussagen zum Sachverhalt machen. Die Hinweise, die einer Aussageperson zum Vernehmungsablauf gegeben wurden, sind in einem Aktenvermerk zu dokumentieren. Diese Form des Vorgesprächs ist **nicht Teil der Sachvernehmung**. Eine Belehrung ist vorher nicht notwendig.

2. Erhebung der Personalien/Belehrung

Die Aussagefreiheit des Beschuldigten nach § 136 Abs. 1 Satz 2 i. V. m. § 163a Abs. 4 Satz 2 StPO erstreckt sich nicht auf die unter § 111 OWiG fallenden **Personalien**. Diese Angaben dürfen nicht verweigert werden.[34]   126

Die Unterscheidung, ob jemand tatverdächtiger Zeuge oder bereits Beschuldigter ist, hat für die **Belehrung** Bedeutung. Als Beschuldigter ist die Person anzusehen, wenn der Tatverdacht so konkret ist, daß die Polizei (Staatsanwaltschaft) gerade gegen ihn ein Ermittlungsverfahren führt. Ansonsten ist der Tatverdächtige Zeuge.   127

Auch ein **tatverdächtiger Zeuge** ist zu belehren, daß er die Auskunft auf solche Fragen verweigern kann, deren Beantwortung ihn der Strafverfolgung aussetzen könnte (§ 55 i. V. .m. § 163a Abs. 5 StPO).   128

Der **Beschuldigte** ist bei der ersten Vernehmung durch die Polizei zu belehren (§ 136 i. V. m. § 163a Abs. 4 StPO),   129
- welche Tat ihm zur Last gelegt wird,
- daß es ihm freisteht, zur Sache auszusagen oder nicht,
- daß er die Möglichkeit hat, jederzeit, auch schon vor der Vernehmung, einen Verteidiger zu befragen,
- daß er das Recht hat, zu seiner Entlastung Beweisanträge zu stellen,
- daß er – in geeigneten Fällen – sich auch schriftlich äußern kann.

Die Verwendung von amtlichen **Belehrungsvordrucken** trägt in vielen Fällen nicht gerade zur Förderung der Aussagebereitschaft bei. Solche Vordrucke sind eher geeignet, vorhandene Widerstände zu verfestigen oder zu verstärken. Also wird man in solchen Fällen, in denen man durch ein erfolgreiches Kontaktgespräch Vertrauen und eine entspannte Atmosphäre geschaffen hat, nicht einen amtlichen Vordruck verwenden, sondern zu Beginn des Protokolls die Belehrung in eigener ausführlicher und verständlicher Sprache formulieren. Wie der Belehrungsinhalt vermittelt wird, hängt auch vom geistigen Niveau der Aussageperson ab. Auch aus diesem Grund kann die Verwendung von Vernehmungsvordrucken unangebracht sein.   130

Eine Belehrung sollte **in den seltensten Fällen** völlig **kommentarlos** abgegeben werden. Der Hinweis, daß eine Aussage oft genug die beste Möglichkeit sein kann, sich selbst zu entlasten, weil es später viel schwieriger werden kann, sich noch an entlastende Momente zu erinnern, oder der Hinweis, daß es denkbar ist, daß die Aussage des Beschuldigten auch zu   131

---

[34] *KK-Boujong* 1987 § 136 Rdnr. 7.

neuen entlastenden Ermittlungsansätzen führen kann, ist nicht nur zulässig, sondern kann aus Gründen der Fairneß geboten sein. Ein Beschuldigter, der sich zu Unrecht beschuldigt fühlt und es vielleicht auch wird, und sei es nur in Teilbereichen, müßte an sich zu überzeugen sein, daß seine Aussage ein Beitrag zu seiner Entlastung sein kann.[35]

3. Vernehmung zur Sache

a) Sachdienliche Erhebungen zur Person

132 Nach § 136 Abs. 3 StPO ist bei der ersten Vernehmung des Beschuldigten auf die **Ermittlung seiner persönlichen Verhältnisse** Bedacht zu nehmen. Durch Verweis (§ 163a Abs. 4 StPO) hat diese Bestimmung auch für die polizeiliche Vernehmung des Beschuldigten Gültigkeit. Die Vernehmung zur Person bezieht sich nur auf die zur Feststellung der Identität erforderlichen Angaben (s. Rdnr. 126). Alle weiteren Lebensumstände des Beschuldigten wie z. B. Lebenslauf, Berufsausbildung, Familienverhältnisse, Einkommen usw. gehören zur Vernehmung zur Sache; das heißt, daß der Beschuldigte hierüber die Aussage verweigern kann.

133 **Umfang** und **Inhalt** der Erhebungen sind abhängig vom Ermittlungsgegenstand. Es sind nur solche persönlichen Verhältnisse zu erheben, die nach dem gegenwärtigen Erkenntnisstand für die Sache von Bedeutung sind. Alle anderen Erhebungen wären unverhältnismäßig und ein unerlaubtes Eindringen in die Privatsphäre. Fallbezogen können Fragen vor allem zu folgenden drei Bereichen gestellt werden:
– zu sozialisations-/persönlichkeitsgestaltenden Umständen,
– zu tatgestaltenden Umständen,
– zu wirtschaftlichen Verhältnissen.

b) Vernehmung zur Tat

134 Grundsätzlich hat die **Vernehmung zur Tat** folgende Punkte zu umfassen:
– die Form der Täterschaft/der Tatbeteiligung,
– die Vortatphase,
– die objektiven Tatbestandsmerkmale,
– die subjektiven Tatbestandsmerkmale,
– soweit erkennbar oder vorgebracht: Rechtfertigungsgründe,
– soweit erkennbar: Aspekte zur Schuldfähigkeit,
– die Nachtatphase.

135 In den seltensten Fällen wird der **Bericht** (freie Sachverhaltsschilderung) des Beschuldigten diese Punkte umfassend abdecken. Noch während des Berichts – nur soweit erforderlich – und im Anschluß werden **gezielte Fragen** und **Vorhalte** zur Klärung der einzelnen Tatabschnitte den Bericht ergänzen. (S. dazu auch Rdnr. 76.)

---

[35] Vgl. *Bender/Röder/Nack* 1981b Rdnr. 752.

Die Vernehmung zur Tat sollte auch immer unter dem Gesichtspunkt **136** der **Erkennung möglicher weiterer Straftaten** durchgeführt werden. Nur die genaue Erhebung zur Tatvorbereitung, Tatausführung und Tatsicherung (Verwertung von Taterzeugnissen/Flucht/Schutzmaßnahmen u. a. m.) ermöglicht im Einzelfall das Ermitteln einer Tatserie, die Aufklärung von Anschlußtaten (z. B. Hehlerei, Begünstigung, Strafvereitelung) oder auch die Begehung von Straftaten in der Vorbereitungsphase (z. B. das Entwenden von Tatfahrzeugen/Tatwerkzeugen, Anstiftungen, Bedrohung, Erpressung, Nichtanzeige geplanter Straftaten).

Die Qualität der Erhebungen und die damit verbundene Datenspeicherung **137** in den elektronischen Meldesystemen der Polizei kann ein wesentlicher Beitrag zur **zukünftigen** erfolgreichen **Verbrechensbekämpfung** sein.

c) Protokollierung

Die Protokollierungstechnik hat erhebliche **Bedeutung** für die Verwertbarkeit **138** und den Beweiswert einer Vernehmung. Bei der Beschuldigtenvernehmung (Geständnis) kann das Protokoll über den Erfolg eines Widerrufs entscheiden.

Das **Vernehmungsprotokoll** soll eine aussagegetreue Abfassung aller **139** Angaben der Aussageperson sein. Es soll den Ablauf der Vernehmung erkennen lassen und muß auch besondere Begleitumstände enthalten. Es geht also bei der Erstellung des Vernehmungsprotokolls nicht nur in die wortgetreue Niederschrift der Aussage des zu Vernehmenden – obwohl das die wichtigste Anforderung ist –, sondern auch um die objektive Darstellung der Vernehmungssituation an sich und die während einer Vernehmung bedeutsamen Abläufe nonverbaler Reaktionen. Bei der Aufnahme seelisch-körperlicher Reaktionen in das Vernehmungsprotokoll, sei es durch Fragestellung oder Vorhalt nach dem Grund des Auftretens, ist vorher immer zu beurteilen, ob das direkte Ansprechen der gezeigten Reaktionen sich nicht hemmend auf den weiteren Vernehmungsablauf auswirkt. In solchen Fällen ist es vernünftiger, die Reaktion in der Vernehmung selbst nicht aufzugreifen, aber in einem Aktenvermerk zum Vernehmungsablauf eine objektive Darstellung der besonderen Begleitumstände abzugeben. Soweit es nicht für ermittlungszusammenführende oder -fortführende Belange bedeutend ist, sollte eine Beurteilung der Begleitumstände im Protokoll nicht schriftlich fixiert werden.

In der Praxis zeigt sich immer wieder, daß viel zu selten **Vernehmungen** **140** wirklich **in ihrer Gesamtheit** (Ablauf, Inhalte) **protokolliert** werden. Die Darstellung der äußeren Umstände umfaßt auch Beginn und Ende (Datum/Uhrzeit) der Vernehmung sowie Gründe (Ruhepause, Essenseinnahme, Übelkeit, starke Erregungszustände, Einnahme von Medikamenten u. a. m.) und Dauer von Unterbrechungen.

Bei länger andauernden Vernehmungen kann es angebracht sein, die **141** Aussageperson zu fragen – und dies ist schriftlich zu protokollieren –, ob sie eine **Unterbrechung** (Pause) wünscht.

Der **Protokollierungsvorgang** läuft **in der Praxis** mitunter wie folgt ab: **142**

Der Vernehmungsbeamte läßt die Aussageperson zunächst einen Sachverhalt schildern. Er hört sich diese Schilderung an, wobei er hin und wieder schon in diesem Stadium in sehr unterschiedlicher Form und Intensität klärende Rückfragen, korrigierende Eingriffe („Das ist nicht so wichtig!" – „Wir sollten uns mal auf diesen Vorgang etwas stärker konzentrieren!" – „Das sollten Sie mal näher erläutern!" – „Sind Sie sicher, daß das so gewesen ist?") vornimmt und steuernde Impulse einbringt.

Nach der Anhörung beginnt die eigentliche Protokollierung. Es wechseln Passagen, in denen der Vernehmungsbeamte die Aussagen des zu Vernehmenden sinngemäß mit eigenen Worten protokolliert, in denen er vorformuliert und nachfragt, ob es so zuträfe, in denen auf Nachfragen wörtlich formulierte Sätze der Aussageperson aufgenommen werden. Dieser Ablauf ist aber aus dem Protokoll nicht erkennbar. So entsteht ein Protokolltext, der den Eindruck einer zusammenhängenden Schilderung hinterläßt. Tatsächlich hat sich aber im Vorgespräch und noch während der Protokollierungsphase ein Interaktionsprozeß zwischen Aussageperson und Vernehmungsbeamten abgespielt, dessen Einflüsse auf den Aussageinhalt bedeutend sein können.

143 Selbst wenn der Vernehmungsbeamte an sich um ein Höchstmaß an Aussageoriginalität bemüht ist, muß ein solcher Verfahrensablauf zwangsläufig zu **Protokollierungsfehlern**[36] führen. Hier eine kurze Zusammenfassung solcher Fehler[37], die bei dieser Verfahrensweise am häufigsten auftreten:

144 – **Auslassungen:** Aussageteile, die dem Vernehmungsbeamten nebensächlich erscheinen, werden weggelassen. Die Aussage wird gestrafft, es wird nur das für die Tatbestandsklärung Notwendige aufgenommen. Dabei können wesentliche Kriterien zur Beurteilung der Glaubwürdigkeit einer Aussage verlorengehen.

145 – **Umformulierungen:** Im Bemühen um eine Tatbestandssubsumierung werden juristische Formulierungen verwandt, die von der Aussageperson nicht benutzt wurden; das gilt vor allem im Bereich der subjektiven Tatbestandsmäßigkeit. Bei unbeholfenen Aussagepersonen, die sich unklar und umständlich äußern, wird in klare, kurze Sätze umformuliert. Spätestens in der Hauptverhandlung wird erkennbar werden, daß die Aussageperson sich so wohl nicht geäußert hat. Der Beweiswert der Aussage leidet.

146 – **Fragen** und **Vorhalte** werden im Protokoll **nicht ausformuliert:** Der Protokolltext erweckt den Eindruck, als habe die Aussageperson den Sachverhalt aus eigener Erinnerung frei geschildert. Die Verwendung der Floskeln A. F. („Auf Frage") und A. V. („Auf Vorhalt") – eine häufig anzutreffende Unsitte in polizeilichen Vernehmungen – lassen nicht Art und Inhalt der Frage bzw. des Vorhalts erkennen. Zwar wird der Ablauf der Vernehmung (Frage, Vorhalt, Antwort) dadurch dokumentiert, da aber nicht gleichzeitig der Inhalt protokolliert wird, fehlt es an wichtigen Informationen.

---

36 Vgl. *Schmitz* 1978 S. 373–378; *Bender/Röder/Nack* 1981 b Rdnr. 822 ff., *Gundlach* 1984 S. 182 ff.
37 Vgl. *Bender/Röder/Nack* 1981 b Rdnr. 822 ff.

Vernehmung

Wie kann nun der Vernehmungsbeamte versuchen, solche **Schwachstellen** im Protokollierungsverfahren weitgehend **auszuschalten**? 147

Bei der Vernehmung sollten grundsätzlich **zwei Phasen** unterschieden werden: 148
- erste Phase: der Bericht (die freie Schilderung des Sachverhalts) der Aussageperson;
- zweite Phase: die ergänzende Befragung durch den Vernehmungsbeamten.

Die Idealform in der **ersten Phase** ist das **Selbstdiktat** durch die Aussageperson. So könnte eine wörtliche Protokollierung stattfinden. Der Einwand, es gäbe Aussagepersonen, die nicht in der Lage seien, selbst zu diktieren, ist berechtigt. Allerdings stellt sich auf der anderen Seite die Frage, wie oft eigentlich in der polizeilichen Vernehmungspraxis versucht wird, diese Idealform einer wortgetreuen Protokollierung tatsächlich anzuwenden? Eine erklärende Vorbereitung auf das Verfahren, der Hinweis nicht zu schnell zu sprechen, damit der Protokollführer (die Sekretärin) das gesprochene Wort sofort mitschreiben kann, erleichtern die Protokollierung beim Selbstdiktat. 149

Aussagepersonen, die einen umfangreichen Sachverhalt nicht im Selbstdiktat schildern können, sollten durch **offene Fragestellungen** – die zu protokollieren sind – in die Lage versetzt werden, zumindest längere Passagen frei zu schildern bzw. zu diktieren. Der Bericht der Aussageperson sollte soweit wie möglich wortgetreu ins Protokoll aufgenommen werden. 150

Damit es möglichst nicht zu Unterbrechungen kommt, kann man versuchen, durch **neutrale Impulse** die Fortsetzung der Schilderung zu fördern („Mmh, mmh!" – „So, so!" – „Aha!" – „Und dann?" – „Wie ging es dann weiter?") Dabei muß man aufpassen, daß man nicht wertende Impulse („Das ist ja toll!" – „Unglaublich!" – „Was es nicht alles gibt!" – „Das ist ja hochinteressant!") verwendet, da sie geeignet sind, Inhaltsverstärkungen, -erweiterungen und -beeinflussungen hervorzurufen. Gerät die Schilderung ins Stocken, können offene Fragen wieder einen neuen Impuls zur Fortsetzung des freien (diktierten) Berichts geben. 151

Aussagepersonen, die aus Veranlagungsgründen einen erlebten Sachverhalt **nicht frei schildern** können, müssen befragt werden. Die erste Phase, der Bericht, wird hier weitgehend entfallen müssen. Die Fragen werden im Protokolltext wörtlich aufgenommen. Das gleiche gilt für Vorhalte und natürlich auch für die Antworten. Aber auch bei diesem Verfahren kann es dem Vernehmungsbeamten noch gelingen, durch offene Fragen eine Teilschilderung und eine weitgehend ungesteuerte und vor allem unbeeinflußte Aussage zu erhalten. Erst danach sollten, soweit erforderlich, konkrete Fragen zum Sachverhalt gestellt und Vorhalte formuliert werden. 152

Die Befragung als **zweite Phase** der Vernehmung dient der Vervollständigung der Aussage und soll zur Klärung noch offener Sachverhalte (Zusatz- und Ergänzungsfragen) sowie etwaiger Widersprüche führen. 153

Die „**sinngemäße**" Protokollierung einer Aussage in der Form der direkten Rede (Ich-Form) erweckt den falschen Eindruck, als habe sich die Aus- 154 sageperson wörtlich so ausgedrückt. Bei einer „sinngemäßen" Protokollierung, zumeist aus Vereinfachungsgründen (schneller, straffer, nicht so zeitaufwendig, nicht so umfangreich) praktiziert, ist mit allen oben genannten Schwachstellen nebst den verschiedenen Protokollierungsfehlern (Rdnr. 143 ff.) zu rechnen. Es stellt sich die Frage, ob bei weniger bedeutsamen Sachverhalten, bei denen eine „sinngemäße" Protokollierung zulässig und angemessen ist, nicht auf die Form der direkten Rede verzichtet werden sollte.[38] So könnte der Vernehmungsbeamte z. B. einen Aktenvermerk (Bericht) über die wesentlichen Inhalte der Aussage fertigen und sich durch Unterschrift der Aussageperson die inhaltliche Richtigkeit bestätigen lassen. Dieses Verfahren entspräche der tatsächlichen Vernehmungssituation viel eher als ein Verfahren der Vor- oder Umformulierung der Aussagen des Zeugen oder Beschuldigten mit anschließender Protokollierung in wörtlicher Rede. *Burghard* fordert in diesem Zusammenhang eine Protokollierung in indirekter Rede, wenn Erzählphasen aus ökonomischen Gründen gestrafft werden, während eine Protokollierung in wörtlicher Rede nur erfolgen soll, wenn die Aussagen auch tatsächlich wörtlich niedergeschrieben werden.[39]

155   Das fertige Protokoll sollte von der Aussageperson **selbst durchgelesen** werden. Lehnt der Vernommene ein Durchlesen ab, so ist das am Ende des Vernehmungsprotokolls zu vermerken. Nur wenn besondere Gründe vorliegen, sollte der Aussageperson das Protokoll **vorgelesen** werden. In einem solchen Fall sollte die Aussageperson das Original des Vernehmungsprotokolls erhalten und aufgefordert werden, **handschriftliche Korrekturen** im Protokoll vorzunehmen. Die verbesserte Stelle sollte mit seinem Handzeichen versehen sein. Handschriftliche Anmerkungen und Korrekturen verdeutlichen, daß sich die Aussageperson noch einmal mit dem Inhalt des Protokolls auseinandergesetzt hat. Dadurch kann der Beweiswert einer Aussage gefestigt werden. Handschriftliche Verbesserungen können ein Beitrag zur Absicherung eines Geständnisses gegen Widerruf sein. Bedeutsame Vernehmungen sind von der Aussageperson auf jeder Seite (im Original und auf sämtlichen Durchschriften) zu **unterschreiben.** Das Vernehmungsprotokoll wird mit der Unterschrift der Aussageperson und des Vernehmungsbeamten geschlossen. Der Vernommene unterschreibt unter dem Vermerk „selbst gelesen, genehmigt und unterschrieben" bzw. „vom Beamten vorgelesen und im Original mitgelesen, genehmigt und unterschrieben". Die Verweigerung einer Unterschrift wird mit der vorgetragenen Begründung des Beschuldigten vermerkt.

156   In der Protokollierungsphase besteht die Gefahr, daß der Beamte (unbewußt) zu einem **falschen Vernehmungsverhalten** neigt. Einige Gefahrenmomente wurden bereits angesprochen (vgl. oben Rdnr. 23 ff., 56 ff., 76 ff., 139); das bedeutsamste soll noch einmal aufgegriffen werden. Vorkenntnisse (bisherige Ermittlungsergebnisse, Zeugenaussagen, Tatortbefundbericht) können den Beamten stark beeinflussen. Er kann eine feste Vorstel-

---

38 Vgl. *Burghard* 1986 S. 49 ff.
39 *Burghard* 1986 S. 49 ff.

lung über den Ablauf des Tatgeschehens haben und „erwartet", daß dieses Bild „bestätigt" wird. Bei wesentlichen Abweichungen greift er lenkend und korrigierend in die Aussage ein. In der Phase der Befragung kann es passieren, daß er nur solche Fragen stellt, die er für relevant hält. Durch Umformulierungen versucht er, die Aussagen den Tatbestandsmerkmalen des – vermuteten – Deliktes „anzupassen". Hinzufügungen, Auslassungen, Interpretationen, Verbesserungen, Korrekturen, die nicht von der Aussageperson gewollt waren und veranlaßt wurden, erscheinen im Vernehmungsprotokoll häufig, ohne daß die Einflußnahme aus dem Protokolltext erkennbar ist. So wird nicht nur die Aussage an sich verfälscht, sondern es können wichtige Ermittlungsinformationen – die Aussageperson erhält überhaupt nicht die Gelegenheit, ihr gesamtes Sachverhaltswissen zu schildern – verloren gehen, und die gesamte Ermittlungsführung kann einseitig werden.

Der Vernehmungsbeamte muß sich dieser Gefahrenmomente ständig bewußt sein. Wenn er bereit ist, sich immer wieder **selbstkritisch** zu überprüfen, ob er auch tatsächlich unvoreingenommen ist und offen reagiert, ob er interessiert und geduldig zuhören kann, dann besteht die Chance, daß solche Vernehmungsfehler weitgehend vermieden werden.

4. Die Tonbandvernehmung

Selbst bei Berücksichtigung aller Erkenntnisse über Schwachstellen und Problembereiche und Umsetzung aller Vorschläge zur Verbesserung werden Vernehmungsprotokolle nur selten den gesamten Vernehmungsablauf authentisch widerspiegeln können. Es stellt sich also die Frage, ob es nicht bessere Mittel zur Wiedergabe von Vernehmungsabläufen und -inhalten gibt. Der Idealform am nächsten käme wohl eine **Bild-Ton-Aufzeichnung (Video)**. Da eine solche Forderung derzeit utopisch ist, soll auf einen möglichen Verfahrensablauf nicht eingegangen werden. Es bleibt allerdings abzuwarten, in welchem Umfang in absehbarer Zeit neue Kommunikationstechniken unsere Arbeitsplätze und Arbeitsabläufe verändern werden.

Ein ausgezeichnetes Hilfsmittel zur Protokollierung kann das **Tonband** sein.[40] Viele Schwachstellen und Fehlermöglichkeiten der herkömmlichen Protokollierungstechnik werden von vornherein ausgeschaltet. Die Tonbandaufnahme gibt den Vernehmungsablauf und den Vernehmungsinhalt akustisch originalgetreu wieder.

Bedenken, die gegen den Einsatz des Tonbandes sprechen könnten, sind in vielen Fällen unbegründet. Inwieweit ein Tonband auf die Aussageperson gesprächshemmend wirkt, hängt entscheidend von der Vorbereitung der Vernehmung ab. Erfahrungen zeigen, daß schon nach kurzer Zeit zunächst gehemmte Aussagepersonen frei und normal sprechen, sogar die Existenz des Tonbandes ganz vergessen können, wenn das Gerät entsprechend plaziert ist. Auch in einem klärenden Vorgespräch (oben

---

40 Vgl. zum Verfahren und zu Rechtsfragen: *Bender/Röder/Nack* 1981b Rdnr. 825; *Busam* 1983 S. 101 ff.; *Schubert* 1983 S. 120 ff.; *Wulf* 1984 S. 483 ff.

Rdn. 120 ff.) über den Vernehmungsablauf können Hemmungen abgebaut werden. Gewissermaßen zum „Einstimmen" kann das Tonband auch schon beim Kontaktgespräch (oben Rdnr. 117 ff.) mitlaufen. Die Argumentation, eine Tonbandvernehmung sei zu aufwendig, trifft dann zu, wenn die Tonbandprotokollierung zur Regel würde. Das wird niemand vernünftigerweise fordern. Eine kurze Zeugenaussage zu einem einfachen Sachverhalt ist selbstverständlich schneller und ökonomischer mit der Schreibmaschine protokolliert. Wer die Tonbandvernehmung aber nur für Mordfälle „reservieren" will, unterschätzt ihre Bedeutung und Anwendungsmöglichkeiten. In der Vernehmungssituation selbst verkürzt die Anwendung des Tonbandes den Zeitaufwand für die Protokollierung. Die spätere Abschrift kann dagegen zeitaufwendig werden. Aber auch das ist bei schwerwiegenden Delikten gegenüber den ermittlungstaktischen und beweiserheblichen Vorteilen kein ernstzunehmendes Gegenargument.

161 Soll eine Vernehmung auf Tonband protokolliert werden, so bedarf es unbedingt der **Zustimmung der Aussageperson.** Eine heimliche Tonbandaufnahme ist unzulässig (Schutz des allgemeinen Persönlichkeitsrechts, Verletzung der Vertraulichkeit des Wortes).

162 Es ist eigentlich selbstverständlich, daß nur ein **technisch hochwertiges Gerät** verwendet werden sollte. Ein Rundummikrofon ermöglicht die Aufnahme verschieden plazierter Gesprächspartner im Raum. Die Aufnahmeempfindlichkeit sollte einen etwas distanzierten Standort außerhalb des Blickfeldes der Aussageperson zulassen. Das Auftreten späterer Nebengeräusche ist durch geeignete Planungsmaßnahmen weitgehend zu verhindern.

163 Die Vernehmung muß besonders **gut vorbereitet** sein. Der Vernehmungsbeamte muß über detaillierte Sachkenntnisse verfügen, um schnell und lageangepaßt in der Befragungsphase reagieren zu können. Beweismittel, die der Aussageperson in der Vernehmung vorgehalten werden könnten, müssen bereitgehalten werden. Die Vorbereitungen müssen mit der Zielrichtung getroffen werden, daß keine größeren Vernehmungspausen entstehen sollten.

164 In der Vorbereitungsphase muß auch geklärt werden, ob ein **zweiter Vernehmungsbeamter** zur Vernehmung hinzugezogen werden sollte. Zwischen den beiden Beamten muß dann eine klare Absprache über den Vernehmungsablauf erfolgen. Ein Beamter wird die Vernehmung führen, während der zweite Beamte zunächst Notizen über Beobachtungen, Besonderheiten im Verhalten der Aussageperson, widersprüchliche Aussagen, offene Fragen u. ä. m. fertigt. Solche Punkte werden dann in der Befragungsphase (nur im Ausnahmefall sofort) aufgegriffen.

165 Die Tonbandvernehmung wird **mit** einigen **Formalien eingeleitet.** Es wird der Gegenstand der Vernehmung mit den Personalien (Vorname, Name, Stand, Beruf, Geburtsdatum, Geburtsort, Wohnanschrift) der Aussageperson auf Band gesprochen. Dann werden Ort, Tag und Uhrzeit (Beginn) der Vernehmung aufgenommen. Die bei der Vernehmung anwesenden Personen werden genannt. Anschließend wird die Aussageperson befragt, ob sie einverstanden ist, daß bei der Vernehmung das Tonband als

Hilfsmittel benutzt wird. Nach der Einverständniserklärung schließt sich die Belehrung an. Die Aussageperson spricht ihre Bereitschaft, zur Sache auszusagen, ebenfalls auf Band.

Die Vernehmung **beginnt** mit den Erhebungen zur Person und wird fortgesetzt mit der Aussage zur Sache. **166**

Sollten sich im Vernehmungsverlauf besondere **akustische Vorgänge** abspielen, werden sie durch einen kurzen auf Band gesprochenen Hinweis erklärt (im unmittelbaren Anschluß an den Vorgang). **167**

Das Band soll ohne **Unterbrechung** laufen. Sollte aus irgendwelchen Gründen dennoch eine Unterbrechung (Essen, Austreten) notwendig werden, wird die Unterbrechung mit Uhrzeit und Grund angekündigt und das Tonband ausgeschaltet. Bei Wiederaufnahme der Vernehmung wird die Uhrzeit auf Band gesprochen. Besonderheiten, die sich während der Vernehmungspause ergeben haben, werden ebenfalls vor Fortsetzung der Vernehmung auf Band vermerkt. Falls vernehmungstaktische Gründe entgegenstehen, sind sie in einem schriftlichen Aktenvermerk zu erfassen. **168**

Am **Ende** der Vernehmung wird die Aussageperson gefragt, ob sie noch ergänzende Anmerkungen machen möchte. Danach wird die Vernehmung mit Angabe von Datum und Uhrzeit geschlossen. **169**

Von der Tonbandvernehmung ist eine **Protokollabschrift** zu fertigen, die zu den Akten genommen wird. Das Tonband muß bis zum Abschluß des Verfahrens asserviert werden. **170**

VIII. Die Gegenüberstellung

1. Rechtliche Bestimmungen[41]

Die Gegenüberstellung des **Zeugen** mit anderen Zeugen oder mit dem Beschuldigten im Vorverfahren ist zulässig, wenn es für das weitere Verfahren geboten erscheint (§ 58 Abs. 2 StPO). Die Entscheidung, ob im Ermittlungsverfahren eine Gegenüberstellung aus Gründen der Sachverhaltsaufklärung (§ 163 Abs. 1 StPO) notwendig wird, treffen die Strafverfolgungsorgane nach pflichtgemäßen Ermessen. Die Gegenüberstellung zur Klärung von Widersprüchen in Zeugenaussagen ist für die Zeugen eine besondere Art der Vernehmung.[42] Auch die Gegenüberstellung zum Zwecke der Identitätsfeststellung ist für den Zeugen Vernehmung. In beiden Fällen müssen zeugnisverweigerungsberechtigte Personen vor der Durchführung der Gegenüberstellung belehrt werden (§ 52 StPO).[43] **171**

Der **Beschuldigte** muß die Gegenüberstellung dulden[44], auch wenn er die Aussage verweigert. Zur aktiven Teilnahme (sprechen, bestimmte Handlungen vornehmen) ist er nicht verpflichtet. Die zwangsweise Veränderung der Haar- und Barttracht eines Beschuldigten ist dann zulässig, wenn **172**

---

41 Vgl. die ausführlichen Erörterungen zu Rechtsfragen bei *Odenthal* 1986 S. 52 ff.
42 *KK-Pelchen* 1987 § 58 Rdnr. 7.
43 *KK-Pelchen* 1987 § 58 Rdnr. 7, 8; *Kleinknecht/Meyer* 1989 § 58 Rdnr. 9.
44 *KK-Pelchen* 1987 § 58 Rdnr. 7, 8; *Kleinknecht/Meyer* 1989 § 58 Rdnr. 9.

die Veränderung der Identifizierung des Beschuldigten als Person oder Täter dient. Dabei soll ihm ein Aussehen gegeben werden, das er nach Ermittlungserkenntnissen zu einer früheren Zeit (z. B. Tatzeit) gehabt hat. Als Rechtsgrundlagen können die §§ 81a, 81b StPO in Betracht kommen. Dabei wird überwiegend die Auffassung vertreten, daß die Veränderung der Haar- und Barttracht ausschließlich zu Zwecken der Identifizierung kein körperlicher Eingriff i. S. d. § 81a StPO, sondern durch § 81b StPO gerechtfertigt ist.[45] Es kann auch die Entfernung eines Bartes erforderlich werden. Dann ist aber von einem körperlichen Eingriff nach § 81a StPO auszugehen.[46]

173 Die Polizei darf eine auf freiem Fuß befindliche Person nicht gegen ihren Willen zur Gegenüberstellung **vorführen.** Dagegen kann die Staatsanwaltschaft einen **Zeugen** zum Zwecke der Gegenüberstellung laden (§ 161a Abs. 1 S. 1 und 2 StPO i. V. m. § 58 Abs. 2 StPO) und, wenn notwendig, seine Vorführung anordnen (§ 161a Abs. 2 StPO i. V. m. § 51 Abs. 1 S. 3 StPO). Auch der **Beschuldigte** kann zum Zwecke der Gegenüberstellung von der Staatsanwaltschaft geladen und notfalls nach Anordnung vorgeführt werden (§ 163a Abs. 3 S. 1 und 2 StPO i. V. m. §§ 133 bis 135 StPO).

174 Zum **Verfahrensablauf** gibt Nr. 18 der Richtlinien für das Strafverfahren und das Bußgeldverfahren (RiStBV) erste Hinweise:

„Soll durch eine Gegenüberstellung geklärt werden, ob der Beschuldigte der Täter ist, so ist dem Zeugen nicht nur der Beschuldigte, sondern zugleich auch eine Reihe anderer Personen gleichen Geschlechts, ähnlichen Alters und ähnlicher Erscheinung gegenüberzustellen, und zwar in einer Form, die nicht erkennen läßt, wer von den Gegenübergestellten der Beschuldigte ist **(Wahlgegenüberstellung).** Entsprechendes gilt bei der Vorlage von Lichtbildern. Die Einzelheiten sind aktenkundig zu machen."

Die Durchführungshinweise beziehen sich ausschließlich auf eine Täteridentifizierungsgegenüberstellung (unten Rdnr. 176).

175 Bezogen auf die Person des zu Identifizierenden stützt sich eine **zwangsweise** Anordnung und **Durchführung der Gegenüberstellung** auf § 81a StPO.[47] Maßnahmen nach § 81a StPO sind nur gegen den Beschuldigten zulässig.[48] Soll durch die Gegenüberstellung aber erst geklärt werden, ob gegen jemanden ein konkreter Tatverdacht vorliegt und er als Beschuldigter anzusehen ist, so kann eine Gegenüberstellung gegen den Willen des Betroffenen nicht angeordnet werden. Erst wenn durch andere Ermittlungen der Tatverdacht verdichtet wurde und gegen die Person als Beschuldigten ermittelt wird, ist über § 81a StPO eine zwangsweise Gegenüberstel-

---

45 Vgl. *KK-Pelchen* 1987 § 58 Rdnr. 8, § 81a Rdnr. 6, § 81b Rdnr. 3; *Kleinknecht/Meyer* 1989 § 81a Rdnr. 23, § 81b Rdnr. 10.
46 *KK-Pelchen* 1987 § 58 Rdnr. 8, § 81a Rdnr. 6, § 81b Rdnr. 3.
47 So die wohl h. M. In Rechtsprechung und Literatur werden allerdings auch § 58 Abs. 2 StPO sowie § 81b StPO als Rechtsgrundlagen genannt (vgl. dazu *Kleinknecht/Meyer* 1989 § 58 Rdnr. 9 m.w.N.).
48 Zu den Mindermeinungen (Fn. 47) ist festzuhalten, daß sich auch § 81b StPO nur auf den Beschuldigten, § 58 Abs. 2 StPO dagegen sowohl auf den Beschuldigten als auch auf Zeugen bezieht.

lung möglich. Da in solchen Fällen Gefahr im Verzuge regelmäßig zu verneinen ist, liegt die Anordnungskompetenz beim Richter (§ 81 a Abs. 2 StPO). Eine Gegenüberstellung mit einem Tatverdächtigen bei der Polizei setzt voraus, daß sich der Betroffene zu einer Teilnahme freiwillig bereit erklärt. Sein Einverständnis ist aktenkundig zu machen.

2. Arten

Gegenüberstellungen lassen sich nach ihrer Zielrichtung in 176
– Identifizierungsgegenüberstellung und
– Vernehmungsgegenüberstellung
unterteilen.
Identifizierungsgegenüberstellungen sind in der Form
– der Einzelgegenüberstellung oder
– der Wahlgegenüberstellung
möglich.
Besondere Arten der Wahlgegenüberstellung sind
– die offene Wahlgegenüberstellung,
– die verdeckte Wahlgegenüberstellung,
– die gedeckte Wahlgegenüberstellung,
– die Wahlgegenüberstellung am Tatort.
Als Ersatz für eine Wahlgegenüberstellung kann unter bestimmten Voraussetzungen auch eine
– Wahllichtbildvorlage oder eine „Wahlgegenüberstellung" per Video
durchgeführt werden.

Eine **Vernehmungsgegenüberstellung** wird in der Regel als Einzelgegen- 177
überstellung (Zeuge – Zeuge; Zeuge – Beschuldigter) durchgeführt. Sie dient der Klärung von Widersprüchen. Vor einer Vernehmungsgegenüberstellung sind die Vernehmungsprotokolle genau auszuwerten. Die Widersprüche sind in einem Vermerk oder einer Synopse schriftlich zu fixieren. Es bietet sich häufig an, zwei Beamte und eine Schreibkraft einzusetzen. Der sachbearbeitende Beamte wird der vernehmungsführende Beamte sein. Der zweite Beamte übernimmt Beobachtungs- und Bewachungsaufgaben. Die teilnehmenden Personen sind so zu plazieren, daß es zu keinen tätlichen Auseinandersetzungen, Absprachen oder Zeichenabgaben kommen kann. Die vorformulierten gezielten Fragen und Vorhalte werden wörtlich protokolliert. Das gilt natürlich auch für die Antworten. Über Art, Ablauf (Verhalten) und Ergebnis wird ein zusammenfassender Bericht erstellt. Vernehmungsgegenüberstellungen sollten nicht mit ängstlichen oder unsicheren Zeugen durchgeführt werden.

Zur **offenen Wahlgegenüberstellung** wird im nächsten Abschnitt (unten 178
Rdnr. 183 ff.) ausführlich Stellung genommen.

Bei der **verdeckten Wahlgegenüberstellung** wird dem Beschuldigten 179
nicht bewußt, daß eine Gegenüberstellung stattfindet. Er wird von einem Zeugen beobachtet, ohne es zu wissen. Vorher und anschließend werden

Vergleichspersonen von dem Zeugen in ähnlicher Situation betrachtet. So kann z. B. eine Vernehmungssituation mit dem Beschuldigten und den Vergleichspersonen simuliert und dabei dem Identifizierungszeugen Gelegenheit gegeben werden, durch einen nur einseitig durchsichtigen (sog. venezianischen) Spiegel die gegenübergestellten Personen zu betrachten. Verdeckte Wahlgegenüberstellungen können aber auch im Zusammenhang mit einer Vorführung oder bei Strafgefangenen während des Hofganges im Gefängnis organisiert werden. Bei Beschuldigten (Tatverdächtigen), die sich auf freiem Fuß befinden, ist eine verdeckte Wahlgegenüberstellung u. U. am Arbeitsplatz, in einer Gastwirtschaft, auf offener Straße möglich. Ihre Planung wird dann in Betracht gezogen, wenn vom Beschuldigten Widerstand gegen eine Wahlgegenüberstellung oder störendes Verhalten anderer Art zu erwarten ist. Sie kann auch dann durchgeführt werden, wenn aus ermittlungstaktischen Gründen vorerst ein Kontakt mit dem Beschuldigten vermieden werden soll.

180   Bei der **gedeckten Wahlgegenüberstellung** weiß der Beschuldigte, daß eine Wahlgegenüberstellung stattfindet, kann aber den Zeugen durch den Einsatz technischer Hilfsmittel (z. B. venezianischer Spiegel) nicht sehen. Diese Art der Wahlgegenüberstellung wird praktiziert, wenn der Zeuge geschützt werden soll (der Zeuge hat Angst oder steht noch unter Tateinwirkung; insb. bei Kindern) oder eine Beeinflussung durch den Beschuldigten zu erwarten ist.

181   Eine **Wahllichtbildvorlage** oder eine „**Wahlgegenüberstellung" per Video** kann dann erfolgen, wenn eine offene Wahlgegenüberstellung aus sachlichen Gründen nicht möglich ist. Ihr Ablauf ist formal und inhaltlich vergleichbar mit der offenen Wahlgegenüberstellung. Bei der Verwendung dreiteiliger ED-Lichtbilder muß das Foto, das ED-Nummer und Dienststelle enthält, abgedeckt werden (auch bei den Fotos der Vergleichspersonen). Bei einer „Wahlgegenüberstellung" per Video können den Zeugen Einzelaufnahmen (Zusammenschnitt) von Vergleichspersonen und Tatverdächtigen vorgeführt werden. Es ist aber auch denkbar, daß ein vergleichbarer Ablauf wie bei der offenen Wahlgegenüberstellung (s. Rdnr. 183 ff.) über Videovorführung abläuft. Die „Wahlgegenüberstellung" per Video ist gut vorbereitbar und aufgrund des vorhandenen Filmmaterials vor Gericht jederzeit nachvollziehbar (Gestaltung, Ablauf).

182   Bei der **Wahlgegenüberstellung am Tatort** sollen die Tatzeugen unter vergleichbaren Bedingungen, wie sie zur Tatzeit herrschten (Witterung, Tageszeit, Distanz, Lichtverhältnisse), ihre Feststellungen treffen. Eine Täteridentifizierung durch einen oder mehrere Zeugen unter solchen Bedingungen kann fallbezogen als beweiskräftiger zu werten sein als eine Wahlgegenüberstellung auf der Dienststelle. Auch die Glaubwürdigkeit einer Zeugenaussage ist besser überprüfbar.

3. Die Wahlgegenüberstellung (offen)

Eine Wahlgegenüberstellung muß gründlich vorbereitet werden. Die **Vorbereitung** muß sich vor allem auf folgende Maßnahmen erstrecken: **183**
- Auswahl des Raumes,
- Auswahl und Vorbereitung der Vergleichspersonen,
- Vorbereitung und Betreuung der Zeugen,
- Vorbereitung des Beschuldigten,
- Bereithalten von Nummerntäfelchen,
- Vorbereitung einer Übersicht zum Eintragen der Aufstellung der Gegenüberstellungspersonen, der Anzahl der Gegenüberstellungsdurchgänge und der Ergebnisse,
- Bereithalten einer Kamera,
- Kräfteansatz und Aufgabenverteilung.

Polizeidienststellen werden in der Regel über keinen Spezial**raum** zur Durchführung von Wahlgegenüberstellungen verfügen. So wird der Sachbearbeiter ein Dienstzimmer auswählen, das groß genug ist, damit die Vergleichspersonen und der Beschuldigte den Zeugen in angemessener Distanz gegenüberstehen können. Zudem muß es möglich sein, nach der Aufstellung die Reihe der Vergleichspersonen und den Beschuldigten zu fotografieren oder per Video aufzunehmen. Im Raum müssen gute Lichtverhältnisse herrschen. Um ausnahmsweise, vom Sachverhalt ausgehend, ungünstigere Lichtverhältnisse herbeiführen zu können, muß der Raum abzudunkeln sein. Im Raum selbst sollten sich keine störenden (ablenkenden) Gegenstände befinden. **184**

Die **Auswahl der Vergleichspersonen** bereitet in der Praxis sehr oft größte Schwierigkeiten. Insbesondere in Eilfällen, wenn nach unmittelbarer Tatausführung ein Tatverdächtiger (Beschuldigter) schnell ermittelt werden konnte und eine Gegenüberstellung mit Identifizierungszeugen geboten ist, stellt sich die Frage, auf welche Art und Weise etwa acht passende Vergleichspersonen gefunden werden können. Bei einer Wahlgegenüberstellung, die ohne Zeitdruck planbar ist, wird dies nicht ganz so schwierig sein. Oft werden Beamte der Dienststelle ausgewählt. Dies ist aber nur bei großen Dienststellen mit starker personeller Besetzung möglich; bei kleineren Dienststellen besteht die Gefahr, daß die Identifizierungszeugen die Beamten bereits vom Sehen her kennen. Die Beamten sind dann als Vergleichspersonen ungeeignet. Der Phantasie, geeignete Vergleichspersonen ausfindig zu machen, sind kaum Grenzen gesetzt. Entscheidend ist, daß sie in Alter, Größe, Bekleidung und sonstiger Erscheinung dem Beschuldigten ähnlich sehen und sie dem Zeugen nicht bekannt sind. **185**

Vergleichspersonen müssen über den Ablauf der Wahlgegenüberstellung **informiert** werden. Kann sich der Zeuge an bestimmte Verhaltensweisen oder Äußerungen (Sprache) des Beschuldigten erinnern, so müssen auch die Vergleichspersonen bei der Durchführung der Wahlgegenüberstellung **186** nach Aufforderung durch den Leiter vorbereitete Sätze sprechen oder ein bestimmtes Verhalten nachvollziehen.

187 **Zeugen** dürfen vor der Gegenüberstellung den Vergleichspersonen und dem Beschuldigten **nicht begegnen**. Wenn mehrere Zeugen an einer Wahlgegenüberstellung teilnehmen, müssen sie getrennt werden. Es muß gewährleistet sein, daß sie untereinander vor der Wahlgegenüberstellung keinen Kontakt hatten und eine Absprache nicht möglich war. Es bietet sich an, Zeugen in voneinander getrennten Dienstzimmern unterzubringen, sie dort zu betreuen und zu vernehmen (unten Rdnr. 188).

188 Zeugen sind vor der Gegenüberstellung zu **vernehmen**. Dabei soll der Zeuge den Täter detailliert beschreiben. Die Aussage kann im Zusammenhang mit der Identifizierung zur Überprüfung der Glaubwürdigkeit des Zeugen beitragen. Die Beschreibung muß bei der Auswahl ähnlicher Vergleichspersonen mitberücksichtigt werden.

Selbst wenn ein Zeuge bereits zu einem früheren Zeitpunkt zur Sache vernommen worden ist und bei dieser Vernehmung eine Personenbeschreibung abgegeben hat, ist es aus Gründen der Beweiskraft erforderlich, ihn noch einmal kurz vor der Gegenüberstellung zu vernehmen (Täterbeschreibung). So wird erkennbar, an welche Besonderheiten er sich *noch immer* erinnert und ob die spätere (mögliche) Identifizierung mit diesen Erinnerungen übereinstimmt. In dieser Vernehmung muß auch geklärt werden, ob der Zeuge den Täter schon einmal in einem anderen Zusammenhang gesehen hat.

189 Auch der Zeuge muß genau über den Ablauf der Wahlgegenüberstellung **informiert** werden. Dabei darf ihm nicht der Eindruck vermittelt werden, man erwarte von ihm, daß er den Täter wiedererkennt. Er soll sich die Personen ruhig betrachten und dabei Zeit lassen. Während der Durchführung soll er sich nicht äußern. Ihm sollte auch verdeutlicht werden, daß sich der Täter nicht unbedingt unter den gegenübergestellten Personen befinden muß. Er darf sich nicht zu einer Entscheidung gezwungen fühlen.

190 Dem **Beschuldigten** ist der Ablauf der Wahlgegenüberstellung zu **erklären**. Dabei ist er besonders darauf hinzuweisen, daß er als erster eine Nummerntafel aussuchen und auch seinen Platz in der Aufstellungsreihe frei wählen kann. Während der Durchführung soll er sich ruhig und neutral verhalten. Vorformulierte Sätze werden erst nach Aufforderung durch den Leiter der Wahlgegenüberstellung gesprochen; dasselbe gilt für die Ausführung bestimmter Bewegungen (z. B. einige Schritte gehen, sich umdrehen). Ihm wird erläutert, daß die gleichen Aufforderungen auch an die Vergleichspersonen gerichtet werden. In diesem Zusammenhang sollte der Beschuldigte darüber belehrt werden, daß er rechtlich verpflichtet ist, an der Wahlgegenüberstellung passiv teilzunehmen, eine rechtliche Verpflichtung zur aktiven Teilnahme aber nicht besteht.

191 Der Beschuldigte muß ähnlich **gekleidet** sein, wie die Vergleichspersonen. Er darf durch seine Bekleidung nicht auffallen. Wenn es möglich ist, soll der Beschuldigte die Kleidung tragen, die er auch bei der Tatausführung getragen hat. Hier ist es besonders bedeutsam, daß die Vergleichspersonen entsprechend gekleidet sind. Die Haar- und Barttracht des Beschul-

digten darf zum Zwecke der Gegenüberstellung verändert werden (vgl. oben Rdnr. 173).

Dem **Tatverdächtigen,** der **nicht Beschuldigter** ist, ist Sinn und Zweck der Wahlgegenüberstellung in besonderer Weise darzulegen. Da er eine Tatbeteiligung verneint (sonst wäre er Beschuldigter), ist ihm zu verdeutlichen, daß die Wahlgegenüberstellung ein geeignetes Mittel zu seiner Entlastung sein kann, wenn ein Zeuge mit Sicherheit feststellt, daß der Täter unter den gegenübergestellten Personen nicht war. **192**

Er muß aber auch belehrt werden, daß er zur Teilnahme an der Wahlgegenüberstellung nicht gezwungen werden kann. Nur wenn er sich freiwillig dazu bereiterklärt – diese Erklärung ist schriftlich zu erheben –, ist eine Gegenüberstellung mit dem Tatverdächtigen möglich.

Zur Benennung der wiedererkannten Personen durch den Zeugen werden die gegenübergestellten Personen durch **Nummerntäfelchen** (wenn kleine Kinder Zeugen sind: durch **Symboltäfelchen**) gekennzeichnet. Nummerntäfelchen oder Symboltäfelchen sind bereitzuhalten. **193**

Ein vorbereitetes **Schema,** in dem später Eintragungen erfolgen über **194**
– Anzahl der Durchgänge,
– Aufstellung der Personen bei jedem Durchgang,
– Zeugen und Ergebnis (wiedererkannt oder nicht / Nummer bzw. Symbol),
soll dem Protokollführer die Dokumentation des Ablaufes der Wahlgegenüberstellung erleichtern.

Beim **Kräfteansatz** für eine Wahlgegenüberstellung ist fallbezogen vorzugehen. Folgende Einteilung bietet sich aus sachlichen Gründen an: **195**
– Leiter,
– Protokollführer,
– Zeugenbetreuer,
– Vernehmungsbeamter,
– Fotograf.

Der **Leiter** ist für den reibungslosen Ablauf der Wahlgegenüberstellung verantwortlich. Er organisiert die Vorbereitung. Er belehrt und informiert den Beschuldigten. Er entscheidet, ob im Anschluß an die Wahlgegenüberstellung der Beschuldigte vernommen wird. Während der Konfrontation befindet er sich ständig im Gegenüberstellungsraum. In der Praxis ist der Leiter der Wahlgegenüberstellung zumeist der Sachbearbeiter des Ermittlungsvorganges. Er muß sich bewußt sein, daß seine Äußerungen und sein Verhalten eine suggestive Wirkung auf die Zeugen haben können; er muß deshalb während der Gegenüberstellung Zurückhaltung und absolute Neutralität zeigen. **196**

Nach einer guten Vorbereitung kann sich seine Tätigkeit während der Konfrontation in den meisten Fällen auf eine kommentarlose Beobachtung beschränken.

Der Ablauf kann ihm für weitere Ermittlungen und insbesondere für eine spätere Beschuldigtenvernehmung wichtige Hinweise liefern.

197 Der **Protokollführer** protokolliert den Ablauf der Gegenüberstellung: die Anzahl der Durchgänge, die Ausgabe der Nummerntäfelchen, die Anordnung (Aufstellung) der Gegenüberstellungspersonen bei den einzelnen Durchgängen, die Reihenfolge der Zeugen und das Ergebnis (Zahl der Nummerntafel) bei einer Wiedererkennung. Darüber hinaus soll der Bericht über die Wahlgegenüberstellung die vorbereitenden Maßnahmen, wie z. B. die Namen der Teilnehmer, Besprechungsinhalte (Belehrungen) der Informationsgespräche mit Vergleichspersonen und Beschuldigten, enthalten. Neben dem Datum sind auch Beginn und Ende (Uhrzeit) der Wahlgegenüberstellung zu vermerken.

198 Bei mehreren Zeugen sind eigens **Beamte** für deren Vorbereitung und **Betreuung** einzusetzen. Sie sind zuständig für die vorbereitende Besprechung und Unterbringung der Zeugen. Sie gewährleisten, daß die Zeugen untereinander keinen Kontakt haben. Sie geleiten die Zeugen zum Gegenüberstellungsraum und anschließend zum Vernehmungsbeamten. Häufig werden sie die Vernehmung selbst durchführen.

199 Der **Vernehmungsbeamte** vernimmt den/die Zeugen unmittelbar nach der Wahlgegenüberstellung. Hat der Zeuge eine Person als Täter identifiziert, ist vor allem zu erheben, woran der Zeuge den Täter wiedererkannt hat (besondere Merkmale). Der Zeuge soll das Wiedererkennen anschaulich erläutern. Mehrere Zeugen sind einzeln und getrennt zu vernehmen. Finden mehrere Durchgänge statt, kann die Vernehmung des Zeugen unmittelbar nach Beendigung aller Durchgänge oder nach jedem einzelnen Durchgang erfolgen. Eine Vernehmung nach jedem einzelnen Durchgang bietet häufig zusätzliche Ansätze zur Überprüfung der Glaubwürdigkeit. Liegt dem Vernehmungsbeamten ein farbiges Sofortbild von der Aufstellung der gegenübergestellten Personen vor, so kann er ergänzende und gezielte Fragen an den Zeugen stellen.

200 Der **Fotograf** fertigt vor jedem Durchgang ein **Farbfoto** von den aufgestellten Personen. Als Vernehmungshilfe kann zusätzlich ein farbiges Sofortbild hergestellt werden. Noch besser ist es, eine Wahlgegenüberstellung auf **Video** aufzunehmen. Dadurch wird der Beweiswert einer Wahlgegenüberstellung verbessert, da für den beurteilenden Richter der gesamte Prozeß der Wahlgegenüberstellung anschaulich wird.

201 Zusammenfassend zur **Durchführung** der Wahlgegenüberstellung soll hier noch einmal der Ablauf in kurzer, chronologischer Reihenfolge aufgelistet werden:
– Der Beschuldigte wählt eine Nummerntafel. Die Vergleichspersonen ziehen jeweils eine aus den verdeckt gehaltenen restlichen Tafeln.
– Die Vergleichspersonen stellen sich nebeneinander auf. Der Beschuldigte wählt seinen Platz selbst aus.
– Der Fotograf macht ein Farbfoto von den aufgestellten Personen. Er fertigt zusätzlich ein farbiges Sofortbild. Auf Fotos sollte auch dann nicht verzichtet werden, wenn der Ablauf der Wahlgegenüberstellung auf Video aufgenommen wird. Die Fotos werden zu den Akten genommen.

- Dieser Ablauf wiederholt sich vor jedem Durchgang.
- Die Zeugen werden einzeln und getrennt von betreuenden Beamten in den Gegenüberstellungsraum geführt. Ihnen wird genügend Zeit gegeben, sich die Personen genau anzuschauen. Der Vorgang wiederholt sich entsprechend der Anzahl der Durchgänge.
- Nach der Gegenüberstellung werden die Zeugen einzeln und getrennt vernommen.
- Ob eine Beschuldigtenvernehmung stattfindet, entscheidet der Sachbearbeiter nach kriminaltaktischen Gesichtspunkten. Dem Beschuldigten muß das Ergebnis der Wahlgegenüberstellung nicht bekanntgegeben werden. Auch hier wird der Sachbearbeiter fallbezogen nach taktischen Erwägungen entscheiden.

Die **Anzahl der Durchgänge** der Wahlgegenüberstellung ist nicht festgelegt. Sie richtet sich nach der konkreten Situation der Wahlgegenüberstellung. In der Praxis hat sich die Durchführung von zwei oder drei Durchgängen bewährt. 202

Es bietet sich mitunter aus taktischen Überlegungen und Gründen der Beweiserheblichkeit an, den Beschuldigten bei einem Durchgang nicht gegenüberzustellen. 203

Dabei sollte aber die gleiche Anzahl von insgesamt gegenübergestellten Personen gewährleistet sein; das heißt, daß bei einer solchen Verfahrensweise eine weitere Vergleichsperson zur Verfügung stehen muß, die nur bei dem Durchgang eingesetzt wird, an dem der Beschuldigte nicht teilnimmt. Sicherheit und Glaubwürdigkeit der Anerkennungszeugen können so getestet und überprüft werden. Die Anzahl der Durchgänge kann sich dadurch erhöhen.

Bei **aufgeregten Zeugen,** die – trotz beruhigenden Einwirkens vor der Wahlgegenüberstellung – im ersten Durchgang die aufgestellten Personen nicht oder nur flüchtig angeschaut und den Täter nicht wiedererkannt haben, muß in der Vernehmung der Zustand der Aufregung und das nur flüchtige Betrachten transparent gemacht werden. Nur so wird ein mögliches sicheres Wiedererkennen in den folgenden Durchgängen erklärbar. 204

In der Praxis hat sich die **Anzahl von** sechs bis acht **Vergleichspersonen** bewährt. Nach Belehrung der Zeugen, sich nur bei zuverlässiger Erinnerung festzulegen, ist die Gefahr von Zufallsidentifizierungen weitgehend eingeschränkt. 205

Bei **Kindern** und **Jugendlichen** als Anerkennungszeugen sind die Bestimmungen der Dienstvorschrift PDV 382.1 – Bearbeitung von Jugendsachen bei der Polizei – zu beachten. Dabei gilt vor allem, daß grundsätzlich eine Wahlgegenüberstellung und keine Einzelgegenüberstellung erfolgen soll. In Ermittlungsverfahren wegen Sexualdelikten sind Gegenüberstellungen von Kindern mit Tatverdächtigen grundsätzlich unzulässig. 206

Eine sachgerechte Durchführung der Wahlgegenüberstellung hängt im wesentlichen von einer guten **Vorbereitung** und dem Einhalten der vorher den Vergleichspersonen, dem Beschuldigten und den Zeugen erteilten 207

Anweisungen ab. Mit einem Beschuldigten, der erwarten läßt, daß er die Gegenüberstellung durch auffälliges Verhalten boykottieren wird, sollte eine offene Wahlgegenüberstellung nicht durchgeführt werden. Eine Wahllichtbildvorlage oder eine verdeckte Wahlgegenüberstellung ist dann zweckmäßiger.

208 Wahlgegenüberstellungen sollten **nur** durchgeführt werden, wenn nach dem Stand der Ermittlungen **zuverlässige und sichere Zeugen** zur Verfügung stehen. Dabei können Erkenntnisse der Glaubwürdigkeitslehre, hier insbesondere zu Wahrnehmungs- und Erinnerungsfehlern (unten Rdnr. 345 ff. und 361 ff.), hilfreiche Ansatzpunkte zur richtigen Einschätzung der Zeugenaussage bieten. Objektive Umstände zur Beurteilung der Frage, ob zutreffende Wahrnehmungen aufgrund der Tatort- und Tatzeitsituation (Licht, Wetter, Tageszeit, Beobachtungsstandort) überhaupt möglich waren, sind in jedem Fall zu erheben. Im Zweifel verbietet sich eine Wahlgegenüberstellung (Bericht mit Begründung zu den Akten), oder es wird eine Wahlgegenüberstellung am Tatort durchgeführt.

IX. Maßnahmen zur Objektivierung der Aussage und zur ergänzenden Beweisführung

209 Die Vernehmung ist Teil des Personalbeweises. Aussagen können sehr stark durch **subjektive Eigenarten** und **Einstellungen** der Zeugen oder des Beschuldigten geprägt sein. Glaubwürdigkeit und Aussagerichtigkeit sind aufgrund der Aussage allein nur bedingt nachprüfbar. Einzelne Elemente der Aussage lassen sich aber objektivieren.

210 Als geeignete **Maßnahmen zur Objektivierung** einer Aussage und zur ergänzenden Beweissicherung können fallbezogen in Betracht kommen:
– Sicherung und Auswertung objektiver Befunde,
– Alibiüberprüfung,
– Ermittlung und Vernehmung von Zeugen,
– Gegenüberstellung,
– Rekonstruktion,
– Tatortbegehung,
– richterliche Vernehmung.

211 Zeugen- und Beschuldigtenaussagen ergeben häufig **neue Ermittlungsansätze.** Der Sachverhalt muß durchermittelt werden, auch wenn nach dem Stand der Ermittlungen eine weitere Sachverhaltsaufklärung scheinbar nicht erforderlich ist.

212 Bereits **erhobene Befunde,** wie z. B.
– Sicherung und Auswertung von Spuren und Vergleichsmaterial am Beschuldigten,
– Erkenntnisse über Tatwerkzeuge und Taterzeugnisse,
– Sicherung und Auswertung von Spuren am Tatfahrzeug,
– beschlagnahmte Beweismittel, Aufzeichnungen,

sind mit Aussageinhalten zu vergleichen. Bei Übereinstimmung können sie eine Aussage objektivieren. Bei Unstimmigkeiten sind weitere Ermittlungen und u. U. Nachvernehmungen erforderlich.

Besondere Bedeutung kann auch die Absicherung eines Geständnisses gegen **Widerruf** haben. Der Beschuldigte kann sich überlegen, ob es aus seiner Sicht vernünftig war, ein Geständnis abzulegen. Solche Überlegungen werden nicht selten nach der Konsultation eines Rechtsanwaltes angestellt; mitunter wird der Beschuldigte auch von anderer Seite „beraten". Spätestens in der Hauptverhandlung wird dann ein vor der Polizei abgelegtes Geständnis widerrufen. Der Widerruf erfolgt mit den unterschiedlichsten – immer wieder vorgebrachten – Argumenten: Man sei falsch verstanden worden; so habe man das gar nicht gesagt; die Polizei habe unerlaubte Vernehmungsmethoden angewandt; man sei erpreßt worden usw. 213

Neben den bereits in anderem Zusammenhang angesprochenen Maßnahmen (oben Rdnr. 106, 111, 139 ff., 155, 158 ff.) 214
– detaillierte Protokollierung,
– handschriftliche Verbesserungen und Ergänzungen durch den Beschuldigten,
– Unterschrift unter jeder Protokollseite,
– Dokumentation des Vernehmungsablaufs mit Verhalten, Beginn, Ende und Unterbrechungen der Vernehmung,
– Anwesenheit eines zweiten Vernehmungsbeamten,
– Tonbandvernehmung,
können fallbezogen noch weitere **Maßnahmen zur Absicherung** eines Geständnisses gegen Widerruf ergriffen werden.

Eine Aussage kann durch **Skizzen** ergänzt werden. Der Vernommene muß die Skizze selbst fertigen. Ihm darf dabei nicht geholfen werden. Mehrere Ausfertigungen sind durchzunumerieren. Mißlungene Versuche dürfen nicht vernichtet werden. Auf die Skizze ist in der Vernehmung hinzuweisen. Die Aussageperson sollte die Skizze in der Vernehmung erläutern. Jede Skizze ist mit Datum, Uhrzeit der Herstellung und Unterschrift des Vernommenen zu versehen. Skizzen sind vor allem zur Veranschaulichung von Besonderheiten am Tatort und der Vorgehensweise des Täters sowie zur Beschreibung der verwendeten Tatwerkzeuge und besonderer Taterzeugnisse geeignet. 215

Mit dem Beschuldigten kann aus Anlaß seines Geständnisses **eine Tatortbesichtigung** vorgenommen werden. Am Tatort kann der Beschuldigte seine Vorgehensweise schildern. Dies ist zu protokollieren bzw. auf Tonträger aufzunehmen. Die Schilderung kann durch Fotos zusätzlich veranschaulicht werden. In einer Lichtbildmappe werden die Fotos erfaßt und durchnumeriert. Die Erinnerung eines geständnisbereiten Beschuldigten kann durch eine Tatortbesichtigung angeregt und verbessert werden. Das gilt insbesondere für geständnisbereite Beschuldigte, die eine Serienstraftat im Bereich der Eigentumskriminalität begangen haben, wenn die Ausführungen der Einzeltaten zum Teil schon längere Zeit zurückliegen. 216

217 Fallbezogen kann der Beschuldigte aufgefordert werden, ein **handschriftliches Geständnis** abzulegen. Die handschriftlichen Aufzeichnungen des Beschuldigten können ein Vernehmungsprotokoll ergänzen oder einen zunächst nicht aussagewilligen Beschuldigten (Angst, Scham, Unsicherheit) doch noch zu Angaben bewegen. Mitunter lassen sich dann Nachvernehmungen leichter durchführen. Bei Beschuldigten, die in Untersuchungshaft genommen worden sind, kann nach kurzer Haftdauer das Bedürfnis, wieder auf freien Fuß zu kommen, so groß werden, daß sie sich geständnisbereit zeigen. In einer solchen Situation kann es wichtig sein, den Beschuldigten sehr schnell zu vernehmen oder ihm rasch Schreibpapier und Bleistift in der Zelle zur Verfügung zu stellen.

218 In der Beschuldigtenvernehmung sind solche **Einzelheiten** zu erfragen, die nur der Täter wissen kann und/oder die objektiv nachprüfbar sind. Der Beschuldigte soll Beweismittel (Tatwerkzeug, Tatmittel, Taterzeugnisse) identifizieren. Wenn möglich, sollte der Beschuldigte über seine Motive, ein Geständnis abzulegen, befragt werden.

219 In Fällen der Schwerstkriminalität kann eine **Rekonstruktion** der Tat im Anschluß an ein Geständnis die Aussage objektivieren und einen Widerruf erheblich erschweren.

220 Im Einzelfall ist zu prüfen, ob nach der polizeilichen Vernehmung über die Staatsanwaltschaft eine **richterliche Vernehmung** anzuregen ist. Das wird vor allem dann in Betracht kommen, wenn es sich um ein schwerwiegendes Delikt handelt und außer dem Geständnis des Beschuldigten keine oder nur wenige beweiserhebliche Ermittlungsergebnisse vorliegen.

221 Die Thematik „Vernehmungstaktik" kann nicht in ihrem gesamten Umfang und ihrer ganzen Vielschichtigkeit abgehandelt werden. Es darf nie verkannt werden, daß jede Vernehmung eine neue und auch einzigartige Interaktion zwischen zwei (oder mehr) individuell verschiedenen Personen ist. Neben einem fundierten Grundwissen in den drei Bereichen
– persönliches Verhalten des vernehmenden Beamten
– aussagepsychologische Erkenntnisse
– vernehmungstaktisches Vorgehen
muß ein guter Vernehmungsbeamter auch ein großes Maß an **Improvisationsvermögen** und **praktischer Erfahrung** besitzen.

B. Glaubhaftigkeit von Aussagen

I. Grundsätzliches

222 Unterlassungen und **Fehler im Ermittlungsverfahren** können in der Hauptverhandlung vor Gericht nur in den seltensten Fällen wiedergutgemacht werden. In welche Richtung das Ermittlungsverfahren läuft, hängt wesentlich davon ab, wie der ermittelnde Beamte die Informationen durch die verschiedenen Auskunftspersonen (Anzeigeerstatter, Beschuldigte, Zeugen) bewertet.

Hält er in Wahrheit unzuverlässige Aussagen – irrtümlich – für zuverlässig (oder umgekehrt zuverlässige Aussagen für unzuverlässig), dann werden seine Ermittlungen in eine ganz andere – falsche – Richtung laufen, als wenn er die Aussagen richtig bewertet hätte. Der ermittelnde Beamte sollte daher mit den **Grundsätzen der Aussagepsychologie** vertraut sein, damit vermeidbare Fehler in der Bewertung unterbleiben.

1. Unzuverlässigkeit von Aussagen

Mehr als die Hälfte aller Aussagen ist unzuverlässig.

Gefühlsmäßig ist man geneigt, Aussagen – abgesehen von denen des Beschuldigten und der von ihm abhängigen Entlastungszeugen – grundsätzlich für eher zuverlässig zu halten, wenn man keine handfesten Anhaltspunkte dafür hat, daß sie nicht stimmen können. Empirische Untersuchungen und zahlreiche Tests legen indessen die Vermutung nahe, daß **zuverlässige Aussagen** eher die **Ausnahme** sind als die Regel.

2. Zwei Fehlerquellen

Zwei hauptsächliche **Fehlerquellen** stellen die Zuverlässigkeit der Aussage in Frage, der Irrtum und die Phantasiegeschichte.

a) Irrtum (1)

Beim **Irrtum** hat die Auskunftsperson das behauptete Erlebnis wirklich gehabt. Sie kann sich aber in dreifacher Hinsicht irren:
– Sie kann falsch wahrgenommen haben.
– Sie kann zwar richtig wahrgenommen haben, sich aber nicht mehr richtig an ihre frühere Wahrnehmung erinnern.
– Sie kann richtig wahrgenommen haben und sich richtig erinnern, aber ihre Erinnerung so mißverständlich schildern, daß beim Vernehmungsbeamten zwangsläufig eine falsche Vorstellung vom Hergang entsteht.

b) Lüge/Phantasiegeschichte (2)

Bei der **Phantasiegeschichte** hat man zwei Fälle zu unterscheiden:
a) Die Auskunftsperson erzählt *vorsätzlich* ein Erlebnis, das sie in Wahrheit niemals gehabt hat; sie erfindet *bewußt eine Phantasiegeschichte*.
b) Die Auskunftsperson erzählt ein *Erlebnis*, das sie in Wirklichkeit niemals gehabt hat, von dem sie aber *ernsthaft glaubt, sie hätte es erlebt*.

Die letztere Möglichkeit ist häufiger, als man zunächst glauben möchte, insbesondere dann, wenn das Ereignis weit zurückliegt und die Auskunftsperson wenigstens einen Teil des Erlebnisses tatsächlich wahrgenommen hat und nur von einem anderen Teil des Geschehens bloß glaubt, ihn erlebt zu haben.

Dazu ein **Beispiel:**
Der sog. „Knallzeuge" beim Verkehrsunfall hat sich erstmals dem Ereignis zugewandt, als er es hat „krachen" hören. Bis er die Situation erfaßt, sieht er die am Unfall beteiligten Fahrzeuge gerade noch in die Endstellung

rollen. Er fängt sofort an zu rekonstruieren: Er sieht einerseits einen roten Porsche mit eingedrückter Vorderhaube. Er glaubt aus Erfahrung zu wissen, daß rote Porsche oftmals mit unangemessen hoher Geschwindigkeit fahren. Er sieht am anderen Unfallfahrzeug eine Frau am Steuer. Er hat das Vorurteil, daß Frauen zu langsam und falsch reagieren. Dann sieht er noch auf der Mitte der Kreuzung Glasscherben der zerbrochenen Scheinwerfer liegen. Jetzt wird ihm der Unfall klar: Der Porsche ist auf der Vorfahrtsstraße zu schnell gefahren. Als die wartepflichtige Frau das erkannte, hat sie gebremst, statt durchzustarten, dann sind die Fahrzeuge mitten in der Kreuzung zusammengestoßen (von der „Wurfweite" der Glassplitter beim Zusammenstoß weiß er nichts). Bis er dann später vernommen wird, glaubt er nicht nur, den Unfall selbst beobachtet zu haben; er ist vielmehr davon überzeugt, er habe die Fahrzeuge schon bei der Zufahrt auf die Kreuzung beobachtet und sich gleich gedacht: „Das kann nicht gut gehen!"

229 Der Polizeibeamte muß lernen, Phantasiegeschichten von realen Erlebnissen zu unterscheiden. Daher sollen zunächst jene **Kriterien** erörtert werden, die die Aussagepsychologie als Hilfe für diese Beurteilung erarbeitet hat. Dabei macht es grundsätzlich keinen Unterschied, ob die Auskunftsperson vorsätzlich lügt oder ob sie selber – mehr oder weniger – an die berichtete Phantasiegeschichte glaubt.

II. Zur Lüge

1. Realität oder Phantasie?

230 Die Aussagepsychologie kennt vier Gruppen von **Glaubwürdigkeitskriterien**[49], und zwar Symptome aus der

(1) Persönlichkeit der Aussageperson,
(2) Motivation,
(3) Aussagesituation,
(4) Aussageanalyse.

Grundsätzlich sind die ersten drei Gruppen zusammen weniger beweiskräftig als die vierte Gruppe allein. Deshalb wird die Aussageanalyse – das ist die kritische Durchleuchtung des Aussagetextes – besonders ausführlich behandelt werden (unten Rdnr. 248 ff., 251 ff., 293 ff.).

a) Persönlichkeit der Aussageperson

231 Die „allgemeine Glaubwürdigkeit" einer Auskunftsperson, ihr (scheinbar) lauterer Chrakter, ihr (bislang) guter Ruf, ihre hohe soziale Stellung, erlauben keinen Rückschluß auf die Glaubhaftigkeit gerade jener einen Aus-

---

[49] Die wissenschaftliche Aussagepsychologie ist sich in der Sache grundsätzlich einig, nach welchen Kriterien zuverlässige von unzuverlässigen Aussagen unterschieden werden können. Die Bezeichnung der (inhaltlich im wesentlichen übereinstimmend beschriebenen) Kriterien ist bei den einzelnen Autoren häufig verschieden, ebenso ihre Einteilung in Gruppen. Diese Darstellung folgt in der Bezeichnung der Kriterien und ihrer Einteilung dem Lehrbuch von *Bender/Röder/Nack* 1981a.

sage, auf die es bei den Ermittlungen ankommt.⁵⁰ Dieser Grundsatz – der schon immer galt – ist spätestens seit der „Affäre Barschel" einer breiten Öffentlichkeit bewußt geworden. Man sollte auch bedenken, daß gerade „feine" Leute, unter Umständen einen Grund mehr haben zu lügen: Wenn sie nämlich die Wahrheit sagten, dann wären sie keine feinen Leute mehr.

Das schließt freilich nicht aus, daß der Ermittlungsbeamte dann eine Aussage besonders kritisch würdigt, wenn ihm zum Beispiel bekannt ist, daß die *Aussageperson schon mehrfach einschlägig* – wegen Betrugs, Urkundenfälschung usw. – *vorbestraft* oder aber von anderen beeinflußt, rachsüchtig oder geltungssüchtig ist.

b) Motivation

aa) Das Motiv zur Lüge⁵¹

Man ist oft geneigt, aus anscheinend (oder nur scheinbar?) erkennbar gewordenen Motiven, einen Sachverhalt falsch darzustellen, den voreiligen Schluß zu ziehen, die Auskunftsperson lüge. Mit diesem Schluß sollte man aber vorsichtig sein und das **Motiv zur Lüge nicht überbewerten.**

Zunächst einmal ist es oft schwierig, die wirklichen Motive eines anderen Menschen zu ergründen. Wir haben ja schon oftmals Schwierigkeiten, uns über unsere eigenen Motive klar zu werden: Warum haben wir eigentlich dies getan, jenes unterlassen? Darüber hinaus ist vom Motiv bis zur Tat noch ein weiter Weg. Wie oft hätten wir selbst schon dies oder das gerne getan, es dann aber doch unterlassen?

Auch wer ein Motiv zum Lügen hat, braucht deshalb noch nicht zu lügen.

bb) Die Beweiskraft der ersten Aussage

(1) Einschätzung

Je unmittelbarer die Aussage dem Erlebnis folgt, desto weniger ist zu erwarten, daß unsachliche Motive die Aussage verfälschen.⁵² Die **unmittelbar nach dem Erlebnis gemachte Aussage** ist grundsätzlich **die beste.** Die Auskunftsperson hat das wirkliche Erlebnis noch ganz frisch vor Augen. Eine davon abweichende Phantasiegeschichte auf die Schnelle zu erfinden und glaubhaft vorzutragen, ist schwierig; für die Konstruktion einer guten Phantasiegeschichte ohne Schwachpunkte und Widersprüche oder für Absprachen mit anderen Phantasiezeugen bleibt wenig Zeit. Darüber hinaus kann die Auskunftsperson unmittelbar nach dem Geschehen noch am ehesten zwischen tatsächlich Erlebtem und nur daraus gezogenen Schlußfolgerungen unterscheiden.

---

50 *Arntzen* 1983 S. 121 ff.
51 Einzelheiten in *Bender/Röder/Nack* 1981a S. 69 ff.
52 *Arntzen* 1983 S. 88/89.

(2) Anamnese

234 Die Entstehung der Aussage (Anamnese) ist somit stets ein wichtiges Kriterium für die Beurteilung. Es macht einen Unterschied, ob sich ein Zeuge aufdrängt (bzw. vom Beschuldigten dem Ermittlungsbeamten aufgedrängt wird) oder ob der Zeuge erst aufgespürt werden muß. Besonders wichtig ist auch, ob die erste Aussage dem Erlebnis unmittelbar folgt oder ob zwischen dem Erlebnis und der Aussage Wochen, Monate oder gar Jahre liegen.

(3) Besonderheiten

235 Manche Auskunftspersonen berichten unbeabsichtigt ihre **Schlußfolgerungen** so, als ob es Erlebnisse gewesen wären. Deshalb sollte der Polizeibeamte – wenn er den geringsten Zweifel hat – nachfragen, ob es sich wirklich um Beobachtung oder nur um eine Schlußfolgerung handelt.

236 In Ausnahmefällen kommt es auch vor, daß ein Beteiligter unmittelbar nach einem Ereignis sich selbst oder andere (unbeabsichtigt) zu Unrecht belastet, insbesondere wenn der Beteiligte noch unter **Schock** steht. Deshalb sollte der Beamte im Protokoll auch vermerken, ob die Auskunftsperson aufgeregt oder gar verwirrt oder ruhig und überlegt gewirkt hat.

(4) Aussageprotokoll

237 Gerade weil in der Regel die erste Aussage die beste ist und deshalb im späteren Gerichtsverfahren auf diese erste Aussage besonderer Wert gelegt wird, ist es für den Ausgang des Gerichtsverfahrens oftmals entscheidend, ob die Aussagen korrekt protokolliert sind. Sorgfältig vorgehende Richter werden – je länger sie sich mit der Aussage- und Vernehmungspsychologie befaßt haben, desto eher – nicht korrekt geführten Protokollen keinen **Beweiswert** zumessen. Das wird häufig dazu führen, daß Schuldige freigesprochen werden müssen, weil die übrigen Beweismittel nicht ausreichen; die ganze Aufklärungsarbeit der Polizei war umsonst. Weniger sorgfältig vorgehende Richter werden vielleicht auch nicht korrekt geführte Protokolle akzeptieren. Das kann dazu führen, daß Unschuldige verurteilt werden, was noch sehr viel schlimmer ist.

238 Wie sieht nun ein korrekt geführtes **Protokoll** aus? Das steht in den Richtlinien für das Straf- und Bußgeldverfahren (RiStBV), die zwar vornehmlich für die Staatsanwaltschaft bestimmt sind, aber durchaus Grundsätze enthalten, die auch für die Polizei von Bedeutung sein können.

(a) Vorgespräche

239 Bevor der Polizeibeamte einen Zeugen oder einen Beschuldigten förmlich vernimmt, wird er in der Regel vorweg ein **formloses Gespräch** führen, um zu erfahren, ob der zu Vernehmende bei dem Vorfall dabei war, welche Rolle er dabei gespielt hat, ob er etwas gesehen oder gehört hat usw. Er will damit sich einen Eindruck darüber verschaffen, ob sich eine förmliche Vernehmung vermutlich lohnen wird (oben Rdnr. 115 f.).

Zu diesen formlosen mündlichen Erörterungen sagen die Richtlinien in Nr. 3 Abs. 3:

„Über das Ergebnis der Erörterung ist ein Vermerk niederzulegen."
Auch bei diesen formlosen Erörterungen sind zu beachten:
- § 52 Abs. 3 Satz 1 StPO (Belehrung über das Zeugnisverweigerungsrecht)
- § 163a Abs. 3 StPO (Belehrung über das Recht des Beschuldigten zu schweigen, einen Anwalt zu konsultieren, zu seiner Entlastung Beweiserhebungen zu verlangen und dazu Tatsachen geltend zu machen).

b) Vernehmung des Beschuldigten
Die **Belehrung** des Beschuldigten vor seiner ersten Vernehmung nach § 136 Abs. 1, § 163a Abs. 3 Satz 2 StPO ist aktenkundig zu machen (Nr. 45 Abs. 1 RiStBV). Für bedeutsame Teile der Vernehmung empfiehlt es sich, die Fragen, Vorhalte und Antworten **möglichst wörtlich** in die Niederschrift aufzunehmen (Nr. 45 Abs. 2 RiStBV). Bei der vorläufigen Aufzeichnung von Protokollen (§ 168a Abs. 2 StPO) soll vom Einsatz **technischer Hilfsmittel** (insbesondere von Tonaufnahmegeräten) möglichst weitgehend Gebrauch gemacht werden (Nr. 5a RiStBV). 240

Diese Vorschriften gelten über den Wortlaut der Richtlinien hinaus genauso für die Zeugenvernehmung.

(c) Geständnis
Legt der Beschuldigte ein **Geständnis** ab, so sind die Einzelheiten der Tat möglichst mit seinen eigenen Worten wiederzugeben. Es ist darauf zu achten, daß vor allem solche Umstände aktenkundig gemacht werden, die nur der Täter wissen kann (und ganz besonders solche, die bis dahin noch nicht einmal die Polizei wußte). Die Namen der Personen, die das Geständnis mit angehört haben, sind zu vermerken (Nr. 45 Abs. 2 RiStBV). 241

Eine sichere Entscheidung, ob bei **Widerruf** eines Geständnisses, das Geständnis oder der Widerruf falsch ist, ist nur möglich, wenn die Richtlinien eingehalten werden. Die Zahl der Justizirrtümer, die darauf beruhen, daß man irrtümlich ein falsches Geständnis oder einen falschen Widerruf als richtig angesehen hat, ist bedauerlich groß. Diese Justizirrtümer lassen sich fast immer auf die Nichteinhaltung der Richtlinien zurückführen. 242

Selbstverständlich sind bei der Vernehmung auch die Vorschriften der Strafprozeßordnung einzuhalten, insbesondere §§ 69, 253 StPO.

(d) Trennung von Bericht und Verhör
Der Beschuldigte und die Zeugen sind zunächst zu veranlassen, das, was ihnen über den Gegenstand der Vernehmung bekannt ist, im Zusammenhang anzugeben (**Bericht**). Wichtig ist, daß der Bericht nicht schon durch Sachfragen des Vernehmenden unterbrochen wird. Zulässig sind während des Berichts nur neutrale, weiterführende Fragen, wie z. B. „Geschah sonst noch etwas?" oder „Wie ging es dann weiter?" Erst danach ist es zulässig, zur Aufklärung und Vervollständigung der Aussage sowie zur Erforschung des Grundes, auf dem das Wissen der Auskunftsperson beruht, nötigenfalls **weitere Fragen** zu stellen.[53] Wird ein Urteil auf eine Vernehmung gestützt, in welcher diese Grundsätze nicht eingehalten wurden, so kann dies die Revision begründen. Die gestellten Fragen sind inhaltlich zu protokol- 243

---
53 BGHSt 3, 284

lieren (Nr. 45 Abs. 2 RiStBV); die Bemerkung „Auf Frage": ist nutzlos (oben Rdnr. 146).

c) *Aussagesituation*[54]

aa) **Typisches Verhalten**

244 Eine Aussageperson mag während der Aussage mancherlei auffällige **körpersprachliche Anzeichen** erkennen lassen, die Angst, Spannung, Nervosität signalisieren, wie zum Beispiel Schwitzen, erhöhter Puls, Vermeidung des Blickkontaktes usw. Solche Auffälligkeiten sind noch keine sicheren Anzeichen für eine Lüge.

245 Wichtiger als solche die ganze Aussage begleitenden Äußerungen sind auffallende Verhaltensveränderungen, die gerade **an bestimmten Stellen** auftreten. Kein Lügner wird – wenn er nicht muß, weil er z. B. das behauptete Erlebnis noch nicht einmal teilweise erlebt hat – von Anfang bis Ende eine Lügengeschichte erzählen. Er wird vielmehr – solange das für sein Lügenziel unschädlich ist – bei der Wahrheit bleiben und den erfundenen Teil seiner Aussage so kurz wie unbedingt erforderlich halten.

Bei dem Übergang von den vermutlich zuverlässigen Teilen der Aussage zu den vermutlich erfundenen Teilen kann der aufmerksame Ermittlungsbeamte bei relativ vielen Lügnern deutliche Veränderungen im Gehabe bemerken, während der aufrichtig bekundende Zeuge in seinem Verhalten in der Regel gleich bleibt.

Merke:

Je mehr die natürliche Mimik, Gestik, Lautstärke, Sprachverwendung usw. im Übergang zwischen unverfänglichen und relevanten Aussageteilen unverändert bleiben, um so eher ist zu vermuten, daß die Auskunftsperson die subjektive Wahrheit spricht.

246 Die Richtung, auf welche hin sich das **Gehabe des Lügners** verändert, läßt sich nicht voraussagen. Der Lügner neigt entweder zur Übertreibung oder zur Untertreibung.

Übertreibung	Untertreibung
Die erfundenen Teile der Aussage wirken unnatürlich überzogen, aufdringlich. Die bisher natürlichen Gebärden werden zu ausladenden großen Gesten.	Mit Beginn der erfundenen Aussageteile wirkt die Auskunftsperson plötzlich verklemmt, unnahbar, übertrieben seriös.
Das auftrumpfende laute Beteuern, die theatralischen Ausbrüche von Wut, Trauer oder Empörung erinnern an ein „Schmierentheater".	Sie wird plötzlich leiser, in der Satzmelodie monoton, spricht schneller oder langsamer, verfällt vom Hochdeutsch in den Dialekt – oder auch umgekehrt.

---

54 Einzelheiten in *Bender/Röder/Nack* 1981 a S. 78 ff.

bb) Gefühlsmäßige Reaktionen

(1) Gefühlsmäßiger Nachklang[55]

Je mehr die bei der Auskunftsperson mitschwingende Gefühlsbeteiligung dem jeweils geschilderten Geschehensablauf einfühlbar entspricht und sich mit ihm verändert, umso glaubhafter ist die Aussage.   247

Übersteigerter **Gefühlausdruck** ohne Differenzierung ist kein Realitätskriterium. Echt wirkendes Mitfühlen mit einem in Wahrheit gar nicht gehabten Erlebnis vorzutäuschen, das kann man allenfalls in einer Schauspielschule lernen; den weitaus meisten Menschen gelingt dies nicht auf Anhieb.

(2) Isolationsphänomen

Dann, wenn das Ergebnis bei der Auskunftsperson geradezu einen Gefühlsschock ausgelöst hat, ist – unmittelbar danach – das Fehlen jeder erkennbaren Gefühlsbeteiligung gerade kein Lügenzeichen.   248

Viele Menschen, die das soeben gehabte Erlebnis noch gar nicht erfassen konnten, ohne seelisch zusammenzubrechen, „**isolieren**" sich mit ihren Gefühlen von der Wirklichkeit. Sie geben sich entsprechend unbeeindruckt, gehen möglicherweise ihrer gewohnten Beschäftigung nach, als ob nichts geschehen sei. Damit vergleichbar: Jemand wird mit einem schweren – aber unberechtigten – Schuldvorwurf konfrontiert. Er ist nicht – wie erwartet – empört, sondern schlicht sprachlos.

d) Aussageanalyse

Die **Aussageanlayse** ist nichts anderes als eine kritische Durchleuchtung des Aussagetextes. Sie übertrifft an Beweiskraft alle drei bisher behandelten Gruppen von Glaubwürdigkeitskriterien zusammen.[56] Wir unterscheiden hierbei Realitätskriterien und Phantasiesignale. Beide beruhen auf der Erkenntnis, daß fast allen unseren Auskunftspersonen die Fähigkeit fehlt, eine erfundene Geschichte genau so zu erzählen, wie das für den Bericht eines wirklich gehabten Erlebnisses typisch ist.   249

Wir sprechen nicht von Wahrheits-, sondern von **Realitätskriterien,** weil sie nur anzeigen, daß die Auskunftsperson ein wirklich gehabtes (reales) Erlebnis schildert. Aber die „subjekte Wahrheit" muß nicht zuverlässig sein; der Zeuge kann sich immer noch irren, insbesondere sich nicht mehr richtig erinnern.   250

Wir sprechen auch nicht von Lügen-, sondern von **Phantasiesignalen,** weil sie nicht unbedingt auf eine vorsätzliche Lüge hinweisen; es kann sich auch darum handeln, daß die Auskunftsperson sich einbildet, sie habe das Erlebnis gehabt (oben Rdnr. 227).   251

---

55 Arntzen 1983 S. 73.
56 Die herausragende Bedeutung der Aussageanalyse wird heute von allen Wissenschaftlern anerkannt. Die einzelnen Realitätskriterien gehen zum Teil zurück auf *Groß* und *Leonhardt*. Sie wurden erstmals systematisiert von Undeutsch und wesentlich erweitert von Arntzen. Eine Systematisierung der Phantasiesignale findet sich erstmals bei *Bender/Röder/Nack*.

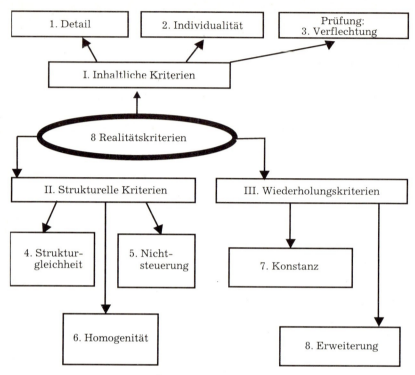

Übersicht Realitätskriterien

2. Acht Realitätskriterien

a) *Inhaltliche Kriterien*

aa) **Detailkriterium (1)**[57]

Spontan in die Aussage einfließender Detailreichtum, insbesondere, wenn die Details nicht durchweg unmittelbaren Bezug zum Beweisthema haben, spricht für die subjektive Wahrheit.

(1) Das Detailkriterium ist eine **notwendige** – aber noch keine ausreichende – **Bedingung** dafür, eine Aussage für glaubhaft zu halten.

Merke:

Manche Aussagen sind ihrer Natur nach notwendig so knapp, daß sie mit dem besten Willen nicht detailreich erzählt werden können. Dies gilt insbesondere für rein negative Aussagen, wie z.B.: „Ich war da gar nicht dabei".

Das ändert aber nichts am Prinzip, daß das Detailkriterium eine notwendige Bedingung dafür ist, eine Aussage als zuverlässig zu beurteilen. Auch bei der notwendigerweise knappen Aussage bleibt es dabei: Es ist (in etwa) gleich wahrscheinlich, daß die Aussage zuverlässig ist oder auch nicht.

---

[57] Besonders eingehend hat sich *Undeutsch* 1967 S. 117 ff. mit dem Detailkriterium befaßt.

In diesen Fällen gibt es aber möglicherweise einen Gegenzeugen, der z.B. behauptet:

„Doch, der war dabei; gerade der hat sich besonders hervorgetan, er hat nämlich...!"

Dann muß dieser Gegenzeuge Details liefern können, wenn seine Aussage als zuverlässig beurteilt werden soll. Oder aber die Aussage des Gegenzeugen enthält deutliche Phantasiesignale. Aus der Aussage des Gegenzeugen lassen sich dann Rückschlüsse auf die Zuverlässigkeit der knappen Aussage der Aussageperson ziehen.

Der Detailreichtum einer realitätsbegründeten Aussage hat ein ganz charakteristisches Gepräge: **254**

- Unmittelbarkeit: Der Hörer der Aussage hat das Gefühl, er sei selber dabei gewesen.
- Farbigkeit: Das muß nicht nur im übertragenen Sinn, es darf auch wörtlich verstanden werden..
- Lebendigkeit: Es passiert viel.
- Sachliche Richtigkeit: Die Aussage ist widerspruchsfrei, die mitgeteilten Tatsachen sind möglich (kleinere Unstimmigkeiten brauchen nicht negativ bewertet zu werden).
- Psychologische Stimmigkeit: Personen und Handlungen passen zusammen.
- Wirklichkeitsnähe: So ist das Leben! Achtung: Beachte das „Mauleselphänomen" (unten Rdnr. f. 335)!
- Konkretheit: Die Schilderung ist anschaulich, die Gegenstände sind deutlich, die Menschen individuell gezeichnet.
- Nebenumstände: Die Aussage enthält vielerlei Details, auf die es gar nicht ankommt (unten Rdnr. 279).

(2) Das Detailkriterium umfaßt eine große Zahl von **Unterkriterien:** **255**

(a) Wechselbeziehungsmerkmal

Die Schilderung von Aktionen, Reaktionen, Gegenreaktionen (Reaktionskette), insbesondere auch von nebensächlichen Gesprächen (die weit vom Beweisthema entfernt sind), läßt auf subjektive Wahrheit schließen. **256**

(b) Komplikationsmerkmal

Den Handlungsablauf störende Komplikationen, insbesondere solche verwickelter Art (Komplikationskette), und ihre Überwindung (oder die Versuche dazu) sprechen für die subjektive Wahrheit. **257**

Die Erfahrung zeigt, daß selten im Leben etwas genau so klappt, wie es geplant war. Trotzdem: Wenn nach der Schilderung der Auskunftsperson alles glattgegangen ist, dann kann das ja ausnahmsweise so gewesen sein. Deshalb ist ein Ereignis ohne Komplikationen noch kein Phanasiesignal.

(c) Deliktstypikmerkmal[58]

258 *Je mehr die Aussage Details enthält, die für den behaupteten Vorgang (Delikt) typisch, aber nicht allgemein bekannt sind – insbesondere ganze typische Abläufe –, desto mehr spricht für die subjektive Wahrheit.*

Allerdings muß man sicher sein, daß die Aussageperson das Delikt nicht bei anderer Gelegenheit schon einmal erlebt hat (unten Rdnr. 267).

Beispiel:
Ein Mädchen ist von einem Mann, den sie (nur flüchtig) kannte, vergewaltigt worden. Sie schildert, wie der Mann seine Tat zu verharmlosen sucht, wie er sie z. B. während der Tat fragt: „Ist das nicht schön?" oder nach der Tat um ein Wiedersehen bittet: „Können wir uns wieder treffen?" Das Mädchen kann nicht wissen, daß Vergewaltiger (wenn es keine Fremden sind) typischerweise solche Verharmlosungsversuche unternehmen.

bb) Individualitätskriterium (2)

259 *Je stärker die Aussage, von der Individualität der Aussageperson geprägt, ihren unverwechselbaren Charakter erhält, desto mehr spricht für die subjektive Wahrheit.*

260 (1) Jeder Beobachter nimmt dasselbe Ereignis auf je unterschiedliche Weise wahr. Dies hängt von seiner Erfahrung, seinen Interessen, seinem Temperament, seiner augenblicklichen Gestimmtheit usw. ab (unten Rdnr. 354 ff). Diese **individuelle Prägung** der Wahrnehmung sollte auch in der Aussage zum Ausdruck kommen. Eine Aussage, die so anonym wirkt, daß sie genauso lauten würde, wenn sie von einer beliebigen anderen Person stammte, ist immer verdächtig.

261 (2) Auch das Individualitätskriterium hat mehrere **Unterkriterien:**

(a) Originalitätsmerkmal

262 *Originelle Redewendungen, die ein anderer so nicht zustande gebracht hätte, sind weitgehend unabhängig von Bildung, Erfahrungsschatz und Erzählkunst.*

(b) Gefühlsmerkmal[59]

263 *Die Bekundung gefühlsmäßiger Reaktionen, insbesondere der Bericht über zwiespältige oder im Zeitablauf sich ändernde Gefühle, spricht für die subjektive Wahrheit.*

Die Darstellung einfacher und naheliegender Gefühlsregungen sind noch kein Realitätskriterium.

---

[58] Mit der erstmaligen Beschreibung der „deliktstypus-entsprechenden Schilderung" als Glaubwürdigkeitskriterium hat sich *Arntzen* (1983 S. 18, 145 ff.) um die Aussagepsychologie besonders verdient gemacht.
[59] *Arntzen* 1983 S. 29, 73 ff.

(c) Assoziationsmerkmal[60]

Schilderungen über Gedankenverknüpfungen, durch die die Aussageperson das Erlebnis mit bestimmten Erinnerungen verbindet, sprechen für die subjektive Wahrheit. 264

Die wenigsten Lügner sind in der Lage eine solche Gedankenverknüpfung zu erfinden.

(d) Unverständnismerkmal[61]

Die Beschreibung eines Hergangs, dessen Bedeutung die Auskunftsperson nicht verstanden hat, spricht für die subjektive Wahrheit. 265

Der Lügner gibt sich gerne als besonders schlau aus; und es ist sehr schwer, sich glaubhaft dümmer darzustellen, als man ist.

(e) Mehrdeutigkeitsmerkmal

Schilderungen über Mißverständnisse – insbesondere infolge mehrdeutiger Ausdrucksweise – sprechen für die subjektive Wahrheit. 266

(3) Keinesfalls darf der Vernehmende außer acht lassen:

Der **Persönlichkeitshintergrund**[62] gibt den entscheidenden Beurteilungsmaßstab ab. Sprachliche Eigenheiten, die auch bei harmlosen Gesprächsthemen auftreten, dürfen niemals als Realitätskriterien betrachtet werden. Deshalb ist es wichtig, daß der Beamte *einleitend*, z. B. anläßlich der Personalienerhebung oder der Belehrung, einige *harmlose Fragen* stellt (z. B. über den Beruf oder die Gesundheit), um den gewöhnlichen Sprachstil der Auskunftsperson kennenzulernen. 267

Manche Personen stehen an der Schwelle zum Schwachsinn oder sind extrem sprechgehemmt. In solchen Ausnahmefällen darf man nicht die üblichen Maßstäbe anlegen.

cc) Verflechtungskriterium (3)

Das ist ein **Prüfkriterium**. Ein Lügner, der bei der behaupteten Begebenheit gar nicht dabei war, wird häufig sein Gedächtnis prüfen, ob er nicht schon einmal ein ähnliches Erlebnis gehabt hat. Dann wird er diesen Vorgang erzählen, indem er Zeit, Ort und handelnde Personen „austauscht". Da er jetzt über ein wirkliches Ereignis berichtet, wird seine Erzählung auch zahlreiche Realitätskriterien enthalten. Deshalb ist es so wichtig, genau zu prüfen, ob die Auskunftsperson auch wirklich über das Geschehnis berichtet, das ermittelt werden soll. Diese Prüfung kann auf zweierlei Weise erfolgen: 268

(1) *Je mehr die Schilderung der Handlung verflochten ist mit bewiesenen Tatsachen, mit Zeit, Ort und handelnden Personen, um die es im Ermittlungsverfahren geht – und insbesondere mit veränderlichen äu-* 269

---

60 *Trankell* 1971 S. 124/125.
61 *Arntzen* 1983 S. 31.
62 *Arntzen* 1983 S. 121 ff.

ßeren Umständen, die nur zur Tatzeit am Tatort vorgekommen sind[63] –, desto mehr spricht dafür, daß die Auskunftsperson wirklich von dem zu ermittelnden Ereignis erzählt.

270 (2) Bietet der Inhalt der Aussage wenig Gelegenheit für solche „Verflechtungen", dann helfen die sog. **„Situationsfragen"** weiter. Das sind Fragen, die nicht unmittelbar zu den zu beweisenden Tatsachen gehören, sondern die „Situation" um diese Tatsache herum abtasten, wie z. B. Fragen nach dem Wetter, der Umgebung des Tatorts, der Kleidung des Verletzten usw., eben Fragen nach Umständen, die bei einem anderen Ereignis, an das sich der Zeuge möglicherweise in Wahrheit erinnert, im Zweifel nicht gleich waren.

b) Strukturelle Kriterien

271 Alle Kriterien sind genau genommen inhaltliche Kriterien. Hier kommt es aber nicht auf den Inhalt als solchen an, sondern auf die **Struktur des Inhalts.**

aa) Strukturgleichheitskriterium (4)

272 *(1) Je mehr die Struktur der Aussage – auch zwischen erwiesenen oder unstreitigen Tatsachen einerseits und möglichen Phantasieprodukten andererseits – gleich bleibt, und zwar unter inhaltlichen (Detailreichtum, Individualität, Verflechtung), sprachlichen (Sprachfluß, Satzbau, Ausdrucksweise) und situativen (Körpersprache, gefühlsmäßige Begleitung) Gesichtspunkten, umso mehr spricht für die subjektive Wahrheit.*

273 (2) Wenn der Beamte glaubt, daß gerade im Übergang zwischen glaubhaften und unglaubhaften Teilen der Aussage ein sog. **„Strukturbruch"** erkennbar wird, dann sollte er durch entsprechende Fragen – nach Abschluß des Berichts – die Vernehmung erneut zur möglichen Bruchstelle lenken. Er wird also zunächst Fragen stellen, die der Zeuge vermutlich wahrheitsgemäß beantworten kann, und dann plötzlich auf Fragen zum zweifelhaften Teil der Aussage übergehen.

Wiederholt sich der Strukturbruch, dann kann das Kriterium als festgestellt erachtet werden.

274 (3) Auch das Strukturgleichheitskriterium hat zwei Unterkriterien:

(a) Gleichgewichtsmerkmal

275 *Je mehr die Auskunftsperson bei den für dieselbe Person günstigen und ungünstigen Teilen ihrer Aussage ein gleich gutes Gedächtnis hat, mit der gleichen Detailliertheit und Individualität berichtet sowie die gleiche gefühlsmäßige Beteiligung offenbart, desto mehr spricht für die subjektive Wahrheit.*

(b) Tempomerkmal

276 *Je mehr im Verhör die Antwortgeschwindigkeit (d. h. die Zeitspanne zwischen dem Ende der Verhörsfrage und dem Beginn der Verhörsantwort)*

---

63 *Arntzen* 1983 S. 35.

gleichbleibt, und zwar bei Antworten, die vermutlich wahr sind, und Antworten, die zweifelhaft sein könnten, desto mehr spricht für die subjektive Wahrheit.

(4) Es ist besonders wichtig, daß jedenfalls die entscheidenden Teile der Aussage, in denen die Kriterien deutlich werden (insbesondere das Strukturgleichheitskriterium bzw. sein Gegenteil, der Strukturbruch), möglichst wörtlich in das **Protokoll** aufgenommen werden. Kriterien, die sich dem Leser aus dem Protokoll nicht erschließen, z. B. unterschiedliche Antwortgeschwindigkeiten im Verhör, sollte der Beamte gesondert im Protokoll vermerken.

bb) Nichtsteuerungskriterium (5)

Dieses Kriterium kann in zwei verschiedenen **Ausprägungen** sichtbar werden.

(1) *Je weniger deutlich der gesamte Inhalt der Aussage – auch in den Details – darauf hingesteuert erscheint, dem Vernehmungsbeamten eine ganz bestimmte Überzeugung zu verschaffen, je mehr auch für dieses Ziel – aus der Sicht der Auskunftsperson – nicht geeignete, ihm eher entgegenstehende Umstände (unten Rdnr. 286) in der Aussage enthalten sind, desto mehr spricht für die subjektive Wahrheit.*

Der Lügner legt auf solche Umstände begreiflicherweise keinen Wert.

(2) *Je ungesteuerter, impulsiver und assoziativer, je weniger chronologisch oder nach anderen Gesichtspunkten geordnet die Aussage vorgebracht wird und trotzdem am Ende widerspruchsfrei und „rund" ist, desto mehr spricht für die subjektive Wahrheit.*

Der Lügner muß sein Phantasieprodukt wohlgeordnet vortragen, damit er die Übersicht behält, sich nicht in Widersprüche verwickelt oder auffällige Lücken läßt. Wer das Erlebnis wirklich gehabt hat, der kann auch chaotisch erzählen (z.B. erst den Schluß, dann etwas vom Anfang, ein wenig aus der Mitte des Geschehens usw.). Aber auch wenn der Vernehmungsbeamte dabei zunächst vielleicht etwas verwirrt sein mag, so wird am Schluß, sowie der Beamte das „Puzzle" richtig zusammensetzt, dann doch eine „runde" Sache daraus.

cc) Homogenitätskriterium (6)

Je mehr die einzelnen Details einer Aussage – trotz verschiedenartiger Anknüpfungspunkte und obwohl sie aus unterschiedlichen Teilen der Aussage stammen – sich letztendlich zu einem stimmigen einheitlichen Ganzen fügen, desto mehr spricht für die subjektive Wahrheit.

c) Wiederholungskriterien

In bedeutenderen Ermittlungsfällen wird oftmals eine Person zu denselben Tatsachen mehrfach vernommen. Dies erlaubt es, durch **Vergleich** der verschiedenen Aussagen zusätzliche Erkenntnisse darüber zu gewinnen, ob es sich um die Wiedergabe eines wirklich gehabten Erlebnisses oder um eine Phantasiegeschichte handelt.

aa) Konstanzkriterium (7)

283 *Konstanz im Handlungskern (d.h. in den Tatsachen, die damals für die Aussageperson die wichtigsten waren) spricht für die subjektive Wahrheit.*

Die Alltagstheorie, eine Aussageperson sei um so glaubwürdiger, je gleichartiger im gesamten Umfang die einzelnen Aussagen ausfielen, ist so nicht richtig. Im Gegenteil, die Wiederholungsaussagen sollten in den Randdetails gewisse Veränderungen aufwiesen (unten Rdnr. 284 ff.). Konstant sollte aber der Aussagekern bleiben, natürlich nicht dem Wortlaut, aber dem Sinn nach. Wir neigen oft dazu, das als den Aussagekern anzusehen, was für die Straftat relevant ist. Das ist falsch! Was für den Juristen interessant ist, kann für die Auskunftsperson durchaus nebensächlich gewesen sein. Konstant soll das bleiben, was damals die Aussageperson besonders interessiert hat. Das wird allerdings oft mit dem juristisch relevanten Sachverhalt zusammenfallen

bb) Erweiterungskriterium (8)

284 *Gewisse Erweiterungen – ja sogar nachträgliche Verbesserungen und spontane Präzisierungen – sprechen eher für die subjektive Wahrheit.*

Kein Mensch kann zu jedem beliebigen Zeitpunkt alle Einzelheiten, die im Gedächtnis gespeichert sind, vollständig abrufen. Es sind immer irgendwelche Assoziationsbahnen zu etlichen Gedächtnisinhalten blockiert (unten Rdnr. 368). Deshalb ist es nicht negativ, wenn der Zeuge an *einige Details aus der ersten Aussage sich bei der zweiten nicht mehr spontan erinnert*. Diese **vergessenen Details** sollten im Verhör nach der zweiten Aussage durch sogenannte „Anstoßfragen" dem Zeugen wieder in Erinnerung gebracht werden. Andererseits sollte die Wiederholungsaussage einige Details enthalten, die in der ersten Aussage nicht erwähnt worden waren (Erweiterung).

285 Das Erweiterungskriterium sollte schon in der **ersten Vernehmung** im Verhältnis Bericht zu Verhör auftreten. Das Verhör ist ja in einem gewissen Sinn eine Wiederholung des Berichts. Ein geschickter Vernehmer sollte in der Lage sein, eine wahrheitsgemäße Aussage um 50–100 % zu erweitern. Viele Lügner neigen dazu (wenn sie noch keine Gerichtserfahrung haben), *ihre gesamte Phantasiegeschichte vollständig schon im Bericht* vorzutragen. Sie sind dann nicht imstande, im Verhör wesentliche und sinnvolle Erweiterungen zu bringen, ohne sich in Widersprüche zu verwickeln. Auf Anhieb gute Lügen zu erfinden ist sehr schwer.

286 Auch ein Lügner wird seine erste Aussage korrigieren, wenn neue Beweise Korrekturen notwendig machen. Er wird es aber vermeiden, unnötige Verbesserungen spontan vorzubringen, schon weil er meint, dadurch unzuverlässig zu wirken. **Unnötige Verbesserungen** sprechen deshalb eher für die subjektive Wahrheit.

d) Zur Anwendung der Realitätskriterien

Achtung:
1. Um schon während der Vernehmung sofort Realitätskriterien in der Aussage sicher feststellen zu können, ist eine so **eingehende Beschäftigung** mit der Kriterienlehre erforderlich[64], daß der Beamte sämtliche Kriterien im Kopf haben muß. — 287
2. Die Erfahrung hat gezeigt, daß „Anfänger", die erst damit beginnen, Aussagen mittels der Kriterienlehre zu analysieren, dazu neigen, viel **zu viele Kriterien** festzustellen; „Anfänger" halten oft wenig typische Aussageeigenheiten schon für sicher festgestellte Kriterien. Der „Anfänger" sollte daher eher dahin entscheiden, daß fragliche Aussageeigenheiten im Zweifel noch keine „sicher festgestellten Kriterien" sind. — 288
3. Die Erfahrung hat gezeigt, daß Anfänger dazu neigen, nicht genügend zu kontrollieren, **in welchen Teilen der Aussage** die Kriterien auftreten. Ausschlaggebend ist, ob die Kriterien auch im entscheidenden Teil der Aussage, d. h. im Bericht über die Merkmale der Straftat (und in dessen allerengstem Umkreis), vorkommen. Da viele – im entscheidenden Teil – erlogene Aussagen eine „Mischung" von Dichtung und Wahrheit sind, besagen zahlreiche Realitätskriterien in den nicht entscheidenden Teilen der Aussage noch nichts über deren Zuverlässigkeit insgesamt. — 289

Merke:
1. Enthält eine Aussage **mindestens drei**[65] sicher festgestellte **Realitätskriterien** – im entscheidenden Teil der Aussage und in dessen allerengstem Umkreis –, so darf als zuverlässig festgestellt werden, daß der Zeuge die subjektive Wahrheit sagt. Dann besteht allerdings noch immer die Möglichkeit, daß die Aussageperson sich (teilweise) irrt (unten Rdnr. 341 ff.) — 290
2. Enthält eine Aussage – im entscheidenden Teil – **weniger als drei** sicher festgestellte **Realitätskriterien,** dann muß sie zunächst als weniger zuverlässig eingestuft werden. Zusammen mit anderen Indizien aber kann das trotzdem zur Beurteilung „zuverlässig" führen. — 291
3. Enthält eine Aussage – im entscheidenden Teil – **keine Realitätskriterien,** dann muß sie als unzuverlässig beurteilt werden. Die Aussage kann dann auch nicht mehr als Indiz – zusammen mit anderen Indizien – verwertet werden. — 292

Das Fehlen von Realitätskriterien – im entscheidenden Teil der Aussage – bedeutet, daß es (ungefähr) gleich wahrscheinlich ist, daß die Aussage zuverlässig ist oder auch nicht. Das Fehlen von Realitätskriterien bedeutet sonach noch nicht, daß es sich um eine Lüge (oder eine – gutgläubige – Phantasiegeschichte; oben Rdnr. 227) handeln müsse.

4. Wenn es darauf ankommt dies festzustellen, dann muß die Aussage – im entscheidenden Teil – mindestens **drei** sicher festgestellte **Phantasiesignale** (unten Rdnr. 294 ff.) enthalten. — 293

---
[64] Für die wichtigste Literatur, die der Vernehmungsbeamte lesen sollte, halte ich: *Arntzen* 1978, 1983, *Bender/Röder/Nack* 1981 a, 1981 b, *Undeutsch* 1967 und *Trankell* 1971.
[65] H.-U. *Bender* 1987 S. 138 ff., *Arntzen* 1983 S. 22 ff.

3. Sechs Phantasiesignale
a) Grundsätzliches

aa) Ambivalenz der Phantasiesignale

294 Die **Schwierigkeit bei der** sicheren **Feststellung** von Phantasiesignalen besteht vor allem darin, daß sie grundsätzlich – zumindest andeutungsweise – auch in zuverlässigen Aussagen vorkommen können. Zu Phantasiesignalen werden sie insbesondere durch die auffällige Unangepaßtheit an die konkrete Situation und durch die (meist) demonstrative Aufdringlichkeit, mit der sie dargeboten zu werden pflegen.

bb) Wer einmal lügt ...[66]

295 Auch bei den Phantasiesignalen kommt es darauf an, ob sie **in den entscheidenden Teilen der Aussage** (bzw. in deren allerengstem Umkreis) auftreten.

296 Es kommt immer wieder vor, daß eine Auskunftsperson, die im entscheidenden Teil der Aussage die Wahrheit sagt, in einem Nebenpunkt lügt (der gar nicht allzu weit vom entscheidenden Teil entfernt zu sein braucht). Diese **Lüge in einem Nebenpunkt** kann viele Gründe haben. Bei dem Nebenpunkt kann es um eine unehrenhafte oder gar strafbare Handlung gehen oder bloß um ein Geschäfts- oder Familiengeheimnis. Manchmal ist auch die Wahrheit in diesem Nebenpunkt so unwahrscheinlich, daß der Zeuge meint, wenn er hier die Wahrheit sagt, werde der Vernehmungsbeamte dies sicherlich für eine Lüge halten und ihm dann den entscheidenden Teil seiner Aussage nicht mehr glauben. Daher gilt bei erwiesener Lüge in Nebenpunkten: Einmal ist (vielleicht) keinmal.

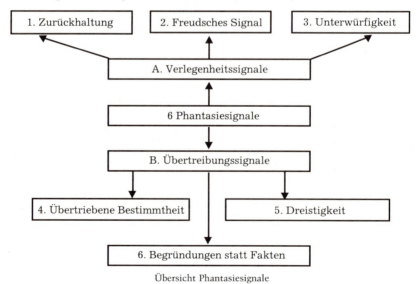

Übersicht Phantasiesignale

---
66 *Arntzen* 1983 S. 116/117.

b) Verlegenheitssignale

297 Es gibt immer noch Leute, die **verlegen** werden, wenn sie lügen, und denen man dies auch anmerkt. Aber Vorsicht ist geboten: Manche Leute werden auch schon deshalb verlegen, weil sie in einer Ermittlung als Beschuldigter oder Zeuge vernommen werden. Daher gilt es, zu Beginn der Vernehmung mit der Auskunftsperson ein Vertrauensverhältnis herzustellen (oben Rdnr. 244), um diese Art der Verlegenheit möglichst abzubauen.

aa) Zurückhaltungssignal (1)

298 *Je mehr die Auskunftsperson zu den (für sie damals) weniger interessanten Details (als zuverlässig nachprüfbare) Angaben macht, desto wahrscheinlicher ist es, daß die Auskunftsperson lügt, wenn sie behauptet, zu den Umständen, auf die es ankommt – und die für sie selbst damals auch die wichtigsten gewesen sein müssen –, habe sie keine Wahrnehmungen gemacht oder daran könne sie sich nicht mehr erinnern.*

299 (1) Die meisten Menschen sind der (irrigen) Ansicht, es sei bloß eine „**halbe**" **Lüge**", wenn sie, obwohl sie etwas in Wirklichkeit ganz genau wissen, dies „nur" in Abrede stellen. Deshalb trifft man diese Art von Lüge – auch bei charakterlich unverdächtigen Aussagepersonen so besonders häufig an.

300 Der Beamte muß in diesem Fall mittels der sog. „**Situationsfragen**" (oben Rdnr. 269) abklären, ob die Aussageperson hinsichtlich der (für sie damals) weniger interessanten Randdetails zuverlässige Aussagen macht. Ist das der Fall, dann muß der Beamte der Auskunftsperson auf den Kopf zusagen, daß ihr kein Mensch – auch der Richter nicht – glauben werde, daß sie gerade zu den (auch für sie damals) wesentlichen Punkten nichts sagen könne. Auf diesen Vorhalt sind dann oftmals wesentliche Zugeständnisse zu erwarten.

301 (2) Das Zurückhaltungssignal hat mehrere **Untersignale**:

(a) Verweigerungssymptom

302 *Je mehr die Auskunftsperson im Verhör Erweiterungen (oben Rdnr. 284 ff.) der im Bericht gemachten Aussagen verweigert – oder allenfalls nichtssagende Zusätze macht –, desto wahrscheinlicher ist es, daß die Auskunftsperson mit der Wahrheit zurückhält oder eine Lügengeschichte erzählt hat.*

303 Viele „*Amateurlügner*" haben sich den Inhalt ihrer **Aussage zurechtgelegt**, und zwar genau in dem Umfang, auf den es nach ihrer Meinung ankommt, und dies haben sie alles schon im Bericht mitgeteilt (Rdnr. 285). Meist haben sie sich aber nicht überlegt, daß die „Gegenseite" in ihrer Erzählung irgendwie reagiert haben müßte. Fragt man dann im Verhör nach der Reaktion der anderen, so erfährt man allenfalls Allgemeinplätze (die jeder auf die schnelle erfinden kann), oder aber es wird gesagt, es habe gar keine Reaktion gegeben (obwohl das den Umständen nach höchst unwahrscheinlich ist).

Beispiel:
Der Zeuge berichtet, er habe genau gesehen, wie der Beschuldigte – natürlich völlig unprovoziert – auf den Verletzten eingeschlagen habe.

Fragt man nach, wie darauf der Verletzte, dessen anwesenden Freunde oder der Zeuge selbst reagiert haben, so hört man allenfalls: „Die haben dem Täter schon Vorwürfe gemacht" oder „Ja, eigentlich gar nicht".

(b) Verarmungssymptom

304 *Je mehr ein – an sich schon zweifelhafter – Bericht auf den Vorhalt von Unmöglichkeiten oder von Widersprüchen entweder noch weiter eingeschränkt (also: verarmt) oder aber bloß mit ziemlich durchsichtigen neuen Lügen angereichert wird, desto mehr ist zu vermuten, daß hier eine Phantasiegeschichte erzählt wird.*

305 Der Vernehmungsbeamte darf der Auskunftsperson vor Abschluß von Bericht und Verhör niemals offenbaren, wieviel er selbst schon weiß. Dann aber muß er entsprechende **Vorhalte** machen (die dem Inhalt nach in das Protokoll aufgenommen werden müssen). Auf diese Vorhalte ist die Auskunftsperson nicht vorbereitet.

Sie kann nur „passen" oder aber auf die schnelle neue Lügen erfinden. Solche neuen Lügen sind aber meist leicht zu durchschauen oder sogar zu widerlegen.

(c) Fluchtsymptom

306 *Je mehr die Auskunftsperson versucht, vom zentralen Beweisthema abzulenken, auf Nebensächlichkeiten überzugehen oder sich in Ungenauigkeiten oder Irrtümer der Gegenseite geradezu „verbeißt", desto mehr ist zu vermuten, daß hier eine Phantasiegeschichte erzählt wird.*

Gerade weil der Auskunftsperson ihre Lügen zum entscheidenden Teil ihrer Aussagen im Grunde doch peinlich sind, flüchtet sie gerne in **Nebensächlichkeiten,** oder sie geht zu **Gegenangriffen** über. Beides wird häufig genüßlich „ausgebadet".

bb) „Freudsches Signal" (2)
 (oder Freudscher Versprecher)

307 *Je mehr die Wortwahl der Auskunftsperson im Widerspruch zum gewollten Inhalt der Aussage steht – oder auch nur „unpassend" ist – desto mehr ist zu vermuten, daß hier eine Phantasiegeschichte erzählt wird.*

Nicht ganz selten passiert es, daß sich die Auskunftsperson „verspricht", daß sie geradezu das Gegenteil von dem sagt, was sie eigentlich sagen wollte.
Beispiel:
Der Beschuldigte erklärt: „Ich hatte rot . . . äh . . . grün natürlich . . ., als ich in die Kreuzung einfuhr".

Das kann ein harmloser Versprecher sein; möglicherweise ist hier aber auch versehentlich die Wahrheit ans Licht gekommen.

308 Häufiger als echte „Freudsche Versprecher" sind die sog. **„verräterischen Redeweisen".**

Wenn der Zeuge z.B. sagt: „Eigentlich ist sie nie über Nacht weggeblieben", dann sollte der Beamte sofort nachfragen: „Wie oft die Woche?" Hat der Beamte, veranlaßt durch das „verräterische" Wort „eigentlich", mit seiner Frage richtig gelegen, dann ist der Zeuge meist ganz froh, daß der Beamte ihm seinen Versuch zu lügen nicht übel nimmt; wenn der Zeuge beleidigt gegen die Frage lauthals protestiert, beweist das noch lange nicht, daß der Beamte der Wahrheit nicht nahegekommen ist. Hat er wirklich nicht richtig gelegen, dann wird der Zeuge meist ganz ruhig sagen: „Nein, nein, höchstens einmal im Vierteljahr".

Wenn der Zeuge in fast jeden Satz das Wort „eigentlich" oder „sicherlich" (= unsicher) oder ähnliche – sonst verräterische – Redeweisen einzufügen pflegt, sind diese selbstverständlich nicht mehr verräterisch.

cc) Unterwürfigkeitssignal (3)

Je mehr die Auskunftsperson dem Vernehmungsbeamten gegenüber ihre Unterwerfung zum Ausdruck bringt, ihm schmeichelt, ihre Hilfsbedürftigkeit übertreibt oder den pflichtbewußten Staatsbürger herauskehrt, desto mehr ist zu vermuten, daß hier eine Phantasiegeschichte erzählt wird. 309

c) Übertreibungssignale

Daß Leute, die beim Lügen in Verlegenheit kommen, diese **Verlegenheit überkompensieren,** indem sie grade besonders sicher – übertrieben sicher – auftreten, versteht man gut. 310

Aber warum übertreiben auch die Leute oftmals so sehr, die beim Lügen gar **nicht verlegen** werden? Es ist wohl so: Der Lügner weiß ja sehr gut, daß das Ereignis ganz anders war, als er es erzählt. Durch seine übertriebene Sicherheit will er sich selber **Mut machen** – und vor allem den Vernehmungsbeamten „ermutigen", ihm zu glauben. Der Lügner kann sich gar nicht richtig hineindenken in die – tatsächlich ganz anders gelagerte – Situation des Vernehmungsbeamten (unten Rdnr. 335 f.): da dieser ja noch nicht weiß, wie die Sache wirklich war, ist er gar nicht so mißtrauisch, wie der Lügner glaubt; er bräuchte deshalb gar nicht so sehr übertreiben. 311

aa) Bestimmtheitssignal (4)

Je mehr die Auskunftsperson die Genauigkeit ihrer Wahrnehmung übertreibt, ihre Wahrheitsliebe übertrieben hervorhebt, die Sicherheit ihrer Erinnerung unangemessen überbetont, desto mehr ist zu vermuten, daß hier eine Phantasiegeschichte erzählt wird. 312

Das Bestimmtheitssignal hat zwei **Untersignale.** 313

(1) Übergenauigkeitssignal

Je präziser die Auskunftsperson auch in den Details wird, die niemand interessieren – und von denen auch die Auskunftsperson vernünftigerweise nicht annehmen kann, daß sie den Vernehmungsbeamten interessieren könnten –, desto mehr ist zu vermuten, daß hier eine Phantasiegeschichte erzählt wird.[67] 314

Geübte Lügner wissen instinktiv darum, daß man Details bringen muß, wenn man glaubwürdig erscheinen will. Je dicker aber der Lügner aufträgt – und er trägt gern dick auf –, desto verräterischer wird seine **übertriebene**

---

67 Beispiel in Bender/Röder/Nack 1981a S. 150.

Detailgenauigkeit, die der Beamte ansonsten – in den unverdächtigen Teilen der Aussage – aber nicht feststellen kann.

(2) Stereotypiesymptom

315 *Je öfter und je gleichlautender die Aussageperson den Kernpunkt ihrer Bekundungen wiederholt, aber selbst zum engsten Umfeld keine oder nur wenig „passende" Details beizutragen weiß, desto mehr ist zu vermuten, daß hier eine Phantasiegeschichte erzählt wird.*

Wenig geübte Lügner haben so wenig Vorstellungskraft, daß sie um den Kernpunkt herum kaum geeignete Details erfinden können. Deshalb wird der Kernpunkt mehrfach wiederholt – auch auf Nachfrage.

bb) Dreistigkeitssignal (5)

316 *Je mehr die Auskunftsperson den Schwerpunkt ihrer Bekundungen nicht auf die Sache legt, sondern die Gelegenheit der Vernehmung dazu benutzt, Frechheiten auszuteilen, insbesondere (aus der Situation heraus schwer verständliche) „Gegenangriffe" gegen den Verletzten, gegen Zeugen oder auch gegen den Vernehmungsbeamten selbst zu starten, desto mehr ist zu vermuten, daß hier eine Phantasiegeschichte erzählt wird.*

cc) Begründungssignal (6)

317 *Je mehr die Auskunftsperson – statt erwartbarer Fakten zur Sache – unnötige, weitschweifige oder wenig plausible Begründungen, Schlußfolgerungen oder Vermutungen anbietet, desto mehr ist zu vermuten, daß hier eine Phantasiegeschichte erzählt wird.*

Weil die Auskunftsperson sich zur Sache und zu den Details im Umfeld dazu nicht mehr Fakten ausgedacht hat und weil Fakten auch möglicherweise widerlegt werden könnten, „flüchtet" die Auskunftsperson in unnötige Begründungen.

4. Vier Kontrollkriterien

318 Die Kontrollkriterien dienen dazu, einerseits die vorläufige Beurteilung einer Zeugenaussage (mittels der Aussageanalyse) als zuverlässig, unzuverlässig oder erlogen nochmals zu **prüfen** sowie andererseits das gesamte Ergebnis der Ermittlungen einer **Endkontrolle** zu unterziehen.

a) Rachekriterium (1)[68]

319 (1) Mängel bei der Ermittlung lassen sich nie ganz vermeiden, sie lassen sich aber durch planmäßiges Vorgehen minimieren. Nicht selten führen solche Mängel dazu, daß dem Verdächtigen die Tat nicht nachgewiesen werden kann, obwohl er sie begangen hat. Das ist aber das kleinere Übel. Viel schlimmer ist die Durchführung eines **Ermittlungsverfahrens gegen einen Unschuldigen** – und das selbst dann, wenn dieser vom Gericht letztendlich freigesprochen wird. Schon das Ermittlungsverfahren an sich

---

[68] *Trankell* 1971 S. 87 ff.

kann tief in das Leben eines Bürgers eingreifen. Es kann neben Aufregung und Zeitverluft schwere familiäre Probleme und große wirtschaftliche Verluste nach sich ziehen. Deshalb muß der Ermittlungsbeamte alles daran setzen, möglichst keinen Unschuldigen zu verfolgen; zumindest sollte das Ermittlungsverfahren gegen in Wahrheit Unschuldige keinesfalls länger dauern, als es notwendig wäre, einen in Wahrheit Schuldigen der verdienten Strafe zuzuführen.

Eine Hilfe hierfür bietet die sog. **Rachehypothese:** Sie dient dazu, belastende Aussagen, die möglicherweise vorsätzlich falsch sind, in Zweifel zu ziehen. Umgekehrt kann die Widerlegung der Rachehypothese die Beurteilung belastender Aussagen als zuverlässig stützen. **320**

Je deutlicher die Auskunftsperson keine Gelegenheit ausläßt, **naheliegende Mehrbelastungen** zu bekunden – die ihr voraussichtlich von niemandem widerlegt werden können –, und je eindeutiger die Auskunftsperson eine etwa naheliegende eigene Verstrickung – oder gar Mitschuld – herabspielt, desto mehr sollte man zweifeln. **321**

(2) Es könnte sich bei der Aussage um einen „Racheakt" gegen den Verdächtigen handeln. Die Motive einer Auskunftsperson, eine **falsche Beschuldigung** vorzubringen, können so im Dunkeln liegen, daß der Ermittlungsbeamte gar nicht auf die Idee kommt, der Auskunftsperson eine so gemeine Tat – wie es eine falsche Beschuldigung ist – überhaupt zuzutrauen (unten Rdnr. 231). Hier kann der Test mit der Rachehypothese einen ersten Anhaltspunkt geben, der Anlaß für weitere Nachforschungen sein sollte. **322**

Merke:
Es gibt immer nur die Tatsachen, nach denen wir fragen.

(3) Wenn der Ermittlungsbeamte die Möglichkeit, daß der Verdächtige auch unschuldig sein könnte, nicht schon von Anfang an in seinen **Ermittlungsplan** aufnimmt (unten Rdnr. 338 f.) und deshalb nicht jeden Ansatzpunkt für eine mögliche Falschbeschuldigung weiterverfolgt, kann es für den Verdächtigen oftmals zu spät sein, den Verdacht auszuräumen. **323**

(4) Was zu Beginn des Ermittlungsverfahrens versäumt wurde, läßt sich später – vor allem im Gerichtsverfahren – vielfach **nicht mehr nachholen.** Die entlastenden Tatsachen, die zu Beginn des Ermittlungsverfahrens nicht erhoben worden sind, die „gibt es" dann in der Hauptverhandlung „gar nicht". Dasselbe gilt selbstverständlich auch für belastende Tatsachen, die seinerzeit nicht erhoben worden sind. **324**

(5) *Die Rachehypothese beruht auf der* **Annahme,** *daß Personen, die jemandem aus irgendeinem Grunde gram sind (Rache ist dafür häufig ein zu starker Ausdruck), ihm dies meistens „so richtig" vergelten wollen. Sie lassen deshalb selten eine günstige Gelegenheit aus, ihn so schuldig als möglich hinzustellen – wenn sie nicht befürchten müssen, daß ihnen die Mehrbelastung widerlegt werden könnte. Andererseits haben die Personen, die falsche Anschuldigungen erheben, die* **Tendenz,** *einen etwaigen eigenen Tatbeitrag – und sei es nur eine Provokation – entweder ganz abzuleugnen oder aber als geringfügig darzustellen.* **325**

326 (6) Die Rachehypothese ist mit **Vorsicht** anzuwenden. Manche geübte Lügner spüren instinktiv, daß man es mit (unwiderleglichen) Mehrbelastungen und (unbegründeten) Selbstentlastungen nicht zu weit treiben darf. Sie verzichten deshalb manchmal – selbst auf Nachfrage – auf noch weitere Mehrbelastungen und sind sogar bereit, auch eigene Fehler – allerdings keine schwerwiegenden – einzuräumen. Das wäre noch keine Widerlegung der Rachehypothese!

327 (7) Im Zusammenhang mit der Rachehypothese sollte der Ermittlungsbeamte daran denken, daß manche Personen, die den Verdacht von sich ab- und auf andere hinlenken wollen, sich nicht scheuen, zusätzlich zur falschen Beschuldigung auch noch **falsche Spuren** gegen den zu Unrecht Beschuldigten zu legen. Auch dafür gibt es Beispiele in der Kriminalgeschichte.[69] Deshalb sollte der Ermittlungsbeamte bei Anhaltspunkten für eine falsche Beschuldigung auch prüfen, ob die Sachbeweise, die gegen den Beschuldigten sprechen, nicht auch von einem Dritten stammen könnten.

328 (8) Manches Mal ist die falsche Beschuldigung eines anderen das einzige Mittel, sich selber (oder eine der Aussageperson nahestehende Person) reinzuwaschen. Steht dann niemand zur Verfügung, mit dem man noch „eine Rechnung zu begleichen" hat und der sich gleichzeitig als Beschuldigter eignet, werden auch ohne das Motiv des Vergeltungsverlangens Dritte falsch beschuldigt. In diesen Fällen tritt dann weniger das Merkmal „naheliegende Mehrbelastung" als das Merkmal „unbegründete **Selbstentlastung**" auf. Dazu kommt noch oft das Merkmal „Stimmungsmache".

329 (9) *Je mehr die Auskunftsperson – meist zu Beginn oder am Ende des Berichtes – unaufgefordert den Beschuldigten (allgemein oder straftatbezogen) als „üblen Burschen" und/oder sich selbst als harmlos, gottesfürchtig usw. darstellt, um so mehr sollte man zweifeln.*

Eine solche „**Stimmungsmache**" gehört in denselben psychologischen Zusammenhang wie das Rachebedürfnis. Ihr Inhalt stützt sich aber weniger auf Tatsachen im engsten Zusammenhang mit der Tat selbst. Der Inhalt der Stimmungsmache sind entweder Behauptungen über frühere Tatsachen, die die jetzige Beschuldigung plausibel machen sollen, oder charakterliche Beschreibungen dahingehend, daß dem Beschuldigten die Tat zuzutrauen sei. Auch hier gilt: Geübte Lügner hüten sich vor allzu offenkundigen Übertreibungen und machen manchmal sogar (weniger bedeutsame) Einschränkungen.

b) *Vergleichskriterium (2)*

330 *Je weniger eine „neue" Tatsache (die festgestellt werden soll) mit den schon vorhandenen „unstreitigen" oder bewiesenen Tatsachen – nach den Gesichtspunkten der Logik, den Naturgesetzen, den Regeln der Technik usw. – im Einklang steht, desto mehr sollte man zweifeln.*

331 (1) Diesen Test auf Widersprüche, auf Unmöglichkeiten[70] haben Kriminalisten immer schon gemacht. Indessen hat auch dieses Kriterium seine

---
69 *Peters* 1939 S. 18 ff.
70 *Trankell* 1971 S. 148/149.

Tücken. Wie die Kriminalgeschichte zeigt, hat man gelegentlich einer entlastenden Aussage nicht geglaubt, weil sie sich mit einer **(angeblich) sicher festgestellten Tatsache** nicht vereinbaren ließ. In Wirklichkeit hätte man der angeblich sicher festgestellten Tatsache mißtrauen sollen.

Merke:
Bei Widersprüchen mit „sicher" festgestellten Tatsachen (Naturgesetzen, Regeln der Technik usw.) muß stets deren festgestellte „Sicherheit" überprüft werden.

(2) Gerade bei Naturgesetzen, Regeln der Technik usw. gibt es nicht selten **Ausnahmesituationen** (Randbedingungen), bei deren Vorliegen die Regeln nicht gelten.

c) *Plausibilitätskriterium (3)*

Je weniger alle im Ermittlungsverfahren getroffenen Feststellungen eine restlose **plausible Erklärung** *(auch im Sinne der psychologischen Stimmigkeit) des gesamten Informationsmaterials – also aller belastenden, entlastenden und neutralen Fakten – abgeben, um so mehr sollte man zweifeln.*

(1) Wenn der Ermittlungsbeamte sich in die objektive Situation der Umstände und in die subjektive Situation der Beteiligten **einzufühlen** versucht, dann neigt er dazu, sich zu fragen: „Wie hätte *ich* in dieser Situation gehandelt? Was hätte *ich* gesagt?" Das ist falsch! Zwar ist es richtig – ja sogar notwendig –, daß sich der Beamte nicht nur in die objektive Lage sondern auch in die psychologische Situation der Beteiligten hineindenken soll, wenn er das Geschehen verstehen, es auf Plausibiliät überprüfen will. Dabei darf er aber nicht von sich selber ausgehen.

(2) „Mauleselsyndrom"

Wer die **psychologische Stimmigkeit** eines Herganges auf Plausibilität überprüfen will, muß sich fragen: „Wie hätte ich gehandelt, was hätte ich gesagt, wenn ich *nicht ich, sondern der Beteiligte* gewesen wäre, wenn ich z.B. in seinem Herkunftsland aufgewachsen, in seiner Familie groß geworden, auf seine Schulen gegangen wäre, in seinen Freundeskreisen verkehrt, sein Arbeitsleben hinter mir hätte, wenn ich seine Interessen verfolgt, mich zum Tatzeitpunkt in seinem Gemütszustand befunden hätte usw?"

(3) Diese Methode orientiert sich an dem sog. Mauleselsyndrom. Der Beamte muß es so machen wie jener schlaue Bauer, dessen Maulesel ins Gebirge entlaufen war. Zunächst hatten drei Polizisten zwei Tage lang vergeblich nach dem Maulesel Ausschau gehalten. Dann ging der Bauer selber auf die Suche. Er kam schon nach zwei Stunden mit dem Maulesel am Strick ins Dorf zurück. Als man ihn fragte, wie er denn das geschafft habe, antwortete er: „Ich habe mich gefragt, wo ich mich, wenn ich nicht ich, sondern der Maulesel wäre, versteckt hätte, damit mich der Bauer nicht findet. Und genau dort war der Maulesel auch."

Als Ermittlungsbeamter müssen Sie der „*Maulesel*" sein.

337 (4) Überhaupt gilt: Wir Menschen sind gar **nicht** jene **immer vernünftig**, logisch und sinnvoll handelnden Wesen, für die wir uns selber so gerne halten.
Plausibel ist oftmals gerade die unvernünftige, die sinnlose Handlung.

d) Alternativenkriterium (4)

338 *Je weniger die Überprüfung des Ermittlungsergebnisses auf eine denkbare andere Deutung den Schluß auf die Täterschaft als die einzig mögliche Folgerung erscheinen läßt, die das gesamte Informationsmaterial restlos und widerspruchsfrei erklärt und andere Alternativen ausschließt, um so mehr sollte man zweifeln.*

339 (1) Die letzte Überprüfung des Ermittlungsergebnisses endet damit, womit das Ermittlungsverfahren einstmals begonnen hatte oder wenigstens hätte beginnen müssen: mit der **Denkweise der Alternative**.[71]

340 (2) Es gibt keine absolute Wahrheit. Wir können uns der Wahrheit aber am meisten nähern durch **Versuch und Irrtum.** Indem wir – vor allem am Anfang und am Schluß – immer wieder versuchsweise andere Erklärungsmöglichkeiten an unser Informationsmaterial herantragen, indem wir den geringsten tatsächlichen Anhaltspunkten für andere Erklärungen nachgehen, alle anderen Erklärungen aber letztlich ausscheiden können, haben wir uns der Wahrheit soweit genähert, wie das Menschen überhaupt möglich ist.

III. Zum Irrtum

341 Mindestens genauso häufig wie auf vorsätzlichen Lügen oder gutgläubigen Phantasiegeschichten beruhen unzuverlässige Aussagen auf **Irrtum.** Beim Irrtum hat die Auskunftsperson das Erlebnis, über das sie berichtet, wirklich gehabt (auch in dem Umfang, wie sie behauptet – und nicht nur teilweise). Die Auskunftsperson hat aber falsch beobachtet, erinnert sich nicht mehr richtig oder berichtet dem Vernehmungsbeamten mißverständlich (oben Rdnr. 226).

342 Beim Irrtum kommt es in erster Linie darauf an, wie **„irrtumsanfällig"** das **Beweisthema** (der Vorgang, über den berichtet wird) ist. Wenn zum Beispiel behauptet wird, der Beschuldigte habe der Auskunftsperson 100 000 DM gegeben, dann kann die Auskunftsperson darüber nicht irren, sie kann höchstens lügen. Wenn es aber z. B. darum geht, ob der Beschuldigte rechtzeitig vor dem Abbiegen den Blinker gesetzt hat, dann ist die Irrtumswahrscheinlichkeit außerordentlich hoch – es sei denn, die Auskunftsperson habe einen besonderen Anlaß gehabt, genau darauf besonders zu achten (unten Rdnr. 356).

343 Beim Irrtum steht **kein** mit der Aussageanalyse (oben Rdnr. 248 ff.) vergleichbares **Instrumentarium** zur Verfügung, das mit relativ großer Sicherheit die Beurteilung erlauben würde, ob eine Aussage als zuverlässig einzustufen ist oder nicht.

---

71 *Trankell* 1971 S. 93 f., 135, 144–146, 149 ff.

344 Beim Irrtum kann man nur auf die in bestimmten Situationen üblicherweise auftretenden **Irrtumsquellen** hinweisen. Aus Platzgründen werden diese hier nur aufgelistet. Wegen der Einzelheiten muß auf die einschlägige Literatur verwiesen werden.[72]

1. Wahrnehmungsfehler

a) Begriffe

345 Ein „**Reiz**" ist eine bestimmte Einheit einer Energie (z. B. Licht, Schall, Wärme), die auf unsere Sinnesorgane einwirkt.

346 Eine „**Empfindung**" (**Perzeption**) ist der unmittelbare – noch nicht interpretierte (in seiner Bedeutung erkannte) – Eindruck des Reizes auf unsere Sinnesorgane.

347 Eine **Wahrnehmung** (**Apperzeption**) ist die verstandesmäßige, sinnvolle Interpretation des Reizes. Die Wahrnehmung ist kein bloß passiver Vorgang.

Merke:
Die Wahrnehmung hängt nicht nur davon ab, wie die Dinge sind, sondern auch davon, wie wir selber sind.

b) Qualität des Reizes

348 *Je stärker der Reiz* (z. B. je lauter der Schall), *je veränderlicher der Reiz* (z. B. Blinker am Auto, auf- und abschwellende Sirene), *je kontrastreicher der Reiz* gegenüber *seiner Umgebung, je neuartiger der Reiz* (neugiererregend, vom Gewohnten sich unterscheidend), *desto unzuverlässiger wird wahrgenommen.*

c) Grenzen unserer Sinnesorgane

aa) Das Auge

349 *Je schlechter die Lichtverhältnisse* sind (in der Dämmerung kann man keine Farben mehr sehen, nur noch Grautöne unterscheiden), *je schneller wir von der Helligkeit in die Dunkelheit kommen* (die Dunkelanpassung des Auges ist sehr langsam), *je schneller die Geschehnisse* abrollen (Verkehrsunfall, Schlägerei), *desto unzuverlässiger wird wahrgenommen.*

bb) Das Ohr

350 *Je lauter ein Geräusch ist, desto näher, je leiser, desto ferner scheint es zu sein.*

Je genauer ein Geräusch von vorn, hinten, oben oder unten kommt, desto unsicherer läßt sich die Richtung bestimmen; man kann es um so sicherer, je mehr Geräusch von der Seite kommt.

---

[72] Die Irrtumsmöglichkeiten werden in der Aussagepsychologie selten systematisch behandelt; meist wird auf sie – bei in anderem Zusammenhang sich bietender Gelegenheit – jeweils hingewiesen: *Graßberger* 1968 S. 16–82, *Hellwig* 1951 S. 114–155, *Schneider* 1978 S. 166–195, *Trankell* 1971 S. 13–114, *Undeutsch* 1967 S. 51–69. Eine systematische Darstellung der Irrtumsmöglichkeiten findet sich in *Bender/Röder/Nack* 1981a S. 2–57.

351 Je öfter wir eine bestimmte menschliche Stimme schon gehört haben, je vertrauter sie uns ist, desto sicherer erkennen wir sie wieder.

d) Beschränktes gleichzeitiges Fassungsvermögen

352 Je mehr wir uns auf eine bestimmte Wahrnehmung konzentrieren (z. B. ganz genau irgendwo hinsehen), desto weniger können wir gleichzeitige Reize mit anderen Sinnesorganen wahrnehmen (z. B. gleichzeitig bestimmte Töne hören).

e) Schlußfolgerungen

353 Je mehr wir nur Bruchstücke eines Vorganges wahrgenommen haben, desto phantasievoller geben wir der Wahrnehmung einen Sinn, ziehen wir daraus Schlußfolgerungen, wie es gewesen sein muß (oben Rdnr. 228).

f) Befindlichkeit des Wahrnehmenden

aa) Körperliche Verfassung

354 Je müder, alkoholisierter, kurzsichtiger, schwerhöriger usw. wir sind, desto unzuverlässiger nehmen wir wahr.

bb) Seelische Verfassung

355 Je intensiver wir mit eigenen oder fremden Problemen befaßt, je gestreßter, je depressiver oder euphorischer wir sind, desto unzuverlässiger nehmen wir wahr.

g) Wahrnehmung als Entscheidungsvorgang

356 Je interessierter wir an einem Ereignis teilnehmen, je aufmerksamer wir es verfolgen, desto zuverlässiger nehmen wir wahr.

357 Stellen Sie **Kontrollfragen:**
– Woher kam die Auskunftsperson?
– Wohin ging sie?
– Wo war sie während des Ereignisses?
– Was tat sie in diesem Moment?
– Gab es störende Faktoren (oben Rdnr. 354 f.)?

h) Erwartungshorizont[73]

358 Je mehr Erfahrung hinsichtlich des Ereignisses wir schon haben, desto richtiger können wir es einordnen, desto größer ist aber auch die Gefahr, daß wir gar nicht richtig hinschauen.

359 Je mehr Vorurteile wir gegenüber dem Beschuldigten persönlich oder gegenüber der Personengruppe, zu der er gehört, haben, desto mehr wird

---

[73] *Trankell* 1971 S. 18 f.

unsere Wahrnehmung in Richtung auf das Vorurteil verzerrt (z. B.: „Frauen können nicht Auto fahren", „Alle Balkanbewohner lügen").

i) *Motivation*
Je stärker wir das Bedürfnis haben, etwas wahrzunehmen – seien es körperliche (z. B. Durst), soziale (z. B. Kontakt, Zuwendung, Gruppenkonformität) oder psychische Bedürfnisse (z. B. Selbstverwirklichung, Anerkennung) –, desto mehr wird unsere Wahrnehmung in Richtung auf das Bedürfnis verzerrt. 360

2. Erinnerungsfehler

a) Zeitablauf
Je länger das berichtete Ereignis schon zurückliegt, desto blasser wird die Erinnerung[74], und desto größer ist die Gefahr, daß die Erinnerungsbruchstücke wiederum **„angereichert"**[75] werden mit Erfahrungen aus ähnlichen Erlebnissen, mit Wunschdenken usw. 361

b) Hemmung[76]
Je unmittelbarer dem zu berichtenden Ereignis ein anderes Erlebnis vorausging oder nachfolgte, und je dramatischer und gefühlsbetonter jenes andere Erlebnis war, desto mehr wird die Verankerung des zu berichtenden Ereignisses im Langzeitgedächtnis gehemmt. 362

c) Konservierende Macht der Gefühle
Je gefühlsbetonter das Ereignis für uns ist, desto besser behalten wir es im Gedächtnis; aber wenn das Ereignis einen wahren **Gefühlsschock** ausgelöst hat, dann ist die Erinnerungstreue zweifelhaft. 363

d) Qualität der Erinnerung
Welche Einzelheiten bleiben wie gut **in Erinnerung**? 364
– gut   (1) Personen und ihre Handlungen
            (2) Sachen, die beim Ereignis eine Rolle spielen
            (3) Anzahl der anwesenden Personen
               (genau aber nur bis sieben)
– mittel   (4) die räumlichen Verhältnisse
            (5) die Reihenfolge der Ereignisse
– schlecht (6) Farben
            (7) Größen und Mengen
            (8) Geräusche
            (9) Zeitdauer

---
[74] *Trankell* 1971 S. 20–24.
[75] *Trankell* 1971 S. 23.
[76] *Trankell* 1971 S. 22.

e) Verschmelzung

365 Je ähnlicher mehrere Ereignisse einander waren, je schneller sie aufeinander folgten, je länger sie schon zurückliegen, desto weniger können wir die zum jeweiligen Ereignis gehörenden Einzelheiten noch auseinanderhalten: sie „verschmelzen" in der Erinnerung zu einem – oder einigen wenigen – Ereignissen.

f) Abwehrmechanismen

366 Je peinlicher unsere wirklichen Motive waren, desto mehr versuchen wir, verstandesmäßige, rechtfertigende Beweggründe vorzuschieben (Rationalisierung).[77]

367 Je fehlerhafter, je verwerflicher unsere Handlungen waren, desto mehr versuchen wir, die Erinnerung daran ins Unterbewußte zu verdrängen bzw. die eigenen Fehler der Gegenseite anzudichten (Projektion).

3. Wiedergabefehler

a) Vorübergehender Gedächtnisverschluß

368 Niemand ist in der Lage zu jedem beliebigen Zeitpunkt alle (an sich vorhandenen) Erinnerungen vollständig abzurufen.

Es sind immer einige Assoziationsbahnen zu bestimmten **Erinnerungen blockiert.** Deshalb sind auch Erweiterungen in späteren Vernehmungen grundsätzlich Realitätskriterien (oben Rdnr. 284 f.).

b) Mißverständnisse

369 Die Auskunftsperson hat ein **Bild** von dem fraglichen Ereignis im Kopf. Sie versucht, dieses Bild mit Worten zu beschreiben. Der Vernehmungsbeamte hört diese Worte und versucht, sich daraus ein Bild von dem Ereignis zu machen. Bei diesem schwierigen Weg der Verständigung hat man schon Glück, wenn das Bild, das sich der Beamte vom Hergang macht, mit jenem Bild, das die Auskunftsperson im Kopf hat, eine große Ähnlichkeit besitzt.

370 Es gilt daher **Mißverständnisse** soweit möglich **auszuschalten:**

371 aa) Lassen Sie die Auskunftsperson möglichst zeichnen, wenn ihr Bericht sich auch zeichnerisch darstellen läßt. Zeichnungen aus der Hand des Vernommenen sind immer ein Indiz für große Authentizität des Protokolls.

372 bb) Beim geringsten Anhaltspunkt für ein mögliches Mißverständnis sollten Sie sofort mit Kontrollfragen nachfassen.

Dazu ein Beispiel: Auf die Aussage: „... die Tür war geschlossen", ist die Kontrollfrage zu stellen: „Abgeschlossen oder nur ins Schloß eingeschnappt?".

373 cc) Verwenden Sie nur kurze, einfache Sätze, nur gebräuchliche Worte. Sprechen Sie langsam.

---

[77] Trankell 1971 S. 17, 24.

c) Pygmalioneffekt

374 Besonders verhängnisvolle Verfälschungen der Aussage entstehen oftmals dann, wenn der Vernehmungsbeamte die Auskunftsperson erkennen läßt, was er **gerne hören** will. Nicht wenige Zeugen wollen es dem Beamten „recht machen". Sie lassen sich von ihm – ähnlich wie Eliza von Prof. Higgins in „Pygmalion" – in die gewünschte Richtung lenken.

375 Auch wenn der Ermittlungsbeamte schon eine ganz bestimmte Hypothese vom Täter und seiner Tat hat (er sollte bis zum Schluß aber auch alternative Hypothesen verfolgen), darf er niemals erkennen lassen, was er gern und was er weniger gern hört. Schon ein wohlwollendes Lächeln zu den Teilen der Aussage, die zur Hypothese passen, schon ein mißbilligender Blick, wenn ein Teil der Aussage sich nicht in die Hypothese einfügen läßt, ist zu viel. Da wir immer wieder unbewußt Wohlwollen und Mißfallen zum Ausdruck bringen, ist hier strenge **Selbstkontrolle** vonnöten.

376 Eine wirklich überzeugende Aussage, die die bislang bevorzugte Hypothese zerstört und die Ermittlung in eine andere Richtung lenkt, muß den Beamten genau so erfreuen, wie die Bestätigung seiner ursprünglichen Hypothese. Nicht die Überführung des vermeintlichen Täters ist das Ziel, sondern die **Wahrheitsfindung**.

SCHRIFTTUM

Arntzen, Friedrich: Vernehmungspsychologie. Psychologie der Zeugenvernehmung. 2. Aufl. München 1989.

ders.: Psychologie der Zeugenaussage. System der Glaubwürdigkeitsmerkmale. 2. Aufl. München 1983.

Banscherus, Jürgen: Polizeiliche Vernehmung: Formen, Verhalten, Protokollierung. Eine empirische Untersuchung aus kommunikationswissenschaftlicher Sicht. Wiesbaden 1977 (BKA-Forschungsreihe, Bd. 7).

Banscherus Jürgen, Siegfried Brugger und *Edwin Kube:* Polizeiliche Vernehmung: Formen, Verhalten, Protokollierung. – Bericht zu einer empirischen Untersuchung aus kommunikationswissenschaftlicher Sicht –. In: Kriminalistik 32 (1978), S. 97–100.

Bauer, Günther: Moderne Verbrechensbekämpfung. Bd. 1. Lübeck 1970.

Bender Hans-Udo: Merkmalskombinationen in Aussagen. Theorie und Empirie zum Beweiswert beim Zusammentreffen von Glaubwürdigkeitskriterien. Tübingen 1987 (Veröffentlichungen zum Verfahrensrecht, Bd. 2).

Bender, Rolf, Susanne Röder und *Armin Nack:* Tatsachenfeststellung vor Gericht. Band I. Glaubwürdigkeits- und Beweislehre. München 1981 a.

dies.: Tatsachenfeststellung vor Gericht. Band II. Vernehmungslehre. München 1981 b.

Bender, Rolf: Die häufigsten Fehler bei der Beurteilung von Zeugenaussagen. In: Schweizerische Juristen-Zeitung 82 (1985). H. 4, S. 53–59.

Bialek, Hans-Dieter: Die Aussagebereitschaft der Tatverdächtigen bei der Polizei. In: Die Polizei 74 (1983), S. 343–351.

Birkholz H. J. und *M. Bertram:* Zu taktischen Maßnahmen zur Feststellung des Wahrheitsgehaltes von Zeugenaussagen. In: Kriminalistik und forensische Wissenschaft 30 (1977), S. 29–44.

Brenner, Karl: Schwache Vernehmungsprotokolle im Strafverfahren. Ein Beitrag zum Thema Fehler im Ermittlungsverfahren. In: Kriminalistik 35 (1981), S. 142–145.

Bull, Hans Joachim: Die Frage prägt die Antwort. In: Deutsche Richterzeitung 54 (1976), S. 53.

Burghard, Waldemar: Gegenüberstellungen in Ermittlungsverfahren. In: Taschenbuch für Kriminalisten 26 (1976), S. 87–114.

ders.: Die Vernehmung. Grundsätze – Praktiken – Neue Formen. In: Taschenbuch für Kriminalisten 36 (1986), S. 21–67.

Busam, Gerhard: Das Geständnis im Strafverfahren. Kriminologische, kriminalistische, kriminalpsychologische Aspekte. Lübeck 1983 (Forschungsreihe Kriminalwissenschaften. Bd. 7).

Dahlke, Ekke: Noch erlaubt oder schon verboten? Die Abgrenzung von erlaubter List und verbotener Täuschung im Ermittlungsverfahren. In: Kriminalistik 44 (1990), S. 431–437.

Dahmer, Hella und *Jürgen Dahmer:* Gesprächsführung. Eine praktische Anleitung. 2. Aufl., Stuttgart 1989.

Deusinger, Ingrid M. und *Henning Haase:* Psychologische Probleme der Personenbeschreibung. Zur Aufnahme und Beurteilung von Zeugenaussagen. Wiesbaden 1977 (BKA-Forschungsreihe. Bd. 5).

Ermisch, Günter: Was erwartet die Polizei von der Kriminalpolitik? In: Bundeskriminalamt (Hrsg.): Polizei und Kriminalpolitik. Arbeitstagung des Bundeskriminalamtes Wiesbaden vom 10. bis 13. November 1980. Wiesbaden 1981 (BKA-Vortragsreihe. Bd. 26), S. 39–48.

Fabian, Thomas und *Stadler, Sonja:* Tonbandaufzeichnungen von Vernehmungen. Ein Plädoyer aus psychologisch-forensischer Sicht. In: Kriminalistik 44 (1990), S. 338–343.
Felder, W.: Das Anhören des Kindes. In: Kriminalistik 37 (1983), S. 330–332.
Fischer, Johann: Die polizeiliche Vernehmung. Wiesbaden 1975 (BKA-Schriftenreihe 1975/2–3).
Füllkrug, Michael: Wenn einer nicht belehrt wurde ... Rechtsfolgen nach unterlassenem Hinweis auf das Schweigerecht des Beschuldigten. In: Kriminalistik 42 (1988), S. 71–72.
ders.: Kindesmißhandlung und sexueller Mißbrauch von Minderjährigen. Umfang und materiell-rechtliche Grundlagen. Strafprozessuale und kriminalistische Probleme. In: Kriminalistik (1989), S. 233–234, S. 236–239, S. 271–276, S. 278–279.
Geerds, Friedrich: Vernehmungstechnik. Lübeck 1976.
Gössweiner-Saiko, Theodor: Vernehmungskunde. Ein Grundriß. Graz 1979 (Grazer rechts- und staatswissenschaftliche Studien).
ders.: Vom Wesen und zur Vernehmung von Neurotikern und Psychopathen. In: Die Neue Polizei 35 (1981), S. 56–58.
ders.: Zum Phänomen Geständnis in Strafsachen. Kriminal- und aussagepsychologische Beiträge. In: Öffentliche Sicherheit 46 (1981), H. 12, S. 19–28, 47 (1982), H 1, S. 5–7.
ders.: Über die Psychologie der Vernehmungsebenen. In: Illustrierte Rundschau der Gendarmerie 35 (1982), H. 11, S. 3–7.
ders.: Geständnisarten im Lichte beweistechnischer Kriterien. Vernehmungstechnische und psychologische Beiträge. In: Illustrierte Rundschau der Gendarmerie 36 (1983), H. 3, S. 3–6, H. 4, S. 6–9.
ders.: Wesentliche Grundfragen und Probleme der Untersuchung und Vernehmung in Strafsachen. Eine grundlegende Erörterung. In: Illustrierte Rundschau der Gendarmerie 38 (1985), H. 12, S. 4–7, 39 (1986), H. 1, S. 8–10.
Graßberger, Roland: Psychologie des Strafverfahrens, 2. Aufl. Wien, New York 1968.
Groß, Hans und *Friedrich Geerds:* Handbuch der Kriminalistik. 10. Aufl., Bd. 1. Berlin 1977, Bd. 2. Berlin 1978.
Gundlach, Rainer: Die Vernehmung des Beschuldigten im Ermittlungsverfahren. Frankfurt a. M. 1984 (Europäische Hochschulschriften. Reihe II. Bd. 375).
Harnischmacher, Robert und *Josef Müther:* Notzuchtopfer – Ihr Verhalten und ihre Vernehmung. In: Polizeispiegel 22 (1986), S. 42–46, 75.
dies.: Das sexuell mißbrauchte Kind. Erklärungen für kindliches Verhalten und Probleme in der Vernehmung. In: Kriminalistik 42 (1988), S. 151–152, S. 154–155.
Hellwig, Albert: Psychologie und Vernehmungstechnik bei Tatbestandsermittlungen, 4. Aufl. Berlin 1951.
Hepp, Robert: Die Kriminalistik zwischen Wissenschaft und Ideologie. In: Archiv für Kriminologie 157 (1976), S. 65–77.
Herren, Rüdiger und *Wolf-Dietrich Bortz:* Das Vernehmungsprotokoll. In: Kriminalistik 30 (1976), S. 313–317.
Holzheu, Harry H.: Gesprächspartner bewußt für sich gewinnen. Psychologie und Technik des partnerorientierten Verhaltens. Düsseldorf 1984.
Kaiser, Artur: Fragetechnik. Richtig fragen – mehr erfahren. Stuttgart 1977.
Karlsruher Kommentar zur Strafprozeßordnung und zum Gerichtsverfassungsgesetz mit Einführungsgesetz (KK). 2. Aufl. München 1987.
Keller, Othmar: Die Sprache – Mittel der Verständigung und der Manipulation. Ein Beitrag zum besseren Verständnis zwischen Polizei und Bürger. In: Die Polizei 74 (1983), S. 352–357.

Kleinknecht, Theodor und *Karlheinz Meyer:* Strafprozeßordnung, Gerichtsverfassungsgesetz, Nebengesetze und ergänzende Bestimmungen. 39. Aufl. München 1989 (Beck'sche Kurz-Kommentare. Bd. 6).

Köhnken, G.: Zum Beweiswert von Identifizierung durch Augenzeugen. Eine methodologische Analyse. In: Forensia 5 (1984/85), S. 1–21.

Krause, Dietmar: Die informatorische Befragung. Äußerungen außerhalb von Vernehmungen und die Vorbesprechung. In: Die Polizei 69 (1978), S. 305–306.

Krost, Nikolaus: Die Vernehmung. „Aushandeln der Wirklichkeit" oder ungenutzte Chancen besserer Ermittlungs- und Aufklärungsergebnisse? In: der kriminalist 18 (1986), S. 173–179.

Lange, Regina: Fehlerquellen im Ermittlungsverfahren. Eine Auswertung von 1110 Wiederaufnahmeverfahren. Heidelberg 1980 (Kriminalistik – Wissenschaft und Praxis. Bd. 8).

Löhner, Michael: Kommunikationspsychologie in der Einvernahme. Sprachstrategien im Prozeß der Wahrheitsfindung. In: Kriminalistik 44 (1990), S. 611–616.

Maeffert, Uwe: Licht und Schatten. In: Strafverteidiger 2 (1982), S. 386–391.

Maisch, Herbert: Forensisch-psychologische Aspekte von Verstößen gegen § 136 a StPO im Ermittlungsverfahren. Ein empirischer Beitrag. In: Strafverteidiger 10 (1990), S. 314–321.

Malinowski, Peter und *Manfred Brusten:* Strategie und Taktik der polizeilichen Vernehmung. Zur soziologischen Analyse selektiver Kriminalisierung. In: Kriminologisches Journal 7 (1975), S. 4–16.

Meinert, Franz: Aussagefehler und Zeugenprüfung in der Kriminalistischen Praxis. Hamburg 1948.

ders.: Vernehmungstechnik. 4. Aufl. Lübeck 1956.

Mönkemöller, Otto: Psychologie und Psychopathologie der Aussage. Heidelberg 1930 (Bibliothek der Kriminalistik. Bd. 4).

Müller, Wilfried: § 136 a StPO – Verbotene Vernehmungsmethoden. Übersicht über die gesetzlichen Bestimmungen. Probleme bei der praktischen Anwendung. In: Kriminalist 14 (1982), S. 543–553.

Odenthal, Hans-Jörg: Die Gegenüberstellung im Strafverfahren. Stuttgart 1986 (Neue Rechtspraxis. Bd. 1).

Peters, Karl: Zeugenlüge und Prozeßausgang. Bonn 1939 (Schriften der Akademie für deutsches Recht. Gruppe Strafrecht und Strafverfahren. Nr. 7).

Petersohn, F.: Sittlichkeitsdelikte – taktische Fehler bei der Vernehmung. In: Illustrierte Rundschau der Gendarmerie 30 (1977), H. 3, S. 5–6; H. 5, S. 3–4; H. 7–8, S. 7–8; H. 9, S. 5–6; H. 11, S. 5.

Philipp, Erich: Die Gegenüberstellung. Heidelberg 1981 (Kriminalistik Fachbücherei).

Prüfer, Hans: Aussagebewertung in Strafsachen. Abgrenzungsmerkmale und Beurteilungskriterien. Köln, Berlin, Bonn, München 1986.

Rasch, Wilfried und *Stefan Hinz:* Für den Tatbestand ermitteln ... Der Einfluß der gesetzlichen Mordmerkmale auf kriminalpolizeiliche Erstvernehmungen bei Tötungsdelikten. In: Kriminalistik 34 (1980), S. 377–382.

Rehermann, Thomas und *Thomas Stüllenberg:* Videographie – Dokumentationsmedium mit Klasse. Eine Palette von Einsatzmöglichkeiten. In: Kriminalistik 44 (1990), S. 345–347.

Reiners, Ludwig: Stilkunst. München 1976. Ein Lehrbuch deutscher Prosa.

Richter, Kurt: Einsatz von Videokameras bei der Vernehmung sexuell mißbrauchter Kinder. In: Kriminalistik 22 (1990), S. 360–361.

Rieß, Peter: Die Vernehmung des Beschuldigten im Strafprozeß. In: Juristische Arbeitsblätter 12 (1980), S. 293–301.

Rohner, Willi: Kinder und Jugendliche als Zeugen im Strafverfahren, dargestellt anhand der Gerichtspraxis in den Kantonen Appenzell, A. Rh. und Zürich (Bezirk Winterthur). Zürich 1975 (Züricher Schriften zum Verfahrensrecht. Bd. 13).

Rottenecker, Richard: Modelle der kriminalpolizeilichen Vernehmung des Beschuldigten. Diss. jur. Freiburg 1976.

„Schlampige Ermittlungen bei der Polizei": Unschuldig als Bankräuber verurteilt. In: Kriminalistik 36 (1982), S. 121.

Schmitz, H. Walter: Tatgeschehen, Zeugen und Polizei. Zur Rekonstruktion und Beschreibung des Tathergangs in polizeilichen Zeugenvernehmungen. Wiesbaden 1978 (BKA-Forschungsreihe. Bd. 9).

Schneider, Egon: Beweis und Beweiswürdigung unter besonderer Berücksichtigung des Zivilprozesses. 3. Aufl. München 1978.

Schubert, Oskar: Die Vernehmung im Ermittlungsverfahren. Ein praktischer Ratgeber für Polizeibeamte und Hilfsbeamte der Staatsanwaltschaft. Karlsfeld bei München 1983.

Stern, Steffen: Der Geständniswiderruf als forensisches Erkenntnisproblem. In: Strafverteidiger 10 (1990), S. 563–569.

Stüllenberg, Heinz: Die Vernehmung. In: Waldemar Burghard und Hans-Werner Hamacher (Hrsg.): Lehr- und Studienbriefe Kriminalistik. Nr. 4. 2. Aufl. Hilden 1989, S. 3–61.

ders.: Die Gegenüberstellung. In: Waldemar Burghard und Hans-Werner Hamacher (Hrsg.). Lehr- und Studienbriefe Kriminalistik. Nr. 4. 2. Aufl. Hilden 1989, S. 63–92.

Trankell, Arne: Der Realitätsgehalt von Zeugenaussagen. Methodik der Aussagepsychologie. Göttingen 1971.

Undeutsch, Udo: Beurteilung der Glaubhaftigkeit von Aussagen: Udo Undeutsch (Hrsg.): Forensische Psychologie. Göttingen 1967 (Handbuch der Psychologie. Bd. 11), S. 26–181.

ders.: Vernehmung und non-verbale Information. In: Edwin Kube, Hans Udo Störzer und Siegfried Brugger (Hrsg.): Wissenschaftliche Kriminalistik. Grundlagen und Perspektiven. Teilbd. 1. Wiesbaden 1983 (BKA-Forschungsreihe. Bd. 16/1), S. 389–418.

Vester, Frederic: Denken, Lernen und Vergessen. Stuttgart 1975.

Walder, Hans: Die Vernehmung des Beschuldigten. Dargestellt am Beispiel des zürcherischen und deutschen Strafprozeßrechtes. Hamburg 1965.

Weihmann, Robert: Strafverteidiger fragen Kriminalisten. Zur kriminalpolizeilichen Vernehmung des Beschuldigten. In: Kriminalistik 45 (1991), S. 51–55.

Wulf, Peter: Strafprozessuale und kriminalpraktische Fragen der polizeilichen Beschuldigtenvernehmung auf der Grundlage empirischer Untersuchungen. Heidelberg 1984 (Arbeitspapiere aus dem Institut für Kriminologie. Nr. 5).

Zeugenaussagen 50 % falsch. Glücksspiel. In: Kriminalistik 38 (1984), S. 128.

14
Tatortarbeit

Siegfried Seemann

INHALTSÜBERSICHT

	Rdnr.
A. Allgemeines	1
B. Rechtsgrundlagen und Vorschriften für die Tatortarbeit	
I. Polizeiliche Tatortarbeit aus strafprozessualen Gründen	6
II. Tatortarbeit zum Zwecke der Gefahrenabwehr	7
III. Zuständigkeit für die Tatortarbeit .	9
IV. Juristische Definition des Tatortes .	11
V. Der kriminalistische Tatortbegriff .	12
VI. Ereignisort	13
VII. Stellenwert der Tatortarbeit	14
VIII. Die Bedeutung des Tatortes für das Ermittlungsverfahren	15
IX. Grundregeln für das Verhalten am Tatort	18
C. Der Erste Angriff	19
I. Ziel	20
II. Sicherungsangriff	21
III. Eingang der Ereignismeldung	22
IV. Sofortmaßnahmen	23
1. Einsatzvorbereitungen	24
2. Anfahrt zum Tatort	25
3. Maßnahmen nach Eintreffen am Tatort	26
V. Der Auswertungsangriff	28
D. Der Tatortbefundbericht	
I. Allgemeines	30
II. Unterschiedliche Tatortbefundberichte	34
III. Spurensicherungsberichte	35
IV. Bildmappen	36

	Rdnr.
E. Konzept für die Aufnahme eines Tatortes mit der Videokamera	
I. Anfahrt zum Tatort	37
II. Aufzeichnung des weiteren Tatortes	38
III. Aufzeichnung des engeren Tatortes	39
IV. Unmittelbarer Tatort	40
V. Nachspann	42
VI. Wertung der Tatortaufnahme mit der Videokamera	43
F. Fehlerquellen bei der Tatortarbeit	
I. Faktor „Zeit"	44
II. Mangelnde kriminalistische Erfahrung	45
III. Fehlende Sorgfalt	46
IV. Unzureichende Notizen	47
V. Schlußbemerkung	48
G. Checklisten und Muster	
I. Spurensicherung als Handwerk (Arbeitsschritte bei der Tatortarbeit i. e. S.)	49
II. Schematische Darstellung der Tatortarbeit	50
III. Schema eines Tatortbefundberichtes für einen Einbruchdiebstahl . . .	51
IV. Schema eines Brandberichtes	52
V. Schema eines Todesermittlungsberichtes	53
VI. Muster eines Spurensicherungsberichtes	54
VII. Muster eines Untersuchungsantrages	55

A. Allgemeines

1 Die **Tatortarbeit** ist ein wichtiger Bestandteil erfolgreicher Ermittlungstätigkeit. Ausgehend von der zunehmenden Bedeutung des Sachbeweises im Strafverfahren muß auch die Tatortarbeit in der repressiven Verbrechensbekämpfung die entsprechende Priorität erhalten.

Ausmaß und Qualität der Tatortarbeit werden beeinflußt von der jeweiligen Organisationsform, der Ausbildung und Ausrüstung der eingesetzten Kräfte.

Im Rahmen der Tatortarbeit können durch das Erkennen, Sichern und Auswerten materieller Spuren die notwendigen objektiven Beiträge zur Aufklärung polizeilich relevanter Sachverhalte nur durch Kenntnis und Anwendung der neuesten technisch-naturwissenschaftlichen Methoden und Hilfsmittel geleistet werden. Eine umfassende Tatortaufnahme und eine erfolgreiche Spurensuche erfordern deshalb neben tat- und täterbezogenem Basiswissen auch spezielle Kenntnisse aus den Bereichen Medizin, Biologie, Physik und Chemie.

2 Allgemein definiert man den **Tatort** als den Ort einer strafbaren Handlung, an dem der Täter gehandelt hat oder im Falle eines Unterlassungsdeliktes hätte handeln müssen (vgl. § 9 StGB). Definitionen des Tatortbegriffs sind in der kriminalistischen Literatur vielfältig und nach Meinung des Verfassers am treffendsten so formuliert:

Tatorte sind Orte, an denen sich kriminalistisch relevante Ereignisse abgespielt haben[1].

(Z. B. Einbruchsorte, Leichenfundorte, Brandorte, Unfallorte, Explosionsorte u. a.)

Übergabeorte bei Erpressungen, bei Rauschgiftgeschäften und Waffenschmuggel können ebenfalls unter dem Begriff „Tatort" eingereiht werden. Auch Büroräume von „Schwindelfirmen", das Hotelzimmer, in dem der Einmietebetrüger übernachtete, ja sogar Kuhställe, in denen Kälbern verbotene Hormongaben verabreicht werden, können als Tatort bezeichnet werden.

In jüngster Zeit ist der Tatort Umwelt mehr und mehr ins Bewußtsein der Menschen gerückt, denn mit krimineller Energie wurden und werden z. B. Sondermüllentsorgungen häufig rechtswidrig durchgeführt.

3 Zusammenfassend bleibt festzustellen, daß verschiedenartige Tatorte unterschiedliche Anforderungsprofile an den polizeilichen **Sachbearbeiter** stellen, will er Erkenntnisse und Informationen über den Tathergang, das Tatopfer und den Täter sammeln, um die Straftat aufzuklären. Dieses geschieht durch das Erkennen wesentlicher Veränderungen in der natürlichen Umwelt oder im Bewerten einer Spur (Indiz) hinsichtlich kriminalistisch relevanter Tatzusammenhänge. Die gedankliche Arbeit eines erfahrenen Kriminalisten läßt bei der Tatortaufnahme die „stummen Zeugen" der Tat bei gedanklicher Rekonstruktion des Tatgeschehens lebendig werden und zeigt ihm, wo er Spuren suchen muß bzw. Spuren vorhanden sein müßten.

---

[1] Vgl. *Stüllenberg* S. 67.

Ergänzt und erleichtert werden kann die Tatortarbeit auch, wenn bei der Tatortuntersuchung der **Geschädigte** glaubhaft Angaben über den Zustand vor dem Tatgeschehen machen kann; Skepsis ist hier grundsätzlich angebracht.

Die Ausführungen über die Tatortarbeit können nur als Versuch angesehen werden, Schwerpunkte und Fakten für die Beweissicherung und Wahrheitsfindung zu liefern.

Denn kein Tatort ist mit dem anderen vergleichbar, so daß auch Tatortarbeit sich nicht in ein starres Bearbeitungsschema pressen läßt. Trotzdem sind grundsätzliche Überlegungen und Fragen, je nach Deliktart, als Rahmen für die Ermittlungen am Tatort unbedingt zu beachten. Im folgenden soll dargestellt werden, wie diese **Grundsätze** der Tatortarbeit in einzelnen Deliktsbereichen wie Einbruchsdiebstahl, Brand- und Todesermittlungen aussehen können.

B. Rechtsgrundlagen und Vorschriften für die Tatortarbeit

I. Polizeiliche Tatortarbeit aus strafprozessualen Gründen

Die Rechtsgrundlage für die polizeiliche Tatortarbeit zum Zwecke der Strafverfolgung ist der § 163 StPO, der die Polizei dem **Legalitätsprinzip** unterwirft. Hiernach hat sie Straftaten zu erforschen und alle keinen Aufschub gestattenden Anordnungen zu treffen, um die Verdunkelung der Sache zu verhüten.

Straftaten können zunächst nur dort erforscht werden, wo sie begangen werden, und zwar am Tatort. Die Polizei hat somit die Pflicht, alle notwendigen Maßnahmen der Strafverfolgung einzuleiten, und hierzu gehört die Aufnahme der Tatortarbeit. Ohne diese bestünde die Gefahr, daß die Strafsache verdunkelt wird, denn die Polizei könnte sich kein genaues Bild von der Tat, dem Tatort und den Spuren machen.

Die Polizei unterliegt somit der Pflicht der unverzüglichen Beweissicherung.

II. Tatortarbeit zum Zwecke der Gefahrenabwehr

Werden Straftaten ausgeführt, so sind damit häufig gegenwärtige Gefahren für bestimmte Rechtsgüter verbunden. Nach einem schweren Raub z. B. liegt das Opfer stark blutend am Tatort. Der Polizeibeamte hat **gefahrenabwehrende Maßnahmen** zu ergreifen, um das Rechtsgut Leib und Leben zu schützen.

Diese präventivpolizeiliche Aufgabe wird ihm zugewiesen durch die Generalklausel des § 1 SOG Nds oder vergleichbare Normen der Polizeigesetze der Länder.

Treffen Verpflichtungen zur Gefahrenabwehr und Strafverfolgung zusammen, ist zunächst die Möglichkeit der Wahrnehmung beider Aufgaben ins Kalkül zu ziehen. Im Falle eines Konflikts zwischen beiden Aufgaben hat der Polizeibeamte eine **Güter- und Pflichtenabwägung** durchzuführen und sich nach Lage des Einzelfalles zu entscheiden, ob das höherwertige Rechtsgut die Gefahrenabwehr oder die Strafverfolgung ist.

III. Zuständigkeit für die Tatortarbeit

9   Nach der PDV 100 ist es **gemeinsame Aufgabe** der Kriminalpolizei und der uniformierten Polizei, Verbrechen zu bekämpfen durch Verhütung und Strafverfolgung.

10 Wegen der Komplexität der polizeilichen Aufgaben war es erforderlich, eine genaue **Zuständigkeitsabgrenzung** zwischen Schutz- und Kriminalpolizei vorzunehmen. Dies geschah in Runderlassen der Innenminister auf Länderebene.

IV. Juristische Definition des Tatortes

11 Die juristische Definition über den Tatort finden wir im § 9 StGB. Danach ist „Tatort" jeder Ort, an dem der Täter gehandelt hat oder an dem er bei einem Unterlassungsdelikt hätte handeln müssen. Auch der Ort, an dem der zum Tatbestand gehörende Erfolg eingetreten ist oder nach der Vorstellung des Täters eintreten sollte, gehört zum Tatort.

Eine Unterteilung in **Tätigkeitsort**, an dem der oder die Straftäter aktiv gehandelt haben, und in **Erfolgsort**, an dem der Erfolg einer Straftat durch Verwirklichung der Tatbestandsmerkmale eines im Strafgesetzbuch aufgeführten Paragraphen eingetreten ist, ist möglich. Bei einer Straftat können mehrere Tätigkeitsorte vorliegen, falls mehrere Tätigkeitsakte ausgeführt wurden[2].

V. Der kriminalistische Tatortbegriff

12 Aus kriminalistischer Sicht ist der Tatortbegriff umfassender zu sehen, als es aus dem § 9 StGB ersichtlich ist. Für die Aufklärung bestimmter Straftaten ist für den Polizeibeamten die Frage der Tatvorbereitungshandlungen, die Haupttat und die Nachtatphase von Bedeutung, denn bei den einzelnen **Tatphasen** können bereits unterschiedliche kriminelle Energien erkennbar sein und neue Straftaten ermittelt werden (z. B. der Diebstahl eines Pkw, der später zu einem Bankraub benutzt wird und mit dem die Täter auf der Flucht weitere Straftaten wie Mordversuche pp. zum Nachteil verfolgender Polizeibeamter ausführen). Bei all diesen Strafhandlungen können deliktspezifische Spuren mit einem hohen Beweiswert entstehen, die bei der Tatortarbeit gesucht und gesichert werden müssen.

Es können aber bereits beim Vorliegen nur einer Straftat aus funktional-pragmatischen Gesichtspunkten dem Tatort zugeordnet werden[3]:

a) Der Vorbereitungsort des Verbrechens,

b) Der Annäherungsweg des Täters an das Tatobjekt,

---

2 Vgl. *Dreher/Tröndle* 1988, § 9 Rdnr. 2, 3.
3 Vgl. *Burghard* S. 48/49.

c) Die nähere und weitere Umgebung des Tatobjekts,
d) Der eigentliche engere Tatort,
e) Der Fundort des Opfers,
f) Der Fluchtweg des Täters,
g) Das Fluchtfahrzeug,
h) Der Verbringungs- oder Verbergungsort der Beute,
i) Die Wohnung des Tatverdächtigen,
j) Das Versteck des Tatwerkzeugs u. ä.

An diesen erwähnten Orten können wichtige Spuren vorhanden sein, die zur Wahrheitsfindung und damit verbundenen Tataufklärung dienen können.

Auf eine Kurzformel gebracht, läßt sich der kriminalistische Tatort folgendermaßen definieren: Ort, an dem sich Täter vor, während oder nach der Tat aufgehalten, gehandelt oder Spuren hinterlassen haben oder hätten hinterlassen müssen.

VI. Ereignisort

Unter dem Begriff des **Ereignisortes** können alle die Orte verstanden werden, an denen sich polizeilich bedeutsames Geschehen mit Aufgaben der Gefahrenabwehr oder Strafverfolgung abspielt (s. PDV 100, Anl. 6).

VIII. Stellenwert der Tatortarbeit

Bei nicht allen Straftaten hat die Tatortarbeit einen gleich hohen Stellenwert. Im polizeilichen Sprachgebrauch unterteilt man in

a) **Tatortdelikte**, bei denen materielle Veränderungen am Tatort entstehen (z. B. Einbruchsdiebstahl, Brand, Verkehrsunfall, die klassischen Tatortdelikte wie Mord, Sprengstoffanschläge, Vergewaltigung u. a.)

und

b) **Delikte mit geringer Tatortrelevanz** wie Betrug, Unterschlagung, Straftaten im Amte, Hehlerei, Beleidigung, Exhibitionismus u. a.

Aber auch bei Delikten mit geringer Tatortrelevanz können am Tatort wichtige Indizien für das spätere Strafverfahren gefunden werden. Die Vorbereitung und Durchführung der Tatortarbeit bei diesen Delikten bedarf aber häufig einer zielgerichteten und qualifizierten Vorbereitung, um z. B. bei Betrugs- bzw. Konkursdelikten Buchhaltungsunterlagen, Schriftstücke oder Urkunden sicherzustellen, die für die Wahrheitsfindung von großer Bedeutung sind.

Insbesondere bei sog. Tatortdelikten kann die Polizei wichtige Schlüsse aus der Situation am Tatort ziehen, die für die Aufklärung von Bedeutung sind:
– Deliktsbestimmung,
– Rekonstruktion des Tatablaufes,
– Persönlichkeit des Täters,

- Erkennen eines Tatmotivs,
- Rekonstruktion des Tatgeschehens,
- Erkennen von Tatzusammenhängen,
- Möglichkeit der Überprüfung der Zeugenaussagen und der Täterangaben,
- Anhaltspunkte für erste Ermittlungen, Fahndungen,
- Erkennen von vorgetäuschten Straftaten bei Einbruchsdiebstahl und Raub usw.

VIII. Die Bedeutung des Tatortes für das Ermittlungsverfahren

15 Bei einer Vielzahl von Ermittlungsverfahren wird dem Tatort ein **besonderer Stellenwert** zugeschrieben, denn er liefert häufig die ersten und wichtigen Informationen vom Tatgeschehen, die Spuren und Hinweise für weitere Ermittlungsansätze und Ergebnisse der Opfer- und Zeugenbefragungen.

Noch größere Bedeutung erlangt ein Tatort, wenn weder Opfer noch Täter noch Zeugen bzw. andere Auskunftspersonen vorhanden sind oder diese sich als ungeeignet erweisen. Der Tatortbeamte muß dann anhand des Tatortbefundes Rückschlüsse ziehen und Deutungen über den Tatablauf und das Tatgeschehen vornehmen, um die Straftat aufzuklären.

16 Ein wichtiges Hilfsmittel ist hierbei die **gedankliche Tatrekonstruktion**, bei der der Polizeibeamte unvoreingenommen den Sachverhalt vor der Tat (Normalzustand) mit den vorhanden Spuren nach der Tat (Tatortbefundsituation) vergleicht und durch Hypothesenbildung den Tathergang ergründet.

17 Die kriminalistische Bedeutung des Tatortes beruht auch darauf, daß der Täter Spuren am Tatort hinterlassen haben kann, die Hinweise auf seine Person zulassen, z. B. Fingerabdrücke oder Blut, Sperma, Speichel und Haare. Sehr bedeutungsvoll und ergiebig kann für den erfahrenen Kriminalisten aber auch die Spurenlage für die Rekonstruktion des Tathergangs sein.

Eine Spezialisierung der Straftäter führt zu bestimmten Arbeitsweisen (modus operandi) bei der Tatausführung (z. B. Zylinderschloßabdreher bei Serieneinbrüchen, Diamantkernbohrer bei Einbruchsdiebstählen in Banken u. a.).

Der Tatort läßt auch Rückschlüsse auf das Motiv der Tat, das Tatmittel und den Fluchtweg zu.

IX. Grundregeln für das Verhalten am Tatort

18 1. Beim Betreten des Tatobjektes grundsätzlich so **wenig anfassen,** wie unbedingt nötig ist. Hierbei nach Möglichkeit Tür- und Fensterklinken so betätigen, daß keine Griffspuren verloren gehen.
2. Die Einsatzkoffer sind weit genug vom unmittelbaren Tatort abzustellen, um bei der **Tatortaufnahme nicht** zu **stören.**

3. Gegenstände im Tatortbereich **nicht unnötig anfassen,** denn auch unwichtig erscheinende Dinge können im Verlauf der Ermittlungen kriminalistisch bedeutungsvoll werden.
4. Selbstverständlich sollte es sein, daß am Tatort **nicht geraucht** wird, bis alle Spuren gesichert sind.
5. Befinden sich Angehörige des Opfers, Zeugen, Hinweisgeber, Neugierige, Presseangehörige u. a. im Tatortbereich, so sind sie höflich und bestimmt **aus diesem Raum** zu verweisen.
6. Die **Information von Vorgesetzten** und Vertretern anderer Behörden wie Staatsanwaltschaft, MAD (in militärischen Bereichen) u. a. über das Tatgeschehen ist selbstverständlich durchzuführen, aber unter Beachtung der nötigen Sicherheitsmaßnahmen, um Spuren nicht zu beschädigen bzw. neue zu legen. Gedankenlos handelnde Vorgesetzte, die in den engeren Tatortbereich eindringen, sind in angemessener Weise auf ihr Fehlverhalten aufmerksam zu machen und werden mit Sicherheit Verständnis für die Situation des Tatortbeamten aufbringen.
7. Die Tatortarbeit ist **ruhig und überlegt durchzuführen,** denn in der ersten, häufig „chaotischen Phase" können wichtige Einzelheiten übersehen werden, die später nicht reparabel sind. Überflüssige Diskussionen über das Tatgeschehen oder das Äußern von Vermutungen in der Öffentlichkeit sind reine Zeitverschwendung und zeichnen nicht einen erfahrenen Tatortbeamten aus.

C. Der Erste Angriff

Unter „**Erster Angriff**" sind in Anlehnung an die PDV 100 Ziff. 2.3.2 alle unaufschiebbaren Feststellungen und Maßnahmen gemeint, die zur Aufklärung einer Straftat dienen. In der Regel umfaßt der erste Angriff den
— Sicherungsangriff und den
— Auswertungsangriff.

I. Ziel

Ziel des „Ersten Angriffs" ist
a) Veranlassen aller Sofortmaßnahmen wie Hilfeleistung (Arzt, Rettungswagen, Feuerwehren u. a.)
b) Kräfteanforderung für den Sicherungs- und Auswertungsangriff (Mordkommission, Absperrkräfte, Sachverständige, Lichtmastkraftwagen usw.) und Benachrichtigung der Fachdienststelle
c) Einleitung von Sofortfahndungen

II. Sicherungsangriff

Der **Sicherungsangriff** beginnt nach Kenntnisnahme vom Verdacht einer Straftat durch die Polizei und endet mit der Übernahme des Tatortes und der erforderlichen Sofortmaßnahmen durch die Beamten der Fachkommissariate. Rechtsgrundlage für die Durchführung des Sicherungsangriffes ist der § 163 Abs. 1 StPO, der die Polizei verpflichtet, Straftaten zu erforschen und Anordnungen zu treffen, um Verdunklungen der Sache zu verhüten.

Die Phasen des Sicherungsangriffes erstrecken sich vom Eingang der Ereignismeldung über Sofortmaßnahmen und Einsatzvorbereitungen, Anfahrt zum Tatort bis hin zu den Sicherungsmaßnahmen am Tatort.

III. Eingang der Ereignismeldung

22   1. Der Anruf des Meldenden wird möglichst auf **Tonträger** (Tonband oder Kassettenrecorder) mit Datum, Uhrzeit, Personalien des Mitteilenden, Telefonanschluß für Rückruf (wo tagsüber erreichbar?), Angabe, von wo mitgeteilt wird, aufgezeichnet.
2. Beim Erfragen des Sachverhalts werden die „**7 goldenen W**" („Wer hat was, wo, wann getan, wie, womit, warum?")[4] beachtet; Tat- bzw. Fundzeit, Lage des Tatortes (Zufahrt), Person des Täters (Beschreibung – Fluchtrichtung) werden besonders erfragt.
3. Bei **Verletzten** wird festgestellt, ob ein Arzt oder Krankenwagen erforderlich ist bzw. bereits verständigt wurde.
4. Mit dem **Anrufer** werden ein Treffpunkt vereinbart und der günstigste Anfahrtsweg besprochen.
5. Bei wichtigen Ereignismeldungen besteht bei den Polizeidienststellen (einschl. Kriminalwachen) die Möglichkeit, das Telefon über **Lautsprecher** zu verstärken, um einen zweiten Mitarbeiter mithören zu lassen, der evtl. erste Maßnahmen einleiten kann.

IV. Sofortmaßnahmen

23   Nach Überprüfung der Ereignismeldung durch **Rückruf** werden die erforderlichen **Sofortmaßnahmen** eingeleitet, die je nach Deliktsart und Tatortbeschaffenheit wie folgt aussehen können:
– Fahndungsmaßnahmen;
– Entsenden von Beamten des **Kriminaldauerdienstes** zum Tatort;
– Benachrichtigung der Einsatzzentrale bzw. Lage- und Führungszentrale, um Beamte der **Schutzpolizei** zum Ereignisort zu entsenden;
– die Benachrichtigung von **Arzt**, Krankenwagen, **Feuerwehr**, Versorgungsbetrieben usw. erfolgt nach Sachlage. Dienststellenleiter, Staatsanwaltschaft, Richter, Leiter der Mordkommission pp. werden, sofern keine besondere zeitliche Dringlichkeit besteht, grundsätzlich erst dann informiert, wenn konkrete Angaben von Polizeibeamten „vor Ort" gemacht werden können, denn die Gefahr der Falschinformation bei ersten Hinweisen ist erfahrungsgemäß recht groß.

---

4 S. hierzu *Bundeskriminalamt* 1971 S. 102; *Groß/Geerds* 1978 S. 14; *Burghard* 1986 S. 46; *Clages/Steinke* 1988 S. 9.

Tatortarbeit 24–27 **14**

1. Einsatzvorbereitungen

Um Zeitverluste zu vermeiden, sollte sich auf jeder Dienststelle ein gut ausgerüsteter **Tatortwagen** befinden, in dem neben Spurensicherungs- und Absperrgerät (zumindest Trassierband rotweiß), Lichtquellen, evtl. Stereomeßkammer und andere Einsatzgeräte fest installiert sind. Handsprechfunkgeräte, Kameras, Video- und Diktiergeräte und andere batteriebetriebene kriminaltechnische Geräte sollten aufgrund der erforderlichen Wartung in den entsprechenden Kommissariaten gelagert werden, um im Bedarfsfall störungsfrei zu arbeiten. 24

2. Anfahrt zum Tatort

Die **Abfahrtzeit** von der Dienststelle ist zeitlich festzuhalten. Ferner müssen die Namen der eingesetzten Beamten notiert werden. 25

Werden mehrere Dienstwagen eingesetzt, sollten **unterschiedliche Anfahrtswege** vorgeschrieben werden, aber ein Fahrzeug sollte direkt zum Tatort fahren. Je nach Einsatzlage sollte der Einsatz von **Blaulicht und Martinshorn** erfolgen. Wenn Täter noch vor Ort sein könnten, ist an das rechtzeitige Abschalten der Sondersignale zu denken, denn aus kriminaltaktischen Überlegungen und aus Gründen der Eigensicherung kann ein verdecktes Anfahren des Tatortes erfolgversprechender sein.

Bereits bei der Anfahrt sollte auf verdächtige Personen und Fahrzeuge geachtet und **Funkgespräche** auf das Mindestmaß reduziert werden. Vor allem sollten Einsatzorte nicht genannt werden, denn der Funk könnte nicht nur von der Presse, sondern auch von den Tätern abgehört werden.

Wichtig für weitere Ermittlungen können die **Ankunftszeit** am Tatort und die ersten Zeugenaussagen sein; deshalb sind die am Tatort angetroffenen Personen namentlich zu erfassen.

3. Maßnahmen nach Eintreffen am Tatort

Eine wichtige Grundnorm für die Maßnahmen am Tatort sind ein **ruhiges und besonnenes Auftreten** der Tatortbeamten, denn Opfer und Zeugen stehen häufig noch unter Schockeinwirkung vom Tatgeschehen und werden durch souveränes Auftreten beruhigt. 26

Folgender **Maßnahmenkatalog** könnte zur optimalen Durchführung des Sicherungsangriffes Verwendung finden: 27

a) Allgemeinen **Überblick** verschaffen, ohne Dinge zu verändern. Hierbei Geschädigte oder Zeugen nach dem Tatgeschehen und erforderlichen Sofortmaßnahmen befragen.

Erste Fragen nach der Entdeckung der Straftat und welche Veränderungen vorgenommen wurden, könnten zur Deliktsbestimmung und Einleitung weiterer Maßnahmen führen.

b) Vorrangig sollte die Durchführung der **Erste-Hilfe-Maßnahmen** sein; ggf. Nachalarmierung des Arztes und der Krankenwagen. Bei Abtransport der Verletzten erste Befragungen über Tatgeschehen und Sicherstellung der Bekleidung.

Seemann 647

c) Weitere wichtige Schritte sind die **Beseitigung von Gefahrenlagen** (Ausschalten von Gasthermen, Fenster öffnen, Strom abschalten pp.) als Maßnahmen der Eigensicherung.
d) Tatort weiträumig **absperren** und „**Trampelpfad**" durch Trassierband genau festlegen, insbesondere Schutz vor Presse und nicht mit der TO-Arbeit betraute Beamte.
e) **Zeugen** sind festzustellen und möglichst getrennt zu befragen.
f) Bei Verdacht eines Verbrechens sofort zuständige Dienststelle benachrichtigen und Tatort durch Kräfte der Schutzpolizei weiträumig absperren.
g) Die **Flucht** des Tatverdächtigen verhindern bzw. die Verfolgung durch Kräfte des Sicherungsangriffes dann veranlassen, wenn Aussicht auf sofortige Ergreifung besteht.
h) Durch Witterungseinflüsse **gefährdete Spuren** vor Beschädigung schützen (Abdecken mit Pappkarton, Plastiktüte pp.).
i) **Sicherstellung** aller tatrelevanter Gegenstände (Pkw, Opfer-Täterbekleidung, Betäubungsmittel usw.).
j) Feststellung aller am Tatort befindlichen **Personen und Fahrzeuge**, um umfassende Überprüfungen durchführen zu können (auch Ärzte, Kinder, Sachverständige pp.).
k) **Benachrichtigung** der Dienststelle über aktuellen Stand der Ermittlungen, um ggf. Sachverständige, Staatsanwaltschaft, Gerichtsmediziner pp. zu verständigen.
l) **Übergabe** des Ereignisortes an Beamte des Auswertungsangriffes mit Angaben über bisherige Feststellungen und Maßnahmen sowie Veränderungen des Ortes. Der Zeitpunkt der Übergabe ist zu notieren und im Bericht über den Sicherungsangriff zu vermerken.

V. Der Auswertungsangriff

28   Er dient der **Aufnahme des Tatbefundes** sowie der Suche, Sicherung und Auswertung von **Spuren** und Beweismitteln.

Mit dem Auswertungsangriff beginnt die praktische Arbeit am Tatort. Die Einweisung der Soko-Mitglieder in die Lage sollte durch den Leiter oder Stellvertreter des Fachkommissariats abgeschlossen sein. Im Tatortbereich sollten sich nur noch die Beamten aufhalten, die den „Objektiven und Subjektiven Befund" aufnehmen und den Auswertungsangriff ruhig und überlegt durchführen.

In Mordfällen sollte die Kommission mindestens aus 1 : 5 Beamten bestehen (Leiter, Hauptsachbearbeiter, Spurensicherungsbeamter, 2 Ermittlungsbeamte).

Am unmittelbaren Tatort sollte nur noch der Tatortbeamte und die Beamten/Angestellten des Erkennungsdienstes/Kriminaltechnik agieren.

29   In folgender **Reihenfolge** sollten die Tatortbeamten ihre Ermittlungen durchführen:

1. Die Beamten verschaffen sich **erste Informationen** beim Leiter des Sicherungsangriffs.
2. Anschließend erfolgt die **Tatortbesichtigung** aus größerer Distanz, und hierbei wird versucht, die Tat zu rekonstruieren, Hypothesen zu bilden und festzustellen, ob Fundort auch Tatort ist. Die Tatortbesichtigung geht über in die Tatortbefundaufnahme.
3. Der **Weg zum Tatopfer** wird festgelegt, auf Spuren untersucht und markiert durch Trassierband oder Wäscheleinen.
4. Nach der Besichtigung sollten **Fotos** mit der POLAROID-Kamera gefertigt werden, als Grundlage für Ermittlungen und nachträgliche Unterrichtung von Soko-Mitgliedern.
5. Der für die Erhebung des objektiven Befundes verantwortliche **Tatortbeamte** hat aufgrund seiner Erkenntnisse zu entscheiden, **was** gesichert wird, und der **ED-Beamte** entscheidet, **wie** gesichert wird. Hierbei ist eine enge vertrauensvolle Zusammenarbeit erforderlich.
6. Die **Erfassung der Gegebenheiten** am Tatort erfolgt durch Auge, Fotogerät, Videokamera, Diktiergerät und Hände. Zunächst sollten vom unveränderten Tatort Foto- und Videoaufnahmen gefertigt werden (zumindest Schuß und Gegenschuß, besser aus allen vier Richtungen). Einsatzgeräte und Fotokoffer sollten auf den Fotos nicht zu sehen sein. Die weiteren Schritte der Spurensicherung werden in dem Abschnitt „Spurensicherung als Handwerk", Rdnr. 49, beschrieben.
7. Die Spurensuche ist nach bestimmten **Suchplänen** durchzuführen. Die Größe des Tatortes ist entscheidend für die Art des Suchplanes. Während größere Tatortbereiche in einzelne Sektoren eingeteilt (nach Art eines Schachbrettes), können kleine Bereiche spiralförmig oder kreisförmig abgesucht werden. Am rationellsten ist die „heuristische" Spurensuche, bei der so vorgegangen wird, wie der Täter vermutlich auch am Tatort vorging, und zwar vom Einstieg zum Ausstieg (oder umgekehrt). Hier besteht aber die Gefahr, daß nicht alle vom Täter aufgesuchten Bereiche erkannt werden.
8. Die am Tatort gefundenen Spuren sollen mit den **Zeugenaussagen** verglichen werden. Auch das Hinzuziehen von **Sachverständigen** bei der Spurensuche und -sicherung (z. B. Gerichtsmediziner, Biologe pp.) kann sinnvoll sein.
9. Parallel zur Spurensuche erfolgt die **Tatortbeschreibung** von außen nach innen. Beschrieben wird danach:
    a) Lage der Ortschaft,
    b) Lage des Ortsteils,
    c) Lage des Tathauses/Geländes,
    d) Lage der Wohnung mit exakter Überprüfung von
        aa) Türen und Schlösser,
        bb) Lichtschalter Lage und Funktionsfähigkeit,

Seemann

cc) Zustand Waschbecken, Seife, Dusche/Wanne, Klingel, Telefon, Fenster, Gardinen u. a.
e) Lage des Tatzimmers,
f) Lage der Leiche pp.

Es ist eine genaue geografische Bezeichnung vorzunehmen, bei der unveränderliche Festpunkte festzulegen sind.

Wichtig: Nicht nur auf Vorhandenes, sondern auch auf wider Erwarten Fehlendes achten.

10. **Toilette und Waschbecken** sollten von den Beamten bis zum Abschluß der Spurensuche nicht benutzt werden. Die **eigenen Abfälle** werden in Müllsäcken gesammelt und später mitgenommen.

11. Die **Befundaufnahme zur Nachtzeit** sollte bei Tageslicht immer wiederholt werden, weil bei künstlichen Lichtquellen eher etwas übersehen werden kann.

12. Die gefundenen Spuren sind im **Spurensicherungsbericht** fortlaufend zu numerieren. Bevor die Asservierung der Spuren erfolgt, ist auf eine genaue Beschriftung des Verpackungsmaterials (Folienbeutel, Briefumschläge pp.) zu achten. Nur so wird die strikte Trennung von Opfer- und Täterspuren (Mikrospuren, Blut, Haare u. a.) möglich und eine Kontamination der Spuren, die zu irreführenden Ergebnissen führen könnte, ausgeschlossen. Bei einem umfangreichen Spurenaufkommen sollte von jedem gefundenen Spurenkomplex (z. B. Kfz-Reifen-, Schußwaffen-, Blut- oder anderen Spuren) ein genaues **Spurenverzeichnis** erstellt werden, um die einzelnen Spurenarten und die zu fertigenden Spurensicherungsberichte und Untersuchungsanträge bzw. Gutachten überschaubar zu machen.

13. **Befragungen von Zeugen**, Entgegennahme von Hinweisen und Beobachtung der am Tatort angetroffenen Personen ergeben weitere Informationen und müssen mit den Spuren verglichen werden, ob sie übereinstimmen. Sie erscheinen im subjektiven Teil des Tatortbefundberichtes.

14. Wenn die Tatortarbeiten beendet sind, erfolgt die **Übergabe** an den Eigentümer bzw. Tatortberechtigten. Sind diese Personen nicht vorhanden, dann muß der Tatortbeamte den Ort des Geschehens so lange absichern bzw. versiegeln, bis Beamte des zuständigen Amtsgerichts (z. B. bei Todesfällen gem. § 1960 BGB), in ländlichen Bereichen auch Angehörige von Gemeindeverwaltungen, die Nachlaßsicherung durchführen.

15. Bei der Durchführung des Auswertungsangriffes sollte **moderne Technik** wie Fingerspurensuche mit Laser (in den USA erfolgreich eingesetzt) und Bedampfung von Plastikteilen und Metall mit Chemikalien, Videotechnik zur Tatortaufnahme und -rekonstruktion, Rolleimetric MR 3-Technik zur Tatortvermessung usw. eingesetzt werden, um optimale Ergebnisse bei der Tatortarbeit zu erzielen und dadurch unschuldige Personen zu entlasten und Straftäter zu überführen.

D. Der Tatortbefundbericht

I. Allgemeines

Im **Tatortbefundbericht** werden alle Ergebnisse der polizeilichen Tatortarbeit, beginnend auf der Dienststelle mit der Entgegennahme der Ereignismeldung und endend mit der Freigabe des Tatortes und Einleitung der „Abschließenden Maßnahmen", dokumentiert. Er dient als Arbeitsgrundlage und Gedächtnisstütze für weitere Ermittlungen, indem er dem späteren Sachbearbeiter Kenntnisse über die Straftat und die polizeilichen Maßnahmen vermittelt. Nach Abschluß der Ermittlungen dient er im Strafprozeß als Beweisgrundlage und als Auswertequelle für den Kriminalpolizeilichen Meldedienst.

Einheitliche **Vorschriften** über das Fertigen von Tatortbefundberichten gibt es nicht. In der PDV 100 ist unter 2.3.2.4. vermerkt:

Über den Ersten Angriff ist ein Tatortbefundbericht zu fertigen, der es ermöglicht,

die Maßnahmen

– den Tatbefund

– die Tatsituation und das Tatgeschehen zu rekonstruieren.

Diese groben Vorgaben bilden die Grundlage für die zahlreichen unterschiedlichen Konzepte zur Erstellung der Tatortbefundberichte.

Um wichtige Details bei der Tatortaufnahme nicht zu vergessen, bietet sich das Anlegen von **Checklisten** an als wesentliche Hilfe bei den unterschiedlichen Straftatbeständen wie Einbruchsdiebstahl, Brand- und Todesermittlungen.

Außer in den Tatortbefundberichten, werden die **Ergebnisse** der Tatortarbeit in Spurensicherungsberichten sowie Bildmappen dokumentiert und auf Videokassetten aufgezeichnet als Grundlage für das Strafverfahren.

II. Unterschiedliche Tatortbefundberichte

In der Praxis haben sich drei unterschiedliche **Tatortberichtsmuster** entwickelt, die auf den nachfolgenden Seiten aufgezeigt werden:

a) Tatortbefundbericht
   (geeignet für Einbruchstatorte u. a.; Rdnr. 51),

b) Brandbericht (Rdnr. 52) und

c) Todesermittlungsbericht (Rdnr. 53).

Mit diesen verschiedenen Schemata läßt sich die Palette der unterschiedlichen Anforderungsprofile an Tatortbefundberichte in etwa abdecken. Einen Anspruch auf Vollständigkeit können sie nicht erheben, weil jeder Tatort neue individuelle Überlegungen erfordert und somit auch die Aufzeichnungen unterschiedlich sein müssen.

III. Spurensicherungsberichte

35 Weil die Untersuchungen der **unterschiedlichen Spurenarten**, z. B. Schuhspuren, Blutspuren, Lackspuren, Faserspuren usw. in den Landeskriminalämtern in verschiedenen Dezernaten durchgeführt werden und um die einzelnen Spurenkomplexe überschaubar zu erhalten, sollte zu jeder Spurenart ein gesonderter Spurensicherungsbericht geschrieben werden.

Aus Zeitersparnisgründen können Fotokopien der Berichte gefertigt und die einzelnen Spurenarten mit Textmarker kenntlich gemacht werden. Dies sollte jedoch nur bei Tatorten mit geringem Spurenaufkommen geschehen. Neuere übersichtlich gestaltete Spurensicherungsberichte enthalten auf der Rückseite bereits vorgefertigte Untersuchungsanträge, die dem Sachbearbeiter durch Ankreuzen der bestimmten Fragen die Arbeit wesentlich erleichtern. Ein Muster eines solchen Berichtes befindet sich bei Rdnr. 48.

IV. Bildmappen

36 Am Anfang der **Bildmappe** werden grundsätzlich Lagepläne und Skizzen eingeheftet, zeigen sie doch anschaulich den weiteren Tatortbereich.

Die ersten Fotos zeigen den weiteren Tatortbereich mit Anfahrtwegen und Straßenverlauf und führen zum unmittelbaren Tatortbereich hin. Am Ende der Bildmappe sollte die ausklappbare Bildbeschreibung geheftet sein, damit die Mappe übersichtlich wird.

E. Konzept für die Aufnahme eines Tatortes mit der Videokamera

I. Anfahrt zum Tatort

37 Bereits bei der Anfahrt zum Tatort sollte der aufnehmende Beamte (Kameramann) auf verdächtige Personen und Fahrzeuge achten und diese mit Video aufzeichnen.

II. Aufzeichnung des weiteren Tatortes

38 Die ersten Aufnahmen sollten vom Anfahrtweg aus auf Tatortgebäude bzw. Tatgelände mit der Weitwinkeleinstellung durchgeführt werden. Hierbei sind auch Nachbargrundstücke, Zäune, Tore pp. mit einem langsamen Schwenk zu erfassen. Eine kurze erläuternde Beschreibung der aufgezeichneten Bilder erscheint sinnvoll.

Zu diesen Übersichtsaufnahmen gehört auf jeden Fall das Aufzeichnen des Straßenverlaufs und der Hinweis auf Grundstückseinfahrten, Tore und Fußwege zum Tatobjekt. Ein fließender Übergang vom weiteren Tatortbereich in den engeren Bereich könnte mit einer Zoomfahrt vom Weitwinkel- in den Telebereich mit Einstellung auf die Eingangstür erfolgen.

III. Aufzeichnung des engeren Tatortes

Sollten bei der Aufzeichnung des weiteren Tatortes Übersichtsaufnahmen vom Tathaus noch nicht vorgenommen worden sein, so ist dieses jetzt nachzuholen. Die nächste Einstellung erfolgt an der Eingangstür und könnte das Türschild oder das Namensschild am Briefkasten zeigen.

Die nächste Einstellung könnte das Türschloß zeigen. Nach dem Passieren der Haustür erfolgen die nächsten Aufnahmen im Hausflur und von der Wohnungstür Außen- und Innenseite. Der Zustand der Schlösser und evtl. steckender Schlüssel ist besonders aufzuzeichnen. Über den Flur der Wohnung gelangt man dann aufzeichnend zum unmittelbaren Tatort.

IV. Unmittelbarer Tatort

Von der Zimmertür aus sollte der Tatraum im Uhrzeigersinn aufgezeichnet und kurz kommentiert werden. Wenn eine Interessenkollision mit der Spurensicherung nicht zu befürchten ist (Trampelpfad bereits vorhanden pp.) sollten auch Aufzeichnungen aus einer anderen Position (Gegenschuß) ausgeführt werden.

Schwerpunkt der Aufzeichnungen sollte das Tatopfer sein. Eine genügende Distanz, um nicht Spuren zu vernichten oder Trugspuren zu legen, sollte für den Kameramann selbstverständlich sein.

Diese Erstinformationen vom Tatort können eine hervorragende Informationsquelle für Vorgesetzte, später eintreffende Angehörige der Mordkommission, Staatsanwälte pp. sein, ohne daß sie den unmittelbaren Tatortbereich betreten müssen. Das Abspielen des Videobandes kann auf der Dienststelle oder in einem separaten Raum erfolgen, ohne die Arbeit der Tatortgruppe zu stören.

Zur vollständigen Aufzeichnung des unmittelbaren Tatortes gehört ferner das Fotografieren nach der Ausschilderung und erfolgter Spurensuche. Auch hier sollten Weitwinkelaufnahmen die Spurenlage und die Tatsituation festhalten. Über die Einstellung der Halbtotalen mit einzelnen Spurengruppen kann mit dem Teleobjektiv formatfüllend die einzelne Spur (mit dazu gehörender Nummer) aufgezeichnet werden. Eine Kommentierung der Aufnahmen sollte nur dann erfolgen, wenn es zur Erklärung der Spurenlage und -art geboten erscheint.

V. Nachspann

Im Nachspann sollte der Name des aufnehmenden Beamten entweder in Schriftform erscheinen, oder er könnte sich selbst aufzeichnen; auch der Name des Kommentators (evtl. Tatortbeamter) sollte mitgeteilt werden.

Sind bei den Aufzeichnungen nicht Datum und Uhrzeit eingeblendet, was besonders bei der Anfahrt zum Tatort günstig ist, sollten Aufnahmezeitpunkt und Aufnahmedauer im Film festgehalten werden.

VI. Wertung der Tatortaufnahme mit der Videokamera

43 Die Videokamera erscheint als ein geeignetes kriminaltechnisches Hilfsmittel, relativ schnell Informationen vom Tatort zu liefern. Sie ersetzt jedoch noch nicht den Fotoapparat.

F. Fehlerquellen bei der Tatortarbeit

I. Faktor „Zeit"

44 Die Hauptursache von Fehlern bei der Tatortarbeit dürfte im **Faktor „Zeit"** zu suchen sein. Ein Tatortbeamter, der noch zu zwei weiteren Einbruchstatorten fahren muß, wird mit Sicherheit unter Zeitdruck arbeiten müssen, will er dem Grundsatz gerecht werden, möglichst schnell einen gemeldeten Tatort aufzusuchen.

Erfahrungsgemäß werden dort Fehler gemacht und wichtige Spuren übersehen, wo nicht überlegt am Tatort gearbeitet werden kann und die Zeugen sich inzwischen entfernt haben.

II. Mangelnde kriminalistische Erfahrung

45 Besonders in ländlichen Bereichen ist der Polizeibeamte, der den Sicherungsangriff durchführt, auch der Beamte für den Auswertungsangriff. **Mangelnde kriminalistische** Erfahrung und Mängel in der Ausbildung können leicht zu Fehlern führen, wenn gerade jüngere Beamte nach Beendigung ihrer Ausbildung sofort Tatortarbeit allein verrichten müssen. Der Besuch von sog. „Tatortlehrgängen" bei den Landeskriminalämtern sollte Voraussetzung sein, selbständig am Tatort zu arbeiten, denn ein noch so intelligenter und engagierter Beamter kann nur die Spuren erkennen und sichern, die er kennt.

III. Fehlende Sorgfalt

46 **Fehlende Sorgfalt** bei der Erhebung des Tatortbefundes kann ebenfalls leicht zu Fehlern führen. Zeugen stellen sich häufig erst dann zur Verfügung, wenn sie befragt werden; denn auch der Personalbeweis erfordert 4 Ermittlungsschritte: „Suchen, Sichern, Überprüfen und Auswerten"[5]. Beim Auslassen einer dieser Maßnahmen können leicht Fehler auftreten.

IV. Unzureichende Notizen

47 Beim Fertigen des Tatortbefundberichtes treten häufig Fehler auf, wenn der Tatortbeamte **unzureichende Notizen** gefertigt hat und nun aus der Erinnerung heraus wichtige Details beschreiben soll. POLAROID-Aufnahmen vom Tatort können helfen, Erinnerungslücken zu schließen.

---

5 Vgl. *Bundeskriminalamt* 1971 S. 101/102; *Burghard* 1986 S. 13; *Clages/Steinke* 1988 S. 2/3.

V. Schlußbemerkung

Die Fehlerquellen bei der Tatortarbeit konnten **nur beispielhaft** aufgezeigt werden, weil jeder Tatortbeamte einen unterschiedlichen Ausbildungs- und Wissensstand aufweist und den Tatort und das Tatgeschehen aufgrund seiner kriminalistischen Fähigkeiten unterschiedlich sieht und beurteilt.

G. Checklisten und Muster

I. Spurensicherung als Handwerk

(Arbeitsschritte bei der Tatortarbeit i.e.S.)

1. **„Trampelpfad" anlegen** – markieren – Trassierband spannen –
2. **Übersichtsaufnahmen** vom unveränderten Tatort (Schuß und Gegenschuß – besser aus allen 4 Richtungen)
3. **Spurensuche** (falls nötig sofort Spuren vorläufig gegen Veränderung [Wind und Regen] absichern!)
4. **Kennzeichnen der gefundenen Spuren** mit
   – Nummerntafeln / selbstklebenden Ziffern
   – Hinweistafeln
   – Kreidekennzeichnungen
   – Farbpulvern – Sprays – Gips } sehr vorsichtig anwenden!
   – anderen Methoden
   (Gips ausstreuen pp.)
5. **Fotografieren des ausgeschilderten Tatortes**
   – Übersichtsaufnahmen (von außen nach innen)
   – Ausschnitt- und Detail-Aufnahmen
   (z. B. Zugang, Einstieg, Einzelräume, Spurenkomplexe)
   Moderne Variante: Fotogrammetrische Tatbefundaufnahme
   (parallel dazu Übersichts- und Detail-Aufnahmen mit konventioneller Kamera in Farbe)
6. **Vermessen**
   – 2-Punktverfahren
   – Dreiecksverfahren
   – (Stereomeßkammer)
   – Rolleimetric-MR 2 (Fotografische Vermessung)
7. **Skizzieren** (Lage, Art, Form) für
   – maßstabsgerechte Zeichnung
   – Skizze
   – Draufsicht
   – Seitensicht

8. **Fotografieren** (Lage, Art, Form der Spuren)
   - Einzelaufnahmen ⎫
   - Nahaufnahmen   ⎬ von Spuren und kleineren Gegenständen
   - Makroaufnahmen ⎭

9. **Spurensicherung**
   - Original mit Spurenträger
   - Original ohne Spurenträger
   - mit technischen Hilfsmitteln
   - Opfer- und Täterspuren getrennt sichern und aufbewahren

10. **Verpacken der Spuren** – einzeln, trocken, in sterilen Behältnissen, Handschuhwechsel
    (Schutz vor Beschädigung oder Vernichtung und Kontaminierung irreführender sekundärer Spuren)

11. **Kennzeichnung und Beschriftung** der Spur bzw. Verpackung (Tüten, Beutel, Kuverts, Schachteln, Plastikflaschen, Glasgefäße) bevor Asservierung erfolgt

12. **Vergleichsproben nehmen** (Erdboden, Pflanzen, Blut, Wasser pp.)

13. **Vergleichsfingerproben nehmen** oder veranlassen

14. **Versenden des gesicherten Materials** (Spurensicherungsbericht und Untersuchungsantrag beifügen)
    - selbst überbringen – per Kurier – per Bahn/Post

II. Schematische Darstellung der Tatortarbeit

> Eingang der Ereignismeldung / Strafanzeige
> (telefonisch oder mündlich)

Der Erste Angriff

Sicherungsangriff	Auswertungsangriff
– Einleitung des Sicherungsangriffs nach kriminalistischen und kriminaltaktischen Überlegungen	– Einweisung der Tatortbeamten/Angestellten in die Lage
– Anfahrt zum Tatort	– Tatortbesichtigung und erste Hypothesenbildung über Tatgeschehen
– Maßnahmen nach dem Eintreffen am Tatort	– Foto und Videoaufnahmen vom Tatort (POLAROID, KB-Film, Videokassette)
– Kontaktaufnahme mit den am Tatort befindlichen Personen	– Spurensuche, Kennzeichnung und Auszifferung
– „Trampelpfad" anlegen	– Fotografieren und aufzeichnen des ausgeschilderten Tatortes
– Erste Hilfe leisten und Opferbefragung	– Fixpunktsuche und Vermessung des Tatortbereiches und der Spuren
– Beseitigen von Gefahrenlagen	
– Tatort absperren	– Notieren, diktieren, skizzieren, zeichnen und ergänzen die Lage der Spuren und Beweismittel
– Verdächtige vorläufig festnehmen und bei Flüchtigen Fahndung auslösen	– Befragung von Zeugen und Bezugspersonen durch Beamte der Ermittlungsgruppe
– Zeugen ermitteln und informatorisch befragen	
– Zuständige Dienststelle informieren	– Spuren- und Tätersuche im weiteren Tatortbereich
– Übergabe des Tatortes an Beamte des Auswertungsangriffs	

Tatortbefundbericht

III. Schema eines Tatortbefundberichtes für einen Einbruchdiebstahl

1. Allgemeines

a) Wer teilte wem wann was wie mit?
b) Welche Vereinbarung wurde mit dem Meldenden getroffen?
c) Was wurde sofort veranlaßt?

Seemann 657

d) Datum und Uhrzeit der Abfahrt zum Tatort;
Namen der beteiligten Beamten
e) Zeitpunkt des Eintreffens am Tatort
f) Angaben über Witterungsverhältnisse (sofern tatrelevant)

2. Erste Informationen am Tatort

a) Wer wurde angetroffen? (Name, Vorname, Geburtsname, Wohnung, Telefon, Erreichbarkeit, u. U. Arbeitsstelle; aber nur Personen mit Bezug zum Tatgeschehen)
b) Wer hat die Tat entdeckt?
c) Ist der Tatort verändert/unverändert?
d) Ist der Täter bekannt oder festgenommen? (Personenbeschreibung)
e) Sind Sofortmaßnahmen ergriffen worden oder erforderlich?
f) Sind besondere Einsatzkräfte oder -mittel erforderlich?
g) Allgemeine Angaben zum Diebesgut/Schaden

3. Objektiver Befund

(in der Gegenwartsform niederschreiben)

a) **Tatort im weiteren Sinne**

Beschreibung des Ortes, des Stadtteils, der Straße

b) **Tatort im engeren Sinne**

Beschreibung des Grundstückes (Umzäunung, Einfahrten, Tore pp.), des Hauses (Eingangstüren, Fenster, Kellertüren, Lichtschachtroste pp., Hausflur usw.)

c) **Unmittelbarer Tatort**

Beschreibung des eigentlichen Tatortbereiches (Wohnung/Zimmer, Boden, Kellerraum pp.)

Hierbei ist ein Festpunkt anzugeben, von dem aus die Beschreibung vorgenommen wird.

Aus dem einleitenden Satz sollte zu entnehmen sein, welche Methode (z. B. systematisch im Uhrzeigersinn) bei der Beschreibung des Tatortes angewendet wurde.

d) **Spurensuche und -sicherung**

— Durch wen wurde die Spurensuche und -sicherung durchgeführt?
— Bei umfangreicher Spurensicherung, insbesondere bei mehreren verschiedenen Spurenkomplexen, reicht ein kurzer Hinweis auf einen gesondert zu erstellenden Spurensicherungsbericht aus.
— Wird kein Spurensicherungsbericht gefertigt (z. B. wenn nur Fingerspuren gefunden werden), müssen hier Art, Lage und Zahl der Spuren sowie die Sicherungsmethode angegeben werden.
— Ggf. sollte auf eine Lichtbildmappe hingewiesen werden.

4. **Subjektiver Befund**
a) Ergänzende Angaben des Geschädigten:
   - zum Zustand des Tatortes vor der Tat
   - zu den tatortberechtigten Personen
   - zur Tatzeit
   - zu Art, Menge und Wert des Diebesgutes (genaue Beschreibung und Angabe der Hausratversicherung)
   - entstandener Sachschaden (Reparaturkosten)
b) Zeugenangaben, die noch nicht unter Ziff. 2 aufgeführt wurden
c) Vermutlicher Tathergang (Folgerungen aus objektivem Befund und Zeugen- evtl. Täteraussagen)
d) Tatzusammenhänge zu anderen Straftaten erkennbar (modus operandi bzw. Tatzeitanalyse)

5. **Getroffene oder noch zu treffende Maßnahmen**
Keine Selbstverständlichkeiten oder Wiederholungen, sondern z. B.
   - Eigentumssicherung durch wen veranlaßt
   - Strafantrag
   - genaue Auflistung des Diebesgutes wird nachgereicht
   - Benachrichtigung des Geschädigten wird von wem durchgeführt.

Unterschrift des Tatortbeamten

IV. Schema eines Brandberichtes[6]

1. **Allgemeines**
   Wer teilt wann, wie, was mit?
   Welche Beamten sind wann an der Brandstelle eingetroffen?
   An der Brandstelle angetroffene Personen: (Name, Anschrift, Telefon, tagsüber erreichbar)
   Nur die Personen aufführen, die konkrete Angaben machen können (z. B. Brandbetroffene, Brandschutzprüfer, Polizeibeamte, Zeugen, Tatverdächtige pp.)
   Was brannte, und was war bereits gelöscht?
   Eingesetzte Wehren? Name des Einsatzleiters, Anschrift und Telefon
   Witterungsverhältnisse (wenn relevant)
   (Regen, Nebel, Schneefall, Windstärke und -richtung, Gewitter, Temperaturen pp.)
   Sichtverhältnisse (wenn relevant)
   (Tageslicht, trübe, dämmrig, dunkel, Mondschein pp.)

---

6 Zur Kriminalistik der Brand- und Sprengstoffdelikte eingehend unter *Köhler* in Band 2.

2. **Eigentums- und Versicherungsverhältnisse**
   Wer ist Eigentümer, Pächter, Mieter des Brandobjektes?
   (Name, Anschrift, Aufenthaltsort, Telefon)
   Versicherungsverhältnisse des Brandobjektes:
   – sind Hausrat, Inventar, Lagergut versichert? Wenn ja, bei welcher Versicherung?
   Die genauen Versicherungsverhältnisse können zu einem späteren Zeitpunkt überprüft werden.

3. **Brandobjekt/Brandschaden**
   Beschreibung der örtlichen Lage
   (Ort, Straße, Hausnummer)
   Wenn es für die Ermittlungen von Bedeutung ist, kann eine weitere Unterteilung in Industriegebiet, Wohngebiet, gemischtes Wohn- und Gewerbegebiet, alleinstehendes Haus in parkähnlichem Grundstück u. a. vorgenommen werden.

   a) **Brandobjekt**
   (z. B. Bungalow, zweigeschossiges Wohnhaus, Baracke, Kfz-Werkstatt, Büro- oder Fabrikgebäude usw.)
   – Größe der Grundfläche des Brandobjektes
   – Beschreibung vom Dach abwärts
     (z. B. Satteldach, Walmdach u. a.)
     über Fenster, Türen und Tore
   – Beschreibung der Schlösser und Verschlußeinrichtungen (Torverriegelungen, Kipphebel von Balkontüren u. a.) bis hin zu Kellertüren und Lichtschachtrosten
   – Beschreibung der Wohnungs-, Betriebs- oder Büroeinrichtung.
     Bei Wohnungsbränden z. B.:
     Vom Brand betroffen ist die im Erdgeschoß befindliche Zweizimmerwohnung der Familie Müller. Brandraum ist die Küche.
   – Zustand von Fenstern und Türen des Brandobjektes (geöffnet, geschlossen, verschlossen)
   – Ferner ist die Frage zu klären, wer im Brandobjekt wohnhaft ist.
   – Sind oder waren Tiere im Haus untergebracht?
   – Was lagerte im Brandobjekt?
     (Maschinen, Farben, Heu, Stroh, Futtermittel, Dünger, Brennmaterial).

   b) **Brandschaden**
   – Welche Gebäudeteile (Dachpappe, Dachlatten, Dachsparren, Ständer, Balken, Decken, hölzerne Wände, Fußböden, Treppen, Fenster, Türen pp.) haben selbständig gebrannt oder sind angebrannt?
   – Wie groß ist die Fläche, von der der Putz abgeplatzt ist?

- Welches Hausinventar (Hausrat, Büroeinrichtung u. a.) oder welches Lagergut hat gebrannt oder ist durch Versengungen oder Löschwasser beschädigt worden?
- Höhe des Gebäudeschadens:
- Höhe des Inventarschadens:
- Personenschaden:
- Tierschaden:

Diese Angaben sind auch dann erforderlich, wenn nur eine erste grobe Schätzung möglich ist.

c) **Spurensuche und -sicherung**
Welche brandrelevanten Spuren und Gegenstände wurden gefunden? Wer hat sie gesichert und wo befinden sie sich?

4. **Vernommene bzw. gehörte Personen**
Überprüfung und Befragung des Brandbetroffenen,
- wo er sich zum Zeitpunkt des Brandausbruches aufgehalten hat;
- Zeugen dieser Angaben;
- wann, wie und wo er Kenntnis vom Brand erhalten hat;
- wann und womit er zur Brandstelle gekommen ist.

Sonst nur die Personen aufführen, die konkrete Angaben zu Brandausbruch, -verlauf, -ursache machen können. Auch Hinweise auf tatverdächtige Personen sollten hier aufgeführt werden.
Gesondert mit dem Hinweis
„Nur für den Sachbearbeiter!"
sollten Gerüchte für den Sachbearbeiter notiert werden.

5. **Brandausbruch und -verlauf**
Wo hat es angefangen zu brennen?
Wie und wohin hat sich der Brand ausgedehnt?
Welches brennbare Material lagerte am Brandherd?
Wie war die Brandlast verteilt?
Worauf deuten die vorgefundenen Brandspuren hin?
Decken sich die Zeugenaussagen mit den eigenen objektiven Feststellungen?

6. **Brandursache/Vorläufiges Ermittlungsergebnis**
Hier ist aufzuführen, was zum Brandausbruch geführt hat oder geführt haben könnte. Läßt sich eine Ursache nicht feststellen, sollte zum Ausdruck gebracht werden, daß die Brandursache noch nicht geklärt werden konnte.

Die möglichen Ursachen des Brandes sind zu begründen, vermutete bzw. wahrscheinliche Ursachen auf einem gesonderten Blatt dem Sachbearbeiter mitzuteilen, der für diese Hinweise stets dankbar ist.

An der Brandstelle keine voreiligen oder unüberlegten Äußerungen über die Brandursache machen, da oft der erste Eindruck falsch ist und durch spätere Gutachten widerlegt wird.

Die Beschlagnahme der Brandstelle bzw. die Sicherstellung relevanter Gegenstände sollte im Bericht ebenfalls aufgeführt werden.

7. Eingeleitete Maßnahmen

Hier sind im Stenogrammstil die einzelnen Maßnahmen nochmals aufzuführen, z. B.:
– Brandstelle beschlagnahmt
– Fußspur gesichert
– Gewerbeaufsichtsamt verständigt (Herr Meier)
– Fahndung nach Tatverdächtigen eingeleitet
– Gaswerk verständigt
– WE-Meldung abgesetzt usw.
– Unterschrift des Tatortbeamten –

V. Schema eines Todesermittlungsberichtes[7]

1. Allgemeines

– Meldungseingang (hierbei sollte keine Wertung vorgenommen werden)
– dem Anrufer mitteilen, daß am Tatort keine Veränderungen vorgenommen werden sollen – Absperrung des Tatortes
– Zeitpunkt des Eintreffens notieren
– anwesende Personen notieren (Verwandte, Polizeibeamte pp.)
– erfragen der vorgenommenen Veränderungen (durch Arzt, Verwandte, Polizeibeamte pp.)
Hinweis: Niemals unter Zeitdruck durch Angehörige, Bestatter u. a. bringen lassen!

2. Objektiver Befund

a) **Fundort**
– allgemeine Lage des Fundortes (Stadtteil, Gemeinde)
– engere Umgebung (Wohnblock, Etage, 2-Zimmer-Wohnung pp.)
– Beschreibung des eigentlichen Fundortes (Schlafzimmer, Wohnzimmer) – im Uhrzeigersinn oder nach anderen Methoden
– Raumtemperatur

---

[7] Zur Kriminalistik der Tötungsdelikte eingehend unter *Mätzler* Band 2.

b) **Lage der Leiche**
liegend – sitzend – hängend

c) **Beschreibung der Leiche**
- von oben nach unten (Kopf, Gesicht, Augen ...)
- Leiche entkleiden (Beschreibung der Bekleidung)
- Beschreibung der Leichenflecke, sind sie wegdrückbar, wo befinden sie sich – Zeit festhalten.
- Beschreibung der Totenstarre
- Temperatur des Toten

d) **Sonstiges**
- Beschlagnahme der Leiche (wem eröffnet?)
- Abtransport der Leiche (durch wen, wohin?)
- Identifizierung der Leiche
- welcher Arzt hat den Tod festgestellt?
- wurden Lichtbilder gefertigt?
- Sicherstellung von Gegenständen

Hinweis für Verdacht auf Fremdverschulden
a) Sachbearbeiter oder Leiter des Fachkommissariats für Tötungsdelikte zum Tatort kommen lassen,
b) Gerichtsmediziner benachrichtigen,
c) Staatsanwalt informieren (Leichenfreigabe?)
d) Versiegelung der Wohnung und Nachlaßsicherung

3. **Subjektiver Befund**
Alle Aussagen von Zeugen, Angehörigen, Polizeibeamten und Auskunftspersonen.

4. **Ermittlungsergebnis/vorläufiges Ermittlungsergebnis**
- Ergebnis formulieren
- es muß erkennbar sein, aus welchem Grund es sich um eine Selbsttötung handelt,
- je nach Sachverhalt:
„Fremdverschulden kann mit Sicherheit ausgeschlossen werden"; **oder**
„Es liegen keine Anhaltspunkte für Fremdverschulden durch dritte Personen vor"; **oder**
„Fremdverschulden dürfte mit Sicherheit auszuschließen sein".
- Liegt ein Verdacht auf Fremdverschulden vor, muß dies entsprechend begründet werden.
Eine Obduktion kann bei der Staatsanwaltschaft beantragt werden (auch fernmündlich voraus).

5. **Eingeleitete Maßnahmen**
   - Beschlagnahme gegenüber Angehörigen ausgesprochen
   - nach Rücksprache mit Angehörigen Bestatter beauftragt
   - Staatsanwalt informiert (am, um)
   - Obduktion beantragt (oder nicht)
   - Tatortbeschlagnahme (ja oder nein)
   - Angehörige informiert (ja/nein), wen?
   - Maßnahmen für Nachlaß getroffen (ja/nein)
   - Erreichbarkeit der Angehörigen (wen, wann, wo)
   - Kinder des Opfers untergebracht
   - Wohnung versiegelt
   - Fotos vom Leichenfundort (ja/nein)
   - noch zu treffende Maßnahmen: Zeugen vorgeladen zur Vernehmung
   - Benachrichtigung der Gemeindeverwaltung zwecks Nachlaßregelung

Unterschrift des Tatortbeamten

Tatortarbeit   53 **14**

VI. Muster eines Spurensicherungsberichtes

, den

Tgb.-Nr.:

SB: Tel.:

Spurensicherungsbericht

Straftat:

Kfz: **Kennzeichen:**

Tatort:

Tatzeit:

Geschädigter:

Beschuldigter:

am Tatort:

A. Ergebnis der Spurensuche und -sicherung

☐ Auswertbare Spuren wurden nicht gefunden

Spurenart	Anzahl	wo gesichert	Sicherungsart zu Nr.:
1 ☐ Fingerspuren 2 ☐ Handflächenspuren 3 ☐ Schuhspuren 4 ☐ Werkzeugspuren 5 ☐ Blutspuren 6 ☐ Lackspuren 7 ☐ Faserspuren 8 ☐ 9 ☐			☐ Rußpulver/Folie ☐ Granulat/Folie ☐ in Original ☐ fotografisch ☐ ausgipsen ☐ Folienabzug ☐ Abformmasse

Fotografische Aufnahmen	Verbleib der gesicherten Spuren zu Nr.:
☐ Color ☐ S/W ☐ Polaroid ☐ Negative ☐ Lichtbildmappe wird nachgesandt	☐ LKA Nds. ☐ KH ☐ KK ☐ ☐ Spurensammlung das 6.1 K für die Dauer von 2 Jahren

b.w.

Seemann   665

Rückseite des **Spurensicherungsberichtes**

B. Vergleichsmaterial / sichergestellte Gegenstände:

C. Tatschilderung / Tatzusammenhänge:

D. Um Beantwortung folgender Fragen wird gebeten:

☐ Läßt sich der spurenverursachende Schuh / das spurenverursachende Werkzeug bestimmen?
☐ Ist der Schuh / das Werkzeug bislang an anderen Tatorten als Spurenverursacher in Erscheinung getreten?
☐ Besteht Übereinstimmung zwischen gesicherter Schuhspur und sichergestellten Schuhen der / des _____?
☐ Befinden sich an den sichergestellten Werkzeugen/Kleidungsstücken/ _____ Anhaftungen von Glas/Lack/Fasern/Blut/Haaren oder _____ _____?
☐ Besteht Übereinstimmung mit dem übersandten Vergleichsmaterial: Glas/ Lack/Folienabzüge/Bekleidung/Haare/Blutprobe _____?
☐ Sind Tatzusammenhänge zu anderen Straftaten erkennbar?

Die zur Auswertung bestimmten Spuren werden / wurden

Urschriftlich

Landeskriminalamt Niedersachsen
☐ Zur Auswertung übersandt.
☐ zur dortigen Paßstücksammlung übersandt.

Urschriftlich	Durchschriftlich

☐ Kriminalfachinspektion
☐ Kriminalkommissariat
☐ Polizeirevier
zum dortigen Vorgang übersandt.
☐ 6.1 K z. d. A.

Im Auftrage

Seemann

| Tatortarbeit | 53 **14** |

VII. Muster eines Untersuchungsantrages

_____   (Eingangsstempel
Postanschrift der einsendenden Dienststelle

_____
(Ort, Datum)

An das
Landeskriminalamt

Untersuchungsantrag

Dienststelle: Tgb.-Nr.:   Tel.:
Tatort: Str.:   SB _____
Tatzeit: Straftat:
Geschädigt:
Beschuldigt:
Anzahl der eingesandten   sichergestellt am:
Asservate: _____
Asservate/Spurenart:
   Schuh-, Reifen-,
☐ Handschuhspuren ☐ Werkzeugspuren ☐ _____
☐ chem.-phys. Spuren ☐ med.-biolog. Spuren ☐ _____
Bezeichnung der Asservate/Spuren: wo/bei wem gesichert:

Lfd. Nr. 1 _____
Lfd. Nr. 2 _____
Lfd. Nr. 3 _____
Lfd. Nr. 4 _____
Lfd. Nr. 5 _____
Lfd. Nr. 6 _____

Beantragte Untersuchung:
☐ Auswertung / Vergleich mit / Aufnahme in Tatspurensammlung
☐ Vergleich mit den Spuren zu dortigem Az.:
☐ sonst. Untersuchung:
☐ Asservat zu lfd. Nr. _____ kann vernichtet / beschädigt werden
☐ Rücksendung der Asservate zu lfd. Nr. _____ ist / nicht erforderlich

_____
(Unterschrift)   Sachverhalt auf Rückseite

Seemann

SCHRIFTTUM

Altmann, R. u. a.: Handbuch für Führung und Einsatz der Polizei – Kommentar zur PDV 100 –. Stuttgart, München, Hannover 1976 ff. (Loseblattwerk).

Bundeskriminalamt (Hrsg.): Der Kriminalbeamte und sein Arbeitsgebiet. 2. Aufl. Wiesbaden 1971 (BKA-Schriftenreihe, Bd. 25).

Burghard, W.: Die aktenmäßige Bearbeitung kriminalpolizeilicher Ermittlungsvorgänge. 4. Aufl. Wiesbaden 1986 (BKA-Schriftenreihe, Bd. 35).

Clages, H.: Kriminalistik für Fachhochschulen: Der Tatort, der erste Angriff. Stuttgart, München, Hannover 1983.

Clages, H. und W. Steinke (Hrsg.): Der rote Faden. Grundsätze der Kriminalpraxis. 10. Aufl. Heidelberg 1988.

Dreher, E. und H. Tröndle: Strafgesetzbuch und Nebengesetze, 44. Aufl. München 1988.

Groß, H. und F. Geerds: Handbuch der Kriminalistik. 10. Aufl. Bde. 1, 2. Berlin 1977, 1978.

Kube, E. und R. Aprill: Planung der Verbrechensbekämpfung. Heidelberg 1980.

Lange, R.: Fehlerquellen im Ermittlungsverfahren – Eine Auswertung von 1110 Wiederaufnahmeverfahren –. Heidelberg 1980.

Stüllenberg, H.: Der Tatort. In: Lehr- und Studienbriefe Kriminalistik. Nr. 1. Hilden/Rhld. 1985, S. 66 – 96.

Polizeidienstvorschriften:

– PDV 100, Führung und Einsatz der Polizei, Ausg. 1975

– PDV 131, Einsatz bei Entführungen und Geiselnahmen, Ausg. 1973

– PDV 389, Vermißte, unbekannte Tote, unbekannte hilflose Personen, Ausg. 1979

Ständige Konferenz der Innenminister /-senatoren des Bundes und der Länder: Programm für die innere Sicherheit in der Bundesrepublik Deutschland. Teil I. Februar 1974.

15
Spurenlehre

Richard Karl Mörbel

INHALTSÜBERSICHT

          Rdnr.   Rdnr.

A. Einleitung

B. Allgemeiner Teil

  I. Spuren des Verbrechens
    1. Begriff der Spur 9
    2. Entstehung von Spuren 13
    3. Bedeutung und Aussagewert von Spuren 27

  II. Einteilung der Spuren
    1. Problematik der Spureneinteilung 30
    2. Einteilung der Spuren nach dem Tatzusammenhang 34
      a) Echte Spuren 35
      b) Trugspuren 38
      c) Fingierte Spuren 39
    3. Dynamische Systematik 40
      a) Tatspuren 41
      b) Täterspuren 42
      c) Spuren am Täter 43
    4. Materielle Systematik 44
      a) Formspuren 45
        aa) Eindruckspuren 46
        bb) Abdruckspuren 47
        cc) Gleitriefen 48
        dd) Bruch- und Rißspuren . . . 50
        ee) Schnittspuren 51
        ff) Zwickspuren 53
        gg) Paßstücke 54
        hh) Weitere Formspuren . . . 55
      b) Materialspuren 56
    5. Situations- und Gegenstandsspuren 58
      a) Situationsspuren 59
      b) Gegenstandsspuren 60

  III. Spurensuche
    1. Ziel der Spurensuche 61
    2. Durchführung 62
    3. Hilfsmittel der Spurensuche . . . 74
      a) Fährtenhund 76
      b) Künstliche Lichtquellen . . . 77
      c) Optische Hilfsmittel 81
      d) Spezielle flüssige, pulvrige oder gasförmige Substanzen . . 82
      e) (Spuren-)Staubsauger 83
      f) Klebefolien 84
      g) Sonstige Hilfsmittel der Spurensuche 86

  IV. Spurensicherung
    1. Allgemeines 90
    2. Durchführung der Spurensicherung 96
      a) Fotografie 97
      b) Skizzen und Zeichnungen . . . 104
      c) Beschreibung 107
      d) Kennzeichnung 109
      e) Asservierung 110
    3. Erhebung von Vergleichsproben . 116

  V. Verpackung, Versendung, Untersuchungsantrag
    1. Verpackung und Transport . . . 126
    2. Untersuchungsantrag 132

  VI. Untersuchung und Auswertung
    1. Ziel der Auswertung 137
    2. Identifizierung des Spurenverursachers
      a) Allgemeines 140
      b) Individualidentifizierung . . . 141
      c) Gruppenbestimmung 142
    3. Altersbestimmung 143
    4. Rekonstruktion 146

C. Besonderer Teil: Einzelne Spurenkomplexe 148

  I. Daktyloskopische Spuren
    1. Allgemeines 149
    2. Entstehung daktyloskopischer Spuren 152

	Rdnr.
3. Suche und Sichtbarmachung	
a) Generelle Überlegungen	156
b) Sichtbarmachung von Abdruckspuren	157
c) Eindruckspuren	167
4. Sicherung daktyloskopischer Spuren	
a) Generelle Überlegungen	168
b) Sicherung daktyloskopischer Abdruckspuren	169
c) Sicherung daktyloskopischer Eindruckspuren	171
5. Erhebung von Vergleichsmaterial	175
6. Verpackung und Versendung daktyloskopischen Materials	176
II. Blut- und Sekretspuren	
1. Allgemeines	181
2. Suche nach Blut- und Sekretspuren	184
3. Sicherung von Blut- und Sekretspuren	189
4. Erhebung von Vergleichsmaterial	198
5. Verpackung und Versendung von Blut- und Sekretspuren	201
6. Untersuchung und Auswertung	203

	Rdnr.
III. Fuß- und Reifenspuren	
1. Allgemeines	204
2. Spurensuche	207
3. Sicherung von Reifen- und Fußspuren	210
4. Vergleichsmaterial	213
5. Verpackung und Versendung	215
6. Auswertung von Fuß- und Reifenspuren	217
IV. Werkzeugspuren	
1. Allgemeines	218
2. Suche nach Werkzeugspuren	224
3. Sicherung von Werkzeugspuren	227
4. Vergleichsmaterial	232
5. Verpackung und Versendung	233
6. Untersuchung und Auswertung von Werkzeugspuren	235
V. Spuren an und von Schußwaffen	
1. Allgemeines	236
2. Spurensuche	245
3. Sicherung von Schußwaffen und Schußwaffenspuren	249
4. Vergleichsmaterial	254
5. Verpackung und Versendung	255
6. Untersuchung und Auswertung	256

A. Einleitung

1 Bei oder im Zusammenhang mit kriminalistisch relevanten Ereignissen entstehen im Regelfall Spuren, die Rückschlüsse auf den Geschehensablauf, die beteiligten Personen sowie ihr Handeln zulassen.

2 Spuren sind neben den Aussagen von Beschuldigten und Zeugen die wichtigsten Beweismittel im Strafverfahren. Und die Bedeutung der Spuren im Rahmen der Beweisführung nimmt immer mehr zu. Das Schlagwort von der **„Prävalenz der materiellen Spur"** findet sich schon seit langem in der kriminalistischen Literatur.[1]

3 Bereits 1899 schrieb *Hans Groß* in seinem „Handbuch für den Untersuchungsrichter" vom „umfassenden Wert der Realien", um sodann zu präsisieren: „Mit jedem Fortschritt der Criminalistik fällt der Wert der Zeugenaussagen, und es steigt die Bedeutung der realen Beweise – das entspricht dem ‚realistischen Tic unserer Zeit', den schon Goethe geweissagt hat."[2] Zwischenzeitlich haben sich Wissenschaft und Technik, und damit auch die naturwissenschaftliche Kriminalistik, mit Riesenschritten weiterentwickelt. Winzigste Materialmengen reichen für Untersuchungen aus, von denen man noch vor Jahren nicht einmal zu träumen wagte, und Untersu-

---

[1] So z. B. bei *Mally* 1958 S. 9.
[2] *Groß* 1899 S. V/VI.

chungsmethoden sind zur Routine geworden, die sich der Laie kaum noch vorstellen kann. Ob aber deswegen der Sachbeweis dem Personalbeweis wirklich so turmhoch überlegen ist, wie dies Polzer bereits Ende der 30er Jahre behauptete, sei dahingestellt.[3] Hier ist nicht der Raum, diese alte Streitfrage auszudiskutieren. Jedenfalls ist das Wissen um die Entstehung von Spuren, ihren Beweiswert, die Mittel und Methoden ihrer Suche und Sicherung sowie ihre Bewertung und Einordnung in die Gesamtheit der Beweismittel von herausragender Bedeutung.

Dieses Wissen vermittelt die Spurenlehre. Häufig ist in diesem Zusammenhang auch von **„Spurenkunde"**, in der älteren Literatur bisweilen auch von **„Fährtenkunde"**[4], die Rede. **4**

Die Spurenlehre wird teils als eigenständiges Wissensgebiet, teils aber auch als Zweig der Kriminaltechnik dargestellt[5]. Manche Autoren gebrauchen beide Begriffe sogar weitgehend synonym, so beispielsweise *Wigger*[6].

Gegenstand der Spurenlehre sind zunächst die verschiedenen Spurenarten und -gattungen, dann die Spurensuche und -sicherung, (einschließlich der richtigen Kennzeichnung, Aufbewahrung, Verpackung und Versendung) und schließlich die Spurenauswertung. Die Spurenuntersuchung, die dem Fachmann und Sachverständigen vorbehalten bleibt, ist Gegenstand der naturwissenschaftlichen Kriminalistik im engeren Sinne. **5**

Die **Aufgabe der Spurenlehre** definieren *Gertig/Schädlich* wie folgt: **6**
„1. Festzustellen, wie die Spur entstanden ist, d. h. welche Ursachen und Umstände die Entstehung der Spur bedingten, und
2. Methoden auszuarbeiten, wie eine Spur gefunden, gesichert und ausgewertet wird, d. h. der Spurenverursacher aufgrund seiner von der Spur wiedergegebenen Merkmale identifiziert werden kann."[7]

Teil der Spurenlehre ist auch die **Spurendiagnostik**, das ist ein Prozeß, der von der Feststellung und Beurteilung einzelner Spuren am Ort eines kriminalistisch relevanten Ereignisses zur Entdeckung weiterer Hinweise auf das Tatgeschehen führen kann. Im allgemeinen werden Spuren nämlich zunächst als Einzeltatsachen festgestellt. In Verbindung mit den ersten Aussagen, dem Erfahrungswissen und der Phantasie des Kriminalisten ergibt sie ein erstes Bild über das Geschehen. Der Versuch, diese Hypothese zu verifizieren, kann dann zu weiteren Spuren führen. **7**

Die **Spurenlehre** befaßt sich demnach mit einzelnen Spuren bzw. Gegenständen, die – ggf. individuell ausgeprägte – Merkmale des Spurenverursachers widerspiegeln oder andere Charakteristika abbilden, die zur Identifizierung des Spurenverursachers geeignet sind, ferner mit sonstigen materiellen Gegebenheiten, die Rückschlüsse auf die Tat und dabei beteiligte Personen zulassen. **8**

---

3 *Polzer* 1938 S. 1.
4 So z. B. *Anuschat* 1931 S. 255.
5 *Siebert* 1965 S. 29.
6 *Wigger* 1980.
7 *Gertig/Schädlich* 1955 S. 84.

B. Allgemeiner Teil

I. Spuren des Verbrechens

1. Begriff der Spur

9 Was alles als „Spur" zu bezeichnen ist, ist in der kriminalistischen Literatur umstritten. Jedenfalls wird dieser Begriff nicht einheitlich gebraucht. Damit geht einher, daß „Spur" höchst unterschiedlich definiert wird. Wenn auch nicht immer ersichtlich ist, zu welchem Nutzen der Meinungsstreit um den **Spurenbegriff** geführt wird, so muß man doch einräumen, daß Unklarheiten in dieser Frage Probleme aufwerfen können, die bis weit in die kriminalistische Alltagsarbeit hineinreichen. Beispielsweise ist durchaus nicht gleichgültig, was am Tatort als „Spur" anzusehen und im Spurensicherungsbericht als solche zu bezeichnen ist.

10 Spuren sind „hinterlassene Zeichen"[8]. Die **Wurzeln** des Wortes „Spur" reichen zurück bis zum althochdeutschen „spor", das im Sinne von Tritt, Fußabdruck gebraucht wurde. Dem wiederum liegt das indogermanische „sp(h)er(e)" zugrunde, das man mit „zucken, zappeln, mit dem Fuß ausschlagen oder treten" übersetzen kann. Das Substantiv „Spur" war ursprünglich ein Jägerwort.[9] Es bezeichnete (nur) Ein- oder Abdrücke, die die Fußtritte eines Tieres, ggf. auch eines Menschen, hinterließen. Erst später verstand man unter „Spur" auch Ein- oder Abdrücke von Wagenrädern (vgl. das Wort „Spurbreite"), dann auch die „hinterlassenen Zeichen" von Händen, Werkzeugen usw., bis schließlich alle materiellen Spuren von dieser Bezeichnung umfaßt wurden. Letztlich sind aber nicht nur stoffliche Dinge Spuren, sondern alle sinnlich oder auch nur geistig wahrnehmbaren Folgen und Begleiterscheinungen des Verbrechens.

11 So ist es nur folgerichtig, wenn *Anuschat* feststellt: „Spur ist alles, was der Kriminalist wahrzunehmen und irgendwie kriminalistisch zu verwerten vermag."[10] Auch *Kleinschmidt* plädiert für einen umfassenden Spurenbegriff: „Spuren sind Merkmale, aus denen man die Tatsache und den Ablauf von Geschehnissen erkennen kann und die einen Hinweis auf den Täter geben."[11] Gegen eine solche Ausweitung des Begriffs „Spur" wendet sich *Kanger*. Er unterscheidet zwischen „Spuren im erweiterten" und „Spuren im ursprünglichen Sinne". „Spuren im eigentlichen Sinne des Wortes" sind für ihn nur „Eindrücke in der Substanz ihres Trägers oder substantielle Abdrücke auf derselben. Sie stellen ein negatives bzw. positives plastisches Abbild der betreffenden Druckfläche ihres Urhebers vor und ermöglichen durch entsprechende Vergleichung die unmittelbare Identifizierung des letzteren."[12] Damit präzisiert er zugleich seine eigenen früheren Begriffsbestimmungen und schlägt darüber hinaus vor, die Spuren im erweiterten, allgemeinen Sinne als „Verbrechensrelikte" zu bezeich-

---

8 *Meyers* Enzyklopädisches Lexikon 1978 S. 382.
9 Duden 1963 S. 666.
10 *Anuschat* 1931 S. 162.
11 *Kleinschmidt* 1953 S. 269.
12 *Kanger* 1957, zitiert nach *Siebert* 1965 S. 17. – s. dazu schon *Kanger* 1943 Sp. 41.

nen, um die immer noch vorhandene Doppeldeutigkeit des Spurenbegriffs im kriminalistischen Sprachgebrauch zu beseitigen.[13] *Mally* argumentiert genau entgegengesetzt: „Der Begriff der ‚Spur' hat m. E. in steigendem Maße eine allgemeine, oberbegriffliche Bedeutung angenommen. Die Gattungen und Arten der Spuren treten als Unterbegriffe auf. Es gibt also praktisch keine Doppeldeutigkeit des Begriffs ..."[14] Als materielle Spur umschreibt *Mally* alles, was als stoffliche Erscheinung mit unseren Sinnen – unmittelbar oder mittelbar – wahrgenommen werden kann, einen Zusammenhang zur Tat und zum Täter aufweist und der Dataufklärung dient.[15]

Huelke bezeichnet als Spuren „alle Abdrücke und Eindrücke sowie Stoffe und Gegenstände," die bewußt oder auch beabsichtigt, bei der Vorbereitung oder Begehung strafbarer Handlungen hervorgerufen bzw. hinterlassen wurden"[16].

Geerds versteht unter Spuren „alle durch menschliches Verhalten hervorgerufenen Veränderungen der Außenwelt, welche Rückschlüsse auf den sie verursachenden Vorgang zulassen"[17].

Hofmann stellt fest: „Unter Spuren verstehen wir materielle Objekte und Erscheinungen des Makro- und Mikrobereichs, die durch den Tathergang entstehen, Rückschlüsse auf den Tatablauf oder Tatumstände zulassen und/oder Hinweise auf den Täter ermöglichen."[18]

Wigger schließlich resümiert, man werde der Praxis am ehesten gerecht, wenn man den Begriff der Spur nicht zu eng fasse und schlägt vor „als Spuren alle materiellen Veränderungen" zu bezeichnen, „die einen Zusammenhang mit einem kriminalistisch relevanten Ereignis aufweisen und zur Aufklärung beitragen können"[19]. Davon grenzt er deutlich „immaterielle Spuren (z. B. Verhaltenssymptome eines Verdächtigen)" ab, die er außerhalb seiner Überlegungen gehalten wissen will.[20]

Die Reihe der Begriffsbestimmungen ließe sich beliebig fortsetzen. Nahezu jeder Autor, der sich zum Thema „Spuren" äußert, stellt an den Anfang seiner Ausführungen seine Definition der Spur. Versucht man alle diese Begriffsbestimmungen auf einen Nenner zu bringen, so ergibt sich, daß es bei Straftaten regelmäßig zu Veränderungen (der Außenwelt) kommt, die vom Kriminalisten wahrgenommen werden und die als kriminalistische Leitelemente eine Rolle spielen können. Über diese Zusammenfassung hinaus soll darauf verzichtet werden, hier den vorhandenen Definitionen eine weitere hinzuzufügen.

---

13 *Kanger* 1957, zitiert nach *Siebert* 1965 S. 17. – s. dazu schon *Kanger* 1943 Sp. 41.
14 *Mally* 1958 S. 13.
15 *Mally* 1958 S. 13.
16 *Huelke* 1977 S. 3.
17 *Groß/Geerds* 1977 S. 476; *Geerds* 1986 S. 145.
18 *Hofmann* 1979 S. 2.
19 *Wigger* 1980 S. 7.
20 *Wigger* 1980 S. 7.

2. Die Enstehung von Spuren

13   An der Entstehung von Spuren sind regelmäßig zwei Komponenten beteiligt. Eine bildet ihre Oberflächenstruktur an bzw. auf der anderen ab – der **Spurenverursacher**. „Spurenverursacher sind alle Subjekte oder Objekte (Mensch, Tier, Umwelt, Gegenstand), die kriminalistisch verwertbare Veränderungen bewirkt haben."[21] Auf der anderen – dem **Spurenträger** – spiegeln sich Merkmale des Spurenverursachers wider. „Spurenträger kann jedes Subjekt oder Objekt sein, auf dem sich eine Spur befindet."[22]

14   Damit eine Spur entsteht, müssen sich der Spurenverursacher und der Spurenträger in einer bestimmten Position zueinander befinden – im Regelfall müssen sie sich direkt berühren. Haben sie keinen **physischen Kontakt**, so kommt es meist zu keiner Spurenbildung. Von dieser Regel gibt es jedoch Ausnahmen, beispielsweise bei thermischer Einwirkung auf den Spurenträger.

15   Im allgemeinen wird nicht der gesamte Spurenverursacher auf dem Spurenträger abgebildet, sondern nur ein **Teil** seiner Oberfläche. Deshalb ist es wichtig festzustellen, welcher Teil des Spurenverursachers dem Spurenträger zugewandt war, als sie sich berührten. Umgekehrt läßt sich oft am Spurenträger unmittelbar ablesen, wie der Spurenverursacher ausgesehen und in welcher Position er sich befunden haben muß, als er dieses Spurenbild hervorrief.

Ein Fall, den *Herrmann* in der Zeitschrift „kriminalist" berichtet, macht dies deutlich. An einer blutbeschmierten Badezimmertür waren Körperspuren eines Menschen gefunden worden. Die Auswertung des Spurenbildes ergab, daß die Spur von einer unbekleideten Frau verursacht worden sein mußte, die sich mit der rechten Körperseite in gebückter Haltung gegen die Tür gestemmt hatte. Die spätere Vernehmung und Rekonstruktion des Geschehens bestätigte exakt dies aus den vorhandenen Spuren gewonnene Bild.[23]

Im Hinblick auf die Identifizierung des Spurenverursachers sind in der Regel die Flächen von Spurenerzeuger und Spurenträger von besonderem Interesse, die bei der Spurenentstehung Kontakt hatten, und zwar deshalb, weil die Veränderungen am Spurenträger innerhalb dieser Berührungsfläche eingetreten sind.

Seltener haben wir es mit Veränderungen zu tun, die außerhalb der **Berührungsflächen** der beteiligten Objekte entstanden sind. In diesen Fällen geht die Spurenbildung nicht vom Spurenverursacher aus, sondern von einer sonstigen Quelle. Beispiele dafür sind die Abbildung des Spurenverursachers im Staub, im Schnee oder durch Flüssigkeiten.

Die einander zugewandten Flächen müssen dabei noch nicht einmal unmittelbaren Kontakt haben. Es genügt, wenn sie sich in einem bestimmten Abstand zueinander befinden, wie beispielsweise die Karosserie eines

---

21 Leitfaden Tatortarbeit – Spuren – 1987 S. A 7.
22 Leitfaden Tatortarbeit – Spuren – 1987 S. A 7.
23 *Herrmann* 1983 S. 21.

parkenden Kraftfahrzeugs zum Boden. Nach Regen oder Schneefall werden die Konturen des Fahrzeugs auf dem Boden regelmäßig erkennbar sein, je nach den Umständen des Einzelfalles (Temperatur-, Windverhältnisse usw.) allerdings unterschiedlich deutlich. Generell kann man sagen, daß die Umrisse umso unschärfer werden, je größer die Entfernung der einander zugewandten Flächen ist. Zu einer individuellen Identifizierung sind solche **Spuren** im Regelfall ohnehin kaum geeignet, manchmal jedoch durchaus zur Bestimmung einer eventuellen Gruppenzugehörigkeit oder für Fahndungshinweise.

Spuren dieser Art entstehen auch, wenn vom Spurenverursacher anhaftende Substanz herabfällt oder – bei Flüssigkeiten – herabläuft und sich um die Berührungsflächen der beteiligten Objekte herum ausbreitet. Solche Spuren können für die kriminalistische Beurteilung eines Sachverhaltes eine erhebliche Bedeutung erlangen, insbesondere bei der Prüfung der Frage, ob Spuren fingiert oder beseitigt worden sein könnten. So kann dadurch u. U. geklärt werden, ob ein Gegenstand bereits vor einem kriminalistisch relevanten Ereignis oder seit längerer Zeit an einer bestimmten Stelle lag oder erst später dort abgelegt wurde. Lag er schon länger da, sind seine Umrisse im Staub erkennbar, wurde er erst später abgelegt, dagegen nicht. Umgekehrt ist gelegentlich das Fehlen eines Gegenstandes bemerkenswert, dessen Umrisse noch im Staub zu erkennen sind.

Die beiden bisher erörterten Formen der Spurenentstehung unterscheiden sich also dadurch, daß bei der ersten Kräfte von einem der beiden beteiligten Objekte ausgehen (gelegentlich auch von beiden), während sich bei der zweiten sowohl Spurenverursacher als auch Spurenträger passiv verhalten. Die **Spurenbildung** wird hier **von außen** bewirkt.

Ist der Spurenverursacher von größerer Festigkeit als der Spurenträger, oder wird die Spurenbildung mit hoher Energie verursacht, so kommt es beim Spurenträger regelmäßig zu einer Materialverdrängung, u. U. sogar zu einer Materialzerstörung. Dabei entsteht eine Spur, in der sich die Oberfläche des Spurenverursachers reliefartig abbildet. Die Qualität dieser Spur ist abhängig von der ursprünglichen Oberflächenstruktur des Spurenträgers, vor allem aber von der Verformbarkeit seines Materials. Derartige Spuren bezeichnet man als Eindrücke oder **Eindruckspuren**. Da hier nicht nur Länge und Breite, sondern auch die Tiefe einzelner Spurenmerkmale erfaßt und gemessen werden können, bietet sie gute Identifizierungsmöglichkeiten.

Ist dagegen der Spurenträger fester als der Spurenverursacher, so kann dieser lediglich Veränderungen an der Oberfläche des Spurenträgers hervorrufen, indem er beispielsweise Ablagerungen beeinträchtigt. Kommt es auf diese Weise zur Spurenbildung, so spricht man von **Abdruckspuren**. Abdrücke entstehen aber auch durch Materialübertragung auf den Spurenträger. Die übertragene Substanz kann aus Teilen des Spurenverursachers selbst bestehen, wenn dessen Oberfläche „von Natur aus" weich oder brüchig geworden ist, oder aber aus einer Ablagerung, die dem Spurenverursacher vorübergehend oder dauernd anhaftet (Farbe, Staub, Fett, Öl, Blut usw.). Bei größeren Substanzmengen kann es zu einer reliefartigen Widerspiegelung des Spurenverursachers auf dem Spurenträger kommen, ähnlich einer Eindruckspur.

Zu einer deutlichen Abbildung des Spurenverursachers kommt es häufig auch bei bloßem Kontakt mit festen und glatten Flächen des Spurenträgers. Dabei wird manchmal sogar die gesamte Oberflächenstruktur des Spurenverursachers widergespiegelt. Gute Beispiele dafür sind Fingerabdrücke auf Fensterscheiben oder Fußabdrücke auf gebohnerten Fußböden. Eine rauhere Oberfläche des Spurenträgers gibt im allgemeinen weniger Einzelheiten wieder, hat dafür aber den Vorteil, daß Substanzpartikel besser haften. Schließlich ist die Qualität der Wiedergabe von der Substanz abhängig, die an dem Spurenverursacher anhaftet. Dieser kommt hier in doppelter Hinsicht Bedeutung zu, einmal im Hinblick auf die Identifizierung anhand der Form der Spur, zum anderen aufgrund ihrer materiellen Beschaffenheit.

Wird dagegen lediglich dem Spurenträger anhaftendes Material verändert, so interessiert dessen Substanz im allgemeinen weniger, es sei denn, dadurch würden wiederum Partikel auf den Spurenverursacher übertragen. So kommt es beispielsweise bei Verkehrsunfällen zu Lackübertragungen auch vom geschädigten auf das unfallverursachende Fahrzeug.

Bei Abdruckspuren kann das Spurenbild in der Regel nur zweidimensional erfaßt werden, bietet jedoch, wie bei daktyloskopischen Spuren, häufig sehr gute Auswertungsmöglichkeiten.

20 Der Prozeß der Spurenbildung kann von weiteren Faktoren beeinflußt werden. Zu denken ist hier zunächst an eine (zusätzliche) Bewegung des Spurenträgers oder -verursachers oder beider zusammen. Erfolgt die Bewegung lediglich in einer Ebene, z. B. in der Senkrechten, so werden punktförmige Merkmale des Spurenverursachers auch nur punktförmig widergespiegelt. Kommt es zu einer zusätzlichen Bewegung, z. B. in der Waagrechten, so werden die punktförmigen Merkmale des Spurenverursachers als Linie abgebildet, es kommt zu „**Gleitriefen**".

Ganz anders stellt sich das Spurenbild dar, wenn ein würfelförmiger oder sonst eckiger Gegenstand über den Spurenträger „rollt". In solchen Fällen wird dessen Oberflächenstruktur nur zum Teil abgebildet, was die Identifizierung außerordentlich schwierig macht. Wenn dies überhaupt gelingen soll, ist eine genaue Rekonstruktion der Spurenbildung erforderlich. Dagegen wird bei runden Spurenverursachern, z. B. Reifen, durch den Abrollvorgang – jedenfalls im Grundsatz – die gesamte Oberfläche abgebildet. Allerdings ist im Hinblick auf die Identifizierung zu berücksichtigen, daß ein Reifen in Bewegung, vor allem in schneller Bewegung, ein etwas anderes Bild hinterläßt als ein Reifen im Ruhezustand.

21 Eine Spur, die durch ein **Schneidewerkzeug** verursacht wird, unterscheidet sich von anderen Spurenkategorien dadurch, daß der „Angriff" auf den Spurenträger von zwei Seiten aus erfolgt, einmal frontal, zum anderen durch die Seitenflächen des Werkzeugs. Die Deutlichkeit und Vollständigkeit des Spurenbildes hängt hier von der Dicke des Materials, der inneren Struktur des Spurenträgers sowie von den Winkelverhältnissen während der Spurenbildung ab. Eine Identifizierung des Spurenverursachers ist im

Regelfall nur möglich, wenn das Schneidewerkzeug besondere Merkmale aufweist, wie Abnutzungserscheinungen, Beschädigungen, Unebenheiten usw. Darüber hinaus muß der Entstehungsvorgang als solcher exakt rekonstruiert werden. Ansonsten wird nur eine Gruppenbestimmung möglich sein, z. B. die Bestimmung der Werkzeugart.

Bei massiver **Einwirkung stumpfer Gewalt** kommt es häufig zu einer weitgehenden Beschädigung oder gar Zerstörung des Spurenträgers, wobei dessen Materialstruktur über Art und Umfang des Schadens entscheidet. Besonders festes oder elastisches Material wird geringere Schäden aufweisen als ein leicht zerbrechlicher und spröder Werkstoff. Bei besonders sprödem Material, wie beispielsweise Glas, kommt es oft zur Zerstörung, ohne daß zuvor eine Verformung aufgetreten ist. Durch massive Gewalteinwirkung wird der Spurenträger teils durchschlagen, teils kommt es zu Rissen und Brüchen. Bisweilen sind beide Erscheinungen gleichzeitig zu beobachten. (In der Mitte einer eingeschlagenen Fensterscheibe befindet sich ein Loch, das restliche Glas ist von Rissen durchzogen.) Eine individuelle Identifizierung des Spurenverursachers kommt hier nur selten in Frage. Es entstehen jedoch häufig **Paßstücke**, anhand derer der Spurenerzeuger möglicherweise überführt werden kann. 22

Schließlich kann es durch chemische oder thermische Einflüsse zur Spurenbildung kommen. 23

Wenn sich zwei Gegenstände – hier Spurenverursacher und Spurenträger – berühren, kann dadurch eine **chemische Reaktion** ausgelöst werden, die die Veränderung bzw. stoffliche Umwandlung eines oder beider Objekte nach sich zieht. Chemische Reaktionen können auch nur – oder zusätzlich – anhaftende Substanzen betreffen. Ist die Einwirkung sehr intensiv bzw. von längerer Dauer, so kann dadurch das Material deformiert oder gar zerstört werden, wie dies beispielsweise bei Rostbildung der Fall ist.

Zu einer **thermischen Einwirkung** auf den Spurenträger kommt es, wenn ein (erheblicher) Temperaturunterschied zwischen beiden Objekten herrscht. Dabei wird u. U. die Oberflächenstruktur des Spurenverursachers auf dem Spurenträger abgebildet, indem sich der Spurenträger entsprechend verfärbt oder verformt. Das kann sogar dann geschehen, wenn kein direkter Kontakt zwischen beiden besteht. In diesen Fällen ist die Abbildung allerdings meist relativ undeutlich. Mit brauchbaren Spurenbildern ist im Regelfall ohnehin nur zu rechnen, wenn die Oberfläche des Spurenverursachers reliefartig ausgebildet und der Temperaturunterschied nicht zu hoch ist. 24

Bisweilen treten **thermische und chemische Einflüsse zusammen** auf. Dadurch kann einerseits die Spurenbildung verstärkt, andererseits das Spurenbild so überlagert werden, daß eine spätere Auswertung nicht mehr möglich ist. Das ist insbesondere bei einer zu lange andauernden oder zu intensiven thermischen Einwirkung der Fall. Dann kommt es häufig zu einer Verkohlung oder Verbrennung des Spurenträgers. 25

Ähnliche Folgen haben **thermische Einflüsse** auf Spuren im Schnee. Auch hier kann das – **mechanisch** entstandene – Spurenbild durch thermische Einwirkung verstärkt, vor allem aber negativ beeinflußt werden. 26

Mörbel

3. Bedeutung und Aussagewert von Spuren

27   Spuren werden oft „stumme Zeugen der Tat" genannt. Aufgabe des Kriminalisten ist es, sie (in Zusammenarbeit mit dem Sachverständigen) „zum Reden zu bringen". Gelingt dies, so ist ihre Sprache oft höchst aufschlußreich. Seiner Aufgabe kann der Kriminalist freilich nur dann gerecht werden, wenn ihm Bedeutung und **Informationsgehalt** einzelner Spuren bekannt und bewußt sind.

Spuren können Informationen über Tat, Täter und Opfer enthalten, über verwendete Werkzeuge, über den Weg des Täters zum Tatort, über sein Vor- und Nachtatverhalten, über seine Fluchtrichtung, über den Abtransport der Beute usw. Spuren können verdachtsbegründend wirken, Intensität und Richtung der Ermittlungen steuern, Leitelemente für die (weitere) Tatortarbeit darstellen, Fahndungs- und Observationsmaßnahmen in Gang setzen, den Ablauf von Vernehmungen, Gegenüberstellungen und Alibiüberprüfungen beeinflussen, Haftbefehle, Durchsuchungs- und Beschlagnahmebeschlüsse, die Anordnung von Telefonüberwachungen und ähnliche richterliche Maßnahmen begründen, kurz – das gesamte Ermittlungsverfahren wesentlich vorantreiben.

28   Wie komplex allein der **Aussagewert von Spuren** im Hinblick auf den Täter und sein Verhalten sein kann, machen folgende Ausführungen Gemmers deutlich: „Spuren, meist nur solche, lassen Rückschlüsse auf das Täterverhalten zu, beantworten etwa die Frage, ob dilettantisch vorgegangen wurde oder geübt, ob der Täter Ortskenntnis gehabt haben könnte, ob er unter Zeitdruck stand usw. Aus dem Tatbefund erhält der Kriminalist Informationen selbst über das Aussehen des Täters, seine Größe, seine Körperkraft. Rückschlüsse zu subjektiven Vorgängen, so zum Motiv einer Tat (Beschaffungsdelikt eines Rauschgiftsüchtigen, reine Geldgier, politische Motivation, Aggression), auch zur verbrecherischen Intensität (Zahl und Lage der Verletzungen beim Opfer) werden möglich."[24]

29   Dazu muß der Kriminalist aber auch wissen, welche Veränderungen oder gar Zerstörungen dem **Spurenbild** drohen (können), sei es durch Menschen (Zeugen, Neugierige, Angehörige von Rettungs- und Hilfsdiensten, Polizeibeamte (!) und sonstige Personen, die sich berechtigterweise am Tatort aufhalten sowie unbeteiligte Dritte), sei es durch Tiere, sei es durch Witterungseinflüsse, sei es durch technische Einwirkungen (Fahrzeuge, Maschinen, Gase, Erschütterungen usw.) oder einfach durch Zeitablauf. Solchen Veränderungen kann nur durch schnelles und durchdachtes Handeln vorgebeugt werden. Jedoch wird die Forderung, der Tatort müsse bis zur Spurenerhebung möglichst in seinem Urzustand erhalten bleiben, in der Praxis häufig nicht zu erfüllen sein. Ein Verbrechen kann erst nach Tagen oder Wochen bekannt werden, das Ausmaß der Tat kann sich erst im Laufe der Ermittlungen herausstellen, Spuren können durch Rettungsmaßnahmen beeinträchtigt werden usw.

---

24 *Gemmer* 1979 S. 12.

Der Kriminalbeamte sollte aber in der Lage sein zu beurteilen, wie der Tatort ursprünglich ausgesehen haben muß. Darüber hinaus muß er die Fähigkeit besitzen, eine bestimmte Erscheinung, einen bestimmten Gegenstand, eine bestimmte Tatsache als Spur wahrzunehmen. Er muß auch wissen, welches Spurenbild er bei einem bestimmten Verbrechen typischerweise zu erwarten hat. Ist dieses wider Erwarten nicht vorhanden, muß er sich fragen, ob er von einer falschen Hypothese ausgegangen ist, ob die Spurensuche falsch oder mit unzureichenden Mitteln und Methoden durchgeführt wurde oder ob Spuren beseitigt worden sein könnten. Finden sich dagegen Spuren, die nicht zum sonstigen Tatbefund „passen", so wird er sich zu überlegen haben, ob dies auf natürliche Ursachen zurückzuführen sein kann, oder ob möglicherweise Spuren vorgetäuscht worden sind. Der Kriminalist darf nicht voreingenommen an den Tatort herangehen, was nicht ausschließt, Spurensuche und -sicherung unter einer bestimmten Hypothese zu betreiben. Nur darf eine solche Annahme nicht zu einem Vor-Urteil werden, das jede andere Gestaltung des Falles als von vorneherein unmöglich einstuft.

II. Einteilung der Spuren

1. Problematik der Spureneinteilung

„Die ganze Vielfalt der Spuren wird bei dem Versuch erkennbar, eine **Spurensystematik** aufzustellen."[25]

Manche Autoren sind sogar der Auffassung, die unendlich große Zahl verschiedenartiger Spuren mache es unmöglich, jemals zu einer brauchbaren Systematik zu kommen. Bisweilen wird darauf hingewiesen, daß es aus pragmatischen Gründen nicht sinnvoll sei (innerhalb des gewählten Rahmens) „einen auch nur annähernd vollständigen Katalog aller Spurenkategorien und Stoffe aufzustellen, die als kriminalistische Leitelemente eine Rolle spielen können".[26] Verschiedentlich kann man auch lesen, eine Spurensystematik sei für die praktische Arbeit nicht notwendig. Dies wird beispielsweise damit begründet, daß bei der Komplexität der Spuren die Gefahr zu groß sei, „die Spur der Systematik zuliebe in eine Zwangsjacke zu pressen."[27] Immerhin wird an gleicher Stelle konzediert: „Ganz ohne Ordnung kommt man aber nicht aus."[28]

Auf der anderen Seite finden sich in der kriminalistischen Literatur die **unterschiedlichsten Spureneinteilungen**, wobei als Ordnungskriterien u. a. die Spurenentstehung, die Form von Spuren, die Substanzen, aus denen Spuren bestehen, oder die Frage des Tatzusammenhangs herangezogen werden. So oft der Versuch unternommen wurde, den Inhalt des Begriffes „Spur" zu definieren, so oft wurde auch versucht, die Vielfalt der Spuren in eine sinnvolle Ordnung zu bringen. Das Bedürfnis zu einer systematischen

---

25 *Schaidt* 1986 S. 240.
26 *Bayerisches Landeskriminalamt* 1985 S. VII 8.
27 *Hofmann* 1979 S. 2.
28 *Hofmann* 1979 S. 2.

Auflistung besteht sowohl in theoretischer Hinsicht, um das ansonsten unüberschaubare Gebiet zu strukturieren, als auch aus praktischen Überlegungen. Das Spurenbild, das sich am Tatort dem Kriminalisten darbietet, muß genutzt werden, erste Hypothesen über Tat und Tatablauf zu verifizieren (vgl. „Rekonstruktion").

32 Die analytische Betrachtung muß konsequenterweise zu einer **Einordnung in das gesamte Tatgeschehen** führen. Dabei spielen Artbestimmung, Kategorisierung und Gruppierung der einzelnen Spuren eine wesentliche Rolle.

Die Spurensuche kann nur erfolgreich sein, wenn sie systematisch und planvoll durchgeführt wird. Dies ist aber nur bei gründlicher Kenntnis der Spurenarten und Spurenformen möglich. Der Kriminalist muß wissen, welche Spurenkategorien er bei bestimmten Straftaten zu erwarten und wo er diese zu suchen hat. Nur wenn er einen Überblick über eine Vielzahl von Spuren und ihre Phänomenologie besitzt, kann er die wahrscheinlichen Beweismöglichkeiten und den voraussichtlichen Beweiswert einzelner Spuren richtig einschätzen.

Der Spurensicherungsbeamte muß die vielgestaltigen Erscheinungsformen, Widerspiegelungsmöglichkeiten, aber auch denkbare Gefährdungen einzelner Spurengruppen kennen. Vor allem aber muß er wissen, welche Sicherungsmethoden, ggf. in welcher Reihenfolge, bei welcher Art von Spuren in Frage kommen. Auch insoweit ist eine systematische Betrachtung notwendig.

Die Untersuchung und Auswertung erfordert eine Einteilung der an der Spurenbildung beteiligten Objekte sowie der Spuren selbst einmal unter dem Gesichtspunkt der Entstehung, also unter dynamischen Aspekten, zum anderen unter dem Gesichtspunkt der stofflichen Beschaffenheit von Spurenverursacher und Spurenträger. Letztlich ist für die vergleichende Untersuchung eine systematische Einteilung angebracht, je nach Art und Besonderheit der an der Spurenbildung beteiligten Objekte. 33

2. Einteilung der Spuren nach dem Tatzusammenhang

34 Will man eine **systematische Gliederung** von Spuren vornehmen, so stellt sich zunächst die Frage des Bezuges zur Tat. Insoweit bietet es sich an, zu differenzieren zwischen:
a) echten Spuren
b) täuschenden Spuren (Trugspuren) und
c) vorgetäuschten (fingierten) Spuren.

a) Echte Spuren

35 Von **echten Spuren** spricht man dann, wenn diese beim Tatgeschehen oder im Zusammenhang mit dem kriminalistisch relevanten Vorgang tatsächlich entstanden sind.

Zwischen Spur und Tat bzw. umgekehrt besteht hier also ein Kausalzusammenhang.

Die echten Spuren unterscheidet *Mally* weiter in „absolute" und „relative" Spuren.²⁹

Eine **absolute Spur** gibt, losgelöst von allen anderen Erkenntnissen, einen unmittelbaren und direkten Hinweis auf den Ursprung ihrer Entstehung und damit auf Tat und Täter, z. B. der Fingerabdruck, den der Täter auf einer eingeschlagenen Fensterscheibe hinterlassen hat. 36

Absolute Spuren sind vor allem Form- und Materialspuren (vgl. Rdnr. 45 ff., 56).

Bei **relativen Spuren** fehlt der direkte Zusammenhang zwischen Tat und Täter. Ihr Aussagewert hängt davon ab, wieviel man über den Gesamtspurenkomplex weiß. Findet man beispielsweise am Tatort eine Armbanduhr ohne individuelle Kennzeichen, so wird diese erst dann zu einem bedeutsamen Beweismittel, wenn man weiß, daß der Tatverdächtige immer eine solche Uhr getragen hat und nun nicht mehr besitzt. 37

Relative Spuren sind insbesondere Situations- und Gegenstandsspuren (vgl. Rdnr. 58).

b) Trugspuren

Trugspuren sind Veränderungen der Außenwelt, die nur scheinbar etwas mit dem Tatgeschehen zu tun haben, in Wirklichkeit aber nur zufällig am Tatort vorhanden sind, jedenfalls keinerlei Bezug zum kriminalistisch relevanten Ereignis haben. 38

Um Verwechselungen zu vermeiden, empfiehlt *Mally*, solche Erscheinungen als „tatzusammenhanglose Spuren" zu bezeichnen.³⁰

c) Fingierte Spuren

Fingierte Spuren sind von Trugspuren scharf abzugrenzen. Es handelt sich hierbei um Veränderungen, die der Täter oder ein sonstiger Tatbeteiligter bewußt vorgenommen hat, um von sich, seinem Tatbeitrag oder von der Tat als solcher abzulenken, irrezuführen oder den Sachverhalt zu verdecken. 39

Der Kriminalist sollte bemüht sein, Trugspuren frühzeitig als solche zu erkennen, um sie aus der Erforschung des Sachverhalts auszuschließen. Währenddessen können fingierte Spuren zu wichtigen Beweismitteln werden, und zwar in doppelter Hinsicht: einerseits können sie die Beweisführung für die eigentliche Tat stützen, andererseits belegen sie den Akt des Vortäuschens.

3. Dynamische Systematik

Die **dynamische Systematik** fragt weniger nach der materiellen Beschaffenheit einer Spur, als vielmehr nach der Art ihrer Entstehung und dem 40

---

29 *Mally* 1958 S. 17 ff.
30 *Mally* 1958 S. 17 ff.

Ort, wo sie zu finden ist. „Voraussetzung für eine erfolgreiche spurenkundliche Arbeit ist die gedankliche Durchdringung aller Möglichkeiten der Spurenentstehung, die das zugrundeliegende Tatgeschehen beinhaltet."[31]

In diesem Sinne kann man
a) Tatspuren
b) Täterspuren und
c) Spuren am Täter

unterscheiden.

a) Tatspuren

41 **Tatspuren** sind Veränderungen, die durch das Tatgeschehen als solches hervorgerufen werden. Sie können am Tatort im weiteren Sinne, am Täter sowie am Opfer bzw. Tatobjekt zu finden sein. Kriminalistisch relevant sind solche Spuren vor allem im Hinblick auf die Tatrekonstruktion, aber natürlich auch zur Überführung des Täters. Tatspuren ermöglichen u. a. die Überprüfung und Verifizierung anderer Beweismittel, insbesondere von Aussagen zur Tat.

b) Täterspuren

42 Als **Täterspuren** bezeichnet man die Spuren, die der Täter verursacht oder an einer bestimmten Örtlichkeit hinterlassen hat. Zu suchen sind diese Spuren vor allem am Tatort und seiner näheren und weiteren Umgebung, an Tatmitteln und -werkzeugen sowie am Opfer bzw. Tatobjekt. Täterspuren sind die klassischen Spuren, die meist im Mittelpunkt der Spurensuche stehen, da sie unmittelbare Bezüge zum Täter aufweisen und oft eine direkte Täterermittlung ermöglichen – man denke beispielsweise an Fingerabdrücke, die der Täter am Tatort hinterlassen hat.

c) Spuren am Täter

43 Zu wichtigen Beweismitteln können auch die **Spuren** werden, die sich **am Körper des Täters**, an seiner Bekleidung, an seinem Fahrzeug oder sonstigen ihm gehörenden Gegenständen befinden. Solche Spuren können vom Tatort stammen, wie Erdanhaftungen und Vegetationsspuren, vom Tatgeschehen verursacht worden sein, wie Schmauchspuren an der Hand, oder vom Opfer herrühren, wie Blutspuren oder Haare.

4. Materielle Systematik

44 Im Sinne einer **materiellen Systematik** lassen sich kriminalistisch relevante Veränderungen der Außenwelt nach ihrer Form und ihrer stofflichen Beschaffenheit unterscheiden.

Demnach sprechen wir von
a) Formspuren und
b) Material- oder Stoffspuren.

---

31 *Bayerisches Landeskriminalamt* 1985 S. VII 6.

In der Praxis kommt es allerdings häufig vor, daß beide Spurenarten zugleich auftreten, z. B. bei einem blutbeschmierten Fingerabdruck. Ob in einem solchen Fall die Form- oder die Materialkomponente überwiegt, richtet sich nach den Gesamtumständen.

a) Formspuren

Als **Formspuren** werden solche Veränderungen an einem Spurenträger bezeichnet, die durch (in der Regel mechanische) Einwirkung des Spurenverursachers entstanden sind. Wie der Name schon sagt, steht hier die Gestalt der Spur im Mittelpunkt des Interesses. Sie beruht im allgemeinen unmittelbar auf der äußeren Struktur des Spurverursachers (vgl. „Entstehung von Spuren").

Wie wir bereits festgestellt haben, treten Formspuren am häufigsten als Eindrücke oder Abdrücke auf. Zum Oberbegriff „Formspuren" gehören aber auch Gleitspuren (Gleitriefen), Bruch- und Rißspuren, Schnittspuren, Zwickspuren und Paßstücke. Schließlich gibt es noch Formspuren, die sich in keine der bisher genannten Kategorien einordnen lassen, z. B. Veränderungen, die an einem Spurenträger durch die Entfernung von Kennzeichnungen entstanden sind.

Die Entstehung von Formspuren wurde bereits unter I 2 ausführlich erörtert. Im folgenden sollen lediglich noch einmal die Charakteristika dieser Spuren unter dem Aspekt einer systematischen Betrachtung verdeutlicht werden.

aa) Eindruckspuren

Eindruckspuren zeichnen sich dadurch aus, daß Umriß und/oder Profil des Spurenverursachers (bzw. eines Teiles davon) in einen weicheren, verformbaren – und nicht bloß elastischen – Spurenträger „eingeprägt" worden sind. Dadurch spiegelt der Spurenträger charakteristische Merkmale des Spurenverursachers dauerhaft wider. Ein klassisches Beispiel einer Eindruckspur ist die Abbildung einer Schuhsohle in weichem Untergrund.

bb) Abdruckspuren

Eine **Abdruckspur** kann dadurch entstanden sein, daß die Form und/oder die Oberflächenstruktur des Spurenverursachers (oder eines Teils davon) durch eine ihm anhaftende Substanz auf den Spurenträger übertragen worden ist.

Ein Abdruck kann auch in der Weise zustande gekommen sein, daß die Substanz (z. B. Öl von der Fahrbahnoberfläche) vom Spurenträger auf den Spurenverursacher (z. B. einen Autoreifen) übertragen wurde. Derartige Spuren könnte man als „negative Abdruckspuren" bezeichnen. Schließlich können sich Abdruckspuren auch auf sehr dünnen Glanzschichten (z. B. gebohnerten Fußböden) befinden, die durch einen Spurenverursacher (z. B. einen Fuß) berührt wurden.[32]

---

[32] Leitfaden Tatortarbeit – Spuren – 1987 S. A 4.

cc) Gleitriefen

48   Gleitriefen (oder Gleitspuren) sind im Regelfall parallel verlaufende Rillen auf einem Spurenträger, die dadurch zustande gekommen sind, daß ein harter Spurenverursacher mit rauher Oberflächenstruktur unter Druck über den Spurenträger geglitten ist.

49   Eine besondere Art von Gleitspuren stellen **Ziehspuren** dar, wie sie z. B. bei der Herstellung von Drähten oder Kabeln entstehen. Sie werden durch die sog. Ziehdüse verursacht.

dd) Bruch- und Rißspuren

50   **Brüche und Risse** finden sich in festen Materialien, die – in der Regel mechanisch (z. B. durch Schlag, Zug oder Druck) – überbeansprucht wurden. Risse und Brüche können aber auch thermische Einwirkung (z. B. durch Feuer) oder chemische Einflüsse (z. B. Korrosion) verursacht worden sein.

ee) Schnittspuren

51   **Schnittspuren** wurden durch Schnittwerkzeuge, wie Messer, Scheren, Beil, Stecheisen, Hobel usw. hervorgerufen. Das Spurenbild, jeweils eines auf jeder Seite des durchtrennten Gegenstandes, ist durch individuelle Besonderheiten an der Schnittkante des Werkzeugs entstanden. Ist es zur Spanbildung gekommen, z. B. beim Hobeln, so befindet sich ein Spurenbild auf dem Span.

52   Eine besondere Form von Schnittspuren sind **Bohrspuren**, die durch die rotierende Bewegung der Schnittflächen eines Bohrers unter gleichzeitiger Druckausübung entstehen. Hier befinden sich auf jedem Span zwei Spurenbilder, deren Ausprägung von der Art des Bohrers, der Bohrgeschwindigkeit und der Art des bearbeiteten Materials abhängig ist.

ff) Zwickspuren

53   Ein ähnliches Spurenbild wie bei Schnittspuren zeigt sich bei **Zwickspuren**, die durch die Verwendung von Zangen, Bolzenschneidern pp. entstehen. Ist das bearbeitete Material spröde, so kommt es allerdings meist nur in den äußeren Bereichen zu Schnittspuren, während weiter innen Bruchspuren verursacht werden. Die Schneiden, die wie Keile wirken, verursachen nämlich beim weiteren Eindringen ein regelrechtes Auseinandersprengen des Materials.

gg) Paßstücke

54   **Paßstücke** sind kriminalistisch besonders interessant, da sie häufig die Beziehung zwischen Tat und Täter eindrucksvoll demonstrieren können. Sie sind in der Regel beim Auseinanderbrechen oder -reißen von Gegenständen, beim Zerschneiden von Materialien oder beim Durchtrennen von Gegenständen entstanden, „die eine individuelle Struktur aufweisen (z. B. Baumstämme mit Jahresringen)".[33]

---

[33] *Wigger* 1980 S. 12.

hh) Weitere Formspuren

Über die genannten Formspuren hinaus gibt es noch **weitere**, z. B. die bereits erwähnten Spuren entfernter Kennzeichnungen (u. a. durch Ausschleifen eingestanzter oder eingeschlagener Fabrikationsnummern), die Abbildung der Umrisse eines Gegenstandes durch Staub oder Flüssigkeiten (vgl. „Entstehung von Spuren"), Spuren, deren Erscheinungsform nur mittelbar vom Spurenverursacher bewirkt wurde (z. B. Tropf-, Wisch- oder Schleifspuren) und schließlich Hand-, Maschinen- oder Druckschriften.

b) Materialspuren

Materialspuren bestehen aus festen, flüssigen oder gasförmigen Substanzen (bzw. entsprechenden Kombinationen), deren stoffliche Eigenschaften kriminalistische Schlußfolgerungen zulassen.

„Die Erscheinungsformen der Materialspuren sind äußerst vielgestaltig";[34] die Anzahl der in Frage kommenden Substanzen ist nahezu unbegrenzt. Einige wesentliche seien hier beispielhaft herausgegriffen:

– **Spuren des menschlichen Körpers** wie
– – Körperteile
– – Blut
– – Haare
– – Körperausscheidungen (Sekrete, Exkrete, Erbrochenes)
– tierische Spuren wie
– – Knochen
– – Nägel
– – Haare
– – Federn
– – Schuppen
– pflanzliche Spuren
– mikrobiologische Spuren
– Boden-, Staub- und Schmutzspuren
– textile Spuren
– toxikologische Spuren
– Glasspuren
– Lack- und Farbspuren
– Metallspuren
– Kunststoffspuren
– Mineralölprodukte als Spuren
– Spuren von Zünd-, Brand- und Sprengstoffen sowie von Zünd- und Brandbeschleunigern
– Gase als Spuren
– Fangstoffe.

---

34 Wigger 1980 S. 13.

5. Situations- und Gegenstandsspuren

58 Nicht nur materielle Spuren im engeren Sinne lassen Rückschlüsse auf das Tatgeschehen und Tatbeteiligte zu, sondern auch Schlußfolgerungen auf entsprechende „**raumbezogene Gegebenheiten**"[35].

a) Situationsspuren

59 Die Gesamterscheinung einer Situation kann den Charakter einer Spur annehmen, wenn sie typisch für ein bestimmtes Verbrechen ist oder in diesem konkreten Fall Hinweise auf den Tathergang oder das Handeln von Tatbeteiligten ermöglicht.

Situationsspuren können sich ergeben aus der Lage von Gegenständen im Raum bzw. deren besonderer Anordnung an einer kriminalistisch relevanten Örtlichkeit. So stellen sich z. B. umgeworfene Möbelstücke, bestimmte Schließverhältnisse an Fenstern und Türen, eingeschlagene Fensterscheiben, durchtrennte Telefonkabel usw. als Situationsspuren dar. Bisweilen werden Situationsspuren auch erst im Nachhinein deutlich, etwa beim Betrachten von zu sonstigen Beweiszwecken gefertigten Lichtbildern.

b) Gegenstandsspuren

60 Auch das Vorhandensein eines bestimmten Gegenstandes an einer bestimmten Örtlichkeit kann eine Spur darstellen. Bei der fraglichen Örtlichkeit wird es sich meist um den Tatort oder dessen Umgebung handeln, bei den Gegenständen um solche aus dem Besitz des Täters. Als **Gegenstandsspur** erweist sich aber auch beispielsweise die Tatwaffe in der Kleidung bzw. am Körper des Tatverdächtigen.

„Der kriminalistische Beweiswert von Gegenstandsspuren ist sehr unterschiedlich. So hat ein am Tatort behändigtes (an sich genommenes) und dort zurückgelassenes Werkzeug geringere Bedeutung als ein von der Kleidung des Täters stammender Knopf."[36]

III. Spurensuche

1. Ziel

61 „Nur selten bietet sich eine Spur an, man muß sie suchen."[37] Ziel der **Spurensuche** ist es, a l l e in diesem konkreten Fall in Betracht kommenden Spuren zu finden, um
– Art und Ausmaß des kriminalistisch relevanten Ereignisses festzustellen,

---

35 *Kriminalpolizei des Kantons und der Stadt Zürich* 1979 S. 142.
36 *Kriminalpolizei des Kantons und der Stadt Zürich* 1979 S. 142.
37 *Huelke* 1977 S. 6.

- die Tat ggf. in einen größeren Zusammenhang (z. B. eine Straftatenserie) einordnen zu können,
- Hinweise zur Ermittlung des Täters sowie weiterer Tatbeteiligter zu erlangen,
- den Ablauf des Tatgeschehens rekonstruieren zu können sowie
- den Täter zu überführen bzw. Unschuldige zu entlasten.

2. Durchführung

Die Spurensuche muß – da sich Spuren verändern können – so schnell wie möglich erfolgen. Wichtig ist, daß der Tat-, Fund- oder Ereignisort in dem Zustand erhalten bleibt, wie er vom ersten Zeugen vorgefunden wurde. Deshalb sollte auch derjenige, der das Ereignis (telefonisch) mitteilt, darauf hingewiesen werden, dafür Sorge zu tragen, daß am Tatort nichts (mehr) verändert wird. **62**

Der erste Beamte, der am **Tatort** eintrifft, hat diesen möglichst weiträumig abzusperren und Auskunftspersonen zu befragen, wie der ursprüngliche Zustand war, wer etwas verändert hat und welche Gegenstände fehlen. Beim Eintreffen am Tat- bzw. Ereignisort sollte sich der Kriminalist zunächst einen Überblick verschaffen und – bevor er handelt – überlegen, wie er am zweckmäßigsten vorgeht. Dabei sollte er sich gedanklich in die Rolle des Täters versetzen. Das gelingt natürlich demjenigen am besten, der über entsprechende Erfahrung in der **Tatortarbeit** verfügt. Daneben sollte der Spurensucher handwerkliches Können, Vorstellungskraft und Beobachtungsgabe mitbringen. **63**

Bei der **gedanklichen Rekonstruktion** der Tat sollte durchgespielt werden, wie der Täter zum Tatort gekommen sein konnte (zu Fuß, mit öffentlichen Verkehrsmitteln, mit dem Kraftfahrzeug etc.), welchen Weg er zum eigentlichen Tatobjekt eingeschlagen haben kann, welche Hindernisse er überwinden, welche Gegenstände er berühren mußte, welche Veränderungen durch die Tatausführung entstanden sein mußten oder konnten, auf welchem Weg der Täter den Tatort verlassen mußte oder wie er die Beute weggeschafft haben konnte. **64**

Die Spurensuche darf sich nicht auf den eigentlichen Tat- oder Fundort beschränken, sondern muß auch die nähere und weitere Umgebung umfassen. Besonders gründlich sollte der Fluchtweg des Täters in Augenschein genommen werden. Es ist eine alte kriminalistische Erfahrung, daß sich viele Täter bei der Vorbereitung der Tat und der Annäherung an den Tatort vorsichtig verhalten, insbesondere Spuren zu vermeiden suchen, aber nach der Tat unter Zeitdruck mehr und deutlichere Hinweise auf ihr Handeln hinterlassen.

Vor Beginn der Spurensuche muß die Gesamtsituation (z. B. fotografisch, fotogrammetrisch, mit Hilfe des Draufsicht-Spuren-Meßverfahrens o. ä.) **dokumentiert** werden. **65**

Mörbel

66 Die Spurensuche muß anhand eines auf diesen Fall ausgerichteten Planes und **systematisch** erfolgen. Dabei kann zunächst einmal dahinstehen, wie man im einzelnen vorgeht, jedoch hat es sich als zweckmäßig erwiesen, die Spurensuche in Räumen bzw. kleineren Flächen spiral- oder schleifenförmig durchzuführen. Größere Flächen sollten in überschaubare (Such-) Bereiche, z. B. Quadrate der Größe von ca. 5 mal 5 Metern, aufgeteilt werden, die nacheinander (wieder spiral- oder schleifenförmig) abzusuchen sind. Verschiedene Räume müssen grundsätzlich nacheinander durchsucht werden. Nur in Eilfällen kann eine gleichzeitige Durchsuchung, dann aber durch verschiedene Gruppen, erfolgen.

67 Die Spurensuche muß so durchgeführt werden, daß **nicht** bereits dadurch Spuren **beschädigt oder zerstört** werden können. So darf z. B. ein Spurenträger nur an einer Stelle angefaßt werden, an der sich mit Sicherheit keine Spuren befinden.

68 Ebenso wichtig ist es, **keine Trugspuren** zu verursachen. Wird im Rahmen der Spurensuche eine eigene Spur gelegt, so muß diese sofort und eindeutig als solche gekennzeichnet werden. Im übrigen dürfen nur Tatortbereiche betreten werden, die ausdrücklich „freigegeben" worden sind.

69 Jede gefundene Spur ist sofort zu **kennzeichnen**, d. h. mit aufgestellten Nummerntafeln oder Nummernaufklebern zu markieren. Kleine Spuren sollte man darüber hinaus mit farbigen Kunststoffringen, Pfeilen usw. oder durch Anzeichnen mit Kreide hervorheben.

70 Sind wider Erwarten dort, wo sich Spuren befinden müßten, keine vorhanden, so kann diese Tatsache sehr bedeutsam sein. Möglicherweise hat der Täter den Tatort „gecleant", möglicherweise haben Dritte die Spuren verwischt, möglicherweise erfolgte die Spurensuche unter einer falschen Hypothese. Ist zu vermuten, daß die fehlenden Spuren vom Täter oder mit ihm in Verbindung stehenden Personen beseitigt wurden, sollte man verstärkt nach latenten und/oder **Mikrospuren** suchen. Solche Spuren werden erfahrungsgemäß beim „Säubern" des Tatortes leichter übersehen. Im übrigen kann eine gründliche Spurensuche auch noch in anderer Hinsicht erfolgreich sein. Beispielsweise gelingt es einem Täter nach einem Tötungsdelikt selten, sämtliche Blutspuren zu beseitigen.

71 Auch eine **nochmalige** Spurensuche kann neue Erkenntnisse zu Tage fördern. Möglicherweise ist aufgrund gefundener Spuren eine (Teil-)Rekonstruktion möglich, die neue Gesichtspunkte für eine weitere Suche erbringt (vgl. „Rekonstruktion"). Die Spurensuche sollte auf jeden Fall wiederholt werden, wenn sie in der Nacht durchgeführt werden mußte.

72 Befinden sich Spuren an transportablen Spurenträgern, so sollte eine **Spurensuche vor Ort** nur erfolgen, wenn die Gefahr besteht, daß Spuren beim Transport beeinträchtigt oder zerstört werden oder eine Mitnahme aus rechtlichen Gründen nicht möglich ist, z. B. aus Gründen der Verhältnismäßigkeit.

73 Zur Spurensuche sollte man **Fachleute** bzw. Sachverständige hinzuziehen, wenn nach Spuren gesucht werden soll, deren Auffinden spezielle Kenntnisse oder den Einsatz besonderer Hilfsmittel voraussetzt. Ferner sollte man an die Beiziehung von Fachleuten denken, wenn aufgrund der besonderen Bedeutung des Falles alle Hilfsmittel optimal ausgeschöpft werden sollen.[38]

3. Hilfsmittel der Spurensuche

In vielen Fällen, vor allem wenn man vom Vorhandensein **latenter Spuren** ausgehen kann, genügt es nicht, sich bei der Spurensuche allein auf menschliche Sinnesorgane, insbesondere das „unbewaffnete" Auge, zu verlassen. Um wirklich alle Spuren zu finden, muß man sich entsprechender Hilfsmittel bedienen.

Im folgenden sollen einige wesentliche **Hilfsmittel der Spurensuche** näher beleuchtet werden:

a) Fährtenhund

Vor allem bei größeren Tatorten im Freien oder wenn zu vermuten ist, daß der Täter auch außerhalb des eigentlichen Tatortes gehandelt hat, kann der Einsatz eines **Fährtenhundes** sinnvoll sein. „Denn dadurch ist es möglich, den Weg des Täters zum oder vom Tatort zu verfolgen, durch Verfolgung des Fluchtweges weitere Tatspuren zu finden, wie verwertbare Fußeindrücke, verlorengegangene oder vom Täter weggeworfene Gegenstände ... usw."[39]

Allerdings muß man sorgfältig abwägen, zwischen dem Wert der durch den Hund möglicherweise noch aufzufindenden Täterhinweise einerseits und dem möglichen Schaden des Einsatzes andererseits, der in der Gefährdung von Tatortspuren liegen kann. Denn der Hund soll nach Möglichkeit nur in einem Bereich eingesetzt werden, der vorher noch nicht betreten worden ist. „Störend für den Einsatz eines Fährtenhundes ist aber nicht selten das Verwischen und teilweise Vernichten der Fährtenansatzspuren durch Geschädigte, Zeugen, aber auch durch Erstzugriffsbeamte der Polizei selbst ..."[40]

Darüber hinaus muß man die Erfolgschancen für den Einsatz eines Fährtenhundes bedenken. Dabei spielen vor allem drei Faktoren eine wesentliche Rolle, die Zeit, die seit der Tat verstrichen ist, die Bodenverhältnisse und das Wetter. Im allgemeinen kann man davon ausgehen, daß vom Zeitpunkt der Tat bis zum Einsatz des Fährtenhundes nicht mehr als zehn bis zwölf Stunden verstrichen sein sollten. Von dieser Faustregel sind jedoch, je nach Witterungs- und Bodenverhältnissen, erhebliche Abweichungen vorstellbar. „Laienhaft ausgedrückt kann eine erfolgreiche Suche mit einem DH unter ... extremen Umständen bereits zehn Minuten nach der Tat schon nicht mehr gewährleistet sein, andererseits aber sind unter günstigen Witterungsbedingungen Einsatzerfolge im Fährtensuchen 17 Stunden nach dem Tatgeschehen bekannt geworden."[41]

---

38 Leitfaden Tatortarbeit – Spuren – 1987 S. A 112.
39 *Meixner* 1957 S. 66.
40 *Breitsamer* 1981 S. 31.
41 *Breitsamer* 1981 S. 31.

Entscheidend für die Frage, ob überhaupt ein Hund zum Ansatz kommen soll, sind zunächst einmal günstige Verhältnisse in bezug auf den Boden. Von solchen kann man ausgehen, bei (relativ weichen) Feld-, Wald- oder Wiesenwegen, aber auch bei der Suche in Gärten, Grünanlagen u. ä. Weniger günstig sind harte, steinige Böden, am ungünstigsten betonierte oder asphaltierte Straßen und Plätze, zumal wenn diese Gummiabrieb oder Ölspuren aufweisen.

Eine große Rolle spielt auch das Wetter. Feuchte, kühle und windstille Witterung, wie diese häufig in den frühen Morgenstunden herrscht, selbst leichter Rauhreif, sind ausgesprochen günstig. Währenddessen beeinflussen starke Sonneneinwirkung, sturmartige Windverhältnisse oder heftiger Regen das Fährtenbild negativ. Schließlich ist für die Frage, ob ein Fährtenhund angefordert werden soll, entscheidend, ob er auf eine (vom Täter stammende) Geruchsspur a m B o d e n angesetzt werden kann.

b) Künstliche Lichtquellen

77 „**Künstliches Licht** wird in manchen Fällen notwendig, häufig von Nutzen sein. Selbst bei gutem natürlichen Licht bleiben dunkle Winkel, die ausgeleuchtet werden müssen."[42]

Latente Spuren werden häufig erst durch den Einsatz künstlichen (Schräg-)Lichts sichtbar.

Dabei sollte die Lichtquelle, z. B. eine Halogenlampe, im Verhältnis zum potentiellen Spurenträger nicht statisch eingesetzt werden. Spuren sind eher zu finden, wenn die Lichtquelle oder – wenn dies möglich ist – der Spurenträger bewegt wird. Manchmal genügt auch schon die Änderung des Blickwinkels, um Spuren zu entdecken, die man vorher nicht gesehen hat.

78 Neben **Schräglicht**, das beispielsweise Schuhabdrücke auf blanken Fußböden oder Unebenheiten an einer Wand sichtbar macht, sollte man auch an den Einsatz von Streulicht oder reflektierten Lichts denken. Während **Streulicht** eine gleichmäßige Ausleuchtung des abzusuchenden Bereichs gewährleistet und Reflexionen verhindert, kann man mit **reflektiertem Licht** gegenteilige Effekte erzielen. Es ermöglicht z. B. bei einer glänzenden Fläche die Feststellung spurentragender und deshalb weniger reflektierender Bereiche.

79 Bei transparenten Spurenträgern kann man sowohl mit **Durchlicht** als auch **polarisiertem Licht** gute Kontraste erzielen. Außer sichtbarem Licht ist auch Licht bzw. Strahlung aus dem nicht sichtbaren Spektralbereich zur Optimierung der Spurensuche einsetzbar. Zu denken ist hier zunächst an **UV-Licht**. Bestimmte Stoffe, z. B. Körperausscheidungen wie Sperma, Vaginalsekret usw. oder Gewebefasern, werden durch die UV-Strahlung zum Selbstleuchten angeregt. „Befindet sich eine fluoreszierende Substanz auf einem nicht fluoreszierenden Spurenträger oder eine nicht fluoreszierende Substanz auf einem fluoreszierenden Spurenträger, so kann auf diese Weise der Verdacht des Vorhandenseins von Spuren begründet werden."[43]

---

42 *Huelke* 1977 S. 7.
43 *Wigger* 1980 S. 24.

Allerdings bedeutet das Vorhandensein von Fluoreszens noch keinen Beweis für eine bestimmte Substanz, ebenso wie das Ausbleiben von Fluoreszens noch nicht beweist, daß eine bestimmte Substanz nicht doch vorhanden wäre.

Auch **Infrarot-Licht** kann beim Suchen von Spuren behilflich sein. „IR-Licht kann mit Hilfe eines Bildwandlers oder eines speziellen IR-Films insbesondere kohlenstoffhaltige Substanzen in sehr geringer Menge oder unter Überdeckungen sichtbar machen."[44]

Zur Suche von metallischen Gegenständen in nichtmetallischer Umgebung kann man neben Metallsuchgeräten (s. u.) auch **Röntgenstrahlen** einsetzen. Das bietet sich vor allem dann an, wenn damit zu rechnen ist, daß sich ein metallischer Gegenstand in einer Umhüllung bzw. Verpackung oder im bzw. am menschlichen Körper befindet.

c) Optische Hilfsmittel

Optische Hilfsmittel im engeren Sinne, wie (Hand-)Lupen, Mikroskope, Endoskope, Spiegel usw. können Spuren sichtbar machen, die ansonsten aufgrund ihrer geringen Größe (Mikrospuren) oder ihrer Lage (nicht einsehbare oder unzugängliche Stellen) kaum auffindbar wären.

d) Spezielle flüssige, pulvrige oder gasförmige Substanzen

Insbesondere bei der Suche nach Fingerabdrücken, aber beispielsweise auch zum Auffinden und Sichtbarmachen latenter Blut- oder Werkzeugspuren, kann der Einsatz spezieller Reagenzien und Substanzen hilfreich sein. Das **Einsprühen, Einstäuben, Bedampfen** usw. potentieller Spurenträger mit pulver- oder gasförmigen Substanzen, bestimmten Flüssigkeiten oder entsprechenden Kombinationen, wie Sprühreagenzien oder Sprays, kann dazu führen, daß sich plötzlich Spuren abzeichnen, die zuvor nicht zu erkennen waren. Zu denken ist in diesem Zusammenhang beispielsweise an Rußpulver, Magnetpulver, Argentorat, Jodpulver und -dampf, Essigsäuredampf, Cyanacrylat, Ninhydrin, Luminol.

e) (Spuren-)Staubsauger

Mit Hilfe entsprechend hergerichteter handelsüblicher Staubsauger oder spezieller **Spurenstaubsauger** lassen sich auch an nicht transportablen Spurenträgern, selbst wenn diese einen größeren Umfang oder eine größere Ausdehnung haben, sehr kleine Partikel bis hin zu Mikrospuren auffinden. Der besondere Vorteil dieser Methode liegt in der erheblichen Tiefenwirkung bei der Spurensuche, der besondere Nachteil darin, daß es leicht zu Fehlinterpretationen kommen kann, wenn man nicht sehr sorgfältig vorgeht. Um diese Gefahr weitgehend auszuschließen, dürfen nur absolut saubere Geräte eingesetzt werden. Auf jeden Fall muß gewährleistet sein, daß – vor allem bei größeren Flächen oder wenn eine neue Spurenart zu

---

44 Leitfaden Tatortarbeit – Spuren – 1987 S. A 15.

erwarten ist – der Filter häufig gewechselt wird, daß bei jedem Filterwechsel eine gründliche Reinigung des Ansaugrohrs stattfindet und daß schließlich peinlich genau festgehalten wird, woher welche Substanz stammt (eindeutige Beschriftung des Verpackungsmaterials!).

f) Klebefolien

84 Ein ebenfalls zur Suche nach sehr kleinen Spuren geeignetes Verfahren ist das **Abkleben des Spurenträgers** mit transparenten Folien. Diese Methode ist allerdings nicht unumstritten. So schreibt beispielsweise Bürger: „Seit mehr als 20 Jahren bemüht man sich in Österreich, die Anfang der 50er Jahre vor allem in der Schweiz propagierte Spurensicherung mit Klebeband auszumerzen, aber immer wieder taucht dieses Verfahren auf; es wird meist kritiklos angewendet, weil es bestechend einfach erscheint. Was der Anwender damit aber anrichtet und warum diese Methode unbrauchbar ist, weiß er oft nicht."[45]

Die Gegner der Klebefolie begründen ihre Ablehnung vor allem damit, daß sich häufig Spur und Klebstoff nicht (mehr) trennen ließen. Das gelte vor allem dann, wenn der Kleber und die Spur, z. B. ein Lacksplitter, aus der gleichen Familie chemischer Verbindungen mit ähnlichen Löseeigenschaften stammten.

Daran ist soviel richtig, daß sich die Klebefolienmethode in der Tat nicht für alle Spuren eignet. Keinesfalls darf sie zum Auffinden und Sichern von Lack- und Kunststoffspuren eingesetzt werden. Das bedeutet jedoch nicht, daß dies Verfahren für jede Art der Spurensuche ausscheiden muß; es gibt durchaus Fälle, in denen (nur) das Abkleben mit Folien zu einem brauchbaren Ergebnis führt.

Generell kann man sich an folgender Faustregel orientieren: Die Klebefolienmethode ist (nur) dann anzuwenden, wenn Spuren auf andere Weise nicht aufgefunden und/oder gesichert werden können. Dabei sollte man nur transparente Folien mit geringer Klebewirkung verwenden. Bei der Anwendung muß differenziert werden, ob die genaue Lage der Spur für die Beweisführung von Bedeutung ist, oder ob es nur darauf ankommt, bestimmte Materialspuren zu finden. Im ersten Fall muß der Spurenträger Stück für Stück mit jeweils neuer Folie abgeklebt werden. Anschließend ist die Folie blasen- und faltenfrei zusammenzukleben – oder noch besser – auf eine zweite, noch unbenutzte Folie aufzubringen.

85 Ist die genaue Lage der Anhaftungen ohne Belang, so kann man mit der Folie den Spurenträger solange abkleben, bis die Klebekraft nachläßt. Danach darf man sie aber auf keinen Fall auf einen anderen Gegenstand, z. B. eine Spurenkarte, aufkleben. Vielmehr muß sie zusammengeklebt und entsprechend gekennzeichnet werden.

g) Sonstige Hilfsmittel der Spurensuche

86 Aus der Vielzahl **weiterer Hilfsmittel** seien noch folgende besonders erwähnt:

---

45 *Bürger* 1984 S. 7.

- **Gasspürgeräte** mit entsprechenden Prüfröhrchen (Dräger-Gerät) dienen der schnellen Feststellung von Art und Konzentration gasförmiger Stoffe (u. a. auch der Prüfung giftiger Flüssigkeiten in der Gasphase). 87
- **Metallsuchgeräte** können das Auffinden metallischer Gegenstände in unübersichtlichem und bewachsenem Gelände erleichtern, z. B. die Suche nach Patronenhülsen im Zusammenhang mit einem Schußwaffendelikt. 88
- **Photoionisationsdetektoren** können zum Aufspüren von Mineralölprodukten bzw. Brandbeschleunigungsmitteln auf flüssiger Basis eingesetzt werden. 89

IV. Spurensicherung

1. Allgemeines

Während der Begriff der „Spurensuche" unmißverständlich erscheint, gilt dies für die **„Spurensicherung"** in der kriminalistischen Literatur offenbar nicht immer. 90

Bisweilen werden damit Maßnahmen umschrieben, die lediglich darauf gerichtet sind, Spuren vor Vernichtung zu bewahren. „Spuren, die durch Witterungseinflüsse oder auf andere Art vernichtet werden können (z. B. Spuren im Schnee, bei Regenwetter oder Schneetreiben), sind sofort in geeigneter Weise abzudecken oder auf sonstige Weise zu sichern."[46] Eine solche Betrachtungsweise ist durchaus gebräuchlich, denken wir beispielsweise nur an den „Sicherungsangriff". Wigger bemerkt dazu: „Der zuerst am Tatort eintreffende und für die Bearbeitung nicht zuständige Beamte hat sich darauf zu beschränken, den Tatort bis zum Eintreffen der Sachbearbeiter im vorgefundenen Zustand zu erhalten. Er hat vergängliche Spuren möglichst zu sichern."[47]

Im allgemeinen wird der Begriff „Spurensicherung" jedoch im Sinne von Erhebung und Asservierung der vorhandenen Spuren verwendet, übrigens auch von Autoren, die zuvor den Schutz von Spuren noch „Sicherung" nannten.

Wenngleich es nach Auffassung des Verfassers sinnvoll wäre, Maßnahmen zur Erhaltung von Spuren als „Spurensicherung" und Maßnahmen der Aufnahme und Asservierung als „Spurenerhebung" zu bezeichnen, wird „Spurensicherung" im folgenden im Sinne des Erhebens gebraucht werden. Der Begriff ist so allgemein eingeführt und deshalb hätte es kaum Aussicht auf Erfolg, ihn durch einen anderen, wenn auch treffenderen zu ersetzen. 91

Meier unterscheidet zwischen „feldüberdeckender" und „gezielter" Spurensicherung. Als „feldüberdeckend" bezeichnet er die Spurensicherung dann, wenn sie zu Beginn der Maßnahmen am Tatort vorgenommen werden muß, zu einem Zeitpunkt also, an dem man den Gesamtzusammen- 92

---

46 *Berke-Müller* 1980 S. 321.
47 *Wigger* 1980 S. 25.

hang noch nicht kennt. Dann muß die Spurensicherung „alle Argumente umfassen, die über alle denkbaren Ablaufvarianten Auskunft geben können, d. h. für den Richter mindestens alle Argumente zur Entlastung und Belastung enthalten."[48] Von „gezielter Spurensicherung" spricht *Meier* dann, wenn am Tatort nur ein definiertes Ergebnis interessiert, z. B. beim Einbruch der Weg des Täters von der Einstiegstelle zum eigentlichen Tatobjekt.

93 **Ziel der Spurensicherung** ist es, möglichst alle relevanten Spuren vollständig zum Zwecke der Untersuchung und Auswertung zu erheben. Allerdings muß man sich darüber im klaren sein, daß – ungeachtet des eben genannten Grundsatzes – in der Praxis regelmäßig eine Auswahl getroffen werden muß: „Betrachten wir uns einmal den Spurensicherungsvorgang etwas systematischer, so stellen wir fest, daß aus all dem Gut, das Spuren tragen könnte, bei der Spurensicherung nur eine Auswahl bearbeitet werden kann, will man nicht nach einem Brand das ganze Brandobjekt, bei einem Mordfall den gesamten Tatort ins Labor mitnehmen."[49] Diese notwendigerweise zu treffende Auswahl sollte jedoch wohlüberlegt erfolgen, wobei man von Spurenart zu Spurenart unterschiedlich vorgehen muß. So sind grundsätzlich alle daktyloskopischen Spuren zu sichern, während bei (sonstigen) Formspuren mindestens diejenigen vollständig gesichert werden müssen, die von ihrer Qualität und Beschaffenheit her alle Anforderungen für eine Untersuchung erfüllen. Handelt es sich um Materialspuren, so muß ein Quantum gesichert werden, das die für die Untersuchung erforderliche Menge deutlich übersteigt.

94 Bei der Spurensicherung sollten grundsätzlich keine Informationen verlorengehen. Das bedeutet, daß Spuren nach Möglichkeit **im Original** bei der Untersuchungsstelle eingehen sollten.

„Grundsätzlich ist die **Sicherung im Original** den reproduktiven Methoden vorzuziehen"[50], weil es bei der Fotografie, Abformung usw. regelmäßig zu Informationsverlusten kommt. Kann die Spur nicht zusammen mit dem Spurenträger gesichert werden, so muß man eine Sicherungsmethode wählen, durch die einerseits Spur und Spurenträger möglichst wenig beeinträchtigt und andererseits weitere, u. U. ebenfalls am Spurenträger befindliche Spuren nicht gefährdet werden. Bestehen Zweifel darüber, welche Spurensicherungsmethode im konkreten Fall anzuwenden ist, sollte man mit der zuständigen Untersuchungsstelle Rücksprache halten. In solchen Fällen sind ggf. auch Sachverständige hinzuzuziehen. Dies empiehlt sich im übrigen stets, wenn das vorgesehene Verfahren zur Sicherung der Spur spezielles Fachwissen voraussetzt oder wenn „in Fällen hervorragender Bedeutung alle Möglichkeiten für eine optimale Spurenauswertung ausgeschöpft werden sollen."[51]

---

48 *Meier* 1974 S. 154.
49 *Meier* 1974 S. 151.
50 *Bayerisches Landeskriminalamt* 1985 S. VII 11.
51 Leitfaden Tatortarbeit – Spuren – 1987 S. A 23.

Besonders wichtig ist es, nicht nur Einzelspuren, sondern das Tatgeschehen im Zusammenhang zu erfassen. „Es soll stets nach Möglichkeit der gesamte **Spurenkomplex** erfaßt und sichergestellt werden. Denn nicht allein die Identifizierung einer Spur ist von Bedeutung, sondern auch der Ort und der Umfang sind wesentlich für die Gesamtbeurteilung."[52]

2. Durchführung der Spurensicherung

Die Sicherung von Spuren erfolgt regelmäßig durch Fotografie, durch Vermessung, Beschreibung und Zeichnung, durch die Erhebung der Spur im Original oder durch spezielle Sicherungsmethoden.

a) Fotografie
Zu Beginn der Spurensicherung sind Gesamttatort und Einzelspuren im **Lichtbild** festzuhalten (Dokumentation).

Bevor jedoch Einzelspuren fotografiert werden, sind **Übersichtsaufnahmen** zu fertigen, und zwar vom möglichst noch unveränderten Tatort, jedenfalls aber vor der Kennzeichnung der Spuren. Die Übersichtsaufnahmen müssen wiederholt werden, wenn der Tatort „ausgeschildert" ist (vgl. „Spurensuche"). Solche Aufnahmen sind, sofern die Möglichkeit dazu besteht, von einem erhöhten Standort aus (Fenster eines benachbarten Gebäudes, Leiter, Lichtgiraffe, Autodach pp.) anzufertigen. In bedeutenden Fällen ist auch an Luftaufnahmen zu denken. Soll dazu ein Hubschrauber herangezogen werden, sind jedoch die Vor- und Nachteile gegeneinander abzuwägen. Die von den Rotorblättern ausgehenden Luftwirbel können u. U. Spuren beeinträchtigen.

Eine sinnvolle Ergänzung der fotografischen Möglichkeiten stellt das „**Draufsicht-Spuren-Meßverfahren**" (D-Verfahren) dar, bei dem die Kamera mit Hilfe eines Spezialstativs stets in einer parallelen Lage hoch über dem Boden gehalten wird. „Das Mittelstück des Spezialstativs wird aus einem T-förmigen Rahmenteil gebildet, der auf Rollen leicht verschoben werden kann. An diesem Grundrahmen ist ein Träger angebracht, der außerhalb des Blickwinkels der Kamera verläuft. Am oberen Ende dieses Trägers befindet sich die Einrichtung zur Befestigung der Kamera, welche mit einem Fernauslöser bedient wird. Die Kamera ist mit einem Weitwinkelobjektiv, einer Belichtungsautomatik und einem Motor für Filmtransport und Verschlußspannung ausgestattet."[53] Es erscheint zumindest erwägenswert, dieses Verfahren, das heute noch überwiegend zur Spurenfotografie nach Verkehrsunfällen eingesetzt wird, vermehrt auch zur Arbeit an anderen Tatorten heranzuziehen.

Neben der „einfachen" fotografischen Erfassung des Tatortes sollte man bereits jetzt eine **stereo-fotogrammetrische Aufnahme** in Betracht ziehen. Die fotogrammetrische Vermessung, die Übersichtsaufnahmen nicht ersetzen, wohl aber ergänzen kann, hat den Vorteil, daß bei späterer Aus-

---

52 *Gramse* 1983 S. 255.
53 *Drechsler* 1984 S. 274.

wertung noch Maße festgestellt werden können, an die man bei der Tatortarbeit noch nicht gedacht hat.

101 Ähnlich präzise Ergebnisse liefert das **„Reduzierte Tachymeter-Meßverfahren"** (RETA-Verfahren), das in der Geodäsie schon seit langem Verwendung findet. Hierbei wird eine Örtlichkeit, z. B. eine solche, an der sich ein kriminalistisch relevantes Ereignis zugetragen hat, anhand zuvor gespeicherter Meßdaten in Form einer Planzeichnung wiedergegeben. Die Fertigung der Zeichnung erfolgt mit Hilfe eines Computers oder Plotters.

102 Schließlich können **Video-Aufnahmen** ein hervorragendes Hilfsmittel sein, wenn es darum geht, die Situation am Tatort zu rekonstruieren.

Die Tatortfotografie beschränkt sich aber nicht auf Übersichtsaufnahmen. (Noch) Wesentlicher ist die Aufnahme von Details, die Fotografie einzelner Spuren. Man kann gar nicht oft genug betonen, wie wichtig sie im Einzelfall sein kann. Sollte nämlich die Spur bei einem (anderen) speziellen Sicherungsverfahren beschädigt werden, so bleibt immer noch das Lichtbild der Spur als Beweismittel. Bei der Fotografie der einzelnen Spuren geht man so vor, daß man sich an den inneren Tatort bzw. das eigentliche Tatobjekt „heranfotografiert". Zweckmäßigerweise nimmt man dabei einen (Geometer-)Maßstab mit auf, um Größenverhältnisse und Entfernungen zu verdeutlichen. Spielen Farben eine Rolle, ist ein Colorfilm zu verwenden. Dabei sollten öfter Graukeile oder genormte Farbtafeln mitfotografiert werden, um eine farbgetreue Entwicklung zu gewährleisten.

103 Kleine und kleinste Objekte werden durch **Nahaufnahmen** (Maßstab 1:1 oder größer) abgebildet, wobei zu beachten ist, daß Nahaufnahmen formatfüllend gefertigt werden. (Durch Nahaufnahmen können im übrigen auch Formspuren gesichert werden.) Hier ist vor allem wichtig, die Aufnahme planparallel zu fertigen und stets einen genauen Maßstab (Millimetereinteilung!) mitzufotografieren. Ferner ist darauf zu achten, daß Spurenträger und Maßstab auf einer Ebene liegen, weil ansonsten maßstabsgetreue Vergrößerungen kaum möglich sind. Schwache Kontraste lassen sich durch entsprechendes Filmmaterial, vor allem aber durch eine gute Beleuchtungstechnik, verbessern. Überhaupt spielt bei der Spurenfotografie die richtige Ausleuchtung eine große Rolle. Ganz allgemein kann man feststellen, daß der Einsatz von Fotoleuchten meist zweckmäßiger ist als die Verwendung von Blitzlicht.

b) Skizzen und Zeichnungen

104 Wenn man die Tatortsituation sorgfältig erfassen will, wird man sich im Regelfall nicht auf die Fotografie beschränken können. Soll das Spurengeschehen genau dokumentiert werden, muß der Tatort beschrieben und vermessen, müssen **Skizzen** und Zeichnungen gefertigt werden. Während bei relativ unkomplizierten Fällen oder zur Wiedergabe untergeordneter Teilaspekte (z. B. Standort des Fotografen) Skizzen ausreichen, ist es bei schwierig gelagerten Sachverhalten erforderlich, präzise und maßstabsgetreue Zeichnungen zu erstellen.

Skizzen müssen zwar übersichtlich sein und eindeutige Meßergebnisse enthalten, dürfen sich aber auf das Wesentliche beschränken. Dagegen müssen **Zeichnungen** den Tatort exakt widerspiegeln. Gegebenenfalls kann man dabei auf vorhandene Karten und Pläne zurückgreifen (sofern diese noch mit den tatsächlich vorhandenen Verhältnissen übereinstimmen). In Zweifelsfällen sollte man stets Fachleute hinzuziehen, oder aber auf exakte Meßverfahren, wie Stereo-Fotogrammmetrie, RETA-Verfahren (s. o.) usw. ausweichen.

c) Beschreibung

Lichtbilder, Skizzen und Zeichnungen werden im allgemeinen durch die **Beschreibung des Tatortes**, aller vorgefundener Spuren (sowie der angewandten Spurensicherungsmethoden) vervollständigt. In diesem Zusammenhang erscheint der Hinweis angebracht, daß alle genannten Mittel der Dokumentation einander ergänzen müssen. Allenfalls in ganz wenigen Ausnahmefällen kann die Beschreibung des Tatortes alleine ausreichen.

Ist der Fall überschaubar und ohne besondere Komplikationen, wird die Darstellung der gefundenen Spuren, ihre genaue Lage, die Art ihrer Sicherung usw. in den **Tatortbefundbericht** einfließen.

Bei komplexeren Sachverhalten sollte daneben stets ein **Spurensicherungsbericht** gefertigt werden. „Dabei kommt der Beschreibung der Lage der Spur eine ganz besondere Bedeutung zu."[54] Im Spurensicherungsbericht sollte aber auch detailliert dargestellt werden, wie man bei der Spurensuche, vor allem aber bei der Spurensicherung, vorgegangen ist. Im übrigen muß der Spurensicherungsbericht auch enthalten, was man suchte, aber nicht fand. Es genügt also nicht, nur die einzelnen gefundenen Spuren zu beschreiben, sondern es muß auch erläutert werden, daß an einem „spurenträchtigen" Gegenstand (z. B. der Tatwaffe) keine Spuren festzustellen waren. U. U. ist sogar ein Hinweis möglich, warum nichts gefunden wurde (Witterungseinflüsse, Korrosion usw.).

d) Kennzeichnung

Jede einzelne gefundene Spur ist als solche zu **kennzeichnen**. Das geschieht, indem die Einzelobjekte mit entsprechend vorbereiteten Aufklebern oder Anhängern versehen werden. Diese sind fest und vor allem verwechslungsfrei anzubringen. Verwechslungen lassen sich am besten vermeiden, wenn man einmal gewählte Spurennummern beibehält und ggf. weiter untergliedert. Im Leitfaden Tatortarbeit – Spuren – heißt es dazu: „Bei der Spurensuche vergebene Spurennummern beibehalten. Werden Einzelnummern aufgeteilt, Nummern (Dezimalklassifikation) erweitern!"[55]

Kleinere Spurenträger sollte man direkt in entsprechend beschriftetes Verpackungsmaterial geben. Das gleiche gilt für empfindliche Spurenträger.

---

54 *Burghard* 1986 S. 53.
55 Leitfaden Tatortarbeit – Spuren – 1987 S. A 21.

e) Asservierung

110 Bei der **Asservierung** muß mit den Spuren begonnen werden, die am meisten gefährdet sind, z. B. aufgrund der Flüchtigkcit ihrer Substanz (z. B. Wasser, Benzin, Lösungsmittel usw.). Möglicherweise muß aus diesem Grunde bereits im Rahmen der Spurensuche, ggf. sogar durch den ersten Beamten am Ereignisort, eine „**Notasservierung**" vorgenommen werden. „Als Notasservierung sehe ich eine Spurensicherung an, die z. B. während der Löschaktion am Brandplatz durchgeführt werden muß, weil man erkennt, daß der wichtigste Gebäudeteil entweder einstürzt oder die maßgebend erscheinenden Spuren durch Löschwassereinwirkungen zerstört werden können... Notasservierungen sehe ich auch dann, wenn z. B. Schuhabdrücke im Schnee zu erkennen sind, die Temperatur aber rasch über 0 °C ansteigen dürfte."[56]

111 Kann durch die Sicherung einer Spur eine andere gefährdet werden, so sind hinsichtlich der Reihenfolge der Sicherung **Prioritäten** zu setzen. Welche Spur man als erste sichert, richtet sich nach den Umständen des Einzelfalles. Generell wird man lediglich sagen können, daß daktyloskopische Spuren (wegen ihres hohen Beweiswertes) regelmäßig Vorrang haben. Kommen mehrere Spurensicherungsmethoden in Frage, so ist einerseits zu berücksichtigen, wie die Spur zustande kam, andererseits aber auch, wie vertraut der Spurensicherungsbeamte mit der jeweiligen Methode ist. Neue Methoden sollten niemals an Tatortspuren erprobt werden!

112 Keinesfalls dürfen am Spurenträger irgendwelche **Identifizierungsversuche** vorgenommen werden, beispielsweise ob ein am Tatort gefundenes Werkzeug die Spur verursacht hat. Dadurch könnte u. U. das Beweismittel völlig wertlos werden. Wie bereits festgestellt wurde, ist die Sicherung der Originalspur mit dem Spurenträger jeder anderen Methode vorzuziehen. Dabei sollte man vor allem darauf achten, bei größeren Objekten den spurentragenden Bereich großflächig herauszutrennen oder spurentragende Teile abzumontieren. Entstehen dabei Trugspuren, sind diese entsprechend zu kennzeichnen.[57] Der spurentragende Bereich sollte u. a. deswegen großflächig asserviert werden, um die Spur im Zusammenhang beurteilen zu können.

113 Am Spurenträger anhaftende Substanzen müssen so **geschützt** werden, daß sie beim Transport nicht abfallen können. Im Zweifelsfall sind sie – nach fotografischer Sicherung – abzulösen und getrennt zu verpacken. Kann die Spur selbst durch den Transport beschädigt werden, so muß sie auf andere Weise erhoben werden. Ist der Spurensucher feucht, so ist er grundsätzlich (bei Zimmertemperatur) zu trocknen, bevor er zur Untersuchungsstelle verbracht wird (vgl. „Verpackung und Transport").

114 Eine Sicherung der Spur durch **reproduktive Verfahren** darf nur dann vorgenommen werden, wenn der Spurenträger nicht transportabel ist, oder die Mitnahme aus rechtlichen bzw. Verhältnismäßigkeitsgründen aus-

---
56 *Meier* 1974 S. 152.
57 Vgl. Leitfaden Tatortarbeit – Spuren – 1987 S. A 23.

scheidet. Welche Methode im Einzelfall in Frage kommt, richtet sich nach Art und Beschaffenheit von Spur und Spurenträger. Die Sicherung kann beispielsweise vorgenommen werden durch
- fotografische Nahaufnahmen,
- Abzug mittels Folien, nachdem der Spurenträger im Einstaubverfahren behandelt wurde,
- Abformung mittels Gipsbrei, Silikonmasse, sonstigen Kunststoffen, Bleifolien usw.

(Derartige Spurensicherungsmethoden werden im Zusammenhang mit den Einzelspurenkomplexen näher dargestellt.)

Materialspuren, die nicht zusammen mit dem Spurenträger gesichert werden können, müssen **vom Spurenträger abgehoben**, abgekratzt, mittels Klebefolie oder unter Verwendung eines Spurenstaubsaugers erhoben, ggf. sogar aus dem Spurenträger herausgeschnitten werden. Flüssigkeiten werden mit Hilfe einer Pipette in saubere Glasgefäße gegeben. „Kleinere Mengen werden mit sauberem Filterpapier (oder Löschpapier) aufgenommen. Das Filterpapier ist ungetrocknet in ein Glasgefäß zu verbringen oder durch Mehrschichtfolien... luftdicht zu verschließen."[58] Gase können mit einer sog. Gasmaus, einem zylindrischen Glaskörper, an dessen beiden Enden sich jeweils ein Schliffglashahn befindet, und der durch eine Vacuumpumpe leergepumpt wurde, gesichert werden. Ist eine Gasmaus nicht zur Hand, können Gase auch mit einer in der Medizin gebräuchlichen Einwegspritze eingezogen und dann in ein Glasgefäß gespritzt werden. „Hier muß jedoch bedacht werden, daß nur geringe Mengen gesichert werden können und eine Nachweisbarkeit schwierig sein kann. Für chlorierte Kohlenwasserstoffe in Bodenluftproben ist dieses Verfahren jedoch sehr gut geeignet."[59]

3. Erhebung von Vergleichsproben

Um eine Spur einem bestimmten Spurenverursacher zuordnen zu können, ist es in vielen Fällen erforderlich, **Vergleichsproben** zu erheben oder sonstiges **Vergleichsmaterial** zu beschaffen.

An Vergleichsmaterial muß immer gedacht werden, wenn **Materie** als Spur in Frage kommt, sei es als Teil oder Ausscheidung des menschlichen Körpers (z. B. Haar, Blut, Speichel, Erbrochenes), sei es als Teil der tierischen oder pflanzlichen Welt, sei es als Textilfaser, als Klebstoff, als Farbpartikel, sei es als Teil eines Zündmittels oder Sprengkörpers, sei es als mineralische, metallische oder sonstige Substanz. Um beispielsweise herauszufinden, ob die an der Kleidung oder dem Fahrzeug eines Tatverdächtigen gefundenen Vegetationsspuren vom Tatort stammen, muß dort entsprechendes Vergleichsmaterial erhoben werden. „Zur Feststellung, ob die sichergestellten pflanzlichen Anhaftungen von einer bestimmten Gegend herrühren, müssen als Vergleichsproben möglichst zahlreiche Pflanzen

---
58 *Wigger* 1980 S. 36
59 *Arndt* 1986 S. 110.

bzw. Pflanzenteile des in Frage kommenden Bereichs gesammelt werden. Besonders aussagekräftig sind Pflanzen, die nur auf diesen Bereich beschränkt vorkommen (sog. Leitpflanzen, wie z. B. Schilf an Seeufern)."[60]

118 Vergleichsmaterial kann aber auch für die Zuordnung von Formspuren benötigt werden. Der Kriminalist wird in diesem Zusammenhang natürlich sofort an **daktyloskopisches Spurenmaterial** denken, bei dem vor allem interessiert, ob es vom Tatverdächtigen oder von Personen stammt, die am Tatort berechtigterweise Fingerabdrücke hinterlassen haben. Vergleichsabdrücke können sehr schnell zu einer Individualidentifizierung führen und damit belegen, daß sich der Tatverdächtige am Tatort aufgehalten hat. Ähnliches gilt für die Spuren anderer Körperteile, wie Bißspuren, Ohrabdruckspuren usw., wenngleich hier eine individuelle Identifizierung schon schwieriger ist.

119 Bei vielen Straftaten spielen Kraftfahrzeuge und die von ihnen hinterlassenen **(Reifen-)Spuren** eine wesentliche Rolle. Aufgrund von Radstand, Spurbreite usw. ist es möglich, Fahrzeugmarke und Modell zu ermitteln. Das Reifenprofil läßt u. U. sogar eine Individualidentifizierung zu, wenn entsprechende Vergleichsabdrücke vorliegen. Pohl beschreibt in diesem Zusammenhang folgende Vorgehensweise zur Erhebung von Vergleichsmaterial: „Vergleichsabdrücke in Rede stehender Fahrzeugbereifung werden bislang durch Abrollen des isolierten, mit farbiger Kreide behandelten Reifenprofils auf einem Papier angefertigt. Wir verwenden hierzu neuerdings selbstdurchschreibendes Papier."[61]

120 Vergleichsproben sind nahezu immer erforderlich, wenn es um die Identifizierung von Hand-, Maschinen- oder Druckschriften geht. Dazu sind unbefangenes **Schriftmaterial** bzw. unbeeinflußt entstandene Schriftproben sicherzustellen, ferner Matrizen, Farbbänder, Druckvorlagen, der zum Druck benutzte Satz usw. Als Vergleichsmaterial dienen aber auch Diktatschriftproben, die nach den einschlägigen Richtlinien abzunehmen sind.

121 Wenn von Vergleichsmaterial die Rede ist, geht es aber nicht nur um Vergleichsproben, -abdrücke usw., sondern auch um die **spurenverursachenden Gegenstände** selbst, die zu Vergleichszwecken sichergestellt werden müssen. Hier ist vor allem an Tatwaffen und -werkzeuge zu denken, aber auch an Schuhe, Werkzeuge, Stempel, Schreibgeräte u. ä.

122 Außer dem Vergleichsmaterial im bisher beschriebenen Sinne müssen auch noch sog. **neutrale Proben** erhoben werden. Diese bestehen aus Material des Spurenträgers außerhalb des spurentragenden Bereichs und zeigen der Untersuchungsstelle, wie der Spurenträger „an sich" beschaffen ist.

123 Vergleichsmaterial ist so schnell wie möglich und in ausreichender **Menge** zu erheben. Zum einen kann sich das Vergleichsmaterial – ebenso wie die Spur selbst – durch Zeitablauf verändern, zum anderen wird bisweilen mehr Vergleichsmaterial benötigt, als man zunächst annimmt. „Hier soll nur allgemein angemerkt sein, daß man mit Vergleichsmaterial

---

60 *Kriminalpolizei des Kantons und der Stadt Zürich* 1979 S. 83.
61 *Pohl* 1981 S. 8.

nicht knausern soll. Die Möglichkeit, auch geringfügige Mengen noch untersuchen zu können, bedeutet nicht, daß mit den dabei zur Anwendung kommenden Methoden auch optimale Ergebnisse erzielt werden ... Vielmehr ist es nicht selten so, daß eine Untersuchung minimaler Materialspur nur dann fruchtbar ist, wenn reichlich Vergleichsmaterial zur Verfügung steht."[62]

Grundsätzlich ist das Vergleichsmaterial in der gleichen Weise zu **sichern** wie die Spur selbst. Manchmal müssen mehrere Vergleichsproben genommen werden, so z. B. wenn der Spurenträger aus verschiedenen Materialien besteht. Die Stelle, an der das Vergleichsmaterial entnommen wurde, muß dokumentarisch festgehalten werden, z. B. durch Fotografie.

Bisweilen kann es erforderlich sein, schon **vorsorglich** Vergleichsmaterial zu erheben. Das ist dann der Fall, wenn damit zu rechnen ist, daß später noch Spuren gefunden werden, die einer vergleichenden Untersuchung zu unterziehen sind (z. B. in Vermißtenfällen).

V. Verpackung, Versendung, Untersuchungsantrag

1. Verpackung und Transport

„Die **Verpackung** und der **Transport von Spurenträgern** durch Ungeübte (ist) ein heikles Thema. Die Gefahr der Beschädigung und der Spurenverwischung, vor allem aber der Kontaminierung mit irreführenden, sekundären Spuren aller Art – man denke vor allem an Mikrospuren – ist ... groß."[63]

Aus diesem Grunde muß gerade in dieser Phase sehr sorgfältig vorgegangen werden. Grundsätzlich sollte das gesicherte Spuren- und Vergleichsmaterial der Untersuchungsstelle so **schnell** wie möglich zugehen, ggf. sogar per Kurier (s. u.). Das darf jedoch nicht Schnelligkeit um jeden Preis bedeuten. Unter Umständen kann es erforderlich sein, das Untersuchungsmaterial zunächst zu trocknen oder aus sonstigen Gründen (z. B. bis entsprechendes Vergleichsmaterial vorliegt) bei der spurenerhebenden Stelle aufzubewahren. Dann muß aber gewährleistet sein, daß es sich nicht verändert. So müssen insbesondere Fäulnis und Schimmelbildung ausgeschlossen werden, aber auch Beeinträchtigungen durch Staub, Schmutz, chemische oder biologische Einflüsse, Lichteinwirkung usw. Bestimmte Materialien (z. B. biologische Spuren) müssen sogar im Kühlschrank oder tiefgekühlt gelagert werden. „Der Spurensicherungsbeamte oder der Sachbearbeiter trägt bis zum Eingang bei der zuständigen Untersuchungsstelle die Verantwortung für das Spuren- und Vergleichsmaterial."[64]

Das gesamte Spuren- und Vergleichsmaterial muß schon am Tatort so **gekennzeichnet** worden sein, daß Verwechslungen ausgeschlossen sind. Aus dem gleichen Grunde müssen die Transportbehältnisse eindeutig beschriftet werden.

---

62 *Huelke* 1977 S. 13.
63 *Hofmann* 1979 S. 6.
64 Leitfaden Tatortarbeit – Spuren – 1987 S. A 30.

129 Die **Verpackung** selbst muß so erfolgen, daß sowohl während des Verpackungsvorganges und des Transportes als auch beim Auspacken Spurenträger und Spuren nicht verändert, beschädigt oder verloren gehen können. Das bedeutet, daß Einzelstücke grundsätzlich getrennt verpackt werden müssen, und zwar so, daß ein Verrutschen oder Verschieben in der Verpackung unmöglich ist, daß Reibungen, Verkratzungen sowie Spurenübertragungen ausgeschlossen sind. Spurentragende Bereiche sollten zweckmäßigerweise mit dünnen Plastikfolien abgedeckt werden, es sei denn, es käme bereits dadurch zur Beeinträchtigung der Spur. Das bedeutet ferner, daß Substanzen, die während des Transportes abfallen können, getrennt zu verpacken sind (vgl. „Spurensicherung"). Das Verpackungsmaterial muß so beschaffen sein, daß mechanische oder chemische Veränderungen unmöglich sind. Das heißt vor allem, daß es sauber und chemisch neutral sein muß. (Ansonsten können Fremdstoffe in die Untersuchung einbezogen werden.) Daß die Verpackung dicht schließend und bruchfest sein muß, versteht sich von selbst. In vielen Fällen muß darüber hinaus gewährleistet sein, daß ein direkter Kontakt zwischen Verpackung und spurentragenden Bereichen vermieden wird, z. B. wenn sich leicht verwischbare Spuren an festen Gegenständen befinden. Im Regelfall sind Kunststoffbehältnisse (Tüten, Beutel, Flaschen, zuschweißbare Folienschläuche) ein sehr gut geeignetes Verpackungsmaterial. Das gilt jedoch dann nicht, wenn das Untersuchungsgut in der Verpackung „schwitzen" oder durch das Verpackungsmaterial diffundieren könnte (z. B. bei feuchten Spurenträgern, Spurenträgern, an denen Brandbeschleunigungsmittel anhaften). In solchen Fällen müssen luftdurchlässige Behältnisse oder Glasbehälter benutzt werden.

130 Die **Behältnisse** müssen mit detaillierten Angaben zum Anlaß und der Art der Spurensicherung versehen sein. „Ist die Lage der Spur im Lichtbild festgehalten ..., muß auch noch die Nummer angegeben werden, mit der die Spur bezeichnet wurde ... Bei der Auszeichnung des Spurenmaterials wird oft gesündigt. Sie muß aber sorgfältig vorgenommen werden, um die Spur sicher einordnen zu können, auch wenn sie bis zu ihrer Verwertung in der Hauptverhandlung durch viele Hände geht."[65] Ggf. muß über die Beschriftung des Asservats hinaus auf der äußeren Verpackung auf die Tatsache hingewiesen werden, daß sich darin ein gefährdeter Spurenträger befindet, u. U. auch darauf, daß von dem Asservat eine Gefahr ausgehen könnte.

131 Bei der Versendung des Spurenmaterials sind die **Postordnung** sowie (sonstige) Bestimmungen über den Transport gefährlicher Güter zu beachten. Könnten sich durch die Versendung oder beim Transport Probleme ergeben, so ist der Rat der Untersuchungsstelle einzuholen. Von einer Übersendung auf dem Postwege ist abzusehen, wenn die Untersuchung sehr eilt oder sehr problematisches Spurenmaterial transportiert werden muß. In solchen Fällen sollte man einen Kurier einsetzen. Manchmal ist es

---

[65] *Huelke* 1977 S. 10.

sogar erforderlich, daß der Sachbearbeiter das Untersuchungsmaterial selbst überbringt, beispielsweise wenn bestimmte Untersuchungsmodalitäten abgesprochen oder Untersuchungsaufträge näher erläutert werden müssen.

2. Untersuchungsantrag

Da die Spurenuntersuchung in der Regel nicht bei der Dienststelle erfolgt, von der die Spurensuche und -sicherung durchgeführt wurde, muß das Spurenmaterial der zuständigen Untersuchungsstelle mit einem Begleitschreiben übersandt bzw. überbracht werden, aus dem sich ergibt, welche Untersuchungen mit welcher Zielrichtung vorgenommen werden sollen. Dieser **Untersuchungsantrag** muß sehr sorgfältig formuliert werden, um die Untersuchungsstelle in die Lage zu versetzen, alle hier relevanten Spuren zu finden und in ihre Untersuchungen einzubeziehen.

Der Untersuchungsantrag sollte zunächst eine kurze Darstellung des zugrundeliegenden Sachverhalts bzw. des kriminalistisch relevanten Ereignisses enthalten. In diesem Zusammenhang sollten nicht nur Tatzeit, Tatort, Tatbeteiligte und vermutlicher Tathergang angesprochen werden, sondern auch Ermittlungsstand und Herkunft der Untersuchungsobjekte. Ferner sind Zeitpunkt und Umstände der Spurensicherung, eine eventuelle Lagerung auf der Dienststelle (z. B. um das Untersuchungsmaterial zu trocknen), die Erhebung von Vergleichsmaterial und dessen Verbleib, sowie Besonderheiten zu Verpackung und Transport zu erläutern. Hier muß u. U. darauf hingewiesen werden, daß der Spurenträger oder die Spur verändert oder beeinträchtigt worden sind, z. B. daß es bei der Verpackung zu einer Beschädigung kam. Gleichermaßen bedeutsam ist der Hinweis auf eine frühere Veränderung des Spurenträgers, z. B. daß ein Kotflügel neu lackiert wurde.

Je nach Sachverhalt sind dem Untersuchungsantrag Skizzen, Lichtbilder, Spurensicherungs- oder Tatortbefundbericht beizufügen. Unter Umständen sind auch Aussagen von Beschuldigten und Zeugen über den Tatverlauf und mögliche Entstehungsursachen der Spuren wiederzugeben. Werden Asservate aus dem Besitz Verdächtiger übersandt, so muß erläutert werden, welche Verbindungen zum Tat- oder Fundort sowie zum Opfer bestanden haben.

Im übrigen sind Name und Dienststelle des Spurensicherungsbeamten anzuführen, damit der richtige Ansprechpartner für Rückfragen bekannt ist.

Der Antrag muß eine eindeutige, vollständige und übersichtliche Auflistung aller Untersuchungsobjekte enthalten. Vor allem aber müssen der Zweck der Untersuchung sowie das Untersuchungsziel präzise angegeben werden. Darüber hinaus muß dargestellt werden, welche Bedeutung die Untersuchung für die Ermittlungen hat. Ist die Untersuchung (z. B. wegen drohender Verjährung) besonders dringlich, so ist dieser Umstand an einer markanten Stelle besonders hervorzuheben. Im Untersuchungsantrag muß schließlich vermerkt werden, ob und inwieweit Untersuchungsobjekte beschädigt oder zerstört werden dürfen, ob Materialproben entnommen werden können oder ob die Gegenstände unbeschädigt zurückgesandt werden müssen. Ebenso scheint ein Hinweis angebracht, wenn ein Spurenträger von unbedeutendem Wert bei der Untersuchungsstelle verbleiben kann.

VI. Untersuchung und Auswertung

1. Ziel der Auswertung

137 Die Untersuchung und Auswertung des Spuren- und Vergleichsmaterials obliegt im Regelfall den **Sachverständigen** und Wissenschaftlern der kriminaltechnischen Untersuchungsstellen.

138 Die **Untersuchung** wird je nach Fragestellung unterschiedliche Ziele haben. Im Regelfall wird es zunächst um die Identifizierung des Spurenverursachers gehen, wobei zwischen einer individuellen Identifizierung (Identifizierung im eigentlichen Sinne) und einer Bestimmung der Gruppenzugehörigkeit (Artbestimmung) zu unterscheiden ist. „Die Untersuchung von Spurenmaterial soll einerseits zur Identifizierung von Substanzen (Artbestimmung) führen, zum anderen liegen oft Spuren und Vergleichsmaterial vor, deren Eigenschaftsfelder auf Übereinstimmung zu prüfen sind."[66]

139 Ziel der **Auswertung** kann (daneben) aber auch die Altersbestimmung von Spuren sowie die Rekonstruktion (des Tathergangs) sein. Neben der Auswertung der Spuren im Rahmen der wissenschaftlichen Untersuchung kommt es jedoch noch zu einer weiteren Aus- bzw. Bewertung des Spurenbildes. „Nach Abschluß der kriminaltechnischen Untersuchung erfolgt eine weitere Auswertung und Würdigung der Spuren durch Ermittlungsbeamte, Untersuchungsrichter und Richter, die das Untersuchungsergebnis in Beziehung zu den anderen Beweismitteln setzen."[67]

2. Identifizierung des Spurenverursachers

a) Allgemeines

140 Bei der **Identifizierung des Spurenverursachers** geht es darum, ein Objekt so genau zu bestimmen, daß es jederzeit in seiner konkreten Erscheinungsform oder seinen Abbildern als dieses wiederzuerkennen ist.

Der Unterschied in der Identifizierungsmethode und -aufgabe ergibt sich aus der Art der Spur, und zwar
— bei Formspuren aufgrund der äußeren Gestalt des Spurenverursachers, dessen Merkmale sich in der Erscheinungsform der Spur widerspiegeln.
— bei Materialspuren aufgrund der gleichen materiellen Beschaffenheit wie der des Spurenverursachers

---

[66] *Gramse* 1983 S. 256, 257.
[67] *Hofmann* 1979 S. 7.

– bei Paßstücken aufgrund der gleichen morphologischen Struktur, die beide als Teil eines Ganzen ausweist.

Je nach vorhandenen Merkmalen ist eine individuelle Identifizierung oder eine Bestimmung der Gruppe möglich, der der Spurenverursacher angehört. „Für die Untersuchungspraxis und Beweisführung ist die individuelle Identifizierung, die Bestimmung eines konkreten einzelnen Gegenstandes als Spurenverursacher, natürlich weitaus wertvoller als die Bestimmung der Gruppenzugehörigkeit."[68]

In vielen Fällen wird die Gruppenbestimmung allerdings der Individualidentifizierung vorausgehen und damit notwendige Vorstufe zur individuellen Identifizierung sein. Manchmal sind die Grenzen auch fließend, wenn nämlich „die festgestellten Gruppeneigenschaften einen so hohen Seltenheitswert besitzen ..., daß sie dem bei der Individualidentifizierung zu fordernden Einmaligkeitscharakter nahekommen."[69]

b) Individualidentifizierung

Ziel der **Individualidentifizierung** ist es, eine Spur aufgrund spezifischer Merkmale einem bestimmten Subjekt oder Objekt zweifelsfrei zuzuordnen, mit anderen Worten, zu beweisen, daß die Spur von diesem Subjekt oder Objekt verursacht wurde oder ursprünglich Teil eines anderen Gegenstandes gewesen ist.

Bei Formspuren wird man dann von einer individuellen Identifizierung ausgehen können, wenn die gleichen Merkmale beim Spurenverursacher und in der Spur an der gleichen Stelle in quantitativer und qualitativer Hinsicht überzeugend ausgeprägt sind.

Eine individuelle Identifizierung ist bei Materialspuren seltener möglich. „Je nach dem Informationsgehalt der Materialspuren wird der Analytiker zu dem Schluß kommen, daß Spuren und Vergleichsmaterial nur materialgleich sind (bei Massenprodukten wie Lacken, Farben, Klebstoffen usw.) bzw. durch die Vielzahl der ermittelten Parameter der chemischen Zusammensetzung, der physikalischen Komponenten usw. in der Lage sein, eine sehr viel weitergehende Zuordnung vorzunehmen, z.B. bei mehrfach ausgebesserten Kfz.-Lackierungen."[70] Sind Gegenstände so zerbrochen oder gerissen, daß ihre Trennflächen eine ungleichmäßige individualcharakteristische Form aufweisen, so dürfte dies häufig eine individuelle Identifizierung ermöglichen.

Schließlich ist festzustellen, daß Formspuren, die identifizierbar und klassifizierbar sind, sich im Regelfall für einen Vergleich in Spurensammlungen eignen bzw. in Vergleichssammlungen abgelegt werden können.

---

68 *Siebert* 1965 S. 173.
69 *Wigger* 1980 S. 51.
70 *Gramse* 1983 S. 257.

c) Gruppenbestimmung

142 Ist eine Individualidentifizierung nicht möglich, so kann eine Spur häufig einer mehr oder weniger großen Gruppe gleichartiger Formen oder Materialien zugeordnet werden. Dadurch läßt sich in der Regel der Kreis möglicher Spurenverursacher einengen. Die Zuordnung des Spurenverursachers zu einer Gruppe ergibt sich oft aufgrund einer bestimmten Herstellungsart bzw. aufgrund des gleichen Herstellers. Schließlich kann sich eine **Gruppenidentifizierung** anhand der Wirkungsweise oder der üblichen Verwendung eines Gegenstandes ergeben.

3. Altersbestimmung

143 Durch den Zeitablauf seit ihrer Entstehung unterliegen Spuren einem Alterungsprozeß, der Veränderungen der Substanz, ggf. auch von Formen, bewirken kann.

Ob und inwieweit sich eine Spur im Laufe der Zeit verändert, hängt von den verschiedensten Faktoren ab. Die wichtigsten sind Art und Substanz der Spur sowie des Spurenträgers, die Zeit, die seit der Entstehung der Spuren vergangen ist, aber auch äußere Einflüsse, wie Temperaturschwankungen, Luftfeuchtigkeit usw.

144 Unter günstigen Bedingungen können Spuren oft über längere Zeiträume hinweg ihre Aussagekraft behalten. So berichten z. B. Gramer und Wagner, daß noch in 30 Jahre alten Speichelproben bestimmte Blutgruppensubstanzen nachgewiesen werden konnten.[71]

145 Im Rahmen der **Altersbestimmung** interessiert zunächst einmal allgemein, wann eine bestimmte Spur entstanden ist, sodann aber auch, ob eine Spur zu einem behaupteten Zeitpunkt hervorgerufen wurde. Die genaue Bestimmung des Zeitpunkts ist (theoretisch) dann möglich, wenn alle Einflüsse bekannt sind, denen die Spur zwischenzeitlich ausgesetzt war und darüber hinaus auch noch festgestellt werden kann, wie stark diese Einwirkungen waren. Da aber im Regelfall nicht alle Einflüsse vollständig bekannt sind, wird man sich häufig mit mehr oder weniger genauen Schätzungen zufriedengeben müssen. Hołyst berichtet in diesem Zusammenhang von einer in Polen entwickelten Methode zur Altersbestimmung von Papillarlinienspuren, die auf Veränderungen in der Schweiß-Fett-Substanz fußt.[72]

Relativ gute Annäherungswerte (z. B. bezüglich des Todeszeitpunkts) können erreicht werden, wenn zum einen überprüfbare (Zeugen-)Aussagen und zum anderen bekannte Erfahrungswerte über bestimmte Phänomene (z. B. Leichenerscheinungen) vorliegen bzw. entsprechende Versuche durchgeführt werden können. Eine relativ sichere Altersbestimmung von Spuren kann sich auch dadurch ergeben, daß sich mehrere nacheinander entstandene Spuren auf einem Spurenträger befinden (und sich ggf. überlagern).

---

71 *Gramer/Wagner* 1986 S. 471.
72 *Hołyst* 1987 S. 94 ff.

Schließlich ist die Altersbestimmung einer Spur anhand eines sich ständig verändernden Spurenverursachers (z. B. eines Werkzeuges) möglich, wenn Vergleichsmaterial vorliegt, dessen Entstehungszeit eindeutig feststeht.

4. Rekonstruktion

Die Auswertung von Spuren kann schließlich – neben anderen Beweismitteln, vor allem den Aussagen von Zeugen und Beteiligten – Anhaltspunkte zur **Rekonstruktion** eines kriminalistisch relevanten Vorganges oder der Tatortsituation vor dem Geschehen liefern. Durch den Spurenbefund ist es möglich, die Tat als solche nachzustellen. „Die Tat ist prinzipiell an Hand des Tatortbefundes rekonstruierbar, wenn auch die Rekonstruktion eines Tatgeschehens in der Praxis nicht in jedem Fall lückenlos gelingt."[73]

Spuren können zunächst zur Überprüfung erster Annahmen und Schlußfolgerungen zur Tat herangezogen werden. Bestätigen sich diese, kann ggf. die Hypothese weiter „ausgebaut" und sodann erneut mittels des Spurenbildes überprüft werden. „Bei der Rekonstruktion bedient sich der Ermittlungsführer auch entsprechender kriminaltechnischer Untersuchungsergebnisse (z. B. Ergebnis einer Schußentfernungsbestimmung; Feststellung aus welcher Richtung eine Kraft einwirkte; Bestimmung des Standortes oder der Körperhaltung des Opfers)."[74] Mit anderen Worten: durch die Rekonstruktion sollen Bedingungen und Zusammenhänge erkannt werden, die zu dem Ereignis führten. Die Rekonstruktion kann aber auch zu dem Zweck erfolgen festzustellen, ob nach der Tat Veränderungen am Tatort vorgenommen wurden.

Schließlich kommt es im Zusammenhang mit der Spurenauswertung zu rekonstruktiven Nachbildungen, wenn etwa unter Verwendung des mutmaßlichen spurenverursachenden Werkzeugs **Vergleichsspuren** gefertigt werden.

C. Besonderer Teil: Einzelne Spurenkomplexe

Die in Teil B angesprochenen grundsätzlichen Fragen der Spurenlehre, wie Entstehungsbedingungen und Erscheinungsformen von Spuren, Probleme der Spurensuche und -sicherung, Verpackung, Versendung, Untersuchung und Auswertung von Spuren sowie die Erhebung von Beweismaterial, sollen nun anhand **ausgewählter Spurenkomplexe** im einzelnen diskutiert werden. Da es in diesem Rahmen nicht möglich ist, alle denkbaren und kriminalistisch relevanten Spuren detailliert darzustellen, werden im folgenden einige wesentliche Spurenkomplexe exemplarisch erörtert.

Ausführlicher als andere Bereiche werden daktyloskopische Spuren besprochen, da sie spezifische Merkmale aufweisen, die sie gegenüber anderen Spurenarten herausheben (s. u.).

---

73 *Clages* 1983 S. 45.
74 *Wigger* 1980 S. 54.

I. Daktyloskopische Spuren

1. Allgemeines

149 Als „**daktyloskopische Spuren**" bezeichnet man die Spuren, die von den an Hand- und Fußflächen, insbesondere an den Fingern vorhandenen Haut- oder Papillarleisten, verursacht werden, genauer gesagt von Substanzen, die sich auf oder an den Papillarleisten befinden.

Der Begriff „Daktyloskopie" leitet sich von griech. „daktylon skopein" ab und bedeutet in etwa „Fingerschau". Im Bereich der Kriminalistik hat die Daktyloskopie vor allem in zweierlei Hinsicht Bedeutung: Zum einen ist es anhand daktyloskopischer Spuren möglich, deren Verursacher unmittelbar festzustellen, zum anderen kann eine Person aufgrund bereits vorhandener Fingerabdrücke wiedererkannt und damit im Regelfall identifiziert werden.

Sowohl die Identifizierung von Spurenverursachern als auch die „Wiedererkennung" von Personen beruht darauf, daß Fingerspuren einmalig, unveränderlich und klassifizierbar sind.

„Seit *Galton* bilden zwei bisher nicht zu widerlegende Annahmen Grundlage und Bedingung für jede daktyloskopische Untersuchung und Schlußfolgerung:

– Jeder Mensch hat andere, individuell einmalige Hautleistenbilder, die nicht vererblich sind (Grundsatz der Einmaligkeit), und

– die Hautleistenbilder eines Menschen sind von Natur aus vom etwa vierten Embryonalmonat an bis zur Auflösung des Körpers nach dem Tode unveränderlich (Grundsatz der Unveränderlichkeit)."[75]

Darüber hinaus lassen sich Fingerabdrücke „ohne Rücksicht auf die mit ihnen in Beziehung gesetzten Personalien eines Menschen nach bestimmten Regeln klassifizieren, d. h. nach einheitlich definierten und tatsächlich vorhandenen daktyloskopischen Elementen erfassen, sortieren, vergleichen und in ein Ablagesystem einordnen . . ."[76]

150 Nicht zuletzt aufgrund der **Axiome der Einmaligkeit und Unveränderlichkeit** nehmen daktyloskopische Spuren im Rahmen der Spurenlehre, aber auch im kriminalistischen Alltag, eine gewisse Sonderstellung ein. Die daktyloskopische Spur ist (noch immer) die einzige Spurenart, die direkt zum Täter führt, im Prinzip ermöglicht nur sie die eindeutige Feststellung, daß eine bestimmte Person die Spur verursacht hat. Darüber hinaus sind Fingerspuren die am häufigsten vorkommenden Spuren. Bei den meisten Straftaten ist der Täter nämlich gezwungen, mit seinen Händen irgendeinen Gegenstand zu berühren. Außerdem gibt es nur wenige andere Bereiche, in denen die Bedingungen für die Entstehung einer Spur so günstig ist.

---

75 *Prante* 1982 S. 38, 43. Vgl. auch *Ochott* in diesem Band.
76 *Prante* 1982 S. 38, 43. Vgl. auch *Ochott* in diesem Band.

151 Daktyloskopische Spuren können als **Abdruckspuren oder Eindruckspuren** auftreten. Die am Ort eines kriminalistisch relevanten Ereignisses am häufigsten vorhandenen Abdruckspuren sind meist latent, während daktyloskopische Eindruckspuren in der Regel gut sichtbar sind.

2. Entstehung daktyloskopischer Spuren

152 Daktyloskopische **Abdruckspuren** werden durch die Übertragung von Substanzen verursacht, die den Papillarleisten der Finger- und Handflächen (u. U. auch der Zehen und Fußsohlen) anhaften. Dadurch entsteht ein naturgetreues Abbild der Hautleisten, ähnlich einem Stempelabdruck, auf dem Spurenträger.

153 Die in diesem Zusammenhang bedeutsamste Substanz ist der **Schweiß**, der aus den in den Fingern und Handflächen befindlichen Schweißdrüsen über die Poren ausgeschieden wird und die Papillarleisten ständig mit einer dünnen Schicht unsichtbarer „Stempelfarbe" überzieht. Der Schweiß ist mit Fettsubstanzen vermengt, die aus den Talgdrüsen abgesondert werden.

Berührt der Spurenleger nun mit seiner unbekleideten Hand einen Gegenstand, so entsteht auf diesem eine im Regelfall latente Finger- oder Handflächenspur. Abdruckspuren können aber auch durch die Übertragung anderer Substanzen verursacht werden, beispielsweise Blut, Farbe, Fette, Staub usw. Solche Abdruckspuren sind meist sichtbar. Eine besondere Form von Abdruckspuren entsteht in der Regel dann, wenn der Spurenleger in eine dünne Materialschicht (z. B. Staub, Pulver, Blut) greift und dabei einen Teil dieses Materials vom Spurenträger abhebt, so daß das Hautleistenbild dort sichtbar wird, wo keine Substanz mehr vorhanden ist (negative Abdruckspur).

154 Die Qualität von Abdruckspuren ist von verschiedenen Faktoren abhängig, vor allem von Art und Menge der übertragenen Substanz und der Oberfläche des Spurenträgers, aber auch von Stärke, Dauer und Richtung des Abdrucks, vom Zustand der Hautleisten (Verschmutzung pp.), der Temperatur usw.

155 Daktyloskopische **Eindruckspuren** entstehen dann, wenn der Spurenleger ein weiches und formbares Material (Paste, Butter, weicher Fensterkitt, Wachs, Kaugummi usw.) berührt und dabei eine plastische Veränderung der Oberflächenstruktur verursacht. Die Qualität von Eindruckspuren wird im wesentlichen von den gleichen Umständen beeinflußt wie die Qualität der Abdruckspuren. Ferner ist „die Auswertbarkeit dieser Eindrücke ... von der Feinheit der plastischen Masse abhängig."[77]

3. Suche und Sichtbarmachung

a) Generelle Überlegungen

156 Mehr noch als bei der Suche nach anderen (sichtbaren) Spuren ist es bei den meist latenten Fingerspuren erforderlich, sich gedanklich in die **Rolle des**

---

77 *Huelke* 1977 S. 31.

Täters zu versetzen und dessen Verhalten zu rekonstruieren, vor allem zu überlegen, welche Gegenstände er angefaßt haben könnte.

Von Personen, die sich berechtigterweise am Tatort aufhalten oder aufgehalten haben und dort Fingerspuren hinterlassen haben könnten, sollten vorsorglich Vergleichsabdrücke erhoben, mindestens aber die Personalien festgehalten werden.

Soweit es möglich ist, sollten Spurenträger zur Dienststelle verbracht werden, um dort die Sicherung der Spuren vorzunehmen. (In der Regel sind in der Dienststelle bessere Bedingungen und Möglichkeiten zur Sichtbarmachung und Sicherung vorhanden als am Tatort.)

b) Sichtbarmachung von Abdruckspuren

157 Unabhängig von der eingesetzten Methode muß die **Sichtbarmachung latenter Spuren** darauf abzielen, daß sich diese deutlich von ihrer Umgebung abheben. D i e immer und in jedem Fall richtige Methode der Sichtbarmachung gibt es nicht. Sie hat sich vielmehr an der Oberflächenbeschaffenheit des Spurenträgers, der Art der übertragenen Substanz und den besonderen Umständen des konkreten Einzelfalles zu orientieren. Führt eine Methode nicht zum Erfolg, müssen u. U. auch mehrere Verfahren nacheinander angewandt werden.

Oft genügt es bereits, potentielle Spurenträger bei Schräglicht (vor allem Kunstlicht) von verschiedenen Seiten eingehend zu betrachten, um latente Spuren festzustellen. Dies gilt vor allem, wenn sich die Fingerabdrücke auf glatten polierten Flächen befinden. „Dieser Methode ist vom rein spurenkundlichen Standpunkt aus betrachtet, zunächst der Vorzug zu geben, da die Spuren hierdurch im allgemeinen nicht beeinträchtigt werden."[78] Auf diesem Wege sichtbar gemachte Spuren können manchmal direkt fotografisch gesichert werden. Ist dies wegen zu schwachen Kontrastes (noch) nicht möglich, müssen andere Verfahren eingesetzt werden.

158 Eines der gängigen Verfahren zur Steigerung des Kontrastes bzw. zur Sichtbarmachung latenter Fingerspuren überhaupt ist die Behandlung des Spurenträgers mit pulverförmigen **Einstaubmitteln**. Diese haften an den Stellen, an denen sich die durch die Hautleisten übertragenen Substanzen (Schweiß und Fette usw.) befinden, besser als an der davon freien Oberfläche des Spurenträgers. Art und Farbe des Einstaubmittels werden maßgeblich von den stofflichen Eigenschaften und der Farbe des Spurenträgers bestimmt.

Als Einstaubmittel kommen vor allem in Frage:
- Magnetpulver (MAGNA-BRUSH-Metallpulver)
- Rußpulver (u. U. auch mit Zusätzen von Eisenoxyd, Lycopodium, Manganoxyd usw.)
- Mangandioxyd
- Argentorat (Aluminiumpulver mit Zusätzen von Eisen- und Kupferpulver)

---

[78] *Wigger* 1980 S. 86.

- Eisenoxyd (caput mortuum)
- Lycopodium
- Colophonium
- Kopiertoner
- Graphitpulver
- Jodpulver usw.

Darüber hinaus gibt es eine Vielzahl von Mischungen der einzelnen Einstaubmittel.

Die Einstaubmittel werden in der Regel mit einem Pinsel auf den Spurenträger aufgebracht, wobei darauf zu achten ist, daß dabei die Spur nicht beeinträchtigt wird. Deshalb muß auch ein sehr feiner und weicher Pinsel verwendet werden. Diese Bedingungen erfüllen u. a. **Fehhaarpinsel** oder **Pinsel aus Marabu-Federn**, verbunden mit einem Pulverbehälter und Zerstäuber. Noch besser geeignet ist der sog. **Zephyrpinsel**, dessen „Borsten" aus Glasfasern bestehen, die einen wesentlich geringeren Durchmesser haben als die Haare jedes anderen Pinsels. In Fällen, in denen keine Gefahr der Beeinträchtigung ferromagnetischen Materials besteht, sollte der Einsatz der **MAGNA-BRUSH** in Erwägung gezogen werden. Mit dem Gerät (Hohlstab mit innenliegendem beweglichem Magnetstab) wird Magnetpulver der gewünschten Farbe aufgenommen und über die Spur geführt, so daß diese dadurch eingestaubt wird. Überflüssiges Pulver kann durch Magnetwirkung wieder von der Spur entfernt werden. Die Spur selbst wird dadurch kaum mechanisch beeinträchtigt.

(Ähnlich schonend werden Spur und Spurenträger durch das sog. **Flammrußverfahren** behandelt. Zum Berußen des Objekts werden Polyesterharzstäbchen, Kampferkristalle o. ä. verwendet. Nach dem Abkühlen des Spurenträgers wird dieser vorsichtig z. B. mit einem Wattebausch abgewischt. Die vorher latente Spur kommt dabei in schwarzer Farbe zum Vorschein.)

Befindet sich die Fingerspur auf Papier, ist zwar prinzipiell auch die Behandlung mit Einstaubmitteln möglich, empfehlenswerter sind aber Methoden, bei denen der Spurenträger weniger beeinträchtigt wird. Eine solche Methode ist beispielsweise das **Jodierverfahren**. Die fettähnlichen Bestandteile einer latenten Spur färben sich durch Joddampf braun. Zur Erzeugung von Joddämpfen kann man unterschiedliche Verfahren anwenden. Die einfachste Methode besteht darin, den Spurenträger in ein Glasgefäß (Exsickator) zu geben, in dem sich erwärmte Jodkristalle befinden. Dabei dürfen sich allerdings Papier und Jodkristalle nicht direkt berühren. In der Regel werden bereits nach kurzer Zeit die Fingerspuren sichtbar. (Die Spur kann anschließend fotografisch gesichert werden.) Handelt es sich um einen größeren Spurenträger, so wird dieser mit einem transportablen Jodiergerät (z. B. „Jodufolgerät") bedampft.

Fingerspuren auf Papier können auch mit industriell hergestellten Reagenzien sichtbar gemacht werden. Am bekanntesten ist **„Onprint"-Spray**, das lediglich auf die inkriminierte Stelle aufgesprüht wird. Nach Trocknung an der Luft entwickeln sich die Spuren (bei Lagerung des Spurenträgers im Dunklen) selbständig.

Mörbel

163 Auf ähnlicher chemischer Basis beruht das sog. **Ninhydrin-Verfahren** (Behandlung des Spurenträgers mit NFN oder NPB). Ninhydrin reagiert auf die Aminosäuren des Schweißes und läßt latente Fingerspuren blauviolett erscheinen. Der Spurenträger wird in eine Ninhydrinlösung eingetaucht bzw. einem entsprechend befeuchteten Wattebausch behandelt. Nachdem er an der Luft getrocknet ist, entwickeln sich die Spuren wiederum bei Lagerung im Dunkeln selbständig.

164 Neben vielen weiteren ähnlichen Verfahren kommt schließlich noch die Sichtbarmachung mittels **Silbernitrat** in Frage. Silbernitrat reagiert auf das im Schweiß enthaltene Natriumchlorid und färbt die vorher latenten Spuren schwarzbraun. Beim Silbernitratverfahren wird der Spurenträger in eine Silbernitratlösung getaucht oder mit dieser angesprüht. (Ggf. kann die Lösung auch mit einem Wattebausch aufgebracht werden.) Nach dem Trocknen des Objekts im Dunkeln wird die Spur dadurch entwickelt, daß sie dem Sonnenlicht, starkem Kunst- oder UV-Licht ausgesetzt wird. (Die Sichtbarmachung mittels Silbernitrat sollte immer erst dann erfolgen, wenn zuvor versucht wurde, die Spur auf andere Weise (s. o.) sichtbar zu machen.)

165 Befindet sich die Fingerspur auf Kunststoffen (z. B. auf einer Plastiktüte o. ä.) kann sie durch Bedampfung mit **Cyanacrylat** sichtbar gemacht werden. Cyanacrylat reagiert auf Feuchtigkeit (u. a. die Restfeuchte der Fingerspur) und läßt die vorher latenten Spuren in weiß-grauer Farbe sichtbar werden. Cyanacrylat wird in einer Bedampfungskammer unter Hitzezufuhr zum Verdampfen gebracht. Der Spurenträger wird entweder direkt bedampft oder einem entsprechenden Milieu ausgesetzt.

Wenngleich sich diese und vergleichbare Arten der Sichtbarmachung bewährt haben, wird doch seit geraumer Zeit nach neuen Formen der Erfassung, Sichtbarmachung (und Sicherung) daktyloskopischer Spuren gesucht. Ziel dieser Bemühungen ist es, „die Spuren ohne Qualitätsverlust großflächig, schnell und wirkungsvoll zu orten".[79]

166 Ein solch fortschrittliches Verfahren zur Erfassung latenter Spuren ist das **Laserverfahren**, das allerdings derzeit nur ausländischen Polizeidienststellen und dem Bundeskriminalamt zur Verfügung steht. Es ermöglicht eine berührungsfreie Erfassung, wobei störende Untergründe, z. B. Farben und Muster, weitgehend eliminiert werden können.[80] Technisch ähnlich aufwendig – und nur in ganz besonderen Fällen vertretbar – ist die Erfassung von Fingerspuren mittels **Röntgenstrahlen** oder durch Bedampfung des Spurenträgers mit Metallen in einer **Hochvakuumkammer**.

c) Eindruckspuren

167 Eindruckspuren sind in aller Regel **ohne besondere Hilfsmittel** zu erkennen. „Eine Überprüfung der Eindrücke auf auswertbare Papillarlinien erfolgt zweckmäßigerweise im Streiflicht."[81]

---
79 *Prante* 1982 S. 136.
80 *Kriminalpolizei des Kantons und der Stadt Zürich* 1979 S. 14.
81 Leitfaden Tatortarbeit – Spuren – 1987 S. B 83.

4. Sicherung daktyloskopischer Spuren

a) Generelle Überlegungen

Bevor daktyloskopische Spuren gesichert werden, muß ihre **Lage** auf dem Spurenträger genau festgehalten werden (z. B. durch eine entsprechende Skizze auf der Spurenkarte). Besonders wichtig ist es, die Griffrichtung zu dokumentieren. Griffspuren müssen zusammenhängend gesichert werden, auch wenn sie einzeln für sich betrachtet von mangelhafter Qualität sind. Ehe die Sicherung durch spezielle Verfahren erfolgt, sollte stets geprüft werden, ob nicht zuvor eine fotografische Sicherung angebracht ist. Dies ist z. B. der Fall, wenn damit gerechnet werden muß, daß die Spur durch ein spezielles Verfahren zerstört wird oder das spezielle Verfahren kein dauerhaftes Spurenbild gewährleistet (z. B. Asservierung einer durch Joddämpfe sichtbar gemachten Spur). Einige daktyloskopische Spuren lassen sich auch nur fotografisch sichern (bestimmte Eindruckspuren, Abdruckspuren, die durch sichtbare Substanzen übertragen wurden).

b) Sicherung daktyloskopischer Abdruckspuren

Daktyloskopische Spuren, die in allen Details gut erkennbar sind, weil sie z. B. durch die Übertragung sichtbarer Substanzen entstanden sind, sollten stets **fotografisch** gesichert werden (vgl. „Spurensicherung", Teil B, IV Rdnr. 90 ff.). Das gleiche gilt für Fingerspuren auf Papier, die mit einem nicht dauerhaften Mittel sichtbar gemacht wurden (s. o.).

Durch Adhäsionsmittel sichtbar gemachte daktyloskopische Spuren sichert man in der Regel mittels **Klebefolien**. Welche Art von Folien man am zweckmäßigsten verwendet, richtet sich nach der Farbe des Einstaubmittels sowie der Beschaffenheit von Spur und Spurenträger. So zieht man dunkle Adhäsionsmittel mit durchsichtiger oder Weißfolie ab, während helle Substanzen (z. B. Argentorat) mit Schwarzfolie gesichert werden. Durchsichtige Folien klebt man nach sorgfältigem Abkleben (falten- und blasenfrei!) und Abziehen der Spur auf eine Spurenkarte bzw. weißen Karton. Die Papillarlinien werden dabei farb- und seitenrichtig wiedergegeben.

Bei nicht transparenten Folien wird das Deckblatt entfernt, die Spur sorgfältig abgeklebt und anschließend das Deckblatt wieder auf die Klebeschicht aufgebracht. Auf Weißfolien erscheint die Spur farbrichtig, aber seitenverkehrt, auf Schwarzfolien ist sie sowohl farb- als auch seitenverkehrt. In beiden Fällen muß sie fotografisch „umgestellt" werden. Mißlingt der Folienabzug oder wird die Spur undeutlich wiedergegeben, z. B. weil zuviel Adhäsionsmittel auf die Folie gelangte, sollte man die Spur nochmals abziehen. Eng beieinander liegende daktyloskopische Spuren, insbesondere Griffspuren, sollten nach Möglichkeit mit einer Folie gesichert werden. Das gleiche gilt für Gegengriffspuren.

c) Sicherung daktyloskopischer Eindruckspuren

Ist die Asservierung des Spurenträgers **im Original nicht möglich**, kommen im Prinzip zwei Sicherungsmethoden in Frage:

- Sicherung durch Fotografie
- Sicherung durch Abformung.

172 Bei der **fotografischen Sicherung** spielt die richtige Beleuchtung eine besondere Rolle (Steigerung des Kontrastes). Reicht zur *Kontraststeigerung* Schräglicht nicht aus, sollte man in Erwägung ziehen, durch Verwendung von Einstaubmitteln die Sichtbarkeit von Details zu verbessern (u. U. kann die Spur später sogar mit Folie abgezogen werden).

173 Ist durch Fotografie kein befriedigendes Ergebnis zu erzielen, z. B. weil die Spur zu tief eingedrückt ist, so sollte ein **Abguß** vorgenommen werden. „Geeignete Abformmassen sind dünnflüssiger Gipsbrei oder Silikonkautschuk..."[82] Wurde die Spur mit einem Mittel auf Silikonbasis abgeformt, so kann diese Abformung eingefärbt und durch Abrollen ein entsprechendes Bild der Spur erzeugt werden.

174 Daktyloskopische Eindruckspuren in **Staub** sind entweder fotografisch oder durch unmittelbares Abkleben der Spur zu sichern. Ggf. kann später eine zusätzliche Behandlung des Spurenträgers mit Adhäsionsmitteln erfolgen.

5. Erhebung von Vergleichsmaterial

175 Sowohl zur Feststellung und Identifizierung von Spurenverursachern als auch zur Identifizierung von Personen werden **Vergleichsabdrücke** benötigt. Dabei sind an die Qualität des Vergleichsmaterials hohe Anforderungen zu stellen. Von Personen, die sich berechtigterweise am Tatort aufhalten oder aufgehalten haben, sind Vergleichsabdrücke möglichst direkt im Anschluß an die Spurensicherung zu erheben. Dazu können die Vordrucke KP 1a / 1b oder neutrales Papier benutzt werden. Die Abnahme von Vergleichsabdrücken sonstiger Personen, vor allem von Tatverdächtigen, regelt sich nach den erkennungsdienstlichen Richtlinien.

Soweit daktyloskopische Spuren Vermißter zu deren Identifizierung eine Rolle spielen können, müssen diese – sofern keine Vergleichsabdrücke vorliegen – an zurückgelassenen Gegenständen erhoben werden.

In einer Vielzahl von Fällen kann es erforderlich werden, auch von Leichen Finger- und Handflächenabdrücke zu nehmen (z. B. zur Identifizierung, oder weil Vergleichsabdrücke im Hinblick auf das Tatgeschehen benötigt werden).

Die Technik der Fingerabdrucknahme soll hier nicht näher erläutert werden. Insoweit wird auf einschlägige Leitfäden verwiesen.[83]

6. Verpackung und Versendung daktyloskopischen Materials

176 Die **Verpackung** und **Versendung** daktyloskopischen Materials sollten so schonend wie möglich erfolgen. Sie sollte jedoch so schnell wie möglich

---

[82] *Kriminalpolizei des Kantons und der Stadt Zürich* 1979 S. 14.
[83] Z. B. *Wigger* 1980 S. 107 ff.; Leitfaden Tatortarbeit – Spuren – 1987 S. B 23 ff.

erfolgn. Insbesondere sollte vermieden werden, daß Spurenmaterial ungeschützt herumliegt. „Gesicherte daktyloskopische Spuren dürfen nicht dem Tages- oder Sonnenlicht ausgesetzt sein (Gefahr des Verblassens und Vergilbens)."[84]

Spurenkarten sollten nach Möglichkeit nicht gefaltet werden. Ihr Versand erfolgt in der Regel in Briefumschlägen oder entsprechenden Versandtaschen. Ggf. sollten die Spurenkarten zuvor in Klarsichthüllen pp. verpackt werden. Kann die Spur nicht vom Spurenträger abgenommen werden, so muß dieser so schnell wie möglich der zuständigen Untersuchungsstelle übersandt bzw. überbracht werden. Dabei sind die allgemeinen Regeln der Verpackung, Versendung und Kennzeichnung zu beachten (vgl. „Verpackung, Versendung, Untersuchungsantrag", Teil B, V, Rdnr. 126 ff.).

7. Auswertung und Untersuchung

Eine daktyloskopische Spur ist dann kriminalistisch verwertbar, wenn durch sie ein bestimmter Mensch als Spurenverursacher eindeutig identifiziert, nicht ausgeschlossen werden kann oder nicht in Frage kommt. (Die einschlägigen Verfahren der **Klassifizierung** und Auswertung daktyloskopischer Spuren werden z. B. von *Prante* ausführlich erörtert.)[85]

Die Feststellung der **Identität** nach vergleichender Untersuchung daktyloskopischen Materials ist – international – von Land zu Land unterschiedlich. In der Bundesrepublik Deutschland wird empfohlen:
– Der vom Daktyloskopen – auch als Sachverständiger vor Gericht – zu vertretende **Identitätsnachweis** gilt grundsätzlich dann als erbracht, wenn im Vergleichsmaterial mindestens 12 anatomische Merkmale in ihrer Form und Lage zueinander übereinstimmen. Hiervon soll nur abgewichen werden, wenn mindestens 8 **anatomische Merkmale** übereinstimmen und zusätzlich das Grundmuster bestimmt werden kann.
– Jedes anatomische Merkmal sollte ohne Rücksicht auf die relative Häufigkeit seines Auftretens nur einmal bewertet werden.
– Eine daktyloskopische Wahrscheinlichkeitsaussage ist unzulässig.[86]

II. Blut- und Sekretspuren

Aus der Vielzahl von Spuren des (menschlichen und tierischen) Körpers, die von kriminalistischem Interesse sein können, sollen im folgenden Blut- und Sekretspuren erörtert werden. Beide Spurengruppen werden häufig auch unter dem Oberbegriff **„serologische Spuren"** zusammengefaßt.[87]

---

84 Leitfaden Tatortarbeit – Spuren – 1987 S. B 31.
85 *Prante* 1982 S. 139 ff.
86 Empfehlung der AG Kripo an die Sachverständigen für Daktyloskopie, neu formuliert am 6./7. 7. 1980, zitiert nach *Prante* 1982 S. 145.
87 Vgl. z. B. Leitfaden Tatortarbeit – Spuren – 1987 Teil G.

1. Allgemeines

181 **Blut** spielt bei den unterschiedlichsten kriminalistisch relevanten Sachverhalten eine Rolle, insbesondere aber bei Delikten, bei denen es zu Gewalteinwirkungen auf den (menschlichen) Körper kommt, z. B. Kapitalverbrechen, Körperverletzungsdelikte usw., ferner bei Straftaten, bei denen sich der Täter eine Verletzung zugezogen hat oder bei Verkehrsunfällen mit Unfallflucht. Darüber hinaus geben Blutuntersuchungen wichtige Aufschlüsse, beispielsweise bei bestimmten Vergiftungen, im Hinblick auf die Abstammung einer Person oder den Alkoholisierungsgrad des Täters. Durch kriminaltechnische Untersuchung läßt sich nachweisen, ob es sich bei einer Substanz überhaupt um Blut handelt, ob man es mit Menschen- oder Tierblut zu tun hat und welche Art von Blut vorliegt (z. B. Blut eines Neugeborenen oder eines Erwachsenen, Menstruationsblut, Nasenblut, sonstige Blutarten). Schließlich läßt sich aufgrund bestimmter Merkmale bzw. Merkmalssysteme ein recht hoher Zuordnungsgrad erreichen, der bis nahe an eine Individualidentifizierung reichen kann.

182 Bestimmte **Sekrete**, Absonderungen menschlicher Drüsen, wie Sperma, Vaginalsekret, Speichel, Schweiß und Nasensekret, können ebenfalls bei vielen Straftaten von Bedeutung sein, nicht nur bei Sexualdelikten.

183 Anhand von Sekreten kann – sofern der Spurenverursacher **Ausscheider** war – eine Blutgruppenbestimmung durchgeführt werden. Darüber hinaus läßt sich feststellen, ob das Sekret vom Menschen stammt, ferner ob es von einer weiblichen oder männlichen Person herrührt.

Sekrete werden teils vom Täter auf das Opfer, auf Tatmittel oder sonstige Gegenstände übertragen bzw. am Tatort zurückgelassen, wie Sperma, Schweiß oder Speichel, teils kommt aber auch das Opfer als Spurenverursacher in Frage. Vom Opfer herrührende Sekretspuren, die am Körper, an der Kleidung oder sonstigen vom Täter mitgeführten Gegenständen gefunden werden, können beispielsweise den Kontakt zwischen Täter und Opfer belegen.

2. Suche nach Blut- und Sekretspuren

184 Zwar sind Blut- und Sekretspuren oft ohne besondere Hilfsmittel **erkennbar**, jedoch gibt es immer wieder Fälle, in denen selbst Blutspuren nicht ohne weiteres aufzufinden sind. Auch manche Sekretspuren können latent sein. Deshalb sollte man, wie bei jeder Spurensuche, so auch hier, den Tathergang gedanklich rekonstruieren, um möglichst alle Spuren zu finden.

Form und Größe von Blutspuren spiegeln häufig ihre Entstehung wider. So lassen sich z. B. Tropfen verschiedener Form (abhängig von der Fallhöhe), Spritzer, Wischspuren, Abrinn- und Schleifspuren sowie Blutlachen unterscheiden. Schließlich können Blutspuren auch in Form von Abdruck- oder Eindruckspuren auftreten (vgl. „Daktyloskopische Spuren").

Blutspuren können sehr unterschiedliche Farben annehmen, insbesondere dann, wenn sie älter sind, wenn der Untergrund die Färbung beeinflußt oder die vorhandenen Temperatur- und Lichtverhältnisse die Spur verändern. „So können hell- und dunkelrote, braunrote, braune, braungrüne, grünliche und annähernd graue Farbtöne vorkommen."[88]

Auch bei der Suche nach Sekretspuren ist zu beachten, daß diese „ganz erheblich vom erwarteten Normalbild abweichen können".[89] So kann ihre Farbe z. B. durch andere Körperausscheidungen oder den Spurenträger, aber auch durch eine Vielzahl sonstiger Einflüsse, wie Alterung, Wärme, Reinigungsversuche u. ä. verändert werden.

Als Hilfsmittel der Spurensuche kommen zunächst künstliche Lichtquellen, Lupen und – insbesondere bei der Suche nach Sekretspuren – UV-Lampen in Frage.

Die Suche sollte sich vor allem auf solche Orte und Gegenstände konzentrieren, an denen nach Sachlage Blut- oder Sekretspuren zu finden sein müßten. Besonders für Blutspuren gilt, daß sie oft selbst dann noch nachweisbar sind, wenn der Täter erhebliche Anstrengungen zu ihrer Beseitigung unternommen hat. Das gilt z. B. für Spuren an oder in Kleidungsstücken, Teppichen, Fußböden, Wandverkleidungen, Werkzeugen, Waffen, Kraftfahrzeugen usw. ebenso wie für Spuren am Körper des Täters.

Ob und inwieweit bei der Suche nach latenten Blutspuren **Sprühreagenzien** (Luminol u. ä.) eingesetzt werden können, sollte man vom Rat eines Sachverständigen abhängig machen.

Sperma und **Scheidensekret** finden sich am häufigsten in Bett- und Unterwäsche, aber auch an Taschentüchern oder sonstigen Gegenständen, die zur Reinigung benutzt worden sein können. (Trockene Spermaflecke erscheinen im allgemeinen weißgrau bis gelbgrau.) Hin- und wieder ist Sperma aber auch in Form von Tropfspuren oder in flüssiger Form festzustellen.

Speichelspuren finden sich an Briefumschlägen, Briefmarken, Gläsern, Zigarettenkippen, Zigarrenstummeln, Pfeifen usw. **Schweißspuren** werden nicht nur in Form von Fingerabdrücken hinterlassen, sondern auch an Kleidungsstücken, Kopfbedeckungen usw., während **Nasenschleim** vor allem in Taschentüchern zu finden ist.

Ob und inwieweit man bei fraglichen Substanzen, insbesondere bei vermeintlichen Blutspuren, **Vorproben** durchführt, sollte man genau überlegen. Zum einen sind Vorproben fast immer mit einer Beeinträchtigung von Spur und Spurenträger verbunden, zum anderen sollte man bedenken, daß eine positive Reaktion noch keinen exakten Blutnachweis darstellt.

3. Sicherung von Blut- und Sekretspuren

Bevor man Blut- und sonstige serologische Spuren asserviert, sollten Form, Lage und Zustand z. B. durch fotografische Nahaufnahmen und/oder Skizzen, **dokumentiert** werden. Besonders bei Blutspuren können „Form und

---

88 *Huelke* 1977 S. 134.
89 *Wigger* 1980 S. 520.

Richtungsverlauf ... für die Erforschung des Tatbestandes von ausschlaggebender Bedeutung sein. Auf scharfe und ins einzelne gehende Lichtbildaufnahmen ist daher besonderer Wert zu legen."[90] Wenn irgend möglich, sollte man versuchen, die Spur zusammen mit dem Spurenträger zu sichern. (Bei Sittlichkeitsdelikten ist die Kleidung sofort sicherzustellen – und sofern erforderlich – zu trocknen.) Zum einen wird dadurch die Spurensubstanz am wenigsten beeinträchtigt, zum anderen kann die Untersuchungsstelle auf diese Weise Lage und Form der Spur am besten ersehen. Schließlich können sich am Spurenträger neben den sichtbaren auch latente Spuren befinden, die oft erst durch Untersuchung im Labor festzustellen sind.

190   Sperma, Vaginalsekret, Schweiß und Nasensekret befinden sich in aller Regel an transportablen Objekten, deren **komplette Asservierung** unproblematisch ist. Befindet sich dagegen die serologische Spur an einem nicht transportablen Gegenstand (z. B. Fußbodenbelag), so sollte der spurentragende Bereich möglichst großflächig herausgetrennt werden. Scheidet die Sicherung der Spur zusammen mit dem Spurenträger oder dem spurentragenden Teil aus, so muß nach anderen Wegen gesucht werden, die Spur (möglichst vollständig) zu sichern.

191   Flüssiges Blut bzw. größere Mengen sonstigen serologischen Materials sind z. B. mit einer (Einmal-)Pipette, Venüle o. ä. aufzunehmen und in ein sauberes (verschlossenes) Glasgefäß zu geben. Daneben sollte stets eine gewisse Menge Spurensubstanz mittels eines **Hilfsspurenträgers** asserviert werden, der eine Trocknung der gesicherten Substanz zuläßt. Kleinere Mengen flüssiger Sekretspuren sollten auf sauberes Fließpapier aufgezogen und an der Luft getrocknet werden. Mit einem (angefeuchteten) Hilfsspurenträger (z. B. Vlies, Wattebausch) können auch kleine Bluttropfen sowie angetrocknete dünnschichtige Blutspuren aufgenommen werden. Schließlich kommt der Einsatz von Hilfsspurenträgern dann in Frage, wenn feuchte Blutspuren aufzunehmen sind oder wenn sich die Spur auf menschlicher Haut befindet.

192   Ist die Spur bereits eingetrocknet und entsprechend „dick", so ist sie mit einem sauberen scharfen **Werkzeug** (Rasierklinge, Skalpell o. ä.) vorsichtig abzunehmen (nicht abzukratzen!). Dabei sollte darauf geachtet werden, möglichst große Stücke auf einmal abzuheben. Verbleibende Reste der Spurensubstanz sind wiederum mit einem angefeuchteten Hilfsspurenträger zu asservieren.

193   Befindet sich die Spur auf **saugendem Untergrund** (Putz o. ä.) oder im Erdreich, so muß der spurentragende Bereich ausgehoben oder abgetragen werden. Bei Spuren im Erdreich muß damit gerechnet werden, daß die Flüssigkeit bereits recht tief gesickert sein kann.

194   In allen Fällen muß eine **neutrale Probe** des Spurenträgers erhoben werden. (Gleichermaßen muß der Untersuchungsstelle eine neutrale Probe des Hilfsspurenträgers übersandt werden!)

---

90 *Bayerisches Landeskriminalamt* 1985 S. 71.

Blut oder Sekretspuren am menschlichen Körper müssen im allgemeinen, Abstriche stets, vom **Arzt** erhoben werden. (Opfer von Sittlichkeitsdelikten sollten ohnehin sofort dem Arzt vorgestellt werden. Dabei ist darauf hinzuwirken, daß eine vorherige Körperreinigung unterbleibt.) Bei Blutspuren empfiehlt es sich, (Farb-)Fotoaufnahmen von der Spur am Körper zu fertigen.

Fingernägel von Täter und/oder Opfer können wichtige Träger serologischer Spuren sein. Sie sollten deshalb sorgfältig abgeschnitten und einzeln asserviert werden.

Zu beachten ist schließlich, daß die Übertragung von **Sekundarspuren**, vor allem durch Handschweiß, auf Blut- und Sekretspuren, ausgeschlossen ist und serologische Spuren auf keinen Fall mit Klebefolien pp. gesichert werden.

4. Erhebung von Vergleichsmaterial

Um serologische Spuren einer bestimmten Person zuordnen zu können, müssen entsprechende **Vergleichsproben** gesichert werden. (Diese sollte man, wenn irgend möglich, zusammen mit dem Spurenmaterial an die Untersuchungsstelle übersenden.)

Frischblutproben sind durch einen Arzt, entsprechend den Vorschriften der Strafprozeßordnung, zu erheben. Bereitet die Entnahme einer solchen **Blutprobe** Schwierigkeiten, kann u. U. auf eine Blutprobe zurückgegriffen werden, die aus anderen Gründen (z. B. zur Bestimmung des Blutalkoholgehaltes) entnommen wurde. Sollte die betroffene Person vor der Entnahme eine Bluttransfusion erhalten haben, so ist dies der Untersuchungsstelle mitzuteilen. Muß, etwa bei Leichenblut, damit gerechnet werden, daß dieses bis zur Untersuchung bereits in Fäulnis übergegangen sein könnte, sollte eine kleine Menge auf einem Hilfsspurenträger getrocknet werden.

Speichelproben sind auf Fließpapier, medizinischen Zellstoff o. ä. zu geben, wobei die befeuchtete Fläche mit einem Bleistift zu markieren ist. Das getrocknete Papier ist in einem Umschlag (keine Plastiktüte!) aufzubewahren.

Wird die Abgabe einer Speichelprobe verweigert, so sollte man einen Gegenstand sicherstellen, an dem sich Speichel des Betroffenen befinden müßte, z. B. eine Zigarettenkippe. Zum Vergleich sind Blut- und Speichelproben aller an einer Sache beteiligten Personen zu erheben.

Da bei den übrigen Sekreten die Gewinnung frischen Vergleichsmaterials in der Regel ausscheidet, müssen hier ebenfalls (Vergleichs-)Gegenstände asserviert werden, an denen sich derartige Sekrete befinden müßten (Unterwäsche pp.).

5. Verpackung und Versendung von Blut- und Sekretspuren

201 Da Blut und Sekrete leicht verderblich sind, muß derartiges Spuren- (und Vergleichs-)Material so **schnell** wie möglich zur Untersuchungsstelle gelangen. Dies gilt – wegen der Zersetzungsgefahr – vor allem für frisches Blut. Ist eine Zwischenlagerung unvermeidlich, so muß sie bei Blut im Kühlschrank erfolgen. Sonstiges serologisches Material kann ggf. eingefroren werden.

Serologisches Material, mit Ausnahme von Flüssigblut, ist, bevor es verpackt wird, grundsätzlich zu trocknen.

202 Es ist darauf zu achten, daß **sauberes** Verpackungsmaterial verwendet wird, für flüssiges Blut ein spezielles Glasgefäß, für sonstige Spuren und Vergleichsproben luftdurchlässige Behältnisse. (Kein Einschweißen in Klarsichtfolien, keine Plastiktüten!) Alle Spuren, Spurenträger usw. sind einzeln zu verpacken. Vor allem muß gewährleistet sein, daß weder Substanz abfallen kann, noch Spuren übertragen werden können.

6. Untersuchung und Auswertung

203 Blutspuren lassen sich vor allem in zweierlei Hinsicht auswerten. Einmal lassen sich aus Lage und Form Rückschlüsse über den Tathergang ziehen: Die Form von **Bluttropfen** zeigt Fallrichtung und Fallhöhe an, aus der Form von **Schleuderspuren** läßt sich die Richtung ersehen, aus der der Tropfen geflogen ist, aus **Abrinnspuren** läßt sich entnehmen, ob das Opfer nach der Tat noch einmal gedreht wurde usw. Zum anderen lassen sich Fragen nach der materiellen Beschaffenheit beantworten, beispielsweise, ob es sich um Menschen- oder Tierblut handelt usw. (s. o.), vor allem aber, welche Blutgruppe vorliegt und ob diese einer der beteiligten Personen zuzuordnen ist:

„Bei der Auswertung der Blutspurenuntersuchung wird die festgestellte Merkmalskombination mit den Blutformeln der beteiligten Personen verglichen. Der Befund kann einer geschädigten oder tatverdächtigen Person um so eher zugeordnet werden, je seltener das gefundene Muster ist."[91]

Ähnlich läßt sich anhand gesicherter Sekretspuren zunächst der Nachweis führen, daß eine spezifische Körperausscheidung vorliegt, ferner ob es sich um menschliches oder tierisches Sekret handelt und welcher Blutgruppe der Spurenverursacher angehört (sofern er Ausscheider ist). Bei Sperma lassen sich darüber hinaus u. U. Aussagen machen über gewisse Erkrankungen des Verursachers und das Alter der Spur.

---

[91] *Oepen* 1986 S. 265. Zur zukünftig wahrscheinlich besondere Bedeutung gewinnenden DNA-Analyse vgl. *Kißling* in Band 2.

III. Fuß- und Reifenspuren

1. Allgemeines

Der Begriff der Fußspur wird in der kriminalistischen Literatur unterschiedlich interpretiert. Teils wird unterschieden zwischen **Fußspuren** im engeren Sinne (Spur des unbekleideten, ggf. auch des bestrumpften Fußes) und **Schuhspuren** (durch Schuhsohlen verursachte Spuren)[92], teils werden beide Begriffe synonym gebraucht: „In der Regel sind Fußspuren vom beschuhten Fuß hinterlassen, das heißt, die Spuren rühren genau genommen nicht von einem bestimmten Fuß, sondern von einem bestimmten Schuh her."[93] Schließlich wird die Auffassung vertreten, daß alle Spuren, die durch Fußbekleidung entstanden sind, als Fußspuren und die „verhältnismäßig selten vorkommenden Spuren unbekleideter Füße als daktyloskopische Spuren" zu bezeichnen seien.[94] Eine Besonderheit stellen die Spuren dar, die durch den Fuß im oder am Schuh hervorgerufen werden und in günstig gelagerten Fällen den Nachweis ermöglichen, daß ein bestimmter Schuh von einer bestimmten Person getragen wurde. „Die Zuordnung eines getragenen Schuhs zu einer bestimmten Person ist möglich, wenn diese Person eine von der Norm abweichende Konfiguration der Füße oder andere typische Merkmale aufweist".[95]

Von Fuß- bzw. Schuhspuren abzugrenzen ist das sog. **Gangbild** (Fährte), das beim Gehen oder Laufen entsteht.

Fußspuren sind von erheblicher kriminalistischer Bedeutung, da sie fast notwendigerweise bei den meisten Straftaten anfallen.

Von nahezu ebenso großer Bedeutung sind zwischenzeitlich Fahrzeugspuren, und hier vor allem **Reifenspuren**, da Fahrzeuge bei immer mehr Delikten, z. B. als Transport- oder Fluchtmittel, u. U. sogar als Tatwerkzeug, eine Rolle spielen. Darüber hinaus sind Reifenspuren für die Aufklärung von Verkehrsunfällen außerordentlich bedeutsam.

Reifenspuren werden dem Untergrund durch Druck oder Reibung „aufgezwungen".[96] Wie bei den Fußspuren lassen sich auch bei Reifenspuren Abdruckspuren (Spuren auf festem, glatten Untergrund) und Eindruckspuren (Spuren auf weichem, verformbaren Untergrund) unterscheiden. Darüber hinaus ist zu differenzieren zwischen Bremsspuren, Blockierspuren, Schleuderspuren, Drift- (Querschiebe-)Spuren, Walkspuren und vor allem Fahrspuren. „Die Fahrspur entsteht durch den Druck des rollenden Rades, im Idealfall ohne bremsende oder scherende Verzögerung auf einem weichen, jedoch formstabilen Untergrund oder durch Materialauftragung von der Reifensohle auf den Untergrund . . . Sie zeigt daher wie ein Stempelabdruck, mehr oder weniger gut ausgebildet, alle Einzelheiten der sie erzeugenden Profilierung."[97]

---

92 Vgl. z. B. *Kriminalpolizei des Kantons und der Stadt Zürich* 1979 S. 16/17.
93 *Huelke* 1977 S. 16.
94 *Wigger* 1980 S. 185.
95 *Knecht* 1987 S. 679.
96 *Pohl* 1981 S. 3.
97 *Pohl* 1981 S. 3/4.

2. Spurensuche

207 Bei der Suche nach Fuß- und/oder Reifenspuren ist wiederum von ausschlaggebender Bedeutung, sich den mutmaßlichen **Tathergang** zu vergegenwärtigen. Dabei dürfen vor allem die Wege vom und zum eigentlichen Tatort nicht vernachlässigt werden!

Als **Hilfsmittel** kommen insbesondere künstliche bewegliche Lichtquellen (Schräglicht) und Lupen in Betracht. Zur Sichtbarmachung latenter Spuren verwendet man, wie bei daktyloskopischen Spuren, im Regelfall Adhäsionsmittel (Einstaubpulver). Wo klassische Hilfsmittel der Suche und Sichtbarmachung versagen, können u. U. Erfolge mit Hilfe **elektrostatischer Verfahren** erzielt werden.[98]

209 Die Spurensuche sollte sich nicht nur auf Einzelspuren, sondern auch auf **Gangbilder** erstrecken. Wichtig ist, bei der Suche nach Fuß- und Reifenspuren nicht andere Spurenarten, wie daktyloskopische, serologische, Erd-, Staub- und Vegetationsspuren zu beeinträchtigen.

3. Sicherung von Reifen- und Fußspuren

210 Wie bei jeder Spurensicherung muß am Anfang die **dokumentarische Erfassung** der vorgefundenen Spurensituation stehen. Anzustreben ist auch hier die Sicherung der Spur im Original zusammen mit dem Spurenträger. Allerdings wird dies bei Fuß- und Reifenspuren nur relativ selten möglich sein. Bei der Anwendung spezieller Sicherungsmethoden ist zu unterscheiden im Hinblick auf Abdruck- und Eindruckspuren. Abdruckspuren sollten zunächst fotografisch (Nahaufnahmen!) gesichert werden. Hierbei sind die Grundsätze fotografischer Spurensicherung (planparallele Aufnahme, Mitfotografieren eines Maßstabes usw.) zu beachten (vgl. „Durchführung der Spurensicherung – Fotografie –").

211 Wurden vom Spurenverursacher **pulvrige Substanzen** (Staub, Kreide o. ä.) auf den Spurenträger übertragen, so kann die Spur u. U. direkt mittels Klebefolien gesichert werden, ansonsten ist sie analog der Sicherung von Fingerspuren mit Einstaubmitteln zu behandeln. (Als besonders geeignetes Mittel zur Sichtbarmachung von Schuhabdruckspuren auf Papier wird **„Granulat schwarz"** empfohlen.[99]) Sodann ist die sichtbar gemachte Spur mit entsprechenden Folien abzuziehen. (Dabei ist es am günstigsten, wenn so breite Folien zur Verfügung stehen, daß die gesamte Spur mit einer Folie abgezogen werden kann.) In schwierig gelagerten Fällen sollte auch zur Spurensicherung ein elektrostatisches Verfahren eingesetzt werden, das es ermöglicht, „auch schwache und schlecht kontrastierende Schuhspuren auf Stoff, Teppichen etc. befriedigend zu sichern".[100]

---

[98] Vgl. z. B. *Iten* 1986 S. 468 ff.
[99] *Will* 1985 S. 405 ff.
[100] *Iten* 1986 S. 469.

Auch **Eindruckspuren** sollten, sofern eine Sicherung im Original nicht in Frage kommt, zunächst fotografisch gesichert werden. Im übrigen erfolgt die Sicherung von Eindruckspuren durch Abformung. Dazu wird in der Regel (Alabaster-)Gips verwendet. Darüber hinaus kommen, je nach Untergrund, Abformmittel auf Kunststoffbasis, Schwefel usw. in Betracht. Das Anrühren des Gipsbreis und das Ausfüllen der Spur sollen hier nicht im einzelnen erörtert werden. Es sei lediglich darauf hingewiesen, daß die Spuren vor dem Ausgipsen vorsichtig zu säubern sind, daß es sich als zweckmäßig erwiesen hat, den Rand der Spur mit einem Blechband o. ä. zu begrenzen sowie den Gips mit Draht, angefeuchteten Holzstäbchen usw. zu verstärken. 212

Besondere Schwierigkeiten bereitet die Sicherung von Eindruckspuren in Sand, Staub oder Schnee. Hierzu werden in der Literatur die unterschiedlichsten Techniken diskutiert, z. B. die Verwendung von Sprühmitteln, Schwefelblüte, Gips im Streuverfahren.[101] Das Gangbild wird man zweckmäßigerweise fotografisch sichern. Eine Skizze ist, weil zu ungenau, abzulehnen.

Reifenspuren sollten genauestens erfaßt und ausgemessen werden, und zwar im Hinblick auf Spurweite, Reifenbreite, Profil(tiefe), Reifenumfang usw. Arndt empfiehlt die Auswertung der Messungen per Computer. Die kriminalistische Arbeit werde auf diese Weise „hilfreich unterstützt".[102]

4. Vergleichsmaterial

Eine Identifizierung des spurenverursachenden Objekts ist am ehesten möglich, wenn zum **Vergleich** mit der Spur der mutmaßliche Verursacher zur Verfügung steht. Fotografien, Abformungen und Abzüge bieten immer die schlechteren Auswertungsmöglichkeiten. Bei der Sicherstellung von Vergleichsmaterial ist es von größter Bedeutung, Besitzverhältnisse und Zugriffsmöglichkeiten zweifelsfrei festzustellen. Sind die Originalreifen oder -schuhe nicht (mehr) verfügbar, so sollte man versuchen, wenigstens entsprechende Vergleichsspuren aus dem Bereich des Tatverdächtigen zu asservieren. Erweist es sich als unumgänglich notwendig, Vergleichsabdrücke oder Fotos zu fertigen, so hat dies nach den gleichen Grundsätzen zu geschehen wie die Erhebung von Originalspuren. (Fotografien sollten stets im Maßstab 1 : 1 gefertigt werden.) 213

Schließlich ist es von großer Bedeutung, zum Vergleich auch **Bodenproben** zu erheben, da die Originalreifen- oder Schuhspuren entsprechende Anhaftungen aufweisen können. 214

5. Verpackung und Versendung

Bei der **Verpackung** und Versendung von Originalspurenträgern oder Abformungen (Gipsabgüssen pp.) ist besonders sorgfältig vorzugehen, 215

---

101 Zu den Ergebnissen vgl. z. B. *Will* 1985 S. 114 ff.; *Wigger* 1980 S. 201 ff.
102 *Arndt* 1987 S. 25 ff.

wenn diese zerbrechlich sind oder anhaftende Substanzen abfallen könnten. Sie sind deshalb stets einzeln zu verpacken, spurentragende Bereiche sind besonders zu schützen.

216 Wichtig ist es, daß die Abformungen vor dem Transport gut ausgetrocknet sind und nicht gereinigt werden.

Für den Transport sind Behältnisse zu wählen, die dicht, aber nicht luftdicht, schließen (Schimmelgefahr!).

Zusammen mit den Materialien sollte eine Erläuterung übersandt werden, aus der sich ergibt, wie der Spurenträger zum Zeitpunkt der Abformung beschaffen war.

6. Auswertung von Fuß- und Reifenspuren

217 Ziel der **Auswertung** ist in aller Regel die Identifizierung des Spurenverursachers. Eine Gruppenbestimmung ist dann möglich, wenn aus der Spur Gruppenmerkmale (z. B. Reifentyp, Schuhmodell) ersichtlich sind. Ergeben sich aus der Spur individuelle Merkmale (typische Abnutzungserscheinungen, Reparaturmerkmale usw.), so kann u. U. eine Individualidentifizierung durchgeführt werden. (Bei Reifenspuren kommen als individuelle Merkmale z. B. charakteristische Zwillingsbereifung, spezielle Montage, unterschiedliche Anordnung und Profilierung hinzu, die die Auswertungsmöglichkeiten verbessern.) Aufgrund des Gangbildes ist keine Individualidentifizierung möglich, ggf. können jedoch Fahndungshinweise gegeben werden (z. B. bei einem Gehfehler des Spurenerzeugers).

IV. Werkzeugspuren

1. Allgemeines

218 **Werkzeugspuren** zählen, ähnlich wie Reifen- und Schuhspuren, zur Gruppe der **technischen Formspuren**. Sie sind regelmäßig dort zu finden, wo mit Werkzeugen oder werkzeugähnlichen Gegenständen auf feste Objekte eingewirkt wurde. Dies ist regelmäßig bei schweren Diebstählen (Einbrüchen) der Fall, aber auch bei anderen Delikten, bei denen der Täter Türen, Fenster oder Behältnisse gewaltsam bzw. mit nicht dafür vorgesehenen Mitteln öffnet, Gegenstände verändert, beschädigt oder (selbstgefertigte) Gegenstände am Tatort hinterläßt, z. B. bei Sachbeschädigungen, Brandstiftungen, Urkundenfälschungen usw.

219 **Typische Verursacher** von Werkzeugspuren sind beispielsweise Brechstangen, Montiereisen, Schraubendreher, Meißel, Beile, Bohrer, Scheren, Sägen usw. – eine abschließende Aufzählung dürfte kaum möglich sein.

220 Werkzeugspuren lassen sich zunächst grob **unterscheiden** in:
– Eindruckspuren,
– Abdruckspuren und
– Schartenspuren.

Eindruckspuren entstehen, wenn ein Werkzeug auf verformbares Material einwirkt und dabei Merkmale seiner Oberflächenstruktur auf dem Spurenträger hinterläßt. Das ist z. B. dann der Fall, wenn Hebelwerkzeuge zum Aufbrechen einer Tür, eines Schreibtisches o. ä. benutzt werden, oder mit einem stumpfen Werkzeug (z. B. einem Hammer) auf einen Gegenstand eingeschlagen wird. Während Schlagwerkzeuge im allgemeinen nur ein Spurenbild hinterlassen, erzeugen Hebelwerkzeuge stets zwei Spurenbilder (auf jeder Seite eines), die sich u. U. erheblich voneinander unterscheiden können. 221

Zu **Abdruckspuren** kommt es, wenn Substanzen von der Oberfläche des spurenverursachenden Werkzeugs auf dem in aller Regel härteren Spurenträger zurückbleiben und dadurch auf diesem ein mehr oder weniger genaues Abbild des Werkzeugs entsteht. 222

Bilden sich dagegen die Umrisse eines am Tatort abgelegten Werkzeuges z. B. im Staub ab, spricht man von negativen Abdruckspuren.

Schartenspuren (laienhaft oft auch als „Kratzer" oder „Kratzspuren" bezeichnet) entstehen u. a., wenn ein Werkzeug unter Druck über ein Objekt hinweggleitet, von der Oberfläche eines Gegenstandes Material verdrängt oder einen Gegenstand trennt. Dabei können mikroskopisch feine, meist parallel verlaufende Rillen entstehen[103], die oft bessere Auswertungsmöglichkeiten bieten als deutlich sichtbare Spuren. Die an dem Werkzeug befindlichen Scharten können fabrikationsbedingt vorhanden (vgl. z. B. Ziehspuren) oder durch Abnutzung, Beschädigung bzw. unsachgemäßen Gebrauch entstanden sein. 223

Schartenspuren werden im allgemeinen weiter untergliedert, z. B. in

– Gleitriefen (Gleitspuren)
– Ziehspuren
– Abtrennspuren (Schnitt- und Zwickspuren)
– Bohrspuren
– Sägespuren
– Schleifspuren
– Bruch- und Rißspuren usw.

2. Suche nach Werkzeugspuren

Die Suche nach Werkzeugspuren weist insofern Besonderheiten auf, als man sich einerseits oft auf einen relativ **engumgrenzten Bereich** beschränken kann, innerhalb dessen den Umständen nach Spuren zu finden sein müssen, andererseits setzt sie besondere Sachkenntnis des Spurensicherungsbeamten voraus. (Er muß alle in Frage kommenden Werkzeuge und die von diesen typischerweise verursachten Spurenbilder kennen.) Solche Spurenbilder festzustellen, kann im Einzelfall sehr schwierig sein. Feine, schwache Spuren, insbesondere kleine Schartenspuren, sind oft nur bei entsprechender Ausleuchtung des Tatortes (Schräglicht!) sichtbar. 224

---
103 *Wigger* 1980 S. 140.

Infolgedessen sind die wichtigsten **Hilfsmittel** der Spurensuche künstliche Lichtquellen und Lupen. Je nach Lage des Falles kommen aber auch Klebefolien und Spurenstaubsauger als Hilfsmittel in Betracht.

225 Bei der Suche nach Werkzeugspuren ist auch auf (am Tatort zurückgelassene oder in dessen Nähe weggeworfene) Werkzeuge oder **Werkzeugbruchstücke** zu achten. Aufgefundene Werkzeuge können zugleich Vergleichsmaterial (s. u.) sein. Bruchstücke (auch sehr kleine Stücke) können zu Paßspuren werden. Sowohl bei Werkzeugen als auch bei deren Bruchstücken ist auf daktyloskopische Spuren zu achten. Sie dürfen deshalb nicht unnötig angefaßt (andererseits aber auch nicht mit spurenverursachenden Geräten berührt) werden.

226 Die Spurensuche an Werkzeugen sollte sich im wesentlichen darauf beschränken, vorhandene **Anhaftungen** festzustellen, damit diese beim Transport zur Untersuchungsstelle nicht verlorengehen. Alle weiteren Untersuchungen vor Ort sind zu unterlassen. Keinesfalls dürfen am Tatort Einpaßversuche vorgenommen werden.

3. Sicherung von Werkzeugspuren

227 Wie bei allen anderen Spurenarten ist auch bei Werkzeugspuren eine Sicherung im **Original** anzustreben. Dies ist hier besonders deshalb wichtig, weil sich am Spurenträger Materialanhaftungen befinden können, die durch das Werkzeug übertragen wurden (z. B. Materialanhaftungen, die aus einem früheren Gebrauch des Werkzeugs herrühren). Kann der Spurenträger nicht komplett gesichert werden, sollte man wenigstens versuchen, den spurentragenden Bereich herauszutrennen. Ist auch dies nicht möglich, so ist die Spur abzubilden. Zuvor ist die Auffindesituation (insbesondere Form und Lage der Spuren) dokumentarisch festzuhalten.

228 Eindruck- und Schartenspuren sind durch **Abformmittel** (z. B Mittel auf Siliconbasis, Zelluloidlösung, (Weich)Bleifolien) abzuformen. An der Werkzeugspur anhaftende Materialspuren (Lack- und Farbsplitter pp.) müssen vor der Abformung asserviert werden. Welches Abformmittel man im konkreten Fall wählt, hängt vor allem von der Art der Spur und dem Material des Spurenträgers ab. Für **Mittel auf Siliconbasis** spricht, daß sie relativ leicht zu verarbeiten und universell anwendbar sind. Allerfeinste Spuren lassen sich jedoch noch besser mit **Zelluloidlösung** abformen, allerdings ist diese Methode relativ zeitaufwendig.[104] Ein sehr einfaches Verfahren, bei dem ebenfalls feinste Spuren abgebildet werden, ist die Abformung mit Hilfe von **Bleifolien**, die mittels eines Hammers oder sonstigen Schlagwerkzeuges in die Spur hineingetrieben werden. Natürlich ist diese Methode nur bei Spurenträgern aus Metall anwendbar.

229 **Abzulehnen** ist die häufig in der Literatur empfohlene Verwendung von **Plastilin**. Plastilin ist nicht formkonstant. Darüber hinaus bleiben manchmal Teile der Abformmasse in der Spur haften. Nicht zu empfehlen ist

---

104 *Wigger* 1980 S. 157.

Spurenlehre 230–235 **15**

auch die **nur fotografische** Sicherung von Eindruckspuren, da sich die Spur bereits durch leicht veränderte Beleuchtungsverhältnisse anders darstellt (und damit Vergleiche mit mutmaßlichen Spurenverursachern kaum möglich sind).

Anders ist aber die Situation bei **Abdruckspuren**. Hier sind fotografische Nahaufnahmen geeignete Mittel der Spurensicherung. Darüber hinaus kommt, ähnlich wie bei Fuß- und Reifenspuren, die Sicherung mittels Klebefolien in Betracht, ggf. kann die Spur vor dem Fotografieren oder Abziehen durch Einstaubpulver deutlicher sichtbar gemacht werden. **230**

Am Tatort oder in Tatortnähe aufgefundene Werkzeuge sind auf jeden Fall **sicherzustellen**. Spuren und Werkzeuge sind von Anfang an sorgfältig getrennt zu halten, damit eventuelle Anhaftungen nicht übertragen werden. **231**

4. Vergleichsmaterial

Als **Vergleichsmaterial** kommen zunächst Werkzeuge bzw. Werkzeugteile in Frage, die am Tatort oder im Besitz des Tatverdächtigen gefunden werden. Auf jeden Fall sollte man versuchen, die Originalwerkzeuge aufzufinden, da Abformungen, Fotografien usw. immer schlechtere Auswertungsmöglichkeiten versprechen. (Eine gezielte Suche wird allerdings oft erst dann möglich sein, wenn die Werkzeugspur im Hinblick auf die in Betracht kommende Werkzeugart ausgewertet wurde.) **232**

Ist das mutmaßliche Tatwerkzeug nicht (mehr) vorhanden oder stark verändert, z. B. durch intensiven Gebrauch, muß versucht werden, frühere – tatzusammenhanglose – Vergleichsspuren zu finden. Bei der Erhebung von Vergleichsmaterial ist im Grundsatz so vorzugehen wie bei der eigentlichen Spurensicherung.

5. Verpackung und Versendung

Werkzeugspuren sind (ebenso wie eventuell gefundene Werkzeuge/Werkzeugteile) stets einzeln zu **verpacken,** und zwar so, daß beim Transport Beschädigungen ausgeschlossen sind. Als Verpackungsmaterial kommen in aller Regel Kunststoffolien (Einschweißen) in Frage. Haften dem Werkzeug irgendwelche Substanzen an, so muß die Verpackung so gewählt werden, daß diese nicht verlorengehen. **233**

Der Untersuchungsstelle muß neben den üblichen Angaben im **Untersuchungsantrag** vor allem mitgeteilt werden, was über frühere Beschädigungen am Spurenträger und über den zwischenzeitlichen Gebrauch des spurenverursachenden Werkzeugs ermittelt werden konnte. **234**

6. Untersuchung und Auswertung von Werkzeugspuren

Die Untersuchung und **Auswertung** von Werkzeugspuren hat die Identifizierung des Spurenverursachers zum Ziel. Zunächst wird man herauszu- **235** finden versuchen, welche Werkzeugart vorliegt, also eine Gruppenidentifizierung vornehmen. Voraussetzung für eine Individualidentifizierung ist, daß das spurenverursachende Werkzeug eine ausreichende Anzahl individualcharakteristischer Merkmale aufweist, die beim Kontakt mit dem Spurenträger auf dessen Oberfläche hinreichend deutlich abgebildet worden sind. Selbst bei Gleitriefen ist Einmaligkeitscharakter feststellbar, wenn Verlauf, Abstände und Tiefe der feinen Scharten nur von einem ganz bestimmten Werkzeug mit charakteristischer Oberflächenstruktur verursacht worden sein können.

V. Spuren an und von Schußwaffen

1. Allgemeines

236   Delikte, die unter Anwendung von **Schußwaffen** begangen werden, sind in aller Regel besonders schwerwiegend. Schon aus diesem Grund muß diesem Spurenbereich besondere Aufmerksamkeit gewidmet werden.

Durch den Gebrauch von Schußwaffen, vor allem durch die Schußabgabe, entstehen zunächst Spuren an der Waffe und der verfeuerten Munition, dann aber auch am Schützen und an der Einschlagstelle, d. h. am Opfer und an Gegenständen, die durch ein Geschoß verletzt oder beschädigt werden.

237   Am breitesten ist die Palette der an der **Waffe** selbst möglichen Spuren. Hier ist insbesondere zu denken an daktyloskopische Spuren, die sich vor allem an glatten Teilen befinden können, an Spuren, die sich im Laufe des Aufbewahrens der Waffe, z. B. in der Kleidung, ergeben haben können (Taschenschmutz im Lauf o. ä.), an Verfeuerungsrückstände, an vom Opfer herrührende Spuren, wie Haut- und Fleischteile, Blut und Haare, Stoffasern etc., sowie an Patronen, Geschosse und Hülsen, die sich noch in der Waffe befinden. Schließlich kann die Waffe Spuren aufweisen, die durch Herunterfallen oder sonstigen unsachgemäßen Gebrauch entstanden sind.

238   Auch an der **Munition**, also vor allem an Patronen, Hülsen und Projektilen bzw. Geschoßteilen finden sich eine Vielzahl unterschiedlicher Spuren. **Hülsen** von Patronen- und Kartuschenmunition, aber auch Hülsen von Schrotpatronen werden durch den Verfeuerungsvorgang charakteristische Merkmale „aufgeprägt", die in der Regel eine Waffensystembestimmung und häufig sogar den Nachweis der verwendeten Waffe zulassen. Dies ist insbesondere bei Selbstladewaffen der Fall. „Bei Selbstladepistolen hinterlassen die das Zuführen, Zünden, Ausziehen und Auswerfen bewirkenden Teile (z. B. Stoßboden, Schlagbolzen, Auszieher, Auswerfer) sowie das Patronenlager und das Magazin an der Hülse Spuren, die zur Bestimmung des Waffenmodells besonders gut geeignet sind."[105]

239   Auch **Patronen** die lediglich zugeführt und ausgezogen, aber nicht abgefeuert wurden, bzw. versagt haben, können einen Teil dieser Spuren aufweisen.

---
105 *Wigger* 1980 S. 241.

Am **Geschoß** befinden sich einerseits Spuren, die durch das Laufinnere 240
erzeugt wurden, bei gezogenen Läufen, z. B. Züge und Felder, Drallwinkel
und -richtung, aber auch durch Bearbeitungsmerkmale und Schäden des
Laufinneren, andererseits charakteristische Spuren und Verformungen, die
beim Auftreffen oder Abprallen des Projektils auf bestimmte Gegenstände
entstanden sind. Schließlich können auf der Geschoßoberfläche Substanzen aus der Waffe, wie Öl, Staubteilchen usw., haften oder aber Pulverschmauch, der sich beim Verfeuern auf dem Geschoß niedergeschlagen
hat.

Am Schützen und seiner Kleidung können sich Spuren befinden, die 241
darüber Aufschluß geben, daß er geschossen hat und wie sich das Tatgeschehen zutrug. Zu denken ist zunächst einmal an **Schmauchspuren** bzw.
Pulverrückstände, ferner an Verletzungen an der Schußhand. Insbesondere
„beim Durchladen einer Selbstladepistole können Hautabschürfungen im
Raum zwischen Daumen und Zeigefinger der die Waffe haltenden Hand
durch den Schlitten gesetzt werden".[106] Schließlich können bei Nah- oder
Kontaktschüssen auf den eigenen Körper oder den einer anderen Person
Blut- oder Gewebeteile auf die Hände oder die Kleidung des Schützen gelangen.

Schußspuren entstehen beim Auftreten oder Abprallen von Geschossen 242
auf bzw. von Menschen, Tieren oder Gegenständen. Die dadurch verursachten Verletzungen oder Beschädigungen sind sehr unterschiedlicher
Art. Bleibt das Geschoß nicht im Körper oder Gegenstand stecken, so
kommt es neben dem **Einschuß** auch zu Ausschüssen, wobei im Regelfall
die Einschußöffnung kleiner ist als der Ausschuß. In den dabei entstehenden Schußkanal können durch das Geschoß Haare, Textilfasern oder sonstige Teile der Bekleidung mitgerissen werden. Ist das Geschoß durch die
Bekleidung geschlagen, so ist der Einschuß in aller Regel auch für einen
Laien feststellbar.

An der Einschußstelle lassen sich spezielle Spurenbilder beobachten. 243
Dies sind u. a. der **Kontusionsring** (Schürfungsring) um die Wunde, der
Schmutz- oder Schmauchring (Abstreifring), der durch das Abstreifen der
am Geschoß anhaftenden Schmutzpartikel, des Pulverschmauchs sowie
metallischer Bestandteile des Geschosses usw. an der Kleidung bzw. der
Haut entsteht, sowie bei Nahschüssen ein Hof aus Schmauch, unverbrannten Pulver- und Metallteilchen um die Einschußstelle herum.

Bei aufgesetzter Mündung der Waffe (**Kontaktschuß**) wird die Haut häu- 244
fig sternförmig aufgerissen. Wurde eine Selbstladewaffe benutzt, können
sich auch die Konturen der Laufmündung pp. auf der Hautoberfläche abbilden. Man spricht dann von einer sog. **Stanzmarke**. Schließlich lassen sich
in solchen Fällen oft Verbrennungserscheinungen feststellen.

---

106 *Huelke* 1977 S. 120.

2. Spurensuche

245 Bei der Suche nach einschlägigen Spuren interessiert zunächst die **Tatwaffe**. Wird sie gefunden, so ist dies für die Ermittlungen oft von erheblicher Bedeutung. Zu suchen ist aber nicht nur nach der Waffe selbst, sondern auch nach Waffenteilen und -zubehör. Abgebrochene Waffenteile können Paßstücke sein. Aufgefundenes Zubehör kann darauf hindeuten, daß sich die noch nicht gefundene Waffe in einem in der Nähe gelegenen Versteck befindet.

246 Spuren an der Waffe sollten grundsätzlich nur von Sachverständigen gesucht (und gesichert) werden. Vor Ort sollte man lediglich versuchen, die Spuren zu finden, die beim Transport beeinträchtigt werden können, z. B. bei **Nahschüssen** entstandene oder daktyloskopische Spuren.

247 Die Suche nach Hülsen und Geschossen muß systematisch erfolgen. Die (gedankliche) Rekonstruktion des Tatgeschehens – vor allem in bezug auf den Standort des Schützen und die **Flugbahn des Geschosses** – kann das Auffinden von Munitionsteilen erheblich erleichtern. Als Hilfsmittel kommen bewegliche Lichtquellen und, vor allem für die Spurensuche im Freien, Metallsuchgeräte, Magnete sowie ggf. Siebe, Schaufeln usw. in Frage.

248 Zur Spurensuche am und im **menschlichen Körper** muß ein Arzt hinzugezogen werden. Ggf. müssen in diesem Zusammenhang auch Röntgenaufnahmen gefertigt werden. Da sich Geschosse oder Geschoßteile auch in der Kleidung verfangen haben können, ist beim Entkleiden eines Opfers besondere Sorgfalt angebracht.

3. Sicherung von Schußwaffen und Schußwaffenspuren

249 Hier gilt, wie bei allen anderen Spuren, daß als erstes die Auffindesituation und das Spurenbild fotografisch sowie durch Skizzen und/oder genaue Beschreibung zu **dokumentieren** sind. Wichtig ist in diesem Zusammenhang die exakte Vermessung aller gefundenen Spuren.

Vor der Asservierung einer Waffe ist es unabdingbar, nicht nur deren Lage, sondern vor allem den Zustand der **Schlageinrichtung**, der **Sicherungseinrichtung** sowie die Stellung des **Verschlußstücks** und den Zustand des **Magazins** bzw. Stellung der **Revolvertrommel** und die Anordnung der Patronen und Hülsen in der Trommel exakt festzuhalten.

250 Danach ist die Waffe zu **entladen**. Im Leitfaden Tatortarbeit – Spuren – wird dazu richtigerweise festgestellt: „Eigensicherung hat Vorrang vor Spurensicherung! Eine geladene Schußwaffe grundsätzlich nicht transportieren oder versenden! Kann die Waffe aus technischen Gründen nicht entladen werden, ... mit der Untersuchungsstelle Rücksprache nehmen."[107] Beim Entladen sollte die Waffe so angefaßt werden, daß keine daktyloskopischen Spuren zerstört werden können. Sie haben stets Vorrang vor anderen Spuren!

---

107 Leitfaden Tatortarbeit – Spuren – 1987 S. D 19, 20.

Lose Anhaftungen an der Waffe sind getrennt zu sichern. Könnten im Lauf befindliche Spuren verlorengehen, ist die Laufmündung, z. B. durch eine darübergestülpte Kunststoffhülle, besonders zu schützen. Auf keinen Fall darf ein Pfropfen in den Lauf eingeführt werden. „Jegliches Manipulieren mit der Waffe hat zu unterbleiben. Auch keine Ladeversuche (etwa um zu prüfen, ob die sichergestellte Munition zur Waffe paßt)."[108] **251**

Auch bei der **Sicherung von Patronen, Hülsen und Geschossen/Geschoßteilen** muß so vorgegangen werden, daß keine Spuren beeinträchtigt werden. Gefundene Munitionsteile sind einzeln in zuvor entsprechend beschriftete (Kunststoff-)Behälter, Beutel u. ä. zu geben. Sind Hülsen oder Patronen feucht geworden, z. B. weil sie in einer Blutlache gelegen haben, so sind sie auf Filterpapier pp. an der Luft zu trocknen. Ist das Geschoß in eine Wand, in Holz o. ä. eingedrungen und kann nicht ohne Beschädigungen herausgelöst werden, so ist es zusammen mit dem umgebenden Material herauszuschneiden oder -sägen. Wesentlich ist, daß bei der Sicherung keine Spuren an der Oberfläche des Geschosses beeinträchtigt werden. **252**

Für die Sicherung von Geschossen oder Geschoßteilen aus dem Körper des Opfers ist der Fachmediziner zuständig. Vor der Entkleidung des Opfers ist die Reihenfolge der Kleidungsstücke festzuhalten. Die Einschußstellen und deren Umgebung sind besonders sorgfältig zu behandeln. Der Arzt sollte darauf aufmerksam gemacht werden, daß er bei der Entfernung des Geschosses aus dem Körper so sorgsam wie möglich vorgehen soll, um Trugspuren am Geschoß zu vermeiden. Die gesicherten Teile sind – nach Trocknung – schnellstmöglich der Untersuchungsstelle zuzuleiten.

Bei Leichen ist die Haut um die Einschußöffnung herum (mindestens 5 × 5 cm) durch den **Rechtsmediziner** herauszuschneiden und auf einer festen Unterlage zu befestigen. Verletzungen und Schmauchspuren an der Hand des Schützen sind zunächst zu fotografieren. Die Art der Verletzung ist durch einen Arzt feststellen zu lassen, die Schmauchspuren sollten nach Möglichkeit von einem Sachverständigen erhoben werden. **253**

4. Vergleichsmaterial

Als **Vergleichsmaterial** kommen, je nach Untersuchungsrichtung, die Tatwaffe und/oder durch Beschuß mit der Tatwaffe gewonnene Hülsen und Geschosse in Frage. Im Hinblick auf die Untersuchung der Tatmunition können darüber hinaus sonstige Patronen, Hülsen und Geschosse, die im Laufe der Ermittlungen sichergestellt wurden, Vergleichsmaterial sein. Schließlich stellen auch die Hülsen und Geschosse der zentralen Tatmunitionssammlung des BKA sowie alle polizeilich sichergestellten Schußwaffen Vergleichsobjekte dar. Bei der Erhebung von Vergleichsmaterial ist grundsätzlich genauso vorzugehen wie bei der Spurensicherung. **254**

---

108 Leitfaden Tatortarbeit – Spuren – 1987 S. D 19, 20.

5. Verpackung und Versendung

255 Alle Spurenträger und Spuren (ebenso Vergleichsobjekte) sind einzeln so zu verpacken, daß Beschädigungen vermieden und Spurenübertragungen ausgeschlossen sind. Waffen, Waffenteile und -zubehör sind in speziellen **Transportkisten** oder vergleichbaren Behältnissen zu versenden, die gewährleisten, daß die übersandten Gegenstände nicht verrutschen und spurentragende Teile nicht mit der Verpackung in Berührung kommen. Hülsen und Geschosse sind nach dem Eintüten in ein weich gepolstertes Behältnis zu geben. Wichtig ist eine eindeutige Kennzeichnung der jeweiligen Behältnisse.

Auch Kleidungsstücke müssen einzeln verpackt werden. Durchschußöffnungen sind sofort nach der Asservierung mit weißem, sauberen Papier (u. U. auch Kunststoffolien) abzudecken. Hautteile sind nach Möglichkeit in einem Kühlbehälter zu transportieren.

6. Untersuchung und Auswertung

256 Waffen können zunächst im Hinblick auf ihre Herkunft und Funktionsfähigkeit ausgewertet werden. Ferner kann festgestellt werden, welche Munitionsart zuletzt verfeuert wurde und vor allem (sofern vollständige Geschosse vorliegen), daß aus dieser Waffe ein bestimmtes Geschoß verfeuert wurde. Die Auswertung von Hülsen und Geschossen wiederum ermöglicht die Feststellung, daß am Tatort gefundene Munitionsteile aus einer bestimmten Waffe verschossen wurden, ferner welchem Waffensystem die Tatwaffe angehört und ob mit ihr noch andere Schußwaffendelikte begangen worden sind. Diesem Zweck dienen Maßnahmen des **Schußwaffenerkennungsdienstes**. Schließlich ermöglichen Waffen und Munition die Rekonstruktion des Tathergangs.

Spuren am Schützen und am Opfer ermöglichen den Nachweis, daß überhaupt geschossen wurde; in günstig gelagerten Fällen ist darüber hinaus die Bestimmung der Waffen- und Munitionsart möglich.

SCHRIFTTUM

Anuschat, Erich: Kriminalistische Spurenkunde. 2. Aufl. Berlin 1943
Arndt, Werner: Die Sicherung von Gasen und Luft. In: Polizei, Verkehr + Technik 32 (1986), S. 110–112
ders.: Reifenspuren mit dem Computer ausgewertet. In: Kriminalist 19 (1987), S. 25–27
Bauer, Günther: Grenzen und Möglichkeiten des Personal- und Sachbeweises. In: Herbert Schäfer (Hrsg.): Kriminalistische Akzente. Hamburg 1968 (Grundlagen der Kriminalistik Bd. 4), S. 431–484
Bayerisches Landeskriminalamt: Kriminalistische Spurenkunde. Sonderdruck aus der Richtliniensammlung des Bayerischen Landeskriminalamtes. 3. Aufl. München 1985
Berke-Müller, Paul: Der Rote Faden. Grundsätze der Kriminalpraxis. 9. Aufl. Heidelberg, Hamburg 1980
Breitsamer, Franz: Der Polizeihund heute. In: Münchener Polizei 28 (1981), S. 29–35
Bürger, Heribert: Zur Spurensicherung mittels Klebeband. In: Illustrierte Rundschau der Gendarmerie 67 (1984), S. 7, 8
Burghard, Waldemar: Die aktenmäßige Bearbeitung kriminalpolizeilicher Ermittlungsvorgänge. 4. Aufl. Wiesbaden 1986 (BKA-Schriftenreihe, Bd. 35)
Burghard, W., H. W. Hamacher, H. Herold, M. Schreiber, A. Stümper und *A. Vorbeck* (Hrsg.): Kriminalistik Lexikon. 2. Aufl. Heidelberg 1986
Clages, Horst: Kriminalistik für Fachhochschulen: Der Tatort, der erste Angriff. Stuttgart, München, Hannover 1983
Drechsler, Paul: Der gegenwärtige Stand des Draufsicht-Spuren-Meßverfahrens (D-Verfahren). In: Polizei Verkehr + Technik 30 (1984), S. 274–276
Duden, Das Herkunftswörterbuch. Eine Etymologie der deutschen Sprache. Mannheim, Wien, Zürich 1963 (Duden Bd. 7)
Geerds, Friedrich: Fehlende und irreführende Spuren. Kritische Situationen der Spurensuche und ihre Konsequenzen für die Arbeit des Kriminalisten. In: Archiv für Kriminologie. 177 (1986), S. 145–157
ders.: Juristische Probleme des Sachverständigenbeweises. In: Archiv für Kriminologie. 137 (1966), S. 61–173
Gemmer, Karl Heinz: Kriminalistischer Wert des Sachbeweises. In: Bundeskriminalamt (Hrsg.): Der Sachbeweis im Strafverfahren. Arbeitstagung des Bundeskriminalamtes Wiesbaden vom 23. bis 26. Oktober 1978. Wiesbaden 1979 (BKA-Vortragsreihe. Bd. 24), S 11–17
Gertig, B. und *R. Schädlich:* Lehrbuch für Kriminalisten. Berlin 1955
Gewerkschaft der Polizei (Hrsg.): Verbrechensbekämpfung heute. 75 Jahre Daktyloskopie in Deutschland. Hilden o.J.
Gramer, L. und *H.-J. Wagner:* Untersuchung von Blutgruppensubstanzen in 30 Jahre alten Blutproben. In: Kriminalistik 40 (1986), S. 471
Gramse, Malte: Moderne analytisch-chemische Methoden der Kriminalwissenschaft und Technik. In: Taschenbuch für Kriminalisten. Bd. 33 (1983), S. 253–276
Groß, Hans: Handbuch für Untersuchungsrichter als System der Kriminalistik. Graz 1899
Groß, H. und *F. Geerds:* Handbuch der Kriminalistik. 10. Aufl. Bd. 1. Berlin 1977
Herold, Horst: Erwartungen von Polizei und Justiz in die Kriminaltechnik. In: Bundeskriminalamt (Hrsg.): Der Sachbeweis im Strafverfahren. Arbeitstagung des Bundeskriminalamtes Wiesbaden vom 23. bis 26. Oktober 1978. Wiesbaden 1979. (BKA-Vortragsreihe. Bd. 24), S. 75–83
Herrmann, Lothar: Eine Leiche – und ein bißchen Schweiß. Spurenkundliche Auswertung von Tatortspuren. In: Kriminalist 15 (1983), S. 21–23
Hołyst, Brunon: Kriminalistische Abschätzung des Spurenalters bei Fingerpapillarlinien. In: Archiv für Kriminologie. 179 (1987), S. 94–103

Hofmann, Werner: Einführung. In: Kriminalpolizei des Kantons und der Stadt Zürich: Die Spur. Arbeitshilfen für die polizeiliche Praxis, Heidelberg 1979, S. 1–7
Huelke, Hans Heinrich: Spurenkunde. 4. Aufl. Heidelberg, Hamburg 1977
Iten, Peter X.: Sicherung von Schuh- und Fingerabdruckspuren mittels elektrostatischem Spurentransfer. In: Kriminalistik 40 (1986), S. 468–470
Kanger, A.: Die „Kriminaltechnik". Eine Wissenschaft der Verbrechensaufklärung (Wesen, Begriff und Aufgaben der „Kriminaltechnik"). In: Mitteilungsblatt des Reichskriminalpolizeiamtes 6 (1943) Nr. 9, Sp. 34–52
Kriminalpolizei des Kantons und der Stadt Zürich: Die Spur. Arbeitshilfen für die polizeiliche Praxis. Heidelberg 1979 (Kriminalistik Fachbücherei)
Kleinschmidt, Friedrich: Lehrbuch für den praktischen Kriminaldienst. Lübeck 1953
Knecht, Willy: Nur dem Mörder paßten die Schuhe. Neues Verfahren zur Zuordnung getragener Schuhe. In: Kriminalistik 41 (1987), S. 673–682
Leitfaden Tatortarbeit – Spuren –: Entwurf, erarbeitet von der Fachkommission „Tatortarbeit" der AG Kripo. Stand 6/1987
Mally, Rudolf: Kriminalistische Spurenkunde I. Wiesbaden 1958 (BKA-Schriftenreihe. Bd. 10)
Meier, Jakob: Die Spurensicherung. In: Kriminalistik 28 (1974), S. 151–157, 202–208
Meixner, Franz: Für und wider den Fährtenhund. In: Bundeskriminalamt (Hrsg.): Das kriminalpolizeiliche Ermittlungsverfahren (Sicherung des objektiven und subjektiven Tatbefundes). Arbeitstagung im Bundeskriminalamt Wiesbaden vom 12. November bis 17. November 1956. Wiesbaden 1957 (BKA-Vortragsreihe. Bd. 6), S. 65–69
Meyer, H., K. Wolf und *J. Czekalla:* Kriminalistisches Lehrbuch der Polizei. Hilden 1983
Meyers Enzyklopädisches Lexikon: 9. Aufl. Bd. 22. Mannheim, Wien, Zürich 1978
Müller, G. und *W. Habel:* Erhebung des Sachbeweises. Zusammenarbeit von Kriminaltaktik, Kriminaltechnik und Rechtsmedizin. In: Die Kriminalpolizei 4 (1986), S. 11–23
Oepen, I.: Spurenkunde. Biologische (menschliche) Spuren. In: B. Forster (Hrsg.): Praxis der Rechtsmedizin für Mediziner und Juristen. Stuttgart, New York 1986, S. 258–269
Pohl, Klaus Dieter: Handbuch der Naturwissenschaftlichen Kriminalistik. Unter besonderer Berücksichtigung der forensischen Chemie. Heidelberg 1981
Polzer, Wilhelm: Der Sachbeweis in der Kriminalistik. München 1938
Prante, Helmut: Die Personenerkennung I. Daktyloskopie gestern – heute – morgen. Bestandsaufnahme und Standortbestimmung. Wiesbaden 1982 (BKA-Schriftenreihe Bd. 51)
Schaidt, C.: Allgemeine naturwissenschaftliche Kriminalistik. In: B. Forster (Hrsg.): Praxis der Rechtsmedizin für Mediziner und Juristen. Stuttgart, New York 1986
Siebert, Siegfried: Kriminalistische Spuren – ihre Entstehungsbedingungen, ihr System und ihre Untersuchung. Jur. Diss. (Ost-)Berlin 1965
Wigger, Ernst: Kriminaltechnik –Leitfaden für Kriminalisten–. Wiesbaden 1980 (BKA-Schriftenreihe. Bd. 50)
Will, Klaus: Die Sicherung von Schuheindruckspuren im Schnee. In: Kriminalistik 39 (1985), S. 114–116

16
Identifizierung durch Vergleich von Körpermerkmalen, insbesondere anhand von Lichtbildern

Friedrich Schwarzfischer

INHALTSÜBERSICHT

	Rdnr.		Rdnr.
A. Problemstellung	1	III. Wertung der Befunde	22
B. Der Merkmalsvergleich		C. Anforderungen an das Bildmaterial	26
I. Voraussetzungen	2	**D. Fototechnische Verfahren**	
II. Merkmalsgruppen		I. Superprojektion und Superposition	29
1. Gesichtsform	9	II. Elektronische Bildmischung	30
2. Augenregion	10	III. Video-Gegenüberstellung	31
3. Nasenregion	12	**E. Ergänzende Methoden**	
4. Mundregion	13	I. Methode der parallelen Linien	33
5. Ohrregion	16	II. Trickbild-Differenz-Verfahren	34
6. Haarmerkmale	19	III. Koordinaten-Diagramm-Verfahren	35
7. Hautmerkmale	20		
8. Furchen und Falten	21		

A. Problemstellung

Die Methode, Personen an Hand einer möglichst großen Zahl von Körpermerkmalen zu identifizieren, beruht auf dem sog. **anthropologisch-erbbiologischen Ähnlichkeitsgutachten** zum Zwecke der Feststellung oder des Ausschlusses der Vaterschaft eines Mannes zu einem bestimmten Kind auf Grund bestehender Ähnlichkeit oder Unähnlichkeit bei gleichzeitiger Abweichung von der Mutter.

Dieser Vergleich normaler Merkmale oder Merkmalskomplexe wurde erstmals 1924 durch *Scheidt* in München[1], nach anderen Mitteilungen[2] 1926 durch *Reche* in Wien zur Klärung der Abstammung herangezogen. 1961 hat der BGH[3] zum **Beweiswert anthropologisch-erbbiologischer Gut-**

1

---

1 *Martin/Saller* 1962, Ziegelmayer 1973 S. 329.
2 *Schade* 1954 S. 3, *Oepen* 1986 S. 339.
3 Amtsvormund 35 (1961) S. 56.

achten Stellung genommen. Die Entscheidung kommt zu dem Ergebnis, daß der Richter auf Grund des erbbiologischen Gutachtens unbedenklich eine Feststellung – Bejahung oder Verneinung der Vaterschaft – treffen kann.

2   Das **erste – nach heutigen Erkenntnissen umstrittene – Identitätsgutachten** unter Berücksichtigung von Körpermerkmalen, insbesondere des Gesichtes, wurde meines Wissens 1960 von *v. Eickstedt* und *Klenke*[4] **zur Frage der Identität Anna Andersen/Großfürstin Anastasia** veröffentlicht. Als Grundlage für diese Begutachtung dienten insgesamt 301 Abbildungen. Allerdings gingen diesem Gutachten zur gleichen Fragestellung bereits 3 andere, weniger Material berücksichtigende, nicht veröffentlichte Gutachten aus den Jahren 1940, 1941 und 1955 voraus. In dem veröffentlichten Gutachten von 1960 wird bereits darauf hingewiesen, daß der Grad einer Entscheidung wesentlich von der Güte und Menge des verfügbaren Bildmaterials abhängt. Steht nur ein ungenügendes Bildmaterial zur Verfügung, ist ein Urteil nicht möglich. Je häufiger und eindeutiger die für oder gegen eine Identität sprechenden Merkmale feststellbar sind, desto mehr wird der Grad der Wahrscheinlichkeit zunehmen. Zur gleichen Frage hat sich auch *Reche*[5] geäußert.

3   Die 1960 angesprochene Problematik hat auch heute bei der Prüfung hinsichtlich Täterschaft oder Nichttäterschaft seine Bedeutung behalten, gleichgültig, ob bei der Prüfung der Identität davon auszugehen ist, daß eine bestimmte, bekannte Person mit vorgelegtem Bildmaterial als übereinstimmend oder abweichend identifiziert werden soll oder umgekehrt eine auf Abbildungen dargestellte und erkannte Person mit einer namentlich unbekannten Person verglichen werden soll.

4   Grundsätzlich kann man davon ausgehen, daß bei Übereinstimmung in vielen Merkmalen tatsächlich eine **Identität** zwischen zwei Personen (oder Aufnahmen von denselben) besteht und keine Zufallsähnlichkeit. Subjektiv kann jedoch im Gesamteindruck eine Übereinstimmung zwischen zwei Personen angenommen werden (**Doppelgänger**), bei Prüfung der Einzelmerkmale zeigt sich aber doch eine deutliche Abweichung zwischen den „Doppelgängern". In einzelnen Abschnitten können sich menschliche Gesichter ähneln, insgesamt sind sie aber verschieden[6]. Nur zwischen

5   **eineiigen Zwillingen** ist infolge Gleichheit der Erbanlagen eine Entscheidung nicht möglich, obwohl auch bei eineiigen Zwillingen auf Grund unterschiedlicher Umwelteinflüsse keine absolute Übereinstimmung vorliegen muß.

6   Trotz aller bestehenden Schwierigkeiten hat 1985 der BGH[7] auch zum **Wert des Identitätsgutachtens** insofern Stellung genommen, als er eine Sache wegen mangelhafter Beweisaufnahme unter Bezugnahme auf *Knußmann*[8] an das zuständige Landgericht zurückverwiesen hat, weil ein

---

4 *v. Eickstedt/Klenke* 1960.
5 *Reche* 1965.
6 *Leopold* 1978 S. 284.
7 S. hierzu *Knußmann* 1988 S. 387.
8 *Knußmann* 1983.

anthropologisches Identitätsgutachten fehlte. Damit hat der morphologische Merkmalsvergleich nicht nur im anthropologischen Vaterschaftsgutachten, sondern auch im Identitätsgutachten seine höchstrichterliche Anerkennung gefunden.

B. Der Merkmalsvergleich

I. Voraussetzungen

Für die praktische Durchführung der Identitätsprüfung ergibt sich die Frage, welche Voraussetzungen die Merkmale erfüllen sollen und welche Merkmale grundsätzlich geeignet sind.

Auch hier läßt sich von den morphologischen Vaterschaftsgutachten ausgehen. Für die **Verwertbarkeit der Merkmale** sollen nach *Loeffler*[9] folgende Voraussetzungen erfüllt werden:
1. Deutliche Bestimmbarkeit,
2. Fehlen von Umweltschwankungen,
3. Fehlen oder Schätzbarkeit von Altersschwankungen,
4. Fehlen von Geschlechtsunterschieden.

Die genannten Voraussetzungen werden insbesondere von den Merkmalen des Gesichtes erfüllt, worauf besonders *Avignone* und *Rielly*[10], sowie *Hammer, Hunger* und *Leopold*[11], *Leopold*[12], *Schurich*[13], ferner *Georg* und *Lange*[14] und *Hammer, Hunger* und *Scholz*[15] und neuerdings *Knußmann*[16] hingewiesen haben. Nach *Georg* und *Lange*[17] kann ein einziger Merkmalskomplex (Ohr, Nase) genügen, um beweiskräftige Hinweise zu liefern.

Eine geringere Rolle spielen **Messungen**, eine Methode, mit welcher *Bertillon*[18] bereits 1895 unter Verwendung von 11 Körpermaßen die Identität eines Individuums festzustellen versucht hat (Signalementslehre).

II. Merkmalsgruppen

1. Gesichtsform

Für die Beurteilung der **Gesichtsform** werden in der Literatur[19] mehr als 6 schematische Gruppierungen angegeben, die aber wegen fließender Übergänge und der Möglichkeit einer individuellen Änderung in den verschiedenen Altersklassen nicht befriedigen können. Daher ist in der Regel auf

---
9 Löffler 1940 S. 324/325.
10 Avignone/Rielly 1979 S. 23/24.
11 Hammer/Hunger/Leopold 1981.
12 Leopold 1978 S. 266/267.
13 Schurich 1980.
14 Georg/Lange 1983 S. 169, 171.
15 Hammer/Hunger/Scholz 1984 S. 51, 54.
16 Knußmann 1988 S. 371.
17 Georg/Lange 1983 S. 171.
18 Bertillon 1895.
19 Schade 1954 S. 53–55.

eine allgemeine Klassifizierung besser zu verzichten, also auf Angaben wie ovalförmiges Gesicht; vorzuziehen ist eine Beschreibung von Einzelmerkmalen. Zu beachten ist ein Vergleich der Proportionen der einzelnen Gesichtsabschnitte zueinander, ferner Höhe, Breite und Wölbung der Stirn, möglichst in Vorder- und Seitenansicht, Betonung der Jochbeine (= seitliches Hervortreten der Jochbeine), Betonung der Unterkieferwinkel, Verlauf der Unterkieferäste, Scheitelbildung (in Vorder- und Seitenansicht) und Profillinie des Gesichtes.

Bei den Merkmalen des Gesichtes ist zu bedenken, daß in Abhängigkeit von Ernährungsbedingungen, Alter und Geschlecht deutliche individuelle Schwankungen möglich sind. Bei Männern ist im Bereich des Kopfes die Weichteilbedeckung meist größer als bei Frauen, daher ist die Betonung der Jochbogen bei Frauen meist stärker als bei Männern. Längen- und Breitenmaße des Schädels und damit auch Ausprägung des Gesichtes[20] können sich im Verlauf des Alters deutlich ändern. Mit zunehmendem Alter findet unter den Jochbogen ein Schwund des Fettpolsters mit stärkerer Betonung der Jochbogen statt.

2. Augenregion

In der **Augenregion**[21] ist in grober Gliederung zwischen **Oberlidraum, Lidspalte** und **Unterlid** zu unterscheiden (Abb. 1, s. Seite 748). Unter Oberlidraum versteht man den Abstand zwischen dem freien Rand des Oberlides und dem Unterrand der Brauen. Er kann über den ganzen Bereich von gleicher Höhe sein, kann aber auch seitlich an Höhe zu- oder abnehmen. Im Bereich des Oberlidraumes bedeckt das Oberlid, eine breite Hautfalte mit eingelagerter bindegewebigen Lidplatte, den oberen Teil des Augapfels. Der weichere Teil kann die Lidplatte mehr oder weniger überdecken, die den Lidplattenanteil überdeckende Falte wird als Deckfalte bezeichnet. Sie kann parallel zum Lidrand verlaufen, sie kann auch gewinkelt sein und seitlich herabtreten, schwach oder stark ausgebildet sein. Der freie Rand des Oberlides zieht bogenförmig zu den äußeren Lidwinkeln und geht dann in den Unterlidrand über.

Die Lidspalte kann horizontal verlaufen, seitlich ansteigen oder absinken. Neben der Stellung der Lidspalte ist auch die Weite (vertikale Ausdehnung der Lidspalte) und Breite (horizontale Ausdehnung der Lidspalte) zu beachten, ferner die Form der Lidwinkel und die Einbettung der Augäpfel.

Das Unterlid besteht ebenfalls aus einer bindegewebigen Lidplatte und aus weicherem Gewebe.

Auf Grund von Zwillingsuntersuchungen mit fast völliger Konkordanz bei eineiigen Zwillingen kann bei den Merkmalen der Augenregion große Umweltstabilität angenommen werden.

Infolge einer **Abnahme des Fettpolsters** sinkt mit **zunehmendem Alter** die Deckfalte herab, so daß nur mehr ein schmaler Streifen der Lidplatte

---

20 *Günther* 1950 S. 254–258.
21 Vgl. dazu *Ritter* 1969 S. 1 ff., *Schade* 1954 S. 71–77.

sichtbar bleibt. Es kann aber auch die Deckfalte insgesamt reduziert werden; in diesem Fall wird der sichtbare Anteil der Lidplatte größer. Oft ist auch eine Erniedrigung des Oberlidraumes gegeben. Mit zunehmendem Alter senkt sich der seitliche Lidwinkel, es kann auch zu einer Verengung der Lidspalten kommen.

Im Zusammenhang mit den Merkmalen der Augenregion ist auch auf die **Augenbrauen** zu achten. Sie können waagrecht verlaufen, seitlich ansteigen (unter einer Winkelbildung), seitlich abfallen. Zu prüfen ist ferner die Stärke und Art der Brauenentwicklung, Ausbildung der Brauenköpfe (evtl. Wirbelbildung) und Verwachsung der Brauen.

3. Nasenregion

Die **Nase**[22] hat im obersten Abschnitt in den Nasenbeinen eine knöcherne Grundlage, im übrigen wird die Form der Nase durch Knorpelplatten gebildet. So ist z. B. das größere oder kleinere Vorspringen der Nase vorwiegend durch den Nasenscheideknorpel bedingt. Die Nasenhöhe ist mit der Gesichtshöhe, die Nasenbreite mit der Jochbogenbreite korreliert. Ein schmaler Nasenrücken ist meist mit einem hohen Nasenrücken kombiniert.

Zu beachten ist in Vorder- und Seitenansicht die **Nasenwurzel** hinsichtlich ihrer Höhe (in bezug zum inneren Augenwinkel), Breite und Einziehung, ferner der **Nasenrücken** (Abb. 2 und 3, s. Seiten 748, 749) nach Länge, Breite und Form und die **Nasenspitze** nach Breite, Form, Richtung, evtl. Ausbildung einer Mittelrinne, ferner die **Nasenflügel** in ihrer Wölbung in der Vorderansicht, Lage des Nasenflügelansatzes (Abb. 4 und 5, s. Seiten 749, 750), Form der Begrenzung, Verlauf des Nasenflügelunterrandes (Abb. 6, s. Seite 750) und Verlauf der Nasenscheidewand.

Die Nasenbreite nimmt mit dem Alter zu, Männer haben durchschnittlich eine breitere Nase als Frauen. Die Dimensionen der Nase zeigen Geschlechtsunterschiede. Sie sind bei der Frau absolut und realtiv zur Körpergröße geringer als beim Mann. Die frühkindliche, breite und niedrige Nase mit geradem oder konkavem Nasenrückenprofil kann sich infolge unterschiedlichen Größenwachstums bei einzelnen Bauelementen (etwa bis zum 25. Lebensjahr) noch ändern. So beträgt die Häufigkeit einer breiten und kurzen Nase bei Neugeborenen 89%, in der Klasse der 12jährigen 30% und bei 25jährigen 8%. Dementsprechend steigt der Anteil der Personen mit langer und schmaler Nase von 0% (Neugeborene) auf 50% an. Die Konkavität des Nasenrückens nimmt von 62% (1.–4. Lebensjahr) auf 16% (20. Lebensjahr) ab.

Die Nasenspitze entwickelt sich in Richtung einer relativen Verschmälerung. Im Greisenalter kann eine Senkung der Nasenspitze eintreten. Altersveränderungen treten auch in der Form und im Verlauf des Nasenflügelunterrandes auf. Die waagrechte Lage nimmt zu, im höheren Alter aber die nach vorne abwärts zeigende Richtung. Die hochgebogene Form des Nasenflügelunterrandes wandelt sich im höheren Lebensalter oft in eine winklige Form um.

---

22 Vgl. dazu *Schade* 1954 S. 83–91, *Ziegelmayer* 1969 a.

4. Mund-Kinn-Region

13 Die **Mund-Kinn-Region**[23], nach oben durch den Nasenboden und seitlich durch die Nasenlippenfurchen begrenzt, umfaßt die **Hautoberlippe** mit der **Nasenlippenrinne** (Philtrum), die **Schleimhautlippen** und die durch die **Kinnlippenfurche** oder **Mundkinnfurche** abgesetzte **Kinnregion**.

Zum Vergleich heranziehbar ist die Hautoberlippe (Abb. 7, s. Seite 751) nach Höhe, Verlauf (senkrecht, vorgeneigt, zurückweichend) und Form (konkav, konvex, gerade); ferner sind zu beachten die Schleimhautlippen (Abb. 8, s. Seite 751) in ihrem Verlauf, in ihrer Breite, Biegung, mittleren Einziehung der Schleimhautunterlippe, dem Verhältnis der Schleimhautoberlippen zueinander in der Seitenansicht (meist Schleimhautoberlippe über Schleimhautunterlippe vorstehend), die Mundspalte in ihrem Verlauf, ferner Endigung der Mundwinkel (Abb. 9, s. Seite 752), sowie die Hautunterlippe (Verlauf und Form, evtl. Delle unterhalb der Schleimhautunterlippengrenze); außerdem sind zu untersuchen die Kinnbildung (Abb. 10, s. Seite 752) nach Form, Höhe, Profilierung und Grübchenbildung (Abb. 11, s. Seite 753). Des weiteren ist in der Seitenansicht auf den Übergang zwischen Nasenscheidewand und Hautoberlippe (gebogen, rechtwinklig, stumpfwinklig) zu achten und auf die Nasenlippenrinne (Philtrum). Hier sind Breite, Tiefe, Betonung, Form des Einschnittes an der Schleimhautoberlippe (Abb. 12, s. Seite 753), ferner Verlauf der Seitenleisten (Abb. 13, s. Seite 754) zu berücksichtigen.

Die Höhe der Schleimhautlippen nimmt bis etwa zum 20. Lebensjahr zu, ab 35. Lebensjahr wird die Höhe dann fortschreitend geringer. Die Höhe der Hautoberlippe und damit auch die Schweifung des Lippenrandes nimmt mit zunehmendem Alter infolge Abnahme des Hautturgors zu, die Mundspalte wird breiter, was gelegentlich aber auch durch eine stärkere Ausprägung der Mundwinkelfurche vorgetäuscht werden kann. Die Kinnhöhe nimmt mit fortschreitendem Alter zu. Auch die Nasenlippenrinne unterliegt Altersveränderungen, denn mit zunehmendem Alter divergieren die Seitenleisten stärker nach unten, im hohen Alter kann es zum Verstreichen der Konturen kommen. Die Stärke des Kinngrübchens kann durch den Hautturgor und Fettpolster der Haut beeinflußt werden. Angemerkt

14 sei, daß *Tsuchinashi*[24] am **Lippenabdruck** nach den dominierenden Einzelmerkmalen 5 Typen festgelegt hat, die individuell ausgebildet sind. Allerdings besteht nach *Endris* und *Poetsch-Schneider*[25] eine altersabhängige

15 Verteilung der Relieftypen. In Polen wird die **Cheiloskopie** als gute Methode zur Identifizierung einer Person auf der Grundlage der Abdruckspuren ihres Lippenrotes angesehen[26].

---

23 Vgl. dazu *Schade* 1954 S. 92–98, *Ziegelmayer* 1969 b.
24 *Tsuchinashi* 1974 S. 234/235.
25 *Endris/Poetsch-Schneider* 1985 S. 19.
26 *Kasprzak* 1988.

5. Ohrregion

Die **Ohrmuschel**[27] des Menschen ist eine unregelmäßige, längliche Hautfalte, die im Inneren den Ohrknorpel enthält, der weitgehend für die Form der Ohrmuschel verantwortlich ist. In der Ohrform sind alle Übergänge zwischen langen, wenig gebogenen Ohrmuscheln und kurzen, breiten und runden Ohrformen möglich (kraniale Ohrform und kaudale Ohrform). Die Stellung der Ohrmuschel im Verhältnis zur Seitenwand des Kopfes (abstehend, anliegend) ist zu beachten. Ebenso sind die Einzelheiten (Abb. 14, s. Seite 754) im Bereich der verschiedenen Abschnitte der **Außenleiste** (Helix) zu berücksichtigen, wie Vorderabschnitt, Oberabschnitt und Hinterabschnitt nach Biegung, Verlaufsart, Stärke, Einrollung, Ausbildung eines Darwinschen Höckerchens. Im Bereich der **Innenleiste** (Anthelix) ist Breite, Biegung und Wölbung zu untersuchen, die **Längsfurche** (Scapha) nach Breite, Tiefe, Beziehung zum Ohrläppchen. Der **vordere Ohrhöcker** (Tragus) ist nach Größe und Form (einhöckerig, doppelhöckerig, beide Höcker von gleicher oder ungleicher Stärke), der **hintere Ohrhöcker** (Antitragus) hinsichtlich seiner Form, Stärke und Verkantung zu untersuchen. Der **Zwischenhöckereinschnitt** (Incisura intertragica), ist nach seiner Breite und Form zu beurteilen, die **Form der Ohrmuschel** (Concha) ist im oberen Teil (Cymba) und unteren Teil (Cavum) zu beschreiben, außerdem sind die **Ohrläppchen** (Abb. 15, s. Seite 755) nach Länge, Dicke, Form und Verwachsung zu prüfen.

Zur **Geschlechts-** und **Altersvariabilität** ist anzumerken, daß bei Männern die Ohren stärker abstehen als bei Frauen. So beträgt der Winkel zwischen dem Ohr und dem Kopfrand bei Männern ab dem 40. Lebensjahr durchschnittlich 25°, bei Frauen dagegen nur 12–13°. Die Höhe und Breite der gesamten Ohrmuschel nimmt im Alter bei beiden Geschlechtern zu[28]. Das Darwinsche Höckerchen wird nach *Quelprud*[29] beim männlichen Geschlecht mit dem Alter größer, es wird also deutlicher, bei Frauen aber schwächer. Die Häufigkeit des Darwinschen Höckerchens beträgt beim männlichen Geschlecht bis zu 20 Jahren 68,2%, im späteren Alter 79,1%, beim weiblichen Geschlecht sind für die entsprechenden Altersklassen Häufigkeiten von 68,4% und 63,7% angegeben.

Auch in der Ausbildung der Ohrläppchen treten Alters- und Geschlechtsunterschiede auf. So sind die Ohrläppchen bis zum 15. Lebensjahr weniger verwachsen. In der Häufigkeit angewachsener Ohrläppchen scheinen auch regionale Unterschiede vorhanden zu sein. So treten angewachsene Ohrläppchen in Rheinland/Westfalen in 10%, in Franken in 20% und in Schwaben in 26% auf. Nach *Dutta*[30] schwankt der Anteil der angewachsenen Ohrläppchen zwischen 9% und 40%.

---

27 Vgl. dazu *Schade* 1954 S. 98–108, *Schwarzfischer* 1969.
28 *Hajniš* 1969 S. 43–48, 54.
29 *Quelprud* 1934 S. 346–348, 361.
30 *Dutta* 1963 S. 292.

18 Die großen **Schwankungen in den Häufigkeitsangaben** sind durch fließende Übergänge und damit Klassifizierungsschwierigkeiten bedingt. Trotzdem seien neuere Angaben über die Häufigkeit bestimmter Ohrmerkmale von *Hunger* und *Hammer*[31] aus Leipzig mitgeteilt, zumal aus der Häufigkeit eines Merkmales der Informationswert abgeschätzt werden kann.

		♂	♀
Ohrform	elliptisch	30,0	34,6
	oval	59,3	58,8
	viereckig	4,1	2,3
	dreieckig	6,6	4,3
Außenleiste (Biegung)	schwach	42,2	32,6
	mittel	48,4	55,4
	stark	9,2	12,0
Ohrläppchenform	zungenförmig	35,5	27,7
	bogenförmig	37,1	40,6
	viereckig	11,7	16,9
	dreieckig	15,7	14,8
Ohrläppchenverwachsung	frei	6,7	5,8
	¼ verwachsen	9,2	8,4
	½ verwachsen	23,2	22,9
	¾ verwachsen	25,1	26,8
	¹⁄₁ verwachsen	35,8	36,1

Schade[32] hat 1954 bereits darauf hingewiesen, daß die Merkmale des Ohres für die Abstammungsbegutachtung besonders ergiebig sind. Auch *Hirschi*[33] sowie *Öpen*[34], ferner *Jung*[35] und neuerdings *Hunger* und *Hammer*[36] haben auf die Bedeutung der Ohrmerkmale zur Feststellung der Identität hingewiesen.

6. Haarmerkmale

19 Die **Haarmerkmale**[37] spielen im Rahmen einer Identifizierung an Bildmaterial eine untergeordnete Rolle, da sie sehr oft nicht zuverlässig erkennbar sind. Nach Möglichkeit ist aber doch (unter Berücksichtigung eines evtl. altersbedingten Haarverlustes mit Höherrücken oder Fehlen der Stirnhaargrenze oder Berücksichtigung künstlicher Veränderungen) die Haargrenze an der Stirn, evtl. an den Schläfen und am Nacken zu beachten. So kann die Stirnhaargrenze gerade verlaufen, aber auch mehr oder minder stark gebogen sein oder eine Mittelzacke aufweisen. Die Haarform wird in der Regel keine Rolle spielen.

---

31 *Hunger/Hammer* 1987 S. 78.
32 *Schade* 1954 S. 106.
33 *Hirschi* 1970.
34 *Oepen* 1976.
35 *Jung* 1970.
36 *Hunger/Hammer* 1987.
37 Vgl. dazu *Schade* 1954 S. 60–69.

7. Hautmerkmale

Bei den Merkmalen der **Haut**[38] ist auf **Anomalien** zu achten. Gelegentlich können im Gesicht linsengroße, flache bräunliche Flecken auftreten (Lentigines), aber auch größere Pigmentmäler, die infolge Bindegewebswucherungen erhaben sein können. Derartige **Muttermäler** (Naevi) können angeboren sein, aber auch erst später manifest werden. Zu erwähnen ist auch die Ausbildung von **Sommersprossen** (Epheliden). Beim Auftreten derartiger Anomalien ist auf Stärke, Lage und Zahl zu achten.

8. Furchen und Falten

Unter **Furchen**[39] werden Vertiefungen im Gesicht verstanden, nämlich untere Augenhöhlenfurche, Augenwangenfurche, Nasenlippenfurche, Nasenlippenrinne (Philtrum), Mundwinkelfurche, Wangenkinnfurche, Kinnlippenfurche (= Mundkinnfurche). Die zwischen den Furchen liegenden Erhebungen der Haut werden als **Falten** bezeichnet, wie Stirnfalten, Nasenwangenfalte oder Wangenkinnfalte (Abb. 16, s. Seite 756).

Die Tiefe der Furchen kann durch den Hautturgor und Fettpolster der Haut beeinflußt werden.

III. Wertung der Befunde

Nach der Durchführung des Merkmalvergleiches gilt es, eine Wertung der Befunde vorzunehmen, also eine **Wahrscheinlichkeitsaussage** zu treffen. Bei serologischen Merkmalen, mit denen z. B. die Identität von Blutproben bei Alkoholbestimmungen festgestellt werden kann, ist die Möglichkeit gegeben, eine exakte mathematische Wahrscheinlichkeitsberechnung durchzuführen und genau anzugeben, wie groß die Wahrscheinlichkeit dafür ist, daß zwei untersuchte Blutproben tatsächlich von ein und derselben Person stammen. Es liegen nämlich eindeutig definierbare, sicher gegeneinander abgrenzbare Merkmale mit exakten Häufigkeitsangaben für die Population vor. Bei den morphologischen Merkmalen ist die Wertung dagegen kompliziert, da die Merkmale nicht eindeutig gegeneinander abgrenzbar sind, ferner **Umwelteinflüsse** auch durch Krankheiten, Unfälle, Operationen, **Altersunterschiede** und **Korrelationen** zwischen einzelnen Merkmalen gegeben sind. Die Einzelmerkmale können oft nicht sicher reproduzierbar erfaßt werden, vielmehr besteht zwischen den einzelnen Klassifizierungen ein gleitender Übergang. Aus diesen Gründen können in der Regel auch keine genauen Angaben über die Häufigkeit der betreffenden Merkmale in einer Population gemacht werden. Schließlich kann der Beweiswert in nicht seltenen Fällen dadurch beeinträchtigt werden, daß **kosmetische Veränderungen** z. B. im Bereiche der Brauen bestehen oder daß versucht wird, Merkmale nicht erkennbar zu machen, sei es durch **Grimassierung, Vermummung, veränderte Frisur, Bartbildung** und anderes.

---

38 Vgl. dazu *Schade* 1954 S. 69–71.
39 Vgl. dazu *Schade* 1954 S. 59/60.

23 Schließlich spielt auch die **Qualität der Vergleichsbilder** eine Rolle. Bei dieser Sachlage ist es nicht zu umgehen, daß die **Abschätzung der Beweiswertigkeit nach der persönlichen Erfahrung** eines Sachverständigen subjektiv ist und graduelle Abweichungen zwischen verschiedenen Sachverständigen möglich sind. Wesentlich ist, daß die persönliche Ansicht des Sachverständigen in ihrer Begründung überzeugt.

24 Neuerdings werden Ansätze einer **Objektivierung** versucht. So haben *Solopanow* und *Owtschinski*[40] 1973 Hinweise für den forensischen Beweiswert gegeben, in dem sie **Koeffizienten des Informationswertes** errechnet haben, wobei Häufigkeitsverteilungen und Korrelationen der Merkmale berücksichtigt werden. Auch *Hofmann*[41] hat sich zum Klassifizierungswert eines Merkmals geäußert. Aber auch diese mathematischen Ansätze können nicht von einer eindeutigen Abgrenzbarkeit einzelner Merkmale ausgehen.

25 Somit wird es wohl dabei bleiben, daß in der **Endbeurteilung** von bestimmten Schemata auszugehen ist, die sich zwar des Begriffes der Wahrscheinlichkeit bedienen, aber keine mathematische Berechnung zur Grundlage haben, sondern sich auf Wahrscheinlichkeiten beziehen, mit welcher ein Sachverständiger subjektiv zu seiner Endbeurteilung kommt. Es existieren zahlreiche Schemata; mir erscheint es zweckmäßig, sich der Skala anzugleichen, die *Hummel*[42] für Blutgruppenbefunde angegeben hat. An Stelle von „Vaterschaft" sei hier der Begriff „Identität" gesetzt. Danach sind folgende **Beurteilungsstufen** anwendbar:

Identität mit an Sicherheit grenzender Wahrscheinlichkeit gegeben,

Identität höchst wahrscheinlich,

Identität sehr wahrscheinlich,

Identität wahrscheinlich,

Identität nicht entscheidbar,

Identität unwahrscheinlich,

Identität sehr unwahrscheinlich,

Identität höchst unwahrscheinlich,

Identität mit an Sicherheit grenzender Wahrscheinlichkeit ausgeschlossen.

Die Einfügung einer Zwischenstufe zwischen „nicht entscheidbar" und „wahrscheinlich" bzw. „unwahrscheinlich" im Sinne von „Hinweis auf Identität" oder „eher identisch als nicht identisch" bzw. „eher nicht identisch als identisch" ist durchaus vertretbar.

---

40 *Solopanow/Owtschinski* 1973 S. 58/59.
41 *Hoffmann* 1987.
42 *Hummel* 1971 S. 89–91, 179, 181.

C. Anforderungen an das Bildmaterial

Das verwendete Bildmaterial muß bestimmte **Mindestforderungen** erfüllen, so daß das Bildmaterial von der Identifizierung auf seine **Eignung** zu prüfen ist. Diese Prüfung bezieht sich sowohl auf **fototechnische als auch auf anthropologische Gesichtspunkte**.

Eine fehlerhafte Beeinträchtigung des Bildmaterials kann durch Beleuchtung, Schattengebung, Tiefenschärfe, Retusche, Entwicklung und Filmmaterial bedingt sein. So können Reliefmerkmale verschwinden und damit Unähnlichkeiten vorgetäuscht werden, bei zu starker Vergrößerung und grober Körnung können Konturen unkenntlich werden. Nach Möglichkeit sollte ein **vergleichbarer Blickwinkel** gegeben sein[43]. Aus alten Personalausweisen stammende Bilder sind oft wenig hilfreich, ebenso sind sehr oft Aufnahmen von hoch installierten Überwachungskameras z. B. in Banken wenig geeignet.

Eine Beeinträchtigung des Bildmaterials durch anthropologische Gegebenheiten (oft in Verbindung mit fototechnischen Gegebenheiten) kann insbesondere durch die **Kopfhaltung** bedingt sein. Durch eine Beugung des Kopfes kann z. B. die Beurteilung der Augenregion, insbesondere des Oberlidraumes, erschwert werden. Durch Lachen können Nasenlippenrinne, Hautoberlippe und Schleimhautoberlippe verändert werden.

D. Fototechnische Verfahren

I. Superprojektion und Superposition

Weitere Verfahren zum Zwecke der Identifizierung stehen in der **Superprojektion** und **Superposition** zur Verfügung, indem man versucht, eine zu beurteilende Abbildung des Kopfes mit einem Bild der Vergleichsperson zur Deckung zu bringen oder auch das Bild eines zu identifizierenden Schädels in das des entsprechenden Kopfes einzupassen (Abb. 17. u. 18, s. Seiten 756, 757). Ursprünglich wurde zur Identifizierung von Schädeln die Methode der Zeichnung benützt, neuerdings verwendet man die fotografische Superprojektion, also das Übereinanderprojizieren zweier Foto-Negative[44].

II. Elektronische Bildmischung

Eine weitere Möglichkeit der Superprojektion besteht in der elektronischen Bildmischung[45]. Dabei werden die beiden Vergleichsobjekte mit 2 Video-Kameras simultan aufgenommen, die Video-Bildsignale werden über einen Bildmischer einem Monitor zugeleitet, auf dem das Superpro-

---

43 Brinker/Kosche 1972 S. 388, 390.
44 Grüner/Reinhard 1959, Grüner/Schulz 1969, Chernoff 1973, Helmer/Leopold 1984, Bastian/Dalitz/Woodward 1986, Pesce-Delfino/Colonna/Vacca/Potente/Introna 1986, Iten 1987, Helbig 1987.
45 Markert/Wirth 1982.

Schwarzfischer

jektionsbild abfotografiert werden kann. Eine Superprojektion soll aber nur als Kontrolle zur Unterstützung der mit morphologischen Merkmalen nachgewiesenen Identität verwendet werden, aber nicht als alleiniger Nachweis für eine bestehende Identität.

III. Video-Gegenüberstellung

31 In beschränktem Maße kann eine Täteridentifizierung auch durch eine **Video-Gegenüberstellung** erfolgen. Nach *Görling*[46] ist es mit dieser Methode gelungen, in 76% der Fälle einen Tatverdächtigen als Täter zu identifizieren. Diese Methode ist aber bereits dem **Wiedererkennen** auf Grund der Erinnerung einer Person zuzuordnen und daher nicht vor Täuschungen sicher.

32 Hinsichtlich weiterer technischer Angaben und die Möglichkeit der **Rekonstruktion der Körperhöhe** (Größe) z. B. aus den Relationen eines Individuums zum Hintergrund oder nach optischen Prinzipien sei auf *Knussmann*[47] verwiesen.

E. Ergänzende Methoden

I. Methode der parallelen Linien

33 Es wurde bereits erwähnt, daß *v. Eickstedt* und *Klenke*[48] durch Vergleich morphologischer Merkmale ein Identitätsgutachten Anna Andersen/Großfürstin Anastasia abgegeben haben. *Reche*[49] hat einer Anregung der Portraitmalerin *Kayser-Lindner* folgend, die **Methode der parallelen Linien** durchgeführt (Abb. 19, s. Seite 757). Die zu vergleichenden Bilder von gleicher Größe werden in bestimmten Punkten, z. B. Nasenwurzel, Mundspalte, Kinnpunkt durch gerade Linien verbunden. Verlaufen die Linien parallel zueinander, so ist das ein Indiz für Identität, laufen die Linien nicht parallel, dann haben die von den Linien begrenzten, senkrechten Strecken, z. B. zwischen Nasenspitze und Nasenwurzel nicht die gleiche Länge, somit besteht zwischen den Bildern keine Identität.

II. Trickbild-Differenz-Verfahren

34 Ein ähnliches Prinzip liegt dem **Trickbild-Differenz-Verfahren** zugrunde. Ein zu prüfendes Bild wird waagrecht oder senkrecht halbiert und mit der anderen Hälfte eines Vergleichsfotos entsprechender Größe und Ordnung in Beziehung gesetzt und festgestellt, ob Parallelität, z. B. im Verlauf der Mundspalte besteht. Auch auf diese Weise kann ein Hinweis für Identität oder Nichtidentität gewonnen werden.

---

46 *Görling* 1985 S. 59.
47 *Knußmann* 1988 S. 393–397.
48 *v. Eickstedt/Klenke* 1960.
49 *Reche* 1965.

III. Koordinaten-Diagramm-Verfahren

Als eine weitere, auf der Konstruktion eines ganzen Liniennetzes beruhende Methode wurde von *Furthmayr*[50] das **Koordinaten-Diagramm-Verfahren** (KDV) veröffentlicht. Dabei können auch aus einem Schädel Rückschlüsse auf die Kopf- und Gesichtsform gezogen werden. Der Aussagewert dieser Methode stützt sich auf eine Vielzahl morphologischer Meßpunkte, die allerdings nicht übereinstimmend definiert sind, auf einer Fotografie des Gesichtes oder des Schädels, an denen Hilfslinien angelegt werden. Diese Hilfslinien werden mit dem Zirkel aus den individuell verschiedenen Überschneidungspunkten als Kreisbogen zur Koordinatenachse („Augenachse") zurückgeführt (Abb. 20, s. Seite 758). Durch die unterschiedlich ausfallenden Abstände an der Koordinatenachse entsteht ein Koordinaten-Diagramm. In seiner Paarigkeit nach dem fraglichen Schädeldiagramm werden Auswertungen hinsichtlich einer Identifizierung ermöglicht. In der Praxis hat dieses Verfahren keine größere Bedeutung gewonnen.

---

50 *Furtmayr* 1975.

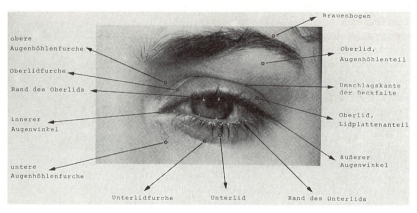

Abb 1: Merkmale der Augenregion nach *Schade, H.:* Vaterschaftsbegutachtung. E. Schweizerbartsche Verlagsbuchhandlung, Stuttgart 1954.

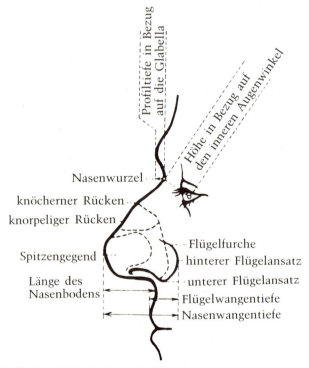

Abb. 2: Physiognomische Merkmale der Nase.
Aus: *Just, G.:* Hdb. der Erbbiologie des Menschen Bd. II. Springer, Berlin 1940.

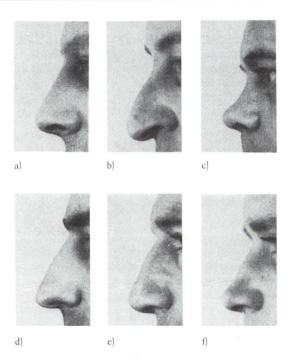

a)   b)   c)

d)   e)   f)

Abb. 3: Verschiedene Nasenprofilformen: a) gerade, b) konvex, c) konkav, d) nur im oberen Anteil konvex, im unteren Teil gerade, e) konvex-gewellt, f) konkav-gewellt.
Aus: *Becker, P. E.:* Humangenetik Bd. I/2.
G. Thieme, Stuttgart 1969.

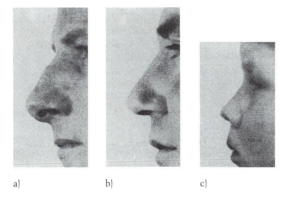

a)   b)   c)

Abb 4: Nasenflügelansatz; a) hoch, b) tief, c) kindlich tiefliegender Ansatz.
Aus: *Becker, P. E.:* Humangenetik Bd. I/2.
G. Thieme, Stuttgart 1969.

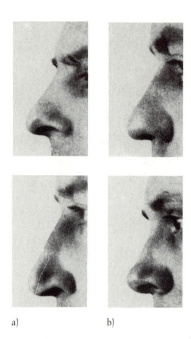

a)   b)

Abb. 5: Nasenflügelhöhe: a) niedrig, b) hoch, bei oben schwach und unten stark ausgeprägter Nasenflügelfurche.
Aus: *Becker, P. E.:* Humangenetik Bd. I/2.
G. Thieme, Stuttgart 1969.

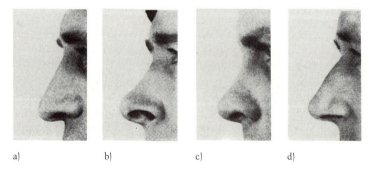

a)   b)   c)   d)

Abb. 6: Verlauf des Nasenflügelunterrandes: a) gerade, b) stark gebogen, c) gewinkelt, d) geschweift.
Aus: *Becker, P. E.:* Humangenetik Bd. I/2.
G. Thieme, Stuttgart 1969.

Identifizierung von Körpermerkmalen

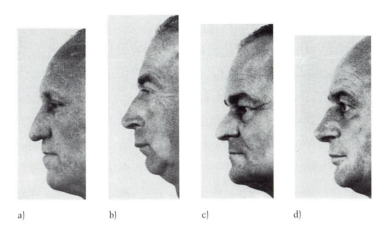

a)   b)   c)   d)

Abb. 7: Profil der Hautoberlippe: a) konvex, b) gewellt, c) gerade, d) konkav. Männer im Alter zwischen 40 und 50 Jahren.
Aus: *Becker, P. E.*: Humangenetik Bd. I/2.
G. Thieme, Stuttgart 1969.

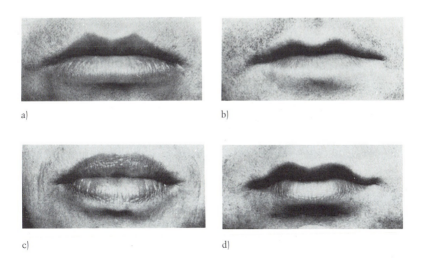

a)   b)

c)   d)

Abb. 8: Verschiedene Formen des Schleimhautlippenrandes: a) gerade, b) konkav, c) konvex, d) geschweift.
Aus: *Becker, P. E.*: Humangenetik Bd. I/2.
G. Thieme, Stuttgart 1969.

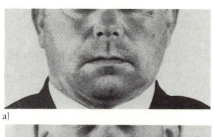

a)

b)

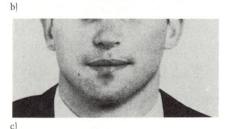

c)

Abb. 9: Mundwinkelrichtung:
a) abwärts,
b) waagerecht,
c) aufwärts.

Aus: *Becker, P. E.:* Humangenetik Bd. I/2. G. Thieme, Stuttgart 1969.

a)

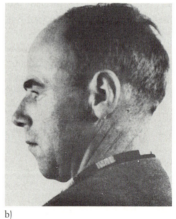

b)

Abb. 10: Kinnprofil
a) stark vorgewölbt
b) gerade und fliehend

Aus: *Becker, P. E.:* Humangenetik Bd. I/2. G. Thieme, Stuttgart 1969.

Identifizierung von Körpermerkmalen   Abb. 11, 12 **16**

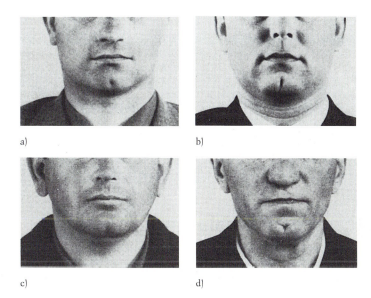

Abb. 11: Kinngrübchen und Kinnfurchen:
a) Kinngrübchen
b) Kinnfurche,
c) Kinnfurche,
d) Y-Furche.
Aus: *Becker, P. E.:*
Humangenetik Bd. I/2.
G. Thieme, Stuttgart 1969.

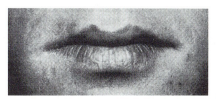

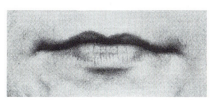

Abb. 12: Philtrumeinschnitt an der Schleimhautoberlippe:
a) gebogen,
b) gewinkelt,
c) fast fehlend.
Aus: *Becker, P. E.:*
Humangenetik Bd. I/2.
G. Thieme, Stuttgart 1969.

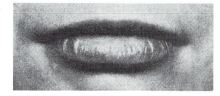

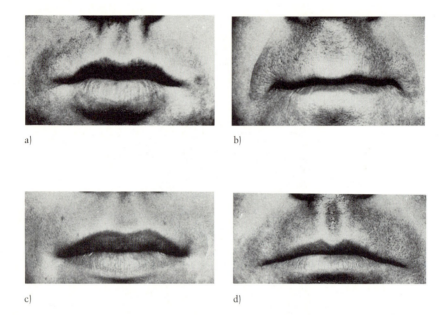

Abb. 13: Philtrumleisten: a) breite, im oberen Abschnitt sehr stark erhaben, b) Leisten fast fehlend, c) nach unten stark divergierend, d) leicht konvex gebogen.
Aus: *Becker, P. E.:* Humangenetik Bd. I/2.
G. Thieme, Stuttgart 1969.

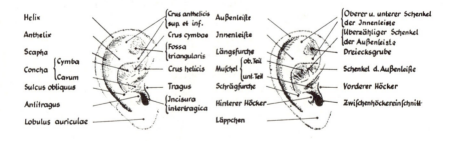

Abb. 14: Vorschlag für deutsche Bezeichnungen des Ohres.
Aus: *Schade, H.:* Vaterschaftsbegutachtung.
E. Schweizerbartsche Verlagsbuchhandlung, Stuttgart 1954.

Identifizierung von Körpermerkmalen   Abb. 15 **16**

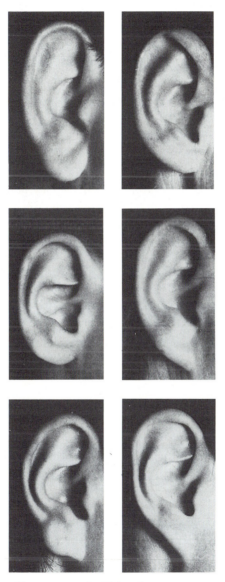

Abb. 15: Formen der Ohrläppchen.
Aus: *Becker, P. E.:* Humangenetik Bd. I/2.
G. Thieme, Stuttgart 1969.

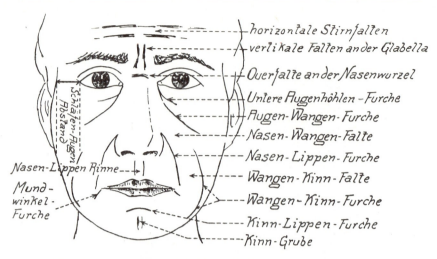

Abb. 16: Die Falten und Furchen im Gesicht und der Schläfen-Augenabstand. (Nach *Wenninger* 1924.)
Aus: *Schade, H.*: Vaterschaftsbegutachtung. E. Schweizerbartsche Verlagsbuchhandlung, Stuttgart 1954.

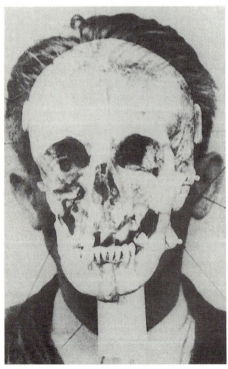

Abb. 17: Fotografische Einpassung eines Schädels in einen Kopf zwecks Überprüfung der Identität des Schädels. Zur Methode der vergleichbaren Orientierung von Schädel und Kopf.
Aus: *Grüner, O.* und *Schulz, G.*: Beitr. gerichtl. Med. 26, 132, 1969.

Identifizierung von Körpermerkmalen   Abb. 18, 19 **16**

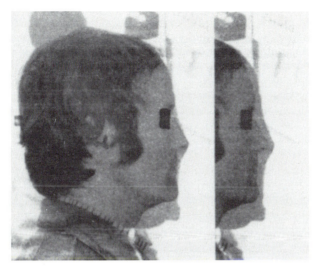

Abb. 18: Superprojektion der Profilansichten des Kopfes eines maskierten Täters und eines dazugehörigen Tatverdächtigen. Das Täterfoto wurde aus Serienaufnahmen einer unter der Decke montierten Sicherungskamera ausgewählt und herausvergrößert sowie durch Projektionsverkantung um 20° dem waagrecht aufgenommenen erkennungsdienstlichen Foto des Tatverdächtigen angepaßt. a) Superprojektion des Gesamtkopfes, b) parallelverschobene Superprojektion des Gesichtes.

Aus: *Knußmann, R.*: Anthropologie, Handbuch der vergleichenden Biologie des Menschen. Gustav Fischer, Stuttgart 1988.

Abb 19: Parallele Linien als ein Indiz für Identität.

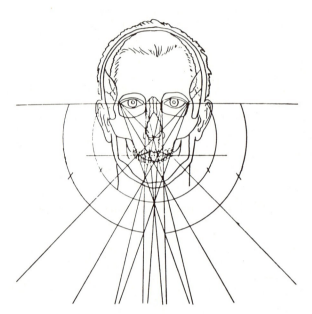

Abb. 20: Konstruktion des Koordinaten-Diagramms.
Aus: *Furtmayr, M. J.*: Arch. Kriminol. 155, 3, 1975.

SCHRIFTTUM

Avignone, J. M. und *D. Rielly:* Photographic analysis of bank robbery films. In: FBI Law Enforcement Bulletin. 48 (1979) No. 11, S. 21–25.

Bastiaan, R. J., G. D. Dalitz und *C. Woodward:* Video superimposition of Skulls and photographic portraits – A new aid to identification. In: J. forens. Sci. 31 (1986), S. 1373–1379.

Bertillon, A.: Das anthropologische Signalelement. 2. Aufl. Bern, 1985.

Brinker, H.: Identifizieren und Wiedererkennen. – Bemerkungen zum Unterschied und zur Beweisqualität –. In: Arch. Krim. 176 (1985), S. 142–145.

Brinker, H. und *E. Kosche:* Reihenbilder für ED- und Fahndungszwecke. In: Kriminalistik 26 (1972), S. 387–390.

Chernoff, H.: The Use of Faces to Represent Points in k-Dimensional Space Graphically. In: J.A.S.A. 68 (1973), p. 361–368.

Dutta, P. C.: A Note on the Ear Lobe. In: Acta Genet. 13 (1963), p. 290–294.

Eickstedt v., E. und *W. Klenke:* Anthropologisches Gutachten zur Frage der Identität Anna Anderson/Großfürstin Anastasia. In: Homo 11 (1960), S. 197–215.

Endris, R. und *D. Poetsch-Schneider:* Zum Beweiswert des menschlichen Lippen- und Nagelreliefs bei Identifizierungen. In: Arch. Krim. 175 (1985), S. 13–20.

Furtmayr, M. J.: Gesicht und Schädel des Menschen als mögliche Identifizierungsgrundlagen in Vergangenheit und Gegenwart. In: Arch. Krim. 155 (1975), S. 3–13.

Georg, K. H. und *G. Lange:* Das Anthropologische Vergleichsgutachten; eine sichere Methode zur Identifizierung von Straftätern. In: Kriminalist 15 (1983), S. 167–171.

Görling, H.: Täteridentifizierung per Video-Gegenüberstellung. In: Kriminalistik 39 (1985), S. 58–60.

Grüner, O. und *R. Reinhard:* Ein fotografisches Verfahren Schädelidentifizierung. In: Dt. Z. gerichtl. Med. 47 (1959), S. 247–256.

Grüner, O. und *G. Schulz:* Über eine Vereinfachung der fotografischen Schädelidentifizierung. In: Beitr. gerichtl. Med. 26 (1969), S. 132–137.

Günther, H.: Die physiologische Akromegalie. In: Endokrinologie 27 (1950), S. 253–258.

Hajnis, K.: Die Veränderungen der Ohrmuscheln bei Erwachsenen. In: Z. Morph. Anthrop. 61 (1969), S. 42–56.

Hammer, H. J., H. Hunger und *D. Leopold:* Zur Anwendbarkeit mophologischer Gesichtsmerkmale bei der Identifikation. In: Kriminalistik u. forens. Wiss. 44 (1981), S. 111–120.

Hammer, H. J., H. Hunger und *D. Scholz:* Weitere Erfahrungen bei der Identifikation Unbekannter. In: Kriminalistik u. forens. Wiss. 53/54 (1984), S. 51–54.

Helbig, W.: Methode zur einfachen Darstellung und Auswertung von Merkmalskomplexen – ein nützliches Hilfsmittel zur kriminalistischen Gruppenidentifizierung. In: Kriminalistik u. forens. Wiss. 67/68 (1987), S. 153–157.

Helmer, R.: Schädelidentifizierung durch elektronische Bildmischung. Zugleich ein Beitrag zur Konstitutionsbiometrie und Dickenmessung der Gesichtsweichteile. Heidelberg 1984. Kriminalistik: (Wissenschaft und Praxis). Bd. 16).

Helmer, R. und *O. Grüner:* Vereinfachte Schädelidentifizierung nach dem Superprojektionsverfahren mit Hilfe einer Video-Anlage. In: Z. Rechtsmed. 80 (1977a), S. 183–187.

dies.: Vereinfachte Schädelidentifizierung durch Superprojektion nach dem Verfahren der elektronischen Bildmischung, modifiziert zum Trickbild-Differenz-Verfahren. In: Z. Rechtsmed. 80 (1977b), S. 189–190.

Helmer, R. und *D. Leopold:* Neuere Aspekte zur Schädelidentifizierung. In: Kriminalistik u. forens. Wiss. 55/56 (1984), S. 82–88.

Helmer, R., F. Koschorek, B. Terwey und *T. Frauen:* Dickenmessung der Gesichtsweichteile mit Hilfe der Kerspin-Tomographie zum Zwecke der Identifizierung. Arch. Krim. 178 (1986), S. 139–150.

Hirschi, F.: Identifizierung von Ohrabdrücken. In: Kriminalistik 24 (1970), S. 75–79.

Hoffmann, K.: Wie mißt man den Identifizierungswert und den Klassifizierungswert eines Merkmals? In: Kriminalistik u. forens. Wiss. 67/68 (1987), S. 181–189.

Hummel, K.: Biostatistische Abstammungsbegutachtung mit Blutgruppenbefunden. Bd. 1. Stuttgart 1971.

Hunger, H. und *H. J. Hammer:* Zu Fragen der Identifikation durch Ohrmerkmale. Kriminalistik u. forens. Wiss. 65/66 (1987), S. 75–79.

Iten, P. X.: Identification of Skulls by Video Superimposition. In: Journal of Forensic Sciences 32 (1987), S. 173–188.

Jung, W.: Über das Ohr zum Täter. Identifizierung durch Ohrabdrücke. In: Kriminalistik 38 (1984), S. 482–483.

Kasprzak, J.: Cheiloskopie – eine neue kriminalistische Methode zur Identifizierung von Personen. In: Kriminalistik u. forens. Wiss. 69/70 (1988), S. 25–31.

Knußmann, R.: Die vergleichende morphologische Analyse als Identitätsnachweis. In: Strafverteidiger 3 (1983), S. 127–129.

ders.: Methoden des morphologischen Vergleichs in der forensischen Anthropologie. In: *R. Knußmann* (Hrsg.): Anthropologie. Handbuch der vergleichenden Biologie des Menschen. Bd. I: Wesen und Methoden der Anthropologie. 1. Teil. 4. Aufl. Stuttgart, New York 1988, S. 368–407.

Knußmann, R. und *U. Evers:* Kontrolluntersuchungen zur Rekonstruktion der Körperhöhe erwachsener Personen aus fotografischen Aufnahmen. Homo. 39 (1988).

Leopold, D.: Die Superprojektion – Eine Möglichkeit zur Identifikation. In: Kriminalistik u. forens. Wiss. 6 (1971), S. 177–182.

ders.: Personenerkennung durch Superprojektion. In: *Hunger, H.* und *D. Leopold* (Hrsg.): Identifikation. Berlin, Heidelberg, New York 1978, S. 263–287.

Leonhard, K.: Der menschliche Ausdruck in Mimik, Gestik und Phonik. Leipzig 1976.

Löffler, L.: Anwendungen der menschlichen Erbbiologie. In: *Günther Just* (Hrsg.): Handbuch der Erbbiologie des Menschen. Bd. 2. Berlin 1940, S. 310–359.

Markert, K. und *I. Wirth:* Elektronische Bildmischung – eine Möglichkeit zur Optimierung des Vergleiches von prä- und postmortalen Röntgenbildern. In: Kriminalistik u. forens. Wiss. 47 (1982), S. 11–16.

Martin, R. und *K. Saller:* Lehrbuch der Anthropologie in systematischer Darstellung mit besonderer Berücksichtigung der anthropologischen Methoden. Bd. 3,3. Aufl., Stuttgart 1962.

Oepen, I.: Der Identifizierungswert des menschlichen Ohres. In: Polizei-Führungsakademie (Hrsg.): Moderne Personen- und Spurenlegeridentifizierung. Arbeitstagung für Beamte der Kriminalpolizei – gehobener und höherer Dienst – vom 13.–15. 10. 1976. Schlußbericht.

ders.: Paternitätsbegutachtung. In: *Balduin Forster* (Hrsg.): Praxis der Rechtsmedizin für Mediziner und Juristen. Stuttgart, New York, 1986, S. 295–357.

Pesce Delfino, V., M. Colonna, E. Vacca, F. Potente und *F. Introna:* Computer-Aided Skull/Face Superimposition. In: Am. J. Forensic. Med. Pathol. 7 (1986), p. 201–212.

Quelprud, T.: Zur Erblichkeit des Darwinschen Höckerchens. In: Z. Morph. Anthrop. 34 (1934), S. 343–363.

Reche, O.: Eine neue Methode zur Erleichterung der Beweisführung in Indentifizierungs-Prozessen. Homo 16 (1965), S. 113–116.

Ritter, H.: Weichteile der äußeren Augenregion. In: P. E. Becker (Hrsg.): Humangenetik. Ein kurzes Handbuch in 5 Bänden. Bd. 1/2. Stuttgart 1969, S. 1–10.

Schade, H.: Vaterschaftsbegutachtung. Grundlagen und Methoden der anthropologisch-erbbiologischen Vaterschaftsfeststellung. Stuttgart 1954.

Schurick, F. R.: Wesen und Klassifikation von Nichtidentifizierungsuntersuchungen in der kriminalistischen Expertise. In: Kriminalistik u. forens. Wiss. 41 (1980), S. 5–28.

Schwarzfischer, F.: Ohrmuschel. In: P. E. Becker (Hrsg.): Humangenetik. Ein kurzes Handbuch in fünf Bänden. Bd. 1/2. Stuttgart 1969, S. 163–176.

Solopanow, J. V. und S. S. Owtschinski: Aktuelle Probleme der kriminalistischen Informatik. In: For. Krim. 2 (1973), S. 56–60.

Tschunihashi, Y.: Studies on personal identification by means of lip prints. In: Forensic Science 3 (1974), S. 233–248.

Ziegelmayer, G.: Äußere Nase. In: P. E. Becker (Hrsg.): Humangenetik. Ein kurzes Handbuch in fünf Bänden. Bd. 1/2. Stuttgart 1969a, S. 58–81.

ders.: Mund-Kinn-Region. In: *P. E. Becker* (Hrsg.): Humangenetik. Ein kurzes Handbuch in fünf Bänden. Bd. 1. Stuttgart 1969b, S. 82–107.

ders.: Anthropologisch-erbbiologisches Abstammungsgutachten. In: Georg Eisen (Hrsg.): Handwörterbuch der Rechtsmedizin. Stuttgart, 1973, S. 319–331.

17
Identifizierung durch Daktyloskopie

Gerhard Ochott*

INHALTSÜBERSICHT

	Rdnr.		Rdnr.
A. Allgemeines	1	V. Spurensicherung	55
B. Besonderes	21	VI. Spurenauswertung	61
I. Erkennungsdienstliche Behandlung	21	1. Hinweisvergleich	69
II. Anatomische Merkmale	28	2. Regionalvergleich	70
		3. Sammlungsvergleich	71
III. Arbeitsteilung	33	VII. Der daktyloskopische Identitäts-	
IV. Bund Länder (Klassifizier-)System		nachweis	78
1. Z-Sätze/E-Sätze	34	VIII. Die Beweiskraft der Daktyloskopie	82
2. Grundlagen	39	IX. Erkennungsdienst/Daktyloskopie	
3. Klassifizierablauf	43	und INPOL	91
4. Recherchieren	53	**C. Ausblick**	92

A. Allgemeines

Zur Identitätsfeststellung ist die Polizei in zahlreichen gesetzlichen 1
Bestimmungen ermächtigt. Eine der in Betracht kommenden Methoden ist
die erkennungsdienstliche Behandlung. Identifiziert werden müssen nicht
nur Täter, sondern auch Opfer, etwa bei einer Gasexplosion, einem Flugzeugabsturz oder einem Eisenbahnunglück. Absolut sicher kann dies
durch die Daktyloskopie geleistet werden.

Was die Bedeutung und künftige Anwendungsmöglichkeiten der DNA- 2
Analyse, also des sog. Genetischen Fingerabdruckes angeht, wird sicher
noch einige Zeit vergehen, bis diese Methode auch in großem Umfang für
polizeiliche Zwecke in Betracht kommen kann[1].

Identifizierungen durch Augenschein oder durch die Aussage des Opfers 3
bei der Gegenüberstellung haben sich mehr als einmal als Irrtum oder
unmöglich erwiesen. Man denke nur an den alten Kriminalfilm, in dem
einer von eineiigen Zwillingen der Mörder war. Ein Zeuge, der die Tat
genau beobachtet hatte, mußte doch bei der Gegenüberstellung mit beiden
Brüdern kapitulieren. Die Daktyloskopie hätte weiterhelfen können, wenn

---

* Herrn KD Oppermann, Bundeskriminalamt, danke ich für seine konstruktiven Anregungen und Hinweise.
1 Vgl. hierzu *Sternberg-Lieben* 1987 S. 1242–1247 und *Steinke* 1987 S. 2914–2915 sowie der „SPIEGEL" Nr. 5 vom 27.2.1986 S. 176–178 und „stern" Nr. 49 vom 1.12.1988 S. 282–284.

es am Tatort daktyloskopische Spuren gegeben hätte. Und mehr als einmal ist schon ein Vermißter, der als Wasserleiche von Angehörigen einwandfrei identifiziert worden war, wohlbehalten wieder auf der Bildfläche erschienen.

4 Bei der Identifizierung anhand von Gebißbefunden und – wenn auch an sich sicherer – Röntgenbildern könnte im Einzelfall ein theoretischer Rest von Zweifeln bleiben, wenn nicht weitere Kriterien hinzukämen: etwa die Tatsache, daß der Vermutete laut Passagierliste Insasse des abgestürzten Flugzeuges war, oder der auffällige Knopf an der Lederjacke des unbekannten Toten.

5 Bei der Identifizierung durch daktyloskopischen Vergleich hingegen braucht nichts hinzuzukommen. Ein daktyloskopisches Identitätsgutachten kann ganz allein für sich bestehen, es benötigt keine weitere Stütze. Denn weltweit anerkannt und nicht mehr bestritten sind die Grundsätze der Daktyloskopie: Das Bild der menschlichen Hautleisten an Händen (s. Abb. 1 auf Seite 765) und Füßen ist für jedes Individuum einmalig und unveränderlich. Bei der Geburt ist es bereits vorhanden, und es wächst wie eine lineare fotografische Vergrößerung.

Abb. 2: Fußabdruck

Identifizierung durch Daktyloskopie   zu 5 **17**

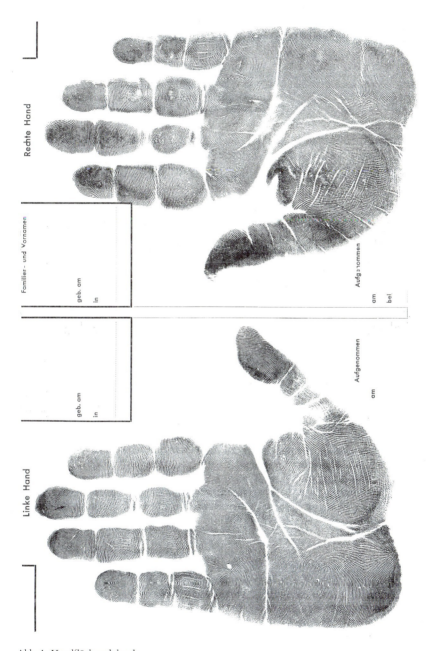

Abb. 1: Handflächenabdruck

Daß auch bei großen Affen ähnliche Kennzeichen vorkommen, soll nicht verschwiegen werden.

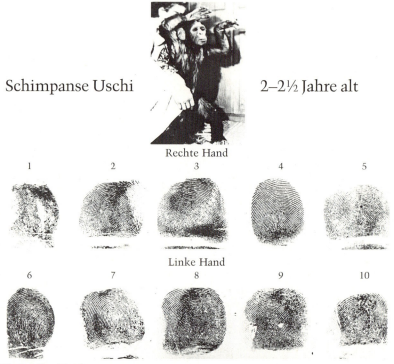

Abb. 3: Affenabdruck

6   Die Hautleistenbilder sind also das sicherste Mittel, um einen Menschen zu identifizieren. Allerdings sind, da es kein allumfassendes Vergleichsmaterial gibt, auch dieser Methode Grenzen gesetzt; andernfalls müßte die Volksdaktyloskopie eingeführt werden. Im Zeitalter der offenen Grenzen und der Freizügigkeit würde dies aber bedeuten, daß auch die anderen Staaten das gleiche tun müßten. Daß es trotz der dann anfallenden Mengen daktyloskopischen Materials mit den heutigen Sammlungssystemen kaum Probleme geben würde, sei am Rande erwähnt. Mit diesen Systemen können an sich auch größere Mengen als bisher verarbeitet werden; das trifft jedoch aus personellen Gründen zunächst nur für die Personenidentifizierung (Z-Satz; s. dazu unten Rdnr. 34 ff.) zu.

7   Was ist überhaupt Identität? In einem einfachen Lexikon heißt es: „Identität = vollkommene Gleichheit zweier Dinge, Wesensgleichheit.

Das Identitätsgesetz der Logik (A = A oder: Jeder Gegenstand ist sich selbst identisch) gilt zwischen Gegenständen und Begriffen, wenn diese im Austausch füreinander (wechselseitig) eingesetzt werden können." Menschen können nur mit sich selbst identisch sein. Dann ist die in daktyloskopischen Identitätsgutachten mitunter verwendete Formulierung „Die am Sektglas gesicherte Fingerspur ist mit dem rechten Zeigefingerabdruck des... identisch" nicht korrekt. Richtig muß es vielmehr heißen: „Die am Sektglas gesicherte Fingerspur und der am ... aufgenommene Abdruck des rechten Zeigefingers stammen von dem Individuum namens...", womit Spur und Abdruck auf denselben Urheber zurückgeführt werden.

Zur Feststellung von Identität durch die Daktyloskopie kommt es, wenn die übliche Identitätsfeststellung anhand behördlicher Ausweise nicht möglich ist oder an der Richtigkeit vorgelegter Ausweise Zweifel bestehen. Man vergleiche einmal die Zahl der laut Polizeilicher Kriminalstatistik festgestellten Tatverdächtigen mit der der erkennungsdienstlich Behandelten, um zu erkennen, wie gering doch deren Anteil ist. **8**

In der strafprozessual genutzten Daktyloskopie übt die Polizei ein Monopol aus, nicht weil sie es fordert, sondern weil es ihr einfach zugefallen ist. Ähnlich ist die Situation außerhalb des Straf-(OWi-)Prozesses. Bleibt zu erwähnen, daß Hautleistenbilder von jeher von Anthropologen (im Bereich Humanbiologie) ausgewertet werden, und zwar zum einen bei der Erstellung von Abstammungsgutachten und zum anderen im Zusammenhang mit der Früherkennung von Krankheiten, es gibt Kliniken, an denen dies als Routineverfahren praktiziert wird. Von „Privaten" wird die Daktyloskopie kaum ausgeübt, wenn man davon absieht, daß hier und da ein pensionierter daktyloskopischer Sachverständiger der Polizei oder ein aktiver Polizeibediensteter in genehmigter Nebentätigkeit von Anwälten in Zivilstreitsachen oder zur „Anfechtung" behördlicher Gutachten im Strafprozeß in Anspruch genommen wird. Das liegt wohl daran, daß mit dieser Methode privat kein großes Geschäft zu machen ist. **9**

Die der Polizei ohne ihr Zutun zugefallene Monopolstellung ist in unserem Rechtssystem nicht zu einem Angriffspunkt geworden. Während in anderen naturwissenschaftlichen Disziplinen von Verteidigern Gegengutachten und weitere („Ober-")Gutachten auf den Plan gerufen werden, ist dies bei daktyloskopischen Identitätsgutachten die seltene Ausnahme. Diese Gutachten werden als solche kaum angegriffen; Verteidiger bemühen sich höchstens, die Tatbezogenheit dieses Beweismittels in Frage zu stellen. **10**

Die heute praktizierte Methode der Erstellung eines daktyloskopischen Gutachtens wird sicherlich mindestens noch im nächsten Jahrzehnt angewendet. Zunächst wird im Weg des Personenfeststellungsverfahrens (PFV) zu klären versucht, wessen Fingerabdrücke sich auf dem Blatt befinden. Mit Abschluß des PFV, das aus Personenanerkennung und Personalienüberprüfung besteht, erfolgt die in der Regel unumstößliche Verknüpfung von Fingerabdrücken, Personalien und Aussehen mit der höchstmöglichen Sicherheit. **11**

Die bei der ED-Behandlung gewonnenen Abdrücke (s. Tabelle Rechtsgrundlagen nach Rdnr. 24), gesammelt auf Länderebene bei den Landeskriminalämtern, auf Bundesebene beim BKA, bilden das Vergleichsmaterial für alle weiteren Arbeiten. Die Bestände sind heute weitaus kleiner als früher, als ED-Material noch bis zum 90. Lebensjahr des Betroffenen aufbe- **12** wahrt wurde (deshalb konnte noch so mancher unbekannte Tote identifiziert werden). Die aus dem Datenschutz resultierenden Bestimmungen betreffend Aufbewahrungsdauer, Löschungsfristen, Gleichsetzung von ED-Material mit dem sonstigen Inhalt der polizeilichen Unterlagen-Sammlungen und dgl. haben die Bestände enorm schrumpfen lassen. Nach den Gesetzen der Logik und der Wahrscheinlichkeit bieten große Bestände mehr Aussicht auf Erfolg als ein kleiner Fundus.

13 Allerdings haben sich die Erfolge der daktyloskopischen Auswertungsarbeiten im Spuren-/Tatortbereich auch bei geschrumpften Sammlungsbeständen statistisch kaum verringert. Sicherlich ist dies den durch das Bund-Länder-(Klassifizier-)System (Näheres hierzu s. unten Rdnr. 20, 34 – 54) verbesserten Möglichkeiten im Sammlungsvergleich zu verdanken.

14 Die Kriminalstatistik der Polizeidienststellen weist aus, wieviele Straftäter ermittelt wurden; Landeskriminalämter und BKA zählen die eingehenden Fingerabdruckblätter. Die daraus errechnete Relation ist insofern ungenau, als die erste eine Ausgangsstatistik, die zweite eine Art Eingangsstatistik ist. Außerdem ist die Statistik der erkennungsdienstlichen Behandlungen nicht aufgeschlüsselt nach den unterschiedlichen Rechtsgrundlagen, die zu der Maßnahme führten. Diese Unterscheidung ist deshalb von Bedeutung, weil im Gegensatz zu den alten Regelungen nicht mehr alles aufgenommene ED-Material den Sammlungen zugeführt werden darf. So bestehen die Erkennungsdienst-Sammlungen bei den Landeskriminalämtern und beim BKA hauptsächlich aus den gemäß StPO und Polizeirecht gewonnenen Finger-/Handflächenabdruckblättern.

15 Die Verwaltung des Materials, die Überwachung von Fristen, Aussonderung und dgl. binden heutzutage viele Dienstkräfte, die sonst am Klassiziergerät oder mit der Lupe arbeiten könnten. Die erkennungsdienstliche Standard-Behandlung umfaßt die Abnahme aller Fingerabdrücke; unter bestimmten Voraussetzungen werden zusätzlich Handflächenabdrücke aufgenommen.

16 Die Systeme des Sortierens und Ablegens haben sich immer wieder gewandelt. Sie alle verfolgen nur den einen Zweck: Möglichst schnell das passende Vergleichsstück zu finden oder die Feststellung zu treffen, daß keines vorhanden ist. Die Alten erinnern sich noch an die Zeiten, als ein zweites Fingerabdruckblatt in seine zehn Einzelteile zerschnitten wurde, um damit eine Einzelfingerabdrucksammlung zu speisen, mit deren Hilfe der Mörder, Räuber, Einbrecher gefunden werden sollte. Dann kamen stattdessen die Einzelfingerabdruckkarten, die bei bestimmten Delikten zusätzlich zum Zehnfingerabdruckblatt aufgenommen wurden.

17 Jede selbständige Polizeidienststelle hatte ihre daktyloskopische Sammlung. Diese vielen dezentralen Sammlungen verhalfen dem Straftäter oft dazu, ungeschoren zu bleiben, wenn er sein Tätigkeitsfeld großräumig wechselte.

18 Um die daktyloskopische Arbeit möglichst schnell, effektiv und rationell erledigen zu können, gilt seit 1974 grundsätzlich das Prinzip der Arbeitsteilung zwischen BKA und Landeskriminalämtern: Das BKA als

Zentrale ist zuständig für die Identifizierung der Person als solche mit Hilfe der Zehnfingerabdrücke; die Landeskriminalämter sind zuständig für die Tatortdaktyloskopie, die Suche nach dem Spurenverursacher, da die Strafverfolgung in der Regel in die Kompetenz der Bundesländer fällt. Daher werden Fingerabdrücke nur noch im BKA, Spuren dagegen bei den Landeskriminalämtern und für seinen originären Bereich auch im BKA klassifiziert.

Dieser Arbeitsteilung liegt die Erkenntnis zugrunde, daß aufgrund der offenen Grenzen und der Freizügigkeit, die nicht nur von Touristen genossen, sondern auch von Kriminellen genutzt werden, daktyloskopische Sammlungen nicht zentral genug angesiedelt sein können, vor allem, was die Zehnfinger-Auswertung angeht. Eigentlich müßte auf EG-Ebene ausgewertet werden, um in diesem Bereich ein Hochmaß an Sicherheit zu gewährleisten. Es bleibt abzuwarten, ob es im Zuge der Angleichung von Rechtsvorschriften, die das Straf- und Verfahrensrecht sicherlich nicht ausklammern kann, eines Tages eine EG-Daktyloskopie-Zentrale geben wird. Das heute über INTERPOL Mögliche ist ein nicht einmal dürftiger Ersatz. **19**

In mehrjähriger Kommissionsarbeit haben Vertreter von BKA und mehreren Landeskriminalämtern das (Klassifizier-)System (BLS) entwickelt. Aufbauend auf den bewährten Kriterien der alten, nur handbetriebenen Klassifiziersysteme wurde mit Hilfe der Datenverarbeitung ein schnell und präzise arbeitendes System gefunden. Inzwischen ist allerdings wegen des ständig anwachsenden Arbeitsaufkommens die Einführung eines automatischen Klassifizierungssystems unumgänglich geworden (vgl. unten Rdnr. 98, 99). **20**

B. Besonderes[2]

I. Erkennungsdienstliche Behandlung

Die Aufnahme daktyloskopischer Abdrücke ist der bedeutsamste Teil des Maßnahmenbündels, das in den einschlägigen gesetzlichen Bestimmungen als „Erkennungsdienstliche Behandlung" bezeichnet wird. Auf die übrigen Teilmaßnahmen wird hier nicht eingegangen. **21**

Die jeweilige Rechtsgrundlage ist insofern von Bedeutung, als einzelne Bestimmungen nach Erreichen des beabsichtigten Zwecks die Vernichtung der daktyloskopischen Abdrücke vorsehen und – anders als früher – nicht mehr alle Abdrücke nach Auswertung in die Sammlungen aufgenommen werden dürfen. Der auf dem Fingerabdruckblatt geforderte Eintrag der Rechtsgrundlage ist auch von Bedeutung dafür, welche Behörde für die Entscheidung über Rechtsmittel zuständig ist: Für die auf der Strafprozeßordnung beruhende Maßnahme (außer § 81 b 2. Alt. StPO, die als Polizei- **22**

---

[2] Von der Arbeitsgruppe Daktyloskopie beschlossene einheitliche Definitionen sowie die Empfehlung der AG Kripo sind kursiv gedruckt.

recht innerhalb der StPO gilt) sind es die ordentlichen Gerichte, für die polizeirechtlichen erkennungsdienstlichen Behandlungen dagegen die Verwaltungsgerichte.

Eine für den Polizeibeamten nicht immer leicht zu treffende Entscheidung liegt auch in der Festlegung der Beschuldigten- bzw. Verdächtigen-Eigenschaft. In der Regel wird der für die Zwecke des konkreten Verfahrens erkennungsdienstlich Behandelte gleichzeitig als potentieller Wiederholungstäter eingestuft. Damit wird „Vorratshaltung" betrieben für die Aufklärung künftiger Straftaten. Hierbei soll die Polizei eine Prognose für das künftige Verhalten des Betroffenen stellen, wobei nicht ausgeschlossen werden kann, daß in einem Fall zuviel, im anderen Fall zuwenig erkennungsdienstlich behandelt wird.

23   Folgemaßnahmen der Aufnahme daktyloskopischer Abdrücke ist bei Vorliegen bestimmter Voraussetzungen, die gegenüber früher aus vernünftigen Gründen viel enger gefaßt sind, das Personenfeststellungsverfahren.

24   Die seit Jahren bundeseinheitlichen ED-Richtlinien, vom AK II beschlossen, erläutern die gesetzlichen Bestimmungen in den zur Durchführung nötigen Details (Zuständigkeiten, Art und Anzahl der zu verwendenden Formblätter, Weg der Abdrücke usw.); durch Zusatzbestimmungen der Landeskriminalämter wird unterschiedlichen Organisationsformen in den Bundesländern Rechnung getragen (s. Abb. 4).

Leichendaktyloskopie

25   Eine besondere Form der ED-Behandlung ist die Leichendaktyloskopie, vor allem was die Techniken betrifft. Sie kommt in Betracht bei der Auffindung unbekannter Toter oder bei Opfern von Unfällen oder Tötungsdelikten. Sie dient in einem Fall zur Identifizierung, im anderen soll sie die Aufklärung des Deliktes fördern. Von den am Tatort gesicherten daktyloskopischen Spuren müssen die des Opfers ausgesondert werden, damit die verbleibenden Spuren als potentielle Täterspuren behandelt werden können.

26   Je nach dem Zustand der Papillarleisten (Wasserleichen, Brandleichen, mumifizierte Leichen) werden entsprechende mechanische oder chemische Methoden angewandt. Von der Anzahl der gewonnenen noch brauchbaren Abdrücke hängt es ab, ob eine Suche in einer Zehnfingerabdrucksammlung, d. h. mit Hilfe einer Zehnfingerformel, oder nur in einer Einzelfinger-Formelsammlung Aussicht auf Erfolg hat. Im Vorgriff erwähnenswert ist, daß bereits ab 5 Abdrücken im „kombinatorischen Verfahren" die Auswertung im Zehnfinger-System möglich ist. Für die fehlenden Finger werden dabei mögliche Erfahrungswerte angenommen, um eine 10-Finger-Formel zu bilden. Der Suchaufwand wird den Kombinationsmöglichkeiten entsprechend groß. Die Chance, unbekannte Tote hohen Alters mittels Fingerabdrücken zu identifizieren, verringert sich entsprechend der Verkürzung der Aussonderungsfristen.

27   Für die Leichendaktyloskopie gibt es keine spezielle gesetzliche Grundlage; Ansatzpunkt ist die allgemeine Identifizierungsverpflichtung in § 88 Satz 1 StPO. Es dürfte auch heute niemand Einwände erheben können gegen die Begründung, die in dem Artikel „Daktyloskopie an unbekannten

Identifizierung durch Daktyloskopie   zu 24 **17**

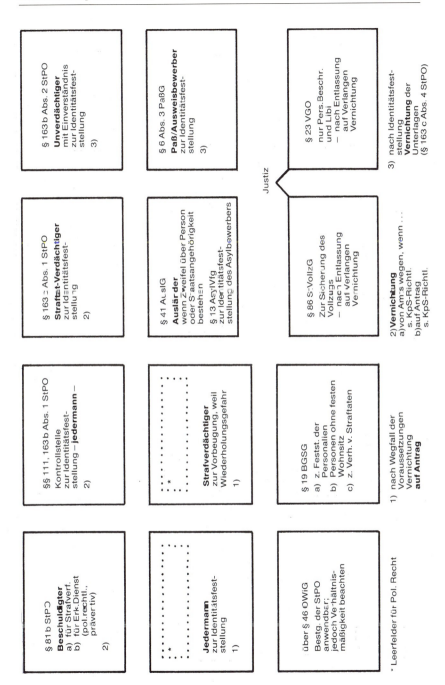

Abb. 4: Erkennungsdienstliche Behandlung (Bundes- und Landesrecht).

Toten" in „Deutsche Polizei 1961" (Seite 312) veröffentlicht wurde (Auszug): „Der Leichensachbearbeiter hat eine klare Aufgabe zu erfüllen: Er hat die Leiche zu identifizieren, hat das Schicksal eines Menschen aufzuklären. An diesem Vorgang hat die menschliche Gesellschaft ein erhebliches, nicht nur materielles Interesse. Zur Erfüllung dieser Aufgabe ist es unvermeidbar, eine Einschränkung des Pietätrechts vorzunehmen, um nach Identifikation erst den Angehörigen die Möglichkeit zu bieten, von ihrem vollen Pietätrecht nunmehr Gebrauch machen zu können. Der Leichensachbearbeiter handelt dabei nicht nur im Interesse der Öffentlichkeit, sondern auch – als Geschäftsführer ohne Auftrag – im Interesse der Angehörigen, wenn er alle technischen Mittel zur Personenfeststellung ausnützt."

II. Anatomische Merkmale

28   Die Einmaligkeit jeden menschlichen Hautleistenbildes besteht in der Konfiguration der anatomischen Merkmale, die in ihm vorkommen. Entscheidend sind ihre Form und Lage zueinander innerhalb des Papillarlinienbildes eines Abdrucks, also alle Abweichungen vom durchgehenden Linienverlauf, sofern das Bild nicht aufgrund krankhafter Störungen ein wirres Gebilde darstellt (s. Abb. 5).

29   Es gibt viele anatomische Merkmale beim Menschen. Diese sind allerdings nicht das Ziel der Betrachtung des daktyloskopischen Sachbearbeiters. Für ihn kommt es darauf an, im Hautleistenbild die als „Augen" und „Inseln", „Haken" und „Gabelungen", „beginnende und endende Linien" definierten anatomischen Merkmale zu erkennen, zu lokalisieren und in Übereinstimmung zu bringen.

30   Wenn eine gewisse Anzahl solcher Gebilde im Vergleichsmaterial in Form und Lage übereinstimmt (siehe Abschnitt daktyloskopischer Identitätsnachweis; Rdnr. 78 – 86), gilt der Identitätsnachweis grundsätzlich als erbracht. In der Bundesrepublik werden zwölf Merkmalsübereinstimmungen gefordert. Die Festlegung dieser Zahl beruht auf den in Jahrzehnten gewonnenen Erfahrungen vieler Sachverständiger in vielen Ländern und gleichzeitig darauf, daß auch noch kein Gegenbeweis geführt werden konnte. Die Mindestforderungen schwanken im internationalen Vergleich zwischen 8 und 16; in den USA führte eine Untersuchung gar zu dem Ergebnis, eine Mindestzahl könne nicht bestimmt werden.

31   Einmaligkeit der menschlichen Hautleistenbilder bedeutet in Zahlen: Unter den 50 Milliarden Fingerbildern (die schon Verstorbenen müßten noch dazugezählt werden) gibt es keine zwei, die sich völlig gleichen. In der Vergangenheit wurde versucht, dies mit Hilfe der Mathematik zu beweisen. Man muß ausrechnen, wann sich zwölf anatomische Merkmale gleicher Art an bestimmten Stellen wiederholen können, wobei dann hinzuzurechnen ist, daß die Mischkombinationen der verschiedenen Merkmalsarten diese Zahlen erneut nahezu potenzieren. Es ergeben sich astronomische Zahlen.

32   In der Vergangenheit haben Daktyloskopie-Kapazitäten auch ein System der unterschiedlichen Bewertung von anatomischen Merkmalen ins Spiel

gebracht: Merkmale, die seltener vorkommen (z. B. Augen, Inseln) sollten innerhalb eines Punktesystems höher bewertet werden als die häufiger vorkommenden. Eine bestimmte Punktzahl sollte dann die Mindestgrenze für eine Identitätsfeststellung darstellen. Diese Überlegungen (qualitative Theorie) haben sich jedoch nicht durchgesetzt, weil sich wegen der unendlichen Vielgestaltigkeit der Papillarlinien die Wertigkeit der einzelnen Merkmale nicht eindeutig definieren läßt. Als stärkster Beweis für den Grundsatz der Einmaligkeit zieht immer noch die Tatsache, daß bislang keine zwei übereinstimmenden Hautleistenbilder zweier Individuen festgestellt werden konnten.

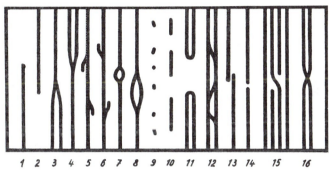

Bezeichnung der einzelnen Merkmale

1 = beginnende Linie
2 = endende Linie
3 = Gabel nach unten
4 = Gabel nach oben
5 = Haken nach unten
6 = Haken nach oben
7 = Auge
8 = Insel
9 = Punktfragmente
10 = eingelagerte Linie
11 = eingelagerte Schleife
12 = Linienverästelung
13 = ausweichende Endstücke
14 = Linienunterbrechung
15 = Linienübergänge
16 = Linienkreuzung

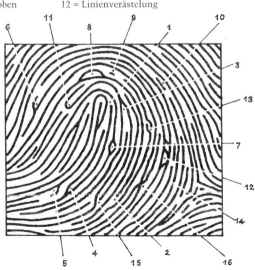

Abb. 5: Bezeichnung der anatomischen Merkmale

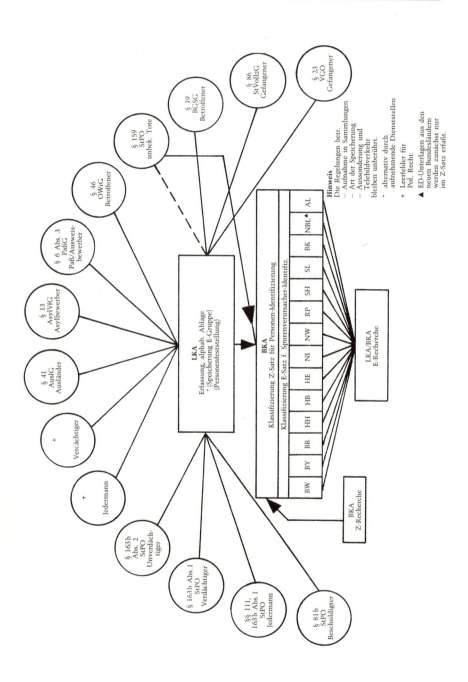

Abb. 6: Arbeitsteilung

Identifizierung durch Daktyloskopie

Die von den zuständigen Dienststellen aufgenommenen Fingerabdruckblätter (FABl.) und ggf. zusätzlichen Handflächenabdruckblätter (HBl.) werden an die Landeskriminalämter gesandt, mit Ausnahme der in Amtshilfe aufgenommenen Asylanten-FABl., die von den Ausländerämtern über das Bundesamt in Zirndorf zur Auswertung an das BKA gelangen. Bei den LKÄ erfolgte bisher die Erfassung in Karteien, neuerdings in den meisten Bundesländern bereits als E-Gruppe in das INPOL-System, wodurch Karteien entfallen. Eine Ausfertigung des FABl. wird an das BKA weitergeleitet. Handflächenabdruckblätter, die in erster Linie für die Spurenauswertung vorgesehen sind, verbleiben bei den LKÄ; im BKA wird keine zentrale Handflächenabdruck-Sammlung geführt. FABl. und HBl. werden in den LKA-Sammlungen getrennt oder zusammen nach Namen geordnet abgelegt, da dort keine Verformelung mehr erfolgt. Die LKA-Sammlungen sind im Prinzip nur noch die Grundlage für die Suche nach dem Spurenverursacher, wobei der Name das Suchkriterium ist (s. Abschnitt Spurenauswertung; Rdnr. 61 – 77). 33

IV. Bund-Länder-(Klassifizier-)-System

1. Z-Sätze/E-Sätze

Beim BKA werden die FABl. nach dem BLS verformelt und die Klassifizierformeln in Rechner-Datensätze aufgefächert: 34

– Von allen FABl. wird die für die Personenidentifizierung erforderliche Zehnfingerabdruck-Formel gebildet. Sie darf wie bei den konventionellen Systemen relativ grob sein, da die vielen Kombinationsmöglichkeiten der einzelnen Fingerbilder bereits einen relativ hohen Grad an Selektivität ergeben. Die neue Zehnfingerabdruck-Formel wird als Kurzsatz oder Z-Satz bezeichnet. 35

– Die von den LKÄ dafür bestimmten FABl. werden über den Z-Satz hinaus weiterverformelt als zehn Einzelfingerabdruck-Formeln, nunmehr als Langsatz oder E-Satz bezeichnet. Dabei handelt es sich um die Abdrücke der Personen, die aufgrund des Delikts als mögliche aktuelle oder künftige Spurenverursacher eingestuft werden. 36

Fernziel des BLS war und ist die Verformelung aller FABl. auch als E-Sätze, was jedoch bisher aufgrund des hohen Zeitaufwandes für diesen Arbeitsgang wegen Personalknappheit noch nicht möglich ist. Daher werden nur bestimmte Quoten pro Bundesland nach diesen Kriterien verformelt, wobei sich die Quoten aus dem FABl.-Aufkommen der einzelnen Länder in Relation zu der klassifizierbaren Gesamtmenge ergeben. Die E-Satz-Erfassung aller FABl. wäre sinnvoll: Bei der Beibehaltung der Beschränkung auf bestimmte Delikte würde auf die umstrittene Perseveranz-Theorie Rücksicht genommen, die E-Satz-Verformelung aller FABl. würde alle Formen des Mischtäters einbeziehen. Die für die derzeitige Beschränkung verantwortlichen personellen Engpässe können durch die Einführung eines automatischen Fingerabdruckidentifizierungssystems überwunden werden (vgl. unten Rdnr. 98, 99). 37

38 In der Zentralen Datenverarbeitungsanlage des BKA werden laienhaft ausgedrückt die Z-Sätze in einem „Schrank" gespeichert, in dem nur das BKA bei der Personenidentifizierung recherchiert. Die E-Sätze sind in der sog. Einzelfingervergleichsdatenbank gespeichert. Sie sind dort nach daktyloskopischen Gesichtspunkten wie z. B. nach Fingerbezeichnungen, Grundmustern u. a. m. (sog. Kennziffern) abgelegt. An diesem Bestand werden Spurendatensätze der LKÄ und des BKA verglichen.

2. Grundlagen

39 Die Unterteilung einer Fingerabdruck-Sammlung hängt von ihrer Größe ab. Je größer die Bestände, desto feiner sollte die Aufgliederung sein, um mit möglichst wenig Sucharbeit sichere Ergebnisse zu erzielen. Andererseits darf sie nicht zu feingliedrig sein, weil sonst durch unterschiedliche Betrachtungsweisen der Auswerter Risiken entstehen können, die das sichere Ergebnis gefährden, nämlich das identische Blatt wiederzufinden oder sicher zu sein, daß kein Blatt vorhanden ist.

40 Das DV-gestützte BLS baut auf den bewährten Unterscheidungskriterien der konventionellen Systeme auf: Unterscheidung nach Mustern und Auszählung von Linien zwischen bestimmten Elementen eines Fingerabdrucks. Der Laie wird sich fragen, warum nicht aufgrund der Einmaligkeit jeden Fingerabdrucks eine entsprechende einmalige Formel gebildet werden kann. Das scheidet aus, weil Abdrücke bzw. Spuren desselben Fingers unterschiedliche Erscheinungsformen aufweisen können: Unterschiedlicher Druck bzw. Druckrichtung bewirken Verschiebungen und Verdrückungen mit der Folge, daß solche Abdrücke bzw. Spuren kaum jemals in Deckung gebracht werden können. Sonst wäre es ein Leichtes, sie optisch in Übereinstimmung zu bringen und dadurch Identität zu belegen. Das wäre dann möglich, wenn unsere Finger nicht aus weichem nachgiebigem Gewebe, sondern hart wie Holz wären.

41 Um die für die rationelle Sucharbeit erforderlichen Feinheiten zu erzielen, erfolgt die Verformelung mit Hilfe eines 7-fach vergrößernden Klassifiziergeräts nach nebenstehendem Schema, Abb. 7.

42 Das BLS kennt 5 Grundmustergruppen mit insgesamt 15 Grundmustern, aufbauend auf den „alten" Mustern Schleifen, Wirbel, Bogen, Tannen. Bestimmte Muster splittern sich aufgrund möglicher Richtungstendenzen, Eigenheiten, Besonderheiten u. ä. weiter auf, bis letztlich 98 sogenannte Grundmusterunterscheidungen entstehen. Das bedeutet jedoch nicht etwa, daß sich Sammlungen nur auf 98 „Schubladen" verteilen.

Zur Bildung des Z-Satzes (Gesamtformel für alle 10 Finger) kommen weitere Kriterien hinzu, während für die Bildung der E-Sätze darüber hinaus noch weitere Unterscheidungsmerkmale erfaßt werden.

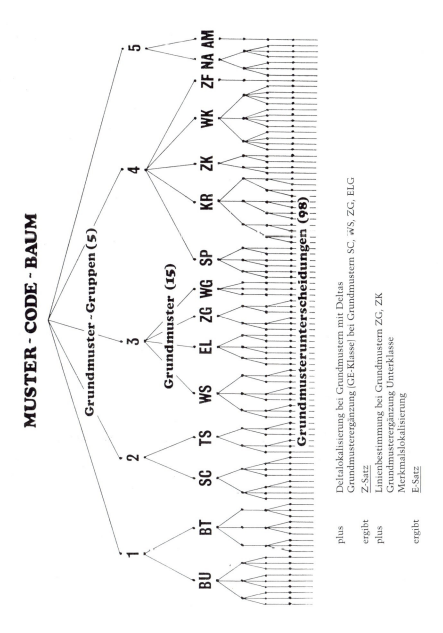

Abb. 7: Muster – Code – Baum

3. Klassifizierablauf

43 Der Fingerabdruck wird in 24 Sektoren von A–X aufgeteilt. Entscheidend ist die einheitliche Festlegung eines fiktiven Mittelpunktes und das Einrichten des Musters auf die Ausgangsposition.

Abb. 8: Sektorenaufteilung

44 Die vom Abdruckklassifizierer im BKA gebildete Formel soll schließlich von der im LKA gebildeten Spurenformel getroffen werden. Dies erfordert höchste Genauigkeit beim Klassifiziervorgang. Weil wegen unterschiedlicher Betrachtungsweisen und Auslegungen kleinste Abweichungen nicht ausgeschlossen werden können, sind in die Recherchierprogramme Toleranzen eingebaut.

Von den gegenüber den konventionellen Systemen zahlreicher gewordenen Klassifizierungselementen werden nur einige besonders markante angeführt.

45 Ein Element ist die Lokalisierung der Deltas in bestimmten Mustern.

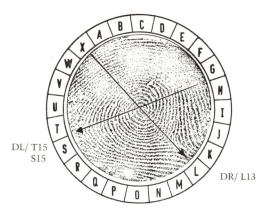

Abb. 9: Deltalokalisierung

Das völlig Neue im BLS ist bei der Bildung der E-Sätze die Erfassung der anatomischen Merkmale in dem als Kernbereich bezeichneten inneren Kreis mit 9 mm Durchmesser, dessen Mittelpunkt der bereits erwähnte fiktive Mittelpunkt des Fingerabdruckes ist.

Abb. 10: Kernbereich

Alle im Kernbereich befindlichen anatomischen Merkmale werden nach ihrer Lage in Sektor und dem in Linien gemessenen Abstand vom Mittelpunkt aus lokalisiert und Bestandteil des E-Satzes.

Abb. 11: Merkmalslokalisierung

Sie werden dabei allerdings nicht so detailliert bezeichnet wie in dem Bild auf Seite 778, sondern nur nach beginnenden und endenden Merkmalen unterschieden, wobei für die Unterscheidung der Uhrzeigersinn eine Rolle spielt.

Die Beibehaltung der detaillierten Bezeichnungen, wie sie auch in den Gutachten erfolgt, wäre zu riskant, da sich einzelne Merkmale in Spur und Abdruck abweichend darstellen können, z. B. wegen Verschmutzungen, die als solche nicht auf Anhieb zu erkennen sind.

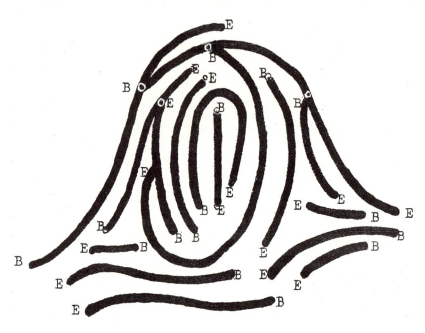

Abb. 12: Merkmalsunterscheidung

48 Auf weitere Feinheiten des Klassifizierens wird nicht eingegangen; die vom Klassifizierer zu beherrschende Klassifizieranweisung umfaßt mit Musterbeispielen ca. 160 DIN A4-Seiten.

49 Am Ende des Arbeitsganges stehen entweder nur ein Z-Satz oder bei erweiterter Klassifizierung die E-Sätze, in denen alle Angaben für einen Z-Satz enthalten sind. Der für eine „Personen-Recherche" erforderliche Z-Satz wird durch entsprechende Programme automatisch zusammengestellt. Die 10 E-Sätze eines Fingerabdruckblattes können bis zu 1 000 Zeichen (Zahlen und Buchstaben) umfassen. Zum Vergleich mit früheren Systemen die 10-Finger-Formel eines konventionell klassifizierten Fingerabdruckblattes, die aus wenigen Zahlen und Buchstaben bestand:

z. B. <u>25m 13</u>
1 oi

50 Die auf dem Fingerabdruckblatt rechts oben als „Fundortformel" bezeichnete Zahlen- und Buchstabengruppe ist eine vom Rechner aus den Klassifizierdaten automatisch gebildete Formel, die als Ablagesystem dient; in der BKA-Sammlung soll ja ohne Rücksicht auf den Namen identisches Material gesucht werden. Die Fundortformel kann, wenn auch sehr mühsam, vom Sachbearbeiter gebildet werden, falls der Rechner einmal ausfällt.

Identifizierung durch Daktyloskopie

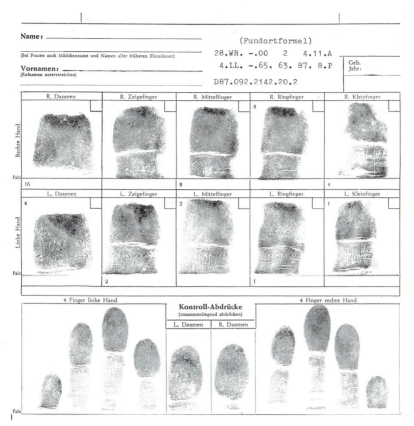

D 870922142202, 50, M / RD1 / MU / ZK / DL / S13 / DR / J08 / SF / SLI / RZ / MU / WK / DL / P10 / DR / J12 / SF / NAS / RM1 / MU / TSR / DL 015 / RR1 / MU / KR / DL / P18 / DR / J12 / RK1 / MU / KR / DL / P 17 / DR / J11 / LD1 / MU / SCL / GE / 6 / DR / G10 / LZ1 / MU / SCL / GE / 5 / DR / H 10 / LM1 / MU / SCL / GE / 5 / DR / H12 / LR1 / MU / WK / DL / N11 / DR / I20 / LK 1 / MU / ZK / DL / N08 / DR / I16 /

Abb. 13: FABl. mit Kurzsatz (Z-Satz)

D 870922142202, 50, M, BY / RD1 / SF / SLI / MU / ZKRO / LI / 03 / DL / S13 / DR / J08 / KB / A07E,
C09E, E07E, G08E, G05E, I04E, I05E, I05B, J02E, K04B, L02E, L01E, Q02E, Q07E, R05E, T03E, X08E,
X09E / RZ1 / SF / NAS, ?QV / MU / WKRL / DL / P10 / DR / J12 / KB / A03E, B09E, H09B, I03E, J06B,
K03B, L05B, M01E, N03E, N01E, O05B, Q04E / RM1 / MU / TSRO / DL / 015 / KB / A07E, F03E, F10B,
J01B, L01B, L01B, M01E, N01E, O01E, P01B, P05E, Q01E, R01B, R04B, R10B, U02E, U10E, U09B,
U05E, V04B, X05B / RR1 / MU / KRME / DL / P18 / DR / J12 / KB / A08B, F07B, F10B, G09B, H04B,
J05B, K03B, M04E, O04E, P06E, U11E / RK1 / MU / KRRE / KRRK / DL / P17 / DR / J11 / KB / E04B,
E08B, G11B, H08B, I06B, J07B, L03B, M04E, M02E, N02B, Q05E, R02E, T07E, T10E, U10B, V10E,
V03E, V09D, W08E / LD1 / MU / SCLO / GE / 621, 612 / DR / G10 / KB / A06B, B05E, B08B, E05B,
E07B, G09B, L02E, M01B, N01E, U05B / LZ1 / MU / SCLO / GE / 522 / DR / H10 / KB / C08B, E06B,
E10B, F04E, F05B, J04B, J05E, P03B, P05B, Q04B, R08E, U06B, W03B, W05B, X09B, LM1 / MU /
SCLO / GE / 532 / DR / H12 / KB / A04E, C10B, E05B, I07B, Q06E, U08B, U05B, W08B, X01E / LR1 /
MU / WKLO / DL / N11 / DR / I20 / KB / A04B, C11B, D06B, D08E, E09B, H07B, K04B, L02B, L05B,
M04B, M01E, M01B, L01B, M01E, M02B, O05E, O09E, O04E, P06E, R11B, S09E, T04B, T11E, W02B
/ LK1 / MU / ZKLO / LI / 01 / DL / N08 / DR / I16 / KB / A09B, D07B, E07E, F09B, G07B, J03B, J04B,
M03B, M01B, N02B, N02B, N04E, D05E, P08E, S06E, S06B, U03B, X04B /

Abb. 14: Langsatz (E-Sätze)

51 Der Arbeitsaufwand im Verhältnis der konventionellen Systeme zum BLS hat sich wie folgt verändert: In den früheren Systemen ging die Klassifizierung sowohl im Zehnfingersystem wie auch in den EFAS-Systemen relativ schnell vor sich, während die manuell-visuelle Sucharbeit bei der Auswertung sich auf große Teilbestände einer Sammlung erstreckte. Im BLS ist der Klassifiziervorgang sehr zeitaufwendig, während das vom Rechner nach der automatischen Recherche angebotene Vergleichsmaterial nur noch kleine Mengen darstellt: Zur Personenidentifizierung im Durchschnitt ca. 1,8 FABl.; bei der Spurenrecherche richtet sich die Menge u. a. nach der Qualität der Spur und des evtl. einliegenden identischen Vergleichsabdrucks, was sich auf die Präzision des Klassifizierergebnisses auswirkt. Da sich manche Klassifizierelemente nicht eindeutig zeigen und aufgrund der Konstruktionsfreudigkeit der Natur in den Klassifizier-Richtlinien nicht alles Denkbare berücksichtigt sein kann, werden „sowohl-als-auch-Möglichkeiten" bei der Formelbildung entsprechend erfaßt mit der Folge, daß pro Zehnfingerabdruckblatt ca. 1,8 Z-Sätze, pro Einzelfingerabdruck ca. 2 E-Sätze gebildet und gespeichert werden. In den alten Systemen hatte man in den entsprechenden Fällen Hinweisblätter für die alternativen Formeln eingelegt.

52 Die Klassifizierformeln bleiben solange im Speicher, wie das FABl. auf Grund der Richtlinien für die Führung kriminalpolizeilicher personenbezogener Sammlungen (KpS-Richtlinien) Bestandteil der kriminalpolizeilichen Personenakte ist. Da bei den Bereinigungen der Aktensammlungen immer noch der Grundsatz „Jeder nach eigener Aktenlage" (unter Berücksichtigung der Kriminal-Akten-Nachweis-Bestimmungen) gilt, sind die FABl.-Sammlungen von LKÄ und BKA nicht völlig deckungsgleich, was der Zielsetzung der Daktyloskopie nicht dienlich ist.

4. Recherchieren

a) Zur Personenidentifizierung

53 Die beim BKA eingehenden FABl. sind daraufhin auszuwerten, ob bereits identisches Material einliegt. Falls mit Hilfe des Kontrollfingerabdrucks über die Namensabfrage festgestellt werden kann, daß unter den gleichen Personalien bereits identische Fingerabdrücke einliegen, ist keine erneute Verformelung erforderlich.

Liegen unter den gleichen Personalien keine identischen FA ein, muß Z-Satz-verformelt und im Rechner recherchiert werden.

Mögliche Ergebnisse:

1. Identische FA liegen ein unter einer oder mehreren verschiedenen Personalien; für die Bewertung von Personalien ist das Ergebnis eines etwaigen PFV oder die Qualität der jeweils vorgelegten Ausweise von Bedeutung.

54 2. Identische FA liegen nicht ein.

Daktyloskopische Auswertungen, vor allem zur Personenidentifizierung, können wegen der Bedeutsamkeit des Ergebnisses, z. B. hinsichtlich der Haftfrage, nicht auf die lange Bank geschoben werden. Daher ist für Eilfälle das Telebild-System eingerichtet worden, bei dessen Nutzung Ergebnisse im Mehrstundenbereich erwartet werden können.

b) Zur Spurenidentifizierung
s. Abschnitt Spurenauswertung (Rdnr. 61 – 77).

V. Spurensicherung

Die Sicherung daktyloskopischer Tatortspuren erfolgt durch die zuständigen Polizeidienststellen. Schwierige Fälle werden von Dienstkräften der Zentralstellen einschließlich LKÄ, auf Anforderung auch von Dienstkräften des BKA übernommen. 55

Daktyloskopische Spuren können auf dreierlei Weise entstehen: 56

a) durch die Hautausscheidung; diese Spuren sind nicht ohne weiteres sichtbar (latent);

b) durch die Übertragung fremder Substanzen;

c) durch das Eindrücken der Hautleisten in nachgiebige Materialien.

Die gängigen Spurensicherungsmethoden sind 57

– **Einstaubverfahren**; je nach Art und Farbe von Einstaubmitteln, die wiederum abhängig sind vom zu behandelnden Untergrund, und der Art und Farbe der verwendeten Folie können Spuren farb-, seiten- bzw. farb- und seitenverkehrt sein. Durch fotografische Verfahren werden sie nötigenfalls in die für den Vergleich mit Abdrücken erforderliche Form gebracht (schwarze Linien, richtige Richtung).

– **Cyanacrylat-Bedampfungsverfahren**: hierbei schlagen sich Dämpfe aus Spezialklebstoffen auf latenten Spuren nieder, z. B. auf Metallen (Waffen) oder Plastikgegenständen.

– Verfahren zur Spurensicherung auf **Papier**: außer den bereits genannten Einstaubverfahren das Jodverfahren, Ninhydrinverfahren, Silbernitratverfahren;

– **fotografische Sicherung** bei Eindruckspuren, Spuren in Staub, fettigen oder öligen Spuren.

Neuartige Methoden (Gold-Cadmium-Bedampfung, Laser-Licht, Röntgen-Radioaktivitätsverfahren) erfordern aufwendige Laboreinrichtungen; sie stehen bisher im Bundesgebiet nicht zur Verfügung bzw. befinden sich im Entwicklungsstadium (z. B. Laser im BKA). 58

Die Spurensicherungsmethoden sind ausführlich in einem Leitfaden „Tatortarbeit – Spuren" enthalten, der den Dienststellen zur Verfügung steht. 59

Von besonderer Wichtigkeit ist die peinlichst genaue Kennzeichnung der gesicherten Spuren, wie überhaupt exakte Buchführung während aller Arbeitsabläufe erforderlich ist. Daktyloskopen-Alptraum ist die Verwechselung von Spuren aus verschiedenen Tatorten. 60

VI. Spurenauswertung

61 In den meisten Bundesländern ist die Spurenauswertung beim LKA zentralisiert; andere Dienststellen, die noch daktyloskopische Sammlungen mit Sachverständigen führen, können in beschränktem Umfang abschließende Auswertungen vornehmen (Hinweis- und Regionalvergleich).

62 Die Spurenauswertung erfolgt – von Abweichungen in einzelnen Ländern aufgrund unterschiedlicher Organisationsformen abgesehen – nach folgendem Schema:

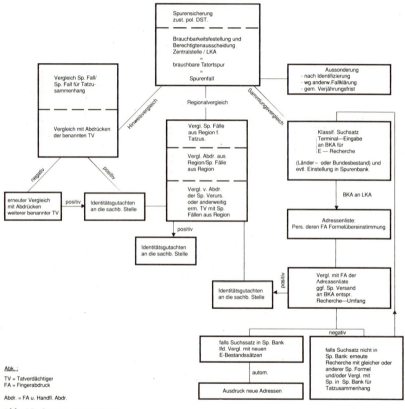

Abb. 15: Spurenauswertung

63 In der ersten Phase ist die Brauchbarkeit der gesicherten Spur zu bewerten.

64 **Bewertung einer daktyloskopischen Spur**
Die Bewertung ist die Prüfung der Brauchbarkeit unter Berücksichtigung der Vergleichsarten.

Brauchbarkeit einer daktyloskopischen Spur
Eine daktyloskopische Spur ist brauchbar, wenn sie für folgende Zwecke genutzt werden kann:
Für den Identitätsnachweis
Diese Spur hat den Erfordernissen der Empfehlung der AG Kripo an die Sachverständigen für Daktyloskopie vom 23./24. 10. 1963 i. d. F. vom 1. 8. 1980 zu entsprechen.
(Anmerkung: sie muß die erforderliche Anzahl anatomischer Merkmale aufweisen.)
  Es kommt darauf an, daß die Merkmale in dem zusammenhängenden Teil einer Spur vorhanden sind, ohne daß ein bestimmtes Grundmuster erkennbar sein muß.

Abb. 16: Spurenfragment

  Daraus folgt, daß eine solche Spur nicht klassifiziert und deshalb nicht in einer nach daktyloskopischen Kriterien geordneten Sammlung recherchiert werden kann.
  Als weitere Zwecke kommen in Betracht, wobei wenige Merkmale ausreichen können:
1. Die Eignung der Spur für den **Ausschluß** einer Person als Spurenverursacher. Hierfür genügt die Feststellung, daß ihre wenigen Merkmale mit denen der Vergleichsabdrücke nicht übereinstimmen oder gar verschiedene Grundmuster vorliegen.
2. Die Eignung für den **Nichtausschluß** einer Person als Spurenverursacher. Sie liegt vor, wenn die wenigen Merkmale mit den entsprechenden im Vergleichsmaterial übereinstimmen, jedoch zahlenmäßig nicht

für einen Identitätsnachweis ausreichen. Dieses Ergebnis wird als kriminalistischer Hinweis bezeichnet, der für den Ermittlungsbeamten ein Ansporn zur Suche nach anderen Beweismitteln gegen den Verdächtigen sein kann.

67 Nach Feststellung der Brauchbarkeit, die in der Regel auf den Identitätsnachweis gerichtet ist, sind im allgemeinen zunächst die Spuren der sogenannten berechtigten Personen (Wohnungsinhaber, Geschädigte usw.) auszuscheiden, da nur die dann noch verbleibenden Spuren als vermeintliche Täterspuren in Betracht zu ziehen sind.

68 Aus rationellen Gründen wird jedoch manchmal in umgekehrter Reihenfolge verfahren, z. B. wenn einer geringen Anzahl von Verdächtigen eine kaum erfaßbare Zahl von möglichen Berechtigten gegenübersteht. Oberflächlichkeit bei der Abnahme von Vergleichsabdrücken der Berechtigten kann zur Folge haben, daß vermeintliche Täterspuren jahrelang in Auswertungen einbezogen werden, ohne daß je ein Erfolg möglich ist.

Die Spurenauswertung kann auf drei Wegen erfolgen:

1. Hinweisvergleich

69 *Hinweisvergleich ist der Vergleich einer Spur mit den Abdrücken benannter Personen oder mit Spuren benannter Tatorte.*

Er erfolgt auf Anstoß der Ermittlungsdienststelle, weil die betreffende Person
– in Tatortnähe oder am Tatort festgenommen wurde
– der von Zeugen abgegebenen Beschreibung entspricht
– bereits einschlägig aufgetreten ist
– mit entsprechender Arbeitsweise in Kriminalblättern ausgeschrieben ist
– aus sonstigen Gründen als Täter in Frage kommt.

Aus dem Hinweisvergleich resultieren die meisten Identitätsgutachten; sie belegen die Intensität der Ermittlungstätigkeit und die Qualität der Zusammenarbeit zwischen Ermittlern und daktyloskopischen Sachbearbeitern. Der Vergleich von Spuren untereinander soll zur Feststellung von Tatzusammenhängen führen, was sich auf den Umfang der Ermittlungstätigkeit auswirken kann.

In seltenen Fällen gelingt die Zusammensetzung eines Zehnfinger-Spuren-Blattes, das dann wie ein Zehnfingerabdruckblatt in der Formelsammlung (Z-Sätze) recherchiert werden kann.

2. Regionalvergleich

70 *Regionalvergleich ist der Vergleich einer Spur mit Abdrücken oder Spuren, die nach kriminalgeografischen Gesichtspunkten geordnet sind.*

Er ist in folgenden Variationen möglich, wobei der Umfang von den personellen Möglichkeiten abhängt:
a) Die Abdrücke eines identifizierten Spurenverursachers werden mit den ungeklärten Spuren der Region verglichen, in der er aufgetreten ist. Hierbei werden zahlreiche Erfolge erzielt, ganze Serien aufgerollt, vor

allem, wenn zuvor bereits Tatzusammenhänge festgestellt waren. Auch anderweitig ermittelte Tatverdächtige, ohne daß sie Spurenverursacher waren, werden in diese Vergleichsarbeit einbezogen.

b) Die bei der Zentralstelle (LKÄ) eingehenden FABl. und HBl. werden vor Ablage in die Sammlung den regional zuständigen Auswertern zugeteilt, die sie mit den ungeklärten Spurenfällen der entsprechenden Region vergleichen, eine sehr aufwendige Arbeit mit relativ wenigen Erfolgen.

c) Nur die daktyloskopischen Abdrücke der wegen einschlägiger Delikte erkennungsdienstlich Behandelten werden gem. b) ausgewertet. Hierbei wird Deliktsperseveranz angenommen.

Die Auswertungen gem. b) und c) können Doppelarbeit bedeuten hinsichtlich der Spuren, die für den Sammlungsvergleich geeignet sind. Allerdings können sie im Einzelfall ein schnelleres Ergebnis erbringen als der meist spätere Sammlungsvergleich.

3. Sammlungsvergleich

Sammlungsvergleich ist der Vergleich einer klassifizierten Spur mit Abdrücken oder Spuren, die nach daktyloskopischen Formeln geordnet sind.

Grundsatz:
Eine Spur ist identifizierbar, wenn sie genügend anatomische Merkmale enthält. Sie ist darüber hinaus auch klassifizierbar, wenn sie die für eine Formelbildung erforderlichen Klassifizierelemente erkennen läßt.

Fazit:
Nicht alle identifizierbaren Spuren sind auch klassifizierbar. Die nicht klassifizierbaren können demnach nur im Hinweis- und Regionalvergleich ausgewertet werden.

Die Suche nach dem Spurenverursacher, die sich früher in zahlreichen EFAS abgespielt hat, erfolgt jetzt in der Zentralisierten E-Satz-Sammlung des BKA-Rechners, in der BKA und LKÄ in beliebigem Umfang recherchieren können.

So wie die Ermittlungsdienststelle zum Hinweisvergleich die Personen benennt, die aus irgendwelchen Gründen tatverdächtig sind, so benennt der Computer nach Abschluß der Recherche die Personen, die aufgrund Formelübereinstimmung als Spurenleger in Frage kommen.

Formelübereinstimmung bedeutet, daß die Spurenformel mit allen zugelassenen Fehlern und Toleranzen einen oder mehrere Partner gefunden hat. Die tatsächliche Übereinstimmung von Spur und Vergleichsabdruck kann anschließend nur im manuell-visuellen Endvergleich durch den Sachbearbeiter erfolgen.

Nach der Spurenklassifizierung legt der dafür besonders geschulte Programm-Daktyloskop für jeden einzelnen Fall die Suchstrategie fest. Sie hat das Ziel, mit möglichst kurzer Rechenzeit und möglichst wenigen „Tatverdächtigen-Adressen" den identischen Vergleichsabdruck zu finden.

76 Dafür bietet das BLS-Recherchierprogramm eine Menge Feinheiten und Variationsmöglichkeiten, die alle auf das o. a. Ziel ausgerichtet sind, z. B.:

a) die Beschränkung der Suche in einem Zug auf 1–6 Bundeslandbestände oder die Ausdehnung auf den Gesamtbestand. Der visuelle Endvergleich in einem LKA kann sich nur auf die Adressen des eigenen Sammlungsbestandes erstrecken. Der Endvergleich von Adressen aus anderen Bundesländern wird vom BKA übernommen, wozu die Versendung von Spuren erforderlich ist.

b) die Beschränkung der Suche auf die Formeln von Personen
   – bestimmten Alters
   – bestimmter Staatsangehörigkeit
   – bestimmter Deliktsarten
   – männlichen oder weiblichen Geschlechts;

c) die Beschränkung auf die Formeln bestimmter Finger, wenn die Spur entsprechenden Anhalt gibt;

d) Festlegung des Grades von Trefferwahrscheinlichkeit, wodurch das Adressenangebot reguliert wird;

e) bestimmen von Parametern für zulässige Fehler/Abweichungen beim Vergleich der anatomischen Merkmale;

f) durch Steuerzeichen kann bestimmt werden, ob eine Spurenrecherche als Normal- oder Eilfall bearbeitet werden soll; außerdem kann die Spurenformel für einen regelmäßigen automatischen Vergleich in die so genannte Spurenbank eingestellt werden.

77 Die Suchstrategie bedeutet für jede einzelne Spur die Knüpfung eines mehrstufigen Netzes, das möglichst wenige „Verdächtige" einschließlich des Richtigen ausfiltern soll, im Idealfall nur den Richtigen. Erfolglos recherchierte Spuren, die nicht in die Spurenbank eingestellt wurden, können beliebig oft erneut recherchiert werden, wozu auch die Variierung der Klassifizierformel gehört. Engagierte Daktyloskopen arbeiten ständig an der Verbesserung der Suchstrategie, wofür die laufenden Erfahrungen Ansatzpunkte bieten, um trotz steigender Bestandszahlen die Vergleichsangebote klein zu halten, ohne daß der Gesuchte durch die Maschen rutscht.

VII. Der daktyloskopische Identitätsnachweis

78 *Der daktyloskopische Identitätsnachweis ist die Feststellung, daß zwei Papillarlinienbilder identisch sind.*

79 **Identität**
Identität im Sinne des daktyloskopischen Identitätsnachweises ist Übereinstimmung oder durch verschiedene Entstehungsbedingungen bewirkte relative Übereinstimmung von Papillarlinienbildern ein und derselben Person.

80 **Relative Übereinstimmung**
Relative Übereinstimmung ist gegeben, wenn scheinbare Abweichungen

sich auf dieselbe Ursprungsform, auf Krankheit oder äußere Einwirkungen zurückführen lassen.

Diese Abweichungen sind für den daktyloskopischen Identitätsnachweis irrelevant.

Nichtübereinstimmung

Nichtübereinstimmung ist gegeben, wenn tatsächliche Unterschiede in den Papillarlinienbildern die Führung des Identitätsnachweises ausschließen.

Gutachten

Gutachten ist die aus Tatsachen gezogene Schlußfolgerung eines Sachverständigen.

Daktyloskopisches Gutachten

Ein daktyloskopisches Gutachten ist die aus dem Ergebnis der Bewertung daktyloskopischen Vergleichsmaterials durch einen Sachverständigen gezogene Schlußfolgerung, ob Identität vorliegt (eine Wahrscheinlichkeitsaussage ist unzulässig).

Zur Führung des daktyloskopischen Identitätsnachweises ist die Feststellung der bestimmten Anzahl anatomischer Merkmale erforderlich. Die daktyloskopischen Sachverständigen der Polizei orientieren sich hier an der Empfehlung der AG-Kripo vom 23./24.10.1963, 1.8.1980.

Zahl und Wertung der für den daktyloskopischen Identitätsnachweis erforderlichen anatomischen Merkmale:

1. Sachverständigen für Daktyloskopie wird empfohlen, den daktyloskopischen Identitätsnachweis grundsätzlich nur dann zu führen, wenn im Vergleichsmaterial mindestens 12 anatomische Merkmale in ihrer Form und Lage zueinander übereinstimmen.

   Von diesem Grundsatz sollte nur abgewichen werden, wenn mindestens 8 anatomische Merkmale übereinstimmen und zusätzlich das Grundmuster bestimmbar ist.

2. Jedes anatomische Merkmal sollte ohne Rücksicht auf die relative Häufigkeit seines Vorkommens nur einmal gewertet werden.

Spätestens bei der Vertretung eines Gutachtens in der Hauptverhandlung belegt der Sachverständige seine Feststellungen im allgemeinen durch einen Bildteil, in dem die übereinstimmenden Merkmale gekennzeichnet sind. Nach Erfahrung des BKA erfolgt in der Regel die Ladung des daktyloskopischen Sachverständigen zur persönlichen Vertretung des Gutachtens vor Gericht; demgegenüber wurden in den meisten dem Verfasser bekannten Fällen die in den staatsanwaltschaftlichen Akten befindlichen Gutachten, die strafprozessual als Behördengutachten gelten, von den Prozeßbeteiligten anerkannt. Dies dürfte seine Ursache darin haben, daß beim BKA überwiegend Fälle der Schwerstkriminalität (z. B. aus dem TE-Bereich) anstehen, bei den Landeskriminalämtern jedoch Spuren aus allen Deliktsbereichen (auch nach einem Gartenhauseinbruch oder Automatendiebstahl) ausgewertet werden.

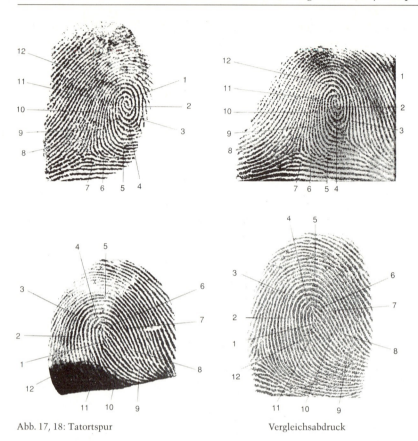

Abb. 17, 18: Tatortspur — Vergleichsabdruck

VIII. Die Beweiskraft der Daktyloskopie

87 In der Bundesrepublik sind in der Regel zwölf übereinstimmende anatomische Merkmale erforderlich, um als Beweis vor Gericht anerkannt zu werden. Die Grundsätze der Daktyloskopie und die quantitative Orientierung für den daktyloskopischen Identitätsnachweis sind durch höchstrichterliche Rechtsprechung anerkannt.

88 Der 3. Strafsenat des BGH hat in einem Revisionsverfahren, in dem es in erster Linie um die Beweisführung mit daktyloskopischen Gutachten ging, am 11. 6. 1952 (Az. 3 StR 229/52) festgestellt: „Die Revision bestreitet nicht ernstlich die besonders hohe Beweisdeutung dieses Verfahrens, die von der Rechtsprechung wie vom Schrifttum allgemein anerkannt ist ...

Ein Tatrichter, der seine Überzeugung von der Täterschaft des Beschuldigten auf das Beweisanzeichen der an den Tatorten festgestellten und nach den wissenschaftlichen Grundsätzen der sog. Daktyloskopie sorgfältig ausgewerteten Fingerabdrücke des Täters stützt, begeht damit keinen Verstoß gegen Rechtsnormen des Strafrechtes oder gegen allgemeine Erfahrungssätze der Wissenschaft ...

Diese Beweiswürdigung kann rechtlich nicht beanstandet werden. Dies gilt auch hinsichtlich des weiteren Vorbringens der Revision, daß manche Wissenschaftler oder Praktiker der Daktyloskopie zu einem zwingenden Nachweis der Identität mindestens die Feststellung von 12 oder 16 übereinstimmenden anatomischen Punkten fordern, während das Landgericht im Fall A 12, im Fall B 9, im Fall C 11 und im Fall D 14 übereinstimmende anatomische Punkte zur Bildung seiner Überzeugung hat genügen lassen."

In einer weiteren Entscheidung vom 9. 2. 1957 (BGHSt 10, 208), spricht der BGH für die Überzeugung des Tatrichters sogar eine Bindung an wissenschaftliche Erkenntnisse aus (Auszug): „Der Grundsatz der freien Beweiswürdigung bindet die Verurteilung an die persönliche Überzeugung des Tatrichters von der Schuld des Angeklagten. Kann daher der Tatrichter trotz Ausnutzung der vorhandenen Beweismittel die Überzeugung von einem bestimmten Geschehensablauf nicht gewinnen, so darf er ihn keiner dem Angeklagten ungünstigen Entscheidung zugrundelegen. Das Revisionsgericht ist nicht befugt, dies deshalb zu beanstanden, weil nach seiner eigenen Ansicht dieser Geschehensablauf mit einer an Sicherheit grenzenden Wahrscheinlichkeit festgestellt sei" (Leitsatz 1; S. 208).

In den Gründen heißt es weiter: „Mit dieser Auslegung des § 261 StPO steht durchaus im Einklang, daß der Bundesgerichtshof in anderem Zusammenhang wiederholt ausgesprochen hat, es gebe wissenschaftliche Erkenntnisse, denen eine unbedingte, jeden Gegenbeweis mit anderen Mitteln ausschließende Beweiskraft zukomme, und der Tatrichter müsse solche allgemein als gesichert geltenden Erkenntnisse als richtig hinnehmen, selbst wenn er ihre Grundlagen im einzelnen nicht selbst erschöpfend nachprüfen könne (vgl. BGHSt 5, 34; 6, 70). Denn der Tatrichter ist den Gesetzen des Denkens und der Erfahrung unterstellt; wo eine Tatsache aufgrund wissenschaftlicher Erkenntnisse feststeht, ist für eine richterliche Feststellung und Überzeugungsbildung naturgemäß kein Raum mehr" (S. 211).

Da die Feststellung der Täterschaft an die persönliche Überzeugung des Tatrichters gebunden ist, kann es weder Aufgabe noch Befugnis des daktyloskopischen Sachverständigen sein, hierüber eine Aussage zu treffen. Er bezeugt nur die Spurenverursacher-Eigenschaft des Tatverdächtigen in seinem Gutachten an die ermittelnde Polizeidienststelle oder Staatsanwaltschaft bzw. des Angeklagten in seinem vor Gericht vertretenen Gutachten oder die Übereinstimmung von zu verschiedenen Zeiten aufgenommenen Fingerabdrücken des Betroffenen, wenn es lediglich um die Feststellung der Identität geht. Aus dem Spurengutachten die Täterschaft abzuleiten ist allein Sache des Gerichts, abhängig von der Kausalität, der Überzeugung von der Tatbezogenheit der daktyloskopischen Spur; dies wird bei einer von der Innenseite des aufgebrochenen Geldschranks gesicherten Spur eher der Fall sein als bei einer Spur, die an der Außenseite eines aufgebrochenen Zigarettenautomaten gesichert wurde.

IX. Erkennungsdienst/Daktyloskopie und INPOL

91 Bei der erkennungsdienstlichen Behandlung und der Auswertung daktyloskopischen Materials gewonnene Informationen werden zu Bestandteilen des INPOL-Systems:

Die verbalen Daten (Personalien, Aufnahmedaten, aufnehmende Dienststelle, Anlaß) werden als E-Gruppen gespeichert und sind für die berechtigten Dienststellen abfragbar. Die E-Gruppen ersetzen bisherige Karteien beim BKA und den LKÄ. Daktyloskopische Daten (Art des ed-Materials, Erfassungs/Klassifizier-Modalitäten) stehen als D-Gruppen nur dem BKA und den LKÄ zur Verfügung; Zugriff auf die Bestandssätze (Klassifizierformeln) hat nur das BKA. Die Personenbeschreibung (z. Z. Formblatt KP 8) soll künftig als L-Gruppe gespeichert und für die Polizeidienststellen abfragbar und recherchierbar werden.

C. Ausblick

92 Mit Arbeitsteilung und BLS sind wichtige Schritte getan, um das wertvolle Instrument Daktyloskopie möglichst effektiv zu nutzen. Es ist jedoch längst nicht der bestmögliche Zustand erreicht.

93 Die möglichen Auswertungsergebnisse daktyloskopischer Arbeit als oftmals ausschlaggebende Beweismittel dürfen nicht den im Detail überspitzten Anforderungen des Datenschutzes geopfert werden.

94 Der folgenschwere Mangel im System liegt darin, daß die Bestimmungen zum Kriminalaktennachweis (KAN) und die KpS-Richtlinien in puncto Aussonderungsfristen, auf erkennungsdienstliches Material bezogen, nicht aufeinander abgestimmt sind. Das BKA ist die Personenidentifizierungs-Zentrale (Zehnfinger-System), doch sind dort nicht nur Personen erfaßt, die gemäß KAN-Konzept auch im Bundes-KAN gespeichert sind. Das hat wegen des Aussonderungsgrundsatzes „Jeder nach eigener Aktenlage" die Folge, daß Fingerabdrucksammlungen in BKA und LKÄ nicht synchron bereinigt werden: Die BKA-Sammlung enthält FABl., deren Zweitexemplare nicht mehr in den zuständigen LKA-Sammlungen einliegen und umgekehrt. Lediglich bezüglich der auch E-Satz-verformelten FABl. erfolgt in den letzten Jahren ein sehr aufwendiger Abgleich der Sammlungen durch gegenseitige Bestandsmitteilungen.

95 Dabei wäre die Abschaffung des Aussonderungs-Tohuwabohus und die gleichzeitige Herstellung des für die Aufgabenerfüllung erforderlichen Zustandes gar nicht so kompliziert: Der Katalog der „überregional bedeutsamen" Tatverdächtigen im KAN-Konzept bräuchte nur erweitert zu werden um „die Personen, die aufgrund Wiederholungsgefahr bzw. für Zwecke des Erkennungsdienstes erkennungsdienstlich behandelt wurden", sie sind sicherlich nicht leichtgewichtiger als andere dort aufgeführte Personengruppen. – Aus anderen Gründen ed-Behandelte dürfen (überwiegend) ohnehin nicht in die Sammlungen aufgenommen werden.

Dann würde für die Unterlagen der erkennungsdienstlich Behandelten das gemeinsame höchste Aussonderungsdatum gelten.

96 Zur Straffung des INPOL-Gesamt-Konzeptes sollte auch geprüft werden, ob im Hinblick auf die originäre Zielsetzung der Daktyloskopie weiterhin nach der Auswertung auch die Erfassung aller erkennungsdienstlichen Behandlungen einer Person erforderlich ist. Es wäre wertvoller, von vielen Personen je ein FABl. zu haben als von weniger Personen jeweils mehrere FABl. Seit es Bundes- und Landes-KAN-Bestände gibt, bräuchte die Daktyloskopie nicht mehr die Ersatzfunktion einer Straftaten/Straftäterdatei für einen ohnehin beschränkten Täterkreis in ohnehin nur fragmentarischer Form erfüllen, wie sie es früher als einzige „zentrale" Auskunftsstelle getan hat, wobei nicht verkannt wird, daß nicht alle KAN-Bestände die gleichen detaillierten Daten enthalten. Diese wären entsprechend zu verbessern, dann könnte sich die Daktyloskopie in puncto Erfassung und Speicherung von Daten bescheiden, was Arbeitsersparnis bedeuten würde mit gleichzeitiger Freisetzung von Kapazität für die Aufgabenstellung „Wer ist der Mensch? Wer war der Mensch? Wer ist der Spurenverursacher?"

97 Bei der Bedeutung der Daktyloskopie, ihrem hohen Wert für die Aufklärung schwerster Straftaten, welche die Gesellschaft in der Vergangenheit erschüttert haben, sollte in diesem Bereich Streit zwischen den der inneren Sicherheit gleichermaßen Verpflichteten verschiedener Couleur, etwa über Erfassungsprobleme, vermieden werden.

98 Obwohl das **Bund-Länder-Klassifiziersystem** (BLS) für die Erfassung und Recherche daktyloskopischer Daten gegenüber den manuell geführten Sammlungen als besonders fortschrittlich und effektiv in der Anwendung zu bewerten war und auch noch ist, sind der hohe zeitliche Bearbeitungsaufwand und die Mängel des Systems (eingeschränkte Einzelfingerverformelung und die eingeschränkte Recherchierfähigkeit von Spuren) zukunftsorientiert nicht mehr akzeptabel. Bedingt durch ein zu erwartendes geschätztes Mehraufkommen nach dem Beitritt der fünf neuen Bundesländer und bedingt durch die Zahl der Asylantragsteller von ca. 200 000 pro Jahr (progressive Erfassung beim BKA von insgesamt ca. 350 000 pro Jahr), ist der Einsatz eines **A**utomatischen **F**ingerabdruck**i**dentifizierungssystems" (AF IS) dringend geboten. (vgl. oben Rdnr. 20, 37).

99 Nach der vor längerer Zeit begonnenen Überprüfung der bei anderen Polizeibehörden europäischer und außereuropäischer Länder bereits im Einsatz befindlichen Systeme mit automatischer Erfassung und Recherche daktyloskopischer Daten planen Bund und Länder nunmehr ebenfalls die Einführung eines **AF IS**. Künftig wird es dann möglich sein, eine Spurenrecherche im gesamten Datenbestand und auch mit Teilabdrücken, die im BLS bisher nicht recherchierbar waren, durchzuführen; dies dürfte letztlich zu einer Steigerung der Aufklärungsquote führen.

Nachdem die zuständigen Gremien der Einführung eines AF IS bereits zugestimmt haben, ist nach einem festgelegten Stufenplan Ende 1993 mit der Realisierung der Anwendung eines AF IS zu rechnen.

SCHRIFTTUM

Heindl, Robert: System und Praxis der Daktyloskopie und der sonstigen technischen Methoden der Kriminalpolizei. 3. Aufl. Berlin, Leipzig 1927 (Literaturverzeichnis: S. 710 – 742).

Ochott, Gerhard: Daktyloskopie. Handbuch für die Polizeipraxis. Karlsfeld bei München 1987 (Verlag Jüngling, Ohmstraße 7, 8047 Karlsfeld).

Prante, Helmut: Die Personenerkennung. Teil I: Daktyloskopie gestern – heute – morgen. Bestandsaufnahme und Standortbestimmung. Wiesbaden 1982 (BKA-Schriftenreihe. Bd. 51) (Bibliographie: S. 243 – 339).

Steinke, Wolfgang: Genetischer Fingerabdruck und § 81a StPO, NJW. In: Neue Juristische Wochenschrift 1987, S. 2914.

Steinwender, Ernst: Daktyloskopie. Bedeutung und Anwendung. Wiesbaden 1955 (BKA-Schriftenreihe. Bd. 1).

Sternberg-Lieben, Detlev: „Genetischer Fingerabdruck" und § 81a StPO, NJW 1987, S. 1242.

18 Handschriften

Manfred Rudolf Hecker

INHALTSÜBERSICHT

	Rdnr.		Rdnr.
A. Ausgangslage	1	III. Kopien / sonstige Nichtoriginale	29
B. Graphologie	2	IV. Qualifikation der Schriftsachverständigen	34
C. Forensische Schriftuntersuchung	4	V. Methodenfragen und Fehlgutachten	37
I. Veränderungen der Handschrift	6	D. Forschung	49
II. Verfälschung und Fälschung	21		

A. Ausgangslage

Daß „ein Verbrechen eine bestimmte Handschrift trägt", ist eine vertraute umgangssprachliche Redewendung. Sie meint, daß ein Tatort mit seinem Spurenbild auf eine bestimmte Person hinweist oder anders ausgedrückt, die Phänomenologie des ‚modus operandi' individualtypischer Natur ist.

Dieser Denkweise liegt die Erfahrungstatsache zugrunde, daß die **Handschrift** eines Menschen in ihrem Gesamterscheinungsbild einmalig ist und somit für diese Person ein **unverwechselbares Kennzeichen** darstellt, so wie ihr Fingerabdruck oder die Summe solcher Charakteristika wie die Gesichtszüge, Größe, Augenfarbe, Stimme, Gang usw.

B. Graphologie

Handschrift wird indessen weitläufig nicht nur angesehen als äußerliches Erkennungsmerkmal eines Menschen, man schreibt ihr darüber hinaus auch Trägerfunktion von **Persönlichkeitseigenschaften** zu im Sinne von Korrelaten zwischen Schriftmerkmalen und strukturellen Charakterzügen. Diese historisch lange Tradition, wie sie in den Lehren der **Graphologie** zutagetritt, begreift die Handschrift als Abbild des Individuums in seiner Einmaligkeit der seelisch-geistigen Struktur. Sie finde in der Handschrift ihren Ausdruck, der sich dem entsprechend geschulten Fachmann unmittelbar erschlösse. Namhafte Vertreter dieser Disziplin haben auch die hier besonders interessierende These aufgestellt, es gäbe gleichsam kriminogene Gruppenfaktoren der Handschrift. In diesem Zusammenhang sind Publikationen zu nennen wie „Der Verbrecher und seine Handschrift"[1], „Kriminelle Anlagen in Hand und Handschrift"[2] oder „Die kri-

---
1 *Wieser* 1952.
2 *Steindamm/Ackermann* 1958.

minelle Disposition in der Handschrift"[3]. Allerdings bezweifeln heute selbst überzeugte Graphologen die Existenz solcher Ausdrucksmerkmale einer **kriminellen Veranlagung**[4].

3   So interessant nun für den Kriminalisten der Entwurf eines konkreten Personenbildes aus der Handschrift auch wäre – sei es aus präventiver Sicht oder als **Ermittlungs- und Fahndungshinweis** – dies vermag die Graphologie mit Anspruch auf Wissenschaftlichkeit nicht zu leisten. Graphologische Analysen bedürfen wegen der prinzipiellen Doppeldeutigkeit der Merkmale der organismischen Kenngrößen „Alter", „Geschlecht" und „Bildungsniveau" und arbeiten damit nicht voraussetzungsfrei. Gerade über diese Informationen verfügt aber der Kriminalist in der Regel nicht, wenn er eine „Täterschrift" in Händen hält, so daß der Entwurf eines Täterbildes anhand seiner Schrift zumindest mehrdeutig bleiben muß.

C. Forensische Schriftuntersuchung

4   Aufgrund einer Vielzahl methodisch umstrittener Vorgehensweisen der Graphologie, die hier erschöpfend zu diskutieren der Raum fehlt, deren geringe Objektivität, Reliabilität und Validität aber als erwiesen gelten können[5], verzichtet die **forensische Schriftuntersuchung** auf eine personenbezogene Deutung der Handschrift. Ihr Hauptanliegen beschränkt sich auf die reine Zuordnung einer Handschrift zu einem Individuum bzw. die Prüfung der Echtheit oder Unechtheit einer Schreibleistung.

5   Dabei geht allerdings auch die forensische Schriftuntersuchung von dem empirisch begründeten Theorem aus, daß die Handschrift für ein bestimmtes Individuum charakteristisch im Sinne von unverwechselbar ist. Allerdings ist diese Grundannahme nicht absolut zu sehen, da die Handschrift bestimmten Veränderungen unterliegt und damit lediglich eine **relative Konstanz** besitzt.

I. Veränderungen der Handschrift

6   **Natürliche Veränderungen** der Handschrift sind u. a. zu erwarten durch
   – Schriftentwicklung
   – bestimmte Krankheiten
   – Alter
   – bestimmte Stimmungslagen
   – Medikamente und Drogen oder
   – ungewöhnliche äußere Schreibbedingungen.

7   Davon zu unterscheiden im forensischen Sinne sind **absichtliche Veränderungen** des Schriftbildes wie
   – Verstellung und
   – Nachahmung einer fremden Schrift

---

3 *Kreis* 1986.
4 *Wallner* 1988.
5 *Michel/Wiese* 1986.

mit dem Ziel, die eigene Schrifturheberschaft zu verschleiern oder die Handschrift einer anderen Person vorzutäuschen.

Hieraus erklärt sich, warum Schriftsachverständige einerseits großen Wert auf möglichst **zeitgerechtes Vergleichsschriftmaterial** legen müssen und andererseits auf Akteneinsicht nicht verzichten wollen. Die vom Bundeskriminalamt zusammen mit den Landeskriminalämtern herausgegebenen „Richtlinien für die Beschaffung von Handschriftproben"[6] versuchen, neben anderen, den wichtigsten Aspekten möglicher Schreibumstände und den daraus resultierenden Forderungen an das Vergleichsmaterial gerecht zu werden. So liegt es auf der Hand, daß man die Schriftprobe eines 50jährigen nicht mit einer Nacherzählung aus dem 5. Schuljahr wird identifizieren können oder eine Unterschrift, die im Vollrausch geleistet wurde, anhand einer druckschriftlichen Notiz aus einem Merkkalender. Um also möglichst detaillierte Informationen über die tatsächlichen oder behaupteten Entstehungsbedingungen einer Handschrift zu erhalten, fordert der Schriftsachverständige **Akteneinsicht.** Sie versetzt ihn meistens in die Lage, mögliche situative Bedingungen der Schriftentstehung zu präzisieren und daraus die angemessenen Forderungen an das Vergleichsmaterial abzuleiten.

Grundsätzlich ist dabei immer **unbefangen entstandenes Schriftmaterial** zu erheben, das zeitlich möglichst nahe um den Entstehungszeitpunkt der fraglichen Schreibleistung streut. Besteht aufgrund erheblicher Abweichungen zwischen fraglichem und Vergleichsmaterial der Verdacht auf das Vorliegen bestimmter **innerer** oder **äußerer Schreibumstände,** so muß versucht werden, diese in einer gezielten **Schriftprobenabnahme** (ad-hoc Schriftprobe) so exakt wie möglich zu reproduzieren. Dies betrifft sowohl äußere Kriterien wie gleichartige Schriftträger (z. B. Formulare), Schreibinstrumente (z. B. Faserschreiber), vergleichbare Textsorten (z. B. Schmähbrief, Scheckbeschriftung), Schriftart (z. B. Versaldruckschrift), als auch das jeweils vermutete Schreibverhalten eines Tatverdächtigen, wie z. B. Verstellung durch Schreiben mit der schreibungewohnten Hand oder willkürliche Veränderung der Schriftlage.

In diesem Zusammenhang ist zu berücksichtigen, daß der rekonstruktiven Umsetzung der vermuteten Schreibrahmenbedingungen in eine Schriftprobensituation zunächst ethische Grenzen gesetzt sind, die nicht überschritten werden dürfen. Besteht der Verdacht auf eine starke Alkoholisierung eines Tatverdächtigen bei der Anfertigung einer strittigen Scheckbeschriftung, so verbietet es sich, ihm im Rahmen einer Schriftprobenabnahme Alkohol zu verabreichen, um so eine „tatschriftadäquate" Vergleichsprobe zu erhalten. Ähnliches gilt für durch schwere Krankheit beeinträchtigte Menschen oder in seelischen Ausnahmezuständen befindliche Schreiber.

Im übrigen setzt eine ad-hoc Schriftprobenabnahme stets den **kooperativen Schreiber** voraus. Eine zwangsweise Schriftprobenerhebung, etwa im Sinne sonstiger erkennungsdienstlicher Maßnahmen nach § 81 b StPO,

---

6 *Bundeskriminalamt* 1977.

ist hier naturgemäß sinnlos. Eine geführte Hand, gar gegen den Willen des Betroffenen, führt entweder zu einem Schriftbild, das dem des Handführers entspricht oder aber – bei starkem Widerstand des Geführten – zu einer erheblichen Gestörtheit bis Unleserlichkeit, die eine eindeutige Identifizierung des Schrifturhebers nicht mehr gestattet (vgl. Abb. 1).

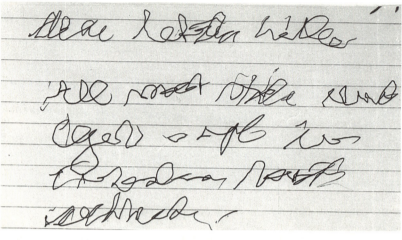

Abb. 1

Hecker[7] hat dies in einer experimentellen Untersuchung beschrieben, wobei eine Fallstudie zu der Frage zugrunde lag, ob eine Testamentsniederschrift unter Gewährung einer bestimmten Art von **Schreibhilfe** zustande gekommen war. In diesem Zusammenhang unterscheiden die einschlägigen gesetzlichen Bestimmungen zur Eigenständigkeit von letztwilligen Verfügungen zwischen den Schreibhilfeformen „**Handstützung**" und „**Handführung**". Während die Hand**führung** zu einem dominanten Niederschlag von Schrifteigenschaften des Schreibhelfers im Schriftbild führt, bleibt bei der Hand**stützung** das Schriftbild des Gestützten weitestgehend erhalten. Als rechtliche Konsequenz resultiert daraus, daß das handgeführte Testament ungültig ist.

12 Dies macht deutlich, wie wichtig es ist, tatsächliche oder behauptete Schriftentstehungsbedingungen zu hinterfragen, das fragliche Schriftbild auf Plausibilität im Hinblick auf die angeblichen **situativen Faktoren** zu untersuchen und ggf. – wo möglich – entsprechende gezielte **Schriftproben** zu erheben. In dem hier geschilderten Falle einer Testamentsuntersuchung ergibt sich zwar die regelmäßige Schwierigkeit, daß ein strittiges Testament erst dann zur Untersuchung gelangt, wenn der Erblasser verstorben ist und somit als Schriftprobengeber nicht mehr zur Verfügung steht; andererseits können aber mitunter Schreibhelfer noch befragt und u. U. veran-

---

7 *Hecker* 1986.

laßt werden, an einer Testperson die angebliche Schreibhilfe zu demonstrieren. Eine solchermaßen konkretisierte verbale Situationsdarstellung kann im günstigen Falle schon zu einer kategorialen Bestimmung der Schreibhilfe führen. Zum anderen aber besteht durchaus die Möglichkeit, geeignetes Schriftmaterial zu erhalten, wenn man berücksichtigt, daß der Umstand der Personenverschiedenheit von Erblasser und Versuchsperson von nachrangiger Bedeutung ist.

Auch sonstige Informationen über den **Zustand** des **Schreibers** zum Zeitpunkt der Erstellung einer strittigen Schreibleistung sind für die schriftvergleichende Untersuchung von weitreichender Bedeutung. In der angesprochenen kasuistischen Studie waren dem Erblasser zum Zeitpunkt der Testamentserrichtung nicht weniger als 8 Medikamente **gleichzeitig** verabreicht worden. Unter Berücksichtigung der Fülle von Veröffentlichungen über den Einfluß medikamentöser Behandlungen wird deutlich, wie wesentlich die Prüfung ist, ob Abweichungen gegenüber dem „normalen" Schriftbild in Einklang stehen mit krankheitsspezifischen oder treatmentabhängigen Veränderungen der Handschrift.

Ein weiteres Beispiel mag diese methodisch unabdingbare Forderung nach Abklärung der Schreibrahmenbedingungen veranschaulichen. Die Art der **Schreibunterlage**[8], auf der geschrieben wird, vermag als äußere situative Schreibvariable ein Schriftbild gravierend zu verändern. In Abb. 2 und 3 haben wir es mit Schriftbildern zu tun, die unmittelbar hintereinander von ein und demselben Schreiber zu Papier gebracht wurden und zwar beide Male bequem sitzend an einem Tisch in einem Reisemobil, allerdings einmal in geparktem Zustand (Abb. 2) und einmal in Fahrt bei Tempo 90 km/h (Abb. 3).

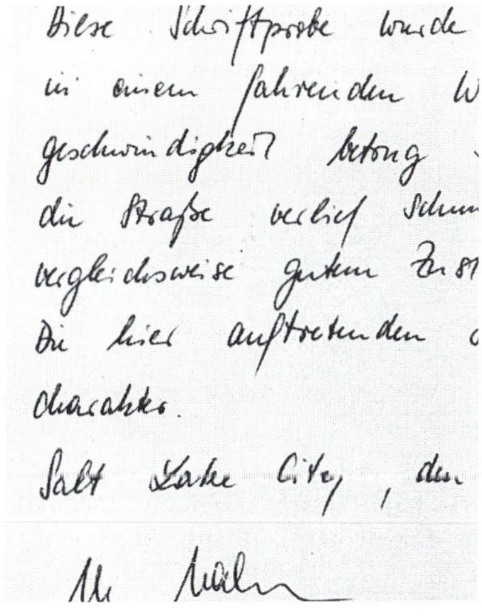

Abb. 2 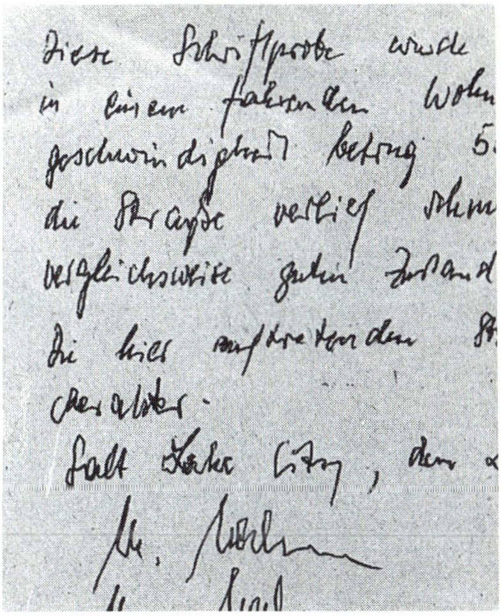   Abb. 3

---

8 *Hecker* 1983.

15 Bereits diese wenigen Beispiele machen andererseits auch deutlich, wie problematisch eine **Differentialdiagnose** aus der Handschrift im Sinne der Graphologie sein kann, wenn man berücksichtigt, daß **gleichartige** Schriftveränderungen ätiologisch völlig **verschieden** determiniert sein können.

16 Neben den genannten Beispielen quasi „natürlicher" Veränderungen sind Schriften immer aber auch auf mögliche willkürliche Veränderungen hin zu untersuchen. Insbesondere anonyme oder pseudonyme Schreiben werden häufig nicht nur sprachlich, sondern auch schriftmäßig verstellt. Während das Erkennen beispielsweise eines vorgetäuschten Ausländer-Sprachhabitus dem **Linguisten** obliegt[9], ist es Aufgabe des Schriftsachverständigen, die Handschrift daraufhin zu analysieren, ob sie Merkmale einer **Verstellung** enthält. Aus zahlreichen empirischen Arbeiten ist bekannt, daß es eine bestimmte Rangreihe von Verstellungstechniken gibt, die ihrerseits wiederum bestimmte unbeabsichtigte, gleichsam modusimmanente und personenunabhängige Begleitsymptome in der Schrift hervorrufen[10]. Als zwei Beispiele seien hier genannt die willkürliche Veränderung der Schriftlage und das Schreiben mit der **schreibungewohnten Hand**[11]. Eine unbeabsichtigte Begleiterscheinung der bewußten Schriftneigungsänderung kann das dachziegelartige Steigen bzw. Fallen der Zeilenbasis sein (vgl. Abb. 4).

17 Bei Handschriften, die zum Zwecke der Verfremdung mit der schreibungewohnten Hand geschrieben wurden, sind häufig u. a. eine größere Schulmäßigkeit, Eckigkeit ursprünglich runder Formen, spiegelbildliche Schreibbewegungen und starke Koordinationsstörungen festzustellen (vgl. Abb. 5).

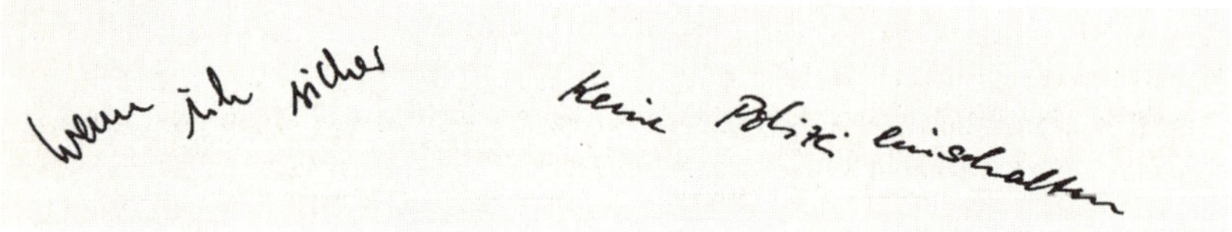

Abb. 4

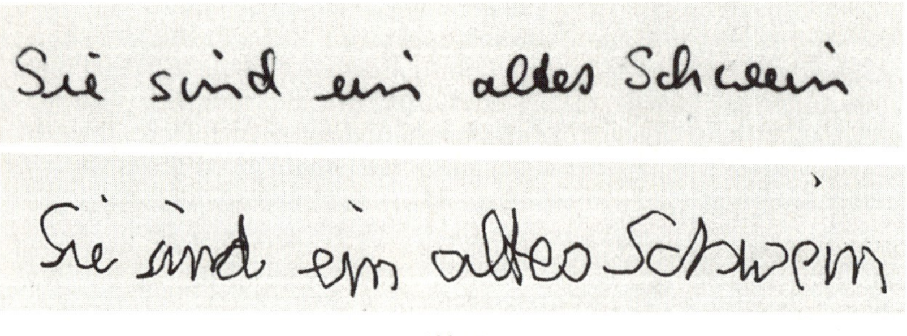

Abb. 5

---

9 *Braun, Perret/Balzert* 1987.
10 *Pfanne* 1971.
11 *Brandt* 1976.

18 Verstellungsabsichten hat man indessen nicht nur bei „Tatschriften" zu gewärtigen, sondern auch bei Ad-hoc-Schriftproben. Dies ist mit ein Grund für die prinzipielle Forderung nach unbefangen entstandenem Vergleichsmaterial. Begründen gravierende Abweichungen zwischen Tat- und Ad-hoc-Material eines Tatverdächtigen einerseits und zwischen Ad-hoc-Schriften und unbefangen entstandenen Schriftproben andererseits außer der alternativen Unschuldsvermutung die Möglichkeit der Verstellung, so muß diese Hypothese anhand gezielt erhobenen Schriftmaterials verifiziert bzw. falsifiziert werden. Dabei wird methodisch so vorgegangen, daß zunächst unter der Annahme der Urheberschaftsgleichheit zwischen fraglicher und Vergleichsschrift die Art der Verstellung bestimmt wird. In der gezielten Schriftprobenabnahme wird sodann durch Einzelanweisungen die Verstellungsrichtung zu reproduzieren versucht. Bei der anschließenden Gegenüberstellung der jeweils „verstellten" Schriftkomplexe kommt es dann allerdings nicht darauf an, ob Übereinstimmung in der globalen Haupttendenz der Verstellungsanweisung vorliegt (z. B. „Schreiben Sie nach links geneigt"), sondern ob in den ungewollten **Begleitveränderungen** (Sekundärmerkmalen)[12] ähnliche oder abweichende Merkmalsausprägungen auftreten. Erst mit Hilfe solchen Materials wird methodisch sauber nachzuweisen sein, ob der Vergleichsschreiber als Urheber der strittigen Schrift in Frage kommt oder nicht.

19 Dabei versteht es sich von selbst, daß solche Kriterien von der Bewertung ausgeklammert werden müssen, die konkreter Bestandteil der Einzelanweisungen waren. Ein nach der Anweisung „Schreiben Sie bitte einmal ein großes ‚A' wie ein kleines" zustande gekommener „Vergleichsbuchstabe" oder gar eine Probe, die eine „möglichst getreue Abschrift der fraglichen Schrift" darstellt, sind naturgemäß in ihrem **Identifizierungswert** unbrauchbar, da nicht mehr trennscharf genug differenziert werden kann zwischen eigenspezifischen und den vorlage- bzw. instruktionsbedingten Schrifteigentümlichkeiten.

20 Eine weitere Möglichkeit, der bei stark voneinander abweichenden fraglichen und Vergleichsschriften Rechnung zu tragen ist, besteht darin, daß die angeblich **authentischen Vergleichsschriftproben** tatsächlich von einer anderen Person herrühren. Dies gilt insbesondere für Ehegatten oder aber – auf einem völlig anderen Sektor – bei Strafgefangenen. Gerade bei der letztgenannten Personengruppe kommt es nicht selten vor, daß Eingaben von Häftlingen von Mitgefangenen geschrieben werden, die entweder über eine besonders „schöne" Handschrift oder aber über einen überdurchschnittlich elaborierten Sprachstil verfügen. Eine andere Ursache für dieses „Fremdschreiben" mag einfach darin liegen, daß ca. 45 % der in Strafhaft sitzenden Erwachsenen über keinen Hauptschulabschluß verfügen und sich innerhalb dieser Gruppe sogar eine nicht unerhebliche Anzahl von Analphabeten befindet. Auch insofern kann sich das Aktenstudium als außerordentlich wertvolle Informationsquelle erweisen.

---

12 *Pfanne* 1971 S. 375 ff.

II. Verfälschung und Fälschung

21 Neben der Abklärung eventueller besonderer innerer und/oder äußerer Schreibeinflüsse nimmt bei schriftvergleichenden Untersuchungen die Frage großen Raum ein, ob Hinweise auf eine **Verfälschung** oder **Fälschung** vorliegen. Die große Vielfalt der Manipulationsmöglichkeiten hat zur Entwicklung einer Reihe von Untersuchungsverfahren geführt, die heute zum methodischen Standardrepertoire des Schriftsachverständigen gehören und die unter dem Oberbegriff der **physikalisch-technischen Analyseverfahren** zusammengefaßt werden können. Als häufigste Manipulationsformen sind zu nennen

- Nachahmungsfälschungen
- Pausfälschungen
- Blankettfälschungen
- Transferfälschungen
- Fotomontagen und
- Verfälschungen.

22 Die hier gewählte Unterscheidung – es sind auch andere Ordnungskriterien möglich – versteht unter **Nachahmungsfälschung** das freie „Nachahmen" einer fremden Schrift entweder durch langsames Imitieren einer Vorlage oder ihr mehr oder minder langes Einüben. Bei **Pausfälschungen** wird eine Schriftvorlage entweder im Gegenlicht nachgefahren (direkte Pausfälschung) oder sie wird mittels Nachfahrens auf einen anderen Schriftträger durchgedrückt bzw. -gepaust und diese sekundäre Schreibspur dann eingefärbt (indirekte Pausfälschung). Im Falle von **Blankettfälschungen** wird nachträglich über eine authentische Unterschrift ein Text gesetzt, der nicht im Sinne des Namenszeichners ist. **Transferfälschungen** stellen Übertragungen echter Unterschriften auf einen anderen Schriftträger mittels sogenannter **Abhebe-**(lift-off-)**techniken** rsp. **chemischer Verfahren** (bleach out Methode) dar. Unter **Fotomontagen** sind Zusammenfügungen beliebiger Schriftpassagen auf fotografischem oder kopiertechnischem Wege zu einem „neuen" Schriftstück zu verstehen. Bei diesen Produkten handelt es sich naturgemäß nicht mehr um Originale. Auf die Problematik der Echtheitsprüfung von Nicht-Originalen wird an späterer Stelle noch einzugehen sein.

23 Im Falle von **Verfälschungen** werden durch Hinzufügungen, Rasuren oder Übermalungen inhaltliche Veränderungen eines Schriftstückes vorgenommen.

24 Zur Klärung der Frage, ob und ggf. welche Art von Fälschung/Verfälschung vorliegt, wird heute eine Vielzahl von Verfahren eingesetzt, die von der **Stereomikroskopie** bis zur **Rasterelektronenmikroskopie** reicht. Die **Mikrospektralphotometrie** zur Differenzierung verschiedener, eindrucksmäßig aber gleichfarbiger Schreibmittel gehört ebenso zu der technischen Untersuchungsroutine wie die **Dünnschicht-Chromatographie** oder die **Laser-Technologie**. Neben diesen auch in anderen kriminaltechnischen Gebieten eingesetzten Untersuchungsverfahren werden speziell für die Urkundenuntersuchung entwickelte Gerätschaften eingesetzt, so z. B. das

Elektrostatische Druckspuren-Abbildungsgerät (ESDA) zum Nachweis von **latenten Schriftspuren**, die **Videovergleichsanlage** mit PC-Peripherie zum Nachweis von **deckungsgleichen Schriftzügen** oder der **Videospectralkomparator** (VSC 1) zur zerstörungsfreien Schreibmitteldifferenzierung im Wellenbereich von 400–1000 nm. Abb. 6 zeigt eine Quittungsbeschriftung im sichtbaren Wellenbereich und Abb. 7 im IR-Licht bei einer Wellenlänge von 830 nm. Deutlich ist hierbei das unterschiedliche Reflektionsverhalten der Schreibmittel zu erkennen. Dieses Ergebnis läßt die Schlußfolgerung zu, daß jeweils die Ziffer „1" und das Zahlwort „Eintausend" mit einem anderen Schreibmittel geschrieben wurde als die übrige Betragsangabe in Ziffern und Worten.

Abb. 6

Abb. 7

Bereits diese knappe Aufzählung zeigt, daß seriös betriebene Schriftvergleichung nicht allein mehr mit dem geschulten Auge auskommt, sondern sich **interdisziplinärer Verfahrenstechniken** bedienen muß. Versucht sie es dennoch, so läuft sie Gefahr, eine isolierte Fragestellung – z. B. nach der Echtheit einer Quittungsunterschrift – zwar richtig zu beantworten, den wahren Sachverhalt aber – nämlich die Verfälschung der Betragsangabe – nicht geklärt zu haben. Zwar stellt sich in diesem Zusammenhang die Frage, ob der Sachverständige damit im Einzelfall die Fragestellung in unzulässiger Weise erweitert, jedoch kann man hierbei die Auffassung vertreten, daß die bestmögliche Ausschöpfung des Informationsgehaltes eines Beweismittels Vorrang vor allen anderen Überlegungen haben sollte, insbesondere wenn anzunehmen ist, daß lediglich die Unkenntnis über die methodischen Untersuchungsmöglichkeiten oder Artikulationsschwierigkeiten der Prozeßbeteiligten ursächlich für eingeschränkte Untersuchungsanträge sind.

Solche Unkenntnis auf seiten der Organe der Rechtspflege äußert sich immer wieder in der Auftragsformulierung, „ein graphologisches Gutachten" zu erstatten. Als Beispiel für **einengende Untersuchungsanträge** kann folgender Sachverhalt angeführt werden: Ein Geschädigter bestreitet die Echtheit seiner Unterschrift mit dem Hinweis, „diesen Betrag nie quittiert zu haben". Seine Unterschrift müsse demzufolge gefälscht sein. Hieraus wird der Auftrag an den Kriminaltechniker formuliert, die Echtheit der Unterschrift zu prüfen. Unterbleibt in diesem Falle die physikalisch-technische Untersuchung der Betragsangabe, die zu dem Ergebnis führt, daß eine Manipulation vorliegt, so ist die Beantwortung der Fragestellung dahingehend, die Unterschrift sei echt, zwar objektiv richtig, begründet aber möglicherweise eine falsche Entscheidung des Gerichtes.

27 Aus dem Gesagten wird unschwer die unabdingbare Forderung nachvollziehbar, in **jedem** Falle einer schriftvergleichenden Untersuchung alle technischen Prüfverfahren einzusetzen, um eventuelle Manipulationsspuren zu erkennen. Und dies gilt gleichermaßen für das fragliche **und** das Vergleichsschriftmaterial. Gutachten, die keinen expliziten Hinweis auf solche Untersuchungen enthalten, sollten einer besonders kritischen Würdigung unterzogen werden.

28 In diesem Zusammenhang stellt sich allerdings auch die Frage nach den **Kompetenzgrenzen** des Schriftsachverständigen. Je weiter er selbst sie sich steckt, desto eher werden – von wenigen Ausnahmen abgesehen – Zweifel an seiner gleichmäßig vertieften Sachkunde in allen beanspruchten Wissensfeldern anzumelden sein. Nach unserer Auffassung gehören z. B. rasterelektronenmikroskopische, mikrospektralphotometrische oder chemische Untersuchungen in die Hand desjenigen Experten, der dafür die beste **Aus- und Fortbildung** besitzt. Die gerade auch in der Kriminaltechnik zu beobachtende hohe Spezialisierung liegt eben in dem Umstand begründet, daß der neueste Erkenntnisstand nur dann gewährleistet ist, wenn ein Überblick über den teilweise rasanten Entwicklungsfortschritt der jeweiligen (Teil-)Disziplin vorhanden ist. Und dies kann kaum geleistet werden, wenn mehrere Sachgebiete gleichzeitig abgedeckt werden. Es ist daher nicht einzusehen, daß gerade auf den Schriftsachverständigen nicht zutreffen sollte, was für alle anderen forensischen Wissenschaften gilt. Dies bedeutet nun nicht, daß er in Zukunft auf die Anwendung des ESDA-Verfahrens oder gar auf den Einsatz des Stereomikroskopes wird verzichten müssen, nur weil er die physikalischen Gesetze der Optik nicht kennt. Und es kann ihn auch nicht von der Verpflichtung entbinden, sich über den neuesten Stand der Technik in den für ihn relevanten Nachbargebieten zu unterrichten, damit er ggf. sachdienliche fachübergreifende Untersuchungen anregen oder von kompetenter Stelle durchführen lassen kann.

III. Kopien / sonstige Nichtoriginale

29 In diesen Themenkomplex gehört auch die weiter oben schon angesprochene Problematik der Untersuchung von **Kopien** und **sonstigen Nichtoriginalen** (z. B. Durchschriften). Selbstverständlich sind Kopien einer Vielzahl von Untersuchungsmöglichkeiten zugänglich, angefangen von der morphologischen Toneranalyse bis hin zur Kopiererklassifizierung oder Generationsbestimmung, nicht jedoch in bezug auf die Schrifturheberfest-

stellung oder Echtheitsaussage. Der erst in jüngster Zeit wieder heftig entbrannte Streit über die Verwertbarkeit von Nichtoriginalen bei schriftvergleichenden Untersuchungen hat offensichtlich unversöhnliche Fronten innerhalb der Schriftsachverständigen geschaffen[13].

Dabei kann es keinerlei vernünftige Zweifel an der Tatsache geben, daß Manipulationsspuren in einer **Fotokopie** nicht mehr nachzuweisen sind. Wie allgemein bekannt ist, können die meisten Kopiergeräte heute bereits mit Transparentfolien arbeiten. Mit Hilfe solcher Folien lassen sich beliebige Montagen fertigen, ohne daß diese Manipulation nachweisbar wäre. Wo früher vielleicht noch aufwendige Retuschen erforderlich waren, genügt heute ein scharfes Messer, um den Kopiertoner an den benötigten Stellen von der Folie zu kratzen. In der Endkopie wird von diesen „Eingriffen" nichts mehr zu erkennen sein (vgl. Abb. 8 und 9).

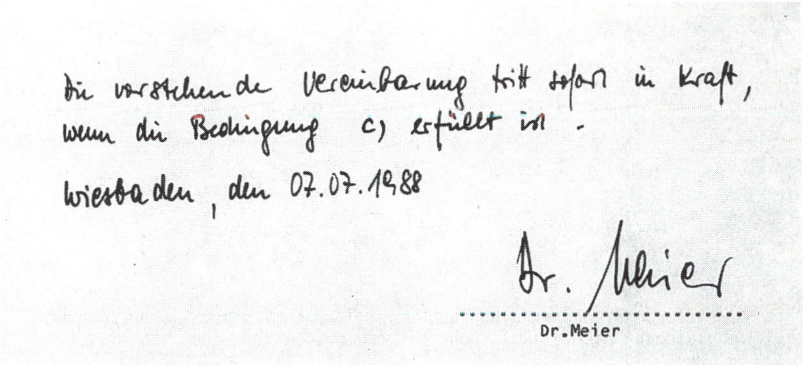

Abb. 8

Abb. 9

---

13 *Hecker* 1984.

Welchen Sinn sollte es also haben, so ist zu fragen, beispielsweise zur Echtheit einer Unterschrift auf einer solchen Kopie Stellung zu nehmen? Handelt es sich nämlich tatsächlich um eine Montage der geschilderten Art, so wird man wohl unterstellen dürfen, daß eine echte Unterschrift für die Manipulation verwendet wurde und nicht etwa eine gefälschte!

31 Was hier für Fotokopien ausgeführt wurde, gilt sinngemäß auch für Durchschriften. Hat *Hönel*[14] noch dafür plädiert, Durchschriften für die Beurteilung des **Druckverlaufes** heranzuziehen, so muß diesem Verfahren, wenn es auf die Fragestellung der Echtheitsprüfung übertragen wird, aufgrund einer neueren Untersuchung von *Bekedorf*[15] mit Skepsis begegnet werden. Gerade wenn man den dynamischen Aspekt des **Schriftdruckes** oder die Strichsicherheit als mögliche Kriterien einer langsamen Nachahmungsfälschung untersucht, läuft man dieser experimentellen Studie zufolge große Gefahr, nachahmungsspezifische Störungen in der Durchschrift **nicht** zu erkennen, weil sie objektiv nicht vorhanden sind. Im übrigen unterstützt *Hönel* indirekt die hiesigen Vorbehalte gegenüber der Untersuchung auch von Durchschriften, wenn er feststellt, daß das Durchschreibeverfahren ‚neofilm' „bei starken Drucken... sozusagen... übertreibt. Das heißt: der durchgeschriebene Strich wird b r e i t e r als das Original[16]." Und an anderer Stelle heißt es: „In der Durchschrift ist am langen Aufstrich zum ‚e' ein Vorschlag-Haken zu sehen..., der im Original nur angedeutet vorhanden ist; und zwar so, als würde der Druck plötzlich zunehmen, was jedoch nicht der Fall ist."

32 Es ist damit aus hiesiger Sicht unredlich, sich bei der Begutachtung von Nichtoriginalen quasi ein ‚Hintertürchen' dergestalt offenzuhalten, daß mit der Begründung des sogenannten ‚**Kopienvorbehaltes**' der Grad der Ergebnissicherheit abgesenkt wird; denn eine beispielsweise „nur" ‚mit hoher Wahrscheinlichkeit' getroffene Urheberschaftsaussage weist immer noch deutlich in die Richtung der Echtheit, obwohl diese Aussage durch nichts gerechtfertigt ist. Ausschließlich die Aussage „nicht entscheidbar" erscheint in Fällen wie diesem angemessen.

33 Damit ist ein Problemfeld angesprochen, das nicht nur die materielle Gegenposition zur Frage der Verwertbarkeit von Nichtoriginalen betrifft. Die Auffassung, daß im Falle des Nichtmehrvorhandenseins eines Originales das Nichtoriginal „bestmöglich" auszuwerten sei, kann in Anbetracht der enormen Gefahr einer **Fehlbegutachtung** nicht hingenommen werden: auch dann nicht, wenn mit so hehren Ansprüchen wie der Rechtsfindung argumentiert wird. Vielmehr ist ein Bewußtsein dafür zu schaffen, daß dort, wo Echtheitsuntersuchungen von handschriftlichen Urkunden nicht auszuschließen sind, die Originale aufbewahrt werden müssen und nicht unter Hinweis auf die Notwendigkeit der Einführung moderner Büroorganisationstechniken mikroverfilmt werden. Gerade bei Bankunterlagen oder Bestellscheinen von Großversandhäusern, wo dieses Problem am häufigsten auftritt, muß bei den Verantwortlichen der Einsicht zum Durch-

---

14 *Hönel* 1975.
15 *Bekedorf* 1985.
16 *Hönel* 1975 S. 110.

bruch verholfen werden, daß Originalunterlagen solange aufzubewahren sind, bis eine Kontobelastung des Kunden erfolgt ist. Erst wenn diese nach einem angemessenen Zeitraum zu keiner Reklamation führt und damit ein kriminaltechnischer Untersuchungsbedarf unwahrscheinlich wird, können Originale vernichtet werden. Allerdings wird hier keine Einstellungsänderung zu bewirken sein, solange sich einige Sachverständige dazu hergeben, ihre „überlegenen" Dienste anzubieten.

IV. Qualifikation der Schriftsachverständigen

In diesem Zusammenhang ist noch ein anderer Aspekt zu erörtern, der die **Beweiswürdigung** von schriftvergleichenden Gutachten angeht. Schriftgutachten geraten, wie andere forensische Expertisen übrigens auch, immer dann ins Gerede, wenn in einem spektakulären Fall ein **Fehlgutachten** erstattet worden ist.

Daß (angeblich) insbesondere die Organe der Rechtspflege der Schriftvergleichung nach wie vor skeptisch gegenüberstehen, liegt unserer Meinung nach in dem Umstand, daß sich in dieser Disziplin eine Vielzahl fachlich zwielichtiger „Gutachter" tummeln, deren **Qualifikation** höchst dubios ist. Seriöse Vertreter der gerichtlichen Schriftuntersuchung haben immer wieder darauf hingewiesen, daß es auch für ihren Berufsstand Ausbildungsgänge, qualifizierte Abschlüsse und Fortbildungsveranstaltungen gibt, deren Nachweis die bestmögliche Gewähr für ein wissenschaftlich korrektes Arbeiten bietet. Bedient sich die Justiz solcher Sachverständiger, die über die erforderliche Qualifikation nicht oder nicht in ausreichendem Maße verfügen, so verliert sie das Recht auf eine pauschale Methodenkritik. Man ist hierbei versucht, an den Ausspruch „Nichtwissen schützt nicht vor Strafe" zu erinnern!

Niemand käme auf den Gedanken, jemanden deshalb als Kfz-Sachverständigen zu benennen, nur weil er einen Führerschein besitzt; bei der Auswahl der „Schriftgelehrten" ist man aber offensichtlich weit unkritischer, vielleicht deshalb, weil man sich auf dem Handschriftensektor eher ein eigenes Urteil zutraut. In dieser Richtung machten auch die Industrie- und Handelskammern leider keine Ausnahme, indem sie alle möglichen Antragsteller öffentlich bestellten und vereidigten, ohne sich offenbar über die Möglichkeiten einer Prüfung der Befähigungsgrundlagen im klaren zu sein. Seit einigen Jahren sind die örtlichen Industrie- und Handelskammern jedoch übereingekommen, Antragsteller für das Sachverständigengebiet „Schrift" zentral durch die IHK Darmstadt bestellen zu lassen. Diese IHK arbeitet eng mit der **GESELLSCHAFT FÜR FORENSISCHE SCHRIFTUNTERSUCHUNG (GFS)** e. V. zusammen, indem sie die Antragsteller einer Prüfung unter Mitwirkung von zwei Mitgliedern der GFS unterzieht. Auch hier gilt es festzustellen, daß die jahrelangen Bemühungen der GFS, berufsständische Qualifikationsmaßstäbe zu setzen und eine staatliche oder staatlich anerkannte Zulassung für Schriftsachverständige zu erwirken, lange Zeit auf mangelndes Interesse gestoßen sind, obwohl sich die gerichtliche Praxis ständig des Schriftgutachtens bedient. Dank einer erneuten Initiative der GFS hat sich jedoch der Arbeitskreis

"Sachverständigenwesen" des DIHT im Jahre 1987 entschlossen, die fachlichen Bestellungsvoraussetzungen für den Sachgebietsbereich "Schriftuntersuchung" zu verabschieden. Damit ist die von der GFS vorgeschlagene **Bestellungsordnung** bei der Bestellung von Schriftsachverständigen für alle Industrie- und Handelskammern verbindlich geworden.

VI. Methodenfragen und Fehlgutachten

37   Ein weiterer Aspekt, der die ambivalente Einstellung zu Schriftgutachten verstehbar macht, ist die angebliche Zahl von **Fehlgutachten** auf diesem Gebiet.[17] Wen kann es nach spektakulären Presseveröffentlichungen, in denen Einzelfälle von Fehlleistungen von Schriftgutachtern unzulässig generalisiert werden[18], verwundern, wenn sich in der Öffentlichkeit hartnäckig die Auffassung hält, daß schriftvergleichende Gutachten hinsichtlich ihrer Ergebnisrichtigkeit rein zufallsorientiert sind.[19]

38   Ähnlich wissenschaftlich unsauber fundiert argumentiert *Peters*[20], daß gegenüber Schriftgutachten "grundsätzlicher Anlaß zur Skepsis in der Sache, nicht nur in der Person" bestehe und "daß das Schriftgutachten **nicht** die **alleinige Beweisgrundlage** für eine Verurteilung sein kann." Dabei beruft sich *Peters* auf vier Fälle erwiesenermaßen fehlerhafter Schriftexpertisen, die in der Zahl der insgesamt untersuchten Wiederaufnahmeverfahren ganze 0,35 % ausmachen[21].

39   Wir bezweifeln indessen, daß der richtige Weg einer Entschuldigung für **fehlerhafte Schriftgutachten** – die keineswegs wegdiskutiert werden sollen – in dem Hinweis auf **Fehlbegutachtungen** in **anderen forensischen Disziplinen** zu suchen ist: Ansätze dieser Art sind lediglich insoweit legitim, als sie den Nachweis zu erbringen imstande sind, daß absolut kein Anlaß besteht, der forensischen Schriftexpertise mehr zu mißtrauen als anderen Beweismitteln.

40   Andererseits muß jedoch außer Frage stehen, daß nur eine penible Fehleranalyse Aufschluß darüber geben kann, ob methodische Schwächen oder "menschliches Versagen" Ursache für Irrtümer sind. Und diese Alternative ist nach derzeitigem Wissensstand leicht zu beantworten und zwar dahingehend, daß wohl die Hauptfehlerquelle im Untersucher und seinen wissensmäßigen Defiziten liegt. Immer wieder ist im Rahmen von Zweit-

---

17   Wenn z. B. SPIEGEL-Herausgeber *Augstein* im Zusammenhang mit der Affäre um die sog. Hitler-Tagebücher äußerte, "daß die Zahl derer, die durch Schriftgutachten unschuldig verurteilt worden sind, Legion ist" (*Augstein* 1983), so mag dies als journalistisch rigorose Pauschalierung zwar noch hingehen, einer sachgerechten Aufklärung ist es jedoch wenig dienlich.
18   So hat etwa der SPIEGEL in einem *Graphologie*-Report (*von Behr* 1965) versucht, mit Bezug auf die Dreyfus-Affäre und ganze drei(!) andere Fälle den Nachweis zu führen, wie unzuverlässig Schriftgutachten und *Schriftgutachter* seien – mit dem Hinweis zwar, daß unterschiedliche Zielsetzungen bestünden zwischen Identitätsexpertisen und Charakteranalysen anhand der Handschrift, aber doch mit dem Tenor größtnötiger Skepsis vor solcher "Kunst".
19   Vgl. dazu die Ausführungen im SPIEGEL, daß "statistisch . . . die Zahl der zweifelhaften zu den richtigen Gutachten bei etwa 50 Prozent liegen (dürfte)" (*Augstein* 1983).
20   *Peters* 1972.
21   *Pfanne* 1975.

und Oberbegutachtungen festzustellen, daß Schriftgutachter aufgrund gravierender Methodenverstöße zu falschen Schlußfolgerungen gelangen. Wenn andererseits nach der Strafprozeßordnung (§ 73) wie auch nach der Zivilprozeßordnung (§ 404) die Auswahl der Sachverständigen dem Richter obliegt, so ist ihm demzufolge auch die Verantwortung darüber nicht abzunehmen, daß er sich ein Bild von deren fachlicher Qualifikation verschafft. Wie und wo er das kann, wurde weiter oben schon angedeutet. Die Wirklichkeit scheint demgegenüber aber so auszusehen, daß selbst solche Sachverständige immer wieder beauftragt werden, die nachweislich hohe Fehlraten in ihren Gutachten aufzuweisen haben.

Gleichwohl sollte nicht übersehen werden, daß derartige Fehlbegutachtungen einen verschwindend geringen Anteil an der Gesamtzahl erstatteter Schriftgutachten ausmachen. Im Bereich der Strafverfolgungsbehörden, d. h. Landeskriminalämter, Bundeskriminalamt, Zollkriminalinstitut, aber auch Posttechnisches Zentralamt, beläuft sich das jährliche Fallaufkommen insgesamt auf ca. 20 000 Vorgänge. Im bundesweiten Durchschnitt entfallen auf einen Vorgang ca. zehn Schriftstücke, so daß letztendlich etwa 220 000 Einzeluntersuchungen pro Jahr zu leisten sind. Für diese Aufgabe stehen bei den genannten Behörden 87 Schriftsachverständige und Hilfskräfte zur Verfügung. Daneben sind auch die **Universitäten** Mannheim und Gießen auf dem Sektor der Schriftexpertise tätig, sowie eine nicht genau bezifferbare Anzahl privater Sachverständiger. Da nicht alle der freiberuflich tätigen Gutachter Mitglieder der Berufsorganisation „GFS" sind, kann ihre Zahl lediglich grob auf ca. 50 geschätzt werden. Nicht erfaßt sind in dem genannten Fallaufkommen die Gutachten dieser Freiberufler und damit das Untersuchungsvolumen von seiten der Zivilgerichte, da die Gutachter der Strafverfolgungsbehörden lediglich in Strafsachen tätig werden. Nur in Ausnahmefällen können von diesem Personenkreis mit behördlicher Genehmigung private Gutachten für Zivilgerichte erstattet werden.

Die Anzahl bekanntgewordener Fehlgutachten von Behördengutachtern liegt in Anbetracht der genannten Größenordnungen im „Promillion"-Bereich. In einer neueren Arbeit der Universität Mannheim[22] wurden zahlreiche Fälle von **Mehrfachbegutachtungen** untersucht. Die Ergebnisse in bezug auf voneinander abweichende Gutachtenresultate sprechen für sich: Dort, wo Zweitgutachten zu höheren Wahrscheinlichkeitsaussagen gelangen, hat zum einen eine verbesserte Vergleichsmaterialbasis den Ausschlag gegeben. Zum anderen wurde aber bei divergierenden Schlußfolgerungen beobachtet, daß Gutachter mit graphologischer Vorbildung zu der Dissens beitrugen. Damit ist zumindest der Nachweis erbracht, daß ein hoher Prozentsatz der Fehlerquellen auf **Methodenverstöße** und nicht auf die Methode selbst zurückzuführen ist.

Ein Teilproblem der Akzeptanz von schriftvergleichenden Gutachten wird darüber hinaus immer dann deutlich, wenn das Ergebnis nicht in das sonstige Beweisbild paßt, sei es, daß Zeugenaussagen dem sachbeweislichen Ergebnis widersprechen, sei es, daß der anderweitig ermittelte Tat-

---
22 *Rieß* 1989.

verdächtige durch ein Schriftgutachten als Urheber sogar ausgeschlossen wird. Große Enttäuschung macht sich schließlich breit, wenn „ein klarer Sachverhalt" nicht durch eine eindeutige Schriftexpertise untermauert werden kann. Man denke in diesem Zusammenhang nur an den Fall, bei dem alles für eine Fälschung der Handschrift spricht, der Urheber dieser Fälschung aufgrund der engen Anlehnung an eine authentische Vorlage aber anhand „seiner" Schriftanteile nicht mehr identifizierbar ist. Auch bereitet es mitunter offenbar große Schwierigkeiten, der Argumentation zu folgen, daß, je kürzer eine Schreibleistung und/oder je schulmäßiger sie ausfällt, desto geringer damit ihr **Individualwert** und in der Folge um so unsicherer die Identitätszuschreibung ausfallen muß. So mag es beispielsweise durchaus sein, daß eine handschriftliche Telefonnummer in **allen** Merkmalen mit dem Schriftmaterial eines Vergleichsschreibers übereinstimmt; und dennoch wird in einem solchen Falle lediglich (bestenfalls) eine einfache Wahrscheinlichkeitsaussage zur Urheberschaftsfrage möglich sein, weil nicht auszuschließen ist, daß auch irgendein anderes Individuum aus der Grundgesamtheit aller möglichen Schreiber eine derartige Merkmalskonfiguration aufweist.

44 Das erklärt auch, warum es derzeit **nicht vertretbar** erscheint[23], die weitgehend übliche **verbale Wahrscheinlichkeitsskala**
– mit an Sicherheit grenzender Wahrscheinlichkeit (echt/authentisch)
– mit sehr hoher Wahrscheinlichkeit (echt/authentisch)
– mit hoher Wahrscheinlichkeit (echt/authentisch)
– wahrscheinlich (echt/authentisch)
– non liquet (nicht entscheidbar)
in **Prozentzahlen** auszudrücken.

45 Solange gesicherte **Häufigkeitsverteilungen** von **Schriftmerkmalen** in der Bevölkerung fehlen – vergleichbar etwa der massenstatistisch fundierten Vorkommenshäufigkeit von Blutgruppen mit ihren Untersystemen – bleibt die prozentual definierte Urheberschaftsaussage scheingenau. Damit wird auch deutlich, daß die Methodik der Schriftvergleichung ein subjektives Bewertungsmoment enthält, womit sie aber nicht unzuverlässiger wird als andere, die ebenfalls auf bewertende Schlußfolgerungsprozesse angewiesen sind[24], geschweige denn kann dies in Widerspruch mit dem Wissenschaftlichkeitsanspruch schlechthin gesetzt werden.

46 Zwar haben der BGH und zahlreiche Oberlandesgerichte[25] zum Schriftgutachten als **alleinigem Beweismittel** ausgeführt, daß bei seiner Bewertung **besondere Vorsicht** geboten sei und daß weitere Sachverständige zuzuziehen seien, wenn ihm eine besondere Beweisrelevanz zukomme; demgegenüber zeigt die überwiegende Praxis, daß Gerichte durchaus auch aufgrund von solchen Gutachten als alleinigem Beweismittel verurteilen.

47 Wesentlich kritischer ist ein in jüngster Zeit zu beobachtendes Phänomen einzuschätzen, wo genau der umgekehrte Fall vorliegt: nicht die gene-

---
23 *Baier/Rieß* 1986.
24 *Conrad* 1975, 1978.
25 BGHSt 20, 116, 119; OLG Celle StV 1981, 608 f. und NJW 1974, 616 f.; OLG Köln OLGSt a. F. S. 85 f.; OLG Düsseldorf 5 Ss 323/85 – 253/85 I.

rell gegenüber dem Schriftgutachten gebotene Vorsicht führt zur Beauftragung eines weiteren Gutachters, sondern ein **„zu vorsichtig"** formuliertes Ergebnis! Es ist zu hoffen, daß diese Entscheidung einer „Forcierung des Sachbeweisergebnisses" aus Gründen der Beweisnot bloß einen unerfreulichen Einzelfall darstellt und daß der Sachverständige seinen berufsethischen Verpflichtungen der Unparteilichkeit „um jeden Preis" treu bleibt.

Bei Beachtung der methodischen Regeln der Schriftvergleichung wird jedenfalls der Entscheidung des OLG Braunschweig[26] vollinhaltlich zuzustimmen sein, wo es u. a. heißt, „ ... daß die Methode der **Schriftvergleichung wissenschaftlich gesichert** ist und ihr Beweiswert nicht in Zweifel gezogen werden kann, daß diese Methode es bei zuverlässiger Arbeit durch erfahrene und geeignete Sachverständige gestattet, mit an Sicherheit grenzender Wahrscheinlichkeit den Urheber eines Schreibens festzustellen und einen Verdächtigen als Schreiber auszuschließen". **48**

D. Forschung

Entgegen der weitverbreiteten Auffassung, die Echtheit einer Handschrift oder die Identifizierung eines Schreibers sei mit dem „gesunden Menschenverstand" allein möglich, erfordert auch die forensische Schriftvergleichung ein hohes Maß an Spezialwissen. Ein Blick in die umfangreiche Fachliteratur, wie ihn z. B. die MANNHEIMER BIBLIOGRAPHIE[27] mit ihren derzeit weit über 6 000 Beiträgen vermittelt, zeigt, welche Vielfalt von Untersuchungsansätzen, aber auch noch offenen Fragen diese Disziplin aufzuweisen hat. Insbesondere ergibt sich der **Forschungsbedarf** zum einen aus der forensisch bedeutsamen Tatsache, daß der Erfindungsgeist des Straftäters nicht stehenbleibt, sondern gleichsam synchron mit dem Fortschreiten der technischen Entwicklungen immer neue Herausforderungen an den kriminaltechnischen Schriftsachverständigen schafft. Zum anderen aber ergibt sich dieser Bedarf aus den erweiterten technischen Möglichkeiten selbst, etwa dem Einsatz von **Prozeßrechnern** und der Notwendigkeit, ihre Einsetzbarkeit innerhalb der Disziplin kreativ zu nutzen. Schließlich wird die Notwendigkeit einer permanenten Forschung schon deshalb unverzichtbar sein, weil Handschrift als eine menschliche Verhaltensäußerung schlechthin damit einen unendlich facettenreichen, nichtstatischen und somit unerschöpflichen Forschungsgegenstand darstellt. **49**

Eines der aufwendigsten Forschungsvorhaben – neben anderen[28] – auf das an dieser Stelle etwas ausführlicher eingegangen werden soll, verbirgt sich hinter der Projektbezeichnung „FISH" **(Forensisches Informations-System Handschriften)**[29]. Dieses Projekt, das Anfang der 70er Jahre von Schriftsachverständigen des Kriminaltechnischen Institutes im Bundeskriminalamt ins Leben gerufen und das in enger Zusammenarbeit mit einem **50**

---
26 OLG Braunschweig NJW 1953, 1035 und JZ 1953, 515.
27 *Baier* u. a. 1987.
28 *Deinet/Linke/Rieger* 1987.
29 *Klement* u. a. 1981.

Wissenschaftler-Team des Kriminalistischen Institutes des BKA weiterentwickelt wurde, befaßt sich mit der Nutzbarmachung des Computers für die Schriftanalyse und -vergleichung. Dabei werden in erster Linie Verfahren der **Bildverarbeitung** und **Mustererkennung** eingesetzt, die die Merkmalsgewinnung aus der Handschrift objektivieren, beschleunigen und nach Möglichkeit präzisieren sollen. War FISH in seiner ursprünglichen Projektkonzeption auf den eher pragmatischen Aspekt einer besseren Handhabbarkeit großer Handschriftenmengen fokussiert, wie sie die **Zentrale Handschriftensammlung** beim Bundeskriminalamt darstellt, so haben sich schon bald Folgeansätze herauskristallisiert, die den Nutzen der entwickelten Verfahren auch für die Beantwortung von Fragestellungen der **Grundlagenforschung** deutlich machen.

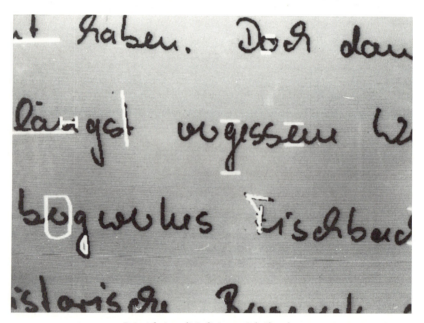

Beispiel einer digitalisierten Schriftprobe

Kernstücke des Forschungsvorhabens, das ein herausragendes Beispiel für das unabdingbare interdisziplinäre Zusammenwirken von Mathematikern, Informatikern, Physikern, Programmierern, Systemtechnikern und Schriftsachverständigen ist, sind

— die rechnerunterstützte **interaktive Merkmalsgewinnung**
— die rechnergestützte **automatische Merkmalsgewinnung** und
— der rechnergestützte Abgleich der so gewonnenen Merkmale mit einem großen Pool vergleichbarer Parameter.

Der wesentliche Vorzug der **rechnerunterstützten Merkmalsextraktion** gegenüber der konventionellen Vorgehensweise liegt zum einen darin, daß Schriftmerkmale überwiegend nicht mehr „geschätzt", sondern im mathematischen Sinne gemessen werden. Kritiker eines solchen **graphometrischen Ansatzes** machen geltend, daß die Handschrift des Menschen etwas „Lebendiges" sei, Ausdrucksträger und damit **physikalischer Messung** nicht zugänglich. Dem ist entgegenzuhalten, daß Schrift – im Gegensatz zum Schreiben – eine statische unveränderliche Größe ist, die sehr wohl der exakten Messung unterworfen werden kann. Vielmehr liegt das Problem in der Variabilität des Schreibens, in der Irreproduzierbarkeit exakt identischer (deckungsgleicher) Schriftzüge, worauf hier aber nicht näher eingegangen werden kann.

Wichtiger erscheint, daß das System FISH nicht nur die Möglichkeit eröffnet, herkömmliche Schriftmerkmale intra- wie interindividuell mit Rechnerhilfe genauer zu erfassen, sondern daß es mathematische Merkmalsextraktionsverfahren anbietet, die den bisher verwendeten überlegen sind.

Als besonders potente Klassifikatoren der Schrift haben sich dabei erwiesen die
- Schwarzkettenstatistik
- Weißkettenstatistik und
- Autokorrelationsfunktion

und zwar unabhängig vom Inhalt des Geschriebenen (sog. **textunabhängige Parameter**) und bis zu einem gewissen Grade auch unabhängig von der Schriftart (Kurrentschrift vs Druckschrift). Die wichtigsten Vorzüge dieses Systems liegen damit auf der Hand:

1. Es hat die empirisch begründete Annahme bestätigt, daß der Gesamtinformationsgehalt der Handschrift geeignet ist – eine bestimmte Informationsmindestmenge vorausgesetzt – verschiedene Individuen voneinander zu unterscheiden.
2. Es ist gelungen, neue, textunabhängige Parameter zu entwickeln, die, aufgrund ihrer hohen Unanschaulichkeit, zwar nicht mehr in termini konventioneller Schriftanalytik interpretierbar sind, die aber offensichtlich sehr trennscharf zwischen verschiedenen Schreibern unterscheiden.
3. Die auf einem hohen Objektivitätsniveau gewonnenen textabhängigen Schriftparameter sind einer Vielzahl mathematischer Analysen zugänglich, wie etwa der statistischen Prüfung der Merkmalsabhängigkeit, der Selektionskraft von Merkmalen usw. und lassen damit fundierte Aussagen über die Güte herkömmlicher Merkmale zu.
4. Die Merkmalserhebung, insbesondere auch im Hinblick auf Längsschnittuntersuchungen und unter massenstatistischen Gesichtspunkten, ist schneller und auswerterunabhängiger geworden.

Mit dieser Möglichkeit der Gewinnung „harter Daten" aus der Handschrift eröffnet sich ein Instrumentarium, das die Abklärung solcher Fragen wie
- Welcher Mindestumfang unter Berücksichtigung der Ergiebigkeit einer Schreibleistung ist notwendig, um zu einer hinreichend abgesicherten Urheberschaftsaussage gelangen zu können?

– Gibt es eine Art „déjà-vu"-Effekt bei der Bewertung von Übereinstimmungen und Abweichungen zwischen zwei Schriftproben?
– Lassen sich Gruppenfaktoren für habituelle und situationale Schreibvariation isolieren?
– Lassen sich faktorenanalytisch definierte Gruppenfaktoren für Verstellung, Händigkeit, Tremor oder bestimmte Krankheiten isolieren?

erheblich erleichtern wird. Daß es sich dabei nicht um bloße Visionen handelt, zeigt ein statistisch optimal abgesichertes Teilergebnis aus jüngster Zeit, wonach es **hochsignifikante Geschlechtsunterschiede** in der Handschrift gibt. Von daher erscheint es nicht ausgeschlossen, daß sich einige in der Vergangenheit auf „intuitivem Wege" gewonnenen Erkenntnisse, wie beispielsweise bezüglich des Geschlechtsaspektes der Handschrift, mit zuverlässigeren Methoden als dem „rating" werden verifizieren lassen.

54 Naturgemäß können die vorstehenden Ausführungen das Gebiet der Handschriftenuntersuchung nur oberflächlich anreißen. Ihr Zweck wäre jedoch erreicht, wenn sie vermittelt hätten, daß die **Handschrift** in den Händen eines den Prinzipien der Wissenschaft verpflichteten Experten, der sich auch der Grenzen seiner Methoden bewußt ist, ein **geeignetes Personenidentifizierungsmittel** ist.

SCHRIFTTUM

Augstein, Rudolf: Bruder Hitler. In: Der Spiegel Nr. 18 vom 2. 5. 1983, S. 18.

Baier, Peter E. und *Michael Rieß:* Befundbewertung und Urteilsbildung in der Schriftvergleichung. In: Archiv für Kriminologie 177 (1986), S. 49–57.

Baier, Peter E., Jürgen Hussong, Elisabeth Hoffmann und *Michaela Klein:* The Mannheim Bibliography of Document Examination. Mannheim 1987 (masch.; vervielf.).

von Behr, Sophie: Graphologie. Kralle des Löwen. In: Der Spiegel Nr. 27 vom 30. 6. 1965, S. 29–42.

Bekedorf, Gisela: Beitrag zur Problematik der Untersuchung von Blaupausen. Vortrag, VII. Mannheimer Symposion für Schriftvergleichung, 1985. – Kurzfassung. In: Mannheimer Hefte für Schriftvergleichung 11 (1985), S. 116–117.

Brandt, Volkmar: Veränderungen graphischer Merkmale beim Schreiben mit der schreibungewohnten Hand. Eine experimentelle Untersuchung zum Problem der Lateralität auf dem Gebiet der Schriftexpertise. In: Zeitschrift für Menschenkunde 40 (1976), S. 344–410.

Braun, Angelika, Ulrich Perret und *Alois Balzert:* Linguistische Textanalysen. Zugleich eine Replik auf den Beitrag von Drommel/Kipping: Sprachwissenschaftler, die unerkannten Kriminalisten. In: Kriminalistik 41 (1987), S. 645–667, 42 (1988), S. 47–50.

Bundeskriminalamt. Richtlinien für die Beschaffung von Schriftproben für die Handschriftenvergleichung. Wiesbaden 1977.

Conrad, Wolfgang: Empirische Untersuchungen über die Urteilsgüte verschiedener Gruppen von Laien und Sachverständigen bei der Unterscheidung authentischer und gefälschter Unterschriften. In: Archiv für Kriminologie 156 (1975), S. 169–183.

ders.: Probleme der Begriffsbestimmung verbaler Wahrscheinlichkeitsaussagen in Gutachten. Befunde von Befragungen bei Schriftsachverständigen, Glaubwürdigkeitsgutachtern, Richtern und Laien. In: Mannheimer Hefte für Schriftvergleichunhefte für Schriftvergleichung 4 (1978), S. 35–52.

Deinet, Werner, Michael J. Linke und *Bernd Rieger:* Analyse der Schreibdynamik. Projekt-Bericht. Wiesbaden 1987 (BKA-Technische Forschung Bd. 1).

Hecker, Manfred Rudolf: Einflüsse der Schreibunterlage auf das Schriftbild. Vortrag, VI. Mannheimer Symposion für Schriftvergleichung, 1983. – Kurzfassung. In: Mannheimer Hefte für Schriftvergleichung 9 (1983), S. 204–205.

ders.: Die Begutachtung von Nichtoriginalen – Eine nützliche Diskussion? In: Mannheimer Hefte für Schriftvergleichung 10 (1984), S. 113–120.

ders.: Schriftprobenabnahme im Zusammenhang mit einer behaupteten Schreibhilfeleistung. In: Acta Universitatis Wratislaviensis No. 846. Wroclaw 1986, S. 66–80.

Hönel, Herbert: Ein einfaches Verfahren zur Registrierung des Schreibdruckes bei Kugelschreiberschriften. In: Zeitschrift für Menschenkunde 39 (1975), S. 105–123.

Klement, Volker, Werner Kuckuck, Hans-Joachim Leimküller, Rolf-Dieter Naske, Hildegard Offermann und *Karlo Steinke:* Objektivierung und Automatisierung des Handschriftenvergleichs. Abschlußbericht des Bundeskriminalamtes zum Fördervorhaben des Bundesministers für Forschung und Technologie. Wiesbaden 1981.

Kreis, Dagmar: Die kriminelle Disposition in der Handschrift. Diss. Salzburg 1986.

Michel, Lothar: Verwertbarkeit von Nicht-Originalen für Schriftuntersuchungen. Eine Dokumentation von Literatur und Rechtsprechung. In: Mannheimer Hefte für Schriftvergleichung 12 (1986), S. 38–39.

Michel, Lothar und *Günther Wiese:* Zur rechtlichen und psychologischen Problematik graphologischer Gutachten. In: Neue Zeitschrift für Arbeits- und Sozialrecht 16 (1986), S. 505–510.

Ockelmann, Hans: Schriftuntersuchung an Hand von Reproduktionen. In: Mannheimer Hefte für Schriftvergleichung 9 (1983), S. 65–83.

Peters, Karl: Fehlerquellen im Strafprozeß. Eine Untersuchung der Wiederaufnahmeverfahren in der Bundesrepublik Deutschland, Bd. 2. Karlsruhe 1972.

Pfanne, Heinrich: Handschriftenverstellung. Verstellungstechniken und ihre Begleiterscheinungen. Bonn 1971.

ders.: Karl Peters': Fehlerquellen im Strafprozeß aus der Sicht eines Schriftsachverständigen. In: Mannheimer Hefte für Schriftvergleichung 1 (1975), S. 3–9.

Rieß, Michael: Beweismittel Schriftvergleichung. Eine kritische Studie schriftvergleichender Gutachten in Strafverfahren. In: Forschungsreihe Kriminalwissenschaften, Bd. 12. Lübeck 1989.

Steindamm, Hugo und *Elsbeth Ackermann:* Kriminelle Anlagen in Hand und Handschrift. Bern und Stuttgart 1958.

Wallner, Teut: Kann man Kriminalität oder kriminelle Disposition aus der Handschrift ablesen? Kritische Anmerkungen zum Grundrhythmus und zur „Kriminellen Disposition", dargestellt an drei Untersuchungen. In: Zeitschrift für Menschenkunde 52 (1988), S. 48–59.

Wieser, Roda: Der Verbrecher und seine Handschrift. Systematisch dargestellt an 694 Schriften Krimineller und 200 Schriften Nichtkrimineller, 2. Aufl. Stuttgart 1952.

19
Die Erkennung von Personen anhand ihrer Stimme

Hermann J. Künzel

INHALTSÜBERSICHT

	Rdnr.		Rdnr.
A. Einleitung	1	**D. Gutachtenerstellung**	
I. Sprachverbesserung	4	I. Stimmenanalyse und Stimmenvergleich	24
II. Hintergrundanalyse	5	II. Entscheidungsfindung	28
III. Analyse fernmeldespezifischer Merkmale	6	III. Ausblick	29
B. Besondere Kennzeichen der forensischen Sprechererkennung	7	**E. Sprechererkennung durch Laien**	30
		I. Zeitraum zwischen (Erst-)Kontakt mit der fraglichen Stimme und dem Identifizierungsversuch	32
C. Prinzipien der forensischen Sprechererkennung		II. Vertrautheit mit der fraglichen Stimme	33
I. Unterschiede innerhalb und zwischen Sprechern	12	III. Akustische und situative Randbedingungen des Erstkontakts (Tatsituation)	34
II. Grundlagen des Sprechprozesses	13		
III. Sprecherspezifische Merkmale	16		

A. Einleitung

In der Alltagssprache und auch im forensischen Bereich hat sich für das hier zu behandelnde Thema[1] der Ausdruck „**Stimmenerkennung**" bzw. „**Stimmenidentifizierung**" etabliert. Wie noch zu zeigen sein wird, ist die Stimme im engeren Sinne, nämlich die Erzeugung des Stimmtons im Kehlkopf und der damit zusammenhängende Merkmalskomplex nur einer von drei Teilbereichen der menschlichen Sprachkommunikation, die für die Zwecke der Sprechererkennung ausgebeutet werden: hinzu kommen die Sprache im Sinne von Einzelsprache wie Deutsch, Chinesisch, Türkisch etc. mit den dazu gehörenden Merkmalsbereichen wie regionale und schichtenspezifische Färbungen (Dialekt bzw. Soziolekt) sowie die Sprechweise, worunter Merkmale wie Sprechgeschwindigkeit, Betonungsmuster, Pausensetzungsverhalten und andere subsumiert werden. Es wäre deshalb

1

---

1 Aufgrund der umfangmäßigen Beschränkungen in einem Sammelband kann ein Großteil der in diesem Kapitel beschriebenen Thematik nur stark gerafft dargestellt werden. Dem an einer Vertiefung interessierten Leser wird die Monographie von *Künzel* 1987a empfohlen.

sachgerecht, von der Erkennung einer Person anhand ihres **lautsprachlichen (verbalen) Verhaltens** zu sprechen. Da diese Abhandlung jedoch vorwiegend an sprachwissenschaftliche Nicht-Fachleute gerichtet ist, benutzen wir Stimme im folgenden weiterhin quasi als „pars pro toto" für diesen Terminus.

2 Von grundsätzlicher theoretischer Bedeutung ist auch die Feststellung, daß die für die **Sprechererkennung** relevanten und andere Merkmale (z. B. solche, die Aussagen über die emotionelle Befindlichkeit des Sprechers erlauben) gleichzeitig mit der inhaltlichen Nachricht ver- bzw. übermittelt werden. Daraus ergibt sich die Notwendigkeit, die **sprecher**spezifischen Merkmale von den **sprachsystem**spezifischen Merkmalen, d. h. den Sprachlauten und größeren Einheiten, zu trennen. Diese Unterscheidung ist aus genau entgegengesetzter Zielrichtung auch die Voraussetzung für die **(automatische) Spracherkennung,** wo die rein individualtypischen Merkmale zu erfassen und zu kompensieren sind (sog. Sprecher-Normalisierung), damit die zur Dekodierung der sprachlichen Nachricht relevanten und nur diese Merkmale hervortreten.

3 Im Zusammenhang mit der noch ausführlich zu diskutierenden zentralen Aufgabe der Sprechererkennung, dem **Stimmenvergleich,** fallen regelmäßig weitere Tätigkeiten an, die zum Teil einen vergleichsweise geringen Untersuchungsaufwand kosten, jedoch nicht selten entscheidende Ermittlungsansätze liefern. Sie werden daher kurz dargestellt:

I. Sprachverbesserung

4 Man versteht darunter die nachrichtentechnische **Aufbereitung** eines **gestörten Sprachsignals** mit dem Ziel, die Anhörbarkeit für Laien, namentlich Polizeibedienstete und Verfahrensbeteiligte, zu erleichtern und die Erkennung des übermittelten sprachlichen Inhalts zu verbessern. Dies geschieht durch Kompensation oder Abschwächung von Störungen aller Art (Brummtöne, Rauschen, Laufgeräusche etc.) mit Hilfe moderner elektronischer Signalverarbeitungstechniken, insbesondere **Filterverfahren,** sowie speziell dafür ausgelegter Rechnersysteme. In der Praxis treten auch Fälle auf, in denen eine Sprecheridentifizierung durch den Experten erst im Anschluß an eine **Sprachverbesserung** möglich ist.

II. Hintergrundgeräuschanalyse

5 Zahlreiche forensische Sprachaufzeichnungen enthalten sprachliche und/oder nichtsprachliche Hintergrundgeräusche, die sowohl auditiv, d. h. mit dem geschulten Ohr des mit forensischer Sprache vertrauten Experten, als auch apparativ zu identifizieren, vermessen und bewerten sind. In der Mehrzahl der Fälle handelt es sich um **Verkehrslärm** (mit Rückschlüssen auf die Verkehrsdichte sowie Art und Geschwindigkeit der Fahrzeuge), **Maschinengeräusche,** Hupen und Sirenenklänge, Türklingeln, Kirchenglocken, die **Nachhalleigenschaften der** zum Telefonieren **benutzten Räumlichkeiten** (z. B. bei der routinemäßigen Prüfung der Frage, ob ein Gespräch aus einer öffentlichen Telefonzelle geführt wurde). Von besonde-

rer kriminalistischer Bedeutung sind derartige Geräusche insbesondere dann, wenn davon auszugehen ist, daß ein Straftäter sich ihres Vorhandenseins nicht bewußt ist. Das Ziel der **Hintergrundgeräuschanalyse** besteht darin, den Ort der Entstehung einer inkriminierten Tonbandaufzeichnung so genau wie möglich einzugrenzen.

III. Analyse fernmeldespezifischer Merkmale

Aufgrund der steilen Filterung von Ferngesprächen bei einer Frequenz von 3400 Hz kann in den meisten Fällen mit Hilfe einer Langzeit-Spektralanalyse eine Unterscheidung von **Orts- und Ferngesprächen** getroffen werden, sofern die akustische Qualität der betreffenden Aufzeichnungen nicht allzu schlecht ist. Dies ist in zahlreichen Fällen schwerer Kriminalität von großer Bedeutung für eventuelle Observationsmaßnahmen (Überwachung öffentlicher Telefonzellen, und zwar vorwiegend dann, wenn kleinere Ortsnetze involviert sind) oder für den Fall, daß eine Fangschaltung aufgrund der vermuteten Intelligenz des Täters nicht in Frage kommt[2]. Bei den in immer größerem Umfang auf digitale Vermittlungstechnik umgerüsteten Teilen des Fernmeldenetzes ist diese einfache Art der nachträglichen Unterscheidung der Gesprächstypen nicht möglich; hier muß auf andere, nicht-akustische Techniken zurückgegriffen werden. Die während einer Telefonverbindung, insbesondere während der ersten zwei Sekunden, auditiv zu diskriminierenden **Münzfallgeräusche** und **Kassierimpulse** erlauben häufig die Bestimmung der **Tarifzone** (Nahbereich, Fernzonen I, II, III) der Bundespost und somit eine grobe Entfernungsangabe auch bei Ferngesprächen. Unter bestimmten Umständen kann auch bei Auslandsgesprächen das Ursprungsland an Hand gewisser Kennzeichen ermittelt werden[3]. So konnte beispielsweise in einem Fall festgestellt werden, daß ein gesuchter Straftäter von einer öffentlichen Telefonzelle in Sydney/Australien aus nach Deutschland telefoniert hatte.

B. Besondere Kennzeichen der forensischen Sprechererkennung

Sprechererkennung unter **nicht-forensischen** Bedingungen stellt heute technologisch kein grundsätzliches Problem mehr dar. Bereits seit einer Reihe von Jahren sind – allerdings für streng eingegrenzte Applikationen – kommerzielle Systeme auf dem Markt oder auf dem Markt gewesen[4], die insbesondere zur **Zugangskontrolle** bei hoch sicherheitsempfindlichen Bereichen wie z. B. bestimmten militärischen Anlagen oder großen Rechenzentren eingesetzt werden. Eine heute noch im Versuchsstadium befindliche Anwendung ist ein **automatisches Bankauskunftssystem.** Das

---

2, 3 Die Angabe technischer Einzelheiten läge nicht im Interesse der Sache. Bei berechtigtem dienstlichem Interesse wird eine Kontaktaufnahme mit dem zuständigen Fachbereich KT 57 des BKA empfohlen.

4 S. *Kuhn/Geppert* 1980. In Deutschland ist ein kommerzielles System an der Universität Trier entwickelt worden (*Masthoff* 1987).

System eines amerikanischen Elektronikkonzerns wurde jahrelang in einem seiner eigenen Rechenzentren getestet[5]. Sämtliche Arten von Erkennungssystemen beruhen auf folgendem Prinzip[6]: Ein Zugangsberechtigter, der sog. Kunde (customer), hat einen vom Rechner aus einer definierten Menge möglicher Testsätze jeweils willkürlich ausgewählten Testsatz aus- bzw. nachzusprechen. Aus dem „aktuellen" Testsatz werden eine je nach Verfahren unterschiedliche Menge sprecherspezifischer akustischer Merkmale abgeleitet und ihre Werte zu einem Merkmalsvektor verknüpft. Schließlich findet mit einem der in der Mustererkennung entwickelten Algorithmen ein Vergleich des „aktuellen" Merkmalsvektors mit einem aus früheren Erkennungsversuchen derselben Person gespeicherten Hintergrundvektor statt. Unterschreitet der Abstand einen festgelegten Schwellenwert, gilt die Identifizierung des Sprechers als „Kunde" als positiv, anderenfalls wird der Überprüfungsversuch wiederholt. Verläuft dieser wiederum negativ, löst der Rechner automatisch einen Alarm aus, weil er vom Vorhandensein eines nicht Zugangsberechtigten, eines sog. „Betrügers" (impostor) ausgeht.

Aus dieser Darstellung können bereits die fundamentalen **Unterschiede** zwischen **kommerzieller** und **forensischer Sprechererkennung** abgeleitet werden:

8 — In der kommerziellen Anwendung **möchte** der Sprecher mittels seiner Stimme erkannt werden, er ist ein sog. **kooperativer Sprecher**. Demgegenüber benutzt er in der forensischen Situation die Sprache aber gerade zur Verbergung seiner Identität: er wird daher als **nichtkooperativer Sprecher** bezeichnet. In ca. 15 % der Fälle wird zu diesem Zweck zusätzlich eine aktive Verstellung vorgenommen, wobei in der Praxis zahlreiche Varianten und Kombinationen von Manipulationen der Stimme, Sprache und Sprechweise vorkommen[7].

9 — In der forensischen Situation wird **kein festgelegter** bzw. vorher vereinbarter **Wortlaut** (Text) gesprochen. In dem relativ großen Teil der Kriminalfälle, in denen ein Vergleichssprecher den Tattext nicht nachsprechen will[8], oder wenn zur Vermeidung der Gefährdung eines Opfers oder zwecks Verhütung eines anderen Schadens eine Sprachaufzeichnung ohne Wissen des Betroffenen angefertigt werden muß (z. B. bei einer laufenden Entführung, bei Katalogstraftaten nach § 100a StPO und anderen schwerwiegenden Straftatbeständen), ist keine textidentische Vergleichsbasis gegeben. Ferner steht die für kommerzielle Zwecke erforderliche Mindestdauer einer Satzlänge oft nicht einmal zur Verfü-

---

5 Der Abschlußbericht über das Projekt befaßt sich ausführlich mit Möglichkeiten und Grenzen der Technik (*Wrench* 1980).
6 S. dazu im einzelnen das Kap. „Der Einsatz von Computern in der Sprechererkennung" bei *Künzel* 1987a S. 121 ff.
7 S. dazu Kap. 5 „Das forensische Problem der Stimmverstellung" in *Künzel* 1987a.
8 Derartige Fälle nehmen seit einiger Zeit deutlich zu, wobei in der Regel ausdrücklich auf die Aufhebung des Urteils gegen das RAF-Mitglied Rolf Klemens Wagner durch den BGH Bezug genommen wird (BGHSt 34, 39 = JR 1987, 212).

gung: Gesamtdauern von weniger als 5 Sekunden sind nicht selten; eine Dauer von 60 Sekunden ist bereits als weit überdurchschnittlich anzusehen. Zusätzlich gilt, daß die Anzahl der überhaupt in einem Satz möglichen Wörter bei der kommerziellen Anwendung auf wenige Dutzend beschränkt ist (wobei teilweise noch bestimmte sprecherspezifisch „potente" Laute wie a, m, n, besonders häufig vorkommen sollen), in der forensischen Anwendung jedoch im Prinzip so groß ist wie das Lexikon der jeweils benutzten Sprache.

- In mehr als 95 % der eingehenden Kriminalfälle wird das **Telefon zur Tatausführung benutzt. Hierdurch werden mehrere Arten von Beeinträchtigungen** der **akustischen Qualität** des Sprachsignals erzeugt, und zwar insbesondere:

- Beschränkung des Frequenzbereichs auf etwa 300 Hz bis 3400 Hz. Tiefere bzw. höhere Frequenzanteile werden unterdrückt, so daß z. T. potente sprecherspezifische Merkmale hochfrequenter Laute nicht oder nicht sicher festgestellt werden können, wie beispielsweise ein Lispelfehler (Sigmatismus) bei dem Sprachlaut /s/.

- Einschränkung des Dynamikbereichs (Lautstärkebereichs) auf bestenfalls ca. 30 Dezibel sowie Verzerrungen verschiedener Stärke und mathematischer Komplexität. Diese und weitere Störungen, insbesondere Brummstörungen aus dem Lichtnetz, werden vielfach durch nicht sachgerecht durchgeführte Aufzeichnungen von Telefongesprächen erzeugt oder verstärkt.

Im kommerziellen Anwendungsbereich wird dagegen in der Regel mit idealisierten akustischen Bedingungen wie Aufzeichnung im schallgedämpften Raum, hochwertigem Mikrofon, direkter Leitung zum Rechner etc. gearbeitet, teilweise wird sogar Rundfunkqualität erreicht. Auf diese Weise werden praktisch sämtliche erwähnten Störquellen von vornherein vermieden.

- Die statistische Entscheidungsprozedur bei der Identitätsprüfung geht bei der kommerziellen Sprechererkennung davon aus, daß die **Anzahl der in Frage kommenden Personen,** beispielsweise Firmenangehörige oder Soldaten, die zu einem Kontrollbereich generell Zugang haben dürfen, **bekannt** ist, also eine – sogar meist recht kleine – endliche Menge darstellt. Man nennt diese Art der Erkennung daher auch **Verifizierung:** im Prinzip ist nämlich nur zu prüfen, ob eine Art „Stimmprofil" der Zutritt verlangenden Person mit dem Stimmprofil der unter ihrem Namen abgespeicherten Daten hinreichend übereinstimmt. Es ist somit lediglich ein einziger Paarvergleich erforderlich. Beim Vergleich der Stimme eines Verdächtigen mit der eines anonymen Straftäters ist hingegen die Menge der in Frage kommenden Personen sehr groß – sie kann z. B. sämtliche männliche Personen einer bestimmten Altersklasse mit Deutsch als Muttersprache umfassen – und vor allem offen, d. h. es kann gerade **nicht** davon ausgegangen werden, daß sich der gesuchte Straftäter unter den 3 oder auch 30 Personen befindet, deren Stimmproben zum Vergleich eingesandt wurden. Man bezeichnet diese für die forensische Situation typische Fragestellung als **Identifizierung.**

Ein weiterer Unterschied zwischen beiden Arten von Sprechererkennung ist die Konzeption des erwähnten Schwellenwertes für die Ähnlichkeitsbeurteilung bei der kommerziellen Sprecherverifizierung, die auf der Abwägung der zwei möglichen **Fehlentscheidungen** beruht: die **fälschliche Zurückweisung** eines „Kunden" bzw. das **fälschliche Akzeptieren** eines „Betrügers". Aus hier nicht im einzelnen darlegbaren theoretischen Gründen[9] ist die Verminderung eines der beiden Fehler zwangsläufig mit einer Erhöhung des anderen verbunden. Es wird daher eine – im Prinzip sogar in Mark und Pfennig berechenbare – Kosten/Nutzen-Abwägung vorgenommen, nach der der Schwellenwert mehr in die eine oder andere Richtung verlagert wird, je nachdem ob durch das Eindringen eines Unbefugten oder durch den Arbeitszeitverlust eines zurückgewiesenen Mitarbeiters ein größerer Schaden entsteht[10]. In der **forensischen Situation** ist ein solcher **Schwellenwert** aus zwei voneinander unabhängigen Gründen prinzipiell **nicht anwendbar**. Zum einen bedeutet eine Fehlentscheidung hier, daß bei Nichterkennung einer tatsächlichen Identität ein Straftäter unbestraft bleibt, oder daß bei Falschidentifizierung ein Unschuldiger verurteilt wird. Während der erste Fehler bedauerlich ist, besitzt der zweite eine katastrophale Wirkung für die Rechtsordnung. Anders als bei der kommerziellen Sprechererkennung besteht hier auch nicht die Möglichkeit, bei Nichterkennung einen Identifizierungsversuch durch eine weitere, vom System unabhängige Kontrollinstanz einzuleiten. So kann der auf Grund einer Stimmprofilveränderung infolge Erkältung oder vorausgegangenem Alkoholabusus vom automatischen System zurückgewiesene „Kunde" durch das Wachpersonal schließlich doch positiv identifiziert werden. Zum anderen ist hinsichtlich der Entscheidungsfindung festzustellen, daß für die forensische Anwendung bis heute kein Verfahren in Sicht ist, das einen zur statistischen Berechnung geeigneten Vektor aus sprechertypischen Merkmalen enthält. Ansätze in dieser Richtung sind gerade auf Grund der oben vorgestellten Summe forensischer Randbedingungen gescheitert bzw. steckengeblieben. Als Konsequenz aus dieser Erkenntnis wurde das in Abschnitt D dargestellte phonetisch-instrumentelle Kombinationsverfahren am Bundeskriminalamt entwickelt.

C. Prinzipien der forensischen Sprechererkennung

I. Unterschiede innerhalb und zwischen Sprechern

Sprecherspezifische Unterschiede werden traditionell in zwei Klassen eingeteilt: **organische** und **erworbene**[11]. Die Dichotomie ist vor kurzem aus

---
9 S. im einzelnen *Bolt* et al. 1979 S. 80 ff. (Appendix B).
10 Ein adäquates Kriterium für die Beurteilung der Leistungsfähigkeit eines automatischen Sprechererkennungssystems ist die sog. equal error rate (EER), d. h. der Schnittpunkt der beiden gegenläufigen Fehlerwahrscheinlichkeiten. Die besten kommerziellen Verfahren erzielen eine EER von 1 % oder weniger. Beim Vergleich verschiedener Systeme ist jedoch eine Reihe von Randbedingungen zu beachten, insbesondere die Gesamtzahl der in Frage kommenden Personen: je größer diese „Grundgesamtheit", desto schwieriger ist zwangsläufig das Erreichen einer niedrigen EER.
11 *Garvin* und *Ladefoged* 1963 S. 194; *Glenn* und *Kleiner* 1968 S. 368; *Wolf* 1972 S. 2045; *Atal* 1976 S. 461; *Bricker* und *Pruzansky* 1976 S. 297; *Hecker* 1976 S. 4; *Tosi* 1979 S. 44.

theoretischen Gründen in Frage gestellt worden[12], eignet sich jedoch ohne Einschränkung für unsere Zwecke. **Organische Unterschiede** zwischen Sprechern beruhen auf ererbten sowie geschlechts- und altersabhängigen Gegebenheiten; **erworbene Unterschiede** entstehen durch regionale, soziale (schichtenspezifische) und kulturelle Randbedingungen. **Unterschiede innerhalb** eines **Sprechers** entstehen als Folge der außerordentlichen Komplexität der dem Sprechprozeß zugrundeliegenden Bewegungen von Artikulationsorganen und deren neuromuskulärer Steuerung. Dies führt dazu, daß streng physikalisch betrachtet kein Mensch in der Lage ist, eine Äußerung – und sei sie nur so kurz wie ein einzelner Vokal – zweimal exakt gleich zu produzieren. Das Ziel der Sprechererkennung besteht in der Isolierung der Merkmale, bei denen wie oben erwähnt die Unterschiede zwischen Sprechern möglichst groß und Unterschiede innerhalb eines Sprechers möglichst klein sind. Hierzu waren und sind zahlreiche empirische Untersuchungen erforderlich. Zum gegenwärtigen Zeitpunkt können für die forensische Anwendung die in Abschnitt C. III (s. RdNr. 16 ff.) aufgeführten Merkmale als geeignet angesehen werden. Zum besseren Verständnis werden zuvor einige Grundlagen des Sprechprozesses beschrieben.

II. Grundlagen des Sprechprozesses

Der **Stimmton** (die Stimme) wird dadurch erzeugt, daß die beiden im Kehlkopf nebeneinander zwischen verschiedenen Knorpeln aufgespannten Stimmbänder (Stimmlippen) durch den aus der Luftröhre austretenden Luftstrom in Schwingungen versetzt werden. Je schneller die Stimmbänder bei diesem aerodynamischen Vorgang schwingen, desto höher wird der Stimmton von einem Hörer empfunden. Diesem perzeptorischen Eindruck entspricht auf der mit Geräten exakt vermeßbaren physikalischen Ebene die in Hertz (Hz) gemessene Frequenz des Stimmtons, d. h. die Anzahl der Schwingungen pro Sekunde. Frauen und Kinder haben im allgemeinen höhere Stimmen als Männer, da ihr Kehlkopf kleiner ist, die Stimmbänder entsprechend kürzer sind und infolgedessen auch schneller schwingen.

Durch komplizierte muskuläre Mechanismen kann der **Stimmton** beim Sprechen auf vielfältige Weise **aktiv verändert** werden. Dies geschieht jedoch nicht völlig willkürlich und regellos: vielmehr wird der Verlauf des Stimmtons im Satz, die **Intonation** („Sprechmelodie") auch zur Übermittlung bestimmter Aspekte der sprachlichen Nachricht benutzt. So kann bekanntlich ein Satz allein aufgrund eines am Ende angehobenen Stimmtons als Frage gekennzeichnet werden, obwohl er die Wortstellung eines Aussagesatzes besitzt, z. B.:

Der Täter wurde wirklich festgenommen (?)

Ein **Befehl** kann abgesehen von einer charakteristischen Verteilung der Lautstärke beispielsweise auch durch ein **steiles Absenken** des **Stimmtons markiert** werden. Darüber hinaus liefert der Verlauf des Stimmtons Hinweise auf Geschlecht, Alter, Trunkenheit, Angst eines Sprechers, auf das

---
12 *Nolan* 1983 S. 26 ff.

Vorliegen von Ironie und andere sog. paralinguistische Merkmale. Der für eine Stimme charakteristische Klang ergibt sich aus der geometrischen Form, Beschaffenheit und Größe der Hohlräume des Mundes, der Nase und des Rachens, die sich oberhalb des Kehlkopfs befinden und als Resonanzräume wirken. In aller Regel wird von den kommerziellen Sprechererkennungssystemen gerade dieser Merkmalsbereich besonders ausgenutzt. Er ist für die forensische Anwendung jedoch nahezu wertlos, weil er besonders massiv und in größtenteils nicht kompensierbarer Weise von den erwähnten Einflüssen der Telefonübertragung beeinträchtigt wird.

14 **Sprache** wird dadurch erzeugt, daß diese sog. Hohlraumkonfiguration mit oder ohne gleichzeitiges Vorhandensein von Stimmbandschwingungen systematisch verändert wird. **Abb. 1** zeigt im Querschnitt des Kopf-/Halsbereichs die Menge der an diesem Prozeß beteiligten **Sprechwerkzeuge** (sog. **Artikulationsorgane**). Das Zusammenwirken der einzelnen Artikulationsorgane ist äußert komplex und kann hier nicht im einzelnen dargestellt werden. Festzuhalten ist jedoch, daß zielgerichtete artikulatorische Bewegungen (sog. artikulatorische Gesten) des Sprechers ein akustisches Signal erzeugen, das ein Hörer in bedeutungstragende lautliche Einheiten zerlegt: so wird z. B. durch kurzzeitiges Verschließen des Mundraums oberhalb der oberen Schneidezähne mit Hilfe der Zungenspitze ein /t/ erzeugt und vom Hörer wahrgenommen, falls zusätzlich dabei noch die Stimmbänder schwingen ein /d/. Ferner ist zu beachten, daß die fortlaufende, natürlich gesprochene Sprache keine bloße Aneinanderreihung fest abgegrenzter Sprachlaute darstellt, sondern daß sich die verschiedenen Sprachlaute, genauer: die ihnen zugrundeliegenden artikulatorischen Bewegungen, in hohem Maße gegenseitig beeinflussen; dieser auch für die Sprechererkennung wichtige Effekt wird **Koartikulation** genannt.

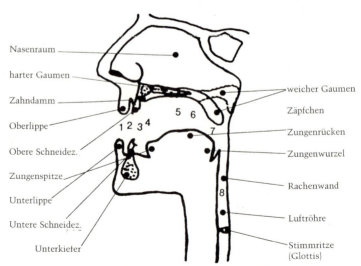

Abb.1: Querschnitt durch Kopf und Hals mit Darstellung der Artikulationsorgane (entnommen aus *Künzel* 1987a S. 20).

Sprachlaute werden nach wissenschaftlicher Systematik in verschiedene **Klassen** eingeteilt. **Abb. 2** enthält eine Übersicht der deutschen Konsonanten, wobei der Zahlenschlüssel der rechten Spalte der Numerierung in **Abb. 1** entspricht. Wenn bei der Artikulation eines Sprachlautes ein Stimmton vorhanden ist, ist er stimmhaft, wenn nicht, stimmlos. Während **Konsonanten** nach artikulatorischen, also auf ihrer Erzeugung basierenden Kriterien klassifiziert werden, werden zur Beschreibung **vokaler Laute** mangels hinreichend präziser Beschreibungsmöglichkeiten der jeweiligen Artikulationsbewegungen perzeptorische, also an der Wahrnehmung orientierte Kategorien benutzt, die der Fachwissenschaftler in gründlichem Training erwirbt; in diesem Zusammenhang ist insbesondere das System der sog. Kardinalvokale zu nennen, das dem Phonetiker als Referenzsystem für alle möglichen Vokalartikulationen dient[13]. Vokale lassen sich wie Konsonanten auch mit Hilfe apparativer Verfahren, insbesondere der Spektralanalyse, präzise beschreiben.

aktives Art.-organ	passives Art.-organ	Gesamtbez.	Beispiel	Schlüssel zu *Abb. 4*
Unterlippe	Oberlippe	bilabial	p, b	1
Unterlippe	obere Schneidezähne	labiodental	f, v	2
Zungenspitze (apex)	obere Schneidezähne	apikodental	θ, ð	3
Zungenspitze	Zahndamm (alveoles)	apikoalveolar	t, d, (im Deutschen)	4
Zungenrücken (dorsum)	harter Gaumen (palatum)	dorsopalatal	ʃ, ʒ	5
Zungenrücken	weicher Gaumen (velum)	dorsovelar	k, g	6
Zungenwurzel	Zäpfchen (uvula)	radikouvular	χ, ʀ	7
– Rachenwände –		pharyngal	h	8

Abb. 2: Klassifizierung der deutschen Konsonanten in einer zweidimensionalen Matrix. Der Zahlenschlüssel entspricht der Numerierung in **Abb. 1** (entnommen aus *Künzel* 1987a S. 21).

Die **Sprechweise** eines Menschen ergibt sich aus der **Art und Weise**, wie er **Stimmbildung** und **Lautproduktion** in der sprachlichen Kommunikation gewohnheitsmäßig einsetzt; daraus ergeben sich Merkmale wie die Sprechgeschwindigkeit, die Muster von betonten und unbetonten Stellen in der Rede, Häufigkeit, Verteilungsmuster und Art der Setzung von Pau-

---

13 S. im einzelnen bei *Künzel* 1987a S. 22ff.

sen und Verzögerungsmerkmalen („äh", „ähm") sowie das Atemverhalten. Ebenso wie die hinsichtlich Stimme und Sprache beschriebenen Merkmale lassen sie sich mit Hilfe subjektiver und apparativer Verfahren klassifizieren.

III. Sprecherspezifische Merkmale

Abb. 3 enthält eine Aufstellung der wichtigsten sprecherspezifischen Merkmale, die im Bereich der forensischen Sprechererkennung Verwendung finden. Im Bereich der Stimme ist zunächst die in der Medizin (Phoniatrie) als **mittlere Sprechstimmlage** bezeichnete Größe zu nennen, definiert als „die Tonhöhe, von der für jeweils kurze Zeit die Satzmelodie nach oben und unten abweicht"[14]. Dieser Wahrnehmungsgröße entspricht im physikalischen Bereich die bereits erwähnte **Grundfrequenz** der **Stimmbänder.** Das Merkmal gehört zu den heute am besten erforschten. So kann beispielsweise aufgrund empirischer Untersuchungen an großen Anzahlen von Sprechern eine Gesamtverteilung der Stimmbandgrundfrequenzen männlicher und weiblicher Erwachsener als Hintergrundstatistik im Stimmenvergleichsgutachten benutzt werden. Finden sich z. B. für einen Anonymus und einen Vergleichssprecher jeweils gleiche Meßwerte, kann eine Wahrscheinlichkeit dafür angegeben werden, daß rein zufällig zwei Sprecher eine so tiefe oder noch tiefere bzw. so hohe oder höhere Stimme haben[15]. Dieses Merkmal kann somit nicht nur qualitativ und subjektiv sondern auch quantitativ und objektiv bewertet werden.

Ein von der mittleren Grundfrequenz abgeleitetes Merkmal ist deren Streuung, mathematisch faßbar als sog. **Standardabweichung.** Dem

---

Sprecherspezifische Merkmale im phonetischen Gutachten*
Stimme
– mittlere Sprechstimmlage / Grundfrequenzmittelwert
– Melodik der Stimme / Maß für die Streuung der Grundfrequenz
– Stimmqualität
Sprache und Sprechweise
Dialekt (Art und Grad der dialektalen Färbung)
„fremdsprachiger Akzent"
Idiolekt (einschl. Stereotypien im Bereich des Wortes oder größerer Einheiten, Aspiration von Verschlußlauten, Ausprägung der Nasalität und andere Merkmale im Bereich der Einzellaute, akustische Realisierung und Verteilung von Häsitationen und Pausen)
Soziolekt
Artikulationsgeschwindigkeit („Sprechtempo")
Atemverhalten

---

* Bei sämtlichen Merkmalen mit Ausnahme des Dialektes können pathologische Ausprägungen auftreten (Stimm-, Sprech- und Sprachstörungen), die eine erhebliche Steigerung ihres sprecherspezifischen Wertes bewirken.

Abb. 3: Zusammenstellung der wichtigsten Merkmale im Stimmenvergleichsgutachten (entnommen aus *Künzel* 1987a S. 96).

---

14 *Böhme* 1974 S. 22.
15 *Dies bedeutet selbstverständlich nicht, daß mit dem betreffenden Wahrscheinlichkeitsgrad eine **Identität der Stimmen** vorläge, denn die durchschnittliche Stimmfrequenz ist, wie gezeigt, nur ein Parameter unter vielen, in denen sich das verbale Verhalten manifestiert.*

entspricht auf der Wahrnehmungsseite die **Melodik** der Stimme, der Verlauf des Stimmtons im Satz. Eine geringe Standardabweichung bezeichnet eine monotone Stimme, eine große Standardabweichung eine entsprechend stark modulierte Stimme. Auch dieses Merkmal ist somit quantifizierbar.

Aufgrund von Unterschieden in der **Form** der Stimmbandschwingung kann sich der Klang der Stimme in vielfältiger Weise verändern. So kann bei nicht völlig luftdichtem Verschluß an den Stimmbändern **auditiv Heiserkeit** entstehen, oder bei extrem tiefer Frequenz und daher nicht ganz synchronem Schwingen beider Stimmbänder die sog. **Knarrstimme.** Solche Phänomene werden unter dem Begriff der **Stimmqualität** zusammengefaßt. Die in einem Fall jeweils vorliegenden Besonderheiten werden zunächst vom Fachmann nach medizinischen Kriterien diagnostiziert und können zugleich mit Hilfe moderner apparativer Verfahren dargestellt werden, namentlich mit der Kurzzeit- und Langzeitspektrographie. Eine rein quantitative Bewertung als **ein** Zahlenausdruck ist bisher von der Medizin noch nicht bereitgestellt worden; für den Bereich der Heiserkeit existieren jedoch bereits einige Ansätze[16]. **Abb. 4** zeigt das Spektrogramm des Satz-

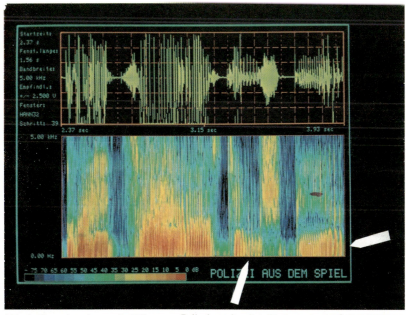

Abb. 4: Kurzzeitspektrum der Wörter „... Polizei aus dem Spiel!"; die unterstrichenen Passagen enthalten Anteile von Knarrstimme.

---

16 Die Stimmqualität ist für den Phoniater ein erstrangiges Indiz für das Vorliegen einer Stimmstörung. So können beispielsweise bestimmte Typen von Heiserkeit Anzeichen gut- oder bösartiger Neubildungen im Kehlkopfbereich sein. Aus diesem Grunde wurde in der Hals-Nasen-Ohrenheilkunde ein weit untergliedertes Klassifikationssystem entwickelt, das sich auch die Sprechererkennung zunutze macht. S. z. B. die ausgezeichnete Darstellung bei *Böhme* 1974 S. 45 ff.

teils „... Polizei aus dem Spiel", wobei die gekennzeichneten Stellen Knarrstimme aufweisen, für den Fachmann ersichtlich an dem im Vergleich zu den nicht markierten Stellen unregelmäßigen Abstand der senkrechten Striaturen (jedem Strich entspricht eine Stimmbandschwingung).

18   Im Bereich der Sprache stellt der **Dialekt** als regionales Eingrenzungskriterium ein wichtiges sprecherspezifisches Merkmal dar, wobei nicht nur die **Art,** sondern auch der **Grad der Färbung** zu unterscheiden sind. Dialektale Charakteristika werden vom Fachmann (dialektologisch geschulter Sprachwissenschaftler) mit Hilfe seines wissenschaftlichen Instrumentariums und seines durch systematisches, jahrelanges sog. Perzeptionstraining geschulten Ohres erfaßt und können mit Hilfe apparativer Verfahren objektiviert werden. **Abb. 5** zeigt in der linken Hälfte das Spektrogramm des von einem Sprecher mit schwäbischer Dialektfärbung gesprochenen Wortes „dreimal". Die für diesen Dialekt typische Aussprache der Vokalverbindung in „drei" nicht als „a+i", sondern „e+i" wird im Vergleich zu der dialektneutralen hochdeutschen Referenzaussprache in der rechten Bildhälfte auch dem Laien deutlich: der senkrechte Abstand zwischen den beiden gekennzeichneten Balken (Formanten) ist bei der dialektalen Aussprache wesentlich größer als bei der Referenzform, da der untere tiefer und der obere höher ansetzt (s. Markierung durch Pfeile). Der Phonetiker spricht hier von einer Zentralisierung.

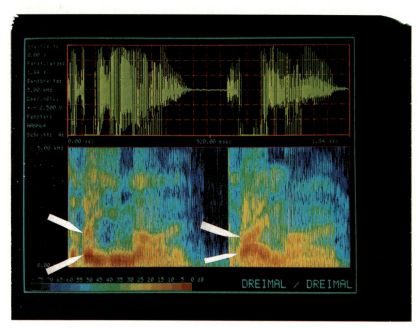

Abb. 5: Kurzzeitspektrum des Wortes „dreimal", gesprochen von einem Sprecher mit schwäbischer Dialektfärbung (links) und ohne Dialektfärbung (rechts).

Jeder Sprecher besitzt in seinem verbalen Verhalten sog. **soziolektale** **(schichtenspezifische) Merkmale.** Extreme Beispiele für Unterschiede in der Sprache – und Schrift – sind beispielsweise Arbeiter und Akademiker oder andere Berufsgruppen, bei denen sprachliche Kommunikation eines der hauptsächlichen Handwerkszeuge darstellt und die sich teilweise besonderer Fachsprachen, sog. **Jargons,** bedienen. In der forensischen Sprechererkennung sind soziolektale Merkmale oft von großer Bedeutung bei der Eingrenzung eines Täterkreises. Die Erfahrung zeigt, daß durch grammatische Parameter wie Komplexität des Satzbaus, Wortwahl u. a. zumindest „sprechende" und „nichtsprechende" Berufe zu unterscheiden sind (Lehrer, Rechtsanwalt, Journalist, Büroangestellter bzw. Handwerker, Landwirt, Hilfsarbeiter etc.). Häufig ist jedoch eine präzisere Angabe möglich, insbesondere wenn eine größere Menge an Sprachmaterial zur Verfügung steht.

Unter dem Begriff des **Idiolekts** wird eine Reihe sprachlicher Merkmale zusammengefaßt, die nicht dialektaler Art sind, sondern einen **individuellen Habitus** darstellen, z. B. der immer wiederkehrende Gebrauch bestimmter Redewendungen und Floskeln (sog. Stereotypien), und zwar insbesondere an Stellen in der Rede, wo sie nicht angebracht sind („nicht wahr", „sozusagen", „eben halt"; aber auch „exotische" Formen wie „nicht wahr nicht", „jawoll jawoll!" mit besonderer Intonationsstruktur); ferner Art und Häufigkeit von Versprechern, bestimmte Formen der Nasalität, Häufigkeit, Verteilung und phonetische Realisierung von Pausen und Verzögerungen (sog. Häsitationen; z. B. als „äh, ähm, hm,"), die extreme emphatische Behauchung von Verschlußlauten (wie z. B. durch den SPD-Politiker Brandt). Diese Merkmale werden zunächst durch den Experten subjektiv erfaßt und können sämtlich mit Hilfe apparativer Verfahren objektiviert werden. **Abb. 6** (Seite 830) enthält ein Spektrogramm, an dessen Formantverteilung (horizontale Balken) drei verschiedene Klangqualitäten des Verzögerungslautes „äh" nachgewiesen werden können (unterschiedlicher Abstand in der Senkrechten).

Im Bereich der Sprechweise ist die **Sprechgeschwindigkeit** von besonderer Bedeutung. Empirische Untersuchungen am BKA haben ergeben, daß die Anzahl der pro Zeiteinheit produzierten Silben abzüglich aller Pausen und Verzögerungen ein für einen Sprecher relativ stabiles Maß ergibt[17], während sich Sprecher untereinander deutlich unterscheiden. Zur Erstellung einer Hintergrundstatistik, wie sie oben für das Merkmal der durchschnittlichen Stimmbandgrundfrequenz vorgestellt wurde, sind jedoch noch größere Datenmengen an mehr Versuchspersonen bzw. forensischen Fällen zu erheben.

Das **Atemverhalten** einer Person kann hinsichtlich **Dauer und Rhythmus** der Atemzüge sowie ihres **Geräusches** (Spektralanalyse!) ausgewertet werden, wobei zunächst wiederum das subjektive diagnostische Vermögen des Fachmannes gefragt ist. Auch hier kann jedoch wiederum eine Objekti-

---

[17] Der Quotient geht auf *Goldman-Eisler* 1968 zurück („articulation rate") und wurde in Versuchsreihen des BKA getestet. S. *Künzel* 1987a S. 90 f.

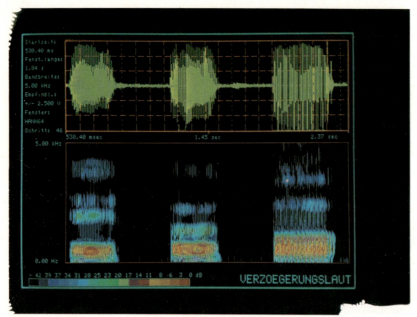

Abb. 6: Kurzzeitspektrum mit drei Varianten des Verzögerungslautes „äh"; man beachte jeweils die unterschiedliche Verteilung der Formantmuster.

vierung durch Meßverfahren erfolgen. **Abb. 7 a, b** zeigt die Spektren eines normalen Einatmens vor Aussprache der Wörter „die ganze Summe", bzw. ein Einatmen bei verengtem Querschnitt der Luftröhre bzw. des Kehlkopfs, wie es beispielsweise bei Bronchitis oder akutem Heuschnupfen auftreten kann. Die Einatmungsgeräusche sind durch Pfeile markiert. Man erkennt die Veränderungen vor allem im Bereich der Lautstärke. ***(in Richtung auf Gelb verschobene Farbskala)***. **Abb. 8 a, b** (Seite 832) zeigt dieselben Sprachsignale als sog. pseudo-dreidimensionale Spektrogramme, bei denen die Zeitachse von vorn nach hinten, die Frequenzachse von links nach rechts verläuft. Die Lautstärke ist als Höhe des „Spektralgebirges" dargestellt, analog der Farbskala aus Abb. 7. Im Vordergrund der Abbildungen sind die hintereinander aufgetragenen Einzelspektren der Atemgeräusche zu erkennen, deren Lautstärke beim „forcierten" Einatmen wesentlich erhöht wird. Dadurch treten Formanten hervor, die beim normalen Einatmen nur im Ansatz zu erkennen sind.

23   Hinsichtlich sämtlicher **Merkmale** gilt, daß ihre **sprecherspezifische Potenz** in dem Maße zunimmt, wie sie von durchschnittlichen Werten abweichen, insbesondere, wenn sie pathologische Form annehmen. Wenn beispielsweise ein Sigmatismus, also eine fehlerhafte Aussprache der s-Laute vorliegt, kann dadurch der Ausschluß von 95 % aller – erwachsenen – Sprecher erfolgen. Je nach der jeweils gegebenen Variante des Sigmatismus, z. B. der interdentalen oder lateralen (Fehlartikulation der Zungenspitze bzw. des Zungenrandes) ist eine noch weitergehende Eingrenzung möglich.

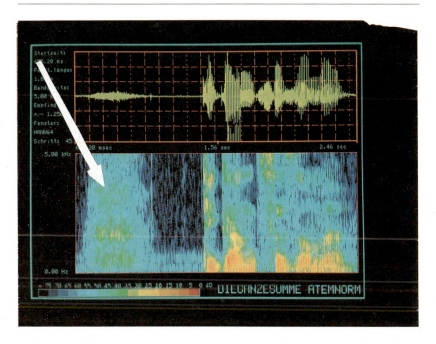

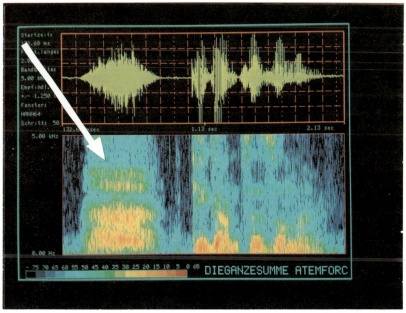

Abb. 7a, b: Kurzzeitspektrum der Wörter „... die ganze Summe", denen ein normales (**Abb. 7a**, oben) bzw. angestrengtes (**Abb. 7b**) Einatmen vorausgeht.

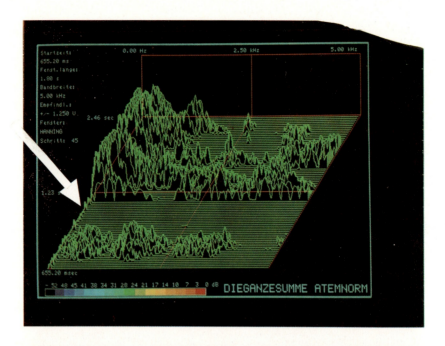

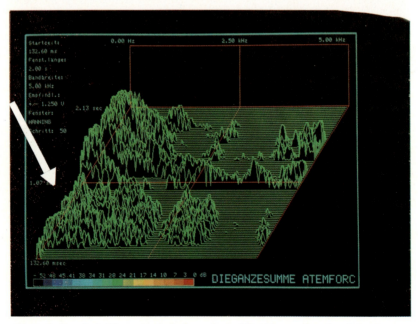

Abb. 8a, b: Pseudo-dreidimensionale Spektren der in **Abb. 7** dargestellten Sprachsignale.

D. Gutachtenerstellung

Stimmenanalyse und Stimmenvergleich

Die beiden Hauptfragestellungen an die forensische Sprechererkennung werden als Stimmenanalyse und Stimmenvergleich bezeichnet. **Stimmenanalyse** ist die Untersuchung einer Sprachaufzeichnung mit dem Ziel, anhand des verbalen Verhaltens eine möglichst genaue „Beschreibung" des Sprechers, eine Art **Stimmprofil**, zu erstellen. Zusätzlich werden die eingangs erwähnten nicht-sprachlichen Untersuchungen (Analyse von Hintergrundgeräuschen und fernmeldetechnischen Zeichen) durchgeführt. Der Anlaß für die Beantragung einer Stimmenanalyse ist fast immer eine aktuelle bzw. noch nicht aufgeklärte Straftat, bei der die auftraggebende Stelle nach Ermittlungsansätzen sucht. Das klassische Beispiel ist die gerade laufende Entführung, in deren Verlauf sich zunächst **ein** Anonymus **einmal** telefonisch meldet (so daß noch kein Stimmenvergleich möglich ist). Aufgrund der Analyse von möglichst vielen der im vorausgehenden Abschnitt im einzelnen dargestellten Merkmalen können in der Regel Aussagen zu folgenden Bereichen getroffen werden:

— Geschlecht[18]
— ungefähres Alter
— regionale und soziale Herkunft
— Bildungsniveau / verbales Ausdrucksvermögen
— sprachliche und nicht-sprachliche akustisch feststellbare Angewohnheiten[19]
— Berufszugehörigkeit.

Je nach Komplexität der Aufgabe, dem eventuellen Vorliegen einer Verstellung und der Menge des zu analysierenden Materials erfordert eine Stimmenanalyse zwischen ca. 30 Minuten und einigen Stunden Arbeitszeit. Die Ergebnisse werden in schriftlicher Form, meist als Behördengutachten, abgefaßt und dem Auftraggeber brieflich oder fernschriftlich mitgeteilt; es kann auch eine telefonische Vorabinformation gegeben werden.

Wann immer mehr als eine Tataufzeichnung bzw. bereits eine oder mehrere Aufzeichnungen der Stimmen Verdächtiger vorliegen, wird ein **Stimmenvergleich** erforderlich. Es handelt sich dabei im Prinzip um die minutiöse Gegenüberstellung von jeweils **zwei Stimmenanalysen**, wobei sich aus Art und Grad der Übereinstimmungen und Unterschiede die Beantwortung der Identitätsfrage ergibt. Mit anderen Worten: es werden Befunde zu den oben erwähnten Parametern aus den Bereichen **Stimme, Sprache** und **Sprechweise** erhoben und verglichen. Wie erwähnt, unterscheiden sich die Merkmale u. a. hinsichtlich des Grades ihrer **Objektivierbarkeit**.

---

18 Die Klärung dieser Frage ist nicht so trivial, wie sie auf den ersten Blick erscheinen mag: bei bestimmten Arten der Stimmverstellung, unter anderem dem Flüstern, entfällt ein großer Teil der typischen Merkmale wie Stimmfrequenz und Stimmklang.

19 Hierzu zählen u. a. Auffälligkeiten im Atemverhalten, habituelles Schniefen oder Räuspern sowie bestimmte Geräusche beim Öffnen der Lippen (sog. Clicks oder Schmatzlaute).

Während die Bestimmung der durchschnittlichen Grundfrequenz der Stimme weitgehend automatisiert erfolgen kann und zur Bewertung der Meßergebnisse eine Hintergrundstatistik zur Verfügung steht, sind z. B. dialektale Merkmale zunächst ausschließlich subjektiv zu ermitteln; sie können jedoch, wie in **Abb. 5** gezeigt, sodann ebenfalls mit Hilfe moderner Verfahren objektiviert, d. h. von der Person des Untersuchers unabhängig gemacht und zu seiner eigenen Kontrolle, als Diskussionsgrundlage mit eventuellen Ko- oder Gegengutachtern und vor allem zur Substantiierung der Meinungsbildung des Gerichts herangezogen werden. Die Erfahrung in der täglichen Praxis zeigt, daß infolge der transitorischen Natur des Phänomens Sprache selbst markante lautliche Charakteristika auch dem Laien durch sog. Demonstrationsbänder nur bis zu einem gewissen Grade verdeutlicht werden können; letztlich überzeugend wirkt jedoch meist erst die Vorlage eines – beliebig lange zu betrachtenden – **Analyseprotokolls,** z. B. eines Computerspektrogramms, das den betreffenden Sachverhalt graphisch darstellt, und zwar obwohl durch diese Verlagerung der Wahrnehmung von der auditiven auf die visuelle Ebene die im Sprachsignal enthaltene akustische Information auf einen Bruchteil reduziert wird.

27   Im Gegensatz zu der früher und in gewissem Maße auch heute noch praktizierten **rein auditiven** – und entsprechend subjektiven – **Sprechererkennung** und der heute aus guten Gründen zumindest in Deutschland nicht mehr akzeptierten Sprechererkennung anhand des visuellen Vergleichs von **Kurzzeitspektrogrammen** („Stimmabdruck"-Verfahren)[20] besteht das Hauptmerkmal des im Bundeskriminalamt entwickelten Verfahrens darin, daß **jeder** untersuchte **Parameter sowohl** durch die **Wahrnehmung eines Experten als auch** durch die **Objektivierung mittels moderner Signalanalyseverfahren**[21] in ein Gutachten eingebracht wird, wobei die Parameter in empirischen Testreihen auf ihre forensische Tauglichkeit, d. h. vor allem: Robustheit gegenüber Verstellung und den übrigen o. e. Randbedingungen untersucht wurden. Bei den apparativen Verfahren handelt es sich um aus Phonetik, Physik, Medizin und Nachrichtentechnik bekannte **Standardverfahren,** die z. T. auf die speziellen forensischen Randbedingungen **anzupassen** waren. In diesem Zusammenhang ist in erster Linie ein **Computersystem** zur **Analyse** und **Manipulation** von **Sprache** zu erwähnen, das u. a. in Echtzeit und Herstellung **farbiger Spektrogramme** auf einen hochauflösenden Bildschirm ermöglicht.[22] Eine Video-Kopierein-

---

20 S. im einzelnen den Exkurs bei *Künzel* 1987a S. 65ff., die Beiträge von *Hollien* 1977, *Hollien* and *McGlone* 1976 sowie den Bericht einer Expertenkommission im Auftrag des amerikanischen Justizministeriums (*Bolt* et al. 1979). Mit der in den USA möglichen ausdrücklichen Beschränkung der Gutachtenerstellung auf den Ermittlungsbereich, also dem Ausschluss einer Vertretung vor Gericht, wird das „Stimmabdruck"-Verfahren noch heute in großem Umfang vom FBI in Washington, D.C. praktiziert (*Koenig* 1985; *Koenig* pers. Mitteilung, Feb. 1989).

21 Eine Ausnahme stellt allenfalls die rein subjektive Schätzung des Lebensalters aufgrund forensischer Erfahrung dar, die jedoch nur in Stimmenanalysen, nicht Vergleichen, eine Rolle spielt. Ungeachtet dessen hat allerdings eine Reihe von Untersuchungen gezeigt, daß die Altersbestimmung aus Sprachproben selbst durch Laien in gewissen Grenzen möglich ist; s. bei *van Bezooijen* 1984, *Helfrich* 1979, *Shipp* und *Hollien* 1968.

22 *Künzel* 1985, 1987a, 1987b, 1987c, *Künzel* und *Borys* 1982.

richtung ermöglicht die sofortige Herstellung von Abbildungen zwecks Aufnahme ins Gutachten. Neben den verschiedenen Formen der Spektralanalyse wird auch eine spezielle Form der **Oszillographie** benutzt, die eine extreme Auflösung des Sprachsignals im Zeitbereich und dementsprechend exakte Aussagen über temporale Merkmale gestattet, wie z. B. Dauer von Einzellauten oder Teilen derselben. In den **Abb. 4–7** sind Oszillogramme jeweils zeitsynchron zu den Spektrogrammen im oberen Drittel dargestellt. Ferner steht zur mathematischen Behandlung der Merkmale ein statistischer Apparat zur Verfügung.

II. Entscheidungsfindung

Das verbale Verhalten des Menschen läßt sich, wie wir gesehen haben, in einer Vielzahl von Merkmalen wissenschaftlich differenzieren, wobei als sicher anzunehmen ist, daß heute weder die gesamte Anzahl noch die Interdependenz dieser sprecherspezifischen Merkmale bekannt ist. Schon aus diesem Grunde verbietet sich die Benutzung einer linearen sog. Verhältnisskala von 0 bis 1 bzw. 100 % zur Beurteilung der Schlüsselfrage des Stimmenvergleichs, nämlich der **Identitätsaussage**, obwohl davon ausgegangen werden kann, daß Stimme und Sprache, insbesondere die durch die anatomischen und physiologischen Gegebenheiten geprägten Merkmale wie Klang und Höhe der Stimme, nasale Färbung u. a. für jeden Menschen in demselben Maße einmalig sind wie die bekannten äußeren Körpermerkmale. Dabei ist im übrigen impliziert, daß eine mehr oder weniger starke Ähnlichkeit zwischen verschiedenen Individuen auch im Bereich der Stimme zu finden ist. Unglücklicherweise treten jedoch durch die oben erwähnten forensischen **Randbedingungen** – schon durch den Gebrauch des Telefons – Faktoren auf, die diese **hohe a priori-Differenziertheit maskieren**. Es verbleibt somit eine jeweils unterschiedlich große Menge auswertbarer Parameter, deren Zusammensetzung vom einen Fall zum anderen ebenfalls variiert, je nachdem, welche Bereiche durch die Maskierung besonders betroffen sind. Aufgrund dieses Sachverhalts bietet sich im Stimmenvergleich eine **Rangskala** an, bei der eine Abstufung der Wahrscheinlichkeiten vorzunehmen ist, jedoch keine Linearität zwischen benachbarten Stufen gefordert wird. Im praktischen Gebrauch vor Gericht hat sich folgende Skalierung bewährt:

Identität bzw. Nichtidentität
– kann nicht beurteilt werden
– ist mit gewisser Wahrscheinlichkeit anzunehmen
– ist mit großer Wahrscheinlichkeit anzunehmen
– ist mit sehr großer Wahrscheinlichkeit anzunehmen
– ist ohne jeden vernünftigen Zweifel anzunehmen.

Der letztgenannte Ausdruck ist Fällen vorbehalten, in denen große Mengen unter hochwertigen akustischen Bedingungen aufgezeichneten Materials (also i. d. R. keine Telefonaufzeichnungen) vorliegen und Sprecher besondere markante (pathologische) Merkmale aufweisen.

III. Ausblick

29 Das hier vorgestellte phonetisch-instrumentelle Kombinationsverfahren der forensischen Sprechererkennung wurde bislang in ca. 2000 Kriminalfällen erfolgreich eingesetzt. Die **Gutachten** sind, soweit eine Erstattung in der Hauptverhandlung erforderlich war, ohne Ausnahme **von den Gerichten akzeptiert** worden. Die Landeskriminalämter von Bayern und Nordrhein-Westfalen sowie mehrere ausländische Behörden haben das Verfahren inzwischen eingeführt. Trotzdem sind selbstverständlich wie bei jeder wissenschaftlichen Arbeit erhebliche Verbesserungen möglich. In diesem Fall wäre insbesondere eine Erhöhung der Anzahl der Merkmale zu wünschen, die wie die Stimmfrequenz durch große Datenmengen so abgesichert sind, daß das unvermeidliche subjektive Moment von seiten des Untersuchers möglichst klein wird. Dies wird jedoch nur längerfristig möglich sein und setzt erhebliche **Forschungskapazitäten** voraus. Allerdings wird eine vollständig automatisierte Merkmalsgewinnung nicht zu erreichen sein: selbst bei der erwähnten Grundfrequenzmessung werden in Abhängigkeit von den akustischen Gegebenheiten des Sprachmaterials noch immer bestimmte Randbedingungen vom Experten zu setzen bzw. zu kontrollieren sein, wie z. B. mathematische Fensterfunktionen und Filterungen sowie insbesondere die Schwelle zwischen Sprache („Nutzsignal") und Hintergrundgeräusch („Rauschen"). Die Aussicht, forensische Stimmenvergleiche jemals vollautomatisch wie eine Blutalkoholanalyse durchführen zu können, ist selbst bei optimistischer Betrachtung der Materie als Utopie anzusehen. Es ist jedoch realistisch, längerfristig ein **interaktives Mensch-Rechner-System** anzustreben, wenn auch bisherige Versuche aufgegeben bzw. storniert worden sind[23].

E. Sprechererkennung durch Laien

30 Sowohl für den Gebrauch im Gerichtsverfahren als auch im Stadium der Ermittlung ist das Sachverständigengutachten in Fragen der forensischen Sprechererkennung das Beweismittel der Wahl. In der Praxis treten allerdings nicht selten Fälle auf, bei denen die Stimme des Täters den einzigen Hinweis auf seine Identität darstellt, jedoch kein Tatmaterial aufgezeich-

---

23 In diesem Zusammenhang ist das amerikanische interaktive Laborsystem SASIS zu nennen (*Paul* et al. 1974), das u. a. wegen der Bedingung, durch Polizeibeamten, also Nicht-Experten, bedienbar zu sein, keine konsistenten und verläßlichen Ergebnisse liefern konnte. Das soeben als Prototyp fertiggestellte CAVIS (Computer-Assisted Voice Identification System) des County Sheriffs von Los Angeles stützt sich teilweise noch auf Spektrogramme; mehrere Merkmale aus dem Bereich der Stimmtonerzeugung werden jedoch bereits semiautomatisch abgeleitet. Das System erfordert wissenschaftlich geschultes Bedienungspersonal (*Nakasone* and *Melvin* 1988; *Melvin* pers. Mitteilung, Feb. 1989). Das Modell eines ehemaligen BKA-Forschungsvorhabens mit einer rechnergestützten und einer Expertenkomponente, deren Ergebnisse im Gutachten zusammengeführt werden, dürfte bei einer erheblichen Ausweitung und Verbesserung der Aussagekraft der rechnergestützten Merkmalanalyse praktikabel sein (*van der Giet* und *Künzel* 1983, *Broß* et al. 1985). Hier besteht allerdings weiterhin großer Forschungsbedarf.

net wurde, z. B. bei Vergewaltigung im Dunkeln oder Geiselnahmen, bei denen den Opfern die Augen verbunden worden sind; ferner bei telefonisch begangenen Straftaten, bevor ein Aufzeichnungsgerät angeschlossen werden konnte, oder wenn die betreffende Person beispielsweise vor Aufregung das Einschalten des Gerätes versäumt hat. Hier dienen häufig die Erkennungsurteile von Opfern oder Zeugen als Beweismittel für oder gegen die Täterschaft eines Verdächtigen, wobei sich die Gerichte nach den Erfahrungen aus den letzten Jahren im allgemeinen über das Vorhandensein der hiermit verbundenen Unwägbarkeiten bewußt sind. Aus diesem Grund wird dann folgerichtig ein **Sachverständiger** für Sprechererkennung bestellt, der im Unterschied zu seiner „normalen" Tätigkeit die von Dritten angestellten Stimmenvergleiche zu begutachten hat.

Das Thema der **Sprechererkennung durch Laien** ist, soweit forensische Randbedingungen betroffen sind, **weitgehend unerforscht**; lediglich aus den USA liegen einige Arbeiten vor. Im deutschen Sprachraum wurde kürzlich eine Monographie vorgelegt, die diese Literatur im Lichte eigener, praxisorientierter Untersuchungen an größeren Anzahlen von Versuchspersonen diskutiert[24]. Dabei hat sich insbesondere die Bedeutung folgender Randbedingungen auf die Höhe der Erkennungsrate, d. h. die objektive, nicht subjektive Sicherheit der Erkennungsurteile, gezeigt: 31

I. Zeitraum zwischen (Erst-)Kontakt mit der fraglichen Stimme und dem Identifizierungsversuch

Während die **klassischen**, aus Anlaß des Lindbergh-Falles durchgeführten **Untersuchungen** ergaben, daß die **Erkennungsleistung mit der Zeit in erheblichem Maße abnimmt** und nach 6 Monaten bereits das Zufallsniveau erreicht[25], haben **zwei neuere Arbeiten** ergeben, daß zumindest einen Monat nach Erstkontakt noch keine Verminderung eintritt, sondern im Gegenteil die **Erkennungsrate** leicht **höher** ist als unmittelbar nach dem Erstkontakt. Der Gegensatz zwischen diesen Befunden dürfte mindestens zum Teil auf wesentliche Unterschiede im Testablauf zurückzuführen sein. Dies macht im übrigen deutlich, wie genau eine jeweils im konkreten forensischen Einzelfall vorliegende Konstellation von Beurteilungsbedingungen zu analysieren ist, bevor eine Bewertung der Erkennungsurteile erfolgen kann. 32

II. Vertrautheit mit der fraglichen Stimme

Prinzipiell wächst mit der Expositionsdauer der zu beurteilenden Stimme die Möglichkeit der Wahrnehmung markanter sprecherspezifischer Merkmale, die beim Erkennungsversuch wieder abgerufen werden können. Ein besonderes Problem ergibt sich bei der Erkennung von verwandten oder bekannten Personen, bei denen, wie sich gezeigt hat, die Identifizierungsleistung stark von der Art des Sprachmaterials abhängt, insbesondere vom 33

---

24 *Künzel* 1990; s. auch die Kurzfassung *Künzel* 1988.
25 *Mc Gehee* 1937, 1944.

Vorhandensein gewohnter persönlicher Begrüßungsfloskeln, dem angesprochenen Thema und anderen, von der Sprechsituation abhängigen sog. **pragmatischen Faktoren**. Ist dies gegeben, besitzt die Mehrheit der betreffenden Hörer einen Vertrautheitsvorsprung gegenüber mit den Sprechern nicht bekannten Hörern. Besteht die Beurteilungsgrundlage jedoch aus einem neutralen Text (z. B. einer Menge von Testsätzen oder einem kurzen Zeitungsausschnitt), ergeben sich keine statistisch signifikanten Unterschiede in den Erkennungsleistungen beider Klassen von Hörern. Das Beurteilungsverhalten des einzelnen Hörers kann dessen ungeachtet in beiden Klassen vom Verhalten der Mehrheit zur einen oder anderen Seite stark abweichen.

III. Akustische und situative Randbedingungen des Erstkontakts (Tatsituation)

34 Wie bereits im Zusammenhang mit der Sprechererkennung durch den Experten erwähnt, erschwert eine **Telefonübertragung** die Erkennungsaufgabe, weil sprecherspezifische Merkmale maskiert werden. Dies trifft in weitaus stärkerem Maße für Laien, ja selbst für solche sprachwissenschaftlich geschulte Personen zu, die selten oder nie mit telefonübertragener Sprache arbeiten. So wurde beispielsweise in der erwähnten BKA-Untersuchung eine Reduktion der Erkennungsrate bei 180 Hörern von durchschnittlich 80 % auf 70 % verzeichnet, nachdem dasselbe akustisch hochwertige Testmaterial über eine Telefonleitung normaler Qualität kopiert und neu beurteilt wurde[26]. Ferner ist das Vorhandensein von Nebengeräuschen sowie die Entfernung zwischen Sprecher und Hörer von Einfluß auf die Erkennungsleistung. Eine in der Praxis wichtige, jedoch im wissenschaftlichen Experiment naturgemäß schwer zu untersuchende Frage ist, ob und wie **Streß** in der Tatsituation (Aufregung, Angst) die Erkennungsleistung beeinflußt. Im Urteil eines berühmten amerikanischen Präzedenzfalles[27] wird eindeutig eine Erhöhung der Aufmerksamkeit und damit **bessere Einprägung** von Charakteristika der Tatstimme postuliert, eine wissenschaftlich nicht nachgeprüfte Auffassung, der wir uns aufgrund der täglichen forensischen Erfahrung allerdings **nicht anschließen** können.

35 Die Wirkung der diskutierten und weiterer, hier nicht zu behandelnder Faktoren zeigt, daß die Frage, ob die **Sprechererkennungsleistung von Laien** für den Gebrauch bei Gericht hinreichend sichere Ergebnisse liefert, zumindest heute **nicht eindeutig zu beantworten** ist. Vielmehr ist jeweils im konkreten Fall zu prüfen, welche günstigen oder ungünstigen a priori-Vorgaben bestehen[28]. Dabei gilt als Faustregel: „Je charakteristischer die

---

26 Die absolute Höhe einer Erkennungsrate hängt von einer Reihe von Faktoren ab, unter denen die Art der Erkennungsaufgabe, genauer: das sog. Testformat, eine besondere Bedeutung besitzt, s. dazu *Künzel* (1990). Die hier genannten Zahlen geben daher nur die Ergebnisse eines wissenschaftlichen Experiments wieder und besitzen keine allgemeine Gültigkeit.
27 *Hollien* et al. 1983 S. 209; deutsch bei *Künzel* 1988, 1990.
28 Zu derselben Erkenntnis gelangt vom psychologischen Standpunkt aus *Clifford* (1980) nach einer vergleichenden Betrachtung des visuellen und auditiven Identifizierungsverhaltens von Zeugen.

Täterstimme, je länger die Konfrontation einer Person mit dieser Stimme in der Tatsituation, je besser die akustische Qualität des zu beurteilenden Vergleichsmaterials und je größer die Anzahl der Beurteilungspersonen, desto geringer wird die Fehlerwahrscheinlichkeit beim Erkennungsprozeß sein"[29]. Die Untersuchung des Sachverhalts im konkreten Fall wird zweckmäßigerweise von einem **Sachverständigen** vorzunehmen sein, der darüber hinaus die Erkennungsstrategie einer Person beurteilen kann, denn für das Gericht ist auch von Interesse, ob eine positive Erkennung anhand konkreter, vom Sachverständigen dann in wissenschaftliche Terminologie zu fassender sprachlicher Merkmale begründet wird, oder ob eine nicht differenzierte, ganzheitliche Erkennung vorliegt. Unter Umständen ist zur Prüfung der Erkennungsleistung auch die Durchführung eines Verwechslungstests mit der fraglichen Stimme und einer Anzahl sog. Dummies angezeigt.

---

[29] *Künzel* 1988 S. 220.

SCHRIFTTUM

Atal, B.: Automatic Recognition of Speakers from Their Voices. In: Proceedings of the IEEE 64 (1976) pp. 460–475.

van Bezooijen, R.: Regional, Social Status and Age Markers. A Study of the Vocal Characteristics of Two Dutch Samples. In: Proceedings, Institute of Phonetics. Nijmegen 1984, pp. 13–29.

Böhme, G.: Stimm-, Sprech- und Sprachstörungen. Stuttgart 1974.

Bolt, R. H., F. S. Cooper und D. M. Green, et al: On the Theory and Practice of Voice Identification. Washington D.C. 1979.

Bricker, P. D. und S. Pruzansky: Speaker Recognition. In: R. Lass (ed.): Contemporary Issues in Experimental Phonetics. New York, London 1976, pp. 295–326.

Broß, F., H. Heim, H. J. Künzel und B. Sauer: Forensische Sprechererkennung und Tonbandauswertungen. Abschlußbericht zum Forschungsprojekt. Wiesbaden 1985 (masch., vervielf.).

Clifford, B. R.: Voice Identification by Human Listeners: On Earwitness Reliability. In: Law and Human Behavior 4 (1980), pp. 373–394.

Garvin, P. L. und P. Ladefoged: Speaker Identification and Message Identification in Speech Recognition. In: Phonetica 9 (1963), pp. 193–199.

van der Giet, G. und H. J. Künzel: Rechnergestützter Stimmenvergleich für forensische Anwendungen. In: Kriminalistik 35 (1981), S. 341–346.

Glenn, J. W., und N. Kleiner: Speaker Identification based on Nasal Phonation. In: The Journal of the Acoustical Society of America 43 (1968), pp. 368–372.

Goldman-Eisler, F.: Psycholinguistics. Experiments in Spontaneous Speech. London, New York 1968.

Hecker, M. H. L.: Speaker Recognition: An Interpretive Survey of the Literature. 1971 (ASHA-Monographs No. 16).

Helfrich, H.: Age Markers in Speech. In: Scherer, K. R. and H. Giles (eds.), Social Markers in Speech. Cambridge, (Engl.) 1979, pp. 63–107.

Hollien, H.: Status Report on Voice Identification in the United States. In: Proceedings. International Conference on Crime Countermeasures. Oxford 1977, 9–20.

Hollien, H. und R. E. Mc Glone: An Evaluation of the ‚Voiceprint' Techniques of Speaker Identification. In: Proceedings. Carnahan Conference on Crime Countermeasures, 1976, p. 39–45.

Hollien, H., G. Bennett und M. P. Gelfer: Criminal Identification Comparison: Aural Versus Visual Identifications Resulting from a Simulated Crime. In: Journal of Forensic Sciences 28 (1983), pp. 208–221.

Koenig, B.: Spectrographic Voice Identification: A Forensic Survey. In: The Journal of the Acoustical Society of America 79 (1986), pp. 2088–2090.

Künzel, H. J.: Dem Täter auf der Stimmspur. Praxis der forensischen Sprechererkennung. In: Kriminalistik 39 (1985), S. 120–126.

ders.: Sprechererkennung. Grundzüge forensischer Sprachverarbeitung. Heidelberg 1987 a. (Kriminalistik – Wissenschaft & Praxis. Bd. 22).

ders.: Stimme verstellen bringt nichts. Droh- und Erpressungsanrufe: Ermittlungsmöglichkeiten durch Phonetik und Technik. In: Wirtschaftsschutz und Sicherheitstechnik 9 (1987 b), S. 11–13.

ders.: Rechnergestützte Sprachspektrographie für die Phoniatrie. In: Sprache – Stimme – Gehör 11 (1987 c), S. 135–140.

ders.: Zum Problem der Sprecheridentifizierung durch Opfer und Zeugen. In: Goltdammers Archiv für Strafrecht 135 (1988), S. 215–224..

ders: Phonetische Untersuchungen zur Sprecher-Erkennung durch linguistisch naive Personen. Stuttgart 1990 (Zeitschrift für Dialektologie und Linguistik, Beiheft 69).

Künzel, H. J. und B. B. Borys: Farbige Schallspektrographie: Einige Anwendungsbeispiele einer neuen Technik in der Phoniatrie. In: Sprache – Stimme – Gehör 6 (1982), S. 74–78.

Kuhn, M. H. und *R. Geppert:* A Low Cost Speaker Verification Device. In: Proceedings. Carnahan Conference on Crime Countermeasures. 1980, pp. 57–61.

Masthoff, H.: Automatische Sprecherverifizierung bei Telefonübertragung. In: R. Weiss (Hrg.), Festschrift für Hans Heinrich Wängler anläßlich seines 65. Geburtstages. Hamburg 1987, S. 223–233.

Masthoff, H. und *J.-P. Köster:* Ein akustisches Verfahren zur Raum- und Systemüberwachung. In: Fortschritte der Akustik – DAGA '86. 1986, S. 705–708.

Mc Gehee, F.: The Reliability of the Identification of the Human Voice. In: Journal of General Psychology 17 (1937), pp. 249–271.

dies.: An Experimental Study in Voice Recognition. In: Journal of General Psychology 31 (1944), pp. 53–65.

Nakasone, H. und *C. Melvin:* Computer-Assisted Voice Identification System. In: IEEE-ASSP 9 (1988), pp. 587–590.

Nolan, F.: The Phonetic Bases of Speaker Recognition. Cambridge (Engl. 1983) (Cambridge Studies in Speech Science and Communication).

Paul, J. E., A. S. Rabinowitz, J. P. Riganati und *J. M. Richardson:* Semi-Automatic Speaker Identification System (SASIS). Analytical Studies Final Report. Anaheim (Cal.) 1974.

Shipp, T. und *H. Hollien:* Perception of the Aging Male Voice. In: Journal of Speech and Hearing Research 12 (1969), pp. 703–710.

Tosi, O.: Voice Identification Theory and Legal Applications. Baltimore 1979.

Wolf, J. D.: Efficient Acoustic Parameters for Speaker Recognition. In: The Journal of the Acoustical Society of America 51 (1972), 2044–2056.

Wrench, E. H.: Speaker Authentication Operational Test and Evaluation. ITT Defence Communication Division. Project RADC-TR-80-64: Final Technical Report. New York 1980.

20
Forensischer linguistischer Textvergleich

Ulrich Perret und Alois Balzert

INHALTSÜBERSICHT

	Rdnr.		Rdnr.
A. Aufgabe und Situation des forensischen linguistischen Textvergleichs		II. Diktion	60
		III. Formulierungsvergleich	65
I. Aufgabenstellung und Vorgeschichte	1	IV. Weiterführende Ansätze zur Wortanalyse	66
II. Entwicklung im deutschsprachigen Raum/Bundeskriminalamt	3	**F. Schreibermerkmale**	
B. Grundfragen der Methodik		I. Gliederung der Schreibermerkmale	73
I. Art und Eignung von Texten	7	1. Topographie	75
II. Zur Anwendung mathematisch-statistischer Methoden	10	2. Schreibung	76
III. Fakultativität und lokale Analyse	20	3. Norm- u. Konventionsabweichungen	77
C. Zentrale Textinformationen		4. Technische Bedienungsfehler	78
I. Begriffe	23	5. Schreibmaschinenfremde Textelemente	79
D. Textvergleiche		II. Einzelne Merkmalsgruppen	80
I. Gliederung	36	III. Rechnerseitige Unterstützung	85
II. Grundwortevergleich	39	**G. Programmunterstützung des linguistischen Textvergleichs Programmsysteme**	88
III. Sonstige Verteilungsvergleiche	44		
IV. Wortmengenvergleiche	47		
E. Intellektuelle Merkmale			
I. Fehleranalyse	57	**H. Zusammenfassende Wertung**	91

A. Aufgabe und Situation des forensischen linguistischen Textvergleichs

I. Aufgabenstellung und Vorgeschichte

Haupt- und Nebenaufgaben

Die Hauptaufgabe des forensischen Textvergleichs besteht darin, allein unter Verwendung von Merkmalen der geschriebenen Sprache, deren Inhalt und deren Darstellung mit der Schreibmaschine (hierin nur im weiteren Sinne „linguistisch") die Frage zu beantworten, ob zwei oder mehrere Texte den gleichen **Autor** (geistigen Texturheber) und/oder **Schreiber** besitzen. Zuweilen gibt es Nebenaufgaben, z. B. Bestimmung der Authentizität, 1 des Geschlechts, des Alters, der Berufsrichtung, der Intelligenz und Bildung, der regionalen Herkunft, der Muttersprache, der Richtigkeit fachlicher Terminologien u. a. Fragen nach solchen Merkmalen des Autors lassen sich nur in Einzelfällen bei Vorliegen entsprechender Indizien – und z. T. verbunden mit Anfragen bei polizeiexternen Instituten – beantworten. Grundsätzlich aber werden Psycho- oder Soziogramme nicht erstellt.

Rechnereinsatz

2 Da häufig Tatschriften mit Schreibmaschine geschrieben sind, verbleibt oft als Gegenstand der Untersuchung nur die Sprache, die es somit vollständig und objektivierend auszuwerten gilt. Dies erfordert eine zentrale, spezialisierte Wahrnehmung der Aufgabe, die die Erarbeitung geeigneter programmierter Hilfsmittel, Pools u. a. umfaßt. Diese rechnerseitige Unterstützung ist notwendig zur

- **Rationalisierung:** Textanalyse ist zeitaufwendig. Vor allem bei Mehrtextvergleichen ist die manuelle Ausführung von Funktionen wie etwa die Auflistung der gemeinsamen Worte, wenn überhaupt, dann nur mit kaum noch vertretbarem Zeitaufwand möglich. Das menschliche Gedächtnis ist hier schnell überfordert;
- **informationellen Ausschöpfung:** Z. B. sind fast alle sich auf Verteilungsvergleiche stützenden Verfahren nur rechnergestützt möglich;
- **Objektivierung** in den Grenzen des zur Zeit Möglichen;
- **Vorselektion:** Man kann feststellen, welche Texte im Gesamtpool unter verschiedenen Aspekten einem gegebenen Text am ähnlichsten sind. Hohe Ähnlichkeitswerte verschiedener Art sind ein Anlaß, dem in einer detaillierteren Untersuchung nachzugehen.

II. Entwicklung im deutschsprachigen Raum/Bundeskriminalamt

3 Die Entwicklung und Programmierung der Vergleichsmethodik geschah im Bundeskriminalamt in den Jahren 1980 bis 1984. Das Programmpaket erhielt den projektinternen Namen TEXTOR. Ab 1984 bildete die praktische Fallarbeit den Arbeitsschwerpunkt. Diese diente auch zur Prüfung und Verbesserung der Methodik an realem Textmaterial.

Zur weiteren Absicherung wurde mit 100%iger Trefferquote ein von einem unabhängigen und den Verfassern unbekannten Testleiter konzipierter **Blindtest** durchgeführt, bei dem innerhalb einer Gruppe von 18 auf der gleichen Schreibmaschine geschriebenen Texten die autorengleichen herauszufinden waren. 1989 wurde eine **Neuprogrammierung** in Angriff genommen – zur Verbesserung von Sicherheit und Komfort für Fremdbenutzer und zum Zweck der programmtechnischen Standardisierung mit anderen kriminaltechnischen Informationssystemen. Das neue, zur Zeit in der Entwicklung befindliche System erhielt den Namen KISTE für: Kriminaltechnisches Informationssystem Texte.

Worauf kann man sich stützen?

Abgesehen von sehr allgemein gehaltenen Artikeln („Möglichkeiten und Grenzen des . . .") gibt es verwendbare Arbeiten zur forensischen Linguistik – in geringer Zahl und zu eingeschränkten statistischen Aspekten – nur im angelsächsischen Bereich. Sie sind auf die deutsche Sprache aber nur schwerlich übertragbar. Nirgends liegt der Versuch eines multimethodischen Ansatzes vor. Gleichfalls noch gering ist die Zahl zugänglicher linguistischer Gutachten (z. B. Fälle „Oetker" oder „Monsieur X"). 4

Symposium

Ende 1988 fand im Bundeskriminalamt ein **Symposium** zu diesem Thema statt. Der zugehörige Symposiumsband enthält eine Reihe von Vorträgen, die sich auf praktische Fälle stützen und stellt die erste Sammlung von Arbeiten zu diesem Thema im deutschen Sprachraum dar. 5

Umkehrung der Fragestellung

Wenig Aufmerksamkeit wurde je der methodischen Behandlung der Probleme gewidmet, die mit der charakteristischen Umkehr der Fragestellung verbunden sind: Statt nachträglicher Beschreibung stilistischer Differenzen bei apriorischer Kenntnis der Autoren geht es jetzt um die wesentlich schwierigere Aufgabe des Nachweises der Verschiedenheit oder Identität der Autoren mittels gefundener Differenzen und Übereinstimmungen. Der Unterschied entspricht in der Statistik dem zwischen **deskriptiven** (im weiteren Sinn) und **prädiktiven Verfahren**. Eigengewicht und Unabhängigkeit des Themas erfordern deshalb eine aufgabenspezifische Verfahrensentwicklung und den Aufbau von Pools für spezialsprachliche, jargonbestimmte Tatschreiben. Die wichtigsten Erkenntnisse resultieren aus Erfahrungen am realen Material, weil kein Fall dem anderen gleicht und es immer andere Eigentümlichkeiten sind, die eine Rolle spielen. Deren Heterogenität, die Grenzen der statistischen Objektivierbarkeit und der Mangel an Studien, auf die man sich wirklich stützen könnte, zwingen angesichts der gutachterlichen Verantwortung zur Zurückhaltung in den Schlußfolgerungen. 6

B. Grundfragen der Methodik

I. Art und Eignung von Texten

Welche Texte sind geeignet?

Die für einen Textvergleich geeigneten Texte sollten möglichst 7
- textsortengleich,
- lang,
- reich an Konventionsabweichungen und
- Autor und Schreiber sollten möglichst identisch sein.

Gründe dafür sind:

Textsorten

8 Beispiele für **Textsorten** sind Geschäftsbriefe, Liebesbriefe, Erpresser- und Selbstbezichtigungsschreiben und Zeitungsartikel. Der Vergleich sortenverschiedener Texte erfordert eine Beschränkung auf die kleinere Menge der überwiegend sortenunabhängigen Textmerkmale. Dies schränkt die Möglichkeiten ein. Denn der Sprachstil ist im Vergleich zu Stimme oder Handschrift stärker durch Thematik, Textsorte und Konventionen bestimmt und relativ schwächer durch individuelle Vorlieben oder Gewohnheiten; auf letztere kommt es beim Textvergleich aber gerade an.

Die Bedeutung der **Textlänge** rührt daher, daß die Signifikanz statistischer Verteilungsvergleiche etwa proportional zur Textlänge ist.

Bei nur partieller Erfüllung dieser Bedingungen kann auch nur ein allenfalls partiell befriedigendes Ergebnis erwartet werden. Bei starker Abweichung von den Bedingungen muß ein Untersuchungsantrag zurückgewiesen werden. Denn es gibt im Text keine verborgene und in jedem Fall entlarvende „Tiefenschicht", die es aufzudecken gälte. Der Textvergleich ist nur ein Mittel zum Auffinden und zur Bewertung sprachlicher Indizien und Spuren. Wo es zu wenige gibt, kann man nichts entscheiden. Wenn die genannten Kriterien aber einigermaßen erfüllt sind, kann der Textvergleich wertvolle Ermittlungshinweise erbringen und in günstigen Fällen gerichtsverwertbare Ergebnisse zeitigen.

Autor und Schreiber

9 Es wird zwischen dem **Autor** als geistigem Urheber des Textes in Inhalt und Sprache und dem **Schreiber** als dem Bediener der Schreibmaschine und entsprechend zwischen Autoren- und Schreibermerkmalen unterschieden. Die Grenzziehung ist nicht immer ganz eindeutig, da die Art der Interaktion (Diktat, Vorlage, Rohkonzept ...) zwischen Autor und Schreiber im Falle von deren Verschiedenheit in der Regel unbekannt ist. Wesentlich ist die Unterscheidung zwischen Autor und Schreiber vor allem auch deswegen, weil in einigen Deliktsbereichen meist nicht von der Identität beider ausgegangen werden kann bzw. sogar mit der Möglichkeit von **Autorenkollektiven** gerechnet werden muß. In diesen Fällen ist u. a. nicht entscheidbar, wer für die sprachlichen Fehler, die meist eine der wesentlichsten Anhaltspunkte liefern, verantwortlich ist.

II. Zur Anwendung mathematisch-statistischer Methoden

Limitierter Anspruch

10 Je nach Sprachschicht sind beim Textvergleich verschiedene Ansätze angezeigt, von formalen bis „verstehenden". Der Anspruch der statistischen Analyse ist in der Praxis meist nur **deskriptiv-heuristisch.** Nur in Teilbereichen kann man von ausgearbeiteten statistischen Modellen sprechen.

Anwendungen mit dem Anspruch von Wahrscheinlichkeitsmodellen stehen spezifische, mit dem besonderen Material „Sprache" zusammenhängende Probleme entgegen, die kurz beschrieben seien:

Struktur nicht markoffsch

Ganz allgemein läßt sich sagen, daß je „höher" i. S. von „selbstorganisiert" ein System ist, es sich um so weniger befriedigend mathematisch behandeln läßt. Das ideale Anwendungsfeld ist die tote Natur, die lebendige schon weniger und Psychologisch-Soziales am wenigsten. Die engen Grenzen der Mathematisierbarkeit aller einstellungs- und intentionsbezogenen Vorgänge zeigen sich auch bei der Sprache, die ja in hohem Maße von der **bewußten Selbstbestimmung** abhängt. Diese ihre reflexive Struktur bedingt u. a., daß ihre Erzeugung nicht als **Markoffscher Prozeß** interpretierbar ist und damit die sich auf stationäre Übergangswahrscheinlichkeiten oder Autokorrelationsfunktionen stützenden Methoden allenfalls zur Erlangung von Anhaltspunkten verwendbar sind, aber keinen echten Indizcharakter haben.

Statistische Tests

Aber auch traditionelle nichtprozessuale Verfahren, etwa statistische **Tests,** leiden grundsätzlich daran, daß eine Textmenge kaum je als richtige **Stichprobe** betrachtet werden kann, weil durch deren sinnhaft-thematische Verflechtung die geforderte Unabhängigkeit nicht gilt und wegen der Textheterogenität auch die zweite Bedingung an eine Stichprobe, die Repräsentativität, meist nicht hinreichend erfüllt ist.

Unlimitierter Merkmalsraum

Eine weitere Grenze der Mathematisierbarkeit rührt daher, daß nie voraussehbar ist, an welchen Merkmalen sich die Autorenidentität entlarvt – z. B. an einem seltenen Fehler. Wir haben somit einen unlimitierten **Merkmalsraum** von potentiell relevanten Merkmalen, so daß man sich nicht auf einen festen **Merkmalsvektor** beschränken kann. Aufgrund der Notwendigkeit der Interpretierbarkeit ist auch deren Orthogonalisierung zu – ja nicht interpretierbaren – Faktoren und die darauf aufbauende Methodik hier nur sehr beschränkt sinnvoll.

Wenig Merkmale relevant

Der Unendlichkeit potentiell relevanter Merkmale entspricht aber die geringe Zahl der im Einzelfall tatsächlich wichtigen. Während z. B. die auch nur einige Sekunden gesprochene Sprache eine große Menge von Informationen tatsächlich aufweist, so daß sich „nur" das Problem von deren geschickter Verarbeitung stellt, ist in einem nicht sehr langen Text nur eine ungleich geringere Menge **individualistisch relevanter** Sprachmerkmale realisiert, so daß dem Verfahren selbst bei beliebiger Verfeinerung grundsätzlich engere Grenzen gesetzt sind.

Deskriptiver Anspruch

15 Trotz all dieser hier in den Vordergrund gestellten Grenzen formaler Methoden tragen diese als Teile der Gesamtanalyse nützliche Hinweise bei, vor allem bei Anwendung auf inhaltsfernere Merkmalsklassen wie Partikel, Satzzeichen und Grundworte. Wo es sinnvoll erscheint – vor allem bei Vergleichen vieler sortengleicher Texte untereinander – werden Ähnlichkeitsmaße berechnet, die dann aber nicht probabilistisch, sondern nur deskriptiv als formal korrekte integrierende Bewertung von Merkmalsklassen, also als **komplexe Indikatoren,** interpretiert werden.

Wahrscheinlichkeitsaussagen

16 Da in den Textvergleich vielfach quantitativ nicht faßbare Argumente einfließen, ist eine **quantifizierende Gesamtaussage** zur Wahrscheinlichkeit der Autorenidentität in strengem Sinne nicht möglich. Eine solche würde ohnehin von der **Apriori-Wahrscheinlichkeit** abhängen, mit der die Täterschaft auch ohne das entsprechende Gutachten in Frage kommt und die nur anhand aller tatrelevanter Umstände geschätzt werden kann, am ehesten vom Richter selbst.

Der Gutachter kann aber mehrere **Belastungswahrscheinlichkeiten** abhängig von angenommenen Apriori-Wahrscheinlichkeiten, angeben.

Häufigkeitsbezogene Ergebnisformulierung

17 Eine andere praktizierte Möglichkeit zur Ergebnisformulierung besteht in der Aussage, daß der festgestellte Ähnlichkeitsgrad nur bei maximal jedem soundsovielten Paar von Texten der entsprechenden Sorte auftritt. Da eine solche **integrierende Häufigkeitsaussage** nicht formal genau begründbar ist, handelt es sich dabei um einen erfahrungsabhängigen **Schätzwert.**

Entstehungsursache sprachlicher Gemeinsamkeiten

18 Wie immer man das Ergebnis auch formuliert, es ist in jedem Fall interpretationsbedürftig hinsichtlich der **Entstehungsursache** der Gemeinsamkeiten. Denn diese können auf **Textebene** (durch Abschreiben von oder Anlehnen des einen Textes an den anderen oder an einen gemeinsamen Drittext) oder auf **Autorenebene** (gemeinsame Autorenschaft), auf die es hier allein ankommt, bestehen. Ein weiteres Problem stellen die bei manchen Textsorten nicht auszuschließenden Autorenkollektive dar. Besonders für Texte aus einigen Deliktsbereichen stellt die Unsicherheit hinsichtlich der Entstehungsursache von Gemeinsamkeiten einen nur sehr schwer zu entkräftenden Anfechtungspunkt dar.

Textsplitting

19 Aufgrund der Tatsache, daß nur für wenige Textpaare die Autorenidentität bekannt ist, wurde mittels Textsplitting testweise die **Perseveranz** (Stabilität) von Merkmalen beim gleichen Autor beurteilt. Bei einer systematischen Bearbeitung dieser Gesichtspunkte mußte für alle nicht zu kurzen

Texte die Erfassung aller programmseitig erfaßbaren Merkmale getrennt nach Textteilen erfolgen. Da man fast immer von der Autorenidentität der zwei Texthälften ausgehen kann, erhält man so für die Merkmale ein Maß der textinternen Varianz. Die diskriminatorische Kraft eines Merkmals bestimmt sich dann aus dem Verhältnis der gesamten zur internen Varianz. Es lassen sich dadurch bei der Konstruktion der Ähnlichkeitsmaße **diskriminanzanalytische Methoden** anwenden.

III. Fakultativität und lokale Analyse

Individueller Charakter von Sprachmerkmalen

Die Grenzen der Anwendung formaler Methoden liegen besonders an der auf das individuell Typische gerichteten Aufgabenstellung. Der Grundgedanke des Textvergleichs besteht ja darin, die Texte durchzuarbeiten unter der Fragestellung, was der Autor hätte anders schreiben können, um so das Besondere in der Art, wie er schreibt, zu erkennen. Auf der Wortebene heißt dies, daß der Text nach **Alternativworten** (Worte, für die es Quasi synonyma gibt) zu durchsuchen und zu bewerten ist. Ähnliches läßt sich für Satz- und Sonderzeichen für gewisse feste Formulierungen durchführen. In Verallgemeinerung der Synonymität soll ein Merkmal um so stärker **fakultativ** heißen, je weniger seine Anwendung durch Inhalt und Textsorte und demnach um so stärker durch individualstilistische Gewohnheit oder Vorliebe bestimmt ist. Nur ist es im allgemeinen Fall, etwa bei Merkmalen von Syntax oder Diktion, praktisch unmöglich, die alternativen Ausdrucksmöglichkeiten aufzuzählen.

Abstraktionsebenen

Man wird eine Entscheidung kaum je allein auf Ähnlichkeitsmaße stützen. Denn das programmseitig gelieferte Material enthält vieles, dem dann „lokal" nachzugehen ist. Wenn sich z. B. eine hohe Ähnlichkeit nach Zahl und Seltenheit gemeinsamer Worte ergibt, muß man für diese selbst einzeln prüfen, inwieweit sie individual-stilistische Bedeutung besitzen oder sich zwingend durch die Ähnlichkeit der Thematik ergeben. Für viele Worte ist diese Prüfung nur unter Einbeziehung des Kontextes möglich. Wenn man von der abstraktesten Ebene, dem nackten Ähnlichkeitsmaß, ausgeht, muß man oft den Weg bis zu den konkretesten Einzelmerkmalen zurückverfolgen. So genügt es beispielsweise nicht festzustellen, daß zwei Texte in der Zahl der Interpunktionsfehler gut zusammenpassen. Wenn die **lokale Analyse** ergibt, daß die Art dieser Fehler ganz verschieden ist, wird aus der Gemeinsamkeit ein Gegensatz. Umgekehrt ist insbesondere für längere Texte die abstrakte statistische Ebene nicht verzichtbar. So darf man sich z. B. beim Satzzeichenvergleich nicht auf ein durch seine Häufigkeit zufällig auffallendes Zeichen beschränken. Der allgemeinere Rahmen eines statistischen Verteilungsvergleichs aller Satzzeichen ist zur objektiven Bewertung unverzichtbar.

Höhere Sprachschichten

22 Die fakultativen Textelemente lassen sich auch bewerten nach dem zu schätzenden **Grad der Bewußtheit** der Präferenz. Je weniger bewußt diese ist, um so stabiler ist sie, um so mehr ist sie dem Autor selbst verborgen und um so weniger anfällig ist sie gegenüber bewußten Manipulationen. Typisch hierfür sind Absenzen, d. h. Vermeidungen von sonst im allgemeinen Gebrauch häufigen Worten. Je mehr die Präferenz aber einer bewußten Entscheidung entstammt, um so variabler ist sie als Einzelmerkmal. Diesem Nachteil steht aber der Vorteil gegenüber, daß sie gerade dadurch ein um so authentischerer Ausdruck des bewußten Stilwillens und -vermögens sein kann. Denn die vielfachen stilistischen Freiheitsgrade innerhalb eines Text dürfen nicht nur probabilistisch als eine Art Leerstellen für Zufallsentscheidungen interpretiert werden. An ihnen manifestiert sich vielmehr häufig ein bewußter Stilwille. Sie sind damit Ausdruck des Bewußtseins selbst auf dem Niveau der **Autorenpersönlichkeit**. Bei vielen Einzelformulierungen stellt sich unmittelbar (d. h. ohne Vermittlung durch häufigkeitsstatistische Kriterien) die Frage nach der Subsumierbarkeit des einen Textes unter die Autorenpersönlichkeit des anderen. Für die Beantwortung dieser Frage kann je eine Formulierung in beiden Texten schon genügen. Die mit dem Ausdrucksgehalt oder Niveau eines Textes zusammenhängenden Gesichtspunkte gehören dieser höheren Sprachschicht an. Eine statistische Analyse solcher „Qualitäten" scheitert allein schon daran, daß diese sich nicht als isoliert und klar umrissene Einzelmerkmale beschreiben oder gar definieren lassen, so daß damit auch die Bestimmung ihrer „Häufigkeit" ein sinnloses Unterfangen wäre.

C. Zentrale Textinformationen

I. Begriff

Zentrale Merkmale

23 Zentral sollen die (Text-)Informationen oder Merkmale heißen, die aus den Texten extrahiert und gesondert zentral gespeichert werden, bei TEXTOR in den Zentraldateien, bei KISTE in der Datenbank. Lokal heißen Merkmale, für die keine **zentrale Statistik** geführt wird und die so nur im Kontext des Textes verifizierbar sind.

Entsprechend unterscheidet man zwischen zentraler und lokaler Analyse. Anhand eines Satzes aus einem Erpresserbrief sei erläutert, welche Art von Informationen daraus extrahiert werden.

„Wenn Du brav und ohne Polizei zahlst, hörst Du von uns nichts mehr – und kannst Du in Ruhe auch noch älter und grauer werden."

Deflexion

24 Offenbar ist für jede Art programmunterstützter Auswertung Voraussetzung, daß dem System bekannt ist, welche Worte gleich sind, auch wenn

sie in verschiedenen **Flexionsformen** vorkommen. Dazu ordnet man allen Worten in einem neuen Text deren **Grundform** zu. Diese Zuordnung (zahlst-zahlen, älter-alt ...) nennt man **Deflexion**. Sie besteht in der Zuordnung des Infinitivs zu Verben, des Singular-Nominativs zu Nomen und der prädikativen Form zu Adjektiven und Partizipien.

Automatische Deflexion

In TEXTOR wurde ein älteres Verfahren zur automatischen Deflexion verwendet. Aufgrund von Besonderheiten der deutschen Sprache, vor allem der Abtrennung von Präfixen von finiten Verbformen, stellt die automatische Deflexion für deutsche Texte ein sehr aufwendiges und **fehleranfälliges** Unterfangen dar.

Die relativ hohe Fehlerrate war denn auch der Grund dafür, daß im Nachfolgesystem KISTE ein interaktives Verfahren gewählt wurde. Wurden in TEXTOR mit der Deflexion auch die Wortarten automatisch, aber oft fehlerhaft, bestimmt, so wurde darauf in KISTE ganz verzichtet.

Deskriptoren

Offensichtlich haben nicht alle im obigen Beispielsatz vorkommenden Worte gleiche Bedeutung für den Textvergleich. Der Grund der Relevanz von gemeinsamen Worten wie „grau" liegt in deren relativer Seltenheit. Solche Worte in Grundform, deren Häufigkeit unterhalb einer bestimmten Schranke liegt, heißen hier **Deskriptoren**.

Grundworte

Ganz verschiedener Art sind andere im Beispielsatz vorkommende Worte: wenn, du, und, von, uns, nichts, mehr, können, auch, noch, werden. Es sind grammatische **Funktionsworte** oder Worte mit allgemeiner, weitgehend themenunabhängiger Bedeutung, die **abstrakte Grundworte** heißen. Bedeutung erhalten sie durch den Vergleich ihrer Häufigkeiten in verschiedenen Texten.

Die Bedeutung der abstrakten Grundworte liegt in dem jedem bekannten Phänomen, daß manche Leute beim Erzählen besonders viele Sätze mit „und" verbinden, andere wiederum Worte wie „dann", „also" oder „damit" besonders häufig verwenden. Derartige Vorlieben gibt es auch im Schriftsprachlichen. Neben den abstrakten gibt es noch die **thematischen Grundworte,** die das zu den Tatschriften eines Kriminalitätsbereichs gehörige terminologische Gerüst bilden.

Grundwortaspekte

Durch eine einmalige manuelle Zuordnung von Zahlen (Grundwortaspekte) kann der Systembenutzer die Grundworte nach verschiedenen linguistischen Gesichtspunkten in Grundwortklassen einteilen. Ein solches Klassifikationsschema ist die Wortart. Ein anderes Schema hebt auf semantische Einteilungen ab, z. B.: argumentative Partikel, affirmierende Grundworte, abschwächende Grundworte usw.

Grundwortfolgen

29 Erfaßt wird die Verteilung von allgemein häufigen und stilistisch bedeutsamen Zweierfolgen von Grundworten, z. B. „als ob", „auch immer", „sondern auch", „wir meinen", etc.

Wortarten und Wortartfolgen

30 Erfaßt wurde in TEXTOR pro Text die Verteilung der Wortarten als auch deren generell häufigsten Zweierfolgen, z. B. Artikel-Nomen, „Vollverb-Adverb", „Pronomen Modaverb" usw. In KISTE entfällt dies.

Satz- und Sonderzeichen

31 Trotz aller regelhafter Bindungen im Duden gibt es in der Verwendung von Satz- und Sonderzeichen immer noch viele Freiheitsgrade, speziell bei stark **fakultativen Zeichen** wie Semikolon, Gedankenstrich, Schrägstrich, Doppelpunkt und Klammern. Zur Ermöglichung späterer Verteilungsvergleiche wird daher auch die textweise Häufigkeit dieser Zeichen programmäßig erfaßt.

Generelle Merkmale

32 Hierzu gehören einige textstatistische Parameter wie die mittleren Satz- und Wortlängen, die Varianz dieser Maße, die mittlere Wortseltenheit sowie Maßzahlen zur Wortwiederholung.

Textinterne Merkmalskennungen

33 In KISTE ist die Möglichkeit textinterner Kennungen von sprachlichen **Besonderheiten,** insbesondere von **Fehlern** vorgesehen. Diese Kennungen werden im Datenbanksystem ADABAS verwaltet und sind damit dem Retrieval und der statistischen Auswertung zugänglich. In Form einer knappen Notation werden z. B. Interpunktionsfehler dahingehend charakterisiert, daß an der Fehlerstelle im Text eine Kennung eingetragen wird, aus der hervorgeht, welches Satzzeichen fehlt, überzählig oder falsch gewählt ist und welche Interpunktionsregel dabei verletzt wurde. Bei orthographischen Fehlern wird die Kennung hinter das falsch geschriebene Wort eingetragen. Diese enthält neben einer Charakterisierung der Art des Rechtschreibfehlers auch das richtig geschriebene Wort. Durch einen programmäßigen Vergleich des Wortes mit seinen Fehlschreibungen bzw. dieser untereinander wird der Versuch, gleichartige oder **ähnliche** Fehler im Textepool zu finden, rechnerseitig unterstützt.

Sprachliche Auffälligkeiten

34 Über die Fehler hinaus ist der Benutzer frei in der Wahl der Merkmale (und deren weiterer Aufgliederung), deren Vorliegen er in Form von Kennungen in den Texten notieren möchte. Er muß sie nur zuvor in einer sogen. **Strukturbeschreibungsdatei** spezifizieren, damit sie vom Programm als solche erkennbar sind. Es hängt also allein vom Benutzer ab, welche Art

sprachlicher Auffälligkeiten in welcher Ausführlichkeit für textinterne Kennungen vorgesehen werden. Zum Einfügen der Kennungen in den Text wurde eine komfortable Fenster- und Menütechnik entwickelt. Sie werden mit dem Datenbanksystem ADABAS verwaltet und erlauben so die Erstellung von Statistiken, die zur Bewertung notwendig sind.

Zentraldateien

Im Vorigen wurden die zentralen Textinformationen beschrieben, die aus einem neu in das System eingegebenen Text programmäßig extrahiert werden. Sie werden bei TEXTOR in sogenannten Zentraldateien (bei KISTE in der Datenbank) abgespeichert. Dazu gehören die **Pools** der Originaltexte und der linguistisch aufbereiteten Texte (mit Grundform und Wortart zu jedem Wort), das **Lexikon** mit den Worthäufigkeiten. Eine besonders wichtige Zentraldatei ist der **Thesaurus**. Dieser enthält zu jedem Deskriptor die Nummern der Texte, in denen er vorkommt.

D. Textvergleiche

I. Gliederung

Auswertungsverfahren

Die Auswertungsprogramme gliedern sich in
- Kennungsauswertungen u. a. Fehleranalysen (in KISTE)
- Wortmengenvergleiche, bei denen die in 2 Texten gemeinsamen „Objekte" (meist Worte) erzeugt werden
- Verteilungsvergleiche, bei denen die Texte nach der Verteilung mehrerer Merkmale statistisch verglichen werden.

Die beiden zuletzt genannten Programmarten sollen im Folgenden etwas näher beschrieben werden.

Durch **Verteilungsvergleiche** werden Texte unter Anwendung statistischer Verfahren nach den Merkmalsverteilungen verglichen. Resultate sind:
- **Merkmalstabellen** mit der Auflistung der Merkmalshäufigkeiten
- **Ähnlichkeitstabellen** mit paarweisen Ähnlichkeitsmaßen
- **Anteilstabellen,** aus denen ablesbar ist, welches Merkmal mit welchem Gewicht zur Ähnlichkeit beiträgt.

Verteilungsvergleiche

Die Verteilungsvergleiche lassen sich gliedern nach den Merkmalen, aus den Zentraldateien, deren Verteilung verglichen wird:
- textinterne Merkmalskennungen (nur in KISTE)
- Wortarten (nur in TEXTOR)
- Wortartfolgen (nur in TEXTOR)
- generelle Merkmale

- Satz- und Sonderzeichen
- abstrakte und thematische Grundworte, die jedenfalls vom System her nach Textsorten bzw. Kriminalitätsbereichen differenzierbar sind
- Zweierfolgen abstrakter und thematischer Grundworte
- Grundwortaspekte nach verschiedenen Einteilungskriterien, z. B. nach Wortarten (Nomen, Demonstrativpronomen, ...) oder nach der semantischen Funktion des Grundworts.

Möglichkeiten in KISTE

38 Fehler-, syntax-, stil-, inhalts- oder schreiberbezogene Merkmale sind nicht maschinell erkennbar und sollen daher „intellektuelle Merkmale" heißen. Auf die Möglichkeit, sie in KISTE mittels textinterner Kennungen zum Zweck einer späteren Auswertung in Textvergleichen zu charakterisieren, wurde bereits verwiesen.

II. Grundwortevergleich

Grundgedanke

39 Beispielhaft für Verteilungsvergleiche soll der Vergleich nach Grundworten etwas ausführlicher beschrieben werden. Grundgedanke des Ansatzes ist der Vergleich der Verteilung von allgemein häufigen Worten und Wortklassen. Diese lassen sich einteilen in solche mit stärkerem thematischen Bezug (**Konkreta**) und Worte ohne oder fast ohne einen solchen, die sich in jedem Text finden können (**Abstrakta**). Hier seien die letzteren behandelt.

Kennzeichnend für einen Individualstil auf der Wortebene ist neben der Verwendung besonderer, auffälliger Worte häufiger die Präferenz für unauffällige Abstrakta und das Vermeiden von anderen gleichfalls unauffälligen, die daher beim Lesen kaum auffallen. Vorteilhaft ist, daß sie auch dem Schreiber selbst nicht auffallen und sich so der bewußten Kontrolle und Manipulation eher als andere Merkmale entziehen.

Realisierung

40 Zur rechnerseitigen Realisierung dieser Idee wurden unter den 3000 im Pool häufigsten Worte zunächst 600 Worte und Wortklassen nach folgenden Kriterien ausgewählt:

1. möglichst **häufig**
2. grammatisches **Funktionswort** oder möglichst **abstrakt** in der Bedeutung
3. möglichst **fakultativ** (redundant oder quasisynonym substituierbar).

Durch die dritte Bedingung entfallen z. B. die meisten Präpositionen wie „in", „für", „unter", „mit" wegen fehlender Fakultativität, während von den adverbialen Partikeln wie „auch", „hier", „immer", „deswegen", „deshalb", „nie", „trotzalledem" die meisten auch der Bedingung 3 genügen und so als Grundworte akzeptiert wurden. Ein Wort wie „hier" etwa ist zwar in vielen Fällen inhaltlich determiniert, wird aber oft substituierbar oder auslaßbar, als eine Art Füllwort „rhetorisch" verwendet, wodurch die starken Häufigkeitsunterschiede in der Verwendung dieses Wortes wie auch der meisten anderen festen Adverbien erklärbar werden.

Ähnlichkeitstabelle

Die Verteilungen der abstrakten Grundworte zweier Texte lassen sich unter Verwendung von deren textinternen und allgemeinen Häufigkeiten mathematisch-statistisch vergleichen. Das Ergebnis ist ein Ähnlichkeitswert. Wenn man alle Texte eines z. B. 6 Texte umfassenden Textfeldes paarweise vergleicht, erhält man eine **Ähnlichkeitsmatrix** der folgenden Art:

	1361	1362	1363	1364	1365	1366
1361	0.92853	0.38221	0.1235	−0.0133	0.05282	−0.1198
1362	0.38221	2.8772	0.34704	0.39638	0.12710	0.28327
1363	−0.1235	0.34704	2.7551	1.8289	0.18471	0.89123
1364	−0.0133	0.39638	1.8289	3.2326	0.20455	0.62910
1365	0.05282	0.12710	0.18171	0.20455	1.4948	0.29112
1366	−0.1198	0.28327	0.89123	0.62910	0.29112	2.1687

Anteilstabelle

Wenn sich in einer Ähnlichkeitsmatrix ein sehr hoher Wert findet, gilt es näher zu prüfen, ob da „etwas dran ist". Dazu läßt man sich die entsprechende Anteilstabelle in der Weise Textpaar ausgeben, in der der Ähnlichkeitswert in der Weise aufgeschlüsselt ist, daß der **Anteil** der einzelnen ähnlichkeitstragenden Grundworte verzeichnet ist. Man erfährt so, woran es liegt, daß der Ähnlichkeitswert relativ hoch ist. Zum Verständnis der gezeigten Anteilstabelle, in der nur die signifikantesten Merkmale (letzte Spalte größer 3.5) wiedergegeben sind, bedarf es einiger Erläuterungen. Zu diesem Zweck wurden die Spalten der Tabelle mit Buchstaben von A bis I bezeichnet. Es bedeuten:

A: Grundwortnummer

B: G+ = positive Gemeinsamkeit (gemeinsam überdurchschnittl. Vorkommen)

G− = negative Gemeinsamkeit (gemeinsam unterdurchschnittl. Vorkommen)

K = Kontrast (im einen Text über- und im andern unterdurchschnittlich)

C: Häufigkeit in einem (hier nur aus 18 Texten bestehenden) Vergleichspool

D: Grundwort

E: Häufigkeit im 1. Text

F: Häufigkeit im 2. Text
G: Erwartete Häufigkeit im 1. Text, d. h. so oft müßte das Wort im ersten Text vorkommen, wenn es genau durchschnittlich oft vorkäme („durchschnittlich" hier bezogen auf den Kleinpool der 18 Texte)
H: Erwartetes Vorkommen im 2. Text
I: Z-Wert des Grundworts im 1. Text, d. h. die im statistischen Sinne standardisierte Häufigkeit mit Mittelwert 0 und Varianz 1. Daher ist dies ein Maß für den Grad der Abweichung der Häufigkeit von der erwarteten Häufigkeit unter Berücksichtigung der jeweiligen Textlänge. Ein positiver Wert zeigt überdurchschnittliches und ein negativer unterdurchschnittliches Vorkommen an.
J: Z-Wert im zweiten Text
K: Produkt von I und J. Ein positiver Wert zeigt eine Gemeinsamkeit und ein negativer einen Kontrast an. Der Absolutbetrag ist ein Maß für die Stärke der Gemeinsamkeit bzw. des Kontrasts.

Vergleich nach abstrakten Grundworten – Gemeinsamkeiten und Kontraste
TXNR = 1363 WO = 1995 VD.GRUWO = 187 GRUWO = 843 = 42
TXNR = 1366 WO = 1401 VD.GRUWO = 127 GRUWO = 527 = 37 SEL.WO = 21

A   B   C   D   E   F   G   H   I   J   K

NR	HFKT	GW	WORT	ANZ. 1366	ANZ. 1363	E.ANZ 1366	E.ANZ 1363	Z-WERT 1366	Z-WERT 1363	Z-WERT PRDKT
1	G− 9781	1	DER+DIE+DAS+DEN+..	102	192	163.48	232.80	5.116	−2.845	14.56
6	G− 555	1	UNS+UNSER*+WIR	2	0	9.27	13.21	2.397	−3.646	8.71
7	G+ 534	1	NICHT+NICHTS	13	32	8.92	12.72	1.368	5.428	7.42
9	K 514	1	GEGEN	12	0	8.59	12.23	1.166	−3.508	−4.09
23	K 183	1	JEDE+JEDER+JEDES+..	11	2	3.05	4.35	4.545	−1.129	−5.13
26	G+ 176	1	MEHR	7	9	2.94	4.18	2.368	2.352	5.57
30	G+ 142	1	WENN	5	11	2.37	3.37	1.706	4.148	7.07
33	G+ 131	1	ODER	10	11	2.18	3.11	5.282	4.467	23.59
34	G+ 127	1	IMMER	7	5	2.12	3.02	3.349	1.138	3.81
45	G+ 98	1	GEHEN	7	8	1.63	2.33	4.191	3.712	15.56
52	G+ 87	1	SELBST	5	4	1.45	2.07	2.941	1.341	3.94
79	K 54	1	MAL	0	7	0.90	1.28	−0.950	5.042	−4.79
107	G+ 39	1	OB	2	4	0.65	0.92	1.670	3.188	5.32
163	G+ 24	1	TUN	3	7	0.40	0.57	4.103	8.507	34.91
175	K 22	1	INS	0	5	0.36	0.52	−0.606	6.186	−3.75
222	G+ 16	1	BEISPIEL	2	5	0.26	0.38	3.350	7.485	25.08
252	K 13	1	DU+DICH+DIR+DEIN*	15	0	0.21	0.30	31.714	−0.556	17.46
261	K 12	1	LEGEN	4	0	0.20	0.28	8.484	−0.534	−4.53
288	G+ 10	1	WENIG+WENIGE*	4	1	0.16	0.23	9.375	1.561	14.46
297	G+ 9	1	KLEIN	6	1	0.15	0.21	15.082	1.697	25.60
306	G+ 9	1	WER	5	3	0.15	0.21	12.504	6.019	75.26

Bewertung der Anteilstabelle

Die stärkste negative Gemeinsamkeit (G–) besteht in der geringen Zahl bestimmter Artikel und die stärksten positiven (G+) in der relativ hohen Häufigkeit von „oder", „gehen", „tun", „Beispiel" und „wer". Der Hauptgegensatz (K) betrifft die direkte Ansprache in der zweiten Person Singular, die in 1366 15mal und in 1363 nicht vorkommt. Während das nackte Ähnlichkeitsmaß die abstrakteste Ebene darstellt, liefert diese Anteilstabelle mehr Detailinformation. Daran schließt sich eine lokale Prüfung der Fakultativität für die Grundworte an, die sich als signifikant erwiesen. So wird z. B. der Gegensatz bzgl. Merkmal 252 (du, dich, . . .) völlig entwertet dadurch, daß Text 1366 einen Brief an einen Freund darstellt und der Vergleichstext nicht. In dieser Weise ist es hier, wie auch bei anderen Verteilungsvergleichen notwendig, die Analyse auf alle **drei Abstraktionsebenen** auszudehnen und dabei Textsorte und -inhalt mit zu berücksichtigen.

Formal gleich werden die thematischen Grundworte behandelt. Sie bilden das zu einem Kriminalitätsbereich gehörige terminologische Gerüst. So lassen sich terminologische Unterschiede in Selbstbezichtigungsschreiben präzisieren.

III. Sonstige Verteilungsvergleiche

Grundwortfolgen

Amerikanische Arbeiten zum forensischen Textvergleich stützen sich öfter auf einen Ansatz, den man in der hier eingeführten Begriffsbildung kennzeichnen kann als einen Verteilungsvergleich nach im Text benachbart vorkommenden Grundworten (Morton, St. Germain). Die Idee ist, daß neben der Häufigkeit von gängigen Worten wie „as" oder „if" auch die Häufigkeit von deren Folge „as if" eine potentiell stiltypische Spezifizierung darstellen kann. Aus einer Auflistung der häufigsten deutschen **Grundwortfolgen** erkennt man jedoch, daß zwar die meisten Paare (z. B. „für den") stilistisch ohne Belang sind, sich jedoch auch viele stilistisch bedeutsame Paare finden, etwa: „auch immer", „doch auch", „vielleicht doch", „auf Grund", „als da", „was man", „wir sagen", „jeder weiß" usw. Da Satzzeichen hierbei auch zu den erweiterten Grundworten zählen, erhält man zugleich Statistiken für die Anfänge von Sätzen und Nebensätzen (z. B. „da", „weil", „Denn", . . .), jedenfalls insofern diese mit Grundworten beginnen.

Vergleich nach der Verteilung von Satz- und Sonderzeichen

Ähnlich wie im Grundwortvergleich ist auch hier eine statistische Absicherung notwendig, erstens um zu wissen, ob und wie die Häufigkeit einzelner Zeichen vom Durchschnitt abweicht und zweitens zur formal korrekten integrierenden Bewertung aller Häufigkeiten zu Ähnlichkeitsmaßen. Auch hier zeigen sich die drei Abstraktionsebenen der Analyse: Ähnlichkeitsmaß – Anteilstabelle – lokale Analyse. Splittingexperimente ergaben, daß das Ähnlichkeitsmaß für zwei Texthälften in Textfeldern von etwa 20 Texten im Durchschnitt im Bereich der oberen 15 % liegt.

Lokaler Zeichenvergleich

46 Es gibt zwei Arten von Zeichen, deren Bewertung sich unterscheiden muß. Die Verwendung der syntaxdeterminierten Zeichen – vor allem Punkt und Komma – ist durch die Regeln i. w. fest vorgegeben, die der **fakultativen Zeichen,** wie sie hier genannt seien, ist es weit weniger: Bindestriche beispielsweise sind durch Kommata und Klammern ersetzbar, Schrägstriche durch „bzw." und „oder". Ein lokaler Vergleich lohnt daher vor allem für die letzteren Zeichen. Anführungsstriche zum Beispiel können zu sehr verschiedenen Ausdruckszwecken verwendet werden: zur Ironisierung, elliptischen Umschreibung, selbstentschuldigenden Vergröberung, schlagwortartigen Charakterisierung, als Anonymzitat und anderes mehr.

IV. Wortmengenvergleiche

Thesaurus

47 **Wortmengenvergleiche** werden mit Hilfe des Thesaurus durchgeführt. Der **Thesaurus** ist eine der Zentraldateien von TEXTOR. Er hat eine indexsequentielle Struktur: im Satzschlüssel steht ein Deskriptor und im Satz die sogenannte **invertierte Liste,** bestehend aus den Nummern der Texte, in denen der Deskriptor vorkommt. Die folgende Abbildung zeigt einen Ausschnitt:

Deskriptor	Nummern der Texte, in denen Deskriptor vorkommt								
SCHOENHEITS-KORREKTUR	936								
SCHOENROCK	793	854	869						
SCHOEPFEN	501								
SCHOEPFER	541								
SCHONEND	248	501							
SCHONFRIST	141								
SCHONMAL	650	830	876						
SCHONRAUM	434								
SCHONUNG	432								
SCHONUNGSLOS	501								
SCHOOL	791	923	1334						
SCHOPF	490								
SCHOSS	466	510	552	771	772				
SCHOTTEN	1352								
SCHRAEG	102	352	526	594					
SCHRAEGE	1338								
SCHRAENKEN	736	737							
SCHRANK	630								
SCHRANKE	241	379	420	430	445	509	543	1336	1354
SCHRANKENLOS	306	540							
usw.									

Es seien im folgenden die wichtigsten Nutzungsmöglichkeiten des Thesaurus beschrieben:

Abfrage und Auskunft

Analog zu Datenbanken kann abgefragt werden, wo einzelne Deskriptoren oder eine beliebige Kombination von mit „und" oder „oder" verbundenen Deskriptoren vorkommt. Neben dieser rein **logischen Verknüpfung** ist es auch möglich, in eine Datei (Suchwortdatei) eine Menge von Deskriptoren zu schreiben und sich dann die Nummern der Texte ausgeben zu lassen, die die relativ größte Anzahl davon enthalten. Auch **teilbestimmte Deskriptoren** können angegeben werden.

Zitatsuche

Da Zitate, nach denen sich zu suchen lohnt, meist mindestens einen Deskriptor enthalten, kann die Suche nach ganz- oder teilbestimmten Zitaten wesentlich dadurch beschleunigt werden, daß sich die Suche auf die Texte, in denen der/oder dieselben Deskriptoren vorkommen, beschränkt.

Vergleich nach Deskriptorenmengen

Man prüft Deskriptorenmengen von Texten auf Überschneidungen. Die häufigste Anwendung besteht darin, die in zwei Texten gemeinsamen **Deskriptoren** aufzulisten. Dieser Vergleich ist allgemeiner auch in der Weise möglich, daß Kombinationen mengentheoretischer Verknüpfungen von Textnummern angegeben werden können.

Ähnlichkeitsmaß nach Deskriptoren

Man kann bei Angabe einer Menge von Textnummern die Matrix der paarweisen Ähnlichkeiten dieser Texte untereinander erzeugen. Das Ähnlichkeitsmaß bestimmt sich dabei nach Zahl und Seltenheit gemeinsamer Deskriptoren unter Berücksichtigung der Textlängen.

Vorselektion

Aufgrund der relativ kurzen Rechenzeit bildet das soeben beschriebene Ähnlichkeitsmaß ein Instrument innerhalb der Vorselektion. Diese besteht darin, daß für aktuelle Tatschriften Ähnlichkeitsmaße mit allen interessierenden Pooltexten berechnet werden und das Resultat geordnet nach fallender Ähnlichkeit ausgegeben wird. Wenn sich zu einzelnen Texten übereinstimmend hohe Ähnlichkeiten ergeben, wird dies Anlaß zu einem gezielten Vergleich mit diesen sein. Tests ergaben, daß für etwas **längere Texte** das auf gemeinsamen Deskriptoren beruhende Ähnlichkeitsmaß hierfür brauchbare Ergebnisse liefert. Man kann damit rechnen, daß beim Wortmengenvergleich eines Textes mit einigen hundert anderen ein autorengleicher Text sich überwiegend unter den ca. 10 % ähnlichsten befindet.

Bewertung der gemeinsamen Deskriptoren

53 Die Ausgabe der gemeinsamen Deskriptoren ist wesentlich, da die Ähnlichkeitswerte in jedem Fall der Bewertung bedürfen. Dies sei anhand des Thesaurusausschnitts (Seite 858) erläutert: Für Worte wie „schonmal" oder „schrankenlos" ist die Relevanz aufgrund der Seltenheit, Themeninvarianz und Substituierbarkeit hoch, desgleichen für die vermutlich polemisch gemeinte „Schönheitskorrektur". Neben diesen als Einzelworte bewertbaren Worten gibt es weitere, deren Bedeutung sich nur durch Vergleich der Kontexte erkennen läßt. Dazu gehören z. B. die meist bildhaft verwendeten Worte „Schoß" und „Schopf". Stimmt das Bild überein und ist nicht zu häufig (was dann auch geprüft werden sollte), sind dies wesentliche Anhaltspunkte.

Thesaurusaspektuierung nach Fakultativität

54 Zuweilen wird auch eine intellektuelle Gewichtung der Einzeldeskriptoren vor der Berechnung der Ähnlichkeitsmaße vorgenommen. Zur Standardisierung, weiteren Automatisierung und Rationalisierung wäre es vorteilhaft, einen Schätzwert für die stilistische Relevanz jedes Wortes schon in den Thesaurus einzutragen.

Teilthesauri

55 Mit Hilfe von Programmen können aus dem Großthesaurus Teilthesauri gebildet werden, z. B. alle Deskriptoren mit sehr geringer Häufigkeit. Mit Hilfe eines solchen Kleinthesaurus können sehr große Ähnlichkeitsmatrizen (im Extremfall aus allen Texten) in vertretbarer Zeit berechnet und die Textpaare nach Ähnlichkeiten geordnet ausgegeben werden. So kann man ermitteln, welche Texte sehr seltene Worte gemeinsam besitzen.

Temporäre Wortthesauri

56 Man kann für eine Textgruppe von bis zu 50 Texten einen temporären Wortthesaurus erzeugen, der nicht nur Deskriptoren enthält, sondern alle Worte oder – je nach Parametersetzung – eine nach Wortart oder Häufigkeit ausgewählte Teilmenge daraus. Der Wortthesaurus enthält nicht nur für jedes Wort die Referenz auf die Textnummern, sondern gleichfalls auf die Nummer(n) des Satzes (Sprachsatz, nicht Dateisatz), in dem es innerhalb des Textes vorkommt. Dies dient zweierlei Hauptzwecken:
– Auflistung von ähnlichen Sätzen, wobei die Ähnlichkeit nach Zahl oder Anteil und Gewicht gemeinsamer Worte definierbar ist.
– Auflistung gemeinsamer Worte mit textinternen Häufigkeiten.

E. Intellektuelle Merkmale

I. Fehleranalyse

Begriff

Intellektuell sollen Merkmale heißen, die für Rechnerprogramme nicht hinreichend sicher erkennbar und folglich durch sie nicht auszählbar sind, sofern sie nicht – wie in KISTE – mittels textinterner Kennungen – manuell markiert werden.

In KISTE bietet die Verwaltung der textinternen Kennungen in einer Datenbank Möglichkeiten von Retrieval und statistischer Analyse.

Fehler

Beispielhaft für intellektuelle Merkmale sind die Merkmalsklassen der einzelnen **Fehlerarten**. Für die Bewertung ist die **Ähnlichkeit** der Fehler entscheidend. Dies aber ist aspektreich und hangt vom Abstraktionsniveau der Merkmalsbildung ab. Wenn zwei Texte in der Zahl der Kommafehler gut zusammenpassen, sich aber deren Art als systematisch verschieden erweist, wird aus der Gemeinsamkeit ein Gegensatz. Die Bewertung hängt auch von der Perseveranz ab. Denn **Fehler** sind oft **instabil,** da sie eher auf Unsicherheit zurückzuführen sind als auf die sichere Überzeugung von der Richtigkeit des Falschen und daher textintern variieren. Wer z. B. das Wort „Borgoisie" schreibt, der schreibt es oft auch in anderer Weise falsch und nicht nur dieses Wort, sondern vielleicht auch andere französische Wörter. Oder vielleicht nicht nur französische, sondern Fremdwörter allgemein? Vielleicht liegt die Fehlerursache aber auch in einem ganz anderen Bereich, etwa in der Neigung zum Auslassen einzelner Buchstaben in längeren Worten, besonders des Buchstabens „e", also auf dem Gebiet der Schreibermerkmale.

Flexible Fehlerklassifikation

Das letzte Beispiel macht deutlich, daß es nicht sinnvoll ist, ein festes Klassifikationsschema vorzuschreiben. Natürlich sind Fehler zu zählen und in naheliegender Weise zu klassifizieren. Doch der im jeweiligen Kontext möglicherweise entlarvende Aspekt der Ähnlichkeit zweier Fehler ist aber sehr oft nicht schematisch erschließbar. Das schließt eine programmierte Unterstützung nicht aus. Dazu muß das den Fehlerkennungen zugrundeliegende **Klassifikationssystem** in KISTE so konstruiert sein, daß eine flexible Klassifikation später zum Zeitpunkt der Auswertung ermöglicht wird, aber eine nur sparsame bei der Erhebung, da diese sonst zu kompliziert würde.

Ein Beispiel für die Veränderung des Abstraktionsniveaus stellt die Merkmalsklasse der fehlenden Kommata dar, die in sich hierarchisch geordnet ist. So wird es möglich sein, die Anzahl
- der fehlenden Kommata insgesamt oder
- der fehlenden Kommata vor einem Nebensatz oder
- der fehlenden Kommata vor einem Nebensatz vom Typ „Relativsatz"

abzufragen und zur statistischen Bewertung einer diesbezüglichen Gemeinsamkeit zwischen zwei Texten zu verwenden. Wieweit diesen Kriterien zur Fehlersystematisierung Genüge getan wird, hängt davon ab, wie der Benutzer die diesbezüglichen **Strukturbeschreibungsdateien** aufbaut. KISTE stellt hierfür nur die Möglichkeiten, den Systemrahmen, zur Verfügung, der vom Benutzer inhaltlich zu füllen ist.

II. Diktion

Begriff

60   Die **Diktion,** wie wir den Begriff hier verstehen wollen, betrifft zunächst vor allem die einem quantifizierenden Vorgehen am entferntesten liegenden Aspekte der Autorenattitüde, die sich durch Adjektive kennzeichnen lassen wie: aggressiv, ironisch, abwägend, militant etc. Es empfiehlt sich folgendes Vorgehen: Vor Anwendung programmierter oder anderweitig aspekteinschränkender Methoden liest man möglichst simultan thematisch ähnliche Abschnitte beider Texte und sucht sich nachempfindend in den Schreiber, dessen Denk-, Empfindungs- und Schreibweise hineinzuversetzen unter der stets präsenten Fragestellung: Ist es dieselbe Art zu schreiben, steht dahinter dieselbe Persönlichkeit? Aber bloße Empfindungen reichen zur Begründung nicht aus, und auch das adäquate Sprachgefühl wird erst durch begriffliche Differenzierungen selbst differenziert. Wenn z. B. die „Holprigkeit" des Stils als wesentliche Gemeinsamkeit empfunden wird, dann sollte sie an sprachlichen Kategorien festgemacht werden, etwa fehlende oder ungeschickte Satzanbindungen näher beschrieben und Ausdrucksschwächen anhand von Beispielen aufgeführt werden, um durch Gegenüberstellung deren Ähnlichkeit in beiden Texten erkennbar zu machen und sie näher zu charakterisieren. Diese Art der **„Stilkritik"** besteht in der Suche nach „treffenden" Stilcharakterisierungen, wobei hinreichend selbsterklärende Textstellen nicht in jedem Fall noch umschrieben werden müssen.

Hermeneutischer Charakter

61   Der entscheidende Gesichtspunkt ist bei der Diktion die nicht formal, sondern i. w. durch Sprachkompetenz zu beantwortende Frage der Subsumierbarkeit der Diktionsmerkmale beider Texte (z. B. Naivismen, Polemiken, Humorismen, Aggressionen, Bildbrüche u. a.) unter dieselbe **Autorenpersönlichkeit.** Die geschilderte Vorgehensweise mag unter dem Gesichtspunkt der Wissenschaftlichkeit als unbefriedigend empfunden werden. Bei der Armut der in der Praxis zumeist findbaren vergleichsfähigen Textmerkmale wäre es allerdings wenig nützlich, wegen des auf diesem Gebiet ohnehin nur sehr beschränkt erfüllbaren Wissenschaftlichkeitsdesiderats auf nicht exakt zählbare Merkmale zu verzichten. Man sollte sich hier offen zu einem nur plausibilisierenden Anspruch bekennen und ihn auch nicht durch eine in der Linguistik übliche betont esoterische, die Trivialität der Inhalte verschleiernde Fachterminologie zu verbergen suchen. Hier

sei die Ansicht vertreten, daß sich sinnvolle Analysen stets auch in einer dem Laien **verständlichen Sprache** formulieren lassen, daß dies geradezu ein Relevanzkriterium darstellt. Angesichts der Unschärfen und Unsicherheiten von Stilcharakterisierungen ist die Verwendung einer differenzierten Umgangssprache zum Zweck der Überprüfbarkeit durch das Gericht geboten. Sie ist es auch deswegen, weil die Umgangssprache insofern kritischer ist, als sich Schwächen von Aussageinhalten wie Sinnarmut, Irrelevanz oder zweifelhafter Wahrheitsgehalt in ihr in einer weit unmittelbareren Weise entlarven als in der linguistischen Fachterminologie, die es wohl gerade aus diesem Grunde zu dem hohen Maß an Esoterik gebracht hat.

Beschränkte Objektivierbarkeit

Für ausdrucks- und persönlichkeits- oder niveaubezogene Beschreibungen erlaubt der **konnotative** Reichtum lebendiger Begriffe eine durch Kunstworte kaum erreichbare Differenziertheit. Die Sprache hat sich ja in Anpassung an diese Funktion entwickelt. Dieser Standpunkt bedeutet freilich auch, daß es sich bei der Behandlung der Diktionsmerkmale weniger um eine Methode als um eine erfahrungsabhängige „Kunst" handelt, die vom einzelnen Gutachter zwar verfeinert werden kann, aber im Kern keinen Fortschritt nach Art der Wissenschaften erlaubt, wo Methoden und Ergebnisse aufeinander aufbauen. Der Gutachter kann auf diesem Gebiet daher keinen wesentlichen Kompetenzvorsprung gegenüber Laien beanspruchen, denen seine Ausführungen einsehbar zu machen (anstelle eines objektiven Beweises) ja das Ziel und letztlich auch das Geltungskriterium **plausibilisierender Analysen** ist. In gewisser Weise gilt dies für den gesamten linguistischen Textvergleich. Exakt daran können nur die methodischen Hilfsmittel sein, nicht aber die integrierenden Schlußfolgerungen. Doch auch auf der Ebene einzelner Diktionsmerkmale (z. B. „Holprigkeit") erscheint der Versuch einer signifikanzstatistischen Behandlung aus einer Vielzahl methodischer Gründe als so aussichtslos, daß auf den Versuch einer derartigen „Verwissenschaftlichung" verzichtet werden sollte.

Parallelität von Stil, Inhalt und Autor

Freilich sollte man sich bemühen, sprachnahe Kategorien zu verwenden, die explizite Behauptungen über die Persönlichkeit des unbekannten Autors vermeiden, obwohl Annahmen dieser Art implizit stets enthalten sind. Wenn zwei Texte ohne zwingende textinhaltliche Gründe aggressiv geschrieben sind, hängt die Bewertung dieser Gemeinsamkeit im Sinne der Autorenidentität von der Gültigkeit des Schlusses auf eine hinreichend perseverante **Disposition** des Autors zu einer aggressiven Diktion ab. Einer Aussage darüber, ob der Autor auch sonst aggressiv ist, bedarf es nicht.

Es gibt eine gewisse **Parallelität** von stil-, inhalts- und persönlichkeitsbeschreibenden Begriffen, nach der etwa ein aggressiver Textinhalt durch einen aggressiven Autor in einer aggressiven Sprache vermittelt würde. Dieses Beispiel macht die Anfechtbarkeit psychologisierender Beschreibungen deutlich. Die Beziehungen der drei Beschreibungsobjekte Stil, Inhalt und Autor ist stets zu reflektieren. Ein wesentlicher Gesichtspunkt ist der folgende: Eine diktionsbezogene Qualität des Stils (z. B. Häme, Originalität, Witzigkeit) ist um so bedeutsamer, je weniger sie auf den Textinhalt zutrifft und damit nicht thematisch erklärbar ist. Der Schluß auf eine entsprechende Disposition des Autors wird damit plausibler und von der letzteren hängt die Wertigkeit der Gemeinsamkeit dieser Qualität als Indiz zugunsten der Autorenidentität ab.

Ausbildungsbestimmte Stilmerkmale

64 Unter den zahlreichen inhaltsnahen Kategorien seien noch jene erwähnt, die die Nähe zu einem **Wissensgebiet** ausdrücken. So kann ein Stil z. B. philologisch sein mit Zitaten, Fußnoten und dem typischen Seminarstil, er kann terminologisch und in der Sichtweise technisch, juristisch, politologisch, soziologisierend oder philosophierend usw. sein. Spielen solche Charakterisierungen fast nur für Selbstbezichtigungsschreiben eine Rolle, so sind diejenigen, die auf eine bestimmte **Berufsrichtung** hindeuten, vor allem für Tatschriften aus dem allgemeinkriminellen Bereich wichtig. Zur Beurteilung der Authentizität ist hierbei die Auskunft berufsausbildender Institutionen angezeigt.

III. Formulierungsvergleich

Begriff

65 Der Begriff der **Ähnlichkeit von Formulierungen** ist aspektenreich. Er reicht von gemeinsamen Worten bis zum gemeinsamen Ausdrucksgehalt. Im praktischen Textvergleich ist sein Stellenwert sehr hoch. Aufgrund des nicht standardisierbaren Ähnlichkeitsbegriffs ist der intellektuelle Anteil so hoch, daß die Möglichkeiten der Unterstützung durch Programme sehr beschränkt sind. Dies auch deshalb, weil Formulierungen als Wortfolgen nicht in einer Zentraldatei gespeichert werden und so nur lokal in den Texten selbst untersucht werden können. Dies geschieht in TEXTOR dadurch, daß mit dem Editor anhand von suchbaren Elementen sprachlicher Besonderheiten eines Textes geprüft wird, ob sie auch in den Vergleichstexten vorkommen. Dabei findet man z. B. auch gleiche Teilworte (z. B. „blitz" in „blitzsauber" und „blitzgescheit"), die in der Liste gemeinsamer Worte ja nicht vorkommen, aber relevant sein können. In der Ergebnisdarstellung werden die jeweils ähnlichen Kontexte untereinandergeschrieben unter Markierung des ähnlichkeitstragenden Aspekts. Für die wichtigsten Gemeinsamkeiten ist die Aussage dahingehend zu objektivieren, daß im Thesaurus oder Pool deren allgemeine Häufigkeit recherchiert wird.

IV. Weiterführende Ansätze zur Wortanalyse

Es sollen einige Möglichkeiten zur Wortanalyse geschildert werden:

Wortaspektuierung

66 Unter der **Aspektuierung** eines Wortes verstehen wir die Zuordnung einer Zahl, die für einen linguistischen Aspekt steht, und zwar eine Klassifizie-

rung oder ein Ausprägungsgrad. Wortart, Häufigkeit und geschätzter Grad der Fakultativität stellen bislang besprochene Aspektuierungen dar. Aspektuierbar sind der Thesaurus, vor allem aber die Grundwortedatei.

Eine weitere Klassenbildung ist die nach **semantischer Funktion.** Eine Klasse enthält z. B. alle Partikel, die die formalen Aspekte der Argumentationen bestimmen. Dies sind Konjunktionen, Präpositionen und Adverbien mit kausaler, konditionaler, konzessiver und dergl. Bedeutung. Eine andere Klasse enthält die hier so genannten **temperierenden Partikel,** die dazu dienen, Aussagen zu verstärken, abzuschwächen oder in ähnlichem Sinne zu akzentuieren. Eine weitere Klasse sind Trägerverben, die zur Einleitung oder „Umrahmung" von Aussagen in **Trägersätzen** dienen (anmerken, zu verzeichnen sein, denken, meinen, festzustellen sein, anführen, ...).

Einbettung in das Grundwortekonzept

Das Kriterium ist immer die individualstilistische Relevanz und die bei der Fallarbeit gewonnene Erfahrung, daß dies Hinsichten sind, nach denen sich Autoren stilistisch unterscheiden können. Für Abstrakta eignen sich zur Aspektuierung die Grundworte, erstens wegen deren relativ kleiner Zahl, hohen Häufigkeit und Fakultativität und zweitens wegen der statistischen Präzisierungsmöglichkeiten, die dieser Ansatz aufgrund der festen Zahl von Grundworten besitzt.

In der Grundwortedatei werden für jedes Wort Felder bereitgehalten, in die der Benutzer Zahlen oder Buchstaben eintragen kann, deren Bedeutung er selbst festlegt. Z. B. stehe das erste Feld für den Aspekt „Wortlaut", das zweite für die semantische Funktion, das dritte für die Fakultativität. Damit kann man dann den Grundwortevergleich einschränken auf die Worte mit bestimmten Aspektwerten. Die Fakultativität kann zur Gewichtung verwendet werden.

Wortbildung

Ein wesentlicher Vorzug der deutschen Sprache besteht in den flexiblen Möglichkeiten der Wortbildung durch Präfixbildungen und Wortzusammensetzungen. Der Inhalt ganzer Sätze kann durch geschickte Wortbildung zum Gegenstand folgender Sätze gemacht werden (Topikalisierung). Infolge der Variabilität besitzt der einzelne hier relativ große Formulierungsfreiheiten, die in den letzten Jahrzehnten – auch im Zuge einer zunehmenden Verwissenschaftlichung der Sprache bei gleichzeitiger Verkümmerung narrativer Stilmittel – in steigendem Maße genutzt werden. Die einzelnen Wissenschaften unterscheiden sich in den bevorzugten Wortbildungstechniken deutlich. Hieraus können sich in günstigen Fällen Hinweise zur **Berufsrichtung** ergeben.

Als produktivste Sprachschicht ist die Wortbildung heute aber auch ein wesentlicher Träger sprachlicher Stilisierungen. Ironie, Witz, Esprit spielen sich schriftsprachlich großenteils in diesem Bereich ab.

Synonymität

69 Exemplarisch für die Fakultativität sind **Synonyma**, die ja gerade als inhaltsgleiche Worte definiert sind. Die Präferenz für „bekommen" statt „erhalten", für „obwohl" statt „obgleich" ist durch persönliche Vorliebe und Gewohnheit bestimmt. Im strengen Sinn kontextfrei synonyme Worte gibt es nicht allzu viele. Die meisten weisen kleine Unterschiede in der Bedeutung der konventionell bevorzugten Applikation (Konnotation) auf. Wir wollen „Synonymität" im Sinne von überwiegend synonym verstehen. „Alternativworte" wollen wir solche nennen, die Synonyma besitzen.

Bisheriges Vorgehen

70 Das bisherige Vorgehen besteht darin, daß für die bei der Textuntersuchung aufgefallenen Alternativwörter unter Benutzung eines **Synonymlexikons** geprüft wurde, ob in beiden Texten gleiche oder verschiedene Synonyma bevorzugt werden. Bei Verwendung der Lexikonhäufigkeit dieser Worte ergibt sich das Problem: Wie wahrscheinlich ist der Grad der Ähnlichkeit, der sich aus den identischen, verschiedenen und teilidentischen Präferenzen der Autoren ergibt? Die diesbezügliche Lösung wurde programmiert.

Weitergehende Rechnerunterstützung

71 Um diesen Ansatz besser auszuschöpfen, könnten programmseitig aus einem gespeicherten (speziell aufbereiteten und auf Abstrakta beschränkten) Synonymlexikon Synonyma für die in den zu vergleichenden Texten enthaltenen Alternativworte vorgeschlagen werden, die dann intellektuell teils akzeptiert, teils verworfen werden. Mit den übrigbleibenden würde dann programmseitig die **Wahrscheinlichkeitsberechnung** durchgeführt. Der Ansatz enthält allerdings viele Schwierigkeiten, z. B. dadurch, daß die Synonymitätsrelation gerichtet ist: „weil" kann immer durch „da", „besitzen" meist durch „haben" ersetzt werden, aber nur seltener umgekehrt.

Synonymität von Grundworten

72 Im Rahmen einer ohnehin sinnvollen Erweiterung des Grundwortestamms auf i. w. alle Abstrakta, wäre es möglich und vorteilhaft, dieses mittels Verweisrelationen hinsichtlich Synonymität zu strukturieren und so den Synonymitätsansatz in den Grundwortansatz zu integrieren. Zu den bisher betrachteten durch Aspektuierungen dargestellten Grundwortklassen (z. B. nach Wortart und semantischer Funktion) tritt dann noch das Klassifizierungsschema nach Synonymität hinzu und ordnet sich somit zwanglos in den programmtechnisch vorbereiteten methodischen Rahmen ein. Allerdings sind die Aspekte hier **Relationen,** Verweise auf andere (synonyme) Grundworte.

F. Schreibermerkmale

I. Gliederung der Schreibermerkmale

Begriff

Die Schreibermerkmale sind die Merkmale, die primär vom Schreiber abhängen, der den Text in die Schreibmaschine eintippt, mit Schablone oder sonstwie „schreibt", somit für die „Textdarstellung", die sichtbare Realisierung verantwortlich ist. Hier sei nur die Darstellung mittels Schreibmaschine behandelt. Da man sich auf keine Vorarbeiten stützen kann, hat dieser Teilbereich der Textanalyse den Charakter eines Teilprojekts. Die konzeptionellen Entwicklungen und Erfahrungen beziehen sich auf einen kleineren Pool von schreibermäßig erfaßten Texten.

Bewußte und unbewußte Schreibermerkmale

Auch die Schreibermerkmale lassen sich in mehrfacher Hinsicht klassifizieren, etwa in solche, die der **bewußt gewollten Textdarstellung** dienen und solche, die – wie etwa Fehler – der **unbewußten**, ungewollten Motorik, Gewohnheit oder Unkenntnis entstammen. Die Grenzziehung ist wie oft, so auch hier problematisch, je nachdem, auf was ein Schreiber – etwa zum Zweck der Verschleierung der Autorenschaft – bewußt achtet. Man kann jedoch grob sagen, daß die Merkmale der **Textgestaltung** meist bewußt und gewollt und die der **Schreibschwächen** (i. w. Fehler) ungewollt und meist unbewußt sind. Im folgenden soll eine grobe Einteilung in Merkmalsklassen gegeben und anschließend an einigen Stellen beispielhaft vertieft werden.

Gliederung

1. Topographie

– Raumaufteilung
  – Seitenfüllung: Abstand zum Text von oben und unten
  – Zeilenfüllung: Anzahl Zeichen in einer Zeile
  – Zeilenabstand
  – Ränder: Breite und Struktur von Briefrändern
– Absatzgestaltung
  – relative Anzahl („relativ" = im Verhältnis zur Textlänge)
  – Anzahl Leerhalbzeilen, Abstand, Perseveranz des Abstandes
  – erste Zeile eingerückt
– Seitennumerierung
  – auf der ersten und/oder der folgenden Seiten
  – wo plaziert
– Art und Plazierung von Anrede, Firmierung u. dergl.

2. Schreibung

76 — Schreibweise von
- Text (dudengerecht, groß, klein)
- von numerischen Ausdrücken (Summen, Datum, ...)
- Zahlen (Schreibweise verbal, numerisch ...)
- Geldsummen (z. B. DM 20 000, 20000 Mark, ...)
- Maßen (z. B. km/h, cal., Kal., Zentner, ...)
- Datum (z. B. 3.5.79, 03.05.1979, 3. Mai '79, ...)
- Ordinalzahlen (z. B. der dritte, der 3., ...)

Abkürzungen
- Standardabkürzungen: usw./u.s.w./u.s.f./etc/etc./u.a./ ...
  z. B./z. Bsp./beispielsweise/zum Beispiel
  bzgl./bezgl./betr.
- Sonderabkürzungen: rev./revol./imper./pol., ...

Worten/Begriffen: z. B. Umlaute, ph-f, ss-ß, ...

Trennungen
- Trennungsart: mit „=" oder „–"
- Trennungshäufigkeit
- Trennungskriterien: z. B. nur, wenn unvermeidbar, auch
  Trennung von Kleinsilben („be", „an", ...)

Hervorhebungen (gesperrt, groß, unterstreichen, Zeilenwechsel)
Aufzählungsarten

3. Norm- und Konventionsabweichungen

77 — Fehler bzgl.
- Interpunktion
- fehlendem/überzähligem Satzzeichen
- Kennung der Fehlerart (z. B. in Relativsatz, Aufzählung, ...)
- Orthographie (mit Kennung der Art der Fehlschreibung)
- Trennung
- Buchstaben (fehlende, überzählige, Kennung des Kontexts)
- Art und Ausführung von Berichtigungen
- Verwechslung von Buchstaben oder Tasten, und zwar
  - nebeneinanderliegend/untereinanderliegend, Inversionen ...
  - nichtmotorisch verursachte „Tippfehler", etwa nach Klang, Bedeutung, oder sonstwie assoziativ verursachte Verwechslung von Buchstaben (nicht primär von Tasten)
- Setzung von Blanks (Leertasten)
  - Mehrfachblanks oder vergessene Blanks zwischen Worten
  - innerhalb von Worten
  - vor und/oder nach Satz-, Sonder- und Trennungszeichen

IV. Technische Bedienungsfehler

— Buchstaben ineinander (Hinweis auf schnelles Schreiben)
— Buchstaben/Zeichen in Hoch- oder Tieflage (kann Hinweis auf fälschliches Berühren der Umschalttaste beim Schreiben bzw. auf das Schreibsystem sein)
— Umschaltfehler:
  Das Unterlassen der Rücknahme der Umschalttaste nach Großschreibung läßt das — nicht gewünschte — Zweitzeichen auf derselben Taste erscheinen. So kann man Hinweise auf die Art der Tastenbelegung (alte oder neue DIN-Norm, ausländisches Fabrikat) der benutzten Schreibmaschine gewinnen.

V. Schreibmaschinenfremde Textelemente

— Sonderschriften: z. B. Abreibebuchstaben
— Zeichnungen und Photos
— Embleme

II. Einzelne Merkmalsgruppen

Blanksetzung (Leertasten)

Die Konventionen bzgl. **Blanks** sind für die einzelnen Satz- und Sonderzeichen unterschiedlich ausgeprägt und lassen so Raum für individuelle Vorlieben. Gewicht gewinnt diese Merkmalsgruppe dadurch, daß sich die unterschiedlichen Gewohnheiten zu Merkmalskombinationen verbinden. Die Zahl möglicher Kombinationen ist sehr groß.

Numerische Ausdrücke

Beispiele möglicher Schreibweisen von Datum und Summen:
— Die Zahl in einer Summe kann geschrieben werden als 12 000 / 12.000,— / 12.000,— / 12000,00 usw.
— Dahinter oder davor kann stehen „DM", „deutsche Mark", „Mark".
— Beim Datum: „4.3.79", „04.03.79", „4.3.1979", „4. März 79", „4. März 1979", „4. 3. 79", „4. 3. '79", „Montag 4. März '79", ...
— Jahreszahlen: „siebziger Jahre", „70-er Jahre", „70er"

Zwischen den verschiedenen Ausdruckselementen (Monat, Jahr, ...) werden in unterschiedlicher Weise Blanks gesetzt oder nicht. Bei der Verarbeitung der großen Vielfalt von Kombinationsmöglichkeiten in diesem Bereich ist eine quantifizierende Objektivierung möglich und daher anzustreben.

Tippfehler

Tippfehler weisen öfter ein „System" auf, das auf eine spezifische Schreibschwäche hinweist. Es kommt darauf an, die relevanten, d. h. fehlerursächlichen Schwächen herauszufinden. Hierfür wurden 25 längere Texte unter dieser Zielrichtung analysiert und die Ergebnisse rechnergestützt ausgewertet. So entstand ein Merkmalsgerüst zur Beschreibung von Schreibermerkmalen u. a. von Schreibschwächen.

Schreibschwächen

83 Die Schreibschwächen können sich auf einige wenige Tasten beschränken, einen ganzen Tastaturbereich oder eine semiotische Ebene betreffen. Auch die Relation der gebotenen zur tatsächlich getippten Taste kann **tastaturtopographisch** (z. B. neben- oder untereinander) oder **semiotisch** sein und im letzten Fall Beziehungen zu den Ebenen der Buchstaben, der Silben, der Bedeutung oder des „Klangs" besitzen.

Kausale Gesichtspunkte

84 Die Ursachen der Schreibschwächen dürfen nicht ignoriert werden, weil es ja nicht nur um eine bloße Beschreibung geht, sondern vor allem um die Bewertung mit dem Ziel der Feststellung der Schreiberidentität oder -verschiedenheit. Dieser prädiktive Charakter läßt sich nicht bei völliger Ausklammerung jeglicher Erklärungen erreichen. Dies schon deswegen, weil in zwei schreiberidentischen Texten meist nicht die exakt gleichen Fehler vorkommen, sondern eher „ähnliche". Der relevante Ähnlichkeitsaspekt ist aber die Identität der **Fehlerursache**. Insofern sollte die Begriffsbildung kausal angepaßt sein, da ohnehin in der Bewertung von Ähnlichkeiten implizit kausale Behauptungen enthalten sind. Dies gilt nicht nur für die **Schreiber-,** sondern ebenso für Autorenmerkmale.

III. Rechnerseitige Unterstützung

Aufgabe der rechnerseitigen Unterstützung

85 Schreibermerkmale sind programmseitig nicht erkennbar, gleichwohl meist eindeutig verifizier- und zählbar und erlauben daher eine weiterführende rechnergestützte Verarbeitung. Es gilt
 — mit statistischen Methoden die Einzelbefunde zu merkmalsgruppenbezogenen Ähnlichkeitsmaßnahmen zu integrieren, was u. a. die Durchführung von Vorselektionen ermöglicht,
 — Einzelabfragen hinsichtlich Ort und Häufigkeit des Vorkommens von Merkmalen durchzuführen und
 — die Methoden allgemein und damit die Ergebnisse im Einzelfall zu objektivieren.

Möglichkeiten der KISTE

86 Die in KISTE realisierte Möglichkeit der Einfügung und späteren Auswertung textinterner Merkmalskennungen trägt den oben angeführten Auswertungskriterien prinzipiell Rechnung und ist daher ohne Einschränkung auch auf Schreibermerkmale anwendbar, wobei die inhaltliche Ausfüllung in der Verantwortung des Benutzers liegt. Wie bei Fehlerkennungen hat er darauf zu achten, daß das Schema genügend flexibel ist, um die Häufigkei-

ten auch von verallgemeinerten Merkmalen leicht aus denen der elementaren bestimmen zu können.

Beispiele

Für ein falsch geschriebenes Wort ist es erforderlich, die Falsch- und Richtigschreibweise zu speichern. Die Notation soll die Art des Fehlers in mehreren Hinsichten erkennen lassen.

Es wird aber auch eine rein programmseitige Möglichkeit zur Auffindung der „ähnlichsten" Fehler gegeben. Diese besteht darin, daß in der Menge aller falsch geschriebenen Worte diejenigen gesucht werden, die den längsten Teilstring unter Einschluß der Fehlerstelle mit der aktuellen Falschschreibweise gemeinsam haben. In dieser Weise werden Fehler wie „industriel" und „existentiell" oder „substanziell" zu „existenziell" automatisch zugeordnet. Bei anderen muß der Benutzer mit Mustern in der Datenbank nach Fehlern suchen, die unter einem gewünschten Gesichtspunkt einem aktuellen Fehler ähnlich sind.

Es gibt zusätzlich die Möglichkeit einer freien Charakterisierung von Fehlern durch Kürzel, z. B. die als fremdsprachlich verursachte Konkatenation.

G. Programmunterstützung des linguistischen Textvergleichs / Programmsysteme

Es seien kurz die Unterschiede zwischen dem früheren (von den Autoren entwickelten) Programmsystem TEXTOR und dem neuen, noch in der Entwicklung befindlichen, wirkbetriebsfähigen System KISTE umrissen.

TEXTOR

Die Programmorganisation in TEXTOR ist folgendermaßen:

— **Aufbereitungsprogramme** erzeugen aus Originaltexten die linguistisch aufbereiteten Texte, in denen i. w. alle Informationen enthalten sind.
— **Extraktionsprogramme** selegieren aus den linguistisch aufbereiteten Texten relevante Informationen und tragen diese in die sogenannten Zentraldateien ein.
— **Auswertungsprogramme** sind programmierte Methoden zum Textvergleich. Sie greifen auf die Zentraldateien zu und legen die Resultate in Ergebnisdateien ab.
— **Organisationsprogramme** dienen zur Pflege des Systems, z. B. zur Aktualisierung von Häufigkeiten, Löschen von Texten inkl. aller Bezüge, Bereinigung des Thesaurus etc.

Die „Deflexion", also die Rückführung von Worten auf ihre Grundform, z. B. „gesungen" auf „singen" geschieht in TEXTOR vollautomatisch, ist aber mit einer (mittels automatischer Verfahren kaum wesentlich reduzierbaren) Fehlerrate behaftet.

KISTE

89 Durch die Übertragung der Gutachtenerstellung auf externe Benutzer mußten andere Maßstäbe an die Daten- und Benutzungssicherheit sowie an die Standardisierung und den Benutzungskomfort gestellt werden.

Die in TEXTOR programmierte Methodik zum Textvergleich wurde weitgehend übernommen. Fortgelassen wurden aufgrund des zu hohen und nicht behebbaren Fehleranteils die Verfahren zur automatischen Deflexion und Wortartbestimmung. Das neue Deflexionsverfahren ist **interaktiv** und durch die verwendete Fenstertechnik sehr **benutzerfreundlich,** so daß der Zeitaufwand für die manuelle Deflexion relativ gering bleibt. Aus Gründen der Datensicherheit wie des Komforts hat der Benutzer zu den Beständen keinen schreibenden Zugang mit dem Editor. Er kommuniziert mit dem System nur über Menüs und Fenster. Die Daten sind nicht in ISAM-Dateien, sondern im Datenbanksystem ADABAS abgelegt.

Textinterne Merkmalskennungen

90 Methodisch-inhaltlich besteht die Erweiterung gegenüber **TEXTOR** vor allem in der Möglichkeit der Einfügung textinterner Merkmalskennungen zur Beschreibung sprachlicher **Auffälligkeiten** beliebiger Art. So werden z. B. Fehler an der Fehlerstelle selbst markiert und der Fehler innerhalb eines Klassifikationsschemas subsumiert. Die Kennungen werden gespeichert und erlauben Retrieval und statistische Auswertungen. Die Klassifikationsschemata (inkl. hierarchischer Ordnungen) innerhalb von Hauptmerkmalsklassen wie Interpunktionsfehler, Orthographiefehler, Syntaxfehler, Ausdrucksfehler und sprachliche Auffälligkeiten kann der Benutzer selbst in „Strukturbeschreibungsdateien" entwerfen, so daß das System in dieser Hinsicht flexibel ist. So wurden vom Programmsystem her kaum Vorentscheidungen in fachlich-linguistischen Fragen getroffen. Die Nutzung dieser Flexibilität zur inhaltlich-methodischen Auffüllung liegt damit allein in der Verantwortung des Benutzers.

H. Zusammenfassende Wertung

Erfolg abhängig von der Eignung der Texte

91 Der linguistische Textvergleich stellt bei gegebener Indizienlage eine notwendige **Ergänzung** anderer kriminaltechnischer Gutachten dar. Die Aussagesicherheit hängt von der Zahl und dem Gewicht sprachlicher Besonderheiten ab. Nur bei entsprechender Eignung des Textmaterials sind Texte überhaupt sinnvoll vergleichsfähig. Diese Voraussetzungen sind nur in einer Minderheit der Fälle erfüllt. In diesen Fällen vermag der Textvergleich jedoch wichtige und beweisrelevante Indizien zu erbringen. Diese Fälle rechtfertigen die Entwicklung und den relativ großen Zeitaufwand, der zur Gutachtenerstellung erforderlich ist. Eine regelmäßige Gutachtenerstellung jedoch, nur deswegen, weil Texte zu den Asservaten gehören, wäre nicht sinnvoll.

Notwendigkeit der Rechnernutzung

Die Aufgabe sollte zentral durch **Spezialisten** wahrgenommen werden, da nur so die Möglichkeit der Gewinnung einer hinreichenden Erfahrung, des Aufbaus von textsortenspezifischen Textepools, Statistiken und Programmen besteht. Diese sind unverzichtbar, unter anderem deshalb, weil ohne DV-Unterstützung der Bearbeiter bei den meisten Arbeitsgängen allein aufgrund der großen Datenmengen überfordert wäre. Die hierzu entwickelten speziellen Programme haben den Status **Hilfsmittel** für den Benutzer und nicht den von selbständigen Beweisverfahren.

Grenzen der Objektivierbarkeit

Der durch methodenorientiertes Vorgehen erreichbare Objektivitätsgewinn ist vorhanden und in gewissem Maße durch weitere Entwicklungen steigerbar. Grundsätzlich jedoch läßt sich bei den meisten Textvergleichen kein befriedigender Sicherheitsgrad – vergleichbar dem naturwissenschaftlichen Verfahren – erzielen. Selbst wenn sich der Gutachter sicher ist, ist diese Sicherheit großenteils erfahrungs- und intuitionsbedingt und er hat erhebliche Probleme bei der beweisrelevanten Vermittlung. Die grundsätzlichen Grenzen einer mathematisch-statistischen Behandlung wurden ausführlich erläutert. Auch ist in den Fällen eindeutiger Zuordnung die Aussagesicherheit weniger der Anwendung spezieller Methoden zu verdanken, als vielmehr der Existenz gemeinsamer sehr seltener Merkmale in zwei Texten. Bei deren Auffindung können die DV-Möglichkeiten von großem Nutzen sein. Bei ihrer Bewertung aber erbringt die Methodik gegenüber einer laienhaften common-sense-Bewertung relativ wenig Gewinn an Sicherheit. Umgekehrt ist auch beim Vergleich von Texten ohne auffällige Merkmale selbst bei beliebiger Verfeinerung der Methodik in den meisten Fällen keine befriedigende Sicherheit der Aussage zu erwarten. Zwar rechtfertigt der – wenn auch relative – Objektivierungsgewinn durchaus die Entwicklung, Programmierung und Anwendung der Methoden. Doch wird der forensische linguistische Textvergleich wohl auch in Zukunft Gegenstand grundsätzlicher Kritik und Anfechtungen bleiben.

Stichwortverzeichnis

Die fetten Zahlen verweisen auf die Nummern der Beiträge; die mageren Zahlen auf die Randnummern innerhalb der Kommentierung

Abdruckspuren 15 47
- Sicherung daktyloskopischer ... **15** 169
- Sichtbarmachung **15** 157
- Werkzeuge **15** 222

Abduktives Fließen 6 13

Absperrung
- bei Durchsuchungen **8** 61
- bei Festnahmen **8** 27
- bei Objektdurchsuchung **8** 69

Abstammungsuntersuchungen 7 23

Abweichendes Verhalten, Indikatoren **5** 227

Abweichungs- und Ursachenanalyse 5 229

Affekthandlung, Aussagen zur ... **13** 67

Aktenprozeß, der Schweiz **4** 27

Allgemeines Persönlichkeitsrecht, Eingriffe **7** 110

Alternativenkriterium 13 338

Anatomische Merkmale, menschliches Hautleistenbild **17** 28

Anhaltemeldungen 11 72

Anthropologisch-erbbiologisches Ähnlichkeitsgutachten 16 1

Antiterroreinheiten der Schweiz **4** 14

Anzeigebereitschaft
- Rückkopplungsmechanismen zur Kriminalitätsentwicklung **5** 126
- Theorie **5** 124

Anzeigenaufkommen 5 37

Arbeitsdatei
- PIOS – innere Sicherheit **9** 63
- PIOS – organisierte Kriminalität **9** 65
- PIOS – Rauschgift **9** 64

Arbeitslogik, Hierarchie **1** 25

Artikulationsorgane 19 14

Asservate, Systematik der Kennzeichnung **8** 80

Asservierung 15 110

Assoziationsmerkmal 13 264

Atemverhalten beim Sprechen **19** 22

Auf frischer Tat, betreffen oder verfolgen **7** 76

Aufdeckung von Straftaten 11

Aufdeckungsmethodik 1 12

Aufgabenanalyse und Synthese 5 175

Aufgeklärtes Nichtwissen 5 144 ff., 150 ff.

Aufklärungsarbeit, Internationalisierung **12** 202

Aufklärungsfaktoren, transparente **12** 131

Aufklärungsmethodik 1 12

Aufklärungsorientierte Einflußfaktoren, Vorgespräch, Sinn und Bedeutung **12** 259

Aufklärungsrelevante Einflußfaktoren 12 4
- Aus- und Fortbildung **12** 92
- Ermittlungen **12** 225 ff.
- Fahndung/Festnahme **12** 267
- Gerichtsverfahren **12** 287
- geschädigter anzeigender Zeuge **12** 174
- Information und Kommunikation **12** 109
- kriminalistische **12** 204
- Öffentlichkeitsarbeit **12** 312
- Organisation der Polizei **12** 38
- Personal- und Sachausstattung **12** 72
- polizeistrukturelle **12** 12
- tatimmanente **12** 127
- Tatmittel/Tatgüter **12** 188
- Tatopfer **12** 174
- Tatzeit **12** 162
- Zuständigkeiten **12** 55
- zwischenbehördliche Kooperation **12** 301

Aufzeichnungen, Beschlagnahme **8** 91

Ausländerzentralregister 8 35; **9** 91

Aussage
- Beweiskraft der ersten ... **13** 233
- Fehlerquellen **13** 225
- Freie Schilderung **13** 24
- Glaubhaftigkeit **13** 222 ff.
- Glaubwürdigkeitskriterien **13** 230, 249
- Inhalt **1** 14
- Objektivierung **13** 209 ff.
- Unzuverlässigkeit **13** 224

Aussageanalyse 13 249

Aussagefreiheit 13 18

Aussagensystem 1 11
- Komplexe **1** 23

875

Aussageperson
- Eigensinn **13** 64
  Geltungsbedürfnis **13** 63
- Persönlichkeitsbeurteilung **13** 65

Auswahlfrage 13 43
Auswertungsangriff 12 216; **14** 28
Automatische Deflexion 20 25
Automatisches Fingerabdruck-Identifizierungssystem 17 98

Befragung 11 28
- Aufzeichnung **11** 23
- formlose **13** 116
- Gesprächsformen **11** 22
- kombinierte **11** 19

Begründungsbasis bei Prognosen 5 110
Begründungssignal 13 317
Behördenauskunft, Verweigerung **7** 143
Belehrungsvordrucke 13 130
Beobachtung
- teilnehmende **11** 13
- verdeckte, teilnehmende **11** 27

Beobachtungsmeldungen 11 72
Bericht und Verhör, Trennung **13** 243
Berufs- und Gewohnheitsverbrecher, Vernehmung **13** 71
Berufsverbot, vorläufiges **7** 168
Beschlagnahme
- Anordnung **7** 138
- Aufzeichnungen **8** 91
- ausgenommene Gegenstände **7** 144
- Rechtsmittel **7** 140
- Rückgabe **7** 141
- Wirkung **7** 139

Beschlagnahmefreiheit
- bei Aussageverweigerungsrecht **7** 145
- Tagebuchaufzeichnungen **7** 148
- Verteidigungsunterlagen **7** 149

Beschuldigter
- Begriff und Eigenschaft **7** 8
- Belehrung **13** 240
- Rechtsmittel gegen körperliche Untersuchungshandlungen **7** 18
- Untersuchung und körperliche Eingriffe **7** 8
- Vernehmung **7** 102

Bestimmtheitssignal 13 312
Bevölkerung, Vertrauensverlust **12** 240
Beweisführung, ergänzende **13** 209 ff.
Beweislastumkehr 10 114
Beweismittel, freiwillige Herausgabe **8** 76

Bezirkspolizei, der Schweiz **4** 59
Bezirksverwaltungsbehörden, in Österreich **3** 25
Bild- und Tonaufnahmen, zur Gefahrenabwehr **7** 110
Bildmappe 14 36
Bioindikationsverfahren 11 64
Bioindikatoren 5 179
Black-Box-Verfahren 5 175
Blut, Untersuchungsmöglichkeiten **8** 4
Blut- und Sekretspuren 15 180 ff.
- Erhebung von Vergleichsmaterial **15** 198
- Sicherung **15** 189 ff.
- Untersuchung und Auswertung **15** 203
- Verpackung und Versendung **15** 201

Blutproben 7 10
- bei Zeugen **7** 24

Bruch- und Rißspuren 15 50
Bürger, Zusammenarbeit mit der Polizei **12** 315
Bürgernähe, kriminalpolitisches Problem **10** 59
Bürokommunikation 9 87
Bund-Länder-(Klassifizier-)System 17 34
Bundesamt für Polizeiwesen der Schweiz **4** 44
Bundesgendarmerie, Österreich **3** 32
Bundeskriminalamt 2 14, 18
- Aufgaben **2** 19, 23
- Ermittlungsaufgaben **2** 26
- Ersuchen auf Übernahme des Falles **2** 37
- als Informations- und Kommunikationszentrale **2** 24
- Koordinationsaufgaben **2** 25
- Organisationsstruktur **2** 43
- originäre Aufgaben **2** 34
- präventivpolizeiliche Aufgabenstellung **2** 39, 40
- repressivpolizeiliche Aufgabenstellung **2** 34
- Servicefunktionen **2** 23
- spezialgesetzliche Aufgaben **2** 41
- Zuständigkeit bei organisiertem Verbrechen **2** 34, 36

Bundesrepublik Deutschland, Polizeiorganisation **2** 4
Bundessicherheitswache
- Aufgaben **3** 30
- in Österreich **3** 29

Bundeszentralregister 9 93

Stichwortverzeichnis

Cenarioansatz **5** 105
Chromatographie **12** 191
Clearingstelle
– komplexes Aussagesystem **1** 23
– wissenschaftliche Kriminalistik **1** 22
Computergestütztes
  Dokumentationssystem **9** 68
Computerkriminalität **12** 96
Cyanacrylat **15** 165
– Bedampfungsverfahren **17** 57

Daktyloskopie **17**
– Beweiskraft **17** 87
– Datei **9** 62
– Deka- und Mono- . . . **12** 116
– Gutachten **17** 83
– bei Leichen **17** 25
– Spurenmaterial **15** 118
Daktyloskopische Abdrücke
– Aufnahme **17** 21
– Rechtsgrundlage zur Aufnahme **17** 6
Daktyloskopische Spuren
– Auswertung und Untersuchung
  15 178
– Begriff **15** 149 ff.
– Bewertung **17** 64
– Entstehung **15** 152
– Hinweisvergleich **17** 69
– Regionalvergleich **17** 70
– Sammlungsvergleich **17** 71
– Sicherung **15** 168 ff.
– Spurenauswertung **17** 61
– Spurensicherung **17** 55
– Suche und Sichtbarmachung
  15 156 ff.
– Verpackung und Versendung **15** 176
Daktyloskopisches Grundmuster **17** 42
Datenerfassung, nur einmalige **12** 119
Datenschutz **9** 100; **12** 118
Datensicherheit **9** 100, 101
Datenspeicherung, für strafprozessuale
  Fahndungszwecke **7** 107 ff.
Datenverarbeitung
– Datenschutz **9** 110
– in der Kriminaltechnik **9** 88
– Nutzung von Dateien anderer
  Behörden **9** 90
– Personal- und Sachmittelverwaltung
  9 86
– polizeiliche **9** 24 ff.
Deduktive Gestaltausarbeitung **1** 11
Deflexion **20** 24
Deliktanalysen **5** 40

Deliktstrategie **5** 177; **12** 343
– Bausteine **12** 306
Delphi-Methode **5** 174
Demonstrationstäter, gewalttätiger,
  Bekämpfungsstrategien **12** 248
Demotivation **12** 285
Deskriptoren **20** 26
Detailkriterien **13** 252
Dialekt, Bedeutung **19** 18
Draufsichtspurenmeßverfahren **15** 99
Dreistigkeitssignal **13** 316
Dringender Tatverdacht, Begriff **7** 41
Druckschriften **18** 31
Druckspurenabbildungsgerät **18** 24
Druckwerke, Beschlagnahme **7** 155
Dunkelfeld
– Aufhellung **11** 9
– Aufklärungsquote und . . . **10** 58
– Begriff **11** 6
– Bestimmungen **11** 7
– Bewertung **10** 56
– Forschung **11** 11
– strukturelles **11** 8
– Tendenzen **11** 34
– Umfang **11** 31
– Verhältnis **10** 58
Dunkelfelderhebungen
– Informantenbefragung **11** 17
– Opferbefragung **11** 18
– Täterbefragung **11** 16
Dunkelfeldforschung **5** 51
Dunkelfelduntersuchungen **11** 24
Durchschriften **18** 29
Durchsicht von Papieren **7** 131
Durchsuchung **7** 120 ff.
– Absperrung **8** 61
– im Bundeswehrbereich **7** 129
– Durchführung **7** 125
– Durchsicht von Papieren **7** 131
– Einweisung der Kräfte und
  Geheimhaltung **8** 65
– Ergreifungs- und Fluchträume **7** 127
– Festlegung des Zeitpunkts **8** 60
– Gebäude, Begriff **7** 126
– Geheimhaltung **8** 58
– Gespräche **8** 75
– Kräftebedarf **8** 62
– Lagedarstellung **8** 66
– Mitwirkung Verdächtiger **8** 77
– zur Nachtzeit **7** 128
– Personen **8** 84
– Planung **8** 53
– Planung und Vorbereitung **8** 51
– Rechtsmittel gegen Anordnung
  7 133

877

Stichwortverzeichnis

- Sonderfälle **7** 126
- Spurensicherung **8** 81
- Spurensuche **8** 52
- System **8** 79
- Verfahrensforschrift **7** 122
- Verfassungsrechtliche Grundlagen **7** 120
- Versteck- und Tarnmöglichkeiten **8** 82
- Voraussetzungen **7** 121
- weibliche Durchsuchungskräfte **8** 86
- Zufallsfunde **7** 132
- Zweck **8** 55

Durchsuchungsbefehl, notweniger Inhalt **7** 124
Durchsuchungsbericht 8 87

EDV-Anwendungs- und Einsatzbeispiel 5 59
Eigenschutz 10 37
Eigensicherung bei Festnahmen **8** 30
Eindruckspuren 15 18, 46
- fotografische Sicherung **17** 57
- Sicherung daktyloskopischer ... **15** 171
- Sichtbarmachung **15** 167
- Werkzeuge **15** 221

Einsatzkräfte
- Ausstattung bei Festnahme **8** 19
- Konzeption bei Festnahme **8** 18

Einstaubmittel 15 158
Einstaubverfahren 17 57
Eintreffenswahrscheinlichkeit von Prognosen **5** 110
Einwohnermeldeamt, Nutzung der Dateien **9** 92
Einziehung und Verfall, strategische Aspekte **8** 95
Entwicklungsprognose 5 79
Entziehung der Fahrerlaubnis 7 167
- Drogenabhängigkeit **8** 124
- taktische Aspekte **8** 118 ff.

Ereignismeldung 14 22
Ereignisort, Begriff **14** 13
Erinnerung 13 364
- Fehler **13** 361

Erkenntnisprozesse, Optimierung **1** 19
Erkennungsdienst
- Daktyloskopie und INPOL **17** 91
- Datei **9** 61
- in der Schweiz **4** 42

Erkennungsdienstliche Behandlung 7 90

- Anordnungskompetenz **7** 94
- Aufnahme daktyloskopischer Abdrücke **17** 21
- Erforderlichkeit **7** 93
- nur gegen Beschuldigte **7** 92
- Rechtsmittel **7** 94
- Zweck **7** 91

Ermittlung, tatbeutebezogene **12** 244
Ermittlungsakte, Gliederung **12** 291
Ermittlungsgruppenmodell 5 219
Ermittlungshandeln, Phasen **6** 40
Ermittlungsstrategie 5 191 ff.; **12** 241 ff.
- deliktorientierte **12** 242
- täterorientierte **12** 243

Ermittlungsverfahren, Fehler und Unterlassungen **13** 222
Erscheinungs- und Aussagepflichten 12 178
Erste Aussage, Beweiskraft **13** 233 ff.
Erster Angriff 12 215
Erwartungshorizont, der Aussageperson **13** 358
Erweiterungskriterium 13 284
Exekutivkörper, in Österreich, Organisation **3** 28 ff.

Fachkommissariat für täterbezogene Bekämpfung **5** 187
Fachstrategien 5 184 ff.
Fährtenhund 15 76
Fahndungsarbeit, verdeckte, Anschlußdurchsuchung **12** 280
Fahndungsmaßnahmen 7 104 ff.
- zur Gefahrenabwehr **7** 105

Fahndungssystem RIPOL 4 46
Fahndungsverbund, internationaler **9** 95
Faßdatei, Rauschgift **9** 67
Fallstruktur
- individuelle **6** 21
- suprapersonale **6** 22

Fangfrage 13 48
Fehlerursachen
- Analyse **5** 108

Fernmeldeverkehr
- Überwachung **7** 162
- – Adressat **7** 164
- – Bedeutung **8** 107 ff.
- – Durchführung **7** 166
- – taktische Aspekte **8** 109 ff.
- – Zulassungsvoraussetzungen **7** 163
- – Zuständigkeit **7** 165

Festnahme
- Begriff und Inhalt **7** 74
- Eigensicherung **8** 30
- Einsatzkräfte **8** 18
- gefahrenträchtige Standardmaßnahme **8** 13
- Lageeinweisung **8** 24
- Ortskenntnis **8** 17
- Parallelmaßnahmen **8** 23
- Planung und Vorbereitung **8** 14
- wegen Störens einer Amtshandlung **7** 86
- Überraschungsmoment **8** 28
- Verhältnismäßigkeit **7** 81
- Verhaltensanweisungen **8** 26
- vorläufige **7** 80
- Wahl des richtigen Zeitpunkts **8** 22
- Zuziehung von Spezialisten **8** 21

Festnahmegrund 7 77
Festnahmekonzeption 8 15
Fingerabdruck
- Deltalokalisierung **17** 45
- Klassifizierablauf **17** 43
- linguistischer **12** 208
- Merkmallokalisierung, Recherche **17** 53
- Sektorenaufteilung **17** 43

Flammrußverfahren 15 160
Flexible Dienstzeiten 12 70
Flucht, Begriff als Haftgrund **7** 44
Fluchtgefahr als Haftgrund **7** 46
Fluchtsymptom 13 306
Forensische Schriftuntersuchung 18 4
Forensische Sprechererkennung, Grundsätze **19** 12
Forensisches Informationssystem, Handschriften **18** 50
Formspuren 15 45
Formulierungsvergleich 20 65
Fotogrammetrische Aufnahme 15 100
Fotokopie, Manipulation **18** 30
Fototechnisches Verfahren
- Elektronische Bildmischung **16** 30
- Superposition **16** 29
- Superprojektion **16** 29

Fragen
- geschlossene **13** 41
- offene **13** 40

Fragetechnik 13 37
Fragetypen 13 39
Freiheitsbeschränkende Maßnahmen 7 37
Freiheitsentziehende Maßnahmen 7 36

Freudsches Signal (Freudscher Versprecher) 13 307
Früherkennung, Frühwarnung 5 93, 230
Frühwarnsysteme, Arten **5** 231 ff.
Führung
- mangelhaftes Kontrollverhalten **12** 28
- Planungsmängel bei Großeinsätzen **12** 30
- Verhalten **12** 16
- zielorientierte **12** 23

Führung und Einsatzmittel bei Festnahme **8** 20
Führungskräfte, autoritäre **12** 20
Führungslehre, kriminalistische **12** 33
Führungsprobleme
- Schwachstellenanalyse **12** 22
- strategierelevante **12** 18

Gebäude, Begriff bei der Durchsuchung **7** 126
Gefahrenabwehr, Fahndungsmaßnahmen **7** 105
Gefangenenkartei der Schweiz **4** 43
Gefühlsmerkmale 13 263
Gegenstandsspuren 15 60
Gegenüberstellung
- Arten **13** 176
- Rechtsgrundlagen **13** 171
- Verfahrensablauf **13** 174
- Videoaufnahme **7** 111

Gelegenheitstäter, Vernehmung **13** 69
Generalbundesanwalt, Aufgaben **2** 30
Generalprävention 10 2
Gespräch unter vier Augen 13 112 ff.
Geständnis 13 241
- Absicherung **13** 214
- handschriftliches **13** 217
- Widerruf **13** 213, 242

Gestaltfehler 6 93, 95
Gewinnabschöpfung 10 114
Glaubwürdigkeit, allgemeine **13** 231
Gleichgewichtsmerkmal 13 275
Gleitriefen 15 20, 48
Graphologie 18 2
Grenadiere der Schweiz **4** 14
Grenzabbau, zwischen den EG-Staaten **10** 89
Grenzkontrollen, Kontrolllisten **8** 38
Grenzwachtkorps der Schweiz **4** 47
Grundworte, beim Textvergleich **20** 27

Grundwortevergleich 20 39
- Ähnlichkeitstabelle **20** 41
- Anteilstabelle **20** 42

Gruppenidentifizierung 15 142

Haare
- Untersuchungsmöglichkeiten **8** 6
- Vergleichsproben **8** 6

Haftbefehl
- außer Vollzugsetzung **7** 69
- Bekanntgabe **7** 64
- Schriftlichkeit **7** 62

Haftbeschwerde 7 71
Haftdatei 9 60
Haftgründe 7 43
Haftkontrolle 7 68
Haftprüfung 7 70, 73
Handführung beim Schreiben **18** 11
Handlungsablauf
- hypothetischer Entwurf **6** 55
- Sinnstrukturen **6** 62

Handlungsanweisungen, präzise **1** 20
Handlungsinitiative, Übernahme **5** 226 ff.
Handlungslehre, kriminalistische **1** 24; **6**
Handschrift
- Geschlechtsunterschiede **18** 53
- Identifizierungswert **18** 19
- Veränderung **18** 6

Handstützung, beim Schreiben **18** 11
Harn, Untersuchungsmöglichkeit **8** 7
Hautleistenbild, menschliches, anatomische Merkmale **17** 28
Hehlereibekämpfung 12 229
Hermeneutik, objektive, Methode **6** 8
Hilfsmittel, künstliche Lichtquellen **15** 77
Hintergrundgeräuschanalyse 19 5
Hinweisvergleich 17 69
Homogenitätskriterium 13 281
Hypothesenbildung
- Grundsatz **6** 68
- Zweck **6** 71

Hypothesensystem, theoriebezogenes **1** 21

Ideenfindungs- und Problemlösungstechnik 5 170
Identifizierung
- durch Daktyloskopie **17**
- von Personen an der Stimme **19**
- durch Vergleich von Körpermerkmalen **16**

Identitätsfeststellung 7 95
- Festhalten zur . . . **7** 100
- von Toten **8** 48

Identitätsgutachten 16 1
- daktyloskopisches **17** 5

Identitätsnachweis, daktyloskopischer **17** 85
Identitätsvergleich 17 78
Idiolekt 19 20
IKPO-DV-Fahndungssystem 9 96
Individualidentifizierung 15 141
Individualkriterien 13 259
Individualprognose 5 81, 139 ff.
Induktive Gestalterkennung 1 11
Informantenbefragung 11 17
- persönlich mündliche **11** 29

Information und Kommunikation
- der Polizei **9**
- – Entwicklung **9** 1
- zwischen Polizei und Strafvollzugsanstalt **12** 286
- polizeiliche
- – heutiges System **9** 10
- – internationale **9** 94
- – Perspektiven **9** 97

Informationelle Selbstbestimmung 7 110
Informations- und Kommunikationssysteme, Lagedarstellung **5** 57
Informationsfilterung 12 121
Informationsgewinnende Maßnahmen 8 102
Informationsgewinnung und -verarbeitung 5 185
Informationslehre, kriminalistische **1** 6
Informationsmacht, polizeiliche **12** 322
Informationspflicht, Wahrnehmung **12** 321
Informationssysteme, EDV-gestützte **5** 186
Informatorische Befragung 13 113
Initiativermittlungen 11 41
INPOL, Fortentwicklungskonzept **9** 47
INPOL-Bund
- Anwendungen, geplant **9** 69
- derzeitiger Stand **9** 50

INPOL-Land, Anwendung **9** 72
Instanzenforschung, kriminologische **5** 142 ff.
Irrtum 13 341 ff.

Jäger'sches Schema 11 67
Jodierverfahren 15 161

Kantone der Schweiz, polizeiliche Selbständigkeit **4** 5
Kantonspolizei Zürich, Aufbauorganisation **4** 53
KISTE 20 89
Klebefolien 15 84
Körperliche Untersuchung und Eingriff
– Anordnung **7** 16
– Aspekte beim Ermittlungsverfahren **8** 1
– Begriff **7** 9
– mit Einwilligung **7** 35
– bei Nichtbeschuldigten **7** 19
– Rechtsmittel **7** 18
– Spurensicherungshinweise **8** 3
– unmittelbarer Zwang **7** 33
– Untersuchungsgegenstände **8** 3
– Verhältnismäßigkeit **7** 15
– Vollzug **7** 17
– bei Zeugen **7** 20
– – Belehrung **7** 31
– Zeugnisverweigerungsrecht **7** 30
– Ziel **7** 14
– Zumutbarkeitsgrenze **7** 27
Körpermerkmale
– Augenregion **16** 10
– Bildmaterial **16** 26
– Gesichtsform **16** 9
– Haarmerkmale **16** 19
– Hautmerkmale **16** 20
– Merkmalsgruppen **16** 9
– Mund-, Kinn-Region **16** 13
– Nasenregion **16** 12
– Vergleich **16** 7
– Wertung der Befunde **16** 22
Körpersprachliche Anzeichen 13 244
Kollektivprognose 5 76, 82
– aktionsunabhängige **5** 83
Kommission, vorbeugende Kriminalitätsbekämpfung **10** 28
Kommunikation
– zwischen Täter und Opfer **6** 80
– Training **12** 106
Konferenz der kanton. Justiz- und Polizeidirektoren 4 6
Konfliktbewältigungstraining 12 105
Konstanzkriterien 13 283
Kontaktgespräch 13 117
Kontaktschuß 15 244

Kontrolle, aus strafverfolgenden Gründen **7** 106
Kontrollkriterien 13 318
Kontrollstellen
– und Datenspeicherungsbefugnis **8** 31
– konkrete Handlungsanweisungen **8** 35
– Lagebeurteilung **8** 34
Kontusionsring 15 243
Kooperatives Führungssystem, Sinn und Ziele **12** 32
Koordinaten-Diagramm-Verfahren 16 35
Kopie von Schriften 18 29
Kopienvorbehalt 18 32
Kot, Untersuchungsmöglichkeit **8** 8
Kreatives Denken als Technik 5 172
Kriminalabteilungen, hessische, Organisationsplan **2** 59
Kriminalaktennachweis 9 56
Kriminalbeamtenkorps, in Österreich **3** 31
Kriminaldienstkunde 1 6
Kriminalgeographischer Erkenntnisansatz; Vortat-, Nachttat-Informationen **12** 148
Kriminalistik 1 1
– Bewertung einer Theorie **1** 21
– Gegenstand **1** 2
– Innitiierungs- und Integrationsfunktion **1** 27
– Methodik der praktischen ... **1** 10
– Methodologie **1** 15
– neues Gesamtsystem **1** 6
– praktische **1** 2
– Theorie **1** 14, 17
– Theorie und Methodologie **1** 13
– wissenschaftliche **1** 15
– wissenschaftliche als Clearingstelle **1** 22
– wissenschaftssystematische Einordnung **1** 7
– Ziel und Gegenstand **1** 16
Kriminalistisch-kriminolog. Forschung 5 11
Kriminalistische Diagnose 5 3
– auf Dienststellenebene **5** 13
– DV-Unterstützung **5** 58
– im Makrobereich **5** 61
– Methoden **5** 8
Kriminalistische Fachausbildung 12 108

881

Kriminalistische Forschungsergebnisse
  1 19
Kriminalistische Führungslehre 12 33
Kriminalistische Handlungslehre
  1 24; 6
  – Modell 6 98
Kriminalistische Informationslehre 1 6
Kriminalistische Praxis 6
Kriminalistische Strategie 5 3, 152 ff.
  – Techniken 5 174
  – und Wissenschaft 5 158
Kriminalistische Tätigkeit 6 1
Kriminalistisches Handeln 6
  – Grundelemente 6 40
  – Strukturlogik 6 12
Kriminalität
  – neue Erscheinungsformen 12 94
  – registrierte 5 34
Kriminalität und Sozialkontrolle
  5 123 ff.
Kriminalitäts- und Devianztheorien
  5 113 ff.
Kriminalitätsbekämpfung, vorbeugende
  – Organisationsstruktur 10 30
  – Schutzmaßnahmen 10 34
Kriminalitätsdarstellung, in der
  Öffentlichkeit 12 324
Kriminalitätsindex 5 138
Kriminalitätslage, Begriff 5 16
Kriminalitätslagebericht 5 19
Kriminalitätslagebild 5 15
  – Bestandsaufnahme 5
  – Erstellung 5 70
  – für Kriminalitätsprognosen 5 68
  – auf der Makroebene 5 63
  – überregionale 5 19
  – – Einflußfaktoren 5 65
  – – politische Entscheidungsträger 5 66
  – – polizeiliches Frühwarnsystem 5 69
Kriminalitätsprognose
  – Begriffe und Arten 5 73
  – Erwartungen 5 92
  – Erwartungen der Praxis 5 88
  – Früherkennungs- und
    Frühwarnsystem 5 139
  – Güte 5 112
  – Kriminalitäts- und Devianztheorien
    5 113 ff.
  – Orientierungs- und
    Legitimationsbedarf der
    Praxis 5 91
  – zum Orientierungsbedarf der Praxis 5
    90

  – als pragmatische Planungsprognosen
    5 89
  – selektive Blickschärfung 5 148
  – Verfahren und Techniken 5 100
  – Vorhersagegüte 5 138
  – Vorhersagezeitraum 5 135
Kriminalitätsquotienten 5 39
Kriminalitätsstatistik, als Datenbasis
  der Kriminalitätsprognose 5 133
Kriminallogistik 1 6
Kriminalpolitik 10 46
Kriminalpolizei
  – Aufklärungsmonopol 2 72
  – der Schweiz, Aufgaben 4 55
  – Spezialdienststellen 2 65
  – Stellung in der Schweiz 4 30
Kriminalpolizeiliche Aufklärung 10 19
Kriminalpolizeilicher Meldedienst
  9 14; 11 73; 12 133
  – Neuordnung 9 20
  – Richtlinien 9 16
  – – Neufassung 9 18
  – Sondermeldedienste 9 19
  – strategischer Ansatz 12 139
Kriminalpolizeiliches
  Vorbeugungsprogramm 10 27
Kriminalstäbe 5 204
Kriminalstatistik 5 34
Kriminalstrategie
  – Abweichungs- und Ursachenanalyse
    5 229
  – Analyse und Ableitungen 12 9
  – Arbeitstems und -gruppen 5 205
  – Begriff 1 5
  – Durchführungstechniken 5 193 ff.
  – Einflußfaktoren 5 209 ff.
  – Frühwarnsysteme
  – – Arten 5 231 ff.
  – als Führungslehre 12 34
  – Gremien 5 203 ff.
  – Grundsätze 5 153 ff.
  – Komponenten 5 197 ff.
  – Oberziele 5 200
  – operative 5 192 ff.
  – und Polizeistärke und -dichte 5 223
  – und Spezialisierungsgrad 5 218
  – Tatgelegenheitsstrukturen 5 223
  – Teil- und Feinziele 5 201
  – Zentralisierungsgrad der pol.
    Organisation 5 214
  – Zielerfüllungsgradfeststellung
    5 202
  – Zielplanung 5 198

882

Kriminalstrategie und Spezialisierungsgrad 5 218
Kriminaltaktik 1 3
Kriminaltechnik 1 4
- Datenverarbeitung **9** 88
- Elektronisierung **12** 115
Kriminell als Wertung 5 122
Kriminologie, Kriminalistik als Bestandteil der . . . **1** 7
Kriminologische Regionalanalyse 5 22
- Anzeigenaufkommen **5** 37
- Arbeitsweise von Tätern **5** 29
- Aufbauschema **5** 26
- Auswertungsmethoden **5** 43
- Behörden, Aufzählung **5** 31
- Bevölkerungsstruktur **5** 32
- Datenquellen **5** 42
- Expertenbefragungen **5** 50
- Gebietsfunktion **5** 28
- Lagedarstellung von Einzeldelikten **5** 41
- auf örtlicher Ebene **5** 25
- Opferaspekte **5** 48
- spezielle Analysen **5** 49
- strukturelle Vergleichbarkeit **5** 62
- Tatverdächtigenzahlen **5** 45
- Vergleich
- – regionaler Gegebenheiten **5** 27
- verzerrende Einflüsse **5** 36
- Wanderbewegungen Bevölkerung **5** 33
- wirtschaftliche Lage eines Gebiets **5** 30

Lage
- als Aufgabenbereich **5** 71
- Einweisung bei Festnahmen **8** 24
- Umsetzung der Erkenntnisse **5** 72
Lagebeurteilung 5 175
- kriminalistische auf Dienststellenebene **5** 14
Landeskriminalamt, hessisches **2** 13
Laserverfahren 15 166
Legalitätsprinzip 5 155
Leichendaktyloskopie 17 25
Leichenöffnung 7 116, 118
- taktische Aspekte **8** 40
Leichenschau 7 116, 117
- taktische Aspekte **8** 40
Lenkungsfragen, Leichenschau **13** 44
Linguistischer Textvergleich 20
- Charakter von Sprachmerkmalen **20** 20

- Fakultativität und lokale Analyse **20** 20
- mathematisch-statistische Methode **20** 10
- Methodik **20** 7
- Programmunterstützung **20** 88
- Rechnereinsatz **20** 2
- Wertung **20** 91
Lockspitzel 12 228
Lüge 13 230 ff.
- gefühlsmäßige Reaktionen **13** 247
- Motiv **13** 232
- typisches Verhalten **13** 244
Lügendetektor 12 266

Makroebene 1 2
- polizeiliche Arbeit **5** 7
- Prognose **5** 78
Markoffscher Prozeß 20 11
Materialspuren 15 56
  Spurensicherung **15** 115
Mauleselsyndrom 13 335
Medien, Auswertung **5** 60
Medienangehörige, Beschlagnahmefreiheit **7** 147
Mehrdeutigkeitsmerkmal 13 266
Mehrfach- und Intensivtäterprogramme 5 46
Meldedienst des Staatsschutzes 9 22
Meldepflichtige Straftaten, Katalog **9** 20
Merkmalsvergleich 16 7
Meßfehler, Theorie der . . . **1** 26
Metaplantechnik 5 174
Methode der parallelen Linien 16 33
Methodik, Kriminalistik **1** 11
Mikroebene 1 2
- polizeiliche Arbeit **5** 6
- Prognosen **5** 77
Milieuspezifik 6 78
Modellbildung
- qualitative Ansätze **5** 104
- quantitative Ansätze **5** 103
Morphologie 5 174
Motivation, Rekonstruktion **6** 82
Motivlage, Bestimmung **6** 82
Muster-Code-Baum 17 41

Nachahmungsfälschung 18 22
Nachrichtenaustausch, taktische Aspekte **8** 103
Nachzeit, Begriff **7** 128
Nahaufnahmen 15 103

Nebensächlichkeiten, scheinbare 6 87
Nichtnumerische Sachfahndung 9 71
Nichtsteuerungskriterium 13 278
Ninhydrin-Verfahren 15 163
Notasservierung 15 110

Obduktion, Anwesenheit der Kriminalpolizei 8 49
Objektdurchsuchung, Einsatz 8 67
Öffentlichkeitsarbeit 12 180
– Auswertung von Medien 5 60
– Intensivierung 12 200
Österreich
– Aufbau der Sicherheitsverwaltung 3 27
– Behörden der Gerichtsbarkeit 3 37
– Bezirksverwaltungsbehörden 3 25
– Bundespolizeidirektionen 3 19
– Bundessicherheitswache 3 29
– Exekutivkörper, Organisation 3 28
– Generaldirektion für öffentl. Sicherheit 3 17
– Instanzenzug in Strafsachen 3 39
– Kriminalbeamtenkorps 3 31
– Organisation der Exekutivkörper 3 28
– Sicherheitsbehörden
– – Zusammenhang mit Exekutivkörper 3 36
– Sicherheitsdirektionen 3 18
– Sicherheitspolizei, Begriffsbestimmung 3 6
– Staatsanwaltschaften 3 45
– Verwaltungspolizei 3 9
Onprint-Spray 15 162
Opferbefragung 11 18
– telefonische 11 30
Opferbetreuung 12 183
Opferprognose, individuelle 5 77
Opferschutz 12 179
Optische Hilfsmittel 15 81
Organisation, Zentralisierung, Vor- und Nachteile 2 66
Organisationsstrukturen, Zukunftsorientierung 2 69
Organisationsuntersuchungen 5 53
Organisierte Kriminalität 12 228
– und Verbrechensvorbeugung 10 15
Organisiertes Verbrechen, Zuständigkeit des BKA 2 34, 36
Organisationsinterne Rationalität 1 18
Originalitätsmerkmal 13 262
Ortskenntnis, bei Festnahme 8 17

Papiere, Durchsicht 7 131
Parlamentarier, Beschlagnahmefreiheit 7 146
Passageres Phänomen 5 117
Paßstücke 15 54
Pausfälschung, von Schriften 18 22
Personalbeschaffungsplanung 12 85
Personalienfeststellung 7 96
Personalverteilungsplanung 12 86
Personalverwendungsplanung, mitarbeiterspezifische 12 88
Personen- und Objektschutz 10 31
Personen- und Sachbeweis, Deckungsgleichheit 12 177
Personenbezogene Daten, Übermittlung 7 115
Personenbezogene Informationen, Erhebung 7 114
Personenfahndung, internationale 9 95
Personenfahndungsdatei 9 58
Phantasiesignale 13 294
Planung
– als aufgeklärtes Nichtwissen 5 144 ff.
– polizeiliche, als Gegenstand der Prognose 5 94
Planungs- und Entscheidungstechniken 5 175
Plausibilitätskriterium 13 333
Polizei
– im Absolutismus 2 5
– des Bundes (Schweiz) 4 35
– des Bundes und der Länder
– – Organisationsmodell 2 11
– Erforschungspflicht 11 36
– Imagepflege 12 326
– in Österreich
– – Funktionsbegriff 3 12
– – Organisationsbegriff 3 15
Polizeiarbeit, Transparenz 12 320
Polizeibeamter als Zeuge 12 287, 294
– Einstellung 12 297
– vor Gericht 12 183
Polizeibegriff
– in Deutschland 2 4
– in Österreich 3 7
Polizeibehörden, auf Bundesebene 2 15
Polizeidirektionen, hessische, Rahmenorganisationsplan 2 63
Polizeiforschung 5 160
Polizeiinstitut, schweizerisches 4 6
Polizeikommandantenkonferenz der Schweiz 4 6

884

Polizeikorps der Schweiz **4** 49
Polizeiliche Datenverarbeitung 9 24
– Entwicklung auf Bundesebene **9** 26
– Entwicklung in den Bundesländern **9** 37
– gegenwärtiger Stand **9** 47
– Schwachstellen **9** 99
Polizeiliche Information 9
Polizeiliche Kommunikation 9
Polizeiliche Maßnahmen, taktische Aspekte **8** 101 ff.
Polizeiliche Präsenz, Verbrechensvorbeugung – strukturelle **10** 21
Polizeiliche Zusammenarbeit der schweizer Kantone 4 6
Polizeiliches Handeln, Rechtsgrundlagen in der Schweiz **4** 20
Polizeiorganisation
– der Bundesländer **2** 45
– historische Entwicklung **2** 4
– Unterscheidungsmerkmale **2** 51
Polizeipräsidium, Rahmenorganisationsplan **2** 63
Polizeipräsidenten, hessische 2 55
Polizeirecht der Schweiz – kantonale Aufgabe **4** 3
Polizeistärkeberechnung 5 54
Polygraphie 12 266
Post- und Fernmeldegeheimnis 7 115
– Eingriffe **7** 157 ff.
Postbeschlagnahme
– Rechtsmittel **7** 161
– Voraussetzungen **7** 158
– Zuständigkeit **7** 159
Prädikatoren, Begriff **5** 228
Prävention 10 2
Präventionsstrategie 5 188
Präventivprogramme 5 94
Pressemitteilungen 12 330
Primärhandlung, Hypothesenbildung auf der Ebene der . . . **6** 75
Produktdatei, Tatmittel/Tatgüter **12** 201
Profitabschöpfungsstrategie 12 245
Prognose
– aktionsabhängige **5** 80
– Begriff **5** 73
– Begründungsbasis **5** 110
– deduktivnomologische **5** 96
– Eintreffenswahrscheinlichkeit **5** 110
– Erfolgskriterien **5** 107 ff.
– Folgen **5** 111
– Gremium **5** 95
– Grenzen **5** 146
– Güte- und Erfolgsbeurteilung **5** 107 ff.
– Gütebeurteilung **5** 109
– Gütekriterien **5** 110
– kriminalpolitische **5** 80
– Logik **5** 96
– Mindestvoraussetzungen **5** 97
– Planung, Zusammenhänge **5** 84
– rationale **5** 99
– selbsterfüllende **5** 130
– selbstzerstörende **5** 130
– Skeptizismus **5** 145 ff.
– im sozialen Bereich **5** 97
– Verfahren **5** 101, 175
– viktimologische **5** 76
– wissenschaftliche **5** 96
Protokoll, Selbstdiktat **13** 149
Protokollierung
– Fehler **13** 143
– sinngemäße **13** 154
– Vorgang **13** 142 ff.
Psychologie, kriminalistische **1** 6
Pygmalioneffekt 13 374

Quasigesetze 1 18

Rachekriterium 13 319
Rasterfahndung 11 75
– Rechtmäßigkeit **11** 76
Realitätskriterien 13 252 ff., 287
Rechner-Rechner-Verbund 9 50
Recht am eigenen Bild 7 111
Recht an nichtöffentlich gesprochenen Wort 7 112
Recht auf informationelle Selbstbestimmung 7 113
Rechtsmedizin, Kriminalistik als Bestandteil **1** 7
Rechtsstaat, Perversion **10** 49
Redseligkeit 13 56
Reflexivität, positive **5** 130
Regionalstrategien 5 189 ff.
Regionalvergleich 17 70
Reibungsverluste, zwischen Staatsanwaltschaft und Polizei **2** 81
Reifenspuren 15 204 ff.
– Auswertung **15** 217
– Sicherung **15** 210
– Vergleichsabdrücke **15** 119

- Vergleichsmaterial **15** 213
- Verpackung und Versendung **15** 215

Rekonstruktion 12 212
- der Motivation **6** 82

Rekonstruktionshilfen,
  deliktspezifische **12** 224

RETA-Verfahren 15 101

Sachbearbeitermodell 5 219
Sachfahndung
- Nichtnumerische **9** 71
- Verdachtsraster **12** 199

Sachfahndungsdatei 9 59
Sachmittelplanung, progressive **12** 91
Sachverhaltsschilderung,
  kriminalistische **6** 48
Sammlungsvergleich 17 71
Schalenmodell 12 335
Schartenspuren 15 223
Schlußfolgerungen, aus
  Spurenelementen **6** 63
Schmauchspuren 15 241
Schmutz- oder Schmauchring 15 243
Schnittspuren 15 51
Schreibermerkmale
- Blanksetzung **20** 80
- Gliederung **20** 73
- numerische Ausdrücke **20** 81
- Schreibschwächen **20** 83

Schreibrahmenbedingungen 18 14
Schreibunterlage 18 14
Schriften, Fehlgutachten **18** 37
Schriftentstehungsbedingungen 18 12
Schriftgutachten
- fehlerhafte **18** 37
- Mehrfachbegutachtung **18** 42
- Wahrscheinlichkeitsskala **18** 44

Schriftmerkmale,
  Häufigkeitsverteilung **18** 45
Schriftproben, Abnahme **18** 9
Schriftsachverständige,
  Qualifikation **18** 34
Schriftstücke, in Behördengewahrsam **7** 142
Schriftverfälschung 18 23
- und Fälschung **18** 21

Schußwaffen
- Sicherung **15** 249
- Spuren **15** 236 ff.
- Spurensuche **15** 245

Schußwaffenerkennungsdienst 15 256
Schußwaffenspuren
- Sicherung **15** 249

- Untersuchung und Auswertung **15** 256
- Vergleichsmaterial **15** 254
- Verpackung und Versendung **15** 255

Schutz- und Kriminalpolizei, Träger der
  Verbrechensbekämpfung **2** 47

Schutzauftrag, Planung **10** 35
Schweiz
- Amtshilfe **4** 12
- Bundesanwaltschaft **4** 36
- Eigenständige Aufgaben der Polizei **4** 11
- Erkennungsdienst **4** 42
- Generalklausel als Gesetz mit Verfassungsrang **4** 25
- Grenzwahlkorps **4** 47
- personelle Mangelwirtschaft **4** 13
- Polizei
- – des Bundes **4** 35
- – der Gemeinden **4** 64
- – der Kantone **4** 35
- – als Staatsaufgabe **4** 10
- Polizeihoheit des Bundes **4** 2
- Rationalisierungsdruck **4** 16
- Rechtsgrundlagen polizeilichen Handelns **4** 20
- Strafverfolgungsorgane **4** 27
- Untersuchungsrichter am Tatort **4** 34
- Verkehrspolizei, Tätigkeit **4** 57
- weibliche Polizeibeamte **4** 63
- westschweizerisches Korps **4** 51
- Zentralstellen **4** 44
- Zusammenarbeit **4** 32

Schwerpunktstaatsanwaltschaften 2 78
Selektive Perseveranz 12 134
Selektivität der
  Verbrechensbekämpfung 5 156
Sequenzanalyse, Grundsatz **6** 45
Serologische Spuren 15 180
Sich entziehen, Begriff bei Haftgründen **7** 47
Sicherheitsbehörden in Österreich
- historische Entwicklung **3** 2
- Organisation **3** 17

Sicherheitspolizei
- in Österreich, Aufgabenbereich **3** 8
- in der Schweiz **4** 56

Sicherheitsprogramm der Bundesrepublik 2 49
Sicherheitsverwaltung, in
  Österreich **3** 13

Sicherstellung
- Anordnung der Sicherungsmaßnahmen **7** 153
- Begriff und Voraussetzungen **7** 135 ff.
- Durchführung **7** 137
- Form und Durchführung **7** 152
- Gegenstände des Verfalls und der Einziehung **7** 150
- zu Kautionszwecken **7** 156
- Voraussetzungen **7** 151

Sicherstellung und Beschlagnahme
- Auffindesituation **8** 92
- Beiziehung von Spezialisten **8** 90
- Niederschrift **8** 94
- Rückgabe **7** 141
- taktische Aspekte **8** 88

Sicherungsangriff, Verbesserung **12** 221
Silbernitrat 15 164
Simulationsverfahren 5 175
Sinnesorgane, Grenzen 13 349
Situationsspuren 15 59
Skeptizismus 5 136 ff.

Skizzen
- Aussageergänzung **13** 215
- und Zeichnungen **15** 104

Sozialer und technischer Wandel, Theorie 5 121
Soziales Umfeld als Einflußfaktor 5 210
Sozialgeheimnis 7 115
Sozialstatistik 5 134
Sozialwissenschaftliche Forschung 1 19
Speichel, Untersuchungsmöglichkeit **8** 11
Sperma 8 9
Spezialprävention 10 2
Sprache, Erzeugung **19** 14
Sprachlaute 19 14
Sprachliche Auffälligkeiten 20 34
Sprachverbesserung 19 4
Sprechererkennung 19 2
- fernmeldespezifische Merkmale **19** 6
- Kennzeichen der forensischen ... **19** 7
- durch Laien **19** 30

Sprecherspezifische Merkmale 19 16
Sprechgeschwindigkeit 19 21
Sprechweise 19 15

Spuren
- Altersbestimmung **15** 143 ff.
- Auswertung daktyloskopischer Spuren **17** 61
- Bedeutung und Aussagewert **15** 27
- Begriff **15** 9
- Checklisten, deliktspezifische **12** 223
- chemische Reaktion **15** 23
- Diagnostik **15** 7
- Dokumentation **9** 66
- echte **15** 35
- Einteilung **15** 30
- Einwirkung stumpfer Gewalt **15** 22
- Entstehung **15** 13
- fingierte **15** 39
- Haare **8** 6
- Kennzeichnung **15** 109
- Kot **8** 8
- neutrale Proben **15** 122
- Rekonstruktion des Hergangs **15** 146
- Schußwaffen **15** 236 ff.
- am Täter **15** 43
- täuschende **15** 38
- thermische Einwirkung **15** 24
- Untersuchungsmöglichkeiten bei körperlichen Untersuchungen **8** 4
- Vergleichsproben von Haaren **8** 6

Spurenelemente, Grundsatz der Sinndeutung **6** 60
Spurenlehre 15
Spurenmaterial, Versendung **15** 131
Spurensicherung 15 90
- daktyloskopischer Spuren **17** 55
- Durchführung **15** 96

Spurensicherungsbericht 14 35; **15** 108
- (Muster) **14** 54

Spurenstaubsauger 15 83
Spurensuche 12 205; **15** 61
- Durchführung **15** 62
- Hilfsmittel **15** 74

Spurensystematik 15 30
Spurentexte 6 25
- sprachliche Schilderung **6** 67

Spurenträger, Verpackung und Transport **15** 126 ff.
Spurenverursacher, Identifizierung **15** 140

Staatsanwaltschaft
- in der Bundesrepublik **2** 70
- Deliktzuständigkeiten **2** 80
- Sitz **2** 76
- Verantwortung für das Ermittlungsverfahren **2** 71
- Verhältnis zur Polizei **2** 72

Staatsbesuche, Einsatz der Polizei **10** 39

Stabskriminalisten 12 35
Stanzmarke 15 244
Stereotypiesymptom 13 315
Steuergeheimnis 7 115
Stimmabdruckverfahren 19 27
Stimmbildung und Lautproduktion 19 15
Stimmenanalyse und Stimmenvergleich 19 24
Stimmenerkennung 19
Stimmenidentifizierung 19
Stimmenvergleich 19 3
– Identitätsaussage **19** 28
– Rangskala **19** 28
Stimmqualität 19 17
Stimmton 19 13
Stimmungsmache 13 329
Strafhandlung und Tarnhandlung, Abgrenzung **6** 72
Straftat
– Aufdeckung 11
– Aufklärung als strategische Aufgabe 12
– Grad der Vernunft **6** 29
– Handlungslogik **6** 32
– Konservierung durch Vertextung **6** 93
– meldepflichtige, Katalog **9** 20
– räumliche Verteilung **5** 44
– Spurentext **6** 25
– strategische Tarnung **6** 37
– strategische Zielerreichung **6** 33
– Systemansatz zur Aufklärung **12** 10, 332 ff.
– Textförmigkeit **6** 25
Straftatenbekämpfung, Prioritäten **5** 213
Straftatenverhütung, operative 10 42, 63
– und Kriminalpolitik **10** 116 ff.
– Organisations- und Funktionsstrukturen **10** 80
– Organisationsstruktur **10** 71
– strategische Ausrichtung **10** 117
– verdeckte Maßnahmen **10** 110
– Zusammenwirken von Polizei und Politik **10** 101 ff.
Straftatenvorbeugung, Polizeiaufgabe **5** 56
Strafverfolgung
– Kontrollen **7** 106
– als polizeilicher Auftrag **2** 7

Strafverfolgungsorgane
– in Deutschland **2**
– in Österreich **3**
– Organisation **2** 3; **4**
– der Schweiz **4** 27
Strategie
– kriminalistische **5** 3, 152 ff.
– planende **5** 169
– Planung und gesetzliche Bedingungen **5** 212
– als Reaktion auf Täterstrategie **5** 164 ff.
– Schwerpunkte der Reaktion **5** 166
– Typenkombination **5** 190
Strategierelevante Probleme, Organisatorische Integration **12** 44
Strategische Aufgabe, Aufklärung von Straftaten **12**
Strukturgeneralisierung 6 11
Strukturgleichheitskriterium 13 272
Suchhypothese, täterspezifische **6** 56
Suggestivfrage 13 42
Synektik 5 174
Systemexterne Wirklichkeit 1 18

Täter 11 16
– Bestimmung der Anzahl **6** 79
– Ergreifung als Durchsuchungsgrund **7** 126
– Geständnis **12** 176
– schriftliche Befragung **11** 28
– Spuren **15** 42
Täter/Opfer, Kommunikation **6** 80
Täterentdeckung, Wiederholungsphänomen **6** 14
Tätergemeinschaft 5 47
Täterinformiertheit, Bestimmung **6** 77
Täterwissen, systematische Erfassung **12** 135
Täterwohnsitzquotient 12 150
Tagebuchaufzeichnungen, Beschlagnahmefreiheit **7** 148
Tarnhandlung 6 37
– Hypothesenbildung auf der Ebene der . . . **6** 76
Tat, Begriff **7** 75
Tatbegehung, scheinbare Nebensächlichkeiten **6** 87
Tatgelegenheitsquotient 12 149, 158
Tatgelegenheitsstrukturen 12 154
Tathergangsmöglichkeiten, Explikation **6** 59

Tatmittelmeldezentrum 12 192
Tatörtlichkeit, kriminogene
   Attraktivität **12** 153
Tatort
- Anfahrt **14** 25
- Aufnahme mit der Videokamera
   14 37
- Bedeutung für das
   Ermittlungsverfahren **14** 15
- Befundbericht **14** 30
- Begriff **14** 2, 11
- Berichtsmuster **14** 34
- Beschreibung **15** 106
- Besichtigung **13** 216
- daktyloskopische Spurensicherung
   17 55
- Einsatzvorbereitungen **14** 24
- Erster Angriff **14** 19
- Maßnahmen nach Eintreffen **14** 26
- Sicherungsangriff **14** 21
- Verhalten am ... **14** 18
Tatort/Tatraum, kriminalistische
   Definition **12** 143
Tatortarbeit 14
- Checklisten und Muster **14** 49
- schematische Darstellung **14** 50
- Fehlerquellen **14** 44
- Rechtsgrundlage **14** 6
- Sofortmaßnahmen **14** 23
- Stellenwert **14** 14
- Zuständigkeit **14** 9
Tatortbefundbericht
- Schema (Brandbericht) **14** 52
- Schema (Einbruchsdiebstahl)
   14 51
- Schema (Todesermittlungsbericht)
   14 53
Tatschriften, Stellungsabsicht **18** 18
Tatspuren 15 41
Tatzeit
- Begriff **12** 162
- Tatentdeckungszeit, Zusammenhang
   12 170
Telekommunikationsausbildung
   12 107
Tempomerkmal 13 276
Textinterne Merkmalskennungen
   20 33
TEXTOR 20 88
Textsplitting 20 19
Textvergleich
- Ansätze zur Wortanalyse **20** 66
- Auswertungsverfahren **20** 36

- Diktion **20** 60
- Fehleranalyse **20** 57
- Grundwortfolgen **20** 44
- intellektuelle Merkmale **20** 57
- linguistischer **20**
- lokaler Zeichenvergleich **20** 46
- Textsorten **20** 8
- Verteilungsvergleiche **20** 37
- Wortbildung **20** 68
Tippfehler 20 82
Todesart, Bestimmung **8** 46
Todesursache, Feststellung **8** 47
Todeszeit, Bestimmung **8** 43
Tonbandvernehmung 13 158
- Einleitung **13** 165
Totenflecke, Todeszeitbestimmung
   8 45
Totenstarre, Bestimmung **8** 44
Trickbild-Differenz-Verfahren 16 34
Trugspuren 15 38

Übergenauigkeitssignal 13 314
Überraschungsmoment, bei
   Festnahmen **8** 28
Übertreibungssignale 13 310
Überzeugungstäter, Vernehmung
   13 70
Umweltkriminalität 12 231
Unterbringung
- Begriff und Inhalt **7** 87
- einstweilige **7** 88
- zur Beobachtung **7** 89
Untersuchung und Auswertung von
   Spuren und Vergleichsmaterial
   15 137 ff.
Untersuchungsantrag 15 132 ff.
- (Muster) **14** 55
Untersuchungshaft 7 38
- Anordnung **7** 61
- Anordnungsvoraussetzungen **7** 61
- Benachrichtigung von der
   Verhaftung **7** 66
- Durchführung **7** 63
- Erforderlichkeit **7** 59
- Richtervorbehalt **9** 61
- Verhältnismäßigkeit **7** 60
- Verteidigerbestellung **7** 72
- Voraussetzungen **7** 39
- Vorführung vor den Richter **7** 65
Untersuchungshaftdurchführung
   7 63
Untersuchungsrichter, Stellung in der
   Schweiz **4** 28

889

Unterwürfigkeitssignal 13 309
Unverständnismerkmal 13 265
**Urteils- und Entlassungsprognosen
 5** 81

Vaginalsekret,
 Untersuchungsmöglichkeit **8** 10
Verborgenhalten, als Haftgrund **7** 45
Verbraucherorientierte Strategie 12 247
Verbrechen gegen Verfassungsorgane,
 Zuständigkeit des BKA **2** 38
Verbrechensbekämpfung, Planung **5** 1
Verbrechensvorbeugung 10
– Ansatzpunkte **10** 11
– Begriff und Wertung **10** 1
– Grundsätze **10** 1
– Möglichkeiten **10** 17
– Position der Sicherheitsorgane **10** 12
– Zielsetzung **10** 13
Verdachtsgewinnung,
 mehrdimensionale **12** 132
Verdachtsgewinnungsstrategie 11 47
Verdachtsraster 11 74
Verdachtsschöpfung
– Ausgangspunkt **11** 55
– Bedeutung und Tragweite **11** 43
– Begriffsbestimmung **11** 35
– Differenzierung nach Deliktsarten **11** 66
– empirischer Ansatz **11** 64
– intuitive **11** 48
– Methoden und Praxis **11** 49
– statistisches Verfahren **11** 71
– Strategie **5** 220
– systematisches Vorgehen **11** 63
Verdachtsstrategie 12 138
Verdeckter Ermittler 12 228
Verdunklungsgefahr,
 als Haftgrund **7** 50
Verdunklungshandlungen 7 52
Verdunkelungskriterium 13 268
Vergleichskriterium 13 330
Vergleichsmaterial 15 117
– Blut- und Sekretspuren **15** 198
– Erhebung bei daktyloskopischen
 Spuren **15** 175
– Menge **15** 123
Vergleichsproben, Erhebung **15** 116 ff.
Vergleichsschriftmaterial 18 8
Vergleichsschriftprobe, authentische **18** 20
Verhütungsmethodik, kriminalistische **1** 12

Verkehrspolizei der Schweiz, Tätigkeit
 4 57
Verlegenheitssignale 13 297
Vernehmung
– abtastende **13** 86
– Anwesenheit Dritter **13** 108 ff.
– von Ausländern **13** 107
– ausweichende Antworten **13** 60
– Belehrung **13** 127
– Beziehungsablauf **1** 11
– deliktsspezifische Strategie
 12 264
– Durchführung **13** 113 ff.
– emotionale Argumente **13** 80
– Erfolgsvoraussetzungen **13** 22
– Erhebung zur Person **13** 126
– Festlegemethode **13** 77
– forensische Anforderungen **1** 13
– Gegenüberstellung **13** 177
– gezielte Befragung **13** 24
– Provokation **13** 35
– rationelle Argumente **13** 79
– Sondierungsmethode **13** 76
– Überraschungsmethode **13** 81
– Überzeugungsmethode **13** 78
– Verdacht **1** 10
– Vordrucke **13** 96
– Vorladung **13** 94
– wechselweise **13** 106
– Zeitabstand zum Ereignis **13** 97
– von Zeugen und Sachverständigen
 7 103
– Zickzackmethode **13** 85
– zur Sache **13** 132
– zur Tat **13** 134
– Zwangsmaßnahmen **7** 101 ff.
– Zweifel **1** 10
Vernehmungsbeamter
– äußere Erscheinung **13** 29
– Kontaktaufnahme zum Aussagenden
 13 30
– – Geduld des Vernehmungsbeamten
 13 34
Vernehmungsdauer 13 99
Vernehmungserfolg, Planung und
 Vorbereitung **13** 87
Vernehmungsmethoden 12 263
– besondere **13** 74
– taktische **13** 19
Vernehmungsprotokoll 13 138
Vernehmungspsychologie 1 12
**Vernehmungspsychologische Faktoren
 13** 26

890

Vernehmungssituation
- Dokumentation **13** 21
- selbstkritische Prüfung **13** 23

Vernehmungstaktik 1
- Bedeutung und Ziel **1** 1
- besondere **13** 74
- bei Lüge **13** 62

Vernehmungstechnik/ Vernehmungstaktik 12 260

Vernehmungsverhalten, falsches **13** 156

Vernehmungszeit 13 98

Vernehmungszimmer 13 101

Verräterische Redeweisen 13 308

Verteidiger
- Beschlagnahmefreiheit der Unterlagen **7** 149
- Prozeßtaktik **12** 296

Vertrauensverlust, der Bevölkerung **12** 240

Verwaltungspolizei 2 6
- in Österreich **3** 9

Verweigerungssymptom 13 302

Videoaufnahmen 15 102

Videoaufzeichnung, zur Gegenüberstellung **7** 111

Videogegenüberstellung 16 31

Videokamera
- Aufzeichnung des engeren Tatorts **14** 39
- Nachspann **14** 42
- unmittelbarer Tatort **14** 40

Videospectralkomparator 18 24

Volksdaktyloskopie 17 6

Vollzugspolizei
- auf Bundesebene **2** 15
- der Bundesländer **2** 46
- Organigramm für Hessen **2** 54
- Organisationsgröße **2** 50

Vorbesprechung, taktische Erwägungen **13** 122

Vorbeugungsprogramm, kriminalpolizeiliches **10** 27

Vorführung
- im Ermittlungsverfahren **7** 84
- im Hauptverfahren **7** 85

Vorgespräch 13 120, 239

Vorhaltefrage 13 47

Vorläufige Festnahme 7 80
- Verfahren **7** 83

Wachsamkeit, Sicherstellung **10** 36

Wahlgegenüberstellung 13 174, 178, 183, ff.
- Durchführung **13** 183 ff., 201
- Kinder und Jugendliche **13** 206

Wahrnehmungsfehler 13 345

Wahrscheinlichkeitsaussagen 5 98

Weibliche Polizeibeamte, in der Schweiz **4** 63

Werkzeugspuren 15 21, 218 ff.
- Sicherung **15** 227
- Suche **15** 224
- Untersuchung und Auswertung **15** 235
- Vergleichsmaterial **15** 232
- Verpackung und Versendung **15** 233

Westschweizerisches Korps 4 51

Wiedergabefehler 13 368

Wiederholung
- Phänomen und Täterentdeckung **6** 14
- Tendenzen bei Handlungen **6** 38

Wiederholungsgefahr als Haftgrund **7** 55

Wiederholungskriterien 13 282

Wiederholungszwang 6 18

Wirtschaftskriminalität 12 230

Wissenschaftscharakter der Kriminalistik **1** 9

Wissenschaftstheorien, analytische 5 96

Wortarten und Wortartfolgen 20 30

Wortmengenvergleiche 20 47

Zeitreihenverlängerung 5 101 ff.

Zentrale Tatmittelnachweise 9 70

Zentrale Textinformation 20 23

Zentrales Verkehrsinformationssystem 9 90

Zentralpolizei der Schweiz, Büro **4** 41

Zentralstellendienst der Schweiz **4** 44

Zeuge
- Belehrung bei körperlicher Untersuchung **7** 31
- Erscheinung und Aussagepflicht **1** 15
- körperliche Untersuchung und Eingriff **7** 20
- Verweigerung der Untersuchung **7** 29

Zeugen und Sachverständige, Vernehmung **7** 103

Zeugengewinnung 12 186

Zeugenschutz 12 185

Zeugentypologie 13 50 ff.

Zeugnisverweigerungsrecht 7 30
– bei fehlender Entscheidungsfähigkeit des Zeugen **7** 32
Ziehspuren 15 49
Zufallsfunde bei Durchsuchung **7** 132
Zurückhaltungssignal 13 298
Zusammenarbeit 12 21
– mit kommunalen Dienststellen **12** 275
– taktische Aspekte **8** 105
– zwischen Untersuchungsbehörden und Polizei der Schweiz **4** 32

Zuständigkeitsabgrenzungen 12 56
Zuständigkeitsverlagerung, zur Motivation **12** 65
Zwangsmaßnahmen
– Begriff und Rechtsgrundlagen **7** 1
– prozessuale **7**
– strafprozessuale **7**
– taktische Aspekte bei der Anwendung **8**
Zwickspuren 15 53